LAND USE AND
PLANNING LAW IN KOREA

제2판

국토계획법

전 진 원

박영사

초판이 발간된 지 4년여 만에 국토계획법 제2판을 출간합니다.

제2판에서는 주로 4가지 측면에서 개정이 이루어졌습니다.

첫째, 초판 출간 이후 실무와 학술 활동을 하면서 고민하고 축적한 국토계획법 및 인접 법률들에 관련된 쟁점들에 대한 분석과 이견을 추가하였습니다. 업무를 수행하면서 간간이 떠오르는 쟁점들을 메모해 둔 다음 추가적인 리서치를 통해 책의 여러 부분에 반영하여 두었습니다. 그간 제가 출간한 논문 중 참고가 될 만한 사항들 또한 본서에 수록하였습니다.

둘째, 초판 출간 이후 대법원 판결례들이나 법제처 해석례들을 분석하고 반영하였습니다. 특히 그간 국토계획법 각 조문에 대한 상당한 정도의 법제처 해석례들이 축적되어 왔는데, 제2판 작업을 진행하면서 최근의 법제처 해석례들을 빠짐없이 소개하는 한편 가급적 제 견해를 부기해 두려 하였습니다. 최근의 경향들을 보면, 법제처 해석례들을 추적하는 것이 실무상 쟁점이 되는 국토계획법의 최신 이슈들의 흐름을 파악하는 데 큰 도움이 되는 것 같다는 생각입니다.

셋째, 법 개정에 따른 사항들을 반영하였습니다. 주로는 공간혁신 3종 구역이라 불리는 도시혁신구역, 복합용도구역, 도시·군계획시설 입체복합구역에 관한 내용과, 국토계획법 제52조의2로 상향 입법된 공공기여에 관한 내용들이 추가되었습니다.

넷째, 그동안 제가 수행해 왔던 비교도시계획법 연구를 반영하였고, 그 내용들을 본서의 곳곳이나 제6편에 수록하여 두었습니다. 특히, 이번 개정을 통하여 비교도시계획법적 분석의 방법론에 관한 저의 최근 논문을 번역하여 소개하고, 제가 2022년 7월에서 2024년 1월 사이에 미국과 영국에서 도시계획법을 연구하여 온 바들을 곳곳에 추가하였습니다. 본서를 국토계획법에 관한 다각적인 관점을 제공하는 서적으로 다듬어가고 싶다는 개인적인 목표에 조금씩 다가서고 있는 것 같습니다.

유학이라는 하나의 변곡점을 지나서 내어놓는 개정판인 만큼 개인적으로도 감회가 새롭습니다. 회사의 지원으로 Boston University에서 미국의 도시계획을 공부할 기회를 가졌고, 그 과정에서 미국의 도시계획가들이 생각하고 업무하는 것들을 관찰할 수 있었습니다. 1년 안에 도시정책 관련 학위를 끝낼 수 있으면서도 동부권 대도시에 위치한 학교를 찾다 보니 거의 유일하게 눈에 들어왔고, 유일하게 지원서를 낸 과정이었는데, 비록 학술적이기보다는 실무적인 과정이었지만 보스턴계획개발청(BPDA)과 같은 곳에서 실무에 종사 중이거나, 졸업 후 곧바로 인근 시·군의 도시계획가로 취업한 동료 학생들 곁에서 미국 도시계획의 최전선이자 기층에서 도출되는 고민을 듣고 교류할 수 있었습니다.

　　미국에서 유학한 후에는 독일 막스 플랑크 비교·국제사법연구소에서 개최한 Decolonial Comparative Law Summer School에 참석하여 비교법적 접근에 대한 새로운 관점들을 접할 수 있었고, 그 이후 영국으로 건너가서는 Bryan Cave Leighton Paisner의 런던 오피스에서 연수하면서 동시에 City University of London 로스쿨에서 방문연구자로 머물며 영국 도시계획법을 실무적 그리고 학술적으로 접근하여 보려 하였습니다.

　　2022년부터는 International Academic Association on Planning, Law, and Property Rights와 같은 국제 컨퍼런스에도 매년 참가하고 있는데, 이러한 참여의 과정에서 얻게 된 시각과 관점들은 도시계획법에 대한 비교법적 접근에 관한 저 스스로의 생각과 방법론을 체계화할 수 있는 중요한 양분이 되었습니다. 그 결과 영국의 학술 저널을 통해 비교도시계획법의 방법론과 체계(Methodology and framework of comparative urban planning law)라는 논문을 출간하여 최우수논문상(Outstanding Paper)을 수상하였고, Routledge社에서 발간하는 서적의 비교도시계획법 챕터의 저술을 맡아 비교도시계획법이라는 영역의 체계화를 위해 기여할 귀중한 기회를 갖게 되기도 하였습니다.

　　이와 같은 일련의 과정들과 경험을 통해 얻은 지식과 관점들을 이후의 개정판들에서도 차츰 반영하여 독자분들과 공유할 수 있도록 정진하고 노력하고자 합니다.

　　제2판의 출간에 즈음하여 감사한 분들이 많습니다. 먼저 항상 저에게 많은 가르침을 주시고, 또 나아가야 할 길을 밝혀 주심과 함께 저의 공부의 중심을 늘 잡아 주시는 은사님이신 김종보 교수님께 깊이 감사드립니다.

　　유학의 기회를 주시고, 복귀 후 도시계획과 토지이용규제 분야의 업무 개발에 정진할 수 있도록 배려하여 주신 법무법인(유) 율촌 부동산건설그룹 선후배 변호사님, 고문님, 위원님들께 감사드립니다. 율촌 부동산건설그룹 구성원분들의 배려와 도움이 아니었다면 저 스스로도 전문가로 성장할 수 없었을 것이고, 이 책 또한 나올 수 없었을 것입니다. 그룹의 성장과 발전에 자양분이 됨으로써 베풀어 주신 은혜에 보답해 나가겠습니다.

제 곁을 지켜 주시고 지지해 주시는 가족들에게도 사랑과 감사의 말씀을 전합니다. 제2판의 출간을 흔쾌히 승낙하여 주신 박영사 조성호 이사님, 책을 이쁘게 잘 만들어 주신 김선민 이사님께도 깊은 감사의 말씀을 드립니다.

2025년 2월
파르나스타워에서
저자

추천사

　우리가 숨쉬며 살아가는 도시공간은 어찌 보면 법과 국가정책이 가장 고도로 집약되어 있는 곳입니다. 우리가 바라보는 것은 물리적인 건축물이나 공간에 지나지 않지만, 실제로는 보이지 않는 법과 정책이 물리적 공간의 형성을 주도하고 그에 관여되어 있습니다.

　최근 사회적 이슈가 되고 있는 주택공급 문제뿐만 아니라, 산업·경제활동을 위한 용지와 시설을 마련하는 것은 도시공간, 나아가 국토의 이용과 형성에 관한 문제입니다. 도시의 팽창을 조절하고 산림, 농업을 위한 공간을 보전하는 것이나, 도로나 각종 수도, 전기, 가스시설과 같은 기반시설을 어떻게 설치하고 관리할 것인지의 문제 또한 마찬가지입니다. 그리고, 그와 같은 제 문제들을 도시계획이라는 수단을 통하여 규율하고 있는 것이 바로 국토계획법입니다.

　이렇듯, 국토계획법은 우리의 일상에 관련된 법률입니다. 우리가 일상에서 직·간접적으로 접하는 공간구조가 어떻게 계획되고 형성되는 것인지 그 해답을 찾고자 한다면 반드시 살펴보아야 하는 법이 바로 국토계획법인 것입니다. 그럼에도, 국토계획법이라는 실정법을 깊이 이해하기 위한 법 이론을 제시하고, 그 연혁과 제도의 의미에 대한 상세한 해설을 덧붙인 해설서를 잘 찾아보기가 어려워 아쉬움이 많았습니다. 이 책의 출간 소식이 무척이나 반갑게 느껴진 이유이기도 합니다.

　이 책에는 국토교통부와, 법무법인(유) 율촌 부동산건설부문에서 도시계획에 관한 쟁점과 분쟁을 최일선에서 접해온 저자의 경험과 고민이 잘 담겨 있습니다. 이 책은 법학계나 도시계획학계에서 논의되어온 바를 설명하고, 행정부나 법원에서 국토계획법을 해석·적용한 선례들을 정리하며, 우리 제도와 연관된 외국의 이론과 제도를 소개하여 국토계획법을 다각적으로 이해하려는 시도를 하고 있는 책입니다. 기존 논의에 대한 비평과 함께, 선행연구가 미진한 부분에 대하여는 저자의 독창적인 연구결과를 제시하고 있는 책이기도 합니다. 예컨대, 도시계획이 추구하는 '공익'에 대한 사법심사 방법에 관한 논의나, 여러 종류와 층위의 도시계획들 간의 영향 관계에 관한 논의는 다른 문헌에서 찾아보기 어려운 이 책만의 독창적인 논의들입니다. 이 밖에도 저자는 입지규제최소구역·기반시설연동제와 같이 비교적 최근에 도입되거나 적용사례가 적은 제도들, 노선상업지역·특별계획구역과 같이 실무적 관심도는 높으나 법학적 논의가 부족했던 제도들에 대하여도 충실한 설명과 분석을 제공하고 있습니다.

이 책을 통해서 우리 국토계획법이 어떻게 해석되고 적용되고 발전해나갈 것인지를 잘 이해할 수 있게 될 것이고, 나아가 국토계획법에 대한 새롭고 유익한 논쟁들을 촉발할 수 있으리라 생각합니다. 독자들은 이 책을 접하면서 우리가 숨쉬며 살아가는 도시공간이 어떠한 법과 원리로 형성되고 계획되어가는 것인지를 잘 파악할 수 있게 될 것입니다.

모쪼록 이 책이 국토계획법의 해석, 적용, 운용의 방향을 소개하고, 생산적인 논쟁을 촉발할 수 있는 역할을 할 수 있게 되기를 기대합니다. 아울러, 국토계획법을 다루는 행정가나 법률가, 그리고 다른 여러 영역의 전문가들에게 이 책이 국토계획법을 둘러싼 법적, 제도적 쟁점들을 이해하는 데 도움이 될 수 있으리라 생각하고 또한 적극 추천합니다.

2021. 2.

강 호 인
前 국토교통부 장관

서 문

1.

여기 「국토계획법」 초판을 세상에 내어놓습니다.

국토계획법은 토지의 이용관계의 근간이 되는 법이고, 우리가 흔히 '도시계획'이라고 일컫는 것의 기반이 되는 법입니다. 이를 통하여 행정주체는 도시 내외의 모든 공간을 형성하고, 또 관리하게 됩니다. 그만큼 국토계획법이 지니는 역할과 위상은 중요하고 지대합니다.

은사님이신 서울대학교 김종보 교수님께서는 건설법의 영역을 구축하시고 두루 연구하시면서, 그 한 부분인 국토계획법에 대하여도 새로운 개념과 이론을 제시하여 오셨습니다. 그러나 은사님의 논저와 여러 교수님들의 서적을 제외하고는, 상당수의 국토계획법의 해설서들이 조문을 열거, 편집한 다음 일부 판례나 질의회신사례를 소개하는 정도에 머물러 왔던 것이 현실입니다. 조문집에 지나지 않음에도 불구하고 해설서를 자처하는 경우도 많았습니다. 물론 해석법학에서 법조문이 가진 의미와 지위는 부정하기 어렵습니다. 그렇지만, 조문을 소개하고 열거하는 정도에 머무른다면 '법리'라는 것을 발견해내는 것은 요원하고, 건설법 각론에 해당하는 개별 법률의 영역에서 '법학'이라고 부를 수 있는 경지에 이르기도 어렵습니다. 이 책은 선학(先學)들의 논의를 기반으로, 국토계획법의 '법리'라고 부를 수 있는 무언가들을 찾고, 국토계획법을 행정법학의 관점에서 분석해보려는 저자의 고민의 산물이기도 합니다.

주제넘게도, 저자는 법학을 '문장(文章)'의 학문이라고 생각합니다. 법학을 공부하는 사람의 고민은 그 사람이 창작하는 문장에 담기게 됩니다. 그리고 문장에 대한 반응(reaction)과 논의가 축적되면서 다른 문장들을 재생산해 낼 때, 비로소 우리는 법리 혹은 법학이라는 것에 조금씩 다가갈 수 있다는 것이 저자가 가진 평소의 생각입니다. 그러다가 그 문장이 보편적인 설득력을 얻게 된다면 실정법을 대체하는 경우도 발생할 수 있습니다. 국토계획법에 대한 논의와 연구 또한 마찬가지입니다. 저자가 본서를 집필하면서 초점을 맞춘 것 또한 '저자 스스로의 문장'입니다. 평소 속필(速筆)의 습관에 젖어 있었기에, 스스로도 저자가 유려하면서도 깊은 고민이 배어있는 문장을 만들어 낼 수 있을 것이라는 기대는 일찌감치 접어두었습니다. 그러나, 판례나 해석례, 선학들의 권위 있는 문장들을 소개하면서도, 최소한 국토계획법의 큰 틀과 개별 조문들에 대하여 저자의 생각과 이해, 주장이 담긴 문장들을 추가하고자 했습니다. 불민(不敏)하지만 가급적 저자의 문장을 제시하고자 하였습니다.

이 책을 통하여, 추상적인 개념으로 가득 찬 국토계획법의 개별 조문들에 대한 저자의 견해를 제시하면서 국토계획법 체계 전반에 걸친 내재된 흐름을 발굴하려 해보았습니다. 판례나 해석례들이 축적되어 있다면 그 경향과 추세를 짚어 무언가 일관된 방향을 소개하는 한편 가급적이면 저자의 논평을 덧붙이려 했습니다. 쟁점을 논한 선례가 없더라도 추후 분명히 문제가 될 수 있는 부분들을 지적하여 두었고, 필요하다면 입법적 개선방향도 제시하려 했습니다. 그간의 국토계획법에 대한 법학 논저뿐만 아니라 도시계획학의 논저들을 최대한 탐독했고, 그 결과도 적극적으로 정리하고 논평해보려 시도하였습니다. 비교법적인 접근도 일부 가미하여, 외국의 법과 제도를 소개하고자 하였습니다.

은사님이신 김종보 교수님께서는 저자를 지도하시면서 항상 '풍성한 논의'의 필요성을 역설하시고는 하셨습니다. 저자가 본서를 저술하면서 초점을 맞춘 것도 바로 풍성한 논의입니다. 지금은 국토계획법에 대한 풍성한 논의가 먼저 이루어져야 할 때라고 생각했습니다. 그래야만, 저자가 제시하는 논의들에 대한 반작용(reaction)이 있을 것이고, 이를 통해 문장과 문장의 교환이 이루어질 수 있을 것입니다. 저자와 독자분들이 주고받는 문장들이 점차 국토계획법, 나아가서는 우리 도시계획 법제에 대한 법리를 형성해 나갈 것이기에, 언제든 이 책의 부족한 점에 대한 질책과 관심을 간절히 바라는 바이기도 합니다. 그와 같은 질책과 관심, 그리고 매년 변화하는 입법적 논의와 판례, 해석례 등을 집대성하여 가급적 매년 혹은 격년으로 이 책의 판형을 새로이 해갈 생각이기도 합니다.

2.

저자는 감사하게도 국토계획법의 주무부처인 국토교통부에서 이 법의 법적, 정책적 논의와 적용이 이루어지는 최전선에서 일할 기회가 있었습니다. 내부에서 국토교통부 전체를 대상으로 법률자문을 담당하는 거의 유일한 법조인이라는 특수한 지위와, 국토부·서울법대 모임의 여러 선배님들, 규제개혁법무담당관실의 상사·동료분들의 애정 어린 관심 덕에 원 없이 도시계획의 실무 사례들을 접해볼 수 있었습니다. 논문 주제가 될 법한 쟁점들도 발에 채이는 곳이었기에, 지금도 국토교통부에서의 경험을 소중하게 생각하고 있습니다. 이를 통해 국토계획법과 도시계획 제도에 대한 살아있는 고민들을 접할 수 있었기 때문입니다.

　　이 책의 집필 계기와 관련하여 법무법인(유) 율촌 부동산건설부문에서의 경험도 언급하지 않을 수가 없습니다. 저자는 종종 율촌에서의 생활을 '대학병원'과 같다고 설명합니다. 임상을 하고, 그 결과로 생각을 정리해 논문을 쓰는 생활이 마치 대학병원의 그것과 비슷하다는 생각이기 때문입니다. 감사하게도 저자는 건설법, 혹자는 부동산 공법이라고 부르는 영역의 일들을 전담해왔습니다. 그 과정에서 무수한 '논문거리'들을 떠올리고 고민할 수 있었고, 이를 바탕으로 일과 병행하여 논문과 단행본들을 발표할 기회를 얻어왔습니다. 2020년에는 선배님들을 모시고 그간의 업무사례들을 바탕으로 항만재개발사업에 관한 국내 최초의 해설서인 「항만재개발법 해설」을 출간했고, 그 경험을 발판으로 금번에 이 책을 출간한 것이기도 합니다. 단언컨대 율촌에서의 집중되고 전문화된 임상·실무경험이 없었다면, 이 책을 출간할 엄두도 내지 못했을 것입니다. 상기해보면, 국토계획법 개별 조문의 대부분에 대한 업무를 율촌에서 접해왔던 것 같습니다.

　　3.
　　이와 같이, 국토교통부와 율촌에서 업무를 처리하면서 느꼈던 저자 스스로의 한계는 바로 '권위'의 부재(不在)였습니다. 서른 남짓한 변호사가 제시하는 의견에 권위가 있을 리가 없었습니다. 그래서 항상 '논증'에 매달리고는 했습니다. 왜 법을 이렇게 해석하고 적용해야 하는지를 치밀하게 설파할 수 있어야만, 저자의 의견에 그나마 귀를 기울이도록 만들 수 있었기 때문입니다. 그래서 법학논증론이나 영미(英美)의 lawyering 서적들을 그토록 탐독해왔던 것인지도 모르겠습니다. 그러다, 바람이 들어 영미의 planning law나 land use law 서적들을 독학하기도 했고, 영미 도시계획법을 제대로 이해하려면 영미법 전반에 대한 이해가 필요하다는 생각에 무모하게도 캘리포니아 바시험에 응시하는 한편 온라인으로 미국대학의 석사과정에 등록하기도 했습니다.

　　그런 탐독의 과정에서 저자가 그토록 찾아 헤매었던 것이 참고문헌 – 'reference'였습니다. 저자의 의견에 부합하는 것이든 아니든, 최소한 저자가 고민하던 쟁점에 대한 논의가 있다는 것을 보여주고 싶었기 때문입니다. 한국이든 세계 각국이든 논의를 찾아내어 의견서나 서면의 각주에서라도 수록하고 싶었습니다. 그러나 대부분의 경우에는 은사님의 발자취에 머물 수밖에 없었고, 은사님께서 발자국을 남기시지 않은 영역에서는 이내 곧 물가에 남겨진 아이가 되고는 했습니다. 그렇게 혼자서 혹은 건설법연구회에서 동문수학하는 학형(學兄)들의 도움을 받아 고민의 파편들을 모아가면서, 언젠가는 이 책과 같은 서적을 출간해보리라 결심했었습니다. 그리고 오늘 이렇게, 비록 부족한 책이지만 빛을 보게 되었습니다. 부족하나마 이 책이 저와 같은 고민을 하시는 법률가, 공무원, 여러 전문가 분들의 'reference'가 되어 줄 수 있기를 희망해봅니다.

4.
본서의 출간에 즈음하여 감사드려야 할 분들이 이루 헤아릴 수 없을 정도입니다.

은사님이신 서울대학교 김종보 교수님께 깊은 존경과 감사의 말씀을 드리고 싶습니다. 제가 가진 국토계획법이나 건설법에 대한 이해나 지식들 중 어느 하나 은사님의 가르침으로부터 비롯되지 않은 것이 없다는 생각을 항상 지니고 있습니다. 이 책은 은사님께서 평생을 일구어 오신 학문세계에서, 조금이나마 스스로의 움직임을 만들어보려는 저의 미약한 날갯짓에 불과합니다. 이에 이 책에 오류가 있다면 전적으로 저자 스스로의 오해와 부족함에서 비롯된 것임을 밝혀두고자 합니다.

흔쾌히 추천사를 써주신 강호인 前 국토교통부 장관님께도 깊이 감사드립니다. 그 어느 법보다도 행정가와 법률가의 시선이 조화롭게 교차되어야 하는 것이 국토계획법이라 생각합니다. 국토계획법과 각종 개발사업법과 관련한 행정가 입장에서의 시선과 이해에 대한 장관님의 고견과 지도가, 아직 경험이 일천한 저자에게는 항상 소중한 가르침이 되고 있습니다. 이 책이 장관님의 명성에 흠이 되지 않도록 더욱 정진하여 다듬어 나가겠습니다.

율촌 부동산건설부문장이신 박주봉 변호사님께 깊은 감사의 말씀을 드립니다. 이 책의 바탕이 된 실무 경험들은 박주봉 변호사님의 지도 · 편달이 아니었다면 축적할 수 없었을 것들입니다. 갓 학부를 졸업해 경력이라고 할 것도 없었던 저자를 발탁하여 입사 전까지 5년의 시간을 기다려 주셨던 박주봉 변호사님이 아니셨다면 지금의 저 또한 존재할 수 없었을 것이라 생각합니다. 항상 저자를 믿어주시고, 또 성장할 수 있도록 지켜봐주시는 은혜에 늘 감사하고 있습니다. 배려해주신 바에 손색이 없는 인재로 성장해나가겠습니다.

이 책이 발간되기까지 물심양면으로 지원을 아끼지 않으신 율촌 윤용섭 대표님, 강석훈 대표님, 최동렬 대표님, 윤희웅 대표님께도 깊은 감사의 말씀을 드립니다. 또한 율촌 부동산건설부문에서 저자에게 많은 지도 · 편달을 해주시는 여러 변호사님들께도 감사드립니다. 국방·공공·조달계약의 대가이신 정원 변호사님, 각종 개발사업에 대한 행정쟁송과 자문에서 항상 저자에게 방향을 제시해주시는 김태건 변호사님, 변호사가 어떻게 시장과 함께 호흡해야 하는지를 가르쳐주시는 정유철 변호사님, 실력있는 로펌이 할 수 있는 일이 무엇인지를 보여주시는 조장혁 변호사님, 신탁법과 각종 개발사업에 정통한 전문가이신 김남호 변호사님, 부동산 쟁송에 대한 깊은 견해를 항상 제시해주시는 박재억 변호사님, 건설클레임의 진수를 보여주시는 이경준 변호사님, 산업입지법과 물류시설법의 전문가로서 사업구조의 이해에 대한 많은 지도·편달을 해주시는 이승용 변호사님, 도시개발사업과 토지보상의 전문가로서 늘 아낌없는 조언을 주시는 조원준 변호사님과 같은 율촌 부동산건설부문의 여러 선배 변호사님들의 지도·편달이 있었기에 이 책 또한 빛을 볼 수 있었습니다.

특별히, 저자와 도시계획, 정비사업, 도시개발사업 등 각종 공법(公法) 사건들을 처리하면서 때로는 상사로서, 때로는 학형(學兄)으로서 보잘것없는 저의 의견을 경청하여주시고 또 저자의 치기 어린 생각을 잘 다독여주시는 이강만 변호사님께 깊이 감사드립니다. 이 책에 포함된 논의의 상당 부분은 이강만 변호사님과의 토론에서 비롯된 것이기도 합니다. 제가 로펌 변호사로서, 그리고 공법(公法) 분야의 전문가로서 잘 안착하고 적응할 수 있었던 것 또한 이강만 변호사님의 배려와 도움이 정말 컸다고 생각하고 있습니다.

건설법연구회 회원분들에 대한 감사도 빼놓을 수 없습니다. 건설법연구회 월례 학술모임에서의 치열한 고민과 토론이 없었다면 이 책 또한 존재할 수 없었을 것입니다. 특히, 저자가 국토교통부에 재직할 당시 정책적으로 중요한 여러 사안에 대한 폭넓은 실무 경험의 기회를 주셨던 김재정 실장님(前 국토교통부), 건설법에 대한 심도 있는 이해와 비판적 토론을 통해 많은 가르침을 주시는 강신은 처장님(한국토지주택공사), 정비사업 전문가로서 풍부한 실무경험에 기반한 비판적 시각을 제시해주시는 채필호 변호사님(법무법인 시율), 도시계획시설의 전문가이신 최종권 박사님(서울대학교 건설법센터)께 깊은 감사의 말씀을 드립니다. 또한 율촌에서 함께 고군분투 하면서 항상 의견과 고민을 공유하고 있는 학형(學兄)들이신 장현철, 배기철, 주동진, 윤지은 변호사님께도 감사의 말씀을 전합니다.

무엇보다도, 오늘날까지 저자를 묵묵히 지원하고 지켜봐주신 사랑하는 가족들에게 고개 숙여 감사의 말씀을 전하고자 합니다. 논문을 쓰시는 아버지를 따라 도서관을 향하고는 했던 어린 시절의 경험이 지금의 학문적 태도를 만들었고, 묵묵한 노력의 가치를 몸소 보여주시면서 항상 공부에 대한 지원을 아끼지 않으시던 어머니의 희생이 오늘날 저의 가치관을 만들었습니다. 아버지이신 전주수 교수님(창원문성대학교), 어머니이신 한정옥 원장님(슈베르트 바이올린)이 헌신과 지원이 없으셨다면 오늘날의 저 또한 없었을 것입니다. 아울러, 어린 시절 곤히 잠든 저를 옆에 두고 훌륭한 사람이 되게 해달라고 매일 아침 기도하셨던 외할머니 이말순 권사님, 근면성실한 삶의 태도를 가르쳐주셨던 친할머니 홍영순 여사님께도 사랑과 감사의 말씀을 드리고자 합니다. 항상 자기의 길을 열심히 걷고 있는 동생 진희와 매제(妹弟)로서 올 2월에 새로운 가족이 된 최지웅 군에게도 앞으로의 결혼 생활에 대한 축복의 인사를 전합니다.

마지막으로, 출판시장의 어려운 현실에도 불구하고 흔쾌히 이 책의 출간을 맡아주신 박영사 관계자 분들, 특히 조성호 이사님과 정수정 편집자님께 깊이 감사의 말씀을 드립니다.

2021. 3.
파르나스타워에서
저자 전진원

목 차

제1편 서론

제5편 각 조문의 해설

제6편 국토계획법 연구의 확장–비교도시계획법

제1장 비교도시계획법의 방법론

제1장 국토계획법의 목적과 기능[제1조]

제1절 국토계획법의 목적

Ⅰ. 국토계획법의 의의

국토계획법은 "국토의 이용·개발과 보전을 위한 계획의 수립 및 집행 등에 필요한 사항을 정하여 공공복리를 증진시키고 국민의 삶의 질을 향상시키는 것"을 목적으로 하는 법률이다(제1조). 토지의 이용과 개발에 관한 계획이라고 함은, 토지들의 이용가능성을 정하는 계획을 의미하는데, 달리 말하면 이는 개별 토지들을 개발할 수 있는지 여부를 결정하고(개발가능성), 개발할 수 있다면 어느 정도 규모로 개발할 수 있는지를 결정하는 계획이라 할 수 있다. 토지를 이용·개발하는 가장 집약적인 방법이 바로 건축물을 짓는 것이므로, 위와 같은 개발가능성과 개발규모란 결국 건축가능성과 건축물의 규모 ─ 곧, 건축물의 허가요건을 이루는 것이다. 그리고 국토계획법은 개별 토지에 대한 개발가능성(건축가능성, 건축허용성[1])과 건축허

---

[1] 건축허용성이라는 개념은 저자의 은사이신 김종보 교수님께서 도입하신 개념이다. 이는 "하나의 필지 또는 2필지 이상의 토지를 하나의 건축단위로 할 때, 그 지상에 건축물을 건축할 수 있는 공법적인 지위"를 의미한다(김종보, 건설법의 이해, 피데스, 2013, 220면에서 인용). 쉽게 말해 어떤 땅에 '건축물이 들어서도 되는지', 혹은 '건축물을 지어도 되는 땅인지' 여부를 도시계획을 관장하는 행정청이 판단해서 그러한 지위를 부여해주는 것을 뜻한다. '건축물의 허용성' 혹은 '개발가능성' '개발허용성' 등으로도 이해될 수 있겠다.

가요건[1]이라는 사항을 '도시계획'이라는 수단을 통하여 통제하고, 이를 통해 토지이용관계를 규율한다. 요컨대, 국토계획법은 도시계획에 관한 법률이다.

국토계획법은 도시계획을 (i) 누가, (ii) 어떤 절차를 거쳐서, (iii) 어떠한 내용으로 수립할 것인지를 정하고, (iv) 그렇게 수립된 도시계획이 어떻게 개별적인 토지이용관계에 효력과 영향력을 미치게 되는 것인지를 정하는 법률이다. 이를 위해서 법은 도시계획의 수립권한을 부여할 행정청을 지정하고, 여러 종류의 도시계획을 규정하여 각 도시계획들이 어떠한 방법으로 활용될 수 있는지를 규정하며, 도시계획에 관련된 여러 이해주체들이 어떻게 도시계획의 수립과정에서 참여할 수 있는지를 정한다.

Ⅱ. 제1조의 해석론 - 계획과 목적, 목적과 계획

제1조 명문의 규정 및 '국토의 계획 및 이용에 관한 법률'이라는 명칭에서도 드러나는 바와 같이, 국토계획법은 '계획'과 '이용'에 초점을 두고 있다. 국토의 '계획적 이용' 혹은 '계획적 개발'이라는 것이 국토계획법의 가장 근간에 깔려 있는 목적이며 기능이다. 즉 국토의 이용과 개발에 선행하여 행정청은 '계획'을 수립하고, 그 내용에 따라 이용과 개발의 방향을 결정짓는다. 토지의 이용방법과 개발의 가부 및 그 규모, 내용 등이 사전에 마련되어 있는 '계획'에 의하여 구속되고, 역으로 토지소유자가 원하는 방향으로 토지를 이용·개발하기 위해서는 그에 상충되는 계획을 사전에 혹은 동시에 변경하는 것이 필요하다. 이렇듯 '계획'을 중심으로 국토의 이용관계를 체계화하려는 것이 바로 국토계획법이 궁극적으로 의도하는 바이다.

국토계획법은 이와 같은 '계획화(化)'의 가치로서 '공공복리의 증진'과 '국민의 삶의 질 향상'을 제시하고 있다. 이는 양방향적인 의미를 지닌다. ① 국토이용을 계획화함으로써 그 자체로 공공복리의 증진이나 삶의 질 향상과 같은 효과가 '창출'될 수 있다는 해석이 가능한 반면, ② 반대로 '계획' - 곧, '도시계획'을 수립함에 있어서 공공복리의 증진이나 삶의 질 향상과 같은 가치를 '고려'하여야 한다는 의미로도 해석이 가능하다. 즉 계획 자체가 목적인지, 아니면 계획의 상위에 또 다른 목적이 있는 것인지에 대한 근본적인 의문이다. 국토계획법을 운용하고 적용하는 법

---

1 대체로 건폐율, 용적률, 높이 등이 건축허가요건으로 언급된다. 미국법 문헌상으로는 용도, 높이, 부피, 밀도 등의 4가지 요소가 토지이용관계를 규율하는 핵심적인 요소라고 소개된다. J. C. Juergensmeyer & T. E. Roberts, Land Use Planning & Development Regulation Law, 2013, pp. 61 참조.

률가나 행정가, 혹은 도시계획가의 입장에서도 이는 한번쯤 고민해 볼만한 문제이다. 국토계획법을 위시한 수많은 계획법제에 의하여 행정청은 광범위한 재량[1]을 갖게 되는데, 그에 의하여 수립된 계획의 진정한 '목적'이나 '가치'가 무엇인지에 대하여는 실무상 별달리 문제가 되지 않는다. 때로는 '계획'이 수립되어 있다는 것 자체만으로 법원은 이를 존중하는 태도를 보이는 경우가 있고, 이에 계획의 내용을 구체적으로 집행하는 하위의 행정기관의 입장에서는 종종 그 계획 자체가 하나의 '목적'이나 '가치'와 같은 것이 되어 버리는 경우가 존재한다. 원론적으로만 생각하면 '계획'은 수단이어야 하고 이를 지도하는 상위의 이념이 존재한다고 보아야 할 것이지만, 실무를 하다 보면 때로는 '계획' 그 자체, 혹은 계획이 존재한다는 사실 그 자체가 그대로 목적이고 가치가 되는 것은 아닌지 혼동이 생기는 경우가 매우 잦아진다.

이와 같은 고민은 국토계획법 전반의 해석론적 논의와 더불어 입법론적 논의에 있어서도 끊임없이 고민되어야 할 근본적인 갈등이다. 법학은 규범을 세우는 학문이고, 도시계획 또한 규범과 유사한 성격을 지닌다.[2] 토지의 이용관계에 있어 공적(公的)[3]인 방향과 원칙을 체계화하여 놓은 것이 도시계획이라 한다면, 그에 대한 예외들을 만들려는 시도가 있을 것이고, 나아가 그 원칙을 번복하려는 시도 또한 존재하게 될 것이다. 그 와중에 '계획'과 그 상위의 '목적'은 갈등관계에 놓일 수밖에 없다. 무엇이 올바른 '계획'인지에 대한 고민은 항상 필요하고, 나아가 그와 같은 계획이 '적법'한지 혹은 '정당'한지의 문제는 항상 제기될 수밖에 없으며, 또 제기되어야만 하는 것이다. 물론, 도시계획의 특성상, 그리고 법원의 판단 경향상 행정청이 수립한 도시계획의 내용 자체가 위법·부당하다고 판단되는 경우는 많지 않을 것이나, 수립된 도시계획의 기저에 깔린 가치들의 형량을 두고 그 정당성을 판단케 하기 위한 법리는 꾸준히 개발되고 심화되고 있다.

---

1 계획재량에 대한 논의는 강현호, 재량의 본질론 – 행정재량과 계획재량의 비교와 함께, 법제, 2005. 9., 17면 등 참조.
2 도시계획은 행정계획이다. 행정계획은 우리 행정법학에서 일반 추상성을 지니는 규범으로서의 행정입법과 구체적이고 개별적 사건에 대한 법적용행위인 행정행위의 성격을 겸유하는 개념으로 설명되고는 한다. 도시계획은 개별적인 건축행위에 대한 인허가가 발급되기 이전에 존재하여 건축허가요건을 미리 정하여두는 일종의 규범과 유사한 것으로 작용한다고 볼 수 있다.
3 미국의 경우 Land Use Law라는 법영역은 토지의 이용관계에 대한 공법적(Public Law)인 규율뿐만 아니라, 사법적인 규율까지도 포괄한다. 반면, 우리의 경우 토지의 사법적 이용관계에 대하여는 민법이, 공법적 이용관계에 대하여는 국토계획법을 위시한 도시계획법제가 관장하고 있으며, 후자와 관련한 논의에서 사법상의 권리관계가 본격적으로 논의되고 있지는 아니하다.

제2절 토지이용에 대한 규제의 주체와 정당성

국토계획법은 다양한 수단을 통하여 토지의 이용관계를 규제한다. 이는 토지 및 건물 소유권자가 지니는 재산권과 긴장관계를 이루는 것인데, 국토계획법상의 규제의 가장 직접적인 근거는 헌법 제120조 제2항과 제122조가 된다.[1] 아울러 이는 재산권에 대한 제한이므로, 재산권에 관한 헌법 제23조 또한 논의의 대상이 되어야 한다.

Ⅰ. 토지재산권의 의미와 한계[2]

1. 공간형성의 주도권(initiative): 토지재산권과 토지공개념

헌법 제23조 제1항은 재산권에 관해 이를 제도 보장적 차원에서 사유재산제도를 인정함과 동시에 구체적인 기본권 보장의 차원에서 재산권을 헌법상 기본권으로 보호하고 있다. 이어서 동조 제2항과 제3항은 각기 「재산권의 행사는 공공복리에 적합」할 것과, 수용 및 정당한 보상의 사항을 정하여 이른바 재산권의 '한계'의 문제를 규정하고 있다.[3]

헌법 제23조를 종합적으로 보면, 제1항에서는 재산권의 내용, 즉 보호범위가 법률로써 구체화되고, 그러한 보호범위 내에서 제한은 제2항과 제3항이 규정하고 있으며, 또한 그 제한의 정도가 특별희생 등에 이르는 경우에 대하여(이른바 '경계이론'에 의할 때) 제3항이 보상규정의 필요성을 정하고 있다.

기본권으로서 재산권은 재산이라는 객체를 대상으로 이를 보유, 사용, 수익, 처분할 수 있는 권능을 말한다.[4] 헌법재판소는 재산권을 "사적 유용성 및 그에 대한 원칙적인 처분권을 내포하는 재산가치 있는 구체적인 권리"라고 하여,[5] '사적 유

---

1 정태용, 국토계획법, 한국법제연구원, 2005, 28면 참조.
2 이 부분의 논의는 저자의 개발행위허가에 관한 연구, 서울대학교 법학전문석사학위논문, 2015. 2., 40 내지 43면의 논의를 발췌 및 재정리한 것임을 밝힌다.
  이에 대한 저자의 견해는 아직 명확하지 않다. 현재로서는 이보다는 더 개발의 지위를 보장하여야 한다는 입장이나, 아직 그 견해를 명확히 재정립하지는 못하였다.
3 헌법 제23조 제2항과 제3항의 해석과 관련하여 이른바 '분리이론'과 '경계이론'의 학설상의 대립이 있다. 이는 독일기본법 제14조의 해석과 관련한 논의가 발전된 것으로, 자세히는 성낙인, 헌법학, 법문사, 제13판, 2013, 710면 내지 713면 참조. 본서에서는 이에 대하여 달리 상세히 다루지는 않기로 하겠다.
4 정종섭, 헌법학원론, 제8판, 박영사, 2013, 697면.
5 헌법재판소 2007. 7. 26. 선고 2003헌마377 결정.

용'과 '처분권한'을 재산권의 본질적 요소로 해석한 바 있다.

자본주의적 경제구조의 심화와 그로 인한 시장경제원리의 수정에 따라, 그 근간을 이루던 재산권의 보장에 대하여도 손질이 가해졌는데, 이른바 '재산권의 상대화'라는 경향이 바로 그것이었다. 1919년 독일 바이마르헌법에서 명시적으로 소유권에 의무가 수반된다는 점과 공공복리에 적합하여야 함이 천명되었던 것도 바로 이러한 재산권의 상대화를 반영한 결과였다.[1] 우리 헌법 제23조의 문리해석상 이러한 상대화의 경향을 두 갈래로 생각할 수 있는데, ① 법률로서 개별 재산권의 내용 '자체'를 축소시키는 상대화와, 동시에 ② 법률에서 규정된 개별 재산권의 보호범위 내에서 기본권 제한의 문제로 접근하는 상대화가 가능하다.

토지재산권의 경우에는 토지의 유한성, 고정성, 비대체성, 공익성, 상린관계성 등으로 인하여[2] 다른 재산에 비해서도 사회적·공익적 측면에 입각한 보다 가중적인 제한이 정당화할 수 있다는 논의가 있다. 즉 토지재산권은 그 자체의 내용적 보호범위도 법률에 의해 축소될 수 있을 뿐만 아니라, 그 축소된 범위 내에서도 가중적 제한이 헌법적으로 정당화될 수 있다는 의견이다. 「국토의 효율적이고 균형있는 이용·개발과 보전을 위하여 법률이 정하는 바에 의하여 그에 관한 필요한 제한과 의무를 과할 수 있다.」고 규정한 헌법 제122조뿐만 아니라, 헌법 제119조, 제20조, 제123조 등도 이러한 가중적 제한에 관한 근거 규정으로 거론된다. 이와 같은 가중적 규제는 토지공개념(土地公槪念)이라는 용어로써 설명되기도 한다. 헌법재판소 또한 "토지재산권은 강한 사회성, 공공성을 지니고 있어 이에 대하여는 다른 재산권에 비하여 보다 강한 제한과 의부를 부과할 수 있으나"라고 하여 토지재산권에 대한 강한 제한과 의무 부과를 어느 정도 정당하다고는 보고 있다.[3]

물론 이러한 보호범위 축소와 가중적 제한에 관하여도 한계가 따른다. 헌법재판소는 위 결정에서 "재산권의 본질적 내용인 사용·수익권과 처분권을 부인하여서는 아니 된다"고 하여 그 한도를 설시하고 있다.[4] 이 사건은 종래 도시계획법 제21조에 따른 개발제한구역제에 대해 판단한 것으로, 헌법재판소는 "종래의 지목과 토지현황에 의한 이용방법에 따른 토지의 사용도 할 수 없거나 실질적으로 사용·수익을 전혀 할 수 없는 예외적인 경우에도 아무런 보상 없이 이를 감수하도록 하고

---

1 이상 정종섭, 헌법학원론, 박영사, 제8판, 2013, 693면 참조.
2 성낙인, 헌법학, 법문사, 제13판, 2013, 700면; 정종섭, 헌법학원론, 박영사, 제8판, 2013, 696면; 헌법재판소 1999. 4. 29. 선고 94헌바37 결정 등 참조.
3 헌법재판소 1998. 12. 24. 선고 89헌마214등 결정.
4 헌법재판소 1998. 12. 24. 선고 89헌마214등 결정.

있는 한 …(중략)… 헌법에 위반된다"고 하였다.[1] 이를 반대해석하여, 종래의 현황과 다른 방법으로 토지를 이용하는 것을 법률의 규정을 통해 토지재산권의 보호범위에서 배제하는 것이 정당화될 수 있다는 취지로 이해하는 견해도 있고, 관련하여 경제적·효율적인 사용수익권이 법률상 보장될 필요는 없다는 논의도 제기되기도 한다.[2][3] 물론, 토지재산권의 내용으로서 사용수익권은 이용가능한 모든 방법으로, 최대한 자유롭게 보장되어야 한다고 보는 것은 지나치게 극단적이기는 하다. 그러나 '최대한'은 아니더라도 적정한 선에서의 사용수익권은 여전히 부정할 수 없는 토지재산권의 내용의 본질이다. 단지, 시대적 요청과 배경에 따라 그 '적정한 선'이 어디인지에 대한 논의가 달라질 뿐이다. 위 헌법재판소 견해도 어느 양 극단이 아닌 적정한 선을 찾으려는 노력으로 이해되는 것이 타당하다.

우리뿐만 아니라 여러 국가의 법제들에서도 토지이용의 공적 성격에 관한 관념은 오랜 기간을 거쳐 형성되고 또 존재해왔다. 기원전 로마의 12표법이 택지개발의 제한을 두었던 것에서부터, 17세기 영국에서 런던 개발에 제한을 가했던 것, 1544년 이래 프랑스가 도로건축선지정 및 고도규제를 중심으로 건축에 규제를 가했던 것, 1870년대부터 독일이 현재의 도시계획제도와 유사한 형태의 제도로 계획적 개발을 추구하였던 것 등이 모두 공공성에 근거한 토지사용의 규제의 일환이고 사례였다고 할 수 있겠다.[4]

2. 개발과 공공복리

토지의 유한성, 고정성, 비대체성, 공익성, 상린관계성 등의 성질은 일정 수준에서 토지의 사적유용(사용수익)이나 처분을 일정한 요건과 심사 하에서 자유의 영역으로 회복시킬 수 있게 하는 것이다. 특별히 그중에서도 토지의 사적유용이 '인근 토지나 전체적인 도시의 공공적 기능에 크게 영향을 미치는 경우'를 공적인 판단 없이 순전하게 사인의 자유의 영역에 맡겨 둘 수는 없다. 때문에 자기 소유의 토지를 추후 건축이나 개발을 위해 마음대로, 원하든 대로 사용할 수 있을 것이라

---

1 헌법재판소 1998. 12. 24. 선고 89헌마214등 결정.
2 우성기, 문화재보호와 재산권의 보장, 공법연구, 2006. 2., 429면.
3 헌법재판소 결정례 중에는 "또한 '역사문화미관지구' 내에 나대지나 건물을 소유한 자들이 아무런 층수 제한이 없는 건축물을 건축, 재축, 개축하는 것을 보장받는 것까지 재산권의 내용으로 요구할 수는 없는데다가"라고 설시하여 이와 유사한 입장을 보인 것이 발견된다. 헌법재판소 2012. 7. 26. 선고 2009헌바328 전원재판부 결정.
4 이우진, 토지공개념제 제정립을 위한 법적 검토－토지초과이득세제 재도입을 중심으로, 법학연구, 2009. 5., 65면.

는 기대는 '원칙적으로'는 재산권의 보호범위에 포함되기 쉽지 않다는 해석[1]이 여태 등장해온 것이다.

그러나 토지의 효율적 이용이나 균형적 이용에 직접 영향을 주지 않거나, 어떠한 기준이 정립된 상태에서 그에 저촉되지 않는 한도 내에서의 사용·수익은 헌법 제122조가 굳이 개입되지 않아도 된다고 보는 것이 취지에 부합하는 해석이라고 하겠다. 외부효과가 적거나 거의 없는 사용·수익의 경우라면 토지의 공공성에 관한 이론적 논의가 개입될 필요성도 상대적으로 적다. 그리고 외부효과가 적을수록 재산권에 대한 개입도 정당화되기 어렵다.

헌법상 기본권론에서 토지재산권에 대한 가중적 제한이 가능하고, 또한 그 보호영역도 타 재산권에 비해 축소될 수 있다는 논의는 행정법학의 관점에서 개발 혹은 개발행위가 사인이 국가에 대하여 원칙적으로 혹은 예외적으로 자유를 누리는 영역인지의 여부를 논함에 있어서도 영향을 끼칠 수밖에 없다. 개발이야 말로 토지의 사적 유용의 가장 중요한 양태로 볼 수 있기 때문이다.

Ⅱ. 헌법 제120조 제2항과 계획고권의 소재

1. 계획고권의 소재에 관한 논의

헌법 제120조 제2항은 "국토와 자원은 국가의 보호를 받으며, 국가는 그 균형 있는 개발과 이용을 위하여 필요한 계획을 수립한다"라고 정하고 있는바, 동항에 의하여 국토의 개발과 이용을 위한 '계획고권'[2]을 지방자치단체가 아닌 국가에게 직접적으로 부여한 것으로 해석될 수 있는지가 하나의 쟁점이 된다. 즉 국토계획법상 계획고권의 소재 - 곧, 누가 토지이용의 규제에 대한 원칙적인 주체로 기능하는지가 문제되는 것이다.

---

1 우성기, 문화재보호와 재산권의 보장, 공법연구, 2006. 2., 430면 참조.
2 본래 독일법상의 계획고권(Planungshoheit)은 지방자치단체가 지닌 권한을 전제한 개념으로 이해되는데, "국가의 지시에 엄격하게 구속되지 않으면서" 관할 지역의 공간질서를 스스로 형성할 수 있는 권한이나, 국가가 수립하는 계획수립과정에 참여할 수 있는 권한 등을 포함하는 개념으로서 이해된다(김남철, 개편된 계획법제에 따른 공간계획의 체계와 법적 문제점-독일 법제와의 비교를 중심으로-, 공법연구, 2002. 5., 470면에서 인용하고 참조). 따라서 이러한 독일법상의 맥락에 의하면 "국가의" 계획고권 이라는 표현 자체가 어폐가 있는 것일 수도 있고, 이 경우에는 '계획권한' 이라는 표현을 사용하는 것이 적합할 수도 있다. 다만, 본서에서는 이와 같은 독일법상의 맥락과 관계 없이 문언 그대로의 의미를 담아 계획고권이나 계획권한이라는 용어를 구분하지 아니하고 사용하기로 한다.

구 도시계획법의 체계 하에서는 계획고권이 건설교통부장관에게 집중된 형태였고, 이를 지방자치단체장에게 위임, 위탁하는 구조를 취하고 있었다. 그러나 국토계획법에 이르러서는 이와 같은 위임위탁관계의 형성 없이, 법률상 계획고권을 곧바로 지방자치단체장에게 수권하는 형태를 취하는 것으로 법률의 체계가 대폭 수정되었다. 이와 같은 법령의 체계 및 헌법 제120조 제2항의 관계를 고려하였을 때, 과연 계획고권의 궁극적인 소재가 누구에게 있는 것인지가 하나의 쟁점이 될 수 있다. 이는 실무상으로도 중요한 의미를 지니는데, 지방분권화의 추세에 따라 (1) 국가가 지방자치단체장의 도시계획 입안, 수립권한을 침범, 간섭할 수 있는 것인지, (2) 국가와 지방자치단체장이 각 수립한 도시계획 간의 효력관계는 어떠한지 등의 문제가 대두되고 있는 상황이다. 만일 헌법 제120조 제2항을 계획고권과 관련된 조문으로 지방자치단체가 아닌 국가에게 어떠한 권한을 부여한 조문이라 이해한다면, 국가에 의한 도시계획의 직접적인 수정이 가능하다고 보아야 하고, 이를 허용하는 형태의 입법 또한 합헌성이 인정되어야 한다.

현재, 법학계에서 뚜렷한 논의가 발견되지는 않지만,[1] 장기적으로는 헌법 제120조 제1항과, 제117조 제1항 전단과의 관계가 쟁점이 될 수 있다. 제117조 제1항은 "지방자치단체는 주민의 복리에 관한 사무를 처리"한다고 정하고 있는바, '주민복리에 관한 사무'에 관할 구역 내의 도시계획에 관한 사무까지도 포함되는지 여부에 대한 고민이 필요하고, 나아가 해당 조항을 통하여 지방자치단체도 별도의 계획고권을 헌법으로부터 직접 부여받게 되는 것은 아닌지의 고민이 필요한 것이다.

2. 여론 - 미국의 경우

계획권한이 연방, 주(State), 지방자치단체(Local Government) 중 누구에게 속한 권한인지 여부는 'Comprehensive Plan'이나 'Zoning'과 같은 미국 도시계획제도의 근간을 이루는 개념들이 등장하던 시절부터 논란이 되어온 주제이기도 하다. 미국의 경우 이와 같은 계획권한의 근거를 경찰권(Police Power)[2]에서부터 기인하는 것

---

1 다만, 계획고권과 관련한 문제에서, 우리 헌법이 지방자치단체의 공간계획권한을 자치권의 일종으로서 인정하고 있다는 취지의 논의는 오래전부터 법학계에서 논의되어 왔다. 이러한 견해를 전제한다면 헌법 제120조 제1항보다는 제117조 제1항 전단에 무게가 실릴 것이다. 한편, 문헌 중에는 헌법 제117조 제1항의 규정만으로는 지방자치단체의 계획자치권(계획고권)을 이끌어내기는 어렵다는 논의도 발견된다. 오준근, 지방자치단체의 계획자치권에 관한 독일과 한국의 비교법적 연구, 지방자치법연구, 2016. 3., 19면 참조.
2 물론 이를 우리 법이론상의 '경찰권' 혹은 '경찰행정권'과 동일한 의미로 파악하기는 어렵다. 이하에서 설명하는 바와 같이 이는 주정부의 '입법권력'으로서의 의미를 지니는 것으로 이해되어 왔기

으로 파악하고 있다. 경찰권이란 "시민들의 보건, 안전, 윤리, 복지 등을 저해하는 모든 요소들을 금지하고자 하는 목적에서 사람 또는 재산에 대하여 규제를 입법하는 주(States)의 권한"으로 정의되는데,[1] 미국법학계에서는 이와 같은 경찰권을 주 정부의 고유한 권한이자 입법에 관한 권한으로 파악함으로써 주 정부가 시민들의 복지에 필요하다고 생각하거나 그 가치를 이행하기 위하여 필요하다고 인정된다면 무엇이든 입법할 수 있는 완전한 권한으로 이해하고 있다.[2] 물론, 이와 같은 주 정부의 경찰권은 무제한적인 권한이 아니며, 흔히 계획권한의 행사에 관하여 문제되는 판례들은 적법절차의 원칙(Due Process of Law)이나 평등의 원칙(Equal Protection of Law)을 준수하였는지 여부[3]에 관하여 다투어지고 있다. 아울러 미국에서는 이와 같은 계획권한의 연원인 경찰권을 '입법권'의 성질을 지니는 것으로 논의하고 있다는 점도 참고할 만한 점이다.[4]

1910년대만 하더라도 미국에서는 시민들의 복지를 보호할 적극적인 권한은 주 정부에 부여되어 있지 않다고 보았는데, 쉽게 말해 경찰권에서 기인하는 주 정부의 계획권한은 주민들의 복리를 해할 수 있는 요소들을 소극적으로 금지할 권한으로만 이해되는 것이지, 이를 위하여 적극적으로 어떠한 행위나 의무를 부담하도록 명하는 권한으로는 이해되지 아니하였던 것이다. 그러나 이와 같은 초기의 논의와 달리, 현재에 이르러서는 경찰권은 보다 넓게 이해되고 있으며, 따라서 단순한 소극적인 금지에 한정된 권한이 아니라 적극적으로 의무를 부과하고 요구할 수 있는 권한으로도 인정되고 있는 것으로 평가되고 있다.[5]

때문에, 보다 재량적인 권한으로 이해된다.

1 B. Burke, Understanding the Law of Zoning and Land Use Controls. LexisNexis, 2013, p. 3에서 인용.

2 B. Burke, Understanding the Law of Zoning and Land Use Controls, LexisNexis, 2013, p. 3 참조.

3 특히, 미국에서는 이와 같은 계획들이 그 자체로 재산권에 대한 수용(Taking 혹은 Eminent Domain)에 해당하여 위헌위법한 것이 아닌지에 대한 많은 판례들이 형성되어왔다. 참고로, 건축물의 높이나 획지의 최소규모 등을 제한함으로써 토지의 이용관계를 규제하는 내용의 도시계획이 헌법상 적법절차의 원칙(Due Process)을 위반한 것이 아닌지에 관하여 문제된 리딩케이스가 Village of Euclid v. Ambler Realty Co.(1926) 사건인데, Euclid 사건에서 미 연방대법원은 해당 도시계획이 과밀화를 방지하고 양립하기 어려운 용도를 방지하는 등 유효적절한 공적 이익에 대하여 합리적인 관련성을 지니고 있는 것이라는 이유로 적법하다고 판단하였다. 이와 같은 리딩케이스의 영향을 받아 본격적으로 등장하기 시작한 이후의 도시계획들을 'Euclidean Zoning'과 같은 식으로 표현하기도 한다.

4 참고로, 독일의 경우에는 도시계획이 조례로서의 지위를 갖는다. 김종보, 도시계획변경거부의 처분성, 행정법연구, 2004. 5., 257면 참조.

5 B. Burke, Understanding the Law of Zoning and Land Use Controls, LexisNexis, 2013, pp. 5-6의 논의 참조.

미국 상무부는 1924년 표준 Zoning[1] 수권법(Standard Zoning Enabling Act), 1928년 표준 도시계획 수권법(Standard City Planning Enabling Act)을 제정[2]하였는데, 이는 법령의 명칭 그대로 Zoning이나 도시계획을 만들기 위한 권한을 '수권 혹은 수여'하기 위한 근거법령으로서 기능하는 것으로, 주 정부의 권한을 각 지방자치단체(Local Government)에게 수권하는 내용을 담고 있는 법령이다. '표준'이라는 말과 같이, 이는 그 자체로 법령으로서 구속력을 지니는 것이 아니라, 우리의 표준 조례와 같이 각 주 의회에서 적절히 이를 수정·변용하여 각 주의 상황에 맞게 입법하도록 기준이 되는 것을 의미한다. 즉 현재 미국에서는 주 정부의 경찰권에서 기인한 계획권한을 위와 같은 각 수권법에 의하여 지방자치단체에게 부여하고 있는 것이다.

3. 헌법 제122조와 계획의 구속력

헌법 제122조는 "국가는 국민 모두의 생산 및 생활의 기반이 되는 국토의 효율적이고 균형 있는 이용·개발과 보전을 위하여 법률이 정하는 바에 의하여 그에 관한 필요한 제한과 의무를 과할 수 있다"라고 정한다.

국토계획법은 도시계획에 관한 일반법이고, 도시계획은 곧 토지의 이용관계에 대한 각종 내용을 정하는 규율이다. 도시계획은 건축허가요건을 계획의 내용으로 정함으로써 사인의 토지이용관계를 규제하게 되는데, 토지 또는 건물의 소유권을 지닌 사인이 왜 그와 같은 도시계획의 내용을 수인하여야 하는지에 대한 직접적인 근거가 바로 헌법 제122조가 되는 것이다.

한편, 헌법 제122조가 아니더라도, 토지소유권의 성격상 애당초 개발가능성에 대한 내용이 소유권의 내용에 포함되어 있지 않으므로, 토지소유자로서는 당연히 계획의 내용에 구속될 수밖에 없다는 보다 적극적인 견해도 상정 가능할 수도 있

---

1 흔히 미국의 Zoning 제도를 우리의 용도지역제 도시계획에 곧바로 대응하는 제도로 이해하여 이를 용도지역으로 번역하는 경우가 있으나, 엄밀한 의미에서 Zoning을 용도지역제 도시계획과 동일한 것으로 이해하기는 어렵고, 오히려 우리 법제상의 여러 층위의 도시계획들의 기능을 조합하여 놓은 것으로 이해하는 것이 적절할 것으로 생각된다. Zoning을 어떻게 번역할 것인지 또한 추후 도시계획법 혹은 국토계획법 영역에서의 비교법적 논의가 활성화되기 위해서 심도있는 논의와 이해가 있어야 할 것으로 생각된다. 본서에서는 우선 본래 용어 그대로 사용하기로 하겠다.

2 본서의 논의범위를 벗어나는 것이기에 간략히만 언급하자면, 미국에서 거의 유사한 시기에 등장한 Zoning과 City Plan의 기능, 우열관계 등을 두고도 상당한 논의가 진행되어 왔으며, 대체로 미국 각 주나 지방자치단체에서도 그 차이에 대한 오해가 있어 이를 비판하는 논의가 발견되고 있다. 관련하여 P. E. Salkin, J. C. Juergensmeyer, T. E. Roberts & R. M. Roweberry, Land Use Planning and Development Regulation Law, 2018, pp. 24 이하의 'Relationship of Planning and Zoning' 항목의 논의 참조.

다. 즉 토지소유권의 내용인 '관리처분권'에는 토지를 자신이 생각하는 바대로 적극적으로 개발할 권리까지는 포함되어 있지 않다고 해석하는 것이다. 비교법적으로 본다면, 이는 영국에서의 논의를 참조한 것이라 할 수 있는데, 영국의 경우 2차 세계대전 직후인 1947년 제정된 도시 및 농촌계획법(Town and Country Planning Act)을 통하여 '개발권능을 국가가 모두 수용 또는 국유화(nationalized)하였다'는 입장을 취하고 있으므로,[1] 토지소유권을 지닌 사인의 입장에서는 애당초 개발권능을 지니지 못한 것으로 볼 수밖에 없고, 개발을 위해서는 국가로부터 개발권능을 수여·부여받아야 한다고 보게 되는 것이다.

제3절 국토계획법의 기능

Ⅰ. 도시계획에 관한 일반법

국토계획법은 도시계획에 관한 일반법으로서 기능한다. 실정법상 도시계획(도시·군계획)은 "공간구조와 발전방향에 대한 계획"으로 정의되고, 그에 속하는 계획의 종류로 크게 도시기본계획과 도시관리계획이 포함되어 있는 것으로 규정되어 있다(법 제2조 제2호). 그러나 이와 같은 법상의 정의만으로 도시계획이라는 개념의 의미 및 그 법적인 성질과 함의를 모두 담아내기 어려우므로, 문헌상으로는 협의의 도시계획을 "도시 내 토지의 합리적 사용을 위해 대상지역을 구획하고 그 위치와 면적 및 법적 성격을 확정함으로써 대상지역 내 토지의 건축허용성[2](개발가능성)

---

1 영국의 문헌들은 공통적으로 1947년 법을 통하여 국가가 사인이 지닌 개발권능을 수용 또는 국유화(nationalised)는 식의 표현을 사용하고 있는데, 당해 법률을 통하여 토지소유권자는 개발을 할 권리(development rights)와 개발에 관한 가치(development value)가 모두 국가로 귀속되었다는 식의 서술들이 일반적으로 등장함. 즉 이로써 토지소유자들은 행정관청으로부터 허가(permission)를 받지 아니하는 이상 현상의 용도 이외로 소유토지를 이용할 권리 자체가 없다는 것임. 관련하여 John Uff, "Construction Law," 12th edition, Sweet&Maxwell, 2017, p. 501 'Planning Law' 부분 참조. 참고로, 영국법상으로 우리의 국토계획법 혹은 도시계획법이라 불리는 영역을 일컫는 용어가 'Planning Law'라는 분야이다.

2 '건축허용성'이란 어떠한 토지에 건축물을 건축하는 것―곧, 해당 토지를 개발하는 것이 계획고권을 지닌 행정관청에 의하여 허용되어 있다는 것, 다시 말해 해당 토지를 개발해도 좋다는 법적인 지위를 의미하는 것임. 이는 도시계획의 역할 중 가장 핵심적인 기능이라고 할 수 있다.
우리 법학계에서 건축허용성이라는 개념을 처음 도입한 것은 저자의 은사이신 김종보 교수님의 "도시계획의 수립절차와 건축물의 허용성에 관한 연구," 서울대학교 대학원 박사학위논문, 1997. 2.인데, 독일의 도시계획법제에서 등장하는 건축물의 허용성에 관한 개념을 소개하면서, 우리의 도 및 건축허가요건을 정하는 행정계획"[1]이라고 정의하기도 하고, 광의의 도시계획에는 이상과 같은 협의의 도시계획에 "새로운 시가지를 형성하기 위한 적극적 행정계획과 도시기반시설의 설치를 위한 계획"까지도 포함[2]하는 것으로 이해하고 있다. 요컨대, 도시계획은 도시라는 공간을 대상으로 하여 그 이용 관계에 관한 일련의 구상과 규율을 계획고권을 지닌 행정청이 행정계획이라는 형식으로 수립하여 놓는 것을 의미하는 것이므로, 주로 토지이용관계의 전형적인 모습이라 할 수 있는 건축물의 등장과 관련한 각종의 규율(건폐율, 용적율, 건축물의 용도 등 각종의 건축허가요건)들을 그 내용으로 하게 된다.[3]

국토계획법은 이와 같은 도시계획을 수립할 수 있는 권한의 소재를 규정하는 한편, 도시계획의 종류와 형태, 그리고 각 종류의 도시계획에 포함되는 규율의 내용, 도시계획의 수립 절차 등에 관한 일반적인 규정들을 두고 있다. 국토계획법을 통하여 비로소 도시계획을 수립할 권한이 각급 지방자치단체장들(예외적으로는 국토교통부장관)에게 부여되고, 용도지역제 도시계획이나 지구단위계획 등의 각종 도시계획의 구체적인 형태들이 규정되며, 이와 같은 계획들이 어떠한 내용들을 규율하여야 하는지 혹은 할 수 있는 것인지가 규정되는 것이다.

국토계획법이 도시계획의 일반법의 지위를 지닌다는 점은, 다른 개발사업법령상 수립되는 각종의 계획들이 국토계획법상 도시관리계획의 지위를 의제하고 있다는 점에서도 확인된다. 이는 토지에 대하여 도시관리계획이 선행하여 수립되어 있음을 전제로 하여 그와 상이한 내용의 개발사업을 수행하기 위해서는 도시관리계획의 변경이 수반될 수밖에 없고, 따라서 개별 개발사업법령상 수립되는 개발계획에 대하여 국토계획법상의 도시관리계획의 지위를 부여하는 방식으로 입법이 되어 온 것이다. 즉 토지의 이용관계에 관한한 원칙적인 규율은 국토계획법상 도시관리계획에 의하여 이루어지는 것임을 전제하고 있기 때문에, 다른 법령들이 그 체계에

시계획법제를 설명함에 있어 그 개념을 도입하였다.

[1] 김종보, 도시계획변경거부의 처분성, 행정법연구, 2004. 5., 248면 내지 249면에서 직접 인용.

[2] 김종보, 도시계획변경거부의 처분성, 행정법연구, 2004. 5., 249면에서 직접 인용.

[3] 참고로, 흔히 우리 법제에서 '도시계획'이라는 용어를 사용하게 된 이유를 영국의 Town Plan이나 미국의 City Plan을 직역한 것에서 찾는 견해가 있는데(김종보, "도시계획변경거부의 처분성," 행정법연구, 2004. 5., 244면), 미국에서 City Plan이라는 용어가 태동할 당시 그 개념은 "도시의 권역의 물리적 개발에 관한 가장 중요한 구상(design)으로, 토지의 공적 용도와 사적 용도의 구분에 관한 계획, 공적인 개량사업, 용지, 시설물 등의 범위나 위치의 지정, 사적인 개발과 관련하여 주거, 상업, 공업용도 등 다양한 토지이용용도의 일반적 배분 등의 내용으로 구성된 것"으로 이해되어왔다 (W. Goodman, E. Freund, Principles and Practice of Urban Planning, 1968, pp. 352 내지 353 참조).

편입되고 의존하는 태도를 취하여오고 있는 것이다.

Ⅱ. 개발행위 허용에 관한 일반법

국토계획법은 개발행위에 관한 일반법으로서 기능한다. 법은 개발행위를 건축물의 건축 또는 공작물의 설치, 토지의 형질 변경, 토석채취, 토지분할, 물건의 장기 적치 행위 등을 '개발행위'라고 정의[1]하면서(법 제56조 제1항), 개발행위를 하려는 경우에는 관할 행정관청으로부터 개발행위허가를 받도록 하고 있다. 즉 국토계획법상 개발행위허가는 토지를 적극적으로 이용하고 개발하는 행위를 '개별적'으로 수행하기 위하여 필수적으로 받아야 하는 인허가이므로, 이는 곧 국토계획법상 개발행위허가제도가 토지에 대한 개별적인 적극적 이용행위를 규율하는 원칙적인 제도임을 보여주는 것이다. 물론 본서의 제56조 항목의 논의와 같이 개별 토지에 대한 '건축허용성(개발가능성)' 자체는 개발행위허가뿐만 아니라 다른 도시계획적 수단에 의하여도 부여가 가능한 것이지만, 최소한 그와 같이 건축허용성(개발가능성)이 행정청에 의하여 인정되고 부여된 곳에서 개별적인 건축행위 등의 개발행위를 하려는 경우에는 개발행위허가가 필요한 것이라 할 수 있다.

이와 같이 국토계획법이 개발행위의 허용에 관한 일반적인 법률로서 기능하고 있다는 점은, 개발행위에 관련된 다른 법령들상의 인허가들에 항상 국토계획법상 개발행위허가가 의제된다는 점을 통하여서도 확인할 수 있다. 예컨대 건축법상 건축허가(제11조)나 주택법상 사업계획승인(제15조) 등은 그 인허가의 발급 시에 의제되는 인허가로 국토계획법상 개발행위허가를 기재하고 있는데, 이와 같은 태도는 우리 법상 개별적인 개발사업을 관장하는 개발사업법령들이 공통적으로 취하고 있는 구조라고 할 수 있다. 이를 역으로 말하면, 우리 법체계상 개발사업을 관장하는 법률이라면 어느 것이든지 모두 국토계획법상 개발행위허가를 의제하는 태도를 취하고 있는바,[2] 개발행위허가에 대한 의제 관계를 지니고 있는 인허가들이 포함된

---

1 다만, 이와 같은 실정법상의 정의는 개발행위에 해당하는 행위의 유형들을 열거하고 있을 뿐, 개발행위의 본질을 명확히 규명하고 있지 못하다는 비판이 존재한다. 관련하여 저자는 이와 같은 실정법상의 태도를 비판하고 국토계획법상 개발행위를 "건축물을 지을 수 있게 하려는 것을 주된 목적으로 소규모 토지의 법적 또는 물리적 현상을 변경하여 도시계획의 내용에 영향을 주는 행위"로 정의한 바 있다. 관련하여 전진원, 개발행위허가에 관한 연구, 서울대학교 석사학위논문, 2015. 2. 참조.

2 반대로, 많은 개발행위들에 대하여 적용되는 건축법상 건축허가의 경우에는 개발행위 중에서도 '건축'에 해당하는 것에 대하여만 인허가 의제관계를 맺고 있음을 확인할 수 있다. 따라서 '건축'을

법령들은 '개발사업법'의 범주에 포섭될 수 있는 것이라 할 수 있겠다.

Ⅲ. 도시계획시설의 설치 및 귀속에 관한 일반법

국토계획법은 도시계획시설을 설치하는 것에 관한 일반법으로서 기능한다. 도시계획시설이란 도시 기능의 근간을 이루는 기반시설들 중에서도 국토계획법이 정하는 도시계획시설사업의 절차를 통하여 설치하는 것을 일컫는 것이다. 기반시설의 정의에 대하여는 뒤에서 보다 상세하게 논의하겠지만, 간략히만 정의하면 이는 "도시민의 생활을 위해 필요한 기초시설"[1]을 의미하는 것이다. 즉 개별적인 토지 또는 건축물의 소유자만의 전유를 위하여 설치되는 것이 아니라, 도시민의 모두를 위하여 공동의 이용관계를 증진하기 위하여 설치되는 공공의 시설로, 그중에서도 도시의 기초적인 기능을 위하여 반드시 필요한 도로, 공원, 수도, 전기 등의 각종 시설을 기반시설이라고 일컫는다.

기반시설을 설치하는 법적 절차는 여러 가지가 있을 수 있는데, 그 기본이 되는 것이 바로 국토계획법상 도시계획시설사업이라고 할 수 있겠다. 기반시설의 특성상 이는 사적 주체가 아닌 공적 주체에 의하여 설치되는 것이 적절하고, 나아가 그 소유권 또한 공적 주체에게 귀속되어 공물로서 관리되는 것이 보다 적절하다고 할 수 있다. 국토계획법은 이와 같이 공적 주체에 의하여 기반시설을 건설하는 절차와 더불어, 사적 주체에 의하여 기반시설이 건설된다고 하더라도 이를 법이 정한 절차에 의하여 설치하는 경우에는 최종적으로 공적 주체에 대하여 소유권을 귀속시킬 수 있는 일반적인 근거를 마련함으로써, 기반시설의 설치에 관한 일반법으로서 기능하고 있는 것이다. 그 외에도 개별 기반시설의 종류별로 이를 따로 설치 및 관리에 관한 근거를 입법하는 경우가 있는데(예컨대, 수도법, 도로법 등) 이와 같은 경우에도 각 법령상 기반시설을 설치하는 인허가를 받을 경우 국토계획법상 도시

수반하지 않는 개발사업-예컨대 부지만을 조성하는 것을 목적으로 하거나 건축물 이외의 시설물의 설치만을 목적으로 하는 사업 등은 건축법상 건축허가를 의제하지 아니한다. 예를 들어 에너지원을 공급하는 시설(공급시설)을 설치함에 있어 필요한 집단에너지사업법상 공사계획 승인의 경우(제22조)에도 국토계획법상 개발행위허가는 의제하면서도 건축법상 건축허가는 의제하지 아니한다.

따라서 이와 같은 관계를 통하여 볼 때 건축법상 건축허가를 개발행위의 허용에 관한 일반법이라 볼 수 없음을 알 수 있고, 반대로 국토계획법상 개발행위허가 개별적인 개발행위를 관장하는 일반적이고 원칙적인 제도로서 기능한다는 점을 알 수 있다.

1 김종보, 건설법의 이해, 제6판, 피데스, 2018, 206면에서 직접 인용.

계획시설에 관한 일련의 인허가를 의제하는 태도를 보이고 있다.[1]

　다만, 국토계획법이 정하고 있는 바와 같이 모든 기반시설이 도시계획시설사업으로 설치되어야 하는 것은 아니고, 그 이외의 절차에 의하여도 설치가 가능한 것이기는 하다. 그러나 통상 기반시설의 설치를 위하여는 토지수용권의 부여와 같은 각종의 고권적인 수단이 동원되어야 하는 경우가 많고, 도시계획시설사업으로서 시행하는 경우 이와 같은 고권적 수단을 동원하기가 용이하므로, 대부분의 기반시설들은 원칙적으로 도시계획시설사업의 틀을 통하여 건설되는 것이 일반적이라 할 수 있다.

제4절 토지이용에 대한 규제의 유형

Ⅰ. 규제법으로서 국토계획법

　국토계획법은 토지의 이용관계를 규율하는 법이므로, 이는 기본적으로 사적소유권을 지닌 토지 또는 건물의 소유자와의 관계에서 그 권리를 제한하는 '규제'의 성격을 지닐 수밖에 없다. 연혁적으로 보더라도 '도시계획'이라는 제도가 등장하게 된 배경은 토지의 이용 형태나 요건을 규율함으로써 주민들의 안전이나 보건, 복지 등의 공익적 가치를 증진·보호하기 위한 것이었으므로, 필연적으로 사적 소유권에 대한 일정한 제약과 제한을 가할 수밖에 없는 것이다.[2] 미국에서도 토지의 이용과 용도를 제한하는 도시계획이 그 자체로 사적소유권에 대한 수용(收用, Taking)에 해당하는 것은 아닌지에 대한 논의가 상당히 오랜 기간 이어져왔던 것[3] 또한 도시계

---

1 예컨대 수도법 제46조 제1항 제1호, 도로법 제29조 제1항 제4호 등.

2 서구에서 근대적인 도시계획의 연원 중 하나로 1666년 런던대화재를 흔히 일컫고 있는데, 당시 대화재의 원인 및 이를 쉽게 진화하지 못했던 것에 대하여 건축요건뿐만 아니라 토지이용관계 전반에 대한 반성적인 고려가 있었던 것으로 보인다. 1667년 제정된 런던 재건법(Act for the Rebuilding of London)은 건축물의 규모, 높이, 획지 내에서의 위치, 소재 등을 규제할 권한을 런던시에 부여하였는바, 이는 방만한 토지 이용을 방치하는 것이 도시에 얼마나 예측불가한 위협이 될 수 있는지에 대한 반성에서 공공의 이익을 위해 토지이용관계를 규제하고자 하는 맥락에서 등장한 것이다. 관련하여, P. E. Salkin & J. R. Nolon, Land Use Law in a Nutshell. West Academic, 2017, pp. 2, 5의 논의 참조.

3 토지의 효용(Usefulness of Land)을 저해하는 것 또한 수용에 해당하여 연방헌법이 정한 요건을 갖춘 것인지에 대한 일군의 판례가 형성되어 왔는바, 관련한 내용은 B. Burke, Understanding the Law of Zoning and Land Use Controls, LexisNexis, 2013, p. 13 이하의 논의를 참조.

획 혹은 그 법제의 규제적인 성격을 단적으로 보여주는 것이라 할 수 있겠다. 국토
계획법 또한 도시계획적 수단을 통하여 이와 같은 공익적 목적에 기초하여 소유권
에 대한 각종의 제한을 가하고 있는바, 본 절에서는 국토계획법이 사용하고 있는,
혹은 사용하였던 바 있는 규제의 성격을 개괄적으로 살펴보도록 한다.

문헌들 중에는 국토계획법이 토지이용관계에 대하여 제한을 가하는 수단을 ①
소유에 대한 제한, ② 이용에 대한 제한, ③ 개발에 대한 제한, ④ 수익에 대한 제
한, ⑤ 처분에 대한 제한 등으로 구분하는 견해[1]가 있어 이를 참조할 수 있겠으나,
본서에서는 이와 같은 제한의 대상을 기준으로 구분하는 것 이외에 국토계획법이
정하고 있거나 혹은 상정가능한 각종의 규제수단들을 그 성격에 따라 분류해보고
자 한다.

Ⅱ. 전면적 규제와 제한적 규제

토지의 이용을 규제하는 방법은 전면적인 것과 제한적인 것으로 분류할 수 있
다. 적극적 규제란 토지 이용관계를 전면적이고 적극적인 수단을 동원하여 토지의
이용가능성 자체를 원칙적으로 박탈 또는 금지한 뒤 국가나 지방자치단체와 같은
행정권력이 개별적으로 허용하는 토지의 이용만이 허락되는 경우를 의미한다. 우
리의 현행 법제상 개발제한구역제도가 이에 해당할 수 있는데, 법을 개발제한구역
으로 지정된 곳 이내에서는 원천적으로 일절의 개발행위를 할 수 없도록 하되 극
히 예외적으로 종전의 이용형태를 유지하는 정도의 선에서만 개발행위를 개별적으
로 허가하는 형태를 취하고 있는데(개발제한구역법 제12조[2]), 이와 같은 방식이 전
면적이면서 적극적인 규제 방식이라고 할 수 있겠다.

이와 같은 전면적인 규제방식에도 여러 수준이 존재하는데 개발제한구역의 경
우가 가장 강력하고 극단적인 규제의 방법에 해당하는 한편, 통상적인 개발사업의
시행과정에서 개발사업의 대상구역으로 지정되는 경우 그에 배치되는 개발행위를
막기 위하여 행위제한을 규정하되 예외적으로만 행위허가를 받아야만 개발행위가
허용되는 경우들도 이와 같은 전면적 방식의 토지이용 규제방식의 한 양태라고 볼
수 있겠다. 다만, 개발제한구역 제도에 비하여 이와 같은 유형의 행위허가 제도들

---

1 정태용, 국토계획법, 개정판, 한국법제연구원, 2005, 29면 내지 32면.
2 참고로, 개발제한구역에 관한 근거 조문은 법 제38조에 등장하는데, 동조 제2항은 별개의 특별법을 제
  정하여 개발제한구역에 대한 규율을 하고 있고, 그에 따라 제정된 것이 개발제한구역법에 해당한다.

은 상대적으로 규율의 강도가 낮은 편이고, 기한부 건축물이나 시설물들과 같이 당해 개발사업에 지장을 주지 아니하는 한도 내에서는 상대적으로 넓게 허용되는 경우들이 있다.

반면, 제한적 규제라 함은 원칙적으로 토지소유자에게 토지를 이용, 개발할 수 있는 권능이 있음을 전제로, 다만 행정권력의 개입을 통하여 제한적으로 금지되거나 허용되는 유형의 이용방법을 미리 정하여놓는 방식의 규율태도를 의미한다. 즉 전면적 규제방식과 달리 당해 구역 내의 토지 이용을 원칙적으로 금지하지 아니하고, 규제의 내용이 허락하거나 혹은 방관하는 한도 내에서는 토지소유자의 이용권한 자체를 원칙적으로 인정하는 형태의 규제가 바로 이에 해당한다. 오늘날 국토계획법이 취하고 있는 대부분의 도시계획적 수단들이 바로 이와 같은 '제한적 규제'에 해당한다고 볼 수 있다. 대표적으로 용도지역제 도시계획의 경우 각 용도지역별로 허용되는 건축물의 용도 혹은 허용되지 아니하는 건축물의 용도를 열거하고 있는데, 이는 곧 법령이 정하고 있는 범위 내에서는 토지소유권자가 해당 용도로 토지를 사용하는 것이 가능할 수 있음을 인정하고 있는 것이다.

다만, 제한적 규제방식에 관하여 가장 핵심적인 문제는, 바로 법령이나 규제의 내용상 허용되는 토지이용방법이 있다고 하더라도, 곧바로 그 내용에 의하여 토지소유자에게 그 방법대로 토지를 이용, 개발할 적극적인 지위나 권리가 인정된다고 볼 수 있는지 여부에 있다. 이는 가장 근본적으로는 토지소유권의 내용에 개발에 관한 권능이 포함되어 있는지, 아니면 없거나 제한되어 있다고 보아야 하는지에 관한 쟁점과도 연관되어 있는 것이라 볼 수 있다. 그러나 현재의 국토계획법은 형식적으로나마 모든 개발행위에 대하여 개발행위허가를 받도록 하고 있고,[1] 따라서 국토계획법령 및 도시계획의 내용에 의하여 허용되는 이용형태가 존재한다고 하더라도 그것만으로 곧바로 토지소유자의 자유로운 개발행위가 허용된다고 보기는 어려우며, 그와 같은 경우에도 개발행위허가를 받아야 한다. 다만, 종전의 토지 이용형태 등을 고려할 때, 누가 보더라도 개발행위가 가능하여야 할 곳이라 한다면 개발행위허가에 개입되는 행정청의 심사의 강도나 권한의 범위가 달라지는 차이가 있을 것이기는 하다.[2]

---

1 반대로, 개발행위허가 이외의 방법으로 건축허용성(개발가능성)이 부여될 수 있다는 견해가 제기될 수도 있기는 하나, 현행법의 체계상으로도 그와 같은 경우에도 개발행위허가를 거칠 수밖에 없게 되어 있다.

2 이는 결국 개발행위허가의 법적 성격에 관한 문제이므로 법 제56조에 관한 논의 부분에 가서 다시 상세하게 논의하도록 한다. 초벌적으로만 언급한다면 예컨대 이미 도심지 한가운데 소재하는 토지

Ⅲ. 직접적 규제와 간접적 규제

한편, 국가는 토지의 이용관계를 직접적으로 규제하는 방안과 간접적으로 규제하는 방안 모두를 고려할 수 있다. 토지의 이용관계를 직접적으로 규제한다는 것은, 곧 그 이용관계 자체를 규제의 내용으로 하는 경우를 의미하는데, 현재 국토계획법이 도시계획적 수단을 통하여 규율하는 각종의 건축허가요건과 같이, 토지를 이용할 수 있는 규모, 용도 등을 직접적으로 한정하는 것이 직접적인 규제방식의 대표적인 경우라고 할 수 있다. 도시계획은 기본적으로 건축허가요건들을 규율함으로써 토지의 이용관계에 대한 직접적인 규제사항들을 담고 있는 것이므로, 국토계획법이 정하고 있는 각종의 도시계획적 수단들은 기본적으로 직접적 규제의 유형에 해당한다고 볼 수 있겠다.

반면, 간접적 규제는 토지의 이용관계 자체를 규제의 대상으로 하지 아니하면서도, 결과적으로 다른 요소들을 규제함으로써 간접적으로 토지의 이용관계를 사실적인 측면에서 제한하게 되는 규제의 종류를 의미한다. 이와 같은 유형의 규제들은 통상 토지의 '가치'나 혹은 토지가 아니더라도 그에 수반하거나 견련되어 있는 '가치'를 규제하는 방식으로 이루어질 수 있다.[1] 예컨대 토지의 이용관계가 변동됨에 따라서 발생하는 경제적인 이익에 대하여 각종의 부담금을 부담케 한다든지, 혹은 토지 이용관계 변경을 위하여 그에 수반한 금전적·경제적인 의무를 부과한다든지 하는 유형의 규제가 이에 해당할 수 있겠다. 이와 같은 경제적 부담이 늘어나게 될수록 토지소유자의 입장에서는 토지의 이용이나 개발을 꺼리게 될 수 있는 것이므로, 이와 같은 억지효과를 통하여 이용관계를 사실적인 측면에서 규제하는 것이 바로 간접적 규제의 적용 양태라 할 수 있다.

인데다 지목이 '대지'이고 그 외 도시계획상으로도 건축에 아무런 지장이 없는 상태라면, 이 경우에는 개발행위허가 혹은 그를 의제하는 건축허가 등의 인허가를 받아야 하는 것이기는 하나, 개발행위허가의 내용 중에서도 토지형질변경이 별도로 필요하다고 보기는 어려우므로 행정청이 개발행위허가의 발급을 두고 행사할 수 있는 재량의 여지는 매우 작아질 것이다.

1 이와 같이 토지의 '이용' 자체에 대하여 규제하는 방식과, '가치'에 대하여 규제하는 방식을 구분하는 견해에 대한 아이디어는 영국법을 비롯한 다른 법역들의 문헌상 논의들의 추이를 볼 때 대체로 계획이나 인허가(계획허가 등)에 관한 논의들과, impact fee나 value capture와 같은 논의들로 크게 대별되는 것에서 착안한 것이다.

Ⅳ. 규제 유형 구분의 실익 - 재산권 침해에 이른 것인지의 판단

규제 유형의 분류를 두고 가장 중요한 것은 결국 헌법 제37조 제2항이 금지하는 재산권의 침해에 해당하는지 여부이다. 전면적이고 직접적인 침해 수단에 해당할수록 재산권 침해에 해당할 소지가 높아질 것이고, 제한적이면서 간접적인 침해 수단에 해당할수록 재산권 침해에 해당할 소지는 상대적으로 낮아질 것이다. 전면적이고 직접적인 침해에 해당할수록 토지소유자가 지니는 소유권의 사용수익권능의 본질적인 요소를 제한하는 유형의 규제에 해당할 것이므로, 소유권의 본질적인 권능 중 일부를 박탈하는 것으로 평가될 가능성이 높아지기 때문이다.

다만, 이와 같은 구분이 헌법 제37조 제2항 위반 여부와 곧바로 연결되는 것이라 단정할 수는 없다. 다시 말해, 전면적이고 직접적인 규제라고 하여 반드시 헌법 제37조 제2항에 위배되는 것이라고 단정할 수는 없는 것이고, 반대로 제한적이면서 간접적인 규제라고 하여 반드시 합헌적인 규제라고 볼 수는 없다. 후자의 경우를 예로 들면, 개발행위에 대하여 부과되는 각종의 부담금이 과도하여 사실상 토지의 가치 대부분을 수용해버리는 것이나 다름없는 결과를 가져온다면, 이는 소유권의 내용인 사용수익권능을 사실상 박탈하면서, 그 가치마저도 상당 부분 박탈하는 것이 되는바, 이는 위헌적인 규제로 보아야 한다. 반대로, 전자의 경우를 예로 들면, 중대한 공익적 사유 및 사회적인 이익을 이유로 하여서는 전면적이고 직접적인 규제가 필요하게 될 수도 있는데, 개발제한구역(이른바 '그린벨트')에서의 전면적이고 직접적인 규제가 대표적인 사례이다. 다만, 이와 같은 경우에도 헌법재판소는 '시점'을 변수로 하여 "종래의 목적으로도 사용"하는 것과 장래를 향한 "개발가능성의 소멸과 그에 따른 지가의 하락이나 지가상승률의 상대적 감소"를 구분한 다음 전자를 박탈하는 것은 토지소유자가 수인하여야 하는 사회적 제약의 범주를 '초과'하는 것인 반면, 후자의 경우에는 수인하여야 하는 범주에 속한다고 보았다.[1] 즉 헌법재판소의 이와 같은 입장에 의하면 우리 법제 하에서는 '전면적'이고 '직접적'인 규제를 하더라도 최소한 규제 이전의 현황 그대로의 이용관계는 인정하여주어야 한다는 것인데, 다만 헌법재판소가 설시한 문언에 의하면 "실질적으로 토지의 사용·수익의 길이 없는 경우"에는 위헌으로 판단된다[2]는 것이므로 종전의 이용관

---

1 헌법재판소 1998. 12. 24. 선고 89헌마214 전원재판부 결정.
2 헌법재판소는 "개발제한구역 지정으로 인하여 토지를 종래의 목적으로도 사용할 수 없거나 또는 더 이상 법적으로 허용된 토지이용의 방법이 없기 때문에 실질적으로 토지의 사용·수익의 길이

계의 모든 범위를 보장하여야 하는 것인지, 아니면 그중에서도 '최소한' 만을 인정하면 되는 것인지의 문제가 남게 된다.

당연하게도, 이와 같이 전면적이고 직접적인 규제가 허용될 수 있는 범주는 국가별 법제도와 전통에 따라 다른 양상을 보인다. 대표적으로 영국의 경우에는 도시계획의 연원을 설명하는 대목에서 항상 "개발권능을 국유화"(Nationalising Development Rights)한다[1]는 표현이 등장하는데, 이는 전면적이고 직접적인 규제가 원칙적이고 일반적인 규율 형식이 되는 것임을 표상하는 표현이라고 할 수 있겠다. 영국의 경우, 런던대화재 이후 도시계획의 역사와 연원이 매우 깊은 편이고, 토지소유권의 개념이 이른바 '에스테이트(estate)' 법리라 하여 모든 토지소유권이 원칙적으로는 국왕에게 유보되어 있되 과거 귀족이나 성주 등이 이를 일정 기간 수여 받아서 용익하고 있는 것이라는 관념에서부터 출발하였다는 점에서 보더라도 상대적으로 '개발권능을 국유화'한다는 표현과 같이 토지소유권에 대한 강력한 제한을 정당화하는 데 무리가 없었던 것으로 판단된다.

그러나 이와 같은 영국의 논의가 우리의 법제에서 곧바로 통용되기는 어려울 것인바, 토지소유권의 연원이 달라 전통적으로 개발권능이 소유자에게 있다는 인식이 강하게 뿌리내려 있는 우리의 법 전통 하에서는, 전면적이고 직접적인 제한이 일반적으로 허용된다고 보기는 어렵다고 봄이 상당하다.

없는 경우에는 토지소유자가 수인해야 하는 사회적 제약의 한계를 넘는 것으로 보아야 한다."라고 하면서 "구역지정 당시의 상태대로 토지를 사용·수익·처분할 수 있는 이상, 구역지정에 따른 단순한 토지이용의 제한은 원칙적으로 재산권에 내재하는 사회적 제약의 범주를 넘지 않는다."라고 설시하고 있으므로, 그 의미가 '실질적으로 사용수익할 길을 완전히 막지만 않는다면 헌법 제37조 제2항에 위배되지 않는다는 것'인지, 아니면 '종전의 현황 정도까지는 보장해주어야 헌법 제37조 제2항에 위배되지 않는다는 것'인지가 다소 명확하지 않다.

1 대표적으로 Philip BOOTH, Nationalising development rights: The feudal origins of the British planning system, Environment and Planning B: Planning and Design, 2002, 29.1: 129–139의 논저 참조. 'nationalise'의 의미를 우리의 '국유화(國有化)'라는 용어와 동치 시킬 수 있는 것인지는 고민해보아야 할 문제이다. 'nationalise'의 의미와 관련하여서는 "런던 주변에서 최소한 주정부는 단순히 '무엇을 건설할 수 있을지'를 규제하는 것이 아니라, 토지 소유자의 권리를 국유화하였다. 이는 토지소유자들이 각 사례별로 개별적인 인허가를 받지 않는 이상 건축행위를 할 수 없다는 것을 의미한다"라고 설명한 문언을 참조(Create Streets, The long history of British Land Use Regulation, URL: www. createstreets.com/the-long-history-of-british-land-use-regulation/).

제2장 국토계획법의 변천과 발전

제1절 입법의 연혁

Ⅰ. 국토계획법의 제정 경과

1. 조선시가지계획령

　도시공간에 대한 계획적인 근대적·법적 규율은 일제강점기 시절 조선총독부령으로 제정된 조선시가지계획령을 그 출발점으로 한다.[1] 조선시가지계획령은 1934. 6. 공포되었는데, 총칙, 지역 및 지구의 지정과 건축물 등의 제한, 토지구획정리 등 총 3장, 50개 조로 구성되어있었다. 조선시가지계획령은 그 자체로 도시계획에 관한 규율, 건축행위에 대한 규율, 토지구획정리사업[2]에 대한 규율 포괄하는 법령이었는데, 이는 현재의 건축법, 국토계획법과 더불어 현재의 도시개발법이나 도시정비법과 같은 개별 개발사업법의 기능까지를 겸유하는 매우 광범위한 기능을 담당하는 법령이었다.

　조선시가지계획령의 이러한 포괄성은 동법이 관장하는 도시계획인 '시가지계획'의 정의에서도 드러나는데, 동령은 시가지계획을 "시가지의 창설 또는 개량을 위하여 필요한 교통·위생·보안·경제 등에 관한 중요시설의 계획"이라고 정의함으로써, 단순히 건축허가요건을 규율하여 개별적인 건축행위 혹은 개발행위의 신청이 있을 때 비로소 개입하게 되는 소극적 기능의 도시계획을 넘어, 그 자체로 시가지의 창설·개량과 같이 오늘날 개별 개발사업법들이 관장하는 적극적인 도시 형성 및 개발의 기능까지도 포괄하는 개념으로 이를 정의하였다.

　조선시가지계획령은 시가지계획구역의 지정 및 시가지계획의 결정권한을 조선총독에게 부여하여 이를 일원화 하고(제2조 제1항), 그 내용에 따른 시가지계획사업의 시행은 조선총독이 정하는 행정청이 하도록 하여(제3조 제1항), 기본적으로는 도시계획 및 개발의 권능을 모두 각급 시·군이 아닌 조선총독에게 일원적으로 집중되도록 하였다는 점에서 그 특색이 있다. 후술하겠지만, 이와 같이 중앙정부에 의하여

---

[1] 「조선시가지계획령」이 근대적 도시계획법제의 출발점이라는 것에 대하여는 학계에서도 달리 이견이 없는 것으로 보인다. 김홍순, 일제강점기 도시계획에서 나타난 근대성: 조선시가지계획령(朝鮮市街地計劃令)을 중심으로, 서울도시연구 8.4, 2007, 156면 참조.

[2] 현재는 도시개발법상 도시개발사업으로 계수되어오고 있다.

도시계획권한이 집중된 형태는 제정 도시계획법 등장 이후에도 한동안 유지되었으나, 지방분권화와 그에 따른 권한의 이양 추세에 따라 현재는 지방자치단체장들에게 도시계획의 입안권 혹은 결정권한이 모두 분배되는 것으로 변천되어 왔다.

조선시가지계획령은 시가지계획구역 – 곧, 오늘날의 도시계획구역이라고 할 수 있는 구역적 범위 내에, 주거지역·상업지역·공업지역을 지정할 수 있도록 하여 용도지역제 도시계획의 초기적인 형태를 도입하였다(제15조). 동령은 각각의 용도지역 내에서 그 성질에 맞지 아니한 용도의 건축물의 등장을 금지함으로써(제16조 내지 18조), 도시계획의 중요 구성요소 중 하나인 건축물의 용도를 규율하는 초기적인 제도의 형태를 보여준다. 다만, 실증적인 연구에 의하면, 조선시가지계획령이 초기적인 형태의 '용도지역제 도시계획'을 도입하고 있음에도 불구하고, 실제 경성(현재의 서울)과 나진을 제외하고는 주거·상업·공업지역 등의 용도지역을 모두 활용한 사례는 발견되지 아니하였다고 하며, 사실상 시가지계획의 대부분은 '토지구획정리지구'에 관한 내용을 담고 있었던 것으로 확인된다.[1]

아울러, 조선시가지계획령은 풍기지구, 미관지구, 방화지구(제21조 내지 23조)에 관한 규정을 두고 있는바, 이 또한 오늘날 국토계획법상의 지구제 도시계획의 연원에 해당하는 것들이다.

2. 도시계획법

가. 도시계획법의 제정(1962년)

해방 및 건국 이후에도 한동안 조선시가지계획령이 그대로 효력을 발생하였는데, 이는 미군정청이 일제의 강압통치에 사용되던 일부 법령을 제외한 대부분의 법령의 효력을 계속해서 유지하여 적용토록 하는 내용의 「군정법령 제21호」를 공포한 것에 근거하였다.[2] 이후 그와 같은 일제 법령을 청산하는 구법령 정비사업이 진행되었고 그 결과 조선시가지계획령은 기능에 따라 건축분야는 '건축법'으로, 토지구획정리 사업분야는 '도시계획법'으로 규정하려는 취지에서 비로소 1962년 제정 도시계획법이 마련되었다.[3]

---

1 윤희철, 일제강점기 시가지계획의 수립과정과 집행, 도시연구, 2016. 10., 77면에서 인용. 해당 문헌에 의하면, 당시 일본의 각 지방자치단체들이 용도지역제 도시계획 자체를 규제라고 인식하여 그와 같은 수단을 사용하는 데 소극적이었고, 이와 같은 태도가 조선시가지계획령의 운용에도 영향을 미쳤을 것으로 추측하고 있는 것으로 보인다.
2 허영란, 해방 이후 식민지 법률의 정리와 탈식민화 – '구법령' 정리 사업과 시장 관계 법령의 개편을 중심으로, 제2기 한일역사공동연구보고서 제5권, 17면 참조.
3 제정 도시계획법, 제개정이유 참조.

제개정이유를 통하여 보더라도 제정 도시계획법은 '토지구획정리'에 오히려 초점을 맞추고 있었던 것으로 보이는데, 법률의 명칭에도 불구하고 건축법과 도시계획법의 관념적인 구분의 내용이 정확하지 아니하였던 것으로 보이고, 아울러 오늘날과 같이 두 법 영역과 구분되는 '개발사업법'의 영역이 대두되지 아니한 상황이어서 도시계획법의 주된 입법취지를 '토지구획정리'로 정하고 있었던 것으로 사료된다. 제정 도시계획법 제1조 또한 목적을 "본법은 도시의 창설 또는 개량에 관한 사항을 규정함으로써 도시의 건전한 발전을 도모하고 공공복리의 증진에 기여함을 목적으로 한다"라고 정하고 있는바, 도시의 '창설'과 '개량'을 도시계획법의 주된 기능으로 정하고 있어 현재의 국토계획법 제1조[1]와도 상당한 차이를 보이고 있다.

이와 같이 제정 도시계획법이 도시의 '창설'과 '개량'과 같이 도시의 '개발'이라는 측면에 주된 초점을 맞추고 있었던 것은, 전후 복구가 본격화됨에 따라 도시화가 급속도로 진행되었던 시대적 상황을 배경으로 하는 것으로 보인다. 특히, 1960년대에 이르러서는 본격적인 공업화가 진행되면서 기존 도시의 구조가 변화할 뿐만 아니라, 도시구역의 팽창이 가속화되었는데, 도시계획법이 제정된 직접적인 이유 또한 급격한 도시화로 인한 주택난, 생활용수난, 교통난, 환경오염 등이 대두된 것에서 기인하였다.[2] 때문에, 도시의 계획과 유지보다는, '개발'이나 '개량'이 일차적인 목적이 되었던 것이고, '계획적 개발'이나 '선계획 후개발'과 같은 도시계획의 근본적인 원칙들을 강력하게 관철하는 것은 어려울 수밖에 없었던 것으로 사료된다.[3] 이와 같은 초창기 도시계획법제의 태도들은 근대화를 지속하면서 상당기간 지속되었고, 사실상 국토계획법의 제정 당시에 이르러서야 비로소 '선계획 후개발'의 원칙이 강력하게 관철될 수 있기에 이른다.[4]

내용적으로 보더라도 제정 도시계획법은 조선시가지계획령의 체계와 내용을 크게 벗어나지 못하였는데, 제정 도시계획법은 총 51개 조로 이루어져 있었고, 총

---

1 현재의 국토계획법 제1조는 동법의 목적을 "이 법은 국토의 이용·개발과 보전을 위한 계획의 수립 및 집행 등에 필요한 사항을 정하여 공공복리를 증진시키고 국민의 삶의 질을 향상시키는 것을 목적으로 한다."라고 정하고 있다.
2 이상 정태용, 국토계획법, 한국법제연구원, 2005, 45면의 논의 참조.
3 문헌들도 대체로 과거의 도시계획법에 대하여 "주로 외형적 도시성장에 치중하여 개발중심적 과제에 편향되어 온 국가계획화의 과정"이라거나 "도시개발에 의한 양적확대 정책에 초점을 맞추어 왔"다는 등으로 비판적인 설명을 하고 있음을 확인할 수 있다. 조재성, 도시계획법 개정을 위한 도시계획체계 고찰, 국토, 1996. 7., 52면 참조.
4 애당초 국토계획법을 제정하게 된 명시적인 명분 또한 '선계획 후개발 체제로의 전면 개편'이다. 류해웅, 국토계획법의 발전적 전개를 위한 법률과 제도에 관한 고찰, 감정평가연구, 112면.

칙(총 16개 조)·지역과 구역(총 9개 조)·토지구획정리(총 15개 조)·도시계획위원회(총 7개 조)·잡칙(총 3개 조), 벌칙(총 1개 조) 등 6개 장으로 이루어져 있었다. 조문의 개수를 통하여 보더라도 토지구획정리사업(현재의 도시개발사업)에 주된 초점이 맞추어져 있다는 점이 확인 가능하다.

제정 도시계획법은 '도시계획'이라는 용어를 "도시계획구역 내의 교통, 위생, 보안, 산업, 후생 및 문화에 관한 중요시설로서 다음 각호의 1에 해당하는 계획"이라고 정의한 뒤, 각호로 ① 도로, 광장, 공항, 주차장, 철도, 궤도, 하천, 운하, 항만, 공원, 수도, 하수도, 운동장, 시장, 학교, 도서관, 유원지, 녹지, 도살장, 묘지, 화장장, 진애 및 오물처리장, 저수지, 방풍시설, 방화시설, 방수시설, 사방시설, 방조시설, 토지구획정리, 일단의 주택지경영, 일단의 공업용지조성 또는 일단의 불량지구개량에 관한 시설(제1호), ② 제2장의 규정에 의한 지역 및 지구의 지정 또는 설정(제2호), ③ 2호에 규정된 것 이외에 각령으로 정하는 시설(제3호) 등을 열거하고 있다. 즉 제정 도시계획법은 '도시계획'을 규율함에 있어서도 '중요시설'에 초점을 맞추고 있음을 알 수 있는바, 현재와 같이 가급적이면 그 자체로 토지의 이용관계에 대한 완결적인 계획을 수립하고자 하는 현재의 도시관리계획과는 달리 도시 내의 '주요 시설'들을 위주로 하여 그 개입의 범위를 개별적인 시설의 범주로 한정하였다.

나. 도시계획법의 전부 개정(1971년)

(1) 전부 개정 도시계획법의 특징

통상, 현재와 같은 국토계획법의 기본적인 '골격'은 1971년 전부 개정된 도시계획법에 이르러서야 비로소 초벌적으로나마 갖추어지기 시작하였다고 평가된다.[1] 전부 개정을 통하여 도시계획법은 총 7개 장 94개 조의 법률로 확대되었고, 과거에 비하여 각종의 지역, 지구, 구역 등의 도시계획의 종류들이 추가적으로 입법되었다. 오늘날의 '개발제한구역제 도시계획' 또한 1971년 도시계획법을 통하여 최초로 우리 법제에 도입되었다. 이와 같은 기능의 변화에 발맞추어, 1971년 도시계획법 제1조(목적) 또한 "이 법은 도시의 건설·정비·개량등을 위한 도시계획의 입안·결정·집행절차에 관하여 필요한 사항을 규정함으로써 도시의 건전한 발전을 도모하고 공공의 안녕질서와 공공복리의 증진에 기여하게 함을 목적으로 한다"고 하여, 종전의 개발 일변도의 목적에서 '도시계획의 입안·결정·집행절차에 관하여 필요

---

1 정태용, 국토계획법, 한국법제연구원, 2005, 46면 참조.

한 사항'을 관장하는 것임을 명시하였다.

다만, 1971년 도시계획법이 현행 국토계획법의 골격을 형성한 연원으로 평가받는 것임에도 불구하고, 전부개정에는 여전히 새로운 형태의 개발사업의 도입이 중요한 배경이 되었다. 당시의 제개정이유를 보면, "기존 시가지 내에 있어서 도로가 협소하고 건물이 노후되어 있는 불량지구는 도로를 정비하고 새로운 건물을 건축할 수 있도록 재개발사업을 실시하여 쇠퇴하여 가는 도시기능을 되찾게 하고, 도시교외부에 있어서는 새로운 도시형성이 예상되는 지역을 찾아내어 주도시의 기능 일부를 분산흡수시킬 수 있는 부도심 또는 신도시를 계획적으로 건설촉진하게 하려는 것"을 주요한 이유로 설명하고 있는데,[1] 실제로도 1971년 도시계획법의 내용을 보면 오늘날의 '도시관리계획' – 곧, '도시계획'에 연관된 조문은 조문의 편재를 조정하면서 지역·지구·구역 등을 세분화한 정도이고, 주로는 '제3장 도시계획사업의 시행'이라는 내용을 통하여 현재의 도시계획시설사업, 재개발사업, 도시개발예정구역 조성사업 등에 관한 조문을 대대적으로 확충하는 방향으로 개정이 이루어졌음을 알 수 있다. 특히 제개정이유에서도 확인가능한 바와 같이 '재개발사업'을 새로이 도입한 것이 가장 주된 내용임을 언급하고 있는바, 여전히 1971년 도시계획법에 이르러서도 우리의 법제는 '개발'에 주된 초점을 맞추고 있을 뿐 계획은 그에 부수하는 것으로 취급하고 있었던 것이다. 때문에, 이때까지만 하더라도 '개발사업법'과 분리된 '도시계획' 혹은 '도시계획법'의 독립적이고 독자적인 영역은 여전히 모호한 상태였다. 이에 '개발사업'이라는 용어보다는 법에서 정식으로 사용하고 있는 '도시계획사업'이라는 용어가 익숙한 것이었고, 그 영향으로 현재까지도 실무에서는 '도시계획사업' 혹은 개별 도시관리계획의 명칭을 따서 '지구단위계획사업'과 같은 명칭들이 통용되고 있는 것으로 보인다.

(2) 개발사업법의 분리

다만, 차츰 도시계획법에서 개별 개발사업에 관한 조문들이 분리되어갔는데, 1967. 3. 14. 개정된 도시계획법 – 즉 1971년 도시계획법 이전에 이미 조선시가지계획령 및 제정 도시계획법의 주된 내용을 이루던 '토지구획정리사업'이 「토지구획정리사업법」이라는 이름으로 분리되었고, 1971년 도시계획법 이후인 1976. 12. 31. 일부개정 당시에는 '재개발사업'에 관한 규율들이 「도시재개발법」으로 분리되었

---

1 도시계획법(1971. 1. 19. 법률 제2291호로 전부개정된 것) 제개정이유에서 인용.

다.[1] 이로써 도시계획의 입안과 수립, 도시계획의 종류, 도시계획시설사업에 관한 내용 등 현행 국토계획법이 관장하는 사항들만이 도시계획법의 내용으로 남게 되었고, 지금과 같이 도시계획법과 개발사업법의 역할이 차츰 분리되어왔다.

다만, 초기의 개발사업법들이 근본적으로는 도시계획법을 연원으로 하고 있는 것이기에 개발사업에 관한 내용은 기본적으로 '도시계획'의 중요 부분들을 이루는 것이었고,[2] 점차 개발사업 관련 내용들이 분법(分法)되어 왔음에도 불구하고 여전히 '도시계획'의 정의에서는 개별 개발사업에 관련한 내용이 포함된 형태를 유지하여왔다.[3] 현재 모든 개발사업법들은 각 법률에 의하여 수립되는 각종의 계획들을 국토계획법상 도시관리계획으로 의제하여 도시계획에 연동하는 태도를 취하고 있는데, 이와 같은 태도의 연원이 바로 여기에 있는 것으로 보인다. 즉 개발계획이 도시계획으로서의 지위를 갖게 된 이유는 애당초 개발사업법이 도시계획법의 내용이었으며, 개발사업에 관한 사항이 그 자체로 도시계획의 '주요' 내용을 이루기 때문인 것이다.

다. 도시계획법의 전면 개편(2000년)

1971년 도시계획법 전부개정 이후에도 세부적인 제도들이 점진적으로 추가되어 왔다.[4] 이후 2000년에 들어 도시계획법은 전면적으로 개편되기에 이르는데, 2000년 도시계획법에 이르러서야 비로소 현재의 국토계획법과 거의 유사한 형태의 조문의 순서와 체계를 갖추게 되었다. 당시의 제개정이유를 보면 (1) 개발제한구역의 관리

---

1 도시재개발법은 2003년 도시정비법 제정으로 그에 흡수 통합되어 현재까지 재개발사업을 관장하는 법률의 연원이 된다.

2 전술한 바와 같이 조선시가지계획령에 의한 시가지계획의 주요 내용은 토지구획정리사업(현재의 도시개발사업)이었고, 제정 도시계획법 제2조나 1971년 전부개정 도시계획법 제2조 제1항 제1호 또한 기본적으로 토지구획정리사업이나 재개발사업 등에 관한 사항을 '도시계획'의 정의의 주요 부분으로 언급하고 있었다.

3 예컨대 1976. 12. 31. 개정 도시계획법 제2조 제1항 제1호 다목은 여전히 "토지구획정리사업, 일단의 주택지조성사업, 일단의 공업용지조성사업 또는 재개발사업에 관한 계획"을 도시계획의 하나로 포섭하고 있음을 확인할 수 있다.

4 그 중요 사항만을 개관하면 ① 1981. 3. 31. 개정 당시에는 '도시기본계획'의 개념(당시 도시계획법 제10조의2)이 처음으로 도입되어, 일부 대도시 등에서 도시기본계획의 수립이 의무화 되었고, ② 1991. 12. 15. 개정 당시에는 광역계획 및 상세계획(오늘날의 지구단위계획)이 도입되었다.
참고로, 이때의 '도시기본계획'은 법률의 정의 규정상으로도 '도시계획'과는 구분되는 개념이었는 바, 당시의 '도시계획'이 현재의 '도시관리계획'으로 명칭을 변경하게 되어온 것이다. 이러한 입법적 연원을 보더라도, 과거의 '도시계획'은 현재의 '도시관리계획'과 같은 구속적 행정계획으로 이해하는 것이 타당하다.

에 관한 사항의 분법, (2) 장기미집행 도시계획시설의 부지로 되어 있는 대지의 소유자에게 매수청구권 부여, (3) 광역도시계획제도를 활성화 등을 주된 입법취지로 명시하고 있다.[1] 개정 이후 도시계획법은 총 11개 장, 113개 조로 확대되었다.

종전의 도시계획법에 대하여는 여러 측면에서 비판적인 논의들이 대두되어왔었는데, 조재성(1996)에 의하면 종합성·합리성·실현성의 3가지 측면에서 개정 전 도시계획법의 문제점을 비판적으로 접근하고 있다. 그 비판 내용을 간략히만 축약하면 ① '종합성'의 측면에서는 '도시기본계획'이 행정청이 기존에 수립하고 있던 부문별 계획을 단지 '도시기본계획'이라는 명칭으로 모아놓은 것에 불과하여 그 자체로 '종합계획'으로서의 기능을 하지 못한다는 지적을 하고 있고, ② '실현성'이라는 측면에서는 도시기본계획-도시계획(현재의 도시관리계획)의 체계 하에서 도시기본계획의 구속력이 불분명할 뿐만 아니라, 20년을 기준으로 수립되어 지나치게 장기의 계획에 해당하는 것이어서 그 내용의 '실현성'이 부족하다고 비판하고 있으며, ③ '합리성'의 측면에서는 계획고권이 중앙정부(건설교통부장관)에 집중되어, 계획이 이른바 하향식(Top-down)으로 수립되고 있어 지나치게 중앙정부 및 공공 중심적이라는 지적이 제기되었다.[2]

그러나 이와 같은 비판은 주로 행정학계나 도시계획학계의 관점을 바탕으로 한 비판인 것으로 보이는바, (행정)법학의 관점에서 과연 위와 같은 제도적인 비판이 타당한 것인지는 의문의 소지가 있다. 예컨대, 위와 같은 비판은 1981년에 새로이 등장한 도시기본계획이라는 개념을 둘러싼 내용이 주를 이루는데, 장기적인 목표를 제시하는 '프로그램'적 성격을 지니는 도시기본계획의 특성상 그에 구속력을 부여하는 것이 타당한 것인지, 구속력을 부여한다면 어떠한 수준과 범위에서 인정할 것인지 등의 근본적인 질문에 대하여는 적절한 답변을 제공하지 못한다는 문제가 있다. 더욱이, 위와 같은 비판론이 제기하는 바와 같이 도시기본계획이 갖추어야 할 '종합성'이라는 것이 도대체 어떠한 형태로 법률 문언에 반영될 수 있는 것인지도 의문이 있다. 결국, 도시기본계획을 둘러싼 각종의 비판들은 법률 그 자체에 대한 것이라기보다는, 제도 운용의 현실에 관련한 문제인 것으로 보이는바, 법률 개정을 통해서 해결 가능한 문제인지 자체에 의문이 있고, 실제로도 2000년 도시계획법 전부개정 시에도 그와 같은 비판들이 그다지 심도 깊게 논의되어 반영된 것으

---

1 도시계획법(2000. 1. 28. 법률 제6243호로 전부개정된 것) 제개정이유 참조.
2 본 문단의 논의는 조재성, 도시계획법 개정을 위한 도시계획체계 고찰, 국토, 1996. 7., 54면 내지 57면의 논의를 요약, 정리한 것이다.

로 보이지는 않는다.

다만, 위와 같은 비판론의 내용 중 계획고권의 중앙화·집중화를 지적한 내용은 2000년 전부개정 도시계획법을 통하여 전면적으로 반영되었다. 우리나라의 계획고권은 최초에는 일제시대 조선총독에게 부여되었고, 해방 이후에는 국토건설청장(제정 도시계획법)에게 귀속되었으며, 법령 등에 의하여 그 권한을 지방자치단체장에게 위임이 허용되어 있는 형태로 규율되어 왔다. 즉 수차례의 법령의 개정에도 불구하고 도시계획의 '수립' 권한이 지방자치단체로 이양된 것과 별개로, 중앙정부가 도시계획의 최종적이고 궁극적인 '결정' 권한을 지니고 있다는 점은 변함이 없었으며, 2000년 도시계획법 전부개정 이전까지도 이와 같은 중앙집중적인 태도는 계속해서 유지되었다. 그러나 2000년 전부개정으로 도시계획의 결정권이 '시·도지사'에게 이양되었으며, 다만 예외적으로 중요한 사항들에 대하여만 건설교통부장관이 결정권을 행사하는 것으로 근본적인 구조의 개편이 있었다. 2000년 도시계획법 제개정문에서 전면적으로 이를 강조하고 있지 않지만, 해당 제개정문에서 등장하는 "지방화"라는 표현이 내포하고 있는 의미가 바로 그와 같은 것이다. 2000년 도시계획법의 가장 중요한 의의를 찾는다면 바로 이와 같은 '지방화'를 꼽을 수 있겠다.[1]

그 외에도 2000년 전부개정 도시계획법은 장기미집행 도시계획시설에 대하여 아무런 보상 등 입법적 장치를 마련해놓지 아니한 것이 "토지의 사적 이용권이 배제된 상태에서 토지소유자로 하여금 10년 이상을 아무런 보상 없이 수인하도록 하는 것"이어서 위헌이라고 본 헌법재판소 1999. 10. 21. 선고 97헌바26 전원재판부 결정을 반영하여, 장기미집행 도시계획시설과 관련한 당해 부지 소유권자의 매수청구권 제도와 실효제도를 도입하였다.

3. 국토이용관리법

국토계획법 제정 이전만 하더라도, 토지의 이용에 관한 법적규제는 도시계획법과 국토이용관리법이 이원적으로 관장하고 있었다. 쉽게 말해 도시지역에서는 도시계획법이, 그 이외의 곳에서는 국토이용관리법이 작용하였던 것이다.

1971년 도시계획법을 예로 들면 동법은 '도시계획구역'이라는 용어(동법 제2조

---

1 중앙정부에 계획고권이 집중되어 있다는 점에 대한 비판은 오래전부터 제기되어왔다. 김남철, 개편된 계획법제에 따른 공간계획의 체계와 법적 문제점-독일 법제와의 비교를 중심으로-, 공법연구, 2002. 5., 474면 등 참조.

제1항 제2호)를 사용하면서, 도시계획이 수립되는 공간적인 범위를 '도시계획구역'[1] 으로 한정하였다. 제정 국토이용관리법상은 (ⅰ) '용도지역'을 구분·지정하는 '토지 이용기본계획'과, (ⅱ) 용도지역을 보다 세분화 한 '용도지구'를 구분·지정하는 '토지이용시행계획'이라는 계획수단을 규정하고 있었는데, 동법은 도시계획이 수립된 곳의 용도지역은 '도시지역'으로 보고 있었다. 따라서 법률 조문만 놓고 보면, 도시계획법이 관장하는 도시지역은 국토이용관리법이 정하는 용도지역의 일종에 불과한 것이고, 도시계획법은 국토이용관리법의 체계하에서 도시계획구역 – 곧, 도시지역에 대하여 작용하는 법률이었다. 그러나 현실적으로는 도시지역과 그 이외의 지역에서 각기 도시계획법과 국토이용관리법이 개별적으로 적용하는 것과 같이 제도가 운용되어 왔으며, 실무적으로도 그와 같은 이분화된 구분이 통용되어왔다.[2]

국토이용관리법이 아닌 도시계획법에 의한 도시계획의 수립 여부로 그 범위를 결정하였고,[3] "도시지역 안의 토지이용시행계획은 따로 정함이 없이 도시계획법에 의한 도시계획에 의한다"라고 정함으로써(제정 국토이용관리법 제9조 제1항 단서) 그 스스로 도시계획법이 관장하는 도시계획구역 – 곧, 도시지역의 경우에는 국토이용관리법의 규율 대상에 속하지 아니한다는 점을 선언하고 있었다.

4. 국토계획법으로의 통합

2002년에 들어 도시계획법과 국토이용관리법은 지금의 국토계획법으로 통합된다. 이는 "비도시지역에도 도시계획법에 의한 도시계획기법을 도입함으로써 국토의 계획적·체계적인 이용을 통하여 난개발을 방지하고 환경친화적인 국토이용체계를 구축하기 위한"[4] 것으로, 흔히 그 취지는 '국토계획과 도시계획의 연계를 강화'[5]하는 것이라거나, '국토이용체계를 일원화'[6]하기 위한 것으로 설명된다. 구체적으로는 1990년에서 2000년대 사회적 문제가 되어온 준농림지역의 난개발 문제에

---

1 1971년 도시계획법 제2조(정의) ① 이 법에서 사용하는 용어의 정의는 다음과 같다.
  2. "도시계획구역"이라 함은 제12조의 규정에 의하여 결정된 도시계획이 실시될 구역을 말한다. 다만, 도시계획시설에 관한 도시계획의 결정의 고시가 있기 전까지의 도시개발예정구역은 제외한다.
2 김종보, 도시계획변경거부의 처분성, 행정법연구, 2004. 5., 243면의 논의 참조.
3 제정 국토이용관리법 제6조(토지이용기본계획의 내용) 토지이용기본계획에는 다음의 용도지역의 지정에 관한 계획을 정하여야 한다.
  1. 도시지역: 도시계획법상의 도시계획에 의하여 당해 지역의 건설·정비·개량등을 시행하여야 할 지역
4 제정 국토계획법 제개정이유에서 인용.
5 정태용, 국토계획법, 한국법제연구원, 2005, 51면에서 인용.
6 국토교통부, 국토의 계획 및 이용에 관한 법률 해설집, 2018, 3면에서 인용.

대한 종합적인 대책의 연장선상에서 제정 국토계획법이 탄생한 것이라고 설명되기도 한다.[1]

한편, 도시계획법과 국토이용관리법이 합쳐지면서, 국토계획법에서 도시·군계획이란 전국토를 대상으로 하는 개념이 되었다(국토계획법 제2조 제2호). 본래 도시계획은 도시의 개발·정비·관리·보전 등을 위한 것으로(구 도시계획법 제1조) '도시지역'을 대상으로 하는 것이었고, 도시지역 이외에는 국토이용관리법상 준도시지역, 농림지역, 준농림지역, 자연환경보전지역 등의 국토이용계획이 수립되는 것으로 그 체계가 구성되었다(국토이용관리법 제6조). 법률상으로도 도시지역과 그 외의 지역이 명확하게 구분될 수 있었던 것이다. 그런데 이와 같은 체계를 하나로 합쳐버림으로써, 전국토가 용도지역제 도시계획의 대상이 된 것이다. 때문에 전국토가 도시계획의 수립대상이 되었고, 도시계획은 더 이상 도시지역만을 대상으로 한 것이라는 의미를 잃어버리게 되었다는 비판도 존재한다.[2] 도시계획법과 국토이용관리법이 각각 '용도지역'이라는 동일한 명칭으로 규정하고 있는 제도들을 하나로 통합하고자 국토계획법을 제정한 것인데,[3] 정작 그 개념 간의 차이를 제대로 고려하지는 못한 것이다.

제2절 국토계획법 변천의 맥락적 분석[4]

Ⅰ. 소유권의 강도(剛度): 국가와 소유권자의 관계의 관점에서

전체적으로 보면, 우리 도시계획법제는 오랜 기간 동안 토지소유권의 사회적 의미를 강화하여 개발행위에 대한 규제를 다각적으로 도입하여왔던 것으로 이해된다. 다만, 그러한 큰 흐름 속에서도 정당보상이나 민주적 정당성 확보의 차원에서

---

1 류해웅, 국토계획법해설, 한국감정평가연구원, 2003, 1 내지 2면 참조.
2 이상의 논의는 저자의 개발행위허가에 관한 연구, 서울대학교 법학전문석사학위논문, 2015. 2., 26 내지 27면의 논의를 발췌 재정리한 것이다.
3 국토계획법의 제정에 용도지역제의 재편과 통합 문제가 있었다는 점에 대하여는 정태용, 국토계획법, 한국법제연구원, 2005, 52면 참조.
4 본절은 저자의 Contextual Analysis of Development, Transition, and Future of Korean Urban Planning Law(한국 도시계획법제의 형성, 변화, 그리고 발전방향에 대한 체계적 고찰), 토지공법연구, 제108집, 2024의 203-214면을 발췌하여 수록한 것이다. 본절에서 사용하는 분석의 방법론에 관하여는 본서의 제6편의 비교도시계획법의 방법론에 관한 논의 참조.

토지보상법제나 각종 절차적 제도들은 지속적으로 보완되고 정비되어 온 흐름을 발견할 수 있다.

한국 도시계획법제의 시초로 언급되는 조선시가지계획령의 경우 (1) 현재의 용도지역제의 연원이 되는 형태를 제시하면서 각 용도지역의 성질에 따라 금지되는 용도를 정하는 등(제정 조선시가지계획령 제16 내지 18조)으로 규율한 다음, (2) 용도지역이 지정된 '시가지계획구역' 안에서 건축행위나 형질변경 등의 행위를 하는 경우에는 도지사의 허가를 받도록 정하였다(동령 제10조 제1항[1]). 이와 같이 조선시가지계획령에 의하여 "용도지역 + 허가제"나 시가지계획시설사업, 토지구획정리사업 등과 같은 현재까지도 이어지는 기본적인 골격이 제시되었으나, 당시의 법령은 그와 같은 골격 외에 현재와 같은 각종의 규제들을 명시하고 있지는 아니하였다. 조선시가지계획령은 1940년 일부개정되었으나 큰 체계의 변화 없이 해방 이후까지 그 형태를 유지하여왔다.

이후 1962년 도시계획법과 건축법이 제정되면서 우리 도시계획법제는 급격한 변화를 시작하게 된다. 김남욱(2019)은 1960년대에서 70년대의 도시계획법제의 변화를 "공평부담원칙에 따라 손실보상을 강조하는 공용부담법시대"라고 평가하는데,[2] 이는 전쟁 이후 피해복구와 급격한 도시화 등으로 도로나 철도와 같은 기반시설들을 설치하고, 국가적 차원의 계획행정으로 산업단지, 택지 등을 개발하면서 이를 위해 필요한 사인의 토지들을 수용하고 취득하는 것에 대한 손실보상의 문제가 주요한 법적 문제가 되었기 때문이라 설명된다.[3] 달리 말하면, 1960-70년대의 우리 도시계획법제는 공익적 필요에 따라 정부의 계획 및 주도 하에 추진[4]되는 개발사업이 토지이용 양태와 도시공간을 변화시키는 주된 동력이자 원인이었기에, 토지소유자와 정부(또는 국가)의 토지이용을 둘러싼 관계에서는 정부의 힘이 일방적으로 강력하게 작용하였던 시기였다고 볼 수 있겠다. 토지소유권자들은 토지이

---

1 이와 같은 허가가 기속 또는 재량행위인지를 명확하게 판별할만한 판례를 찾기는 어렵다. 다만, 해방 이후 판례 중에는 "조선시가지계획령 제10조, 구 도시계획법 제13조 등에 의하면 시가지계획인가의 고시가 있은 후에는 토지의 형질변경이나 건축 등의 행위가 금지되지만 시장, 군수의 허가를 받은 경우에는 허용되는 점"이라고 설시한 것이 발견된다. 대법원 1982. 7. 27. 선고 80누523 판결.

2 김남욱, 행정법과 토지공법의 발자취-토지계획법을 중심으로, 토지공법연구, 87, 2019, 261면.

3 김남욱, 행정법과 토지공법의 발자취-토지계획법을 중심으로, 토지공법연구, 87, 2019, 263면.

4 이 시기에 국토건설종합계획법(1963년)이 제정되었고, 그에 따라 국가 주도의 국토종합계획이 수립되어 전 국토의 건설 및 발전방향을 제시하기 시작하였다. 이 시기의 국토계획 관련 문헌의 분석에 대해서는 박세훈, 국토계획 형성기 연구를 위한 시론: 1960-1972년 국토계획 관련 문헌 해제(解題), 국토, 2021, 103-105면 참조.

용에 대한 적극적 권리보다는, 이와 같이 정부 주도의 개발에 따라 부수하여 나타난 지가상승과 같은 경제적 이익을 영위하였던 것으로 보이는데, 이러한 지가상승 등의 현상은 역으로 이익을 수취한 토지소유자들의 부담이나 환원을 요구하는 움직임의 이유가 되기도 하였던 것으로 보인다.[1]

유사한 맥락에서, 이 시기 개별적인 토지소유자들이 토지이용행위(건축행위)를 하는 경우, 이것이 당연한 권리나 지위로 인식되지는 못했던 것으로 이해된다. 이는 무엇보다도 당시의 건축허가의 법적 성질이 재량에 가깝게 해석되었던 것에서 확인될 수 있다. 우미형(2021)은 도시계획법상 허가와 건축법상의 건축허가의 "상호유기적"인 관계라 설시한 대법원 1974. 12. 24. 선고 74누65 전원합의체 판결 및 그 후속 판례들을 분석하면서 사실상 당시 판례가 "도시계획구역 내 건축허가는 재량행위"라 보았던 것이라 평가한다.[2] 즉 정부 혹은 행정청의 계획이나 의사에 의해[3] 개별적인 토지소유자의 건축행위는 폭넓게 제한될 수 있었던 것이다. 나아가 1971. 1. 19. 도시계획법 개정 당시 등장한 개발제한구역과 같은 전면적 토지이용 폐쇄 제도 또한 그와 같은 맥락에서 이해할 수 있다. 요컨대, 이 시기 토지소유권은 (1) '이용'의 관점에서는 규제와 제약을 받았던 반면, (2) '가치'의 관점에서는 보호를 받거나 도리어 투기와 같은 적극적 권리행사의 대상이 되었던 것으로 이해된다.

1980년대부터는 이른바 '토지공개념'이 등장하여 토지소유권의 사회적 의미와 책임이 강조되기 시작하였다. 80년대에는 토지공개념에 입각한 이른바 "토지공개념 3법(택지소유상한에 관한 법률, 개발이익환수에 관한 법률, 토지초과이득세법)"이 제정된다.[4] 헌법재판소 2020. 5. 27. 선고 2018헌바465 전원재판부 결정의 논지를 인용하면 "1960년대 이후 도시화·산업화가 급격히 진전되면서 각종 도시개발 및 주택개발 사업이 추진되었고, 그 과정에서 지가 상승과 토지 투기, 개발이익의 사유화 및 토지 소유의 편중 등이 커다란 사회문제로 부각"된 것이 당시 토지공개념 관련 법들의 배경이라고 소개된다. 즉 이 시기의 토지공개념이 집중하였던 것 또한

---

1 김남욱, 행정법과 토지공법의 발자취-토지계획법을 중심으로. 토지공법연구, 87, 2019, 263면. 참고로, 이 시기에 등장한 것이 부동산투기억제에관한특별조치세법(1967. 11. 29. 제정)이기도 하다.
2 우미형, 건축행위 허가의 법적 성격-건축허가 요건에 관한 법령 규율 변화와 판례 이론의 전개-, 강원법학, 62, 2021, 376면에서 인용.
3 우미형, 건축행위 허가의 법적 성격-건축허가 요건에 관한 법령 규율 변화와 판례 이론의 전개-, 강원법학, 62, 2021, 377면이 소개하는 대법원 1984. 7. 10. 선고 83누457 판결은 당해 부지를 포함하여 아파트기본계획이 수립된 상태가 아니라 그 이전단계로서 행정청이 추진 중인 단계라 하더라도 행정청이 사인의 건축허가 거부처분이 적법하다고 판단한 사례이다.
4 김희곤, 국토계획법제에 대한 평가, 토지공법연구, 52, 2011, 23면에서 인용.

토지의 용익 그 자체 보다는 소유의 편중과 재산가치 혹은 교환가치의 상승이라고 이해된다.[1] 건축행위와 같은 토지의 적극적 용익은 어차피 여전히 행정청의 재량행위에 의해 결정되는 것이므로, 지가상승에 초점을 맞추고 '소유'와 '가치'에 대한 제약들이 강화되어 온 것이라 사료된다.

한편, 해당 시기에는 건축허가의 기속행위성 논의의 근거가 되는 판례들이 등장하기 시작하였다는 점 또한 주목할 만하다. 대표적으로 대법원 1989. 3. 28. 선고 88누10541 판결은 "건축하고자 하는 건축물이 건축법, 도시계획법 등의 관계법규에서 정하는 제한에 배치되지 않는 이상 당연히 같은 법조 소정의 건축허가를 하여야"한다고 설시하였고,[2] 이는 이후의 판례들에 의하여 인용되면서 건축허가의 기속행위성을 설명하는 근거로서 제시되어왔다. 앞서 설명한 종전 시기의 판례의 태도에 비교하면, 토지의 이용행위가 기속행위로서 허용될 여지가 있는 범위가 생겨났다는 측면에서는 일견 의미를 찾을 수는 있겠다. 그러나 대규모의 개발들은 이러한 시기에 등장하여왔던 특별법들에 의한 강한 재량처분들에 의하여 관장되었을 것이라는 점에서 토지소유자의 용익권능이 전면적으로 인정되기 시작하였다고 보기에는 무리가 있다고 사료된다.

1990년대의 경우, 도시계획법제들 또한 대내외적 경제적 환경으로 인한 규제완화의 물결을 피하지 못하였던 것으로 보인다. 단적으로, 1997년 외환위기를 기점으로 토지공개념 3법으로 불리된 개별 법률들이 이 시기에 완화되거나 폐지되기에 이른다.[3] 김희곤(2011) 또한 1990년대의 전반적인 기조 중 하나로 "민간의 토지개발규제 완화"를 언급하면서, 특히 외환위기 이후 관련 규제가 큰 폭으로 완화되어 왔다고 설명한다.[4] 판례의 추세를 보더라도, 직전 시기에 등장하였던 건축허가의 기속행위성에 대한 판례의 태도가 1990년대에 들어서도 일정 정도 유지되었던 것

---

1 이상영(1999) 또한 토지공개념 3법의 제정 배경을 "지가 상승과 토지 투기로 인한 망국적 현상"을 지적하고 있는바(이상영, 토지공개념의 의미와 택지소유상한제법의 위헌 결정에 대한 비판, 민주법학, 1999, 333면에서 인용), 이 또한 주로는 교환가치의 급격한 상승 문제를 배경으로 설명한 것으로 이해된다.

2 해당 판결은 대법원 1987. 3. 10. 선고 85누942 판결을 인용하고 있으나, 대법원 85누942 판결은 "피고로서는 건축주의 건축허가 신청내용을 위 기본계획에 어긋나지 아니하는 방향으로 권장지도할 따름이지 위 기본계획에 배치된다 하여 막바로 그 허가신청을 거부할 수 없다 할 것"이라고 설시하고 있을 뿐, 명확하게 건축법 및 도시계획법의 요건을 충족한다면 건축허가가 거부될 수 없다는 설시까지는 나아가지 아니하였다. 관련하여 우미형, 전게논문, 2021, 378면은 대법원 85누942 판결이 "건축허가가 기속행위인 듯한 취지로 판단"하였다고 평가하고는 있다.

3 이상영, 토지공개념의 의미와 택지소유상한제법의 위헌 결정에 대한 비판, 민주법학, 1999, 346면.

4 김희곤, 국토계획법제에 대한 평가. 토지공법연구, 52, 2011, 23면에서 참조하고 인용.

으로 보인다.[1]

　다만, 1990년대에서 2000년대 초반으로 이어진 이러한 규제완화 기조에 수반하여 난개발 문제가 대두되었는바, 그 중 가장 사회적 논란이 되었던 것은 준농림지역의 난개발 문제였다.[2] 그에 따라 종전에 도시지역을 관장하던 도시계획법과 비도시지역을 관장하던 국토이용관리법을 통합하여 2003년 국토계획법을 제정하는 등 도시계획관련 법제의 개편이 뒤따르게 된다.[3] 이와 같은 2000년 이후의 우리 도시계획법 체계의 주요 흐름 또는 쟁점으로 김남욱(2019)은 "국토의 지속가능발전, 환경친화적 국토개발과 이용, 선계획-후개발 원칙, 압축도시 구축, 안전도시, 도시지역과 농촌지역의 통합적 관리, 도시재생, 국토균형발전, 포용적 국토계획, 지방분권 강화와 도시계획" 등을 설명 및 제시하고 있다.[4]

　물론, 2003년 국토계획법의 제정과 그 이후의 추세들이 반드시 토지소유권자에 대한 규제강화의 흐름에 놓여있었다고 단언하기는 어렵다. 류지태(2002) 또한 그 이전까지의 법령들이 주로 공익을 강조하고 사익 배려에 미흡했다고 평가하면서, "최근 법령은 이러한 논의에 대한 반성으로 사익의 강화를 그 목적으로 하는 개정작업을 진행하여 왔다"는 평가를 내리기도 하였다.[5] 2003년 국토계획법 도입 이후 약 20여 년 동안 크고 작은 규제완화 취지의 변화들이 계속되어 왔다는 설명도 발견되기도 한다.[6]

　한편, 2003년 국토계획법 제정과 관련하여 가장 자주 등장하는 표현은 바로 '선계획-후개발' 원칙이다. 선계획-후개발 원칙을 엄격하게 적용한다면, 선행하여 수립된 계획에 부합하는 개발행위는 최대한 존중되고 인정되는 것이 적절할 수 있겠으나, 우리의 체계가 반드시 그러한 형태를 보였던 것은 아니다. 계획이 수립된 곳이라 하더라도 대규모 개발행위에 대하여 작용하는 각종의 특별법들은 사업계획인가와 같은 명칭의 강력한 재량행위를 통해 규율되었고, 소규모 개발행위라 하더라도 이 시기의 판례들은 이를 관장하는 건축허가에 '중대한 공익'과 같은 것을 이유

1　우미형. 전게논문, 2021, 379면에 의하면 건축허가를 '기속재량'으로 보는 판례들은 2000년대 이후 등장하기 시작한 것으로 보인다.

2　김희곤, 국토계획법제에 대한 평가. 토지공법연구, 52, 2011, 24면.

3　김희곤, 국토계획법제에 대한 평가. 토지공법연구, 52, 2011, 24면.

4　김남욱. 행정법과 토지공법의 발자취-토지계획법을 중심으로. 토지공법연구, 87, 2019, 262면

5　류지태, 현행 토지계획법제의 평가, 부동산연구, 12(2), 2002, 55면.

6　김동근, 국토계획법 20년의 성과와 과제, 국토, 2022, 9면. 김동근(2022, 9면)은 "계획 관리지역 내 공장 허용업종 지속적 완화"나 "개발행위허가 내 연접개발제한규정 폐지" 등을 그러한 완화 기조의 사례로 설명한다.

로 한 거부가능성을 언급하여왔다.1 따라서 토지소유자가 용익권을 비교적 자유로이 행사할 수 있는 영역 — 곧, '건축의 자유'를 영위할 수 있는 영역은 기성시가지에서, 도시계획의 범주 내에서 이루어지는 비교적 소규모 개발행위 정도에 한정되어왔던 것이라 볼 수 있다. 이러한 경과를 고려한다면, 우리 도시계획법제에서 토지소유자와 정부(국가)의 관계에서 토지소유자가 우위를 인정받을 수 있는 영역은 매우 제한적인 추세를 보여 왔고, 현재에 이르기까지도 특별히 급격한 전환을 겪었다고 볼만한 사정은 발견되지 않는 것으로 이해된다.

II. 사법적 개입의 수준의 관점에서

도시계획 혹은 도시계획적 판단이 결부된 결정, 처분 등에 대한 우리 법원의 사법적 개입의 태도가 지난기간 동안 극적으로 변경되었다고 보기는 어렵다고 사료되나, 다만 (1) 형량명령의 수용, (2) 원고적격 확대, (3) 건축허가의 기속 또는 재량성 등의 문제에 있어서 조금씩의 변화를 보여왔다. 그럼에도 불구하고, 한국 도시계획법제 하에서 사법적 개입은 큰 틀에서는 계획행정청에 대한 존중적인 태도를 유지하여왔다고 사료된다.

도시계획 혹은 도시계획적 판단에 대한 우리 대법원의 원칙적인 입장은 계획재량을 인정하면서 그 재량을 존중하는 것이라고 할 수 있다. 도시계획에 내재된 고도의 재량 — 곧, '계획재량'은 판례에 의하여도 인정되어 온 것으로 논의되는데, 대표적으로 석종현(2014)은 일련의 대법원 판례들2을 소개하면서 우리 판례가 "학설상의 계획재량의 개념을 폭넓게 수용"하여왔다고 평가한 바 있다.3 이와 같이 계획재량이 원칙적으로 인정되는 이상 사법부는 행정청의 계획수립, 결정, 판단 등이 재량일탈, 남용, 비례원칙 위반 등의 행정법 일반원리에 해당하는 법리에 위배된다고 판단되지 않는 한4 행정청의 판단에 적극적인 개입을 하기가 어렵게 된다.

---

1 우미형, 건축행위 허가의 법적 성격 — 건축허가 요건에 관한 법령 규율 변화와 판례 이론의 전개 —, 강원법학, 62, 2021, 380면 논의 참조.
2 해당 문헌에서는 대법원 1993. 10. 8. 선고 93누10569 판결("관계 행정청이 법령의 범위 내에서 도시의 건전한 발전과 공공복리의 증진을 위한 도시정책상의 전문적, 기술적 판단을 기초로 하여 그 재량에 의하여 이루어지는 것이므로 재량권 일탈 또는 남용이 없는 한 그 처분을 위법하다고 할 수 없고")과 대법원 1996. 11. 29. 선고 96누8567 판결("행정주체는 구체적인 행정계획을 입안·결정함에 있어서 비교적 광범위한 형성의 자유를 가진다고 할 것") 등이 소개되고 있다.
3 석종현, 행정계획 특유의 사법적 통제법리에 관한 소고, 토지공법연구, 67, 2014, 397면에서 인용.
4 개발행위허가 요건 판단에 대한 것이기는 하지만, 이러한 취지에서 대법원 2023. 2. 2. 선고 2020

물론, 계획재량에 대한 통제 혹은 심사 논리로서 독일식의 형량명령이론이 학계에서 지속적으로 논의되어 왔고, 그 결과 대법원 판례 또한 대법원 1996. 11. 29. 선고 96누8567 판결에 이르러 "행정주체가 가지는 이와 같은 형성의 자유는 무제한적인 것이 아니라 그 행정계획에 관련되는 자들의 이익을 공익과 사익 사이에서는 물론이고 공익 상호간과 사익 상호간에도 정당하게 비교교량하여야 한다는 제한이 있는 것"이라고 하면서 그와 같은 형량명령이론을 수용하였다고 평가된다.[1] 그러나 이와 같은 형량명령 이론 그 자체가 어떤 높은 수준의 사법적 개입을 요구하는 것이라 단언하기는 어려움이 있고,[2] 여전히 도시계획과 계획재량에 대한 적극적 개입이 정당한 것인지는 매우 논쟁적인 주제이다.[3] 이러한 경향들을 종합한다면, 그간의 우리 사법부와 판례의 입장은 형량명령이라는 계획재량에 대한 통제논리를 구체화하여온 것 이상으로, 도시계획에 대한 적극적인 사법적 개입을 의욕하여왔다고 보기에는 어려움이 있다고 판단된다.

한편, 이상과 같은 심사논리와 별개로, 법원은 도시계획 혹은 그와 관련된 결정에 대한 원고적격이나 처분성의 측면에서는, 사법심사의 대상 자체는 확대되어 온 것으로 사료된다. 원고적격의 경우에는 주로 도시계획에 의하여 영향을 받게 되는 제3자의 원고적격을 인정할 것인지가 쟁점이 되어왔는데, 대법원 2009. 9. 24. 선고 2009두2825 판결은 "행정처분의 직접 당사자가 아닌 그 영향권 내의 주민과 영향권 밖의 주민에게 행정처분의 취소 등을 구할 원고적격이 인정되기 위한 요건"을 제시하였고, 안세희(2014)는 해당 판결의 의미를 "환경상 침해가 예상되는 지역에서의 영향권 범위를 기준으로 원고적격을 확대"한 것으로 설명하고 있다.[4] 처분성의 관점에서는 김종보(2004)의 설명과 같이 대체로 도시계획의 처분성을 긍정하는 방향으로 변화가 이루어졌던 것으로 보인다.[5] 그 외, 도시계획변경거부의 경우에

두43722 판결은 "특별한 사정이 없는 한 법원은 이를 존중하는 것이 바람직"하다고 판시하였다.

1 석종현, 행정계획 특유의 사법적 통제법리에 관한 소고, 토지공법연구, 67, 2014, 399면.

2 관련하여, 송시강, 사업계획절차에 특수한 쟁점과 법리 - 대법원 2020두42569 판결 및 대법원 2021두34732 판결 -, 행정판례연구, 27(2), 2022, 156면 참조.

3 이러한 취지에서 송시강, 전게논문, 2022, 160면은 형량명령을 재판규범으로 활용하는 것에 대한 우려를 표시하면서, 도시계획에 대한 사법심사의 범위를 제한적으로 할 것을 주장하고 있다.

4 안세희, 환경행정소송에서의 원고적격 확대와 그 한계. 서강법률논총, 3(2), 2014, 220면에서 인용. 해당 판례는 제주특별법상 개발사업시행승인의 취소를 구한 사안인데, 이 또한 개발사업법의 일종으로 대규모 개발사업의 계획에 대한 승인의 법적성질을 지니는 도시계획적인 처분의 일종이라 이해할 수 있다.

5 김종보, 도시계획변경거부의 처분성, 행정법연구, (11), 2004, 257면에서는 1980년대 이래 대법원의 도시계획의 처분성을 인정한 이래 종류에 상관없이 그 처분성을 긍정하려는 논의들이 이어져

도 대법원은 신청권의 부존재를 이유로 처분성을 인정하지 아니하다가, 2000년대 초반부터 입장을 선회하여 인정하는 견해를 보여 왔다.[1]

이 밖에, 앞서 서술한 바와 같이 건축허가의 법적 성질을 두고서는 판례가 다소 태도를 변경하여온 바가 관찰된다. 전술한 바와 같이, 판례는 건축허가를 당초 재량행위에 가깝게 보았다가, 이후 기속행위에 가깝게 판시하여왔으나, 다시금 '중대한 공익'과 같은 예외적인 사정들에 따른 건축허가 거부처분을 인정하면서 기속재량에 가깝게 이를 판단하고 있는 것으로 보인다.[2]

정리컨대, 전반적으로 우리 대법원은 도시계획 혹은 그와 관련된 결정들을 다툴 처분성이나 원고적격 등은 점진적으로 확대함으로써 이들을 절차적으로는 사법심사의 대상을 확대하여 온 것으로 평가할 수 있겠으나, 그 내용의 심사에 있어서는 형량명령이론과 같이 그 심사 법리를 체계화하여 온 것과 별개로 특별한 사정이 없는 한 법원이 도시계획 및 그 관련 결정의 내용적인 측면에 대해 적극적으로 개입하여왔다고 평가하기는 어려운 측면이 있다고 사료된다.

Ⅲ. 도시계획체계: 계획주도형 또는 개발행위주도형의 연장선의 관점에서

대체로 해외(특히 유럽)의 도시계획학계에서는 도시계획 혹은 도시계획법 체계의 종류들을 계획주도형(Plan-led)의 체계 또는 개발행위주도형(Development-led)의 체계로 구분하고는 한다.[3] 필자 또한 지적한 바와 같이 각 용어가 명확한 정의(definition) 없이 통용되는 것으로 보이기는 하나, 대체로 (1) 계획주도형 체계의 경우 계획의 수립이 중심이 되는 체계로, 구속력 있는 계획을 사전에 상세하게 수립

왔음을 언급하고 있다. 물론, 해당 논문에서도 언급하고 있는 바와 같이, 당시에도 계획의 종류에 따라서는 소극적 계획(해당 논문에 의하면 개발행위의 한계선만을 설정하는 계획을 의미)의 처분성 인정 여부에 대해서는 학설상의 대립이 존재하였던 것으로 소개된다(257면 참조).

1 관련하여 김종보, 도시계획변경거부의 처분성, 행정법연구, (11), 2004, 260면 참조. 해당 문헌은 대법원 2003. 9. 23. 선고 2001두10936 판결을 대표적으로 소개하고 있다. 당시 국토이용관리법은 현재의 국토계획법과 같은 입안제안에 관한 규정을 두고 있지 아니하였음에도, 대법원은 신청권을 이례적으로 인정하여 처분성을 긍정하였던 사안이다.

2 우미형, 건축행위 허가의 법적 성격 – 건축허가 요건에 관한 법령 규율 변화와 판례 이론의 전개 –, 강원법학, 62, 2021, 376-379면 참조.

3 Jeon, J. Methodology and framework of comparative urban planning law. Journal of Property, Planning and Environmental Law, 15(2), 2023, 57면 참조. 한편 김상조, 김성수, 김동근, 우리나라 토지이용규제의 문제점 및 개선과제, 국토연구, 2013, 94면 이하에서는 토지이용규제의 방식을 규제방식(Regulatory System)과 재량방식(Discretionary System)으로 구분하는데, 대체로 전자가 계획주도형, 후자가 개발행위주도형에 대응되는 것으로 이해된다.

함으로써 그 단계에서 도시계획적 판단을 수행한 다음 그에 의하여 토지의 이용관계를 규율하는 체계를 의미하고, (2) 개발행위주도형의 경우 계획을 수립하더라도 개별적인 개발에 대한 인허가 단계에 이르러 도시계획적 판단이 주로 이루어지는 경우를 의미하는 것으로 이해된다. 대체로 후자(2)는 약한 구속력을 지닌 계획과, 계획허가제를 중심으로 도시계획적 판단이 이루어지고 완결되는 영국의 체계를 지칭하는 것으로, 전자(1)는 그러한 영국의 체계에 대립되는 체계들을 설명하는 맥락에서 주로 사용된다고 설명된다.[1]

우리의 경우 표면상으로 본다면 구속력 있는 도시관리계획[2]이 먼저 수립되어 작동하고 있고, 도시관리계획 – 특히 용도지역제 도시계획에 의하여 정해지는 건폐율, 용적률, 용도, 높이 등의 요소들은 계획의 변경 없이 개별적인 인허가 단계에서 극복되기는 어려움이 있다. 이러한 측면에서 한국은 계획주도형 체계에 상대적으로 가까운 상황이라고 평가될 수는 있겠다.[3]

다만, 지난 기간 동안 우리의 체계가 계획주도형 체계의 일변도를 경험해왔다고 단언하기는 무리가 있어 보인다. 단적으로, 우리 도시계획법제의 연혁에 대하여 논하는 여러 문헌에서 공통적으로 비판하는 바는 '특별법의 난립' 현상이다.[4] 도시계획법 혹은 국토계획법과 같은 일반법이 관장하는 도시계획의 체계와 별도로, 개별적인 개발사업을 위한 특별법들이 시기별로 난립되어옴에 따라, 개별법에 따른 개발사업 혹은 개발행위들이 난립하고, "개발행위 중심의 정책"[5]이 유지되어 왔다는 것이다.

특히, 이러한 특별법 내지는 개별 개발사업법에 의한 사업추진이 빈번한 경우에는 김해룡(2012)이 비판하는 바와 같이 일반적인 계획수립과 개발사업의 주체가 상이하게 됨에 따른 도시계획 "정합성의 훼손"의 문제가 제기될 수도 있다.[6] 김해룡(2012)이 주장한 바와 같이, 선계획-후개발의 달성을 위해서는 "구체적인 건설유

---

1 이상 Jeon, J. Methodology and framework of comparative urban planning law. Journal of Property, Planning and Environmental Law, 15(2), 2023, 57면에서 인용.

2 도시관리계획의 구속력에 대해서는 대법원 1982. 3. 9. 선고 80누105 판결 등 참조.

3 필자 또한 전진원, 도시계획의 적용 예외에 관한 한국과 미국의 비교연구. 건설법연구. 10, 2023, 33면에서 우리의 체계를 "개별적인 개발행위의 통제보다는 기본적으로는 계획의 운용에 초점"이 맞춰져 있다고 평가한 바 있다.

4 길준규, 우리 도시계획법의 법체계 정립 및 개선방향–우리 도시의 미래, 독일 도시계획법에서 길을 묻다, 토지공법연구, 105, 2024, 2면 등 참조.

5 길준규, 우리 도시계획법의 법체계 정립 및 개선방향–우리 도시의 미래, 독일 도시계획법에서 길을 묻다, 토지공법연구, 105, 2024, 2면에서 인용.

6 김해룡, 국토계획 및 개발법제의 회고와 전망, 개선방안, 토지공법연구, 60, 2013, 11면.

도 계획"이 사전에 수립되어있을 필요가 있다.[1] 그러나 용도지역제 도시계획은 건축허가요건[2]의 대강만을 규율하였고, 그것만으로 구체적인 건축행위나 개발행위의 허부를 완결적으로 판단하기는 어려움이 있었다.[3] 그러한 상황에서 적극적인 개발을 의욕하는 특별법과 그에 의한 인허가들에 의해 개발사업들 위주로 도시계획적 판단이 이루어지고, 심지어는 개발사업의 시행자에 의해서 도시관리계획의 수단들이 선택[4]되는 양태가 벌여졌던 것이다.

나아가, 2003년 국토계획법이 제정되기 이전까지는, 비도시지역의 경우 용도지역 지정만이 되어 있던 상황이었으므로, 그로 인한 난개발이 대두되었다는 취지의 평가가 등장하기도 한다.[5] 즉 2003년 이전의 우리 법 체계상으로는 용도지역제 도시계획마저도 제대로 된 역할을 하지 못하는 비도시지역[6]이라는 공백의 영역에서, 개별적인 개발행위가 난립하던 현상이 벌어지기도 하였던 것이다.

요컨대, 용도지역제 도시계획이 도시계획(법) 체계의 중심이 되는 상황에서, 개별적인 특별법상의 개발계획의 수립 및 인허가나, 심지어는 지구단위계획과 같이 용도지역을 보완하기 위해 도입된[7] 수단들마저도 개별적인 개발행위 또는 개발사업을 위한 절차적 도구로 이용될 가능성[8]이 높게 되고, 이러한 상황에서 우리의 도시계획(법) 체계가 계획주도형의 모습을 보여왔다고 단언적으로 평가하기는 어려움이 있다. 때문에 김상조 외(2013) 또한 우리의 토지이용규제방식이 계획주도형과 유사한 '규제 방식'과 함께, 개발행위주도형과 유사한 재량이나 계획에 의한 규

---

1 김해룡, 국토계획 및 개발법제의 회고와 전망, 개선방안, 토지공법연구, 60, 2013, 13면.
2 건축허가요건이란 건폐율, 용적률, 높이 등과 같은 형태제한 요건과, 건축물의 용도에 관한 용도제한 요건으로 구성된다고 일컬어진다. 김종보, 건설법의 이해. 피데스, 2018, 10면에서 인용하고 참조.
3 예컨대, 미국의 경우라면 조닝(zoning)이 정한 바를 충족하는 건축행위를 "as of right"라고 지칭하기도 하는 반면, 우리의 경우에는 용도지역에 충족한다고 하여 그 건축행위가 반드시 허용될 것이라 단언하기가 어렵다. 이에 대해서는 전진원, 도시계획의 적용 예외에 관한 한국과 미국의 비교연구, 건설법연구, 10, 2023, 26면의 논의 참조.
4 이와 같이 사업주체가 임의로 도시관리계획 종류를 "취사선택"하는 경향이 있었다는 비판에 대해서는 하해진, 이현호, 도시계획 관련제도 고찰을 통한 효율적 도시 관리방안에 관한 연구 – 지구단위 계획과 정비계획을 중심으로. 대한건축학회 논문집 – 계획계, 21(11), 2005, 249면 참조.
5 김해룡, 국토계획 및 개발법제의 회고와 전망, 개선방안, 토지공법연구, 60, 2013, 3면.
6 길준규(2024)가 지적하는 바와 같이 비도시지역에서는 개발행위가 원칙적으로 금지되는 것이 타당하다. 길준규. 우리 도시계획법의 법체계 정립 및 개선방향 – 우리 도시의 미래, 독일 도시계획법에서 길을 묻다. 토지공법연구, 105, 2024, 6면.
7 민태욱, 지구단위계획의 본질과 법제도의 재검토. 토지공법연구, 57, 2012, 174면 참조.
8 민태욱(2012)는 지구단위계획이 도시 전체적 관점에서의 계획과 무관하게 개별적인 개발사업을 위해 활용되는 현실을 비판한 바 있다. 민태욱, 지구단위계획의 본질과 법제도의 재검토, 토지공법연구, 57, 2012, 172면.

제가 허용되는 '혼합적'인 형태를 띄고 있다고 평가하고 있기도 하다.[1]

그럼에도 불구하고, 우리 법체계가 지속적으로 계획주도형 체계의 확립을 끊임없이 논의하고 달성하려 해왔다는 방향성 자체는 부정하기가 어려워 보인다. 2003년 국토계획법 제정의 취지를 두고 '선계획–후개발' 원칙을 확립하고자 시도한 것이라는 설명들에서[2] 이러한 방향성의 단초들을 발견할 수 있다. 물론 일각에서는 개발행위허가제도를 개발행위주도형인 영국의 계획허가제(Planning Permission)와 같은 역할을 하는 것을 재편해야 한다는 논의가 존재하기도 하였으나, 한국에서의 도시관리계획이 갖는 구속력이나 위상을 고려하면 우리의 법제도가 전면적으로 개발행위주도형으로 나아가는 것은 무리가 있어 보인다.[3] 도리어, 지구단위계획과 같은 상세한 계획의 전면적인 도입[4]과, 이를 통한 용도지역제 도시계획의 대체가 계속해서 논의되고 있음을 고려하면, 여전히 계획주도형 체계로의 지향 자체는 지속적인 관심사가 되고 있는 것으로 이해된다. 그러면서도 각 시기의 사회경제적 필요에 따라 계획에 대한 예외를 두려는 제도들 또한 끊임없이 제시되고 논의되고 있다.[5]

Ⅳ. 계획권한의 분배의 관점에서

그간 계획권한과 관련하여 가장 중요하게 논의되어왔던 것은 다름아닌 지방자치단체의 '계획고권'의 인정 및 그 범위의 문제와, 그와 긴밀히 연관되어 있는 '지방자치'의 문제이다. 연혁적으로 보면, 조선시가지계획령은 시가지계획구역의 지정(동령 제2조 제1항) 및 용도지역의 지정(동령 제15조) 권한은 모두 조선총독에게 집중되어 있었고, 제정 도시계획법 또한 전국토의 도시계획권한을 중앙정부(국토건설

---

1 김상조, 김성수, 김동근, 우리나라 토지이용규제의 문제점 및 개선과제, 국토연구, 2013, 102면 참조.
2 김해룡, 국토계획 및 개발법제의 회고와 전망, 개선방안, 토지공법연구, 60, 2013, 1면; 김희곤, 국토계획법제에 대한 평가, 토지공법연구, 52, 2011, 39면; 마상열, 최근의 국토계획법 개정과 도시기본계획, 경남발전, 93, 2008, 80면 등.
3 민태욱, 지구단위계획의 본질과 법제도의 재검토, 토지공법연구, 57, 2012, 179면 참조. 다만 민태욱(2012)은 우리의 개발행위허가제도가 영국식의 계획허가제를 부분적으로 도입한 것이라는 평가를 제시하고는 있다. 관련하여 민태욱, 전게논문, 2012, 174면 참조.
4 민태욱, 지구단위계획의 본질과 법제도의 재검토, 토지공법연구, 57, 2012, 191면 또한 이를 장기적 과제로서 연구해나가야 한다고 언급하고 있다.
5 최근 개정된 국토계획법상의 도시혁신구역, 복합용도구역, 도시·군계획시설입체복합구역 등의 제도도 기본적으로 기존에 존재하는 용도지역 등에 따른 건축허가요건의 적용을 배제하는 수단으로서 도입된 것이다. 때문에 이재훈(2023) 또한 이를 "용도지역제의 한계를 일거에 뛰어넘"는 "구조적 개편"이라고 평가한다. 이재훈, 최근 국토교통부가 발표한 도시계획 혁신방안에 대한 小考, 건설법연구, 10, 2023, 2면에서 인용하고 참조.

청장)에 부여하고 있었다(동법 제4조 등). 다만, 그 실질적인 작용 양태가 어떠하였든지 간에, 그간 도시계획법이 개정을 거듭하면서 점진적으로 도시계획권한이 지방으로 분배되고 이양되는 추세를 보여왔던 것 자체는 부인하기 어렵다.[1]

계획권한의 분배에 관한 그동안의 실정법의 변화와 문헌상의 반응들을 정리하면 크게 2가지 흐름을 살펴볼 수 있다. 먼저는 지방자치단체의 계획권한이 확대되면서, 문헌상으로는 그에서 더 나아가 실질적 계획권한의 부여를 강조하여 온 경향들을 발견할 수 있다. 달리 말하면, 일련의 연구 경향들은 실정법이 보여왔던 계획권한의 이양 또는 분배를 여전히 못미더운 것으로 평가하고 이해하여 왔다고 볼수 있겠다. 장교식과 이진홍(2014)은 여전히 실정법이 입안이 아닌 결정권한을 부여하는 것에 미미하다는 경향을 비판적으로 분석하고 있고,[2] 비교적 최근까지도 김성배(2021)는 기초지자체의 "계획자치권"이 미흡하다는 평가를 하면서, 여전히 우리의 도시계획법 체계가 중앙집권적 경향을 보이고 있다고 비판하고 있다.[3]

다른 한편으로는, 여전히 중앙의 도시계획권한을 유지하고 강화하는 실정법상의 변화들을 발견할 수 있다. 실정법상의 변화의 대표적인 사례는 (1) 국가계획의 근거를 마련하는 내용의 2007년 국토계획법 개정과, (2) 국가가 결정권한을 행사하는 각종의 특별법[4] 등의 지속적인 도입에서 살펴볼 수 있다. 2007년 개정된 국토계획법은 국가의 주요 정책사업의 추진을 위해 필요한 경우에는 도시기본계획에의 반영여부와 관계없이 국가계획을 국가가 수립할 수 있도록 하는 한편, 국가계획이 도시기본계획에 우선적 관계에 있음을 명시함으로써 일정한 경우 중앙의 계획권한이 우선적으로 작용할 수 있도록 하였다.[5] 공공주택 특별법과 같이 중앙정부(국토교통부)에 결정권한을 집중시키고 있는 각종의 특별법들 또한 정부의 주택공급정책과 맞물려 현재까지도 매우 활발하게 작용하고 있음을 확인할 수 있다. 문헌상으로는 이러한 경향에 대해 호의적인 것을 발견하기는 어렵다. 도시계획의 결정권한들

---

1 J. Jeon, Planning Law and Development Process in South Korea(No. 2023/08; CLS Working Paper Series), City, University of London, 2023, 12면; 김성배, 도시계획과 지방자치단체의 계획권. 토지공법연구, 96, 2021, 28면 참조.
2 장교식, 이진홍, 지방자치단체의 도시계획고권에 관한 고찰, 법학연구, 54, 2014, 203면.
3 김성배, 도시계획과 지방자치단체의 계획권, 토지공법연구, 96, 2021, 27면, 28면.
4 예컨대 국토교통부장관에게 공공주택지구 지정권한 등을 부여한 공공주택 특별법과 같은 것을 생각할 수 있겠다. 여전히 국토교통부장관은 대규모 개발사업에 대한 계획 및 인허가권한을 다수 보유하고 있다.
5 이러한 2007년 개정 국토계획법상 국토계획의 내용에 대해서는 마상열, 최근의 국토계획법 개정과 도시기본계획, 경남발전, 93, 2008, 90면의 논의 참조.

이 여전히 중앙이나 광역지자체에 집중되어 있음을 언급하면서 집권화 경향을 비판하는 것이나,[1] 중앙에 의하여 다수의 계획들이 진행되고 있음을 비판하는 것[2]이 발견된다.

V. 참여의 수준의 관점에서

전체적인 흐름을 놓고 본다면, 그동안의 우리 도시계획법제는 주민의 참여방안을 강화하는 경향을 보여왔던 것은 사실이다. 그러나 확대되어 온 참여의 실질적 내용에 대해서는 여전히 비판적인 논의가 계속되고 있는 것 또한 사실이다.

참여의 확대라는 경향을 보여주는 대표적인 변화는 크게 2가지이다. 먼저 1981년 개정된 도시계획법에서는 처음으로 주민의견청취 제도를 신설하였다.[3] 그러나 이와 같은 이른바 '공청회 방식'의 참여가 실질적인 의미의 참여를 뜻하는 것인지에 대해서는 회의적인 견해가 발견된다. 채우석(2019)은 공청회 방식의 참여가 절차적으로나 내용적으로나 실효적으로나 한계가 있음을 지적하면서,[4] 이러한 절차가 단지 절차적 요건 충족을 위해 형식적으로 이루어지고 있음을 비판하는 견해들이 존재한다는 점을 소개한다.[5] 김해룡(2012) 또한 현행 법상의 주민이나 지방의회의 의견청취 절차들이 "권리의 사전적 구제절차"라는 관점에서 보더라도 미흡하다는 비판을 제시한다.[6] 이러한 내용들을 종합하면, 우리의 도시계획법제는 주민들의 절차적 참여라는 관점에서 참여를 확대하여왔고, 실체적이고 내용적인 측면에서의 참여의 확대를 요구하는 관점에서는 여전히 미흡한 상태가 지속되고 있다고 이해할 수 있겠다.

다음으로, 도시계획에 대한 입안제안 제도의 도입을 대표적인 변화로 언급할 수 있겠다. 2000년 개정된 도시계획법에서 처음으로 주민의 입안제안 제도가 도입되었다.[7] 다만, 이러한 입안제안 제도의 성질이나 의미를 어느 정도로 적극적으로 해석할 것인지에 대해서는 논란의 소지가 있다. 김종보(2004)는 이러한 입안제안 제도를 "사실상의 의견제출권"으로 해석하는 것에 조심스러운 태도를 보이면서도,

---

1 김해룡, 국토계획 및 개발법제의 회고와 전망, 개선방안, 토지공법연구, 60, 2013, 7면.
2 이재삼, 우리나라 토지이용과 통제방안에 관한 연구, 토지공법연구, 50, 2010, 96면.
3 이러한 경과에 대해서는 채우석, 도시계획과 주민참가, 토지공법연구, 87, 2019, 61면 참조.
4 채우석, 도시계획과 주민참가, 토지공법연구, 87, 2019, 62면.
5 채우석, 도시계획과 주민참가, 토지공법연구, 87, 2019, 66면 참조.
6 김해룡, 국토계획 및 개발법제의 회고와 전망, 개선방안, 토지공법연구, 60, 2013, 14면.
7 관련하여 채우석, 도시계획과 주민참가, 토지공법연구, 87, 2019, 74면 참조.

이를 엄격하게 접근하는 견해를 제시하고 있다.[1] 이러한 입안제안권을 주민들에게 전면적으로 도시계획에 대한 수립 또는 변경권을 인정한 것이라 적극적으로 해석하는 것에는 무리가 있다는 것이다. 실정법상 이러한 입안 제안이 행정청을 구속하는 등의 효력을 지니는 것도 아니므로, 실무적으로 이러한 입안제안권은 입안제안의 거부 시 신청권을 인정하는 근거로서 활용되는 것 이상으로 실천적 의미를 지닌다고 볼 수 있을지 의문이다.

이상과 같은 경향들을 정리하면, 우리 도시계획법이 주민들의 참여기회나 방법을 확대하여온 것은 사실이나, 이는 절차적인 수준 이상의 의미를 지니는 방향으로 개편되어왔다고 평가하기는 어려워 보인다.

이 밖에도, 전문가나 공익단체 등의 참여를 강조하는 경향 또한 발견된다. 현행법상 의견청취의 대상이 되는 '주민'의 명확한 정의규정이 없으므로, 의견청취 절차에서 전문가들이나 공익단체들의 참여가 배제된다고 보기는 어렵다. 그러나 전문가들의 경우 이러한 의견청취 절차뿐만 아니라 도시계획위원회 등 여러 절차에서 참여가 확대되어 오고 있다.[2] 공익단체에 대해서는 현행법의 한계를 넘어 그 참여를 법제화하는 방안을 마련해야 한다는 주장이 제기되기도 한다.[3]

VI. 소결론

이상과 같이, 5가지의 측면에서 한국 도시계획법제의 그간의 변화의 추이와 그에 대한 논의경과들을 살펴보면, 어떠한 측면에서는 일관된 흐름을 볼 수 있지만, 어떤 측면에서는 이질적인 요소와 방향들이 상당히 혼합적으로 존재하여왔음을 발견할 수 있다.

① 토지소유권의 강도(剛度)의 관점에서는 대체로 토지소유자가 정부와의 관계에서 토지이용에 대해 우위를 인정받을 수 있는 영역은 제한되어왔고, 우리 법제상 '건축의 자유'라고 부를만한 영역이 과연 유의미하게 인정될 수 있었는가에 대해서는 의문이 있다. ② 사법적 개입의 관점에서도 사법자제적인 태도가 큰 틀에서는 유지되어 온 것으로 보이고, 다만 절차적인 측면에서 사법심사의 대상이나 범위 정도가 확대되어 온 것으로 이해된다. 또한 ③ 참여의 관점에서도 실질적인 측면에서는 이론의 소지가 많더라도, 최소한 절차적으로는 참여의 수단과 방법이 확대되어

---

1 김종보, 도시계획변경거부의 처분성. 행정법연구, (11), 2004, 262면 참조.
2 관련하여, 채우석, 도시계획과 주민참가, 토지공법연구, 87, 2019, 73면 참조.
3 김해룡, 국토계획 및 개발법제의 회고와 전망, 개선방안, 토지공법연구, 60, 2013, 14면.

온 경향을 보이고는 있다. 이러한 관점들에서 보면 우리 도시계획법제의 연혁은 다소 일관된 경향을 보여 왔던 것으로 보인다.

그러나 ④ 도시계획의 체계의 관점에서는 우리 법이나 문헌들 모두 대체로 계획주도형의 체계를 지향하여온 것으로 보이나, 사회경제적 필요에 따라 반대 방향으로의 제도들이 등장하기도 하였던 것으로 분석된다. ⑤ 계획권한의 분배에 있어서는 지자체로의 권한이 지속적으로 이양되고 분배된 경향을 보이면서도, 동시에 국가적 필요에 따른 중앙의 계획권한을 유지하거나 때로는 강화하는 경향들이 공존하는 경향을 볼 수 있었다.

이와 같은 우리 도시계획법제의 연혁과 경과에 대한 다양한 맥락으로부터의 분석은, 우리 도시계획법제의 역사와 현 주소를 정확하게 이해하는 것과 더불어, 객관적이고 외부적인 시선에서 이를 조명하여 장래에 우리 도시계획법제가 나아가야 할 방향을 고민함에 있어서도 유용하게 참고될 수 있다.

제3장 국토계획법과 타법의 관계[1]

I. 부동산공법 또는 건설법의 체계에 관한 논의

1. 토지를 중심으로 한 분류체계

토지 및 건물의 이용관계를 규율하는 여러 법률들과의 관계에서 국토계획법을 어느 위치나 분류에 둘 것인지를 두고 학계에서는 여러 논의가 있어왔다. 대표적으로 문헌상으로는 '토지공법'이라는 용어를 사용하여 이를 "국가나 지방자치단체가 공공복리를 위하여 토지의 소유·이용·개발·보전·거래·관리 등에 관하여 적극적으로 규제·지도·부담·강제·관리하는 법규의 총체"[2]라고 정의한 다음, 여러 실정

---

1 본 장의 논의는 저자가 공저자인 제주특별법상 개발사업시행승인 제도에 관한 소고, 토지공법연구, 2019. 5. 중 저자가 서술한 163면 내지 165면의 논의를 공저자의 동의를 받아 그에 기초하여 전면적으로 다시 정리한 것이다. 이러한 논의에 대한 보다 상세한 논의는 해당 문헌을 참조하되, 본 장에서는 해당 문헌에서의 견해를 수정한 것임을 밝힌다.

2 성소미, 부동산 법제의 새로운 체계구성과 최근의 입법동향, 토지공법연구, 2007, 5면에서 직접인용. 김남욱, 토지공법체계에 관한 소고, 부동산법학, 2003, 197면 이하; 김해룡, 토지법의 기초이론, 토지공법연구, 2003. 12., 2면 이하; 류해웅, 토지법제론, 부연사, 2005, 12면 이하 또한 이와 유사한 입장을 취하고 있는 것으로 보인다. 관련된 논의는 성소미, 위의 논문, 5면 이하에 잘 정리되어 있다.

법들을 토지와 관련한 기능에 따라 분류하는 견해가 다수를 이루고 있는 것으로 보인다.[1] 성소미(2007)에 의하면 토지공법은 ① 토지소유제한, ② 토지이용, ③ 토지개발, ④ 토지거래규제, ⑤ 개발이익환수, ⑥ 공적토지취득, ⑦ 토지정보 및 시장관리 등의 영역으로 구분될 수 있다고 설명되고 있다.[2] 그러나 이러한 분류체계의 장점은 토지와 관련된 공법적 규율을 토지공법이라는 개념하에 폭넓게 포섭하고 분류할 수 있다는 것이지만, 단점은 포괄적인 만큼 그 실체가 모호하다는 것이다. 외연이 넓어지면 내포가 모호해진다는 단점이 그대로 적용된다. 토지에 관련된 공법규정의 총체를 모두 포함시키고, 이를 기능적으로 분류한 것이므로 이들 사이에는 '토지에 관련된다'는 것 이외에는 실체적 유기적 관련성을 찾기가 어렵다. 이러한 관점에서 국토계획법은 그저 토지이용에 관련된 하나의 법률일 뿐이고, 다른 카테고리와 어떤 관계에 있는 것인지를 법리적으로 규명하기가 어렵다.

2. 건축행정법·건설법적 관점에서의 분류 체계

반면, '건설행정법' 혹은 '건설법'이라는 용어를 사용하여 이를 "택지의 조성, 아파트·영업시설·단독주택 등의 건축, 재건축·재개발, 공원·도로 등 도시의 기반시설설치 등 도시의 물리적 공간형성에 간여하는 공법규정의 총체"[3]라고 정의한 다음, 이를 건축경찰법, 국토계획법, 개발사업법 등으로 분류하는 견해가 발견된다. 그에 의하면 건축경찰법은 건축물의 위험방지 및 안전요건을 규율하고, 국토계획법은 건축물과 토지의 이용관계에 대하여 규율하며, 개발사업법은 도시의 물리적 공간형성에 적극적으로 관여하는 역할을 담당한다.[4] 이러한 분류의 장점은 각 법률이 다른 법률들과 어떠한 연관관계를 맺고 있는지, 그 관계와 맥락을 알 수 있게 해준다는 점이다. 토지공법이라는 관점에서 국토계획법은 그저 토지에 관련된 공법의 일종이었다면, 건설법에 국토계획법은 공간이용을 위한 땅의 지위를 결정하는 법률로서 그 역할을 조명할 수 있게 된다.

3. 소결론: 국토계획법, 개발사업법, 건축경찰법의 관계

본서는 1.항의 분류 ─ 곧, 토지공법의 관점에서의 분류체계보다는 2.항의 분류

---

[1] 이상 방동희, 부동산공법의 개념·원리·체계 탐색과 그 정립에 관한 시론적 고찰, 행정법연구, 2014. 2., 141면 내지 142면 참조.
[2] 성소미, 부동산 법제의 새로운 체계구성과 최근의 입법동향, 토지공법연구, 2007, 6면.
[3] 김종보, 건설법의 이해, 제6판, 피데스, 2018, 4면에서 직접 인용.
[4] 김종보, 건설법의 이해, 제6판, 피데스, 2018, 8면 내지 11면에서 인용.

— 곧, 건설법의 관점에 기초하여 논의를 진행하고자 한다. 특히, 후자에 의할 경우 국토계획법과 다른 법영역과의 경계선을 보다 명확하게 파악할 수 있고, 역으로 이를 통해 국토계획법이 관여할 영역과 그렇지 않은 영역을 법리적으로 보다 잘 규명해낼 수 있다. 아울러 국토계획법이 정하고 있는 개별적인 규율들이 그 실정법의 명칭에도 불구하고 어떠한 판단에 초점을 두고 운용·해석되어야 하는지에 대하여도 실천적인 방향을 제시해줄 수 있다.

후자의 분류관계를 전제하였을 때, 국토계획법이 관여할 수 있는 영역과 관여하지 않는 영역은 다음과 같이 설명될 수 있다. ① 국토계획법은 개발사업법이 아니므로 토지를 적극적으로 개발하는 방법에 대하여는 원칙적으로 관심을 두지 않는다. 다만, 토지이용의 근간을 이루는 것이 국토계획법인 만큼, 선계획-후개발의 견지에서 국토계획법과 개발사업법이 관련되어 있을 뿐이다. 적극적으로 개발사업을 추진하는 데에는 국토계획법이 일선에 나서지는 않지만, 그렇다고 국토계획법의 협조가 없어서도 안 된다. ② 아울러 국토계획법은 건축경찰법이 아니다. 국토계획법이 건축물의 등장에 관심을 가지는 것은 '토지이용'에 영향을 미치기 때문일 뿐, 건축물이 어떻게 안전하고 튼튼하며, 위생적으로 지어지는지는 원칙적으로 관심의 영역으로 삼지 않는다.

Ⅱ. 국토계획법과 인접 법률

행정적인 측면에서 보면, 국토계획법은 국토교통부 중에서도 제1차관실, 국토도시실, 도시정책관 산하의 도시정책과에서 담당한다.

관련하여, 국토교통부에서는 주기적으로 도시정책관 산하 4개 과의 업무에 대한 업무편람을 발간하는데, 해당 업무편람을 살펴보면, 도시정책관이 관장하는 가장 기본이 되는 법률로 국토기본법과 국토계획법이 존재하고, 그 아래에 (ⅰ) 토지이용·허가 절차 간소화를 위한 특별법(토지인허가간소화법), (ⅱ) 도시개발법, (ⅲ) 스마트도시 조성 및 산업진흥 등에 관한 법률(스마트도시법), (ⅳ) 토지이용규제 기본법(토지이용규제법), (ⅴ) 개발제한구역의 지정 및 관리에 관한 특별조치법(개발제한구역법), (ⅵ) 도시공원 및 녹지 등에 관한 법률(공원녹지법), (ⅶ) 조경진흥법 등이 존재하는 것으로 정리하고 있다.[1]

---

1 국토교통부, 도시업무편람, 2018, 46면.

구체적으로 살펴보면, 토지이용규제법이나 토지인허가간소화법은 도시계획 및 그에 관련되는 토지인허가와 관련한 절차적인 규율들을 정하고 있는 것이고, 도시개발법은 제정 도시계획법에서부터 중요한 부분을 담당하던 토지구획정리사업을 승계한 것으로 개발사업법의 대표격을 이루는 것이다. 개발제한구역법이나 공원녹지법은 국토계획법이 정하는 용도구역에 관하여 상세하게 정하고 있는 법률이고, 스마트도시법이나 조경진흥법은 국토계획법의 틀 안에서 어떠한 정책적 목적을 위해 새로운 형태의 계획을 수립하고 집행하는 법률들에 해당한다. 이상과 같이, 토지이용에 관한 모든 법률들의 근간을 이루는 것이 바로 국토계획법이라 할 수 있다.

한편, 문헌상으로는 국토계획법의 기본법으로서의 성질을 강화하기 위하여, 장기적으로는 토지이용규제 기본법을 국토계획법으로 편입, 통합하는 것이 바람직하다는 견해가 대두되고 있다.[1] 실제로도 토지이용규제 기본법의 규율체계나 내용은 국토계획법상의 계획수립 절차 등에 관한 조문과 상당 부분 중첩되는 것으로 사료된다.

[표] 국토교통부 도시업무편람상 관련 법령의 명칭과 목적, 소관과

법률	목적	국토교통부 소관과
국토기본법	이 법은 국토에 관한 계획 및 정책의 수립·시행에 관한 기본적인 사항을 정함으로써 국토의 건전한 발전과 국민의 복리향상에 이바지함을 목적으로 한다.	국토정책과
국토의 계획 및 이용에 관한 법률	이 법은 국토의 이용·개발과 보전을 위한 계획의 수립 및 집행 등에 필요한 사항을 정하여 공공복리를 증진시키고 국민의 삶의 질을 향상시키는 것을 목적으로 한다.	도시정책과(개발행위, 도시군계획시설, 용도지역, 지구단위계획, 도시군기본계획, 토지적성평가) 도시활력지원과(공동, 기반시설부담구역)
토지이용 인·허가 절차 간소화를 위한 특별법	이 법은 토지를 이용하고 개발하는 경우 개별 법률에서 각각 규정하고 있는 복잡한 인·허가 절차를 통합·간소화하고, 지원함으로써 국민 불편을 없애고 국가경쟁력 강화에 기여함을 목적으로 한다.	도시정책과
도시개발법	이 법은 도시개발에 필요한 사항을 규정하여 계획적이고 체계적인 도시개발을 도모하고 쾌적한 도시환경의 조성과 공공복리의 증진에 이바지함을 목적으로 한다.	도시활력지원과

---

1 정태용, 국토계획법제의 정비, 공법연구, 2008. 10., 276면의 논의 참조.

스마트도시 조성 및 산업진흥 등에 관한 법률	이 법은 스마트도시의 효율적인 조성, 관리·운영 및 산업진흥 등에 관한 사항을 규정하여 도시의 경쟁력을 향상시키고 지속가능한 발전을 촉진함으로써 국민의 삶의 질 향상과 국가 균형발전 및 국가 경쟁력 강화에 이바지함을 목적으로 한다.	도시경제과
토지이용규제 기본법	이 법은 토지이용과 관련된 지역·지구등의 지정과 관리에 관한 기본적인 사항을 규정함으로써 토지이용규제의 투명성을 확보하여 국민의 토지이용상의 불편을 줄이고 국민경제의 발전에 이바지함을 목적으로 한다.	도시활력지원과
개발제한구역의 지정 및 관리에 관한 특별조치법	이 법은 「국토의 계획 및 이용에 관한 법률」 제38조에 따른 개발제한구역의 지정과 개발제한구역에서의 행위 제한, 주민에 대한 지원, 토지 매수, 그 밖에 개발제한구역을 효율적으로 관리하는 데에 필요한 사항을 정함으로써 도시의 무질서한 확산을 방지하고 도시 주변의 자연환경을 보전하여 도시민의 건전한 생활환경을 확보하는 것을 목적으로 한다.	녹색도시과
도시공원 및 녹지 등에 관한 법률	이 법은 도시에서의 공원녹지의 확충·관리·이용 및 도시녹화 등에 필요한 사항을 규정함으로써 쾌적한 도시환경을 조성하여 건전하고 문화적인 도시생활을 확보하고 공공의 복리를 증진시키는 데에 이바지함을 목적으로 한다.	녹색도시과
조경진흥법	이 법은 조경분야의 진흥에 필요한 사항을 규정함으로써 조경분야의 기반조성 및 경쟁력 강화를 도모하고, 국민의 생활환경 개선 및 삶의 질 향상에 기여함을 목적으로 한다.	녹색도시과

Ⅲ. 연구영역으로서의 국토계획법: 해외에서의 논의

1. 도시계획법, 혹은 계획법(Planning Law)

해외에서도 우리의 국토계획법에 해당하는 영역의 논의들을 어떠한 용어를 사용하여 분류하고 지칭할 것인지에 대하여 일관되거나 합의된 개념이 존재하지는 아니하는 것으로 보인다. 대체로 유럽권역에서는 planning law라는 용어를 사용하고 있는 것으로 보이는데, 유럽권역의 도시계획학계의 가장 큰 행사이자 단체라고 할 수 있는 AESOP[1]의 주제별 그룹 중 하나로 도시계획법 관련 그룹(Planning, Law

---

1 해당 단체의 홈페이지 안내(https://aesop-planning.eu/aesop/about-aesop)에 의하면 이는 1987년

and Property Rights)의 명칭에서 planning law와 유사한 표현들을 찾아볼 수 있다. 한편, AESOP과 밀접한 관계를 맺고 있는 학술단체로서 PLPR(International Academic Association on Planning, Law, and Property Rights)의 경우에도 planing law라는 용어를 주로 사용한다. PLPR의 경우 1998년 AESOP 연례 컨퍼런스를 그 역사의 출발점으로 삼고 있으므로[1] 대체로는 법학자나 실무에 종사하는 법률가들보다는 도시계획 학계에서 도시정책적 관점으로부터 출발하여 그에 인접한 법적 논의들을 깊게 연구한 연구자들이나, 도시계획학 학위를 최종학위로 하면서 법학 학위를 함께 취득한 연구자들이 다수를 구성하고 있는 것으로 보인다. 유럽권역의 학술단체 중에서는 AIDRU(Association internationale de droit de l'urbanisme)의 경우 프랑스어권 대학의 법학자들을 위주로 구성되어 있는데,[2] 해당 단체의 공식 영문명에서 land use planning law라는 명칭을 발견할 수 있다.

참고로, Planning law라는 용어 자체가 어떻게 정의되고 있는지를 발견하는 것은 쉬운 일은 아니다. 예컨대 Norton(2019)[3]의 글에서는 미국에서는 planning law에 대하여 "토지이용 규제에 관련한 헌법, 행정법, 주 및 지방정부법의 혼합물"[4]이라고 인식하기도 한다는 언급이 등장하는데, planning law를 이와 같이 정의하기에는 상당히 포괄적이고 모호하다는 문제가 있지만 그보다 더 구체적으로 정의를 제시하기도 쉽지가 않다. Norton(2019)은 미국 Planning Accreditation Board의 planning law에 대한 정의("도시계획이 발견되는 곳에 관한 법적, 제도적인 맥락"[5])를 소개하고 있지만, 이 또한 도시계획법이라는 용어 자체를 단순히 풀어서 쓴 것 이상의 의미를 지닌다고 보기는 어렵다. 이를 달리 이해하면, 여전히 미국에서도

에 설립된 단체로, "유럽권역에서 도시계획 관련 학교들을 대표하는 유일한 단체"인 것으로 소개되고 있다. 매년 여름 연례 컨퍼런스를 개최하며 그 하위의 주제별 그룹 중 하나로서 도시계획 및 재산권(Planning, Law and Property Rights) 그룹이 존재한다. 연례 컨퍼런스의 경우에도 이러한 주제별 그룹에 따라 구분된 세션들이 존재하는데, 도시계획법 분야를 위한 세션들도 존재한다.

1 해당 단체의 소개글 참조(https://plpr-association.org/about-plpr/history-partnerships/).
2 해당 단체의 웹페이지의 주요 구성원 소개란을 (https://www.aidru.org/en/home-en-gb/steering-committee.html) 참조. 해당 단체의 경우 2년에 한번 학술대회를 개최하고 있다.
3 Richard K. Norton은 미시간대학교 도시계획교수로 도시계획박사학위와 법학학위(J.D.)를 함께 취득한 권위있는 연구자이다. Norton은 PLPR에서도 활발히 활동하고 있다.
4 Richard K. Norton, Planning Law, In Leigh, N. G. et al., The Routledge Handbook of International Planning Education, Taylor and Francis.의 What is "Planning Law" and Why Teach It?, 2019 챕터에서 직접 인용.
5 Richard K.Norton, Planning Law, In Leigh, N. G. et al., The Routledge Handbook of International Planning Education, Taylor and Francis.의 What is "Planning Law" and Why Teach It?, 2019 챕터에서 직접 인용.

planning law라는 영역의 경계선이 명확하게 그어져 있는 것은 아니라고 볼 수 있고, planning law의 연구영역을 어디까지로 할 것인지는 여전히 현재의 법학자, 법률가, 그리고 연구자들에 의하여 비판적으로 고민되어야 하는 것임을 알 수 있다.

한편 미국에서는 planning law라는 용어와 함께 land use law라는 용어가 일반적으로 사용되고 있는 것으로 사료된다. 오히려 문헌상으로 보면 최소한 1970년대까지 미국에서는 planning law라는 개념이나 명칭 자체를 사용하지 않았던 것으로 보이기도 한다.[1] 다만, 현재 들어서는 land use law나 planning law, 또는 양자를 혼합한 제3의 명칭들을 혼용하고 있는 상황이다. 대표적으로 미국에서 자주 참고되는 교과서인 Juergensmeyer 외 저(著)의 경우에는 가장 첫 챕터의 제목에서 "land use planning and control law"라고 하여[2] 여러 용어들이 혼합된 명칭으로 해당 문헌의 논의대상을 명명하고 있다. 반면, 필자가 Boston University에서 수강한 과목의 명칭 또한 Planning and Land Use Law으로 해당 강의의 주교재 서명[3]의 경우 planning이라는 용어를 사용하고 있지 않다. 이러한 용어의 혼용은 한편으로는 우리의 건설법 연구에 대응하는 연구영역이 여전히 형성과정에 있어 유연한 견해를 취할 수 있음을 보여주는 상징적인 현상이기도 하지만, 해외 도시계획법제의 논의를 참고하고자 하는 연구자나 실무가의 입장에서는 용어의 다변성에 유의하여 문헌조사를 시행해야 한다는 점에서 유의해야 할 사항으로 작용하기도 한다.

2. 도시법(Urban Law)

한편, 영미에서는 urban law라는 용어를 사용하는 일군의 연구들이 등장하기도 한다. 대표적으로 Fordham Law School에서 발간하여온 Fordham Urban Law Journal을 들 수 있다. 다만 urban law는 토지의 이용관계나 도시계획 제도 자체에 대한 법적규율에 관심을 가지는 것이 아니라, 그 명칭과 같이 '도시'라는 것 그 자체에

---

1 G. Dobry, Planning Law in England. Real Property, Probate and Trust Journal, 11(3), 1976은 당시 영국의 planning law 전문가인 George Dobry를 미국 변호사협회의 특정 분과의 컨퍼런스에 초청하여 나눈 대화를 정리한 것인데, 해당 문헌의 507면에서는 "미국에서는 planning law라는 명칭이 사용되지 않아왔다"(507면에서 직접 인용)는 설명이 등장한다.

2 J. C. Juergensmeyer, T. E. Roberts, P. E. Salkin & R. M. Roweberry, Land Use Planning and Development Regulation Law(4th ed.), West Academic Publishing, 2018, p. 1. 그러나 정작 해당 서적의 제목에서는 "land use planning and development regulation law"라는 또 다른 용어를 사용하고 있어 용어의 통일성을 보여주지 못하고 있다.

3 D. L. Callies, R. H. Freilich & S. R. Saxer, Land Use Cases and Materials(7th ed.), West Academic Publishing, 2017.

대한 다양한 법적 영역을 아우르는 영역을 지칭하는 것으로 이해된다. 대표적으로 Layard(2020)는 urban law의 연구목표를 "도시가 어떻게 법적으로 생성(형성)되는지를 이해하는 것"[1]이라고 설명하는데, 당연하게도 여기서의 도시는 국토계획법에서 상정하는 물리적인 토지이용의 형태, 혹은 공간으로서의 도시를 의미하는 것이 아니다. Layard(2020) 또한 도시에 관하여 "공간환경(built environment[2])을 넘어서는 것들"[3]이라는 표현을 사용하는데, 곧 물리적 환경을 넘어서는 인문, 사회적인 현상으로서의 도시를 연구의 대상으로 상정한 다음 그것과 법의 상호관계에 대하여 논하는 것이 urban law이라고 이해할 수 있다. Pieterse(2022)의 경우에는 urban governance라는 개념을 사용하면서, 그 구조나 관계, 절차 등에 영향을 미치는 법 또는 규제의 집합을 의미하는 것으로서 urban law를 이해하기도 한다.[4] 용어의 포괄성을 고려하면 urban law의 연구영역에는 다양한 법들이 포함될 수 있으며, planning law는 urban governance에 영향을 미치는 일부에 지나지 않는다.[5]

　이러한 관점에서 urban law는 planning law 혹은 land use law와 일부 중첩되는 영역이 존재할 수 있겠으나, 주된 연구관점이 동일하다고 보기는 어렵다. 필자의 이해와 같이 urban law가 인문사회적 현상으로서의 도시, 혹은 '거버넌스'라는 포괄적 개념으로서의 도시와 법 혹은 법학 사이의 관계에 대하여 연구하는 것이라고 보게 된다면, 이러한 인문사회환경에 대한 영향관계는 국토계획법의 관점에서 토지이용관계를 규율함에 있어서 형량요소로서 고려될 수 있는 요소일 수는 있겠다. 그러나 국토계획법의 논의 영역을 계획행정청과 소유권자의 법률관계에 대한 규율이라는 관점으로 바라보게 된다면, 그 관심은 계획행정청의 권원이나 소유권자의 권원, 양자 사이의 충돌 및 긴장관계와, 그에 대한 법리적 해결 및 실정법적 규율에 맞춰지게 된다. 그렇다면, urban law에서 관심을 둘 만한 인문사회적 환경들은 이러한 고민들의 원인이나 결과로서 고려될 수 있는 외부적 요소에 해당할 뿐, 행정

---

1 A. Layard, Researching Urban Law, German Law Journal 21(7), 2020, p. 1451에서 직접 인용.

2 주로 영국의 문헌들에서 built environment라는 용어가 자주 등장한다. 영국 Emerald사에서 발간하는 Journal of Property, Planning and Environmental Law의 변경 전 명칭도 International Journal of Law in the Built Environment였다. 또한 현재 영국의 여러 대학에서도 도시계획 관련 학과들의 소속 대학의 명칭으로 School of Built Environment라는 용어를 사용하기도 한다.

3 A. Layard, Researching Urban Law, German Law Journal 21(7), 2020, p. 1456에서 직접 인용.

4 M. Pieterse, Corporate power, urban governance and urban law, Cities, 131, p. 3에서 인용.

5 M. Pieterse, Corporate power, urban governance and urban law, Cities, 131, 2022, p. 3에서도 urban law의 연구영역에 해당할 수 있는 영역들을 나열하면서, 그 중의 하나로서 planning law를 언급하고 있을 뿐이다. 이를 달리 이해하면 urban law와 planning law의 연구영역이나 관심사가 동일하다고 보기 어려운 것이기도 하다.

청과 소유권자 사이 법률관계의 본질에 해당한다고 보기는 어려운 측면이 있다. 장기적으로 Urban law에 대한 관심과 연구는 국토계획법에 대한 논의를 풍부하고 다양하게 전개하는데 도움이 될 수 있겠으나, 양자의 연구영역이나 관심사가 완전히 중첩된다고 단언하기는 어려워 보인다.

3. 법지리학(Legal Geography)

최근 해외의 비교법학계에서는 전통적인 법학의 경계를 넘어서 인접학문 혹은 인접영역과의 학제간 연구로 그 영역을 확장하는 시도에 대한 소개들이 많이 등장하는데, 그 중 하나가 바로 legal geography이라는 영역이다. 대표적으로 Nicolini (2022)에 의하면 legal geography는 "법의 운용 혹은 실무(practice)를 통해서 공간이 어떻게 형성되는가"[1]를 연구하는 것인데, 여기서의 공간(space)이라는 것은 건물이나 도로와 같은 어떠한 구조물이나 물리적 공간에 한정된 좁은 의미가 아니라, 인문지리적 현상으로서 넓은 의미의 공간을 의미하는 것으로 이해된다. Legal geography가 "사람, 장소, 그리고 법의 상호 구성적인 관계를 탐구하는 것"[2]이라는 Bennett과 Nayard(2015)의 서술 또한 공간의 인문사회적 의미에 초점을 두고 있는 것이라 이해된다. 종합하면, legal geography는 이러한 광의의 공간의 의미의 형성에 법이 어떻게 작용하는지를 이해하려고 하는 것으로서, Nicolini(2022)의 서술 중에서도 "정치적 권력이 법을 통하여 영토적, 인종적 또는 다른 상상적인 지리적 공간을 규정(code)한다"[3]는 문장이 legal geography가 그 기저에 담고 있는 문제의식을 상징적으로 보여준다고 사료된다.

이러한 legal geography의 의미나 문제의식을 고려하면, 이 또한 국토계획법, 혹은 건설법의 연구영역과의 동일성을 찾기는 쉽지 않다. 정치권력이나 법이 공간을 어떻게 규정짓고 명명하며, 의미를 부여하는지의 문제는 물리적 공간질서나 토지이용관계를 넘어서는 상부의 추상적이고 근원적 논의에 해당한다. 이러한 고민이 도시계획의 과정에서 개입하고, 도시계획의 내용이나 제반 이해관계의 형량에 반영될 수 있을지언정, 도시계획이라는 행정작용, 그리고 그에 따른 행정청과 소유

---

1 M. Nicolini, Legal Geography: Comparative Law and the Production of Space(M. Nicolini, Ed.), Springer International Publishing, 2022, p. 4에서 직접 인용.

2 L. Bennett & A. Layard, Legal Geography: Becoming Spatial Detectives, Geography Compass, 9(7), 2015, p. 406에서 직접 인용.

3 M. Nicolini, Legal Geography: Comparative Law and the Production of Space(M. Nicolini, Ed.), Springer International Publishing, 2022, p. 6에서 직접 인용.

권자의 공법적 법률관계에 대한 논의에서 직접적인 연결고리를 찾기는 쉽지 않다. 이러한 다학제간 연구영역에 속한 논의들이 차후에 어떻게 국토계획법, 나아가 건설법의 논의와 연계되고 교류할 수 있는지는 섣불리 그 결론을 단언하기보다는 장기적으로 고민하고 그 경과를 관찰해 보아야 할 문제라고 사료된다.

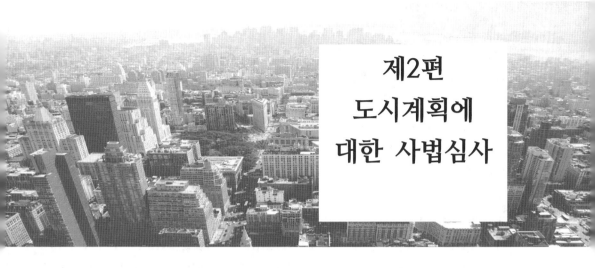

제2편
도시계획에 대한 사법심사

제1장 도시계획과 '공익'[1]

I. 도시계획과 공익적 판단

1. 도시계획과 행정청의 공익적 판단

도시계획은 토지의 이용과 관련하여 계획행정청에 부여된 권한을 구체적으로 행사하는 것을 의미하고, 그러한 권한 행사를 개별적인 처분이 아닌 사전(事前)적인 '계획'의 형태로 한데 모아놓은 것을 의미한다. 통상 행정입법과 행정처분을 구분하는 가장 중요한 특성은 구체적 사실관계에 대한 법 집행행위인지 여부 — 곧 일반·추상성과 개별·구체성의 차이로 설명되는데,[2] 행정계획은 그와 같은 양 극단을 넘나드는 개념이라는 점에서 특성을 지닌다. 도시계획 또한 마찬가지이다. 국토계획법은 여러 수준과 층위의 도시계획의 종류들을 정하여 놓고 있는데, 그 기능과 내용에 따라 어떠한 것은 일반·추상적이어서 추가적인 집행행위를 통하지 않고

---

1 이 장의 논의는 엄밀하게 따지자면 다음 장의 '형량명령이론'의 한 내용으로 다루어질 수도 있는 부분이다. 그러나 최근 실무의 추세에 따르면, 우리의 실무는 '이익형량'을 기계적으로 접근하면서, 행정청이 이익형량의 요소로 내세우는 '공익'에 대하여는 무비판적으로 이를 수용하는 태도를 보이는 경우가 적지 않다고 사료된다. 이에 과연 도시계획을 정당화할 수 있는 '공익'이란 무엇이고, 도시계획이 그 공익적 판단과 관련하여 어떻게 평가되고 심사되어야 하는지에 대한 본 고의 독자적인 논의를 정리해보고자 별도의 장으로 편성하게 되었다.

2 김동희, 행정법 I, 제16판, 박영사, 2010, 133면(행정입법의 의미에 관한 부분), 236면(행정행위의 의미에 관한 부분) 등의 논의 비교 참조.

서는 국민의 권리의무관계에 직접적인 영향을 미치지 못하는 것이 있는 반면, 계획 그 자체로 이미 국민의 권리의무관계에 강력한 영향을 미치게 되어 추가적인 집행 행위가 없거나 있더라도 형식적인 것에 그치는 것이 발견되기도 한다.

이렇듯 도시계획의 층위가 다양함에도 불구하고, 모든 도시계획들은 '행정청'에 의하여 수립·결정되는 것이라는 점에서 공통점을 지닌다. 행정계획이 아무리 일반·추상성을 지닌다고 하더라도 결국 어느 정도는 특정한 대상을 한정하여 그에 대하여 행정청이 내리게 된 '판단'을 기반으로 수립되는 것이다. 이와 같은 '판단'은 행정청이 추구하는 '공익'과도 연관되는 것인데, 행정청은 (i) 자신에게 그와 같은 계획고권을 부여한 개별 법률이 추구하는 공익의 모습을 조금이나마 구체화하고, (ii) 그렇게 구상된 공익의 모습대로 계획의 상세한 내용을 기술하게 된다. 국토계획법의 경우 제3조[1]를 통하여 동법을 통하여 달성하고자 하는 공익의 개략적인 방향성이 제시되고 있고, 도시기본계획이나 관리계획 모두 그와 같은 공익을 구체화하여 수립하는 행정계획에 해당한다.

2. 행정법과 공익

공익의 의미란 무엇인가? 공익이란 그 단어 자체로 매우 추상적인 것일 뿐만 아니라, 특정한 방향도 정해지지 않은 것이다. 절대적인 공익이 상정되는 몇 가지 경우를 제외하면(예컨대 '살인하지 말라') 사실 공익의 문제는 각 시대와 상황별로 일정 부분 선택될 수밖에 없는 문제이다. 따라서 문헌상으로는 행정의 목표라고 일컫는 '공익'의 개념이 유동적이고 비(非)고정적인 것이라고 설명하면서, "행정주체가 행정을 행함에 있어서 자의적인 판단에 따라 공익 여부를 정해서는 아니 된다"[2]라는 설명도 발견된다. 이러한 지적에 기초하여, 도시계획이 전제하고 있는 '공익'에 대하여도 단순히 행정주체의 판단을 신뢰하고 의존할 것이 아니라, 적극적으로 그 '공익'의 의미가 무엇인지 의심하고 비판해야 한다.

앞서 언급한 바와 같이, 행정법에서 공익은 개별적인 행정작용에 의하여 구체

---

1 1. 국민생활과 경제활동에 필요한 토지 및 각종 시설물의 효율적 이용과 원활한 공급 2. 자연환경 및 경관의 보전과 훼손된 자연환경 및 경관의 개선 및 복원 3. 교통·수자원·에너지 등 국민생활에 필요한 각종 기초 서비스 제공 4. 주거 등 생활환경 개선을 통한 국민의 삶의 질 향상 5. 지역의 정체성과 문화유산의 보전 6. 지역 간 협력 및 균형발전을 통한 공동번영의 추구 7. 지역경제의 발전과 지역 및 지역 내 적절한 기능 배분을 통한 사회적 비용의 최소화 8. 기후변화에 대한 대응 및 풍수해 저감을 통한 국민의 생명과 재산의 보호 9. 저출산·인구의 고령화에 따른 대응과 새로운 기술변화를 적용한 최적의 생활환경 제공.

2 홍정선, 행정법원론(상), 제28판, 박영사, 2020, 7면에서 직접 인용.

화되고 또 실현된다. 때문에 개별적인 행정작용은, 그 근거가 되는 법률이 어떠한 내용과 방향의 공익을 추구하고 있는지 여부가 중요한 문제가 된다. 예컨대, 도시계획권한을 부여한 국토계획법이 추구하는 공익의 내용과 달리, 계획행정청이 자신이 추구하는 다른 형태의 공익을 달성하기 위한 주된, 혹은 보조적인 수단으로 도시계획을 사용하게 된다면, 이는 도시계획이라는 행정작용이 추구하여야만 하는 공익을 적법·정당한 형태로 실현한 것이라 볼 수는 없다. 때문에 행정작용이 추구하는 '공익'은 잠정적이고, 또한 한계를 지닌 것이라 할 수 있다. '공익'이라는 말로 추상화 될 수 있는 일반적인 가치체계 모두가 그에 반영될 수는 없는 것이고, '법률'이라는 규범의 형태로 잠정적으로 고착·고정화된 '공익'의 내용을 선별하여 이를 개별 행정작용을 정당화할 수 있는 공익의 내용으로 삼아야 하는 것이다. 이렇게 보면, 행정작용의 적법·정당성의 문제를 논함에 있어서 공익은 '무한정적'인 것이 아니고, 개별적이면서 한정적인 것임을 알 수 있다. 다만, 도시계획과 같이 그 재량의 여지가 큰 행정작용에서는 그 공익의 '한계'가 매우 폭넓을 뿐이다. 그렇다고 하여 도시계획을 정당화할 수 있는 '공익'의 내용이 무한정적이라는 착오를 범하여서는 아니 된다. 그 착오로부터 도시계획을 입안하고 수립하는 행정청이 상정한 공익은 항상 올바르고 정당할 것이라는 중대한 오해가 기인하기 때문이다.

Ⅱ. 권력분립과 사법자제

1. 서론: 도시계획적 판단에 대한 사법적 개입

대체로 우리 법원은 도시계획의 위법성 판단에 대하여 소극적인 자세를 취하고 있는데, 이와 같은 현상을 '사법자제'라 부를 수 있겠다. 도시계획적 판단에 대한 사법자제는 우리나라만의 문제는 아니다. 다른 법제들에서도 어느 정도는 일반적으로 받아들여지는 개념이자 태도이고,[1] 이는 근본적으로는 행정부(집행부)와의 권

---

[1] 미국법 문헌에서는 "doctrine to the expertise of administrative agencies"라는 표현으로 설명되고(B. Burke, Understanding the Law of Zoning and Land Use Controls. LexisNexis, 2013, p. 227에서 인용), 미국 zoning관련 리딩케이스로 손꼽히는 Euclid 사건을 언급하면서 'deferential review'와 같은 표현도 등장한다(J. C. Juergensmeyer & T. E. Roberts, Land Use Planning & Development Regulation Law, 2013, p. 43).

영국법 문헌에서 계획에 대한 쟁송을 다루는 파트에서는 계획행정청이 계획의 내용에 대한 재량을 가진다는 식의 설명이 등장한다(J. C. Blackhall, Planning law and practice. Cavendish Publishing, 2000, p. 71 참조).

력분립에 기초한 것이기도 하다. [물론, 각 나라별로 토지이용관계에 대한 인식에 따라 그 정도는 천차만별이기는 하다.] 법을 가장 최전선에서 적용하는 것이 도시계획을 수립하고 관련한 행정처분을 발급하는 행정청인 만큼, 일단은 그에 의하여 이루어진 사실판단 및 그에 따른 계획의 수립행위에 관한 판단을 최대한 '존중'하여주자는 취지에서 이와 같은 논의가 등장하게 된 것이다.

그러나 현재로서는 행정심판에 의한 도시계획에 대한 사후적인 통제는 사실상 기대하기 어려운 상황이라 보아도 무방하고, 나아가 법원으로 가더라도 계획재량과 사법존중이라는 미명 하에 도시계획에 대한 사법통제가 소극적으로 이루어지고 있는 것이라 보더라도 과언이 아니다. 이러한 분위기에 입각하여 「행정청이 '공익'이라고 판단하고 선언하면, 그것이 곧바로 공익이라고 인정될 수 있는 것인가?」에 대한 비판적인 논의조차 부존재한 것이 오늘날의 현실이라 사료된다.

2. 미국의 논의: Chevron 판결과 비판적 논의

미국의 경우 1984년 Chevron 판결[1]의 경우 행정부의 법해석 및 집행에 대한 사법부의 존중적인 태도를 일컫는 대표적인 사례(흔히 Chevron deference라고 불린다)로 언급되고는 한다. 해당 판결의 주된 쟁점은 행정청의 법령 해석의 적법성 여부였는데, 입법부가 명확한 의미를 부여하지 아니한 영역에서(1단계 심사) 법원은 행정청의 해석이 "허용가능한지(permissible)"만을 심사하여야 한다는 것(2단계 심사)이 그 주된 논지이다.[2] 허용가능성을 심사기준으로 하는 이상, 법원은 행정청의 해석이 최선인지 여부를 심사하는 것이 아니라, 합리적인 것이라 볼 수 있는지 정도만을 심사하게 된다는 것이다.[3] (참고로, 도시계획적 판단에 대한 사법존중적 경향에 대하여 논한 미국의 문헌들 중 필자가 살펴본 것들에서는 Chevron에 대한 언급이 등장하지 않는 것으로 보이는데,[4] 생각건대 여기에는 2가지 정도의 이유가 있을 것으로 추측된다. 첫째, 조닝을 포함한 미국의 도시계획은 입법행위로서의 성질을 지니는바[5] 도시계획권한의 행사는 관할권역에 대한 지자체 입법부의 입법권한 행사에 해당한다. 따라서 행정

---

1 Chevron U.S.A., Inc. v. Natural Resources Defense Council, Inc., et al. 467 U.S. 837.

2 J. R. Siegel, The Constitutional Case for Chevron Deference, Vand. L. Rev., 71, 2018, p. 944.

3 J. R. Siegel, The Constitutional Case for Chevron Deference, Vand. L. Rev., 71, 2018, pp. 944-945.

4 R. K. Norton, Who Decides, How, and Why-Planning for the Judicial Review of Local Legislative Zoning Decisions. Urban Lawyer, 43(4), 2010, pp. 1085-1106; A. P. Ostrow, Judicial review of local land use decisions: Lessons from RLUIPA, Harv. JL & Pub. Pol'y, 31, 2008, pp. 717-160 등.

5 https://www.law.cornell.edu/wex/zoning 참조.

부의 법해석 및 집행에 관한 재량이 문제된 Chevron 판결과는 논의의 맥락이 다른 측면이 있다. 둘째, Chevron 판결의 경우 연방법에 관한 판결[1]인 반면, 미국의 도시계획권한은 각 주가 가진 고유권한인 경찰권의 행사에 관한 것이라는 차이점도 논의의 맥락의 차이를 가져오는 요인으로 생각할 수 있겠다. 다만, 본 장에서는 미국에서 행정청에 대한 사법존중적 태도의 대표적 사례로 일컬어지는 Chevron 판결에 대한 최근의 비판적 논의 경향을 짚어봄으로써 우리 법 실무에 참조할만한 내용들을 언급하고 소개하고자 한다.)

Siegel(2018)이 소개하는 것처럼, 미국에서도 이러한 Chevron deference에 대한 비판적인 주장 – 심지어는 이것이 '위헌적'이라는 주장[2]이 제기되기도 한다. 법원의 법령 해석권한이 우선시 되어야 한다는 견지에서, 막연하게 행정청의 해석권한에 대해 존중적이고 판단을 유보하는 태도를 지니는 것이 헌법적 질서에 반한다는 취지의 비판이다.[3]

실무적으로도 Chevron에 대한 여러 보완과 비판적 논의가 있어왔는데, 대표적으로 Chevron이 제시한 2단계 논리구조에 앞서 선행 조건을 제시하는 것이다. Reitz(2018)에 의하면 이는 1단계 심사 전단에 위치하는 것이라는 의미에서 "Step Zero"라는 명칭으로 논의되어왔고 그것이 United States v. Mead Corporation 판결에 반영되었는데,[4] 그 요지는 근본적으로 "입법부가 행정청에게 법집행을 위한 규정을 만들 수 있도록 일반적으로 위임한 것"의 취지가 그러한 행정청의 폭넓은 해석권한을 존중토록 할 의도를 포함하고 있는지를 선결적으로 심사해보아야 한다는 것이다.[5] 나아가, 입법적으로는 Chevron deference를 폐기하는 내용의 입법안이 제출되었던 사례가 발견되기도 한다.[6] 나아가, 2024. 6. 미국대법원은 이와 같은 Chevron deference를 명시적으로 폐기하는 취지의 판결을 하게 된다.

이렇듯, 미국에서도 행정청의 법령 해석 및 적용에 대한 사법존중적 태도에 대한 비판적인 논의가 이어지고 있는바, 그러한 논의의 경과를 추적하고, 우리 법의

---

1 J. C. Reitz, Deference to the Administration in Judicial Review, The American Journal of Comparative Law, 66, 2018, p. 272 참조.

2 J. R. Siegel, The Constitutional Case for Chevron Deference, Vand. L. Rev., 71, 2018, p. 946.

3 J. R. Siegel, The Constitutional Case for Chevron Deference, Vand. L. Rev., 71, 2018, p. 946 참조.

4 J. C. Reitz, Deference to the Administration in Judicial Review, The American Journal of Comparative Law, 66, 2018, p. 287.

5 J. C. Reitz, Deference to the Administration in Judicial Review, The American Journal of Comparative Law, 66, 2018, p. 288.

6 J. C. Reitz, Deference to the Administration in Judicial Review, The American Journal of Comparative Law, 66, 2018, p. 290.

맥락과의 유사성 및 차이점을 고려하여 참고할 만한 사항이 발견되는지를 살펴볼 필요가 있을 것이다.

3. 영국의 논의: 법원의 도시계획정책에 대한 심사범위[1]

최근 영국의 판결 및 논문 중에서는 법원이 도시계획 혹은 그에 관한 정책적 판단 영역에 대하여 어느 정도로 개입할 수 있는가 - 곧, 그 심사범위에 대하여 논의한 문헌들이 발견된다.

영국에서 도시계획에 대한 법원의 해석권한 및 심사범위에 대한 본격적인 논란을 촉발한 것은 영국 대법원의 2012년 Tesco v. Dundee 판결[2]이다. 해당 사안은 기존에 Tesco의 매장에서 약 800미터 정도 떨어진 곳에 영국의 다른 슈퍼마켓 체인인 Asda의 매장 건설에 대한 계획허가(Planning Permission)을 발급한 것에 대해 Tesco가 해당 계획허가가 해당 지역의 Structure Plan[3]의 내용을 잘못 해석 적용하여 위법하다는 취지로 다툰 사안이다. 해당 판결의 가장 핵심적인 쟁점은 도시계획정책(Planning Policy)의 해석[4] 문제를 법원의 심리할 수 있는 것이라 볼 수 있는지가 쟁점이 되었는데, Tesco는 도시계획의 내용인 정책의 해석에 대하여 다툼이 있는 경우에 법원은 이를 심리할 수 있는 권한이 있다고 다투었고, 영국 대법원(UKSC) 또한 이를 받아들여 도시계획정책을 해석하는 것은 법적인 문제로서 법원이 개입할 수 있다는 명확한 견해를 취한 것이다. 해당 판결 이전까지는 정책[5] 혹

---

1 본 항의 논의와 관련하여, 보다 자세한 논의는 저자의 전진원, 도시계획에 관한 영국 법원의 역할과 제도적 변천에 관한 연구, 건설법연구, (12), 2024, 33-47면 참조.

2 Tesco Stores Limited(Appellants) v Dundee City Council(Respondents)(Scotland) [2012] UKSC 13.

3 해당 판결의 설명에 의하면 Structure Plan은 Local Plan의 지위를 가지는 것이라 설명된다. 영국의 도시계획법제를 아주 간략하게만 설명하자면, 각 지자체에 의하여 Local Plan 혹은 Development Plan이라는 것이 수립되고, 개별 개발행위에 대한 계획허가(Planning Permission)을 발급할 때 중대한 다른 고려사항(material consideration)이 없는 한 이러한 Plan에 부합하는지 여부가 고려되어야만 한다. 물론 영국의 경우 계획허가가 제도운영의 중심을 이루고, "중대한 고려사항"이라는 다소 폭넓은 예외가능성이 열려있으므로 한국의 도시계획법제와 일대일로 대응하여 이해하기는 어려움이 있다.

4 구체적으로 해당 사안에서는 유통시설 관련 요건으로 계획에서 규정하고 있는 "적합한 (suitable)"이라는 문구의 해석이 문제되었는데, 해당 계획에서는 도시 중심부에 유통시설을 허용할 수 있는 요건으로 "도시외곽에 적절한 부지가 없을 것"을 요구하고 있었다. 해당 지자체(Council)는 그 의미를 "(당해 계획허가의) 신청인이 목적으로 하는 개발에 적합한 부지가 없을 것"이라는 의미로 해석하여 Asda에게 계획허가를 내준 반면, 영국 대법원이나 Tesco는 해당 요건의 의미를 "해당 지역 내에서 인정되는 유통공급의 부족을 충족하기에 적합한 부지가 없을 것"이라는 의미로 해석해야 한다고 본 것이다. 이러한 쟁점에 대해서는 Tesco Stores Limited(Appellants) v Dundee City Council(Respondents)(Scotland) [2012] UKSC 13 참조.

5 여기서 "정책(policy)"이라는 용어를 반복해서 사용하는데, 이는 development plan과 같은 도시계

은 도시계획의 해석 및 적용문제에 대한 법원의 개입여부가 논쟁적이었으나, Tesco v. Dundee 판결에 이르러 명확한 견해를 취하게 된 것이다.

다만, Tesco v. Dundee 판결에 대해서는 영국 법학계에서 논쟁이 진행 중인 것으로 보인다. 관련하여 케임브리지 대학의 Mills 교수가 가장 활발한 논자 중 하나인데, 기본적으로 Mills는 도시계획의 해석 문제가 사법심사의 대상이 된다고 보면서도, 그 범위를 사실적인 요소가 개입되지 아니하는 쟁점(곧, "fact dependent"하지 아니한 쟁점)에 대한 것으로 한정되어야 한다고 주장한다.[1] Tesco v. Dundee 판결의 경우에는 도시계획에 관한 문제를 해석문제와 적용문제로 구분하면서, 후자가 구체적인 사안에 대한 행정청의 정책적 판단이 개입되는 것임을 고려하여 전자의 경우에 대하여만 법원의 개입을 긍정한 것인데,[2] Mills는 여기에서 한발 더 나아가 도시계획 관련 쟁점의 종류를 4가지[3]로 구분한 다음 사실관계의 문제가 개입될 가능성이 없으면서도 법원 스스로 특정한 문제에 대한 최종적인 결정을 내리게 되는 상황에 처하지 않게 되는 "Non-specific Approach Question"의 경우에만 법원의 개입이 정당화될 수 있는 영역이라 보아야 한다는 견해를 제시한다.[4] 달리 말하면 정책적 결론을 내리기 위한 사실판단이나, 최종적인 정책 결정을 법원 스스로 하지 아니하면서, 단지 정책 해석의 가이드라인을 제시하는 선에서 법원의 개입이 이루어져야 한다는 것이다. Mills의 경우에는 스스로 표현하듯이 정책의 "지나친 사법화"(over-legalization)를 경계하는 견지에서[5] Tesco v. Dundee의 설시내용을 보다

획 그 자체를 의미하는 것이라 이해하더라도 무방하다. 예컨대 Neighbourhood Planning Act 2017 제8조는 development plan 서류의 구성요소로서 policy라는 용어를 반복하여 사용하고 있고, 도시계획 관련 정부 자료(예컨대 https://www.gov.uk/guidance/plan-making)들을 보더라도 도시계획 자체를 '정책들의 모음'으로 이해하고 정의하는 것으로 보인다. 따라서 영국적 맥락에서 "정책해석" "정책적용"이라는 표현들은 도시계획의 해석과 적용에 관련된 문제와 사실상 동일하게 이해하더라도 무방하다고 사료된다.

1 A. Mills, The Interpretation of Planning Policy: The Role of the Court. Journal of Environmental Law, 34(3), 2022, pp. 426-427 참조.

2 Lord Carnwath, Planning Policy and the Law: Judicial Reflections. Journal of Environmental Law, 35(1), 2022, p. 136.

3 구체적으로 Mills는 "사실의존형 쟁점(Fact-dependent Question)," "사실관계에 의존적이지는 않지만 특정한 접근방식을 요하는 쟁점(Specific Approach Question)," "사실관계에 의존적이지는 않고 또한 특정한 접근방식을 요하지 아니하는 쟁점(Non-specific Approach Question)," "정책이 침묵하고 있는 쟁점(Policy-silent Question)" 등 4가지의 분류를 제시하고 있다. Mills, 위의 논문, p. 427에서 인용.

4 A. Mills, The Interpretation of Planning Policy: The Role of the Court. Journal of Environmental Law, 34(3), 2022, pp. 426-427 참조.

5 A. Mills, The Interpretation of Planning Policy: The Role of the Court. Journal of Environmental

좁게 접근하고 있다. 다만 Carnwath와 같이 이러한 4분적인 접근 자체가 지나치게 복잡함을 이유로 실효성에 대하여 회의적인 견해도 존재한다.[1]

Ⅲ. 도시계획이 상정하는 공익과 그에 대한 사법심사

1. 공익의 내용과 그 당부에 대한 심사

행정계획 – 도시계획에 대한 사법적 심사는 두 가지 방향으로 이루어져야만 한다. 먼저, 행정청이 구체화한 '공익'의 모습 – 곧, 개별 도시계획이 의욕하고 있는 '공익'의 내용에 대한 당부의 판단이 이루어질 필요가 있다. 행정청이 개별 법령의 취지와 규정의 내용에 부합하게 바람직한 공익을 설정하였는지 여부에 대한 검토가 필요한 것이다. 이와 같이 행정청이 상정한 '공익'에 대한 검토가 이루어지지 아니할 경우, 자칫하면 행정청이 설정하고 상정한 목표라면 그것이 법의 취지와 목적, 계획권한을 부여한 개별 법령의 취지에 맞는 목표를 설정한 것인지, 그것이 과연 '공익'이라고 할 수 있는 것인지에 대한 아무런 견제와 심사가 이루어지지 아니하게 되는 결과를 초래하는 것이고, 나아가 이는 행정청이 '공익'이라는 명찰을 붙이기만 하면 무비판적으로 그것이 '공익'으로 인정받게 되는 결과를 초래하게 된다. 이는 무엇이 공익인지에 대한 행정청의 판단을 전적으로 수용하게 되는 것이고, 그에 대해 합법성을 '추정'하거나 '간주'하여 주는 것에 지나지 않게 된다. 현재 우리의 사법부는 '사법자제'의 관점에서 도시계획의 적법성을 심사함에 있어 행정청이 설정한 '공익'을 일정 부분 정당한 것으로 '추정'하고 '간주'해주고 있는 것은 아닌지 의문이 들고,[2] 때문에 행정청은 법령이 정한 절차만을 형식적으로 거치기만 한다면 사실상 계획고권을 행사함에 있어 아무런 견제와 심사를 받지 아니하는 것과 같은 상태로 방치되어 있다. 이와 같은 상황이 계속된다면 행정청이 스스로 내세우는 공익을 그 자체로 무비판적으로 수용하는 것이나 다름이 없게 되는 수준에 이를 것이라 우려할 수밖에 없다. [물론, 판례들이 명시적으로 행정청이 설정한 '공익'의

Law, 34(3), 2022, p. 427.

[1] Lord Carnwath, Planning Policy and the Law: Judicial Reflections. Journal of Environmental Law, 35(1), 2022, p. 136.

[2] 이것이 비록 후술할 권력분립과 '사법자제'의 문제에서 기원하는 것이라 하더라도, 이는 법원에 의한 도시계획적 판단의 사법심사를 전면적으로 포기하고 배제하는 의미로서 이해되어서는 안된다는 것이다. '사법자제'의 취지를 고려하더라도, 도시계획의 위법성에 대한 주장, 입증 책임의 층위를 상대적으로 강화하는 수준에 머물러야 한다는 것이 본고의 생각이다.

적법성을 추정해주는 것은 아니고, 형식적으로는 '형량명령' 이론과 같이 이익형량의 당부에 대한 판단을 수행하고는 있다. 그러나 최근 도시계획의 위법성을 다투는 원고들이 피고 행정청이 언급하는 공익들에 대한 명확한 판단 근거나 판단 내용을 요구하는 방식으로 그 위법성을 공격하고 있음에도 불구하고, 법원은 그와 같은 원고들의 주장을 쉽게 인용하지 않고 있다.]

예컨대, 상당수의 사건에서 '문화재 복원'이나 '환경문제' 등의 공익이 도시관리계획결정에 관한 쟁송에서 계획을 정당화하기 위한 '공익'으로 언급되는 경우가 많은데, 그 위법성을 심사하는 법원이나 행정심판위원회 등으로서는 '문화재 보호'나 '환경문제'라는 단어 자체로 공익성을 곧바로 인정할 것이 아니라, 실제로 당해 도시관리계획 대상 부지나 지역에 대하여 그와 같은 공익의 필요성이 인정될 수 있는지를 심사하여야 한다는 것이다. 문화재 복원의 경우라면 (i) 해당 지역에 문화재의 존재를 인정할만한 확실한 자료가 있는지, (ii) 문화재가 존재한다고 보더라도 복원의 필요성을 인정할만한 수준인지[1], (iii) 복원이 필요하더라도 현 시점에 시급히 보호하여야 할 사정이 인정되는 것인지[2] 등에 대한 행정청의 엄격한 입증을 요구하여야 한다. 환경문제의 경우라면 어떠한 환경문제가 당해 도시관리계획 대상 부지에 대하여 인정되는 것인지를 따져보아야 하고, 단지 '전국적'인 문제나 '사회적'인 이슈로 어떠한 환경문제가 제기되는 '추세'라는 정도만으로는 당해 도시관리계획을 정당화할만한 공익이라고 인정될 수는 없을 것이다. 나아가, 후술하다시피 그러한 환경문제를 과연 도시관리계획을 통하여 해결, 완화할 수 있을 것인지의 점 또한 사법심사 과정에서 신중히 검토되어야만 한다.

---

1 예컨대, 지방자치단체들이 수천, 수백 년이 지나 이미 소실된 상태에서 기성시가지를 수용하여 문화재로 복원하려는 경우가 있는데, 특히 해당 문화재의 외형을 추정할만한 명확한 자료조차 없음에도 불구하고 무리하게 복원을 핑계로 도시관리계획결정에 나아가는 경우가 있다. 이런 경우에는 당해 도시관리계획이 추구하는 '공익'의 존재에 대하여 행정청의 엄격한 입증을 요구하여야 할 것이다.

다른 한편으로는 개별 부지가 복원하려는 문화재의 주요 부분이 아닌 경우도 상정될 수 있다. 예를 들어 종래 관아의 담벼락이 일부 소재한 곳이라거나, 문화재 중에서도 상대적인 의미가 떨어지는 부분이 있을 수 있고, 나아가 그와 같이 중요성이 떨어진다는 이유로 행정청이 종래에 스스로 나서서 이를 철거하거나 민간에 매각한 경우가 상정될 수 있다. 이러한 경우에도 급작스럽게 해당 부분의 문화재 복원의 가치를 내세우는 것은 당해 도시관리계획을 정당화하기 위한 적절한 '공익'이라고 인정하기가 어렵다.

2 예컨대 이미 시가지화가 완료되어 상당 기간 시가지로 활용되었고, 새로운 개발사업이 예정되어 있지 않아서 특별히 매장되어있을 것으로 '추측'되는 유물에 영향을 줄 가능성이 낮다면, 문화재 보호나 복원을 가치로 어떠한 도시관리계획결정을 하는 것은 정당화되기 어렵다.

2. '수단'의 적절성에 대한 심사

가. 수단 자체의 적절성 문제

다음으로, 가사 행정청이 설정한 '공익'이 적법하고 정당한 것이라 하더라도, 과연 계획의 내용이 그와 같은 '공익'을 실현하는데 적합한 것인지에 대한 평가가 필요하다. 예컨대, 행정청이 '도심지에 공원이 필요하다'는 공익적 판단을 내렸고, 그와 같이 행정청이 설정한 공익 – 곧, '공원의 필요성'이라는 공익이 인정된다고 전제하더라도, 행정청은 다양한 시기(時期)와 수단 등으로 공원을 조성할 수 있다. 가장 단적으로는 국토계획법이 정하는 도시계획시설결정의 수단을 통하여, 소유권을 강제수용하는 방법이 있을 수 있다. 그렇다면, 법원으로서는 과연 '그와 같은 수단'을 분쟁이 일어나고 있는 '현 시점'에 동원·사용하면서까지 공원을 조성하는 것이 적절한 것인지를 심사하여야 할 수도 있다. 아무리 도심지에 공원이 필요하다고 하더라도, 행정청이 보유한 시유지와 같은 공유재산에 공원을 조성함으로써 사유재산권과의 충돌을 최소화할 수도 있는 것이다. 사업시행자가 되고자 하는 행정청의 상황에 따라 공원을 조성할만한 재원을 동원할 수 있는 사정이 되지 않는다면, 그와 같은 시점에 도시계획시설결정을 함으로써 토지소유자에게 매수청구권(국토계획법 제47조)이 부여되는 시점까지 기약 없이 기다리도록 하는 것이 과연 그와 같은 공익을 실현하는 수단으로서 적절한지를 비판적으로 검토할 필요성이 있다는 것이다.

나. 공익과 수단의 관련성

아울러, '공원'을 조성한다고 할 때, 조성하고자 하는 '공원'의 내용이 과연 행정청이 내세우는 '공익'의 실현과 관련성이 있는 것인지 – 곧, 당해 도시계획의 구체적인 내용과 '공익'의 관련성 또한 고민을 하여야만 하는 주제이다. 아무리 공원이 필요하다고 하더라도, 공원의 어느 정도 구체화 된 조성안이나 조성방향조차 나오지 않은 상황에서 '공원조성'을 공익으로 내세운 도시계획시설결정이 얼마나 정당화될 수 있는지에 대한 고민이 필요하다는 것이다. 예컨대 도시계획시설(공원)결정의 내용상 공원의 구체적인 내용이나 조성방향이 어떠한 것인지를 알 수 없는 수준이고, 단순히 "각계 전문가와 시민들의 의사를 수렴하여 조성안을 짜보겠다"는 정도에 머무르는 것이라면 '공원'의 내용조차 알 수 없는 상황에서, 추상적으로 '공원조성'이라는 공익을 내세워 이를 정당화할 수 있을지는 신중히 고민해보아야 한다. 사인(私人)의 입장에서는 도시계획시설결정이 되는 순간부터 이를 타에 처분하지 못한 채 수용(收用)될 날만을 기다리는 입장에 처하게 된다는 측면에 있어서도, 과연 구체적인 내용조차 알 수 없는 도시계획시설결정이 그러한 사인의 수인과 인내를 정당화할 수 있는 것인지에 대한 고민도 필요하다.

참고로, 저자가 수행한 사건 중에는 수원화성 내에 속한 화성유수부의 '이아(貳衙)'[1] 부지로 추정되는 곳 인근에 소재한 토지에 대한 건축허가 및 착공신고가 문제된 사안이 있다. 수원시에서는 수원화성의 옛 공간들을 복원하여 유네스코 문화유산으로 등재하고자 하는 계획을 추진 중이었던 것으로 알려져 있는데 예산 등의 문제로 지지부진할 수밖에 없었다. 계쟁 토지는 이미 일제시대 이래 도시화가 진행되어 건축물이 들어서 있던 곳으로 이아부지에 속해 있는 것인지조차도 명확하지 않았다. 이러한 상황에서 관할 관청은 그곳에 대하여 건축허가를 내어주었는데, 정작 토지소유자가 기존 건물을 철거하고 착공에 나아가려 하자 착공신고를 반려하는 한편, 100평 남짓한 해당 토지만을 '문화시설' 용도[2]로 도시계획시설결정을 하였던 사안이다. 법원은 그와 같은 도시계획시설결정을 이유로 한 착공신고 반려처분을 위법하다고 보았고,[3] 나아가 도시계획시설결정 또한 위법하다고 보았다.[4] 관련하여 수원지방법원 2021. 1. 14. 선고 2020구합63666 판결은 문화시설(커뮤니티시설) 설치를 내용으로 하는 도시계획시설결정 또한 위법하다고 보았다. 해당 사안의 경우 피고 행정청은 당초 '문화재 복원'이라는 공익적 가치를 전면에 내세웠으나, 결과적으로 행정청이 수립한 도시계획시설결정은 문화재 복원과는 관련이 없는 '문화시설' 혹은 '커뮤니티시설'이었다. 즉 당해 도시계획시설결정이 추구하는 '공익'과 '수단' 간에 도대체 어떠한 관련성이 인정될 수 있는지 자체가 모호한 것이다. 이러한 경우 법원은 행정청이 내세운 공익과 당해 도시계획의 내용 간의 상관관계에 대하여 행정청의 엄격한 입증을 요구하여야 하고, 그것이 확인되지 않는다면 당해 도시계획의 적법성을 쉽게 인정하여서는 아니 될 것이라 사료된다.

---

1 두번째 관아-혹은 제2청사와 비슷한 의미의 단어이다. 화성유수부를 관할하던 조선시대 중앙정부의 주요 관청 중 하나로 알려져 있다.
2 심지어 해당 사안에서조차 피고 행정청(수원시)는 한편으로는 도시계획시설결정의 정당성의 근거를 '문화재 복원'에서 찾았으나, 정작 도시계획시설결정의 내용은 '주민들과 관광객의 커뮤니티시설'을 설치한다는 것이었다. 그것도 100평 남짓한 토지만을 특정하여 그에 대한 도시계획시설결정을 한 사안이었다.
3 수원지방법원 2020. 8. 20. 선고 2019구합74592 판결.
4 수원지방법원 2021. 1. 14. 선고 2020구합63666 판결.

참고로 미국의 경우 용도지역(zoning) 제도의 합헌성을 최초로 판단한 Euclid 사건[1]에서부터 도시계획이 적법한 경찰권 행사에 해당하려면 보건, 치안, 공동체의 일반적인 복지와의 합리적인 관련성(reasonable relationship)이 인정되어야 한다는 법리가 소개되었고, 이는 지금도 도시계획의 적법성을 심사하는 전통적인 법리로 자리잡았다.[2] 물론, 미국에서도 또한 도시계획에 대한 법원의 소극적인 심사 경향 때문에 통상적인 경우에는 합리적인 관련성을 부정하기가 쉽지 않지만, 도시계획의 내용이 제한적일수록 토지소유자 입장에서 합리적인 관련성의 부존재를 다투기가 보다 용이할 수 있다. 예컨대, 모든 용도를 배제하는 내용의 도시계획에 대하여 미국 펜실베니아 주 대법원은 '더 상당한 수준의 관련성(more substantial relationship)'이 인정되어야 한다고 판시하였는데,[3] 이와 같은 심사기준에 의하면 해당 도시계획과 공공복리 간의 관련성을 전면적으로 부정하는 수준에 이르지 않더라도, 양자가 '약간'의 관련성밖에 없다거나, 관련성이 '약하다' 정도만을 주장·입증한다면 도시계획의 위법성 판단을 이끌어낼 수 있다는 것이 미국 문헌의 설명이다. 펜실베니아 주 대법원이 이러한 완화된 심사기준을 도입함으로써 사실상 도시계획의 적법성에 대한 입증책임을 행정청에게 돌린 것이라고 평가되기도 한다.[4] 미국의 경우 도시계획의 위법성 심사에 있어, 당해 지역의 특성(크기, 밀집도, 자원이나 기반시설 현황, 사적소유권, 미관 등), 다른 대안적인 수단의 존재, 사인(私人)이 겪게 될 어려움의 정도, 금지되는 용도와 관련한 대체지 마련의 가능성 등의 요소들을 고려하는 것으로 분석된다.[5]

Ⅳ. '목적'에 대한 심사

영국 행정법상으로는 행정행위의 위법성을 이루는 논거로서 '부당한 목적(Improper Purpose)'이라는 이론이 형성되어 있다. 도시계획과 관련하여서도 도시계

---

1 Village of Euclid, Ohio, et al. v. Ambler Realty Company 272 U.S. 365.
2 P. E. Salkin & J. R. Nolon, Land Use Law in a Nutshell, West Academic, 2017, pp. 89-90; R. A. DuPuy, Legitimate Use Exclusions Through Zoning Applying a Balancing Test. Cornell L. Rev., 57, 461, 1971, p. 462 참조. 이른바 합리적 관련성 심사(the reasonable relationship test)라고 일컫는다.
3 Exton Quarries, Inc. v. Zoning Board of Adjustment, 425 Pa. 43, 228 A.2d 169(1967).
4 이상 R. A. DuPuy, Legitimate Use Exclusions Through Zoning Applying a Balancing Test. Cornell L. Rev., 57, 461, 1971, pp. 468-469 참조.
5 R. A. DuPuy, Legitimate Use Exclusions Through Zoning Applying a Balancing Test. Cornell L. Rev., 57, 461, 1971, pp. 471-474 참조.

획 근거 법령이 부여한 목적과 다른 목적으로 도시계획을 수립한 경우에 대하여 이러한 '부당한 목적'의 개입 여부 및 그 위법성이 다투어지고 있다.[1] 우리나라 행정법 학계상으로 이러한 논의는 아직 활발히 제기되고 있지는 않으나, 이와 같은 논의를 도시계획의 위법성 판단에 대하여도 응용하여 볼 수 있을 것이라 사료된다. 표면적으로 공익적이라 하더라도, 거기에 내재된 목적이 그렇지 않다면, 쉽게 그 공익성과 적법성을 인정하여야 하는지에 대한 의문을 제기할 수 있는 것이다.

영국 행정법상 논의되는 부당한 목적 이론은 법률이 행정청에게 어떠한 목적에서 권한을 부여하였을 때, 그 권한을 목적에 부합하게 행사하였는지 여부를 따져서 해당 행정작용의 위법성 여부를 판단하는 이론이다. 따라서 본 이론을 적용하는 법원으로서 가장 먼저 해야 할 일은 '목적'을 찾는 것이고, 이는 해당 행위의 근거법률을 해석하는 문제가 된다. 영국에서 부당한 목적 이론과 관련한 리딩케이스를 보면, 행정청이 어떠한 이유를 부기하여 민원인의 신청을 거부하였는데, 거부 시 부기한 이유가 해당 권한을 부여한 법률의 목적에 부합하는지 여부를 법원이 심사할 수 있다고 보았다.[2]

대체로 영국 행정법 사례들은 어떤 법률이 부여하고 있는 목적을 벗어난 다른 목적이 개입되는 경우에 '부당한 목적'이 다투어지는데, 정치적 목적(political purpose)이나 다른 어떤 목적과 혼재된 목적(mixed purpose)이 개입된 경우들이 대표적인 사례들이다.[3] 예컨대, 영국 교육법이 근로자의 파업 시 휴교명령 권한을 부여한 것과 관련하여, 4주 이상의 휴교명령이 노동조합에 대한 동조에서 비롯된 것이어서 위법하다는 주장이 제기된 사례가 있다.[4] 도시계획 관련 사건 중에는 계획허가

---

1 대표적으로 Hall & Co Ltd v. Shoreham-by-Sea Urban District Council, [1964] 1 All ER 1. 사건.

2 Padfield v Minister of Agriculture, Fisheries and Food 사건. 이는 여러 문헌에서 리딩케이스로 소개된다. M. Kunnecke, Tradition and Change in Administrative Law. Springer, 2006, p. 92 참조.
해당 판결의 중요 부분으로 소개되는 부분을 번역하면 다음과 같다. "어떠한 법률의 정책적 판단이나 목적은 법률을 총체적으로(혹은 체계적으로) 해석함으로써 결정되어야 하는 것이고, 이와 같은 해석은 법원에 의하여 수행되는 법적인 문제이다. 이와 같은 쟁점에 대하여 확고하고 명확한 경계선을 긋는 것은 불가능할지라도, 법률을 잘못 해석하거나 혹은 다른 어떠한 이유이든지 간에, 행정청(Minister)이 법의 정책적 판단이나 목적을 좌절시키거나 이를 거스르는 방향으로 그 재량권을 행사함에도 불구하고 법원을 통하여 이를 다툴 수 없다고 본다면, 이는 우리 법체계를 매우 결함있는 것으로 만들게 된다."

3 이상 P. Leyland & G. Anthony(Eds.), Textbook on Administrative Law. Oxford, 2018, pp. 276-282 참조.

4 Meade v Haringey London Borough Council 사건. 다만 해당 사건 자체는 기각되었다. 해당 논의는 P. Leyland & G. Anthony(Eds.), Textbook on Administrative Law, Oxford, 2018, p. 279를 인용, 참조한 것이다.

(planning permission[1])를 발급하면서 해당 지역의 모든 도로들을 자비로 건설하고 주변 다른 도로에 접속시키도록 하는 것을 조건으로 부기한 경우, 해당 행정청이 도로건설 비용 부담을 회피하려는 부당한 목적이 개입된 것이라고 보아 이를 위법하다고 본 사례가 발견된다.[2]

다만, 영국 사례에서도 부당한 목적 이론과 권리남용 등의 법원칙이 혼용되어 나타나는 것으로 보인다.[3] 그럼에도 불구하고, 부당한 목적 이론은 과연 개별법령이 부여한 행정처분 혹은 행정계획권한이 어떠한 목적에서 비롯된 것인지 그 범위를 확정하여, 이를 벗어나는 목적이 발견, 인정되는 경우에 그 자체로 행정작용의 위법성을 구성할 수 있도록 한다는 점에서 참조할 만하다. 특히, 지방자치제로 인해 인허가권자인 시장·군수의 당적(黨籍) 변화에 따라 비합리적인 정치적 목적이 개입된 사정이 인정되는 경우라면, 이는 재량일탈이나 다른 법리를 적용할 것 없이 부당한 목적에 의하여 발급된 처분으로서 위법하다고 판단하는 것을 생각해볼 수 있겠다. 참고로, 우리 법원은 행정소송(항고소송)에서 처분의 적법성은 피고 행정청이 입증하여야 한다는 입장을 취하고 있으므로,[4] 만일 이와 같은 부당한 목적 이론을 도입한다면 당해 처분이 법령이 부여한 목적의 범위 내에 부합하게 행사되었다는 점은 행정청이 입증하도록 하여야 하고, 부당한 목적 개입 가능성을 보여줄 수 있는 자료가 현출되었음에도 이를 피고 행정청이 적절히 반박하지 못하는 경우에는 입증불이행에 따른 책임을 행정청이 부담하도록 하여야 할 것이다.

Ⅴ. 독립된 심사기구의 설립 필요성

그 외, 도시계획과 그 공익에 대한 적극적인 판단과 심사가 가능하려면, 독립된 사법기구나 쟁송기구를 창설하는 것도 고려할만하다. 도시계획에 대한 쟁송만을 전문적으로 행함으로써, 도시계획에 대한 위법성 심사를 세밀하게 할 수 있도록 하자는 것이다. 대표적으로 영국의 경우에는 계획법원(Planning Court)이 설립되어 계

---

1 본서의 제6편 부록에서 계획허가제에 대하여 상세하게 다루고 있으나, 이를 간단하게만 비유하자면 우리의 개발행위허가와 유사한 제도라 볼 수 있다.

2 Hall & Co Ltd v Shoreham-by-Sea Urban District Council 사건. 해당 논의는 Leyland P. & Anthony G.(Eds)., Textbook on Administrative Law. Oxford, 2018, p. 281을 인용, 참조한 것이다.

3 P. Leyland & G. Anthony(Eds.), Textbook on Administrative Law. Oxford, 2018, p. 277. M. Kunnecke, Tradition and Change in Administrative Law. Springer, 2006, p. 92에서도 이를 영국법에서의 재량권 남용에 대한 심사이론 중 하나로 제일 먼저 소개한다.

4 대법원 2012. 6. 18. 선고 2010두27639 전원합의체 판결 등.

획허가, 토지수용, 개발사업 관련 문제를 전문적으로 다룬다.[1] 계획법원은 영국에서 주요 개발사업들과 관련하여 심리의 지연에 따른 사업시행자의 경제적 손실을 막고, 신속한 판단을 내려주기 위한 취지에서 2014년에 고등법원 산하에 설립된 것이다. 2011년을 기준으로 영국에서 도시계획 사건들에 대하여 최종심리까지 소요되는 기간은 평균적으로 370일 정도로 집계되었는데, 사법심사 제도에 대한 개혁의 일환으로 경제적으로 중요한 영향을 미치는 주요 개발사업들에 대하여는 일종의 패스트 트랙을 마련해줌으로써 분쟁의 장기화에 따른 사회경제적 낭비를 막겠다는 것이 계획법원 창설의 주된 취지로 설명된다.[2] 기본적으로 계획법원의 관할로 열거된 사건들의 경우 ─ 곧, 계획허가와 같이 도시계획적 결정에 관한 사건의 경우 '계획법원'을 기재하여 제출·접수되어야 하는데,[3] 접수된 사건들 중 계획법원을 관장하는 '계획연락판사'(Planning Liaison Judge)가 중요사건(significant case)[4] 여부를 분류하게 된다.[5] 이와 같이 중요사건인지 여부의 판단 허들을 통과하면 그에 대해서는 심리 절차 진행에 있어 상당히 신속한 수준의 목표 기간(심기기간 또는 기한)이 제시되어 있다.[6] 중요사건이 아니라 하더라도 계획법원에 의해 심리가 되지만, 심리기간에 있어서의 특례를 적용받지는 못한다.[7]

계획법원의 운영경과에 대해서는 영국 법조인들이 주로 저자로 참여하는 Journal of Planning & Environmental Law(약칭 JPL)에서 몇몇 논문이 발견되는데, 대체로는 호의적인 평가를 내리고 있는 것으로 보인다. 초대 계획연락판사를 역임한 Lindblom 판사에 의하면 계획법원 운영 첫해를 기준으로 연간 550건 이상이 접

---

1 영국 정부사이트의 Planning Court 항목 참조(https://www.gov.uk/courts-tribunals/planning-court).

2 영국 정부의 보도자료 'New planning court gets go ahead to support UK growth' 참조(https://www.gov.uk/government/news/new-planning-court-gets-go-ahead-to-support-uk-growth)

3 전진원, 도시계획에 관한 영국 법원의 역할과 제도적 변천에 관한 연구, 건설법연구, (12), 2024, 42면에서 인용.

4 중요사건의 지정 기준으로는 (a) 지역 또는 그 이상의 수준으로 중요한 경제적인 영향을 미치는 상업, 주거 또는 다른 종류의 개발사업, (b) 법적으로 중요 쟁점이 있는 경우, (c) 중요한 공익적 문제를 야기하는 경우, (d) 사안의 성질상 판사가 그와 같은 유형을 다룬 경험이 있는지 여부가 중요한 경우 등이 소개된다. 관련하여 PRACTICE DIRECTION 54E-PLANNING COURT CLAIMS 참조(https://www.justice.gov.uk/courts/procedure-rules/civil/rules/part54/practice-direction-54e-planning-court-claims).

5 관련하여 D. Elvin, The Planning Court, Judicial Review, 19(2), 2014, p. 100 참조.

6 JUDICIARY FOR ENGLAND AND WALES, The Administrative Court Judicial Review Guide 2020, pp. 124 참조. 대신 계획법원에 제소할 수 있는 기간 또한 6주 정도로 매우 짧게 규정되어 있다.

7 전진원, 도시계획에 관한 영국 법원의 역할과 제도적 변천에 관한 연구, 건설법연구, (12), 2024, 42면에서 인용. 본서의 초판에서는 중요사건의 경우에만 계획법원에서 심리된다고 서술하였으나, 이는 오류이므로 개정판에서 정정한다.

수되었다고 하고, 매월 접수되는 사건의 약 40% 정도가 중요사건으로 판단되어 계획법원에서 심리가 이루어졌다고 한다.[1] Lindblom 판사의 경우에는 절차의 신속성 등의 견지에서 계획법원의 운영경과를 상당히 긍정적으로 평가하고 있으면서도, 그 취지에 적합하게 운영되기 위해서는 당사자들이 무용하고 장황한 주장을 자제하고 절차진행에 협조하는 등의 노력도 함께 이루어져야 한다는 취지의 견해를 제시하고 있다.[2] 이외에도 영국에서의 계획법원의 설립취지, 운영경과, 관할권, 소송절차 등에 대한 상세한 논의를 살펴보기 위해서는 도시계획사건 실무를 담당하는 판사, 법정 및 사무변호사들이 저자로 참여한 "Cornerstone on the Planning Court" (Bloomsbury Professional, 제2판, 2021)이라는 실무서를 참조할 수 있겠다.

계획법원 설립 이전에도 영국에서는 계획행정청의 처분·결정에 대하여 계획조사관(Planning Inspectors)에게 항고를 제기하는 방식으로 불복하는 일반적인 제도가 자리잡아왔는데, 계획조사관은 영국 정부 – 곧, 행정부에 속한 공무원이므로, (완전히 대응하기는 어렵겠지만) 우리로 따지자면 일종의 도시계획에 전문화된 행정심판기관 정도로 이해할 수 있겠다. 영국 정부에서는 계획조사관에 대한 항고 사건들의 통계를 연차별로 정리하여 발표하고 있다. 2017~2018년을 기준으로 각 지역의 계획행정청은 431,000건의 신청을 받아 379,000건을 허가한 반면 53,000건을 반려하였는데, 같은 기간 13,362건의 항고 사건이 계획조사관에게 제기되었고, 동 기간 동안 결정된 10,608건의 항고 사건들 중 3분의 1(3,375건, 32%) 정도의 사건이 받아들여졌다(allowed)고 소개된다.[3]

독일의 경우에는 영국과 같이 별개의 법원을 두고 있지는 않고, 도시계획 관련 사건을 행정법원(Verwaltungsgericht)의 관할로 두고 있는데, 특히 계획확정절차 및 행위에 대하여는 고등행정법원(Oberverwaltungsgericht)에 관할권을 부여한다.[4] 관련하여, 독일 연방행정법원법 제48조 제1항 각호에서는 대규모 기반시설 – 예컨대 일정규모 이상의 플랜트나, 도로, 수로, 공항 등에 대한 계획확정절차에 대한 쟁송에 대하여 고등행정법원이 관할을 지닌다는 점을 명확히 하고 있다. 동조 제2항에서는 위 제1항 각호 이외에도 계획확정절차에 대하여는 고등행정법원의 관할을 인

---

1 Mr Justice Lindblom, The Planning Court: One year on. Journal of Planning & Environment Law, 13, 2015, OP 4 참조.

2 Mr Justice Lindblom, The Planning Court: One year on. Journal of Planning & Environment Law, 13, 2015, OP 8 참조.

3 Hous of Commons Library Briefing Paper, Planning appeals in England, 2019, p. 8에서 인용.

4 이는 신봉기, 국토계획법의 현안문제, 동방문화사, 2009, 58면에도 설명되어 있다.

정한다.[1] 즉 별도의 전문법원을 설치하지 않더라도, 일정한 층위의 행정법원에서 이를 전문적으로 다룰 수 있도록 하고 있는 것이다.

미국의 경우에는 각 지방정부별로 도시계획이의위원회(Zoning boards of appeal)가 마련되어 있는데, 해당 위원회가 도시계획담당부서가 민원인의 신청에 대하여 부정적인 판단 또는 처분을 하였을 때 이에 불복하는 사건의 심사를 담당하고, 이에 더하여 도시계획의 적용 및 해석 문제에 대하여도 심사를 담당한다.[2]

우리의 경우에도 도시계획 사건을 전문적으로 처리하기 위한 별도의 심사기구를 사법부 혹은 행정부 내에라도 마련하는 방안에 대하여 고민할 필요가 있다. 영국의 경우 계획법원을 창설하면서 제기되었던 문제 – 곧, 대규모 개발사업, 혹은 지역적으로 중요한 개발사업에 대한 분쟁이 장기화 되는 경우 그에 따른 사회경제적 손실을 줄이기 위해서라도 경험이 풍부한 전문화된 심사기구에서 당해 사건을 심리할 수 있도록 하려는 사법정책적인 고려가 우리의 경우에도 참고될 수 있는 것이다. 특히, 졸견으로는 우리의 경우에서도 법원이 지나친 사법자제의 경향을 보이는 이유 또한 대규모 개발사업에 대한 '인용판결'의 파급력에 대한 우려와 걱정 또한 적지 않은 영향을 미치고 있다고 생각되는데, 전문화된 법원 또는 심사기구를 도입할수록 경험이나 사례들이 축적됨에 따라 그와 같은 판단 경향을 줄여나갈 수도 있을 것이라 사료된다.

제2장 계획재량과 형량명령이론

I. 계획재량과 그 한계 – 형령명령이론

1. 계획재량의 의의[3]

대체로 행정계획의 수립에 관하여 개별 법률은 추상적인 차원에서 목적의 가이드라인(Guide-Line)이나 절차적인 요건만을 규율할 뿐, 내용적인 요건에 관

---

1 Elke Pahl-Weber, Dietrich Henckel, The Planning System and Planning Terms in Germany, ARL, 2008, p. 63의 논의 참조.
2 P. E. Salkin & J. R. Nolon, Land Use Law in a Nutshell. West Academic, 2017, pp. 72-73 참조.
3 본 항의 논의는 저자의 개발행위허가에 관한 연구, 서울대학교 법학전문석사학위논문, 2015. 2., 24 내지 25면의 논의를 발췌한 것이다.

하여는 상세히 규율하지 않는 것이 보통이다.[1] 이 때문에 행정계획을 수립하는 행정청으로서는 내용형성에 관하여 광범위한 재량을 가지게 되는데 이를 계획재량(Planungsermessen)이라 한다. 다만 이는 무제한의 재량을 의미하는 것은 아니며, 공·사익 형량 및 공익 간의 형량, 사익 간의 형량 모두를 고려하여야 할 것이 요구된다.[2] 이러한 요청은 도시계획가에게도 마찬가지로 적용된다. 판례상으로는 "관계 행정청이 법령의 범위 내에서 도시의 건전한 발전과 공공복리의 증진을 위한 도시정책상의 전문적, 기술적 판단을 기초로 하여 그 재량에 의하여 이루어지는 것"이라고 설시한 문구가 계획재량 개념을 인정한 설시로 소개된다.[3] 참고로, 계획재량론이 대두되었던 독일에서의 통설은 계획재량을 '계획을 형성할 자유'라고 보아 통상의 행정처분에 관한 재량과는 개념적으로 다른 것이라 파악한다.[4]

2. 형량명령이론의 전개

가. 계획재량의 한계로서 형량명령이론

계획규범의 본질상 행정청은 광범위한 형성의 자유(계획재량)를 가지지만 그 목표는 ① 근거 법령에 합치되어야 하고, ② 법 소정의 형식·절차를 준수하여야 하며, ③ 관계 제 이익을 정당하게 고려하고 형량하여야 한다.[5] 이들 중 ①과 ②는 통상 명문의 법률 조문에 의하여 규율되는 것인 반면, ③의 경우 법리[6]로 형성되어왔다.

계획재량을 통제하는 이론으로서 우리 판례와 학설들은 이른바 '형량명령(Abwägungsgebot)'론을 발전시켜왔다. 계획재량을 행사할 때 (1) 형량의 불개시, (2) 형량의 흠결, (3) 형량의 오판, (4) 형량의 불비례 등의 사유가 있는 경우 이는 행정

---

1 강현호, 재량의 본질론 – 행정재량과 계획재량의 비교와 함께, 법제, 2005. 9, 17면.

2 대법원 2011. 2. 24. 선고 2010두21464 판결 등 참조.

3 대법원 1993. 10. 8. 선고 93누10569 판결; 석종현, 행정계획 특유의 사법적 통제법리에 관한 소고, 토지공법연구, 2014. 11., 397면 참조.

4 정남철, 동아시아 국토계획법제의 최근동향 및 주요쟁점 : 특히 국토계획법제의 현안과 과제를 중심으로, 저스티스, 2017. 2., 51면 참조.

5 김동희, 행정법 I, 제18판, 박영사, 2012, 191면.

6 참고로, 형량명령이론의 연원으로 일컬어지는 독일의 경우에는 연방건설법전 제1조 제6항에서는 "토지이용계획을 준비함에 있어서는 공익 및 사익을 적절히 평가(형량)하여야 한다"라고 하여 명문으로 형량의무를 규정하고 있다[연방건설법전의 영문 번역본은 법제처 세계법제정보센터 건축법전(Baugesetzbuch, BauGB) 항목 참조]. 그러나 우리의 경우에는 이러한 근거가 부존재하다. 다만, 독일 판례는 그와 같은 명문의 규정이 없다고 하더라도 법치국가의 원리에서 형량명령이 도출될 수 있다고 보고 있는 것으로 소개된다. 석종현, 행정계획 특유의 사법적 통제법리에 관한 소고, 토지공법연구, 2014. 11., 394면에서 인용.

계획의 하자를 이루는 것이 된다는 것이 주된 내용이다.[1]

　　보다 자세히 살펴보면, 각 기본원칙들의 의미는 다음과 같다.[2] 후술하겠지만 이와 같은 형량명령의 기본원칙들은 우리 대법원에 의하여도 수용되어온 것으로 평가되고 있다.

---

(1) 형량의 불개시(Abwägungsausfall): 관계된 이익들에 대한 수집 등을 포함하여 형량이라는 과정이 전혀 개시되지 아니한 경우
(2) 형량의 흠결(Abwägungsdefizit): 관련되는 이익이 형량의 과정에 포함되어져야만 하는데 포함되지 아니한 경우 또는 형량의 과정에 포함되지 아니하여야 되는데 포함된 경우
(3) 형량의 오판(Abwägungsfehleinschätzung): 어떠한 이익이 규범적으로 인정된 평가원칙이나 일반적 기본원칙에 어긋나게 평가된 경우
(4) 형량의 불비례(Abwägungsdisproportionalität): 계획에 관계된 이익들의 상호 비교 교량이 객관적인 비중에 어긋나서 이루어진 경우

　　형량명령이라는 개념을 인정할 실익은 그 자체로 행정계획의 독자적인 위법사유를 이룬다는 점에 있다고 설명된다. 즉 비례의 원칙이나 재량일탈과 같은 다른 법원리에 의지하는 것이 아니라, 형량명령을 위반하면 "곧바로" 위법한 행정계획이 되어 취소를 면치 못하게 된다는 점에서 구별실익이 있는 것이 문헌들의 설명이다.[3] 때문에 문헌상으로는 계획재량을 통제하는 법이론인 형량명령은 단순한 이익형량과도 궤를 달리하는 개념이라고 설명되기도 한다.[4] "이익형량을 위반하면 → 비례의 원칙 등 다른 법원리를 위반하여 → 위법한 처분이 된다"는 논리구조가 아니라 "형량명령을 위반하면 → 위법한 처분이 된다"는 전혀 다른 논리구조를 형성하기 때문이다.[5] 문헌들의 취지는 이와 같이 논리구조가 단순화됨으로써 형량명령

---

1 강현호, 계획적 형성의 자유의 통제수단으로서 형량명령, 토지공법연구, 한국토지공법학회, 2014. 8., 211면.
2 아래 박스의 각 형령명령의 기본원칙들에 대한 번역 및 설명은 강현호, 계획적 형성의 자유의 통제수단으로서 형량명령, 토지공법연구, 한국토지공법학회, 2014. 8., 211면 내지 212면에서 직접 인용한 것이다. 각 요소들의 보다 상세한 평가방법은 석종현, 행정계획 특유의 사법적 통제법리에 관한 소고, 토지공법연구, 2014. 11., 396면 참조.
3 김병기, 도시·군관리계획 변경입안제안 거부와 형량명령, 행정법연구, 행정법이론실무학회, 2013. 11, 191면의 논의가 이러한 그간의 논의 경과를 잘 설명하고 있다. 해당 논문에서 설명하고 있는 바와 같이, 대법원 2006. 9. 8. 선고 2003두5426 판결 이후 우리 판례도 '형량명령 위반'을 독자적인 위법사유로 인정하기 시작하였다고 평가된다.
4 강현호, 계획적 형성의 자유의 통제수단으로서 형량명령, 토지공법연구, 한국토지공법학회, 2014. 8., 207면.
5 때문에 학설은 형량명령이론을 "비례원칙을 통한 행정재량의 통제와는 양적·질적으로 차별되는 보다 강화된 심사기준을 제시함으로써 행정계획에서의 법치국가적 비교형량을 관철하려는 의도라

이론이 독자적인 도시계획의 위법성 심사기준으로서 정착할 수 있을 뿐만 아니라, 사법심사의 여지가 더 확대될 수 있다는 취지에서 이와 같은 차이점을 강조하고 있는 것이라 사료된다. 다만, 실무적으로는 여전히 형량명령과 이익형량, 비례원칙 등의 차이가 매우 희미한 것이 사실이고, 장기적으로 형량명령 이론이 판례에 의하여 자리잡게 되더라도 설시 내용상으로는 이와 같은 용어의 혼선이 계속될 가능성도 있어 보인다.[1]

형량명령은 계획재량에 대한 사법적 통제의 강화를 의미한다. 문헌에 의하면 계획재량은 행정청에게 어떠한 자유로운 또는 자의적인 권한을 부여한 것으로 볼 수 없는 것이고, 오히려 행정청에게 최선을 공익을 고민하고 이를 추구해나갈 의무를 부과한 것으로 보는 것이 타당하다고 설명된다.[2] 계획재량은 행정청의 권한뿐만 아니라, '의무'의 측면에서도 접근되어야 하는 것이다. 때문에, 형량명령이론의 기저에 깔린 고민은 그러한 행정청의 의무 수행의 적절성에 대한 심사와 통제의 측면에서 조명되어야 하는 것이기도 하다. 이렇듯, 형량명령은 계획재량을 보장하기 위한 법리가 아니라, 계획재량을 통제하고 사법적 심사를 강화하기 위한 맥락에서 등장하였던 것이라 보아야만 한다.[3]

나. 형량명령과 대법원 판결례의 수용과정

대법원 2006. 9. 8. 선고 2003두5426 판결은 형량명령이론을 직접적으로 수용·적용하여 이익형량의 하자와 관련하여 일반적으로 인용되는 비례의 원칙과 같은 행정법 일반원리를 언급하거나 그에 기대지 아니하고, 형량명령 위반이 인정되면 도시계획결정이 곧바로 위법하다고 설시한 대표적인 판결로 소개되고 있다.[4] 해당

평가된다"고 설명하고 있다[김병기, 도시·군관리계획 변경입안제안 거부와 형량명령, 행정법연구, 2013. 11., 187면에서 직접 인용]. 관련하여 신봉기, 국토계획법의 현안문제, 동방문화사, 2009, 73면도 같은 취지이다.

1 참고로 영국의 경우에도 행정행위의 위법성 심사기준으로 여러 이론이 제시되지만, 실제 판례상으로는 대부분 재량일탈이나 권리남용과 같은 일반적인 설시로 갈음하는 경우도 많다.

2 강현호, 계획적 형성의 자유의 통제수단으로서 형량명령, 토지공법연구, 한국토지공법학회, 2014. 8., 208면에서 인용.

3 백승주, 행정계획재량에 내재된 문제를 반영한 사법통제의 강화필요성 고찰, 토지공법연구, 한국토지공법학회, 2009. 2., 215면 참조.

4 김병기, 도시·군관리계획 변경입안제안 거부와 형량명령, 행정법연구, 행정법이론실무학회, 2013. 11, 192면에서 인용. 최승필, 행정계획에서의 형량-형량명령에 대한 논의를 중심으로, 토지공법연구, 2016. 2., 241면도 동지(同旨)이다. 참고로, 우리 판례에서 형량명령이론에 관한 구체적 논의의 시발점으로는 대법원 1996. 11. 29. 선고 96누8567 판결이 리딩케이스로 소개된다. 관련하여 신봉기, 국토계획법의 현안문제, 동방문화사, 2009, 80면 내지 81면의 논의를 참조.

판결 본문의 내용 중 "행정주체가 행정계획을 입안·결정함에 있어서 이익형량을 전혀 행하지 아니하거나 이익형량의 고려 대상에 마땅히 포함시켜야 할 사항을 누락한 경우 또는 이익형량을 하였으나 정당성과 객관성이 결여된 경우에는 그 행정계획결정은 형량에 하자가 있어 위법하다"라고 설시한 부분이 흔히 중요하게 인용된다.

위 대법원 2003두5426 판결은 대법원 2007. 1. 25. 선고 2004두12063 판결, 대법원 2007. 4. 12. 선고 2005두1893 판결, 대법원 2011. 2. 24. 선고 2010두21464 판결, 대법원 2014. 7. 10. 선고 2012두2467 판결 등에 의하여 인용되어오면서, 계획재량의 위법성이 문제된 판례들이 설시하고 있는 주류적인 법리로 자리잡아 왔다고 설명된다.

다. 참고할만한 하급심 판결의 설시 내용

문헌 중에는 형량명령을 적용하여 도시계획결정을 취소한 대표적인 사례로 서울행정법원 2003. 1. 28. 선고 2002구합16399 판결을 소개하기도 한다.[1] 해당 판결은 형량하자만을 이유로 원고들의 청구를 인용하면서, 구체적인 사건에 있어 도시계획결정에 대한 이익형량 요소를 열거하고 이익형량 방법을 비교적 자세히 설시한 점에서 의미가 있다고 평가된다. 관련하여, 서울행정법원 2002구합16399 판결[2][3]은 이익형량의 요소로 다음과 같은 사정들을 열거하였다.

피고가 관할 구역에서 운영하는 일반 노인이나 치매노인을 위한 사회복지시설(탁노시설)이 전무하고 피고 구내에서 적지 않은 치매노인들이 거주하고 있는 것으로 추정되므로 이러한 치매노인들을 위한 사회복지시설(탁노시설)을 설치 운영하여야 할 필요성은 충분히 인정될 수 있다고 할 것이다. 그러나 개인 소유의 특정 건물을 사회복지시설(탁노시설)로 도시계획시설결정을 하기 위하여는 일반적인 사회복지시설(탁노시설)의 필요성과 더불어 사회복지시설(탁노시설) 운영에 있어서의 특정 건물에 대한 필요성, 즉 특정 건물에서의 사회복지시설(탁노시설)의 설치 및 운영비용, 탁노시설을 이용할

---

1 김병기, 도시·군관리계획 변경입안제안 거부와 형량명령, 행정법연구, 2013. 11., 193면. 해당 문헌에서는 서울행정법원 2020구합16399 판결의 중요한 사례로 설명한다.

2 피고 행정청은 해당 판결에 불복하여 항소하였으나, 서울고등법원 2003. 10. 16. 선고 2003누4364 판결로 항소기각 된 후 그대로 확정되었다.

3 해당 판결의 사실관계를 간략히 설명하면 다음과 같다. 원고들은 '베르사이유'라는 상호로 러브호텔을 영위해온 것으로 보이는데, 인근 주민들의 영업정지를 요구하는 민원이 빗발치자, 이에 피고가 원고들 소유 토지와 건물의 용도를 '사회복지시설'로 전환하여 '탁노시설'을 설치하는 것을 내용으로 하는 도시계획시설(사회복지지설)을 결정하였다. 이에 원고들이 반발하여 그 취소를 구하는 소를 제기하였던 사안이다.

노인들의 특정건물에 대한 접근 편의성, 특정 건물의 주변환경 등 여러 기준에 비추어 행정관청이 사회복지시설을 위한 건물을 신축하는 경우나 다른 개인 소유의 건물을 사회복지시설(탁노시설)로 지정하는 경우보다 특정 건물이 비교 우위에 있다는 점도 함께 이익형량의 고려대상에 포함되어야 할 것이고 (후략)

그 다음 서울행정법원 2002구합16399 판결은 다음과 같이 형량명령의 위반 여부를 판단하고 있다.

㉠ 피고는 이 사건 각 처분을 함에 있어서 계획재량의 행사에 있어서 고려하여야 할 이러한 이익형량요건들에 대하여 검토를 하였다고 볼 만한 자료가 없고, 오히려 이 사건 건물은 일반상업지역으로 이 사건 건물 외에도 십수개의 건물에서 숙박업을 영위하고 있고 상가가 형성되어 있어 이 사건 건물을 사회복지시설(탁노시설)로 운영하기에는 주변 환경이 열악한 점,

㉡ 원래 다솜아파트 주민들은 이 사건 건물의 건축허가 당시 이 사건 건물에 관한 민원을 제기하였다가 당시 이 사건 건물의 사용승인 당시 이 사건 건물의 소유자와 민원사항에 대한 합의를 마쳤고 합의 당시 이 사건 건물 및 아파트 주변에 산재한 모텔에서의 영업실태를 고려할 때 이 사건 건물도 속칭 '러브호텔'의 영업을 할 것이라는 것이 충분히 예상된 점,

㉢ 그럼에도 불구하고 다솜아파트주민들은 위 합의를 한 지 불과 2년이 되지 않은 시점에 번복하여 다시 민원을 제기한 점,

㉣ 이 사건 건물 및 아파트 지역은 도시계획법상 일반상업지역이므로 상업활동으로 인한 주거환경의 침해가 어느 정도 용인될 수 있는 점을 고려하여 볼 때 이 사건 건물을 사회복지시설(탁노시설)로 결정한 이 사건 결정처분은 행정주체가 행정계획을 입안·결정함에 있어서 하여야 할 이익형량을 전혀 행하지 아니하였거나 이익형량의 고려 대상에 마땅히 포함시켜야 할 사항을 누락한 경우 또는 이익형량을 하였으나 그 정당성·객관성이 결여된 경우로서 그 재량권을 일탈·남용한 위법한 것이라 할 것이고 (후략)

서울행정법원 2002구합16399 판결 이유부분의 논리구조를 보면, (1) 해당 도시계획시설결정을 함에 있어서 형량하여야 할 이익을 먼저 거시한 후 → (2) 해당 도시계획시설결정에 형량의 불개시, 흠결, 오판, 불비례 등이 존재하였는지를 판단하고 있음을 알 수 있다.[1] 특히 전자에 있어 위 판결의 중요한 함의는, 도시계획시설결정에 관련되는 공익을 단지 추상적이고 일반적인 차원에서 사회복지시설(탁노시

---

[1] 김병기, 도시·군관리계획 변경입안제안 거부와 형량명령, 행정법연구, 2013. 11., 193면 참조.

설)이 필요한지 여부만으로 한정하지 않았다는 점이다. 서울행정법원 판결은 "하필이면 특정 부지 또는 건물을 사회복지시설(탁노시설)으로 도시계획시설결정을 하여야 할 필요성이 있는지"를 형량의 요소로 삼도록 하고 있다.

위 서울행정법원 판결례의 논지를 참고하면, 개별적인 도시계획결정이 다투어졌을 때, 일반적으로 도시계획결정의 내용과 같은 토지이용이 필요한지 여부에 대한 판단과 더불어('해당 도시계획시설의 일반적 필요성'), 계쟁 토지에 대하여 그와 같은 토지이용이 요구될만한 개별적인 필요성('해당 도시계획시설의 개별적 필요성')에 대한 구체적이고 개별적인 요소에 관한 형량이 이루어져야 하는 것이라고 할 수 있다.

한편, 전술한 수원화성 이아부지에 관한 수원지방법원 2021. 1. 14. 선고 2020구합63666 판결[1] 사안에서 법원이 설시한 내용 또한 참고할 만하다. 해당 사안에서도 법원은 형량명령이론을 받아들인 것으로 평가되는 대법원 판결을 인용한 다음, "피고가 이 사건 토지 지상에 설치하고자 하는 지역 커뮤니티센터는 그 필요성이나 공공성을 인정하기 어렵고, 피고가 이 사건 처분을 함에 있어서 이익형량의 고려 대상에 마땅히 포함시켜야 할 사항을 누락하였거나 이익형량을 하였으나 정당성과 객관성이 결여되었다고 판단"된다고 하여 특별히 비례원칙이나 재량일탈 등의 행정법 일반원리에 해당하는 법리를 설시하지 아니하고 곧바로 위법성 판단에 나아갔다. 관련하여 해당 판결에서 설시된 형량요소들은 다음과 같다.

① 피고는 이 사건 토지 지상에 지역 커뮤니티센터를 건립하기 위하여 이 사건 토지를 수원화성 지구단위계획구역에 포함시키는 내용의 이 사건 처분을 하였다. 그러나 피고가 제출한 증거만으로는 화성행궁 인근에 지역주민들과 방문객들이 직접 참여하는 문화체험프로그램 등을 시행할 공간, 관광안내소 등의 시설이 부족하다고 인정하기 어렵고, 그러한 시설을 원고가 소유한 이 사건 토지 지상에 꼭 설치해야 할 필요성도 인정하기 어렵다.

② 앞서 본 국토계획법령의 내용에 따르면, 지구단위계획에는 지구단위계획구역의 지정목적 달성을 위하여 필요한 시설로서 공공·문화체육시설 등의 기반시설의 배치와 규모에 관한 사항이 포함되어야 하는데, 피고가 이사건 처분을 통해 달성하고자 하는 지역 커뮤니티센터 설립은 수원화성 지구단위계획구역의 지정목적이라고 할 수 있는 수원화성 일대의 토지 이용의 합리화 및 그 기능 증진, 미관 개선 및 양호한 환경 확보, 수원화성 인근 지역의 체계적·계획적인 관리 목적에 정확히 부합한다고 보이지 않는다.

---

1 해당 판결에 대하여 피고 행정청이 불복하였으나, 수원고등법원 2021. 8. 20. 선고 2021누10503 판결로 항소기각 및 대법원 2021. 12. 30. 선고 2021두51003 판결로 심리불속행기각되어 1심의 판단이 최종확정되었다.

③ 원고는 이 사건 토지에 대하여 건축허가를 이미 받았고 착공신고를 하여 건물을 건축할 예정이었으므로 이 사건 처분으로 인해 이 사건 토지가 수용되는 경우 원고가 입게 되는 불이익은 중대한 반면에 피고가 이 사건 처분을 통해 이루려는 공익은 이 사건 토지에 신축되는 건물을 원고로부터 임차하거나 화성행궁 인근에 다른 토지 또는 건물을 구입하여 지역 커뮤니티센터를 설치하는 방법 등을 통해서 충분히 달성할 수 있으므로, 이 사건 처분으로 인하여 달성하려는 공익이 그로 인하여 침해되는 원고의 사익에 비하여 크다고 볼 수 없다.

④ 피고는 이 사건 토지가 이아 추정지에 포함되어 있어 문화재보호구역으로 지정될 가능성이 크므로 이 사건 토지에 지역 커뮤니티센터 건립이 필요하다는 입장이나, 문화재보호구역 지정이 아직 이루어지지 않았을 뿐만 아니라 문화재보호구역 지정 신청이 진행 중인 이아 추정지는 수원시 팔달구 신풍동 일원임에도 그중 한 필지인 이사건 토지에만 지역 커뮤니티센터를 설치하기 위해 지구단위계획을 변경한다는 것을 이례적이고, 원고로 하여금 이를 수인하도록 하는 것은 너무 가혹하다.

광주고등법원 2023. 6. 15. 선고 2022누13038 판결의 경우 원고패소 ─ 곧, 경찰서 청사 신축에 관한 도시계획시설결정이 위법하지 않다고 판단한 사건이나, 형량요소들을 비교적 상세하게 설시하고 있다는 점에서 참조할 필요가 있다. 해당 판결은 ① 해당 경찰서의 기존 청사의 노후화에 따른 안전 및 환경상의 문제와 이로 인한 이전의 필요성, ② 청사 신축을 위한 부지 물색의 경과, ③ 원고의 피해를 최소화하기 위한 당초 계획의 수정 내역, ④ 원고 소유 부지 사용에 관한 각종 공법적 제한의 존재, ⑤ 경찰서 신축을 위한 원고 소유 부지의 필요성 등의 요소를 설시한 다음 피고 행정청의 도시계획시설결정이 위법하지 아니하다고 판단하였다.

라. 형량요소의 발굴

이와 같이 형량명령 이론을 통하여 도시계획의 위법성을 판단한다고 할 때, 그와 같은 형량 '요소'들은 구체적으로 어떠한 근거를 통하여 발견하고 확정하여야 하는 것인가? 관련하여 독일법상으로는 형량의 대상이 되는 요소들을 연방건설법전 제1조 제5항이 열거하고 있다고 소개되고 있으나,[1] 우리의 경우는 국토계획법 제3조나 제19조 각호의 규정이나, 도시관리계획수립지침에서 각 종류별 도시관리

---

[1] 김병기, 도시·군관리계획 변경입안제안 거부와 형량명령, 행정법연구, 행정법이론실무학회, 2013. 11., 186면 참조. 동항은 "토지이용계획의 수립 시 다음과 같은 요소들을 고려하여야 한다"라고 한 다음 도시계획 시 고려할 추상적 사항들에 대하여 열거한다. 독일연방건설법전의 영문 번역본은 법제처 세계법제정보센터에서 제공한다.

계획의 수립 시 고려하여야 할 요소들을 정한 부분이 이와 같은 형량요소를 발굴함에 있어 주요하게 참조될 수 있겠다.[1]

참고로, 위에서 살펴본 판결례들을 참조하면, 일반적으로 다음과 같은 형량요소들을 고려하고 있는 것으로 정리할 수 있다.

① 계획의 내용이 되는 시설의 필요성: 특히 도시계획시설결정의 경우 판결들은 당해 도시계획시설의 일반적[2]인 필요성을 설시하고 있는데, 대체로 해당 종류 시설에 대한 수요의 존재와 그에 비한 공급부족, 시설의 의미나 역할의 합리적 인정가능성, 기존 시설을 대체하는 경우 기존 시설에 존재하던 문제점 등의 요소들을 고려하고 있다.

② 해당 시설이 해당 부지에 위치하여야 할 필요성: 해당 부지의 필요성 또는 특수성, 부지 선정을 둘러싼 논의의 경과,[3] 논란이 훨씬 적은 다른 대안의 존재가능성, 해당 부지를 선정하게 된 이유나 경위, 목적의 정당성,[4] 해당 부지에 입지할 경우의 영향관계[5] 등을 검토하게 된다. 다만, 계획재량이 인정되는 것이 원칙적인 경우임을 고려하면, 비교적 무차별한 대안 부지들이 존재하는 가운데 특정 부지를 선택한 것을 두고는 형량상의 하자를 인정하기는 어려울 것으로 사료된다.

③ 관련된 도시계획 및 처분과의 조응 여부: 기존에 존재하던 도시계획의 내용과 다투어지는 도시계획결정이 충돌하지는 않는지 여부, 행정청이 기존에 발급하여왔던 처분 등의 내용과 상반되거나 충돌되지 않는지 등이 주로 논의될 수 있다. 기존 계획을 급격하게 변경하는 것일수록 그에 대한 정당화 근거가 제시될 필요가 있겠다.

---

1 용도지역을 예로 들면, 도시관리계획수립지침 제13편 제1장 제1절에 용도지역제 도시계획의 수립을 위한 기본원칙을 열거하고 있는데, 이와 같은 요소들이 형량요소를 발굴하는 가장 직접적인 근거가 될 수 있겠다.

2 "일반적"이라고 함은 소송에서 다투어지고 있는 당해 토지 또는 위치와 관련하지 아니한, 해당 시설의 일반적인 필요성을 의미한다.

3 다시 말해, 행정청이 얼마나 신중하게 해당 부지를 검토하고 선정하였는지에 관한 요소가 이에 관련될 것이다. 관련하여 대법원 2023. 11. 16. 선고 2022두61816 판결은 도시자연공원구역의 지정과 관련하여, 대상부지 일원의 구체적인 특성을 상세하게 설시하면서 형량명령 위반여부를 구체적으로 심리하였으므로 참조할 수 있겠다.

4 예컨대, 위 서울행정법원 2002구합16399 판결 사안처럼 인근 주민들의 민원에 호응하여 특정 건물의 이용현황을 차단하려는 동기나 목적 같은 것이 인정될 여지가 있다면 이를 정당화하기는 어려울 것이다.

5 관련하여 "원고가 이미 장례식장, 묘지, 납골당 등으로 구성된 추모공원을 운영하고 있는 상황에서, 여기에 화장장까지 추가로 설치·운영함으로써 인근 마을과 군인아파트에 거주하는 주민들의 생활환경에 미칠 총량적·누적적인 영향이 그리 크지 않다고 보기도 어렵다"라고 판시한 대법원 2020. 9. 3. 선고 2020두34346 판결 참조.

④ 원고의 권리 침해: 원고가 문제되는 토지에 대하여 가지고 있는 권리의 내용이나 강도, 문제되는 도시계획결정으로 인한 침해의 정도 등이 검토될 수 있다. 예컨대 원고 소유 토지에 공법적 제한들이 이미 상당히 존재하고 있는 경우라면 비교적 원고의 권리 침해 가능성이 낮다고 평가될 수 있을 것이다.

⑤ 침익적 효과를 최소화하기 위한 노력의 존부: 도시계획의 입안, 수립과정에서 원고 및 인근 주민들의 의견을 어느 정도 반영해왔는지, 원고나 인근 주민들이 얼마나 적극적으로 의견을 피력하여 왔는지, 피고 행정청이 침익적 효과를 최소화하기 위한 노력이 실질적인 의미가 있는 것이었는지 등이 고려될 수 있겠다.

II. 계획재량에 대한 통제의 필요성 - 수용(收用)권한의 측면에서

계획재량이 무서운 이유는, 수립된 도시계획 그 자체에 의하여 토지소유자의 이용관계가 제한되거나 폐쇄된다는 것도 있으나, 경우에 따라서는 그로 인하여 토지소유자의 재산권이 수용의 대상이 되는 경우도 있기 때문이다. 아울러, 수용권이라는 극단적인 수단이 동원되지 않는다고 하더라도, 구속력 있는 도시계획의 내용은 토지소유자의 이용가능한 개발의 수준을 정하는 것이므로, 부분적으로나마 소유권에 대한 제한으로서의 의미를 지니게 된다. 따라서 도시계획의 문제는 좋든 싫든 소유권에 대한 제한, 나아가 부분적이거나 전적인 '수용'의 문제로 나아갈 수밖에 없다.

이러한 관점에서 보면, 계획재량에 대한 통제 - 특히, 이익형량의 문제는 단지 도시계획결정을 하는 그 순간에만 그치는 것이 아니라, 그 이후의 강제적이고 고권적인 절차를 거칠 때마다 반복하여 새로이 이루어져야 한다. 만일, 그 사이의 사정변경 등에 의하여 더 이상 종전의 이익형량 결론이 유지될 수 없는 것이라면, 후속절차의 진행을 막아야 하는 것이다. 관련하여 대법원 또한 도시계획 자체가 적법하다고 하더라도, 그에 더 나아가 수용권한이 언제나 유효하게 부여되는 것은 아니라는 견해[1]를 취하고 있는바 참조할 수 있겠다.

---

1 대법원 2011. 1. 27. 선고 2009두1051 판결. "공용수용은 헌법상의 재산권 보장의 요청상 불가피한 최소한에 그쳐야 한다는 헌법 제23조의 근본취지에 비추어 볼 때, 사업시행자가 사업인정을 받은 후 그 사업이 공용수용을 할 만한 공익성을 상실하거나 사업인정에 관련된 자들의 이익이 현저히 비례의 원칙에 어긋나게 된 경우 또는 사업시행자가 해당 공익사업을 수행할 의사나 능력을 상실하였음에도 여전히 그 사업인정에 기하여 수용권을 행사하는 것은 수용권의 공익 목적에 반하는 수용권의 남용에 해당하여 허용되지 않는다."

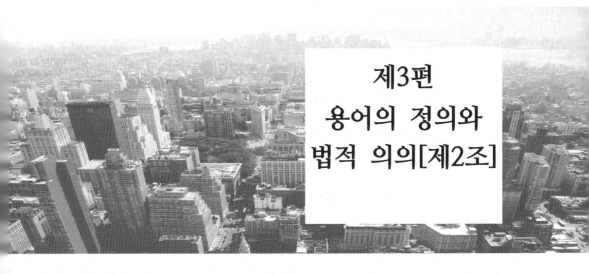

제3편
용어의 정의와
법적 의의[제2조]

제1장 광역도시계획

Ⅰ. 의의

국토계획법은 "제10조에 따라 지정된 광역계획권의 장기발전방향을 제시하는 계획"을 광역도시계획이라는 용어로 정의하고 있다. 동법 제10조에 의하면 "둘 이상의 특별시·광역시·특별자치시·특별자치도·시 또는 군의 공간구조 및 기능을 상호 연계시키고 환경을 보전하며 광역시설을 체계적으로 정비하기 위하여 필요한 경우"에 지정하는 것을 광역계획권이라고 정하고 있다.

국토계획법 제10조 제1항 본문에 의하면 광역도시계획은 둘 이상의 '도시'가 연계되어 있는 경우에 지정하는 것으로, 도(道)의 경우에는 광역계획권 혹은 광역계획의 수립 대상에 속하지 아니한다. 즉 광역도시계획은 둘 이상의 도시 간의 기능이 밀접하게 관련되어 하나의 '광역권'으로 연계되어 있는 경우에, 사실상 도시의 기능이 복합적으로 이루어져 기반시설 등을 연계하여 설치할 필요성이 있는 경우에 사용하는 도시계획적 수단이다. 이를 통해 기반시설을 중복하여 설치하는 등의 재정의 낭비를 막겠다는 취지에서 도입된 것이다.

광역도시계획에 포함되어야 할 사항 및 수립의 절차 등에 대하여는 국토교통부 훈령으로 「광역도시계획수립지침」이 제정되어 있다.

Ⅱ. 제도의 연혁

광역도시계획이 최초로 도입된 것은 1991. 12. 14. 일부개정된 도시계획법이다. 당시 도시계획법은 "도시계획시설 중 도로·철도등 광역적인 정비체계가 필요한 시설로서 대통령령이 정하는 시설"(제2조 제1항 제4호)이라고 정의하면서, 이와 같은 광역시설들을 "체계적으로 정비하고, 여러 도시의 기능을 상호 연계"하기 위하여 둘 이상의 도시계획구역을 대상으로 하여 지정할 수 있는 구역의 명칭을 광역계획구역이라고 규정하였다(제20조의4 제1항). 광역계획의 내용으로는 1. 도시별 기능분담에 관한 사항, 2. 환경보전에 관한 사항, 3. 광역시설의 배치와 규모에 관한 사항, 4. 기타 대통령령이 정하는 사항 등이 수록되었으며(동조 제2항), 광역시설의 설치에 관하여는 (ⅰ) 통상적인 도시계획시설사업의 방법으로 설치하거나, (ⅱ) 관계 시장 또는 군수 간의 협약을 체결하는 등의 방법으로도 설치 및 관리를 할 수 있도록 정하였다. 이와 같이 초창기의 '광역계획'은 주로 기반시설의 설치에 관련하여 수립되는 계획에 해당하였고,[1] 현행법상으로도 광역도시계획은 주로는 기반시설의 설치에 관한 기능을 수행하고 있다.

이후 2000. 1. 28. 전부개정된 도시계획법에서 광역계획이 지금과 같은 광역도시계획이라는 명칭으로 변경되었으며, "광역도시권의 장기발전방향을 제시하는 계획"이라고 정의되어(제3조 제2호) 명목상으로는 단순히 기반시설의 설치에 관한 사항을 넘어, 광역도시권의 장기적인 공간구성방향까지도 정할 수 있는 계획수단으로 확대·재편되었다.

Ⅲ. 광역도시계획의 효력

광역도시계획은 그 자체로는 대외적 구속력이 인정된다고 보기는 어렵다.[2] 국토계획법에 근거하여 수립되는 각종의 계획들 중에서도 가장 구체적으로 건축허가 요건을 정하게 되는 도시관리계획에 대하여만 구속력을 인정하고 있는 대법원 판례[3] 및 도시기본계획에 대하여는 구속력을 부인하고 있는 대법원 판례[4]를 고려하

---

1 문채, 최막중, 국토계획법상 광역도시계획의 개선방안에 관한 연구, 국토계획, 2008. 4., 47면의 설명도 이와 같다.
2 온주 국토의계획및이용에관한법률 [전주] 제2장 광역도시계획(2018. 12. 17.) 또한 같은 견해이다.
3 대법원 2002. 10. 11. 선고 2000두8226 판결.
4 대법원 2007. 4. 12. 선고 2005두1893 판결. "도시기본계획은 도시의 장기적 개발방향과 미래상을

면, 도시기본계획보다도 상위의 계획에 해당하는 광역도시계획(국토계획법 제4조 제3항)에 대하여 어떠한 명시적인 구속력을 부여하는 것은 어려울 것으로 사료된다.

다만, 국토계획법 스스로는 "광역도시계획이 수립되어 있는 지역에 대하여 수립하는 도시·군기본계획은 그 광역도시계획에 부합되어야 하며, 도시·군기본계획의 내용이 광역도시계획의 내용과 다를 때에는 광역도시계획의 내용이 우선한다"라고 정하여(제4조 제3항), 광역계획이 도시기본계획의 상위계획으로서의 의미를 지닌다는 점을 명확히 하고 있다. 법제처 해석례 중에는 "광역도시계획이나 같은 법 제18조제1항의 도시기본계획 등의 상위계획을 고려하면서 도시 전체의 현황 및 다른 지역과의 형평에 맞도록 일관성 있게 건축허가 등에 관한 각종 권한을 행사할 필요성이 있"다[1][2]거나 "광역도시계획이나 도시기본계획이 수립되어 있는 지역에 대하여 개발계획을 수립하려면 「도시개발법」 제5조제1항에 따른 개발계획의 내용이 해당 광역도시계획이나 도시기본계획에 들어맞도록 해야" 한다고 하여,[3] 건축허가나 도시관리계획 등 하위 계획의 수립에 있어 일응의 기준이 된다는 취지로 설명한 사례가 발견된다.

그러나 이와 같은 법제처의 해석에도 불구하고, (i) 광역도시계획을 위반하여 수립한 도시관리계획[4]이 위법하게 된다거나, (ii) 광역도시계획에 반하여 발급한 개발행위허가나 건축허가 등이 위법하게 된다고 보기는 어려울 것으로 보인다. 나아가 광역도시계획에 위배됨을 이유로 개발행위허가를 수반하지 않는 건축허가 ― 곧, 순수하게 기속행위에 속하는 건축허가를 반려하거나 거부할 수 있다고 보기도

제시하는 도시계획 입안의 지침이 되는 장기적·종합적인 개발계획으로서 행정청에 대한 직접적인 구속력은 없다."는 것이 대법원의 확립된 입장이다.

1 법제처 2008. 5. 1. 회신 08-0040 해석례.
2 실무적으로도, 광역도시계획의 내용을 이유로 하여 개발행위허가를 거부한 사례도 발견된다. 고양시장이 "신청부지는 국토해양부에서 확정 발표한 2020 고양도시기본계획(2006. 9. 18.) 및 2020 수도권광역도시계획(2007. 7. 4.)에서 지역현안사업인 '덕은미디어밸리' 사업이 반영된 대상지로서 우리 시에서는 체계적인 도시개발 및 난개발 방지를 위해 국토의 계획 및 이용에 관한 법률 제63조 규정에 의해 주민공람 및 도시계획심의위원회를 거쳐 2007. 12. 26. 개발행위허가 제한지역으로 고시하여 현재 신규 개발행위허가는 불가한 실정임."을 거부처분의 사유로 내세운 의정부지방법원 2010. 7. 13. 선고 2010구합554 판결 사안 참조.
3 법제처 2008. 7. 2. 회신 08-0084 해석례.
4 도시기본계획의 경우에는 상론한 국토계획법 제4조 제3항에 의하여, 광역도시계획과 내용이 상이할 경우에는 광역도시계획이 우선한다고 정하고 있으므로 그와 상충되는 범위에서는 효력을 인정하기 어려울 것이다.
  도시관리계획에 대하여도 국토계획법 제25조 제1항은 "도시·군관리계획은 광역도시계획과 도시·군기본계획에 부합되어야 한다"라고 정하고 있으나, 상충되는 내용이 있는 경우에 대하여 특별히 광역도시계획이 우선한다는 등의 규정은 별도로 두고 있지 아니하다.

어려울 것이다.

Ⅳ. 도시기본계획과의 관계

광역도시계획은 도시기본계획에 우선한다(국토계획법 제4조 제3항). 광역도시계획과 도시기본계획 모두 비구속적 행정계획에 해당하고, 상호 충돌하는 내용에 대한 대체관계가 인정되는바, 「광역도시계획수립지침」 5-1항은 "광역도시계획에 도시·군기본계획에 포함되어야 할 내용들을 모두 포함하여 수립하는 경우, 광역계획권에 관할구역 전부가 포함된 시·군은 도시·군기본계획을 수립하지 아니할 수 있다"라고 정하고 있다. 이 경우 광역도시계획으로서 도시기본계획을 대체하려면 그에 합당한 내용 및 절차 등을 갖추어야 한다(동 지침 5-2. 내지 5-3.항 참조).

제2장 도시·군계획

Ⅰ. 의의

국토계획법은 "특별시·광역시·특별자치시·특별자치도·시 또는 군(광역시의 관할 구역에 있는 군은 제외한다. 이하 같다)의 관할 구역에 대하여 수립하는 공간구조와 발전방향에 대한 계획"을 '도시군계획'(이하 '도시계획')이라고 정의하고 있다. 도시계획에는 도시·군기본계획(이하 '도시기본계획')과 도시·군관리계획(이하 '도시관리계획')이 속하여 있다(이상 국토계획법 제2조 제2호).

연혁적으로 살펴보면, 제정 도시계획법은 '도시계획'[1]이라는 용어를 지금의 '도시관리계획'과 같은 의미로 사용하였다. 즉 토지의 이용 및 공간구조에 대한 '구속력' 있는 계획의 의미로서 '도시계획'이라는 용어를 사용하였던 것이나, 점차 도시계획의 상위에 해당하는 보다 기본적이고 추상적인 내용의 계획을 추가로 도입하게 되면서, 제정 국토계획법에 이르러서 그와 같은 개념까지를 아우르는 것으로 '도시계획'이라는 용어의 용례를 변경한 것이다. 이로써 도시계획은 추상적인 공간

---

1 도시계획이라는 용어 자체는 영국의 'town plan'이나 미국의 'city plan'을 일본에서 1910년대에 직역하면서 만든 용어로 이해되고 있다. 관련하여 김종보, 건설법의 이해, 제6판, 피데스, 2018, 192면 참조.

구조의 방향이나 목적을 제시하는 내용의 상위계획(도시기본계획)과, 구체적인 건축허가요건을 규정하는 내용의 하위계획(도시관리계획)의 2단계로 이루어진 계획을 아우르는 개념으로 사용되고 있다.

한편, 이와 같은 도시계획 개념의 변천에 대하여는 비판적인 논의가 존재한다. 본래 도시계획이란 토지이용에 대한 구체적인 내용들 – 곧, 건축허가요건들을 사전에 정하여놓는 등 그 자체로 구속력 있는 계획('구속적 도시계획')임을 전제한 것인데, 구속력 없는 추상적인 계획에 불과한 도시기본계획까지를 그 용어의 외연에 포함시킴으로 인하여 종전부터 사용하여오던 개념에 혼란을 가져온 것이라는 비판적인 논의가 있다.[1]

국토계획법은 단순히 도시계획을 "공간구조와 발전방향에 대한 계획"이라고만 정의하고 있어, 도시계획이라는 용어의 명확한 의미나 개념요소에 대하여는 특별한 언급을 하고 있지 아니하다. 따라서 국토계획법의 규정만으로는 도시계획의 본질적인 요소를 파악하기 어려우며, 단순히 도시기본계획과 도시관리계획을 아우르는 용어 정도의 수준으로 규정되어 있는 것이 현실이다.

Ⅱ. 비교법적인 논의

상위계획과 하위계획 – 혹은 추상적인 계획과 구체화 된 계획과 같이 2단계로 도시 및 공간구조에 관련된 계획을 구분하는 태도는 우리나라뿐만 아니라 영국, 독일, 미국 등의 사례에서도 일반적으로 발견된다. 대체로 거시적인 계획인 전자에 기초하여, 보다 좁은 지역을 대상으로 하는 구체화 된 미시적인 계획을 수립하도록 정하고 있다.

1. 영국

영국의 경우에는 과거에는 광역자치단체가 수립하는 구조계획(Structure Plan)과 기초자치단체가 수립하는 지구계획(Local Plan)으로 구분하는 2단계 계획의 구조를 지니고 있었다. 그러나 2004년 계획 및 수용법(Planning and Compulsory Purchase Act)의 제정으로 구조계획이 폐지됨에 따라, 현재는 지구계획만이 운용되고 있는 것으로 보인다.[2] 참고로, 영국에서는 여러 차례의 법 개정을 고치면서 기초자치단체

---

1 김종보, 건설법의 이해, 제6판, 피데스, 2018, 193면.
2 관련하여 최병선, 영미독의 도시계획제도 비교 연구, 국토연구, 2011. 12., 138면 내지 139면의 논

가 수립하는 계획의 명칭에 대하여 지구계획(Local Plan)이나 개발계획(Development Plan) 등의 용어가 혼용되고 있는 것으로 보인다.

한편, 영국(잉글랜드[1])의 경우 중앙정부의 정책이 다양한 방면으로 지자체의 하위 계획 수립에 개입할 수 있다. 중앙정부는 국가계획정책체계(National Planning Policy Framework: NPPF)라는 문서를 주기적으로 작성, 수립하고 있는데, 지자체는 NPPF의 내용을 고려하여 지구계획을 수립하여야 하고, NPPF의 내용 그 자체가 개별적인 계획허가(Planning Permission)의 발급 시 고려되는 요소로 작용하게 된다.[2] 또한 지자체가 계획을 수립하는 과정에서도, 그 내용을 국무부 소속 계획조사관(Planning Inspectorate)의 검토를 받게 하고 있고,[3] 만일 수립되는 계획이 전국가적 중요성을 지니는 경우에는 중앙정부가 이를 자기 관할로 가져와서(call-in) 직접 계획을 수립하는 권한이 인정되기도 한다.[4]

2. 독일

독일의 경우, 각 지방자치단체들은 토지이용계획(Flaechennutzungsplan)과 지구상세계획(Bebauungsplan; 일명 'B-plan')의 2단계의 계획으로 구분되는 체계를 지니고 있으며, 경우에 따라서는 대도시에서 위 두 계획을 아우르는 상위계획인 도시발전계획(Stadtentwicklungsplan)이 존재하기도 한다.[5] 지방자치단체 단위를 넘어서는 수준에서는 그 공간적 범위의 크기를 순서로 연방공간정서계획(Bundesraumordnungs-programm)이나 주계획(Landesplanung), 지역계획(Regionalplanung) 등이 존재하는데[6] 이들은 우리의 경우 국가계획이나 광역도시계획 정도의 지위를 지니는 추상적이고

의 인용.

1 참고로 영국의 경우 최근 스코틀랜드, 웨일즈, 북아일랜드로의 권한이양(devolution)이 진행됨에 따라 도시계획법제 또한 상호간의 차이를 보이고 있다. 따라서 영국의 도시계획법제를 논의함에 있어서는 각 구성국별로 접근하는 것이 타당하다.

2 A. Sheppard, D. Peel, H. Ritchie, K. Macari & S. Berry, The Essential Guide to Planning Law: Decision-Making and Practice in the UK. Policy Press, 2017, p. 68.

3 A. Sheppard, D. Peel, H. Ritchie, K. Macari & S. Berry, The Essential Guide to Planning Law: Decision-Making and Practice in the UK. Policy Press, 2017, p. 73.

4 A. Sheppard, D. Peel, H. Ritchie, K. Macari & S. Berry, The Essential Guide to Planning Law: Decision-Making and Practice in the UK. Policy Press, 2017, p. 15. 해당 문헌은 이러한 권한-곧, 상위 행정청이 하위 행정청으로부터 해당 계획을 가져와서 직접 개입하는 권한을 Call-in Power라고 명명한다.

5 최병선, 영미독의 도시계획제도 비교 연구, 국토연구, 2011. 12., 138면의 논의 인용.

6 김남철, 개편된 계획법제에 따른 공간계획의 체계와 법적 문제점-독일 법제와의 비교를 중심으로-, 공법연구, 2002. 5., 458면 내지 460면 참조.

정책적인 의미에서의 계획이라고 볼 수 있겠다.

3. 미국

미국의 경우에는 종합계획(Comprehensive Plan)과 지역제(Zoning)의 관계[1]가 우리의 도시기본계획과 도시관리계획의 관계와 유사하다. 미국의 경우에는 '지역제(Zoning)'가 먼저 등장하여 1924년 표준지역제수권법(Standard State Zoning Enabling Act)이 제정되어 각 주에 보급되었다가, 이후에 종합계획에 관한 표준도시계획수권법(Standard City Planning Enabling Act)이 제정되어 보급되었다. 관련하여 표준지역제수권법은 "종합계획에 따라(in accordance with) 지역제를 수립하여야 한다"고 규정함으로써 지역제의 상위의 계획으로 종합계획을 규정하였다. 관련하여, "종합계획은 지역제의 필수적인 요소"라고 하면서 "종합계획 없이는 토지이용관계의 합리적인 배분이 가능할 수 없다"라고 설시한 뉴욕상급법원(New York Superior Court)의 판시 내용을 참조할 수 있는데,[2] 보다 거시적인 시각에서 여러 요소를 종합적으로 고려, 계획하는 수단으로서의 종합계획의 기능을 설명하고 있는 사례라고 할 수 있다.

다만, 미국에서 종합계획은 의무적으로 수립되는 것이 아닐 뿐만 아니라, 위와 같이 지역제의 근거법령과 종합계획의 근거법령이 서로 시기를 달리하여 이원적으로 등장하였기에, 실무상으로는 종합계획을 수립하지 아니하고 지역제를 운영하여 온 사례들이 많은 것으로 보인다. 이와 같이 지역제와 종합계획 – 보다 근본적으로 지역제와 계획(Plan, Planning) 사이의 관계가 정확히 어떻게 되는 것인지의 점은 미국에서도 지속적으로 논의되고 있는 쟁점인 것으로 보인다.[3]

우리의 도시기본계획과 같이 미국에서도 종합계획의 구속력이 부정되어온 것으로 보인다.[4] 다만, 각 주들이 점차 종합계획의 수립을 강제화하고 있거나, 주별

---

1 최병선, 영미독의 도시계획제도 비교 연구, 국토연구, 2011. 12.에서는 미국의 경우 Master Plan 또는 General Plan이 도시기본계획의 기능을 하고, Neighborhood Plan, District Plan, Corridor Plan 등이 우리의 도시관리계획의 기능을 하는 것처럼 설명되고 있으나, Master Plan이나 General Plan 등은 종합계획(Comprehensive Plan)의 관념에 포함된 것으로 각 주별로 경우에 따라 'General Plan'이라는 용어를 사용하는 경우가 있는 것으로 보인다. 아울러, 미국에서 우리의 도시관리계획과 같은 구속적 도시계획의 기능을 하는 것은 주로 '지역제(Zoning)'이며 대부분의 문헌이 토지이용관계를 다룸에 있어 '지역제'를 중심으로 논의하고 있다.

2 Udell v. Haas, 21 N.Y.2d 463.

3 이와 같은 지역제와 계획 간의 관계에 관련하여서는 J. C. Juergensmeyer & T. E. Roberts, Land Use Planning & Development Regulation Law, 2013, p. 22 참조. 해당 문헌에서도 명확한 결론은 발견되지 않는 것으로 보인다.

4 종합계획의 구속력(consistency)에 대하여는 J. C. Juergensmeyer & T. E. Roberts, Land Use

로는 종합계획에 구속력을 부여하는 명시적인 조문을 입법한 사례들이 발견되는 바,[1] 그에 따라 차츰 종합계획의 구속력을 인정하여야 한다는 취지의 논의들 또한 대두되고 있는 상황이다.[2]

제3장 도시·군기본계획

I. 의의

국토계획법은 도시기본계획을 "특별시·광역시·특별자치시·특별자치도·시 또는 군의 관할 구역에 대하여 기본적인 공간구조와 장기발전방향을 제시하는 종합계획으로서 도시·군관리계획 수립의 지침이 되는 계획"이라 정의하고 있다(제2조 제3호). 즉 국토계획법 명문의 문언이 정하고 있는 바와 같이 도시기본계획은 '도시관리계획 수립의 지침'이 되는 계획으로,[3] 구속적이면서 구체화 된 도시계획인 도시관리계획을 수립함에 있어 일종의 가이드라인이 되는 계획을 의미한다. 도시기본계획은 종합계획이자,[4] 정책계획 및 전략계획,[5] 최상위 공간계획으로서의 위상을 갖는다.[6]

Planning & Development Regulation Law, 2013, pp. 32–37의 논의 참조.

1 예컨대 캘리포니아주의 경우 General Plan에 합치될 것을 명문의 요건으로 하는 규정을 지니고 있다.

2 그와 관련하여서는 J. C. Juergensmeyer & T. E. Roberts, Land Use Planning & Development Regulation Law, 2013, p. 35의 논의 참조.

3 도시기본계획수립지침 1-3-1.항 참조.

4 도시기본계획수립지침 1-3-2. (종합계획) 지속가능한 국토관리를 위해서는 경제·산업, 주택, 교통·기반시설, 환경·에너지, 사회·문화·복지 등 각 분야에서 수립한 부문별 정책 및 계획 등이 서로 조화를 이루어야 한다. 도시·군기본계획은 부문별 정책과 계획 등의 환경적, 경제적, 사회적 영향을 통합적이고 균형있게 조정·보완하여, 이를 공간적 차원에서 지속가능한 국토관리를 위한 정책과 전략으로 구체화하여야 한다.

5 도시기본계획수립지침 1-3-3. (정책계획, 전략계획) 도시·군기본계획은 공간구성에 관한 정책계획 또는 전략계획의 성격을 동시에 가져야 한다. 공간구성에 관한 정책계획은 자치단체의 국토이용·개발과 보전에 관한 '정책을 계획하는 것'을 의미하며, 전략계획은 자치단체가 이의 실현을 위해 행정역량을 선택적으로 집중해야 할 전략을 수립하는 것을 의미한다. 도시·군기본계획은 해당 시·군의 발전을 위한 공간적 정책 목표와 이를 달성하기 위한 국토이용·개발과 보전에 관한 전략 또는 정책적 우선순위를 기술하여야 한다.

6 도시기본계획수립지침 1-3-7. (최상위 공간계획) 도시·군기본계획은 공간구조 및 입지와 토지이용에 관한 한 부문별 정책이나 계획 등에 우선한다. 즉 도시·군기본계획은 각 분야의 부문별 정책

실무적으로도 도시기본계획의 내용을 살펴보면, 대체로 도시기본계획은 도시의 발전 방향에 대한 추상적인 목표상만을 제시하는 경우가 대부분이며,[1] 그 내용 자체만으로 건축허가요건을 개폐하는 것이라 볼만한 정도로 구체화 된 내용이 발견되지는 않는 것으로 사료된다.

II. 개념의 연혁

도시기본계획에 관한 내용이 최초로 도입된 것은 1981. 3. 31. 개정된 도시계획법에서부터이다. 당시 법은 도시기본계획에 대하여는 특별한 정의규정을 두지 아니하고, 도시계획(지금의 '도시관리계획')의 입안 및 수립에 관한 조문의 전단부에 제10조의2를 추가로 신설하여 ① 서울, 부산 등 한정된 도시계획구역을 관할하는 시장·군수에 한정하여 ② 20년을 주기로 한 도시기본계획의 수립을 의무화 하였다. 즉 초창기의 도시기본계획은 현재의 것과 비교하여 공간적으로나 시간적으로 상당한 차이를 보였다. "장기도시개발의 방향 및 도시계획입안의 지침"으로써 해당 내용을 담고 있는 것이 도시기본계획이라 명명되었으며(동조 제1항), 시장·군수는 도시계획(도시관리계획)을 입안함에 있어서 도시기본계획의 내용을 반영하여야 한다는 규정이 신설되었다(동조 제4항).

III. 도시기본계획의 구속력

도시기본계획은 대외적으로 구속력이 부정될 뿐만 아니라, 대내적인 구속력 또한 부정되고 있다. 대법원은 (i) "도시기본계획은 도시의 기본적인 공간구조와 장기발전방향을 제시하는 종합계획으로서 그 계획에는 토지이용계획, 환경계획, 공원녹지계획 등 장래의 도시개발의 일반적인 방향이 제시되지만, 그 계획은 도시계획입안의 지침이 되는 것에 불과하여 일반 국민에 대한 직접적인 구속력은 없는 것"이라고 설시하여 도시기본계획의 대외적인 구속력을 부정하고 있고(대법원 2002. 10. 11. 선고 2000두8226 판결), (ii) "도시기본계획은 도시의 장기적 개발방향

과 계획 등을 공간구조 및 입지와 토지이용을 통해 통합·조정하는 역할을 수행하여야 하며, 부문별 정책이나 계획 등에 따라 개별적으로 입지나 토지이용이 변경되어서는 아니된다.

1 국토계획법 시행령 제16조 제2호는 "여건변화에 탄력적으로 대응할 수 있도록 포괄적이고 개략적으로 수립하도록 할 것"이라고 하여 명시적으로 도시기본계획의 추상성을 규정하고 있다.

과 미래상을 제시하는 도시계획 입안의 지침이 되는 장기적·종합적인 개발계획으로서 행정청에 대한 직접적인 구속력은 없다"라고 설시함으로써 대내적인 구속력 – 곧, 당해 행정청 및 하위의 행정청에 대한 구속력 또한 부정하고 있다.[1] 다만, 하급심 판례 중에서는 도시기본계획의 구속력 자체는 인정하지 아니하면서도 도시기본계획의 내용을 완전히 고려되지 아니한 채 수립된 도시관리계획의 경우에는 위법할 소지가 있음을 가정적으로 언급한 것이 발견된다.[2]

도시계획이 대외적인 구속력을 지닌다는 의미는 그 자체로 개별적인 건축허가 혹은 개발행위허가 등의 인허가의 요건으로서 작용함으로써 일반 국민에 대하여도 효력을 지닌다는 것을 뜻하는 것이다. 곧, 대외적인 구속력을 지닌다는 것은 당해 계획의 내용만을 이유로 한 개별적인 인허가의 거부가 적법할 수 있다는 것을 의미한다. 반대로 대외적인 구속력이 부인된다는 것만으로는, 당해 계획의 내용만을 근거로 하여 각종의 인허가를 반려·거부하는 등의 처분을 할 수 없다고 단정하기는 어렵다. 이는 당해 인허가 기속행위인지 혹은 재량행위인지에 따라서도 달라질 수 있는 문제인데, 기속행위인 인허가를 거부함에 있어서는 대외적 구속력이 없는 계획만을 처분사유로 하는 것이 위법할 소지가 매우 클 것이지만, 재량행위인 인허가를 거부함에 있어서는 대외적 구속력이 없는 계획과 배치된다는 사정 등을 내세운다고 하더라도 그 자체만으로는 거부처분이 위법하게 된다고 단정하기는 어렵다.

그런데 도시기본계획의 구속력이 부정되는 가장 주된 이유는 그 자체의 '추상성' 때문이다. 그 내용 자체가 보다 구체적이고 구속적인 도시계획을 입안·수립함에 있어 방향을 제시하여 주는 '지침'에 해당하는 것이기 때문에, 애당초 정책목표와 같은 거시적인 내용들을 담고 있을 수밖에 없으며, 따라서 그 문언이나 표현 자체만으로는 도대체 개별적인 인허가의 요건에 어떠한 방향과 내용으로 적용될 수 있을 것인지가 그 자체로 불분명하게 된다. 해석의 여지가 지나치게 넓어, 그 내용만으로는 개별적인 인허가의 당부 자체를 판별하기가 어렵게 되는 것이다. 즉 도시기본계획은 그 자체의 법적 성격과 더불어, 실제 그에 포함된 내용 자체의 추상성 때문에 쉽게 그 구속력을 인정하기가 어렵다.

---

1 대법원 2007. 4. 12. 선고 2005두1893 판결.
2 대구고등법원 2009. 9. 4. 선고 2008누2126 판결 참조. "도시관리계획을 입안함에 있어서는 어느 정도 도시기본계획에 구속될 수밖에 없고, 도시기본계획 및 그로 인하여 달성하려고 하는 공익상의 목적을 반드시 비교형량하여야 한다는 점은 법문상 명백하다고 보아야 한다(오히려 도시기본계획 및 그로 인하여 달성하려고 하는 공익을 전혀 고려하지 않은 채 도시관리계획을 입안하는 것 자체가 위법하다고 볼 수 있다)."

Ⅳ. 도시기본계획의 구속력에 관한 비교법적인 논의[1]

한편, 미국에서는 우리의 도시기본계획에 대응되는 종합계획(Comprehensive Plan)[2]의 구속력의 인정 여부를 두고 긍정설과 부정설이 양립하고 있는바, 우리의 논의에 있어서도 참조할 수 있겠다. 미국의 경우에는 도시계획 관련 제도가 정비되면서 점차 종합계획에 일응의 구속력을 인정하려는 경향이 발생하고 있는 것으로 사료되는바, 특히 우리의 도시관리계획에 대응되는 지역제(Zoning)와의 관계에서 구속력의 인정 여부가 논의되고 있다. 참고로, 미국에서도 법령상 "종합계획에 따라(in accordance with) 지역제를 수립한다"는 문언이 등장하는데, 이를 두고 어떻게 해석할 것인지에 대하여 논의가 이어져 오고 있다.

본래 미국에서 전통적으로 용도지역(zoning)은 사전적이고 전반적인 계획 없이 그냥 지정되어왔는데, 표준지역제수권법(Standard State Zoning Enabling Act)가 '종합계획에 따라' 용도지역을 지정할 것을 명시하는 한편, 연방정부 차원에서 각 시들이 종합계획을 사전에 수립할 수 있도록 인센티브를 부여하여옴에 따라 점차 종합계획 제도가 보급되기 시작하였다.[3]

---

1 우리나라의 도시기본계획이 반드시 미국법상의 종합계획에 대응하는 제도라고 단정하기는 어려우므로, 이하의 논의가 우리의 도시기본계획 제도를 이해함에 있어 절대적으로 참고되어야 하는 것은 아니다. 다만, 우리와 유사하게 2단계 혹은 상－하위 계획의 체계를 가지고 있는 미국에서도, 처음에는 추상적 내용의 상위계획을 막연하게 부정하여오다가 최근에 들어 그 구속력의 인정여부나 구속력의 의미 등을 두고 논쟁이 일고 있는 것으로 보이는바, 추후 우리의 법 해석에도 참고할 수 있을 것으로 보여 이하의 논의를 소개한다.

　한 가지 강조하고 싶은 것은, "도시기본계획은 대내외적 구속력이 없는 계획이다"라는 도그마가 절대적인 명제는 아니라는 것이며, 논의의 방향에 따라 얼마든지 비판적인 견해가 도출가능하다는 점이다. 우리의 경우에도 도시기본계획의 구속력을 절대적으로 부정하는 것에 머무를 것이 아니라, 실제 제도의 운용방식과 국민의 권익보호라는 관점에서 얼마든지 다른 시각에서의 논의도 가능할 것이라 사료된다.

2 참고로, 우리 문헌상으로 미국의 'Master Plan'이나 'General Plan'을 도시기본계획이라고 번역하는데(최병선, 영·미·독·의 도시계획제도 비교 연구, 국토연구, 2011. 12., 138면 참조), 미국에서는 Master Plan과 Comprehensive Plan은 혼용되는 용어다[The Central Upper Peninsula Planning & Development Regional Commission(CUPPAD), WHAT ARE … MASTER PLANS & ZONING ORDI-NANCES? 참조]. 한편, 미국의 도시계획 관련 법학 서적의 색인(Index)상으로는 Comprehensive Plan만이 등장할 뿐, Master Plan이나 General Plan은 따로 등장하지 않는다(J. C. Juergensmeyer & T. E. Roberts, Land Use Planning & Development Regulation Law.의 색인항목 참조).

엄밀하게는 표준도시계획수권법에서 Master Plan이라는 용어가 등장하기는 하나, 비중있게 다루어지지는 않는 것으로 보인다.

3 J. C. Juergensmeyer & T. E. Roberts, Land Use Planning & Development Regulation Law, 2013, pp. 24-25의 논의 참조.

초창기 종합계획의 구속력을 부정하였던 주된 이유는 미국에서 도시계획관련 법령의 복잡한 연혁 때문이었다. 전술한 바와 같이 미국에서는 표준지역제수권법과 표준계획수권법이라는 두 개의 표준법안이 비슷한 시기에 소개되는데, 후자에서 'master plan'이라는 명칭을 사용하던 계획의 구속력이 일반적으로 부정되어 오다보니, 덩달아 전자(표준지역제수권법)에 규정되었던 종합계획의 구속력도 부정하려는 추세가 있었던 것이다. 초창기 미국의 법원들은 '종합계획에 따라 용도지역을 지정한다'는 문구를 마치 '관점'의 문제로 파악하여 종합적이고 총체적인 관점에서 토지이용관계를 정하기만 하면 위 문구에 반(反)하지는 않는 것이라 판단했던 것으로 보인다. 그러나 지금은 여러 층위의 계획들 간 일관성을 요구하는 추세인 것으로 파악되고, 그러한 일관성이 여러 도시계획적 수단을 효과적으로 활용할 수 있게 해준다는 측면에서 종합계획의 구속력을 인정하는 추세인 것으로 보인다.[1]

제4장 도시·군관리계획

Ⅰ. 의의

1. 도시관리계획의 정의

국토계획법은 도시관리계획을 "특별시·광역시·특별자치시·특별자치도·시 또는 군의 개발·정비 및 보전을 위하여 수립하는 토지이용, 교통, 환경, 경관, 안전, 산업, 정보통신, 보건, 복지, 안보, 문화 등에 관한 다음 각 목의 계획"이라고 정의하고 있는바, 구체적으로 ① 용도지역·용도지구의 지정 또는 변경에 관한 계획, ② 개발제한구역, 도시자연공원구역, 시가화조정구역(시가화조정구역), 수산자원보호구역의 지정 또는 변경에 관한 계획, ③ 기반시설의 설치·정비 또는 개량에 관한 계획, ④ 도시개발사업이나 정비사업에 관한 계획, ⑤ 지구단위계획구역의 지정 또는 변경에 관한 계획과 지구단위계획, ⑥ 입지규제최소구역의 지정 또는 변경에 관한 계획과 입지규제최소구역계획 등이 도시관리계획의 지위를 갖는 계획들에 속한다 (제2조 제4호 각목).

---

1 이상 J. C. Juergensmeyer & T. E. Roberts, Land Use Planning & Development egulation Law, 2013, pp. 32-33의 '2:14 The Consistency Requirement' 항목의 논의 참조.

이와 같이 도시관리계획에 속하는 계획들의 면면을 통하여 확인이 가능하듯, 도시관리계획은 우리의 토지이용체계에 대하여 가장 구체적이고 직접적으로 작용하는 도시계획이다. 도시관리계획의 개념에 속하는 도시계획들에 의하여 비로소 토지의 이용을 위한 각종의 요건들이 통제되는 것이고, 대내적으로는 당해 도시관리계획을 수립한 행정청 및 그 하위[1]의 행정청뿐만 아니라, 대외적으로는 일반 국민들의 토지이용관계에 대하여도 직접적인 구속력을 미치게 된다. 즉 행정청의 입장에서나 국민의 입장에서나 도시관리계획의 내용을 통하여 허용되거나 금지되어 있는 토지이용방법의 개략적인 모습을 파악할 수 있게 되는 것이고, '선계획 후개발'의 원칙을 확립하고 있는 국토계획법의 체계에 의할 때 어떠한 형태로 토지를 이용하기 위해서는 선행하여 도시관리계획을 수립하거나 기 수립되어 있는 도시관리계획의 내용을 변경하여야 한다.

이렇듯, 도시관리계획 단계에 이르러서야 비로소 우리가 '도시계획'이라고 인식하였을 때 떠오르는 가장 원형적인 모습의 개념의 외형을 갖추게 된다. 때문에 '도시관리계획'이야말로 '도시계획'이라고 명명할 만한 것이고, 구 도시계획법은 현재의 도시관리계획을 '도시계획'으로 정하면서, 그와 구분되는 개념으로 '도시기본계획'이라는 용어를 도입하였던 것이기도 하다. 이와 같은 연원을 통하여 보더라도, 도시관리계획의 상위에 놓여있는 각종의 계획들은 그 자체로 도시계획이라기보다는 도시계획 시 고려하여야 할 추상적인 요소들을 제시하는 이른바 '정책계획(policy plan)'으로서의 성격이 강한 것이라 할 수 있다.

도시관리계획수립지침은 도시관리계획을 (i) 특별시 · 광역시 · 특별자치시 · 특별자치도 · 시 또는 군의 제반기능이 조화를 이루고 주민이 편안하고 안전하게 생활할 수 있도록 하면서 당해 시 · 군의 지속가능한 발전을 도모하기 위하여 수립하는 법정계획, (ii) 광역도시계획 및 도시 · 군기본계획에서 제시된 시 · 군의 장기적인 발전방향을 공간에 구체화하고 실현시키는 중기계획, (iii) 용도지역 · 용도지구 · 용도구역에 관한 계획, 기반시설에 관한 계획, 도시개발사업 또는 정비사업에 관한 계획, 지구단위계획 등을 일관된 체계로 종합화하여 단계적으로 집행할 수 있도록 물적으로 표현하는 계획이라고 그 지위와 성격을 규정하고 있다(이상 도시관리계획수립지침 1-3-1. 내지 1-3-3.항).

---

1 현행법상 도시관리계획이 상위의 행정청에 대하여도 구속력을 지닌다고 볼 수 있을지 여부는 논란의 여지가 있다.

2. '지위'로서의 '도시관리계획'

국토계획법 제2조 제4호는 도시관리계획의 범주에 속하는 각종의 계획들의 종류를 열거하고 있다. 동호의 규율형식을 고려하면, 국토계획법은 도시관리계획의 의미나 요건 등을 명확하게 선언하고 있지는 않으며, 단지 국토계획법 등이 규율하는 각종의 계획들 중 도시관리계획에 속하는 것들을 나열하는 식으로 정의규정을 마련하고 있을 뿐이다. 이러한 규율 형식을 고려하면 '도시관리계획'이란, 도시의 공간구조 및 토지이용에 관련된 여러 행정계획들 중 일부를 선별하여 그에 대하여 부여하는 일종의 '지위'와 같은 것으로 파악할 수 있다. 어떠한 계획이 '도시관리계획'에 속한다(혹은 의제된다)는 것은, 그 자체로 대내외적인 구속력을 지니는 도시계획으로서의 지위를 갖는다는 것을 의미한다.

예컨대, 모든 개발사업법령들은 여러 단계의 행정계획을 거쳐서 개발사업을 시행하는 구조를 지니고 있는데, 일정한 단계의 행정계획에 이르러서는 이를 국토계획법상 도시관리계획으로 의제하는 내용의 조문들을 두고 있는 경우가 많다.

Ⅱ. 개념의 연혁[1]

1. 조선시가지계획령

우리 법체계에서 '도시계획'이라는 개념은 조선시가지계획령에서 처음 등장하였다. 조선시가지계획령이 사용하였던 '시가지계획'[2]은 오늘날의 도시관리계획과 개발계획을 포괄하는 개념이었다. 즉 시가지계획은 토지의 합리적 이용을 관장하는 소극적 수단으로서의 도시계획의 기능을 담당함과 동시에, 그 자체로 시가지의 적극적인 개발을 위한 '유일한'[3] 수단으로서 기능하였던 것이다. 시가지계획이 수립된 구역에서 용도지역제 도시계획이 등장하였고, 시가지계획구역을 대상으로 하는 시가지계획사업이 개발사업법의 기능을 담당하였다. 당시에는 '시가지계획'이라

---

1 본 항목과 다음 로마자 항목의 논의는 저자의 도시계획 상호간의 효력과 도시계획의 병합, 건설법연구, 2019. 10., 93면 내지 94면, 97면 내지 99면의 논의를 재정리한 것임을 밝힌다.
2 조선시가지계획령 제1조는 「본령에 있어서 시가지계획이라 칭함은 시가지의 창설 또(又)는 개량에 필요한 교통, 위생, 보안, 경제 등에 관한 중요시설의 계획」이라고 정의한다.
3 당시에는 조선시가지계획령이 건축법, 국토계획법, 개발사업법의 기능을 모두 겸유하였다. 조선시가지계획령에서 건축법, 도시계획법 등이 분법되어온 과정에 대하여는 전진원, 개발행위허가에 관한 연구, 서울대학교 법학전문대학원 석사학위논문(2015. 2.), 6면 이하를 참조.

는 개념을 구태여 그 하위개념으로 상세하게 분류하거나 각 경우별로 그 효력의 범위를 구체화할 필요가 없었다. 수립권자가 모두 조선총독이어서 행정적 운용 자체가 단순하고 '효율'을 강조하였을 뿐만 아니라, 조선시가지계획령이라는 단일 법령으로 건설 관련 공법체계를 규율하였기에 도시계획적 수단도 분화되어 있지 않아 이를 체계적으로 세분화하여 규정할 필요성이 없었기 때문인 것으로 사료된다.

2. 개념의 분화와 '도시관리계획' 개념의 도입

1962년 제정 도시계획법이 등장하면서, 종래의 시가지계획이라는 용어는 도시계획이라는 용어로 대체된다. 다만 단기간 내에 그 기능이나 구조의 변화가 존재하였던 것은 아니다. 어디까지나 제정 도시계획법은 조선시가지계획령을 건축법과 도시계획법으로 분화시키는 도정에 놓여있었던 것이었기 때문이다. 이후 국토계획법이 제정되면서 도시계획은 도시관리계획이라는 용어로 대체되고, 도시계획은 도시관리계획과 도시기본계획을 포괄하는 상위의 개념으로 자리잡는다.[1]

지금의 국토계획법상 도시계획은 '공간구조와 발전방향에 대한 계획'이라 정의되어 그 외연이 매우 포괄적이다(국토계획법 제2조 제2호). 정의규정만을 볼 때 도시의 공간구조나 발전방향이라는 추상적 목적에만 부합한다면, 행정청이 수립할 수 있는 일체의 행정계획은 도시계획일 수 있다. 도시계획의 내용적 한계가 전혀 설정되어 있지 않기 때문이다. 즉 정의만 놓고 본다면 도시에 대한 행정계획은 국토계획법이 사용하는 도시계획이라는 개념의 외연에 포섭될 수도 있는 것이다.

3. '좁은 의미로서의 도시계획' = 도시관리계획

우리가 법이론상(강학상) '도시계획'이라는 용어를 사용할 때 떠올리는 보다 실천적이고 구체적 역할을 수행하는 것의 개념은 국토계획법이 정의하는 '도시관리계획'에 가깝다. 전술한 바와 같이 국토계획법은 도시계획을 도시기본계획과 도시관리계획으로 구분한다. 전자는 지도적인 의미를 지니는 반면, 후자는 사인의 권리의무에 직접영향을 미치는 수준의 구체화된 모습을 지닌다.

때문에, 좁은 의미의 도시계획은 도시관리계획을 지칭하는 것으로 보아야 한다. 건축허가요건, 건축허용성, 건축단위 등의 도시계획 본연의 기능들이 도시관리계획에 이르러 비로소 발현되기 때문이다. 물론, 이와 같은 도시관리계획의 기능과

---

1 김종보, 건설법의 이해, 피데스, 2013, 195면.

관련하여, 현행법상 도시관리계획의 개념과 역할 또한 그 외연의 한계가 뚜렷하지 않다는 특징을 갖는다는 비판적인 문제의식이 존재한다.[1]

Ⅲ. 도시관리계획의 법적 성질

1. 구속적 행정계획

도시관리계획은 행정법학에서는 '행정계획'의 개념에 속한다. 행정계획이란 "행정주체가 장래 일정 기간 내에 도달하고자 하는 목표를 설정하고 그를 위하여 필요한 수단들을 조정하고 통합하는 작용, 또는 그 결과로 설정된 활동기준"[2]을 뜻하는데, 이와 같이 행정계획의 내용에 포함되는 '수단'이나 '활동기준'과 같은 것들은 반드시 일반 국민의 권리의무에 직접적인 영향을 미치는 것이 아니더라도 상관이 없다. 때문에, 행정계획이라는 개념만으로는, 행정계획에 속하는 어떠한 행정작용이 일반 국민의 권리의무에 구속적·직접적 효력 및 영향을 미치는 것인지를 분별해낼 수는 없고, 각 행정계획의 성질을 개별적으로 따져보아야만 이를 판별해낼 수 있다. 이와 같은 관점에서 행정법학에서는 행정계획을 '단순정보제공적 계획'과 '유도적 계획', '구속적 계획' 등의 3가지로 구분하기도 한다.[3]

위와 같은 분류 또는 구분에 따르면 도시관리계획은 그 자체로 '구속적 계획'에 해당한다. 도시관리계획은 개별적인 토지의 이용관계를 규율하게 되는데, (i) 용도지역 등 건축허가요건에 대하여 직접적인 영향을 미치는 사항을 도시관리계획으로서 규율하거나, (ii) 도시계획시설사업이나 각종의 개발사업의 추진을 도시관리계획이라는 수단을 통하여 행함으로써 토지소유자들의 권리의무관계에 직접적인 영향을 미친다. 후자 (ii)의 경우, 통상 개발사업들은 '구역지정'을 하는 단계에서부터 도시관리계획을 활용하게 되는데, 대부분의 개별법령들은 '구역지정'이 된 상태에 대하여 각종의 행위제한을 가하게 됨으로써 토지소유자의 토지이용관계에 직접적인 영향을 미치게 된다. 만일, 개별적인 행위 제한 규정을 두고 있지 않다고 하

---

1 이와 같은 문제의식에 대하여는 김종보, 건설법의 이해, 피데스, 2013, 195면의 논의와, 저자의 도시계획 상호간의 효력과 도시계획의 병합, 건설법연구, 2019. 10., 94면의 논의 참조. 해당 문헌들에서는 현행법상 도시관리계획의 적극적인 정의를 발견할 수 없다는 문제를 지적하면서, 어떠한 행정계획이 "도시계획으로서의 지위를 지닌다"거나 "도시관리계획의 지위를 지닌다"고 할 때, 그에 대하여 요구되는 공통의 요건이나, 혹은 그 지위로부터 유래하는 내용과 효과를 예측하기 어렵다는 문제를 제기한다.

2 김동희, 행정법 I , 제16판, 박영사, 2010, 180면.

3 김동희, 행정법 I , 제16판, 박영사, 2010, 182면 내지 183면.

더라도, 국토계획법은 개발행위허가의 기준으로 "도시관리계획의 내용에 어긋나지 않을 것"(동법 제58조 제1항 제2호)을 요구하고 있으므로, 해당 조항에 의하여 구속력을 미치기도 한다.

2. 도시관리계획과 처분성

통상 도시기본계획의 처분성은 부정되나,[1] 도시관리계획의 처분성은 긍정된다.[2] 이는 국민의 권리의무의 변동에 직접적인 영향을 미치는지 여부의 차이, 법적 효과나 대외구속력의 차이에서 기인한다. 도시기본계획은 건축허가요건, 건축허용성, 건축단위 등에 직접 영향을 미치지 못하므로 단지 정책적 역할만을 담당한다.[3] 반면 도시관리계획은 개발행위허가의 기준으로 기능하는바,[4] 건축행위·토지형질변경 등 개발행위를 하려는 자를 직접 구속한다.

도시관리계획의 처분성을 인정하는 대표적인 판결례로는 대법원 1982. 3. 9. 선고 80누105 판결이 흔히 인용되는데, 해당 판결은 구 도시계획법상의 도시계획(현재의 도시관리계획)결정의 처분성을 인정하면서 "도시계획결정이 고시되면 도시계획구역안의 토지나 건물 소유자의 토지형질변경, 건축물의 신축, 개축 또는 증축 등 권리행사가 일정한 제한을 받게" 된다는 점을 근거로 하였다.[5] 당시 도시계획법은 도시계획이 결정·고시된 곳에서의 행위제한에 관한 규정을 두고 있었는데,[6] 이는 개발행위허가에 관한 국토계획법 제56조 이하의 조문의 연원이 된다. 과거에는 도시계획이 결정되는 것만으로 모든 개발행위가 제한되어, 행위제한이 곧 도시계획 그 자체의 효력 ─ 곧, 구속력의 근거가 되었다는 점에서 현재의 규율형식과는 차이가 있다. 그럼에도 불구하고, 지금의 대법원 판결례들은 위와 같이 구 도시

---

1 대법원 2002. 10. 11. 선고 2000두8226 판결.
2 대법원 1982. 3. 9. 선고 80누105 판결.
3 국토계획법 제19조(도시·군기본계획의 내용) ① 도시·군기본계획에는 다음 각 호의 사항에 대한 정책 방향이 포함되어야 한다. (후략).
4 국토계획법 제58조 제1항 제2호 등.
5 대법원 1982. 3. 9. 선고 80누105 판결.
6 도시계획법 제4조(행위등의 제한) ① 제12조제4항의 규정에 의한 고시가 있은 후에는 도시계획구역안에서 다음 각호의 1에 해당하는 행위는 시장 또는 군수의 허가없이 이를 행할 수 없다. 다만, 대통령령으로 정하는 경미한 행위에 대하여는 예외로 하며, 제1호의 경우 산림 안에서의 재식 및 조림을 위한 죽목의 벌채에 대하여는 산림법의 규정에 의한다.
  1. 토지의 형질의 변경 또는 죽목의 재식이나 토석의 채취
  2. 건축물 기타 공작물의 신축·개축 또는 증축이나 이동이 용이하지 아니한 물건의 설치 또는 퇴적
  3. 대통령령이 정하는 면적이하로의 토지의 분할

계획법상의 도시계획의 처분성을 인정하였던 판례의 견해를 그대로 계승하여, 종래의 '도시계획'의 개념을 승계한 '도시관리계획'의 처분성을 계속해서 인정하여오고 있다.

3. 도시관리계획의 구속력

가. 구속력의 작용 방식

원론적으로만 본다면, 도시관리계획이 구속력을 지니는 근본적인 이유는, 도시관리계획이 건축허가요건에 영향을 미치기 때문이라는 점에 있다. 사인(私人)의 입장에서 도시관리계획이 '구속력'을 지닌다는 것은, 자신이 소유한 토지 지상에서 건축행위 등 개발행위를 하려고 할 때, 도시관리계획이 그 가부 등의 결정에 직접적인 영향을 미친다는 것을 의미한다. 달리 말하면, 이는 건축행위나 개발행위의 요건을 이루는 요소들을 도시관리계획으로서 정한다는 의미가 되는바, 도시관리계획이 정한 건축허가요건에 반하는 개발행위 혹은 건축행위는 용인되기 어렵고, 따라서 개발행위허가와 같은 인허가가 발급될 가능성은 실무상·사실상 상정하기는 어렵게 된다.

다만, 구 도시계획법상 '도시계획'에서 현행법의 '도시관리계획'으로 그 개념이 변화하면서, 그 구속력에 대한 논의의 층위가 달라진 측면은 있고, 그에 대하여 분석적으로 접근하여 볼 필요가 있다. 구법상 도시계획의 구속력은 도시계획이라는 '스스로의 지위'에서 기인하였다. 도시계획이라는 것만으로 그 내용에 상관없이 일률적인 행위제한의 효력이 부여되었기 때문이다. 반면, 지금의 도시관리계획은 그 지위만으로 법적 효력이 부여되지 않는다. 현재의 도시관리계획은 개발행위허가의 기준 또는 요건으로 작용함으로써 그 실천적 의미 및 효력을 지니게 될 뿐, 도시관리계획이 수립·결정되었다는 그 자체만으로 그 내용 및 종류에 관계없이 곧바로 어떠한 행위제한의 효력이 부여되는 것은 아니므로, 현행법에 이르러 도시관리계획의 구속력의 근원은 도시관리계획이라는 지위 그 자체보다는, 개별 도시관리계획의 '내용'에서 비로소 찾아야 하는 것이다.

때문에 구법상 '도시계획'과 달리 현행법상 '도시관리계획'의 구속력은 도시관리계획의 종류별로 각기 그 정도와 수준을 달리할 수밖에 없다. 도시계획으로서의 기능을 얼마나 완결적으로 수행하고 있는지 여부에 따라 효력범위를 달리한다는 것이다. 도시관리계획의 내용이 개발행위허가의 요건 – 건축허가의 요건을 구성한다고 한다면, 도시관리계획 내용의 밀도 높을수록 각 요건은 보다 엄밀하고 세밀해진다. 각 도시관리계획들이 이와 같은 밀도 또는 엄밀성에서 차이를 지니고 있기 때문에, ① 건축허용성이나 건축단위에 관여하지 않는 용도지역제 도시계획과, ② 이들 요소까지 완결적으로 정할 수 있는 지구단위계획의 구속력을 동일선상에 비교할 수는 없게 된다.[1]

요컨대 현행 국토계획법상 도시관리계획의 구속력은 그 스스로의 지위에서 기인하는 것이 아니다. 이에 개발사업법들은 도시관리계획을 의제하는 조문을 필요적으로 마련하고 있으면서도, 경우에 따라 행위제한에 관한 규정을 별도로 두고 있다.[2] 도시관리계획이라는 지위만으로 개발행위가 통제될 수 있는 것이라면, 별도의 행위제한 조문은 애당초 필요하지 않았을 것이다.

나. 한계: 기성시가지에서의 구속력 – 지구단위계획의 경우[3]

현재 판례나 실무는 도시관리계획 중에서도 지구단위계획의 구속력에 대하여는 기성시가지와 신시가지에서 구분적인 태도를 보이고 있다. 대체로 기성시가지에서는 구속력을 축소해석하는 반면,[4] 신도시에서는 구속력을 대체로 인정하는 태

---

1 더구나 도시관리계획이 개발행위허가나 건축허가의 요건으로만 작용하는 경우, 이를 불충족한 허가를 통제할 수단도 존재하지 않는다. 예컨대 지구단위계획의 내용에 배치되는 건축허가가 발급되더라도 이를 위법하다고 단정할 수는 없는 것이다. 이른바 '삼각아파트 사건'에서 대법원은 "지적 경계를 지구단위계획에서 정한 장방형의 용도구분의 경계와 일치시켜야 한다거나 기타 사용권의 취득을 강제하는 것이라고 볼 수는 없다"고 하여 건축허가요건으로서의 지구단위계획의 효력범위를 유연하게 해석하였다(대법원 2006. 11. 9. 선고 2006두1227 판결). 특히 현행 국토계획법이 '도시관리계획에 어긋나지 않을 것'을 그 기준으로 하고 있는 이상 유연한 법적용의 여지가 남게 되는 것이다.

2 대표적으로 보금자리주택건설 등에 관한 특별법은 보금자리주택지구가 지정되어 고시되는 경우 국토계획법상 용도지역 및 지구단위계획구역의 지정이 있는 것으로 의제한다(동법 제12조 제3항). 그러나 동법은 보금자리주택지구의 지정에 별도의 행위제한에 관한 조문을 두어, 지정이 있는 경우 건축행위 등 개발행위를 허가 없이 할 수 없도록 하고 있다(동법 제11조 제1항).

3 본 항의 논의는 저자의 개발행위허가에 관한 연구, 서울대학교 법학전문석사학위논문, 2015. 2., 133 내지 134면의 논의를 발췌, 재구성한 것이다. 이 부분의 논의는 은사님이신 김종보 교수님의 강의와 가르침에서 영향을 많이 받은 것이다. 정확한 reference를 특정하기 어려워 그 취지만을 우선 명시한다.

4 대법원 2006. 11. 9. 선고 2006두1227 판결(이른바 '삼각아파트 사건') 참조. 이 판결에서는 필지의 경계와 지구단위계획상의 용도 구분의 경계가 다른 상황에서, 용산구청은 한국전력공사가 기존 필지의 경계를 대지의 경계로 하여 신청한 건축허가신청을 지구단위계획의 결정취지에 부합되지 아니한다는 이유로 반려하였다. 이에 대하여 대법원은 "건축허가권자는 지구단위계획구역 안에서의 건축이 그 지구단위계획에 적합하지 아니한 경우 그 건축허가를 거부할 수 있다."고 하면서도 "지구단위계획에 의해 지적의 경계와 용도구분에 의한 경계가 달라지게 되었다 하더라도 그 지구단위계획의 내용이나 취지가, 각 지정된 용도에 맞추어 건축물을 건축하거나 건축물의 용도를 변경하라는 범위를 넘어서, 토지소유자에게 부정형으로 되어 있는 지적 경계를 지구단위계획에서 정한

도를 취하는 듯하다.[1] 기성시가지에서도 토지소유자가 건축행위나 용도변경에 관하여는 지구단위계획의 구속력을 인정하기는 한다.[2] 주로 기성시가지에서 판례가 지구단위계획의 구속력 인정에 있어 주춤하는 이유는 기존에 형성된 토지소유권자들의 권리나 신뢰를 지나치게 침해할 수는 없다고 전제하기 때문인 것으로 보인다.

다만, 장기적으로는 지구단위계획의 역할을 강화하기 위해서는 무엇보다 지구단위계획의 구속력을 우선적으로 인정하는 방향으로 법리를 형성하여 가는 것이 바람직하다고 사료된다. 지구단위계획의 구속력을 전향적으로 인정하지 않는 한, 여러 논저의 지적과 같이 지구단위계획 수립대상을 확대해나간다고 하더라도 제도 간 혼란만을 가중시킬 뿐일 것이기 때문이다.

제5장 지구단위계획

Ⅰ. 의의

국토계획법은 "도시·군계획 수립 대상지역의 일부에 대하여 토지 이용을 합리화하고 그 기능을 증진시키며 미관을 개선하고 양호한 환경을 확보하며, 그 지역을 체계적·계획적으로 관리하기 위하여 수립하는 도시·군관리계획"을 지구단위계획으로 정의한다(제2조 제5호). 국토교통부의 설명에 의하면 "우리가 살고 있는 도시와 마을에 대하여 입체적인 건축물 계획과 평면적인 토지이용계획을 모두 고려하여 수립하는 계획"이 지구단위계획이다.[3] 지구단위계획의 내용으로 포함되어야 하는 사항들에 대하여는 국토계획법 제52조 제1항에서 상세하게 규정하고 있다.

장방형의 용도구분의 경계와 일치시켜야 한다거나 기타 사용권의 취득을 강제하는 것이라고 볼 수는 없다."고 하였다.

1 택지개발촉진법에 의하여 개발된 서울 강남의 신도시에서는 상세계획(현 지구단위계획)의 구속력을 인정하여 이에 반하는 건축행위나 용도변경을 위법하다고 본 하급심 판례가 있다. 서울행정법원 2005. 3. 23. 선고 2004구합28532 판결.

2 이른바 삼각아파트 사건(대법원 2006. 11. 9. 선고 2006두1227 판결)에서도 "국토의 계획 및 이용에 관한 법률 제54조 , 건축법 제8조 제4항 에 의하면 지구단위계획구역 안에서 건축물을 건축하거나 건축물의 용도를 변경하고자 하는 경우에는 그 지구단위계획에 적합하게 건축하거나 용도를 변경하여야"한다고 하여 기성시가지에서 지구단위계획의 구속력을 일부 인정하는 태도를 보이고 있다.

3 국토해양부, 지구단위계획제도 길라잡이, 2010, 2면에서 직접 인용.

지구단위계획의 경우 계획 도면과 함께 민간부문 시행지침과 같은 부속 규정이 작성된다. 이는 각 구획마다 허용되는 건축물의 용도 등을 세밀하게 규정해놓은 것으로, 이 또한 지구단위계획의 내용을 이룬다.[1]

지구단위계획의 도입 배경과 관련하여서 항상 논의되는 것은 '용도지역에 대한 보완'이다. 즉 상세한 규율과는 거리가 멀었던 용도지역의 약점을 보완하기 위하여 '보조적 수단'으로 지구단위계획 제도를 도입하였다는 것이다.[2] 용도지역과 지구단위계획의 관계에 대하여는 비교법적 견지에서 지속적인 비판론이 제기되고 있는바 후술한다.

1. 가장 상세한 계획으로서 지구단위계획

정의에서 살펴볼 수 있는 바와 같이 지구단위계획은 국토계획법이 정하고 있는 도시계획의 종류들 중에서도 "가장 상세하고 세밀한 내용의 계획"이다.[3] 그 말인 즉슨 토지의 이용관계 – 곧, 토지의 건축가능성 또는 개발가능성을 가장 구체적이고 세부적으로 규율할 수 있는 것이 지구단위계획이라는 의미이다. 용도지역제 도시계획만하더라도 용도지역에 따른 건폐율·용적율·건축물의 용도 등과 같이 건축허가요건들 중에서도 상대적으로 높은 층위의 사항들을 규율하게 되는 반면, 지구단위계획의 경우에는 위와 같은 요건들에서 더 나아가 건축물의 세부적인 용도[4] – 곧, 법령차원에서 구분하고 있는 용도의 분류를 더 세분화한 수준의 내용들까지도 규율하는 경우들이 발견되기도 한다. 따라서 개별토지의 건축가능성 또는 개발가능성을 검토해야 하는 입장이라면 무엇보다도 당해 토지에 대한 지구단위계획이 수립되어 있는지를 먼저 확인[5]한 다음, 그 세부적인 내용을 살펴보아야만 한다. 참고로, 기존의 도시계획체계가 '용도제한' 중심이라는 비판 하에 이를 '계획중심'으로 전환하여야 한다는 논지에서, 용도지역제 도시계획을 폐지하고 점진적으로 지

---

1 김종보, 건설법의 이해, 피데스, 2013, 312면 참조.
2 민태욱, 지구단위계획의 본질과 법제도의 재검토, 토지공법연구, 2012. 5., 182면 참조.
3 관련하여 김종보, 건설법의 이해, 제6판, 피데스, 2018, 299면 참조.
4 예컨대, 전주시의 경우에는 한옥마을 내에서 '패스트푸드'를 입점금지 하는 내용을 지구단위계획의 내용으로 수록하였다. 관련하여 박건우, 지구단위계획과 불허용도 – 전주한옥마을 '패스트푸드' 입점금지 사례를 중심으로, 건설법연구, 2019. 10.의 논의 참조.
  대법원 2011. 9. 8. 선고 2009도12330 판결 사안의 경우에도 '섬유관련제품'만을 판매할 수 있는 용도로 건축물을 사용하도록 하는 내용을 지구단위계획의 내용으로 수록하고 있다.
5 이는 토지이용확인원(luris.molit.go.kr)을 통하여 확인이 가능하다. 지구단위계획이 수립되어 있다면, 지구단위계획구역으로 지정되어있다는 사실이 조회될 것이다.

구단위계획으로 이를 대체해가야 한다는 문헌상의 논의도 발견된다.[1]

지구단위계획이 도시계획법제상 가장 완결적이고 적극적인 역할을 수행하고 있다고는 하나, 이는 어디까지나 건축허가요건을 상대적으로 상세히 정한다는 의미에 그친다. 곧, 지구단위계획만 하더라도 토지이용관계를 소극적으로 규율하는 것일 뿐, 행정주체가 개발의 주체가 되어 수용권 등 고권적 행위를 '적극적'으로 발하여 도시공간의 창설이 변화에 적극적으로 개입하는 개발사업법과는 그 역할을 달리한다.

2. 도시관리계획으로서 지구단위계획

지구단위계획은 기존 용도지역제 도시계획에 비하여 상세한 내용을 담고 있는데, 특히 여기에는 계획 도면과 함께 민간부문 시행지침과 같은 부속규정이 작성된다. 이는 각 구획마다 허용되는 건축물의 용도 등을 세밀하게 규정해놓은 것으로, 이 또한 지구단위계획의 내용을 이룬다.[2]

지구단위계획은 '도시관리계획'의 지위를 지닌다. '도시관리계획' 항목에서 살펴본 바와 같이, 구속적 계획으로서 건축허가요건과 같은 토지소유자의 권리의무관계에 직접적인 영향을 미칠 수 있는 내용을 규율하는 도시계획이 도시관리계획인바, 우리 법상으로 도시관리계획의 하위 범주에는 용도지역제 도시계획, 지구단위계획 등 여러 종류의 계획적 수단들이 열거되어 있다. 지구단위계획이 도시관리계획의 지위를 갖는다는 것 또한, 구속적 행정계획으로서 기능한다는 것을 의미하며, 처분성이 인정되어 행정소송(항고소송)의 대상이 될 수 있다는 점 등과 같은 도시관리계획으로서의 성질 및 특성이 그대로 인정된다.

II. 개념의 연혁

지구단위계획이라는 용어는 2000년 전부개정된 도시계획법에서 처음 등장한다. 이는 ① 구 도시계획법상 상세계획과 ② 구 건축법상 도시설계지구를, 상세계획을 중심으로 하여 통합한 것이다. 곧, 서로 다른 두 법률상의 양 제도를 통합한 것이 지금의 지구단위계획 제도인 것이다.[3] 참고로 '상세계획'이나 '도시설계' 제도 모두

---

1 민태욱, 지구단위계획의 본질과 법제도의 재검토, 토지공법연구, 2012. 5., 172면 등 참조.
2 이상 김종보, 건설법의 이해, 피데스, 2013, 312면 참조.
3 김종보, 건설법의 이해, 피데스, 2013, 312면; 정태용, 국토계획법, 개정판, 한국법제연구원, 2005,

1980년대 일본의 제도를 차용한 것으로 소개되고 있는데, 더 근본적으로 이는 독일의 B-Plan[1] 제도를 일본이 참고하여 만든 것을 우리가 재차 참고하여 도입한 것으로 설명되고 있다.[2]

1. 구 건축법상 도시설계의 도입

연혁적으로 살펴보면, 이들 중 가장 먼저 도입된 것은 구 건축법상의 '도시설계' 제도이다. 1980. 1. 4. 일부개정된 구 건축법 제8조의2에 '도심부내의 건축물에 대한 특례'라는 제목의 조문이 도입되었는데, "도심부 또는 간선도로변등 시장 또는 군수가 필요하다고 인정하여 도시설계를 수립하여 공고한 구역내에서 건축하는 건축물은 도시설계에 적합하게 건축하여야 한다"라고 정함으로써, 사전에 수립된 도시설계를 통하여 선계획-후개발의 방식을 명시하게 된다. 도시설계 제도가 도입된 이유로는 (ⅰ) 60~70년대 급속한 경제성장으로 인하여 도심지의 질적 발전이 이루어지지 못했다는 점에 대한 반성적 고려, (ⅱ) 도시계획법제와 건축법제 사이의 '중간 수준'을 구성하는 제도 도입의 필요성, (ⅲ) 각 지역별 특성을 반영할 수 있는 계획적 수단의 필요성[3] 등이 거론되고 있다. 이와 같은 입법의 배경에서 알 수 있듯이 비록 건축법에 근거를 두고 있기는 하나, 기존의 용도지역제 도시계획들보다도 개별 획지에 대한 상세한 도시계획으로서 도시설계 제도가 도입되었던 것임을 알 수 있다.[4] 참고로, 도시설계가 처음 수립된 곳은 1983년 잠실지구 도시설계가 최초이다.[5]

350면 등 참조.

1 흔히 이를 '지구단위계획'이라고 번역하기도 한다. 김종보, 건설법의 이해, 제6판, 피데스, 2018, 299면 참조.

2 보다 구체적으로, 1980년 일본이 독일의 B-Plan을 참고하여 '지구계획제도'를 만들었고, 그와 같은 일본의 제도를 곧바로 도입한 것이 바로 구 건축법상 도시설계라는 설명이 있다. 이와 같은 도입 과정에서는 미국의 Urban Design 제도도 참조되었다고 한다. 관련하여 안건혁, 상세계획과 도시설계의 집행상 차이점 비교 연구, 대한건축학회 논문집, 1998. 5., 222면의 논의 참조.

3 이상 송영섭, 건축법 제8조의2에 의한 도시설계에 관한 연구, 대한건축학회 논문집, 1988. 10., 29면.

4 때문에 과거 도시설계 제도에 대하여 연구한 문헌들은 도시설계를 '도시계획의 하위계획'이라고 하면서 "일반 용도지역지구제에 의한 건축규제를 그대로 받으면서, 그 위에 추가로 도시설계에 의한 건축규제를 더 받게 된"다는 식으로 설명하고 있다. 도시설계의 '도시계획'으로서의 지위를 당연히 전제한 것이다. 이상 송영섭, 지역 및 도시개발의 문제와 대책 : 건축법상의 도시설계제도, 건축, 1993. 3., 49면에서 인용.

5 안건혁, 상세계획과 도시설계의 집행상 차이점 비교 연구, 대한건축학회 논문집, 1998. 5., 222면.

2. 구 도시계획법상 상세계획의 도입

도시설계에 이어서 도입된 것이 구 도시계획법상의 '상세계획'이다. 이는 1991. 12. 14. 일부개정된 도시계획법에서 처음 도입된 것이다. 당시의 제·개정이유를 살펴보면 "토지이용의 합리화 및 도시미관의 증진을 위하여 일정한 지역 안의 건축물에 대하여 도로·수도등의 처리·수용·공급능력에 적합하도록 그 용적·용도를 정하"기 위하여 상세계획제도를 도입한 것으로, "택지개발예정지구·공업단지·재개발구역등을 상세계획구역으로 지정할 수 있도록" 하였다.[1] 여기에서 알 수 있듯이 상세계획 제도의 경우 대규모 개발사업이 일어나는 곳을 대상으로 삼고 있음을 확인할 수 있는데, 이와 같은 규율체계가 현재까지 계승되어 지금의 지구단위계획 또한 도시개발사업이나 정비사업구역을 대상으로 수립할 수 있도록 정하고 있다.

구 건축법상 도시설계 제도가 이미 도입되어 있음에도 불구하고, 구 도시계획법에 상세계획 제도가 추가로 도입된 이유에 대하여 문헌상으로는 (ⅰ) 기존의 도시설계 제도의 집행력이 약했다는 점, (ⅱ) 민간부문에 대하여 지나친 규제로서만 작용하였다는 점[2] 등이 거론되고 있다.

참고로, 제도 도입 이후 1997. 6.까지 서울시를 중심으로 52개 구역이 상세계획구역으로 지정되었는데, 상당수의 경우 상세계획구역으로 지정된 취지가 용도지역 변경에 있었다는 점이 흥미로운 부분이다.[3]

3. 양 제도의 통합

이상과 같이 양 제도 모두 기존의 용도지역제 도시계획에 대한 보완책으로서, 보다 상세한 계획적 수단을 마련하기 위한 취지에서 도입된 것이었으므로 실질적으로 그 범위나 기능이 중첩될 수밖에 없었고,[4] 실무상으로도 양자는 중첩적으로 활용되어왔던 것으로 보인다.[5] 이에 2000. 1. 28. 전부개정 도시계획법에서 양 제

---

1 도시계획법(1991. 12. 14. 법률 제4427호로 일부개정된 것) 제·개정이유에서 인용.
2 이경환 외, 상세계획 제도의 효율적 운용을 위한 제안, 대한건축학회 논문집, 1996. 10., 4면.
3 관련하여, 안건혁, 상세계획과 도시설계의 집행상 차이점 비교 연구, 대한건축학회 논문집, 1998. 5., 225면 참조.
4 다만, 문헌상으로는 상세계획은 "도시계획을 더 상세하게 하는 것," 도시설계는 "건축물을 도시적으로 설계하기 위한 것"이라고 하여 구분하는 설명이 발견되기는 하나(안건혁, 상세계획과 도시설계의 집행상 차이점 비교 연구, 대한건축학회 논문집, 1998. 5., 223면), 이와 같은 구분은 매우 작위적으로 보인다.
5 이형신, 제1종지구단위계획의 운영실태 및 개선방안연구－공동주택단지건설을 중심으로, 한양대

도를 통합하여 지금의 '지구단위계획' 제도를 도입하게 되었다.

이와 같은 제도 통합과정에서 구법은 지구단위계획을 '제1종 지구단위계획'과 '제2종 지구단위계획'으로 구분하였는데, 제2종 지구단위계획의 경우에는 "계획관리지역 또는 개발진흥지구를 체계적·계획적으로 개발 또는 관리"하기 위하여 수립되는 것으로, 쉽게 말해 현재의 '관리지역'의 난개발을 방지하고 기반시설 확보와 연계한 개발을 유도하기 위한 수단으로 사용된 제도이나,[1] 현재는 1·2종의 구분을 폐지하여 '지구단위계획'으로만 명명되고 있다.

III. 지구단위계획과 개발계획의 관계[2]

도시개발법상 도시개발사업이나 도시정비법상 정비사업에 관한 계획의 경우, 국토계획법상의 지구단위계획으로서 이를 수립할 수 있도록 정하고 있는 경우가 있다. 즉 일반법인 국토계획법상의 수단으로 특별법상의 개발계획을 수립할 수 있도록 명문의 근거를 마련해둔 것이라 할 수 있겠다.

예컨대, 도시정비법은 지구단위계획구역지정 및 지구단위계획수립 시 정비계획의 내용으로 요구되는 사항들이 모두 포함될 경우, 그 자체를 정비구역 지정·고시로 의제한다.[3] 즉 일반법상 도시관리계획으로 특별법상 개발계획을 수립하는 것을 명문으로 허용하고 있는 것이라 할 수 있다.[4]

학교 공학대학원 석사학위논문, 2008. 2., 7면 참조.

1 관련하여, 국토해양부, 지구단위계획제도 길라잡이, 2010, 2면 참조.

2 본 항목의 논의는 저자의, 도시계획 상호간의 효력과 도시계획의 병합, 건설법연구, 2019. 10., 101면 참조.

3 도시정비법 제17조(정비구역 지정·고시의 효력 등) ②「국토의 계획 및 이용에 관한 법률」에 따른 지구단위계획구역에 대하여 제9조제1항 각 호의 사항을 모두 포함한 지구단위계획을 결정·고시(변경 결정·고시하는 경우를 포함한다)하는 경우 해당 지구단위계획구역은 정비구역으로 지정·고시된 것으로 본다.

4 물론 이 경우에도 여러 쟁점이 남아있다. 정비계획의 결정권자가 아닌 자, 예컨대 국토교통부장관의 경우에도 지구단위계획구역 지정권자인바 만일 국토교통부장관이 정비계획의 내용을 모두 포함한 지정행위를 한다면 이를 정비구역 혹은 정비계획으로 의제할 수 있는 것인가? 추측컨대 해당 규정은 도시관리계획의 결정권자가 일원화되어 있다는 전제 하에 입법된 것으로 판단된다. 때문에 결정권과의 관계가 모호한 '수립권'이라는 개념과 그로 인한 행정주체의 상이함을 간과하게 된 것이다. 현행 도시정비법상으로는 이를 금지할 명문의 근거는 존재하지 않는다.

제6장 도시혁신구역과 도시혁신계획

I. 의의

1. 종전의 입지규제최소구역 제도

2024. 2. 6. 개정 이전의 국토계획법은 "입지규제최소구역에서의 토지의 이용 및 건축물의 용도·건폐율·용적률·높이 등의 제한에 관한 사항 등 입지규제최소구역의 관리에 필요한 사항을 정하기 위하여 수립하는 도시·군관리계획"을 입지규제최소구역계획이라고 정하였다.

입지규제최소구역계획 제도는 2015. 1. 6. 일부개정된 국토계획법에서 최초로 도입되었다. 입법자료를 살펴보면 종래의 용도지역제 도시계획에 대한 반성적인 고려에서 입지규제최소구역계획 제도를 도입한 것임을 알 수 있는데, 국회 심사보고서는 용도지역제 도시계획이 건축물의 용도나, 밀도에 관한 건축허가요건들을 일률적으로 규제함으로 인하여 복합적인 토지이용을 제약하는 측면이 있다고 지적하면서, 공동화되거나 쇠퇴하고 있는 구도심 등을 다양하고 복합적으로 개발할 수 있도록 하기 위하여 종래 용도지역제 도시계획이 정하고 있는 건축허가요건을 용도지역과 별도로 정할 수 있도록 하고자 하는 취지에서 본 제도를 도입하였음을 명시하고 있다.[1] 즉 입지규제최소구역 내에서는 부여된 용도지역과 달리 건축물의 용도, 건폐율, 용적률 등을 따로 정하여 적용할 수 있는 것이다. 국토교통부 또한 본 제도를 '기성시가지의 용도지역 규제에 제한받지 않고 지역특성에 맞는 복합개발을 촉진'할 수 있는 제도로 소개한 바 있다.[2]

이와 같근 입지규제최소구역계획 제도는 활발히 활용되지는 못하였다. 2019년 통계상으로 입지규제최소구역은 인천광역시, 경기도, 경상북도에 각각 1개씩 총 3개만이 지정되었다.[3] 당시 인천광역시의 경우 차이나타운을 포함한 인천시 중구의 원도심 일대에 입지규제최소구역이 지정되었고, 경상북도의 경우 포항시 해도수변지역 일대에 지정이 되었던 것으로 보인다.[4] 이후 2023년을 기준으로 보더라도 구

---

1 국회 국토교통위원회, 국토의 계획 및 이용에 관한 법률 일부개정법률안(이노근의원 등 12인) 심사보고서, 2014. 12., 3 내지 5면 참조.

2 국토교통부, 입지규제최소구역 계획·입안 등에 관한 매뉴얼, 2015. 4., 3면에서 직접 인용.

3 국가통계포털, '건설/교통·물류'–'건설'–'도시계획현황'–'용도지역·지구·구역현황'–'용도구역(시군구)' 항목 참조.

4 관련하여 상세한 논의는 권지혜, 박승훈, 입지규제최소구역 활성화를 위한 제도개선방안에 대한

역지정 실적이 5건에 불과하였던 것으로 보인다.[1]

한편, 국토교통부는 지구단위계획과 입지규제최소구역계획의 차이를 5개 측면에서 구분하였는데, 개발의 용도(건축물의 용도)와 밀도(건폐율, 용적률) 측면에서 지구단위계획의 경우 용도지역을 원칙적으로 준수하면서 예외적으로 그 적용을 '완화'할 수 있는 제도에 그치는 반면, 입지규제최소구역계획의 경우에는 용도지역의 제한을 원칙적으로 적용받지 않는다는 점을 중요한 구분점으로 상정한 바 있다. 이를 이해하면, 입지규제최소구역은 용도지역제 도시계획과 동등하면서도 대체적인 지위에 있으므로, 용도지역의 틀과 완전히 별개의 구역으로서 운영된다는 것으로 보인다. 즉 지구단위계획구역에서는 여전히 용도지역이 병존하면서 여전히 중요한 의미를 지니는 반면, 입지규제최소구역에서는 용도지역이 병존하지 않고 '없게' 된다는 의미로 판단된다. 그 외에도 건축규제의 측면에서도 지구단위계획은 원칙적으로 법규를 준수하는 가운데 일부 제한적 완화를 규정할 수 있는 반면, 입지규제최소구역계획의 경우에는 건축규제에 관한 법규 자체를 배제할 수도 있다는 차이점도 강조된 바 있다. 이 밖에, 입지규제최소구역계획에 대하여는 타 법률상으로도 각종의 특례규정[2]이 마련되어 있다는 차이점도 있었다.[3]

2. 도시혁신구역으로의 확대 개편

이상과 같은 입지규제최소구역 제도는 2024. 2. 6. 개정 국토계획법에서 도시혁신구역으로 개편되었다.[4] 도시혁신구역에서 수립되는 계획을 도시혁신계획이라 하는데, 국토계획법은 도시혁신계획을 "창의적이고 혁신적인 도시공간의 개발을 목적으로 도시혁신구역에서의 토지의 이용 및 건축물의 용도·건폐율·용적률·높이 등의 제한에 관한 사항을 따로 정하기 위하여 공간재구조화계획으로 결정하는

연구, 한국지역개발학회 학술대회, 2017. 12., 210 내지 214면의 논의를 참조.

1 국회 국토교통위원회, 국토의 계획 및 이용에 관한 법률 일부개정법률안 검토보고서, 2023. 4., 30면 참조.

2 건축법(제42조 대지의 조경, 제55조 건축물의 건폐율, 제56조 건축물의 용적률, 제58조 대지 안의 공지, 제60조 건축물의 높이 제한, 제61조 일조 등의 확보를 위한 건축물의 높이 제한), 주택법(제35조 주택건설기준 중 일부 규정), 녹색건축물 조성 지원법, 소방시설 설치·유지 및 안전관리에 관한 법률 등의 일부규정을 적용하지 않을 수 있다. 관련하여 권지혜, 박승훈, 입지규제최소구역 활성화를 위한 제도개선방안에 대한 연구, 한국지역개발학회 학술대회, 2017. 12., 206면의 논의 참조.

3 이상의 논의에 대하여는 국토교통부, 입지규제최소구역 계획·입안 등에 관한 매뉴얼, 2015. 4., 6면의 표를 참조.

4 국회 국토교통위원회, 국토의 계획 및 이용에 관한 법률 일부개정법률안 검토보고서, 2023. 4., 10면 참조.

도시·군관리계획"이라고 정의하고 있다(제2조 제5호의5). 전반적으로 보면, 기존의 용도지역제 도시계획 하에서의 경직적인 토지이용규제의 틀을 극복하고자 하는 취지에서 마련된 것이라는 점에서 입지규제최소구역과 도시혁신구역은 유사한 성격을 지닌 제도라고 볼 수 있겠다.

그러나 입법자료상으로는 다음과 같은 측면에서 양자는 차이를 잘 정리한 자료가 있어 이를 발췌하여 소개한다.

	입지규제최소구역	도시혁신구역
지정대상	• 대중교통 결절지로부터 1km 이내, 도시재생활성화지역, 소규모주택정비 사업시행구역 등 구체적이고 제한적 열거	• 별도 지정요건 없음[1]
지정절차	• 국토계획법 절차에 따라 도시·군관리계획으로 결정 • 타 사업법을 통해 의제 불가	• 국토계획법 절차에 따라 공간재구조화계획으로 결정
사업연계	• 구역지정 및 계획 입안 제안 가능 • 별도 사업연계 없음	• 민간이 제안시 구역지정 이후 도시개발사업법상 사업시행자 지정[2] 및 개발구역 지정 의제
계획기준 (지침 규정)	• 주거비율상한(연면적의 40%) • 임대주택 확보의무(30%) • 중심기능 2개이상 복합 (단일기능 최대 60%)	• 주거비율상한(연면적의 50%+a) • 중심기능 2개이상 복합 (단일기능 최대 70%)
인센티브	• 건축물 용도, 건폐율, 용적률, 높이 등의 제한 완화 또는 배제 • 특별건축구역 지정의제 및 주차장 설치기준, 주택건설기준 등 완화특례	• 기존 인센티브(좌동) • 추가로 공원녹지법상 녹지확보기준, 학교시설기준 등 인센티브 추가[3]

* 자료: 국회 국토교통위원회, 국토의 계획 및 이용에 관한 법률 일부개정법률안 심사보고서, 2024. 1., 15면에서 발췌. 다만, 표에 수록된 각주는 저자가 추가한 것임.

위 표에 의하면 도시혁신구역은 종전의 입지규제최소구역과 비교하여 지정대상이나 규제내용에 있어서는 유연성을 더 높이는 한편, 도시개발사업과 연계를 통해 그 집행력을 더 담보하려는 것으로 이해할 수 있다. 특기할 만한 것은 도시개발

---

1 다만, 국토계획법 제40조의3 제1항을 보면 도시혁신구역의 지정요건이 규정되어 있으므로, 표의 기재와 같이 완전히 지정요건이 존재하지 않는 것은 아니다.
2 종래 입지규제최소구역 및 입지규제최소구역계획의 경우 이는 단순히 소극적인 계획에 불과하였으므로 적극적인 사업시행에 관한 내용까지를 계획의 내용으로 하고 있지 아니하였으나, 도시혁신구역 및 도시혁신계획의 경우에는 "도시혁신구역 내 개발사업 및 개발사업의 시행자 등에 관한 사항"을 포함토록 함으로써(국토계획법 제40조의3 제2항 제6호) 적극적 계획으로서의 기능을 예정하고 있다. 때문에 도시혁신구역은 도시개발사업과 연동될 수 있게 된 것이다.
3 이와 관련한 구체적인 특례들은 국토계획법 제82조의3으로 입법되었다.

사업과의 연계인데, ① 도시혁신구역의 지정, 변경은 도시개발법상 도시개발구역의 지정으로, 도시혁신계획의 결정고시는 도시개발법상 개발계획의 수립고시로 의제하고 있고, ② 나아가 도시혁신계획의 내용으로 정한 개발사업의 시행자의 경우에는 도시개발법상의 요건을 갖추었다면 도시개발사업의 시행자로도 지정된 것으로 의제하도록 정하고 있다(국토계획법 제82조의3 제4항). 이를 통해 보면, 입지규제최소구역과 구분되는 도시혁신구역의 가장 큰 특징은, 종래 도시계획적 제한에 관하여만 규율하는 소극적 계획에 그쳤던 것[1]을, 개발사업의 시행과 관련된 적극적 계획의 성격까지도 일부 겸유하도록 그 역할이 확대되었다는 점이다. 이를 통해 종래 주로 공공에 의하여 활용되던 것에 그쳤던 입지규제최소구역제도와 관련하여, 민간이 적극적으로 제안하여 사업시행의 방법으로 활용할 수 있도록 장려하고자 한 것으로 보인다.[2]

참고로, 도시혁신구역 및 그 계획 또한 도시관리계획의 지위를 지니는바, 구속적 도시계획으로서의 지위를 지니고, 행정소송(항고소송)에서의 처분성을 지니게 된다.

Ⅱ. 공간재구조화계획과의 관계

종전의 입지규제최소구역계획은 도시관리계획의 법적 성질을 지니는 것이고, 특별히 그 상위계획과 관련한 특칙은 마련된 바가 없었다. 따라서 기본적으로는 도시기본계획이라는 틀 내에서 도시관리계획의 일종인 입지규제최소구역계획이 작동하는 것으로 되어 있었다.

반면, 도시혁신구역의 경우에는 공간재구조화계획이라는 새로이 도입된 계획과 연동된다. 이재훈(2023)에 의하면 공간재구조화계획은 "도시기본계획과 도시관리계획을 통합하여 변경"하는 성격을 지니고 있다고 설명되는데,[3] 달리 말하면 이미 수립되어있는 도시기본계획의 틀 내에서 작동하는 것이 아니라 기존의 도시기

---

1 이재훈, 최근 국토교통부가 발표한 도시계획 혁신방안에 대한 小考, 건설법연구, 제10호, 2023, 7면에서는 종래 입지규제최소구역의 경우 입안제안자에게 아무런 인센티브나 보장된 지위가 없었다는 취지로 설명한다.
2 이재훈, 최근 국토교통부가 발표한 도시계획 혁신방안에 대한 小考, 건설법연구, 제10호, 2023, 7면의 논의 참조.
3 이재훈, 최근 국토교통부가 발표한 도시계획 혁신방안에 대한 小考, 건설법연구, 제10호, 2023, 6면에서 인용.

본계획의 내용을 극복하고 변경하면서까지 지정될 수 있는 것이 도시혁신구역이라는 점에서 입지규제최소구역과는 그 법적 의미나 지위가 다르다. 공간재구조화계획의 내용에는 도시혁신구역의 지정에 관한 내용과, 도시혁신구역에 관한 계획 – 곧, 도시혁신계획의 내용이 모두 포함된다(국토계획법 제35조의4 제1호).

참고로, 공간재구조화계획은 법상 도시기본계획이나 도시관리계획 어느 곳에서도 속하지 않는 별도 범주의 계획으로 정해져 있는데, (ⅰ) 공간재구조화계획 중 도시혁신구역을 포함해 새로이 도입된 용도구역들의 지정은 시도지사(또는 국토교통부장관)가 결정권을 가지고 있으면서 중앙도시계획위원회의 심의를 거치도록 되어있으므로(국토계획법 제35조의6 제2항 제1호 나목), (ⅱ) 시장 또는 군수가 지방도시계획위원회의 심의(동법 제22조의2 제2항) 및 도지사의 승인(동조 제1항)을 받아 수립되는 도시기본계획과는 절차나 성질을 달리한다. 이와 같은 공간재구조화계획이 결정되면 그 내용에 포함(동법 제35조의4 제1호)된 것으로서 도시관리계획의 지위를 갖는 도시혁신구역 지정 및 도시혁신계획이 결정되는 것이고, 그 내용에 따라 도시기본계획의 내용도 변경된다(동법 제35조의7 제2항).

제7장 복합용도구역과 복합용도계획

Ⅰ. 의의

복합용도구역은 "주거·상업·산업·교육·문화·의료 등 다양한 도시기능이 융복합된 공간의 조성을 목적으로" 지정되는 용도구역이고, 복합용도계획은 "복합용도구역에서의 건축물의 용도별 구성비율 및 건폐율·용적률·높이 등의 제한에 관한 사항을 따로 정하기 위하여 공간재구조화계획으로 결정하는 도시·군관리계획"이다(국토계획법 제2조 제5호의6).

용어의 명칭과 같이, 복합용도구역은 기존에 주거, 상업, 공업 등의 용도별로 지역을 구분하여 이를 상호간에 분리하고 있는 것의 한계를 극복하여, 이러한 용도의 '복합'을 위하여 지정하는 것이다. 따라서 복합용도구역도 기본적으로는 용도지역제 도시계획의 틀을 극복하기 위하여 도입되는 것으로 이해할 수 있고, 이를 위해 용도지역에 의해 주로 규율되던 건축물의 용도와 같은 사항에 대해 특례를 부여하는 제도로서 기능한다고 볼 수 있겠다.

II. 다른 제도와의 비교

1. 복합용도지구와의 비교

기존에도 유사한 명칭의 복합용도지구(국토계획법 제37조 제1항 제9호)라는 제도가 존재하기는 하였다. 그러나 기존의 복합용도지구는 일반주거지역, 일반공업지역, 계획관리지역의 용도지역만을 대상으로 하여 지정가능한 것으로 되어 있고(동법 시행령 제31조 제6항), 그 외에도 국토계획법 시행령 제31조 제7항 각호나 도시군관리계획수립지침 제10절 등에 구체적인 지정 기준을 정하고 있다.[1] 반면, 복합용도구역의 경우에는 구역지정의 요건이 "산업구조 또는 경제활동의 변화로 복합적 토지이용이 필요한 지역" 등(국토계획법 제40조의4 제1항 각호)과 같이 매우 추상적인 편이므로 기존의 복합용도지구와 비교할 때 사실상 구역지정의 요건에 큰 제한[2]이 있는 것은 아니다.

한편, 복합용도지구의 경우 건축물 및 시설물의 용도·종류 및 규모 등과 관련하여 용도지역에서 정하는 제한과 달리 정할 수 있도록 되어 있고, 그 구체적인 특례의 내용은 대통령령으로 정하도록 되어있다(국토계획법 제76조 제5항 제1호의3). 현행 국토계획법 시행령 제81조상으로는 일반주거지역, 일반공업지역, 계획관리지역 등 3개 용도지역에서의 건축물의 '용도'에 관한 특례만을 정하고 있다. 반면, 복합용도구역의 경우에는 건축물의 용도뿐만 아니라, 건폐율과 용적률에 관하여도 특례를 둘 수 있도록 정하여져 있다는 점(동법 제80조의5)에서 차이가 있다.

이러한 양 제도의 차이를 고려하면, 새로 도입된 복합용도구역은 종전의 복합용도지구보다도 더 포괄적으로 용도지역에 따르는 규제를 완화하는 제도로서 적용되고 기능하게 될 것으로 예상된다.

---

1 때문에, 이재훈(2023)은 복합용도지구의 "적용대상이 제한적이고 지정기군이 협소"하다는 점을 지적하면서 그 활용빈도가 낮았음을 설명하고 있다. 이재훈, 최근 국토교통부가 발표한 도시계획 혁신방안에 대한 小考, 건설법연구, 제10호, 2023, 10면에서 인용.

2 입법자료를 보더라도 "법률에 별도의 지정요건을 규정하지 않고 대상지역에 대한 제한 없이 창의적 계획이 필요한 지역에 자유롭게 지정될 수 있도록" 한 것이라는 설명이 등장한다. 국회 국토교통위원회, 국토의 계획 및 이용에 관한 법률 일부개정법률안 심사보고서, 2024. 1., 23면에서 인용.

2. 용도지역과의 관계

복합용도구역은 용도구역의 일종이다. 따라서 복합용도구역을 지정하더라도 기존에 지정되어 있던 용도지역이 폐지되는 것은 아니고, 다만 용도지역과 병존하면서 기존에 지정되어 있는 용도지역이 정하고 있는 규제의 내용을 변경하고 완화하는 역할을 한다. 즉 복합용도구역은 용도지역을 변경하는 것이 아니고,[1] 기존의 용도지역을 유지하면서 그 규제의 내용만을 변경한다. 구체적으로 국토계획법 제80조의5는 용도지역에 의하여 규율되는 건축물의 용도, 건폐율, 용적률 등에 대하여 복합용도구역으로 특례를 정할 수 있도록 규정하고 있다.

3. 도시혁신구역과의 비교

도시혁신구역과 복합용도구역은 둘 다 모두 공간재구조화계획이라는 새로운 종류의 계획을 통해 수립 및 계획된다는 점에서 공통점을 보인다. 공간재구조화계획은 도시기본계획과 도시관리계획을 통합 및 포괄하여 변경할 수 있는 계획으로[2] 그 자세한 특징은 제6항의 내용을 참조하라.

다만, 도시혁신구역과 복합용도구역은 몇 가지 차이점이 있다. 먼저 전술한 바와 같이 도시혁신구역은 적극적 계획으로서의 성격을 겸유하고 있고, 따라서 도시개발사업과 같은 개발사업과도 연동될 수 있도록 규정되어 있는 반면, 복합용도구역은 단순히 용도지역 등에 따라 규율되는 건축허가요건과 같은 규제를 변경, 수정하는 소극적 계획으로서의 성격을 벗어나지 않는다. 다음으로, 도시혁신구역은 용도지역 이외에도 녹지 등 타법상의 다양한 규제들에 대한 특례를 부여할 수 있는 반면(국토계획법 제83조의3), 복합용도구역은 기본적으로는 용도지역과 용도지구에 대한 특례를 규정하는 것에 초점을 맞추고 있다(동법 제80조의5).[3]

---

1 국회 국토교통위원회, 국토의 계획 및 이용에 관한 법률 일부개정법률안 심사보고서, 2024. 1., 7면 등 참조.
2 이재훈, 최근 국토교통부가 발표한 도시계획 혁신방안에 대한 小考, 건설법연구, 제10호, 2023, 16면.
3 다만, 복합용도구역의 경우 도시혁신구역에 대한 특별건축구역 지정 의제나 건축기준에 관한 특례 조문들을 준용하고 있는 태도를 취하고는 있다. 그 외의 특례들은 준용되지 않는다(국토계획법 제83조의4 참조).

제8장 공간재구조화계획

Ⅰ. 의의

2024. 2. 6. 개정 국토계획법은 도시혁신구역과 복합용도구역(부수적으로는 도시·군계획시설입체복합구역[1])이라는 새로운 용도구역들을 도입하였는데, 이와 같은 새로운 용도구역들을 지정하고 그에 관한 계획을 수립하는 것을 기존의 도시기본계획이나 도시관리계획의 수립절차에 따르도록 한 것이 아니라 공간재구조화계획이라는 새로운 종류의 계획의 수립 절차에 따르도록 하였다. 즉 공간재구조화계획은 도시혁신구역과 복합용도구역을 지정하고 그에 관한 계획을 수립하는 새로운 종류의 계획이다.

국토계획법은 공간재구조화계획을 "토지의 이용 및 건축물이나 그 밖의 시설의 용도·건폐율·용적률·높이 등을 완화하는 용도구역의 효율적이고 계획적인 관리를 위하여 수립하는 계획"이라고 정의한다(동법 제2조 제5호의4). 여기서의 "용도·건폐율·용적률·높이 등을 완화하는 용도구역"은 도시혁신구역과 복합용도구역만을 의미한다. 달리 말하면, 다른 종류의 용도구역은 공간재구조화계획에 의하여 수립되는 것이 아니다.

Ⅱ. 제도의 특징

1. 도시기본계획 및 도시관리계획과의 구분

공간재구조화계획은 도시기본계획이나 도시관리계획에 속하지 아니하는 별개의 계획이다. 다만 공간재구조화계획이 수립될 경우 그 내용이 도시기본계획이나 도시관리계획을 결정 또는 변경하는 효과를 가져오게 되므로(국토계획법 제35조의7 제2항), 공간재구조화계획은 도시혁신구역이나 복합용도구역이라는 새로운 종류의 용도구역을 지정하기 위하여 도시기본계획과 도시관리계획을 통합하여 포괄적으로 수정하고 변경하는 효력을 지니게 된다.[2] 이로써 보다 신속한 절차로 공간재구

---

[1] 도시·군계획시설입체복합구역의 경우에는 도시관리계획으로 지정할 수 있도록 되어 있으나(국토계획법 제40조의5 제1항 참조), 도시혁신구역 또는 복합용도구역과 함께 지정하는 경우에는 공간재구조화계획으로도 지정할 수 있다(국토계획법 제35조의2 제1항 제3호).

[2] 이재훈, 최근 국토교통부가 발표한 도시계획 혁신방안에 대한 小考, 건설법연구, 제10호, 2023, 16

조화계획을 수립할 수 있게 된다.[1]

공간재구조화계획은 도시기본계획이나 도시관리계획이 아니기 때문에, 도시혁신구역이나 복합용도구역을 지정함에 있어서는 이미 수립되어 있는 도시기본계획이나 도시관리계획의 제약을 받지 아니한다. 즉 공간재구조화계획을 수립함에 있어 도시기본계획의 내용을 준수하여야 한다는 취지의 규정이 존재하는 것도 아니고, 도리어 공간재구조화계획은 도시기본계획을 변경하는 효과를 지니는 것이므로 도시기본계획을 준수토록 하는 것이 어색하기 때문이다.

이러한 특징의 실무적인 함의를 찾는다면, 도시관리계획의 입안제안의 경우에는 도시기본계획에 배치됨을 이유로 행정청이 이를 거부, 반려할 수 있겠으나, 공간재구조화계획의 경우에는 도시기본계획에 배치된다는 이유 자체만으로는 적절한 거부, 반려 사유가 되기가 어려울 것이라는 점을 생각해 볼 수 있겠다.

참고로, 공간재구조화계획의 입안제안과 관련한 국토계획법 시행령 제29조의2 제7항은 제안서 검토 시 "도시·군기본계획 등 상위 계획과의 부합성"을 고려하라고 정하고 있는데, 이러한 규정은 공간재구조화계획을 별도 계획으로 상정한 취지에 부합한다고 보기는 어렵다고 사료된다. 따라서 그 의미를 '도시기본계획의 내용 중 공간재구조화계획의 수립으로 변경 대상이 되는 범위 이외의 내용과의 부합성'을 검토하라는 취지 정도로 한정적으로 해석하는 것이 타당하다고 사료된다.

2. 수립절차의 중앙화

이와 같이 공간재구조화계획은 기존의 계획과 별개 종류의 계획으로 상정되어 있기 때문에, 개정 국토계획법은 그 수립, 입안제안 등에 관한 별도의 절차 규정을 신설하였다. 특기할만한 점은 도시기본계획이나 도시관리계획의 경우 그 수립 시 지방도시계획위원회(국토계획법 제22조 제1항)나, 시·도도시계획위원회[2]의 심의를 받아야 하는 반면(국토계획법 제30조 제3항), 공간재구조화계획의 경우에는 시도지

면의 논의 참조. 물론, 입법과정에서는 이와 같이 도시기본계획의 내용까지 변경하도록 하는 것은 "도시계획체계에 부합하지 않는"다는 취지의 비판이 제기되기도 하였다. 관련하여 국회 국토교통위원회, 국토의 계획 및 이용에 관한 법률 일부개정법률안 심사보고서, 2024. 1., 37면에서 인용하고 참조.

1 이재훈, 최근 국토교통부가 발표한 도시계획 혁신방안에 대한 小考, 건설법연구, 제10호, 2023, 14면 참조.

2 다만 국토교통부장관이 도시관리계획을 결정하는 경우에는 중앙도시계획위원회 심의를(국토계획법 제30조 제3항), 시장, 군수가 도시관리계획을 결정하는 경우에는 시·군·구도시계획위원회 심의를 거쳐야 한다(동조 제7항).

사가 결정권자인 경우에도 중앙도시계획위원회의 심의를 거치게 될 가능성이 높다는 점이다. 국토계획법 제35조의6 제2항에 따르면 도시혁신구역이나 복합용도구역의 지정을 내용으로 하는 공간재구조화계획의 결정을 위해서는 시도지사가 결정권을 행사하는 경우에도 중앙도시계획위원회 심의를 요구하고 있기 때문이다.

이와 같은 특성을 고려하면, 개정법은 공간재구조화계획의 수립절차를 중앙에서 어느 정도 심의하고 검토하겠다는 취지 – 곧, 수립절차의 중앙화를 의도하고 있는 것으로 이해된다. 실제 입법자료에 의하더라도 지방자치단체들은 기존의 도시계획들과 마찬가지로 지방도시계획위원회 심의를 거치도록 하여야 한다는 의견을 제시한 반면,[1] 국토교통부는 "공간재구조화계획은 상위계획에 구속되지 않고 기존 도시계획의 자유로운 변경이 가능한 특별계획"이라고 하면서 "무분별한 계획 수립을 관리"하거나 그 파급력 등을 고려할 때 "통합적 시각에서의 검토"가 필요하다는 취지로 그 취지를 설명한 바 있다.[2]

제9장 도시·군계획시설입체복합구역

Ⅰ. 의의

도시·군계획시설입체복합구역(이하 본장에서 '입체복합구역'이라고 한다)이란 "도시·군계획시설의 입체복합적 활용을 위하여" 지정하는 용도구역으로, 2024. 2. 6. 개정 국토계획법에서 처음 도입되었다. 입체화나 복합화라는 용어가 다소 생소할 수 있는데, ① 입체화란 어떠한 공간의 일부 – 예컨대, 다층 건축물의 한 층 또는 일부 공간을 도시계획시설로 사용하는 등으로 다른 종류의 용도 또는 시설과 '입체적'으로 배치하는 경우를 의미[3]하고, ② 복합화란 하나의 부지 또는 시설을 둘 이상의 용도나 시설로 사용하는 경우를 의미[4]한다고 이해할 수 있겠다. 입체화나 복

---

1 국회 국토교통위원회, 국토의 계획 및 이용에 관한 법률 일부개정법률안 심사보고서, 2024. 1., 37 면 각주 32번 참조.

2 국회 국토교통위원회, 국토의 계획 및 이용에 관한 법률 일부개정법률안 심사보고서, 2024. 1., 38 면에서 인용.

3 '입체'라는 말은 도시계획이나 도시개발과 관련된 법률들에서 종종 사용된다. 대표적으로 '입체환지'라는 용어를 예로 들 수 있겠다.

4 영어로 표현하면 mixed-use가 '복합적'이라는 말을 가장 잘 표현한다고 볼 수 있겠다. 실제 학술문

합화라는 개념은 서로 구분되는 개념이라기보다는 중첩적인 개념으로 함께 사용되는 경우가 잦다고 이해하는 것이 적절해 보인다.

도시계획시설을 입체화하거나 복합화하려는 취지의 조문이나 제도들은 이미 기존에도 존재하였다. 이다예 외(2022)의 논의를 참고하면, 이미 1982년부터 도시계획시설의 중복결정이나 입체화에 관한 근거 조문들과 도시계획시설부지 내에서의 일반건축물을 허용하는 조문이 존재하여 점진적으로 그 대상을 확대하였다가, 2000년 도시계획법 전부개정 시 도시계획시설부지 내 일반건축물을 전면적으로 금지하였고, 이후 2002년 국토계획법 제정 시에 다시 도시계획시설부지 내 일반건축물을 제한적으로 허용하는 방향으로 변경되어 현재에 이르고 있는 것으로 보인다.[1] 현행 도시계획시설규칙은 도시계획시설의 중복결정(제3조)나 입체적 도시계획시설결정(제4조)과 같은 조문들을 마련하고 있다. 그러나 이와 같은 입체적, 복합적 도시계획시설결정의 경우에는 그 실증사례가 많지 않고, 따라서 활발하게 이용되었다고 보기는 어렵다.[2] 그 외, 도로나 철도 등과 같이 개별 시설에 관련된 법령에서 입체적 결정을 할 수 있도록 하는 근거조문들이 존재하고 있다.[3] 정책적으로는 도시계획시설을 복합, 입체화하여 주택공급과 같은 다른 정책적 목적과 결부하려는 시도들이 있어왔는데, 정성훈 외(2012)의 논의를 참고하면 장기미집행 도시계획시설부지를 임대주택과 복합개발하는 형태의 정책방안이 2005년경에 등장하였던 것으로 보인다.[4]

이와 같이 이미 종래부터 도시계획시설을 입체화, 복합화함으로써 토지이용관계를 고도화, 집약화, 효율화하려는 시도는 있어 왔으나, 아래 항에서 논의할 바와 같이 이를 둘러싼 규제들을 완전히 극복하기는 어려움이 있었다. 따라서 2024. 2.

헌들에서도 '복합'혹은 '복합용도'를 mixed-use로 번역하고 있다(예컨대, 김옥연, 이주형, 복합용도 개발 실태 분석 및 복합용도지구 도입방안 연구, 공간과 사회, 32, 2009, 138-167면 참조).

1 이상 이다예, 김중은, 박소영, 이용훈, 도시계획시설 입체·복합화를 위한 제도 개선방안 연구, 국토연구원, 2022, 29면에서 인용하고 참조.

2 단적으로, 이다예 외(2022)에 의하면 2022. 8.말을 기준으로 전국의 도시계획시설 중 중복결정이 3,776개, 입체적 결정이 103개에 해당하여, 전체 시설 수 대비 각각 3.4%, 0.09%에 그치는 것으로 확인되었다고 한다. 이를 보면 중복결정의 경우 다소 사례가 있는 것처럼 보일 수 있으나, 중복결정되는 유형이나 시설이 매우 제한적(예컨대 공원과 주차장, 도로와 철도 등)이므로 중복결정이 적극적이고 다양한 양태로 사용되어왔다고 보기는 어렵다. 이다예, 김중은, 박소영, 이용훈, 도시계획시설 입체·복합화를 위한 제도 개선방안 연구, 국토연구원, 2022, 44면, 45면에서 인용하고 참조.

3 이다예, 김중은, 박소영, 이용훈, 도시계획시설 입체·복합화를 위한 제도 개선방안 연구, 국토연구원, 2022, 34면.

4 정성훈, 최성호, 공공시설과 주거의 입체복합개발에 대한 사업성 분석, 대구경북연구, 제11권, 제3호, 2012, 158면 참조.

6. 개정 국토계획법에서는 이와 같은 도시계획시설의 입체복합화의 활성화를 도모하면서, 이를 위해 지정된 용도구역 내에서는 용도지역 등에 따른 기존의 규제들을 별도로 결정하여 완화하기 위하여[1] 입체복합구역이라는 용도구역을 신설하게 되었다. 입법자료상으로는 종래 도시계획시설규칙에 있던 중복결정, 입체적 결정과 관련된 규정들을 상향입법한 것이라는 취지의 설명이 등장한다.[2]

Ⅱ. 기존 제도의 한계

이미 도시계획시설규칙 등에서 도시계획시설의 입체복합화에 관한 근거 규정을 마련하고 있음에도 불구하고 공공에 의하여 제한적으로만 활용되어왔던 것은 ① 도시계획시설부지 또는 건물에 대한 사적인 권리의 설정문제와 ② 용도지역과의 관계 문제에서 기인하였을 것으로 분석되고 있다.

먼저, 입체적, 복합적 도시계획시설에 관한 법적 근거들이 마련되어 있다고 하더라도, 그에 포함된 민간의 입장에서는 권리관계의 불분명성을 겪을 수밖에 없다. 단적으로, 도시계획시설들은 행정재산으로서의 성격을 지니게 될 가능성이 높고, 따라서 국유재산법이나 공유재산법상 행정재산에 관한 각종의 법적 제한을 어떻게 극복할 것인지가 중요한 쟁점이 될 수 있다. 대표적으로 국공유재산법은 국공유재산에서의 영구시설물의 축조 금지와 같은 조문을 두고 있는데, 물론 민간참여개발(국유재산법 제59조의2)과 같은 경우를 위한 예외가 허용되어 있다고 하더라도 그것만으로는 민간에게 도시계획시설과 민간시설을 입체복합화할 유인을 충분히 제공해준다고 보기는 어렵다.[3] 민간의 입장에서는 국가나 지방자치단체가 공공시설 혹은 기반시설로 사용하는 시설과 부지나 시설을 함께 (혹은 집합적으로) 소유하는 것은, 그 공공성에서 기인하는 규제와 제한을 절연할 수 없는 한 민간에게는 그 자체로 하나의 규제와 제약으로 다가올 수밖에 없는 것이다. 최소한 민간이 시행한 사업에서 도시계획시설 혹은 공적 용도의 시설이 입체적으로 복합된 사례는 거의 찾

---

1 국회 국토교통위원회, 국토의 계획 및 이용에 관한 법률 일부개정법률안 심사보고서, 2024. 1., 29면에서 인용하고 참조.

2 국회 국토교통위원회, 국토의 계획 및 이용에 관한 법률 일부개정법률안 심사보고서, 2024. 1., 32면 참조.

3 이다예, 김중은, 박소영, 이용훈, 도시계획시설 입체·복합화를 위한 제도 개선방안 연구, 국토연구원, 2022, 71면 또한 곡공유지에서의 사권 설정 불가 등의 문제를 도시계획시설을 입체복합화하는 것에 민간이 유인을 갖지 못하는 요인 중의 하나로 지적하고 있다.

아보기가 어렵다.[1] 다만, 이와 같은 제한 국공유재산법에 대한 특례를 설정하는 문제이므로 국토계획법의 개정만으로는 해소가 어렵고 입체복합구역의 도입에도 불구하고 그에 대한 명시적인 특례는 도입되지 못했다. 그러나 입체복합구역에 대한 다양한 특례들을 예정하고 있는 만큼, 그에 따른 사업성 증진을 통해 위와 같은 제약을 극복할 수 있을지는 향후 지켜보아야 할 것으로 보인다.

다음으로, 기존에 도시계획시설의 입체복합화가 활발하지 못했던 이유 중 하나로 용도지역상의 제한이 언급되고 있는 것으로 보인다. 본서의 도시계획시설 부분에서 논의할 바와 같이, 이론적으로 본다면 도시계획시설결정이 있으면 용도지역은 배제되는 것이 맞다고 사료되고[2] 국토계획법 시행령 제83조 제1항과 같이 건축물의 용도와 관련하여 용도지역상 제한을 배제하는 규정도 일부 발견되기는 한다. 그러나 현실적으로 도시계획시설규칙은 개별 기반시설의 입지와 관련하여 용도지역의 현황을 고려한 기준을 제시하고 있고,[3] 입법자료상으로는 아예 용도지역별로 입지가 가능한 기반시설의 종류를 표로 정리하여 제시하고 있다.[4] 나아가, 건축물의 용도(국토계획법 시행령 제83조 제1항)와 달리 용도지역에 따른 용적률이나 건폐율의 경우에는 도시계획시설에 대하여 그 적용을 명시적으로 배제하는 조문이 발견되지 않으므로[5] 이 또한 입체복합화에 장해요소가 될 수 있다. 개정법에서는 입체복합구역이 지정된 곳에서는 이와 같은 용도지역에 따른 제한들을 극복할 수 있도록 함으로써 규제를 개선하였다. 국토계획법 시행령 제32조의5 제2항에 의하면

---

1 저자는 이와 같이 민간이 시행한 사업에서 공적 용도의 시설이 복합된 사례와 관련한 연구를 수행한 바 있는데, 서울특별시 내에서는 마포한강푸르지오 정도의 사례 정도만을 발견할 수 있었다. 해당 시설의 경우 합정동 주민센터나 공공업무시설(마포꿈이룸센터)이 입체적, 복합적으로 존재하여 있다. 사당역 인근의 태평백화점의 경우에도 공공청사와 오피스텔 등이 복합된 형태로 개발될 것으로 예상되었으나, 2025년 현재 사업이 답보상태인 것으로 보인다.

2 김종보, 도시계획변경거부의 처분성, 행정법연구, 2004. 5., 251면의 논의 참조.

3 대표적으로 도시계획시설규칙 제32조를 보면 특정 용도지역에 한정하여 개별 종류의 자동차정류장의 입지를 허용하는 태도를 보이고 있다.

4 국회 국토교통위원회, 국토의 계획 및 이용에 관한 법률 일부개정법률안 심사보고서, 2024. 1., 31면.

5 오히려 용도지역별 건폐율에 대하여 정하는 국토계획법 시행령 제84조가 유원지에 대하여 "제1항에도 불구하고 자연녹지지역에 설치되는 도시·군계획시설 중 유원지의 건폐율은 30퍼센트의 범위에서 도시·군계획조례로 정하는 비율 이하로 하며, 공원의 건폐율은 20퍼센트의 범위에서 도시·군계획조례로 정하는 비율 이하로 한다"라고 정하고 있음을 고려하면, 이와 같은 특칙규정이 없는 이상 원칙적으로 동조 제1항에 정하는 용도지역별 건폐율이 적용됨을 전제하고 있는 것으로 이해할 수 있겠다. 물론, 도시계획시설규칙은 일정한 기반시설의 경우 "공간이용에 상당한 영향을 주는 도시·군계획시설인 경우에는 건폐율·용적률 및 높이의 범위를 함께 결정해야 한다"라고 정하고 있으나(제2조 제1항), 이것이 용도지역의 범위를 넘어서서 건폐율, 용적률을 결정할 수 있다는 것인지 아니면 그 한계 내에서 결정할 수 있다는 것인지는 문언상 모호함이 있다.

입체복합구역에서 건폐율은 "해당 용도지역별 건폐율의 최대한도의 150퍼센트 이하의 범위"(제2호), 용적률은 "해당 용도지역별 용적률의 최대한도의 200퍼센트 이하의 범위"(제3호)에서 완화하여 정할 수 있도록 하고 있다.

Ⅲ. 도시혁신구역, 복합용도구역과의 구분

입체복합구역의 경우 2024. 2. 6. 개정 국토계획법에서 도시혁신구역, 복합용도구역과 함께 도입된 용도구역이나, 도시혁신구역, 복합용도구역의 경우 공간재구조화계획에 의하여 지정 및 계획되는 것인 반면, 입체복합구역의 경우에는 원칙적으로는 도시관리계획으로 지정 및 계획되는 것이다(다만, 예외적으로 도시혁신구역, 복합용도구역과 함께 결정되는 경우에만 공간재구조화계획에 의할 수 있다; 국토계획법 제35조의2 제1항 제3호 괄호 참조). 이와 같이 입체복합구역은 종래의 도시관리계획의 틀에서 기능하는 것이므로, 도시기본계획의 내용을 따라야 하고, 도시관리계획의 수립절차에 의하게 된다. 때문에 주민입안제안의 경우에도 공간재구조화계획의 입안제안에 관한 국토계획법 제35조의3이 아닌 기존의 도시관리계획의 입안제안에 관한 동법 제26조에 의하도록 되어 있다.

제10장 기반시설

Ⅰ. 의의

1. 개념의 의미

국토계획법은 기반시설에 해당하는 시설의 종류만을 열거하고 있을 뿐, 기반시설이 무엇을 의미하는지 그 정의에 대하여는 아무런 규정을 두고 있지 않다.[1] 때

---

1 참고로, 일본의 도시계획법의 경우에도 우리와 동일한 규율체계를 지니고 있는 것으로 보인다. 일본 도시계획법은 우리의 '기반시설'이라는 용어 대신 '도시시설'이라는 용어를 사용하여 그에 속하는 시설들을 열거하고 있고, 도시시설 중에서 '도시계획으로 결정된 시설'을 도시계획시설이라고 정함으로써, 기반시설 중 '도시계획시설사업으로 설치된 것'을 도시계획시설이라고 정의하는 우리 법의 태도와 유사한 체계를 지니고 있다. 이와 같은 논의에 대하여는 최종권, 도시계획시설에 관한 공법적 연구, 중앙대학교 박사학위논문, 2014. 8., 60면 내지 61면의 논의를 참조.

문에 기반시설의 개념적 의미는 열거되어 있는 시설들의 공통점에 더하여, 동법상 기반시설이 어떠한 의미와 지위를 지니는지를 통하여 규명될 수밖에 없다.

대법원은 기반시설을 "도시 공동생활을 위해 기본적으로 공급되어야 하지만 공공성이나 외부경제성이 크기 때문에 시설의 입지 결정, 설치 및 관리 등에 공공의 개입이 필요한 시설을 의미"한다고 파악한다.[1] 즉 기반시설의 의미를 주로 '공공성'에서 찾고 있음을 알 수 있다. 기반시설에 해당하는 각종의 시설들이 기본적으로는 사람들의 '공동생활'의 영위를 위해서 필요한 시설 ─ 곧, 공공(公共)의 이용의 대상이 되는 시설이기 때문에 '공공성'을 그 개념 표지로 한다는 것이다. 이렇게 본다면, '기반시설'이라는 용어는 '공동생활'의 '기반'이 되는 시설이라는 의미에서 규명될 수 있겠다. 이와 같은 '공공성'으로 인하여 국토계획법상 기반시설은 원칙적으로 국가나 지방자치단체와 같은 공적 주체에 의하여 건설되고, 또한 관리된다. '공동생활'을 위하여 필요한 시설인 만큼, 이를 개별적인 사인(私人)들에 의하여 설치되는 경우를 상정하기가 어렵기 때문이기도 하다.

문헌상의 논의도 이와 크게 다르지 않다. "도시의 형성이나 시민의 생활에 필요적"[2]인 시설이라는 측면에서 기반시설의 의미를 규명하는 문헌상의 논의도 발견되고, "도시가 통상적으로 기능하기 위하여" 필요한 시설 또는 "도시의 장기적이고 유기적인 기능과 맞물려 있는"[3] 시설로서 기반시설의 의미를 설명하기도 한다.

2. 기반시설 종류에 관한 위임의 문제

한편 국토계획법 제2조 제6호는 각 기반시설의 종류의 의미를 명확하게 정의하지 아니한 채, 그 세부시설의 종류에 대하여 정할 권한을 하위법령에 위임하고 있다. 관련하여 그와 같은 위임이 포괄위임금지원칙에 위배되는지가 실무상 문제되는 경우가 있는데, 헌법재판소에서 공공필요성 여하를 구분하지 아니하고 체육시설을 포괄적으로 정한 것을 제외하고는,[4] 법원은 대체로 포괄위임금지원칙에 위배되지 않는다는 입장을 취하고 있다.[5]

---

1 대법원 2018. 7. 24. 선고 2016두48416 판결.
2 정태용, 국토계획법, 한국법제연구원, 2005, 243면에서 직접인용.
3 이상 김종보, 건설법의 이해, 제6판, 피데스, 2018, 328면에서 직접 인용.
4 헌법재판소 2011. 6. 30.자 2008헌바166 결정.
5 광주고등법원 2016. 7. 21. 선고 2015누7509 판결 "위 법리에 비추어 국토계획법 제2조 제6호의 '유통·공급시설'이 포괄위임금지원칙에 반하는지 살피건대, 국토계획법 제2조 제6호 다목에서는 유통·공급시설의 예시로 공동구를 들고 있고, 같은 목에서 유통업무설비, 수도·전기·가스공급설비, 방송·통신시설을 함께 규정하고 있어 대통령령에 규정될 내용이 대강 예측이 가능한 점, 유

Ⅱ. 기반시설로 인정되기 위한 요건 - 공공성

이상과 같이, 기반시설의 의미에 관한 논의에서 핵심은 결국 '공공성'의 문제이다. 시설의 성격상 개별적인 이용관계가 아니라, 도시 전체의 유기적인 이용관계에 관련된 시설이라는 게 기반시설의 가장 중요한 표지인데, 논리적으로 보면 이와 같은 특징은 기반시설에 속하는 개별 시설물들의 성질 자체에서 유래하는 것이라기보다는 그와 같은 시설물들을 '어떻게' 사용하느냐에 달려 있는 문제라고 할 수 있다. 예컨대, '도로'라고 할지라도 공동주택단지 내에 조성된 도로를 기반시설이라고 부르기는 어렵고, 운전면허시험장 내부에 조성된 도로를 기반시설이라고 보기도 어렵다. 즉 어떠한 '도로'를 국토계획법이 정하는 '기반시설'에 해당하는 것이라고 결론짓기 위해서는, '도로'라는 외형이 중요한 것이 아니라 그와 같은 시설이 '어떠한 맥락과 용도'로 활용되고 있는지가 더 중요한 문제가 된다. 그리고 이는 '공공(公共)'의 사용의 대상이 되고 있는지 여부를 기준으로 판별하는 것이 적절할 것으로 사료된다.[1]

문헌상으로도 어떠한 시설이 국토계획법상 기반시설에 해당하는지 여부는, 단순히 동법 제2조 제6호 각 목에 나열되어있는 시설인지 여부를 기준으로 판단할 것이 아니라, 당해 시설이 '공공성'을 갖춘 것인지를 기준으로 하여야 한다는 논의가 등장한다.[2] 이와 같은 기반시설의 '공공성'의 문제는 사인(私人)이 설치하는 체육시설이 기반시설에 해당하는지 여부의 문제와 결부되어 헌법재판소에 의하여 판단된 바가 있는데, 헌법재판소 또한 '공공필요성이 인정되는지 여부'를 일응의 기준으로 삼은 다음 공공필요성이 인정되지 않는 체육시설의 경우에는 국토계획법이 정하는 기반시설에 해당하지 아니할 수 있다고 판시하였다.[3]

통·공급시설은 국토계획법의 취지에 일반적인 통념을 더하여 볼 때 그 자체로 공공필요성을 인정할 수 있으므로, 구체적인 범위를 한정하지 않고 포괄적으로 대통령령에 입법을 위임하고 있음을 이유로 헌법불합치 결정을 받은 '체육시설'과는 상이한 주4) 점, 유통·공급시설의 종류와 규모는 시대가 변화해감에 따라 변동할 수 있어 이를 하위법령에 위임하는 것이 입법기술상 더 타당할 수 있는 점 등에 비추어 볼 때, 국토계획법 제2조 제6호의 '유통·공급시설'이 포괄적 위임입법의 금지를 규정한 헌법 제75조를 위반하였다고 볼 수 없다."

1 체육시설과 관련하여 대법원 2013. 10. 11. 선고 2012두15784 판결은 "체육시설이 운영방식 등에서 일반인의 이용에 제공하기 위한 시설에 해당하는지 여부는, 그 종류의 시설을 이용하여 체육활동을 하는 일반인의 숫자, 당해 시설의 운영상의 개방성, 시설 이용에 드는 경제적 부담의 정도, 시설의 규모와 공공적 요소 등을 종합적으로 고려하여 그 시설의 이용 가능성이 불특정 다수에게 실질적으로 열려 있는지를 중심으로 판단하여야 한다."라는 기준을 설시한 바 있다.

2 김종보, 건설법의 이해, 제6판, 피데스, 2018, 330면 참조.

3 헌법재판소 2011. 6. 30.자 2008헌바166 결정 참조.

한편, 단순히 어떤 시설의 운영이 '유료'라는 점만으로는 '공공성' 혹은 '공공필요성'이 부인된다고 볼 수는 없다. 대법원은 "어떤 시설이 국토계획법령이 정하고 있는 기반시설에 형식적으로 해당할 뿐 아니라, 그 시설이 다수 일반 시민들이 행복한 삶을 추구하는 데 보탬이 되는 기반시설로서의 가치가 있고 그 시설에 대한 일반 시민의 자유로운 접근 및 이용이 보장되는 등 공공필요성의 요청이 충족"되는 경우라고 한다면, "그 시설이 영리 목적으로 운영된다는 이유만으로 기반시설에 해당되지 않는다고 볼 것은 아니다"라고 판시함으로써,[1] 단순히 영리성만으로는 공공성을 부정할 수는 없다고 보았다. 아무리 공공의 이용에 제공되는 기반시설이라고 할지라도, 그 건설과 관리를 위한 재원의 마련 등을 위하여 경우에 따라 유료시설로서 영리행위의 대상이 될 수도 있는 것이므로, 이와 같은 대법원의 판단은 일견 타당한 것으로 사료된다.

이 밖에, 대법원은 기독교인들만을 위하여 사용되는 종교적 성격의 납골시설을 도시계획시설로 볼 수 없다고 판시한 바가 있는데,[2] 이는 도시계획시설로 열거된 시설의 종류가 '일반의 사용에 제공하는 봉안시설'이어서 '일반의 사용'이라는 명문의 요건을 달성하지 못한 것이라 볼 수도 있는 한편, 특정 종교인들만을 위한 시설이 '공공의 이용'에 사용되는 것이라 볼 수 없다는 가치판단에 기반한 것으로도 해석된다.

Ⅲ. 개념의 연혁

우리 법상 '기반시설'이라는 용어가 처음 사용된 것은 비교적 최근으로, 2000. 1. 28. 전부개정된 도시계획법에서 '도시기반시설'이라는 용어가 최초로 도입되었다. 물론 그 이전까지도 기반시설에 속하는 개별시설들에 대한 규율은 도시계획법에 의하여 이루어져왔는데, 1999. 2. 8. 일부개정된 도시계획법 제2조 제1항 제1호 나목[3]과 같이 지금의 기반시설에 해당하는 시설들을 별도의 분류 없이 나열하는

---

1 대법원 2018. 7. 24. 선고 2016두48416 판결.
2 대법원 2010. 7. 22. 선고 2010두5745 판결.
3 구 도시계획법 제2조 (정의) ①이 법에서 사용하는 용어의 정의는 다음과 같다. <개정 1972·12·30, 1976·12·31, 1991·12·14>
  1. "도시계획"이라 함은 도시계획구역안에서 도시의 건전한 발전을 도모하고 공공의 안녕질서와 공공복리의 증진을 위한 토지이용·교통·위생·환경·산업·보안·국방·후생 및 문화등에 관한 다음의 계획을 말한다.
    나. 도로·광장·주차장·자동차정류장·철도·궤도·삭도·하천·운하·항만·공항·녹지·공원·운동

방식으로 규율하고 있었다. 엄밀하게 본다면, 지금의 국토계획법상으로도 '기반시설'이라는 용어가 사용될 뿐 특별히 그 표현의 정의가 마련되어 있지는 않으므로, 본질적으로 종래와 현재의 규율체계가 달라진 것은 없다고 평가할 수도 있겠다.

Ⅳ. 유사개념과의 비교

1. 공공시설(국토계획법 제2조 제14호)

국토계획법상 기반시설과 인접한 개념으로는 흔히 동법상의 공공시설이 언급된다. 국토계획법은 기반시설이나 공공시설과 관련하여 상세한 정의규정을 두고 있지 않고, 단지 그에 속하는 시설들을 열거하는 방식으로 규율하고 있으므로, 실질적으로 두 개념은 상당부분 외연이 겹칠 수밖에 없다. 따라서 어떠한 시설이 기반시설과 공공시설 양자 모두에 속하는 경우가 있을 수 있다.

다만, 대체적으로 보면 기반시설보다는 공공시설이 상대적으로 좁은 개념에 속하는 것으로 판단된다. 대표적으로 소개되는 것이 '주차장'의 경우인데, 국토계획법은 기반시설인 주차장에 대하여는 특별히 설치주체를 제한하지 아니하고 모두 기반시설에 해당할 수 있도록 규정하고 있는 반면(동법 시행령 제2조 제1항 제1호), 공공시설인 주차장에 대하여는 설치주체를 "행정청이 설치하는 시설"로 제한하고 있음을 확인할 수 있다(동 시행령 제4조 제2호).[1] 이러한 측면에서 보면 기반시설에 비해 공공시설이 '공공성'이 더 높은 것이라 볼 수도 있겠다. 이 밖에, 기반시설(동 시행령 제2조 제1항 각호)과 공공시설(동 시행령 제4조 각호)에 속하는 시설의 범위를 비교해보더라도 기반시설에 해당하는 시설의 범주가 훨씬 넓다.

각 개념에 해당할 경우의 효과에 있어서도 차이가 있다. '기반시설'의 경우에는 통상 계획의 내용에 포함되어야 할 사항을 규정함에 있어 일정한 카테고리의 시설들을 '기반시설'이라는 이름으로 묶어놓은 정도에 해당하므로, 단지 '기반시설'의 요건에 해당한다고 하여 곧바로 어떠한 법률적인 효과가 발생하는 것은 아니다. 반면, '공공시설'의 경우에는 애당초 1971. 1. 19. 전부개정 도시계획법에서부터 '무상

장·유원지·관망탑·공공공지·공용의청사·학교·도서관·시장·수도·하수도·공동구·도살장·공동묘지·화장장·폐기물처리시설·수질오염방지시설·전기공급설비·저수지·방풍설비·까스공급설비·유류저장 및 송유설비·유통업무설비·방수설비·방화설비·사방설비·방조설비·열공급설비 기타 대통령령으로 정하는 시설의 설치·정비·개량에 관한 계획

1 이상 허지인, 개발사업법상 공공시설에 관한 공법적 연구, 서울대학교 대학원 박사학위논문, 2020, 56면 논의 참조.

귀속' 관계를 염두에 두고 도입된 표현이기 때문에, '공공시설'에 해당한다는 것은 곧 소유권이 공공에게 넘어갈 수 있다는 법률효과를 야기한다는 측면에서 차이가 있다.

2. 정비기반시설(도시정비법 제2조 제4호)

도시정비법은 "도로·상하수도·공원·공용주차장·공동구, 그 밖에 주민의 생활에 필요한 열·가스 등의 공급시설로서 대통령령으로 정하는 시설"을 정비기반시설이라고 정의하고 있다(동법 제2조 제4호). 정비기반시설의 경우에는 '정비사업'과 관련된 것이므로 그 자체로 주거환경과 밀접한 관련성을 지니고 있다. 도시정비법이 정비기반시설로 열거하고 있는 시설의 면면을 보더라도 사람의 '주거'를 위하여 필요한 공급시설이 주를 이루고 있음을 확인할 수 있고, 이를 넘어서는 거시적인 도시 차원의 시설(기반시설)들은 포함되어 있지 아니하다.

정비기반시설 또한 '무상귀속'을 염두에 두고 정의된 규정이라는 점에서는 공공시설과 유사성을 지닌다(도시정비법 제96조, 제97조[1]). 즉 정비사업의 시행자가 정비사업의 시행으로 새로운 정비기반시설을 설치하게 되면 이는 국가나 지방자치단체에 무상으로 귀속된다.

V. 기반시설에 속하는 시설의 종류

1. 기반시설의 세부 분류와 법적 의미

국토계획법은 기반시설에 속하는 시설을 ① 교통시설(도로·철도·항만·공항·주차장 등), ② 공간시설(광장·공원·녹지 등), ③ 유통·공급시설(유통업무설비, 수도·전기·가스공급설비, 방송·통신시설, 공동구 등), ④ 공공·문화체육시설(학교·공공청사·문화시설 및 공공필요성이 인정되는 체육시설 등), ⑤ 방재시설(하천·유수지(遊水池)·방화설비 등), ⑥ 보건위생시설(장사시설 등), ⑦ 환경기초시설(하수도, 폐기물처리 및 재활용시설, 빗물저장 및 이용시설 등)과 같이 7개 시설로 분류하여 규정하고 있다.

각 시설의 세부적인 분류에 대하여는 국토계획법 시행령 제2조와 재위임에 따

---

1 도시정비법 제97조(정비기반시설 및 토지 등의 귀속) ① 시장·군수등 또는 토지주택공사등이 정비사업의 시행으로 새로 정비기반시설을 설치하거나 기존의 정비기반시설을 대체하는 정비기반시설을 설치한 경우에는 「국유재산법」 및 「공유재산 및 물품 관리법」에도 불구하고 종래의 정비기반시설은 사업시행자에게 무상으로 귀속되고, 새로 설치된 정비기반시설은 그 시설을 관리할 국가 또는 지방자치단체에 무상으로 귀속된다.

른「도시·군계획시설의 결정·구조 및 설치기준에 관한 규칙」등에서 정하고 있다. 이와 같은 기반시설의 세부적인 분류가 갖는 실무적인 함의는, 기반시설을 설치하는 인허가를 받고자 할 때 '세부적인 분류'까지도 특정하여 인허가를 신청하여야 한다는 점에 있다.[1] 즉 자동차전용도로(국토계획법 시행령 제2조 제2항 제1호 나목)를 설치하고자 하는 자는 '자동차전용도로'로서 도시계획시설사업의 실시계획인가 등을 받아야 하는 것이지, 단순히 국토계획법 제2조 제6호가 정하는 바와 같이 추상적으로 '도로'라는 큰 분류항목으로 기재하여 실시계획인가를 받을 수는 없다는 것이다.

2. 현행 분류체계에 대한 비판론

한편, 각 기반시설의 설치기준이나 내용에 대하여는 전술한「도시·군계획시설의 결정·구조 및 설치기준에 관한 규칙」에서 상세하게 정하고 있다. 다만, 이와 같은 규정들에도 불구하고, 여전히 우리나라의 기반시설의 분류체계는 불분명한 측면이 많은데, 왜냐하면 기반시설에 속하는 개별시설들의 의미가 여전히 명확하지 않은 부분들이 있기 때문이다. 위 규칙을 살펴보면 타 법령상의 정의규정을 끌어와서 개별 기반시설의 세부 분류의 의미를 규정하고 있는 사례들도 발견되나, 문제는 그러한 개별법령상의 정의규정들조차도 각 시설의 명확한 외연을 정해놓고 있지 않은 경우가 많다는 점이다. 때문에, 궁극적으로는 개별시설의 의미를 규명하기 위해서는 법령해석의 기본원칙에 따라 '문언해석'을 시도하는 수밖에 없게 되는 경우가 많다.

기반시설의 분류가 시행령, 규칙 등을 하위규정으로 내려가면서 갈수록 세분화되면서 각 시설별로 겹치는 영역들이 발생하게 된다는 점도 하나의 문제점이다. 예컨대 유원지와 체육시설의 관계가 대표적이다. 유원지는 일부 체육시설이 포함된 것으로 규정되어 있는데(위 규칙 제58조 제2항 제2호), 이 경우 유원지에 포함된 체육시설은 그 자체로 독립된 기반시설(혹은 도시계획시설)로서 '체육시설'로 볼 것인지, 아니면 단순히 '유원지'로 볼 것인지와 같은 문제가 발생할 수 있다. 국토계획법상으로는 후술할 '부대시설'과 같은 개념이 있기 때문에 특별히 이와 같은 혼재

---

1 대법원 1995. 12. 8 선고 93누9927 판결. "도로를 사용 및 형태별로 일반도로, 자동차전용도로, 보행자전용도로, 자전거전용도로, 고속도로, 고가도로, 지하도로 등의 7가지로 세분하여 각 설치기준을 달리 규정하고 있으므로, 도로를 설치하기 위한 도시계획사업 실시계획을 인가하려면 <u>위 7가지 도로 중의 어느 하나를 설치한다는 내용의 도시계획결정(또는 변경결정)이 반드시 선행되어야 할 것</u>."

가 문제되지 않을지도 모르나, 다른 법령상 문제가 될 소지는 없는지에 대하여는 점진적으로 고민할 필요가 있겠다.

Ⅵ. 기반시설과 부속되는 시설

1. 개념의 의의

국토계획법 시행령 제2조 제1항은 기반시설의 종류를 세분화하면서 "당해 시설 그 자체의 기능 발휘와 이용을 위하여 필요한 부대시설 및 편익시설을 포함한다"라는 규정을 두고 있다. 조문의 내용만 두고 보면, 아무리 상세하게 분류한다고 하더라도 기반시설은 큰 항목별로 구분할 수밖에 없는데, 외연상 어떠한 시설이 해당 항목의 기반시설이 포함되는지 모호한 경우가 발생한다고 할지라도 (ⅰ) 해당 항목의 명칭에 따른 기능에 기여할 수 있는 시설이거나(부대시설), (ⅱ) 해당 명칭의 기능에 직접 기여하지 아니하는 것이라 하더라도, 당해 시설을 이용하는 사람들의 편익에 기여하는 시설(편익시설)에 해당한다면 해당 기반시설에 포함되어 설치될 수 있도록 허용하고 있는 것이다.

본래 부대시설과 편익시설의 의미에 대하여 국토계획법령상 별다른 규정은 없었으나, 2014. 12. 31. 일부개정된 「도시·군계획시설의 결정·구조 및 설치기준에 관한 규칙」에서 제6조의2가 신설되면서 ① 부대시설은 "주시설의 기능 지원을 위하여 설치하는 시설"로, ② 편익시설은 "도시·군계획시설의 이용자 편의 증진과 이용 활성화를 위하여 설치하는 시설"로 규정되었다. 아울러 해당 개정으로 보다 구체적인 부대·편익시설의 설치기준이 명시되었다(동 규칙 제6조의2 제2항).[1]

결국, 이와 같은 부대시설과 편의시설의 개념은, 국토계획법이 분류하고 있는 각 기반시설의 외연을 소폭 확장하기 위한 취지에서 도입된 것이라 볼 수밖에 없고, 이를 통해 '기반시설'을 설치하면서 같이 설치할 수 있는 시설의 종류를 유연하게 확장해주기 위하여 도입된 것이라 볼 수밖에 없다.[2] 어떠한 건축물 또는 시설

---

[1] 참고로 대법원 판례 중에는 "도시계획시설로 설치되는 주차전용건축물의 경우, 주차장 외의 용도로 사용되는 부분이 국토의 계획 및 이용에 관한 법령이 정한 '기반시설 자체의 기능 발휘와 이용을 위하여 필요한 부대시설 및 편익시설'에 해당해야만 도시계획시설 실시계획인가 요건을 충족하는지 여부(적극)"라고 판시한 사례가 있다. 대법원 2015. 7. 9. 선고 2015두39590 판결.

[2] 관련하여, 건축법상으로도 '부속용도'라고 하여 유사한 개념이 존재하는데, 이 또한 부속용도에 해당하는 용도 자체가 도시계획상 금지되어 있는 것이라 하더라도, 주용도에 부속하여서는 설치될 수 있도록 예외를 허용하여주는 기능으로 사용되는 용어라 할 수 있다. 관련하여 김종보, 도시계획의 부대시설, 행정법연구, 2012. 12., 326면 참조.

물이든 그 규모가 확장될수록 단일한 용도만을 위하여 사용될 수는 없는 경우들이 생긴다. 하다못해 지하철이 기반시설로서 설치되면, 지하철역사에는 지하철 본래의 기능과 관련된 시설이 설치되어야 하지만, 그에 부속하여 지하철역사의 기능과 직결되어 있지 않은 시설들도 얼마든지 들어갈 수도 있다. 이와 같이 부대·편익시설이 함께 설치되는 경우 해당 기반시설을 이용하는 사람들의 편익 또한 증대될 수 있는 것이기도 하다. 이러한 측면에서 부대·편익시설의 개념은 정당화될 수 있다.

2. 부대·편익시설의 한계에 관한 논의

경우에 따라서는 부대·편익시설이 기반시설의 주된 용도나 기능을 압도하거나 초과하는 경우가 발생할 수 있고, 혹은 부대·편익시설을 짓기 위한 목적에서 기반시설을 설치하는 인허가를 받는 경우들도 발생할 수 있다. 더욱이 기반시설의 경우에는 후술할 '도시계획시설사업'이라는 수단으로 설치할 수도 있고, 그에 대하여는 '수용(收用)권'이 부여되기 때문에 이점을 이용하려 할 가능성도 배제하기는 어렵기는 하다.[1]

때문에, 부대·편익시설은 주된 기반시설의 용도를 초과하지 않는 한도 내에서만 설치될 수 있는 것으로 제한적으로 해석할 필요가 있다. 때문에 국토계획법 시행령 또한 "당해 시설 그 자체의 기능발휘와 이용을 위하여 필요한"이라는 용어를 사용하고 있는 것인바, (ⅰ) 각 시설들이 주된 기반시설의 용도와 얼마나 기능적으로 연계되어 있고, (ⅱ) 이용관계상 얼마나 연관되어 있으며, (ⅲ) 필요성이 인정될 수 있는지에 대한 심사가 필요한 것이다. 관련하여 문헌상으로는 '필요성의 원칙', '종속성[2]의 원칙', '공공성의 원칙'과 같은 요건들이 언급되고 있다.[3]

종래에는 이와 같은 요건들이 논의만 되었을 뿐, 실체법에 반영되지 못하였다. 그러나 2014. 12. 31. 일부개정된 「도시·군계획시설의 결정·구조 및 설치기준에 관

---

1 문헌상으로는 강남고속버스터미널의 경우가 소개되기도 한다. 터미널 부지에 백화점과 호텔이 함께 소재하여 있는데, 물론 강남고속버스터미널의 경우에는 터미널이라는 기반시설을 건설하면서 부대·편익시설로 백화점과 호텔이 들어선 것일 테지만, 현실적으로는 얼마든지 주객이 전도될 수 있는 경우가 발생할 수 있다는 것이다. 관련하여 김종보, 도시계획의 부대시설, 행정법연구, 2012. 12., 318면의 논의를 참조.

2 이와 같이 문헌상으로는 '부대·편익시설은 주된 시설(기반시설)의 설치 및 운영목적에 한정해서 설치되어야 할 뿐만 아니라 운영되어야 한다'는 문제제기가 있으나(김종보, 건설버의 이해, 제6판, 피데스, 2018, 347면), 졸견으로는 부대·편익시설의 운영관계는 당해 시설이 설치된 다음 결과적으로 알 수밖에 없는 것일 가능성도 크므로, '운영의 종속성'까지를 요구하는 것은 다소 과도할 수 있을 것이라 사료된다.

3 김종보, 도시계획의 부대시설, 행정법연구, 2012. 12., 317면 참조.

한 규칙」을 통하여 부대·편익시설의 구체적인 설치기준이 입법되었다. 구체적으로 동 규칙은 ① 부대·편익시설의 공통의 요건으로 "부대시설과 편익시설을 합한 면적은 주시설 면적을 초과하여서는 아니 된다[1]"라고 규정하였다. 그 외, ② 부대시설에 대하여는 "주시설의 기능 및 설치 목적에 부합하여야 한다"라는 기준을 요구하는 한편, ③ 편익시설에 대하여는 "주시설 및 부대시설의 기능 발휘 및 이용에 지장을 초래하지 아니할 것"이나 "용도지역·용도지구[2]에 따른 건축제한에 적합할 것"과 같은 요건을 요구하게 되었다.

사견으로는, 단순히 부대·편익시설의 면적이 '크다' 혹은 '초과한다'는 것만으로는 부대·편익시설로서의 요건을 불충족한다고 단정할 수 없다고 생각되므로, 단순한 면적관계로 설치기준을 정한 동 규칙의 규율태도의 정당성에 대하여 의문이 있다. 기반시설의 기능이나 성격이 따라 면적이 별로 필요하지 않은 경우가 있을 수 있고, 또는 층수의 제약(반드시 1, 2층 정도에 설치되어야 하는 시설이라는 등[3])이 있는 경우가 상정될 수도 있다. 이러한 경우 부대·편익시설의 규모나 면적이 주된 시설을 초과하는 경우도 얼마든지 발생할 수 있으므로, 본말이 전도되지 않는 한도 내에서는 그와 같은 면적 초과는 인정되어야 할 것으로 생각된다. 오히려, 부대·편익시설이 주된 시설과의 관계에서 종속적인 관계에 있는 것인지는 시설의 물리적 면적뿐만 아니라, 각 시설의 배치, 운영시간, 운영비용, 이용객의 편의, 기반시설(도시계획시설)이 아닌 다른 절차를 통한 설치가능성 등을 종합적으로 고려하여 판단하여야 할 것으로 보이고, 실제 위 규칙 제6조의2의 운용 시에도 여러 사정이 종합적으로 고려될 것으로 예상된다. 부대·편익시설이 주된 시설에 부합하는 것인지는 결국 개별적으로 접근할 수밖에 없는 문제일 뿐만 아니라, 민자시설과 같이 경우에 따라 기반시설 설치를 위한 재원 마련 등 다른 공익적 가치를 위하여 부대·편의시설의 규모를 확대할 수밖에 없는 경우도 발생할 수 있으므로, 이와 같은 부대·편의

---

1 이 경우 「주차장법」에 따른 부설주차장, 「영유아보육법」에 따른 직장어린이집 등 관계 법령에 따라 주시설에 의무적으로 설치하여야 하는 시설은 주시설과 부대시설 및 편익시설의 면적에 산입하지 아니한다.

2 국토계획법 시행령 제71조부터 제80조까지 및 제82조에서 정하는 것을 의미한다.

3 예컨대, 버스터미널의 경우 지층 또는 저층에 소재할 수밖에 없는데, 필요에 따라 1, 2층만을 터미널로 활용하면서 그 건물 자체는 고층으로 짓는 경우를 상정할 수 있겠다(강남고속버스터미널의 경우도 그 사례가 될 수 있다). 물론, 지금의 「도시·군계획시설의 결정·구조 및 설치기준에 관한 규칙」에 의하면 부분적 혹은 입체적 도시계획시설의 지정도 가능한 상황이므로, 이러한 경우 터미널로 사용되는 건물 부분만을 도시계획시설로 지정하고 나머지는 도시계획시설이 아닌 통상의 건축물의 지위를 부여하는 것도 생각해볼 수는 있다.

시설의 적법성이나 정당성 문제는 보다 정책적이고 유연한 접근이 필요하다는 것이 저자의 견해이다.

제11장 도시·군계획시설

I. 의의

국토계획법은 "기반시설 중 도시·군관리계획으로 결정된 시설"을 '도시계획시설'이라고 정의하고 있다(동법 제2조 제7호). 즉 기반시설을 도시계획시설사업이라는 방식으로 지으면 도시계획시설인 것이다. 따라서 도시계획시설의 의미를 규명함에 있어서 ① 시설의 종류에 대하여는 '기반시설'의 논의에 관한 부분을 참조하면되고, ② 시설을 설치하는 방법과 절차에 관하여는 '도시계획시설사업'와 관한 부분을 참조하면 된다.

그런데 국토계획법의 문언을 보면, "도시·군관리계획으로 결정된 시설"이라는 용어를 사용하고 있으므로, 마치 선험적으로 존재하는 시설을 사후적으로 도시관리계획의 내용 — 곧 도시계획시설결정을 함으로써 도시계획시설의 외연으로 편입시킬 수 있다는 것처럼 이해될 소지도 있다. 그러나 기반시설의 설치는 도시계획시설사업 뿐만 아니라 도로법, 항만법 등 여러 개별법령에 의하여도 설치될 수 있는데, 어느 법령에 의하여 설치되든지 간에 모두 국토계획법상 도시계획시설결정(제43조) 및 그에 따른 실시계획인가(제88조)가 의제되므로,[1] 실질적으로 도시계획시설사업에 의하지 아니하고 기반시설 혹은 도시계획시설이 설치·존재하는 경우는 상정하기가 어렵다. 국토계획법 제43조 제1항 또한 "기반시설을 설치하려면 그 시설의 종류·명칭·위치·규모 등을 미리 도시·군관리계획으로 결정하여야 한다"라고 하여 기반시설의 설치 이전에 선재(先在)적으로 도시계획시설결정이 있을 것을 요구하고 있다. 다만, 개념상 '하천'과 같은 자연물이면서 기반시설인 경우에는 사후적으로 도시계획시설로 지정·편입되는 경우를 상정할 수는 있겠다.

어떠한 시설이 '기반시설이다' 혹은 '도시계획시설이다'라고 하게 될 경우의 가

---

1 최종권, 도시계획시설에 관한 공법적 연구, 중앙대학교 대학원 박사학위논문, 2014. 8., 13면의 논의 참조.

장 중요한 측면은, 당해 시설의 설치를 위하여 '수용권'이 부여될 수 있다는 점이다(국토계획법 제95조).[1] 수용권의 부여를 위해서는 공익성[2] 또는 공공필요성이 요구되는데, 기반시설 혹은 도시계획시설은 그 자체로 공공의 이용에 제공될 것을 본질로 하는 시설[3]이므로 그와 같은 요건이 인정될 수 있다.[4]

II. 도시계획시설 개념의 '단계적 확정'[5]

이상과 같이 우리 법은 도시계획시설의 개념을 「기반시설 → 도시계획시설」과 같이 단계적으로 확정하는 태도를 취하고 있다. 즉 도시계획적 의미가 있는 – 곧, 토지이용관계에 영향을 줄 수 있는 여러 시설들 중에서도 '기반시설'이라는 항목으로 묶일 수 있는 시설들을 분류해서 정한 다음, 그중에서 '도시계획시설결정'이라는 도시계획적 수단을 통하여 재차 정하는 방식이다.[6]

---

1 최종권, 도시계획시설에 관한 공법적 연구, 중앙대학교 대학원 박사학위논문, 2014. 8., 14면의 논의 참조.

2 수용권 부여를 위한 사업인정(토지보상법 제20조)을 위해서는 중앙토지수용위원회로부터 공익성 협의를 받아야 하는데(동법 제21조 제2 내지 3항), 이때 사업의 공공성이나 수용의 필요성 등이 심사된다. 즉 수용권 부여의 근거 조문이 마련되어 있는 사업이라고 하여 언제나 수용권이 부여·인정되는 것은 아니고, '공익성' '공공성' 등의 요건이 추가로 인정되어야만 하는 것이다. 이와 같은 공익성 협의 제도와 관련하여 가장 참조할 만한 것은 중앙토지수용위원회, 2020 토지수용 업무편람, 35 내지 45면의 논의이다.

3 대법원 2015. 3. 20. 선고 2011두3746 판결 참조. "실시계획의 인가처분은 특정 도시계획시설사업을 현실적으로 실현하기 위한 것으로서 사업에 필요한 토지 등의 수용 및 사용권 부여의 요건이 되는 점 등을 종합하면, 실시계획의 인가 요건을 갖추지 못한 인가처분은 공공성을 가지는 도시계획시설사업의 시행을 위하여 필요한 수용 등의 특별한 권한을 부여하는 데 정당성을 갖추지 못한 것으로서 법규의 중요한 부분을 위반한 중대한 하자가 있다."

4 헌법재판소 2014. 7. 24. 선고 2013헌바294 결정 등은 "도시계획시설사업은 그 자체로 공공필요성의 요건이 충족된다(헌재 2007. 11. 29. 2006헌바79 참조). 그렇다면 이 사건 수용조항은 공공필요성을 갖춘 사업을 위하여 수용권이 행사되도록 규정한 것이므로, 헌법 제23조 제3항에 위반된다고 할 수 없다."라고 설시하고 있다.

5 이 부분의 논의는 최종권, 도시계획시설에 관한 공법적 연구, 중앙대학교 대학원 박사학위논문, 2014. 8., 14면의 논의를 참조한 것이다.

6 이와 같이 국토계획법이 단계적 확정의 방식으로 규율하고 있는 이유를 최종권, 도시계획시설에 관한 공법적 연구, 중앙대학교 대학원 박사학위논문, 2014. 8., 14면에서는 "도시 내에서 공공을 위해 필수적인 기반시설들을 빠짐없이 도시계획시설로 규정하는 것은 입법기술상 무리가 있기 때문"이라고 설명하면서 헌법재판소 2011. 6. 30. 선고 2008헌바166, 2011헌바35(병합) 전원재판부 결정을 그 근거로 소개하고 있다. 해당 결정례는 사설골프장을 기반시설이자 도시계획시설로 규정한 것의 당부가 다투어진 유명한 사안으로, 공공성 혹은 공공필요성과 같은 요건을 한정하지 아니하고 '체육시설'에 포함되는 세부시설에 관한 규율을 전적으로 하위법령에 위임한 것이 위헌인지 여부가 다투어진 사안이다.

포함관계로 따지자면 「시설 ⊃ 기반시설 ⊃ 도시계획시설」의 관계를 보여준다. 이는 '기반시설'에 속하지 않는 시설물(외형상 기반시설과 유사하지만, 공공의 사용에 제공되지 않는 시설)들이 존재할 수 있음을 의미하고, '도시계획시설'에 속하지 않는 '기반시설'(도시관리계획으로 결정되지 아니하지만 기반시설로서 기능을 하는 시설)이 존재할 수 있음을 의미한다. 역으로 말하면, 선험적으로 존재하는 시설물들 중에서 '공익성(공공성)'이라는 실체적 기준으로 '기반시설'을 선별해내고, '도시계획결정의 존부'라는 형식적 기준으로 '도시계획시설'을 선별해내는 것이다.

Ⅲ. 도시계획시설과 용도지역의 관계

도시계획시설과 용도지역의 관계는 도시계획시설을 '시설물'의 개념으로 볼 것인지, 아니면 '계획'의 개념으로 볼 것인지에 따라 달라질 수 있다. 이를 단순한 '시설물'로만 조명한다면, 이는 도시지역 내에서는 용도지역이 설정되어 있는 토지 위에 소재하여 있는 하나의 시설물 혹은 건축물 정도에 불과한 것이어서, 용도지역제 도시계획이 정하는 각종의 건축허가요건(허용용도, 용적률, 건폐율 등)들을 원칙적으로 적용받아야 한다는 논리로 이어질 수 있다. 도시계획시설이 건축물의 형태를 띨수록 이러한 오해가 발생할 우려가 있다. 이러한 논지대로라면 건축물의 형태의 도시계획시설을 지을 때에는 당해 토지에 대하여 설정되어 있는 용도지역에 따른 건축허가요건의 한도 내에서만 지을 수밖에 없고, 이를 다소 확장하더라도 해당 용도지역에 따른 수준에서 인센티브를 일부 부여하는 수준에만 그쳐야 한다는 잘못된 논지에도 이를 가능성이 있다.

그러나 이론적으로 본다면 도시계획시설은 용도지역과 동등하면서 상호배타적인 관계라 보아야 한다. 쉽게 말해, 도시계획시설결정이 있으면, 그곳의 용도지역은 사라지는 것으로 보는 것이 상당하다.[1] 즉 용도지역이 정하는 일련의 규율(허용용도, 용적률, 건폐율 등)은 도시계획시설에 대하여는 적용되지 않는다고 보아야 한다. 실정법상으로도 이와 같은 근거가 마련되어 있는데, ① 국토계획법 시행령 제83조 제1항은 용도지역, 용도지구 내에서의 도시계획시설에 대하여 건축물의 용도

---

1 김종보, 도시계획변경거부의 처분성, 행정법연구, 2004. 5., 251면의 "도시계획시설예정부지는 주거지역 등 지역이 아니며, 단순히 도시계획시설구역이라고 판단되어야 한다"는 논의 또한 같은 맥락이라고 이해된다. 최종권, 도시계획시설에 관한 공법적 연구, 중앙대학교 대학원 박사학위논문, 2014. 8., 131면에서 '도시계획시설의 우선적 효력'을 논하고 있는 부분의 논지 또한 같은 것으로 이해된다.

에 관한 시행령 관련 규정들의 적용을 배제하고 있고, ② 「도시·군계획시설의 결정·구조 및 설치기준에 관한 규칙」 제2조 제1항은 "건축물인 시설로서 …(중략)… 공간이용에 상당한 영향을 주는 도시·군계획시설인 경우에는 건폐율·용적률 및 높이의 범위를 함께 결정해야 한다"라고 하여, 용도지역으로 정하여지는 계획의 내용을 도시계획시설결정의 내용으로 다시 정하도록 규정하고 있다.

다만, 전통적으로 우리 법상 용도지역제 도시계획이 가장 기본적인 도시계획으로 기능하여왔다는 점을 고려하면, 실정법은 도시계획시설과 용도지역을 완전히 분리해내고 있지는 못하고 있고, 이와 같은 태도가 반드시 틀렸다고는 볼 수 없다. 도시계획시설의 소재(所在)를 결정함에 있어서는 주변의 토지이용관계를 고려할 수밖에 없을 것인데, 용도지역제 도시계획이 기본을 이루는 우리 법체계상으로는 인근의 용도지역을 고려할 수밖에 없기 때문이다. 이에 「도시·군계획시설의 결정·구조 및 설치기준에 관한 규칙」은 유원지의 결정기준과 관련하여 용도지역을 기준으로 소재를 결정하는 태도를 보이고 있다(동 규칙 제57조 제4호[1]). 그러나 이는 도시계획시설이 들어선 이후에도 용도지역이 계속해서 유지된다는 의미는 아니고, 도시계획시설결정을 함에 있어서 이미 지정되어 있는 용도지역의 현황을 고려하라는 의미에 불과하므로, 도시계획시설과 용도지역이 상호배타적인 관계라는 명제를 부정하는 근거로 활용될 수는 없다.

그 외, 위 규칙이 도로의 지정 문제를 용도지역에 연동하여 정하고 있는 것 또한(동 규칙 제11조 제1항[2]), 도시계획시설결정을 함에 있어서 용도지역을 참고할 수

---

[1] 도시·군계획시설의 결정·구조 및 설치기준에 관한 규칙 제57조(유원지의 결정기준) 유원지의 결정기준은 다음 각호와 같다.
　4. 준주거지역·일반상업지역·자연녹지지역 및 계획관리지역에 한하여 설치할 것. 다만, 다음 각 목의 어느 하나에 해당하는 경우에는 유원지의 나머지 면적을 연접(용도지역의 경계선이 서로 닿아 있는 경우를 말한다)한 생산관리지역이나 보전관리지역에 설치할 수 있다.
　　가. 유원지 전체면적의 50퍼센트 이상이 계획관리지역에 해당하는 경우로서 유원지의 나머지 면적을 생산관리지역이나 보전관리지역에 연속해서 설치하는 경우
　　나. 유원지 전체면적의 90퍼센트 이상이 준주거지역·일반상업지역·자연녹지지역 또는 계획관리지역에 해당하는 경우로서 도시계획위원회의 심의를 거쳐 유원지의 나머지 면적을 생산관리지역이나 보전관리지역에 연속해서 설치하는 경우
[2] 도시·군계획시설의 결정·구조 및 설치기준에 관한 규칙 제11조(용도지역별 도로율) ① 용도지역별 도로율은 다음 각 호의 구분에 따르며, 「도시교통정비 촉진법」 제15조에 따른 교통영향평가, 건축물의 용도·밀도, 주택의 형태 및 지역여건에 따라 적절히 증감할 수 있다.
　1. 주거지역: 15퍼센트 이상 30퍼센트 미만. 이 경우 간선도로(주간선도로와 보조간선도로를 말한다. 이하 같다)의 도로율은 8퍼센트 이상 15퍼센트 미만이어야 한다.
　2. 상업지역: 25퍼센트 이상 35퍼센트 미만. 이 경우 간선도로의 도로율은 10퍼센트 이상 15퍼센트 미만이어야 한다.

밖에 없다는 점을 보여주는 것이기도 하다.

한편, 국토계획법 하위법령에서는 도시계획시설에 적용되는 건폐율이나 용적률과 관련하여, 당해 도시계획시설이 소재하던 용도지역에 이를 관련시키는 경우가 발견된다. 대표적으로 학교(국토계획법 시행령 제84조 제6항 제7호), 유원지(동조 제9항) 등은 이를 자연녹지지역에 건설하는 경우에 대하여 30퍼센트 이하의 범위에서 조례로 정하는 건폐율을 적용하도록 정하고 있다. 자연녹지지역에서의 통상적인 건폐율 기준이 20퍼센트 이하(동조 제1항 제16호)임을 고려하면 상향된 기준을 제시하고 있는 것이기는 하지만, 이러한 예외적 규정을 두고 있는 것 자체가 기존에 수립되어있던 용도지역에 따른 건폐율 등을 적용받는 것이 원칙적인 모습임을 보여주는 것이라는 취지의 반론의 근거가 될 수도 있다.[1] 그러나 이 경우 전술한 바와 같이 도시계획시설에 따라 건폐율이나 용적률을 따로 결정할 수 있도록 한 도시계획시설규칙 관련 규정을 어떻게 해석하여야 하는지 ─ 곧, 도시계획시설계획 스스로 건폐율과 용적률을 설정하더라도 용도지역에 따라 설정되는 제한 범위 내에서만 가능한 것인지의 해석문제가 발생할 수 있다.

실무적으로 본다면, 도시계획시설계획의 수립과 함께 기존의 용도지역을 폐지함으로써 용도지역과 도시계획시설계획의 잠정적인 충돌가능성을 제거하는 방안을 생각해볼 수도 있겠지만, 국토계획법 제79조는 용도지역이 미지정된 곳에서 가장 제한적인 건축허가요건을 적용하도록 정하고 있으므로 해당 규정과의 충돌 문제가 재차 쟁점이 될 수 있다. 그렇다고, 해당 도시계획시설의 건폐율 및 용적률에 적합한 수준의 용도지역을 재지정하는 것 또한 자연스럽지 못하다.

이상의 논의를 종합하면 도시계획시설과 용도지역을 관련짓는 현행 법령상의 각종 조문들에 대하여는 비판적인 검토와 논의가 필요할 것이라 사료된다.

---

3. 공업지역: 8퍼센트 이상 20퍼센트 미만. 이 경우 간선도로의 도로율은 4퍼센트 이상 10퍼센트 미만이어야 한다.

1 참고로, 법제처 2021. 5. 12. 회신 21-0170 해석례는 "유원지의 건폐율 특례를 국토계획법 시행령에서 직접 규정한 것은 자연녹지지역 내 유원지의 건폐율을 완화"한 것이라는 취지의 설시를 하고 있는데, "완화"라는 표현 자체가 결국 그러한 규정이 없는 경우에는 자연녹지지역의 건폐율을 적용할 수밖에 없다는 이해에 기반한 것이라 생각해볼 수 있다.

제12장 광역시설

I. 의의

국토계획법은 기반시설 중 광역적인 정비체계가 필요한 시설로서 (i) 둘 이상의 광역 또는 기초 지방자치단체의 관할구역에 걸쳐있거나, (ii) 여러 지방자치단체가 공동으로 이용하는 시설을 '광역시설'이라고 정의하고 있다(동법 제2조 제8호). 광역시설에 해당하는 구체적인 시설의 종류에 대하여는 동법 시행령 제3조에서 한정적으로 열거하는 방식으로 정하고 있다. 시행령 제3조가 광역시설의 종류를 열거하는 한편 각각 제외되는 시설들을 명시하고 있는 태도를 고려하면, 동조에 포함되어 있지 않은 시설의 경우에는 광역시설의 범주에 포함될 수 없다고 보아야 한다.

II. 개념의 실익

과거 중앙정부(건설교통부장관)로 도시계획입안·수립권한을 일원화한 다음 이를 각 지방자치단체에 '위임'하는 구조를 취하고 있던 도시계획법과 달리, 현재의 국토계획법은 중앙정부의 권한을 지방자치단체가 위임받은 것이 아니라, 지방자치단체가 원칙적으로 자기 관할 내의 도시계획에 대한 입안권 또는 수립권을 지니도록 하고 있다(국토계획법 제24조, 제29호). 따라서 원칙적으로는 각 지방자치단체의 지리적 범위 내에서는 해당 지방자치단체가 계획권한 또는 계획고권(高權)을 지니는 것이므로, 이용관계나 위치 등을 따졌을 때 여러 지방자치단체에 걸쳐있는 도시계획적 판단이나 결정이 필요한 경우에 대한 규정이 필요할 수 있다. 광역시설의 개념은 바로 그와 같은 경우에 실익이 있는 개념이다.

광역시설에 관한 사항은 광역도시계획의 내용에 포함되므로(국토계획법 제12조 제1항 제3호) 국토교통부장관이나 도지사가 정할 수도 있는 사항이고, 나아가 해당 광역시설이 걸쳐있는 시·군이 같은 도에 속할 때에는 도지사가 이를 설치할 권한을 보유할 수도 있다(국토계획법 제45조 제2항). 그 외 국가계획에 따라 설치하는 광역시설의 경우에는 당해 시설을 사업목적으로 하는 법인(예컨대 국가철도시설공단 등)이 설치권한을 부여받기도 한다(동조 제3항). 즉 어떠한 기반시설이 '광역시설'의 지위를 갖는다는 것은 해당 시설을 계획하고 설치할 수 있는 계획고권이 상위의 행정청에게 부여될 수 있다는 법적 의미를 지니는 것이라 할 수 있다.

Ⅲ. 개념의 연혁

이상과 같은 논의에서 볼 수 있듯, 계획고권이 중앙정부(건설교통부장관)에 집중되어 있는 체계 하에서는 광역시설의 개념이 그리 중요한 의미를 지니는 것은 아니었다. 왜냐하면, 어차피 중앙정부가 통일된 계획고권을 가지고 있으므로, 여러 지방자치단체에 걸쳐 있는 기반시설이 필요하다고 할지라도 중앙정부가 본연의 권한을 행사하면 간단히 처리할 수 있는 문제이기 때문이다.

이와 같이 광역시설의 개념은 계획고권의 소재에 따라 달라졌는데, 2000. 1.2 8. 전부개정되기 이전의 구 도시계획법[1]만 하더라도 광역시설을 "도시계획시설중 도로·철도등 광역적인 정비체계가 필요한 시설로서 대통령령이 정하는 시설"이라고만 정의한 다음(구 도시계획법 제2조 제1항 제4호), "건설부장관은 광역시설을 체계적으로 정비하고, 여러 도시의 기능을 상호 연계시킴으로써 도시 전체의 균형있는 발전과 효율적인 환경보전을 도모하기 위하여 필요한 때에는 2 이상의 도시계획구역을 대상으로 하는 광역계획구역의 지정을 도시계획으로 결정할 수 있다"라고 정함으로써(구 도시계획법 제20조의4 제1항) 건설부장관의 계획고권이 미치는 것임을 확인하는 정도의 조문을 두었다. 참고로 구법에서는 도시계획은 건설부장관이 직권으로도 결정할 수 있는 것이었으므로(구 도시계획법 제12조 제1 내지 2항[2]) 위와 같은 규정은 건설부장관의 권한을 재차 확인하는 정도에 지나지 않았던 것이다.

이후 2000. 1. 28. 전부개정된 도시계획법에서 계획고권의 지방분권화가 이루어지면서, 광역시설에 대한 정의 및 관련 규정은 현행 국토계획법과 같은 체계로 개정되었다.

---

1 2000. 1. 28. 전부개정 도시계획법에서부터 계획고권이 중앙에서 지방으로 이전되었다.
2 구 도시계획법(1999. 2. 8. 법률 제5898호로 일부개정된 것) 제12조(도시계획의 결정) ① 도시계획은 건설부장관이 직권 또는 제11조의 규정에 의한 도시계획입안자의 신청에 의하여 대통령령이 정하는 사항에 관하여 관계지방의회의 의견을 듣고(申請人이 미리 해당 地方議會의 의견을 들어 申請한 경우를 제외한다) 중앙도시계획위원회의 의결을 거쳐 이를 결정한다. 결정된 도시계획을 변경할 때에도 또한 같다. 다만, 대통령령으로 정하는 경미한 사항의 변경에 있어서는 그러하지 아니하다. <개정 1981·3·31, 1991·12·14>
  ② 건설부장관은 국방상 기밀(國防部長官의 要求가 있는 것에 限한다)을 요한다고 인정되는 경우에는 그 도시계획의 전부 또는 일부에 관한 결정에 있어 그 부분에 대하여는 관계지방의회의 의견과 중앙도시계획위원회의 의결절차를 생략할 수 있다.

제13장 공동구

I. 의의

국토계획법은 "전기·가스·수도 등의 공급설비, 통신시설, 하수도시설 등 지하매설물을 공동 수용함으로써 미관의 개선, 도로구조의 보전 및 교통의 원활한 소통을 위하여 지하에 설치하는 시설물"을 공동구라고 정의한다(제2조 제9호). 쉽게 말해, 기반시설에 해당하는 시설들 중 지하에 매설이 가능한 것들을 '한군데에 모아서' 설치하는 것을 의미한다. 공동구에 의하지 아니하고 각 시설들을 개별적으로 설치하는 경우에는 비용의 소모뿐만 아니라, 유지관리 및 미관상에도 좋지 않은 영향을 미치므로 이를 한데 모아서 설치할 수 있도록 하는 것이다.

공동구는 그 내부에 설치되는 지하매설물들과는 별개로 구분되는 '유통공급시설'의 일종으로 그 자체로 별개의 기반시설의 종류를 이룬다.

II. 개념의 실익

1. 공동구의 필요적 설치

원칙적으로 공동구로 설치되는 각 시설들은 그 자체만으로도 독립적인 기반시설에 해당하는 것이므로 개별적으로 설치되는 것 또한 얼마든지 고려할 수 있다. 그러나 국토계획법은 일정한 면적을 초과하는 도시개발구역, 택지개발지구 등에 대하여(동법 제44조 제1항 각호)는 필요적으로 공동구를 설치하도록 정하고 있는바, 대규모 개발사업을 시행하는 경우 도시미관의 보전이나 효율을 위하여 공동구의 설치를 강제하고 있는 것이다.

2. 비용의 분담

한편, 공동구를 설치한 다음 해당 공동구를 이용하는 지하매설물들의 설치자 — 곧, 공동구 점용예정자들에 대하여 공동구의 설치비용을 분담토록 할 수 있는데 (국토계획법 제44조 제5항), 이때 분담의 대상이 되는 비용은 '공동구' 자체의 설치비용에 한정되고 공동구 내에 소재하게 될 시설의 설치비용은 분담의 대상이 되지 아니한다.[1]

---

1 대법원 1994. 11. 4 선고 93다12978 판결.

Ⅲ. 개념의 연혁

공동구의 개념은 1971. 1. 19. 전부개정된 도시계획법에서 처음으로 소개되었는데, 당시의 정의규정과 현행법의 정의규정 간에는 차이가 없다. 다만, 1971년 법에서는 도시계획구역과 도시개발예정구역 내에서는 공동구를 필요적으로 설치하도록 하여 현재와 같은 면적 요건을 별도로 두지 아니하였다.

제14장 도시·군계획시설사업

Ⅰ. 의의

1. 기반시설의 설치·정비·개량

국토계획법은 "도시·군계획시설을 설치·정비 또는 개량하는 사업"을 도시계획사업이라고 정의한다(제2조 제10호). 실무적으로 도시계획시설사업이라고 하면 통상 새로운 도시계획시설을 설치하는 사업이라는 인식이 강한 편이다. 상론한 바와 같이 도시계획시설사업의 가장 단적인 특징은 공익사업으로서 수용권이 부여된다는 점이고, 통상 이와 같이 수용권이 부여되는 사업을 두고 분쟁이 빈번하게 벌어지므로 도시계획시설사업이라고 하면 "새로운 기반시설을 설치하는 사업"이라는 실무적인 인식이 강한 것이라 사료된다. 그러나 정의규정에서 살펴볼 수 있는 바와 같이 도시계획시설사업은 도시계획시설을 '설치·신설'하는 것뿐만 아니라 정비하거나 개량하는 경우까지를 포함한다. 따라서 기존의 기반시설을 정비·개량하는 내용의 사업에 대하여는, 기존에 발급된 실시계획인가 등을 '변경'하는 것으로 치부할 것이 아니라, 그와 별개의 새로운 실시계획인가가 발급되는 것으로 보는 것이 타당하지 않겠느냐는 게 저자의 사견이다.

2. 도시공간을 형성하는 개발사업

도시계획은 통상 건축허가요건을 사전에 정하여두는 방식으로 토지의 이용을 규율한다. 즉 도시계획은 본질적으로 사전적(事前的)이면서 소극적인 토지 이용관계의 규율방식인 것이다. 반면, 행정청이나 공적주체가 나서서 도시공간을 적극적으로 형성하고 개발하는 경우가 있는데, 이를 '개발사업'이라고 하고 이를 관장하는 것을 '개발사업법'이라고 부른다.[1] 그리고 통상 도시계획시설사업 또한 '개발사업'의 한 범주로 논의된다.[2] 요컨대, 도시계획시설사업은 국토계획법의 범주 내에 속하고 있음에도 불구하고, 그 자체로 '개발사업'이라고 할 수 있고, 이를 관장하는 조문들은 '개발사업법'의 범주에 속한다고 볼 수 있다. 이렇듯, 도시계획시설사업은 계획고권을 가진 행정청 또는 그로부터 인허가를 취득한 사업시행자가 도시공간을 적극적[3]으로 형성하는 기능을 하는 사업이다.

3. 수용권의 부여

도시계획시설사업은 도시공간을 적극적으로 형성하는 내용의 사업이므로 수용권이 부여된다(국토계획법 제95조). 실시계획인가를 받은 단계에서 토지보상법상 사업인정(동법 제20조)이 의제되어 수용권이 부여되는 방식이다. 다만, 실시계획인가를 받았다고 하여 언제나 수용권이 인정되는 것은 아니고, 중앙토지수용위원회로부터 사업의 공익성이나 수용의 필요성 등에 대한 심사(공익성 협의 제도)를 받아야만 한다(토지보상법 제21조 제3항).[4]

II. 개념의 연혁

도시계획시설사업은 일제강점기 조선시가지계획령(1934. 6. 20. 조선총독부제령 제18호로 제정된 것)으로 거슬러 올라간다. 동령은 현행법의 '도시계획사업'과 같은 '시가지계획사업'이라는 용어를 사용한 다음, "도로·광장·하천·항만·공원 기타 조선총독이 정하는 시설에 관한 시가지계획사업"(동령 제6조 제1항)이라는 방식으로 지금의 도시계획시설사업을 지칭하였다. 이와 같은 입법형식은 1962. 1. 20. 제정된

---

1 최종권, 도시계획시설에 관한 공법적 연구, 중앙대학교 대학원 박사학위논문, 2014. 8., 153면 참조.
2 김종보, 건설법의 이해, 제6판, 피데스, 2018, 11면의 논의 참조. 국토계획법 중 도시계획시설의 설치에 관한 부분은 강학상(법이론상) 개발사업법의 주요법률 중 하나로 분류된다.
3 이와 같은 '적극적', '소극적'의 개념은 김종보, 도시계획변경거부의 처분성, 행정법연구, 2004. 5, 254면을 참조하라. '적극적 계획'이란 단순히 건축허가요건을 도시계획으로 정하여두는 것에서 머무르지 않고, 행정주체가 적극적으로 도시공간의 형성(개발사업)에 나서는 것을 의미한다. 반면 '소극적 계획'이란 통상의 도시계획처럼 건축허가요건만을 도시계획으로 정해두는 경우를 지칭한다. 도시공간에 대한 개입의 양태가 적극적 변경을 야기하느냐, 소극적 규제에 머무르느냐의 차이인 것이다.
4 해당 논의에 대하여는 본서의 도시계획시설 부분 참조.

도시계획법에서도 크게 변화하지 않았다. 다만, 명칭에도 불구하고 도시계획시설사업의 의미는 현재와 별반 다를 바가 없었다. 도시계획시설사업이라는 명칭이 확립된 것은 2000. 1. 28. 전부개정된 도시계획법이 최초이다.

제15장 도시·군계획사업[1]

I. 의의 - 협의와 광의의 도시계획사업

도시계획사업은 도시관리계획을 시행하기 위한 사업으로 도시계획시설사업이나, 도시개발법에 따른 도시개발사업, 도시정비법에 따른 정비사업 등을 말한다(국토계획법 제2조 제11호). 모두 도시공간을 적극적으로 형성하는 개발사업들에 해당하는 것인데, 그중에서도 특히 도시개발사업이나 정비사업은 주택의 개발 시 사용되는 수단들이다. 개발사업의 종류는 이 세 가지 이외에도 여러가지[2]가 있으나, 이들 모두를 국토계획법이 지칭하는 '좁은 의미'의 도시계획사업이라고 보기는 어려울 것으로 보인다. 다만, 본질에 있어서는 도시계획사업과의 차이를 구분해내기는 쉽지 않을 것으로 보이는바, 국토계획법이 정하는 범위를 넘어서서 '넓은 의미'의 도시계획사업 - 곧, 실질적으로 도시관리계획을 시행하는 사업이라고 한다면 개별법령상의 사업들도 포함된다고 볼 수도 있겠다.[3]

이렇게 본다면 국토계획법이 정하고 있는 좁은 의미의 도시계획사업은 대체적으로 주택단지 조성이나 신도시 개발을 지칭하는 개념이라고 할 수 있다.[4] 도시계획시설사업은 기반시설을 설치하는 사업을 의미하는데 기반시설은 도로, 녹지, 항만 같은 것을 제외하고는 대체로 건축허용성[5] - 곧, '당해 부지에 건축물을 지을

---

1 본 장의 논의는 저자의 개발행위허가에 관한 연구, 서울대학교 법학전문석사학위논문, 2015. 2., 68면의 논의를 발췌, 재정리한 것임을 밝힌다.
2 에컨대, 「물류시설의 개발 및 운영에 관한 법률」에 따른 물류단지개발사업, 「산업입지 및 개발에 관한 법률」에 따른 산업단지개발사업 등 무수히 많은 개발사업들이 존재한다.
3 왜냐하면, 입법연혁적으로 도시개발사업(토지구획정리사업)이 가장 먼저 등장하였고 그 이후 도시개발사업을 참조하여 여러 특별법들이 순차적으로 입법되거나 분법되는 형식으로 오늘날의 개발사업법들이 만들어졌기 때문이다. 따라서 개발 개발사업법들은 본질적으로는 도시개발사업과 불가분의 관계에 있다고 볼 수 있다.
4 김종보, 건설법의 이해, 피데스, 2013, 227면.
5 건축허용성이라는 표현은 저자의 은사이신 김종보 교수님께서 최초로 도입하신 용어이다. 간략하

수 있다'는 행정청의 공적인 의사표명 혹은 개발가능성에 대한 공적인 지위의 부여가 전제되어야 하는 것들이다. 도시개발사업은 주거, 상업, 산업, 유통, 정보통신, 생태, 문화, 보건 및 복지 등의 기능이 있는 단지 또는 시가지를 조성하는 사업으로(도시개발법 제2조 제1항 제2호), 주로 주택단지와 같은 시가지의 조성에 초점이 맞춰져 있어 이와 같은 건축허용성 또는 개발가능성이 연관될 수밖에 없다. 정비사업은 재개발, 재건축으로 아파트가 등장하는 사업인바 역시 건축허용성의 부여와 연관된다.

II. 기능 - 건축단위의 획정과 건축허용성의 부여

종류를 불문하고 도시계획사업들은 대상 토지 전체의 이용 등에 관한 토지이용계획을 포함한다. 이는 대상 지역의 건축단위를 획정하고, 건축허용성을 부여하는 역할을 한다.[1] 다시 말해 건축물이 등장할 수 있는 토지의 단위들 – 곧, 획지에 관한 계획들을 담게 되고, 개별 토지들에서 건축물이 등장하는 것이 허용되는지 여부에 대하여 – 즉 '건축물을 지을 수 있는 땅인지' 여부의 지위를 부여하여주는 기능을 하는 것이 도시계획사업의 가장 중요한 의미이다.

예컨대 신도시에서의 택지개발사업은 택지를 구획하고 개별 택지에 건축허용성을 부여하여 지목을 전, 답 등에서 대로 변화시킨다. 도시계획사업은 그 자체로 도시관리계획을 전제로 하므로, 기존의 도시계획을 변경시키거나 새로운 도시계획을 형성하게 된다. 기성시가지에서의 도시계획사업이 전자에 해당한다면(구획정리사업, 주택지조성사업 등), 신시가지를 건설하는 도시계획사업은 후자에 해당한다(택지개발사업).[2]

게만 설명하자만 건축가능성 혹은 개발가능성과 유사한 의미로 볼 수 있는데, 당해 토지에 건축물이 등장하여도 좋다는 계획행정청의 허락 혹은 공적인 의사표명을 의미하는 것이라 할 수 있다. 건축허용성의 상세한 개념에 대하여는 김종보, 건축허용성의 부여와 반영, 서울대학교 법학, 2012. 9.와 저자의 개발행위허가에 관한 연구, 서울대학교 법학전문석사학위논문, 2015. 2., 63면 내지 65면의 논의 참조.

1 김종보, 건축허용성의 부여와 반영, 서울대학교 법학, 2012. 9, 156면. 도시계획시설사업의 경우 국토계획법 제88조 제1항 및 제5항, 동법 시행령 제97조 등에서 실시계획의 내용으로서 도시계획시설의 면적이나 도면 등이 요구된다. 도시개발사업의 경우 도시개발법 제5조 제1항 제7호 '토지이용계획', 정비사업의 경우 도시 및 주거환경정비법 제30조 제1호 '토지이용계획'이 각 요구된다.

2 김종보, 건설법의 이해, 피데스, 2013, 228면 참조.

Ⅲ. 개념의 연혁

도시계획사업의 연원은 조선시가지계획령의 시가지계획사업으로 거슬러 올라간다. 당시 명확한 정의규정은 없었으나 시가지계획사업 또한 시가지계획을 실행하기 위한 사업이라는 의미를 지니고 있었다. 이것이 1961. 1. 20. 제정 도시계획법에서 "도시계획에 관한 사업"이라는 의미의 도시계획사업(동법 제5조 제1항)으로 명칭을 변경한 이후 현재에 이르고 있다. 당시의 도시계획에는 '토지구획정리, 일단의 주택지경영, 일단의 공업용지조성 또는 일단의 불량지구개량'에 관련된 계획들도 포함되어 있었으므로(제정 도시계획법 제2조 제1호) 주택건설과 관련성이 없는 사업들도 기본적으로는 도시계획사업의 범주에 포함되어 있었다.

이후 도시계획법은 "도시계획을 시행하기 위한 사업"이라는 정의를 사용하다가, 2000. 1. 28. 전부개정 도시계획법에서 지금과 같이 도시계획시설사업·도시개발사업 및 재개발사업을 지칭하는 것으로 정의규정이 개정되었다.

제16장 도시·군계획사업시행자

Ⅰ. 의의

도시계획사업시행자란 도시계획사업을 시행하는 자를 의미한다. 이는 국토계획법에 의한 도시계획사업을 시행하는 자도 포함하는 것이지만, 도시개발법이나 도시정비법과 같이 다른 법률에 의하여 사업시행자로 지정된 자도 도시계획사업시행자에 포함된다.

국토계획법은 도시계획사업시행자에 대한 정의규정을 마련해놓고 있음에도 불구하고, 정작 본문에서는 해당 용어를 사용하지 않는다. 단지 '도시계획시설사업자'라는 용어나, 공동구의 설치와 관련하여 '사업시행자'라는 용어를 사용하고 있을 뿐이다.

Ⅱ. 사업시행자 지위의 법적 성격

1. 공법상 지위

도시계획사업시행자는 도시계획사업을 시행하는 공법상의 권한을 부여받은 자인바, 도시계획사업시행자의 지위는 그 자체로 공법상의 지위를 의미한다. 사업의 종류에 따라서는 행정주체 혹은 행정청으로서의 지위를 지닌다고 보는 경우도 있는데, 대법원은 도시정비법상 정비사업의 시행자가 되는 조합과 관련하여 사업시행자 지위를 부여하는 조합설립인가처분의 성격을 행정주체로서의 지위를 부여하는 설권적인 처분으로 본 다음, "특수한 존립목적을 부여받은 특수한 행정주체"로서의 지위를 지닌다고 보았다.[1] 다만, 이러한 대법원의 판시는 정비사업의 시행자인 조합이 조합원과의 관계에서 지니는 고권적 지위[2]를 전제한 것이므로, 그러한 관계가 전제되지 않는 종류의 사업에 대하여도 도시계획사업시행자가 그 공법상 지위를 인정받는 것에서 더 나아가 '행정주체'의 지위를 지닌다고 일반화하기는 어려울 것으로 보인다. 대법원 2009. 10. 15. 선고 2009다30427 판결의 설시 내용을 보더라도, "조합원들에 대하여 각종의 권한을 행사하고 의무를 강제할 수 있으며, 사업시행과 관련하여 여러 가지 특례가 인정되며, …(중략)… 조합원에 대한 법률관계에서는 특수한 존립목적을 부여받은 특수한 행정주체"라고 설명하고 있는바, '조합원들과의 관계'를 상정하였을 때를 한정하여 행정주체로서의 성질을 인정하고 있다. 달리 말하면 '조합원들과의 관계'가 상정되지 않는 경우에는 '사업시행권을 부여받은 공법상 지위'를 넘어 '행정주체'의 지위를 인정하기는 어렵다고 사료된다. 참고로 문헌 중에는 '행정주체'의 지위도 인정하는 견해가 보인다.[3]

2. 사업시행자 지위의 이전가능성

전통적으로 법원은 사인 간의 계약 등으로 공익사업의 사업시행자 지위를 양도·이전하는 것에 대해 부정적인 입장을 취해왔다. 대표적으로 대법원 1982. 3. 9. 선고 81누318 판결은 "도시재개발사업 시행자의 지위는 공법상이 권리·의무를 내

---

[1] 대법원 2009. 10. 15. 선고 2009다30427 판결. 참고로 학설상으로도 정비사업을 시행하는 재건축재개발조합의 행정주체로서의 지위를 대체로 인정하고 있다(남윤국, 조용민, 재건축조합의 성격과 규율방법, 부동산법학, 2010. 12., 37면 참조).

[2] 예컨대, 청산금을 부과하는 등의 경우를 생각해볼 수 있다.

[3] 온주 국토의계획및이용에관한법률 제91조(2018. 12. 17.) 참조.

용으로 하는 것이어서 사법상의 계약에 의한 양도의 대상이 될 수 없다"라고 하면서 그와 같이 "사법상의 권리양도 계약에 기한 도시재개발사업법 시행자 명의변경 인가처분은 법률상의 근거없이 이루어진 무효의 처분"이라고 설시한 바 있다. 위 대법원 81누318 판결은 여전히 그 영향력을 강하게 발휘하고 있는바, 최근 법제처는 해당 판결을 인용하면서 공법상 지위인 사업시행자 지위의 양도가능성을 부인하는 취지의 해석례를 내어놓은 바 있다.[1]

다만, 위와 같은 판결례들의 견해에 대하여는 비판적인 접근을 시도해볼 여지는 있다는 것이 저자의 사견이다. 공익사업의 사업시행자 지위 양도를 부정하는 근거로 인용되는 위 대법원 81누318 판결은 행정절차법(1996. 12. 31. 법률 제5241호로 제정) 제정 이전에 나온 판결이다. 그런데 행정절차법 제10조 제4항은 "처분에 관한 권리 또는 이익을 사실상 양수한 자는 행정청의 승인을 받아 당사자등의 지위를 승계할 수 있다"라고 정하고 있는바, 사업시행자 지정처분을 받은 처분당사자로서의 지위에 대하여도 이와 같은 일반법인 행정절차법상의 규정이 적용될 수 있다. 위 판결례들은 이와 같은 일반법상의 규정에 대하여는 전혀 고려하지 아니한 것들로, "개별법령에 근거가 없더라도 행정절차법 제10조 제4항에 의하여 사업시행자 양도양수 및 변경이 가능한지"에 대하여는 여전히 명확히 판단한 선례가 발견되지 않는 상황이다.

더욱이, 상론한 대법원 81누318 판결은 공법상 권리의무의 이전을 일반적으로 부정하던 종래의 행정법이론에 터 잡은 것으로 보이는데, 오늘날에는 공법상 지위가 일신전속적인 것이 아닌 이상 반드시 이전이나 승계가 부정된다고 보지는 않는 견해가 우세하므로,[2] 과연 대법원 81누318 판결의 견해가 유지될 수 있는 것인지도 의문이 제기될 수 있다.

한편, 사업시행자 지위가 이전될 수 있다는 것과 그 이전을 당사자 간 민사소송의 방식으로 구할 수 있는지의 문제는 별개이다. 법원은 이와 같은 소송을 부정하였다.[3] 참고로, 이와 같은 처분의 명의인 이전을 민사소송(사업시행자 명의 변경

---

1 법제처 2015. 12. 30. 회신 15-0357 해석례. 해당 해석례는 "토지소유권의 변동에 의해 개발사업 시행자라는 공법상의 지위가 당연히 승계 또는 이전되는 것으로도 볼 수 없다"라는 엄격한 입장을 취하였다. 그러나 해당 사안은 사업부지 일부를 경매로 취득한 경우에 사업시행자 지위를 이전받을 수 있는지가 문제된 사안으로, 만일 단순히 부지 소유권만을 취득한 것이 아니라 종전의 사업시행자로부터 그 지위까지를 포함하여 인수하기로 한 경우라면 그와 같은 때에도 해당 해석례의 견해가 유지될 수 있을지는 의문이 있고 그와 같은 견해가 유지될 수 없을 것이라는 게 저자의 사견이다.
2 홍정선, 행정법원론(상), 제28판, 박영사, 2020, 192면.
3 서울고등법원 2012. 6. 1. 선고 2011나92789 판결. "사업 시행 및 인허가와 관련된 일체의 명의를

절차 이행)으로 구할 수 있는지 여부에 대하여 대법원은 해당 처분의 근거법률에서 양도를 허용하는 취지의 규정 혹은 명의변경 절차의 근거 규정을 두고 있는지 여부를 기준으로 그러한 소송의 허용 여부를 판단하고 있다.[1] 대법원은 주택법상 사업주체 변경의 경우에는 그러한 근거 규정의 존재를 이유로 그러한 민사소송을 허용한 바 있다.[2]

3. 사업시행자 지위의 존속기간

사업시행자로 지정된 지위가 언제까지 존속할 수 있는지 여부도 쟁점이 될 수 있다. 사업시행기간의 종료로 사업시행자 지위 또한 종료, 상실되는 것인지 여부가 문제될 수 있는데, 특히 장기간을 요하는 대규모 개발사업의 경우 여러 사정으로 인하여 사업시행기간이 도과될 때까지 사업을 완료하지 못하였다가, 그 이후 실시계획 및 인허가의 변경을 통하여 사업기간을 연장하는 경우가 빈번하게 발생할 수 있고, 이 경우 과연 그 사이의 기간 동안 사업시행자로 지정된 자의 법률적 지위를 어떻게 이해하여야 하는지가 쟁점이 된다. 특히 이는 사업시행자 지위를 전제로 하여 형성된 제3자와의 공사법상 법률관계에 미치는 영향과도 관련된다. 예컨대 제3자와 체결한 계약상 사업시행자 지위의 상실 등이 기한이익 상실 사유 등으로 약정된 경우, 해당 약정의 해석 및 적용에 영향을 미칠 수도 있는 것이다.

현재 국토계획법상 도시계획사업시행자에 관하여 명확한 판례의 입장은 발견되지 아니하는 것으로 보인다. 다만 졸견으로는 타 개발사업은 별론으로 하더라도 최소한 도시계획사업시행자 지위의 경우에는 사업시행기간에 그 존속을 연결지을 근거는 부족한 것이 아닐까 사료된다. 만일 사업시행자의 지정이 사업시행계획인가 혹은 실시계획인가 등의 인허가에 직접 연동되어 있는 경우라면 양자의 효력을 연결지을 수 있을 것이나,[3] 사업시행자의 지정이 별도의 관념으로 분리되어 있는 경우라면 양자를 연관시킬 근거가 부족하기 때문이다.

예컨대 국토계획법의 경우 도시계획시설사업의 시행자가 될 수 있는 자격에 대

을 회사 또는 을 회사가 지정하는 제3자에게 변경해 주기로 한 사안에서, 을 회사가 갑 회사에 대하여 차용금 채무에 관한 담보제공합의에 따라 사업시행자 명의를 자신으로 변경해 줄 것을 구하는 소는 허용되지 않는다."

1 대법원 2002. 2. 26. 선고 2001다53622 판결.
2 대법원 2015. 11. 26. 선고 2015다39418 판결.
3 물론, 이 또한 사업시행기간이 당해 인허가의 존속기간이라는 전제가 긍정되는 경우에 한정된다. 해당 쟁점에 대해서는 여전히 논란의 소지가 있다.

하여 정하면서(동법 제86조), "시행자는" 실시계획을 작성하여 인가를 신청할 수 있다고 정하고 있으므로(동법 제88조 제1항), 문언상 시행자의 지위가 전제된 상황에서 실시계획의 작성 및 인가를 받게 된다. 또한 실시계획이 폐지 또는 실효되더라도 법은 그것이 터잡고 있는 도시계획시설결정의 효력의 종기를 별도로 정하고 있고(동법 제88조 제9항), 시행자 지위의 존속여부에 대해서는 특별한 언급이 없다. 이상의 점을 고려하면, 실시계획인가의 실효 여부와 사업시행자 지위의 실효 여부를 곧바로 연결할 실정법상의 근거가 부족하다고 사료되는바, 실시계획이 실효되는 등의 경우에도 별도로 행정청이 사업시행자 지정 취소에 나아가지 아니하는 이상 시행자 지위 자체가 상실 또는 소멸하게 된다고 단정하기는 어려울 것이라 사료된다.

장기적으로는 논란의 소지를 피하기 위하여 사업시행자 지위의 종기에 대하여 명시적인 규정을 마련하는 방향으로 법령이 개정되는 것이 바람직할 것이라 사료된다.

제17장 공공시설

I. 의의

국토계획법은 "도로·공원·철도·수도, 그 밖에 대통령령[1]으로 정하는 공공용시설"을 공공시설이라고 정의한다(동법 제2조 제13호). 용어의 정의만 놓고 본다면, 공공시설은 '기반시설' 중의 일부 시설을 의미하는 것이 아니다. 기반시설의 개념과 별개로 공공시설이라는 개념이 존재하는 것이다. 따라서 어떠한 시설이 기반시설이면서 공공시설일 수도 있고, 기반시설이면서 공공시설이 아닐 수도 있으며, 역으로 기반시설이 아니면서 공공시설에는 해당하는 경우가 모두 있을 수 있다.

---

1 국토계획법 시행령 제4조(공공시설) 법 제2조제13호에서 "대통령령으로 정하는 공공용시설"이란 다음 각 호의 시설을 말한다. <개정 2009. 8. 5., 2011. 3. 9., 2017. 9. 19., 2018. 11. 13.>
　　1. 만·공항·광장·녹지·공공공지·공동구·하천·유수지·방화설비·방풍설비·방수설비·사방설비·방조설비·하수도·구거
　　2. 행정청이 설치하는 시설로서 주차장, 저수지 및 그 밖에 국토교통부령으로 정하는 시설
　　3. 「스마트도시 조성 및 산업진흥 등에 관한 법률」 제2조제3호다목에 따른 시설

공공시설은 '공공용 시설'이다. 그런데 기반시설 또한 '공공성'이나 '공적필요성'을 요건으로 하는 것이므로 사실 '공공용'이라는 표지만으로는 양자를 엄밀하게 구분하기는 어렵다. 때문에 문헌상으로는 공공시설 또한 기반시설의 하위개념으로 '행정청이 관리할 필요성'이 인정되는 시설을 공공시설이라고 보는 견해도 존재한다.[1] 또한 문헌상으로는 '공공성의 강도'에 초점을 맞추어서 「기반시설 ⊃ 도시계획시설 ⊃ 공공시설」과 같은 포함관계로 설명하는 견해도 발견된다.[2] 다만, 실정법상으로는 공공시설과 기반시설의 외연은 약간의 차이를 보이고, 정의규정들이 상호 의존관계를 보이지 않고 독립적인 이상 양자의 외연을 구태여 달리 정한다고 하여 문제가 될 소지는 적다.

공공시설이라는 용어의 구별실익은, 공공시설에 해당할 경우 무상귀속의 대상이 된다(국토계획법 제65조, 제99조)는 것에 있다.[3] 즉 개발행위허가 또는 도시계획시설사업 혹은 타 법령상의 인허가를 통하여 '공공시설'을 설치하더라도, 이는 기본적으로 이를 관리하는 행정청에 무상귀속되는 효과를 야기한다.

Ⅱ. 개념의 연혁

공공시설이라는 용어가 처음 등장한 것은 1962. 1. 20. 제정된 도시계획법에서이다. 다만 제정 도시계획법은 공공시설에 관한 명확한 정의규정을 둔 것은 아니었고, 토지구획정리사업(현재의 도시개발사업)과 관련한 규정에서 '토지구획정리'라는 용어를 정의하면서 "도로, 광장, 하천, 공원 기타 공공시설"이라는 표현을 사용하면서 공공시설이라는 단어를 사용하였던 것에 불과하여(제정 도시계획법 제26조 제1항), 공공시설이라는 용어에 특별한 의미가 부여되었던 것은 아니었다.[4] 이후 1971. 1. 19. 전부개정 도시계획법에서 본격적으로 '공공시설'이라는 용어가 사용되기 시작하였는데, 재개발사업의 시행요건을 규정한 구 도시계획법 제31조 제4호 등에서 '공공시설'이라는 표현이 사용되거나, '제64조(공공시설관리자의 비용부담)'이나 '제83조(공공시설 및 토지등의 귀속)' 등과 같은 조문에서 '공공시설'이라는 용어가 사

---

1 강신은, 기반시설, 도시계획시설 및 공공시설, 도시개발신문 http://www.udp.or.kr/v2.0/bbs/oard. hp?bo_able=colum03&wr_id=75&page=3(최종접속일 2020. 12. 24.).
2 이현수, 도시정비법상 정비기반시설의 법적 쟁점, 행정법연구, 2011. 8., 350면 참조.
3 이와 같은 공공시설의 개념과 인접개념의 구분에 대하여는 이승민, 공공시설의 무상귀속에 관한 소고, 행정법연구, 2012. 12., 341면 내지 344면의 논의 참조.
4 허지인, 개발사업법상 공공시설에 관한 공법적 연구, 서울대학교 대학원 박사학위논문, 2020, 30면 참조.

용되었다. 다만, 해당 시기에도 '공공시설'의 명확한 의미는 정의되지 아니하였다.

공공시설에 대한 정의규정이 등장한 것은 1992. 6. 15. 일부개정된 도시계획법이다. 동법은 공공시설을 "도로·공원 기타 대통령령이 정하는 공공용 시설"이라고 정의하여 공공(公共)이 사용하는 시설이라는 의미를 명확히 하였다.

제18장 국가계획

Ⅰ. 의의

1. 개념의 의미

국토계획법은 "중앙행정기관이 법률에 따라 수립하거나 국가의 정책적인 목적을 이루기 위하여 수립하는 계획 중 제19조 제1항 제1호부터 제9호까지[1]에 규정된 사항이나 도시·군관리계획으로 결정하여야 할 사항이 포함된 계획"을 국가계획이라고 정의한다(제2조 제14호). 즉 도시기본계획이나 도시관리계획의 내용으로 결정되어야 하는 사항들 중 범 국가적인 필요성이 있는 사항에 대하여 수립하는 계획이 바로 국가계획인 것이다. 정의에서 살펴볼 수 있듯, 국가계획은 도시기본계획과 도시관리계획의 내용을 모두 포함할 수 있는 것이기는 하다. 다만, 실정법상으로는 국가계획이 곧바로 구속적 행정계획인 도시관리계획의 역할을 수행한다는 규정은 발견되지는 않는다.[2] 다만, 국가계획에 관한 규정과 별개로, 국토교통부장관의 경우에는 직접 도시관리계획을 입안·결정할 권한을 가지므로(국토계획법 제29조 제2항), 구태여 '국가계획'이라는 이름으로 계획을 수립할 필요성이 인정되기는 어려워 보인다.

참고로, 입법자료상[3] 국가계획의 대표적인 사례로는 산업단지 개발계획(산업입

---

1 도시기본계획의 내용에 관한 조문이다.
2 국토계획법은 도시기본계획과 도시관리계획을 공간적 범주로만 정의하고 있어(제2조 제2 내지 4호 참조), "누가" 수립한 것인지에 대하여는 포함하고 있지 않다. 따라서 정의만 두고 본다면, 국가계획이 도시기본계획이나 도시관리계획의 지위를 지니게 된다고 볼 수도 있을 것으로 생각되기는 한다.
3 국회 국토해양위원회, 국토의 계획 및 이용에 관한 법률 일부개정법률안(정부 제출) 검토보고서, 2010. 2., 48면.

지 및 개발에 관한 법률), 택지개발계획(택지개발촉진법), 보금자리주택지구의 지정계획(보금자리주택 건설 등에 관한 특별법), 도시개발구역의 지정계획(도시개발법), 광역개발사업계획(지역균형개발 및 지방중소기업육성에 관한 법률) 등이 언급되고 있다.

2. 수립권자와 절차

정의규정에서 살펴볼 수 있듯이 국가계획은 국토교통부장관이 아닌 다른 중앙행정기관의 장도 수립할 수 있다. 다만, 국토계획법은 국가계획의 수립절차나 방법 등에 대하여는 별다른 규정을 두고 있지 않다. 그러나 주민들의 참여와 의견수렴을 기본적인 대원칙으로 정하고 있는 국토계획법의 취지와 체계를 고려할 때, 최소한 그에 준하는 정도의 절차는 거치는 것이 타당하다고 사료된다.

3. 국가계획의 구속력

국토계획법은 "광역도시계획 및 도시·군계획은 국가계획에 부합되어야" 한다고 정함으로써(국토계획법 제4조 제2항), 국가계획의 우열관계를 명확히 하고 있다. 다만, 이는 선언적인 의미로 파악하는 것이 적절할 것으로 보이는데, 도시기본계획과 관련하여 동일한 내용의 규정을 두고 있음에도(동법 제25조 제1항), 도시기본계획의 구속력이 인정되지 않는 것처럼, 국가계획 또한 위 조항에 근거하여 곧바로 대외적인 구속력이 인정된다고 단정하기는 어렵다. 다만, 국가계획에 위배되는 도시관리계획은 그 자체로 계획재량을 일탈·남용한 것으로 판단될 소지가 있을 것으로 보이고, 이와 같은 법리를 통하여 국가계획의 구속력이 간접적으로 담보될 수 있을 것이라 사료된다.

Ⅱ. 개념의 연혁

국가계획이라는 단어 자체는 1971. 1. 19. 전부개정 도시계획법 제11조 제1항에서 처음 등장하였다. 당시 특별한 정의규정은 두고 있지 않았고 단지 "국가계획과 관련하여 필요하다고 인정할 때" 건설부장관이 도시계획을 입안할 수 있도록 하여, 건설부장관의 도시계획입안권을 인정하는 근거요건으로서 등장하였다. 그러나 이외의 조문에서는 국가계획이라는 용어가 사용되지 않았으므로, 이때의 국가계획은 단어 그대로 국가가 가지고 있는 정책 그 자체를 뜻하는 용어로 사용되었을 것으로 추측된다.

이후 1991. 12. 14. 일부개정 도시계획법에서 '광역계획제도'가 신설되면서, 그와 함께 '국가계획'에 관한 정의조항도 신설되어 현재에 이르고 있다.

제19장 용도지역

Ⅰ. 의의

1. 용도지역, 용도지역제 도시계획의 개념

국토계획법은 "토지의 이용 및 건축물의 용도, 건폐율, 용적률, 높이 등을 제한함으로써 토지를 경제적·효율적으로 이용하고 공공복리의 증진을 도모하기 위하여 서로 중복되지 아니하게 도시·군관리계획으로 결정하는 지역"을 용도지역이라고 정의한다(제2조 제15호). 이와 같은 정의규정에서 알 수 있듯, 용도지역은 건축허가요건의 가장 중요한 부분들이라고 할 수 있는 건축물의 용도, 건폐율, 용적률, 높이를 규율하는 도시계획이다. 토지소유자가 자신의 토지에 건축물을 신축하거나 증축할 때, 건축물대장에 기재된 용도를 변경하고자 할 때, 기본적으로 당해 토지에 대하여 설정되어 있는 용도지역을 살펴보아야 한다.[1] 용도지역별로 허용되어 있는 건축물의 용도가 달라질 뿐만 아니라, 용도지역에 따라 허용되는 건폐율, 용적률, 높이 등의 상한이 정해지게 된다. 용도지역을 확인한 다음 용도지역에 따른 원칙을 배제하거나 변경하는 내용의 지구단위계획 등은 없는지를 확인하는 방식으로 건축허가요건을 확인하게 된다.

용도지역 혹은 용도지역제 도시계획은 '도시'를[2] '상호 배타적'[3]인 여러 개의

---

[1] 용도지역은 토지이용계획원(luris.molit.go.kr)이나 각종 포탈사이트의 지도서비스를 통하여도 확인이 가능하다.

[2] 용도지역제 도시계획의 대상에 관하여 비판적인 논의가 존재한다. 본래 국토계획법 제정 이전에는 토지이용관계는 도시지역에 대하여는 도시계획법이, 그 이외의 곳에 대하여는 국토이용관리법이 정하고 있었는데, 흔히 우리가 알고 있는 주거, 상업, 공업, 녹지지역의 용도지역은 '도시지역'에 대하여 설정되는 것이었다. 때문에 용도지역은 '도시지역'에 대하여 설정되는 개념으로 사용되었던 것이다. 그러나 도시계획법과 국토이용관리법이 통합되면서 국토이용관리법상의 용도지역인 농림지역, 자연환경보전지역과 같은 것들이 통합되었고, 따라서 더 이상 '용도지역이 설정된 곳은 도시지역이다'라는 명제가 성립할 수 없게 되었다. 이와 같은 개념적 논의에 관하여는 김종보, 건설법의 이해, 제6판, 피데스, 2018, 197면과 293면 내지 294면의 논의를 참조하라.
용도지역제의 운용과정이나 연혁 등에 대하여는 윤지은, 용도지역제 도시계획의 체계에 관한 연

'지역'으로 구분한다. 쉽게 말해 도시에 소재한 토지들을 주거, 상업, 공업, 녹지지역 등으로 구분하여 지정하는 것이다. 용도지역제 도시계획은 이렇게 지역을 '지정하는 것' – 곧, 지역의 이름표를 붙이는 것까지를 관장한다.

각 지역의 특색이나 취지에 맞게 건축허가요건의 대강을 정하게 되는 것은 '법령'이다. 예컨대 주거지역이라면 뜬금없이 공장 같은 용도의 건축물이 등장하면 곤란하다. 때문에 주거지역에는 어떠한 용도의 건축물이 허용되는지 혹은 허용되지 않는지를 정하여야 한다. 또한 상업지역이라면 – 그것도 중심업무지구에 속하는 상업지역이라면 적어도 건축물을 높고 고밀도로 지을 수 있도록 허용하여 경제적인 토지이용을 꾀할 필요가 있다. 이를 위해서 높은 용적률과 건폐율, 높이 등의 부여가 필요하다. 이와 같은 각 사항들은 모두 '법령'에 따라 정해진다. 용도지역제 도시계획 – 곧, '계획'으로서 정하는 것은 원칙적으로 '용도지역'이라는 명찰에 한정된다. 국토계획법은 제76조 내지 제78조에서 위 각 건축허가요건들에 대하여 정하고 있고, 이는 위임을 거쳐 최종적으로는 시·도 조례에 의하여 일부가 정해지는 경우가 있다. 따라서 어떤 용도지역 내에서 허용되는 용도나, 건폐율, 용적률 등을 확인하기 위해서는 해당 시·도 조례의 내용까지를 모두 확인하여야 한다.

2. 도시계획의 '대강' 혹은 '틀'로서 용도지역

이러한 측면에서 보면, 용도지역제 도시계획은 그 자체로는 간명하지만, 공간에 대한 계획을 상세하고 치밀하게 규율할 수는 없다는 단점을 지닌다. 행정청의 입장에서는 용도지역을 구분하여 '색칠'만 하면 나머지 내용은 법령에 의하여 정해지는 것이므로 간편하다. [아마도 이러한 간편함 때문에, 용도지역제 도시계획이 오늘날 도시계획의 가장 기본 틀[1]을 이루고 있는 것은 아닌가 한다.] 그러나 용도지역을 지정하는 행정청은 용도지역을 달리하는 것 이외에 다른 사항을 계획의 내용에 포함시키기가 어렵다. 역으로 용도지역으로 정할 수 있는 규율이 상대적으로 경직적이기 때문에, 국토계획법 또한 용도지역으로 많은 것을 확정하려고 들지 않는 것이기도

구, 중앙대학교 대학원 석사학위논문, 2006. 2., 42면 내지 67면의 논의가 가장 완결적이고 상세하므로 이를 참조.

3 배타적이라는 말은 곧, 용도지역이 겹치는 경우는 상정될 수 없다는 의미이다(김종보, 건설법의 이해, 제6판, 피데스, 2018, 293면 참조). 다만, 하나의 필지에 여러 용도지역이 설정될 수는 있다. 노선상업지역이 대표적인데, 예컨대 한 필지를 둘로 나누어 여기는 주거지역, 저기는 상업지역 이런 식으로 지정하는 경우다. 노선상업지역에 대하여는 용도지역에 대한 제84조 부분에서 후술한다.

1 문헌상으로도 용도지역을 "우리나라 토지이용통제의 기본"이라는 등의 표현이 발견된다. 민태욱, 지구단위계획의 본질과 법제도의 재검토, 토지공법연구, 2012. 5., 174면 인용.

하고, 용도지역을 통하여는 건축허가요건의 가장 핵심적인 사항들만에 대한 도시계획의 '대강' 혹은 '틀' 정도만을 규율하는 것이기도 하다.

이와 같이 도시계획의 '대강'이 용도지역에 의하여 정하여지고 나면, 그보다 상세하고 개별적인 내용은 보다 세부적인 계획수단을 통하여 규율된다. 구 도시계획법상의 상세계획, 현행법상의 지구단위계획이 대표적인 수단이다. 용도지역이 정하지 않은 영역에 대하여는 지구단위계획이 규율하게 된다.

3. 도시관리계획으로서 용도지역

용도지역은 도시관리계획의 지위를 갖는다(국토계획법 제2조 제4호 가목). 따라서 용도지역은 그 자체로 구속적 행정계획으로서의 의미를 지니며, 국민의 권리의무에 직접적인 영향을 미치게 된다. 용도지역의 개폐에 관련된 문제는 도시계획 간의 관계에 관하여 논의한 제4편에서 상세하게 논하도록 한다.

II. 제도의 연혁

용도지역 혹은 용도지역제 도시계획의 기원은 조선시가지계획령까지 거슬러 올라간다. 동령은 "조선총독은 시가지계획구역 안에서 주거지역·상업지역 또는 공업지역을 지정할 수 있다"라고 하여(제15조) 시가지계획구역 – 곧, 오늘날의 도시지역 또는 도시계획구역 내에서 이를 세분화하여 용도지역을 지정할 수 있도록 정하였다.[1] 이렇듯, 초기의 용도지역제도는 '도시계획구역' – 즉 도시계획이 수립되어 있는 공간적인 범위 내에서 지정되는 것이었는데, 이 때문에 용도지역이 지정된 곳은 곧 도시계획구역이자 도시지역 – 더 간략히는 '도시'라고 불린다는 명제가 성립될 수 있었던 것이기도 하다. 조선시가지계획령에 의한 용도지역은 주로 건축물의 용도(동령 제16 내지 18조[2])에 초점을 맞추고 있었을 뿐, 그 이외의 건축허가요

---

[1] 관련하여 국토교통부, 국토의 계획 및 이용에 관한 법률 해설집, 2018, 72면 참조.
[2] 조선시가지계획령 제16조 건축물로서 주거의 안녕을 해칠 우려가 있는 용도로 제공하는 것은 주거지역 안에 건축할 수 없다.
제17조 건축물로서 상업의 편리를 해칠 우려가 있는 용도로 제공하는 것은 상업지역 안에 건축할 수 없다.
제18조 ① 공장·창고 기타 이에 준하는 건축물로서 규모가 큰 것 또는 위생상 유해 또는 보안상 위험의 우려가 있는 용도로 제공하는 것은 공업지역 안이 아니면 건축할 수 없다.
② 조선총독은 필요하다고 인정되는 때에는 전항의 건축물로서 현저하게 위생상 유해 또는 보안상 위험의 우려가 있는 용도로 제공하는 것에 대하여는 전항의 지역 안에서 그 건축에 대하여 특

건들에 대하여는 특별한 관심을 두지 아니하였다.

이후 용도지역제 도시계획은 1963. 1. 20. 제정된 도시계획법으로 그대로 계수되었다. 도시계획법의 개정과정에서 용도지역의 종류가 점진적으로 세분화되기 시작하였고, 행위제한이나 건축허가요건에 관한 규율들도 상세하게 다듬어지기 시작하였다.[1]

건국 후 한동안 '용도지역'은 좁은 의미의 용도지역제 – 곧, 조선시가지계획령에서부터 내려온 전통과 같이 도시지역 혹은 도시계획구역을 대상으로 지정되어오던 용도지역과 별개로, 넓은 의미의 용도지역제 – 곧, 국토이용관리법이 정하는 용도지역이 이원적으로 운영되어왔다. 쉽게 말해 도시지역은 도시계획법이, 그 외의 지역은 국토이용관리법이 규율하여왔던 것이다. 이를 통합한 것이 2003년 제정된 국토계획법인데, 이를 통하여 '용도지역'의 의미가 '넓은 의미'의 용도지역으로 통합되었다.

Ⅲ. 용도지역 개념의 한계 및 비판론[2]

우리 법제에서 주(主)가 되는 용도지역제 도시계획은 침묵하는 범위가 광범위하다. 도시계획의 내용으로서 정해져야 할 것이 용도지역·기반시설·건축단위·건축허용성·건축허가요건이라면,[3] 용도지역제 도시계획은 건축단위, 건축허용성에 관하여 일절 규율하지 않는다. 문헌상으로는 용도지역을 폐지하고 지구단위계획으로 점진적으로 전환하여가야 한다는 논의도 발견된다.[4]

용도지역제 도시계획이 토지이용관계에 개입하는 방식은 소극적이다. 소극적이라는 말은 두 가지 의미를 지닌다. ① 먼저 가능한 행위를 규정하는 것이 아니라, 불가능한 행위를 제한하는 방식을 취한다는 점에서 소극적이다. 용도지역지정의 근거 조문이 되는 국토계획법 제36조는 용도지역의 종류만을 나열하고 있고, 각 용도지역이 무엇인지에 대한 정의만 내리고 있을 뿐, 구체적인 규율을 담고 있지 않

별지구를 지정할 수 있다.

1 이와 같은 상세한 변경의 연혁에 대하여는 국토교통부, 국토의 계획 및 이용에 관한 법률 해설집, 2018, 73면 내지 97면의 논의를 참조하라.
2 본 항의 논의는 저자의 개발행위허가에 관한 연구, 서울대학교 법학전문석사학위논문, 2015. 2., 117면 내지 118면의 논의를 발췌, 재정리한 것임을 밝힌다.
3 김종보, 건설법의 이해, 피데스, 2013, 205면.
4 민태욱, 지구단위계획의 본질과 법제도의 재검토, 토지공법연구, 2012. 5., 172면 참조.

다. 예컨대 주거지역을 「거주의 안녕과 건전한 생활환경의 보호를 위하여 필요한 지역」이라 정의하는 것만으로는(제36조 제1항 제1호 가목) 구체적으로 주거지역에 어떠한 경관이 나타나게 될 지를 예상할 수가 없다. 다만 동법 제76조 제1항은 소극적으로나마 용도지역에서의 일정한 건축행위들을 제한한다. 즉 나타나게 될 경관은 알 수 없지만, 나타나지 않게 될 경관은 알 수 있게 된다. 동항의 위임을 받은 시행령 제71조 및 별표에서 제한되는 건축물의 용도·종류·규모 등이 정해진다.

② 소극적이라는 말의 두 번째 의미는 적극적인 도시형성의 기능을 수행하지 못한다는 뜻이다.[1] 물론 궁극적으로 물리적인 개발행위를 하는 주체는 대부분 사인일 것이다. 국가가 주체가 되어 직접 공사를 벌이는 경우는 예외적일 것이다. 따라서 여기서의 '형성'의 의미는 결코 도시계획가가 직접 물리적인 경관 변화를 가져오게 한다는 의미가 아니다. 다만 이는 사인이 개발행위에 나서기까지의 '모든 선제조건들'을 형성한다는 의미이다. 도시의 외관을 관념적인 차원에서나마 얼마나 완전한 모습으로 그려낼 수 있는가의 문제이다. 그렇다면 건축허용성과 건축단위를 규율하고 있는지 여부가 적극적 형성의 기능을 수행하고 있는지 여부를 판단하는 핵심기준이 될 수밖에 없다.

이러한 측면에서 보면 건축허용성과 건축단위를 정하는 독일의 B-Plan은 적극적이다. 독일의 도시계획은 블록 단위의 구획과 건물용도, 층수, 위치, 형태, 외관, 외벽, 색채까지도 상세히 결정한다.[2] 더 나아가 영국의 계획허가(Planning Permission)는 매우 적극적인 형성의 기능을 한다. 명칭과 달리 영국의 계획허가는 개별적 처분이 아닌, 행정계획·도시계획에 가깝다. 상위계획(Development Plan)의 내용 외에 법률에 근거하지 않은 사유를 들어서도 폭넓은 재량을 행사할 수 있는 것이 계획허가이다.[3] 건축에 귀결되는 모든 선결조건들을 계획허가의 형성단계에서

---

1 비슷한 관점에서, 우리의 용도지역제 도시계획이 건폐율과 용적률과 같은 밀도 위주의 규율만을 함으로써 토지나 건축물에 대한 상세한 통제를 하지 못하고 통일적 지역외관의 형성에도 기여하지 못한다는 비판이 존재한다. 민태욱, 지구단위계획의 본질과 법제도의 재검토, 토지공법연구, 2012. 5., 176면 참조.
2 Dieterich Hartmut und Jürgen Koch, BAULEIT-PLANUG, Deutsche Verlags-Anstalt GmbH, 1977, p. 67, 동재욱, 한정섭, 서독, 일본간의 도시계획제도 비교연구, 대한건축학회 논문집, 1989. 4., 22면에서 재인용.
3 물론 시기에 따라 다르기는 하지만, 대체로 계획허가는 법률에 근거하지 않은 사유들도 고려되었다. 1980년대 대처 정부 시절에는 개혁을 명목으로 계획허가를 거의 기속적인 행위로 만들어버리기도 했으나, 1990년대 들어 '지속가능한 개발'의 패러다임이 확산되면서 이러한 경향은 수그러졌다. 이에 관하여는 이성룡, 영국의 도시계획제도 및 개발규제에 관한 연구, 경기개발연구원, 2007. 12. 참조.

도시계획가가 판단할 수 있는 것이다. 물론 이는 2차대전 전후, 개발권을 국유화하려 했던 영국의 시대적 배경에서 기인하는 바도 있었다.[1] 개발권을 쥐고 있는 도시계획가가 도시의 구체적이고 완전한 모습을 그려낼 수 있다고 생각했던 것이다.

Ⅳ. 용도지역의 종류

현행 국토계획법은 용도지역을 도시지역, 관리지역, 농림지역, 자연환경보전지역의 4종으로 구분한 다음, 도시지역 내에서 주거, 상업, 공업, 녹지지역의 4종의 용도지역을 구분하고 있다. 상세한 내용에 대하여는 본서의 국토계획법 제36조 항목에서 논하기로 한다.[2]

제20장 용도지구

Ⅰ. 의의

국토계획법은 "토지의 이용 및 건축물의 용도·건폐율·용적률·높이 등에 대한 용도지역의 제한을 강화하거나 완화하여 적용함으로써 용도지역의 기능을 증진시키고 경관·안전 등을 도모하기 위하여 도시·군관리계획으로 결정하는 지역"을 용도지역이라고 정의한다(제2조 제16호). 이와 같은 개념 정의에서 살펴볼 수 있듯이, '용도지구'는 '용도지역'의 틀 안에서 작동하는 — 곧, 용도지역제 도시계획에 대하여 종속적인 관계에 있는 도시계획이라고 할 수 있다. 용도지구는 용도지역이 커버하지 못하는 구체적이고 세부적인 영역에 대하여 규율하는 수단인바, 용도지역을 보완하고 보조하기 위한 도시계획이라고 할 수 있다. 이와 같은 용도지구의 위상 때문인지, 법학의 영역에서는 특별히 '용도지역'과 분리하여 '용도지구'만을 다루는

---

1 김제국, 영국 계획허가제 운용에서 도시기본계획의 위상과 역할에 관한 연구, 경기개발연구원, 2008. 12., 33면.
2 그 외 용도지역에 대한 비교법적 접근에 대하여는 향후 개정과정에서 보충하고자 한다. 우리 용도지역제의 연원에 대하여는 독일, 미국, 영국 등의 제도가 논의되고는 하는데 명확한 법학적인 분석이 필요하다. 참고로, 국내 문헌 중에는 강식, 김재령, 리철규, 용도지구 지정 및 운영방안에 관한 연구, 경기연구원, 2002. 12., '제2장 용도지구제의 이론적 검토' 항목에서 타국의 제도에 대한 상세한 설명이 있으므로 참조.

문헌은 발견되지 않는 것으로 보인다.

용도지역을 보완한다는 의미에서 용도지구는 지구단위계획에 비견될 수 있다. 그러나 양자는 형식상 큰 차이를 보인다. 지구단위계획은 그 자체로 완결적인 계획이 될 수 있다. 즉 지구단위계획의 내용에는 건축허가요건에 관한 각종의 규율들을 종합적이고 완결적으로 담을 수 있다는 것이다. 단순한 도면뿐만 아니라 시행지침과 같은 부속서류를 통하여 이와 같은 완결적인 도시계획을 규율할 수 있다. 반면, 용도지구는 '지구'를 지정하는 것이다. 즉 용도지역과 마찬가지로 '지구'를 지정한 경우의 '효과'나 '내용'은 용도지구 자체가 아니라 주로[1] 법령에 의하여 정해진다. 따라서 지구단위계획과 달리 용도지구는 그 자체로는 건축허가요건에 대한 완결적인 규율을 하지 못하고, 개별 용도지구의 명칭이나 특성에 걸맞는 수준의 규율만을 하게 된다. 예컨대 '경관지구'면 '경관'의 보전이나 형성에 관한 내용만을 정할 수 있는 식이다.

용도지역과 다른 용도지구의 특성은 동일한 공간에 대하여 여러 개의 용도지구를 복수로 지정할 수 있다는 점이다.[2] 용도지구는 그 자체로 소규모 공간에 대하여 필요에 따라 지정하는 것일 뿐만 아니라, 각 지구의 목적이나 규율 내용이 다르기 때문에, 이와 같은 중복지정이 허용된다고 보아야 한다. 다만, 용도지역의 성격에 따라 특정한 용도지구의 지정이 불가할 수도 있다.[3] 예컨대 절대적인 개발이 금지되어 있는 곳이라면 그곳에 대하여 개발을 허용하는 취지의 용도지구를 지정하기는 어려울 것이다.

II. 개념의 연혁

용도지구에 관한 규정 – 보다 정확하게는 '지구'에 관한 규정은 1962. 1. 20. 제정된 도시계획법에서부터 등장하였다. 당시 법은 "국토건설청장은 필요하다고 인정할 때에는 각령의 정하는 바에 의하여 도시계획구역 내에 풍치지구, 미관지구,

---

1 물론 개별법령에 따라 세부적인 계획으로서 당해 용도지구에서의 건축허가요건을 규율하는 경우도 있다. 때문에 '주로'라는 표현을 쓴 것이다. 대표적으로 경관지구로 지정되면, 계획고권을 지닌 지방자치단체장(경관법 제7조 제1항 참조)들은 경관계획을 수립하여 그 내용대로 건축허가요건을 규율한다. 물론 이 경우에도 '경관지구' 또는 '경관계획'을 통하여 규율할 수 있는 건축허가요건은 '경관'에 관한 것에 한정된다(이러한 측면에서 지구단위계획과 용도지구의 위상을 동등하게 비교하기는 어려운 것이기도 하다).

2 정태용, 국토계획법, 개정판, 한국법제연구원, 2005, 215면.

3 정태용, 국토계획법, 개정판, 한국법제연구원, 2005, 215면.

방화지구, 교육지구 및 위생지구를 설정할 수 있다"라고 정하고 있을 뿐(제22조 제1항), 특별히 지구제 도시계획이 용도지역에 종속되는 것이라고는 정하지 않고 있었다. 이후 도시계획법은 '지역 또는 지구에서의 건축제한'이라는 조문제목과 같이 용도지역과 지구를 함께 묶어서 언급해왔다. 현재와 같이 '용도지구'라는 명칭이 독립적으로 정의되고, 용도지구가 '용도지역'에 부수하는 것이라는 규정이 등장한 것은 2003년 국토계획법 제정에 이르러서이다.

Ⅲ. 용도지구의 종류

용도지구의 종류에 대하여는 국토계획법 제37조 제1항이 상세하게 정하고 있다. 동항은 경관지구, 고도지구, 방화지구, 방재지구, 보호지구, 취락지구, 개발진흥지구, 특정용도제한지구, 복합용도지구 등의 9개 지구를 정하는 한편, 그 외 대통령령으로서도 지구를 추가로 정할 수 있도록 위임하고 있다. 관련된 논의는 해당 조문에 대한 항목에서 서술하기로 한다.

제21장 용도구역

국토계획법은 "토지의 이용 및 건축물의 용도·건폐율·용적률·높이 등에 대한 용도지역 및 용도지구의 제한을 강화하거나 완화하여 따로 정함으로써 시가지의 무질서한 확산방지, 계획적이고 단계적인 토지이용의 도모, 토지이용의 종합적 조정·관리 등을 위하여 도시·군관리계획으로 결정하는 지역"을 용도구역이라고 정의한다(제2조 제17호). 조문의 내용에서 알 수 있듯, 용도구역의 본질은 용도지역이나 용도지구와의 관계에서 규명될 수밖에 없다. 정의규정만 놓고 본다면, 용도구역이나 용도지구가 지정되어 있는 경우를 전제로 하여, 그 규율 내용을 한번 더 강화하거나 완화하는 것 – 곧, 용도지역·지구와 병존하고 양립하는 도시계획으로서 용도구역 혹은 용도구역제 도시계획의 의미가 해석될 소지가 다분해 보인다. 실무적으로도 용도구역이 지정되어 있는 곳을 보면 용도지역이 중복하여 지정되어 있는 모습을 확인할 수 있다.[1]

---

1 예컨대, 서울 서초구 내곡동 산 13-248을 예로 들면, 이는 개발제한구역(용도구역)이 지정되어 있

그러나 실제 용도구역이 운영되는 모습을 보면, 용도구역이 지정된 곳에서는 용도지역이 큰 의미를 갖지 못한다. 용도구역의 대표적인 사례가 개발제한구역인데(국토계획법 제38조), 개발제한구역에서는 건축행위를 포함한 개발행위가 전면적·원칙적으로 금지되므로 여기어 어떠한 용도지역이 지정되어 있는지는 사실 중요하지가 않다.[1] 더욱이 개발제한구역에서 허락되는 건축물의 용도나 규모 등은 모두 개발제한구역법에 의하여 규율되므로(동법 제12조 참조), 용도지역에 의하여 정해지는 건축허가요건이 특별히 의미를 갖지도 않는다. 문헌상으로는 이와 같은 '용도구역제' 도시계획을 '용도지역제' 도시계획과 별개의 연원을 지니는 도시계획으로 분류한 다음, 양자를 상호 배타적이면서 양립불가능한 개념으로 파악하여야 한다는 논의도 존재한다. 즉 용도구역이 지정된 곳에서는 용도지역이 양립할 수 없다는 것이다.[2]

한편, 용도지구와 달리 용도구역 간에는 상호 배타성이 인정된다. 즉 여러 개의 용도구역이 중복하여 지정될 수 없다.[3] 그러나 전술한 서울 외곽의 개발제한구역의 사례를 보듯이, 실무적으로는 개발제한구역(국토계획법 제38조)과 도시자연공원구역(동법 제38조의2)의 용도구역이 중복하여 지정되어 있음을 확인할 수 있는바, 법리와 실무 간의 괴리가 존재한다.

제22장 개발밀도관리구역

I. 의의

국토계획법은 "개발로 인하여 기반시설이 부족할 것으로 예상되나 기반시설을 설치하기 곤란한 지역을 대상으로 건폐율이나 용적률을 강화하여 적용하기 위하여 동법 제66조에 따라 지정하는 구역"을 개발밀도관리구역으로 정의한다(제2조 제18호).

음과 동시에 자연녹지지역(용도지역)이나 도시자연공원구역 등이 중복하여 지정되어 있음을 알 수 있다. 후술하다시피, 이에 대하여는 비판적인 논의가 존재한다.

1 김종보, 건설법의 이해, 제6판, 피데스, 2018, 202면 참조.
2 김종보, 건설법의 이해, 제6판, 피데스, 2018, 202면 참조.
3 정태용, 국토계획법, 개정판, 한국법제연구원, 2005, 216면.

Ⅱ. 기반시설연동제와 개발밀도관리구역

정의에서 살펴볼 수 있듯, 개발밀도관리구역은 그 자체로 기반시설의 수요·공급과 연관된 개념이다. 대규모 개발사업의 경우 통상 그 인허가에 대한 행정청의 강한 재량권이 인정되는데, 그러한 재량권에 기초하여 기반시설 설치비용을 기부채납과 같은 방식으로 사업시행자에게 부담시킬 수 있게 된다.[1] 이러한 경우라면 개발로 인하여 늘어나는 기반시설 수요를 어느 정도 충당할 수 있게 된다. 그러나 문제는 그와 같이 대규모 택지를 한꺼번에 조성하는 것이 아니라, 점진적이고 개별적으로 개발이 일어나는 경우이다. (ⅰ) 건축허가는 원칙적으로 기속행위[2]이므로 그에 대하여 기부채납 부관을 붙이는 경우를 쉽게 상정하기 어려울 뿐만 아니라, (ⅱ) 가사 개별적인 건축행위·개발행위마다 기반시설을 조금씩 설치하게 한다고 하더라도 인근 일대의 전체적인 기반시설 수요를 감안하여 기부채납을 받는 것도 쉽지 않다. 때문에 개별적인 건축행위가 다발적으로 발생하면서 개발이 일어나는 경우에는 필연적으로 기반시설의 부족 문제가 야기될 수밖에 없으며, 이는 곧 난개발로 이어지게 된다.

때문에, 2003년 국토계획법 제정 당시 '기반시설연동제'라는 새로운 관념을 도입하게 이르렀는데, 이는 새로운 개발행위에 대하여 인허가와 기반시설 확보 문제를 '연동'시키는 제도를 의미한다. 쉽게 말해 신규 인허가를 내어주더라도 기반시설 용량이 충분히 감당가능한지를 고려하도록 할 뿐만 아니라, 만일 부족할 것으로 예상되어 확충이 필요하다면 그 확충에 따르는 비용을 인허가를 받는 개발행위자에게 부담토록 하는 제도인 것이다.[3] 2003년 국토계획법은 그에 따라 기반시설부담구역제도나 기반시설부담금, 그리고 본 장의 개발밀도관리구역 등의제도를 도입하게 된다. 즉 개발밀도관리구역 제도는 기반시설연동제의 '하부제도'라고 파악할 수 있다.[4]

개발밀도관리구역 제도는 앞서 설명한 '구역제' 도시계획의 일환이다. 구역을

---

1 행정청에 재량권이 인정되는 경우, 별다른 법적인 근거가 없더라도 기부채납 등의 부관을 붙일 수 있기 때문이다. 물론 이에 대하여는 '부당결부금지 원칙'과 같은 한계가 존재한다. 홍정선, 행정법원론(상), 제28판, 박영사, 2020, 513면 내지 514면 참조.

2 대법원 1995. 6. 13 선고 94다56883 판결 등. 다만, 토지형질변경이 수반되는 등의 경우에는 예외적으로 재량행위로서의 성질이 인정된다(대법원 2005. 7. 14. 선고 2004두6181 판결).

3 이상 김형복, 개발행위에 따른 기반시설연동제 운영방안, 국토, 2002. 3., 22면 참조.

4 방수석, 김형복, 개발밀도관리구역 지정에 의한 개발밀도의 변화가 도로 시설에 미치는 영향에 관한 연구, 국토계획, 2003. 6., 176면.

지정하는 방식으로 개발밀도를 관리하겠다는 것인데, 구체적으로 동 제도는 기반시설 여건에 따라 허용용적률을 '강화'하는 방식으로 기반시설의 수급을 관리하고 적정한 개발밀도를 관리한다.[1] 기반시설의 추가적인 확충이 불가능한 곳에서, 신규 개발행위로 인한 기반시설 용량 부족현상을 방지하기 위해 당해 용도지역에 적용되는 용적률을 최대한도의 50% 범위에서 강화하는 것이 본 제도의 핵심이다.[2]

이렇게 보면, 개발밀도관리구역 제도는 적극적인 개발을 보조하는 정책이 아니라, 개발을 억제하고 자제토록 하는 제도이다. 기반시설연동제 중에서도 ① 기반시설부담구역 제도의 경우에는 적극적인 개발을 금지하거나 제한하는 것이 아니라, 개발을 하려면 기반시설설치비용을 부담하라는 취지의 제도에 해당하는 반면, ② 개발밀도관리구역 제도는 아예 신규 개발행위의 규모를 일정 한도로 제한하는 방식으로 개발을 억제하고 자제시키는 제도일 뿐만 아니라, 기반시설의 '확충'이 아닌 '유지'에 초점을 두고 있는 제도라는 점에서 차이가 있다.

Ⅲ. 개념의 실익

개발밀도관리구역으로 지정되면 건폐율과 용적률이 강화 – 곧, 그 상한이 축소된다(국토계획법 제66조 제2항). 당해 구역 내에서 개발행위를 신청할 때에는 기반시설 설치 등에 관한 계획서를 제출하지 않는데(동법 제57조 제1항), 기반시설의 용량을 고려하여 이미 개발 규모의 상한을 줄여놓은 상황이므로, 추가적인 기반시설 신설계획을 제출하지 않아도 되도록 한 것이다.

제23장 기반시설부담구역

Ⅰ. 의의

국토계획법은 "개발밀도관리구역 외의 지역으로서 개발로 인하여 도로, 공원,

---

1 방수석, 김형복, 개발밀도관리구역 지정에 의한 개발밀도의 변화가 도로 시설에 미치는 영향에 관한 연구, 국토계획, 2003. 6., 176면 참조.
2 토지이용규제정보서비스(luris.molit.go.kr) – 정보마당 – 용어사전 – 개발밀도관리구역 항목 참조.

녹지 등 대통령령으로 정하는 기반시설의 설치가 필요한 지역을 대상으로 기반시설을 설치하거나 그에 필요한 용지를 확보하게 하기 위하여 제67조에 따라 지정·고시하는 구역"을 기반시설부담구역이라고 정의한다(제2조 제19호). 기반시설부담구역은 개발밀도관리구역과는 배타적인 관계에 있으므로, 양자가 중첩하여 지정될 수는 없다. 전술한 바와 같이 개발밀도관리구역은 기반시설의 추가, 확충을 전제하지 아니하고, 현재의 기반시설 용량 선으로 개발행위를 제한하려는 취지의 제도인 반면, 기반시설부담구역은 기반시설의 확충을 전제로 개발행위를 허용하는 제도이므로 양자는 성격상 양립할 수 없다.[1]

일정한 지리적 범위를 묶어서 해당 지역 내의 기반시설 설치 부담관계를 공평하고 효율적으로 규율하겠다는 노력은 비단 한국에 국한된 것은 아니다. 영국의 경우 2008년 Planning Act에서 Community Infrastructure Levy(CIL)라는 명칭의 제도를 도입하여 2010년부터 시행하고 있는데, 이 또한 우리 제도와 유사하게 개발사업자들 간의 공평한 기반시설 설치 분담, 부담 절차의 명확화 등의 취지에서 도입된 것이라 설명된다.[2] CIL을 부과하는 지방자치단체로서는 CIL로 설치할 동종의 기반시설에 대하여 개별적인 Planning obligation(우리의 기부채납과 유사한 제도)을 수취하는 것이 금지되고[3] 대상 지역에 대하여 적용할 부과율 등을 포함한 부과계획(charging schedule)을 사전에 수립하도록 하며,[4] 연면적 100 제곱미터 이상의 건물의 신축 등의 행위의 개시 시점에 CIL을 부과하는 등[5] 기초적인 구상은 우리의 기반시설부담구역 제도와 상당히 유사해 보이는 측면이 있다. CIL을 부과하는 지리적 기준과 관련하여, 2008년 Planning Act 등 관련 규정상으로 명확한 문구를 찾기는 어려우나,[6] 실무상 CIL의 부과계획(charging schedule)의 내용으로 부과구역(charging

---

1 입법자료상으로도 개발밀도관리제도는 "기반시설이 부족할 것이 예상되는 경우에는 개발밀도를 제한"하는 제도, 기반시설부담구역 제도는 "개발이 완료되어 더 이상 기반시설의 추가설치가 어려운 지역에 대하여" 적용되는 제도로 각기 설명되고 있다. 국회 건설교통위원회, 국토이용및계획에 관한법률안 검토보고서, 2001. 11., 14면 내지 15면.

2 Bowes, A., A practical approach to planning law (14th ed.). Oxford University Press. 2019, p. 418.

3 Bowes, A., A practical approach to planning law (14th ed.). Oxford University Press, 2019, p. 421.

4 A. Bowes, A practical approach to planning law(14th ed.), Oxford University Press, 2019, p. 419.

5 UK Government, Guidance Community Infrastructure Levy, 2019. https://www.gov.uk/guidance/community-infrastructure-levy 참조.

6 예컨대 UK Government, Guidance Community Infrastructure Levy, 2019에서도 특별히 구역지정에 관련한 언급 없이 부과주체(charging authority)인 지방정부가 부과관할구역(charging authority area)에 대하여 부과계획을 수립하여야 한다는 취지의 설명만이 등장한다. 참고로 기반시설의 종류 별로 별도의 CIL을 운영하기도 하는 것으로 보이는데, 런던의 경우에는 각 구(borough)별로 운영하는 CIL 이외에도 광역철도(crossrail)를 위한 CIL을 런던시장(Mayor of London)이 별도로 운

area 혹은 charging zone)이라는 표현을 사용하여 관할 행정구역 중 일정한 범위 내로 부과구역을 획정하거나,[1] 부과구역을 여러 범주로 나누어 차등적인 부과율을 규정하면서 부과율이 0인 구역을 포함[2]하는 등의 태도를 취하고 있다.

Ⅱ. 기반시설연동제와 기반시설부담구역

기반시설연동제의 등장배경과 기반시설부담구역 제도의 연관성은 개발밀도관리구역 제도 항목에서 서술한 바와 같다.

도시화로 인하여 시가지가 확장되면, 주로 확장된 시가지의 경계 부분에서 소규모 개발 시도들이 발생하는 경우가 많다.[3] 그런데 대규모 개발사업이 아니고서야 소규모 개발에 대하여 기반시설 설치를 위한 부관 등을 붙이는 것이 용이하지 않을 수 있으므로, 아무런 기반시설 설치비용을 부담하지 아니한 채 기존에 설치된 기반시설에 '편승' 또는 '무임승차' 하는 경우가 발생하게 된다. 문헌상으로는 기존 시가지의 기반시설에 아무런 비용 분담 없이 무임승차하는 '난개발'이 횡행하여 왔다고 지적하면서, 특히, 대규모 택지개발이 이루어지는 지역의 '주변'에서 주택, 공장, 축사 등과 같은 '소규모 개발'이 난립하는 현상이 빚어졌다고 지적거나, 이러한 소규모 개발들이 기반시설 설치부담을 회피하기 위한 취지에서 비롯된 것이라는 설명이 등장하기도 한다.[4] 이에 난개발을 초래하는 이러한 소규모 개발자들에 대하여도 기반시설 설치의무 또는 최소한 그 설치비용 정도는 공평하게 분담토록 하는 것에 입법론적인 관심이 모아졌다.[5] 이와 같은 문제에 대하여는 특히 기반시설 용량을 고려하지 않고 개별적인 인허가를 남발할 수 있도록 방치하였던 제도적인 공

영하고 있는 것으로 보인다(관련하여, https://www.towerhamlets.gov.uk/lgnl/lanning_and_building_ontrol/Infrastructure_planning/community_infrastructure_levy.aspx 참조).

1 예컨대, Mayor of London Community Infrastructure Levy 2 Charging Schedule, 2019, pp. 4-5 참조.

2 예컨대, The Royal Borough of Kensington and Chelsea, Community Infrastructure Levy(CIL) Charging Schedule, 2015 참조.

3 입법자료 또한 "공공택지개발지역 인근의 난개발" 문제를 지적하면서 기반시설연동제의 취지를 설명하고 있기도 하다. 국회 건설교통위원회, 기반시설부담금에 관한 법률안(정장선의원 대표발의) 검토보고서, 2005. 10., 6면 참조.

4 황금회, 기반시설 부담구역제도 활성화를 위한 제도개선 방안 연구, 정책연구, 2012. 3., 7면에서 인용.

5 소규모 개발자들과 비교하여, 대규모 개발자들은 대부분 그에 관련된 인허가가 재량처분에 속하여, 기반시설 설치에 관한 기부채납 부관을 붙일 수 있기에 행정청의 입장에서는 규제가 보다 용이한 측면이 있다. 따라서 기반시설부담구역제도는 이러한 대규모 개발자들이 아닌, 제도적 공백에 놓여있는 소규모 개발자들에 대하여도 공평한 부담을 분배토록 하는 것에 초점을 맞추었던 것이다.

백이 주된 원인으로 지목되어 왔고, 신규 인허가에 대하여 기반시설설치비용을 부담토록 양자를 연동하는 제도로서 기반시설부담구역 제도가 도입되었던 것이다.

Ⅲ. 제도의 연혁

1. 제정 국토계획법

2003년 제정 국토계획법은 '개발행위'와 '기반시설 설치'를 연동하는 '기반시설연동제'를 도입하였다. 법은 기반시설연동제의 일환으로 일정 범위의 지역을 '기반시설부담구역'으로 지정하도록 하여(제정 국토계획법 제67조 제1항) 해당 구역 내 기반시설설치의무 및 그 설치에 소요되는 비용을 '200제곱미터를 초과하는 건축물의 신축·증축 행위를 하는 자'들이 공평하게 분담하도록 하는 제도적 토대를 마련하였던 것이다. 다만, 이와 같은 분담을 위해서는 '구역지정'이 선행되어야 했는바, 달리 말하면 기반시설부담구역으로 지정되지 않은 곳에서는 기반시설부담금을 납부토록 할 법적인 근거가 없었던 것이다.

특기할만한 것은, 제정 국토계획법은 기반시설부담구역 지정 여부를 전적으로 관할 도시관리계획 입안권자의 재량에 맡기고 있었다는 점이다. 제정 국토계획법 제67조는 "다음 각호의 1에 해당하는 지역 중 기반시설의 용량이 부족할 것으로 예상되는 지역을 기반시설부담구역으로 지정할 수 있다"라고만 정하고 있을 뿐, 반드시 기반시설부담구역을 지정하여야 하는 경우에 대하여는 달리 규정하지 아니하였다.

2. 2006. 1. 11. 개정 국토계획법 – 전국토의 기반시설부담구역화

2006. 1. 11. 개정된 국토계획법은 개별 지방자치단체장이 지정권을 가지고 있던 기반시설부담구역 지정 제도를 폐지하고, 구역지정 여부와 관계없이 "국토 어디에서든지" 200제곱미터를 초과하는 건축물의 신축·증축 행위를 하는 자들에게 일률적으로 기반시설부담금을 부과하도록 하는 기반시설부담금제도를 전면적으로 실시하였다(2006. 1. 11. 개정 국토계획법 제67조[1]). 기반시설부담구역 지정이 선행되어야만, 그 공간적 범위 내에서 기반시설설치비용의 분담을 요구할 수 있었던 종전

---

1 2006. 1. 11. 개정 국토계획법 제67조(기반시설부담금) ① 제56조제1항제1호의 규정에 의한 건축물의 건축시에는 이에 따라 유발되는 기반시설의 설치·정비 또는 개량을 위한 기반시설부담금을 부과·징수하여야 한다.
② 제1항에 의한 기반시설부담금의 부과대상, 부과방법, 부과기준 등 기반시설부담금 부과에 대하여는 「기반시설부담금에 관한 법률」이 정하는 바에 따른다.

의 제도와 비교하면, 2006년 개정법에서의 변화는 사실상 '전국토'를 기반시설부담 구역으로 지정한 것이나 다름 없는 효과를 야기하였던 것이기도 하다.

참고로, 이와 같이 2006년 개정법에서 전국적인 기반시설부담금 제도를 시행하게 된 주요 배경으로는 재건축·재개발로 인한 부동산가격 폭등 문제 해결[1]이나 부동산 투기과열 방지 등이 언급되고는 한다.[2] 당시 제정된 기반시설부담금에 관한 법률 내용을 보면, 주택법, 도시개발법, 도시정비법 등에 따른 조합을 부담금 부담주체로 정하면서도 조합이 해산되는 등의 경우에 대해 조합원의 부담의무를 규정하고 있었는바(동법 제7조 제2항), 비용부담 증가로 인한 정비사업의 억제책을 의도한 것이라 추측된다. 그럼에도 불구하고, 기반시설부담금 제도가 도리어 일종의 조세 전가 행위에 따른 분양가 상승을 부추기게 되었다는 비판이 제기됨에 따라[3] 해당 제도는 약 1년 여 만에 폐지 일로를 걷게 된다.

3. 2008. 3. 28. 개정 국토계획법 - 기반시설부담구역 제도로의 회귀

그런데 2006년 국토계획법은 실제로 개별 지역에서 기반시설 설치가 필요한지 여부와 상관없이 무차별적으로 기반시설부담금을 부과하는 결과를 초래하였다. 그에 대한 비판적 논의[4]가 이어진 결과, 법 시행 1년 여 만에 국회는 전국토 중 필요한 곳을 선별하여 일부만을 기반시설부담구역으로 지정하도록 하여 '기반시설부담구역' 제도를 부활시키는 한편, 해당 구역 내에서 발생하는 개발행위에 대하여만 기반시설설치의무나 기반시설부담금을 분담토록 하는 내용으로 법률을 개정하기에 이르렀다. 즉 2008년 국토계획법이 다시 '기반시설부담구역제도'를 도입하게 된 주된 골자는, 기반시설부담구역의 (해제가 아닌) '축소'라고 봄이 타당하다고 사료된다. 전국토가 기반시설부담구역에 해당하였던 것을 기반시설 설치가 필요한 곳으

---

1 김상조, 최윤정, 기반시설부담구역제도의 출범과 향후 과제, 국토정책 Brief, 2009. 2., 2면 참조.

2 대한국토도시계획학회, 기반시설부담구역제 제도개선 및 활성화 방안 연구, 국토교통부 연구용역 보고서, 2013. 5., 2면 참조.

3 국토연구원, 기반시설부담구역제도 시행 및 운영활성화를 위한 연구, 국토해양부 연구용역보고서, 2008. 12., 6면 참조. 이와 같은 비용 전가 혹은 조세 전가 행위에 대하여는 입법 당시부터 우려가 제기되었던 것이기도 하다. 국회 건설교통위원회, 기반시설부담금에 관한 법률안(정장선의원 대표 발의) 검토보고서, 2005. 10., 9면 참조.

4 기반시설부담금 제도의 문제점으로는 (i) 지역적 특성을 고려하지 아니하고 전국적으로 동일한 부담금 산정 기준을 적용한 점, (ii) 정비사업의 용적률 차익에 대한 부담금 부과로 인해 분양가 상승을 부추겼다는 점, (iii) 무차별적 부담금 부과로 지방 도시의 도심지역 활성화를 저해하였다는 점 등이 언급된다. 이와 같은 문제점은 국토연구원, 기반시설부담구역제도 시행 및 운영활성화를 위한 연구, 국토해양부 연구용역보고서, 2008. 12., 6면에서 인용.

로 '축소'하겠다는 것이나 다름이 없었던 것이다.[1]

다만, 이와 같은 법 개정 과정에서는 이미 전국토가 기반시설부담구역으로 지정되어 있는 것과 다름 없었던 것이 2008년 국토계획법 개정 이전의 상황이었으므로, 이미 기반시설부담금을 납부하여 왔던 국민들과의 형평을 고려할 필요가 있었다.[2] 만일 제정 국토계획법과 같이 기반시설부담구역 지정을 입안권자의 임의적인 재량의 문제로 맡겨놓게 된다면, 사실상 입안권자들이 지역민들을 의식하는 등으로 구역 지정을 회피하여 제도를 형해화하게 될 우려가 있고,[3] 만일 구역 지정이 저조할 경우 사실상 2006년 국토계획법에 의하여 기반시설부담금을 납부하였던 국민들만 금전적 의무를 부담한 셈이 되어 형평에 반할 우려가 컸던 것이다. 즉 '기반시설부담구역을 축소'한다는 입법적 연혁이나 경향, 입법취지에 반하여 필요한 곳에 대하여 구역지정을 하지 아니하는 사태를 초래할 수 있었는바, 2008년 국토계획법은 제정 국토계획법처럼 기반시설부담구역 지정을 지방자치단체장의 전적인 재량에 맡겨놓는 태도를 포기하고, 기반시설부담구역 지정의 요건을 2종류로 나누어 일정한 경우에는 필요적으로 구역지정을 하도록 기속적인 의무를 부과하는 입법형식을 택하게 되었던 것이다. 관련하여, 2008년 개정법이 일정한 경우 필요적으로 기반시설 부담구역을 지정토록 한 것인지가 해석상 쟁점이 될 것으로 보이나, 입법자료를 살펴보면 당시 국회 전문위원은 "특별시장·광역시장·시장 또는 군수는 법령 개정 등으로 행위제한이 완화되거나 해제되는 지역 등에 대해서는 필요적으로 반드시 기반시설부담구역을 지정해야 된다고 규정되어 있"다고 설명하고 있는바,[4]

---

1 이는 2008년 국토계획법의 입법자료를 통하여도 익히 확인되는 사실이기도 하다. 관련하여 국회 건설교통위원회회의록, 제271회 건설교통소위제1차, 2008. 2. 13., 39면 참조. 당시 건설교통부 차관 및 정책홍보관리실장은 "구역은 전국 단위에서 기반시설이 부족한 지역으로 축소를 하고 부과방식은 현행대로 하면서 세입 은 중앙정부가 가져가던 것이 지자체한테 다 돌려주는 방식으로"라거나 "구역 자체를 축소하는 것"이라고 하여 그 입법 취지를 설명하고 있다.

2 국회 건설교통위원회, 국토의 계획 및 이용에 관한 법률 일부개정법률안(최경환의원 등 11인) 심사보고서, 2008. 2., 4면. "기존에 기반시설부담금법에 따라 이미 기반시설부담금을 부담한 자와의 형평성 문제 등 여러 측면을 고려하여 입법 정책적으로 판단할 문제로 보임."이라는 설명을 참조.

3 문헌상으로도 민선 지방자치단체장이 정치적 부담으로 인하여 본 제도를 적극적으로 이용할 유인이 없다는 문제가 지적되기도 한다. 2면 참조. 참고로, 2016년을 기준으로 전국적으로 개반시설부담구역은 총 19개가 지정되어 있었는데, 울산시에 7개, 김해시에 4개가 지정되어 지역적 편중 현상이 지적되고 있다. 참고로 기반시설부담구역 지정 현황의 연도별 추이를 살펴보면, 2005년에 138개가 지정되었으나, 그 이후 지속적으로 감소하여 2009년 50개를 마지막으로 제도가 적극적으로 활용되지 못하고 있음을 확인할 수 있다. 관련하여 국토연구원, 여건변화에 대응한 국토 및 도시계획·관리제도 개선 연구, 국토교통부 연구용역보고서, 2017. 12., 133면의 논의를 인용하고 참조.

4 국회 건설교통위원회회의록, 제271회 건설교통소위 제1차, 2008. 2. 13., 33 내지 34면 참조.

제정 국토계획법과 달리 개정법은 일정한 경우 필요적으로 기반시설부담구역을 지정하도록 한 것으로 해석함이 타당하다고 사료된다.

제24장 기반시설설치비용

Ⅰ. 의의

국토계획법은 "단독주택 및 숙박시설 등 대통령령으로 정하는 시설의 신·증축 행위로 인하여 유발되는 기반시설을 설치하거나 그에 필요한 용지를 확보하기 위하여 제69조에 따라 부과·징수하는 금액"을 기반시설설치비용으로 정의한다(제2조 제20호). 기반시설 수요를 야기하는 자에게 기반시설 확충을 위해 부과하는 비용 – 혹은 그 비용 상당의 부담금을 의미한다. 즉 기반시설의 수요를 야기하는 자이자, 신설될 기반시설의 편익을 누리게 될 자에게 부담시키는 재정충당목적의 특별부담금으로서의 법적 성질을 지니는 것이라고 볼 수 있고,[1] 일종의 원인자부담금의 성격을 지니는 것으로도 볼 수 있다.[2]

Ⅱ. 부과의 대상이 되는 개발행위

1. 규율 형식

정의규정에서 살펴볼 수 있듯, 기반시설설치비용은 기반시설의 수요를 야기하는 개발행위에 대하여만 부과될 수 있는 것이고, 따라서 개발행위의 내용이 기반시설 수요증가와 관련되어 있는 것인지의 판단을 요하게 된다. 때문에 법은 "단독주택 및 숙박시설 등 대통령령으로 정하는 시설의 신·증축 행위"로 대상을 한정하고 있는데, 곧 기본적으로는 사람의 거주(居住)를 통하여 기반시설의 수요가 발생하게

---

[1] 헌법재판소는 부담금은 '유도목적 부담금'과 '재정충당목적 부담금'으로 구분하고 있는데, 전자에 비하여 후자의 위헌성 판단에 있어 보다 유연한 모습을 보인다(헌법재판소 2003. 12. 18. 선고 2002헌가2 전원재판부 결정 참조). 기반시설설치비용, 나아가 기반시설부담금의 합헌성은 학교용지부담금에 관한 헌법재판소 2005. 3. 31. 선고 2003헌가20 결정 등의 논지를 참조할 수 있겠다. 부담금의 유형과 위헌성의 심사기준에 관하여는 옥동석, 부담금의 유형별 분류와 심사기준, 예산정책연구, 2020. 6.의 논의를 참조.
[2] 헌법재판소 2009. 2. 26. 선고 2007헌바112 결정 등 참조.

된다고 보고 있는 것이다. 다만, 건축물의 정의 자체가 사람의 거주가능성을 전제한 것이기 때문에[1] 원칙적으로는 '건축물'이라고 한다면 일단은 용도에 상관없이 기반시설 수요를 야기한다고 볼 수도 있겠다. 이에 국토계획법 시행령 제4조의3은 건축법 시행령 별표 1에 열거된 모든 용도의 건축물들을 일단은 기반시설설치비용 부담 대상으로 정하되, 다만 국토계획법 시행령 별표 1에서 정하는 것들을 제외하는 태도를 취하고 있다.

2. 제외되는 경우

한편, 부과대상에서 제외되는 개발행위의 종류 – 혹은 건축물의 종류를 보면, '주차장'이나 '농기자재 보관시설' 등과 같이 그 자체만으로는 기반시설의 수요를 야기한다고 보기 어려운 것들도 있지만, 대부분의 경우는 정책적인 목적에서 기반시설설치비용을 분담시키지 않으려고 이를 제외하고 있는 것으로 보인다. 예컨대, 국토계획법 시행령 별표 1은 일련의 임대주택들이나 사회복지시설과 같은 것들을 제외하고 있는데, 임대주택이라고 하여 통상의 주택과 달리 기반시설 수요를 발생시키지 않는다고 볼 수는 없음에도 불구하고 정책적인 취지에서 이를 제외하고 있는 것으로 사료된다.

그 외, 국토계획법 시행령 별표 1은 지역·지구·구역·단지 등에서 지구단위계획을 수립하여 개발하는 토지에 건축하는 건축물로서 「택지개발촉진법」에 따른 택지개발예정지구, 「산업입지 및 개발에 관한 법률」에 따른 산업단지, 「도시개발법」에 따른 도시개발구역, 「도시 및 주거환경정비법」에 따른 주거환경개선사업, 주택재개발사업, 주택재건축사업 등의 경우를 기반시설부담금 부과대상에서 제외토록하고 있는데, 이와 같은 계획적 개발이 전제되는 대규모 개발사업들의 경우에는 애당초 개발계획에 기반시설에 관한 사항이 포함되어 그 수요를 감당할 수 있도록 사업시행자가 그 비용을 지출토록 하게 되므로, 구태여 기반시설부담금을 중복하여 부과토록 할 필요가 없다는 취지에서 비롯된 것으로 보인다.

---

1 건축법의 명문의 규정상으로는 거주가능성에 대한 언급이 없으나, 해석상 이와 같은 요건이 도출될 수 있다. 관련하여 김종보, 가설건축물의 개념과 법적 성격, 행정법연구, 2004. 10., 346면 참조.

제1장 서론[1]

　우리 도시계획법제의 연원이라 할 수 있는 조선시가지계획령은 개발사업을 관장하는 개발사업법[2]으로서의 성격을 겸유하고 있었다.[3] 그러나 해방 이후 도시계

1　본 편의 논의는 저자의 도시계획 상호간의 효력과 도시계획의 병합, 건설법연구, 2019. 10.의 논의를 발췌, 정리, 보완한 것임을 밝힌다.

2　건설법 혹은 부동산공법의 체계는 건축행정법·건설법 관점에서 건축행정법, 국토계획법, 개발사업법의 3원적 체계로 분류한다. 이때 ① 건축경찰법이란 건축물의 위험방지를 목적으로 각종 안전 관련 요건을 규율하는 경찰법적 성격의 법을(실정법상 '건축법'), ② 국토계획법은 토지의 합리적 이용이라는 목적 하에 건축물과 토지의 이용권을 통제하는 법을, ③ 개발사업법은 국토계획법과 유사한 목적을 지니기는 하나 국토계획법과 달리 도시의 질서에 '적극적'으로 개입하는 법 영역을 말한다(김종보, 건설법의 이해, 제6판, 피데스, 2018, 8 내지 11면에서 직접 인용).
　한편, '토지'를 중심으로 부동산공법들을 분류하려는 시도 또한 문헌상 논의되고 있는데, 이는 토지공법을 "국가나 지방자치단체가 공공복리를 위하여 토지의 소유·이용·개발·보전·거래·관리 등에 관하여 적극적으로 규제·지도·부담·강제·관리하는 법규의 총체"라고 정의하면서, 그 하위 영역을 ① 토지소유제한, ② 토지이용, ③ 토지개발, ④ 토지거래규제, ⑤ 개발이익환수, ⑥ 공적토지취득, ⑦ 토지정보 및 시장관리 등의 영역으로 구분한다(성소미, 부동산 법제의 새로운 체계구성과 최근의 입법동향, 토지공법연구, 2007. 11., 5면에서 직접 인용).
　본고에서는 전자의 분류체계를 전제하여 논의를 진행하기로 한다. 참고로 필자의 각 분류체계에 대한 입장에 대해서는 김태건, 전진원, 제주특별법상 개발사업시행승인에 관한 소고, 토지공법연구, 2019. 5., 164면 내지 165면 참조.

3　정확하게는 국토계획법, 그 이전의 도시계획법의 연원은 조선시가지계획령이었고, 이는 지금의 건축법, 국토계획법, 개발사업법의 기능을 겸유하고 있었다. 예컨대, 조선시가지계획령이 개발사업법으로서 면모를 지니고 있다는 점은 그것이 시가지의 창설이나 개량을 위한 수단으로서 시가지계획을 사용하였다는 점이나, 현재의 도시개발법과 같은 토지구획정리사업과 같은 제도적 수단까지도 그 내용으로 품고 있었다는 점 등에서 드러난다. 조선시가지계획령의 내용에 관하여는 김흥

획법이 제정되고, 개발사업법이 제정 도시계획법으로부터 분리되면서 다양한 사업을 관장하는 법률들이 입법되었고, 그 결과 개발사업법은 스스로의 독자적 체계를 구축해오기 시작했다. 이와 같은 도시계획법과 개발사업법의 관계를 단순히 일반법과 특별법으로 치부할 수도 있을 것이나, 양자 간의 관계는 일반-특별법의 관계만으로 축약될 수 없는 측면도 많을 뿐만 아니라, 그와 같이 단순화할 경우 각 개발사업법들 간의 관계가 어떠한지를 규명하기 어렵다는 문제가 존재한다. 개발사업법들은 '개발계획'이라는 일견 '도시계획'(정확하게는 '도시관리계획')의 정의에 포섭될 여지가 큰 도시계획적 수단을 통해 사업을 추진한다는 공통점을 공유하기는 하나, ① 과연 개별법상 등장하는 개발계획들을 '도시계획'이라는 외연 하에서 동질적으로 파악할 수 있는지 ② 각 개별법상 개발계획들 상호간의 법적 관계를 어떻게 규명할 것인지는 아직 우리 학설·판례상 본격적으로 논의된 바가 발견되지 않는다. 다만 법률적으로만 본다면 모든 개발계획이 국토계획법상 '도시관리계획'으로 의제된다는 점에서 착안하여 개발계획들이 도시계획이라는 동질적인 범주에서 논의될 수 있을 것이라는 추상적인 인식이 존재해왔을 뿐이다.

그런데 이와 같은 추상적 인식의 실무적 파급력은 결코 과소하지는 않았던 것으로 보인다. 그에 착안하여 서로 다른 법률상의 각 개발계획을 하나의 개발계획으로 병합하려는 시도들이 있어왔던 것이다. 하나의 개발계획의 내용이 다른 개발계획의 사업목적이나 내용까지를 포괄할 수 있다면, 이를 추진하는 행정주체의 입장에서는 단일한 절차를 통하거나, 단일한 계획을 수립하여 업무를 효율적으로 처리하는 것이 보다 간명하다.[1] 때문에, 행정주체로서는 개별 개발계획들이 공통적으로 도시계획의 지위를 겸유한다는 전제 하에, 어차피 도시계획이라는 동일한 층위에 놓인 것들이라면 이들을 하나의 계획 ― 하나의 '도시계획' 혹은 '도시관리계획'으로 '병합'하여 처리하는 것 또한 가능하지 않겠느냐는 추론에 나아갈 수도 있는 것이다.

본서의 문제의식은 바로 그와 같은 실무상의 시도들에서부터 출발한다. (1) 과연 '도시계획'이라는 지위를 갖는 일련의 각 개발계획들이 모두 동질적인 층위에

순, 일제강점기 도시계획에서 나타난 근대성―조선시가지계획령(朝鮮市街地計劃令)을 중심으로, 서울도시연구, 2007. 12., 161면 내지 163면 참조.

[1] 구체적으로 밝히기는 어려우나, 예컨대 지방자치단체에서 종종 서로 다른 개별법상의 개발계획 등의 수립, 변경 절차를 단일한 절차로 추진하려 하는 시도가 대표적이다. 저자 또한 국토교통부 재직 시절 그와 같은 실무사례들을 접해온 바 있고, 본 고 또한 그를 접하면서 형성한 문제의식에서 출발한 것이기도 하다.

놓인 것이라 볼 수 있는지, (2) 아울러 도시계획과 개발계획은 동질적인 개념이라 할 수 있는지, (3) 근거법령을 달리하는 개발계획들 상호간의 관계는 과연 어떻게 규명할 수 있는 것인지 등이 바로 본 고가 고찰해보고자 하는 각 의문들에 해당한다. 도시계획과 도시계획, 도시계획과 개발계획, 개발계획과 개발계획이 병합될 수 있는지를 검토하기 위해서는 과연 이들이 동등한 선상에 위치하고 있는지에 대한 고찰에서부터 출발할 수밖에 없다. 이를 위해서는 우리의 국토계획법이 도시계획을 어떻게 분류하고 있는 것인지를 규명하여야 하고, 이를 통해 도시계획 상호간의 영향력은 어떠한지를 정리하여야 한다. 더 나아가 도시계획의 요람에서 출발했던 개발계획이 과연 '도시계획' 혹은 '도시관리계획'이라는 개념의 외연에 온전히 머무르고 있는 것인지를 살펴보아야 한다. 개별 개발사업법들이 도시관리계획을 의제하고 있는 의미는 무엇인지 그 궁극적인 취지에 대한 검토가 필요한 것이다. 혹여라도 도시계획과 개발계획이 더 이상 동일선상에서 논의될 수 없는 것이라는 결론에 이르게 된다면, 양자 간의 병합 혹은 개발계획 간의 병합의 문제는 그 결론을 달리할 수밖에 없기 때문이다.

제2장 개발계획과 도시계획의 관계

I. "개발계획은 도시관리계획이다"라는 명제의 부당성

실정법의 문언만을 두고 보면 각 개발사업법들은 개발계획을 도시관리계획 또는 지구단위계획으로 의제하여 일관된 태도를 보이고 있지는 않다. 즉 모든 개발계획은 도시관리계획의 지위를 공통적으로 의제받게 되지만, 어떠한 형태의 계획으로 분류되는지는 실정법상 분명하지 않다는 것이다. "개발계획은 도시관리계획으로 의제된다"라는 것만이 일반화할 수 있는 유일한 명제가 된다. 이를 "개발계획은 도시관리계획이다"라거나 "개발계획은 도시관리계획의 일종이다"는 명제로 치환할 수 있는 것인지는 다른 논리적 연결고리를 필요로 한다. 이를테면 '의제'의 효과만으로는 양자의 법적 성질을 동일시하는 수준에 이를 수 있는 것인지는 의문스럽다. 비유컨대 건축허가에 개발행위허가가 의제된다고 하여, 양자의 법적성질을 동일하게 취급할 수 없는 것과 같은 이유에서이다.

연혁적으로 보면 개발계획은 도시계획에서부터 시작하여 독립된 개념으로 자리잡아왔다. 비록 그 출발점이 도시계획이라고는 하나, 개발계획의 내용은 개별법령의 내용이나 개별 사업의 특성에 따라 다양할 수 있는 것이기에, 그 내용에 도시계획 외적 요소가 포함되는 것이 개념상 혹은 강학상 금지된 것이라 볼 수는 없다. 물론 국토계획법상 도시계획의 광활한 외연을 고려하면, 개발계획이 그 외연을 벗어나는 경우를 쉽게 상상하기는 어려울 것이기는 하다. 그러나 강학상 측면에서 과연 개발계획을 온전히 일률적으로 도시계획에 포섭시킬 수 있을 것인지는 의문인 것이다.

한편, '개발계획은 도시계획으로서의 성질을 지닌다'고 하는 것과, '개발계획은 도시계획의 일종이다'라고 하는 것은 그 법적 의미가 전혀 다른 것이다. 후자에 따른다면 도시계획으로 개발계획을 대체하는 것이 불가능하지 않다. 즉 후자의 입장을 전제하고 결정권이 동일한 행정주체에게 귀속된 경우라면, 그가 수립한 도시계획의 실질이 일반법상의 도시관리계획 혹은 개발사업법상의 개발계획에 속하는 것인지 분별하기 어려운 경우도 상상해볼 수 있는 것이다. 반면 양자의 외연이 다른 것이라 전제하면, 도시계획의 수립·결정만으로 개발계획을 의제하는 것은 명문의 규정이 없는 한 불가하고, 양자 간의 분별은 보다 용이할 것이라 예측할 수 있다.

이상의 논의를 종합하면, '도시계획 ⊃ 개발계획'이라는 명제를 유지할 수 있을 것인지에 관한 근본적인 고민이 필요하다. 비록 개발계획의 연원이 조선시가지계획령상의 시가지계획과 제정 도시계획법상의 도시계획으로부터 출발하였다고 하더라도, 양자를 단순한 포함관계로 설명하기에는 개발사업법이 갖는 독자적인 특성들이 공고화되었다는 점을 간과하기는 어렵다는 것이다.

Ⅱ. 도시계획을 통한 개발계획의 수립가능성

물론, 이상과 같은 도시계획과 개발계획의 이질성에 관하여는 실정법상 2가지 예외가 발견되기는 한다. 국토계획법 명문의 근거에 의하여 도시개발법상 도시개발사업이나 도시정비법상 정비사업에 관한 계획은 명시적으로 도시관리계획의 외연에 포섭된다(국토계획법 제2조 제4호 라목). 일정한 경우에는 일반법인 국토계획법상의 수단으로 특별법상의 개발계획을 수립할 수 있도록 명문의 근거를 마련해둔 경우도 있다. 도시정비법은 지구단위계획구역지정 및 지구단위계획수립시 정비계획의 내용으로 요구되는 사항들이 모두 포함될 경우, 그 자체를 정비구역 지정·고시로 의제한다.[1] 즉 일반법상 도시관리계획으로 특별법상 개발계획을 수립하는 것이 명문으로 허용된 것이다.[2]

그러나 명문의 규정이 없더라도 일반계획으로 특별계획을 수립하는 것이 가능한 것인지는 의문의 소지가 크다. 도시관리계획이나 지구단위계획 등 일반계획의 내용에 관한 구체적 한계가 쉽게 발견되지 않기 때문이다. 추가적으로 고려하여야 할 것은 특별계획을 별도로 만들게 된 개발사업법의 입법취지이다. 개발사업법이 도시계획의 내용에 더하여 다른 행정목적을 포함한 행정계획의 개념을 창조하고 있는 것이라면, 일반계획인 도시계획의 결정권만으로는 이를 포섭할 수 없다. 때문에 이와 같은 쟁점은 도시계획과 개발계획의 관계를 도시계획이라는 하나의 상위개념으로 포섭되는 동질적 개념으로 볼 수 있는 것인지 여부와 궁극적으로 맞닿은 것으로 볼 수 있다. 결론적으로 도시계획의 외연과 개발계획의 외연이 반드시 일치하는 것이 아니라면, 명문의 근거 없이 양자를 의제할 수는 없다고 보아야 하고, 도시계획(도시관리계획)을 수립함으로써 개발계획을 수립하는 것 또한 불가하다고 보아야 한다.

Ⅲ. 도시계획을 통한 개발계획의 변경

개발계획 및 후속절차에 따라 해당 개발사업이 완료된 이후, 도시관리계획의 수립 및 변경의 방법으로 기존의 개발계획을 변경하는 것이 가능한지가 쟁점이 될 수 있다. 이를 답하기 위해서는 선행되어 검토되어야 할 쟁점들이 존재한다.

1. 준공 또는 사업기간 종료와 개발계획의 효력

개발사업이 종료된 이후에도 개발계획이 유효하게 존속하는 것인지 여부가 검

---

1 도시정비법 제17조(정비구역 지정·고시의 효력 등) ②「국토의 계획 및 이용에 관한 법률」에 따른 지구단위계획구역에 대하여 제9조제1항 각 호의 사항을 모두 포함한 지구단위계획을 결정·고시(변경 결정·고시하는 경우를 포함한다)하는 경우 해당 지구단위계획구역은 정비구역으로 지정·고시된 것으로 본다.
2 물론 이 경우에도 여러 쟁점이 남아 있다. 정비계획의 결정권자가 아닌 자, 예컨대 국토교통부장관의 경우에도 지구단위계획구역 지정권자인바 만일 국토교통부장관이 정비계획의 내용을 모두 포함한 지정행위를 한다면 이를 정비구역 혹은 정비계획으로 의제할 수 있는 것인가? 추측컨대 해당 규정은 도시관리계획의 결정권자가 일원화되어 있다는 전제 하에 입법된 것으로 판단된다. 때문에 결정권과의 관계가 모호한 '수립권'이라는 개념과 그로 인한 행정주체의 상이함을 간과하게 된 것이다. 현행 도시정비법상으로는 이를 금지할 명문의 근거는 존재하지 않는다.

토되어야 한다. 지구단위계획수립지침의 경우 개별 개발사업법에 따른 개발계획의 수립 시 지구단위계획을 함께 수립할 수 있다고 정하고 있고(1-3-3.항), 지구단위계획구역으로 지정된 곳 내에 종전에 개발사업이 시행된 적이 있어 그에 따른 개발계획이 수립된 적이 있는 경우에는 개발계획의 내용을 지구단위계획의 내용으로 수용할 수 있다고 정하고 있다(3-1-6.항). 그런데 이와 같이 개발계획과 지구단위계획은 개념적으로 분명히 구분되는 것임은 명확하다고 하더라도, 이로부터 개발계획의 효력문제에 대한 답을 추론해내기는 어렵다. 즉 위와 같은 규정들에도 불구하고, 개발계획이 당해 사업의 준공 후 반드시 지구단위계획으로 편입 및 수립되어야만 그 효력을 유지하는 것이라 단언할 수는 없는 것이다.

실정법의 태도는 불분명하다. 도시개발법의 경우에는 개발계획의 존속문제에 대하여 특별한 언급을 하고 있지 아니한 반면, 산업집적활성화 및 공장설립에 관한 법률(산업집적법)의 경우에는 산업단지개발사업의 과정에서 산업입지 및 개발에 관한 법률(산업입지법)에 근거하여 수립된 산업단지개발계획에 적합하도록 산업단지를 관리하도록 명시적으로 정하고 있어(산업집적법 제30조 제4항), 개발사업의 종료 이후에도 개발계획으로 수립된 내용이 그대로 존속함을 전제하고 있다. 법제처 해석례 중에서는 물류시설의 개발 및 운영에 관한 법률(물류시설법)에 의하여 조성된 물류단지의 경우 물류단지지정이 해제되지 아니하는 이상 당초 사업에 의하여 수립된 토지이용계획의 내용은 물류단지재정비사업에 의하여만 변경될 수 있다는 견해를 취하였는데[1] 이 또한 물류단지의 개발 이후에도 개발사업의 과정에서 수립된 개발계획(토지이용계획)의 효력이 존속함을 전제하고 있는 것으로 이해된다. 대체로, ① 개발사업으로 조성된 시설이나 단지 등의 관리까지를 법령의 규율 대상으로 삼고 있는 경우에는 개발계획상의 토지이용계획 등이 그대로 존속함을 명시하거나 전제하고 있는 것으로 보이나, ② 사업 준공 이후까지를 규율대상으로 삼고 있지 아니한 법령들의 경우 명시적인 규정을 찾기가 어려운 것으로 보인다.

실정법상의 규정들이 다소 불분명하다고 하더라도 개발계획을 포함하여 개발사업의 과정에서 수립된 토지이용계획에 관련된 내용들이 해당 개발사업의 완료와 함께 실효된다고 보기는 어려울 것이라 사료된다. 물리적인 개발행위를 할 수 있는 권원을 부여하는 사업시행계획인가 등 건축허가적 인허가의 경우에는 사업의 완료나 사업기간의 종료에 그 효력 여하를 연동시킴으로써 사업시행권한의 존속 여부

---

1 법제처 2016. 6. 23. 회신 16-0136 해석례 참조.

를 판단할 실익이라도 있을 것인 반면,[1] 개발계획이나 그 핵심이라 할 수 있는 토지이용계획의 경우에는 개발사업의 완료 이후에도 당해 개발사업의 목적을 달성하고 유지하기 위하여 존속될 필요성이 분명한 것이므로 물리적 공사의 준공 여부나 사업기간이 그 효력을 연동시킬 실익이나 정당성이 불분명하다. 따라서 법령상 명시적 규정이 없다고 하더라도 개발계획은 준공 또는 사업기간의 완료 이후에도 원칙적으로 도시관리계획으로서 효력이 유지된다고 보아야 한다.

다만, 법제처 해석례 중에서는 개발사업의 준공 시 개발사업의 시행 절차에서 수립된 실시계획의 경우 효력을 상실하게 된다고 판단한 것이 발견된다.[2] 해당 사안은 경제자유구역법상 경제자유구역개발사업에 관한 것이었는데, 동법은 실시계획 수립 시 지구단위계획을 포함하여 수립하도록 하면서, 준공 이후 그 지구단위계획에 따라 관리할 것을 명시적으로 요구하고 있다. 이와 같이 명시적으로 준공 이후의 관리의 규준이 되는 계획을 지칭하고 있는 경우에는 준공과 함께 개발계획이나 실시계획과 같은 것들이 실효된다고 보는 것이 타당할 수 있겠으나, 법이 준공의 효과에 대하여 특별히 언급하고 있지 아니하거나, 전술한 산업입지법과 같이 명확하게 개발계획의 효력을 유지하고 있는 경우까지 그와 같은 법제처 해석례의 입장이 유지될 수 있다고 보기는 어렵다는 것이 졸견이다.

2. 도시관리계획과 개발계획의 변경

이상과 같이 개발계획의 효력이 개발사업의 종료 이후에도 도시관리계획으로서 유지되는 것이라 보는 이상, 원칙적으로는 개발사업의 종료 이후 이를 변경하는 것은 원칙적으로 도시관리계획의 수단에 의하는 것이 타당하다.[3] 앞서 살펴본 산업입지법이나 물류시설법 등을 제외하면 통상의 개발사업법들은 개발사업이 완료된 이후에 대하여는 특별한 규정을 두고 있지 않는 경우가 대부분이다. 그런데 개발계획의 작성 주체는 통상 개발사업의 시행자이므로, 사업이 종료된 이후 그 존재나 권한의 지속 여부 조차 불분명한 개발사업의 시행자로 하여금 개발계획의 변경

---

1 물론, 본서의 관련 부분에서 명시적으로 밝힌 바와 같이 저자는 사업시행계획인가의 실효 여부와 관련한 판례의 불분명함에도 불구하고, 사업기간을 사업시행계획인가의 효력존속기간이라고 보는 것에 반대하는 견해이다.

2 법제처 2020. 11. 19. 회신 20-0409 해석례.

3 법제처 2018. 8. 6. 회신 18-0272 해석례 또한 같은 취지에서 "혁신도시개발사업이 준공된 지역에 대해 … 해당 지구단위계획의 내용과 달리 시행해야 할 필요가 있는 경우 지구단위계획의 범위에 포함되는 사항은 국토계획법에 따른 지구단위계획의 변경을 통해, 지구단위계획의 범위를 넘는 사항은 그 밖의 국토계획법에 따른 절차에 따라 시행할 수 있"다는 취지로 설명하고 있다.

을 신청할 수 있도록 하고, 이를 통해서만 개발계획의 변경이 가능하다고 보는 것은 법령이 예상한 규율범위를 넘어서는 것이다.

도시계획과 개발이라는 범주 내에서는 국토계획법이 개발사업법의 일반법임을 고려하더라도[1] 개발사업이 종료된 이후의 일반적 토지이용관계에 대해서는 국토계획법이 작용하는 것이라 보아야 하고, 따라서 해당 시점부터는 개발사업에 터잡아 형성된 토지이용계획은 도시관리계획의 지위를 갖는 것으로서 후속적인 도시관리계획의 수립 방법에 의하여 변경될 수 있는 것이라 봄이 타당하다. 지구단위계획 수립지침이 개발계획의 내용을 지구단위계획의 내용으로 수용할 수 있음을 재량적으로 정하고 있는 것(3-1-6.항)의 기저에는 완료된 개발계획의 내용을 반드시 전적으로 지구단위계획의 내용으로 수용하여야 할 기속적인 의무는 존재하지 않는다는 인식이 존재하는 것이라 사료된다.

다만, 물류시설법에 대한 법제처 해석례[2]와 같이 기존 개발사업의 변경, 재정비를 위한 별도의 절차가 마련되어 있는 경우라면 그에 의하는 것이 타당할 것이다. 이 경우에는 개발사업법 스스로 사업준공 이후의 토지이용관계에 대한 규율을 마련하고 있는 것이므로, 일반법인 국토계획법상의 규율로 회귀하는 것은 해당 법령들의 취지를 몰각할 우려가 있다는 점에서 법제처의 견해가 타당하다고 사료된다.

한편, 전술한 바와 같이 도시관리계획의 수립을 통하여 개발계획을 수립하는 것이 불가하다고 보는 이상, 개발사업이 진행 중인 동안에도 도시관리계획의 수립 및 변경이라는 방법으로 개발계획을 변경하는 것은 가능하지 않다고 보는 것이 타당하다는 것이 졸견이다. 개별 개발사업별로 단계적 행정절차를 정하고 있는 법률의 취지에 비추어보더라도 특별법인 개발사업법에 근거하여 시행되는 사업의 진행 경과가 도시관리계획에 의하여 수정되고 충돌될 수 있다고 해석하는 것은 정당화되기 어렵다고 사료된다.

---

1 헌법재판소 2010. 12. 28. 선고 2008헌바57 결정 참조. "국토개발에 관한 일반법이라 할 국토계획법이 기존의 질서를 존중하는 바탕 위에서 소극적으로 건축허가요건만을 통제함으로써 바람직한 토지이용을 추구하는 데 중점을 두는 것과 달리, 도시개발법은 대표적인 개발사업법으로서 기존의 질서에 전면적으로 개입하여 새로운 시설·환경 등을 조성함으로써 적극적으로 도시를 형성하는 기능을 담당한다."
2 법제처 2016. 6. 23. 회신 16-0136 해석례 참조.

제3장 도시관리계획 상호간의 영향력

Ⅰ. 대법원 판결의 태도

"도시관리계획은 도시관리계획을 폐지·변경할 수 있다"는 명제의 진리 값은 어떻게 되는가? 신 계획이 구 계획을 폐지한다는 명제는 항상 참일 수 있는가?

대법원은 서로 상반되는 내용의 새로운 도시계획이 수립되었을 경우, 이는 기존의 도시계획의 내용 중 배치되는 부분을 폐지·변경하는 효력을 동반한다고 해석하여 왔다.[1] 대법원은 도시계획 결정권의 소재[2]와 의제조항의 의미, 두 쟁점에 집중하고 있는데, 그중에서도 후자에 관한 논의에 주목할 필요가 있다. 대법원은 타법상 권한행사의 결과가 결국 일반법인 도시계획법상의 도시계획으로 의제되는 것이라면, 일반법에 근거하여 수립·결정된 도시계획에 영향을 미치는 것이 당연하다고 보았다. 이에 대법원은 "(의제되는) '도시계획법 제12조의 규정에 의한 도시계획결정'에는 도시계획의 새로운 결정뿐 아니라 기존의 도시계획을 변경하는 결정도 포함된다"고 해석한다. 그리고 추측컨대, 이와 같은 논지가 바로 "신계획은 구계획을 폐지한다"는 명제의 연원이 되었을 것으로 추정된다.

다만, 위 판결에서는 두 계획의 결정권이 궁극적으로 동일 행정주체(건설부장관)에 일원화되어 있다는 점이 주효하게 작용한 것으로 보인다.[3] 서울특별시장이 수립한 도시계획 또한 궁극적으로는 건설부장관의 권한을 대신 행사한 것이 되므로, 본래 권한을 가진 행정주체의 의견을 존중해주는 것에 큰 부담이 없었던 것이다.

그러나 만일 현행법의 체계와 같이 양자의 권원(權原)이 상이한 경우라면 결론

---

1 대법원은 건설부장관의 주차장·자동차정류장에 대한 도시계획시설의 설치 등에 관한 권한을 위임받은 서울특별시장이 수립·결정한 도시계획에 관하여, 그 이후 건설부장관이 택지개발촉진법에 기하여 택지개발사업실시계획을 승인하는 경우 "기존의 도시계획은 위 실시계획에 포함된 도시계획의 내용과 같이 적법하게 변경된 것으로 보아야 할 것"이라고 설시한 바 있다. 대법원 1995. 5. 12. 선고 93누19047 판결.

2 (ㄱ) 비록 건설부장관은 구 도시계획법상의 권한을 서울특별시장에게 위임하여 더 이상 위임한 권한을 직접행사할 수는 없지만 (ㄴ) 타법상 권한행사의 근거가 따로 부여되어 있다면 이를 행사하는 데 제약이 없다고 전제한다.

3 물론 이와 같은 구 도시계획법의 태도는 조선시가지계획령이 모든 권한을 조선총독에 부여하고 있었던 것에서 기인한 것으로 보인다. 관련하여 김흥순, 일제강점기 도시계획에서 나타난 근대성 — 조선시가지계획령(朝鮮市街地計劃令)을 중심으로, 서울도시연구, 2007. 12., 162면 참조.
더욱이, 1981년 도시계획법이 공청회 제도를 도입하기 이전까지 우리 법제상 주민들의 참여가 보장된 바 없었으므로, 그와 같은 법제 하에서는 "신계획이 구계획을 폐지한다"는 명제를 일반화함에 있어 부담이 덜하였을 것이다.

은 어떻게 될 것인가? 예컨대 광역지방자치단체장이 결정한 도시계획을 국토교통부장관이 독자적인 권한에 기하여 수립한 도시계획으로 폐지·변경할 수 있을 것인가? 역으로 국토교통부장관이 수립한 도시계획을 독자적 결정권을 가진 광역지방자치단체장이 새로운 도시계획을 수립하면서 폐지·변경할 수 있는 것인가? 이러한 질문은 ① 결정주체에 따라 도시계획의 효력을 구분 가능한지 및 ② 도시관리계획의 종류에 따른 효력의 구분이 존재하는지에 대한 검토 결과에 따라 답변될 수 있을 것이다. [참고로, 법제처 해석례 중에서는 용도지구 폐지를 내용으로 하는 지구단위계획을 수립한 경우에도 곧바로 용도지구가 폐지된 것으로 볼 수 없고, 용도지구 폐지를 내용으로 하는 별도의 도시관리계획 수립이 필요하다는 입장을 취하면서 "용도지구에 관한 도시군관리계획과 지구단위계획은 그 결정권자, 지정 목적이나 대상이 서로 다른 별개의 도시군관리계획"이라는 점을 주요한 근거로 제시한 것이 발견된다.[1]]

II. 주체의 동일성 또는 이질성과 계획 간 영향력

선·후행 도시계획의 결정 주체가 같다면 상호간의 개·폐의 효력을 인정하여도 큰 문제가 없다. 동일한 주체에 의한 행정작용인바, 해당 주체로서도 선행계획의 존재를 인식하거나 인식할 수 있는 상황에서 후행계획을 수립·결정하였다고 볼 수 있기 때문이다. 이에 대법원도 "행정청[2]은 이미 도시계획이 결정·고시된 지역에 대하여도 다른 도시계획을 결정·고시할 수 있"으므로 "후행 도시계획에 선행 도시계획과 서로 양립할 수 없는 내용이 포함되어 있다면, 특별한 사정이 없는 한 선행 도시계획은 후행 도시계획과 같은 내용으로 적법하게 변경되었다고 할 것"이라고 설시한 바 있다.[3]

그러나 이것만으로 결정권자가 상이한 경우에 대한 답변을 도출할 수는 없다. 한 행정주체의 행정작용이 다른 주체의 행정작용을 개·폐하는 효력을 지닌다면 행정권한의 충돌이나 침해의 문제가 발생한다. 개발사업을 추진할 수 있는 적법한 권한을 부여받은 행정청이 그 권한을 정당하게 행사하고 있음에도 불구하고, 다른 행정청의 권한행사로써 이를 중단시킨다면 해당 권능을 부여한 다른 법률의 취지를

---

1 법제처 2015. 10. 1. 회신 15-0450 해석례.
2 이 대법원 판결 당시 도시계획법은 도시계획의 권한을 건설부장관에게 일원화시키고 있었으므로 여기서의 행정청은 동위의 행정청을 의미하는 것으로 보인다. 따라서 해당 판결만으로 서로 다른 층위의 행정청에 의한 상이한 도시계획의 수립가능성에 대한 답변을 찾을 수는 없는 것이다.
3 대법원 1997. 6. 24. 선고 96누1313 판결.

몰각할 수도 있다. 후행 도시계획을 결정하는 행정청이 선행 도시계획의 결정·변경 등에 관한 권한을 지니고 있지 않은 경우, 선행 도시계획과 양립할 수 없는 내용이 포함된 후행 도시계획은 무효라고 판시하였던 대법원 판결도 이러한 고민에 기반한 것으로 보인다.[1]

선행 도시계획을 결정·변경할 권한이 있는지 여부는 어떻게 판단하는가? (ㄱ) 선행 도시계획을 직접 결정하였을 것까지 요구하는 것인지 (ㄴ) 혹은 선행 도시계획을 결정할 명목상의 권한만을 보유하고 있으면 되는 것인지, (ㄷ) 실질적으로 선행 도시계획을 결정·변경할 권한을 보유하고 있어야 하는 것인지의 문제가 답변되어야 한다. 도시계획의 결정권자는 대체로 광역지방자치단체장의 권한으로 일원화되어 있는바, 대법원의 논지에 따르면 설사 그 권한을 위임·위탁하여 실질적으로 행사할 수는 없는 상태라 하더라도[2] 선행 도시계획을 후행 도시계획으로서 개·폐할 수 있다. 이에 따르면 '선행 도시계획을 결정·변경할 권한'이라고 함은 그 권원을 의미할 뿐 직접 행사가 가능할 것까지 요하지는 아니한다고 볼 수 있다. 선행 도시계획을 직접 결정하지 않은 경우라 하더라도 상관이 없다.

그러나 문제는 결정권이 이원화되어 있는 예외적인 경우이다. 국토교통부장관이 둘 이상의 시·도에 걸쳐 도시관리계획을 결정하는 경우를 예로 들 수 있다.[3] 각 시·도지사는 자신의 행정구역 내에서는 독자적인 도시관리계획 결정권을 지니고 있다(국토계획법 제29조 제1항). 그렇다면 국토교통부장관이 결정한 선행 도시계획 중 각 시·도지사가 자신의 행정관할 부분만을 따로 떼어내어 상반되는 내용의 후행 도시계획을 결정하는 경우 그 효력은 어떻게 되는 것인가? 만일 국토교통부장관의 결정권을 시·도지사의 결정권과 구분되는 것으로 본다면 후행 도시계획의 효력을 긍정하기는 어렵다. 반면 국토교통부장관의 결정권 또한 궁극적으로 시·도지사의 권한을 법률상 대신하는 것에 불과하다고 치부한다면 후행 도시계획의 효력을 무효라 할 수는 없을 것이다. 이렇게 본다면 선행 도시계획이 국가계획과 같은 보다 상위의 행정계획에 근거하였다는 등의 특별한 사정이 없는 이상,[4] 선행계획

---

1 대법원 2000. 9. 8. 선고 99두11257 판결.
2 위임기관은 위임한 권한을 스스로 행사할 수는 없다는 것이 학설 및 판례의 입장이다. 홍정선, 행정법특강, 박영사, 2011, 831면; 대법원 1982. 3. 9. 선고 80누334 판결; 대법원 1992. 9. 22 선고 91누11292 판결["행정권한의 위임이 행하여졌으면 위임관청은 사무처리권한을 잃는지 여부(적극)"] 참조.
3 예컨대 국토계획법 제24조 제5항 제2호 참조.
4 국토계획법 제138조(도시·군계획의 수립 및 운영에 대한 감독 및 조정) ② 국토교통부장관은 도시·군기본계획과 도시·군관리계획이 국가계획 및 광역도시계획의 취지에 부합하지 아니하거나 도시

과 상반되는 시·도지사의 후행계획의 수립을 국토교통부장관이 통제할 법적 수단도 마련되어 있지 않다.

[참고로, 미국의 경우에는 미국헌법상 연방정부의 우월성을 규정하는 최고법 조항(Supremacy Clause)에 근거하여 지방정부가 수립하는 도시계획이 연방정부에 대하여는 구속력을 지니지 않는다는 일반적인 논의가 발견된다.[1] 도시계획 권한이 주 정부의 경찰권(Police Power)에서 나오는 것인 만큼, 이를 연방과 주 간의 권한의 우열문제로 접근하는 것이다. 우리의 경우에는 이와 같은 관계가 상정되지는 않으므로 이러한 논의를 1 대 1로 적용하기는 어렵다.]

Ⅲ. 법적 근거를 달리하는 개발계획 간 영향력

다른 법률에 근거하는 개발계획이 서로를 개·폐하는 효력이 있는지 여부에 대한 답을 찾기 위해서는 전술한 개발계획의 법적 성질이나 지위에 대한 검토를 참고할 수밖에 없다.

판례상으로만 본다면, 대법원은 개발사업법상의 도시계획 의제조문의 의미를 기존의 도시계획을 변경하는 결정까지도 포함한다고 판시한 바 있다.[2] 그에 기초할 때 만일 기존의 도시계획에 다른 법률상의 개발계획이 포함된다고 본다면, 이를 변경하는 결정까지도 의제되는 것이라는 결론에 이를 수도 있는 것이다. 예컨대 산업입지법에 따른 산업단지의 지정으로 별다른 절차 없이 도시정비법상 정비계획을 폐지할 수 있는 것이라고 주장할 수도 있게 된다.[3]

·군관리계획이 도시·군기본계획의 취지에 부합하지 아니하다고 판단하는 경우에는 특별시장·광역시장·특별자치시장·특별자치도지사·시장 또는 군수에게 기한을 정하여 도시·군기본계획과 도시·군관리계획의 조정을 요구할 수 있다. 이 경우 특별시장·광역시장·특별자치시장·특별자치도지사·시장 또는 군수는 도시·군기본계획과 도시·군관리계획을 재검토하여 정비하여야 한다.

1 J. C. Juergensmeyer & T. E. Roberts, Land Use Planning & Development Regulation Law, 2013, p. 95 참조.
2 대법원 1995. 5. 12. 선고 93누19047 판결.
3 참고로, 서로 다른 개발계획 간에 관하여 다룬 것은 아니지만, 개발계획과 지구단위계획 간의 관계에 대하여 다룬 법제처 해석례는 발견된다. 법제처는 도시개발법상 개발계획이나 국토계획법상 지구단위계획 모두 도시관리계획이라고 설명하면서, "근거 법률은 서로 다르지만 그 지정 목적(일정 지역의 계획적·체계적 개발)과 관련 계획의 법적 성질(도시·군관리계획)이 동일하거나 유사하다는 특수성이 있"다라고 이해한다. 더하여 양자간의 의제관계가 있음을 근거로 하여 법제처는 이미 지구단위계획구역으로 지정된 곳에서 도시개발구역을 지정하려는 경우, 기존 지구단위계획구역의 변경을 위한 도시관리계획결정을 선행할 필요가 없다고 결론짓고 있다(법제처 2018. 5. 21. 회신 18-0065 해석례 참조).

그러나 이와 같은 해석은 실무의 태도와 상반될 뿐만 아니라, 대법원 판결의 의미를 지나치게 확대한 것이라 사료된다. 지금까지 대법원은 구 도시계획법 내의 도시계획 간의 관계나 구 도시계획법상 도시계획과 개발사업법상 개발계획 간의 관계에 관하여 설시하여 왔으나, 정작 개발계획 간의 관계에 대하여는 정면으로 판단한 바가 없다. 이에 필자가 경험한 실무상으로는 대부분 다른 개발계획을 폐지·변경하는 절차가 선행된 이후 다른 개발계획을 수립·결정하는 방식을 원칙으로 하여 운영되고 있는 것으로 보인다.

각 개발계획의 결정권자가 상이한 경우에는 일방의 개발계획이 다른 결정권자의 개발계획을 개·폐하는 효력이 인정된다고 보기 어렵다. 그렇다면 이 경우 후행 개발계획은 무효가 되는 것인가? 결정권의 유무를 중심으로 후행 계획의 효력을 판단한 대법원 판결의 논지에 따르면 무효일 가능성이 크다.

Ⅳ. 도시관리계획의 위계와 영향력

국토계획법은 도시관리계획의 종류를 크게 6가지로 구분한다.[1] 이때 각목에 속하는 도시관리계획 상호간에는 서로를 개·폐하는 효력이 인정될 수 있는지 여부는 각 도시계획 간의 우열에 따르게 된다. 각목의 도시계획들은 각각 용도지역제 도시계획, 개발제한제 도시계획, 지구단위계획 등으로 그 층위를 달리한다.

이 중 예컨대 개발제한제 도시계획은 수립대상에 대하여 별도의 언급이 존재하지 않는다. 때문에 개발제한구역의 지정 및 관리에 관한 특별조치법의 절차에만 따른다면 도시지역에서의 개발제한구역의 지정도 불가능하지 않다.[2] 개·폐의 효력의 측면에서 보면 개발제한제 도시계획은 가장 우위에 놓이게 된다. 반면 지구단위계획의 경우에는 명시적으로 개발제한제 도시계획의 열위에 놓인다는 점이 명확하다. 국토계획법은 개발제한구역이 해제되는 곳을 지구단위계획 수립대상의 하나로

다만, 해당 사안은 명시적 법상 근거가 있는 지구단위계획과 개발계획 간의 관계를 다룬 것이므로, 이를 일반화하여 서로 다른 개발사업법령상의 개발계획 간에 개폐관계를 인정할 것은 아니라는 게 본서의 견해이다.

1 국토계획법 제2조(정의) 제4호 가. 용도지역·용도지구의 지정 또는 변경에 관한 계획 나. 개발제한구역, 도시자연공원구역, 시가화조정구역(市街化調整區域), 수산자원보호구역의 지정 또는 변경에 관한 계획 다. 기반시설의 설치·정비 또는 개량에 관한 계획 라. 도시개발사업이나 정비사업에 관한 계획 마. 지구단위계획구역의 지정 또는 변경에 관한 계획과 지구단위계획 바. 입지규제최소구역의 지정 또는 변경에 관한 계획과 입지규제최소구역계획.

2 위 대법원 1997. 6. 24. 선고 96누1313 판결 사안 참조.

열거한다(국토계획법 제51조 제1항 제8호). 이와 같은 규율의 순서를 고려하면 지구단위계획의 지정만으로는 개발제한구역을 폐지·변경할 수는 없고, 반드시 개발제한구역의 해제가 별개 절차로 선행되어야 한다고 보는 것이 타당해 보인다. 요컨대, 이 경우에도 "신계획은 구계획을 폐지한다"는 명제는 참이 될 수 없다.

용도지역제 도시계획과 지구단위계획 간의 우열관계에 대하여는 별도의 규율이 없다. 다만 실무관행과 제도의 취지 등을 존중한다면 지구단위계획은 용도지역제 도시계획을 전제로 그 내용에 일부 수정을 가하는 것으로 이해될 수 있다.[1] 법상으로 지구단위계획은 용도지역을 한정된 범위에서 변경할 수 있는 효력이 있을 뿐이므로 지구단위계획은 어디까지나 용도지역제 도시계획에 종속되는 계획이라고 할 수 있다. 그러나 용도지역제 도시계획은 건축허가요건의 일부를 결정할 뿐 건축단위나 건축허용성에 대하여는 개입하지 않으므로 이 부분에 한하여 지구단위계획은 용도지역제 도시계획에 구애받지 않는다.

제4장 도시계획과 개발계획의 병합 가능성

Ⅰ. 절차적 병합과 실질적 병합

도시계획을 병합한다고 하였을 때, '병합'의 양태는 두 가지로 생각해볼 수 있다. ① 계획의 병합은 여러 개의 도시계획·개발계획이 각각의 법률에 근거하여 추진되면서 단지 공통의 절차만을 1회로 끝내기 위하여 병합하는 경우(절차적 병합)와, ② 물리적으로 여러 개의 계획을 결합하여 하나의 도시계획 또는 하나의 개발계획으로 병합하는 경우(실질적 병합)로 구분해볼 수 있다. 후자의 경우에는 병합되는 계획의 근거법률이 정한 특별한 절차를 생략할 수 있는지에 관한 쟁점이 파생된다.

개별법에 근거하여 추진되는 도시계획이나 개발계획의 절차가 공통될 경우 이를 하나의 절차로 병합하여 추진하는 것은 달리 금지될 필요성이 없다. 국토계획법이나 개발계획법은 통상 거쳐야 하는 절차를 열거할 뿐, 그 절차가 독립적 지위를

---

1 김종보, 건설법의 이해, 피데스, 2013, 317면.

갖추어 행하여질 것을 요구하지는 아니한다. 다만 실무적인 관점에서는, 이 경우에도 각 행정계획의 절차적 하자에 관한 논란을 축소하기 위하여 병합되는 계획들의 명칭이나 근거법률을 반드시 병기할 필요가 있겠다.

한편, 이상의 논의를 참조할 때 실질적 병합이 가능하기 위해서는 몇 가지 선결조건이 충족되어야 한다. ① 먼저 결정권자가 동일하거나 적어도 후행 계획의 결정권자가 선행 계획의 결정권까지도 보유하고 있어야 한다. 특별법을 제정하여 결정권자가 서로 다른 계획들의 병합이 가능토록 근거 조문을 마련하는 경우 예외가 인정될 수 있다. 도시재정비 촉진을 위한 특별법(도시재정비법, 소위 뉴타운특별법)이 대표적인 사례이다. 동조에 의한 개발계획이 결정될 경우 타법상의 개발계획까지도 의제되도록 하는 태도를 취하고 있다.[1]

② 다음으로 합병 후 존속하는 계획이 개발계획이어야 한다. 일반계획인 도시계획에 비하여 특별계획인 개발계획은 도시계획의 규율범위와 반드시 일치하지 않게 되기 때문이다. 다만 도시계획을 개발계획으로 의제하는 명문의 근거가 있다면 예외가 인정될 수는 있겠다.[2]

Ⅱ. 실질적 병합의 양태

1. 도시계획의 병합가능성

이미 존재하는 도시계획이나 개발계획을 포함하여 하나의 큰 개발계획을 수립하는 것도 경우에 따라 가능할 수 있다. 개발계획으로 도시계획을 합병하는 것은 달리 쟁점이 될 만한 부분이 없다. 개발계획에는 크고 작은 도시계획이 항상 포함되어 있기 때문이다. 예컨대 도시개발사업을 한다고 하면 그 안에는 도시계획시설에 관한 내용을 포함될 수밖에 없다. 때문에 기존에 존재하는 도시계획시설 부지와

---

1 도시재정비법 제13조(재정비촉진계획 결정의 효력) ① 제12조에 따라 재정비촉진계획이 결정·고시되었을 때에는 그 고시일에 다음 각 호에 해당하는 승인·결정 등이 있은 것으로 본다.
  1. 「도시 및 주거환경정비법」 제4조에 따른 도시·주거환경정비기본계획의 수립 또는 변경, 같은 법 제8조에 따른 정비구역의 지정 또는 변경 및 같은 조에 따른 정비계획의 수립 또는 변경
  2. 「도시개발법」 제3조에 따른 도시개발구역의 지정 및 같은 법 제4조에 따른 개발계획의 수립 또는 변경
  3. 「국토의 계획 및 이용에 관한 법률」 제30조에 따른 도시·군관리계획(「국토의 계획 및 이용에 관한 법률」 제2조제4호가목·다목 및 마목의 경우만 해당한다)의 결정 또는 변경 및 같은 법 제86조에 따른 도시·군계획시설사업의 시행자 지정
2 대표적으로 도시정비법 제17조 제2항 참조.

계획의 내용을 포함해서 하나의 큰 개발계획을 수립하는 것은 개별 개발사업법의 요건만 충족하다면 가능하다고 보아야 한다.

이 경우에도 개발제한구역과 같은 효력상으로 우위에 놓여있는 도시계획을 병합할 수는 없다. 법령에 달리 규정이 없다면, 이미 존재하는 개발제한구역의 일부 또는 전부를 병합하여 도시계획이나 개발계획을 수립·결정할 수는 없는 것이다. 예외적으로 구 보금자리주택건설 등에 관한 특별법에서는 보금자리주택지구의 지정으로 개발제한구역의 해제가 의제되도록 하는 규정이 있었다.[1] 또한 대체로 개발계획은 지구단위계획의 지위에 대응되는 것으로 이해되고 있으므로, 지구단위계획에 허용된 범위를 넘어 용도지역제 도시계획을 변경하는 효력을 인정하는 것은 어려움이 있다. 개발계획에 용도지역제 도시계획이 병합될 수는 없을 것으로 판단된다.

2. 개발계획의 병합가능성 및 그 조건

동일한 개발사업법에 근거한 개발계획의 병합은 가능하다. 결정권자가 동일하고 사업의 근거법률이나 추진절차가 동일하므로 이를 달리 금지하거나 배제할 이유가 없다. 이에 도시정비법의 경우에는 명문으로 정비구역의 병합을 인정하고 있다.

서로 다른 법에 근거하는 개발계획 간의 병합이 가장 큰 난제이다. 큰 개발계획의 목적이나 내용이 합병되는 개발계획의 내용을 포함하는 관계에 있다면 병합이 가능할 수는 있겠다. 예컨대 법제처는 택지개발촉진법상 택지개발계획에 도시공원에 관한 내용이 포함되어 있는 경우에 도시공원의 설치에 관한 도시공원 및 녹지 등에 관한 법률(도시공원법)상의 절차를 별도로 거칠 필요는 없다고 판단한 바 있다.[2]

---

1 보금자리주택건설 등에 관한 특별법 제22조 ① 국토교통부장관은 주택수급 등 지역여건을 감안하여 불가피한 경우「개발제한구역의 지정 및 관리에 관한 특별조치법」제3조제1항에 따라 해제할 필요가 있는 개발제한구역을 주택지구로 지정할 수 있다.
　② ~ ③ 생략.
　④ 국토교통부장관이 제1항에 따른 주택지구에 대하여 지구계획을 승인 또는 변경승인하여 고시한 때에는「개발제한구역의 지정 및 관리에 관한 특별조치법」제3조부터 제8조까지의 규정에 따른 개발제한구역의 해제를 위한 도시·군관리계획의 결정이 있는 것으로 본다.
2 「택지개발촉진법」제11조제1항 및「도시공원 및 녹지 등에 관한 법률」제16조(택지개발사업실시계획 중 공원조성계획에 대한 도시공원위원회의 심의 여부) 관련, 법제처 2008. 11. 19, 회신 08-0314 해석례.

원칙적으로 도시공원의 개발을 위해서는 공원조성계획이라는 도시계획을 거쳐야 하는 것인데,[1] 도시공원과 같은 기반시설에 관한 내용이 택지개발계획의 내용에 포함될 수 있다는 점을 들어 도시관리계획의 결정을 의제함에 있어서는 공원조성계획에 관한 결정도 포함되어 있는 것이라 본 것이다. 이에 법제처는 공원조성계획의 수립절차에 관하여 따로 규정한 도시공원법상의 조문들의 적용까지도 배제하였다. 이와 같은 태도는 공원조성계획이 공원의 물리적 조성을 위한 계획에 불과하므로 내용상 택지개발계획에 온전히 포섭될 수 있다는 점에서 기인한 것으로 분석된다.

그러나 한 개발계획이 다른 개발계획을 포함하지 못하는 경우에는 위와 같은 결론이 그대로 도출될 수는 없다. 예컨대 전통시장 및 상점가 육성을 위한 특별법(전통시장법)에 따른 시장정비사업과 도시정비법상의 재건축사업의 경우 양자의 개발계획을 하나로 병합하는 것은 어려울 것으로 사료된다. 시장정비사업의 개발계획은 공동주택에 관한 내용을 담을 수 없고, 재건축사업의 개발계획(정비계획)은 시장의 철거와 재건축에 관한 내용을 담을 수 없기 때문이다. 물론, 그와 같은 경우에도 이를 포괄하는 내용의 특별법이 제정된다면 양자 간의 병합이 가능할 수 있다는 점은 이론의 여지가 없다. 예를 들어, 도시재정비법은 재정비촉진사업의 내용으로 재건축사업과 시장정비사업을 모두 열거하고 있는데, 그와 같은 명문의 근거에 기초해 양자를 병합하고 하나의 재정비촉진구역으로 지정하여 재정비촉진계획을 수립하는 것은 가능할 수 있는 것이다.

---

1 도시공원법 제16조 제1항, 제16조의2 제1항. 도시공원법에 따르면 도시공원의 설치에 관한 도시관리계획이 결정되었을 경우 해당 행정구역을 관할하는 지방자치단체장은 공원조성계획을 입안하여야 하고 이 또한 도시관리계획의 지위를 지닌다.

제3조(국토 이용 및 관리의 기본원칙)

제3조(국토 이용 및 관리의 기본원칙) 국토는 자연환경의 보전과 자원의 효율적 활용을 통하여 환경적으로 건전하고 지속가능한 발전을 이루기 위하여 다음 각 호의 목적을 이룰 수 있도록 이용되고 관리되어야 한다. 〈개정 2012. 2. 1., 2019. 8. 20.〉

1. 국민생활과 경제활동에 필요한 토지 및 각종 시설물의 효율적 이용과 원활한 공급
2. 자연환경 및 경관의 보전과 훼손된 자연환경 및 경관의 개선 및 복원
3. 교통·수자원·에너지 등 국민생활에 필요한 각종 기초 서비스 제공
4. 주거 등 생활환경 개선을 통한 국민의 삶의 질 향상
5. 지역의 정체성과 문화유산의 보전
6. 지역 간 협력 및 균형발전을 통한 공동번영의 추구
7. 지역경제의 발전과 지역 및 지역 내 적절한 기능 배분을 통한 사회적 비용의 최소화
8. 기후변화에 대한 대응 및 풍수해 저감을 통한 국민의 생명과 재산의 보호
9. 저출산·인구의 고령화에 따른 대응과 새로운 기술변화를 적용한 최적의 생활환경 제공

I. 의의

국토계획법 제3조는 국토이용과 관리의 대원칙 또는 이념을 정하고 있는 조문이다. 국토계획법을 해석, 적용, 운용하는 행정주체로서는 그가 행하는 행정작용이 제3조가 정하는 정신 또는 이념에 부합하도록 하여야 한다. 즉 동법에 의하여 수립하는 (i) 도시계획의 내용이나 방법, 수단, (ii) 개발행위허가 등의 인허가, (iii)

도시계획시설의 설치 등의 행정작용은 모두 기본적으로 제3조가 정하는 원칙들에 위배되어서는 아니 된다.

Ⅱ. 조문의 연혁

시대별 필요성에 따라 도시계획에 반영되어야 할 사항들이 추가되거나 삭제될 수도 있다. 이는 입법자의 가치판단의 영역이다. 예컨대, 2012. 2. 1. 개정 국토계획법에서는 기후변화에 관한 제8호가 추가되었고, 2019. 8. 20. 개정 국토계획법에서는 저출산 및 고령화에 따른 인구변화 문제에 대한 고려를 요구하는 내용이 제9호로 추가되었다.

Ⅲ. 본조의 실무적 함의

제3조는 국토계획법의 이념이나 목적을 제시하는 것이므로, 그 내용 자체부터 추상적이고, 개별 내용들 자체도 해석의 여지가 매우 많다. 따라서 제3조의 내용만으로는 특별한 구속력을 인정하기는 쉽지 않고, 가사 구속력을 인정하더라도 그에 위반되는 경우를 상정하기는 쉽지 않다. 이와 같이 구속력이 인정되지 않는 선언적인 규정을 통상 법학에서는 '프로그램적 규정'이라고 부른다.

다만, 실무적인 견지에서는 행정청이 수립한 도시계획의 위법성이나, 개발행위허가의 위법성, 혹은 국토계획법이 위임한 하위법령이 국토계획법의 이념에 부합하는지 여부 등을 다툼에 있어서 제3조가 의미를 지닐 수 있다. 대법원 판례상으로는 개별적인 도시계획이나 개발행위허가, 혹은 조례 등이 위법한지 여부를 판단함에 있어 국토계획법 제3조가 제시하는 지도이념에 부합하는지를 설명하는 내용들이 등장한다.

예컨대, 개발행위허가의 기준에 관하여 정하고 있는 조례의 위법성 — 특히, 국토계획법령이 해당 조례에 위임한 내용의 범위가 문제된 사안에서 대법원은 "이 사건 조례 규정 등의 취지는 국토계획법 제3조가 규정한 '자연환경 및 경관의 보전과 훼손된 자연환경 및 경관의 개선 및 복원'이라는 기본원칙에 부합하고, …(중략) … 국토계획법령이 조례에 위임한 범위에 포함된다"라고 설시하여 국토계획법 제3조를 판단의 기준 중 하나로 삼고 있다.[1]

---

1 대법원 2014. 2. 27. 선고 2012두15005 판결.

대법원은 개발행위허가를 거부한 처분의 위법성이 다투어진 사안에서 "국토계획법 및 그 관련 법령은 자연환경의 보전과 자원의 효율적 활용을 통하여 환경적으로 건전하고 지속가능한 발전을 이루도록 하는 것을 기본원칙으로 하고 있는 점 (국토계획법 제3조) 등을 고려하면, 특별한 사정이 없는 한 법령에서 정한 기준을 준수하는 것이 공익에 부합한다 할 것"이라고 설시하였는데,[1] 당해 처분의 발급 이유가 이익형량을 제대로 한 것인지 여부를 판단함에 있어 국토계획법 제3조를 인용하고 있다. 다만, 이러한 설시 내용들을 통하여 볼 수 있듯이 국토계획법 제3조를 인용한 부분이 각 판결의 결론에 직접적인 영향을 미치는 핵심적인 판단 부분이라 보기는 어렵고, 해당 판결들을 중요하게 생각하는 다른 사항들을 설시하면서 보조적으로 제3조 중 관련된 부분을 언급하고 있음을 알 수 있다. 이를 달리 말하면, 국토계획법 제3조를 위반하였다는 주장만으로는 다툼의 대상이 되는 도시계획이나 개발행위허가 등이 위법하다고 판단하는 것은 거의 불가하다고 사료된다.

---

1 대법원 2012. 12. 13. 선고 2011두29205 판결.

제3조의2(도시의 지속가능성 및 생활인프라 수준 평가)

> 제3조의2(도시의 지속가능성 및 생활인프라 수준 평가) ① 국토교통부장관은 도시의 지속가능하고 균형 있는 발전과 주민의 편리하고 쾌적한 삶을 위하여 도시의 지속가능성 및 생활인프라(교육시설, 문화·체육시설, 교통시설 등의 시설로서 국토교통부장관이 정하는 것을 말한다) 수준을 평가할 수 있다. 〈개정 2015. 12. 29.〉
> ② 제1항에 따른 평가를 위한 절차 및 기준 등에 관하여 필요한 사항은 대통령령으로 정한다. 〈개정 2015. 12. 29.〉
> ③ 국가와 지방자치단체는 제1항에 따른 평가 결과를 도시·군계획의 수립 및 집행에 반영하여야 한다. 〈개정 2011. 4. 14.〉

Ⅰ. 의의

도시의 지속가능성이나 기반시설의 현황 등을 포함한 생활인프라[1]의 현황을 중앙정부(국토교통부장관)가 주기적으로 평가하도록 하고, 그 평가결과를 다시금 도시계획에 반영하도록 하는 조문이다. 이는 2006. 12. 28. 개정 국토계획법에서 처음 도입된 조문이다.

우리나라의 도시는 급속한 산업화와 도시화로 인하여 개발 위주의 팽창을 지속하여왔으나, 정작 도시에 거주하는 시민들의 생활환경이나 도시의 지속가능한 발전에 대해서는 크게 주목하지 못했다. 제3조의2는 그와 같은 반성적 고려에 따라 입법된 것으로 도시의 발전상황 및 현황을 진단할 수 있는 평가의 근거를 마련함으로써, 평가 결과에 따라 국토의 이용 및 개발을 지속가능한 방향으로 유도하여가기 위하여 도입된 것이다.[2] 중앙정부가 평가하고, 이를 지방자치단체가 그 평가결과에 따르도록 하는 방식을 취하고 있다.

이와 같은 평가의 결과는 (ⅰ) 도시계획에 반영될 뿐만 아니라, (ⅱ) 도시재생 활성화를 위한 비용의 보조 또는 융자를 하거나(「도시재생 활성화 및 지원에 관한 특별법」 제27조), 포괄보조금의 지원(「국가균형발전 특별법」 제40조)을 함에 있어서 활용토록 하고 있다(국토계획법 시행령 제4조의4 제3항).

---

1 도시의 지속가능성 및 생활인프라 평가 지침 3-1-3. 생활인프라 개념의 적용 ① 생활인프라란 거주민이 주거, 근로, 교육, 휴식, 육아, 이동 등의 일상생활을 영위하는데 필요한 모든 기반시설로 정의할 수 있다.
2 국회 건설교통위원회, 국토의 계획 및 이용에 관한 법률 일부개정법률안(이호웅의원 대표발의안) 검토보고서, 2006. 9., 8면.

상세한 평가의 절차와 방법, 내용, 지표 등에 대하여는 「도시의 지속가능성 및 생활인프라 평가 지침」이 정하고 있다. 그에 따르면 평가주기는 매년 실시되는 것으로 정하고 있고, 평가의 수행은 외부 전문기관에 의뢰할 수 있도록 정하고 있다.

Ⅱ. 개정 연혁

2006. 도입 후 2015. 12. 29.에 한차례 개정을 거치면서, '도시의 지속가능성'만을 평가 대상으로 하던 종전의 조문에서 평가대상에 '생활인프라(교육시설, 문화·체육시설, 교통시설 등의 시설로서 국토교통부장관이 정하는 것을 말한다) 수준'을 추가하는 한편, 이와 같은 평가의 취지가 '주민의 편리하고 쾌적한 삶'을 추구하는 데 있는 것임을 명기하였다.

Ⅲ. 해석상 쟁점

1. 평가결과의 구속력

국토계획법은 국토교통부장관이 매년 행하는 평가 결과를 관할 지방자치단체장이 도시계획을 수립하고 집행함에 있어 반영하도록 정하고 있다(제3조의2 제3항). 도시계획의 종류는 특정되어 있지 않으므로, 도시기본계획뿐만 아니라 도시관리계획에 속하는 개별 계획들의 수립·집행에 있어서도 평가결과는 반영되어야 한다. 법문(法文)상으로는 평가결과의 반영의무는 기속적인 의무로 정해져 있으므로, 그에 반하는 도시계획은 그 자체로 위법하게 된다. 다만, 평가결과의 기속력을 지나치게 구체적이고 경직적으로 인정할 경우, 현행 국토계획법이 부여하고 있는 지방자치단체장의 계획고권을 침해할 우려가 있으므로, '평가결과의 미반영'에 따른 하자는 신중하게 심사하고, 예외적으로만 인정함이 타당하다.

평가결과의 의미는 특히 도시계획시설사업과 관련하여 실천적 의미가 있을 것으로 보인다. 도시계획시설결정의 위법성을 심사함에 있어 서울행정법원 2003. 1. 28. 선고 2002구합16399 판결은 피고 행정청이 설치하려는 기반시설이 관내에 얼마나 부족한지 그 현황을 파악함으로써 해당 도시계획시설의 '필요성' 존부를 심사하고 있으므로, 기반시설의 현황을 주된 평가내용으로 하게 되는 본조의 평가결과는 도시계획시설결정의 적법·정당성을 판단함에 있어 중요하게 고려될 수 있겠다.

제4조(국가계획, 광역도시계획 및 도시·군계획의 관계 등)

제4조(국가계획, 광역도시계획 및 도시·군계획의 관계 등) ① 도시·군계획은 특별시·광역시·특별자치시·특별자치도·시 또는 군의 관할 구역에서 수립되는 다른 법률에 따른 토지의 이용·개발 및 보전에 관한 계획의 기본이 된다.

② 광역도시계획 및 도시·군계획은 국가계획에 부합되어야 하며, 광역도시계획 또는 도시·군계획의 내용이 국가계획의 내용과 다를 때에는 국가계획의 내용이 우선한다. 이 경우 국가계획을 수립하려는 중앙행정기관의 장은 미리 지방자치단체의 장의 의견을 듣고 충분히 협의하여야 한다.

③ 광역도시계획이 수립되어 있는 지역에 대하여 수립하는 도시·군기본계획은 그 광역도시계획에 부합되어야 하며, 도시·군기본계획의 내용이 광역도시계획의 내용과 다를 때에는 광역도시계획의 내용이 우선한다.

④ 특특별시장·광역시장·특별자치시장·특별자치도지사·시장 또는 군수(광역시의 관할 구역에 있는 군의 군수는 제외한다. 이하 같다. 다만, 제8조제2항 및 제3항, 제113조, 제133조, 제136조, 제138조제1항, 제139조제1항·제2항에서는 광역시의 관할 구역에 있는 군의 군수를 포함한다)가 관할 구역에 대하여 다른 법률에 따른 환경·교통·수도·하수도·주택 등에 관한 부문별 계획을 수립할 때에는 도시·군기본계획의 내용에 부합되게 하여야 한다. 〈개정 2013. 7. 16., 2021. 1. 12.〉

I. 의의

국토계획법은 여러 종류의 도시계획들을 정하고 있으므로, 각 종류별 도시계획들 간의 위상과 위계를 정하여 둘 필요가 있다. 특히, 2000. 1. 28. 전부개정 도시계획법 이후 계획고권의 지방분권화가 이루어지면서, 중앙정부가 전국 각지의 도시계획권한을 원칙적으로 통할하던 구조가 사라지게 되었는바, 그 이후 서로 다른 계획주체들이 수립하는 도시계획들 간의 위계질서를 정립하는 것이 중요한 문제가 되었다.

국토계획법은 「국가계획 → 광역도시계획 → 도시기본계획 → 도시관리계획」 순서대로의 구속력을 인정하여 위계질서를 정립하고 있다. (ⅰ) 국가계획, 광역도시계획, 도시기본계획 간의 우열관계에 관하여는 국토계획법 제4조가 정하고 있고, (ⅱ) 도시기본계획과 도시관리계획 간의 관계에 대하여는 동법 제25조 제1항이 정하고 있다.[1]

---

1 국토계획법 제25조(도시·군관리계획의 입안) ① 도시·군관리계획은 광역도시계획과 도시·군기본

특기할만한 것은, 제4조 제1항이 "관할 구역에서 수립되는 다른 법률에 따른 토지의 이용·개발 및 보전에 관한 계획의 기본"이 되는 것이 다름 아닌 '도시계획' — 곧, 도시기본계획과 도시관리계획이라는 점을 천명하고 있다는 점이다. 아무리 국가계획이나 광역도시계획이 도시계획에 대하여 우선적인 관계에 놓인다고 하더라도, 관할 구역 내에서 토지이용관계에 대한 규율의 근간·기본을 이루는 가장 중요한 계획은 도시기본계획과 도시관리계획이라는 점과 그와 같은 지방자치단체장의 계획고권을 존중하여야 한다는 점을 명시한 것이다.[1] 이와 같이 계획고권을 존중하여야 한다는 취지는 입법자료상으로도 발견된다.[2]

II. 조문의 연혁

제정 국토계획법만 하더라도 제4조에서 도시계획(도시기본계획, 도시관리계획)이 이를 수립하는 지방자치단체장이 관할하는 구역 내에서 가장 기본이 된다는 원칙만을 명시하였고, 조문의 제목 또한 '도시계획의 지위'에 불과하였다.

이후 2011. 4. 14. 개정 국토계획법에서 조문의 제목이 지금과 같이 변경되면서, 국가계획, 광역도시계획, 도시계획 간의 우열관계를 명시하게 되었다. 다만, 국가계획 등의 우열을 지나치게 강조할 경우, 지방자치단체의 계획고권이 침해될 우려가 있음을 고려하여 국가계획 수립 시 관할 지방자치단체와의 협의절차를 거칠 것을 함께 입법하였다.[3]

계획에 부합되어야 한다.

[1] 이는 2000. 1. 28. 제정 도시계획법에서는 명시되지 않았으나, 2003년 국토계획법 제정 당시 도입된 조문이다.

[2] 국가계획과 광역도시계획의 우열관계를 명시하게 된 2011. 4. 14. 개정 국토계획법의 입법자료상으로도 "「국토계획법」상의 핵심적 제도라 할 수 있는 도시계획에 대한 지자체의 수립권한은 지자체가 스스로의 책임으로 자주적으로 계획을 수립할 수 있는 이른바 "계획고권(計劃高權)"으로서 헌법상 자치행정권의 본질에서 나오는 것이라고 할 것인바, 「국토계획법」에서 도시계획보다 상위계획인 국가계획을 강조하게 될 경우 동법의 취지에 다소 부합하지 않는 측면이 있으며"라고 서술하여, 지방자치단체장의 관할 구역 내에서의 계획고권을 존중하여야 한다는 점을 명시하고 있다. 국회 국토해양위원회, 국토의 계획 및 이용에 관한 법률 일부개정법률안(정부 제출) 검토보고서, 2010. 2., 47면.

[3] 국회 국토해양위원회, 국토의 계획 및 이용에 관한 법률 일부개정법률안(정부 제출) 검토보고서, 2010. 2., 48면.

Ⅲ. 해석상의 쟁점

1. 국토계획법 제4조에서 정하는 '구속력'의 강도

가. 비구속적 계획 간의 구속력

국토계획법 제4조는 하위계획이 상위계획의 내용에 '부합할 것'과 더불어, 상이할 경우 상위계획의 내용이 우선한다고 정하고 있다. 이와 같은 조문의 내용에 의하며 최소한 국가계획,[1] 광역도시계획, 도시기본계획과 같은 비구속적 행정계획[2]들 간에 있어서는 강력한 구속력을 지니며, 상위계획은 충돌하는 하위계획의 내용을 개폐하고 배제할 수 있을 정도의 효력을 지니게 된다.

나. 비구속적 계획과 구속적 계획 간의 구속력

그러나 비구속적 계획과 구속적 계획 사이 ─ 곧, '국가계획·광역도시계획·도시기본계획'과 '도시관리계획' 사이의 관계에서는 다음과 같은 사유에서 이와 같은 구속력이 인정되기 어렵다. 첫째, 조문의 내용에 차이가 존재한다. 국토계획법 제4조는 상위계획의 내용이 우선한다는 조항까지를 포함하고 있지만, 동법 제25조 제1항은 도시관리계획이 광역도시계획 및 도시기본계획에 '부합할 것'만을 요구하고 있을 뿐 양자가 충돌할 경우의 '우선효'까지는 규정하고 있지 않다. 따라서 광역도시계획 및 도시기본계획에 부합하지 아니하는 도시관리계획의 효력을 부인하기는 어렵고, 나아가 '부합하다'는 문언의 추상성을 고려하면 그 하자를 단정하기도 쉽지 않다.

둘째, 현재 법원의 판례 또한 도시기본계획의 도시관리계획에 대한 구속력을 부인한다. 대법원은 "도시의 장기적 개발방향과 미래상을 제시하는 도시계획 입안의 지침이 되는 장기적·종합적인 개발계획으로서 행정청에 대한 직접적인 구속력은 없"다라고 판시하고 있고,[3] 그에 기초하여 하급심 판결례는 "도시관리계획이 단지 도시기본계획에 위배되거나 그것과 상이하다는 이유만으로 곧바로 그 도시관리계획이 위법하다고 단정할 수는 없다"라는 입장을 취한 바 있다.[4] 이와 같은 설시내

---

1 다만, 국가계획이 비구속적 행정계획이라고 할 수 있는지는 의문이 있다. 도시관리계획으로 정할 내용 또한 국가계획의 내용이 될 수 있기 때문이다. 본서의 관련항목의 논의 참조.
2 "수범자를 법적으로 구속하는 계획"이 '구속적 행정계획'이므로(김동희, 행정법Ⅰ, 제16판, 박영사, 2010, 183면), '비구속적 행정계획'은 수범자를 법적으로 구속하지 않는 행정계획을 말한다.
3 대법원 2007. 4. 12. 선고 2005두1893 판결 등.
4 대구고등법원 2009. 9. 4. 선고 2008누2126 판결.

용들은 모두 도시기본계획과 같은 비구속적 계획의 "직접구속력"을 배제한 것이다.

다. 비구속적 계획의 간접적 효력 - 이익형량의 요소

그럼에도 불구하고, 도시기본계획과 같은 비구속적 계획의 '간접적' 효력까지를 부인할 것은 아니다. 즉 비구속적 계획에 위배된다고 하여 도시관리계획의 하자를 인정할 것은 아니지만, 반대로 비구속적 계획에 부합하는지 여부는 행정청이 도시관리계획을 수립함에 있어서 이익형량을 제대로 하였는지 여부를 판단함에 있어서 참고될 수 있다. 법원 또한 "도시기본계획은 도시관리계획의 상위의 기본적인 계획에 해당하는 것으로서 행정청이 도시관리계획을 입안함에 있어서는 어느 정도 도시기본계획에 구속될 수밖에 없고, 도시기본계획 및 그로 인하여 달성하려고 하는 공익상의 목적을 반드시 비교형량하여야 한다는 점은 법문상 명백하다고 보아야 한다"라고 설시하여, 도시기본계획이 도시관리계획의 '필요적 이익형량 요소'가 된다고 보았다.[1] 다만, 이러한 판례의 설시내용을 보더라도 '비교형량'을 하여야 한다는 것이므로, 도시기본계획이 추구하는 공익적 가치를 배제할만한 합리적이고 충분한 판단의 근거가 있다면 도시기본계획에 부합하지 아니하는 도시관리계획결정에 대하여 이익형량의 하자를 인정하기는 쉽지 않을 것이라 판단된다.

Ⅳ. 비교법적 논의

한편, 국내 문헌 중에는 독일법상의 규정을 소개하면서, 현행 국토계획법령 체계에서 각 상·하위 계획들 간의 위계만을 정하고 있을 뿐, 애당초 상위계획을 수립함에 있어 지방자치단체의 계획권한을 존중하여 하위계획을 고려하도록 하는 규정이 부존재하다는 점을 비판하는 논의가 발견된다.[2] 계획간 내용의 충돌을 방지하고, 계획들 상호간의 영향력을 수립단계에서부터 고려하는 것이 원론적으로는 타당하다고 사료되나,[3] 계획권한이 중앙에서 지방으로, 광역에서 기초로 이양되는 와중에 있는 우리 제도의 현 상황에서는 점진적으로 도입해나가야 할 문제라고 생각된다.

---

1 대구고등법원 2009. 9. 4. 선고 2008누2126 판결.
2 김남철, 국토계획과 지방자치의 법적 문제, 토지공법연구, 2003. 12., 35면 참조.
3 굳이 다른 문헌상의 표현을 인용하자면 "상위계획과 하위계획이 서로 정합하지 않은 경우에는 그 행정계획 자체가 체계적이라고 볼 수 없다"는 비판도 존재한다. 정남철, 동아시아 국토계획법제의 최근동향 및 주요쟁점 : 특히 국토계획법제의 현안과 과제를 중심으로, 저스티스, 2017. 2., 48면에서 인용.

제5조(도시·군계획 등의 명칭)

제5조(도시·군계획 등의 명칭) ① 행정구역의 명칭이 특별시·광역시·특별자치시·특별자치도·시인 경우 도시·군계획, 도시·군기본계획, 도시·군관리계획, 도시·군계획시설, 도시·군계획시설사업, 도시·군계획사업 및 도시·군계획상임기획단의 명칭은 각각 "도시계획," "도시기본계획," "도시관리계획," "도시계획시설," "도시계획시설사업," "도시계획사업" 및 "도시계획상임기획단"으로 한다. 〈개정 2011. 4. 14.〉
② 행정구역의 명칭이 군인 경우 도시·군계획, 도시·군기본계획, 도시·군관리계획, 도시·군계획시설, 도시·군계획시설사업, 도시·군계획사업 및 도시·군계획상임기획단의 명칭은 각각 "군계획," "군기본계획," "군관리계획," "군계획시설," "군계획시설사업," "군계획사업" 및 "군계획상임기획단"으로 한다. 〈개정 2011. 4. 14.〉
③ 제113조제2항에 따라 군에 설치하는 도시계획위원회의 명칭은 "군계획위원회"로 한다.

조선시가지계획령에서는 '시가지계획', 이후 1962. 1. 20. 제정 도시계획법 이래에는 '도시계획'이라는 용어를 사용하여왔다. 비교적 현재의 국토계획법과 비슷한 형태와 체계를 갖추게 된 2000. 1. 28. 도시계획법에서도 '도시계획'이라는 용어를 사용하였으나, 국토계획법 제정과 함께 '도시·군계획'이라는 명칭을 사용하게 되었다.

도시계획이 도시·군계획이라는 명칭을 변경된 것은 국토계획법이 도시계획법과 국토이용관리법을 통합하게 된 것과도 관련되어 있는 것이라 추측된다. 국토계획법 제정으로 국토이용관리법상의 용도지역이 도시계획법상의 용도지역과 통합되면서, 사실상 용도지역제 도시계획은 전국토를 포괄하는 계획이 되어버렸다. 이와 함께 도시계획이라는 명칭 또한 도시·군계획이라는 용어로 변경된 것이라 사료된다. 다만, 그와 같은 명칭의 변경에도 불구하고, 여전히 해방 이후 오랜기간 '도시계획'이라는 용어가 법률상·실무상 통용되어왔으므로,[1] 국토계획법 제5조는 군지역의 경우를 제외하고 행정구역의 명칭이 '시'인 곳에서는 계속해서 '도시계획'이라는 용어를 사용할 수 있도록 하였다.

---

1 참고로, 국토계획법 제정 당시 '도시계획'이라는 용어 대신 '국토도시계획'이라는 용어의 도입이 논의되었으나, 이 또한 '도시계획'이라는 단어가 지니는 범용성 때문이기도 하다. 정태용, 국토계획법, 법령정보관리원, 2013, 58면의 논의 참조.

제6조(국토의 용도 구분)

제6조(국토의 용도 구분) 국토는 토지의 이용실태 및 특성, 장래의 토지 이용 방향, 지역 간 균형발전 등을 고려하여 다음과 같은 용도지역으로 구분한다. 〈개정 2013. 5. 22., 2023. 5. 16.〉

1. 도시지역: 인구와 산업이 밀집되어 있거나 밀집이 예상되어 그 지역에 대하여 체계적인 개발·정비·관리·보전 등이 필요한 지역
2. 관리지역: 도시지역의 인구와 산업을 수용하기 위하여 도시지역에 준하여 체계적으로 관리하거나 농림업의 진흥, 자연환경 또는 산림의 보전을 위하여 농림지역 또는 자연환경보전지역에 준하여 관리할 필요가 있는 지역
3. 농림지역: 도시지역에 속하지 아니하는 「농지법」에 따른 농업진흥지역 또는 「산지관리법」에 따른 보전산지 등으로서 농림업을 진흥시키고 산림을 보전하기 위하여 필요한 지역
4. 자연환경보전지역: 자연환경·수자원·해안·생태계·상수원 및 「국가유산기본법」 제3조에 따른 국가유산의 보전과 수산자원의 보호·육성 등을 위하여 필요한 지역

Ⅰ. 의의

용도지역제 도시계획은 그 역할의 한계에도 불구하고 우리 도시계획체계의 가장 중요한 축을 담당하고 있다는 점은 부인하기 어렵다. 용도지역은 토지소유자가 소유한 토지의 개발가능성·건축가능성을 인식함에 있어 가장 먼저, 그리고 가장 중요하게 접하게 되는 도시계획이다.

국토계획법은 용도지역을 도시지역, 관리지역, 농림지역, 자연환경보전지역 등 4개 지역으로 구분한 다음, 그 세부적인 구분에 대하여 동법 제36조에서 다시 정하고 있다. 이때 제6조에서 정하는 지역의 구분은 본래 구 도시계획법이 정하고 있던 바는 아니고, 국토계획법으로 통합된 국토이용관리법이 정하는 용도지역의 구분을 계수하여 정하고 있는 것이다. 본래 구 도시계획법은 '도시지역'만을 대상으로 하던 법률이므로, 구 도시계획법상의 용도지역은 주거, 상업, 공업, 녹지지역 등 4개 지역으로만 구분되어 있었고,[1] 관리지역, 농림지역, 자연환경보전지역과 같은 구분

---

[1] 도시계획법(2000. 1. 28. 법률 제6243호로 전부개정된 것) 제32조(지역의 지정) ① 건설교통부장관 또는 시·도지사는 도시계획구역안에 있는 토지의 경제적·효율적 이용과 공공의 복리증진을 도모하기 위하여 필요하다고 인정되는 때에는 다음 각호의 지역의 지정을 도시계획으로 결정할 수 있다.
  1. 주거지역: 거주의 안녕과 건전한 생활환경의 보호를 위하여 필요한 지역

은 별도로 존재하지 않았다.

II. 해석상의 쟁점

1. 국토계획법 제6조 각호의 요건의 법적 의미

국토계획법 제6조는 도시지역, 관리지역, 농림지역, 자연환경보전지역의 의미를 풀어서 설명하고 있는데, 이와 같은 설명이 각 용도지역의 필요적 요건이 되는 것인지가 해석상 문제될 수 있다. 관련하여, 법제처 해석례 중에서는 산지관리법상 '보전산지'에서 '준보전산지'로 변경된 경우 용도지역을 어떻게 보아야 하는지가 문제된 사안이 발견된다. 국토계획법 제6조 제3호에 의하면 '보전산지'의 경우 농림지역에 포함시키고 있는데,[1] 준보전산지로 변경되면서 그 요건을 충족하지 못하게 되었다면 용도지역 또한 '농림지역'에서 '관리지역'과 같은 것으로 변경되었다고 보아야 하는 것은 아닌지가 문제된 사안이다. 법제처는 "사후에 보전산지에서 해제되어 다시 준보전산지로 된다고 하더라도, 용도지역을 변경하는 절차를 별도로 취하지 않는 이상 여전히 농림지역으로 남아있음을 전제로 한다고 할 것"이라고 하면서 "농림지역 안에 준보전산지가 있는 경우가 발생한다"는 입장을 취하였다.[2]

법제처의 입장에 의하면 국토계획법 제6조 각호의 요건은 그 자체로 절대적인 혹은 필요적인 요건에 해당한다고 해석하기는 어려워 보인다. 즉 각호의 요건에 해당한다고 하더라도 행정청이 해당 용도지역으로 도시계획을 수립하지 않는다면 그 용도지역으로 인정될 수는 없는 것이다. 더욱이, 국토계획법 제6조 각호의 내용들 자체가 추상적인 형태를 띠고 있음을 고려하더라도, 각호의 내용에 위배되어 용도지역의 지정에 하자가 있다고 인정되기는 쉽지 않을 것이다.

---

2. 상업지역: 상업과 기타 업무의 편익증진을 위하여 필요한 지역
3. 공업지역: 공업의 편익증진을 위하여 필요한 지역
4. 녹지지역: 자연환경·농지 및 산림의 보호, 보건위생, 보안과 도시의 무질서한 확산방지를 위하여 녹지의 보전이 필요한 지역

1 참고로, 국토계획법 제42조 제2항은 산지관리법에 의하여 '보전산지'로 지정된 경우, '농림지역'의 지정이 있는 것으로 의제하고 있다.
2 법제처 2013. 5. 7. 회신 13-0115 해석례 참조.

제7조(용도지역별 관리 의무)

제7조(용도지역별 관리 의무) 국가나 지방자치단체는 제6조에 따라 정하여진 용도지역의 효율적인 이용 및 관리를 위하여 다음 각 호에서 정하는 바에 따라 그 용도지역에 관한 개발·정비 및 보전에 필요한 조치를 마련하여야 한다.

1. 도시지역: 이 법 또는 관계 법률에서 정하는 바에 따라 그 지역이 체계적이고 효율적으로 개발·정비·보전될 수 있도록 미리 계획을 수립하고 그 계획을 시행하여야 한다.
2. 관리지역: 이 법 또는 관계 법률에서 정하는 바에 따라 필요한 보전조치를 취하고 개발이 필요한 지역에 대하여는 계획적인 이용과 개발을 도모하여야 한다.
3. 농림지역: 이 법 또는 관계 법률에서 정하는 바에 따라 농림업의 진흥과 산림의 보전·육성에 필요한 조사와 대책을 마련하여야 한다.
4. 자연환경보전지역: 이 법 또는 관계 법률에서 정하는 바에 따라 환경오염 방지, 자연환경·수질·수자원·해안·생태계 및 「국가유산기본법」 제3조에 따른 국가유산의 보전과 수산자원의 보호·육성을 위하여 필요한 조사와 대책을 마련하여야 한다.

Ⅰ. 의의

　도시계획에 의하여 용도지역이 정해진 다음, 각 용도지역의 지정 취지를 실현하기 위하여 국가와 지방자치단체의 의무를 규정한 것이 국토계획법 제7조이다. 특이한 것은, 용도지역을 지정하는 것은 관할 지방자치단체이지만, 이를 실현하고 관리할 의무는 국가와 지방자치단체 모두에게 마련되어 있다는 점이다. 국가 또한 일정한 경우 도시관리계획을 직접 입안·결정할 수 있고(국토계획법 제24조 제5항; 제30조 제3항), 개별 법령에 의하여 국가가 스스로 개발사업의 시행자가 되는 경우도 있으므로,[1] 국가가 결정한 계획이나 추진하는 사업에 의하여 용도지역의 유지·관리에 영향을 미치게 될 수 있다. 따라서 국가(중앙정부) 또한 그러한 계획이나 사업을 추진함에 있어, 각 용도지역의 지정 취지를 훼손하지 않도록 필요한 조치를 마련하고 이를 고려하도록 한 것이다.

---

[1] 예컨대, 공공주택 특별법과 같이 주택수급과 같은 공익이 관련된 사업의 경우 국가(국토교통부장관)가 직접 인허가 권한을 가지는 경우가 있고(공공주택 특별법 제17조 제1항 등), 항만재개발사업과 같이 국가적 기반시설에 해당하는 곳에 대하여 국가(해양수산부장관)가 계획권한 및 인허가권한을 보유하는 경우도 있다.

Ⅱ. 선계획 후개발의 원칙

흔히 우리 국토계획법제가 지향하는 바가 '선계획 후개발 원칙'[1]이다. 본조 제1호는 도시지역에 대하여 "미리 계획을 수립하고 그 계획을 시행하여야 한다"라고 정함으로써 그러한 선계획 후개발 원칙의 취지를 선언하고 있는 것으로 볼 수 있다. 비록 본조는 도시지역에 대해서만 그러한 언급을 하고 있으나, 다른 용도지역에 대해서도 이러한 원칙은 원칙적으로는 고려되어야만 할 것이다.

참고로, "미리 계획을 수립하고 그 계획을 시행하여야 한다"라는 표현은 종래 도시계획법이나 국토이용관리법상으로는 발견되지 않던 것이다. 국토계획법으로 양법이 통합 제정되면서 비로소 해당 문구가 추가되었다.

---

1 비록 도시정비법에 관한 것이기는 하나 헌법재판소 결정례 중에서도 명시적으로 '선계획 후개발 원칙'을 언급한 것이 발견된다. 헌법재판소 2015. 3. 26. 선고 2014헌바156 전원재판부 결정.

제8조(다른 법률에 따른 토지 이용에 관한 구역 등의 지정 제한 등)

제8조(다른 법률에 따른 토지 이용에 관한 구역 등의 지정 제한 등) ① 중앙행정기관의 장이나 지방자치단체의 장은 다른 법률에 따라 토지 이용에 관한 지역·지구·구역 또는 구획 등(이하 이 조에서 "구역등"이라 한다)을 지정하려면 그 구역등의 지정목적이 이 법에 따른 용도지역·용도지구 및 용도구역의 지정목적에 부합되도록 하여야 한다.
② 중앙행정기관의 장이나 지방자치단체의 장은 다른 법률에 따라 지정되는 구역등 중 대통령령으로 정하는 면적 이상의 구역등을 지정하거나 변경하려면 중앙행정기관의 장은 국토교통부장관과 협의하여야 하며 지방자치단체의 장은 국토교통부장관의 승인을 받아야 한다. 〈개정 2011. 4. 14., 2011. 7. 28., 2013. 3. 23., 2013. 7. 16.〉
1. ~ 4. 삭제 〈2013. 7. 16.〉
③ 지방자치단체의 장이 제2항에 따라 승인을 받아야 하는 구역등 중 대통령령으로 정하는 면적 미만의 구역등을 지정하거나 변경하려는 경우 특별시장·광역시장·특별자치시장·도지사·특별자치도지사(이하 "시·도지사"라 한다)는 제2항에도 불구하고 국토교통부장관의 승인을 받지 아니하되, 시장·군수 또는 구청장(자치구의 구청장을 말한다. 이하 같다)은 시·도지사의 승인을 받아야 한다. 〈신설 2013. 7. 16.〉
④ 제2항 및 제3항에도 불구하고 다음 각 호의 어느 하나에 해당하는 경우에는 국토교통부장관과의 협의를 거치지 아니하거나 국토교통부장관 또는 시·도지사의 승인을 받지 아니한다. 〈신설 2013. 7. 16.〉
1. 다른 법률에 따라 지정하거나 변경하려는 구역등이 도시·군기본계획에 반영된 경우
2. 제36조에 따른 보전관리지역·생산관리지역·농림지역 또는 자연환경보전지역에서 다음 각 목의 지역을 지정하려는 경우
   가. 「농지법」 제28조에 따른 농업진흥지역
   나. 「한강수계 상수원수질개선 및 주민지원 등에 관한 법률」 등에 따른 수변구역
   다. 「수도법」 제7조에 따른 상수원보호구역
   라. 「자연환경보전법」 제12조에 따른 생태·경관보전지역
   마. 「야생생물 보호 및 관리에 관한 법률」 제27조에 따른 야생생물 특별보호구역
   바. 「해양생태계의 보전 및 관리에 관한 법률」 제25조에 따른 해양보호구역
3. 군사상 기밀을 지켜야 할 필요가 있는 구역등을 지정하려는 경우
4. 협의 또는 승인을 받은 구역등을 대통령령으로 정하는 범위에서 변경하려는 경우
⑤ 국토교통부장관 또는 시·도지사는 제2항 및 제3항에 따라 협의 또는 승인을 하려면 제106조에 따른 중앙도시계획위원회(이하 "중앙도시계획위원회"라 한다) 또는 제113조제1항에 따른 시·도도시계획위원회(이하 "시·도도시계획위원회"라 한다)의 심의를 거쳐야 한다. 다만, 다음 각 호의 경우에는 그러하지 아니하다. 〈개정 2010. 2.

4., 2011. 7. 28., 2013. 3. 23., 2013. 7. 16.〉

1. 보전관리지역이나 생산관리지역에서 다음 각 목의 구역등을 지정하는 경우

　가. 「산지관리법」 제4조제1항제1호에 따른 보전산지

　나. 「야생생물 보호 및 관리에 관한 법률」 제33조에 따른 야생생물 보호구역

　다. 「습지보전법」 제8조에 따른 습지보호지역

　라. 「토양환경보전법」 제17조에 따른 토양보전대책지역

2. 농림지역이나 자연환경보전지역에서 다음 각 목의 구역등을 지정하는 경우

　가. 제1호 각 목의 어느 하나에 해당하는 구역등

　나. 「자연공원법」 제4조에 따른 자연공원

　다. 「자연환경보전법」 제34조제1항제1호에 따른 생태·자연도 1등급 권역

　라. 「독도 등 도서지역의 생태계보전에 관한 특별법」 제4조에 따른 특정도서

　마. 「자연유산의 보존 및 활용에 관한 법률」 제11조부터 제13조까지에 따른 명승 및 천연기념물과 그 보호구역

　바. 「해양생태계의 보전 및 관리에 관한 법률」 제12조제1항제1호에 따른 해양생태도 1등급 권역

⑥ 중앙행정기관의 장이나 지방자치단체의 장은 다른 법률에 따라 지정된 토지 이용에 관한 구역등을 변경하거나 해제하려면 제24조에 따른 도시·군관리계획의 입안권자의 의견을 들어야 한다. 이 경우 의견 요청을 받은 도시·군관리계획의 입안권자는 이 법에 따른 용도지역·용도지구·용도구역의 변경이 필요하면 도시·군관리계획에 반영하여야 한다. 〈신설 2011. 4. 14., 2013. 7. 16.〉

⑦ 시·도지사가 다음 각 호의 어느 하나에 해당하는 행위를 할 때 제6항 후단에 따라 도시·군관리계획의 변경이 필요하여 시·도도시계획위원회의 심의를 거친 경우에는 해당 각 호에 따른 심의를 거친 것으로 본다. 〈신설 2011. 4. 14., 2013. 3. 23., 2013. 7. 16., 2015. 6. 22.〉

1. 「농지법」 제31조제1항에 따른 농업진흥지역의 해제: 「농업·농촌 및 식품산업 기본법」 제15조에 따른 시·도 농업·농촌및식품산업정책심의회의 심의

2. 「산지관리법」 제6조제3항에 따른 보전산지의 지정해제: 「산지관리법」 제22조제2항에 따른 지방산지관리위원회의 심의

Ⅰ. 의의

　본 조는 국토계획법이 아닌 다른 법률에 근거하여 토지이용관계에 영향을 미치는 구역 등을 중앙행정기관이나 지방자치단체의 장이 지정하려고 하는 경우의 절차와 한계에 대하여 규정한 조문이다. 본 조는 ① '실체적'인 측면에서, 구역 등을 지정하려고 하더라도 용도지역·용도지구·용도구역 등의 취지에 부합할 것을 요구

하고 있고(제1항), ② '절차적'인 측면에서 구역 등의 지정 시 그 면적이 '대규모'[1]인 경우에는 국토교통부장관이나 시도지사의 협의 또는 승인을 받도록 정하고 있다(제2 내지 3항). ③ 반대로 구역 등을 해제하는 경우에는 당해 부지를 관할하는 도시관리계획의 입안권자의 의견을 청취하도록 정하고 있다(제6항).

본 조의 의의는 두 가지 측면에서 설명할 수 있다. 먼저, 이는 다른 법률들에 비하여 토지이용관계에 관한 한 국토계획법 및 그에 따른 '용도지역제 도시계획' 등이 근간이 되는 것임을 분명히 하였다는 점에서 의미를 찾을 수 있겠다. 1963년 도시계획법이 제정된 이후, 개별 개발사업법들이 분리되고(도시개발법, 도시정비법 등), 새로운 개발사업을 관장하는 특별법들이 신설되면서 그러한 법률들과 도시계획법(국토계획법) 간의 관계가 다소 불분명하게 된 측면이 있다. 특히, 통상의 일반법-특별법의 관계에 의하면 국토계획법과 그에 의하여 수립되는 도시계획이 반드시 특별법상의 계획들에 대하여 우월적인 지위에 놓이는 것인지도 불분명한 측면이 있다. 본 조는 그와 같은 모호함을 불식하고 국토계획법의 기본법적 성격[2]과 그에 따른 도시계획적 수단들이 우선한다는 취지를 명시하였다는 점에서 의미가 있다.

다음으로, 대규모 토지이용관계에 대하여는 여전히 국토교통부장관이나 시·도지사와 같이 보다 큰 지리적 범위를 관할하는 행정주체의 조율이 필요하다는 점을 인정하고 있다는 점에서 본 조의 의의를 찾을 수 있다. 본 조에 의하면 1천제곱킬로미터 이상의 대규모 구역 등의 지정 시에는 국토교통부장관이나 시·도지사의 협의 또는 승인을 거치도록 하고 있는바, 광범위한 지리적 면적의 토지이용관계에 영향을 미치게 되는 행위에 대하여는 중앙정부나 광역 지방자치단체의 의견조율과정을 의무적으로 거치도록 정한 것이라 할 수 있다. [다만, 동조 제4항에 정하고 있는 바와 같이 일정한 경우에는 협의나 승인이 면제된다.]

Ⅱ. 조문의 연혁

크게 두 차례에 걸쳐서 큰 개정이 있었다. 첫째, 2011. 4. 14. 개정 국토계획법

---

1 1제곱킬로미터 이상(도시개발사업의 경우 5제곱킬로미터 이상)인 경우(국토계획법 시행령 제5조 제1항).
2 국토계획법이 토지이용에 관한 기본법적 성격을 지닌다는 점은 입법자료들 상으로도 명확히 인정되는 바이다. 국회 국토해양위원회, 국토의 계획 및 이용에 관한 법률 일부개정법률안(정부 제출) 검토보고서, 2010. 2., 54면 참조.

에서 구역 등을 변경하거나 해제하는 경우 도시관리계획 입안권자의 의견을 청취하도록 하고, 필요하면 그 변경 등의 내용을 도시관리계획에 반영하도록 하는 조문이 추가되었다. 이는 개별 법령에 따른 구역 등의 변경 내용이, 토지이용에 관한 기본법인 도시관리계획에 신속히 반영되고 조응할 수 있도록 하기 위함이다.[1]

둘째, 2013. 7. 16. 개정 국토계획법에서는 종전에는 대규모 구역 등의 지정에 대하여 국토교통부장관만이 협의·승인권한을 보유하던 것과 달리, 그중에서도 일정면적 미만은 시·도지사가 승인권한을 가질 수 있도록 하는 방향으로 개정이 이루어졌다.

Ⅲ. 해석상의 쟁점

1. 제8조 제1항 관련 – 다른 법률에 따른 구역 등에 대한 용도지역·지구·구역의 구속력

국토계획법 제8조 제1항은 중앙행정기관이나 지방자치단체의 장이 "다른 법률에 따라 토지 이용에 관한 지역·지구·구역 또는 구획 등"을 지정할 경우 당해 대상부지에 대하여 지정되어 있는 국토계획법상의 용도지역·용도지구·용도구역의 지정목적에 부합할 것을 요구하고 있는바, 이와 같은 용도지역 등이 다른 법률상의 구역 등의 지정권한을 보유한 행정주체에 대하여 어떠한 구속력을 지니는지가 문제될 수 있다. 즉 용도지역 등에 부합하지 않거나 위반되는 내용으로 구역 등을 지정한 경우, 그 구역 등의 효력이 문제될 수 있는 것이다.

이와 같은 논의는 (ⅰ) 근본적으로 토지이용에 관한 계획고권이 누구에게 소재하여 있는지와 더불어 (ⅱ) 우리 법체계상 토지이용관계의 가장 근간을 이루는 도시계획의 종류가 무엇인지에 관한 논의와 직접적으로 맞물려 있다. 현행 국토계획법상 계획고권이 원칙적으로 지방자치단체에 분배되어 있고, 용도지역[2]이 현재 우리 도시계획체계의 기본을 이루는 점을 고려하면, 해당 지역을 관할하는 지방자치

---

1 국회 국토해양위원회, 국토의 계획 및 이용에 관한 법률 일부개정법률안(정부 제출) 검토보고서, 2010. 2., 54면 내지 55면.

2 앞서 정의에 관한 논의에서 살펴본 바와 같이, 용도지구나 용도구역은 기본적으로 용도지역을 바탕으로 이를 수정하는 내용의 도시계획이다(물론 용도구역의 법적 성질에 대하여는 비판적인 논의가 존재하는바 이는 본서의 용도구역 항목을 참조하라). 따라서 국토계획법 제8조 제1항이 '용도지역·용도지구·용도구역'이라는 표현을 사용하고 있음에도, 그 근간은 '용도지역'이라고 할 수 있겠다.

단체의 장 – 곧, 용도지역제 도시계획의 수립권한을 지닌 지방자치단체의 장이 지닌 계획고권을 존중할 필요성이 인정될 수 있는바, 국토계획법 제8조 제1항 또한 그와 같은 취지에서 용도지역 등의 구속력을 인정하고 있는 것이라 볼 수 있다. 이때 구속력이 미치는 대상이 되는 '다른 법률에 따른 구역'이란 토지이용관계에 영향을 미칠 수 있는 것이라면 일정한 지리적 범위를 명칭을 불문하고 구역 등으로 지정하는 행정작용이라면 모두 포함될 수 있고, 그 '구역 등'으로 인정되기 위하여 도시관리계획이 의제되는 것이어야 한다는 등의 추가적인 요건이 요구된다고 볼만한 해석상의 근거는 없어 보인다.

토지이용관계에 영향을 미칠 수 있는 구역 등이라면 국토계획법이 정하는 용도지역 등의 구속력이 미치는 것인바, 이를 위반하였을 경우 당해 구역 등이 하자가 있는 행정작용이 되는 것인지가 쟁점이 될 수 있다. 관련하여, 법제처는 이 경우 '하자'까지는 모르겠으나 최소한 '부당'한 것으로 평가될 소지가 있다고 인정하고 있는 것으로 보인다.[1] 일반상업지역의 용도지역이 지정된 곳을 도시정비법에 의한 주택재개발사업 정비구역으로 지정할 수 있는지가 문제된 사안에서, 법제처는 "도시정비법에 따른 주택재개발사업의 정비구역 중 일반상업지역으로 용도지역이 지정된 지역에서 주택을 건설하는 경우 국토계획법에 따른 용도지역에 대한 건축제한 규정이 적용되지 않는다고 해석한다면, 어떠한 용도지역이라도 그 용도지역의 본래 지정 목적과 상관없이 주택재개발사업 정비구역으로 지정하여 정비사업을 시행할 수 있게 된다고 할 것"이라고 하면서, "용도지역 구분을 통해 토지의 이용, 건축물의 용도 등을 제한함으로써 토지를 경제적·효율적으로 이용하고자 한 국토계획법령의 입법 취지에 어긋난다는 점에서 타당하지 않다"라는 견해를 밝힌 바 있다.[2] 주택재개발사업의 시행으로 공동주택단지가 건설될 경우 더 이상 일반상업지역의 용도지역의 현상을 유지하기 어렵게 되므로 부당하다는 취지이다. 법제처가 그와 같은 '부당'함이 '위법성'에 이르는 것인지를 명확히 하지 않은 점이 아쉬운 부분이나, 국토계획법 제8조 제1항 명문의 규정을 고려하면 용도지역에 위배된 구역 등의 지정은 위법하다고 봄이 타당하다고 사료되고, 가사 직접 위법성을 구성하지 않더라도 재량일탈의 사유를 구성하여 간접적으로라도 위법성을 구성한다고 봄이

---

1 이와 같이 '부당'하다고 평가되는 것만으로도 의미가 있을 수 있는데, 행정심판의 경우에는 다툼의 대상이 되는 처분의 '위법성' 뿐만 아니라 '부당성'도 심사할 수 있기 때문이다(행정절차법 제5조 제1호 참조).
2 법제처 2017. 12. 27. 회신 17-0547 해석례 참조.

상당하다.

한편, 국토계획법은 지구단위계획의 다른 법률에 따른 구역 등에 대한 구속력에 대하여는 특별한 언급을 하고 있지 않다. 따라서 지구단위계획에 위배되는 구역 등이 위법하다거나 부당하다고 볼만한 직접적인 근거는 인정되기 어려워 보인다.

2. 제8조 제1항 관련 – 구속력이 미치는 용도지역 등의 시적 범위

국토계획법 제8조 제1항이 구속력을 인정하는 용도지역 등이, 구역 등을 지정하려는 시점을 기준으로 ① 종래에 이미 존재하고 있던 용도지역 등에 그치는 것인지, 아니면 ② 당해 구역 등을 지정하면서 변경하려고 하는 용도지역 등도 포함되는 것인지가 해석상 쟁점이 될 수 있다. 관련하여 법제처는 후자(②)의 견해를 취하였는데,[1] 만일 전자(①)의 견해에 의할 경우 용도지역의 변경을 선행하지 아니하고서는 구역 등의 지정을 할 수 없다는 경직적인 결론에 이르게 되므로, 법제처의 견해가 타당하다고 사료된다. 따라서 구역 등의 지정 시 용도지역 등도 함께 변경할 수 있고, 변경될 용도지역 등의 내용과 구역 등의 취지가 부합한다면 국토계획법 제8조 제1항에 저촉되지 않는다.

3. 제8조 제2항 관련 – 국토교통부장관 또는 시·도지사의 협의·승인의 법적 성질

국토계획법 제8조 제2항, 제3항은 1제곱킬로미터 이상의 대규모 구역 등의 지정을 할 경우 국토교통부장관의 협의 또는 승인이나, 시·도지사의 승인을 얻도록 하고 있다. 이와 같은 협의나 승인의 의미를 두고 그 법적 성질이 쟁점이 될 수 있다.

가. 승인이 요구되는 경우

국토계획법 제8조 제2항과 제3항은 '협의'와 '승인'을 구분하고 있으므로, '승인'의 경우에는 국토교통부장관이나 시·도지사의 '동의'에 이르는 수준을 의미한다고 봄이 상당하다. 따라서 동항이 '승인'을 요구하는 경우 해당한다면, 면적 기준에 따라 국토교통부장관이나 시·도지사의 명시적인 '승인'의 의사표시가 필요적으로 요

---

[1] 법제처 2017. 2. 24. 회신 16-0653 해석례 참조. "농어촌정비법 제82조에 따라 토지이용에 관한 구역등에 해당하는 농어촌관광휴양단지를 지정하려는 경우 그 지정목적이 국토계획법 제8조제1항에 따른 용도지역등의 지정목적에 부합하는지 여부를 판단하는 기준이 되는 국토계획법상 용도지역 등에 농어촌관광휴양단지 지정 당시의 것뿐만 아니라 농어촌 관관휴양단지 지정에 따라 변경하려는 용도지역등도 포함될 수 있습니다."

구되는 것이고, 그와 같은 의사표시가 결여된 경우 구역 등의 지정 자체가 위법하게 된다고 봄이 타당하다. 참고로, 최근 법원은 처분상대방이 국가, 지방자치단체 혹은 행정주체에 해당하더라도 그 처분성과 행정주체의 원고적격을 인정하여 행정소송법에 따른 항고소송의 제기를 허용하고 있으므로,[1] 만일 국토교통부장관이나 시·도지사가 승인을 거부하는 경우에는 행정소송(항고소송)으로 이를 다툴 수 있을 것이라 사료된다.

나. 협의가 요구되는 경우

'협의'가 요구되는 경우 – 곧, 중앙행정기관의 장이 구역 등을 지정함에 있어 국토교통부장관의 협의를 거쳐야 하는 경우, 이 협의의 의미에 대하여는 (i) '동의'에 이르는 것이라는 견해와, (ii) 문언 그대로 '협의절차'만을 거치면 반드시 동의를 얻지 않더라도 구역 등의 지정이 가능하다는 견해가 제기될 수 있다.

여러 법령에서 정하고 있는 '협의'의 의미에 대하여는 대법원의 확립된 견해가 발견되지는 않는다.[2] 다만 학설상으로는 협의를 '비구속적 협의'와 '구속적 협의'[3]로 구분하거나 '행정유도적 협의'와 '행정형성적 협의'로 구분[4]하는 태도가 발견된다. 전자(비구속적 협의나 행정유도적 협의)에 해당하는 경우 학설상으로는 '협의'를 절차적인 것으로 파악하여, 형식적으로나마 협의 절차만을 거쳤다면 의사합치 혹은 동의를 얻지 못하였다고 하더라도 적법한 협의를 거쳤다고 인정하고 있는 것으로 보인다. 대법원 판결 중에는 건설부장관이 택지개발예정지구 지정 시 관계 중앙행정기관의 장과 협의를 할 것을 정한 구 택지개발촉진법과 관련하여 "미리 관계 중앙행정기관의 장과 협의를 하라고 규정한 의미는 그의 자문을 구하라는 것이지 그 의견을 따라 처분을 하라는 의미는 아니"라고 판시한 것을 참조할 수 있을 것으로 사료되는바, 규정의 취지나 협의 기간 관의 위계 등을 고려하면 국토계획법 제8조 제2항이 정하는 '협의' 또한 당해 사안과 유사한 것으로 판단되고, 따라서 동항의 경우에도 '협의의 절차'만을 거쳤다면 국토교통부장관이 실질적인 동의에 이르

---

1 이 논의에 대하여는 박현정, 국가와 지방자치단체의 항고소송에서의 원고적격 판례의 최근 경향을 중심으로, 행정법연구, 2011. 8.의 논의; 대법원 2018. 8. 1. 선고 2014두35379 판결 등을 참조하라.
2 대법원 판결은 협의를 '절차적'인 의미에 그치는 경우로 보는 경우(대법원 2000. 10. 13. 선고 99두653 판결)와, 실질적인 동의 또는 의사합치에 이르러야 한다고 보는 경우(대법원 1995. 3. 10. 선고 94누12739 판결) 모두 발견된다.
3 조성제, 행정법상 협의제도에 관한 고찰. 강원법학, 2011, 350면 내지 354면 참조.
4 이상천, 행정과정상 協議의 法的 地位에 관한 小考. 법학연구, 2015, 7면 내지 13면 참조.

지 아니하거나, 국토교통부장관의 협의 의견을 따르지 아니하였다고 하더라도 중앙행정기관의 장이 행한 구역 등의 지정이 위법하다고 보기는 어려울 것이라 사료된다.

제9조(다른 법률에 따른 도시·군관리계획의 변경 제한)

제9조(다른 법률에 따른 도시·군관리계획의 변경 제한) 중앙행정기관의 장이나 지방자치단체의 장은 다른 법률에서 이 법에 따른 도시·군관리계획의 결정을 의제(擬制)하는 내용이 포함되어 있는 계획을 허가·인가·승인 또는 결정하려면 대통령령으로 정하는 바에 따라 중앙도시계획위원회 또는 제113조에 따른 지방도시계획위원회(이하 "지방도시계획위원회"라 한다)의 심의를 받아야 한다. 다만, 다음 각 호의 어느 하나에 해당하는 경우에는 그러하지 아니하다. 〈개정 2011. 4. 14., 2013. 3. 23., 2013. 7. 16.〉

1. 제8조제2항 또는 제3항에 따라 국토교통부장관과 협의하거나 국토교통부장관 또는 시·도지사의 승인을 받은 경우
2. 다른 법률에 따라 중앙도시계획위원회나 지방도시계획위원회의 심의를 받은 경우
3. 그 밖에 대통령령으로 정하는 경우

Ⅰ. 의의

1. 제도의 취지

본 조는 도시관리계획으로 의제되는 다른 법률상의 계획을 결정하는 경우에 대하여 그 절차적인 제한을 규정하고 있다. 도시관리계획이 의제되는 계획이라는 것은, 곧 그 계획의 수립으로 기존의 도시관리계획이 수정·변경될 수 있다는 의미이다. 그런데 이와 같이 도시관리계획을 의제하는 계획을 수립·결정할 수 있는 주체는 매우 다양하므로,[1] 만일 그와 같은 의제를 무제한적으로 허용하는 경우에는 국토계획법이 부여한 도시관리계획 수립권자의 계획고권이 사실상 형해화될 우려가 있다. 이와 같이 계획고권이 형해화 된다는 것은 그 자체로 국토계획법이 정한 도시계획의 체계가 무너진다는 것을 의미하고, 나아가 이는 개별 개발사업에 의하여 기존의 계획을 무제한적으로 개폐할 수 있음을 의미하는 것이어서 '선계획 후개발'이라는 국토계획법의 대원칙 또한 무너지게 됨을 의미한다. 본 조는 각급 도시계획위원회의 심의라는 절차적 수단을 통하여 그와 같은 부정적 결과를 방지하려는 취

---

[1] 사실상 모든 종류의 개발사업법령의 인허가들은 도시관리계획 결정을 의제하고 있다고 보더라도 무방한 수준이다. 참고로, 이와 같은 개발사업법들의 종류는 「공익사업을 위한 토지 등의 취득 및 보상에 관한 법률」 별표가 가장 상세하게 정리하고 있는데, 도시관리계획을 의제하는 대부분의 개발사업은 수용권이 부여되므로, 수용권이 부여되는 사업의 종류를 정리한 동법 별표가 이를 가장 포괄적으로 정리하고 있는 셈이다.

지에서 입법된 것이라 할 수 있다.

본 조 또한 국토계획법의 토지이용관계에 관한 일반법으로서의 지위를 보장하기 위한 수단이다.[1] 다른 법령에 의하여 도시관리계획을 수립·변경하는 경우라 하더라도 기본적으로는 국토계획법에 의하여 설립된 도시계획위원회의 심의를 거치도록 하여 국토계획법에 의하여 기(旣) 수립되어 있는 도시관리계획과의 조화를 꾀하도록 한 것이기 때문이다.

2. 본 조의 실익

부연하여, 국토계획법 제9조와 같은 명문의 근거가 없는 경우에는 도시계획위원회 심의 절차가 요구되지 않는다고 해석될 소지가 있으므로, 그러한 의미에서 본조의 입법 실익이 인정된다. 참고로, 국토교통부는 "지구단위계획 등 도시·군관리계획의 결정이 의제되는 경우에는 주된 법률에서 규정된 절차를 거쳐야 하며, 국토계획법에 따라 거쳐야 하는 절차(주민의견청취, 도시계획위원회 심의 등)는 생략될 것으로 판단"된다는 입장을 취한 바 있으므로,[2] 국토계획법 제9조와 같은 명시적인 근거가 없었다면 심의 절차 또한 생략가능하다고 판단될 여지가 많다고 사료된다. 최근 제정된 행정기본법 제24조 제5항은 "관련 인허가에 필요한 심의, 의견 청취 등 절차에 관하여는 법률에 인허가의제 시에도 해당 절차를 거친다는 명시적인 규정이 있는 경우에만 이를 거친다"고 정하고 있으므로 본조가 그와 같은 '명시적인 규정'이 될 수도 있겠다.[3]

3. 심의의 대상

국토계획법 제9조 본문은 심의대상을 '도시관리계획결정을 의제하는' 경우라하여 도시관리계획의 종류를 특별히 구분하지 아니하고 있으나, 그 위임을 받은 국토계획법 시행령 제6조 제1항은 심의대상을 "용도지역·용도지구·용도구역의 지정 또는 변경에 대한 도시·군관리계획의 결정을 의제하는 계획을 허가·인가·승인 또는 결정하고자 하는 경우"라 하여 용도지역·지구·구역에 관한 도시관리계획결정을 의제하는 경우로 그 대상을 한정하고 있다.

---

1 법제처 2020. 1. 31. 회신 19-0570 해석례 참조.
2 국토교통부 2017. 1. 3. 접수 1AA-1701-011045 질의회신례.
3 법제처 또한 본조를 "인·허가 의제 시 거쳐야 하는 절차에 관한 특례 규정을 둔 것인바, 해당 규정에서 도시계획위원회의 심의절차를 생략할 수 없는 경우에 대하여 명시적으로 규정한 것"이라고 설명하고 있다. 법제처 2021. 6. 24. 회신 21-0160 해석례.

4. 심의주체의 구분

국토계획법 시행령 제6조 제1항은 도시관리계획을 의제하는 계획들 중에서도 중앙행정기관이 일정면적(30만제곱미터) 이상에 대하여 행하는 것이거나, 지방자치단체장이 매우 대규모의 토지(5제곱킬로미터 이상)에 대하여 행하는 것인 경우 중앙도시계획위원회의 심의를 거치도록 하고 있다. 그 외 지방자치단체장이 행하는 것 중 일정 면적(5제곱킬로미터 미만, 30만제곱미터 이상)의 경우에 대하여는 지방도시계획위원회의 심의를 거치도록 하고 있다. 즉 주체와 면적에 따라 관할을 구분하고 있는 것이다. 30만제곱미터 미만의 경우에는 그와 같은 심의를 요구하지 아니한다. 또한 기존에 수립되어 있는 도시관리계획을 매우 조금만(5퍼센트 미만) 변경하거나, 유사한 취지에서 규율된 국토계획법 제8조 제4항의 면제 사유에 해당하는 경우에도 심의가 면제된다.

일정한 경우에는 심의 자체가 면제된다. 대체로 절차적으로 도시계획위원회에 준하는 절차보장이 담보되는 경우에 면제가 허용되는데, 국토계획법 제8조 제2 내지 3항에 따라 협의나 승인을 거친 경우[1]나 타 법령에 따라 도시계획위원회 심의를 거친 경우 등이 이에 해당한다.

II. 해석상의 쟁점

1. 심의대상의 의미

국토계획법 제9조가 정하는 심의의 대상은 '도시관리계획의 결정을 의제(擬制)하는 내용이 포함되어 있는 계획을 허가·인가·승인 또는 결정'하는 경우이다. (i) 개별 법령상 도시관리계획결정이 의제되는 조문이 마련되어 있고, (ii) 실체적으로 기존의 도시관리계획을 변경[2]하는 경우에는 심의대상에 속하게 된다고 보아야 한다. 사실, 대부분의 개발사업법령들은 개발사업의 대상 구역을 지정하는 경우나, 혹은 사업계획을 인허가 하는 경우 대부분 도시관리계획결정을 의제하고 있으므로 형식적 요건[(i)]이 문제되는 경우는 사실상 거의 없다고 보아도 무방하다.

---

1 해당 항목에 대한 서술과 같이, 협의나 승인 자체도 국토계획법 제9조에서 정하고 있는 심의와 유사한 취지에서 행하여지는 것이기 때문인 것으로 사료된다.

2 전술한 바와 같이 면적기준 5퍼센트 이상의 변경이 있어야 한다(국토계획법 시행령 제6조 제1항 단서).

법제처 해석례나, 국토교통부 질의회신 사례들상으로는 개별법령상의 인허가가 국토계획법 제9조에 따른 '심의' 대상인지 여부가 문제되어 왔다. 「산업입지 및 개발에 관한 법률」에 따라 산업단지개발실시계획 변경승인 시 도시계획위원회의 심의를 거쳐야 하는지 여부가 문제된 사안에서 법제처는 특별한 이유설명 없이 국토계획법 제9조를 언급하면서 "도시계획위원회의 심의를 받아야" 한다고 회신하였다.[1]

국토교통부 질의회신 사례 중에는 '용도지역·지구·구역' 이외의 사항에 대한 도시관리계획결정이 의제되는 경우에도 제9조에 따른 심의 대상에 속하는지가 문제된 사안이 있는데, 국토교통부는 "기반시설에 대한 도시·군관리계획 결정 의제사항은 도시계획위원회 심의 대상에 해당되지 않음"이라는 입장을 취하여,[2] '용도지역·지구·구역'에 관한 문제와 '기반시설'에 관한 문제를 분명히 구분하는 입장을 취하였다. 따라서 용도지역·지구·구역을 유지하는 한, 기반시설 관련 내용의 변경만을 야기하는 다른 법률상의 인허가는 동조에 따른 심의대상에 속하지 아니한다.[3]

한편, 국토계획법 시행령 제6조 제1항이 '계획면적의 5퍼센트 미만을 변경하는 경우' 심의대상에서 제외하고 있는 것과 관련하여, '계획면적'의 의미가 문제된 사안이 있으나, 국토교통부는 "여기서 '계획면적'은 용도지역·용도지구·용도구역 변경을 의미"한다는 입장을 취한 바 있다.[4] 동항의 체계를 고려하면 타당한 입장으로 사료된다.

2. 심의를 결여한 경우의 하자

국토교통부 제9조는 '심의를 받아야 한다'라고 하여 이를 필요적 절차로 정하고 있다. 따라서 동조 각호에 해당하는 면제사유에 해당하지 아니하거나, 동법 시행령 제6조 제1항에 따라 심의대상에서 제외되는 경우가 아닌 이상 심의를 거쳐야 하고, 심의를 결여하거나 심의 자체에 하자가 있는 경우에는 그 자체로 당해 도시관리계획결정을 의제한 것의 하자를 이룬다.

다만 이 경우 주된 처분의 하자를 이루는 것인지, 아니면 도시관리계획결정을

---

1 법제처 2020. 1. 31. 회신 19-0570 해석례.
2 국토교통부 2019. 8. 29. 접수 1AA-1908-544236 질의회신례.
3 부연하여, 국토계획법 제9조는 심의대상을 "다른 법률에서 …(중략)… 도시관리계획의 결정을 의제(擬制)하는" 경우로 정하고 있으므로, 기반시설 설치를 내용으로 하는 국토계획법상 도시계획시설결정의 경우에는 '다른 법률'에 의한 인허가나 결정이 아니므로 동조의 적용대상이 되지 아니한다. 다만, 이는 본래적 의미에서 도시계획위원회의 심의 대상이 될 뿐이다.
4 국토교통부 2019. 3. 22. 접수 1AA-1903-357709 질의회신례.

의제한 것만의 하자를 이루는 것인지는 해석의 여지가 있는데, 대법원은 인허가 의제의 경우 주된 인허가가 아닌 의제된 인허가만을 따로 떼어내어 항고소송의 대상으로 삼아 취소를 구할 수 있다는 입장을 취하고 있고,[1] 주된 인허가의 효력을 유지한 채 의제된 인허가만을 취소할 수 있다는 입장이므로,[2] 이를 종합하면 심의절차를 생략한 하자는 도시관리계획결정을 의제한 부분의 하자만을 구성한다고 봄이 상당할 것으로 사료된다. 다만, 선계획 후개발의 국토계획법의 체계 하에서 실질적으로 도시관리계획의 변경이 의제되지 않은 상황에서 당해 개발사업의 인허가가 의미를 가지는 경우는 거의 없다고 보아도 무방하고, 이를 근거로 공사에 나아가는 것도 불가하다고 봄이 상당하다.[3]

---

1 대법원 2018. 11. 29 선고 2016두38792 판결.
2 대법원 2018. 7. 12 선고 2017두48734 판결.
3 인허가 의제와 관련한 쟁점들에 대하여는 저자가 공저자로 참여한 김태건, 이승용, 주동진, 전진원, 항만재개발법 해설, 삼일인포마인, 2020, 308면에서 318면 논의 참조.

제10조(광역계획권의 지정)

제10조(광역계획권의 지정) ① 국토교통부장관 또는 도지사는 둘 이상의 특별시·광역시·특별자치시·특별자치도·시 또는 군의 공간구조 및 기능을 상호 연계시키고 환경을 보전하며 광역시설을 체계적으로 정비하기 위하여 필요한 경우에는 다음 각 호의 구분에 따라 인접한 둘 이상의 특별시·광역시·특별자치시·특별자치도·시 또는 군의 관할 구역 전부 또는 일부를 대통령령으로 정하는 바에 따라 광역계획권으로 지정할 수 있다. 〈개정 2011. 4. 14., 2013. 3. 23.〉
1. 광역계획권이 둘 이상의 특별시·광역시·특별자치시·도 또는 특별자치도(이하 "시·도"라 한다)의 관할 구역에 걸쳐 있는 경우: 국토교통부장관이 지정
2. 광역계획권이 도의 관할 구역에 속하여 있는 경우: 도지사가 지정
② 중앙행정기관의 장, 시·도지사, 시장 또는 군수는 국토교통부장관이나 도지사에게 광역계획권의 지정 또는 변경을 요청할 수 있다. 〈개정 2011. 4. 14., 2013. 3. 23.〉
③ 국토교통부장관은 광역계획권을 지정하거나 변경하려면 관계 시·도지사, 시장 또는 군수의 의견을 들은 후 중앙도시계획위원회의 심의를 거쳐야 한다. 〈개정 2013. 3. 23.〉
④ 도지사가 광역계획권을 지정하거나 변경하려면 관계 중앙행정기관의 장, 관계 시·도지사, 시장 또는 군수의 의견을 들은 후 지방도시계획위원회의 심의를 거쳐야 한다. 〈개정 2013. 3. 23., 2013. 7. 16.〉
⑤ 국토교통부장관 또는 도지사는 광역계획권을 지정하거나 변경하면 지체 없이 관계 시·도지사, 시장 또는 군수에게 그 사실을 통보하여야 한다. 〈개정 2013. 3. 23.〉

Ⅰ. 의의

광역도시계획은 둘 이상의 지방자치단체에 걸쳐 있는 경우 – 곧, 둘 이상의 계획행정청의 관할구역에 걸쳐있는 권역(광역계획권)에 대하여 장기발전방향을 제시하기 위하여 수립되는 비구속적 행정계획이다.[1] 국토계획법 제2장(제10조부터 제17조의2)은 광역도시계획의 수립 절차와 내용에 대하여 정하고 있다.

Ⅱ. 조문의 해설

1. 광역계획권의 개념

광역도시계획은 광역계획권에 대하여 수립되는 것이다. 즉 광역계획권은 광역

---

1 광역도시계획의 의미 및 성질에 관하여는 본서의 제3편의 논의 참조.

도시계획의 공간적 범위를 의미하는 것으로, 이는 비유컨대 지구단위계획구역과 지구단위계획, 정비구역과 정비계획, 도시개발구역과 개발계획의 관계와 같다고 할 수 있다. 통상 이와 같이 계획수립의 대상이 되는 구역의 지정행위 자체도 '도시계획'으로 평가된다.[1]

다만, 지구단위계획/정비계획/개발계획이 모두 구속적 행정계획에 해당하여 통상 그 대상 구역의 지정행위만으로도 개발행위가 제한되는 등과 같은 효력이 부여되는 것에 반하여, 광역도시계획은 비구속적 행정계획이므로 광역계획권이 지정되는 것 자체만으로는 어떠한 특별한 효력이 부여되지는 않는다.

2. 광역계획권의 지정권자

광역계획권은 국토교통부장관과 도지사만이 지정할 수 있다(국토계획법 제10조 제1항). 특별시장과 광역시장은 광역자치단체장임에도 불구하고 광역계획권을 지정할 권한이 없다. '광역(廣域)'이라는 문언과 같이, 공간적 넓이를 전제한 개념이므로 그 법적 위상과 상관없이 도지사에게만 그 권한을 부여한 것으로 보인다. 그러나 광역계획권 내에서 광역도시계획을 수립할 권한의 소재는 이와 차이가 있다. (ⅰ) 광역계획권이 둘 이상의 광역자치단체(시·도)에 걸쳐 있는 경우에는 그 상급기관이라 할 수 있는 국토교통부장관이 지정권을 가지고, (ⅱ) 개별 도(道) 내에 그치는 경우는 도지사가 지정권을 가진다. 참고로, 「광역도시계획수립지침」 1-6-2.의 (1)항은 인접한 둘 이상의 시·군의 관할 구역 단위로 지정하는 것을 원칙으로 정하고 있다. 광역계획권이 지정된 현황은 다음과 같다.

---

1 대법원은 "개발제한구역지정처분은 건설부장관이 법령의 범위 내에서 도시의 무질서한 확산 방지 등을 목적으로 도시정책상의 전문적·기술적 판단에 기초하여 행하는 일종의 행정계획"이라고 하여 개발제한구역지정 행위 자체도 도시계획의 일환으로 보았다. 대법원 1997. 6. 24. 선고 96누 1313 판결.

[표] 광역계획권 지정현황(2017. 12. 기준)

권역별	면적(km²)	인구(명)	해당도시	비고
수도권	6,852.1	18,317,664	서울, 인천, 수원, 성남, 의정부, 안양, 부천, 광명, 평택, 동두천, 안산, 고양, 과천, 구리, 남양주, 오산, 시흥, 군포, 의왕, 하남, 용인, 파주, 이천, 안성, 김포, 화성, 광주, 양주, 포천, 여주, 연천, 가평, 양평(29시 4군)	
부산권	1,700.7	4,342,437	부산, 양산, 김해(3시)	
대구권	4,978.2	3,110,945	대구, 경산, 영천, 칠곡, 고령, 성주, 군위, 청도(3시 5군)	
광주권	3,259.0	1,716,038	광주, 나주, 장성, 담양, 화순, 함평(2시 4군)	
대전권	4,638.0	2,524,369	대전, 공주, 논산, 연기, 금산, 옥천, 청원, 청주(5시 4군)	
행정중심 복합도시	3,597.0	2,582,900	대전, 연기, 공주, 계룡, 천안, 청주, 청원, 진천(5시 4군)	
창원권	1,613.5	1,429,557	마산, 창원, 진해, 함안(3시 1군)	
광양만권	5,279.2	728,000	여수, 순천, 광양(3시)	
전주권	2,457.0	1,428,000	전주, 군산, 익산, 김제, 완주(4시 1군)	
청주권	3,403.1	966,192	청주, 청원, 보은, 진천, 괴산, 음성, 증평(1시 6군)	
전남 서남권	3,711	1,076,000	목포, 해남, 영암, 무안, 완도, 진도, 신안 전역(1시 6군)	
제주권	1,847.8	553,864	제주, 서귀포, 남제주, 북제주(2시 2군)	제주특별자치도수립
공주 역세권	2,584.0	502,000	공주, 논산, 계룡, 부여, 청양(3시 2군)	
내포 신도시권	3,496.0	1,146,000	서산, 당진, 보령, 홍성, 예산, 태안(3시 3군)	

*자료: 국토교통부, 국토의 계획 및 이용에 관한 법률 해설집, 2018, 13면에서 발췌.

3. 광역계획권의 지정절차

국토교통부장관이나 도지사는 광역계획권을 지정하려면 관계 광역·기초 지방
자치단체장의 의견을 청취하여야 하고, 도시계획심의위원회의 심의를 거쳐야 한다.
광역계획권의 지정 사실은 관계 지방자치단체장에게 '통보'하여야 하고, 특별히 국
토계획법상으로는 '고시'나 '공고' 절차는 마련되어 있지 않다.

제11조(광역도시계획의 수립권자)

제11조(광역도시계획의 수립권자) ① 국토교통부장관, 시·도지사, 시장 또는 군수는 다음 각 호의 구분에 따라 광역도시계획을 수립하여야 한다. 〈개정 2013. 3. 23.〉
1. 광역계획권이 같은 도의 관할 구역에 속하여 있는 경우: 관할 시장 또는 군수가 공동으로 수립
2. 광역계획권이 둘 이상의 시·도의 관할 구역에 걸쳐 있는 경우: 관할 시·도지사가 공동으로 수립
3. 광역계획권을 지정한 날부터 3년이 지날 때까지 관할 시장 또는 군수로부터 제16조제1항에 따른 광역도시계획의 승인 신청이 없는 경우: 관할 도지사가 수립
4. 국가계획과 관련된 광역도시계획의 수립이 필요한 경우나 광역계획권을 지정한 날부터 3년이 지날 때까지 관할 시·도지사로부터 제16조제1항에 따른 광역도시계획의 승인 신청이 없는 경우: 국토교통부장관이 수립
② 국토교통부장관은 시·도지사가 요청하는 경우와 그 밖에 필요하다고 인정되는 경우에는 제1항에도 불구하고 관할 시·도지사와 공동으로 광역도시계획을 수립할 수 있다. 〈개정 2013. 3. 23.〉
③ 도지사는 시장 또는 군수가 요청하는 경우와 그 밖에 필요하다고 인정하는 경우에는 제1항에도 불구하고 관할 시장 또는 군수와 공동으로 광역도시계획을 수립할 수 있으며, 시장 또는 군수가 협의를 거쳐 요청하는 경우에는 단독으로 광역도시계획을 수립할 수 있다.

Ⅰ. 수립권의 배분

광역도시계획은 광역계획권 지정권자들 보다 한 단계 하위의 행정주체들이 수립할 권한을 지닌다.[1] 즉 대상을 상급 행정주체가 지정하여 주면, 실질적인 내용은 당해 광역도시계획의 영향을 받게 될 하위의 행정주체들이 직접 수립토록 한 것이다. 종래에는 광역계획권의 지정권자가 광역도시계획도 수립토록 하였으나, 기초자치단체의 계획권한 강화 추세에 부합하지 않는다는 비판이 있었고,[2] 2009. 2. 6. 개정 국토계획법에서 지금과 같이 계획권한이 분배되었다. 다만, 계획수립이 지지부진한 경우 지정권자의 개입이 가능하고, 여전히 지정권자는 수립권자에 대하여

---

1 즉 광역계획권이 여러 시·도에 걸쳐있는 경우(=국토교통부장관이 지정권을 가진 경우)에는 시·도지사가 계획의 수립권한을, 광역계획권이 도(道) 내인 경우(=도지사가 지정권을 가진 경우)에는 시장 또는 군수가 계획의 수립권한을 가진다.
2 문채, 최막중, 국토계획법상 광역도시계획의 개선방안에 관한 연구, 국토계획, 2008. 4., 49면.

광역도시계획에 관한 승인권한을 보유한다(국토계획법 제16조 제1항, 제5항).

Ⅱ. 공동수립의 경우

계획권자의 요청이 있거나 필요성이 인정되는 경우, 지정권자가 공동으로 계획을 수립하게 된다. 공동수립에 대하여는 중앙 및 지방정부의 사무분장 문제상 공동수립을 인정하는 것이 통상의 도시계획수립절차의 법리에는 어긋난다는 비판이 존재하나,[1] 본래 도시계획고권이 중앙정부에서 점진적으로 지방에 이양되어왔을 뿐이라는 점을 고려하면 특별히 실익이 있는 비판이라 생각되지 않는다.

---

1 온주 국토의계획및이용에관한법률 제11조(2018. 12. 17.) 참조.

제12조(광역도시계획의 내용)

제12조(광역도시계획의 내용) ① 광역도시계획에는 다음 각 호의 사항 중 그 광역계획권의 지정목적을 이루는 데 필요한 사항에 대한 정책 방향이 포함되어야 한다. 〈개정 2011. 4. 14.〉

1. 광역계획권의 공간 구조와 기능 분담에 관한 사항
2. 광역계획권의 녹지관리체계와 환경 보전에 관한 사항
3. 광역시설의 배치·규모·설치에 관한 사항
4. 경관계획에 관한 사항
5. 그 밖에 광역계획권에 속하는 특별시·광역시·특별자치시·특별자치도·시 또는 군 상호 간의 기능 연계에 관한 사항으로서 대통령령으로 정하는 사항

② 광역도시계획의 수립기준 등은 대통령령으로 정하는 바에 따라 국토교통부장관이 정한다. 〈개정 2013. 3. 23.〉

[전문개정 2009. 2. 6.]

I. 의의

1. 광역도시계획 내용과 한계

본 조는 광역도시계획의 내용으로 포함되어야 할 사항들을 정하고 있다. 제12조 제1항 본문의 규정과 같이 광역도시계획의 내용들은 기본적으로 "정책 방향"이다. 따라서 지나치게 구체적이고 세부적인 내용이 포함될 경우 '정책 방향'을 제시해준다는 그 취지에 부합하지 아니하게 되고, 자칫하면 광역도시계획에 부합하게 도시기본계획이나 관리계획을 수립하여야 하는 지방자치단체의 계획고권과 마찰을 일으킬 우려가 있다.[1] 이에 본 조는 광역도시계획으로 정할 내용을 한정적으로 열거하고 있으며 특별히 「그 외 필요한 사항」과 같은 포괄적인 조문을 별도로 두고 있지 아니하다.[2] 따라서 동조에 열거된 사항 이외의 것들은 광역도시계획의 내용에 원칙적으로 포함될 수 없다고 봄이 상당하다.

이와 같은 취지에 입각하여, 「광역도시계획수립지침」 또한 광역계획권 차원에서 접근해야 하는 특정 현안사항이나 미래상 달성에 필요한 항목만을 대상으로 수

---

1 문채, 최막중, 국토계획법상 광역도시계획의 개선방안에 관한 연구, 국토계획, 2008. 4., 53면에서는 광역도시계획이 '정책이슈 중심'으로 전환되어야 한다는 비판을 제기하고 있다.
2 온주 국토의계획및이용에관한법률 제12조(2018. 12. 17.)의 논의 참조.

립할 수 있다거나(2-1-2.항), 여건변화에 탄력적으로 대응하고 하위계획에 유연성을 부여할 수 있도록 포괄적이고 개략적으로 수립하는 것을 원칙으로 정하고 있다(2-1-3.항).

광역도시계획의 입법적 연원에서 기인한 바와 같이, 대체로 광역도시계획의 내용에는 둘 이상의 지방자치단체에서 이용하게 되는 기반시설 등에 관한 사항이 주요 내용으로 규정되어 있다. 광역도시계획에 포함되는 상세한 내용들에 관하여는 국토계획법 제12조 제2항의 위임에 따라 제정된 「광역도시계획수립지침」의 제3장 계획수립기준에서 규정하고 있다.

2. 수립의 기간

참고로, 다른 도시계획들과 달리, 광역도시계획의 경우에는 법률상으로는 특별한 수립기간의 시적 간격이 정해져 있지 않다. 다만 「광역도시계획수립지침」에서는 일응 20년을 기준으로 삼고 있는 것으로 보이고(1-5-1.항), 5년마다 그 타당성을 검토·정비하도록 정하고 있다(1-5-2.항).

II. 해석상 쟁점

1. 광역도시계획의 내용이 될 수 있는 요건

어떠한 기반시설을 광역도시계획으로 수립할 수 있는 대상이 되기 위해서는 그것이 '광역시설'에 해당하여야 한다. 관련하여 대법원 판례상으로는 화장장 등을 포함한 추모공원이 광역시설로서 광역도시계획의 대상이 될 수 있는지 여부가 문제된 사안이 발견되는데, 대법원은 "이 사건 추모공원사업의 추진경위, 수도권지역의 화장시설 이용상황, 이 사건 추모공원의 위치 등에 비추어 보면, 이 사건 추모공원은 서울시민뿐만 아니라 인근 시·도인 경기도나 인천광역시의 시민도 공동으로 이용할 광역시설"이라고 설시하면서, 이용상황을 주된 사유로 하여 광역도시계획의 대상이 될 수 있는 사업이라고 판단한 바 있다.[1]

즉 지리적으로 한 도시계획권역을 넘어서는 사용가능성이 인정되는 경우에 한정하여 광역시설로서 광역도시계획의 내용이 될 수 있는 것이고, 그러한 '사용가능성'이 객관적인 자료로 뒷받침될 수 있는 경우에 한정되어야 하는 것이다. 다만,

---

[1] 대법원 2007. 4. 12. 선고 2005두2544 판결.

'사용가능성'의 문제는 다분히 정책적인 판단의 여지가 있는 부분이므로, 계획하는 시설의 위치가 접근성이 지나치게 한정적이어서 사실상 그 권역 내부에서만 사용되는 경우만을 상정할 수밖에 없는 경우라 볼 수 없는 한 광역시설로서 사용될 가능성을 쉽게 부인하여서는 아니 될 것이라는 것이 저자의 사견이다.

제13조(광역도시계획의 수립을 위한 기초조사)

제13조(광역도시계획의 수립을 위한 기초조사) ① 국토교통부장관, 시·도지사, 시장 또는 군수는 광역도시계획을 수립하거나 변경하려면 미리 인구, 경제, 사회, 문화, 토지 이용, 환경, 교통, 주택, 그 밖에 대통령령으로 정하는 사항 중 그 광역도시계획의 수립 또는 변경에 필요한 사항을 대통령령으로 정하는 바에 따라 조사하거나 측량(이하 "기초조사"라 한다)하여야 한다. 〈개정 2013. 3. 23., 2018. 2. 21.〉
② 국토교통부장관, 시·도지사, 시장 또는 군수는 관계 행정기관의 장에게 제1항에 따른 기초조사에 필요한 자료를 제출하도록 요청할 수 있다. 이 경우 요청을 받은 관계 행정기관의 장은 특별한 사유가 없으면 그 요청에 따라야 한다. 〈개정 2013. 3. 23., 2018. 2. 21.〉
③ 국토교통부장관, 시·도지사, 시장 또는 군수는 효율적인 기초조사를 위하여 필요하면 기초조사를 전문기관에 의뢰할 수 있다. 〈개정 2013. 3. 23., 2018. 2. 21.〉
④ 국토교통부장관, 시·도지사, 시장 또는 군수가 기초조사를 실시한 경우에는 해당 정보를 체계적으로 관리하고 효율적으로 활용하기 위하여 기초조사정보체계를 구축·운영하여야 한다. 〈신설 2018. 2. 21.〉
⑤ 국토교통부장관, 시·도지사, 시장 또는 군수가 제4항에 따라 기초조사정보체계를 구축한 경우에는 등록된 정보의 현황을 5년마다 확인하고 변동사항을 반영하여야 한다. 〈신설 2018. 2. 21.〉
⑥ 제4항 및 제5항에 따른 기초조사정보체계의 구축·운영에 필요한 사항은 대통령령으로 정한다. 〈신설 2018. 2. 21.〉
[전문개정 2009. 2. 6.]

Ⅰ. 의의

본 조는 광역도시계획의 수립을 위한 사전 절차로서 '기초조사'에 관한 실체적·절차적 요건들을 정하고 있다. 본 조는 국토교통부장관, 시·도지사, 시장 또는 군수 등 광역도시계획의 수립권자에게 계획의 수립 및 변경 시 일정한 사항에 대하여 기초조사를 실시할 의무를 부과하는 한편(동조 제1항), 그와 같은 조사의 수행을 위하여 필요하면 다른 행정기관에 대한 자료제출을 요구할 권한을 부여하고 있다(동조 제2항). 기초조사는 수립권자가 반드시 수행할 필요가 없고, 외부 전문기관에 의뢰가 가능하며(동조 제3항), 조사의 결과는 기초조사정보체계를 구축하여 국가적으로 그 정보를 관리할 수 있다.

Ⅱ. 개정 연혁

2018. 2. 21. 개정 국토계획법에서 '기초조사정보체계'의 구축과 관련한 제4 내지 6항이 신설되었다. 이와 같은 정보체계는 1980년대 이후 확장위주의 도시정책을 추진하는 과정에서 형식적인 조사와 부실한 자료관리·운영으로 도시정책과 관련된 합리적 의사결정 지원 역할을 다 하지 못하고 있다[1]는 비판에서 그와 같은 통일적 정보체계의 구축의 근거가 마련된 것이다.

아울러, 해당 개정 시 '기초조사'의 의미가 보충되었다. 개정법은 "인구, 경제, 사회, 문화, 토지이용, 환경, 교통, 주택, 그 밖에 대통령령으로 정하는 사항 중 그 광역도시계획의 수립 또는 변경에 필요한 사항을 대통령령으로 정하는 바에 따라 조사하거나 측량"하는 것을 기초조사라고 하여 기초조사의 대상과 의미를 명확히 하였다.

Ⅲ. 해석상의 쟁점

1. 다른 법령에 따른 조사의 활용 범위

국토계획법 시행령 제11조 제2항은 "기초조사를 함에 있어서 조사할 사항에 관하여 다른 법령의 규정에 의하여 조사·측량한 자료가 있는 경우에는 이를 활용할 수 있다"라고 정하고 있는데, 해당 조문에서 '다른 법령의 규정에 의하여 조사·측량한 자료'의 의미 및 인정 범위가 문제된 사안이 있다. 국토교통부는 그와 같은 유형의 규정들의 입법취지가 "대상 부지에 지역·지구·구역 등의 지정이나 개발계획을 기초조사 등을 거쳐 이미 수립했다면 동일 지역을 대상으로 하는 도시·군관리계획 수립 시 기초조사 등이 필요없다는 취지"에 있다고 하면서 "다른 법률에 따라 지정되었든 국토계획법에 따라 지구단위계획구역 지정 및 계획이 수립되었든, 기존 계획 수립 시 기초조사 등을 이행했다면, 변경사항으로 인한 추가적인 기초조사가 필요한 경우를 제외하고는 기초조사 없이 계획 변경을 추진하여도 문제는 없을 것"이라고 판단하여 유연한 태도를 보인 바 있다.[2] 기초조사를 토대로 광역도시계획의 내용을 수립하게 되는 것이기는 하지만, 결국 중요한 것은 계획의 내용이고 기초조사는 그 참고자료에 불과할 뿐이라는 점에서 이와 같은 유연한 해석이 타당

---

1 국토의 계획 및 이용에 관한 법률(2018. 2. 21. 법률 제15401호로 개정된 것) 제개정이유에서 인용.
2 국토교통부 2014. 2. 18. 접수 1AA-1402-085916 질의회신례.

하다고 사료된다.

2. 부칙의 적용 기준

한편, 국토계획법의 개정과정에서, 개정법률에 관하여 "(개정규정의) 시행일 이후 수립하는" 계획에 대하여 이를 적용한다는 규정을 두는 경우가 있는데, "시행일 이후 수립하는"의 '수립'의 시점이 언제인지를 두고 해석상의 문제된 사안이 발견된다. 관련하여 법제처는 "수립하는 도시·군기본계획부터 적용한다라는 것은 그 문언상 수립 과정이 개시된" 계획부터 이를 적용한다는 의미라고 설명하면서 계획 수립 과정의 개시에 해당하는 "기초조사에 착수한" 계획부터 적용한다는 의미로 이를 해석한 바 있다.[1]

3. 기초조사를 결여할 경우의 광역도시계획의 효력

국토계획법은 광역도시계획의 수립 시 필요적 절차로 기초조사를 정하고 있다. 전술한 바와 같이 기초조사가 광역도시계획의 내용을 정함에 있어 참고자료의 의미를 지니는 것이기는 하지만, 이는 수립권자가 적정한 도시계획권한을 행사하기 위하여 그 제반사정 및 관련된 이익을 정확하게 파악하고 교량하도록 하는 제도적 절차로서의 의미도 지닌다. 따라서 (ⅰ) 기초조사 자체를 생략하였거나, (ⅱ) 기초조사의 내용에 국토계획법 시행령 제11조 제1항 각호의 내용이 결여되었다면, 이는 광역도시계획의 절차적 위법을 구성하게 된다. 다만, 그 내용이 부실하다는 것만으로는 곧바로 광역도시계획의 위법성을 인정하기는 어려울 것이다.

---

1 법제처 2016. 10. 24. 회신 16-0161 해석례.

제14조(공청회의 개최)

제14조(공청회의 개최) ① 국토교통부장관, 시·도지사, 시장 또는 군수는 광역도시계획을 수립하거나 변경하려면 미리 공청회를 열어 주민과 관계 전문가 등으로부터 의견을 들어야 하며, 공청회에서 제시된 의견이 타당하다고 인정하면 광역도시계획에 반영하여야 한다. 〈개정 2013. 3. 23.〉
② 제1항에 따른 공청회의 개최에 필요한 사항은 대통령령으로 정한다.
[전문개정 2009. 2. 6.]

본 조는 광역도시계획을 수립함에 있어 공청회를 통하여 주민 및 전문가들의 의견을 수렴·청취하도록 정하고 있다. 공청회의 개최 절차에 대하여는 국토계획법 시행령 제12조에서 정하고 있는데, 공청회 개최사실은 미리 일반에 공고되어야 하고, 경우에 따라서는 광역계획권을 수개의 지역으로 구분하여 공청회를 개최할 수도 있다. 국토계획법상으로는 공청회의 절차가 간략하게만 규정되어 있으므로, 그 외의 사항의 경우에는 일반법이라 할 수 있는 행정절차법의 공청회 관련 조문이 적용되어야 한다는 논의가 존재한다.[1]

본 조는 공청회의 결과 제시된 의견을 "타당하다고 인정하면" 광역도시계획에 반영토록 정하고 있으므로, 만일 광역도시계획의 수립권자가 그 타당성을 인정하지 아니하면 내용을 반영하지 아니할 수도 있다. 따라서 공청회 절차를 완전히 생략한 경우가 아닌 한, 단지 공청회에서 제시된 의견을 반영하지 아니하였다는 사정만으로는 광역도시계획이 위법하다고 판단하기는 어렵다. 다만, 수립된 광역도시계획을 비판하는 내용의 의견이 제시된 적 있었다는 사정은 당해 광역도시계획을 둘러싼 재량권 행사의 적절성 – 곧, 이익형량의 요소로는 고려될 수는 있을 것이다. 특히, 공청회라는 것이 그에 참여하는 사적(私的) 주체의 사익보호의 관점이나, 공·사익의 조화라는 측면에서도 조명될 수 있는 것이므로[2] 공청회에서 제기된 사익들을 수립권자가 제대로 형량하거나 고려하지 않는 경우에는 재량일탈의 하자를 구성할 수 있겠다.

---

1 이동수, 국토계획법에 있어서 민간참여, 토지공법연구, 2009. 2., 194면 참조.
2 이동수, 국토계획법에 있어서 민간참여, 토지공법연구, 2009. 2., 186면 참조.

제15조(지방자치단체의 의견 청취)

제15조(지방자치단체의 의견 청취) ① 시·도지사, 시장 또는 군수는 광역도시계획을 수립하거나 변경하려면 미리 관계 시·도, 시 또는 군의 의회와 관계 시장 또는 군수의 의견을 들어야 한다.
② 국토교통부장관은 광역도시계획을 수립하거나 변경하려면 관계 시·도지사에게 광역도시계획안을 송부하여야 하며, 관계 시·도지사는 그 광역도시계획안에 대하여 그 시·도의 의회와 관계 시장 또는 군수의 의견을 들은 후 그 결과를 국토교통부장관에게 제출하여야 한다. 〈개정 2013. 3. 23.〉
③ 제1항과 제2항에 따른 시·도, 시 또는 군의 의회와 관계 시장 또는 군수는 특별한 사유가 없으면 30일 이내에 시·도지사, 시장 또는 군수에게 의견을 제시하여야 한다.
[전문개정 2009. 2. 6.]

본 조는 국토계획법 제14조와 함께 광역도시계획의 수립 시 거쳐야 할 의견수렴 절차에 관하여 규정하고 있는 조문이다. 광역도시계획은 둘 이상의 지방자치단체의 관할구역에 대하여 수립되는 것인 만큼, 그 영향을 받는 관계 지방자치단체장과 의회의 의견을 청취하도록 한 것이다. 특이한 것은 의견수렴의 대상을 단체장과 의회 모두로 규정함으로써 각자의 의견제출권한을 인정하고 있다는 점이다.

의견제출의 회신기한이 30일로 정해져있으나, 이를 도과하는 경우에 대한 언급은 없다. 다만, 의견제출의 '기회'만을 보장한다면 본조를 준수한 것으로 볼 수 있을 것으로 사료되는바, 30일의 기한이 도과된다면 광역도시계획의 수립권자로서는 적법한 절차를 거친 것이므로 그 수립절차에 나아갈 수 있다고 보아야 할 것으로 사료된다.

참고로, 제14조(공청회의 개최)와 달리 본 조의 경우에는 의견 청취 결과를 반영하여야 할 의무를 규정하고 있지 않다. 다만, 지방자치단체의 의견을 반영하지 않은 것에 합리적인 이유나 근거가 결여되었다면, 이익형량의 하자가 인정될 가능성이 있을 것이다.

제16조(광역도시계획의 승인)

제16조(광역도시계획의 승인) ① 시·도지사는 광역도시계획을 수립하거나 변경하려면 국토교통부장관의 승인을 받아야 한다. 다만, 제11조제3항에 따라 도지사가 수립하는 광역도시계획은 그러하지 아니하다. 〈개정 2013. 3. 23.〉

② 국토교통부장관은 제1항에 따라 광역도시계획을 승인하거나 직접 광역도시계획을 수립 또는 변경(시·도지사와 공동으로 수립하거나 변경하는 경우를 포함한다)하려면 관계 중앙행정기관과 협의한 후 중앙도시계획위원회의 심의를 거쳐야 한다. 〈개정 2013. 3. 23.〉

③ 제2항에 따라 협의 요청을 받은 관계 중앙행정기관의 장은 특별한 사유가 없으면 그 요청을 받은 날부터 30일 이내에 국토교통부장관에게 의견을 제시하여야 한다. 〈개정 2013. 3. 23., 2020. 6. 9.〉

④ 국토교통부장관은 직접 광역도시계획을 수립 또는 변경하거나 승인하였을 때에는 관계 중앙행정기관의 장과 시·도지사에게 관계 서류를 송부하여야 하며, 관계 서류를 받은 시·도지사는 대통령령으로 정하는 바에 따라 그 내용을 공고하고 일반이 열람할 수 있도록 하여야 한다. 〈개정 2013. 3. 23.〉

⑤ 시장 또는 군수는 광역도시계획을 수립하거나 변경하려면 도지사의 승인을 받아야 한다.

⑥ 도지사가 제5항에 따라 광역도시계획을 승인하거나 제11조제3항에 따라 직접 광역도시계획을 수립 또는 변경(시장·군수와 공동으로 수립하거나 변경하는 경우를 포함한다)하려면 제2항부터 제4항까지의 규정을 준용한다. 이 경우 "국토교통부장관"은 "도지사"로, "중앙행정기관의 장"은 "행정기관의 장(국토교통부장관을 포함한다)"으로, "중앙도시계획위원회"는 "지방도시계획위원회"로 "시·도지사"는 "시장 또는 군수"로 본다. 〈개정 2013. 3. 23.〉

⑦ 제1항부터 제6항까지에 규정된 사항 외에 광역도시계획의 수립 및 집행에 필요한 사항은 대통령령으로 정한다.

[전문개정 2009. 2. 6.]

I. 승인의 의의 및 성질

광역도시계획을 포함한 행정계획들은 그 자체로 행정작용 혹은 행정활동의 기준으로서 작용하는 것이다. 따라서 다수인의 이해관계에 광범위하고 지속적인 영향을 미치게 된다는 점에서 통상의 개별적인 처분(행정행위)과는 차이를 지닌다.[1]

---

1 김동희, 행정법 I, 제16판, 박영사, 2010, 187면 참조.

때문에 행정계획은 여러 단계의 절차를 거쳐서 최종적으로 그 내용이 수립·결정된다. 이때 행정계획의 내용을 최종적으로 결정하고 확정하는 단계를 '계획확정행위'라고 한다.[1] 본 조의 '승인' 또한 광역도시계획이라는 행정계획의 내용을 최종적으로 확정하는 계획확정행위를 의미한다. 본 조에 의하면 광역계획권의 지정권자가 광역도시계획의 승인권을 지닌다. 시·도지사가 수립한 광역도시계획에 대하여는 국토교통부장관이(제1항), 시장 군수가 수립한 광역도시계획에 대하여는 시·도지사가 각각 승인권을 가진다(제5항). 도지사가 시장·군수의 요청으로 인해 광역도시계획을 수립하는 경우, 어차피 도지사가 당해 광역계획권의 지정권자이었을 것이므로, 이 경우에는 도지사가 별도로 그 상위에 있는 국토교통부장관의 승인을 받을 필요는 없다(제1항 단서).[2]

통상, 구속적 행정계획의 경우에는 계획 그 자체로 처분성이 인정되거나, 계획확정행위의 처분성이 인정되어 이를 행정소송(항고소송)으로 다툴 수 있게 된다. 그러나 광역도시계획과 같은 비구속적 행정계획의 경우에는 계획 자체나 계획확정행위인 승인 자체의 처분성이 부정된다고 판단될 가능성이 매우 크다.[3]

다만, 사견으로 광역도시계획의 처분성 문제는 일률적으로 재단하기는 어렵고, 이를 다투려고 하는 자가 누구인지에 따라 달리 판단될 여지가 있다고 사료된다. 국토계획법은 도시계획(도시기본계획과 도시관리계획)에 관하여 광역도시계획의 구속력을 인정하고 있고, 전자와 후자의 수립권자는 별개로 상하 관계가 명확하다. 따라서 도시계획 수립권자의 입장에서는 자신에게 부여된 법적 권한을 제한하는 광역도시계획 또는 그 승인을 처분으로 다툴 여지가 있다고 사료되고, 이 경우에는 고권적이자 구속적 행위로서 처분성이 인정될 소지가 있을 것이라 생각된다.[4]

---

1 계획확정행위의 개념과 그에 대한 비판적 논의에 대하여는 김종보, 계획확정행위와 행정행위의 구별, 행정법연구, 2001. 9.를 참조.

2 법리적으로는 승인권과 수립권이 경합하여 승인을 요하지 않게 된다는 해석이 있다. 온주 국토의계획및이용에관한법률 제16조(2018. 12. 17.) 참조.

3 관련하여 비구속적 계획인 도시기본계획의 처분성을 부정한 대법원 2002. 10. 11. 선고 2000두8226 판결; 대법원 1998. 11. 27. 선고 96누13927 판결 등을 참조.

4 참고로, 행정주체의 항고소송에서의 원고적격을 최근 법원은 인정하고 있는 추세이다. 대법원 2018. 8. 1. 선고 2014두35379 판결 참조. "그런데 법령이 특정한 행정기관으로 하여금 다른 행정기관을 상대로 제재적 조치를 취할 수 있도록 하면서 그에 따르지 않으면 그 행정기관에 대하여 과태료를 부과하거나 형사처벌을 할 수 있도록 정하는 경우가 있는데 이러한 경우에는 행정기관의 제재적 조치의 내용에 따라 '구체적 사실에 대한 법집행으로서의 공권력의 행사'에 해당할 수 있고, 그러한 조치의 상대방인 행정기관이 입게 될 불이익도 명확하게 인정될 수 있다. 그런데도 그러한 제재적 조치를 기관소송이나 권한쟁의심판을 통하여 다툴 수 없다면, 제재적 조치는 상대방에 대한 고권적 권한 행사로서 항고소송을 통한 주관적 구제대상이 될 수 있다고 보아야 하고, 이

Ⅱ. 승인의 절차 및 형식

1. 승인의 절차

광역도시계획 수립권자가 기초조사결과, 공청회 개최 결과, 지방자치단체 의견 청취 결과, 도시계획위원회 자문 결과 등을 첨부하여 승인권자에게 승인을 신청하면(국토계획법 시행령 제13조 제1항), 승인권자는 관계 행정기관의 장의 협의와 도시계획위원회의 심의를 거쳐서 승인 여부를 결정하게 된다(동법 제16조 제2항, 제6항). 승인권자의 승인이 있으면 그 결과를 수립권자에게 통보하게 되고, 수립권자는 비로소 광역도시계획을 공고·열람하게 된다.[1]

2. 관계기관 협의의 경우

이때 관계기관의 장은 협의요청을 받은 때로부터 30일 이내에 협의의견을 회신하여야 하는데, 이와 같은 협의의 법적 성격은 '관계기관의 자문을 구하는 협의'를 의미하는 것에 지나지 않는 것으로 사료되고, '자문의견'을 넘어 '동의'까지를 요구하는 것은 아닌 것으로 사료된다.[2] 참고로, 건설교통부장관이 택지개발촉진법상 예정지구를 지정함에 있어 관계 중앙행정기관의 장과 협의할 것을 정한 것과 관련하여 대법원은 이를 '자문을 구하라는 것' 정도의 의미라고 해석한 바 있다.[3]

이때 30일을 도과하는 경우가 해석상 쟁점이 될 수 있다. 개별법령상으로는 30일과 같은 회신기한을 정하여 두고 이를 도과한 경우에는 협의한 것으로 간주하는 규정(이른바 '협의간주규정')을 두는 사례가 있는데[4] 국토계획법 제16조의 경우에는

렇게 보는 것이 법치국가의 원리에 부합한다. 따라서 이러한 권리구제나 권리보호의 필요성이 인정된다면 예외적으로 그 제재적 조치의 상대방인 행정기관 등에게 항고소송 원고로서의 당사자능력과 원고적격을 인정할 수 있다."

[1] 이 부분은 광역계획권에 대하여 별도의 공고·열람 절차를 규정하지 않고 있는 것과 차이가 있다.

[2] 문헌상 행정법에서의 '협의'는 ① 관계행정기관의 자문 또는 의견을 구하는 협의, ② 관계행정기관의 합의 또는 동의를 구하는 협의, ③ 인·허가의제규정에서의 협의, ④ 면허·허가 등에 상당하는 협의, ⑤ 법령 제·개정과정에서의 협의 등 5가지로 분류되기도 한다.
참고로, 행정법상 '협의'의 의미와 법적 성격 등에 대하여는 류철호, 법령상 협의규정에 관한 검토, 법제, 2005. 5.의 논의가 가장 상세하고 실무적인 내용을 많이 담고 있는 것으로 보인다.

[3] 대법원 2000. 10. 13. 선고 99두653 판결.

[4] "구 「기업도시개발특별법」 제13조, 「관광숙박시설 지원 등에 관한 특별법 시행령」 제5조제3항, 구 「여객자동차 운수사업법 시행규칙」 제5조 제4항" 등이 대표적인 사례로 소개된다. 관련하여 류철호, 법령상 협의규정에 관한 검토, 법제, 2005. 5., 60면의 논의 참조.

그와 같은 협의간주규정은 두고 있지 않다. 다만, 동조의 협의가 자문의견에 그치는 것임과 승인권자가 그 의견에 구속될 필요가 없음을 고려하면, 이 경우에는 30일이 도과하였음에도 협의의견을 회신하지 않거나 도과한 이후 회신하였다면 이를 고려하지 아니하고 승인을 하였다고 하더라도 위법하지 하지 않다고 봄이 타당하다고 생각된다. 관련하여 명확한 판단 선례는 발견되지 않는다.

제17조(광역도시계획의 조정)

제17조(광역도시계획의 조정) ① 제11조제1항제2호에 따라 광역도시계획을 공동으로 수립하는 시·도지사는 그 내용에 관하여 서로 협의가 되지 아니하면 공동이나 단독으로 국토교통부장관에게 조정(調停)을 신청할 수 있다. 〈개정 2013. 3. 23.〉
② 국토교통부장관은 제1항에 따라 단독으로 조정신청을 받은 경우에는 기한을 정하여 당사자 간에 다시 협의를 하도록 권고할 수 있으며, 기한까지 협의가 이루어지지 아니하는 경우에는 직접 조정할 수 있다. 〈개정 2013. 3. 23., 2020. 6. 9.〉
③ 국토교통부장관은 제1항에 따른 조정의 신청을 받거나 제2항에 따라 직접 조정하려는 경우에는 중앙도시계획위원회의 심의를 거쳐 광역도시계획의 내용을 조정하여야 한다. 이 경우 이해관계를 가진 지방자치단체의 장은 중앙도시계획위원회의 회의에 출석하여 의견을 진술할 수 있다. 〈개정 2013. 3. 23.〉
④ 광역도시계획을 수립하는 자는 제3항에 따른 조정 결과를 광역도시계획에 반영하여야 한다.
⑤ 제11조제1항제1호에 따라 광역도시계획을 공동으로 수립하는 시장 또는 군수는 그 내용에 관하여 서로 협의가 되지 아니하면 공동이나 단독으로 도지사에게 조정을 신청할 수 있다.
⑥ 제5항에 따라 도지사가 광역도시계획을 조정하는 경우에는 제2항부터 제4항까지의 규정을 준용한다. 이 경우 "국토교통부장관"은 "도지사"로, "중앙도시계획위원회"는 "도의 지방도시계획위원회"로 본다. 〈개정 2013. 3. 23.〉
[전문개정 2009. 2. 6.]

I. 조정제도의 의의

　광역도시계획은 여러 지방자치단체의 계획고권이 미치는 관할구역에 걸쳐서 수립되는 것이므로, 그 내용을 두고 수립권자인 각 지방자치단체들 간에 견해차이가 발생할 수 있다. 특히, 국토계획법 제11조 제1항 제1 내지 2호는 원칙적으로 광역계획권에 속하는 지방자치단체들이 '공동'으로 계획을 수립하도록 정하고 있는바, 이때 '공동'의 의미는 일종의 '합동행위'와 같은 것으로 해석될 수 있을 것이라 사료되는데 ─ 곧, 공동수립권자들 간의 의사합치가 이루어져야만 수립행위를 할 수 있는 것이고, 그와 같은 의사합치 없이 일방의 수립권자가 단독으로 광역도시계획을 수립할 수는 없다는 의미이다.[1]

---

1 이에 대한 명확한 해석례는 발견되지 아니한다.

따라서 광역도시계획의 수립을 위해서는 어떻게 해서든지 공동수립권자들 간의 의사합치를 할 수 있도록 하는 "강제적인 수단"이 필요한데, 그것이 국토계획법 제17조에서 정하고 있는 '조정제도'이다. '조정'은 광역계획권의 지정권자이자 광역도시계획의 승인권자인 국토교통부장관과 도지사에게 신청할 수 있다.

Ⅱ. 조정의 절차

수립권자는 공동으로 혹은 단독으로 승인권자에게 조정을 신청할 수 있다(제1항, 제5항). 조정신청이 있으면 조정에 나서기 전에 사전절차로서 먼저 협의를 권고하여볼 수 있는데, 이때 협의권고 시에는 '기한'을 정하여야 한다(제2항). 그 기한이 도과한 다음에야 비로소 조정절차에 나아갈 수 있는데 승인권자는 도시계획위원회의 심의를 거쳐서 조정을 하게 되고, 심의절차에는 조정의 당사자인 수립권자들이 출석하여 의견을 진술할 권한을 보유한다(제3항). 이와 같은 도시계획위원회의 심의는 필요적이며,[1] 당사자들의 진술권을 보장하는 측면에서도 필요적이라 보는 것이 타당하다.

Ⅲ. 조정의 구속력

이와 같은 조정은 '강제조정'이다. 즉 구속력을 지니는 조정이라는 의미이다. 국토계획법은 "조정 결과를 광역도시계획에 반영하여야 한다"라고 정하여(제4항), 조정내용의 구속력을 명문으로 인정하고 있다. 따라서 조정결과를 반영하지 아니한 광역도시계획은 위법하다고 보아야 한다. 다만, 조정을 거치더라도 수립된 광역도시계획에 대하여는 재차 '승인'을 받아야 하므로(동법 제16조), 조정결과에 반하여 광역도시계획이 수립되고 승인에 이르는 경우는 상정하기 어렵다.

---

1 온주 국토의계획및이용에관한법률 제17조(2018. 12. 17.) 또한 같은 취지이다.

제17조의2(광역도시계획협의회의 구성 및 운영)

제17조의2(광역도시계획협의회의 구성 및 운영) ① 국토교통부장관, 시·도지사, 시장 또는 군수는 제11조제1항제1호·제2호, 같은 조 제2항 및 제3항에 따라 광역도시계획을 공동으로 수립할 때에는 광역도시계획의 수립에 관한 협의 및 조정이나 자문 등을 위하여 광역도시계획협의회를 구성하여 운영할 수 있다. 〈개정 2013. 3. 23.〉
② 제1항에 따라 광역도시계획협의회에서 광역도시계획의 수립에 관하여 협의·조정을 한 경우에는 그 조정 내용을 광역도시계획에 반영하여야 하며, 해당 시·도지사, 시장 또는 군수는 이에 따라야 한다.
③ 제1항 및 제2항에서 규정한 사항 외에 광역도시계획협의회의 구성 및 운영에 필요한 사항은 대통령령으로 정한다.
[본조신설 2009. 2. 6.]

I. 의의

제17조와 마찬가지의 취지에서 우리 국토계획법이 광역도시계획의 수립권을 원칙적으로 '공동'으로 행사하도록 정하고 있음에 따라 공동수립권자 간 의견을 조정하고 협의토록 하기 위하여 마련한 절차를 규정한 것이 제17조의2이다. 제17조가 상급기관(승인권자)에 의한 강제조정 절차를 규정한 것인 반면, 제17조의2는 당사자인 수립권자들이 직접[1] 광역도시계획협의회라는 것을 구성하여 관계 공무원, 전문가 등을 참여시킴으로써 광역도시계획의 수립에 관한 협의와 조정을 할 수 있도록 정하고 있다.

II. 협의·조정결과의 구속력

광역도시계획협의회의 협의·조정 결과에는 구속력이 인정된다(제2항). 따라서 광역도시계획협의회의 협의·조정 결과에 대하여 불복하여 국토계획법 제17조에 따른 상급기관의 조정을 신청하는 것은 허용되지 않는다고 보아야 한다. 즉 제17조와 제17조의2의 제도는 '택일적'인 관계라 사료된다.

---

1 국토계획법은 광역도시계획협의회의 구성에 대하여 특별한 규정을 두지 아니한 채 "구성 및 운영에 관한 구체적인 사항은 법 제11조에 따른 광역도시계획 수립권자가 협의하여 정한다"라고만 규정하고 있다(동법 시행령 제13조의2 제2항).

제18조(도시 · 군기본계획의 수립권자와 대상지역)

제18조(도시 · 군기본계획의 수립권자와 대상지역) ① 특별시장·광역시장·특별자치시장·특별자치도지사·시장 또는 군수는 관할 구역에 대하여 도시·군기본계획을 수립하여야 한다. 다만, 시 또는 군의 위치, 인구의 규모, 인구감소율 등을 고려하여 대통령령으로 정하는 시 또는 군은 도시·군기본계획을 수립하지 아니할 수 있다. 〈개정 2011. 4. 14.〉
② 특별시장·광역시장·특별자치시장·특별자치도지사·시장 또는 군수는 지역여건상 필요하다고 인정되면 인접한 특별시·광역시·특별자치시·특별자치도·시 또는 군의 관할 구역 전부 또는 일부를 포함하여 도시·군기본계획을 수립할 수 있다. 〈개정 2011. 4. 14.〉
③ 특별시장·광역시장·특별자치시장·특별자치도지사·시장 또는 군수는 제2항에 따라 인접한 특별시·광역시·특별자치시·특별자치도·시 또는 군의 관할 구역을 포함하여 도시·군기본계획을 수립하려면 미리 그 특별시장·광역시장·특별자치시장·특별자치도지사·시장 또는 군수와 협의하여야 한다. 〈개정 2011. 4. 14.〉
[전문개정 2009. 2. 6.]
[제목개정 2011. 4. 14.]

Ⅰ. 의의

1. 도시기본계획의 위상과 그 수립권한의 의의

도시기본계획은 도시관리계획의 바탕이 되는 행정계획으로서, 비구속적 행정계획이고, 일종의 정책계획이다. 도시기본계획의 구속력이 부정되는만큼[1] 법리적으로는 도시기본계획의 변경이 선행되지 않는다고 하더라도 구속적 행정계획인 도시관리계획을 수립하고 변경하는 것이 불가능하지는 않지만, 실무적으로는 관념적으로나마 도시기본계획이 선행되어야 한다고 보고 있다.[2] 따라서 법적인 측면을 떠나서 사실적인 측면에서는 행정청 내부의 공무원들을 구속하는[3] ─ 곧, 도시기

---

1 대법원 2002. 10. 11. 선고 2000두8226 판결.
2 물론 국토계획법은 도시관리계획의 내용이 변경되려면 도시기본계획의 내용이 선행하여 변경되어야 한다는 입장을 취하고 있기는 하다. 예컨대 동법 제35조가 도시관리계획을 조속히 입안할 필요가 있을 때 도시기본계획과 함께 이를 입안할 수 있다는 조항을 두면서 이를 '특례'라고 규정한 것도, 어디까지나 원칙은 도시기본계획이 선행하여 입안·수립되어야 함을 의미하는 것이다.
3 문헌상으로는 도시기본계획의 행정내부적 구속력을 인정하여야 한다는 논의는 등장한다. 피석현, 도시기본계획의 법적 위상과 역할에 관한 연구, 한양대학교 도시대학원 석사학위논문, 2002. 12., 11면 참조.

본계획에 반하여 도시관리계획을 입안·수립하였다고 하여 도시관리계획의 적법성이 부인되는 것은 아니지만, 업무처리 과정에서는 이를 중요하게 고려할 수밖에 없고 이를 결여하는 경우 징계 위험[1] 등에 처하게 될 위험이 있다는 측면에서 의미를 지닌다. 그럼에도 불구하고, 실제 기본계획의 활용도는 그리 높지 않다는 실증적인 연구결과가 발견된다.[2]

이상과 같은 견지에서 도시기본계획을 수립한다는 것은, 도시관리계획의 바탕이 되는 계획구역에 대한 가장 밀접한 정책계획으로서 공간계획을 수립한다는 것을 의미한다. 보다 상위에 있는 다른 계획들보다도, 가장 직접적으로 도시관리계획의 장기적인 정비·발전방향을 제시하는 계획을 수립하는 권한이 바로 도시기본계획의 수립권한인 것이다. 따라서 도시기본계획을 수립하고 입안할 권한은 도시관리계획을 수립할 권한이 있는 행정청이 '가까운 장래에는 이렇게 도시관리계획을 수립해나갈 것'이라는 사전적인 의사표명을 할 수 있는 권한이라는 측면에서 의미를 지닌다. 사인(私人)의 입장에서는 통상 구속적 행정계획의 적법성을 다투는 경우가 많다 보니 상대적으로 도시기본계획에 대하여는 무관심한 경우가 많다. 그러나 후술할 시가지계획용지나 토지적성평가와 같은 도시기본계획의 주요 내용들은 향후 당해 지역에 대한 개발가능성(건축허용성)이 부여될 수 있을 것인지 및 그 용량 등을 두고 개발사업자들에게는 중요한 의미를 지니는 경우가 많다. 실무적으로는 시가화예정용지로 지정된 인근에 대한 용도지역 변경 문제가 종종 제기되고는 한다.

이렇듯, 도시기본계획 내지 그 수립권한은 비구속적 행정계획이라는 측면에서 간과하기 쉬우나, 실무적으로는 그 의미를 완전히 무시할 수는 없는 개념이다. 특히, 시가지의 팽창과 신규 개발사업부지의 선정 문제에 있어서는 중요한 실무적 의미를 지닌다고 볼 수 있다.

---

1 지방공무원법상 징계사유로는 2. 직무상의 의무(다른 법령에서 공무원의 신분으로 인하여 부과된 의무를 포함한다)를 위반하거나 직무를 태만히 하였을 때'가 규정되어 있는데(제69조 제1항 제2호), 동법이 공무원에게 부여하는 의무 자체가 '성실의무'와 같이 매우 추상적이고 포괄적이므로, 도시기본계획을 제대로 고려하지 아니하고 도시관리계획을 수립·변경한 것은 그 자체로 직무를 태만히 한 것으로 인정될 소지가 있다고 사료된다.
2 양재섭, 도시기본계획의 운영실태와 개선방향, 국토, 2012. 12., 23면 참조. 해당 연구에서 전문가의 20.5%, 공무원의 22.1%만이 도시기본계획을 잘 활용하고 있다고 답하였고, 전문가의 36.5%와 공무원의 24.6%는 도시기본계획이 전혀 활용되지 못하고 있다는 등 부정적으로 답하였다.

2. '수립권'이라는 용어의 의미

국토계획법은 도시관리계획에 대하여는 '입안권'과 '결정권'이라는 용어를 사용하는 반면, 도시기본계획에 대하여는 '수립권'과 '승인권'이라는 용어를 각각 사용하고 있다. 문헌상 입안권과 결정권을 아우르는 용어로 '수립' 혹은 '수립권'이라는 용어가 사용되고 있음을 고려하면,[1] 도시기본계획의 수립권이라는 의미 또한 그 내용의 입안과 결정을 수립권자가 행할 수 있다는 의미로 봄이 타당하다. 그리고 '승인'이라는 것은 계획의 '수립행위'라기 보다는 수립권자에 의하여 만들어진 계획의 효력을 후견적 견지에서 보충하고 인가하여 주는 행위에 가까운 것이라 사료된다.[2]

3. 본 조의 내용

가. 수립권한의 분배

본 조는 도시기본계획의 수립권을 도지사와 구청장을 제외한 광역·기초 지방자치단체장에게 부여하고 있다. 도시기본계획은 국토기본법상 '시·군종합계획'으로 분류되는데 이는 특별시·광역시·시 또는 군(광역시의 군은 제외한다)의 관할구역을 대상으로 수립되는 계획이다(국토기본법 제6조 제2항 제3호[3]). 이와 같이 시·군종합계획으로서 도시기본계획은 그 지리적 범위를 문자 그대로의 '시·군'에 한정하는 것이므로, 그에 비견될 수 있는 특별시·광역시·특별자치도 정도까지만을 지리적 단위로 한정하여 그보다 넓은 구역을 관할하는 도지사나, 더 좁은 구역을 관할하는 구청장에게는 수립권한을 부여하지 않은 것이다.

---

1 김종보, 건설법의 이해, 피데스, 2013, 275면 내지 276면 참조. "도시계획의 수립이라는 행위는 크게 입안과 결정으로 구분된다"라거나 "도시계획의 수립권을 입안권과 결정권으로 섬세하고 나누고 있는"이라고 서술함으로써, '수립'의 하위에 입안과 결정이 있다고 설명한다.

2 따라서 현실적으로 도시기본계획의 처분성이 인정되지 않는 현재의 상황에서는 실익을 찾기 어렵지만, 도시정비법상 관리처분계획에 대한 쟁송이 계획의 수립권자인 조합(사업시행자)과 그에 대한 인가처분권자인 관할 시군구청장을 모두 상대로 하여 제기되고 있는 점을 고려하면, 도시기본계획 또한 계획을 수립한 수립권자와, 이를 승인하여 준 승인권자 모두를 상대로 소가 제기되어야 하는 것은 아닌가 하는 것이 저자의 견해이다.

3 제6조(국토계획의 정의 및 구분) ② 국토계획은 다음 각 호의 구분에 따라 국토종합계획, 도종합계획, 시·군 종합계획, 지역계획 및 부문별계획으로 구분한다.

　3. 시·군종합계획: 특별시·광역시·시 또는 군(광역시의 군은 제외한다)의 관할구역을 대상으로 하여 해당 지역의 기본적인 공간구조와 장기 발전 방향을 제시하고, 토지이용, 교통, 환경, 안전, 산업, 정보통신, 보건, 후생, 문화 등에 관하여 수립하는 계획으로서 「국토의 계획 및 이용에 관한 법률」에 따라 수립되는 도시·군계획

나. 대상지역

전술한 바와 같이 도시기본계획의 기본 계획단위는 '시·군'이다. 이는 법적인 의미보다는, 우리가 일상생활에서 생각하는 '시·군'의 지리적 범위에 가깝다고 볼 수 있다. 따라서 특별시·광역시 등의 경우에도 하나의 '시'로서 단일한 도시기본계획의 대상지역에 해당한다. 이와 같은 대상지역에 대하여 도시기본계획은 '필요적'으로 '반드시' 수립되어야만 한다.[1]

다만, 이와 같은 원칙에는 2가지 예외가 있다. 첫째, 도시기본계획이 '필요'하지 않은 경우라면, 시·군을 대상으로 반드시 도시기본계획을 수립할 필요는 없다. 국토계획법 시행령 제14조는 ① 인구가 너무 적은 등(10만 이하)으로 구태여 도시기본계획의 수립을 강제할 경우 비효율이 발생할 수 있는 시·군이나, ② 이미 광역도시계획을 통하여 도시기본계획의 내용으로 포함되어야 할 사항(국토계획법 제19조 제1항 각호)이 포함되어 있는 시·군에서는, 도시기본계획의 수립을 강제하는 것이 오히려 행정력의 낭비에 해당한다.

다. 도시기본계획의 정비

수립권자는 도시기본계획을 주기적으로 정비할 의무를 지닌다(국토계획법 시행령 제29조 제1항). 도시기본계획 또한 광역도시계획과 마찬가지로 20년을 기준으로 수립하되, 5년마다 그 적정성을 전반적으로 재검토하게 된다(이상 「도시기본계획수립지침」 2-2-1.항, 2-2-2.항 참조).

Ⅱ. 해석상의 쟁점

1. 수립권의 법적 성질 - '권한'으로 인정할 수 있는지 여부

국토계획법이 분배하고 있는 도시기본계획의 '수립권'이 '권한'으로서 인정될 수 있는지 여부가 문제될 수 있다. 권한으로 인정되는지 여부는 헌법재판소법상 권한쟁의 심판(제2조 제4호; 제61조 제1항[2])이나 행정소송법상 기관소송(제3조 제4호[3])

---

1 국토계획법 제18조 제1항 본문의 술어도 "수립하여야 한다"이다.
2 헌법재판소법 제61조(청구 사유) ① 국가기관 상호간, 국가기관과 지방자치단체 간 및 지방자치단체 상호간에 권한의 유무 또는 범위에 관하여 다툼이 있을 때에는 해당 국가기관 또는 지방자치단체는 헌법재판소에 권한쟁의심판을 청구할 수 있다.
　② 제1항의 심판청구는 피청구인의 처분 또는 부작위(不作爲)가 헌법 또는 법률에 의하여 부여받은 청구인의 권한을 침해하였거나 침해할 현저한 위험이 있는 경우에만 할 수 있다.
3 행정소송법 제3조(행정소송의 종류) 행정소송은 다음의 네 가지로 구분한다.

의 심리대상이 될 수 있는지 여부 – 곧, 해당 심판이나 소송의 본안 전 요건의 충족여부와 관련하여 의미를 지닌다.[1]

관련하여 구 도시계획법 시절에는 도시기본계획 수립권한을 '권한'으로 볼 수 없다는 견해가 존재하였다.[2] '권한'으로서의 성질을 부정한 주된 이유는 (i) 당시 법률상 도시기본계획의 승인권자가 중앙정부(건설교통부장관)에게 있는 이상, 이를 지방자치단체에게 부여된 자치권의 일종으로 보기는 어렵다는 점, (ii) 입안개시결정 절차 등 입안을 위한 상세한 절차가 완비되어 있는 독일의 경우와 달리, 구 도시계획법상 입안권자(수립권자)의 입안행위는 형식적인 것에 불과하고 그 실질적 권한은 중앙정부가 행사한다는 점 등이었다.[3]

그러나 이와 같은 견해가 대두된 이후 도시기본계획 결정권한이 시도지사로 이양되었을 뿐만 아니라, 국토계획법의 제정으로 자신의 관할구역 내의 계획고권이 대부분 관할 지방자치단체로 이양된 상황이므로, 이와 같은 도시기본계획의 수립권한은 각 지방자치단체가 자신의 관할구역의 장기적인 도시관리계획의 입안·수립방향을 제시할 수 있는 지위로서 '권한'으로서의 성질을 인정함이 타당하다고 사료된다. 관련하여 명확한 판단 선례는 발견되지 않는 것으로 보인다.

2. 주민의 입안제안 가부 – 구속적 계획과 비구속적 계획의 구분 문제

가. 논의의 의의

국토계획법은 도시관리계획에 대하여는 주민들의 입안제안권을 폭넓게 부여하고 있고(동법 제26조), 그에 기초하여 통상 도시관리계획의 지위를 지니는 개별 행정계획들에 대하여는 입안제안권 내지는 신청권[4]이 폭넓게 인정되는 추세이다. 그

---

4. 기관소송: 국가 또는 공공단체의 기관상호간에 있어서의 권한의 존부 또는 그 행사에 관한 다툼이 있을 때에 이에 대하여 제기하는 소송. 다만, 헌법재판소법 제2조의 규정에 의하여 헌법재판소의 관장사항으로 되는 소송은 제외한다.

1 "청구인의 권한이 침해될 가능성"의 요건은 권한쟁의심판의 적법요건이라는 문헌상의 논의가 발견된다. 성낙인, 헌법학, 제9판, 2009, 1288면 참조.

2 강정석, 함종석, 광역도시계획 제도에 대한 평가, 기본연구과제, 2001., 39면; 피석현, 도시기본계획의 법적 위상과 역할에 관한 연구, 한양대학교 도시대학원 석사학위논문, 2002. 12., 32면의 논의 참조.

3 피석현, 도시기본계획의 법적 위상과 역할에 관한 연구, 한양대학교 도시대학원 석사학위논문, 2002. 12., 32면 내지 33면 참조.

4 신청권이 인정된다는 것은, 주민이 도시관리계획의 입안을 제안하였으나 이를 거부하였을 때, 그 거부행위를 '처분'으로서 행정소송으로 다툴 수 있다는 의미이다. 거부처분의 행정소송(항고소송) 대상적격이 인정되기 위해서는 "① 신청한 행위가 공권력의 행사 또는 이에 준하는 행정작용이어야 하고, ② 그 거부행위가 신청인의 법률관계에 어떤 변동을 일으키는 것이어야 하며, ③ 그 국민

러나 국토계획법은 도시기본계획에 대하여는 그와 같은 입안제안에 관한 조문을 마련해두고 있지 않으므로, 도시기본계획에 대한 사인(私人)의 입안제안권 내지는 신청권이 인정될 수 있는지가 쟁점이 될 수 있다. 입안제안권 내지는 신청권이 인정된다는 것은 도시기본계획의 변경제안을 거부한 경우 그 거부행위를 행정소송으로 다툴 수 있다는 것을 의미한다.

나. 원칙적인 경우 - 신청권 부정

사견으로는 도시기본계획의 경우에는 원칙적으로는 입안제안권 내지는 신청권이 부인된다고 봄이 타당하다고 사료된다. 관련하여, (ⅰ) 도시기본계획은 도시관리계획과 달리 비구속적 행정계획으로서 그 내용이 국민의 권리의무에 직접적인 영향을 미친다고 보기는 어려운 점, (ⅱ) 이와 같은 취지에서 국토계획법 또한 '정책계획'인 도시기본계획에 대하여는 의견청취 절차만 규정하였을 뿐, 주민의 제안권한을 별도로 규정하지 않은 것으로 보이는 점, (ⅲ) 국토계획법 제26조가 명시적으로 주민제안권을 인정하기 이전까지만 하더라도, 통상 대법원은 도시계획의 변경에 대한 신청권을 부인하여왔던 점[1] 등의 이유를 고려할 수 있겠다. 도시기본계획의 정책계획으로서의 성질을 고려하면, 원칙적으로 포괄적인 정책수립권한은 오롯이 계획행정청에 머무르는 것으로 봄이 상당하다고 사료된다.

다. 예외적으로 신청권 인정이 필요한 경우

다만, 예외적인 경우에는 도시기본계획에 대한 신청권이 부여되어야 할 것으로 생각된다. 도시기본계획의 거부에 대한 쟁송을 가로막을 경우 사인(私人)의 도시관리계획에 대한 주민제안권을 실질적으로 침해하게 되는 결과가 초래되는 경우에는, 도시기본계획의 변경신청권을 인정함이 타당하다고 사료된다. 국토계획법 명문의 규정상으로는 도시기본계획의 구속력이 도시관리계획에 미치도록 되어 있으므로, 주민이 도시관리계획의 변경을 신청하였음에도 행정청이 도시기본계획의 내용을 이유로 변경을 거부하는 경우가 발생할 수 있다.[2] 이때에는 도시기본계획의

에게 그 행위발동을 요구할 법규상 또는 조리상의 신청권이 있어야" 한다(대법원 2009. 9. 10. 선고 2007두20638 판결 등).

1 관련하여, 김종보, 도시계획변경거부의 처분성, 행정법연구, 2004. 5., 259면 내지 260면 참조.

2 대구고등법원 2009. 9. 4. 선고 2008누2126 판결은 폐기물처리시설에 대한 도시계획시설결정 입안제안을 거부한 처분이 다투어진 사안에서 "시장이 관련 법령에 따라 지역주민들의 의사와 지방의회의 의견을 청취하고 시도시계획위원회의 자문을 거쳤으나 모두가 반대하고, 지역 주민들의 환경

내용의 변경을 함께 구할 수 있도록 하는 것이 주민제안권을 실효적으로 보장하는 것이 되므로, 국토계획법 제26조의 취지를 고려하더라도 이러한 사안에서는 신청권을 인정함이 합당하다. 관련하여, (i) 행정소송의 대상적격이 점진적으로 확대되어오고 있는 추세나, (ii) "장래 일정한 기간 내에 관계 법령이 규정하는 시설 등을 갖추어 일정한 행정처분을 구하는 신청을 할 수 있는 법률상 지위에 있는 자의 국토이용계획변경신청을 거부하는 것이 실질적으로 당해 행정처분 자체를 거부하는 결과가 되는 경우에는 예외적으로 그 신청인에게 국토이용계획변경을 신청할 권리가 인정된다"고 판단한 종래 대법원 판결의 논지 등을 참조할 수 있겠다.[1]

실제로도 도시기본계획의 변경 지연 등으로 인해 도시관리계획결정이 장기간 지연되는 문제가 지적되어오고 있다.[2]

상·생활상 이익 및 재산상의 손해가 발생할 수 있으며, 위 신청이 상위계획인 도시기본계획에 반한다는 이유로 거부처분을 한 것으로, 그 처분이 이익형량을 전혀 하지 않았다거나 정당성·객관성이 결여된 이익형량을 하였다고 볼 수 없어 적법하다"고 본 사례가 있다. 다만, 이와 같이 법원은 이익형량의 정당성을 평가함에 있어 도시기본계획에 부합하는지 여부만을 단일한 기준으로 삼고 있지는 않고, 여러 사정을 종합적으로 고려하고 있다.

1 대법원 2003. 9. 23. 선고 2001두10936 판결.
2 마상열, 최근의 국토계획법 개정과 도시기본계획, 경남발전, 2008. 7., 88면.

제19조(도시 · 군기본계획의 내용)

제19조(도시·군기본계획의 내용) ① 도시·군기본계획에는 다음 각 호의 사항에 대한 정책 방향이 포함되어야 한다. 〈개정 2011. 4. 14., 2018. 6. 12., 2024. 2. 6.〉
1. 지역적 특성 및 계획의 방향·목표에 관한 사항
2. 공간구조 및 인구의 배분에 관한 사항
2의2. 생활권의 설정과 생활권역별 개발·정비 및 보전 등에 관한 사항
3. 토지의 이용 및 개발에 관한 사항
4. 토지의 용도별 수요 및 공급에 관한 사항
5. 환경의 보전 및 관리에 관한 사항
6. 기반시설에 관한 사항
7. 공원·녹지에 관한 사항
8. 경관에 관한 사항
8의2. 기후변화 대응 및 에너지절약에 관한 사항
8의3. 방재·방범 등 안전에 관한 사항
9. 제2호부터 제8호까지, 제8호의2 및 제8호의3에 규정된 사항의 단계별 추진에 관한 사항
10. 그 밖에 대통령령으로 정하는 사항
② 삭제 〈2011. 4. 14.〉
③ 도시·군기본계획의 수립기준 등은 대통령령으로 정하는 바에 따라 국토교통부장관이 정한다. 〈개정 2011. 4. 14., 2013. 3. 23.〉
[전문개정 2009. 2. 6.]
[제목개정 2011. 4. 14.]

I. 의의

1. 조문의 체계

본 조는 도시기본계획의 내용으로 포함되어야 할 사항을 정하고 있는 조문이다. 도시기본계획은 추상적인 정책계획으로서, 그 추상성은 지구단위계획의 내용에 관하여 정하고 있는 국토계획법 제52조 제1항과 비교할 경우보다 명확하게 드러난다. 내용에서 살펴볼 수 있듯이 도시기본계획은 당해 시·군의 공간의 구획 및 발전, 이용방향에 대한 종합적이고 총괄적인 내용들을 담고 있다.

국토계획법은 도시기본계획의 개략적인 내용의 수립기준에 대하여는 국토교통부장관이 정하도록 위임하고 있다. 따라서 도시기본계획의 내용을 파악하기 위해

서는 필수적으로 도시기본계획수립지침의 내용을 살펴볼 수밖에 없다. 도시기본계획수립지침의 목차를 간략하게 정리하면 다음과 같다.

[표] 도시기본계획수립지침의 목차

제1장 총 칙	제4절 토지이용계획
제1절 지침의 목적	제5절 기반시설
제2절 도시·군기본계획의 의의	제6절 도심 및 주거환경
제3절 지위와 성격	제7절 환경의 보전과 관리
제2장 도시·군기본계획의 수립범위	제8절 경관 및 미관
제1절 계획수립 대상	제9절 공원·녹지
제2절 목표년도	제10절 방재·방범 및 안전
제3절 계획구역의 설정	제11절 경제·산업·사회·문화의 개발 및 진흥
제3장 도시·군기본계획의 내용과 작성원칙	제12절 계획의 실행
제1절 도시·군기본계획의 내용	제13절 생활권 계획
제2절 계획수립의 기본원칙	제5장 도시·군기본계획 수립절차
제3절 계획 작성시 유의사항	제1절 도시·군기본계획의 입안
제4장 부문별 계획 수립기준	제2절 주민참여 제고
제1절 지역의 특성과 현황	제3절 도시·군기본계획의 승인신청
제2절 계획의 목표와 지표설정	제4절 도시·군기본계획의 승인
제3절 공간구조의 설정	

2. 도시기본계획수립지침의 주요 내용

도시기본계획수립지침의 내용을 모두 소개하는 것은 부적절해보이는바, 그 중요 내용만을 발췌하여 소개하면 다음과 같다.

가. 용도지역의 분류의 방향과 지침

동 지침은 "토지용도 분류의 지침이 되도록 용도지역의 지정에 필요한 기준을 제시"하도록 하여(3-2-2.항) 도시기본계획의 내용에서 용도지역 지정에 관한 개략적인 방향을 제시하도록 정하고 있다.

나. 토지이용의 방향

동 지침은 토지적성평가 결과를 활용하여 기개발지, 개발가능지, 개발억제지, 개발불가능지로 구분하여 장래 토지이용을 예측하도록 정하고 있다(4-4-1.항) 즉 지침의 내용을 통하여 시·군 내의 장기적인 개발가능성 부여방향을 알 수 있도록 정하고 있다. 아울러, 토지수요를 추정하여 시가화예정용지, 시가화용지, 보전용지 등을 정하도록 하고 있는바, 이를 통하여서도 시가지의 장기적인 팽창 방향을 알 수 있다.

다. 시가화예정용지 관련 규정

시가화예정용지 및 보전용지 설정 시에는 토지적성평가 결과를 활용토록 정하고 있다(이상 4-4-3.항). 시가화예정용지의 지정 시에는 목표연도 및 단계별 총량과 주용도 등이 계획된다(4-3-3.의 (3)항). 참고로, 시가화용지 중에서 '관리용지'로 전환될 시가화예정용지에 대하여는 추후 주거용지·상업용지·공업용지로 전환할 수 없다고 규정함으로써 그 전용을 제한하고 있다(4-3-3.의 (3)항).

시가화예정용지의 세부용도 및 구체적인 위치는 도시관리계획으로 결정되어야 한다(4-3-3.의 (3)항). 즉 도시기본계획에서는 시가화예정용지의 개략적인 위치만을 '점'과 같은 형태로만 표시하고,[1] 그 구체적인 위치나 내용 등은 구속적 행정계획인 도시계획으로 결정될 수밖에 없다. 다만, 시가화예정용지 모두를 한꺼번에 도시관리계획화(化)할 수는 없으므로 동 지침은 세부적이고 단계적으로 그 지정을 요구하고 있다.[2] 시가지예정구역에 용도지역을 부여하기 위해서는 난개발을 방지하기 위하여 지구단위계획의 수립을 필요적으로 요구하고 있다.

Ⅱ. 해석상의 쟁점

1. '시가화예정용지'의 개념과 법적 성질

시가화예정용지란 명확한 정의규정은 없으나 문언 그대로 '시가화가 장차 예정되어 있는 용지로서 행정청이 도시기본계획을 통하여 지정한 곳'을 의미한다.[3] 장

---

1 문채, 국토계획법상 도시기본계획제도의 한계와 개선방안에 관한 연구, 국토계획, 2004. 10., 44면.
2 도시기본계획수립지침 4-4-3. 용도의 구분 및 관리-(3) 시가회예정용지 ⑤ 시가화예정용지의 세부용도 및 구체적인 위치는 다음 각호의 기준에 따라 도시·군관리계획의 결정(변경)을 통해 정하도록 하여야 한다.
  ㉮ 상위계획의 개발계획과 조화를 이루고 개발의 타당성이 인정되는 경우 지정
  ㉯ 인구변동과 개발수요가 해당 단계에 도달할 때 지정
  ㉰ 도시지역의 자연녹지지역과 관리지역의 계획관리지역 및 개발진흥지구 중 개발계획이 미수립된 지역에 우선 지정토록하되, 그 외의 지역에 대해서도 도시의 장래 성장방향 및 도시와 주변지역의 전반적인 토지이용상황에 비추어 볼 때 시가화가 필요한 지역에 지정
  ⑥ 시가화예정용지를 개발 용도지역으로 부여하기 위해서는 지구단위계획을 수반토록 하여 도시의 무질서한 개발을 방지하고 토지의 계획적 이용개발이 될 수 있도록 하여야 한다.
3 참고로, 시가화예정용지는 법률상의 개념은 아니다. 도시기본계획수립지침에서 최초로 등장하는

기적인 도시의 발전방향을 고려하여, 장래의 토지수요에 발맞추어 개발을 할 공간을 미리 지정하여두는 것을 의미하기도 한다. 이 때문에 시장(市場)에서는 시가화예정용지를 '장래 개발이 예정되어 있는 곳'이라고 인식하여 개발호재로 일컫기도 한다.[1] 다만, 도시기본계획의 구속력이 부존재한 점이나, 실제 개발은 주택법 등다른 법령에 따라 이루어지는 경우가 많아, 시가지예정용지와 주택, 택지 간의 미스매치가 뚜렷하게 발견된다는 연구도 발견되는바,[2] 시가화예정용지라고 하여 반드시 택지개발로 이어진다거나, 주택 등의 개발가능성의 부여로 이어지는 것이라보기는 어렵다. 도시기본계획수립지침에서도 규정하는 바와 같이, 시가화예정용지라는 것 자체가 장래 개발토지의 수급현황과 용량 등을 고려하고, 그에 따른 물량의 분배까지를 고려하여 지정되는 것이기는 하나, 실무적으로 보더라도 그것이 반드시 실제 개발에 이르게 될지 여부는 장담하기 어렵고 그 관련성도 실증적으로담보되지 못한다는 것이다.[3]

그럼에도 불구하고, 실정법상으로는 시가화예정용지의 장래 개발가능성을 전제한 규정들이 발견되기도 하는데, 대표적으로 도시개발구역의 지정과 관련하여시가화예정용지의 경우에는 도시개발구역으로 지정할 수 있는 '개발이 가능한 용도로 지정된 지역'에 해당한다는 것이 국토교통부의 견해이다.[4]

때문에, 개발 실무상 시가화예정용지로 지정된 곳의 개발가능성 문제가 쟁점이되고는 하는데, 구체적으로는 사인(私人)이 시가화예정용지로 지정된 곳에 대하여개발을 염두에 두고 도시관리계획변경 입안신청을 하거나, 구체적인 인허가를 신청하였다가 거부당하는 경우 그 위법·부당성을 질의하여오는 경우가 발생하는 편이다. 관련하여 가장 주요하게 다투어지는 것은 "행정청이 시가화예정용지로 지정

용어이다.

1 [재미있는 땅 이야기] 시가화 예정용지란?, 영남일보, 2006. 10. 11.자 칼럼 참조.
2 이상대 외, 경기도 주택수급과 택지·시가화예정용지 공급 간의 연계와 통합관리방안 연구, 경기연구원, 2017. 12.의 연구 참조.
3 특히, 도시관리계획이 수립되지 아니한 이상 도시기본계획상으로는 시가화예정용지가 단지 지도상의 '점'으로만 표시되어 정확한 지리적 범위나 대상을 확정하기도 어렵기도 하다. 따라서 그 연관성은 더더욱 확언하기가 어려운 것이다.
4 도시재생과-1746, 2010. 6.30. 질의회신사례 참조. "질의대상지역은 위의 내용을 종합해 볼 때, 지침 1-2-3에 관계없이 영 제2조 제2항에 따라 도시개발구역으로 지정이 가능합니다. 다만, 국계법에 따라 시가화예정용지로 지정되었다 하여 이 지역이 당연히 도시개발구역으로 지정될 수 있는것은 아니며, 지정권자가 지침 1-2-4 및 1-3-1-1의 취지, 도시계획과의 조화, 주변지역의 토지이용상황 및 개발의 타당성 등을 종합적으로 고려하여 구역지정 여부 및 세부 범위·경계 등을 결정하여야 하며, 이와 더불어, 도시의 무질서한 개발을 방지하고 토지의 계획적 이용·개발이 될 수있도록 적정하게 개발계획(용도지역 결정 계획 등)을 수립하여야 합니다."

하여줌으로써 이미 개발가능성에 대한 신뢰나 용도지역 변경에 관한 신뢰를 부여한 것으로 볼 수 있지 않느냐"는 쟁점이다.

사견으로는 본 쟁점에 대한 결론은 단계를 구분하여 접근하여야 한다는 의견이다. (ⅰ) 만일, 시가화예정용지가 도시기본계획 차원에서 표시된 정도에 그치는 것이라면, 이는 사인에 대한 구체화된 행정청의 공적 견해표명이 있었다고 보기도 어렵고, 따라서 그에 따른 신뢰 및 신뢰보호를 주장하기도 어렵다. 전술한 바와 같이 도시기본계획수립지침은 도시기본계획에서는 시가화예정용지를 '점'으로만 표시하도록 정하고 있고, 실무적으로 보면 시·군의 관내구역 전체를 표시한 대축적의 지도에 점을 표시한 수준에 그치고 있는바[1] 이를 토대로 그 '점' 인근의 개별토지들에 대한 개발가능성의 신뢰를 부여하였다고 보기는 어렵다.

(ⅱ) 다만, 시가화예정용지가 도시관리계획에 표시된 정도에 이른 경우라면 가까운 시일 내에 개발이 임박하였음을 보여주는 것이라 볼 수 있으므로, 이 경우에는 어느 정도의 신뢰를 인정할 여지가 있다. 도시관리계획에 시가화예정용지가 특정되어 지정되었음에도 불구하고 장기간 동안 그 개발가능성을 부인하고 막는 경우에는 신뢰보호원칙의 위반 주장이 인용될 가능성이 있다고 사료된다.[2] 도시기본계획수립지침상으로도 도시관리계획에 시가화예정용지를 반영하는 시점은 '개발의 타당성이 인정'되고 '개발수요가 해당 단계에 도달한 때'이므로, 해당 단계에 이르러서는 개발가능성에 대한 신뢰를 인정함이 타당하다고 판단된다(4-4-3.의 (3)항).[3]

참고로, 대법원은 "도시기본계획을 승인하였다는 것만으로는 아직 지역주민들에게 장차 도시계획이 확정되면 건축제한 등이 해제되어 재산권 행사상 제약을 받지 않게 되리라고 하는 신뢰를 주었다고 볼 수 없"다고 하여 일반적으로는 도시기본계획에 따른 신뢰보호원칙의 적용을 부정하고 있다.[4]

2. 다른 법률에 의하여 수립되는 각종 계획들과의 조응 문제

국토계획법은 도시계획에 대한 일반법이고 상위법이다. 따라서 국토계획법에

---

1 문채, 국토계획법상 도시기본계획제도의 한계와 개선방안에 관한 연구, 국토계획, 2004. 10., 44면.
2 다만 '장기간'과 같은 구체적인 사정은 개별적인 사안별로 달리 평가되어야 할 것이다.
3 다만, 동 지침은 시가화예정용지의 개발 시 지구단위계획의 수립을 필요적으로 요구하고 있으므로, 사인의 신뢰가 인정될 수 있는 사안은 지구단위계획에 대한 입안제안 거부처분 사건 정도에 그칠 것으로 보이지만, 아직 이에 대한 명확한 판단선례는 없고, 개별적인 사안에 따라 개별적 인허가의 거부에 대하여 신뢰위반을 인정하여야 할 사안도 있을 것이라 생각된다.
4 대법원 1997. 9. 26. 선고 96누10096 판결.

의하여 수립된 도시기본계획은 동법상의 도시계획들뿐만 아니라, 다른 법령상의 계획들에 대하여도 중요한 참고자료로서의 영향을 미친다. 대표적으로 (ⅰ) 도시개발법은 도시개발구역의 개발계획을 수립할 경우 도시기본계획의 내용에 들어맞도록 할 것을 정하고 있고(동법 제5조 제2항), (ⅱ) 농어촌정비법은 농어촌 생활환경 정비 기본방침을 정함에 있어 도시기본계획과 조화를 이룰 것을 정하고 있다(동법 제53조 제2항). 그 외에도 여러 법령에서 공간계획에 관한 기본계획으로서 도시기본계획을 참고하거나 고려, 부합하도록 할 것을 요구하기도 한다.[1] 다만, 도시기본계획의 비구속성을 고려하면 이를 위반하였다고 하여 해당 계획들이 위법하게 된다고 판단하기는 어려울 것이다.

3. 도시기본계획수립지침의 법적 성격

국토계획법 제19조 제3항은 도시·군기본계획의 수립기준 등을 국토교통부장관이 정할 수 있도록 수권하고 있고, 그에 따라 도시기본계획수립지침이 제정된 것이다. 그러나 도시기본계획수립지침이 기본적으로 행정청의 대내적인 계획수립사무의 처리에 관한 사항을 규정한 것이고, 도시기본계획 자체가 대외적 구속력이 약하거나 부정되는 비구속적 행정계획에 해당함을 고려하면, 도시기본계획수립지침 또한 대외적인 법규성이 없는 행정규칙으로 봄이 타당하다고 사료된다. 관련하여 명확한 판단 선례는 발견되지 않는다.

---

[1] 관련하여, 피석현, 도시기본계획의 법적 위상과 역할에 관한 연구, 한양대학교 도시대학원 석사학위논문, 2002. 12., 13 내지 15면의 논의 참조.

제19조의2(생활권계획 수립의 특례)

제19조의2(생활권계획 수립의 특례) ① 특별시장·광역시장·특별자치시장·특별자치도지사·시장 또는 군수는 제19조제1항제2호의2에 따른 생활권역별 개발·정비 및 보전 등에 필요한 경우 대통령령으로 정하는 바에 따라 생활권계획을 따로 수립할 수 있다.
② 제1항에 따른 생활권계획을 수립할 때에는 제20조부터 제22조까지 및 제22조의2를 준용한다.
③ 제1항에 따른 생활권계획이 수립 또는 승인된 때에는 해당 계획이 수립된 생활권에 대해서는 도시·군기본계획이 수립 또는 변경된 것으로 본다. 이 경우 제19조제1항각 호의 사항 중에서 생활권의 설정 및 인구의 배분에 관한 사항 등은 대통령령으로 정하는 범위에서 수립·변경하는 경우로 한정한다.
[본조신설 2024. 2. 6.]

Ⅰ. 의의

2024. 2. 6. 개정된 국토계획법에서는 '생활권계획'이라는 개념을 법률에 명문화하였다. 생활권계획이라는 명칭 자체는 새로운 것은 아닌데, 종래 2014. 10. 31. 개정된 도시·군기본계획수립지침에서부터 이미 도시기본계획의 내용으로 생활권계획을 포함할 수 있음을 규정하고 있었다. 개정법은 이를 명시적으로 도시기본계획의 내용의 하나로 상향[1]하여 명문화한 것이다.

생활권의 개념은 기본적으로는 도시기본계획을 수립하는 각 지방자치단체의 공간적 범위 내에 속하는 개념이다. 도시·군기본계획수립지침은 생활권을 일상생활권, 근린생활권, 권역생활권 등으로 구분하고(4-13-1.항), 각각의 경우의 구체적인 공간적 범위의 기준, 포함될 수 있는 사항 등에 관하여 규정하고 있다.

특이한 것은, 개정법이 도시기본계획에 포함되어야 하는 내용으로 생활권계획을 명문화하였음에도 불구하고, 여전히 도시·군기본계획수립지침은 생활권계획의 수립 여부를 임의적으로 선택할 수 있는 것처럼 되어 있다는 점이다(4-13-1.의 (4)항). 아직 법 개정에 따른 사항이 반영되지 못한 것으로 보이는 바 향후 개정이 필요해 보인다.

---

1 국회 국토교통위원회, 국토의 계획 및 이용에 관한 법률 일부개정법률안 검토보고서, 2023. 4., 14면 참조.

Ⅱ. 생활권계획의 독자적 수립

본래 생활권계획은 도시기본계획에 포함되는 것으로서 그 한 부분을 이루는 것이므로, 도시기본계획을 수립하면서 그 내용에 함께 반영되어 수립되는 것이 원칙적인 모습이다. 그러나 본조는 도시기본계획의 수립 절차와 별도로 생활권계획만을 수립하는 경우의 절차에 관하여 규정한 것으로, 도시기본계획의 수립 절차와 마찬가지의 절차를 준용하도록 되어 있다. 이와 같이 별개 절차로 생활권계획이 수립되더라도 이는 기본적으로는 도시기본계획의 내용을 추가, 변경하는 것으로서의 성질을 지니므로 본조는 생활권계획이 수립된 경우 그 내용대로 도시기본계획이 변경된 것으로 취급하고 있다.

한편, 생활권계획을 독자적으로 수립하더라도 도시기본계획이 여러 생활권들에 대한 종합적인 고려를 통해 수립한 생활권 세분이나 인구배분 등의 사항을 중대하게 변경하는 것은 바람직하지 않다. 때문에 본조 제3항 후단 및 시행령 제16조의2 제2항은 생활권계획의 수립으로 변경되는 도시기본계획의 범위를 한정하고 있다. 예컨대, 인구배분의 경우 "전체 인구 규모의 범위에서 생활권별 인구의 배분에 관한 사항을 수립·변경하는 경우"로 한정된다(시행령 제16조의2 제2항 제3호).

Ⅲ. 생활권계획의 실무상 의의

생활권계획 또한 도시기본계획의 내용을 이루는 것이므로,[1] 도시관리계획을 수립할 경우 상위계획인 생활권계획의 내용에도 부합하여야만 한다(국토계획법 제25조 제1항[2]). 특히, 생활권계획의 경우 인구배분이나 기반시설과도 관련되는 것이므로, 개발사업을 시행하려는 자가 도시관리계획의 입안제안을 하였을 경우 그 내용이 생활권계획상의 인구배분계획에 부합하지 아니한다는 등의 이유로 거부될 수도 있다.[3]

---

1 서울고등법원 2023. 9. 7. 선고 2022누68505 판결은 "(생활권계획은) 서울특별시 동작구의 장기발전방향을 제시하는 종합계획으로서 도시·군기본계획에 해당할 뿐"이라고 판시하였다.
2 2024. 2. 6. 국토계획법 제25조 제1항의 개정으로 도시관리계획 수립 시 부합하여야 할 상위계획에 생활권계획을 명문으로 추가하였다. 다만, 이러한 개정이 없더라도 이는 도시기본계획에 포함되는 것이므로 이러한 개정 전후로 특별히 달라진 사정이 있는 것은 아니다.
3 예컨대, ① 울산지방법원 2022. 8. 10. 선고 2021고단4606 판결의 사실관계를 보면 피고 행정청의 도시계획과는 "도시기본계획상 C 북부대생활권 인구배분계획에 불부합하여 2종 일반 주거지역에서 3종 일반주거지역으로 종 변경을 통한 공동주택 건립이 불가능"하다는 점을 지구단위계획 입안 제안의 거부 사유로 삼았던 것으로 보인다. ② 아울러, 대전고등법원 2022. 9. 29. 선고 2022누10281 판결은 "개발사업으로 유성생활권의 계획인구를 초과한다는 처분사유"로 도시개발구역 지정제안을 거분한 것이 타당하다고 하였다.

제20조(도시 · 군기본계획 수립을 위한 기초조사 및 공청회)

제20조(도시 · 군기본계획 수립을 위한 기초조사 및 공청회) ① 도시 · 군기본계획을 수립하거나 변경하는 경우에는 제13조와 제14조를 준용한다. 이 경우 "국토교통부장관, 시 · 도지사, 시장 또는 군수"는 "특별시장 · 광역시장 · 특별자치시장 · 특별자치도지사 · 시장 또는 군수"로, "광역도시계획"은 "도시 · 군기본계획"으로 본다. 〈개정 2011. 4. 14., 2013. 3. 23., 2015. 1. 6.〉
② 시 · 도지사, 시장 또는 군수는 제1항에 따른 기초조사의 내용에 국토교통부장관이 정하는 바에 따라 실시하는 토지의 토양, 입지, 활용가능성 등 토지의 적성에 대한 평가(이하 "토지적성평가"라 한다)와 재해 취약성에 관한 분석(이하 "재해취약성분석"이라 한다)을 포함하여야 한다. 〈신설 2015. 1. 6.〉
③ 도시 · 군기본계획 입안일부터 5년 이내에 토지적성평가를 실시한 경우 등 대통령령으로 정하는 경우에는 제2항에 따른 토지적성평가 또는 재해취약성분석을 하지 아니할 수 있다. 〈신설 2015. 1. 6.〉
[전문개정 2009. 2. 6.]
[제목개정 2011. 4. 14.]

I. 의의

본 조는 수립권자가 도시기본계획을 수립함에 있어서 거쳐야 할 기초조사와 공청회 등의 절차에 관하여 정하고 있다. 도시기본계획은 정책계획이고 전략계획이므로, 기본적으로는 주민의 입안제안권이 인정되기가 어렵다. 주민제안이 요구될 만큼 구속력 있는 계획의 내용이 포함되는 경우가 드물기 때문이고, 주민제안의 남발로 인한 지방자치단체의 정책적 권한의 약화도 우려되기 때문이다. 그럼에도 불구하고, 도시계획의 수립과정에 대한 주민참여(혹은 민간참여)는 행정의 민주성과 정당성을 담보하기 위하여 필수적이라 할 수 있고[1] 따라서 주민제안과 별개로 계획의 내용에 대한 주민의 의견을 청취할 절차를 '공청회'와 같은 방식으로 마련하고 있다.

본 조는 '토지적성평가'와 '재해취약성분석' 관한 조문(제2 내지 3항)을 두고 있는 것과는 별개로 기초조사와 공청회의 절차 등에 대하여는 광역도시계획의 수립

---

1 관련하여 이동수, 국토계획법에 있어서 민간참여, 토지공법연구, 2009. 2., 185면 내지 188면은 공공성의 확보, 공익과 사익의 조화, 갈등해소의 원리, 보상의 원리 등의 관점에서 도시계획 수립 과정에서의 민간참여의 정당성과 기본원리를 설명하고 있다.

절차에 관한 제13조와 제14조를 전적으로 준용하는 태토를 보이고 있다. 광역도시계획이나 도시기본계획이 모두 비구속적 행정계획으로서 정책적 방향과 지침을 제공하는 역할을 수행한다는 점을 고려하면 양자의 절차를 동일하게 규율하는 것이 부적절하다고 보기는 어렵다.

II. 조문의 연혁

　2015. 1. 6. 개정 국토계획법에서 토지적성평가와 재해취약성분석에 관한 명문의 근거가 추가되었다 본래 토지적성평가는 국토계획법 제정 당시, 종전에는 도시계획의 수립 대상에 해당하지 아니하였던 비시가화지역[1]에 대한 난개발을 막고자 도시'관리'계획을 수립함에 있어 수행하여야 하는 기초조사의 일종으로 도입되었다. 그 적용대상은 대체로 관리지역으로 한정되어왔다.[2] 그러나 이와 같이 부분적으로만 토지적성평가가 행하여짐에 따라 비시가화지역 전체에 대한 통합적 관리가 어렵게 된다는 문제점이 지적되어왔고, 그 결과 도시기본계획 수립 단계에서부터 비시가화지역 '전체'에 대하여 토지적성평가를 실행토록 하는 방향으로 입법적인 개선이 이루어진 것이다.[3]

　신설된 국토계획법 제20조 제3항은 일정한 경우에는 토지적성평가와 재해취약성분석 등을 생략할 수 있도록 정하고 있는데, 동법 시행령 제16조의2에 의하면 5년 이내 이미 평가나 분석을 한 경우나 다른 법률에 따른 지역·지구 등의 지정으로 인한 경우가 이에 해당한다.

1　곧, 구 국토이용관리법상 도시지역 이외의 지역.
2　국회 국토교통위원회, 국토의 계획 및 이용에 관한 법률 일부개정법률안[이노근의원 대표발의 (2013. 9. 27.)] 검토보고서, 2014. 4., 26면. 관리지역으로 대체로 한정된 이유는 도시관리계획 입안 단계에서 입안 대상구역에 한하여 토지적성평가를 실시토록 하였기 때문인데, 대체로 도시관리계획이 새로 입안되는 곳은 제2종 지구단위계획의 입안이 필요한 관리지역이었기 때문이었을 것으로 사료된다. 그 외, 토지적성평가제도의 도입 배경에 대하여는 오현진, 토지적성평가제도 정착의 문제점과 토지이용규제와의 관계정립－토지이용규제 기본법의 입법예고와 관련하여, 토지공법연구, 2005. 6., 44면 내지 45면 참조.
3　국회 국토교통위원회, 국토의 계획 및 이용에 관한 법률 일부개정법률안[이노근의원 대표발의 (2013. 9. 27.)] 검토보고서, 2014. 4., 26면.

Ⅲ. 해석상의 쟁점

1. '토지적성평가'의 개념과 법적 성질

도시기본계획수립지침은 '토지적성평가'에 관한 규정을 두고 있다. 그에 의하면 도시기본계획 수립 시 토지적성평가를 실시하여야 하고, 그 결과 1~2등급은 보전을 하는 - 곧, 개발이 제한되는 토지로, 3등급은 경우에 따라 여건을 고려하여 용도를 결정하는 토지로, 4~5등급은 계획적 개발이 가능한 토지로 구분토록 하고 있다. 이와 같은 토지적성평가는 도시기본계획이나 도시관리계획[1] 자체의 내용을 이루는 것은 아니고, 그 수립을 위하여 활용되는 기초자료이므로 그 구속력을 인정하기는 어렵다. 따라서 높은 등급의 토지적성평가를 받았다고 하더라도 당해 토지의 개발가능성이 곧바로 부여되는 것도 아니고, 개발에 대한 신뢰가 부여된다고도 볼 수 없다.[2]

다만, 토지적성평가가 높게 나타난다면, 추후 행정청이 '보전필요성' 등을 이유로 개발을 거부하였을 경우 그 거부처분의 위법성을 다투면서 재량일탈이나 이익형량의 하자를 주장하는 중요한 사유로서는 주장·인용될 수 있을 것이다. 특히, 보전관리지역과 같이 토지적성평가의 결과가 직접적인 원인이 되어 용도지역의 지정행위가 있었다면, 그에 대하여는 토지적성평가의 잘못을 들어 쟁송으로 다툴 수 있을 것이다.[3]

---

1 도시기본계획수립지침에서 토지적성평가 항목을 두고 있지만, 본래 토지적성평가는 도시관리계획의 입안을 위한 기초자료로서 도입된 것이고, 다만 도시기본계획의 입안 시에도 활용이 가능한 것이다. 오현진, 토지적성평가제도 정착의 문제점과 토지이용규제와의 관계정립－토지이용규제 기본법의 입법예고와 관련하여, 토지공법연구, 2005. 6., 50면 참조.
2 전술한 바와 같이 도시기본계획에 대한 신뢰보호원칙 적용이 통상 부정되므로(대법원 1997. 9. 26. 선고 96누10096 판결), 그 기초자료인 토지적성평가에 대한 신뢰가 부여되는 것은 더더욱 어려울 것이다.
3 관련하여, 오현진, 토지적성평가제도 정착의 문제점과 토지이용규제와의 관계정립－토지이용규제 기본법의 입법예고와 관련하여, 토지공법연구, 2005. 6., 54면의 논의 참조. 해당 문헌의 서술만으로는 토지적성평가 결과 자체에 대한 쟁송이 가능하다고 보는 것인지, 아니면 평가 결과를 적용한 도시계획에 대한 쟁송이 가능하다는 것인지 모호한 측면이 있으나, 기초조사 결과에 대한 쟁송을 일일이 허락하는 것은 부당하고, 기초조사 결과 자체가 고권적인 처분인지도 의문이 있으므로, 그 결과를 반영한 도시계획에 대한 쟁송이 가능하다고 봄이 타당하다고 생각된다.

제21조(지방의회의 의견 청취)

제21조(지방의회의 의견 청취) ① 특별시장·광역시장·특별자치시장·특별자치도지
사·시장 또는 군수는 도시·군기본계획을 수립하거나 변경하려면 미리 그 특별시·
광역시·특별자치시·특별자치도·시 또는 군 의회의 의견을 들어야 한다. 〈개정 2011.
4. 14.〉
② 제1항에 따른 특별시·광역시·특별자치시·특별자치도·시 또는 군의 의회는 특별
한 사유가 없으면 30일 이내에 특별시장·광역시장·특별자치시장·특별자치도지사·
시장 또는 군수에게 의견을 제시하여야 한다. 〈개정 2011. 4. 14.〉
[전문개정 2009. 2. 6.]

Ⅰ. 의의

본 조는 도시기본계획 수립과정에서 지방의회의 의견 청취에 관한 절차를 규정
하고 있다. 전반적인 규정의 내용은 광역도시계획의 지방의회 청취에 관한 국토계
획법 제15조와 다르지 않다. 이와 같은 지방의회의 의견청취는 (ⅰ) 지방의회가 시
정(市政)에 대한 의회로서의 기능을 포괄적으로 위임받은 주체라는 점, (ⅱ) 최소한
주민들에 비하여 지방의회는 전문성을 갖춘 집단으로 인정될 수 있다는 점 등에서
정당화되고 있다.[1]

Ⅱ. 해석상의 쟁점

1. 의견 청취의 구속력

이와 같은 의견 청취는 어디까지나 '의견 청취'에 불과하다. 따라서 지방의회의
의견에 수립권자는 구속되지 아니하고, 그에 반하여 도시기본계획을 수립하더라도
위법하다고 볼 수 없다.[2] 다만, 지방의회의 의견은 이익형량 시 고려되어야할 것인
바, 지방의회 의견을 배제하려면 그에 합당한 합리적인 설명이 가능하여야만 재량
일탈에 해당하지 않을 수 있겠다.

---

1 피석현, 도시기본계획의 법적 위상과 역할에 관한 연구, 한양대학교 도시대학원 석사학위논문,
  2002. 12., 35면의 논의 인용.
2 피석현, 도시기본계획의 법적 위상과 역할에 관한 연구, 한양대학교 도시대학원 석사학위논문,
  2002. 12., 35면 또한 같은 의견이다.

2. 30일 도과 시 효력

광역도시계획에 관한 제15조의 논의와 마찬가지로 의견제출의 '기회'만을 보장한다면 본조를 준수한 것으로 볼 수 있을 것으로 사료되는바, 30일의 기한이 도과된다면 수립권자로서는 적법한 절차를 거친 것이므로 그 수립절차에 나아갈 수 있다고 보아야 할 것으로 사료된다. 특히 지방의회 의견 청취절차는 그 자체로 '청취'에 불과한 것이므로, 의견제출의 기회를 보장한 것만으로 그 절차의 적법성과 정당성이 보장되는 것이라 봄이 타당하다고 생각된다.

제22조(특별시 · 광역시 · 특별자치시 · 특별자치도의 도시 · 군기본계획의 확정)

제22조(특별시 · 광역시 · 특별자치시 · 특별자치도의 도시 · 군기본계획의 확정) ① 특별시장·광역시장·특별자치시장 또는 특별자치도지사는 도시·군기본계획을 수립하거나 변경하려면 관계 행정기관의 장(국토교통부장관을 포함한다. 이하 이 조 및 제22조의2에서 같다)과 협의한 후 지방도시계획위원회의 심의를 거쳐야 한다. 〈개정 2011. 4. 14., 2013. 3. 23.〉
② 제1항에 따라 협의 요청을 받은 관계 행정기관의 장은 특별한 사유가 없으면 그 요청을 받은 날부터 30일 이내에 특별시장·광역시장·특별자치시장 또는 특별자치도지사에게 의견을 제시하여야 한다. 〈개정 2011. 4. 14.〉
③ 특별시장·광역시장·특별자치시장 또는 특별자치도지사는 도시·군기본계획을 수립하거나 변경한 경우에는 관계 행정기관의 장에게 관계 서류를 송부하여야 하며, 대통령령으로 정하는 바에 따라 그 계획을 공고하고 일반인이 열람할 수 있도록 하여야 한다. 〈개정 2011. 4. 14.〉
[전문개정 2009. 2. 6.]
[제목개정 2011. 4. 14.]

Ⅰ. 의의

본 조는 도시기본계획을 수립함에 있어 (ⅰ) 관계행정기관의 장의 협의와 (ⅱ) 도시계획위원회의 심의를 거치도록 그 절차에 관하여 정하고 있는 조문이다. 전반적인 취지는 광역도시계획에 관한 제16조 제2항과 동일하다.

Ⅱ. 해석상의 쟁점

1. 도시계획위원회 심의의 구속력

도시계획위원회의 역할은 '심의'에 불과하다. 따라서 통상 도시계획위원회의 심의 결과의 구속력은 부정되고,[1] 수립권자는 심의의견에도 불구하고 그와 다른 내용으로 도시기본계획을 수립하는 것이 가능하다. 다만, 심의의견은 이익형량시 고

---

[1] 판례도 같은 취지이다. "도시계획에 관한 학식과 경험이 풍부한 자들로 구성된 위원회의 집합적 의견을 들어 이를 참고하라는 것일 뿐 중앙도시계획위원회의 심의결과에 기속되어 도시계획을 결정하여야 한다는 것은 아닌 점 등을 종합하면" 대법원 2007. 4. 12 선고 2005두2544 판결.

려되어야 할 것이므로, 심의의견을 배제할만한 합리적인 근거가 없는 경우에는 이익형량의 일탈이 인정될 여지는 있다. 참고로, 본 조에 대한 것은 아니나, 법제처는 국토계획법 제120조의 이의신청에 따른 도시계획위원회의 '심의결과'에 대하여 구속력을 인정할 수는 없으나, "시장·군수 또는 구청장은 심의결과를 존중해야 할 책무는 있으므로 합리적인 이유가 있지 않다면 그 결과에 따라야 할 것"이라는 입장을 취한 바는 있으므로 참조할 수 있겠다.[1] 하급심 판결 중에서도 도시계획위원회의 자문결과나 지방의회의 의견 등을 존중하여야 한다고 설시하면서, 합리적인 이유나 특별한 사정 없이 그 의견들을 전혀 고려하지 않거나 이익형량의 비교교량에 있어서 정당성이나 객관성을 결여한 경우 위법성을 인정할 수 있다는 법리를 제시한 사례도 발견된다.[2]

2. 30일의 의견제시기간 도과 시의 효력

관계행정기관의 장은 30일 이내에 의견을 제출해야 하는데, 그 기간이 도과한 경우 수립권자로서는 적법한 협의절차를 거친 것으로 볼 수 있고, 따라서 도시기본계획의 수립에 나아갈 수 있는 것이라 봄이 타당하다고 사료된다. 특히, 도시기본계획의 비구속성을 고려하면 관계행정기관의 협의의견이나 절차에 구속되어 수립권자가 정책적 계획을 수립하여야 한다고 보기는 어렵기 때문이다. 다만, 국토계획법 제22조 제2항은 "특별한 사유가 없으면"이라는 표현을 사용하고 있으므로, 특별한 사유가 인정되는 경우에는 30일 이후 합리적인 기간이 지날 때까지 그 협의의견을 기다려야 한다고 보아야 하고, 이 경우 합리적인 기간을 보장하지 아니한 채 도시기본계획의 수립에 나아가는 경우 절차적 위법이 인정된다고 사료된다. '특별한 사유'가 인정되려면, 30일의 기한을 준수할 수 없는 객관적인 사정 – 예컨대, 천재지변과 같은 사유나, 제출하려고 하는 협의의견의 근거 등을 보충하기 위하여 필요한 객관적인 기간 등이 인정되어야 하고, 절차적으로는 특별한 사유를 미리 수립

---

1 법제처 2007. 2. 26. 회신 07-0024 해석례 참조.
2 대구고등법원 2009. 9. 4. 선고 2008누2126 판결. "도시관리계획의 입안권자로서는 무조건적으로 주민 및 지방의회의 의견 또는 도시계획위원회의 자문 결과에 구속되는 것은 아니지만, 위와 같은 법령의 규정이나 그 입법 취지에 비추어 볼 때 그 제출된 의견은 반드시 존중되어 진지하게 검토되어야 하고, 그 의견이 정당하다고 인정할 경우 입안 여부의 결정에 이를 반영하여야 하는 한편 근거 없거나 부당한 의견이라는 점이 명백하지 않는 이상 의견을 쉽사리 배척하여서도 아니 된다. 따라서 주민 및 지방의회의 의견, 도시계획위원회의 자문결과 등을 합리적인 이유나 특별한 사정 없이 전혀 고려하지 않거나 이익형량의 비교교량에 있어서 정당성·객관성을 결여한 도시관리계획 입안 결정은 결국 위법하다고 할 것이다."

권자에게 통지·고지하는 등의 조치가 선행되어야 할 것으로 사료된다. 이와 같은 사전 통지가 없는 경우라면, 수립권자로서는 30일의 도과로 특별한 이견이 없다는 전제 하에 수립절차에 나아가더라도 그 위법성을 인정하여서는 아니 될 것이다.

제22조의2(시 · 군 도시 · 군기본계획의 승인)

제22조의2(시 · 군 도시 · 군기본계획의 승인) ① 시장 또는 군수는 도시·군기본계획을 수립하거나 변경하려면 대통령령으로 정하는 바에 따라 도지사의 승인을 받아야 한다. 〈개정 2011. 4. 14.〉
② 도지사는 제1항에 따라 도시·군기본계획을 승인하려면 관계 행정기관의 장과 협의한 후 지방도시계획위원회의 심의를 거쳐야 한다. 〈개정 2011. 4. 14.〉
③ 제2항에 따른 협의에 관하여는 제22조제2항을 준용한다. 이 경우 "특별시장·광역시장·특별자치시장 또는 특별자치도지사"는 "도지사"로 본다. 〈개정 2011. 4. 14., 2013. 7. 16.〉
④ 도지사는 도시·군기본계획을 승인하면 관계 행정기관의 장과 시장 또는 군수에게 관계 서류를 송부하여야 하며, 관계 서류를 받은 시장 또는 군수는 대통령령으로 정하는 바에 따라 그 계획을 공고하고 일반인이 열람할 수 있도록 하여야 한다. 〈개정 2011. 4. 14.〉
[본조신설 2009. 2. 6.]
[제목개정 2011. 4. 14.]
[종전 제22조의2는 제22조의3으로 이동 〈2009. 2. 6.〉]

Ⅰ. 의의

본 조는 도시기본계획 중에서도 시장·군수가 수립하는 도시기본계획에 한정하여 도지사의 승인권을 부여하고 있는 조문이다. 특별시장·광역시장이 수립하는 도시기본계획의 경우에는 특별히 수립권자와 별도로 승인권자가 규정되어 있지 않으므로, 특별시장·광역시장의 경우 별도의 승인 없이 스스로 도시기본계획을 확정할 수 있다.

국토계획법에서 '수립권'이 통상 입안과 결정을 아우르는 표현임을 고려하면, 승인권은 수립권과 별개의 권한으로 수립권자가 수립한 계획의 효력을 보충하여 주는 보충적이고 후견적인 행위로서 그 법적 성질을 파악함이 타당하다고 사료된다. '승인권'의 성질이나 쟁점에 관하여서는 본서의 제16조에 관한 논의를 참조하라.

본 조에 의하면 시장이나 군수가 수립한 도시기본계획에 대하여, 승인권자인 도지사는 재차 관계행정기관의 협의와 도시계획위원회 심의를 거쳐서 승인 여부를 결정하여야 한다. 따라서 시장, 군수가 수립하는 도시기본계획의 경우에는 시, 군 단위의 도시계획위원회 심의와 도 단위의 도시계획위원회 심의를 모두 거쳐야만 한다. 승인신청 시 제출서류를 규정하고 있는 국토계획법 시행령 제17조의 규정을 보더라도 시·군도시계획위원회 심의자료와 함께 도 도시계획위원회 심의를 위한 자료를 모두 제출하도록 정하고 있는바 각 단계의 도시계획위원회 심의를 모두 거쳐야 한다는 점이 확인된다.

도시기본계획의 승인이 있으면, 수립권자인 시장·군수가 이를 공고·열람하는 절차를 거쳐야 한다.

II. 조문의 연혁

본래, 제정 국토계획법은 도시기본계획의 수립주체를 고려하지 아니하고 국토해양부장관의 도시기본계획에 대한 일반적인 승인권을 부여하고 있었고, 도지사의 개입권한은 명시적으로 인정하지 아니하였다.[1] 그러나 이와 같은 국토해양부장관의 승인권에 대하여는 지방분권화에 부합하지 않는다거나 도시기본계획에 관한 지방자치단체의 계획고권을 실질적으로 인정하지 않는 것이나 다름없다는 비판이 제기되어왔고, 그와 동시에 도지사의 개입권한을 명문화 할 필요성이 있다는 문제가 제기되어 왔다.[2] 이를 반영한 것이 지금의 본 조의 내용이다.

---

1 다만, 행정규칙(지침)에 의하여 도지사에게 경유할 것이 정해져있었을 뿐이다. 관련하여 피석현, 도시기본계획의 법적 위상과 역할에 관한 연구, 한양대학교 도시대학원 석사학위논문, 2002. 12., 65면의 논의 참조.
2 피석현, 도시기본계획의 법적 위상과 역할에 관한 연구, 한양대학교 도시대학원 석사학위논문, 2002. 12., 65면 내지 67면의 논의 참조.

제23조(도시·군기본계획의 정비)

I. 의의

도시환경의 변화에도 불구하고 도시기본계획이 그 변화를 반영하지 못하고 경직적으로 운영될 경우, 그 자체로 도시의 발전을 저해할 뿐만 아니라 사인의 토지소유권에도 상당한 제약을 미치게 될 수 있다. 도시기본계획의 구속력이 부정된다고 하더라도,[1] 국토계획법상으로는 도시관리계획이 도시기본계획에 부합할 것이 명시되어 있으므로, 행정청이 도시관리계획의 주민제안 등에 대하여 도시기본계획의 내용을 이유로 거부하는 경우가 발생할 수 있기 때문이다. 이와 같은 경직적인 결과를 방지하고자, 국토계획법은 5년의 기간마다 도시기본계획을 재검토하도록 하고 있다. 참고로 '5년'이라는 기간은 도시관리계획의 정비기간이기도 하고(동법 제34조 제1항), 광역도시계획의 재검토 주기이기도 하다(광역도시계획수립지침 1-5-2.항).

II. 국가계획과 광역도시계획의 반영

본 조는 도시기본계획의 재검토 시 상위계획의 내용을 반영하도록 정하고 있다. 어차피 각 계획의 우열 및 대체관계에 대한 국토계획법 제4조가 마련되어 있으므로, 이는 선언적이고 반복적인 규율에 불과해 보인다. 본 조의 취지와 관련하여서는 중앙정부 차원의 대규모 사업을 추진함에 있어 도시기본계획을 변경하는 번

---

[1] 대법원 2002. 10. 11. 선고 2000두8226 판결 등.

거로움을 피하기 위한 것이라고 설명되고,[1] 그와 함께 지방자치단체의 반대에도 불구하고 국가계획 등으로 대규모 사업을 추진하는 경우를 상정하여 이와 같은 취지의 조문을 둔 것이라면 바람직하지 않다는 비판론이 존재한다.[2]

---

1 정태용, 지방자치와 도시계획, 지방자치법연구, 2008. 3., 90면에서 인용. 때문에, 사전적인 변경을 요구하기보다는 사후적인 반영을 규정한 것이라는 취지의 설명이다.
2 정태용, 지방자치와 도시계획, 지방자치법연구, 2008. 3., 90면 참조.

제24조(도시 · 군관리계획의 입안권자)

제24조(도시 · 군관리계획의 입안권자) ① 특별시장·광역시장·특별자치시장·특별자치도지사·시장 또는 군수는 관할 구역에 대하여 도시·군관리계획을 입안하여야 한다. 〈개정 2011. 4. 14.〉

② 특별시장·광역시장·특별자치시장·특별자치도지사·시장 또는 군수는 다음 각 호의 어느 하나에 해당하면 인접한 특별시·광역시·특별자치시·특별자치도·시 또는 군의 관할 구역 전부 또는 일부를 포함하여 도시·군관리계획을 입안할 수 있다. 〈개정 2011. 4. 14.〉

1. 지역여건상 필요하다고 인정하여 미리 인접한 특별시장·광역시장·특별자치시장·특별자치도지사·시장 또는 군수와 협의한 경우

2. 제18조제2항에 따라 인접한 특별시·광역시·특별자치시·특별자치도·시 또는 군의 관할 구역을 포함하여 도시·군기본계획을 수립한 경우

③ 제2항에 따른 인접한 특별시·광역시·특별자치시·특별자치도·시 또는 군의 관할 구역에 대한 도시·군관리계획은 관계 특별시장·광역시장·특별자치시장·특별자치도지사·시장 또는 군수가 협의하여 공동으로 입안하거나 입안할 자를 정한다. 〈개정 2011. 4. 14.〉

④ 제3항에 따른 협의가 성립되지 아니하는 경우 도시·군관리계획을 입안하려는 구역이 같은 도의 관할 구역에 속할 때에는 관할 도지사가, 둘 이상의 시·도의 관할 구역에 걸쳐 있을 때에는 국토교통부장관(제40조에 따른 수산자원보호구역의 경우 해양수산부장관을 말한다. 이하 이 조에서 같다)이 입안할 자를 지정하고 그 사실을 고시하여야 한다. 〈개정 2011. 4. 14., 2013. 3. 23.〉

⑤ 국토교통부장관은 제1항이나 제2항에도 불구하고 다음 각 호의 어느 하나에 해당하는 경우에는 직접 또는 관계 중앙행정기관의 장의 요청에 의하여 도시·군관리계획을 입안할 수 있다. 이 경우 국토교통부장관은 관할 시·도지사 및 시장·군수의 의견을 들어야 한다. 〈개정 2011. 4. 14., 2013. 3. 23.〉

1. 국가계획과 관련된 경우

2. 둘 이상의 시·도에 걸쳐 지정되는 용도지역·용도지구 또는 용도구역과 둘 이상의 시·도에 걸쳐 이루어지는 사업의 계획 중 도시·군관리계획으로 결정하여야 할 사항이 있는 경우

3. 특별시장·광역시장·특별자치시장·특별자치도지사·시장 또는 군수가 제138조에 따른 기한까지 국토교통부장관의 도시·군관리계획 조정 요구에 따라 도시·군관리계획을 정비하지 아니하는 경우

⑥ 도지사는 제1항이나 제2항에도 불구하고 다음 각 호의 어느 하나의 경우에는 직접 또는 시장이나 군수의 요청에 의하여 도시·군관리계획을 입안할 수 있다. 이 경우 도

지사는 관계 시장 또는 군수의 의견을 들어야 한다. 〈개정 2011. 4. 14.〉
1. 둘 이상의 시·군에 걸쳐 지정되는 용도지역·용도지구 또는 용도구역과 둘 이상의 시·군에 걸쳐 이루어지는 사업의 계획 중 도시·군관리계획으로 결정하여야 할 사항이 포함되어 있는 경우
2. 도지사가 직접 수립하는 사업의 계획으로서 도시·군관리계획으로 결정하여야 할 사항이 포함되어 있는 경우
[전문개정 2009. 2. 6.]
[제목개정 2011. 4. 14.]

Ⅰ. 입안권의 의의

1. 입안권의 연혁

도시계획을 수립한다는 표현에는 본래 도시계획의 내용의 초안을 작성한다는 의미(입안)와 작성된 내용을 검토하여 도시계획으로서 결정한다는 의미(결정)가 모두 포함되어 있다. 따라서 도시계획 수립권에는 입안권과 결정권 모두가 포함된 것으로 설명된다.[1] 광역도시계획과 도시기본계획의 경우에는 입안권과 결정권을 구분하지 아니하고 '수립권'이라는 용어를 사용하고 있다. 즉 도시계획 내용의 결정권한이 근본적으로 '수립권'자에게 있음을 보여주는 것이기도 하다.

그러나 국토계획법은 도시관리계획에 관하여는 구태여 수립권을 입안권과 결정권으로 분리하고 있다. 1963. 1. 20. 제정된 도시계획법은 입안권과 결정권을 명시적으로 분리하고 있지 아니하였고, 단지 국토건설청장이 도시계획(지금의 도시관리계획)을 결정한다고만 규정하고 있었다. 이후 1971. 1. 19. 전부개정된 도시계획법에 이르러서야 비로소 도시계획의 입안권과 결정권이 구분되기 시작하였고, 당시 입안권은 시장·군수에게,[2] 결정권은 건설부장관에게 부여되었다. 이후 도시계획 권한의 분권화 추세에 따라 중앙정부(건설부장관)에게 집중되었던 도시계획 결정권한이 광역지방자치단체장에게 배분되어 현재에 이르고 있다.

이상과 같은 입법경과에서 살펴볼 수 있듯, 우리 국토계획법이 입안권과 결정권을 구분하고 있는 것은 도시계획권한이 점진적이고 부분적으로 지방자치단체에게 이양되어온 과정과도 연관되어 있다고 볼 수 있다. 법률상 조선총독과 건설부장

---

1 김종보, 건설법의 이해, 피데스, 2013, 275면 참조.
2 다만, 국가계획과 관련하여 필요하다고 인정할 때에는 건설부장관에게 직접 입안권을 부여하였다. 현재의 국토계획법 제24조 제5항 제1호는 이를 계수하여 남아있는 것이다.

관과 같이 중앙정부가 독점하여오던 도시계획권한 중, 입안권만을 나누어 지방자치단체에 부여하였다가, 최종적으로 중앙정부가 보유한 결정권을 광역자치단체장에게 이양하게 된 것이다.[1] 이와 같은 점진적 이양과정에서 입안권과 결정권이 분화되었던 것이므로, 도시기본계획의 수립권-승인권[2]이라는 용어와는 별개의 연혁을 지닌다.

2. 입안권과 결정권의 관계

도시계획 입안권은 도시계획의 내용의 안(案)을 작성하고 제출할 수 있는 권한이다. '안을 작성하고 제출한다'는 것은 단순히 일반 주민이 제안하는 것과 같이 비구속적인 대강의 초안을 만드는 수준의 의미가 아니고, 심의 및 결정과정을 거쳐서 장차 확정될 도시관리계획의 기속력 있는 안을 작성하는 의미를 지닌다. 입안권 또한 도시계획권한의 일환[3]이고, 계획고권의 내용을 이루는 것이므로, 법률상 부여된 입안권 또한 결정권자를 포함한 다른 행정주체에 의하여 침해되어서는 아니되는 것이다. 사견[4]이나, ① 입안권자가 작성한 도시관리계획안을 결정권자가 실질적인 내용을 변경하는 방향으로 수정을 요구함으로써, 사실상 입안권자에게 부여된 입안권한을 침해하여 '입안권'의 의미를 단순한 '신청권'과 같은 수준으로 전락시키게 만드는 것은 지양되어야 한다고 사료된다. ② 아울러, 입안권자가 입안한 도시관리계획안에 대하여 결정권자가 합리적인 이유 없이 결정을 거부하고 입안을 반려하는 것 또한 지양되어야 할 것이라 생각된다. 통상의 재량권에 관한 논의와 같이 결정권자와 입안권자의 관계를 계획행정청과 사인(私人)과 유사한 관계로 상정하게 된다면 사실상 '입안권'을 마련한 이유가 없어지는 것이므로, 결정권자가 입안권자에게 행할 수 있는 재량의 여지는 사인과의 관계에서 인정되는 것보다는 축소되는 것이라 보아야 할 것으로 사료되고, 나아가 결정권자가 입안권자의 안을 거부할 것이라면 그 합리적인 이유와 근거를 제시하고 설명하여야 할 책임[5]을 부담

---

1 쉽게 말해, 도시계획의 초안을 작성할 권한을 먼저 지방자치단체에게 떼어주었다가, 시간이 지나면서 지방자치단체들이 작성한 초안을 스스로 결정할 권한까지도 떼어준 것이다.
2 광역도시계획과 도시기본계획의 수립권과 승인권이라는 개념은 2000. 1. 28. 전부개정 도시계획법에서 등장한 것으로, 비교적 최근에 등장한 개념들이다.
3 김종보, 건설법의 이해, 피데스, 2013, 274면 내지 276면, 682면 등의 논의를 참조.
4 아직 입안권과 결정권의 충돌 문제에 대하여는 본격적인 사례가 발견되지는 않는 것으로 보이고, 문헌상으로도 특별한 논의가 발견되지 아니한다.
5 나아가, 입안권자와 결정권자 간의 분쟁이 발생할 경우, 결정거부의 적법·정당성에 대한 주장·입증책임은 결정권자가 부담한다고 봄이 타당할 것이라 생각된다.

한다고 봄이 상당하다고 생각된다.[1]

참고로, 종래 하급심 판례 중에는 입안권자의 신청이 없는 상태에서, 결정권자가 단독으로 스스로 도시관리계획을 입안하여 결정한 경우에는 그 위법이 중대·명백하여 '무효'에 이르는 것이라고 본 사안이 발견된다.[2]

3. 입안권의 법적 성질

입안권 또한 도시계획권한의 일종이고, 계획고권의 내용을 이루는 것이다. 따라서 도시계획권한에 대하여 인정되는 통상의 논의들 – 예컨대, 계획재량과 같은 논의들은 모두 입안권의 행사 문제에 있어서도 그대로 적용된다고 보아야 한다. 따라서 주민의 입안제안에 대하여 입안권자가 이를 거부한 경우에는 계획재량으로 인하여 주민의 승소가능성이 그리 높지 않다.

Ⅱ. 입안권의 분배

1. 원칙 – 시(특별시, 광역시 포함)·군을 관할하는 지방자치단체장

도시관리계획의 입안권자는 기본적으로 도시기본계획의 수립권자와 동일하다. 도시기본계획이나 도시관리계획 모두 국토기본법상 '시·군종합계획'으로 분류되는데 이는 특별시·광역시·시 또는 군(광역시의 군은 제외한다)의 관할구역을 대상으로 수립되는 계획이다(국토기본법 제6조 제2항 제3호). 따라서 지리적 범위를 문자그대로의 '시·군'에 한정하는 것이라 볼 수 있고,[3] 원칙적으로 그에 비견될 수 있는 특별시·광역시·특별자치도 정도까지만을 지리적 단위로 한정하여 그보다 넓은 구역을 관할하는 도지사나, 더 좁은 구역을 관할하는 구청장에게는 수립권한을 부여하지 않은 것으로 볼 수 있다. 이와 같이 구청장에게 입안권을 부여하지 않는 것에 대하여 학설상으로는 엄연한 기초 지방자치단체에 해당하는 자치구의 계획고권을 무시하는 처사라는 비판론이 존재한다.[4]

---

1 전술한 바와 같이, 이에 대하여는 현재 선행 논의나 판단선례가 없으므로, 본서의 견해이다.
2 부산지방법원 2000. 4. 12. 선고 99구2215 판결: 항소.
3 한편, 특별시나 광역시의 경우 그 하위의 자치구들을 도시계획수립대상으로 하지 않은 것에 대하여, 문헌상으로는 각 구들이 각자 계획을 수립할 경우 특별시나 광역시의 전체적인 관점에서의 균형 있는 발전이 어렵게 되기 때문에 이를 방지하기 위함이라는 설명이 발견된다. 정태용, 지방자치와 도시계획, 지방자치법연구, 2008. 3., 88면 참조.
4 정태용, 지방자치와 도시계획, 지방자치법연구, 2008. 3., 88면 참조.

2. 예외 1. – 국토교통부장관의 직접 입안권

예외적으로 국토교통부장관은 직접 입안권자가 될 수 있다. 이는 종래 도시계획수립권이 중앙정부에 일원화 되어있다가 점차 분화되었던 사정과도 연관되는 것이라 볼 수 있는데, 지방분권화 추세에 따라 입안권을 시장·군수 등에게 이양하였음에도 불구하고, 국가적 차원에서 도시계획을 입안하여야 하는 경우가 존재할 수도 있다. 예컨대 국가적 차원에서의 기반시설을 설치하거나, 주택수급불균형 등의 문제를 해결하기 위하여 국가가 개입하려는 경우 등이 생각될 수 있겠다. 국토계획법은 ① 국가계획과 관련된 경우 ② 둘 이상의 시·도에 걸쳐서 결정되어야 할 계획인 경우, ③ 동법 제138조에 따라 국토교통부장관이 입안권자에게 기한을 정하여 도시관리계획의 정비를 요청하였음에도 그에 응하지 아니하는 경우 등을 국토교통부장관이 직접 입안권을 가지는 경우로 정하고 있다.

지방분권화와 입안권의 보장을 위하여, 이와 같이 국토교통부장관이 입안권을 직접 행사할 수 있는 경우는 제한적으로 해석함이 타당하고, 열거되지 아니한 사유로 직접 입안권을 행사할 수는 없다고 보아야 한다.

3. 예외 2. – 도지사의 직접 입안권

도시관리계획은 기본적으로는 (문언적 의미대로의) 시·군과 같은 지리적 단위를 대상으로 하는 것이므로, 여러 시·군에 걸쳐있는 도를 관할하는 도지사는 입안권을 가지지 못하는 것이 원칙이다. 그러나 국토계획법은 일정한 경우에는 도지사가 입안권을 가질 수 있도록 정하고 있는데 ① 둘 이상의 시·군에 걸쳐서 결정되어야 하는 계획이 있는 경우나, ② 도지사가 직접 수립하는 사업계획이 있는 경우 등이 이에 속한다. 대체로 단위 시·군을 넘어서는 계획의 필요성이 인정되는 경우로 사료된다. 국토교통부장관의 경우와 마찬가지로, 도지사의 입안권 또한 제한적으로 해석되어야만 한다. 참고로, 도지사가 입안한 경우 그 결정권도 도지사가 행사하게 되는바, 이 경우 국토계획법 제29조 제1항 단서[1]에 따라 대도시 시장이 결정권이 부여되어 있는 관할구역이라고 하더라도 도지사가 결정권한을 가진다.[2]

---

1 「지방자치법」 제175조에 따른 서울특별시와 광역시 및 특별자치시를 제외한 인구 50만 이상의 대도시의 경우에는 해당 시장이 직접 도시관리계획을 결정하도록 정하고 있다.
2 법제처 2018. 10. 11. 회신 18-0500 해석례 참조.

4. 예외 3. - 구청장에 대한 권한의 위임·위탁

한편, 특별시나 광역시의 경우, 시장에게만 입안권이 부여되고, 그 하위의 구청장에 대하여는 입안권이 부여되지 않는다. 다만, 각 특별시·광역시의 조례들에 의하여 구청장에게 입안권한을 위임하는 경우가 많다. 서울특별시의 경우 용도지역, 용도지구, 도시계획시설(철도, 궤도 신설은 제외), 지구단위계획구역의 지정 및 지구단위계획의 수립(기초조사 포함) 등의 입안권한을 폭넓게 구청장에게 위임하고 있다(서울특별시 도시계획 조례 별표 4 제1항). 다만, 위임에도 불구하고 필요 시에는 서울특별시장이 직접 입안권을 행사할 수 있도록 유보하고 있다.[1] 행정권한을 위임한 경우 위임기관은 그 권한을 직접 행사할 수 없게 되므로,[2] 그와 같은 유보 규정이 없으면 구청장에게 위임한 입안권을 서울특별시장이 행사할 수 없게 되므로 필요한 것이다.

종래 판결들 중에서는 권한의 위임이 이루어졌음에도 불구하고, 권한을 위임한 기관이 그 권한을 행사한 경우 당해 도시계획이 무효라는 취지로 판시한 판결들이 발견된다. 대법원 1992. 9. 22. 선고 91누11292 판결의 경우 건설부장관의 유원지에 관한 도시계획시설결정 권한이 시도지사에게 위임되었음에도 불구하고, 건설부장관이 유원지 폐지 결정을 하는 것이 무효라고 하였다. 참고로, 하급심 판례 중에는 입안권자의 입안 없이 이루어진 도시계획결정이 무효라고 판시한 것이 발견되므로 함께 참조할 수 있겠다.[3]

위임된 권한의 범위에 대하여 주의할 필요가 있다. 대법원 2000. 9. 8. 선고 99두11257 판결 사안에서는 사상구청장이 공공공지에 관하여는 권한의 위임을 받았지만 도로에 관하여는 위임을 받지 못한 상태에서, 상급 행정청인 부산광역시장이 결정한 도로부지를 공공공지로 결정한 것이 무효라고 보았다. 판결문상 사상구청장이 "결정함"이라는 표현이 사용되는 것으로 보아 위임받은 권한은 입안 및 결정 권한을 포괄하는 것으로 보이기는 하나, 위임받은 범위를 일탈한 경우 또한 해당

---

1 서울특별시 도시계획 조례 별표 4 제1항 괄호 "시 계획과 관련하여 필요하다고 인정할 때에는 시장이 입안할 수 있으며, 둘 이상의 자치구에 걸치는 경우에는 공동입안하거나 입안할 자를 정한다. 협의가 이루어지지 않을 경우에는 시장이 직접 입안하거나 입안할 자를 정할 수 있음."
2 홍정선, 행정법특강, 제10판, 박영사, 2011, 831면. 이는 판례의 견해로 소개되고 있는바 해당 문헌은 대법원 1982. 3. 9. 선고 80누334 판결을 인용하고 있다.
3 부산지방법원 2000. 4. 12. 선고 99구2215 판결. "광역시장이 도시계획 입안권자인 소속 군수의 입안 및 신청이 없는 상태에서 스스로 입안하여 한 도시근린공원결정처분은 그 전제를 결한 것이고 도시계획절차의 본질을 해한 것으로서 그 흠이 중대하고 명백하여 무효라고 한 사례."

판결의 결론이 그대로 유지될 수 있을 것이라 사료된다.

5. 인접지역에 대한 입안권과 입안권의 충돌 문제

한편, 국토계획법은 ① 지역여건상 필요하다고 인정하여 미리 인접한 특별시장·광역시장·특별자치시장·특별자치도지사·시장 또는 군수와 협의한 경우나, ② 인접한 특별시·광역시·특별자치시·특별자치도·시 또는 군의 관할 구역을 포함하여 도시기본계획을 수립한 경우에는, 입안권자가 자신의 관할구역을 넘어 다른 입안권자의 관할구역 전부 또는 일부를 포함하여 도시관리계획을 입안할 수 있도록 정하고 있다(제24조 제2항). 시가지가 연속되거나, 기반시설 등이 연속되는 등으로 인접부지에 대하여까지 계획이 같이 수립될 필요성이 인정되는 경우에 자신의 관할구역을 넘어서까지 예외적인 입안권을 부여한 것이다. 예외적 입안권인 만큼 그 인정 범위는 매우 제한적으로만 해석·적용되어야만 한다.

이 경우 입안권들 간의 충돌 문제가 발생할 수 있는데, 국토계획법은 협의에 의하여 입안권자를 결정하거나(제24조 제3항), 협의가 성립되지 않을 경우 국토교통부장관이 입안권자를 정하여 주도록 하고 있다(동조 제4항). 국토교통부장관이 입안권자를 결정해준 경우에는 그 결과를 고시하여야 한다.

Ⅲ. 도시계획에 대한 쟁송

1. 원고적격

일반적으로 도시관리계획의 대상구역 내에 위치한 토지소유자의 경우, 그에 따라 건축허가요건 등이 달라지게 되어 토지이용에 관한 직접적인 영향을 받게 되므로 이를 다툴 법률상 이익이 있음을 부정하기는 어렵고, 따라서 원고적격 또한 통상 인정된다고 보아야 한다.

다만, 소유자가 아닌 임차인과 같이 토지 및 건물에 관련된 채권적 권리만을 지닌 경우에도 원고적격이 인정될 수 있는지가 쟁점이 될 수 있겠으나, 이는 도시관리계획의 개별적인 내용에 따라 달리 접근하여야 할 필요가 있을 것이라는 것이 졸견이다. 임차인이 임차한 건물 또는 토지와 관련하여 단순히 건축허가요건의 변경을 수반하는 도시관리계획결정의 경우에는 임차인의 권리의무에 영향을 미치는 것이라 어렵고, 따라서 특별한 사정이 없는 한 원고적격 또한 인정하기 어려울 것이라 사료된다.

그러나 도시관리계획결정의 내용에 의하여 현재 임차인이 영위하고 있는 이용관계에 직접적 영향을 미치는 경우 – 예컨대, 인접획지에 고층건물의 등장을 허용[1]하는 등으로 일조환경[2]에 영향을 미칠 수 있다거나, 변경된 계획의 내용에 따라 현재의 임차용도의 적법성에 직접적인 영향을 미칠 수 있는 경우라고 한다면 임차인에게도 당해 도시관리계획의 위법성을 다툴 원고적격을 인정하는 것이 타당하다는 것이 졸견이다. 이외에 하급심 판례 중에는 '지역주민'의 '교통권'이라는 견지에서 시외버스터미널에 관한 도시관리계획결정의 위법성을 다툴 원고적격을 인정한 것이 발견되는데,[3] 이와 같은 경우라면 임차인의 경우에도 '지역주민'이나 '거주민'의 지위에서 원고적격이 인정될 수 있을 것이다.

한편, 하급심 판결례를 살펴보면, 도시계획결정의 실질적 내용에 따라 이를 다툴 법률상 이익이 존재하는지 여부를 판단하는 것으로 보인다. 예컨대, 서울행정법원 2016. 7. 1. 선고 2015구합9070 판결 사안의 경우에는 원고들이 지구단위계획이 아니라, 종전 지구단위계획'구역'을 확장하여 지정한 것을 다툰 사안인데, 토지이용관계에 대한 구체적인 규율내용은 구역지정이 아니라 그와 동시에, 혹은 후속하여 이루어지는 지구단위계획의 '수립'에 의하여 이루어지는 것이므로, 구역지정 단계에서는 아직 구체적이고 실질적인 권리의무에의 영향을 확인하기 어렵다.[4] 따라서 아무리 기존 지구단위계획구역 내 토지소유자라 하더라도 구역의 확장지정 행위 자체만을 다툴 법률상 이익은 없다는 것이 해당 판결의 취지이다.

하급심 판결례 중에는 도시관리계획 입안 시 환경성 검토가 요구되는 경우 "환경성 검토 대상지역에 거주하는지 여부에 따라" 원고적격을 판단한 사례가 발견된다.[5] 해당 판결의 항소심에서 원고들은 ① 대중교통권이나 교통기본권에 따른 원

---

1 물론 임차인의 권리의무에 미치는 영향의 직접성이 추가적인 쟁점이 될 수 있겠다. 만일 구체적인 고층건물의 인허가와 수반하여 도시관리계획의 변경이 이루어진 경우라면 원고적격이 인정되는 것이 타당해보이나, 단순히 구체적인 사업을 전제하지 아니하고 건축허가요건을 변경하는 경우에는 이를 다툴 법률상 이익이 다소 부족할 것으로 보인다. 다만, 판례가 항고소송의 원고적격을 점차 넓게 인정하는 경향을 보이고 있으므로 판례의 축적을 기다려보아야 할 것이다.
2 참고로 임차인의 경우에도 일조권 침해에 따른 손해배상청구권의 주체가 될 수 있다. 대법원 2008. 12. 24. 선고 2008다41499 판결 등 참조. 물론 일조침해를 원고적격의 사유로 삼기 위해서는 일조권이 인정되는 환경(예컨대 상업지역이 아닐 것 등)이 전제되어야 할 것이다.
3 김영기 기자, [예규·판례] 수원법원, '인문환경 도시계획, 원고적격' 최초 판결, 조세금융신문, 2023. 1. 17.자 기사 참조.
4 관련하여 김성수, 정원, 박보영 변호사, [건설·부동산] 도시관리계획의 원고적격, 법무법인(유) 지평, 2016. 7. 21.자 법률정보 최신판례 참조.
5 수원지방법원 2022. 12. 15. 선고 2021구합71367 판결에서 인용.

고적격, ② 일조권 및 환경권 침해 우려 등을 근거로 한 원고적격, ③ 도시관리계획 입안 시 주민의견청취 절차를 규정한 법 제28조를 근거로 한 원고적격 등을 주장 하였으나, 모두 배척되었다(위 ②의 경우에는 해당 사안의 경우 환경성 검토 대상이 아 니라는 이유 또한 고려되었다).[1] 이외에도 해당 판결에서는 주민들 이외에 비법인사 단들도 원고에 포함되어 있었는데, 이들의 경우에는 "자연인이 아니어서 환경이나 교통에 관한 이익을 직접 향수할 수 있는 주체가 될 수 없고, 그 구성원에게 이 사 건 처분으로 인해 환경상 이익 침해나 교통권 침해가 발생하였다는 점에 관해서도 아무런 주장이나 증명이 없"다고 하여 원고적격을 부정하였다.[2]

2. 피고적격

입안권 또한 도시계획 수립권의 내용이고, 도시계획 수립권은 입안권과 결정권 을 총괄하는 개념이므로, 도시계획의 내용에 대한 쟁송이 제기될 경우 그 피고를 누구로 할 것인가가 문제될 수 있다. 행정소송법 제30조 제1항은 취소판결의 기속 력을 인정하는 범위에 관계행정청을 포함하고 있지만, 동조 제2항은 취소판결에 따른 재처분의무와 같은 적극적인 의무를 부담하는 행정청의 범주에는 '그 처분을 행한 행정청'만 명시하고 있을 뿐 '관계행정청'을 명시하고 있지 아니하다.[3] 국토계 획법은 도시관리계획을 대외적으로 고시하는 행위를 결정권자가 하도록 정하고 있 고, 대외적인 처분청을 피고로 삼는[4] 행정소송의 실무상 결정권자만을 피고로 삼 는 경우가 많을 것이다. 그러나 정작 도시관리계획을 집행하는 실질적인 주체는 이 를 관할구역으로 하는 입안권자일 것이므로, 취소소송의 결과와 입안권자의 관계 가 법리적으로는 문제될 소지가 생기는 것이다. 이 밖에, 주민제안에 대해 입안권 자가 거부처분을 한 경우, 대외적 처분명의는 입안권자가 되는데, 입안권자만을 피 고로 하여 승소하더라도 결정권자가 재처분의무를 부담하는지에 대하여도 법리적 인 문제가 존재하게 된다.

도시관리계획에 대한 쟁송결과가 적절히 반영되기 위하여는 결국 입안과 결정

---

1 수원고등법원 2024. 4. 3. 선고 2023누10071 판결.
2 수원지방법원 2022. 12. 15. 선고 2021구합71367 판결에서 인용. 해당 판결의 항소심에세도 동일한 취지로 판시하였다(수원고등법원 2024. 4. 3. 선고 2023누10071 판결
3 본 쟁점에 대하여는 김종보, 건설법의 이해, 피데스, 2013, 682면 참조.
4 항고소송의 피고적격은 '처분 등을 행한 행정청'을 의미하는데, 이는 소송의 대상이 되는 행정처분 을 대외적으로 그 명의로 행한 행정청을 의미한다고 해석된다. 판례 또한 같은 입장이다(홍정선, 행정법원론(상), 제28판, 박영사, 2020, 1097면; 대법원 2014. 5. 16. 선고 2014두274 판결 참조).

양자 모든 측면에서 그 결과에 대한 기속이 필요하므로, 문헌상으로는 입안권자와 결정권자 모두를 피고로 하여야 한다는 논의가 등장한다.[1] 실무상 도시관리계획에 대한 주민제안을 '입안권자' 단계에서 거절한 경우에는 통상 입안권자만을 피고로 하여 소를 제기하는 것으로 보인다.[2]

3. 대상적격

통상 행정계획은 고시에 의하여 효력을 발하는데, 고시의 시점이나 내용은 통상 도시관리계획 그 자체라기보다는 도시관리계획 '결정'에 해당한다(국토계획법 제30조 제6항). 따라서 실무적으로는 도시관리계획의 취소가 아닌 도시관리계획결정의 취소를 구하는 경우가 많다.[3]

---

1 김종보, 건설법의 이해, 피데스, 2013, 682면. "결정권과 입안권이 분리되어 있다고 해도 대국민의 관계에서는 하나의 사무로서 파악되는 것이 타당하기 때문"이라는 것이 해당 문헌의 설명이다.
2 울산광역시 울주군수만을 피고로 하여 소가 제기된 부산고등법원 2010. 2. 5. 선고 2009누5565 판결 참조. 아울러, 입안제안거부의 처분성에 대하여는 대법원 2004. 4. 28. 선고 2003두1806 판결이 이를 인정한 바 있다.
3 도시관리계획의 구속력을 인정한 대법원 1982. 3. 9. 선고 80누105 판결도 "고시된 도시계획결정이 행정소송이 대상이 되는가"에 대하여 판단한 사례이다.

제25조(도시 · 군관리계획의 입안)

제25조(도시·군관리계획의 입안) ① 도시·군관리계획은 광역도시계획과 도시·군기본계획(제19조의2에 따른 생활권계획을 포함한다)에 부합되어야 한다. 〈개정 2011. 4. 14., 2024. 2. 6.〉

② 국토교통부장관(제40조에 따른 수산자원보호구역의 경우 해양수산부장관을 말한다. 이하 이 조에서 같다), 시·도지사, 시장 또는 군수는 도시·군관리계획을 입안할 때에는 대통령령으로 정하는 바에 따라 도시·군관리계획도서(계획도와 계획조서를 말한다. 이하 같다)와 이를 보조하는 계획설명서(기초조사결과·재원조달방안 및 경관계획 등을 포함한다. 이하 같다)를 작성하여야 한다. 〈개정 2011. 4. 14., 2013. 3. 23.〉

③ 도시·군관리계획은 계획의 상세 정도, 도시·군관리계획으로 결정하여야 하는 기반시설의 종류 등에 대하여 도시 및 농·산·어촌 지역의 인구밀도, 토지 이용의 특성 및 주변 환경 등을 종합적으로 고려하여 차등을 두어 입안하여야 한다. 〈개정 2011. 4. 14.〉

④ 도시·군관리계획의 수립기준, 도시·군관리계획도서 및 계획설명서의 작성기준·작성방법 등은 대통령령으로 정하는 바에 따라 국토교통부장관이 정한다. 〈개정 2011. 4. 14., 2013. 3. 23.〉

[전문개정 2009. 2. 6.]

[제목개정 2011. 4. 14.]

Ⅰ. 의의

본 조는 입안권자가 도시관리계획을 입안함에 있어서 준수하여야 하는 기준이나 절차 등을 종합한 조문이다. 도시관리계획은 구속적 행정계획이고, 그만큼 그 내용은 비교적 상세하다. 따라서 법률 차원에서 도시관리계획의 내용적 기준에 대하여 상세하게 정하는 것은 불가능할 뿐만 아니라 부적절한바, 국토계획법은 상세한 내용에 대하여는 국토교통부장관이 따로 정할 수 있도록 위임규정을 두고 있다. 관련하여 도시관리계획의 개괄적인 수립기준은 국토계획법 시행령 제19조에서 정하고 있고, 더 상세한 내용과 작성기준 등에 대하여는 국토교통부훈령으로 제정된 「도시·군관리계획수립지침」(도시관리계획수립지침)에서 정하고 있다.

도시관리계획수립지침은 그 내용이 매우 방대하므로 본항에서는 그 목차만을 소개하기로 하고, 각 내용은 개별 도시관리계획들에 대하여 설명하는 항목들에서 주요 부분만을 발췌하여 소개하기로 한다. 관련하여, 한 번쯤 내용을 일독하여 볼

만한 가치가 있는 부분들은 따로 표시하여두는 한편, 각주로 간략한 내용을 소개하였다.

---

[1] 도시관리계획의 위법성을 심사하기 위한 형량요소를 도출할 수 있는 조문이다. 다만, 아래 각 세부 종류별 일반원칙을 정한 것보다는 추상적인 사항이 많은 편이다.

[2] 국토종합계획, 수도권정비계획, 광역도시계획, 도시기본계획과의 관계를 정하고 있는 항목이다. 참고로 국토교통부는 원칙적으로는 도시기본계획을 변경하여야 도시관리계획의 변경이 가능하다는 엄격한 입장을 취하고 있으나, 본 항목에서는 도시기본계획의 변경 없이도 도시관리계획 결정이나 변경이 가능할 수 있는 예외를 정하고 있다(1-5-3-2항 참조).

[3] 용도지역을 결정함에 있어 고려하여야 할 요소들이나, 용도지역 지정의 일반적인 기준을 정하고 있는 항목이다. 용도지역 지정에 대한 형령명령 위반을 다툴 때, 그 형량요소를 발굴하기 위하여 주요하게 참조할 수 있겠다. 대체로 일반추상적인 내용이 많으나, 용도지역의 잦은 변경을 자제토록 하는 3-1-1-5의 (6)항, 시가화용지 등에 대하여 도시지역으로 지정하도록 정하고 있는 3-1-1-7항 정도는 참고할 만하다.
각 용도지역의 종류별 고려사항은 이하의 각 절에서 제시하는 사항들을 참조하라.

[4] 3-1-5-1의 (3)항은 시가화예정용지로 계획되어 있으나 개발계획이 확정되지 않았거나 미개발된 지역에 대하여 우선 녹지지역의 용도지역을 부여하도록 정하고 있다.

---

1 계획관리지역 관련 규정이 참고할 만하다. 「농어촌정비법」 등 개별법령에 따라 계획관리지역으로의 용도지역 변경을 위한 도시·군관리계획결정을 의제 처리하기 위해서는 그 부지면적이 3만㎡ 이상이어야 하며, 이 경우 지구단위계획을 수립하여야 한다(3-1-6-1의 (5)항). 관리지역중에서 기반시설이 어느 정도 갖추어져 있어 개발의 압력을 많이 받고 있는 지역을 계획관리지역으로 지정하도록 정하고 있는데(3-1-6-4의 (2)항), 이 때문에 실무상 계획관리지역의 경우 개발이 가능한, 개발호재가 있는 땅으로 거래되고는 한다.

2 용도지역 간 완충지대를 '가능한' 설정하도록 하여(3-1-9-1항) 마치 권고적 사항으로 규정하고 있으나, 그 이하의 각 항에서는 구체적인 완충지대 설정 방안을 제시한다. 따라서 이러한 완충지대를 설정하지 않을 것이라면 합리적인 이유가 제시되어야만 그러한 도시계획은 적법할 수 있다고 보아야 한다.

3 고도는 반드시 미터(m)법에 의한 높이로만 제한될 필요는 없다. 3-2-3-2항은 아파트의 경우에는 층수로도 높이 제한을 둘 수 있도록 정하고 있다.

4 주거·공업·유통물류·관광휴양기능을 집중적으로 개발·정비할 필요가 있는 지역에 대하여 지정하는 곳이 개발진흥지구이다(3-2-8-1항). 본 절에는 개발진흥지구를 지정할 수 없는 경우에 대하여 정하고 있는바 참조할 만하다(3-2-8-1의 (3), (4)항 등).

5 복합용도지구는 용도지역제를 보완하거나, 용도지역의 변경에 따른 문제를 완충하고자 하는 경우에 지정되는 것이다. 다만 용도지역의 기능 저하를 방지하기 위해 과도한 면적을 복합용도지구로 지정하는 것은 바람직하지 않다. 이에 동 지침은 3분의 1 이내의 범위에서만 이를 정하도록 한다(3-2-10-3항).

6 기반시설을 계획하기 위한 일반 원칙을 정한다. 도시계획시설결정 쟁송 사건에서 형량요소를 발굴하는 데 중요한 규정들이 규정되어 있는 부분이라 하겠다.

---

1 기존 시가화구역내에 선정하고 기존 자동차정류장은 이전하지 않는 것을 원칙으로 한다. 다만, 용도지역 변경을 수반하는 경우 등에 대한 예외가 있다(4-2-7-1항). 동 지침은 고속 및 시외여객자동차터미널은 동일 입지에 공용으로 계획하는 것을 원칙으로 하고 있다(4-2-7-2항).

2 장기미집행 도시계획시설결정 관련 쟁송에서 검토되어야 하는 형량요소들이 이에 해당한다.

3 대체로 각 시설의 수요, 공급에 맞추어 설치할 것을 요건으로 정하고 있다. 따라서 수요량 예측의 타당성과 같은 것이 주요 형량 요소가 될 것이다.

4 2 이상의 인접된 간선도로로부터 도보거리 내에 입지시킨다거나(4-5-1-3항), 주거지 간선도로 또는 주보행자도로의 결절점에 위치하도록 한다거나(4-5-1-4항), 대중교통수단으로 쉽게 접근이 가능하도록 하여야 하며, 주거지에 분산배치하기 보다는 기능이 연계되는 편의시설끼리 서로 인접시켜 집중 배치한다(4-5-1-5항)는 등의 일반원칙을 정하고 있다. 모두 기속적인 요건들로 정하고 있는 만큼, 가급적이면 준수하여야 할 것이라 사료된다. 따라서 뜬금없는 외곽에 공공문화체육시설을 계획하는 것은 위법하거나 부당하다고 판단될 소지가 있을 것이다.

---

1 지방재정의 계획적 운용을 위한 실제 집행가능한 자료가 될 수 있도록 재원조달계획을 작성하여야 하는 것이므로(4-8-2-1항), 만일 집행가능성을 담보할 수 없을 정도로 재원조달계획이 부당하게 되는 경우에는 이는 당해 도시계획시설에 관련된 형량이 잘못된 것으로 봄이 상당하다. 예컨대, 당초 지출규모를 상당한 정도로 잘못 예측하여 지방재정에 부담이 되는 수준이라면 이는 당해 도시계획시설결정 자체가 잘못된 것이라 보는 것이 타당하다고 사료된다.

2 도시계획시설의 일반적인 재검토기준으로 (1) 기술적 가능성, (2) 재원조달 가능성, (3) 기존 계획과의 연계성, (4) 시설입지의 적정성, (5) 장래 계획의 유동성, (6) 공익성 여부의 재검토, (7) 적법성, (8) 도시개발사업 등과의 연계성, (9) 자자체의 우선순위 등과의 관계 등을 열거하고 있다(4-9-1-3항). 이는 재검토 시 뿐만 아니라, 최초의 도시계획시설결정 시에도 고려되어야 하는 요소들이라 사료되고, 따라서 이 또한 도시계획시설결정의 형량명령 준수 여부를 검토하기 위한 형량요소가 될 수 있다고 사료된다.

3 공공시설 무상귀속의 경우를 포함하여 과도한 기부채납을 방지하기 위한 기준을 정한 장이다. 관련하여 다음의 규정이 참조할만하다. 동 지침은 아래 각 비율보다 낮게 하려는 경우에 대하여는 유연한 태도를 보이고 있으나, 각 비율보다 높게 기부채납을 받으려는 경우에 대하여는 사유를 명백히 밝히도록 요구한다(4-10-6항). 이와 같이 지침 스스로도 본항의 비율들의 구속력을 인정하고 있지 아니하므로, 법원 또한 이를 "권장사항" 정도로 이해하고 있다(수원지방법원 2020. 1. 15. 선고 2018가합22759 판결).

4-10-5. 기부채납 부담기준은 도시·군관리계획의 내용에 따라 다음과 같이 한다.

(1) 도시·군계획시설 결정의 경우 기부채납 총부담은 대상 부지 토지면적을 기준으로 10~20%(주거·상업·공업지역은 10~15%) 수준에서 협의를 통하여 결정하되(용도지역 변경 등을 수반하는 개발사업의 경우 이를 고려할 수 있다), 최대 25%를 초과하지 않는 것을 원칙으로 한다.(기반시설을 설치하여 기부채납을 하는 경우에는 기반시설 설치비용을 토지면적으로 환산한다)

(2) 도시·군계획시설 해제에 따른 기부채납은 대상 토지면적으로 5% 내외에서 협의를 통하여 결정하되, 최대 10%를 초과하지 않는 것을 원칙으로 한다. 다만, 결정 고시일로부터 10년이내에 집행되지 아니한 도시·군계획시설, 청사 이전 등으로 국유재산법 제40조제1항에 의해 용도폐지된 공공청사에 대한 도시·군계획시설의 결정을 해제하는 경우는 기부채납 대상에서 제외하는 것을 원칙으로 한다.

---

1 도시계획사업구역 – 곧, 도시계획시설구역, 정비구역, 도시개발구역 등의 지정 시로부터 3년 이내
에 개발계획을 수립하지 않은 경우에는 개별법에 별도의 규정이 있는 경우를 제외하고는 이를 당
초의 용도지역으로 환원할 수 있다(5-1-2항).

2 도시지역에서 시가화용지의 개발 시 용도지역의 변경이 필요한 경우에는 지구단위계획을 수립하
도록 정하고 있다(5-2-1-1항).

3 특이한 것은, 방법계획의 수립과 관련하여 동 지침은 주로 유흥업소가 시가지 전역에 퍼지지 않도
록 이를 적절히 관리하도록 요구하고 있다는 점이다(6-2-3-1의 (2)항 등 참조).

4 비오톱(biotop)에 관한 규정이 등장한다. 비오톱은 "야생동물이 서식하고 이동하는데 도움이 되는
숲, 가로수, 습지, 하천, 화단 등 도심에 존재하는 다양한 인공물이나 자연물로 지역생태계 향상에
기여하는 작은 생물서식 공간"으로 정의된다(대한건축학회 건축용어사전, '비오톱' 항목에서 인
용). 실무상 비오톱이라는 단어 자체는 개발사업과 친하지 않은 개념으로 이해되고, 비오톱 내용
자체가 개발행위에 대한 인허가의 거부 사유 또는 참고자료로 활용되기도 한다. 관련하여 "각종
도시계획의 입안과 자연환경보전법에 따른 생태계 보전지역의 설정 및 관리의 기초자료로 활용할
목적으로 서울특별시 전역에 대한 생태 현황을 조사하여 만든 도시생태현황도(비오톱 맵)의 내용
도 주택건설사업계획의 승인에 대한 불허가처분의 근거자료 내지 참고자료로 사용한 것이 법치행
정의 원칙에 어긋나지 않는다고 한 사례" 참조(대법원 2007. 5. 10. 선고 2005두13315 판결).

5 제안의 요건 등에 관하여 정한다. 지구단위계획구역 지정 제안에 대하여는 지구단위계획수립지침
을 전적으로 준용하고 있고, 산업유통개발진흥지구의 지정제안에 대하여는 토지면적 3분의 2 이상
을 확보하도록 정하고 있는데, 3분의 2에는 사업시행자가 취득한 면적과 주민제안에 동의한 면적
이 모두 포함된다.

　참고로, 하급심 판례는 법령이 정한 주민제안 요건 이상으로 동 지침이나 지구단위계획수립지침
등이 강화하여 정하는 주민제안의 요건은 대외적 구속력이 없다고 보고 있다. 왜냐하면 국토계획
법 및 동법 시행령 제20조 등이 지침들에 주민제안 요건에 관한 사항을 위임하고 있지 않기 때문

* 도시관리계획수립지침의 목차[가급적 본서는 조문의 직접 소개를 지양하려고는 하나, 도시관리계획
　수립지침의 중요성을 고려하여 그 전체 목차 정도는 개관하는 것이 좋을 것이라는 판단하에 수록한
　다. 도시계획 관련 사건을 수행하면서도 정작 도시관리계획수립지침의 전체적인 편재도 파악할 기회
　가 그리 많지 않기 때문이다]

Ⅱ. 해석상의 쟁점

1. 도시관리계획에 대한 상위계획의 구속력

　　도시기본계획은 도시의 장기적 개발방향과 미래상을 제시하는 도시계획 입안
의 지침이 되는 장기적·종합적인 개발계획이므로, 행정청에 대한 직접적인 구속력
없다는 것이 대법원 판결의 입장이다.[3] 따라서 도시관리계획이 단지 도시기본계획
에 위배되거나 그것과 상이하다는 이유만으로 곧바로 그 도시관리계획이 위법하다
고 단정할 수는 없다는 것이 확립된 판결의 입장이다. 따라서 도시관리계획이 도시
기본계획에 부합할 것을 정하고 있는 국토계획법 제25조 제1항의 의미는 선언적인
의미에 그치는 것이라 평가할 수 있고, 실질적으로 도시기본계획에 부합하지 않는
도시관리계획을 통제할 법적인 수단은 상정되기가 어렵다.

이다(울산지방법원 2014. 6. 19. 선고 2014구합124 판결; 수원지방법원 2020. 6. 4. 선고 2019구합
　61848 판결 등 참조).
1 법령이 정하고 있는 것보다 상세한 절차와 방법을 정한다. 예컨대, 주민 열람 공고와 관련하여 TV
　등 상세한 방법들을 규정하고 있다. 이와 같은 절차는 가급적 준수함이 타당하나, 법령이 정하는
　절차만 준수하였다면 동 지침이 추가적으로 정하는 내용을 위반하였다고 하여 이를 위법하다고
　단정하기는 어렵다고 사료된다.
2 장기미집행 도시계획시설결정의 해제신청에 관한 사유와 절차에 관하여 정하고 있다. 대체로 법령
　의 내용을 정리한 수준이다.
3 대법원 2007. 4. 12. 선고 2005두1893 판결 등.

그럼에도 불구하고, 여전히 도시기본계획의 내용은 도시관리계획의 수립 시에 고려하여야 하는 이익형량의 요소 중의 하나로 고려되어야만 하고, 따라서 도시기본계획에서 정한 내용이나 방향을 합리적인 이유나 근거 없이 무시한 경우에는 재량의 일탈, 남용이 인정되어 도시관리계획의 하자가 인정될 수도 있다. 관련하여 하급심 판결 중에는 "도시기본계획은 도시관리계획의 상위의 기본적인 계획에 해당하는 것으로서 행정청이 도시관리계획을 입안함에 있어서는 어느 정도 도시기본계획에 구속될 수밖에 없고, 도시기본계획 및 그로 인하여 달성하려고 하는 공익상의 목적을 반드시 비교형량하여야 한다는 점은 법문상 명백하다고 보아야 한다"라고 설시하면서 "오히려 도시기본계획 및 그로 인하여 달성하려고 하는 공익을 전혀 고려하지 않은 채 도시관리계획을 입안하는 것 자체가 위법하다고 볼 수 있다"라고 판시한 사례가 발견된다.[1]

2. 계획설명서의 법적 지위

국토계획법 제25조 제2항은 도시관리계획의 작성 시 계획도서를 작성하는 것 외에 이를 보조하는 계획설명서(기초조사결과·재원조달방안 및 경관계획 등을 포함)를 필요적으로 작성하도록 요구하고 있다.[2] 이때 계획설명서 자체도 도시관리계획의 내용으로서 구속적 행정계획의 내용에 포함되어 함께 구속력을 지니는 것인지 여부가 쟁점이 될 수 있다. 이에 대하여는 긍정설과 부정설이 제기될 수 있다. (i) 계획설명서의 구속력을 긍정하는 입장에서는 계획설명서가 국토계획법에 의하여 필요적으로 작성되는 문서이고, 당해 도시관리계획을 수립하는 행정청이 계획의 의미를 공적인 문서로 설명한 것이라는 점을 근거로 하여 그 자체로 도시관리계획의 내용을 이루는 것이라는 점을 근거로 할 것이다. (ii) 반면, 계획설명서의 구속력을 부정하는 입장에서는 계획설명서는 도시관리계획의 결정 시 고시 내용에 포함되지 않는 점, 계획설명서의 내용은 대부분 제반 환경에 대한 검토서류들로 도시관리계획의 내용이라기보다는 당해 계획을 수립함에 있어 기초가 되는 자료들에 해당한다고 봄이 타당한 점 등을 근거로 들 수 있을 것이다. 사견으로는 계획설명서의 고시 여부나 내용에 비추어 후자의 견해가 타당하다고 사료된다. 기초조사결과서, 토지적성평가검토서, 교통성검토서, 환경성검토서, 경관검토서, 도시계획시

---

1 대구고등법원 2009. 9. 4. 선고 2008누2126 판결.
2 계획설명서에는 기초조사결과서, 토지적성평가검토서, 교통성검토서, 환경성검토서, 경관검토서, 도시계획시설 재검토서 등이 첨부되어야 한다(도시관리계획수립지침 1-6-2-1.항).

설 재검토서 등의 내용에 대하여까지 구속력을 부여하는 것은 그 자체로 도시관리계획의 편제를 지나치게 복잡하게 하여 행정의 예측가능성을 해할 뿐만 아니라,[1] 그 내용 자체도 구속력을 인정할 만한 것이 아닌 객관적 분석에 가깝다.

관련하여, 국토교통부는 도시관리계획의 일종인 지구단위계획이 수립된 곳에서 개발행위를 할 경우 지구단위계획에 맞게 하여야 한다고 정한 국토계획법 제54조의 의미와 관련하여 "지구단위계획에 맞게 하여야 한다"는 문언의 지구단위계획에는 계획설명서가 포함되지 않고, 단지 참고자료로 활용될 수 있을 것이라는 견해를 밝힌 바 있다.[2]

---

1 이미 일반 국민의 입장에서는 도시관리계획의 변경 내용을 체계적으로 검색하고 인지하는 것이 어려운 현실이다. 그 와중에 고시조차 되지 않는 계획설명서의 구속력을 인정하는 것은 사인의 입장에서 불측의 규제로 작용할 가능성이 너무 크다.

2 "해당 도시·군관리계획도서(계획조서, 계획도)를 보조하는 상세설명 자료인 계획설명서를 법 제54조 규정상의 '지구단위계획'에 포함하게 되면, 행정의 예측가능성을 저해할 뿐만 아니라 지구단위계획의 경직적 운영을 초래하는 등 지구단위계획의 정당성 및 효율성을 훼손하게 되므로, ─ 법 제54조 규정상의 '지구단위계획'의 범위에는 계획도와 계획조서가 포함되는 것으로 판단되며, 계획설명서는 계획도와 계획조서의 내용이 불명확하여 그 입안·결정 취지 등을 파악할 때 참고자료로 활용될 수 있을 것입니다"(도시정책과-7647, 2014.09.26), 국토교통부, 국토의 계획 및 이용에 관한 법률 해설집, 2015. 1., 249면.

제26조(도시 · 군관리계획 입안의 제안)

제26조(도시·군관리계획 입안의 제안) ① 주민(이해관계자를 포함한다. 이하 같다)은 다음 각 호의 사항에 대하여 제24조에 따라 도시·군관리계획을 입안할 수 있는 자에게 도시·군관리계획의 입안을 제안할 수 있다. 이 경우 제안서에는 도시·군관리계획 도서와 계획설명서를 첨부하여야 한다. 〈개정 2011. 4. 14., 2015. 8. 11., 2017. 4. 18., 2021. 1. 12., 2024. 2. 6.〉

1. 기반시설의 설치·정비 또는 개량에 관한 사항
2. 지구단위계획구역의 지정 및 변경과 지구단위계획의 수립 및 변경에 관한 사항
3. 다음 각 목의 어느 하나에 해당하는 용도지구의 지정 및 변경에 관한 사항
    가. 개발진흥지구 중 공업기능 또는 유통물류기능 등을 집중적으로 개발·정비하기 위한 개발진흥지구로서 대통령령으로 정하는 개발진흥지구
    나. 제37조에 따라 지정된 용도지구 중 해당 용도지구에 따른 건축물이나 그 밖의 시설의 용도·종류 및 규모 등의 제한을 지구단위계획으로 대체하기 위한 용도지구
4. 삭제 〈2024. 2. 6.〉
5. 도시·군계획시설입체복합구역의 지정 및 변경과 도시·군계획시설입체복합구역의 건축제한·건폐율·용적률·높이 등에 관한 사항

② 제1항에 따라 도시·군관리계획의 입안을 제안받은 자는 그 처리 결과를 제안자에게 알려야 한다. 〈개정 2011. 4. 14.〉
③ 제1항에 따라 도시·군관리계획의 입안을 제안받은 자는 제안자와 협의하여 제안된 도시·군관리계획의 입안 및 결정에 필요한 비용의 전부 또는 일부를 제안자에게 부담시킬 수 있다. 〈개정 2011. 4. 14.〉
④ 제1항제3호에 따른 개발진흥지구의 지정 제안을 위하여 충족하여야 할 지구의 규모, 용도지역 등의 요건은 대통령령으로 정한다. 〈신설 2015. 8. 11.〉
⑤ 제1항부터 제4항까지에 규정된 사항 외에 도시·군관리계획의 제안, 제안을 위한 토지소유자의 동의 비율, 제안서의 처리 절차 등에 필요한 사항은 대통령령으로 정한다. 〈개정 2011. 4. 14., 2015. 8. 11.〉

[전문개정 2009. 2. 6.]
[제목개정 2011. 4. 14.]

Ⅰ. 입안제안권의 등장배경

본 조는 국토계획법이 정하고 있는 도시관리계획들 중에서도 일부 종류의 계획들에 대하여 주민들이 직접 계획의 내용을 작성하여 입안을 제안할 수 있도록 그

권리를 부여하고 있는 조문이다. 통상 행정계획은 그 자체로 계획을 수립하는 행정청의 정책적 판단이 개입되는 경우가 많고, 때문에 그 내용을 결정하는 것은 기본적으로 행정청의 광범위한 재량의 영역이라 여겨져 왔다. 행정에 대한 장기적이면서 종합적인 판단과 활동기준을 설정하는 행위라는 점에서[1] 행정청이 스스로 그와 같은 정책적 판단을 내리고 계획을 수립하는 것이 타당하다는 인식이 있었던 것으로 보이고,[2] 때문에 일반 주민들에게 절차적으로 의견제출 기회를 부여하는 것과는 별개로 그 초안의 작성 단계에서부터 적극적으로 개입할 권리를 준다는 것은 쉽게 상정하기가 어려웠다. 그러나 통상의 행정계획과 달리 도시계획 – 그중에서도 도시관리계획의 가장 큰 특징은 일반 주민들의 토지이용관계 – 하다못해 사소하게 자신의 집을 증축하거나 차고지의 용도를 변경하는 문제와도 직결되어 있다는 점인바, 주민들이 최소한 자신에게 직접 구속력을 미치는 계획의 내용의 변경을 요구할 권리를 원천적으로 부정하는 것은 정당화되기 어려웠을 것으로 사료된다.

이와 같은 비판적인 인식이 가장 거세게 대두되었던 것은 장기미집행 도시계획시설에 대한 헌법재판소의 위헌결정이 나오면서부터이다. 어떠한 부지에 대하여 이를 도시계획시설부지로 결정하겠다는 도시관리계획을 결정하게 되면(도시계획시설결정) 그에 따라 토지소유자는 행위제한을 받게 되어 그 지상에 아무런 개발행위도 하지 못하게 된다.[3] 정상적인 절차대로라면 사업시행자가 서둘러 조성하기로 한 도시계획시설에 대한 인허가(실시계획인가)를 취득하고 협의취득이나 수용(收用) 절차에 나아가야 하는 것이지만, '공원'의 경우 수풀이 우거진 곳을 그냥 '공원'으로 도시계획시설결정만 하여 둔 채로 수십 년을 방치해두었고, 토지소유자들로서는 개발행위와 같이 토지의 사용수익을 하지 못한 채 그 피해를 수인하여야만 했던 것이다. 이를 장기간 후속절차가 집행되지 아니한 도시계획시설이라는 의미에서

---

1 김동희, 행정법 I, 제16판, 박영사, 2010, 180면 참조.

2 실제로 초창기 행정청이 도시계획변경신청을 거부한 것을 행정소송으로 다툴 수 없다는 입장을 취하였던 대법원 1984. 10. 23. 선고 84누227 판결은 "도시계획과 같이 장기성·종합성이 요구되는 행정계획에 있어서는 그 계획이 일단 확정된 후에 어떤 사정의 변동이 있다고 하여 지역주민에게 일일이 그 계획의 변경을 청구할 권리를 인정해 줄 수도 없는 이치"라고 하여 본문과 같은 입장을 근거로 하였다.

3 "도시계획시설로 지정된 토지가 나대지인 경우, 토지소유자는 더 이상 그 토지를 종래 허용된 용도(건축)대로 사용할 수 없게 됨으로써 토지의 매도가 사실상 거의 불가능하고 경제적으로 의미있는 이용가능성이 배제된다. 이러한 경우, 사업시행자에 의한 토지매수가 장기간 지체되어 토지소유자에게 토지를 계속 보유하도록 하는 것이 경제적인 관점에서 보아 더 이상 요구될 수 없다면, 입법자는 매수청구권이나 수용신청권의 부여, 지정의 해제, 금전적 보상 등 다양한 보상가능성을 통하여 재산권에 대한 가혹한 침해를 적절하게 보상하여야 한다."라는 것이 헌법재판소 1999. 10. 21. 선고 97헌바26 전원재판부 결정의 설명이다.

'장기미집행 도시계획시설'이라고 한다. 공원의 경우가 통상 별다른 후속절차 없이도 공원 유사의 외형을 유지할 수 있었기에, 장기미집행 도시계획시설에는 주로 공원의 사례가 많다. 이에 헌법재판소는 "장기미집행 도시계획시설에 대한 보상규정을 마련하지 않은 것은 위헌"이라는 취지의 결정을 하였고,[1] 그에 대한 반작용(reaction)으로 정부는 1999. 11. 19. 토지소유자의 매수청구권, 도시계획시설결정의 실효규정 등을 담은 도시계획법 전부개정안을 제안하면서 그 내용에 현행 국토계획법 제26조와 같은 주민의 입안제안권에 대한 조문을 도입하게 되었던 것이다.[2]

입법자료상으로 명확히 드러나지는 않지만, 정부는 장기미집행 도시계획시설결정과 입안제안권 문제는 다음과 같은 점에서 연관지어 생각하였던 것으로 사료된다. 첫째, 장기미집행 도시계획시설결정은 그 자체로 대표적인 도시관리계획(당시 개념으로는 '도시계획'[3])의 일종이다. 따라서 그로 인한 소유권의 제한은 곧 도시관리계획에 의한 소유권의 제한으로 일반화할 수 있다. 둘째, 도시계획시설결정이 장기화될 수 있었던 근본적인 이유 중의 하나는 도시관리계획에 대한 주민의 변경신청권이 인정되지 않았기 때문이기도 하다. 이미 80년대부터 20년 이상 방치된 장기미집행 공원 문제가 대두되었고, 계획의 변경을 요구하는 쟁송들이 있어왔으나 법원은 이를 각하하여왔다.[4] 셋째, 정부로서는 장기미집행 도시계획시설에 대하여 단계적인 접근을 원하였을 것으로 보이는데, 때문에 시간적 간격에 따라 매수청구권(10년 경과 시), 실효 조항(20년 경과 시)을 마련하는 한편 그에 보조적으로 주민이 직접 변경을 제안할 기회를 부여하는 것에 초점을 맞추었을 것으로 추론된다. 입법자료를 보더라도 정부나 국회는 끊임없이 이와 같은 신설규정들을 둘러싼 '형평성' 문제에 초점을 맞추고 있음을 확인할 수 있다. 이상과 같은 이유에서 장기미집행 도시계획시설결정 문제는 토지소유권자가 자신의 소유권을 근본적으로 제한·박탈하는 도시관리계획에 대한 변경을 신청할 권한이라도 부여하여야 한다는 측면에서 입안제안권 조문과 연계되었던 것으로 보인다.[5]

---

1 헌법재판소 1999. 10. 21. 선고 97헌바26 전원재판부 결정.

2 이와 같이 2000. 1. 28. 전부개정된 도시계획법의 법안이 제출된 주된 취지가 장기미집행 도시계획시설결정에 대한 헌법재판소의 위헌결정에 있었다는 점은 국회 건설교통위원회, 도시계획법개정법률안(정부제출) 검토보고서, 1999. 12.의 제안이유와 검토의견 항목을 통하여도 확인이 가능하다.

3 이와 같은 도시계획 및 도시관리계획의 실정법상 개념의 변천사는 본서의 도시계획과 도시관리계획에 관한 항목을 참조하라.

4 대법원 1989. 10. 24. 선고 89누725 판결[공원조성계획취소거부처분취소].

5 이와 같이 통상 주민제안권 문제는 장기미집행 도시계획시설결정 문제와 연관되어 설명되고는 한다. 법무법인(유한) 태평양 건설부동산팀, 국토계획법의 제문제, 박영사, 2020, 232면 참조.

이에 2000. 1. 28. 전부개정된 도시계획법에서부터 입안제안권 조항이 정식으로 도입되었고, 제정 국토계획법에서도 입안제안권 조항이 그대로 이어져 현재에 이르고 있다.

II. 입안제안권과 신청권

오늘날 입안제안권 조항은 통상 도시관리계획의 변경을 신청하였다가 거부당하는 경우, 그 거부처분이 행정소송의 대상이 되는지 여부와 관련하여 '신청권'의 문제와 연계되어 논의되고는 한다. 즉 입안제안권 조항의 가장 큰 실무적 함의는 그로 인해 입안제안거부처분을 행정소송으로 다툴 수 있게 되었다는 점이다.

행정청이 사인(私人)의 신청을 거부하는 경우, 그 거부처분의 취소를 행정소송을 구하기 위해서는, 일정한 요건(대상적격)이 요구된다. 대법원은 ① 신청한 행위가 공권력의 행사 또는 이에 준하는 행정작용이어야 하고, ② 그 거부행위가 신청인의 법률관계에 어떤 변동을 일으키는 것이어야 하며, ③ 그 국민에게 그 행위발동을 요구할 법규상 또는 조리상의 신청권이 있어야 한다는 입장을 취하고 있는데,[1] 이 중 '법규상 또는 조리상의 신청권'의 문제가 이 논의의 핵심을 이룬다. 즉 행정청에게 어떠한 행위를 신청할 권리가 인정되어야만, 이를 행정청이 거부하였을 때 소송으로 다툴 수 있다는 의미이다.[2] 이와 같은 신청권은 "구체적 사건에서 신청인이 누구인가를 고려하지 않고 관계 법규의 해석에 의하여 일반 국민에게 그러한 신청권을 인정하고 있는가를 살펴 추상적으로 결정되는 것"인데[3] 대법원은 "신청인의 실체상의 권리관계에 직접적인 변동을 일으키는 것은 물론, 그렇지 않다 하더라도 신청인이 실체상의 권리자로서 권리를 행사함에 중대한 지장을 초래하는 것도 포함한다"[4]라고 하여 신청권의 의미를 다소 유연하게 보고 있는 것이 사실이다.

전술한 바와 같이, 대법원은 오랜 기간 주민들에게 도시계획의 변경을 신청할 권리를 인정하지 않아 왔다.[5] 도시계획은 행정청이 수립하는 장기적이고 종합적인 계획이므로, 주민이 그 내용에 관여할 것이 아니라는 게 주된 이유였다. 이와 같은

---

1 대법원 2009. 9. 10. 선고 2007두20638 판결 등 다수.
2 달리 말하면, 신청할 권리도 없다면 행정청이 이를 거부하였다고 하더라도 이를 일일이 소송으로 다투는 것을 막겠다는 의미다.
3 대법원 2009. 9. 10. 선고 2007두20638 판결.
4 대법원 2007. 10. 11. 선고 2007두1316 판결.
5 대법원 1984. 10. 23. 선고 84누227 판결 등.

추세는 2000년대까지 계속되어왔으며, 심지어는 입안제안권이 명문화 된 2000. 1. 28. 전부개정 도시계획법 이후에도 그 추세가 완전히 사라진 것은 아니었다.[1] 다만, 입안제안권을 근거로 '법규상 신청권'을 인정하여야 한다는 논의가 계속해서 대두되었고, 현재는 대체로 입안제안권을 근거로 신청권을 인정하여 도시관리계획변경입안거부처분 등을 행정소송으로 다툴 수 있도록 하는 입장을 취하고 있다.[2]

Ⅲ. 입안제안권의 대상과 범위

종래 국토계획법 제26조 제1항은 입안을 제한할 수 있는 도시관리계획의 종류를 ① 기반시설의 설치·정비 또는 개량에 관한 사항(제1호), ② 지구단위계획구역의 지정 및 변경과 지구단위계획의 수립 및 변경에 관한 사항(제2호), ③ 개발진흥지구 중 공업기능 또는 유통물류기능 등을 집중적으로 개발·정비하기 위한 개발진흥지구로서 대통령령으로 정하는 개발진흥지구의 지정 및 변경에 관한 사항(제3호 가목), ④ 제37조에 따라 지정된 용도지구 중 해당 용도지구에 따른 건축물이나 그 밖의 시설의 용도·종류 및 규모 등의 제한을 지구단위계획으로 대체하기 위한 용도지구의 지정 및 변경에 관한 사항(제3호 나목) 등 4가지 경우로 한정하여 열거하였고, 2024. 2. 6. 개정법에서는 "도시·군계획시설입체복합구역의 지정 및 변경과

---

1 김종보, 도시계획변경거부의 처분성, 행정법연구, 2004. 5., 260면에서 "2003년 국토이용계획에 대해 예외적인 신청권을 인정함으로서 유일하게 도시계획변경거부의 처분성을 인정한 사안이 나타났다"는 논평을 참조할 때, 입안제안권 조문의 등장에도 한동안 신청권을 부정하는 판례의 입장이 지속되었음을 알 수 있다.

2 대법원 2015. 3. 26. 선고 2014두42742 판결. "국토의 계획 및 이용에 관한 법률은 국토의 이용·개발과 보전을 위한 계획의 수립 및 집행 등에 필요한 사항을 규정함으로써 공공복리를 증진시키고 국민의 삶의 질을 향상시키는 것을 목적으로 하면서도 도시계획시설결정으로 인한 개인의 재산권 행사의 제한을 줄이기 위하여, 도시·군계획시설부지의 매수청구권(제47조), 도시·군계획시설결정의 실효(제48조)에 관한 규정과 아울러 도시·군관리계획의 입안권자인 특별시장·광역시장·특별자치시장·특별자치도지사·시장 또는 군수(이하 '입안권자'라 한다)는 5년마다 관할 구역의 도시·군관리계획에 대하여 타당성 여부를 전반적으로 재검토하여 정비하여야 할 의무를 지우고(제34조), 주민(이해관계자 포함)에게는 도시·군관리계획의 입안권자에게 기반시설의 설치·정비 또는 개량에 관한 사항, 지구단위계획구역의 지정 및 변경과 지구단위계획의 수립 및 변경에 관한 사항에 대하여 도시·군관리계획도서와 계획설명서를 첨부하여 도시·군관리계획의 입안을 제안할 권리를 부여하고 있고, 입안제안을 받은 입안권자는 그 처리 결과를 제안자에게 통보하도록 규정하고 있다. 이들 규정에 헌법상 개인의 재산권 보장의 취지를 더하여 보면, 도시계획구역 내 토지 등을 소유하고 있는 사람과 같이 당해 도시계획시설결정에 이해관계가 있는 주민으로서는 도시시설계획의 입안권자 내지 결정권자에게 도시시설계획의 입안 내지 변경을 요구할 수 있는 법규상 또는 조리상의 신청권이 있고, 이러한 신청에 대한 거부행위는 항고소송의 대상이 되는 행정처분에 해당한다."

도시·군계획시설입체복합구역의 건축제한·건폐율·용적률·높이 등에 관한 사항"을 입안제안의 대상으로 추가하였다.

해석상 쟁점이 되는 것은, 이와 같이 열거된 사항들 이외의 것에 대하여도 주민의 입안제안권이 인정되는지 여부이다. 나아가 이는 입안제안거부 시 이를 거부처분으로 다툴 수 있을 것인지 여부와도 밀접하게 관련되는 문제이다.[1] 현재, 국토교통부의 경우에는 위 조항을 제한적이고 한정적으로 해석하고 있는 것으로 보인다. 대표적으로 '용도지역의 변경'을 입안제안할 수 있는지 문제될 수 있는데, 국토교통부(구 건설교통부)는 "용도지역 변경에 관한 도시관리계획은 민간제안이 없다"라고 하여 그에 대한 제안권을 인정하지 아니하는 태도를 보였다.[2] 현실적으로는 국토계획법 제26조 제1항 각호가 열거하지 아니한 사항에 대하여까지 입안제안권을 인정하기는 어려워 보인다. 문헌상으로는 용도지역 등에 대한 입안제안권을 규정하지 않은 취지를 용도지역 등의 변경 또는 해제 제안이 남발하는 것을 방지하기 위함으로 설명된다.[3]

이와 같이 법률상 용도지역에 대한 입안제안권이 인정되지 아니한 이상, 조례로서도 입안제안권을 부여하는 것이 불가하다는 것이 법제처의 입장이다.[4] 상위법률이 입안제안권을 특정한 도시관리계획에 한정하여 인정하고 있음에 비추어보면, 이를 조례로 확장하는 것은 상위법률의 취지를 벗어난 것이라는 게 주된 이유인데, 타당하다고 사료된다.

그러나 입안제안권과 달리 '신청권'의 문제는 달리 접근할 여지가 있지 않느냐는 것이 본서의 견해이다. 물론 대법원이 도시계획변경거부의 처분성을 인정함에 있어 주요한 논거로 삼는 것이 입안제안권 조항의 존재 여부이지만, 보다 근본적으로는 이것이 주민의 재산권 문제와 직결된 것이라는 헌법적인 판단이 그 기저에 깔려 있는 것이기도 하다. 나아가 용도지역의 변경과 같은 문제들은 결국 입안제안이 허용되는 지구단위계획의 변경제안 등의 문제를 통하여 간접적으로나마 건드릴 수 있는 문제이므로, 실정법상 입안제안권을 인정하지 않는 것과 별개로 행정소송의 대상적격 문제를 판단함에 있어 '신청권'의 존부를 인정함에 있어서는 보다 유

---

1 전술한 대법원 2015. 3. 26. 선고 2014두42742 판결과 같이, 대법원은 입안제안권 조항을 신청권을 인정하는 주된 근거로 설시하고 있기 때문이다.
2 도시정책팀-151, '05.09.09, 건설교통부, 국토의 계획 및 이용에 관한 법률 질의·회신 사례집, 2006. 12., 26면.
3 정태용, 지방자치와 도시계획, 지방자치법연구, 2008. 3., 94면 참조.
4 법제처 2010. 7. 5. 회신 10-0163 해석례.

연한 사고가 필요할 것이라는 생각이다. 따라서 도시관리계획 전반에 대하여 – 특히, 그 근간을 이루는 용도지역의 변경 문제에 대하여 만큼은 '신청권'을 인정할 수 있다고 보아야 한다. 하급심 중 참고할만한 설시 내용이 발견된다.[1]

한편, 용도지역의 변경을 입안제안 하는 것은 본조에 의해 허용되지 않는다고 하더라도, 지구단위계획의 내용으로 용도지역의 변경이 가능한 범위 내에서는 지구단위계획에 해당 내용을 포함하여 입안제안을 하는 것은 가능하다. 이와 같은 용도지역의 변경을 실질적인 목적으로 하는 지구단위계획 입안제안의 경우 공공시설 설치 등을 위한 사전협상제도(법 제52조의2)가 작동하게 된다.[2]

Ⅳ. 입안제안권의 행사 요건

1. 동의 요건의 충족 여부

국토계획법 시행령 제19조의2 제2항은 입안제안을 위한 형식적인 요건으로 토지소유자의 동의 요건을 정하고 있다. 행정계획의 본질상 다수의 이해관계에 영향을 미치는 것이기 때문에 그 변경제안의 대상이 되는 부지[3]의 토지소유자들에게 일정 수준 이상의 동의를 받도록 한 것이다. 국토교통부 또한 "제안자의 필요에 의하여 시설을 설치하는 점을 감안하여 도시계획시설결정에 따른 타인의 재산권행사 제한을 최소화하기 위한 것"이라고 하여 그 취지를 설명하고 있다.[4] 참고로, 제안의 대상이 되는 도시관리계획에 따라 동의율이 다르다.[5] 다른 법률들의 사례와 마

---

1 "이해관계인이 국토의 계획 및 이용에 관한 법률 제26조에 따라 골프장 설치에 관한 도시관리계획의 입안을 제안한 사안에서, 이해관계인이 입안을 제안할 권리가 없는 용도지역변경에 관한 내용이 위 입안제안에 포함되어 있다고 하더라도, 위 입안제안에 대한 반려는 항고소송의 대상이 되는 행정처분에 해당한다고 한 사례". 전주지방법원 2008. 5. 22. 선고 2007구합1894 판결.

2 관련하여, 김종보, 허지인, 지구단위계획과 공공기여의 산정, 행정법연구, (67), 2022, 141–142면의 논의 참조. 해당 논문은 이러한 지구단위계획을 "사전협상형 지구단위계획"이라는 명칭으로 명명하고 있다.

3 동의의 대상은 입안제안의 대상이 되는 부지 내의 토지소유자들이므로, 입안제안 대상 부지에 인접하여 사실상의 영향관계에 있는 자가 있다고 하더라도 이는 동의의 대상이 아니다. 관련하여 "토지소유자 3분의 2 이상의 동의를 받아야 하는 대상 토지는 지구단위계획구역 내의 토지만 해당"한다고 본 법제처 2024. 6. 19. 회신 24-0343 해석례에서 인용하고 참조.

4 도시정책팀-3651, '04.07.05, 건설교통부, 국토의 계획 및 이용에 관한 법률 질의·회신 사례집, 2006. 12., 22면.

5 국토계획법 시행령 제19조의2(도시·군관리계획 입안의 제안) ② 법 제26조제1항에 따라 도시·군관리계획의 입안을 제안하려는 자는 다음 각 호의 구분에 따라 토지소유자의 동의를 받아야 한다. 이 경우 동의 대상 토지 면적에서 국·공유지는 제외한다.
  1. 법 제26조제1항제1호의 사항에 대한 제안의 경우: 대상 토지 면적의 5분의 4 이상

찬가지로 동의율 계산 시 국공유지는 제외된다.

　실무적으로는 이 '동의' 요건의 충족 여부를 두고 쟁점이 되어왔다.[1] 몇 가지를 소개하면 다음과 같다. ① 첫째, 동의의 대상은 '토지소유자'이다. 따라서 이는 법률 상의 소유자를 의미하는 것이므로 일응 등기가 되어 있는 소유자를 기준으로 한다 는 것이 국토교통부의 입장이고, 이는 타당해 보인다.[2] ② 둘째, 동의서에 '동의기 간'이 명시되어 있었다면, 그 기간 내에만 동의서를 유효한 것으로 보아 그 기간을 경과한 경우에는 효력이 없다.[3] 국토교통부는 '언제까지' 동의기간이 명시된 동의 서를 사용하여야 하는지에 대하여 명확히 언급은 없지만, 후술할 '동의철회'의 문제 에 관한 입장을 고려할 때 '입안제안 시'에 동의기간이 남아있으면 적법한 동의로 봄이 타당하다. ③ 셋째, 동의를 하였다가 철회를 했다고 하더라도, 입안제안 이후 에 철회한 것이라면 입안제안 시를 기준으로 동의율 요건을 갖춘 것으로 봄이 타 당하다는 것이 국토교통부의 견해다.[4]

　만일, 여러 개의 기반시설을 동시에 입안제안하는 경우, 전체를 기준으로 동의 면적 기준을 충족하면 되는지, 아니면 개별적으로 각각 동의 면적 기준을 충족하여 야 하는지가 문제될 수 있다. 법제처는 "각 기반시설의 부지별로 해당 토지 소유자 의 의사가 충실히 반영될 수 있는 방향으로 해석하는 것이 입법 취지에 부합하는 해석"이라는 전제하에 각 기반시설별로 각각 동의 면적 기준을 충족해야 한다고 보았다.[5] 다만, 입체적, 중복적으로 결정된 경우에도 그와 같은 결론을 유지할 수 있을지는 의문이다.

　한편, 국토계획법은 위와 같은 입안제안의 요건을 정하고 있는 것과 달리, 입안

---

2. 법 제26조제1항제2호 및 제3호의 사항에 대한 제안의 경우: 대상 토지 면적의 3분의 2 이상

[1] 유사하게 '동의'에 의하여 사업을 추진하는 다른 형태의 개발사업법들(도시개발법이나 도시정비법 등)에서도 '동의'의 적식이나 요건 문제가 주요한 쟁점이 되어오기도 했다. 경우에 따라서는 그 논 의들을 입안제안의 문제에 차용할 수 있을 것이라는 게 초벌적인 아이디어이다.

[2] 도시정책팀-3715, '04.07.07, 건설교통부, 국토의 계획 및 이용에 관한 법률 질의·회신 사례집, 2006. 12., 22면. 물론, 민법상 부동산물권의 변동은 등기를 하여야 하는 경우(민법 제186조)와 등 기를 요하지 아니하는 경우(제187조)로 나누어지지만, 행정법률관계의 안정을 위해서라도 이와 같 은 국토교통부의 견해가 타당해 보인다.

[3] 도시정책팀-3715, '04.07.07, 건설교통부, 국토의 계획 및 이용에 관한 법률 질의·회신 사례집, 2006. 12., 23면. 통상 공법상 의사표시에는 부관이 허용되지 않는다는 논의가 많으므로, 과연 '동 의기간'을 붙일 수 있는지에 대하여는 의문이 있고, 본서는 국토교통부의 입장에 대하여 비판적인 입장이기는 하다.

[4] 도시정책팀-6844, '04.12.07, 건설교통부, 국토의 계획 및 이용에 관한 법률 질의·회신 사례집, 2006. 12., 26면.

[5] 법제처 2024. 7. 24. 회신 24-0539 해석례.

제안자 스스로가 토지소유자일 것과 같은 자격을 요구하지는 않고 있다. 단적으로 본 조는 "주민(이해관계자를 포함한다)"라는 문언을 사용하고 있는바, 통상 이는 일반적인 입안제안권을 폭넓게 보장한 것으로 이해된다. 따라서 문헌상으로도 이해관계자를 폭넓게 해석하여야 한다는 것이 다수의 견해이다.[1]

2. 복수의 입안제안에 대한 처리

동일한 대상부지에 대하여 서로 다른 내용의 복수의 입안제안이 신청되는 경우가 존재할 수 있다. 법제처 해석례상으로 문제된 사안은 "제2종지구단위계획의 변경을 내용으로 하는 도시관리계획의 입안을 제안받은 입안권자가 해당 도시관리계획의 입안절차를 진행하고 있었는데, 제안 대상지의 소유권이 변동되고 새로운 소유자가 해당 대상지에 대하여 종전의 입안제안과 같이 제2종지구단위계획의 변경을 내용으로 하면서 세부적인 내용은 다르게 새로운 도시관리계획의 입안을 제안한" 사안이다. 그에 대하여 법제처는 "도시관리계획의 입안권자는 종전의 제안에 따라 진행 중에 있던 도시관리계획의 입안절차를 계속 진행하여야 하는 것은 아니며, 새로운 입안제안에 대하여는 해당 대상지에 대하여 종전의 입안제안에 따라 도시관리계획의 입안절차가 진행 중에 있다는 사정만으로 그 내용의 검토 없이 이를 반려할 수는 없다"고 하여,[2] 동일부지를 대상으로 하는 것이라 하더라도 각 입안제안을 별건으로 분리하여 취급하여야 한다는 원칙을 천명하고 있다.

3. 개별계획의 종류에 따른 요건 - 시행령 제19조의2 제3 내지 4항

국토계획법 시행령 제19조의2는 제안하려는 대상에 따라 요건을 특별하게 정하고 있는 경우가 있는데, 특히 ① 산업·유통개발진흥지구의 지정을 제안하는 경우(동조 제3항)와 ② 용도지구에 따른 제한을 지구단위계획으로 대체하기 위하여 용도지구를 제안하는 경우(동조 제4항)에 대하여 각 요건들을 상세하게 정하고 있다.

한편, 타 법령상 도시관리계획의 결정되어야 하는 계획의 경우, (a) 해당 법령이 특별히 해당 계획의 입안제안을 위한 특정한 동의율 요건을 요구하고 있지 않고 (b) 또 본조를 특별히 준용하는 태도를 취하고 있지 않다면, 본조에 따른 동의율을 갖추지 않아도 된다고 봄이 타당하다고 사료된다. 관련하여, 도시관리계획으로 결

---

1 정태용, 지방자치와 도시계획, 지방자치법연구, 2008. 3., 94면; 박무익, 개정 도시계획법해설(IV), 도시문제, 2000. 7., 111면 등 참조.
2 법제처 2010. 7. 5. 회신 10-0177 해석례.

정되어야 하는 공원조성계획을 민간공원추진자가 입안제안하는 경우에 대하여 법제처는 동의율을 갖출 필요가 없다는 태도를 취하였다.[1]

Ⅴ. 입안제안서의 처리 절차

국토계획법 시행령 제20조 제2항은 입안제안을 반영 여부의 결정과 관련하여 도시계획위원회의 자문을 거칠 수 있도록 정하고 있는데, 이는 임의적인 절차로 이해된다. 관련하여 중앙행정심판위원회[2] 또한 도시계획위원회 심의가 도시관리계획의 '결정'에 관하여는 필요적 절차임에 반하여, 입안제안의 수용여부와 관련하여서는 임의적 절차에 해당한다는 점을 분명히 한 바 있다.

Ⅵ. 비용의 부담

국토계획법 제26조 제3항은 도시관리계획의 입안을 제안받은 행정청은 제안자와 협의하여 제안된 도시관리계획의 입안 및 결정에 필요한 비용의 전부 또는 일부를 제안자에게 부담시킬 수 있도록 정하고 있다. 조문의 내용과 같이 이는 임의적인 조문이므로, 반드시 제안자에게 비용을 부담시켜야만 한다는 것은 아니고, 당해 도시관리계획의 입안으로 인하여 제안자가 얻게 되는 편익 등을 종합하여 비용부담의 타당성을 판단해 결정하여야 할 것이다.

---

1 법제처 2022. 3. 22. 회신 21-0727 해석례.
2 중앙행정심판위원회 2012. 1. 10. 자 2011-506 재결. "도시계획위원회의 심의는 피청구인이 청구인의 입안 제안을 받아들인 경우 도시관리계획안에 반영한 후, 도시관리계획을 결정하기 전에 필요적으로 거쳐야 하는 절차로서 청구인의 입안 제안을 받아들일지 여부를 결정하기 위하여 거쳐야 하는 절차는 아니므로 청구인의 제안에 대하여 피청구인이 도시계획위원회에 상정도 하지 않고 반려한 것은 부당하다는 주장도 이유 없다 할 것이다."

제27조(도시 · 군관리계획의 입안을 위한 기초조사 등)

제27조(도시 · 군관리계획의 입안을 위한 기초조사 등) ① 도시 · 군관리계획을 입안하는 경우에는 제13조를 준용한다. 다만, 대통령령으로 정하는 경미한 사항을 입안하는 경우에는 그러하지 아니하다. 〈개정 2011. 4. 14.〉
② 국토교통부장관(제40조에 따른 수산자원보호구역의 경우 해양수산부장관을 말한다. 이하 이 조에서 같다), 시 · 도지사, 시장 또는 군수는 제1항에 따른 기초조사의 내용에 도시 · 군관리계획이 환경에 미치는 영향 등에 대한 환경성 검토를 포함하여야 한다. 〈개정 2011. 4. 14., 2013. 3. 23.〉
③ 국토교통부장관, 시 · 도지사, 시장 또는 군수는 제1항에 따른 기초조사의 내용에 토지적성평가와 재해취약성분석을 포함하여야 한다. 〈개정 2013. 3. 23., 2015. 1. 6.〉
④ 도시 · 군관리계획으로 입안하려는 지역이 도심지에 위치하거나 개발이 끝나 나대지가 없는 등 대통령령으로 정하는 요건에 해당하면 제1항부터 제3항까지의 규정에 따른 기초조사, 환경성 검토, 토지적성평가 또는 재해취약성분석을 하지 아니할 수 있다. 〈개정 2013. 7. 16., 2015. 1. 6.〉
[전문개정 2009. 2. 6.]
[제목개정 2011. 4. 14.]

I. 의의

국토계획법은 도시관리계획을 포함하여 여러 종류의 도시계획의 수립과정에서 그 내용의 기초를 이루는 사항들에 대한 기초조사를 필요적으로 거치도록 하고 있다. 본 조는 기초조사에 관하여 광역도시계획의 기초조사에 관한 조문인 제13조를 전적으로 준용하고 있다. 이러한 조사는 필요적이므로, 기초조사의 면제 사유가 없음에도 당해 항목의 조사나 평가를 결여한 경우에는 도시관리계획의 절차적 위법성이 인정된다.[1] (다만, 이러한 절차적 하자는 무효에 이르는 사유는 아니라는 게 법원의 입장이다.[2])

이와 같이 기초조사를 요구하는 이유는 흔히 합리적인 계획의 입안을 위해서라거나, 도시관리계획의 수립 및 변경 시에 검토되고 고려되어야 할 기본적이 사항들에 대한 조사와 분석이 이루어지도록 하기 위함이라고 설명된다.[3] 따라서 기초조

---

1 기초조사의 하나인 토지적성평가 수행 여부가 도시관리계획결정의 위법성 사유로 다투어진 사안. 대법원 2012. 12. 26. 선고 2012두19311 판결 참조.
2 대법원 1990. 6. 12 선고 90누2178 판결.
3 온주 국토의계획및이용에관한법률 제27조(2018. 12. 17.) 참조.

사를 잘못한 경우에는 해당 도시관리계획의 수립 시의 가치판단이나 이익형량의 근거에 오류가 있는 것이므로, 그 자체로 재량일탈 등의 사유로 인정될 가능성이 있다.[1]

이와 같은 도시·군계획 등에 관한 기초조사, 도시·군계획시설사업에 관한 조사·측량 또는 시행 등의 행위는 모두 공익성을 가진 행위들이다. 따라서 국토계획법 제130조 제1항, 제3항, 제7항 등은 위와 같은 조사행위를 수행하는 경우에 대하여 일시 사용 등의 동의를 구할 수 있는 권리를 인정하고 있다.[2]

II. 해석상의 쟁점

1. 타 법령상의 조사 제도들과의 관계

본 조의 해석상 문제되는 것은, 본 조가 정하고 있는 기초조사의 개별 항목들과 유사한 명칭을 가진 다른 법령상의 제도와의 관계이다. 대표적으로 '환경성 검토'와 환경영향평가법령상의 환경성 검토의 관계가 문제된 사안들이 발견되는데, 대법원이나 국토교통부 모두 기본적으로 국토계획법이 정하는 기초조사 항목은 국토계획법 고유의 근거에 의하여 수행되는 것이므로, 타 법령상의 조사와는 직접적인 관련이 없다고 전제하고 있는 것으로 사료된다. 예컨대, 국토교통부는 '도시관리계획에서의 환경성검토는 환경정책기본법령의 환경성검토와는 다르기 때문에 환경정책기본법령에 의한 사전협의대상이 아님'이라고 정한 도시관리계획수립지침 7-2-1.항을 인용하면서 양자의 연관성을 부정하고 있다.[3] 한편, 대법원은 국토계획법상으로는 환경성 검토의 작성 주체가 규정되어 있지 않으므로, 그 작성 주체가 누구인지와 상관없이 그 내용의 적정성만 검토하였다면 기초조사 절차가 적법하게 이루어진 것이라는 태도를 취하고 있다. 이를 참고하면, 환경영향평가법 제53조 등은 환경영향평가를 대행할 수 있는 업자를 제한하고 있으나, 국토계획법상의 기초조사의 일환인 환경성검토를 함에 있어서는 그와 같은 제한을 받을 것은 아니라고 사료된다.

---

1 온주 국토의계획및이용에관한법률 제27조(2018. 12. 17.) 또한 同늘.
2 광주고등법원 2016. 9. 29. 선고 (전주)2015나102762 판결 참조.
3 도시정책팀-1512, '06.03.28, 건설교통부, 국토의 계획 및 이용에 관한 법률 질의·회신 사례집, 2006. 12., 34면.

2. 면제나 생략에 관한 문제

국토계획법 제27조 제4항과 그 위임을 받은 시행령 제21조 제2항은 기초조사, 환경성 검토, 토지적성평가 또는 재해취약성분석 등 4개 조사항목에 대하여 일정한 경우에는 조사를 면제할 수 있도록 정하고 있다. 그 상세한 내용은 시행령 제21조 제2항에 규정되어 있고 얼마든지 개정가능성이 있으므로 구태여 본서에 발췌하지는 아니한다. 다만, 그 대강을 살펴보면 대체로 ① 도심지에서 지구단위계획이 수립되어 있는 등으로 이미 시가지화가 거의 완료되어 있거나 계획이 수립되어 있어 추가적인 조사가 불필요한 경우, ② 평가가 이루어진 지 얼마 되지 않은 경우, ③ 다른 법령에 따른 계획적 개발이 이루어질 수 있는 경우, ④ 선(線)형 기반시설과 같이 도시계획적 영향이 특정 분야에 국한되는 경우 등으로 분류할 수 있을 것으로 보인다.

관련하여, 이와 같은 조사가 면제되는 경우 중 하나로 열거된 "「도시개발법」에 따른 도시개발사업의 경우"(국토계획법 시행령 제21조 제3항 제3호 바목)의 의미를, 도시개발법 제4조 제1항 단서에 따라 도시개발구역을 지정한 다음에 개발계획을 수립하는 경우로 한정하여 해석해야 하는지가 다투어진 법제처 해석사례가 발견된다. 법제처는 그러한 한정해석을 할 이유가 없다는 견해를 취하였다.[1]

---

1 법제처 2023. 4. 28. 회신 23-0269 해석례.

제28조(주민과 지방의회의 의견 청취)

제28조(주민과 지방의회의 의견 청취) ① 국토교통부장관(제40조에 따른 수산자원보호구역의 경우 해양수산부장관을 말한다. 이하 이 조에서 같다), 시·도지사, 시장 또는 군수는 제25조에 따라 도시·군관리계획을 입안할 때에는 주민의 의견을 들어야 하며, 그 의견이 타당하다고 인정되면 도시·군관리계획안에 반영하여야 한다. 다만, 국방상 또는 국가안전보장상 기밀을 지켜야 할 필요가 있는 사항(관계 중앙행정기관의 장이 요청하는 것만 해당한다)이거나 대통령령으로 정하는 경미한 사항인 경우에는 그러하지 아니하다. 〈개정 2011. 4. 14., 2013. 3. 23.〉

② 국토교통부장관이나 도지사는 제24조제5항 및 제6항에 따라 도시·군관리계획을 입안하려면 주민의 의견 청취 기한을 밝혀 도시·군관리계획안을 관계 특별시장·광역시장·특별자치시장·특별자치도지사·시장 또는 군수에게 송부하여야 한다. 〈개정 2011. 4. 14., 2013. 3. 23.〉

③ 제2항에 따라 도시·군관리계획안을 받은 특별시장·광역시장·특별자치시장·특별자치도지사·시장 또는 군수는 명시된 기한까지 그 도시·군관리계획안에 대한 주민의 의견을 들어 그 결과를 국토교통부장관이나 도지사에게 제출하여야 한다. 〈개정 2011. 4. 14., 2013. 3. 23.〉

④ 국토교통부장관, 시·도지사, 시장 또는 군수는 다음 각 호의 어느 하나에 해당하는 경우로서 그 내용이 해당 지방자치단체의 조례로 정하는 중요한 사항인 경우에는 그 내용을 다시 공고·열람하게 하여 주민의 의견을 들어야 한다. 〈신설 2021. 1. 12.〉

1. 제1항에 따라 청취한 주민 의견을 도시·군관리계획안에 반영하고자 하는 경우
2. 제30조제1항·제2항에 따른 관계 행정기관의 장과의 협의 및 같은 조 제3항에 따른 중앙도시계획위원회의 심의, 시·도도시계획위원회의 심의 또는 시·도에 두는 건축위원회와 도시계획위원회의 공동 심의에서 제시된 의견을 반영하여 도시·군관리계획을 결정하고자 하는 경우

⑤ 제1항 및 제4항에 따른 주민의 의견 청취에 필요한 사항은 대통령령으로 정하는 기준에 따라 해당 지방자치단체의 조례로 정한다. 〈개정 2021. 1. 12.〉

⑥ 국토교통부장관, 시·도지사, 시장 또는 군수는 도시·군관리계획을 입안하려면 대통령령으로 정하는 사항에 대하여 해당 지방의회의 의견을 들어야 한다. 〈개정 2011. 4. 14., 2013. 3. 23., 2021. 1. 12.〉

⑦ 국토교통부장관이나 도지사가 제6항에 따라 지방의회의 의견을 듣는 경우에는 제2항과 제3항을 준용한다. 이 경우 "주민"은 "지방의회"로 본다. 〈개정 2013. 3. 23., 2021. 1. 12.〉

⑧ 특별시장·광역시장·특별자치시장·특별자치도지사·시장 또는 군수가 제6항에 따라 지방의회의 의견을 들으려면 의견 제시 기한을 밝혀 도시·군관리계획안을 송부

하여야 한다. 이 경우 해당 지방의회는 명시된 기한까지 특별시장·광역시장·특별자치시장·특별자치도지사·시장 또는 군수에게 의견을 제시하여야 한다. 〈개정 2011. 4. 14., 2021. 1. 12.〉
[전문개정 2009. 2. 6.]

Ⅰ. 의의

1. 본 조의 의의

본 조는 도시관리계획을 수립하는 절차에서 주민들과 지방의회의 의견을 청취하여 수립과정에서 민간의 참여를 보장하려는 취지[1]에서 입법된 조문으로, 그 헌법적 근거는 적법절차의 원리가 설명되고 있다.[2] 국토계획법은 도시관리계획뿐만 아니라 광역도시계획이나 도시기본계획 등 다른 행정계획들에 대하여도 유사한 형태의 조문을 두어 민주적 참여를 보장하고 있다. 이와 같은 참여절차의 실익은 도시관리계획을 수립하는 행정청이 당해 계획을 입안하고 결정함에 있어 고려하고 형량하여야 할 각종의 이익들을 발굴해내고 검토할 자료들을 수집하게 된다는 점에 있다.[3]

이와 같은 절차들에 대하여 도시관리계획에 대한 '사전적 통제방법'이라고 평가하는 견해도 발견되고,[4] '사전적 주민참가' 정도의 의미를 지니는 것으로 평가하는 견해도 발견된다.[5] 그러나 이를 '사전적 통제'에 이르는 것이라 부르기에는 그 절

---

1 판례는 그 입법취지를 다음과 같이 설명한 것이 있다. "법령에서 도시관리계획을 입안함에 있어 지역 주민 및 지방의회의 의견을 청취하고, 나아가 시도시계획위원회의 자문까지 거치도록 하는 규정들의 입법 취지는, 결국 도시계획을 결정함에 있어 제반요소를 충분히 고려하여 신중하게 이를 처리하도록 유도할 뿐만 아니라 다수 이해관계인의 이익을 합리적으로 조정하여 국민의 권리에 대한 부당한 침해를 방지하고 행정의 민주화와 신뢰를 확보하기 위하여 주민들 또는 그 대표기관인 의회의 의사를 그 과정에 반영시키는 데에 있다" 대법원 2000. 3. 23. 선고 98두2768 판결. 위 국토계획법령이 관할 행정청으로 하여금 도시관리계획을 입안할 때 해당 도시관리계획안의 내용을 주민에게 공고·열람하도록 한 것은 다수 이해관계자의 이익을 합리적으로 조정하여 국민의 권리에 대한 부당한 침해를 방지하고 행정의 민주화와 신뢰를 확보하기 위하여 국민의 의사를 그 과정에 반영시키는 데 그 취지가 있다(대법원 1988. 5. 24. 선고 87누388 판결, 대법원 2000. 3. 23. 선고 98두2768 판결 등 참조).
2 헌법재판소 2007. 10. 4.자 2006헌바91 결정 등 참조.
3 김종보, 건설법의 이해, 피데스, 2013, 279면.
4 온주 국토의계획및이용에관한법률 제28조(2018. 12. 17.) 참조.
5 김종보, 건설법의 이해, 피데스, 2013, 279면 참조.

차의 의미나 강도가 지나치게 약하다. 문언상으로 보면 본 조가 규정하는 것은 '의견청취' 절차에 불과하므로 행정청이 기 수립한 도시관리계획안에 대한 의견을 '들어보는' 정도에 그치는 것으로 이해될 소지가 크고, 실제 실무도 그와 같은 방식으로 이루어지고 있다. '통제'라고 부를 수준이 되려면 주민들과 지방의회에서 제기된 의견들에 어느 정도의 기속력이 부여되어야 하고, 이를 번복하려는 경우 행정청이 일정한 근거와 이유를 제시할 것을 요구하는 등으로 행정청에게 부담을 짊어지도록 하여야 하나, 현재 실정법의 조문은 그러하지 아니하다.

2. 본 조의 실익

가. 현재의 실무적 논의

실무 경험상 도시관리계획결정의 위법성을 다투는 쟁송에서, 본 조가 정하는 절차의 흠결이 인용되거나 실익을 가지는 경우는 사실상 거의 없다고 보아도 무방할 정도이다. 통상 본 조는 '절차'만을 규정한 것으로 이해되기 마련이고, 때문에 행정청들로서는 주민공람이나 지방의회 의견청취절차를 형식적으로만 거치면 특별히 도시관리계획결정에 절차적인 위법은 없다는 입장을 취하는 경우가 많다. 이와 같은 절차적 규정이 도입된 초창기에는 담당 공무원의 실수나 일부 해석론적 문제 때문에 도시관리계획결정의 절차적 위법성이 다투어진 사례들이 있었으나, 최근 들어 행정청 또한 절차에 대한 이해도가 높아졌고 때문에 실제 쟁송 사례에서 본 조에 따른 절차 위반이 문제되는 경우는 사실상 찾아보기 어렵다.

나. 향후의 발전방향 - '실질적 절차 보장'의 관점에서

그럼에도 불구하고, 본 조의 실무적 실익을 찾는다면 '절차'가 아닌 '내용적'인 측면에 초점을 맞추어야 한다. 즉 본 조가 정한 절차를 형식적으로 거쳤는지 여부는 이제 더 이상 실무적 함의를 지니기는 어렵고, 본 조가 정한 절차를 이행하는 와중에 등장한 각종의 이익들과 의견들이 어떻게 도시관리계획의 결정과정에서 '반영'되었는지 여부에 주목하여야 하고, 그 반영 여부를 두고 도시관리계획의 위법성을 이끌어낼 수 있는 상세한 판단의 기준들을 입론하는 것에 향후 국토계획법에 대한 법학적 논의들의 초점이 맞추어져야 한다. 곧, 절차의 형식적 보장이 아닌 '실질적 보장' 차원에서 논의가 이루어져야 하는 것이다.

현재 우리 법원은 "(의견조회 과정에서) 제출된 의견은 반드시 존중되어 진지하게 검토되어야 하고, 그 의견이 정당하다고 인정할 경우 입안 여부의 결정에 이를 반영하여야 하는 한편 근거 없거나 부당한 의견이라는 점이 명백하지 않는 이상 의견을 쉽사리 배척하여서도 아니 된다"라는 일반론을 설시하는 정도의 단계에는 이르렀으나,[1] 그러한 선언에 따른 구체적인 도시관리계획의 위법성 판단의 척도나 기준 등에 대하여는 아직 특별한 논의가 등장하지 않는다. 이와 같은 설시내용을 구체화하고 규준화하려면, (ⅰ) 제기된 의견들을 반영하지 아니한 합리적 이유에 대한 주장·입증책임을 행정청에 분배한다거나, (ⅱ) 제시된 의견들이 지나치게 불합리하다는 등 특별한 사정이 없는 한 이를 반영하지 아니한 것의 위법성을 추정한다는 등의 새로운 법리적 해결방안들에 대하여도 꾸준한 논의가 이루어져야 한다. 물론, 이는 궁극적으로는 계획재량과 그에 대한 민주적 통제 간의 긴장과 균형의 문제로 풀어나가야 하는 것이지만, 현재와 같은 실무적 태도에 머무른다면 본조는 사실상 형식적 절차로 고착화되어 갈 것이다.

Ⅱ. 본 조의 내용

1. 주민 의견청취

원칙적으로 국방·국가안보상 기밀의 필요성이 있거나, 국토계획법 시행령 제22조 제1항이 정하는 경미한 사항을 제외하고는, 모든 도시관리계획은 주민공람 절차를 거쳐야 한다. 이와 같은 절차는 입안권자가 주도한다.[2] 다만, 국토교통부장관이나 도지사가 입안권을 행사하는 경우에도 공람절차는 거쳐야 하는데, 이 경우에는 입안자가 직접 절차를 주관하는 것이 아니라 관계 시장·군수 등이 공람절차를 대행하도록 정하고 있다.

국토계획법은 의견을 제출할 수 있는 주민을 특별히 당해 도시관리계획의 입안 대상부지의 주민으로 제한하고 있지 아니하고, 누구든지 의견을 제출할 수 있도록 기회를 보장하고 있다.[3] 이와 같은 공람절차는 14일 이상 거쳐야 하는데, 14일의 계산방법에 대하여는 국토계획법이 특별히 달리 정하고 있지 않으므로 민법 제155조 등에 의한 일반원칙에 의한다.[4]

---

1 대구고등법원 2009. 9. 4. 선고 2008누2126 판결.
2 김종보, 건설법의 이해, 피데스, 2013, 280면 참조.
3 도시정책팀-1535, '04.03.24, 건설교통부, 국토의 계획 및 이용에 관한 법률 질의·회신 사례집, 2006. 12., 37면.
4 도시정책팀-1364, '04.03.18, 건설교통부, 국토의 계획 및 이용에 관한 법률 질의·회신 사례집, 2006. 12., 36면.

2. 지방의회 의견청취

도시관리계획의 입안 시 일정한 사항에 대하여는 지방의회의 의견을 조회하여야 한다. 국토계획법은 모든 종류의 도시관리계획에 대하여 지방의회 의견조회 절차를 요구하는 것은 아니고, 동법 제22조 제7항이 정하는 바에 따라 각 지방자치단체의 조례로 정하는 사항에 대하여만 지방의회의 의견조회 권한을 인정하고 있다. 대체로 용도지역·지구·구역의 지정이나 변경, 주요 기반시설들 중에서도 중요성이 있는 시설에 대하여는 의견조회를 거쳐야 한다. 입안권자가 명시한 의견제출기간까지 지방의회는 의견을 제출하여야 하는바, 입안권자가 설정한 기간이 특별히 불합리하다고 볼만한 사정이 없는 이상 이를 준수하여야 하고, 이를 도과한 경우 그 의견에 대하여 입안권자가 이를 고려할 의무는 없다고 사료된다.[1] 국토교통부장관이나 도지사가 입안권을 행사하는 경우에는 당해 시·군 등의 지방의회에 그 의견을 조회하도록 정하고 있다.

Ⅲ. 해석상의 쟁점

1. 절차 하자의 위법성의 수준

주민이나 지방의회 의견청취가 요구됨에도 불구하고 이를 결여하였다거나, 법령이 정한 절차적 요건과 기준을 준수하지 아니하였다면 당해 도시관리계획결정은 절차적 하자가 있는 것으로 위법하게 된다. 다만 이는 당연무효 사유에 이르지는 않고, 취소사유에 불과하다는 것이 판례의 견해이다.[2] 아울러, 도시관리계획결정과 그에 기초한 수용재결 사이에는 하자의 승계가 인정되지 아니한다는 것이 판례의 입장으로 보이는바, 판례는 도시계획결정 당시 공청회를 생략한 하자 정도 — 곧, 취소사유에 불과한 하자를 들어 수용재결의 위법성을 다툴 수 없다고 보았다.[3]

다만, 법령이 정한 절차만 거쳤다면 '요식적·형식적으로 이루어졌다'는 사정만으로는 그 위법성을 인정하기가 어렵다. 한편, 법원 판례 중에는 "주민 및 지방의회의 의견, 도시계획위원회의 자문결과 등을 합리적인 이유나 특별한 사정 없이 전

---

1 앞서, 광역도시계획이나 도시기본계획의 의견조회 절차에서 설명한 것과 같은 취지에서이다. 그 논거는 해당 항목 참조.

2 대법원 2000. 3. 23 선고 98두2768 판결 참조.

3 대법원 1990. 1. 23. 선고 87누947 판결. 이와 같은 도시계획수립 절차와 수용재결의 위법성 간의 관계에 대한 평석은 경건, 도시계획결정과 공청회, 행정판례평선, 박영사, 2016 참조.

혀 고려하지 않거나 이익형량의 비교교량에 있어서 정당성·객관성을 결여한 도시관리계획 입안 결정은 결국 위법하다"고 판시한 사례가 있으므로[1] 절차가 요식적이거나 형식적이어서 정당한 문제제기 조차도 반영되지 못했다는 점은 해당 판례가 설시한 법리에 따라 하자로 제기될 가능성은 있어 보인다.

2. 계획수정과 재공람의 필요 여부

도시계획은 다단계의 절차를 통하여 수립되므로, 수립과정에서 세부적인 내용이 변경될 수도 있다. 그런데 그와 같은 변경이 있을 때마다 국토계획법이 정하는 절차를 처음부터 다시 거치도록 하는 것은 행정절차를 지나치게 경직화할 뿐만 아니라, 역으로 행정청의 입장에서도 의견청취 과정에서 제기된 사항들을 구태여 도시계획에 반영함으로써 변경절차를 처음부터 거칠 유인을 갖지 못하게 만든다. 여느 모로 보더라도 의견청취와 심의 등의 과정에서 변경된 도시계획의 내용에 대하여 엄격한 절차의 적용을 요구하는 것은 행정청과 국민 모두에게 바람직하지 않다.

이에, 실무적으로는 변경되고 수정된 계획에 대하여 공람 등의 절차를 다시 거쳐야 하는지가 문제되어 왔고, 대법원[2]이나 법제처[3]에서는 '중요한 사항의 변경'

---

[1] 대구고등법원 2009. 9. 4. 선고 2008누2126 판결.

[2] 대법원 2015. 1. 29 선고 2012두11164 판결. "이러한 주민의견청취 절차의 의의와 필요성은 시장 또는 군수가 도시관리계획을 입안하는 과정에서뿐만 아니라 도시관리계획안이 도지사에게 신청된 이후에 내용이 관계 행정기관의 협의 및 도시계획위원회의 심의 등을 거치면서 변경되는 경우에도 마찬가지이고, 도지사가 도시관리계획의 결정 과정에서 신청받은 도시관리계획안의 중요한 사항을 변경하는 것은 그 범위에서 시장 또는 군수에 의하여 신청된 도시관리계획안을 배제하고 도지사가 직접 도시관리계획안을 입안하는 것과 다르지 않다. 그러므로 도지사가 관계 행정기관의 협의 등을 반영하여 신청받은 당초의 도시관리계획안을 변경하고자 하는 경우 내용이 해당 시 또는 군의 도시계획조례가 정하는 중요한 사항인 때에는 다른 특별한 사정이 없는 한 법 제28조 제2항, 시행령 제22조 제5항을 준용하여 그 내용을 관계 시장 또는 군수에게 송부하여 주민의 의견을 청취하는 절차를 거쳐야 한다."

[3] 법제처 2010. 10. 22. 회신 10-0319 해석례. "주민의 의견수렴절차를 거친 후 도시관리계획의 주요 사항이 변경된 경우에 이를 공고·공람하는 절차를 통하여 주민의 의견을 듣는 절차를 거치지 아니하였다면, 그 실질에 있어 변경된 도시관리계획에 대해서는 공고·공람을 통한 주민의 의견수렴 절차를 거쳤다고 할 수 없으므로, 시장·군수등이 도시관리계획안 중 해당 지방자치단체의 도시계획조례가 정하는 중요한 사항을 변경하는 경우에는 다시 공고·열람하게 하여 주민의 의견을 청취하는 과정을 거쳐야 하는 것이 이러한 제도를 둔 취지에 부합한다고 할 것입니다. 만약, 시장·군수등이 도시관리계획을 입안하면서 주민의 의견을 청취한 후 도시관리계획안을 해당 지방자치단체의 도시계획위원회에 자문한 결과, 그 자문 내용이 해당 지방자치단체의 도시계획조례가 정하는 중요한 사항을 반영한 경우 다시 주민의 의견을 청취하지 않아도 된다고 하면, 주민의 의견을 한 번도 청취하지 않은 도시관리계획안이 입안될 수 있게 되므로, 이는 다수 이해관계자의 이익을 합

인지를 기준으로 하여, 중요한 사항이 아니라면 재공람 등의 절차를 거칠 필요가 없고, 중요한 사항이라면 재공람 등 일련의 절차를 거쳐야 한다는 의견을 취하고 있다. 역으로 중요한 사항이 아니라면 재공람 등의 절차를 요구할 것은 아니다.[1] 이때 '중요한 사항'의 판단 기준이 문제될 수 있는데, 법리적으로만 본다면 계획의 중요 사항을 실질적으로 변경하여 사실상 동일성을 상실한 수준에 이르는 것을 의미한다고 볼 수 있겠지만, 이것만으로는 구체적인 기준이 되지 못한다. 따라서 일응 실정법상의 기준이라 할 수 있는 '경미한 변경 사항'인지 여부(국토계획법 시행령 제22조 제1항 참조)가 판단의 기준이 되어 줄 수 있을 것이다. 2021. 1. 12. 개정법에서는 청취한 주민의견을 반영하거나, 심의 내용을 반영한 것으로서 조례로 정하는 경우에는 다시 열람공고 절차를 거치도록 하고 있다.

3. 다른 법령에 따라 도시관리계획이 의제되는 경우

한편, 개별 개발사업법들은 대체로 구역지정이나 사업의 착공에 이르는 단계의 인허가에 대하여 도시관리계획을 의제하는데, 도시관리계획이 토지이용에 관한 가장 기본적이고 구속력 있는 규율임을 고려하면 이와 같은 의제조항들의 존재는 필연적일 수밖에 없다. 이때 도시관리계획을 '의제'하는 경우에도 국토계획법이 정하는 일련의 의견수렴절차를 거쳐야 하는지가 해석상 문제가 될 수 있는데, 그에 대하여 대법원은 절차를 거칠 필요가 없다는 입장을 취하고 있는바[2] 인허가 의제라는 것이 결국 행정절차의 간소화를 통하여 효율적 행정작용이 가능하도록 하기 위해 정한 것인 점, 거의 모든 종류의 개발사업법[3]들이 도시관리계획을 의제하고 있어 모두에 대해 국토계획법이 정한 절차를 거치도록 하는 것은 부당한 점, '의제'라는 것 자체가 의제대상이 되는 처분 등의 형식이나 절차를 거치지 않더라도 그 법

리적으로 조정하여 국민의 의사를 도시관리계획의 과정에 반영시키고자 하는 주민의견청취 제도의 취지에 맞지 않고, 시장·군수등이 도시관리계획을 입안하면서 일단 형식적으로 주민의견청취 절차를 거친 후에는 어떤 내용을 추가하더라도 주민의견청취절차를 거치지 않을 수 있게 되어 주민의견청취절차가 형해화 될 우려가 있습니다."

1 의정부지방법원 2011. 4. 19. 선고 2010구합2031 판결 참조. "피고가 이 사건 승인신청계획안의 입안 제안을 받은 후 관련실과 및 중앙부처 협의, 교통영향분석·개선대책 및 경기도 도시계획위원회 심의 등의 절차를 거치는 과정에서 그 내용을 변경하였다고 하더라도 이를 다시 주민들에게 공람하고 의견을 청취하여야 할 의무가 있는 것은 아니라 할 것."

2 대법원 1992. 11. 10 선고 92누1162 판결. 건설부장관이 관계기관의 장과의 협의를 거쳐 주택건설사업계획 승인을 한 경우 별도로 도시계획법 소정의 중앙도시계획 위원회의 의결이나 주민의 의견청취 등 절차가 필요한지 여부(소극).

3 이와 같은 개발사업법들의 내용을 제일 잘 정리해놓은 것이 토지보상법 별표이다.

률적 효과를 법률조문으로서 간주하는 것인 점 등을 종합하면 대법원의 입장이 타당한 것으로 판단된다.

Ⅳ. 비교법적 논의

미국의 쟁송 사례 중에는 주민참여와 관련하여 주민의견을 청취하는 수준을 넘어서서 주민투표의 형태로 도시계획결정을 하는 것이 타당한지 여부에 대하여 다투어진 사례들이 발견된다. 관련하여 뉴저지 주(州) 고등법원은 주민투표의 방법이 토지이용관계에 대한 규율을 함에 있어 지나치게 단편적일 뿐만 아니라 총체적이지 못한 관점에서의 접근을 야기한다는 부정적인 견해를 설시한 사례가 있으나,[1] 연방대법원의 경우에는 투표에 의한 도시계획이 헌법상 적법절차의 원칙에 반하지 않는다고 판시한 바 있다.[2] 이와 같은 논쟁은 결국 도시계획의 민주적 절차와 결정과 별개의 어떠한 전문적인 영역이라 볼 것인지 내지는 그와 같은 전문성을 존중할 것인지의 점에 초점이 맞추어져 있는 것이고, 결국 그에 대한 가치판단의 문제라고 하겠다. 사실 주민투표 수준에 이르지 않더라도, 이미 우리 법상 주민제안을 위해서는 당해 지역주민의 일정 수 이상의 동의를 얻도록 하고 있는바, 사실 그 기저에 깔린 고민도 위 사례들과 본질적으로 다르지 않다고 사료된다.

---

1 J. C. Juergensmeyer & T. E. Roberts, Land Use Planning & Development Regulation Law, 2013, p. 130 참조.
2 City of Eastlake v. Forest City Enterprises, Inc 22 Ill.426 U.S. 668, 96 S. Ct. 2358, 49 L. Ed. 2d 132 (1976), 해당 사안에서 문제된 것은 시 조례(city charter)가 토지이용 계획 변경에 주민들 55% 이상의 찬성을 득하도록 한 것의 위헌성이다.

제29조(도시·군관리계획의 결정권자)

제29조(도시·군관리계획의 결정권자) ① 도시·군관리계획은 시·도지사가 직접 또는 시장·군수의 신청에 따라 결정한다. 다만, 「지방자치법」 제198조에 따른 서울특별시와 광역시 및 특별자치시를 제외한 인구 50만 이상의 대도시(이하 "대도시"라 한다)의 경우에는 해당 시장(이하 "대도시 시장"이라 한다)이 직접 결정하고, 다음 각 호의 도시·군관리계획은 시장 또는 군수가 직접 결정한다. 〈개정 2009. 12. 29., 2011. 4. 14., 2013. 7. 16., 2017. 4. 18.〉

1. 시장 또는 군수가 입안한 지구단위계획구역의 지정·변경과 지구단위계획의 수립·변경에 관한 도시·군관리계획

2. 제52조제1항제1호의2에 따라 지구단위계획으로 대체하는 용도지구 폐지에 관한 도시·군관리계획[해당 시장(대도시 시장은 제외한다) 또는 군수가 도지사와 미리 협의한 경우에 한정한다]

② 제1항에도 불구하고 다음 각 호의 도시·군관리계획은 국토교통부장관이 결정한다. 다만, 제4호의 도시·군관리계획은 해양수산부장관이 결정한다. 〈개정 2011. 4. 14., 2013. 3. 23., 2013. 7. 16., 2015. 1. 6.〉

1. 제24조제5항에 따라 국토교통부장관이 입안한 도시·군관리계획

2. 제38조에 따른 개발제한구역의 지정 및 변경에 관한 도시·군관리계획

3. 제39조제1항 단서에 따른 시가화조정구역의 지정 및 변경에 관한 도시·군관리계획

4. 제40조에 따른 수산자원보호구역의 지정 및 변경에 관한 도시·군관리계획

5. 삭제 〈2019. 8. 20.〉

[전문개정 2009. 2. 6.]
[제목개정 2011. 4. 14.]

I. 의의

우리 국토계획법이 도시관리계획에 한정하여서는 도시계획의 수립권을 입안권과 결정권으로 분화하여 규정하고 있다는 점, 입안권과 결정권 모두 '수립권'의 내용이므로 양자는 일체로서 하나의 수립권을 이룬다는 점, 이와 같은 분화에도 불구하고 도시관리계획에 대하여는 어떠한 방식으로 쟁송을 하여야 하는지의 점 등에 대해서는 본서의 제24조에서 상세하게 설명한 바와 같다. 따라서 이를 참조하라.

본 조는 도시관리계획의 결정권자를 정하여 경우에 따라 결정권을 지니는 행정청을 분류하고 있다. 연원적으로 도시관리계획의 결정권은 중앙정부에 일임되

어 있었으나, 지방분권화의 추세에 발맞추어 현재는 광역자치단체장에게 분배되어 있다.

II. 결정권의 분배

1. 원칙적 결정권자 – 시·도지사

국토계획법은 원칙적으로 도시관리계획의 결정권을 시·도지사 – 곧, 광역자치단체장에게 부여하고 있다. 따라서 도시관리계획을 수립하여 그 입안에 필요한 일련의 절차를 거친 시장·군수 등은 시·도지사에게 일정한 서류 – 곧, 도시계획의 내용과 더불어 각종의 의견수렴 및 협의, 자문 등을 거쳤음을 보여줄 수 있는 서류들를 갖추어(국토계획법 시행령 제23조 각호) 결정을 신청하여야 한다.

한편, 도지사가 입안한 도시관리계획은 도지사가 결정권한을 가진다는 것이 법제처의 견해이다.[1]

2. 예외

예외적으로 지방자치법 제198조에 따른 서울특별시와 광역시 및 특별자치시를 제외한 인구 50만 이상의 대도시 시장의 경우에는 도시관리계획의 종류와 상관없이 스스로 결정권을 가진다(제29조 제1항 단서).

시장·군수의 경우에는 ① 시장 또는 군수가 입안한 지구단위계획구역의 지정·변경과 지구단위계획의 수립·변경, ② 지구단위계획으로 대체하는 용도지구 폐지[해당 시장 또는 군수가 도지사와 미리 협의한 경우에 한정] 등의 경우 – 즉 주로 지구단위계획에 관한 일련의 사항들에 한정하여 결정권을 가진다(제29조 제1항 각호).

그 외, 국토교통부장관이 입안한 도시관리계획이나, 개발제한구역·시가화조정구역과 같이 전국적인 규율이 필요한 계획의 경우에는 국토교통부장관이 결정권을 가진다. 수산자원보호구역 또한 같은 취지에서 해양수산부장관이 결정권을 가진다.

---

1 법제처 2018. 10. 11. 회신 18-0500 해석례. 법제처는 "국토계획법 제24조 제6항에 따라 도지사가 직접 지방자치법 제175조에 따른 대도시를 대상으로 하는 도시·군관리계획을 입안한 경우 같은 법 제29조제1항에 따른 도시·군관리계획의 결정권자는 도지사인지 아니면 대도시 시장인지?"가 문제된 사안에서 도지사가 결정권자라 보았다. 법체계를 보더라도 결정권은 지방자치단체의 위계를 고려하여 광역자치단체장에게 부여된 것이 원칙이므로, 예외적 결정권자인 대도시 시장이 도지사에게 결정권을 행사한다고 보게 되면 모양새가 이상하다.

Ⅲ. 결정권 개념에 대한 비판론

문헌상으로는 우리 국토계획법이 기초 자치단체장에게 입안권을 부여하면서, 여전히 입안된 도시관리계획의 결정권을 국토교통부장관이 시·도지사에게 부여하고 있는 것에 대한 비판적인 견해 — 곧, 기초 자치단체장이 보유한 계획고권을 적절히 보장해주지 못한다는 문제를 지적하는 견해가 발견된다. 주된 취지는, 공간계획에 대한 수립, 결정권한은 당해 공간을 관할하는 지방자치단체에게 속한 이른바 '계획고권'[1]으로서 보장되어야 하는 것인데, 결정권자가 그에 대하여 적극적으로 개입할 수 있도록 두는 것이 그와 같은 계획고권 자체를 부정하거나, 침해·제약하는 것이 아니냐는 견해이다.[2] 이와 같은 견지에서, 만일 결정권자가 입안권자가 제출한 계획을 실질적으로 수정·변경하는 등에 이르게 되면, 이는 입안권자의 계획고권을 침해하는 것이므로 그와 같은 수정은 최대한 지양되어야 한다는 비판적인 견해가 대두된 바 있다.[3] 생각건대, 우리 법의 경우에도 도시계획 수립권을 입안권과 결정권으로 분리하여 전자를 기초 지방자치단체장에게 부여한 의미 및 결정권이 확대될수록 입안권의 '권한'으로서의 의미가 형해화될 우려가 있다는 점을 고려하면, 결정권의 행사범위가 최소화되어야 한다는 이러한 지적은 타당하다고 사료된다.

한편, 문헌상으로는 현재의 국토계획법의 규정만을 놓고 볼 때에는 입안권자가 입안한 도시관리계획의 내용이 도시관리계획수립지침 등에 위배되지 않더라도, 그 외의 이유로 결정권자가 승인 또는 결정을 거부할 수 있다고 해석됨을 지적하면서, 명문의 규정으로 도시관리계획수립지침에 위배되지 않는 입안 내용에 대하여는 결정을 거부하지 못하도록 하는 입법론이 제기된 바도 있다.[4] 그러나 도시관리계획

---

1 한편, 우리 법상 독일식의 계획고권 개념이 인정, 보장된 것으로 볼 수 있는지, 없는지 자체에 대하여도 오랜 논쟁이 있어왔다. 관련하여 신봉기, 계획고권 논쟁의 종식과 우리의 과제, 법률신문, 2002. 5. 16.자 연구논단 참조. 신봉기 교수님의 경우 우리 헌법, 법률 체계 하에서도 계획고권을 인정할 근거가 충분하다고 보고 있다. 신봉기, 국토계획법의 현안문제, 동방문화사, 2009, 61면 참조.
2 신봉기, 국토계획법의 현안문제, 동방문화사, 2009, 42 내지 43면, 52면 내지 53면 등 참조. 김남철, 개편된 계획법제에 따른 공간계획의 체계와 법적 문제점 — 독일 법제와의 비교를 중심으로 —, 공법연구, 2002. 5., 465면의 경우에도 도지사에게 결정권을 부여하는 것은 우리 헌법이 지방자치를 기초지방자치단체의 자치권을 중심으로 규정하고 있는 것을 간과한 것이라는 비판론을 제기하고 있다.
3 신봉기, 국토계획법의 현안문제, 동방문화사, 2009, 52면. 해당 문헌은 독일 건설법전 상 지자체가 수립한 도시계획에 대한 상급행정청의 '승인'이 그야말로 '승인'에 그치는 것임을 주된 근거로 소개하고 있다.
4 정태용, 지방자치와 도시계획, 지방자치법연구, 2008. 3., 93면 내지 94면 참조.

수립지침 자체의 내용이 매우 추상적이고 판단여지가 많은 것임을 고려하면 위와 같은 입법론의 실익이 의심되는바, 차라리 입안권과 결정권의 균형 문제는 가급적 결정권자의 개입범위를 최소화하고 자제하는 방향으로 법리를 형성해나가는 것이 타당할 것이라는 게 저자의 사견이다.

제30조(도시 · 군관리계획의 결정)

제30조(도시 · 군관리계획의 결정) ① 시 · 도지사는 도시 · 군관리계획을 결정하려면 관계 행정기관의 장과 미리 협의하여야 하며, 국토교통부장관(제40조에 따른 수산자원보호구역의 경우 해양수산부장관을 말한다. 이하 이 조에서 같다)이 도시 · 군관리계획을 결정하려면 관계 중앙행정기관의 장과 미리 협의하여야 한다. 이 경우 협의 요청을 받은 기관의 장은 특별한 사유가 없으면 그 요청을 받은 날부터 30일 이내에 의견을 제시하여야 한다. 〈개정 2011. 4. 14., 2013. 3. 23.〉

② 시 · 도지사는 제24조제5항에 따라 국토교통부장관이 입안하여 결정한 도시 · 군관리계획을 변경하거나 그 밖에 대통령령으로 정하는 중요한 사항에 관한 도시 · 군관리계획을 결정하려면 미리 국토교통부장관과 협의하여야 한다. 〈개정 2011. 4. 14., 2013. 3. 23.〉

③ 국토교통부장관은 도시 · 군관리계획을 결정하려면 중앙도시계획위원회의 심의를 거쳐야 하며, 시 · 도지사가 도시 · 군관리계획을 결정하려면 시 · 도도시계획위원회의 심의를 거쳐야 한다. 다만, 시 · 도지사가 지구단위계획(지구단위계획과 지구단위계획구역을 동시에 결정할 때에는 지구단위계획구역의 지정 또는 변경에 관한 사항을 포함할 수 있다)이나 제52조제1항제1호의2에 따라 지구단위계획으로 대체하는 용도지구 폐지에 관한 사항을 결정하려면 대통령령으로 정하는 바에 따라 「건축법」 제4조에 따라 시 · 도에 두는 건축위원회와 도시계획위원회가 공동으로 하는 심의를 거쳐야 한다. 〈개정 2013. 7. 16., 2017. 4. 18.〉

④ 국토교통부장관이나 시 · 도지사는 국방상 또는 국가안전보장상 기밀을 지켜야 할 필요가 있다고 인정되면(관계 중앙행정기관의 장이 요청할 때만 해당된다) 그 도시 · 군관리계획의 전부 또는 일부에 대하여 제1항부터 제3항까지의 규정에 따른 절차를 생략할 수 있다. 〈개정 2011. 4. 14., 2013. 3. 23.〉

⑤ 결정된 도시 · 군관리계획을 변경하려는 경우에는 제1항부터 제4항까지의 규정을 준용한다. 다만, 대통령령으로 정하는 경미한 사항을 변경하는 경우에는 그러하지 아니하다. 〈개정 2011. 4. 14.〉

⑥ 국토교통부장관이나 시 · 도지사는 도시 · 군관리계획을 결정하면 대통령령으로 정하는 바에 따라 그 결정을 고시하고, 국토교통부장관이나 도지사는 관계 서류를 관계 특별시장 · 광역시장 · 특별자치시장 · 특별자치도지사 · 시장 또는 군수에게 송부하여 일반이 열람할 수 있도록 하여야 하며, 특별시장 · 광역시장 · 특별자치시장 · 특별자치도지사는 관계 서류를 일반이 열람할 수 있도록 하여야 한다. 〈개정 2011. 4. 14., 2013. 3. 23.〉

⑦ 시장 또는 군수가 도시 · 군관리계획을 결정하는 경우에는 제1항부터 제6항까지의 규정을 준용한다. 이 경우 "시 · 도지사"는 "시장 또는 군수"로, "시 · 도도시계획위원회"는 "제113조제2항에 따른 시 · 군 · 구도시계획위원회"로, "「건축법」 제4조에 따라 시 · 도에 두는 건축위원회"는 "「건축법」 제4조에 따라 시 또는 군에 두는 건축위원회"로, "특별시

장·광역시장·특별자치시장·특별자치도지사"는 "시장 또는 군수"로 본다. 〈개정 2011.
4. 14., 2013. 7. 16.〉

[전문개정 2009. 2. 6.]

[제목개정 2011. 4. 14.]

I. 의의

본 조는 도시관리계획의 결정에 이르기 위한 일련의 절차 및 결정 이후 고시에
관한 절차들을 규정하고 있는 조문이다. 우리 국토계획법은 도시관리계획의 수립
권을 입안권과 결정권으로 분화하여 매우 독특한 입법태도를 보이고 있는데[1] 양
자 모두 개별적으로 도시계획의 수립을 위한 절차들을 거치게 된다. 따라서 국토계
획법은 입안권의 행사를 위해서 기초조사(제27조), 주민·지방의회 의견청취(제28조)
를 거치도록 한 다음, 결정권의 행사를 위해서는 관계기관 협의나 도시계획위원회
심의[2] 등의 절차를 거치도록 하고 있다.

II. 조문의 내용

1. 관계기관의 협의

가. 관계 행정기관의 장의 경우

도시관리계획은 토지이용관계에 대한 구속적 행정계획이자, 그에 대한 가장 근
간을 이루는 도시계획인 만큼, 대상 부지에 대한 다른 행정청에게 부여된 권한의
행사에 영향을 끼칠 가능성이 크다. 이에 국토계획법은 도시관리계획의 결정을 하
기 전에 미리 관계 행정기관의 장과 협의할 것을 요구하고 있다(제30조 제1항). 관
계 행정기관의 장은 협의요청을 받은 때로부터 30일 이내에 의견을 회신하여야 하
는바, 특별한 사정이 없다면 이를 도과한 협의의견을 결정권자가 고려해야 하는 것
은 아니라 사료된다.

---

1 김종보, 건설법의 이해, 제6판, 피데스, 2018, 269면 참조.
2 참고로, 도시관리계획의 경우 입안권의 행사 단계에서는 도시계획위원회 심의를 거치도록 하는 근
   거규정은 존재하지 않는다. 다만, 경우에 따라 입안권자는 도시계획위원회의 '자문'을 거칠 수 있
   는데 이는 임의절차이다(도시관리계획수립지침 8-2-2-1항 참조). 자문을 거친 경우 자문자료는
   결정신청 시 첨부하여야 한다(국토계획법 시행령 제23조 제3호).

나. 국토교통부장관의 경우

한편, 국토교통부장관이 입안·결정한 도시관리계획을 변경하거나, 광역도시계획, 개발제한구역 해제 시 수립되는 도시관리계획, 여러 시·도에 걸쳐 설치되는 기반시설에 관한 계획(국토계획법 시행규칙 제2조의3) 등에 국가적 의미를 지니는 도시관리계획에 영향을 미치는 사항을 결정하려는 경우, 결정권자는 국토교통부장관에게 그 의견을 미리 협의하여야 한다. 이때 관계기관 협의와는 달리 국토교통부장관의 협의에 대하여는 협의의견 제출기한을 따로 정하지 않고 있는데, 협의 대상이 되는 계획들이 국가적 혹은 광역적 차원의 파급력을 미치는 중대한 사항들임과 더불어, 협의의무를 규정한 이유가 국토교통부장관의 도시관리계획 수립권한을 보호하기 위함에 있는 것으로 보이는 이상, 이때의 국토교통부장관의 '협의'는 '동의'를 의미하는 것으로 보아야 할 것으로 사료된다. 따라서 국토교통부장관의 '동의'가 없는 이상 국토계획법 제30조 제2항 및 동법 시행령 제25조 제1항이 정하는 사항들에 대하여 결정권자는 결정권을 행사할 수 없다고 봄이 타당하다. 관련하여 명확한 선례는 아직 발견되지 않는다.

2. 도시계획위원회의 심의

입안권의 행사와 달리, 결정권을 행사하기 위해서는 필요적으로 도시계획위원회의 심의를 거쳐야 한다(제30조 제3항). 다만, 국토계획법은 '지구단위계획'에 한정하여 특별한 규정을 두고 있는데, 지구단위계획은 우리 법체계가 규정하는 가장 상세한 도시계획으로서 건축허가요건의 세부적인 내용까지도 규율할 수 있는 것이므로, 도시계획위원회와 함께 건축위원회의 심의를 거치는 것이 적절하다. 이에 법은 도시·건축공동위원회[1]의 심의를 거치도록 요구하고 있다. 이와 같은 심의의 기속력은 부인되나, 합리적인 이유 없이 심의결과를 따르지 않고 도시관리계획결정에 이르는 것은 계획재량을 일탈한 것으로 판단될 소지가 크다.[2]

3. 절차의 면제

(i) 실체적으로 국방상 또는 국가안전보장상 기밀을 지켜야 할 필요가 있다고 인정될 뿐만 아니라, (ii) 형식적으로 관계 중앙행정기관의 장의 요청이 있는 경우 위 각 절차들의 전부 또는 일부를 면제할 수 있다(제30조 제4항). 국가안전보장상

---

1 이와 같은 공동위원회의 구성에 대하여는 국토계획법 시행령 제25조 제2항에서 정하고 있다.
2 관련하여 심의의 구속력에 대하여는 본서의 제22조의 논의 부분 참조.

기밀의 의미가 명확치 않으나, 현재로서는 군사기밀 보호법 등에 의하여 기밀로 지정된 경우뿐만 아니라, "군사기밀의 지정이 적법절차에 의하여 해제되거나 국방부장관에 의하여 국민에게 공개되지 않았으며 그 내용이 누설될 경우 국가안전보장에 명백한 위험을 초래할 우려"[1]가 있는 경우라면 본조의 국가안전보장상 기밀에도 해당할 수 있다고 사료된다.

본조에서 말하는 국방상 또는 국가안전보장상 기밀의 명확한 의미를 설시한 것은 특별히 발견되지 아니하는 것으로 보이고, 일부 하급심 판례[2]들의 경우 절차생략의 위법이 다투어진 사안의 판단 부분에서 포괄적으로 국토계획법 제30조 제4항의 예외에 해당하지 않는다는 포괄적인 취지의 설시를 한 것들만 발견되는 것으로 보인다.

4. 결정의 고시

결정권자는 도시관리계획을 결정하면 이를 고시하여야 한다(제30조 제6항). 통상 행정처분의 형식적 성립요건으로 '표시 요건'이 요구되고,[3] 행정계획과 같이 다수관계자에 대하여 '고시'를 하는 경우 그 '고시'가 표시 요건으로 논의된다.

다만, 특기할 만한 것은 국토계획법은 결정의 고시와 별도로 '지형도면의 고시'에 관하여 규정하면서, 도시관리계획결정의 효력발생일을 '결정고시일'이 아닌 '지형도면의 고시일'을 기준으로 하고 있다는 점이다(제31조 제1항). 따라서 도시관리계획에 대한 취소소송을 제기하는 경우에도 제소기간은 동법 제30조 제6항에 따른 '결정고시일'이 아니라, 제31조 제1항에 따른 '지형도면의 고시일'을 기준으로 하여 그로부터 5일이 경과한 시점부터 기산하게 된다.[4]

한편, 이와 같은 고시는 관보에 고시하는 것만으로 충분한 것이고 그 내용을 이해관계인들에게 개별적으로 통보할 필요는 없다. 도시계획은 그 자체로 다수의 이해관계인들에게 영향을 미치는 규범적인 성격을 겸유하는 것이므로, 아무리 개별적인 이해관계가 중대한 자들이 존재한다고 하더라도 고시하는 것 이외에 그들

---

1 대법원 2015. 1. 29. 선고 2013도6274 판결.

2 예컨대 대구지방법원 2011. 6. 8. 선고 2010구합3352 판결.

3 홍정선, 행정법특강, 제10판, 2011, 242면 참조.

4 대법원 2017. 6. 8 선고 2015두38573 판결. 행정청이 통상 고시 또는 공고에 의하여 행정처분을 하는 경우에는 그 처분의 상대방이 불특정 다수인이고, 그 처분의 효력이 불특정 다수인에게 일률적으로 적용되는 것이므로, 그 행정처분에 이해관계를 가지는 사람은 고시 또는 공고가 있었다는 사실을 현실적으로 알았는지 여부에 관계없이 고시가 효력을 발생하는 날에 행정처분이 있음을 알았다고 보아야 한다(대법원 2007. 6. 14. 선고 2004두619 판결 참조).

에게 개별적으로 그 내용을 통지토록 하는 것은 상정하기가 어렵다. 때문에 대법원 또한 "도시계획변경결정을 관보에 게재하는 외에 이해관계인 등에게 개별적으로 서면통지를 하여 공람을 시켜야 한다는 주장은 독자적 견해에 불과하다"라고 하면서 개별 통지의 필요성을 부정하였다.[1]

III. 해석상 쟁점

1. 협의의 의미와 기속력

전술한 바와 같이 관계기관의 장의 협의는 의견조회의 일환으로 보아 기속력이 없다고 봄이 타당하고, 반면 국토계획법 제30조 제2항에 따른 국토교통부장관의 협의는 동법이 부여하는 국토교통부장관의 계획고권을 보장하고 국가적·광역적 차원의 계획을 유지하기 위한 것이므로 '동의'에 이르는 것으로 보아 그 기속력 또한 인정하는 것이 타당하다. 후자의 경우 기속력을 인정하지 않는다면 국토교통부장관에게 입안·결정권을 예외적으로 부여하고 있는 국토계획법의 체계를 형해화할 우려가 있고, 전국적인 통일적 판단을 요하는 계획에 대하여 중앙정부가 아무런 권한을 행사할 수 없게 되는 결과가 초래될 수 있다.[2]

국토계획법 제30조 제1항은 "특별한 사유가 없으면 그 요청을 받은 날부터 30일 이내에 의견을 제시하여야" 한다고 정하고 있다. 동항의 협의의 기속력을 인정하지 않는 이상 원칙적으로는 30일이 도과하면 결정권자는 결정에 나아갈 수 있다고 봄이 상당하다. 다만, 특별한 사유가 인정되는 경우에는 30일 이후 합리적인 기간이 지날 때까지 그 협의의견을 기다려야 한다고 보아야 하고, 이 경우 합리적인 기간을 보장하지 아니한 채 도시관리계획의 결정에 나아가는 경우 절차적 위법이 인정될 소지가 있다고 사료된다. '특별한 사유'가 인정되려면, 30일의 기한을 준수할 수 없는 객관적인 사정 — 예컨대, 천재지변과 같은 사유나, 제출하려고 하는 협의의견의 근거 등을 보충하기 위하여 필요한 객관적인 기간 등이 인정되어야 하고,

---

1 대법원 1991. 1. 11. 선고 90누1717 판결 참조.
2 참고로, 영국의 경우에는 중앙정부가 다양한 경로로 지방자치단체의 계획 수립에 개입할 수 있다. 영국 중앙정부는 National Planning Policy Framework(NPPF)를 주기적으로 작성하고 있고, 지방자치단체는 이를 중요하게 고려하여 관할구역에서의 계획을 수립하여야 한다. 또한 영국 중앙정부(Secretary of State)는 개입권한(Call-in Power)을 보유하여 국가적 영향이 있는 경우 직접 개입하여 계획을 수립하기도 한다. 이상의 논의에 대해서는 A. Sheppard, D. Peel, H. Ritchie, K. Macari & S. Berry, The Essential Guide to Planning Law: Decision-Making and Practice in the UK. Policy Press, 2017, pp. 15, 68, 73 등을 참조.

절차적으로는 특별한 사유를 미리 수립권자에게 통지·고지하는 등의 조치가 선행되어야 할 것으로 사료된다. 이와 같은 사전 통지가 없는 경우라면, 수립권자로서는 30일의 도과로 특별한 이견이 없다는 전제 하에 수립절차에 나아가더라도 그 위법성을 인정하여서는 아니 될 것이다.

한편, 관계행정기관의 협의의견이 있었고, 그에 따라 도시관리계획이 수립되었다는 사실은, 행정청의 이익형량을 정당화하는 사유 중의 하나로 설시되고는 한다.[1] 따라서 합리적인 협의의견을 따른 경우라면 도시관리계획의 적법성은 더욱 강화될 수 있을 것이다.

2. 경미한 변경의 경우 생략가능한 절차의 범위

국토계획법은 원칙적으로 결정된 도시관리계획을 변경하는 결정을 할 경우에도 당초의 결정 시에 요구되는 일련의 절차들을 모두 거칠 것을 요구하고 있다(제30조 제5항 본문). 다만, 동법 시행령 제25조 제3, 4항이 정하는 경미한 변경 사유에 해당하는 경우에는 모든 절차를 거치지는 않아도 되도록 예외를 허용하고 있다(동항 단서). 다른 법령과 달리 국토계획법의 경우에는 도시관리계획의 종류와 내용별로 경미한 변경에 해당하는 사유를 상세하게 구분하고 있으므로, 동법 시행령 제25조 제3, 4항의 내용을 신중히 검토하여야 한다. 대체로는 일정 면적 이하의 변경이나, 세부적인 분류의 변경과 같은 경우에 경미한 변경 사유가 인정된다.

통상의 경우, 개별법령상으로는 경미한 변경에 대하여 "그러하지 아니하다"라고만 정하고, 그 외에 경미한 변경 사항에 대하여 어떠한 절차들을 거쳐야 하는지 혹은 어떠한 절차들이 면제되는지에 대한 상세한 규정을 두지 않는 경우가 많다. 이 경우 '그러하지 아니하다'의 의미를 매우 적극적으로 해석해서 당초 요구되는 절차를 거치지 아니하고 변경을 신청하려는 자가 곧바로 해당 사항을 수정할 수 있다고 해석하는 경우도 발견되기도 한다.[2] 그러나 국토계획법의 경우에는 시행령 제25조 제3항에서 생략되는 절차를 "관계 행정기관의 장과의 협의, 국토교통부장관과의 협의 및 중앙도시계획위원회 또는 지방도시계획위원회의 심의"로 특정하고 있으므로, 그 이외의 절차는 모두 거쳐야 하는 것으로 봄이 타당하다. 따라서 입안

---

1 대법원 2012. 5. 10. 선고 2011두31093 판결 사안의 산림청 의견회신부분 관련 참조.
2 저자 또한 저자가 공저자로 참여하여 해당 부분을 서술한 항만재개발법 해설, 삼일인포마인, 2020, 151 내지 152면에서, 항만재개발기본계획의 경우 별도의 절차를 거칠 필요 없이 이를 작성하는 자가 경미한 사항을 스스로 변경하면 될 일이라는 입장을 취한 바 있다. 다만, 이 경우에도 고시는 요구된다고 봄이 타당하다.

권의 행사에 요구되는 일련의 절차들은 거쳐야 하고,[1] 동항에서 정하지 아니한 '고시' 절차의 경우(동법 제30조 제6항)에도 거쳐야만 한다. 참고로, 구 도시계획법 시대에 대법원은 "'경미한 사항'에 해당하므로 이를 관보에 고시하지 아니하였다고 하여 이를 무효라고 할 수는 없다"라고 설시하여[2] 마치 고시를 요구하지 않는 것처럼 설시한 사례도 있었으나, 행정행위의 형식적 성립요건이라 할 수 있는 고시는 생략될 수 없다고 봄이 상당하다.[3]

한편, '경미한 변경' 사유 중 하나로는 "단위 도시·군계획시설부지 면적의 5퍼센트 미만의 변경"인 경우가 규정되어 있는데(시행령 제25조 제3항 제1호 가목), 만일 어떤 부분은 감소, 어떤 부분은 증가하여 (a) 증감된 결과만 놓고보면 5퍼센트 미만의 변경이나, (b) 증가된 면적과 감소된 면적들을 각각 산술적으로 합하면 5퍼센트 이상의 변경인 경우 경미한 변경으로 볼 수 있는지가 문제될 수 있다. 관련하여 법제처는 후자의 견해를 택하여 경미한 변경 사항이 아니라고 보았다.[4] 도시계획적 영향관계를 고려하면 증감의 총량이 아니라, 변경된 내역 전체를 기준으로 경미성을 따지는 것이 적절할 것이므로 법제처의 견해가 타당하다고 사료된다.

3. 생략된 사항의 사후 보완 가부

도시관리계획결정 당시 누락하였던 사항이 있다고 하더라도, 이를 사후적인 집행 과정에나 후속계획 및 처분 과정에서 보충하는 것은 허용되지 않는다고 보아야 한다. 관련하여 대법원은 "도시관리계획결정·고시와 그 도면에 특정 토지가 도시관리계획에 포함되지 않았음이 명백한데도 도시관리계획을 집행하기 위한 후속 계획이나 처분에서 그 토지가 도시관리계획에 포함된 것처럼 표시되어 있는 경우" 이는 "실질적으로 도시관리계획결정을 변경하는 것에 해당하여 국토계획법 제30조 제5항에서 정한 도시관리계획 변경절차를 거치지 않는 한 당연무효"라는 입장을 취하고 있다.[5]

만일 보완하려는 내용이 경미한 사항에 해당한다고 하더라도 사후 보완이 가능하다고 보기는 어렵다고 사료된다. 전술하였듯이 국토계획법은 경미한 사항이라

---

1 왜냐하면, 경미한 변경 사항에 대한 절차 생략을 규정하는 조문이 '결정권'에 대한 국토계획법 제30조 제5항에 한정되기 때문이다.
2 대법원 1995. 8. 25. 선고 94누12494 판결.
3 관련하여 김종보, 건설법의 이해, 제6판, 피데스, 2018, 283면의 논의 참조.
4 법제처 2024. 11. 26. 회신 24-0741 해석례.
5 대법원 2019. 7. 11. 선고 2018두47783 판결.

하더라도 생략될 수 있는 절차를 '협의'나 '심의'와 같은 것으로 한정하고 있으므로, 경미한 변경사항 또한 이를 제외한 절차의 이행이 요구된다고 봄이 상당하기 때문이다.

제31조(도시 · 군관리계획 결정의 효력)

제31조(도시 · 군관리계획 결정의 효력) ① 도시·군관리계획 결정의 효력은 제32조제 4항에 따라 지형도면을 고시한 날부터 발생한다. 〈개정 2013. 7. 16.〉

② 도시·군관리계획 결정 당시 이미 사업이나 공사에 착수한 자(이 법 또는 다른 법률에 따라 허가·인가·승인 등을 받아야 하는 경우에는 그 허가·인가·승인 등을 받아 사업이나 공사에 착수한 자를 말한다)는 그 도시·군관리계획 결정과 관계없이 그 사업이나 공사를 계속할 수 있다. 다만, 시가화조정구역이나 수산자원보호구역의 지정에 관한 도시·군관리계획 결정이 있는 경우에는 대통령령으로 정하는 바에 따라 특별시장·광역시장·특별자치시장·특별자치도지사·시장 또는 군수에게 신고하고 그 사업이나 공사를 계속할 수 있다. 〈개정 2011. 4. 14., 2020. 6. 9.〉

③ 제1항에서 규정한 사항 외에 도시·군관리계획 결정의 효력 발생 및 실효 등에 관하여는 「토지이용규제 기본법」 제8조제3항부터 제5항까지의 규정에 따른다. 〈신설 2013. 7. 16.〉

[전문개정 2009. 2. 6.]
[제목개정 2011. 4. 14.]

Ⅰ. 지형도면의 고시

1. 제도의 취지

국토계획법은 결정권자가 도시관리계획을 결정하여 그 사실을 고시하는 것과 별개로(제30조 제6항), 해당 도시관리계획의 지형도면을 재차 고시하도록 정하고 있다(제31조 제1항). 그리고 도시관리계획의 효력을 발생일을 결정의 고시일이 아닌 지형도면의 고시일로 정하고 있다. 국토계획법이 도시관리계획결정이 고시된 후 지형도면을 작성하여 고시하도록 규정한 취지는 도시관리계획으로 토지이용제한을 받게 되는 토지와 그 이용제한의 내용을 명확히 공시하여 토지이용의 편의를 도모하고 행정의 예측가능성과 투명성을 확보하려는 데 있다.[1] 이처럼 지형도면은 도시·군관리계획결정이 미치는 공간적 범위를 구체적으로 특정하는 기능을 수행하므로, 도시·군관리계획의 기본적 내용, 대략적 위치와 면적은 도시·군관리계획 결정에서 결정되어 고시를 통해 대외적으로 표시되어야 한다.[2]

---

1 대법원 2017. 4. 7. 선고 2014두37122 판결 참조.
2 대법원 2018. 11. 29. 선고 2018두49109 판결.

2. 고시의 방법

국토계획법은 지형도면의 고시방법에 대하여는 직접 별다른 규정을 두고 있지 아니하고 토지이용규제 기본법을 준용하는 정도의 조문만 두고 있다. 관련하여 대법원은 "행정청이 도시관리계획 결정에 따른 지형도면을 작성하여 일정한 장소에 비치한 사실을 관보·공보에 고시하고 그와 동시에 지형도면을 그 장소에 비치하여 일반인이 직접 열람할 수 있는 상태에 놓아둔 경우, 지형도면 자체를 관보·공보에 수록하지 않았더라도 지형도면의 고시가 적법하게 이루어진 것"[1]이라고 하여, 결정고시와 달리 지형도면 고시는 관보에 고시하는 방법에 의하지 아니하여도 적법하다는 입장을 취하고 있다. 결정고시와 달리 지형도면의 경우에는 그 도면의 크기나 규격을 고려할 때 현실적으로 관보에 수록하기가 어렵다는 점을 고려한 것으로 보인다.

다만, 이와 같은 판례의 태도에 의하면 일반인으로서는 정확한 지형도면의 고시일을 알기가 어렵다. 따라서 실무상 항고소송의 원고를 대리하는 입장에서는 통상 결정고시일을 기준으로 하여 그 기간을 산정하는 방식으로 보수적으로 접근하는 경우가 많다.

II. 도시관리계획의 효력 범위

1. 규정의 취지

도시관리계획의 '효력'이 발생한다는 것은, 그때로부터 해당 계획이 건축허가요건으로서 작용한다는 의미가 되고, 나아가 그에 저촉되는 개별적인 개발행위가 허용되지 않는다는 의미가 된다(국토계획법 제58조 제1항 제2호 참조). 그런데 만일 이미 종전의 도시관리계획의 내용대로 인허가를 받아 건축행위 등 개발행위를 진행 중인 상황이라면, 새로이 결정된 도시관리계획이 그에 소급한다고 보게 될 경우 건축중인 건축물은 건축허가요건에 위배된 불법건축물로 취급될 우려가 있다. 이는 일종의 법학에 말하는 소급효의 인정 여부와도 유사하다. 이미 당해 행위에 대하여 인허가를 받은 이상, 그에 대하여 새로운 도시관리계획이 소급하여 적용되는 것은 '진정소급효'와 유사한 문제라고 사료되고 사인(私人)의 신뢰보호[2]와 법적안정성

---

1 대법원 2018. 3. 29. 선고 2017다218246 판결.
2 왜냐하면, 인허가 당시 도시관리계획의 내용을 검토하여 문제가 없다는 공적인 판단에 기초하여

측면에서도 그런 소급효는 인정되지 않는 것이 타당하다.

2. '착수한 자'의 의미

이에 국토계획법은 도시관리계획 결정 당시 인허가를 받아 이미 사업이나 공사에 착수한 자는 도시관리계획의 결정과 관계 없이 사업이나 공사를 계속할 수 있도록 정하고 있다(제31조 제2항). [다만, 위와 같은 신뢰보호나 법적안정성 측면을 고려하면, 사실 이와 같은 조문이 없더라도 공사는 계속할 수 있다고 봄이 타당하다.] 해당 조문은 '공사에 착수한 자'라고 정하여 마치 물리적 공사의 착공에 나아간 경우에만 이를 보호하겠다는 취지처럼 오해될 소지가 있는데, 인허가를 받아 사업이나 공사의 시작을 위한 상당한 절차에 나아갔다면 그와 같은 신뢰를 보호하여 이를 계속할 수 있도록 하는 것이 타당하다.[1] 관련하여 국토교통부는 허가를 받고 설계도서 작성계약을 체결한 정도만 되더라도 '착수'한 것으로 볼 수 있다는 유연한 견해를 취하고 있다.[2]

다만, 세법상으로는 '착공'의 의미에 관하여 실질적인 공사의 시행 여부를 판단의 기준으로 삼은 것이 발견된다.[3] 그러나 이는 착공시기를 앞당겨서 인정하게 될수록 사업용 토지로 인정하게 되는 시점이 앞당겨짐으로써 조세회피를 위한 수단으로 악용될 여지가 있음에 기인한 것으로 이해되는바, 이와 같은 세법상의 판례를 본조의 해석에 참고하는 것은 타당하지 않다고 생각된다.

3. 변경인허가를 받는 경우

한편, 건축허가요건을 불리한 방향으로 변경하는 도시관리계획결정이 있은 이

인허가를 발급하였을 것이므로, 그에 대한 사인의 신뢰가 인정되어야 한다는 의미이다.

1 관련하여, 저자가 수행한 사건 중에는 건축허가를 받았으나 도시계획시설결정이 입안되어 관련절차가 진행 중임을 이유로 착공신고 자체를 반려한 채 착공을 막은 사안이 있었는데, 수원지방법원 2020. 8. 20. 선고 2019구합74592 판결은 "도시관리계획 변경을 입안할 예정이라거나 수원화성문화재구역 지정 및 복원사업을 추진하고 있다는 실체적 사유에 관한 것이므로 이는 착공신고를 반려하는 적법한 사유가 될 수 없다"라고 판시하여 착공신고수리거부처분이 위법하다고 보았는바 이를 참조할 수 있겠다.

2 "여기서 「사업 또는 공사에 착수한 자」라 함은 착공계 등을 제출하고 물리적으로 착공한 자 뿐만 아니라, 지난 `03.6.23.(도시 58450-1063) 행정통보한 바에 따라 사업 또는 공사시행을 위하여 실시설계 등을 체결한 후 공증 등을 한 경우에도 해당됩니다," 도시정책팀-2246, '04.04.28), 건설교통부, 국토의 계획 및 이용에 관한 법률 질의·회신 사례집, 2006. 12., 51면.

3 예컨대 소득세법 시행규칙상 착공한 토지를 비사업용 토지로 보지 않는 규정의 해석과 관련하여 판례는 실질적인 공사 여부를 판단의 기준으로 삼고 있다. 대법원 2018. 5. 31. 선고 2018두38468 판결(심리불속행 기각 판결), 2018.05.31. 서울고등법원 2018. 2. 9. 선고 2017누67027 판결 등 참조.

후 당초의 인허가를 변경하여 사업부지를 추가하는 경우, 종전의 사업부지에 대하여는 여전히 과거의 도시관리계획결정상의 건축허가요건이 적용된다고 봄이 타당하나, 추가되는 부지 부분에 대하여는 불리하게 변경된 도시관리계획이 적용된다 보아야 한다.[1]

4. 시가화조정구역 및 수산자원보호구역의 경우 강화된 규제

다만, 시가화조정구역이나 수산자원보호구역의 지정에 관한 도시관리계획 결정이 있는 경우에는 결정고시일로부터 3개월 이내에 '신고'를 해야만 공사를 계속할 수 있도록 정하고 있다. 신뢰보호나 법적안정성을 고려하면 '신고'는 수리를 요하는 신고가 아니라 자기완결적 신고로 봄이 타당하다는 것이 본서의 견해다(관련하여 명확한 판단선례는 발견되지 않는다). 한편, 토지형질변경의 경우에는 신고를 하고 형질변경을 완료한 다음 그로부터 3개월 이내에 건축허가를 신청하여야만 하는 시간적 제한이 규정되어 있다(국토계획법 시행령 제26조 제2항). 아울러 토지형질변경 후 공사를 완료한 다음 1년 이내에 시가화조정구역이나 수산자원보호구역의 지정에 관한 도시관리계획 결정이 있는 경우에는 결정고시일로부터 6개월 이내에 건축허가를 신청하여야 한다(동조 제3항). 시가화조정구역이나 수산자원보호구역의 취지를 고려하여 가급적 개발행위를 자제토록 하는 취지에서 도입된 조문으로 보인다.

Ⅲ. 도시관리계획결정에 대한 제소기간

국토계획법에 따른 도시관리계획 결정은 같은 법 제31조 제1항에 의하여 그 고시가 있은 후 5일이 경과한 날부터 효력이 발생한다고 할 것이고, 이해관계인은 특별한 사정이 없는 한 그때 처분이 있음을 알았다고 할 것이므로, 그 취소를 구하는 소의 제소기간은 그때부터 기산된다고 할 것이다.[2]

---

1 국토교통부는 "관련법령에 의하여 용적률이 하향 조정된 후 추가로 편입되는 사업부지의 면적에 대하여는 하향 조정된 용적률을 적용하여야 하는 것"이라는 입장을 취하고 있으나, 특이하게도 "각각 필지의 용적률을 가중평균하여 전체대지에 적용하는 설계변경이 가능할 것으로 생각"된다는 입장을 부기하고 있다. 도시정책팀-224, '04.01.15, 건설교통부, 국토의 계획 및 이용에 관한 법률 질의·회신 사례집, 2006. 12., 47면.
2 대법원 2010. 12. 9. 선고 2009두4913 판결 등 참조.

제32조(도시 · 군관리계획에 관한 지형도면의 고시 등)

제32조(도시 · 군관리계획에 관한 지형도면의 고시 등) ① 특별시장·광역시장·특별자치시장·특별자치도지사·시장 또는 군수는 제30조에 따른 도시·군관리계획 결정(이하 "도시·군관리계획결정"이라 한다)이 고시되면 지적(地籍)이 표시된 지형도에 도시·군관리계획에 관한 사항을 자세히 밝힌 도면을 작성하여야 한다. 〈개정 2011. 4. 14., 2013. 7. 16.〉
② 시장(대도시 시장은 제외한다)이나 군수는 제1항에 따른 지형도에 도시·군관리계획(지구단위계획구역의 지정·변경과 지구단위계획의 수립·변경에 관한 도시·군관리계획은 제외한다)에 관한 사항을 자세히 밝힌 도면(이하 "지형도면"이라 한다)을 작성하면 도지사의 승인을 받아야 한다. 이 경우 지형도면의 승인 신청을 받은 도지사는 그 지형도면과 결정·고시된 도시·군관리계획을 대조하여 착오가 없다고 인정되면 대통령령으로 정하는 기간에 그 지형도면을 승인하여야 한다. 〈개정 2011. 4. 14., 2013. 7. 16.〉
③ 국토교통부장관(제40조에 따른 수산자원보호구역의 경우 해양수산부장관을 말한다. 이하 이 조에서 같다)이나 도지사는 도시·군관리계획을 직접 입안한 경우에는 제1항과 제2항에도 불구하고 관계 특별시장·광역시장·특별자치시장·특별자치도지사·시장 또는 군수의 의견을 들어 직접 지형도면을 작성할 수 있다. 〈개정 2011. 4. 14., 2013. 3. 23.〉
④ 국토교통부장관, 시·도지사, 시장 또는 군수는 직접 지형도면을 작성하거나 지형도면을 승인한 경우에는 이를 고시하여야 한다. 〈개정 2013. 7. 16.〉
⑤ 제1항 및 제3항에 따른 지형도면의 작성기준 및 방법과 제4항에 따른 지형도면의 고시방법 및 절차 등에 관하여는 「토지이용규제 기본법」 제8조제2항 및 제6항부터 제9항까지의 규정에 따른다. 〈개정 2013. 7. 16.〉
[전문개정 2009. 2. 6.]
[제목개정 2011. 4. 14.]

Ⅰ. 고시의 절차 및 방법

1. 지형도면 고시의 절차

본 조는 도시관리계획의 결정고시가 있은 후 지형도면의 고시까지 이르는 그 사이의 절차를 정하고 있다. 본 조에 의하면 입안권자는 결정권자가 당해 도시관리계획을 결정하여 고시하면, 지형도면을 작성하여 결정권자의 승인[1]을 받아야 하고, 승인을 받은 다음에야 비로소 지형도면의 고시에 나아갈 수 있다. 즉 결정고시 → 지형도면 작성 → 승인 → 지형도면 고시의 순차적인 절차를 거쳐야 하므로, 결

---

1 이때 승인은 30일 이내에 이루어져야 한다(국토계획법 시행령 제27조).

정고시와 지형도면 고시를 동시에 하는 경우는 상정하기 어렵다.

2. 고시의 방법

본서의 제31조에서 논의한 바와 같이, 국토계획법은 '지형도면'의 고시방법에 대하여는 스스로 정하고 있지는 않고, 토지이용규제 기본법을 준용하는 태도만을 취하고 있다. 따라서 "행정청이 도시관리계획 결정에 따른 지형도면을 작성하여 일정한 장소에 비치한 사실을 관보·공보에 고시하고 그와 동시에 지형도면을 그 장소에 비치하여 일반인이 직접 열람할 수 있는 상태에 놓아둔 경우, 지형도면 자체를 관보·공보에 수록하지 않았더라도 지형도면의 고시가 적법하게 이루어진 것"[1] 이라고 볼 수 있다.

다만, 도시관리계획에 대하여도 일반적으로 적용될 뿐만 아니라, 국토계획법 제32조 제5항이 명시적으로 준용하고 있는 토지이용규제 기본법은 중앙행정기관의 장이나 지방자치단체의 장이 지역·지구 등을 결정하는 경우 '지형도면'을 관보나 공보에 고시할 것을 요구하고 있고(동법 제8조 제2항), 같은 내용을 해당 중앙행정기관이나 지방자치단체의 인터넷 홈페이지에 동시에 게재하도록 정하고 있다(동법 시행령 제7조 제6항). 따라서 위 대법원 판결에도 불구하고 가급적이면 인터넷 홈페이지 게시 정도의 절차는 거치는 것이 좋을 것이라 사료된다. 이와 같은 토지이용규제 기본법과 국토계획법의 지형도면 고시에 관한 조문들의 관계에 대하여는 특별한 논의가 발견되지는 않는데, 위 대법원 판결의 입장에 의하면 법원은 도시관리계획의 효력에 관하여는 국토계획법이 우선하여 적용한다는 태도를 전제하고 있는 것으로 추측되고,[2] 토지이용규제 기본법상의 규정들에 대하여 도시관리계획결정의 효력 문제와는 결부시켜서 해석하지는 않는 것으로 사료되기는 한다.

---

1 대법원 2018. 3. 29. 선고 2017다218246 판결.
2 참고로, 대법원은 산업단지 지정고시와 관련한 효력의 발생과 관련하여 "'지역·지구 등' 지정과 운영에 관하여 다른 법률의 규정이 있더라도 이를 따르도록 정한 토지이용규제 기본법 제3조, 제8조에도 불구하고 산업입지 및 개발에 관한 법률에 따른 산업단지 지정의 효력은 산업단지 지정 고시를 한 때에 발생하는지 여부(적극)"이라고 판단한 바가 있으므로 참조할 수 있겠다. 대법원 2019. 12. 12. 선고 2019두47629 판결.

Ⅱ. 지형도면 고시의 법적 성질과 효력

1. 지형도면 고시의 법적 성질

과거 구 도시계획법 시절의 판례 중에는 마치 지형도면에 대한 승인이나 고시를 별개의 행정처분으로 보아 도시관리계획(당시는 도시계획)결정과 도면의 승인의 관계를 하자승계의 관계로 판시한 것이 발견된다.[1] 그러나 2000. 1. 28. 전부개정 도시계획법 이전의 시절에만 하더라도 지형도면에 대한 고시를 요구하는 규정은 따로 마련되어 있지 아니하였을 뿐만 아니라 지형도면에 대한 승인은 오로지 입안권자와 결정권자 사이의 문제에 불과하였다[구 도시계획법(2000. 1. 28. 법률 제6243호로 전부개정되기 전의 것) 제13조[2]]. 또한 2000. 1. 28. 전부개정 도시계획법만 하더라도 지형도면의 고시가 아닌 결정고시에 대하여 도시관리계획의 효력을 결부시키기고 있었고(동법 제25조 제1항; 제24조 제6항[3]) 그 태도는 제정 국토계획법에서도 유지되었으므로 지형도면과 도시관리계획의 효력 문제는 그다지 연관관계가 없었다. 그런데 2013. 7. 16. 개정된 국토계획법에 이르러서야 비로소 지형도면 고시와 도시관리계획의 효력이 결부되었으므로, 이와 같은 법 개정 이후에는 사인(私人)으로서는 지형도면 고시를 별개의 처분으로 상정하거나 이를 별개 처분으로 다투는 것은 부적절해 보이고, 지형도면의 내용에 대하여는 그 자체로 도시관리계획으로서 계획결정의 취소를 구하는 소송을 제기하는 것이 적절할 것이라 사료된다.

---

1 대법원 1978. 12. 26 선고 78누281 판결.
2 구 도시계획법(2000. 1. 28. 법률 제6243호로 전부개정되기 전의 것) 제13조(도시계획에 관한 지적 등의 고시) ① 시장 또는 군수는 제12조제4항의 규정에 의한 도시계획의 결정고시가 있을 때에는 대통령령이 정하는 바에 의하여 당해 도시계획구역안의 토지에 관하여 지적이 표시된 지형도상에 도시계획사항을 명시하여 건설부장관에게 그 승인을 신청하여야 한다. <개정 1981·3·31>
② 건설부장관은 제1항의 신청을 받은 때에는 그 지형도를 결정된 도시계획과 대조하여 착오가 없다고 인정할 때에는 당해 도면을 승인한다. <개정 1981·3·31>
③ 건설부장관은 필요하다고 인정할 때에는 제1항 및 제2항의 규정에 불구하고 당해 지방자치단체의 의견을 들어 직접 제1항의 도면을 작성할 수 있다 .<개정 1981·3·31>
④ 제12조제4항의 규정은 건설부장관이 제2항의 승인을 한 때 또는 제3항의 규정에 의하여 도면을 작성한 때에 이를 준용한다.
3 구 도시계획법(2000. 1. 28. 법률 제6243호로 전부개정된 것) 제25조(도시계획결정의 효력) ① 도시계획결정은 제24조제6항의 규정에 의한 고시가 있은 날부터 5일 후에 그 효력이 발생한다.
제24조(도시계획의 결정) ⑥ 건설교통부장관 또는 시·도지사는 도시계획을 결정한 때에는 대통령령이 정하는 바에 따라 이를 고시하고 관계서류를 일반이 공람하게 하여야 한다. 이 경우 건설교통부장관 또는 도지사가 결정한 도시계획에 대하여는 관계 특별시장·광역시장·시장 또는 군수에게 관계서류를 송부하여 이를 일반이 공람할 수 있도록 하여야 한다.

2. 지형도면 고시의 효력

도시관리계획의 내용은 지형도면을 통하여 확정되는 것이므로,[1] 그 이외의 도면 예컨대 도시관리계획열람도나 임야열람도 등의 내용이 도시관리계획으로서 구속적 효력을 지니는 것은 아니라고 보아야 한다.[2] 한편, 지형도면의 내용이 도시관리계획의 내용이므로, 지형도면 내용의 변경은 곧 도시관리계획을 변경하는 의미를 갖는다. 따라서 도시관리계획변경을 위한 일련의 법정 절차를 거치지 아니하고는 그 변경이 엄격하게 제한된다고 봄이 타당하다.[3]

---

[1] "일반적으로 도시계획결정고시의 도면만으로는 구체적인 범위나 개별토지의 도시계획선을 특정할 수 없으므로 결국 도시계획결정의 구체적, 개별적인 범위는 지적고시도면에 의하여 확정되고" 대법원 1999. 2. 9 선고 98두13195 판결.
[2] 온주 국토의계획및이용에관한법률 제32조(2018. 12. 17.); 대법원 1993. 2. 9 선고 92누5607 판결 등의 논의 참조.
[3] 대법원 1996. 3. 22 선고 95누13920 판결 참조.

제34조(도시 · 군관리계획의 정비)

제34조(도시 · 군관리계획의 정비) ①특별시장·광역시장·특별자치시장·특별자치도지사·시장 또는 군수는 5년마다 관할 구역의 도시·군관리계획에 대하여 대통령령으로 정하는 바에 따라 그 타당성을 전반적으로 재검토하여 정비하여야 한다. 〈개정 2011. 4. 14., 2015. 8. 11., 2020. 6. 9.〉

② 특별시장·광역시장·특별자치시장·특별자치도지사·시장 또는 군수는 제48조제1항에 따른 도시·군계획시설결정의 실효에 대비하여 설치 불가능한 도시·군계획시설결정을 해제하는 등 관할 구역의 도시·군관리계획을 대통령령으로 정하는 바에 따라 2016년 12월 31일까지 전반적으로 재검토하여 정비하여야 한다. 〈신설 2015. 8. 11.〉

[전문개정 2009. 2. 6.]
[제목개정 2011. 4. 14.]

I. 의의

본 조는 주기적으로 도시관리계획의 타당성 등을 재검토하고 그에 따라 도시관리계획을 정비하도록 입안권자의 의무를 규정한 것이다. 대체로 국토계획법은 광역도시계획, 도시기본계획, 도시관리계획 모두 5년을 주기로 하여 재검토를 요구하고 있다. 한편, 본 조는 장기미집행 도시계획시설에 대하여 특별한 규정을 두고 있는데, 국토계획법 제48조 제1항에 따라 20년간 시행되지 않아 실효가 예상되는 도시계획시설에 대하여 이를 해제하는 등의 대안을 검토하도록 한 것이다. 그 재검토 기한은 2016. 12. 31.까지였으므로, 현 시점에서 해당 조문은 삭제하는 등으로 개정되어야 할 것으로 보인다.

II. 정비의 대상

정비의 대상이 되는 도시관리계획 및 그 사유에 대하여는 국토계획법 시행령 제29조 제1항 각호가 상세히 정하고 있다. 대체로 용도지역·지구 등의 존치 타당성을 검토하도록 하거나, 상당 기간 진척이 없는 도시계획시설 등을 재검토 대상으로 정하고 있다. 동항 각호가 규정한 사유들에 해당할 경우, 입안권자가 이를 재정비하지 않더라도 주민제안의 방식으로 그 변경을 제안할 수도 있을 것이다.

한편, 국토계획법 시행령 제29조 제1항의 의미에 대하여 법제처는 "관련 규정의 문언상 국토계획법 제34조에 따른 도시·군관리계획의 정비는 도시·군계획시설에 관한 사항뿐만 아니라 도시·군관리계획의 전반적인 사항을 모두 대상으로 하며, 다만 도시·군계획시설에 관한 사항은 반드시 검토하여 반영하도록 하려는 것이라 할 것"이라고 함으로써,[1] 재검토 시에는 (ⅰ) 도시관리계획의 전반적인 사항을 종합적이고 체계적으로 정비하도록 하되, 특별히 도시계획시설에 관한 사항을 필수적인 것으로 강조한 의미로 해석하고 있고, (ⅱ) 다만, 해당 조문을 "도시계획시설에 대하여만 한정하여 재검토를 수행할 수 있는 조문"으로는 보기 어렵다는 입장을 취한 바 있다.

Ⅲ. 정비기간(5년)의 실무상 함의 – 기 수립된 계획의 변경제한기간

실무적으로는 5년의 재검토 기간이라는 의미가 변형되어, 도시관리계획을 결정한 이후 5년이 지나기 전에는 변경이 불가능하다는 논리로 활용되기도 한다. 실무상 행정청들은 사인(私人)의 도시계획변경 입안제안에 대하여 "5년이 지나지 않았으므로 변경이 불가하다"는 거부사유를 제시하는 경우가 있다. 관련하여 구 도시관리계획수립지침(2014. 7. 31. 국토교통부훈령 제406호로 개정되기 전의 것)에서는 "도시·군관리계획은 원칙적으로 결정된 날부터 5년 이내에는 이를 변경할 수 없다"(1-7-1-2.항)라고 규정하여 이와 같은 실무를 뒷받침하였으나,[2] 2014. 7. 31. 개정으로 해당 장 자체가 모두 삭제되었다. 따라서 그와 같은 명시적 근거가 삭제된 지금에는, 5년이 도과하지 아니하였다고 하더라도 얼마든지 필요에 따라 그 변경이 가능하다고 봄이 타당하다고 사료된다.

---

1 법제처 2016. 10. 4. 회신 16-0479 해석례. 도시·군관리계획의 정비 대상이 도시·군계획시설에 관한 사항에 한정되는지 여부(「국토의 계획 및 이용에 관한 법률」제34조 관련).
2 이에 기초하여 국토교통부 또한 변경제한의 예외에 해당하는 경우에만 5년 이내라 하더라도 도시관리계획의 변경이 가능하다는 입장을 취한 바 있다. 도시정책팀-5992, '04.10.26, 건설교통부, 국토의 계획 및 이용에 관한 법률 질의·회신 사례집, 2006. 12., 56면.

제35조(도시 · 군관리계획 입안의 특례)

제35조(도시 · 군관리계획 입안의 특례) ① 국토교통부장관, 시 · 도지사, 시장 또는 군수는 도시 · 군관리계획을 조속히 입안하여야 할 필요가 있다고 인정되면 광역도시계획이나 도시 · 군기본계획을 수립할 때에 도시 · 군관리계획을 함께 입안할 수 있다. 〈개정 2011. 4. 14., 2013. 3. 23.〉
② 국토교통부장관(제40조에 따른 수산자원보호구역의 경우 해양수산부장관을 말한다), 시 · 도지사, 시장 또는 군수는 필요하다고 인정되면 도시 · 군관리계획을 입안할 때에 제30조제1항에 따라 협의하여야 할 사항에 관하여 관계 중앙행정기관의 장이나 관계 행정기관의 장과 협의할 수 있다. 이 경우 시장이나 군수는 도지사에게 그 도시 · 군관리계획(지구단위계획구역의 지정 · 변경과 지구단위계획의 수립 · 변경에 관한 도시 · 군관리계획은 제외한다)의 결정을 신청할 때에 관계 행정기관의 장과의 협의 결과를 첨부하여야 한다. 〈개정 2011. 4. 14., 2013. 3. 23., 2013. 7. 16.〉
③ 제2항에 따라 미리 협의한 사항에 대하여는 제30조제1항에 따른 협의를 생략할 수 있다.
[전문개정 2009. 2. 6.]
[제목개정 2011. 4. 14.]

Ⅰ. 상 · 하위 계획의 동시입안의 특례(제1항)

앞서 논의한 바와 같이, 도시관리계획을 제외하고는 그 상위의 계획들은 비구속적 계획으로 파악된다. 따라서 상위계획에 반하는 도시관리계획이 반드시 위법하다고 보기는 어렵다.[1] 그럼에도 불구하고, 실정법상으로는 도시관리계획은 도시기본계획 등 상위계획에 부합하여야 하므로(제25조 제1항 등), 상위계획을 먼저 변경하고 그 다음 도시관리계획을 그 내용에 따라 수립 · 변경하는 것이 원칙적인 모습이기는 하다. 국토교통부 또한 도시기본계획 변경 후 도시관리계획을 변경하여야 한다는 원칙을 분명히 하고 있다.[2]

본 조는 이와 같은 원칙을 벗어날 수 있는 근거를 마련한 것으로, '조속한 입안

---

1 대법원 2002. 10. 11. 선고 2000두8226 판결 등 참조.
2 "도시관리계획수립지침 1-5-3-2의 규정에 해당하는 경우에는 도시기본계획을 변경하지 않고 도시관리계획을 변경결정할 수 있으나 이에 해당하지 않는 경우에는 도시기본계획을 변경한 후 도시관리계획을 변경하여야 하는 것이며," 도시정책팀-1905, '05.04.21, 건설교통부, 국토의 계획 및 이용에 관한 법률 질의 · 회신 사례집, 2006. 12., 42면.

의 필요성'이라는 매우 추상적인 요건만 인정되면 − 곧, 행정청의 필요에 따라 얼마든지 상·하위계획을 동시에 입안할 수 있도록 허용한 것이다.

Ⅱ. 관계기관 협의 시점의 조정(제2 내지 3항)

우리나라 국토계획법은 특이하게도 도시계획 수립권을 입안권과 결정권으로 분화하고 있는데, 따라서 각각의 권한의 행사 시 요구되는 절차들이 규정되어 있다. 본래 관계기관 협의는 결정권의 행사 시 요구되는 것인데(제30조 제1항), 어차피 입안단계에서 어느 정도 도시관리계획의 안이 도출되는 것이므로 그 시점에 협의를 하더라도 절차상으로는 큰 문제가 없다. 따라서 본 조는 필요한 경우에는 협의 절차를 앞당김으로써 유연한 절차의 운영이 가능하도록 정하고 있다.

제35조의2(공간재구조화계획의 입안)

제35조의2(공간재구조화계획의 입안) ① 특별시장·광역시장·특별자치시장·특별자치도지사·시장 또는 군수는 다음 각 호의 용도구역을 지정하고 해당 용도구역에 대한 계획을 수립하기 위하여 공간재구조화계획을 입안하여야 한다.
1. 제40조의3에 따른 도시혁신구역 및 도시혁신계획
2. 제40조의4에 따른 복합용도구역 및 복합용도계획
3. 제40조의5에 따른 도시·군계획시설입체복합구역(제1호 또는 제2호와 함께 구역을 지정하거나 계획을 입안하는 경우로 한정한다)
② 공간재구조화계획의 입안과 관련하여 제24조제2항부터 제6항까지를 준용한다. 이 경우 "도시·군관리계획"은 "공간재구조화계획"으로 본다.
③ 국토교통부장관은 제1항 및 제2항에도 불구하고 도시의 경쟁력 향상, 특화발전 및 지역 균형발전 등을 위하여 필요한 때에는 관할 특별시장·광역시장·특별자치시장·특별자치도지사·시장 또는 군수의 요청에 따라 공간재구조화계획을 입안할 수 있다.
④ 제1항부터 제3항까지에 따라 공간재구조화계획을 입안하려는 국토교통부장관(제40조에 따른 수산자원보호구역의 경우 해양수산부장관을 말한다. 이하 이 조부터 제35조의7까지에서 같다), 시·도지사, 시장 또는 군수(이하 "공간재구조화계획 입안권자"라 한다)는 공간재구조화계획도서(계획도와 계획조서를 말한다. 이하 같다) 및 이를 보조하는 계획설명서(기초조사결과·재원조달방안 및 경관계획을 포함한다. 이하 같다)를 작성하여야 한다.
⑤ 공간재구조화계획의 입안범위와 기준, 공간재구조화계획도서 및 계획설명서의 작성기준·작성방법 등은 국토교통부장관이 정한다.
[본조신설 2024. 2. 6.]

Ⅰ. 의의

2024. 2. 6. 개정 국토계획법에서는 도시혁신구역과 복합용도구역이라는 새로운 종류의 용도구역을 도입하면서, 이러한 용도구역을 지정하고 그에 해당 계획을 수립하기 위한 수단으로 '공간재구조화계획'이라는 새로운 계획의 종류를 도입하였다. 이는 기존의 도시기본계획이나 도시관리계획에는 속하지 아니하는 새로운 종류의 계획이므로, 그에 대한 수립의 근거 조문들을 별도로 마련할 필요가 있었고, 따라서 "제1절의2 공간재구조화계획"에서 그에 대한 상세한 규정을 두게 된 것이다. 공간재구조화계획의 의미에 대해서는 본서 제3편의 해당 항목의 논의를 참조하라.

Ⅱ. 조문의 내용

1. 공간재구조화계획의 입안권자

본조 제1항에 의하면 공간재구조화계획의 입안권자는 "특별시장·광역시장·특별자치시장·특별자치도지사·시장 또는 군수"로 되어 있고, 이는 기본적으로 도시기본계획의 수립권자(국토계획법 제18조 제1항), 도시관리계획의 입안권자(동법 제24조 제1항)와 동일하다.

다만, 본조 제3항은 "도시의 경쟁력 향상, 특화발전 및 지역 균형발전 등을 위하여 필요한 때"로서 본조 제1항에 따른 입안권자들의 요청이 있는 경우에는 국토교통부장관이 공간재구조화계획의 입안권자가 될 수 있다. 도시관리계획의 경우에도 국토교통부장관이 입안권자가 될 수 있는 경우가 규정되어 있는데(국토계획법 제24조 제5항), 도시관리계획의 경우 국가계획과 관련되는 등의 사유가 존재할 경우 지방자치단체장의 요청이 없더라도 직접 입안권을 행사하는 것이 가능하도록 되어 있는 반면, 본조 제3항은 공간재구조화계획의 경우에는 지방자치단체장의 요청이 있는 경우에 한하여 예외적으로 국토교통부장관이 입안권을 행사할 수 있도록 되어 있다.

본조 제2항은 공간재구조화계획의 입안과 관련하여 국토계획법 제24조 제2항부터 제6항까지의 조문을 준용하도록 되어 있는데, 그에 따라 국토교통부장관의 도시관리계획 직접입안권을 규정한 동조 제5항의 규정도 준용된다. 그런데 이러한 준용규정은 국토교통부장관의 입안권의 인정요건을 규정하고 있는 본조 제3항과 충돌되는 것이 아닌지 의문이 제기될 수 있다. 입법자료상으로도 이러한 문제에 대한 특별한 언급은 없는 것으로 보인다. 구태여 본조가 국토계획법 제24조 제5항을 준용범위에 포함하고 있다는 점을 고려하면, 본조 제3항은 국토교통부장관의 입안권을 제한하려는 규정이라기보다는, 입안권의 행사가 가능한 추가적인 경우를 규정하기 위함이라 이행하는 것이 타당하다고 사료된다.[1]

입안권의 성질이나 결정권과의 관계 등에 관한 논의는 본서의 제24조 논의 부

---

[1] 관련하여, 이재훈, 최근 국토교통부가 발표한 도시계획 혁신방안에 대한 小考, 건설법연구 제10호, 2023, 15면은 공간재구조화계획의 입안권의 내용이 대체로 도시관리계획의 경우와 동일하다고 전제한 다음 "지방자치단체의 장이 요청하는 경우에도" 입안권을 인정하고 있다는 취지로 서술하고 있는데, 이 또한 본조 제3항에 따른 국토교통부장관의 입안권이 부가적으로 규율된 것임을 전제한 서술이 아닌가 추측된다.

분을 참조하라.

2. 도시관리계획 입안 절차의 준용

비록 공간재구조화계획은 도시관리계획과 구분되는 별개의 계획으로 도입되었으나, 공간재구조화계획이 결정되면 그 내용은 도시관리계획을 변경하는 효력이 인정되어(국토계획법 제35조의7 제2항) 그 이후부터는 사실상 도시관리계획으로서 관리, 집행이 될 것으로 보인다. 이와 같은 유사성을 고려할 때, 개정법이 공간재구조화계획의 입안에 있어서도 도시관리계획의 입안에 관한 규정을 준용하는 것은 일응 타당하다고 보인다. 다만, 위 1.항에서 논의한 것처럼 국토교통부장관의 입안권과 같이 본조와의 해석상 충돌의 소지가 있는 부분들은 차후 법령의 해석 및 집행 과정에서 해소해나가야 할 것으로 보인다.

3. 공간재구조화계획 수립 등에 관한 지침

본조 제5항은 "공간재구조화계획의 입안범위와 기준, 공간재구조화계획도서 및 계획설명서의 작성기준·작성방법" 등에 관하여 국토교통부장관이 따로 정할 수 있도록 하고 있고, 그에 따라 국토교통부고시로 「공간재구조화계획 수립 등에 관한 지침」(이하 '공간재구조화계획수립지침'이라고 한다)이 제정되어 있다.

참고로, 도시관리계획수립지침에 관한 기존의 판례들은 국토계획법에서 명시적으로 위임한 것이 아닌 사항이 도시관리계획수립지침에 수록되어 있는 경우에는 그 대외적인 구속력을 인정하지 않고 있다.[1] 이를 고려하면, 공간재구조화계획수립지침의 경우에도 국토계획법이 명시적으로 위임한 "공간재구조화계획의 입안범위와 기준, 공간재구조화계획도서 및 계획설명서의 작성기준·작성방법"의 범위 내에서는 그 대외적 구속력을 인정할 여지가 있다고 사료된다.

공간재구조화계획수립지침은 공간재구조회계획을 수립하는 공간적인 범위(제3조), 도시혁신구역 및 복합용도구역의 지정 기준(제5조), 도시혁신구역 및 복합용도

---

1 서울고등법원 2017. 11. 29. 선고 2017누63681 판결; 서울고등법원 2021. 12. 10. 선고 2020누63339 판결 등 참조. 서울고등법원 2017. 11. 29. 선고 2017누63681 판결은 대법원 1995. 5. 23. 선고 94도2502 판결을 인용하면서 "법령의 규정이 특정행정기관에게 그 법령내용의 구체적 사항을 정할 수 있는 권한을 부여하면서 그 권한행사의 절차나 방법을 특정하고 있지 아니한 관계로 수임행정기관이 행정규칙의 형식으로 그 법령의 내용이 될 사항을 구체적으로 정하고 있다면, 그와 같은 행정규칙, 규정은 위에서 본 행정규칙의 일반적 효력으로서가 아니라, 행정기관에 법령의 구체적 내용을 보충할 권한을 부여한 법령규정의 효력에 의하여 그 내용을 보충하는 기능을 갖게 된다 할 것"이라는 일반론을 설시하고 있으므로 참조할 수 있겠다.

구역 내에서의 건축허가요건 특례나 건축물 용도 등의 배분 기준(제6조), 간소화된 절차로 공간재구조화계획을 변경할 수 있는 경우에 관한 규정(제8조) 등을 두고 있으므로, 실무적으로도 중요한 의미를 가진다.

제35조의3(공간재구조화계획 입안의 제안)

제35조의3(공간재구조화계획 입안의 제안) ① 주민(이해관계자를 포함한다. 이하 이 조에서 같다)은 제35조의2제1항 각 호의 용도구역 지정을 위하여 공간재구조화계획 입안권자에게 공간재구조화계획의 입안을 제안할 수 있다. 이 경우 제안서에는 공간 재구조화계획도서와 계획설명서를 첨부하여야 한다.

② 제1항에 따라 공간재구조화계획의 입안을 제안받은 공간재구조화계획 입안권자는 「국유재산법」·「공유재산 및 물품 관리법」에 따른 국유재산·공유재산이 공간재구조화계획으로 지정된 용도구역 내에 포함된 경우 등 대통령령으로 정하는 경우에는 제안자 외의 제3자에 의한 제안이 가능하도록 제안 내용의 개요를 공고하여야 한다. 다만, 제안받은 공간재구조화계획을 입안하지 아니하기로 결정한 때에는 그러하지 아니하다.

③ 공간재구조화계획 입안권자는 제1항에 따른 최초 제안자의 제안서 및 제2항에 따른 제3자 제안서에 대하여 토지이용계획의 적절성 등 대통령령으로 정하는 바에 따라 검토·평가한 후 제출한 제안서 내용의 전부 또는 일부를 공간재구조화계획의 입안에 반영할 수 있다.

④ 공간재구조화계획 입안권자가 제안서 내용의 채택 여부 등을 결정한 경우에는 그 결과를 제안자와 제3자에게 알려야 한다.

⑤ 공간재구조화계획 입안권자는 제안자 또는 제3자와 협의하여 제안된 공간재구조화계획의 입안 및 결정에 필요한 비용의 전부 또는 일부를 제안자 또는 제3자에게 부담시킬 수 있다.

⑥ 제1항부터 제5항까지에 규정된 사항 외에 공간재구조화계획 제안의 기준, 절차 등에 필요한 사항은 대통령령으로 정한다.

[본조신설 2024. 2. 6.]

Ⅰ. 의의

2024. 2. 6. 개정법이 도입한 새로운 용도구역인 도시혁신구역과 복합용도구역의 경우 기존의 도시관리계획의 틀이 아니라 공간재구조화계획이라는 새로운 종류의 계획으로 지정 및 계획의 수립이 이루어진다. 따라서 본조는 도시혁신구역과 복합용도와 관련한 입안제안을 허용하는 취지의 규정을 기존의 도시관리계획에 관한 입안제안(국토계획법 제26조) 규정과 별도로 마련해놓은 것이다.

주의할 것은, 2024. 2. 6. 개정법으로 도입된 입체복합구역의 경우에는 원칙적으로 도시관리계획으로 결정되는 것이므로 본조의 입안제안 대상에 속하지 않는다는 점이다. 만일, 도시혁신구역 또는 복합용도구역을 지정하면서 그에 입체복합구역이 포함된 경우에는 공간재구조화계획으로 이를 지정할 수 있으므로 본조에 따른 입안제안의 대상이 될 수 있을 것이나,[1] 그렇지 아니한 경우에는 도시관리계획의 입안제안에 관한 국토계획법 제26조의 규정에 의하여야 할 것이다.

II. 도시관리계획 입안제안과의 비교

본조의 내용을 보면 전반적으로는 도시관리계획의 입안제안에 관한 국토계획법 제26조의 규정과 유사하다. 양자 모두 입안제안 시 계획도서와 계획설명서를 제출하도록 정하고 있고, 제안의 처리 결과를 제안자에게 알리도록 하고 있으며, 제안에 따른 입안 및 결정에 소요되는 비용을 제안자에게 부담시킬 수 있는 근거 규정을 두고 있다는 점에서 양자는 흡사하다. 다만, 다음과 같은 사항들에서 본조는 국토계획법 제26조와 차이를 보인다.

1. 제3자 제안절차의 마련

본조 제2항 등에 의하면 공간재구조화계획으로 지정될 용도구역 내에 국공유재산이 면적을 기준으로 50%를 초과하는 경우에는(국토계획법 시행령 제29조의2 제4항), 입안제안자 이외의 제3자에 의한 제안의 기회를 부여하도록 관련 절차를 마련하고 있다.

도시관리계획의 입안제안의 경우에는 입안제안의 결과가 곧바로 개발사업의 시행과 연관되지 아니하므로, 입안제안권자에게 어떠한 기득권 같은 것이 인정되지 않는다.[2] 예컨대, 지구단위계획의 경우 입안제안을 하여 규제가 완화되더라도, 그 지상에서의 사업시행을 위해서는 별도의 인허가 절차에 의하여 시행권을 부여받아야만 한다. 도시계획시설의 경우에도 입안제안자에게 곧바로 사업시행자 지위를 인정하도록 정해져 있는 것은 아니다. 이와 같이 도시관리계획의 입안제안에 있어서는 입안제안권자의 지위가 특별한 법적 의미를 갖는 것이라 보기는 어려우므로 그 대상부지 내에 국공유지가 다수 포함되어있다고 하더라도 제3자에게 제안의

---

1 국토계획법 시행령 제29조의2 제1항 제2호 또한 도시혁신구역이나 복합용도구역이 함께 지정되는 경우의 입체복합구역의 입안제안과 관련한 토지소유자 동의 요건에 관해 따로 정하고 있다.

2 이재훈, 최근 국토교통부가 발표한 도시계획 혁신방안에 대한 小考, 건설법연구, 제10호, 2023, 7면은 이와 같은 기존 도시관리계획의 입안제안자에게는 "규제완화만 있을 뿐 … 아무런 인센티브가 없었다"고 설명한다.

기회를 별도로 부여할 이유를 찾기가 어렵다.

반면, 2024. 2. 6. 개정 국토계획법에서 새로이 도입된 용도구역 - 특히 도시혁신구역의 경우에는 도시개발사업 및 사업시행자 지정과도 연동되어 있어, 입안제안자로서의 지위가 중요한 의미를 지닐 수 있다. 이때 만일 입안제안 대상구역 내에 국공유지가 다수 포함되어 있는 경우에는 입안제안권자에게 사업시행자 지위가 연동되어 부여됨에 따라 특혜 시비[1]가 존재할 수 있으므로, 본조는 제3자에게도 입안제안을 할 수 있는 기회를 필요적으로 부여할 것을 정하고 있다. 구체적으로 살펴보면, 도시개발법상 토지소유자가 수용·사용방식의 도시개발구역의 지정을 제안할 수 있기 위해서는 "국공유지를 제외한 토지면적의 3분의 2 이상을 사용할 수 있는 권원을 가지고 토지면적의 2분의 1 이상을 소유"하여야 하는데(도시개발법 제11조 제5항),[2] 도시혁신구역의 지정에 따른 도시개발사업의 시행자 지정이 의제되기 위해서도 같은 요건이 요구된다(국토계획법 제83조의3 제4항 후단). 따라서 도시혁신구역으로 입안제안된 지리적 범위 내에 국공유지의 면적이 넓게 존재할수록 동의 및 소유권을 확보하여야 하는 면적이 줄어들게 되므로, 국공유지 면적이 다수 포함되어 있는 곳을 도시혁신구역으로 지정하는 것에 대한 특혜 시비가 일 수 있다. 따라서 본조는 제3자 제안의 절차를 마련하고 있는 것이다.

다만, 도시혁신구역이 아닌 복합용도구역의 경우에는 입안제안권자에게 어떠한 지위나 권한을 곧바로 부여하거나 의제하는 것은 아니므로,[3] 복합용도구역의 경우에 대해서도 일률적으로 제3자 제안을 거치도록 하는 것은 다소 과도한 입법이라고 사료된다.

2. 입안제안 내용의 일부 반영

도시관리계획의 입안제안에 관한 국토계획법 조문상으로는 입안제안된 내용의 일부만을 반영하여 도시관리계획을 입안할 수 있다는 취지의 명시적인 조문은 발견되지 않는다. 반면, 본조의 경우에는 공간재구조화계획의 입안 시 입안제안된 내용의 일부만을 반영하여 입안을 하는 것 또한 가능하도록 명시적으로 규정되어 있

---

1 입법자료는 간략하게 "민간의 특혜 논란을 방지"한다는 언급만을 하고 있다. 국회 국토교통위원회, 국토의 계획 및 이용에 관한 법률 일부개정법률안 심사보고서, 2024. 1., 39면 참조.

2 관련하여 법제처 2023. 4. 14. 회신 23-0183 해석례는 토지소유권 확보 요건의 경우에도 국공유지를 제외한 2분의 1 이상의 토지를 소유하여야 한다는 점을 명확히 하고 있다.

3 국회 국토교통위원회, 국토의 계획 및 이용에 관한 법률 일부개정법률안 심사보고서, 2024. 1., 7면 참조.

다(본조 제3항).

본조 제3항과 같은 규정이 존재하지 않는다면, 입안제안된 내용의 일부만을 행정청이 선별적으로 택하여 입안하는 것은 간단한 문제가 아니다. 도시관리계획의 경우 만일 행정청이 제안된 내용의 일부만을 입안하고자 한다면, 입안제안 자체는 반려, 거부한 다음, 반영하고자 하는 일부를 담은 내용에 대한 정식의 입안절차를 따로 거치는 것이 타당할 것이다. 즉 도시관리계획의 경우 입안제안된 내용의 일부를 반영하는 것은 입안제안자에 대해서는 제안에 대한 '일부'를 반려한 것이 아니라 '전부'를 반려한 것으로 취급하는 것이 타당하다는 게 사견인데,[1] 왜냐하면 계획의 내용은 서로 유기적으로 연관된 것일 가능성이 높으므로, 입안제안된 내용을 분량적으로 나누는 것이 입안제안자의 진정한 의사에 부합하는 것이라 볼 수 있을지 의문이기 때문이다.[2] 행정청의 입장에서 만일 일부만을 입안제안으로 처리하고자 한다면 입안제안자에게 기존의 입안제안을 철회하고 수정된 내용의 입안제안서를 다시 제출하도록 하는 것이 적절한 행정처리의 방법일 것이라 사료된다.

다만, 공간재구조화계획의 경우에는 본조 제3항과 같이 입안제안된 내용의 일부만을 반영할 수 있는 명문의 근거 규정을 두고 있으나, 현실적으로 그 처리를 도시관리계획과 다르게 취급할 수 있을지는 의문이다. 공간재구조화계획의 경우에도 입안제안자나 그에 동의한 토지소유자들의 진의를 고려한다면, 제안된 내용의 일부만 반영하는 것은 입안제안이 거부된 것으로 취급하는 것이 타당할 것으로 사료된다.

Ⅲ. 해석상의 쟁점

1. 입안제안을 위한 동의요건

도시관리계획의 경우에도 입안제안을 위해서는 일정한 비율의 토지소유자의 동의를 받을 것을 요구하고 있고, 공간재구조화계획의 경우에도 마찬가지의 태도를 보이고 있다. 이와 같은 동의율의 산정 문제에 있어서는 도시관리계획의 입안제안과 관련한 기존의 논의들이 그대로 적용될 수 있을 것으로 사료된다. 관련하여 본서의 제26조의 논의 부분을 참조하라.

---

[1] 관련하여 확립된 판례나 해석례 등이 존재하는지를 살펴보았으나, 현재로서는 특별히 발견되지는 않는 것으로 보인다.
[2] 특히, 입안제안에는 토지소유자의 동의를 요하는 만큼, 일부만이 인용된 입안 내용이 과연 토지소유자들이 진정한 의사로 동의한 것이라 볼 수 있을지도 의문이다.

제35조의4(공간재구조화계획의 내용 등)

제35조의4(공간재구조화계획의 내용 등) 공간재구조화계획에는 다음 각 호의 사항을 포함하여야 한다.
1. 제35조의2제1항 각 호의 용도구역 지정 위치 및 용도구역에 대한 계획 등에 관한 사항
2. 그 밖에 제35조의2제1항 각 호의 용도구역을 지정함에 따라 인근 지역의 주거·교통·기반시설 등에 미치는 영향 등 대통령령으로 정하는 사항
[본조신설 2024. 2. 6.]

본조는 공간재구조화계획에 포함되어야 할 내용에 관하여 정하는 조문이다. 공간재구조화계획은 금번에 새로 도입된 도시혁신구역, 복합용도구역의 지정 및 그에 관한 계획과 함께, 인근 지역 등에 미치는 영향과 관련한 계획들을 포함하여야 한다.

관련하여 특기할만한 것은 '인근 지역'에 관한 계획의 수립을 요구하고 있는 점이다. 국토교통부고시로 제정된 공간재구조화계획수립지침은 공간재구조화계획의 공간적 범위를 "원칙적으로 도시혁신구역 또는 복합용도구역과 그 주변의 도보권(도시혁신구역 및 복합용도구역의 경계에서 외곽으로 500m 내외)"로 하고 있으므로(제3조), 공간재구조화계획의 대상이 되는 지리적 범위는 해당 계획으로서 지정하려는 도시혁신구역 또는 복합용도구역보다 다소 넓을 수 있다. 그리고 그러한 인근 지역과 관련하여 수립되는 공간재구조화계획의 내용들도 결정되면 도시기본계획 및 도시관리계획을 변경하는 효력(국토계획법 제35조의7 제2항)을 갖게 된다고 봄이 타당하다.

제35조의5(공간재구조화계획 수립을 위한 기초조사, 의견청취 등)

> 제35조의5(공간재구조화계획 수립을 위한 기초조사, 의견청취 등) ① 공간재구조화계획의 입안을 위한 기초조사, 주민과 지방의회의 의견 청취 등에 관하여는 제27조 및 제28조(제28조제4항제2호의 경우 관계 행정기관의 장과의 협의, 중앙도시계획위원회의 심의만 해당한다)를 준용한다. 이 경우 "도시·군관리계획"은 "공간재구조화계획"으로, "국토교통부장관, 시·도지사, 시장 또는 군수"는 "공간재구조화계획 입안권자"로 본다.
> ② 제1항에 따른 기초조사, 환경성 검토, 토지적성평가 또는 재해취약성분석은 공간재구조화계획 입안일부터 5년 이내 기초조사를 실시한 경우 등 대통령령으로 정하는 바에 따라 생략할 수 있다.
> [본조신설 2024. 2. 6.]

I. 의의

본조는 공간재구조화계획의 수립 절차와 관련하여 기초조사, 의견청취 등에 관한 사항을 정하고 있는 조문이다. 기본적으로는 도시관리계획의 수립 절차에서 요구되는 기초조사나 의견청취 등의 절차를 준용하도록 하고 있으므로, 상세한 논의들의 경우에는 본서의 해당 조문들에 대한 논의 부분을 참조하라.

II. 해석상의 쟁점

본조 제1항은 공간재구조화계획의 기초조사, 의견청취 등과 관련하여 국토계획법 제27조와 제28조를 거의 포괄적으로 준용하고 있으므로, 구체적인 준용의 범위가 특정되어 있지 아니하여 해석상의 논란이 될 가능성이 있어 보인다.

예컨대, 본조 제1항은 국토계획법 제27조를 포괄적으로 준용하고 있는데, 국토계획법 제27조 제3항은 일정한 경우 기초조사 등을 생략할 수 있는 경우에 관하여 정하고 있고, 그와 별도로 본조 제2항은 기초조사 등을 생략할 수 있는 경우 등에 관하여 조문을 두고 있다. 이때 기초조사 등의 경우 국토계획법 제27조 제3항의 경우와 본조 제2항의 경우 모두 생략이 가능한 것인지, 아니면 국토계획법 제27조 제3항은 적용되지 않고 본조 제2항의 경우에만 생략이 가능한 것으로 보아야 하는지가 문제될 수가 있다. 각 조문들이 위임한 시행령 규정들이 구체적인 종류의 계획을 전제하여 생략이 가능한 경우를 규정하고 있는 점이나, 본조 제2항의 위임에 따른 국토계획법 시행령 제29조의4의 내용과 국토계획법 제27조 제3항의 위임에 따른 동법 시행령 제21조 제2항의 유사성 등을 고려하면, 공간재구조화계획의 경우 양자가 중첩적으로 적용된다고 보기는 어려울 것으로 사료되고, 따라서 본조 제2항 및 시행령 제29조의4가 정한 경우에만 기초조사 등이 생략될 수 있다고 해석하는 것이 타당하다고 사료된다.

제35조의6(공간재구조화계획의 결정)

제35조의6(공간재구조화계획의 결정) ① 공간재구조화계획은 시·도지사가 직접 또는 시장·군수의 신청에 따라 결정한다. 다만, 제35조의2에 따라 국토교통부장관이 입안한 공간재구조화계획은 국토교통부장관이 결정한다.

② 국토교통부장관 또는 시·도지사가 공간재구조화계획을 결정하려면 미리 관계 행정기관의 장(국토교통부장관을 포함한다)과 협의하고 다음 각 호에 따라 중앙도시계획위원회 또는 지방도시계획위원회의 심의를 거쳐야 한다. 이 경우 협의 요청을 받은 기관의 장은 특별한 사유가 없으면 그 요청을 받은 날부터 30일(도시혁신구역 지정을 위한 공간재구조화계획 결정의 경우에는 근무일 기준으로 10일) 이내에 의견을 제시하여야 한다.

1. 다음 각 목의 어느 하나에 해당하는 사항은 중앙도시계획위원회의 심의를 거친다.
   가. 국토교통부장관이 결정하는 공간재구조화계획
   나. 시·도지사가 결정하는 공간재구조화계획 중 제35조의2제1항 각 호의 용도구역 지정 및 입지 타당성 등에 관한 사항
2. 제1호 각 목의 사항을 제외한 공간재구조화계획에 대하여는 지방도시계획위원회의 심의를 거친다.

③ 국토교통부장관 또는 시·도지사는 공간재구조화계획을 결정하면 대통령령으로 정하는 바에 따라 그 결정을 고시하고, 국토교통부장관이나 도지사는 관계 서류를 관계 특별시장·광역시장·특별자치시장·특별자치도지사·시장 또는 군수에게 송부하여 일반이 열람할 수 있도록 하여야 하며, 특별시장·광역시장·특별자치시장·특별자치도지사는 관계 서류를 일반이 열람할 수 있도록 하여야 한다.

[본조신설 2024. 2. 6.]

Ⅰ. 공간재구조화계획의 결정권자

본조는 공간재구조화계획의 결정권자에 관하여 정하고 있는데(본조 제1항), 기본적인 권한의 소재는 도시관리계획과 큰 차이는 없다. 기본적으로 시도지사가 결정권을 지니고 있고, 국토교통부장관이 예외적으로 결정권을 지니고 있다. 결정권의 의미나 쟁점에 관하여는 본서의 제29조의 논의 부분을 참조하라.

Ⅱ. 공간재구조화계획의 심의 절차

공간재구조화계획 또한 도시계획위원회 심의를 거쳐서 수립되는 것이지만, 도

시관리계획과 달리 이를 관할하는 도시계획위원회의 종류에 차이가 있다. 본조 제2항 제1호는 국토교통부장관이 결정하는 공간재구조화계획 뿐만 아니라, 도시혁신구역이나 복합용도구역과 같은 개정법에서 새로 도입된 용도구역을 지정하거나 그 입지 타당성 등에 관한 사항을 결정하는 경우에는 시도지사가 결정권을 행사하는 경우라 할지라도 중앙도시계획위원회의 심의를 받도록 정하고 있다. 이와 같이 공간재구조화계획은 도시관리계획과 비교하여 그 수립절차가 다소 중앙화되어 있는 것으로 볼 수 있는데 그 취지나 의미 등에 관하여는 본서 제3편의 공간재구조화계획에 관한 논의를 참조하라.

한편, 시도지사가 결정권을 행사하는 공간재구조화계획 중 중앙도시계획위원회의 심의를 요하는 것은 "용도구역 지정 및 입지 타당성 등에 관한 사항"에 그친다. 따라서 용도구역 지정이나 입지 타당성 이외의 계획의 수립이나 변경에 관하여는 지방도시계획위원회의 심의를 거쳐야 한다. 조문의 내용에 의할 경우 시도지사가 결정하는 하나의 공간재구조화계획의 내용에 ① 용도구역 지정과 ② 해당 용도구역에서의 건폐율 등의 완화에 관한 사항을 포함한 계획이 모두 포함되어 있다면, 비록 하나의 계획이라 할지라도 전자에 대해서는 중앙도시계획위원회 심의를 후자에 대해서는 지방도시계획위원회 심의를 각각 거쳐야 하는 것으로 이해된다.

Ⅲ. 변경절차에 대한 규정의 부존재

도시관리계획의 결정에 관한 국토계획법 제30조와 비교하여 본조의 가장 큰 차이점 중 하나는 공간재구조화계획을 변경하는 경우에 관한 명시적인 언급이 없다는 점이다. 국토계획법은 도시관리계획을 변경하는 경우에 준용하는 절차에 관한 조문(동법 제30조 제5항)이나 도시기본계획의 수립절차에 관한 각 조문들은 '변경'에 관한 언급을 명시적으로 하고 있다. 반면, 공간재구조화계획의 경우에는 그와 같은 변경절차에 관한 언급이 발견되지 않고,[1] 경미한 변경 등에 관한 절차적 특례들도 특별히 언급되어 있지 않다(관련하여, 법 제35조의5 제1항에 따라 준용되는 도시관리계획의 수립 관련 조문에서 경미한 변경 등에 관한 언급이 있으나, 어느 범위까지 준용이 되는 것인지는 추후 해석에 맡겨져 있는 문제로 보인다). 따라서 공간재구조화계획의 변경의 경우에는 공간재구조화계획 자체의 변경 혹은 도시관리계획 등의 변경 중 어

---

[1] 아예 공간재구조화계획의 수립에 관하여 정하고 있는 제1절의2 자체에서 그 변경에 관한 언급이 일절 등장하지 않는다.

떠한 절차에 의하여야 하는 것인지 차후 해석상 쟁점이 될 수 있을 것이다. 관련하여 다음과 같은 두 방향의 해석이 가능해보인다.

먼저, 국토계획법 제40조의3 제3항 등을 보면 "도시혁신구역의 지정 및 변경과 … 도시혁신계획은 … 공간재구조화계획으로 결정한다"라고 정하고 있는데, "공간재구조화계획으로 결정한다"는 문구를 기속적인 것으로 해석하여 그와 같은 내용들의 경우 반드시 공간재구조화계획으로 '결정되어야 한다'는 것으로 이해하는 것이 가능해 보이기는 한다. 이러한 해석을 전제한다면, ① 도시혁신"구역"을 변경하여 지정하는 경우에는 반드시 공간재구조화계획을 결정하는 국토계획법 관련 규정을 모두 준수하여 그에 의하여야 할 것이고, ② 도시혁신"계획"의 경우 다소 모호하기는 하나 가급적 공간재구조화계획의 결정 절차를 모두 준수하여 변경하는 것이 더 안전할 것으로 보인다.

반면, 수립된 공간재구조화계획의 변경은 그 내용에 따라 도시기본계획이나 도시관리계획의 변경의 방법으로 행할 것을 예정하고 있는 것이라고 해석하는 것 또한 합리적인 해석의 방법일 수도 있다. 왜냐하면 (a) 국토계획법 제2조 제4호를 보면, "도시혁신구역의 지정 또는 변경에 관한 계획과 도시혁신계획"과 같이 지정된 도시혁신구역 등의 변경에 관한 것 또한 도시관리계획에 포함되는 것으로 정하고 있고, (b) 국토계획법 제35조의7 제5항은 수립된 공간재구조화계획은 도시·군 계획으로 관리하도록 정하고 있기 때문이다. 이러한 해석을 전제한다면, "공간재구조화계획으로 결정한다"는 문구가 도시관리계획 등의 수단을 통한 도시혁신구역 밍 도시혁신계획 등의 변경을 금지하거나 배제하는 것은 아니라고 보게 될 것이다.

현재로서는 이와 같은 해석상 논란가능성에 대하여 명확한 해석례나 판례 등이 등장하지는 않은 것으로 보이는바, 향후 그 경과를 지켜보아야 할 것으로 보인다.

제35조의7(공간재구조화계획 결정의 효력 등)

제35조의7(공간재구조화계획 결정의 효력 등) ① 공간재구조화계획 결정의 효력은 지형도면을 고시한 날부터 발생한다. 다만, 지형도면이 필요 없는 경우에는 제35조의6 제3항에 따라 고시한 날부터 효력이 발생한다.

② 제1항에 따라 고시를 한 경우에 해당 구역 지정 및 계획 수립에 필요한 내용에 대해서는 고시한 내용에 따라 도시·군기본계획의 수립·변경(제19조제1항 각 호 중에서 인구의 배분 등은 대통령령으로 정하는 범위에서 변경하는 경우로 한정한다)과 도시·군관리계획의 결정(변경결정을 포함한다) 고시를 한 것으로 본다.

③ 제1항에 따른 지형도면 고시 등에 관하여는 제32조를 준용한다. 이 경우 "도시·군관리계획"은 "공간재구조화계획"으로 본다.

④ 제1항에 따라 고시를 할 당시에 이미 사업이나 공사에 착수한 자(이 법 또는 다른 법률에 따라 허가·인가·승인 등을 받아야 하는 경우에는 그 허가·인가·승인 등을 받아 사업이나 공사에 착수한 자를 말한다)는 그 공간재구조화계획 결정과 관계없이 그 사업이나 공사를 계속할 수 있다.

⑤ 제1항에 따라 고시된 공간재구조화계획의 내용은 도시·군계획으로 관리하여야 한다.

[본조신설 2024. 2. 6.]

Ⅰ. 공간재구조화계획의 효력의 발생

공간재구조화계획의 효력은 지형도면을 고시한 날에 발생하도록 되어 있다. 이는 도시관리계획의 경우와 마찬가지인데(국토계획법 제31조 제1항), 지형도면 고시의 의미나 고시의 방법, 공간재구조화계획에 대한 제소기한 등의 논의는 본서의 제31조 논의 부분을 참조하라. 아울러, 본조는 지형도면의 고시에 관하여 국토계획법 제32조를 포괄적으로 준용하고 있으므로, 관련 논의는 본서의 제32조 논의 부분을 참조하라.

한편, 본조 제1항과 국토계획법 제31조 제1항의 차이점은 본조 제1항의 경우 지형도면이 필요 없는 경우에는 공간재구조화계획 결정의 고시가 있으면 해당 시점에 결정의 효력이 발생하도록 정하고 있다는 점이다. 문제는 '지형도면이 필요 없는' 경우가 무엇을 의미하는 것인지가 불분명하다는 점이다. 지형도면상의 기재사항이 변경되지 않는 공간재구조화계획의 변경의 경우가 여기에 해당할 것으로 보이기는 하나, 아래 Ⅱ.항에서 논의할 바와 같이 수립된 공간재구조화계획은 도시기본계획 및 도시관리계획으로 관리하도록 되어 있으므로 그 변경은 도시기본계획이나 도시관리계획의 변경의 방법으로도 행할 수 있을 것으로 보이는 바, 과연 공간재구조화계획의 변경의 경우를 예정하여 본조 제1항 단서와 같은 규정을 둘 실익이 있는지는 의문이 있다. 국토계획법이 지형도면의 고시에 각종 계획의 효력 발생시점을 연동시키고 있는 취지를 고려할 때, '지형도면이 필요 없는 경우'의 해석은 매우 한정적이고 제한적으로 하는 것이 타당하다고 사료된다.

Ⅱ. 도시기본계획 및 도시관리계획과의 관계

공간재구조화계획이 결정되어 그 효력이 발생하면, 도시기본계획 및 도시관리계획을 모두 수립하거나 변경하는 것으로 의제하는 효과가 발생한다(본조 제2항). 공간재구조화계획은 기존의 도시기본계획이나 도시관리계획의 어느 틀에 해당하는 것이 아닌 별도의 종류의 계획을 새로이 도입한 것인바, 이는 도시기본계획을 변경하고 연이어 도시관리계획을 변경토록 하는 일련의 과정[1]을 거치지 아니하고, 공간재구조화계획이라는 단일한 계획을 수립함으로써 절차의 간소화를 추구한 것이다.[2]

이와 같이 공간재구조화계획은 도시기본계획이나 도시관리계획 중 어느 하나에도 속하지 아니하는 것이지만, 그것이 수립된 이후에도 독자적인 계획으로 따로 머무르게 한다면 행정청이나 주민 모두에게 혼란을 야기할 수가 있다. 본조 제5항은 고시된 공간재구조화계획을 도시·군 계획으로 관리하도록 함으로써 수립된 이후의 공간재구조화계획은 그 내용에 따라 각각 도시기본계획과 도시관리계획으로 편입되어 관리하도록 정하고 있다.

이와 같이 공간재구조화계획을 '도시·군 계획'으로 관리하도록 하는 이상, 공간재구조화계획을 변경하는 경우에는 변경하려는 내용에 따라 도시기본계획이나 도시관리계획을 변경하는 절차에 의하는 것이 가능한지가 해석상 쟁점이 될 수 있다.[3] 관련하여 본서의 제35조의6 부분의 논의를 참조하라.

---

1 입법자료에 의하면 도시기본계획을 변경하고 도시관리계획을 변경하는 경우 4~6년 정도의 시간이 소요된다고 설명하고 있다. 국회 국토교통위원회, 국토의 계획 및 이용에 관한 법률 일부개정법률안 심사보고서, 2024. 1., 36면에서 인용하고 참조.

2 국회 국토교통위원회, 국토의 계획 및 이용에 관한 법률 일부개정법률안 심사보고서, 2024. 1., 36면

3 참고로 본 쟁점에 관하여 논한 것은 아니나, 법제처 2013. 1. 7. 회신 12-0688 해석례가 전제하고 있는 사안을 보면, 택지개발촉진법의 경우에도 사업준공 후 지구단위계획으로 이를 관리하도록 하

Ⅲ. 사업이나 공사에 착수한 자에 대한 특례

본조 제4항은 국토계획법 제31조 제2항과 마찬가지로 공간재구조화계획이 고시되어 효력을 발하기 이전에, 이미 사업이나 공사에 관한 인허가 등을 받고 착수한 자에 대해서는 새로이 고시된 계획과 관계 없이 사업이나 공사를 계속할 수 있도록 정하고 있다. 관련하여 ① 착수한 자의 의미나 ② 착수 후 추가되는 부지에 대한 적용례와 같은 사항이 해석상의 쟁점이 될 수 있을 것으로 보이는바, 그에 대해서는 본서의 제31조 논의 부분을 참조하라.

고 있고, 해당 사안에서는 지방자치단체가 지구단위계획의 변경의 방법으로 그 내용을 변경하려고 한 것으로 보인다.

제36조(용도지역의 지정)

제36조(용도지역의 지정) ① 국토교통부장관, 시·도지사 또는 대도시 시장은 다음 각 호의 어느 하나에 해당하는 용도지역의 지정 또는 변경을 도시·군관리계획으로 결정한다. 〈개정 2011. 4. 14., 2013. 3. 23.〉

1. 도시지역: 다음 각 목의 어느 하나로 구분하여 지정한다.

    가. 주거지역: 거주의 안녕과 건전한 생활환경의 보호를 위하여 필요한 지역

    나. 상업지역: 상업이나 그 밖의 업무의 편익을 증진하기 위하여 필요한 지역

    다. 공업지역: 공업의 편익을 증진하기 위하여 필요한 지역

    라. 녹지지역: 자연환경·농지 및 산림의 보호, 보건위생, 보안과 도시의 무질서한 확산을 방지하기 위하여 녹지의 보전이 필요한 지역

2. 관리지역: 다음 각 목의 어느 하나로 구분하여 지정한다.

    가. 보전관리지역: 자연환경 보호, 산림 보호, 수질오염 방지, 녹지공간 확보 및 생태계 보전 등을 위하여 보전이 필요하나, 주변 용도지역과의 관계 등을 고려할 때 자연환경보전지역으로 지정하여 관리하기가 곤란한 지역

    나. 생산관리지역: 농업·임업·어업 생산 등을 위하여 관리가 필요하나, 주변 용도지역과의 관계 등을 고려할 때 농림지역으로 지정하여 관리하기가 곤란한 지역

    다. 계획관리지역: 도시지역으로의 편입이 예상되는 지역이나 자연환경을 고려하여 제한적인 이용·개발을 하려는 지역으로서 계획적·체계적인 관리가 필요한 지역

3. 농림지역

4. 자연환경보전지역

② 국토교통부장관, 시·도지사 또는 대도시 시장은 대통령령으로 정하는 바에 따라 제1항 각 호 및 같은 항 각 호 각 목의 용도지역을 도시·군관리계획결정으로 다시 세분하여 지정하거나 변경할 수 있다. 〈개정 2011. 4. 14., 2013. 3. 23.〉

[전문개정 2009. 2. 6.]

I. 의의

본 조는 용도지역의 종류들을 분류하고 있는 조문이다. 국토계획법은 각 용도지역의 분류나 종류에 대하여는 본 조에서 규정한 다음, 각 용도지역별로 정해지는 건축허가요건에 대하여는 제6장에서 정하고 있다. 조문의 제목과 같이 지정된 용도지역에 대하여는 건축물의 용도(제76조), 건폐율(제77조), 용적률(제78조) 등의 건축허가요건이 적용된다.[1]

---

1 용도지역의 의의에 대하여는 본서의 용어의 정의 부분 참조.

Ⅱ. 도시지역

도시지역은 조선시가지계획령에서부터 연원하는 매우 오래된 용도지역이다. 조선시가지계획령에서 시가지계획구역 내에 주거·상업·공업지역을 지정할 수 있도록 한 것이 연원이고,[1] 이후 제정 도시계획법에서는 도시계획구역 내에 주거·상업·공업·녹지지역의 용도지역을 지정하도록 한 것이 지금까지 계수된 것이다. 참고로 본래 도시계획법이 관할하던 대상이 지금의 '도시지역'이다. 도시계획법과 국토이용관리법이 통합되어 지금의 국토계획법이 제정되기 이전까지, 도시지역이 곧 도시계획구역이었고, 도시계획법의 공간적 관할 범위에 해당하였다.[2]

1. 주거지역

"거주의 안녕과 건전한 생활환경의 보호를 위하여 필요한 지역"이 주거지역의 정의이다(제36조 제1항 제1호 가목). 쉽게 말해 시가지 내에서 택지들이 밀집하여 있는 곳이 바로 주거지역에 해당하는 곳들이다. 국토계획법 시행령은 주거지역을 전용주거지역과 일반주거지역, 준주거지역으로 구분하고 있는데, 「전용 → 일반 → 준」의 명칭으로 갈수록 주거지역의 집중도나 의미는 옅어진다. 달리 말하면, 전용주거지역의 경우가 가장 주거에 초점을 맞추어 그 외의 토지이용이 제한되는 곳이고, 준주거지역의 경우가 상업지역과의 경계선상이 있는 곳이라 할 수 있다.[3] 기존 시가지의 전용주거지역 및 일반주거지역의 세분은 원칙적으로 현재의 건축물의 현황 및 당해 시·군의 조례가 정하는 바에 따라 지정한다(도시관리계획수립지침 3-1-2-1.의 (2)항). 한편, 도시관리계획수립지침은 주거지역이 상업지역과의 경계가 옅어지는 것을 방지하기 위하여 명시적으로 "상업용도의 잠식으로 주거지의 동질성이 상실되지 않도록" 할 것을 요구하고 있다(3-1-2-1.의 (7)항).

---

1 조선시가지계획령 제15조 조선총독은 시가지계획구역 안에서 주거지역·상업지역 또는 공업지역을 지정할 수 있다.

2 도시계획구역의 의의와 연혁에 대하여는 윤지은, 용도지역제 도시계획의 체계에 관한 연구, 중앙대학교 대학원 석사학위논문, 2006. 2., 39면 이하의 논의 참조.

3 "일반주거지역 및 준주거지역의 경우 일부 상업기능을 허용하고 있으므로 기존시가지중 저층주택지와 신시가지의 단독주택지는 주거환경을 적극적으로 보호하기 위하여 제1종전용주거지역 또는 제1종일반주거지역으로 지정하는 등 저층 위주의 주거지역이 형성되도록 한다."는 것이 도시관리계획수립지침 3-1-2-1.의 (3)항의 설명이다.

가. 전용주거지역

전용주거지역은 "양호한 주거환경을 보전할 필요"가 있는 지역이다. 곧, 주거용도로서의 현황을 강력하게 유지할 필요성이 있는 곳을 '전용' 주거지역으로 지정하는 것이다. 예컨대 국립공원이나 도시자연공원, 보전녹지지역, 자연녹지지역이 연계되어 있는 곳[1]이나, 상업·공업지역과 접해있지 않은 곳에서 지정되는 것이 전용주거지역이다(도시관리계획수립지침 3-1-2-2.항 참조). 이때 제1, 2종의 구분은 주택의 밀도 – 곧, 단독주택인지 공동주택인지의 구분이다. 전용주거지역뿐만 아니라 통상 숫자가 높아질수록, 곧 1종보다는 2종이, 2종보다는 3종이 토지의 이용밀도(달리 말하면 개발밀도)가 높아서 고층 개발이 가능해진다. 다만, 전용주거지역의 경우 대부분 시가지와 비시가지의 경계선에 위치하므로 개발의 밀도는 떨어질 수밖에 없다.

[표] 제1, 2종 전용주거지역 관련 도시관리계획수립지침의 내용[2]

제1종전용주거지역	① 기존 시가지 또는 그 주변의 환경이 양호한 단독주택지로서 주거환경을 보전할 필요가 있거나 이러한 지역으로 유도하고자 하는 지역 ② 신시가지 중 주택지로 개발할 지역으로 양호한 단독주택지 개발사업이 시행되는 지역 ③ 개발제한구역이 우선 해제되는 지역으로서 주변 자연환경과의 조화가 필요한 지역
제2종전용주거지역	① 기성 및 주변시가지의 주택으로서 순화된 주거지역에서 기 형성되어 있는 중층 주택 및 기반시설의 정비상황에서 보아 중·저층주택이 입지하여도 환경악화의 우려가 없는 지역 ② 중·저층 주택단지로 계획적으로 정비하였거나 정비하기로 계획된 구역 또는 그 주변지역

나. 일반주거지역

전용주거지역보다는 주거용도로서 강력하게 보호하여야 할 필요성이 상대적으로 떨어지는 곳이다. 우리가 알고 있는 대부분의 아파트 단지들(반포동, 도곡동, 흑석동 등)이 일반주거지역에 해당한다고 보면 될 것이다. 마찬가지로 1, 2, 3종으로 갈수록 개발의 밀도가 높아진다. 개발의 밀도가 높아지는 만큼, 1, 2, 3종으로 갈수

---

1 쉽게 말하면 시가지 내에서 산에 접한 조용한 동네들이 이에 속한다고 볼 수 있겠다. 서울에서는 성북동 일부나 평창동 일부가 전용주거지역의 대표적인 사례이다.
2 본서는 최대한 조문의 직접적인 발췌나 편집을 지양하려는 입장이나, 각 용도지역의 세부적인 내용이나 분류의 경우에는 도시관리계획수립지침만큼 상세한 논의를 한 문헌을 찾아보기 어렵다. 따라서 필요한 한도에서 이를 발췌하여 소개하고자 한다.

록 상업지역 – 그중에서도 중심상업지역과 접하게 될 가능성이 높아진다.

[표] 제1, 2, 3종 일반주거지역 관련 도시관리계획수립지침의 내용

제1종일반주거지역	① 도시경관 및 자연환경의 보호가 필요한 역사문화구역의 인접지, 공원 등에 인접한 양호한 주택지, 구릉지와 그 주변, 하천·호소 주변지역으로 경관이 양호하여 중·고층주택이 입지할 경우 경관훼손의 우려가 큰 지역 ② 전용주거지역 및 경관지구에 인접하여 양호한 주거환경을 유지시킬 필요가 있는 주택지 ③ 단독주택·다가구·다세대 및 연립주택이 주로 입지하는 주택지 ④ 개발제한구역을 조정하기 위하여 도시·군기본계획상 시가화예정용지로 지정된 지역으로서 주변 자연환경과의 조화가 필요한 지역 ⑤ 가능한 한 주간선도로와 접하지 않도록 한다. 다만, 주간선도로에 충분한 시설녹지가 설치되어 있는 경우에는 그러하지 아니하다.
제2종일반주거지역	① 기존 시가지 및 주변 시가지의 주택지로서 중층주택이 입지하여도 환경악화, 자연경관의 저해 및 풍치를 저해할 우려가 없는 지역 ② 원칙적으로 중심상업지역, 전용공업지역, 일반공업지역과 접하여 지정하지 않아야 한다. 다만, 녹지대 또는 지형적으로 차단되어 주거환경에 지장을 초래하지 않는 경우에는 그러하지 아니하다. ③ 제1종 및 제3종일반주거지역에 해당되지 아니하는 경우
제3종일반주거지역	① 계획적으로 중고층주택지로서 정비가 완료되었거나 정비하는 것이 바람직한 지역 및 그 주변지역 ② 중·고층주택을 입지시켜 인근의 주거 및 근린생활시설 등이 조화될 필요가 있는 지역 ③ 간선도로(주간선도로와 보조간선도로를 말한다. 이하 같다) 설치 등 교통환경이 양호하며 역세권내에 포함된 지역

다. 준주거지역

주거지역 중에서도 상업지역과의 경계선상 위치한 곳들을 주로 준주거지역으로 지정한다. 물리적으로는 상업지역과의 구분이 모호하고, 토지이용관계에 있어서 차이를 느끼기가 어렵다. 도시관리계획수립지침 또한 "주거용도와 상업용도가 혼재하지만 주로 주거환경을 보호하여야 할 지역"이나 "중심시가지 또는 역 주변의 상업지역에 접한 주택지로서 상업적 활동의 보완이 필요한 지역," "상업지역 및 공업지역에 접한 주택지로 어느 정도 용도의 혼재를 인정하는 지역" 등을 준주거지역으로 정하도록 하고 있다(동 지침 3-1-2-4.항). 즉 다른 용도지역에 주거용도가 혼합되어 있는 정도의 수준이라고 할 수 있다. 그만큼 개발밀도가 통상의 주거지역보다는 높다. 서울을 예로 들자면 역세권에 연접하여 있는 곳들이 준주거지역으로 지정된 경우가 많다. 서울대입구역, 낙성대역, 사당역, 신촌역에 접해있는 일부지역

이 준주거지역으로 지정되어 있고, 흔히 이태원거리라 부른 곳도 준주거지역으로 지정되어 있다.

2. 상업지역

"상업이나 그 밖의 업무의 편익을 증진하기 위하여 필요한 지역"이 상업지역의 정의이다(제36조 제1항 제1호 나목). 대체로 오피스 빌딩이나 상가, 쇼핑몰 등이 등장하는 곳이다. 밀집도에 따라 중심상업지역, 일반상업지역, 근린상업지역으로 구분하는데, 후자로 갈수록 주거지역에 인접하게 되고, 그만큼 개발밀도도 낮아지게 된다. 이와 별도로 지역간 유통기능을 위한 유통상업지역이 별도로 마련되어 있다.

참고로, 상업지역이 '주거' 문제와 관련하여 등장하는 경우도 있는데, 주상복합건물이 대표적인 사례이다. 주상복합건축물은 '주택 외의 시설과 주택을 동일 건축물로 건축'하는 것을 의미하는데(주택법 제15조 제1항 단서), 본래 일정 세대 수 이상의 공동주택은 주택법에 따른 사업계획승인(동법 제15조)을 받아서 건축되는 반면에, 준주거지역이나 상업지역(유통상업지역은 제외)에서 300세대 미만의 주택과 주택 외의 시설을 동일 건축물로 건축하는 경우에는 건축법상 건축허가(동법 제11조)를 받아서 건축된다.[1] 통상 주택법상 사업계획승인보다 건축법상 건축허가 간명한 인허가로 이해될 뿐만 아니라 전자는 재량, 후자는 기속행위[2]로 이해되므로 299세대 이하의 주상복합건축물은 간결한 절차로 건설될 수 있다고 실무상 이해되고 있다. 한편, 주상복합건축물과 관련하여 오피스텔의 용도를 어떻게 이해할 것인지를 두고 최근 해석상의 논란이 계속되고 있는바, 아래 항목에서 검토하도록 한다.

가. 중심상업지역

국토계획법령이 정하고 있는 용도지역들 중에서도 가장 고밀도의 개발이 가능한 곳이다. 도심이나 부도심 등 중심상권이나 업무지구가 이에 속한다. 서울을 예로 들면 흔히 명동거리라고 부르는 일대가 모두 중심상업지역이다. 의외로 강남역

---

[1] 주택법 제15조 제1항 단서에서는 대통령령으로 정하는 주상복합건축물을 동조에 따른 사업계획승인의 대상에서 제외하여 건축법상 건축허가로 이를 건설할 수 있도록 하고 있는데, 그 위임을 받은 주택법 시행령 제27조 제4항 제1호 가목에서 300세대 미만의 경우로 정하고 있다.

[2] 건축허가는 원칙적으로는 기속행위로 이해된다(대법원 2004. 6. 24. 선고 2002두3263 판결). 다만, 토지형질변경허가 등이 의제되는 경우에는 재량행위로 이해된다(대법원2005. 7. 14. 선고 2004두6181 판결). 그런데 상업지역 등과 같은 도심지에서는 형질변경이 필요한 경우가 거의 없을 것이므로(곧, 개발가능성이 이미 부여되어 있을 것이므로) 그곳에서의 주상복합건축물의 건축허가는 기속행위라 보일 여지가 있다.

일대는 일반상업지역으로 지정된 곳이 많다.

중심상업지역은 그 지정 취지상 공동주택의 용도가 원칙적으로 허용되지 아니한다. 그러나 국토계획법에 의하여 인용되고 있는 건축법 시행령 별표 1 제2호는 중심상업지역에서 예외적으로 허용가능한 용도로써 "공동주택과 주거용 외의 용도가 복합된 건축물"이라는 문언을 사용하고 있는데, 공동주택과 오피스텔의 용도를 복합하는 것이 여기에 해당하는지가 쟁점이 된 바 있다. 오피스텔은 건축법상으로 업무시설로 분류되므로 이를 "주거용 이외의 용도"로 볼 수 있을지가 문제되는 것이다. 법제처는 오피스텔과 같은 준주택[1]의 경우 주거시설로 이용될 가능성이 있음을 들어 이를 "주거용 이외의 용도"로 볼 수 없고, 따라서 주택과 준주택만을 복합한 건축물은 중심상업지역에서 허용되는 "공동주택과 주거용 외의 용도가 복합된 건축물"에 해당하지 않는다고 보았다.[2]

참고로, 이와 같이 최근 오피스텔의 용도 분류가 여러 법영역에서 지속적으로 쟁점이 되고 있는데, 소득세법 제88조 제7호("사실상 주거용으로 사용하는 건물")처럼 법령 스스로 '주거용'이라는 정의를 명시하고 있는 경우에는 형식적인 용도의 분류가 아닌 실질적인 용처를 고려하여 오피스텔을 '주거용'에 해당한다고 보고 있고,[3] 이러한 판례나 실무례의 입장에는 이견이 없다. 그런데 최근 판례 중에는 여기서 한발 더 나아가 위 소득세법과 같은 정의규정을 두고 있지 아니하고, 주택법상 주택에 관한 정의규정을 그대로 준용[4]하고 있는 경우에도 '사실상 주거용'으로 사용하는지 여부를 기준으로 주택 여부를 판단한 경우가 발견된다.[5] 주택법이 주택과 준주택의 개념을 명확하게 구분하는 입장을 취하고 있다는 점을 고려하면, 주택법상 주택의 정의규정을 그대로 인용하는 경우에 대하여까지 사실상의 용도를 판단 기준으로 본 것은 주택법의 체계 및 태도와 조응하기 어렵다는 점에서 수긍하기가 어렵다.

---

1 오피스텔은 현행 주택법 시행령 제4조 제4호에 의하여 현재 '준주택'으로 분류된다. 그러나 여전히 건축법상으로는 업무시설의 항목 내로 분류된다.

2 법제처 2020. 12. 30. 회신 20-0647 해석례.

3 대법원 2005. 4. 28. 선고 2004두14960 판결.

4 지방세법 제104조(정의) 재산세에서 사용하는 용어의 뜻은 다음과 같다.

   3. "주택"이란 「주택법」 제2조제1호에 따른 주택을 말한다. 이 경우 토지와 건축물의 범위에서 주택은 제외한다.

5 대법원 2023. 11. 16. 선고 2023두47435 판결.

나. 일반상업지역

통상의 상업지역들이 이에 속한다. 대부분의 도시의 번화가들은 특별한 사정이 없는 한 일반상업지역의 용도지역이 부여된 경우가 많다. 중심상업지역에 비해서는 개발밀도가 낮다고는 하나, 국토계획법령이 정하고 있는 용도지역들 중에서는 가장 개발밀도가 높은 축에 속한다. 도시관리계획수립지침은 '주간선도로의 교차지점으로서 통과교통보다 지역 내 교통기능을 수행하는 지역'이나 '전철과 같은 대량교통수단의 환승점' 등을 일반상업지역으로 지정토록 하고 있다(3-1-3-3.항). 동 지침은 주거지역과 가급적 분리하여 일반상업지역의 지정을 하도록 정하고 있고, 만일 피치 못하게 연접하더라도 녹지 등의 완충대로 경계를 구분하고 분리할 것을 요구하고 있다.

다. 근린상업지역

소생활권, 근린생활권 등에서 어느 정도의 개발이 가능한 곳들을 근린상업지역으로 지정한다(도시관리계획수립지침 3-1-3-4.항). 지정사례를 찾기가 쉽지는 않다.

라. 유통상업지역

(1) 모든 지역으로부터 접근이 용이하고 승하차, 화물적재에 용이한 지역, (2) 대중교통수단의 정류장 및 전철역 등과 종합적으로 개발이 가능한 지역, (3) 물자 공급지의 연결이 용이하며 도시 내 각종 시장 및 집배송단지와의 교통이 편리한 지역 등을 유통상업지역으로 지정할 수 있다(도시관리계획수립지침 3-1-3-5.항). 보통 농수산물시장이나, 물류단지 같은 것을 계획할 때 유통상업지역을 지정하는 경우들이 있다.

3. 공업지역

"공업의 편익을 증진하기 위하여 필요한 지역"이 공업지역이다. 한마디로 공장지대가 공업지역이라고 할 수 있다. 공장이 밀집하게 되므로 주거지역과의 혼재를 피하여 오염피해의 발생을 방지하여야 한다(도시관리계획수립지침 3-1-4-1.항). 한편, '준공업지역'의 경우에는 공업지역의 명칭에도 불구하고 개발이 논의되는 곳들이 많다. 대표적으로 서울 시내의 구로디지털단지 일대나 신도림역 인근이 준공업지역이다. 때문에 도시관리계획수립지침은 준공업지역으로서 주택용지로의 전환이 예상되는 지역에 대하여는 지구단위계획의 수립을 원칙적으로 요구하고 있다(동 지침 3-1-4-1.의 (4)항).

[표] 공업지역 관련 도시관리계획수립지침의 내용

전용공업지역	① 비교적 평탄한 지형으로서 지나친 비용을 소요하지 않고 정지가 가능한 지역으로 무거운 구조물의 구축에 충분한 지내력을 지닌 지역 ② 도시의 규모, 입주공업의 토지에 대한 공업밀도를 감안하여 공업시설의 면적·지원시설 면적·녹지시설 면적 등을 충족시킬 수 있는 단지의 확보가 가능하고 일단의 토지매입이 용이한 지역 ③ 철도·화물전용도로·공항터미널의 접근성이 양호한 지역(임해지역의 경우에는 대형선박이 접안할 수 있는 항만조건을 고려하여 접근성이 양호한 지역) ④ 동력 및 용수의 공급, 폐기물처리에 유리한 지역 및 중화학 공장지대
일반공업지역	① 취업자들의 통근교통수단에 대한 접근성이 양호하고 노동력의 공급이 용이한 지역 ② 시설의 공동이용, 관리 및 외부규모의 경제성을 살릴 수 있는 도시의 외곽 또는 근교지역으로서 화물교통과 도시내 일반통행 발생과의 마찰을 최소화할 수 있는 지역
준공업지역	① 주민의 일상용품을 생산·수리·정비하는 공장과 환경오염의 가능성이 가장 적은 제조업을 수용하는 지역으로서 시가화지역에 인접한 지역 ② 주문생산품의 생산자 또는 이용자가 함께 편리하고 신속하게 연결될 수 있도록 소규모 분산적 입지도 가능한 지역 ③ 취업자들의 통근편의성 및 소음·악취 등 환경오염으로 인한 주거기능의 보호를 고려하여 지정한다. ④ 준공업지역은 주기능이 공업기능이므로 이에 상충되는 기능의 혼재를 방지하기 위하여 준공업지역의 신규지정은 가능한 억제하며, 기존 준공업지역 중 장기적으로 주거지역이나 상업지역으로 용도변경을 계획하고 있지 않은 지역은 가능한 일반공업지역으로 변경·지정한다. ⑤ 대도시의 경우에는 일반공업지역·전용공업지역의 완충기능을 유지할 수 있도록 일반공업지역 또는 전용공업지역에 인접한 경우에 한하며, 중·소도시에서는 중·소규모의 공장을 지원하기 위하여 설치할 수 있다.

4. 녹지지역

"자연환경·농지 및 산림의 보호, 보건위생, 보안과 도시의 무질서한 확산을 방지하기 위하여 녹지의 보전이 필요한 지역"이 녹지지역의 정의이다(제36조 제1항 제1호 라목). 그 정의에서 살펴볼 수 있듯이 녹지지역의 경우에는 개발 자체가 봉쇄되거나 매우 제한적으로만 허용되는 경우가 많다. 당연히 밀도 있는 개발은 허용되지 않는다. 실무상으로는 개발제한구역(이른바 그린벨트)에 대하여 자연녹지지역의 용도지역이 중첩하여 지정되어 있는 경우가 많고, 그에 대하여는 비판적인 견해가 존재한다.[1] 보전, 생산, 자연녹지지역들 간에는 세부적인 건축허가요건에 있어서 차이가 있기는 하겠지만, 대체로 개발이 거의 봉쇄된다고 봄이 타당하다.

참고로, 도시지역으로 지정되었으나, 세부 용도지역이 지정되지 아니한 경우에는 '보전녹지지역'의 용도지역에 따른 행위제한을 준하여 적용한다(국토계획법 제79조 제2항 참조).[2] 그 외에도, 도시지역 내 농지 소유권을 취득할 경우 농지취득자격증명을 요구하지 않는 농지법 제8조에 대하여, 도시지역 중에서도 녹지지역에서의 농지는 도시계획시설사업에 필요하지 아니한 경우를 제외하고는 농지취득자격증명이 여전히 요구된다고 본 판례도 발견된다.[3]

[표] 녹지지역 관련 도시관리계획수립지침의 내용

보전녹지지역	① 기존 시가지 내 또는 인근에 수림, 초지, 호소, 하천, 연안, 주요 습지 등과 인접토지가 조화되어 양호한 자연환경을 형성하고 있는 지역 ② 문화재, 전통사찰, 기념적 조형물 등과 같이 역사적·문화적 보전가치가 있는 지역 ③ 풍치 및 경관이 양호하고 주민의 건전한 생활환경을 위하여 보전이 필요한 지역과 도시가 건전하고 지속가능한 발전을 위하여 적정량의 녹지확보가 필요한 지역 ④ 무질서한 시가화 방지, 상수원 보호, 대기오염 및 소음 등의 환경오염과 재해의 방지, 생태계 및 희귀 동식물서식지의 보전 등을 위하여 필요한 차단지대 및 완충지대로서 적절한 위치·규모·형태를 가지고 있는 지역 ⑤ 상습수해지역 등 재해가 빈발하는 지역과 하천 하류지역의 수해를 유발할 가능성이 큰 하천 상류지역

---

1 김종보, 건설법의 이해, 제6판, 피데스, 2018, 202면 참조. 용도구역과 용도지역이 양립할 수 없다는 논의이다.

2 "도시지역으로 용도지역을 결정하여 세부용도지역으로 지정되지 아니한 경우는 보전녹지지역에에 관한 행위제한을 적용하는 것임을 알려드리며," 도시정책팀-1611, '04.01.13), 건설교통부, 국토의 계획 및 이용에 관한 법률 질의·회신 사례집, 2006. 12., 61면.
　참고로, 세부용도지역이 정해지지 않은 토지를 개발 할 때, 구 환경정책기본법 시행령(2006. 5. 30. 대통령령 제19497호로 개정되기 전의 것) 제7조 [별표 2]의 개발사업 부지에 대하여 구 국토의 계획 및 이용에 관한 법률(2004. 12. 31. 법률 제7297호로 개정되기 전의 것) 제36조 제1항에서 규정한 세부용도지역이 지정되지 아니한 경우에는 "그 개발사업 부지의 이용실태 및 특성, 장래의 토지이용방향 등에 대한 구체적 조사 및 이에 기초한 평가 작업을 거쳐 그 개발사업 부지가 구 국토계획법 제36조 제1항 중 어떠한 세부용도지역의 개념 정의에 부합하는지 여부를 가린 다음 이를 토대로 사전환경성검토협의를 할지 여부를 결정"하여야 한다는 대법원 판례가 발견된다. 대법원 2009. 9. 24. 선고 2009두2825 판결.

3 대법원 2012. 7. 31. 자 2012마336 결정.

	⑥ 국립공원이나 도시공원 등과 연계되는 자연경관이 수려한 지역 ⑦ 장기미집행된 도시자연공원 및 근린공원 중 해제되는 공원은 가급적 보전녹지지역으로 지정한다.
생산녹지지역	① 농지전용을 합리적으로 규제하고 조정하기 위하여 지정된 농업진흥지역 ② 자연녹지지역의 특성을 가지고 있으나 시가화 또는 개발을 엄격하게 규제할 필요가 있는 농지 ③ 농지가 집단화되어 있거나 경지정리가 되어 있어 다른 용도로 전환하는 것이 바람직하지 않은 농지 ④ 도시농업의 발전과 육성을 위하여 필요한 지역
자연녹지지역	① 녹지공간의 확보, 무질서한 시가지 확산의 방지, 장래 시가화용지의 공급 등을 위하여 보전할 필요가 있는 지역으로서 불가피한 경우에 한하여 제한적인 개발이 허용되는 지역 ② 양호한 생활환경을 조성하기 위하여 완충지대, 차단지대, 휴식 및 여가공간으로 필요하다고 인정되는 지역 ③ 보전녹지지역과 연계되어 녹지의 보전이 필요한 지역 ④ 자연·산림·녹지의 풍치와 건전한 도시환경을 유지하기 위하여 필요한 지역 ⑤ 기준표고와 차이가 많아 대규모 개발시 기반시설의 투자 및 관리비용의 급격한 증가가 예상되는 고지, 급경사지, 저습지 등

Ⅲ. 관리지역

국토계획법 제정 전 구 국토이용관리법상의 '준농림지역'이 명칭을 변경하면서 제도를 개편한 것이 '관리지역'이다. 본래 국토이용관리법상의 준농림지역은 '개발' 을 위해 도입된 곳이라고 할 수 있다. 1990년대 들어 지가상승으로 인해 택지와 공장용지의 부족 문제가 심화되었고, 이에 따라 저렴한 지가로 택지나 공장용지를 공급하고자 하는 목적에서 규제를 대폭 완화하는 가운데 등장한 것이 바로 구 국토이용관리법상의 '준농림지역'이다.[1] "(준농림지역에서) 환경오염정도가 심한 시설이나 대규모 개발행위등 반드시 규제가 필요한 행위만을 제한하고 그외의 행위는 이를 폭넓게 허용할 수 있도록 완화"하겠다[2]는 입법취지에서부터 그와 같은 규제완화의 취지를 확연하게 확인할 수 있다. 문제는 이와 같은 급격한 규제완화로 인한 난개발이 초래되었다는 점이다. 기반시설을 제대로 갖추지 아니한 채 소규모 아파트단지 등이 난립하는 사태가 벌어졌고, 그에 따른 환경오염 등의 문제도 야기되었

---

1 어명소, 준농림지역의 합리적 관리방안, 국토, 2000. 5., 54면. 참고로, 수도권의 외곽을 돌다가 모텔들이 밀집해있는 곳이나 뜬금없이 소규모 아파트가 등장하는 곳들이 종래 준농림지역의 대표적인 사례들이다.
2 1993. 8. 5. 개정 국토이용관리법의 제개정이유에서 인용.

다.[1] 이에 국토계획법을 제정하면서 구 국토이용관리법상의 준농림지역과 준도시지역을 통합하여 관리지역이라는 용도지역을 만드는 한편,[2] 관리지역 중에서도 계획관리지역에서는 체계적·계획적 개발을 위하여 '제2종 지구단위계획'[3]이라는 상세한 수단을 도입하였다. 관리지역이라는 명칭에서 드러나듯이 입법자는 해당 지역에 대한 체계적인 관리의 취지에서 도입한 것이지만, 실무상으로는 여전히 종전의 준농림지역과 다를 바 없다는 비판도 존재한다.[4]

대체로 3종의 관리지역들 중 '계획관리지역'의 경우에는 통상 어느 정도의 개발가능성이 있는 곳으로 이해되는 경우가 많다. 제정 국토계획법에서는 계획관리지역으로 세분화를 한 경우에 한정하여 제2종 지구단위계획을 수립할 수 있도록 하였기 때문이다.[5] 다만, 어디까지나 계획관리지역에서 개발가능성이 잠재되어있다고 하더라도 도시지역을 제외한 곳에서 상대적으로 그렇다는 의미이다. 판례 중에는 "국토계획법 자체에서 이미 계획관리지역에서는 광범위한 건축 제한이 이루어질 가능성을 예정하고 있는 것"이라고 그 한계를 설시한 것이 발견된다.[6]

계획관리지역에서 허용되는 용도에 대해서는 2014년 국토계획법 시행령 개정으로 적극적인 규율에서 소극적인(negative) 규율로 법령의 태도가 변경된 바 있다. 2014년 이전까지 국토계획법 시행령은 계획관리지역에 대하여 허용되는 용도들만을 한정적으로 열거하는 태도를 보였으나, 2014년부터는 금지되는 용도만을 열거하고 나머지는 허용하는 방식으로 태도를 변경함으로써, 계획관리지역에서 추후 발생할 수 있는 개발압력 혹은 개발가능성에 대하여 보다 유연하게 대처할 수 있도록 한 것이다.[7] 이러한 입법적 변화를 고려하더라도 계획관리지역은 다른 비도시지역과 달리 추후 개발가능성의 부여가 완전히 부정된 곳이라 이해하기는 어려

---

1 어명소, 준농림지역의 합리적 관리방안, 국토, 2000. 5., 56면 내지 57면 참조.
2 이종용, 도시관리계획 수립을 위한 관리지역 용도 세분화 방안, 한국도시지리학회지, 2005. 8., 109면 내지 110면의 논의 참조.
3 지금은 제1, 2종의 구분없이 지구단위계획으로 통합되었다.
4 김종보, 관리지역과 도시계획, 도시개발신문, 2011. 5. 9.자 칼럼 참조.
5 다만, 제정 국토계획법은 부칙을 두어 일정 기간 동안은 관리지역의 세분화 없이 제2종 지구단위계획의 수립이 가능하도록 정하였고, 지역에 따라서는 2006년 제정 제주특별법 제243조 제10항과 같이 그러한 특례 기간을 2009년 12월까지로 연장하는 규정을 두기도 하였다.
6 대법원 2020. 4. 29. 선고 2019도3795 판결[물환경보전법위반].
7 국토계획법 시행령(2014. 1. 14. 대통령령 제25090호로 일부개정된 것) 제개정 이유 또한 "입지가 능한 건축물을 법령에서 열거하는 방식으로 건축행위를 제한하고 있으나 산업의 변화 등에 신속하게 대응하는 데 한계가 있다"고 하면서 "비도시지역 중 중소기업의 입지수요가 높은 계획관리지역에 대해서는 건축이 금지되는 건축물이나 시설을 제한적으로 열거하는 원칙적 허용 및 예외적 금지의 방식으로 건축행위 제한 규정 방식을 전환함"이라고 그 취지를 설명하고 있다.

울 것으로 보이고, 계획관리지역이 이러한 특수성은 구체적인 개발계획, 지구단위계획 등의 수립이나 개별적인 인허가의 발급 여부에 있어서도 형량요소의 하나로 고려될 수 있어야 할 것이라 사료된다.[1]

[표] 관리지역 관련 도시관리계획수립지침의 내용

보전관리지역	① 자연환경보호, 산림보호, 수질오염방지, 녹지공간 확보 및 생태계 보전 등을 위하여 보전이 필요하나 주변의 용도지역과의 관계 등을 고려할 때 자연환경보전지역으로 지정하여 관리하기가 곤란한 지역 ② 장래 보전산지나 자연환경보전지역으로 변경할 필요가 있는 지역
생산관리지역	① 농업·임업·어업생산 등을 위하여 관리가 필요하나 주변의 용도지역과의 관계 등을 고려할 때 농림지역으로 지정하여 관리하기가 곤란한 지역 ② 장래 농업진흥지역이나 농림지역으로 변경할 필요가 있는 지역
계획관리지역	① 도시지역으로의 편입이 예상되는 지역 또는 자연환경을 고려하여 제한적인 이용·개발을 하려는 지역으로서 계획적·체계적인 관리가 필요한 지역 ② 관리지역중에서 기반시설이 어느 정도 갖추어져 있어 개발의 압력을 많이 받고 있는 지역과 이로 인하여 난개발이 예상되는 지역

Ⅳ. 농림지역

농림지역은 도시지역에 속하지 않는 ① 농지법에 의한 농업진흥지역 또는 ② 산지관리법에 의한 보전산지[2] 등으로서 농림업의 진흥과 산림의 보전을 위하여 필요한 지역에 지정한다(도시관리계획수립지침 3-1-7-1.항). 참고로, 관리지역 안에서 보전산지나, 농업진흥지역으로 지정되면 국토계획법 제42조 제2항은 농림지역의 지정을 의제한다. 대체로 개발가능성이 봉쇄된 것이라 이해된다.

Ⅴ. 자연환경보전지역

자연환경보전지역은 자연환경·수자원·해안·생태계·상수원 및 문화재의 보전과 수산자원의 보호·육성 등을 위하여 필요한 지역에 지정한다(도시관리계획수립지

---

1 달리 말해, 보전관리지역에서 적극적 개발을 위한 입안제안이나 인허가를 심사하는 경우와 계획관리지역에서의 경우에 대해 동일하게 보전적 관점에서 개발가능성을 강하게 통제하려는 태도로 이익형량을 하는 것은 계획관리지역에 대한 법령의 규율 및 구역지정의 취지에 부합하지 아니하는 것이어서 부당할 소지가 있다는 것이 사견이다.
2 따라서 준보전산지는 원칙적으로 대상이 아니다. 다만, 보전산지로 지정되었다가 다시 준보전산지로 변경되는 경우에는 의제를 취소, 해제하는 규정이 없으므로 준보전산지인 상태에서 농림지역이 될 수도 있다. 법제처 2013. 5. 7. 회신 13-0115 해석례.

침 3-1-8-1.항). 관리지역안에서 보전산지로 지정하면서 고시문에 자연환경보전지역으로 구분하는 경우에는 자연환경보전지역으로 결정·고시된 것으로 의제한다(국토계획법 제42조 제2항).

대체로, 자연환경보전지역의 대상들은 다른 법령에 의하여 보호되는 장소들에 해당하는 경우가 많다. 달리 말하면, 보전과 보호를 목적으로 하는 곳이므로 개발가능성이 사실상 봉쇄된 곳들이 많다는 뜻이다. 도시관리계획수립지침에 의하면 다음의 곳들이 자연환경보전지역으로 지정될 수 있다.

[표] 도시관리계획수립지침상 자연환경보전지역의 지정 대상(3-1-8-3.항)

---

(1) 「산지관리법」에 따른 보전산지
(2) 「야생생물 보호 및 관리에 관한 법률」에 따른 야생생물보호구역
(3) 「습지보전법」에 따른 습지보호지역
(4) 삭제
(5) 「토양환경보전법」에 따른 토양보전대책지역
(6) 「자연공원법」에 따른 자연공원
(7) 「독도등도서지역의생태계보전에관한특별법」 제4조에 따른 특정도서
(8) 「문화재보호법」에 따른 명승 및 천연기념물과 그 보호구역
(9) 「수도법」에 따른 상수원보호구역
(10) 「농지법」에 따른 농업진흥지역
(11) 「자연환경보전법」에 따른 생태·경관보전지역, 시·도 생태·경관보전지역, 생태자연도 1·2등급 권역과 별도관리지역
(12) 「한강수계 상수원수질개선 및 주민지원 등에 관한 법률」, 「낙동강수계 물관리 및 주민지원 등에 관한 법률」, 「영산강·섬진강수계 물관리 및 주민지원 등에 관한 법률」, 「금강수계 물관리 및 주민지원 등에 관한 법률」에 따른 수변구역
(13) 「연안관리법」에 따른 연안육역

제37조(용도지구의 지정)

제37조(용도지구의 지정) ① 국토교통부장관, 시·도지사 또는 대도시 시장은 다음 각 호의 어느 하나에 해당하는 용도지구의 지정 또는 변경을 도시·군관리계획으로 결정한다. 〈개정 2011. 4. 14., 2013. 3. 23., 2017. 4. 18.〉

1. 경관지구: 경관의 보전·관리 및 형성을 위하여 필요한 지구
2. 고도지구: 쾌적한 환경 조성 및 토지의 효율적 이용을 위하여 건축물 높이의 최고 한도를 규제할 필요가 있는 지구
3. 방화지구: 화재의 위험을 예방하기 위하여 필요한 지구
4. 방재지구: 풍수해, 산사태, 지반의 붕괴, 그 밖의 재해를 예방하기 위하여 필요한 지구
5. 보호지구:「국가유산기본법」제3조에 따른 국가유산, 중요 시설물(항만, 공항 등 대통령령으로 정하는 시설물을 말한다) 및 문화적·생태적으로 보존가치가 큰 지역의 보호와 보존을 위하여 필요한 지구
6. 취락지구: 녹지지역·관리지역·농림지역·자연환경보전지역·개발제한구역 또는 도시자연공원구역의 취락을 정비하기 위한 지구
7. 개발진흥지구: 주거기능·상업기능·공업기능·유통물류기능·관광기능·휴양기능 등을 집중적으로 개발·정비할 필요가 있는 지구
8. 특정용도제한지구: 주거 및 교육 환경 보호나 청소년 보호 등의 목적으로 오염물질 배출시설, 청소년 유해시설 등 특정시설의 입지를 제한할 필요가 있는 지구
9. 복합용도지구: 지역의 토지이용 상황, 개발 수요 및 주변 여건 등을 고려하여 효율적이고 복합적인 토지이용을 도모하기 위하여 특정시설의 입지를 완화할 필요가 있는 지구
10. 그 밖에 대통령령으로 정하는 지구

② 국토교통부장관, 시·도지사 또는 대도시 시장은 필요하다고 인정되면 대통령령으로 정하는 바에 따라 제1항 각 호의 용도지구를 도시·군관리계획결정으로 다시 세분하여 지정하거나 변경할 수 있다. 〈개정 2011. 4. 14., 2013. 3. 23.〉

③ 시·도지사 또는 대도시 시장은 지역여건상 필요하면 대통령령으로 정하는 기준에 따라 그 시·도 또는 대도시의 조례로 용도지구의 명칭 및 지정목적, 건축이나 그 밖의 행위의 금지 및 제한에 관한 사항 등을 정하여 제1항 각 호의 용도지구 외의 용도지구의 지정 또는 변경을 도시·군관리계획으로 결정할 수 있다. 〈개정 2011. 4. 14.〉

④ 시·도지사 또는 대도시 시장은 연안침식이 진행 중이거나 우려되는 지역 등 대통령령으로 정하는 지역에 대해서는 제1항제5호의 방재지구의 지정 또는 변경을 도시·군관리계획으로 결정하여야 한다. 이 경우 도시·군관리계획의 내용에는 해당 방재지구의 재해저감대책을 포함하여야 한다. 〈신설 2013. 7. 16.〉

Ⅰ. 의의

본 조는 용도지구의 종류들을 정하고 있는 조문이다. 각 용도지구별로 구체적인 제한의 내용은 국토계획법 제76조에서 상세하게 정한다. 경관지구와 같이 경관법과 같은 관계법령이 따로 마련되어 있는 경우도 있다. 대체적으로 용도지구에 따른 제한은 법리적인 문제가 개입되기보다는, 기술적인 적용 문제에 해당하는 경우가 많다. 따라서 본 조에 대한 설명에서는 개별 용도지구에 대한 사항들을 간략하게만 설명한 다음,[1] 용도지구를 확인하는 것과 개별 용도지구별 건축허가요건의 제한을 확인하는 실무적 방법에 대하여 간략히 논의하기로 한다. [용도지구의 제도적 의미에 대하여는 본서의 용어의 정리 항목을 참조하라.]

Ⅱ. 용도지구의 종류와 행위제한의 내용

대체로 용도지구는 개발진흥지구, 복합용도지구를 제외하고는 개발에 대하여 제한적이고 규제적인 역할을 하는 도시계획이다. 취락지구의 경우에는 그 역할이 다소 애매한데, 통상적으로 개발이 어려운 곳에서 취락이 형성되어 있는 현상을 중시하여 취락으로서의 현황을 존중해주는 취지에서 지정되는 경우가 많으나, 취락으로 인정하는 것 이상으로 적극적인 개발을 허락하지는 않기 때문에 이 또한 '개발'에 친(親)한 도시계획이라고 단정하기는 쉽지 않다.

1. 경관지구

경관지구는 경관의 보전·관리 및 형성을 위하여 필요한 지구로, (ⅰ) 산악·구릉지·숲 등의 자연경관이 우수하여 보호할 필요가 있는 지역에 대하여 지정하는 자연경관지구, (ⅱ) 기존 시가지에서 도시이미지 제고를 위하여 양호한 경관을 유지하거나 조성할 필요가 있는 지역에 지정하는 시가지경관지구, (ⅲ) 자연경관지

---

1 용도지구에 관한 상세한 내용은 도시관리계획수립지침의 '제2장 용도지구계획' 부분을 주로 참조.

구, 시가지경관지구의 지정을 통하여 지정목적을 달성할 수 없는 경우로서 지역 내 특별한 경관을 보호 또는 유지하거나 형성하기 위하여 필요한 지역에 지정하는 특화경관지구 등 3가지 종류로 구분된다(이상 도시관리계획수립지침 제2절 참조).

대체로 경관지구는 건축물의 경관을 규제하기 위하여 도입되는 것이므로, 그 자체로 건축허가요건의 강화 혹은 규제를 의미하는 것이다. 구체적인 규제의 내용은 국토계획법 시행령 제72조의 위임에 따라 각 조례에 의하여 정하게 되는데, 경관의 보전, 관리, 형성에 제약이 되는 '용도'를 제한하고, 건폐율·용적률·높이·최대너비·색채 및 대지안의 조경 등에 대하여 별도의 규율을 둘 수 있게 된다. 서울특별시의 경우에는 자연경관지구에 대하여만 관련 규정을 마련해두고 있다(서울특별시 도시계획 조례 제39조).

2. 고도지구

고도지구는 도시환경의 조성과 경관유지 및 제고를 위하여 건축물의 높이의 최고한도를 규제할 필요가 있는 지역에 대하여 지정이 가능한 것인데, 도시관리계획수립지침은 공원, 녹지대, 문화재 등 주로 경관의 관점에서 필요성이 있는 곳들을 지정 대상으로 열거한다(동 지침 3-2-3-1항). 다만, 동 지침 또한 포괄적 규정을 두고 있으므로, 열거되지 아니한 곳이라 하더라도 고도지구 지정에는 제약이 없다. 고도지구 또한 건축허가요건, 그중에서도 '높이'를 제한하는 규제적인 계획이다. 고도지구 안에서는 도시·군관리계획으로 정하는 높이를 초과하는 건축물을 건축할 수 없다(국토계획법 시행령 제74조).

3. 방화지구

방화지구는 화재의 위험을 예방하기 위하여 필요한 곳에 대하여 지정하는 용도지구이다. 도시의 정비가 이루어지지 않고 건축물이 밀집된 지역이나, 화재발생 시 피해가 클 것으로 보이는 곳 등을 방화지구로 지정할 수 있다(도시관리계획수립지침 3-2-4-1항 참조). 방화지구 지정 시의 규제에 대하여는 국토계획법이나 시도조례상으로 발견되지는 않고,[1] 건축법 제51조[2]에서 건축허가요건으로서 관련 규정이 발

---

1 참고로, 토지이용규제정보서비스(luris.molit.go.kr)상으로도 방화지구에 대한 제한사항은 특별히 검색되는 바가 없다.

2 건축법 제51조(방화지구 안의 건축물) ① 「국토의 계획 및 이용에 관한 법률」 제37조제1항제3호에 따른 방화지구(이하 "방화지구"라 한다) 안에서는 건축물의 주요구조부와 지붕·외벽을 내화구조로 하여야 한다. 다만, 대통령령으로 정하는 경우에는 그러하지 아니하다.

견될 뿐이다. 생각건대, 방화지구는 기존 건축물들이 화재에 취약한 경우를 위주로 하여 지정되는 것임에 반하여, 용도지구는 새로운 건축행위 시 건축허가요건으로 작용하는 경우에 실익을 얻게 되는 것이다. 그런데 용도지구상 방화지구에 대한 강화된 요건을 규율하더라도 원칙적으로 이는 기존 건축물들에 대하여 소급하여 적용할 수 있는 것은 아니고, 신설될 건축물들에 대한 방화기준은 건축법에 의하여 규율될 수 있는 성질의 것이므로, 국토계획법령 보다는 건축법 제51조에 관련 규정을 둔 것으로 보인다.

4. 방재지구

방재지구는 풍수해·산사태·지반붕괴 그 밖에 재해를 예방하기 위하여 필요한 곳에 대하여 지정되는 용도지구이다. 도시관리계획수립지침에 의하면 재해의 위험이 큰 일정한 경우에는 필요적으로 방재지구를 지정하여야 한다(동 지침 3-2-5-2항 참조). 재해예방의 취지에서 지정되는 것인 만큼 방재지구 또한 건축허가요건을 강화하는 의미를 지닌다. 국토계획법 시행령 제75조는 조례로 정하는 용도의 건축물을 금지하도록 정하고 있다.

5. 보호지구

보호지구는 문화재, 중요 시설물 및 문화적·생태적으로 보존가치가 큰 지역의 보호와 보존을 위하여 필요한 곳에 대하여 지정하는 용도지구다. 중요 시설물의 범위에 대하여는 국토계획법 시행령 제31조 제1항에서 열거하고 있는데, 대체로 항만, 공항, 문화시설 등 그 규모나 이용빈도가 매우 높은 공공용 시설물들이 해당한다. 보호지구에는 (ⅰ) 문화재와 문화적으로 보존가치가 큰 지역의 보호와 보존을 위하여 필요한 지역에 지정하는 역사문화환경보호지구, (ⅱ) 국방상 또는 안보상 중요하거나 국민의 안전에 중요한 영향을 미치는 시설물의 보호와 보존을 위하여 필요한 지역에 지정하는 중요시설물보호지구, (ⅲ) 야생동식물서식지·도래지로서 생태적으로 보존가치가 큰 지역의 보호와 보존을 위하여 필요한 지역에 지정하는 생태계보호지구 등 3가지로 구분된다. 이와 같은 구분 내용에서 살펴볼 수 있듯이

---

② 방화지구 안의 공작물로서 간판, 광고탑, 그 밖에 대통령령으로 정하는 공작물 중 건축물의 지붕 위에 설치하는 공작물이나 높이 3미터 이상의 공작물은 주요부를 불연(不燃)재료로 하여야 한다.
③ 방화지구 안의 지붕·방화문 및 인접 대지 경계선에 접하는 외벽은 국토교통부령으로 정하는 구조 및 재료로 하여야 한다.

각 보호지구의 취지 간의 동질성은 거의 없는 편이다.

보호지구 안에서의 건축허가요건의 제한에 대하여는 국토계획법 시행령 제76 조가 정한다. 역사문화환경보호지구나 생태계보호지구에서는 조례로 정하는 건축 물의 '용도'를 제한하고 있고, 중요시설물보호지구에서는 건축물의 용도에 더하여 형태에 대한 제한까지도 가능하도록 되어 있다. 대체로 조례들은 역사문화환경보 호지구의 경우 문화재보호법, 생태계보호지구의 경우 자연환경보전법의 규율체계 를 그대로 답습하는 형식을 취하고 있는 것으로 사료된다.[1] 이러한 측면에서 보면 보호지구 자체가 특별히 독립적인 제도적 가치가 있는 것인지 의문이 있다.

6. 취락지구

취락지구는 녹지지역·관리지역·농림지역·자연환경보전지역·개발제한구역 또 는 도시자연공원구역의 취락을 정비하기 위하여 지정하는 용도지구이다. 그 정의 에서 살펴볼 수 있듯이, 대체적으로 건축물들이 등장하기 어려운 – 곧, 토지이용이 매우 제한적인 용도지역이나 용도구역에서 이미 존재하고 있는 취락들을 적절하게 관리하기 위하여 지정하는 것이 취락지구이다. 기(既) 형성되어 있는 취락의 현상 은 어느 정도 존중하되 그 팽창이나 변질을 막기 위하여 취락지구를 지정하는 것 이다.[2] 취락지구는 (ⅰ) 녹지지역·관리지역·농림지역 또는 자연환경보전지역안의 취락을 정비하기 위하여 지정하는 자연취락지구, (ⅱ) 개발제한구역안의 취락을 정 비하기 위하여 필요한 경우에 지정하는 집단취락지구 등 2가지로 구분된다. 주로 전자에 대하여 국토계획법상의 규율들이 마련되어 있다. 국토계획법 시행령 제78 조는 자연취락지구에서 건축할 수 있는 용도를 정하고 있는데, 원칙적으로 4층 이 하의 건축물만이 허용되고, 단독주택이나 근린생활시설, 문화시설, 종교시설 정도 를 위주로만 허용이 되고 있다.

---

1 예컨대 대전광역시 도시계획 조례 제41조는 역사문화환경보호지구 안에서의 건축제한에 대하여는 「문화재보호법」 제35조를 준용하여 문화재관리부서와 사전협의가 안된 건축물의 건축물을 허용하 고, 생태계보호지구 안에서의 건축제한에 대하여는 「자연환경보전법」 제15조에 적합하지 아니한 건축물의 건축을 허용함으로써 타 법령의 제한을 그대로 준용한다.
2 취락의 확장이나 팽창은 그 자체로 개발제한적인 성격의 용도지역이나 구역의 해제 압력으로 작 용하기도 한다. 예컨대, 서울시의 경우에는 개발제한구역에 대한 위헌논쟁이 일던 당시 100호 이 상의 집단취락을 기준으로 그 이상은 개발제한구역을 해제하고, 그 미만은 유보하였다. 양승우, 이 상경, 정창무, 배정남, 개발제한구역 취락지구 지정방법 개발 및 적용에 관한 연구, 서울도시연구, 2006. 9., 16면 참조.

7. 개발진흥지구

개발진흥지구는 주거기능·상업기능·공업기능·유통물류기능·관광기능·휴양기능 등을 집중적으로 개발·정비할 필요가 있는 곳에 대하여 지정하는 용도지구이다. 주거개발진흥지구, 산업·유통개발진흥지구, 관광·휴양개발진흥지구, 복합개발진흥지구 및 특정개발진흥지구로 세분된다(도시관리계획수립지침 3-2-8-1항 참조). 개발진흥지구로 지정되는 것 자체가 통상 녹지나 농지 등에 해당하였던 곳에 대하여 장차 건축허용성 또는 개발가능성을 열어주겠다는 것을 의미한다. 그러나 개발진흥지구로 지정되었다는 사정만으로는 명시적으로 개별 필지에 대한 건축허용성이나 개발가능성이 부여되었다고 볼 수는 없고, 이는 지구단위계획이나 개발행위허가 등의 별도 제도를 거쳐서 부여된다고 봄이 타당하다고 사료된다. 참고로, 국토계획법 시행령 제79조 제1항 또한 기본적으로는 지구단위계획 또는 개발계획의 수립을 원칙적인 모습으로 상정하고 있는 것으로 보인다.

명칭과는 달리 개발진흥지구로 지정되는 경우에 대하여 국토계획법 시행령 제79조는 건축물의 용도를 제한하는 방식으로 건축허가요건을 규제하고 있다. 특히, 계획관리지역이나 녹지지역, 농림지역 등에서 개발진흥지구가 지정되는 경우에는 주로 기반시설의 설치와 균형을 맞추어 건축물이 등장할 수 있도록 하는 방식의 규제를 하고 있다(동조 제3항 참조).

8. 특정용도제한지구

주거 및 교육 환경 보호나 청소년 보호 등의 목적으로 오염물질 배출시설, 청소년 유해시설 등 특정시설의 입지를 제한할 필요가 있는 곳에 대하여 지정하는 용도지구이다. 주거, 교육, 청소년 보호에 초점을 맞추고 있으므로 주로는 유해한 용도의 건축물의 등장을 규제하는 방식으로 건축허가요건을 제한하는데 구체적으로 제한되는 용도는 각 조례에 의하여 정해진다(국토계획법 시행령 제80조 참조). 그 기능적 유사성으로 인해 학교환경위생정화구역과 함께 지정되는 경우가 있다(도시관리계획수립지침 3-2-9-3항).

9. 복합용도지구

지역의 토지이용상황, 개발수요 및 주변 여건 등을 고려하여 효율적이고 복합적인 토지이용을 도모하기 위하여 특정시설의 입지를 완화할 필요가 있는 곳에서 지정되는 용도지구이다. 종전의 용도지구들이 대체로 규제적 성격이 강했다면, 복합용도지구는 규제완화적 성격이 강하다. 이에 국토계획법 시행령 제81조를 보더라도 용도지역에 의하여 허용되는 건축물의 용도에 더하여, 복합용도지구로 지정된 곳에서 허용되는 용도를 보다 확장시키고 있다. 예컨대, 일반주거지역에서 준주거지역에 허용되는 건축물을 지을 수 있도록 한다는 등으로 규제를 완화한다. 구체적인 완화 내용은 각 조례로서 정하도록 되어 있다.

　　복합용도지구의 경우 규제완화적 성격이 강한 만큼, 도시관리계획수립지침은 해당 용도지역 전체 면적의 3분의 1 이내의 범위에서 지정 목적에 부합하는 적정한 면적을 계획하여 과도하게 지정되지 아니하도록 할 것을 요구한다(동 지침 3-2-10-3항).

Ⅲ. 용도지구 및 제한의 확인

　　다른 종류의 도시계획적 제한도 마찬가지이지만, 개별 토지에 대하여 설정되어 있는 도시계획의 현황은 기본적으로 토지이용확인원을 통하여 조회하게 된다. 이는 국토교통부에 의하여 전산화되어 '토지이용규제정보서비스'(luris.molit.go.kr)라는 명칭의 웹사이트로 운영되다가 최근에는 '토지이음'(eum.go.kr)이라는 웹사이트로 개편되었다. 기본적으로는 해당 웹사이트에서 대강의 도시계획의 현황을 살펴볼 수 있다. [다만, 지구단위계획에 수립되어 있는 경우에는 그 계획의 구체적인 내용까지를 살펴보아야 하는데, 아직은 지구단위계획까지 체계적으로 정리되어 있는 시스템은 부존재한다. 물론 위의 서비스와 함께, '도시계획정보서비스'(upis.go.kr) 등을 통하여도 고시문 등의 조회가 가능하지만 제한적인 경우가 많고, 특히 지구단위계획의 경우 '변경'된 내용만을 반복하여 새로 고시할 뿐, 변경 전의 원안은 새로 고시하지 않으므로, 전체적인 지구단위계획의 현황을 보려면 최초의 고시문까지 그 고시번호를 조회하여 일일이 찾아야하는 수고로움이 있다.]

　　토지이용규제정보서비스에서 개별 지번을 조회하면 다음과 같이 지정된 지역, 지구의 현황이 등장한다. 예컨대, 경복궁 서쪽의 서촌 중 대림미술관이 건설되어 있는 토지(서울 종로구 통의동 35-1)를 검색하면 다음과 같은 현황이 검색된다.

　　그리고 해당 페이지에서는 각 지구의 의미뿐만 아니라, 해당 지구에서 행위제한의 근거가 되는 법령의 내용까지를 모두 현출하고 있다. 이와 같은 방법으로 각 용도지구의 지정현황과 그에 따른 규제의 내용을 확인할 수 있다.

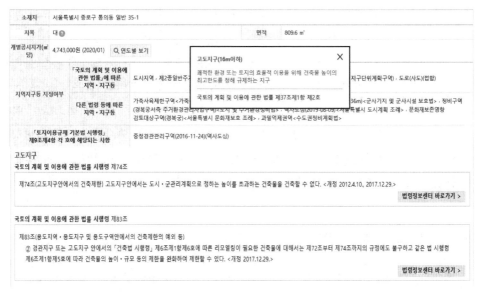

[그림] 토지이용규제정보서비스 화면

한편, 우리나라의 경우에는 이와 같이 정부 주도의 토지이용규제 관련 시스템이 운영 중이지만, 해외에서는 이른바 리걸테크의 일환으로 토지이용규제의 현황뿐만 아니라 권리관계 분석 등의 기능까지를 포함한 민간 웹사이트들이 운영 중에 있고, 실무에서도 점차 활용도가 증가하고 있는 것으로 보인다. 대표적으로 Search Acumen이나 Orbital Witness 등의 웹사이트들을 사례로 들 수 있다. 하나의 웹사이트에서 도시계획에 관한 내용, 계획허가의 소재 및 진행경과, 권리관계 등에 대한 분석이 가능할 뿐만 아니라 위성지도 등 다양한 지도기능을 함께 사용할 수 있고,

소재지	서울특별시 종로구 통의동 일반 35-1		
지목	대	면적	809.6 ㎡
개별공시지가(㎡당)	4,743,000원 (2020/01) Q 연도별 보기		
지역지구등 지정여부	「국토의 계획 및 이용에 관한 법률」에 따른 지역·지구등	도시지역 , 제2종일반주거지역(7층이하) , 고도지구(16m이하) , 지구단위계획구역(경복궁서측 지구단위계획구역) , 도로(사도)(접합)	
	다른 법령 등에 따른 지역·지구등	가축사육제한구역<가축분뇨의 관리 및 이용에 관한 법률> , 대공방어협조구역(위탁고도:54-236m)<군사기지 및 군사시설 보호법> , 정비구역(경복궁서측 주거환경관리사업구역)<도시 및 주거환경정비법> , 역사도심(2019-08-09)<서울특별시 도시계획 조례> , 문화재보존영향 검토대상구역(경복궁)<서울특별시 문화재보호 조례> , 과밀억제권역<수도권정비계획법>	
「토지이용규제 기본법 시행령」 제9조제4항 각 호에 해당되는 사항	중점경관관리구역(2016-11-24)(역사도심)		

[그림] 토지이용규제정보서비스 화면

또한 해당 웹사이트에서의 리서치 내용을 곧바로 보고서 등의 서식화된 서류의 형태로 변환할 수 있어서 실무적인 활용도가 매우 높은 편이다.

우리나라의 경우 (물론 완전하지는 않지만) 정부주도로 토지이용규제 정보들의 통합적 관리가 이루어지고 있고, 물권법정주의의 영향으로 영국과 같은 커먼로 국가들에 비하여 비교적 권리관계가 덜 복잡한 탓인지 위와 같은 민간서비스들이 아직은 활발하지 않은 것으로 보인다. 다만, 우리의 경우에도 도시관리계획의 변경 내역을 추적할 수 있는 등의 기능까지가 통합된 리걸테크가 점차 발전해나가기를 기대해본다.

Ⅳ. 용도지구의 통폐합 경향

한편, 용도지구 제도는 용도지역과 지구단위계획 사이에서 약간 애매한 지위에 놓여있다. 지구단위계획 또한 용도지역이 정한 건축허가요건을 세분화하고 상세하게 정할 수 있는 제도인데, 구태여 그와 달리 용도지구 제도가 개별적으로 운영될 필요가 있는지에 대한 의문이 제기될 수도 있는 것이다. 다만, 지구단위계획의 경우 상세한 계획의 수립이 수반되어야 하는 반면, 용도지구는 제한의 내용이 법령에 의하여 정해지는 것이므로, 보다 간명한 제도로서 용도지구가 운영될 실익은 인정되기는 한다. 그러나 도시계획의 장기적인 발전방향, 도시계획이라는 것이 개별 항목별로 규율되기보다는 여러 사항들이 총체적이고 종합적으로 규율되는 것이 바람직하다는 점을 고려하면 점진적으로 이는 지구단위계획의 내용으로 편입되어가는 것이 적절할 것이라는 게 저자의 사견이다. 참고로, 2018. 4. 19. 이래 기존의 용도지구가 통폐합되었고, 그러면서 경관·미관지구의 경우는 지구단위계획으로 대체하여 확대되도록 하는 방향으로 정책방향을 잡은 바 있다.[1] 지구단위계획수립지침 또한 '제3절 용도지구 대체형 지구단위계획 수립기준' 항목을 통하여 기존의 용도지구를 폐지, 대체하기 위하여 지구단위계획을 수립하는 경우에 관한 사항을 정하고 있다.

이와 같은 용도지구 통폐합 논의는, 그간 학계에서 제기되어온 '용도규제중심의 체계'에 대한 비판론과도 연관성을 부인하기 어려워 보인다. 문헌상으로는 우리 법제가 여러 지역, 지구 등을 남발하여 신설하면서 각 지역, 지구별로 용도규제를

---

[1] 국토교통부, 국토의 계획 및 이용에 관한 법률 해설집, 2018., 25면 참조.

하는 방식으로 제도를 운영해왔는데, 지역, 지구 간 규제의 중복 등으로 인하여 토지이용관계에 혼란을 자초하고 있다는 비판이 제기되어왔다.[1] 대체적으로 학계에서는 용도규제 위주 보다는 독일의 B-Plan과 같은 계획 위주의 방향으로 우리 국토계획법의 체계를 개편해야 한다는 논의가 지지되고 있는 상황인데, 용도지구를 지구단위계획으로 대체하려는 것도 그와 같은 경향과 매우 닮아있는 것이라 사료된다.

---

1 정태용, 국토계획법제의 정비, 공법연구, 2008. 10., 270면 참조.

제38조(개발제한구역의 지정)[1]

> 제38조(개발제한구역의 지정) ① 국토교통부장관은 도시의 무질서한 확산을 방지하고 도시주변의 자연환경을 보전하여 도시민의 건전한 생활환경을 확보하기 위하여 도시의 개발을 제한할 필요가 있거나 국방부장관의 요청이 있어 보안상 도시의 개발을 제한할 필요가 있다고 인정되면 개발제한구역의 지정 또는 변경을 도시·군관리계획으로 결정할 수 있다. 〈개정 2011. 4. 14., 2013. 3. 23.〉
> ② 개발제한구역의 지정 또는 변경에 필요한 사항은 따로 법률로 정한다.
> [전문개정 2009. 2. 6.]

I. 제도의 의의와 기원

1. 영국 그린벨트 제도와의 비교

개발제한구역은 도시의 무질서한 확산방지, 도시주변의 자연환경 보전 및 국가안보의 목적을 위하여, 도시의 개발을 제한할 필요가 있을 때 지정하는 용도구역이다. 그 명칭과 같이 이는 개발을 전면적으로 제한하여 도시의 팽창을 막는 '경계선'과 같은 역할을 한다. 때문에 이를 실무상 '그린벨트(Greenbelt)'라고 부르기도 하는데, 이는 영국의 그린벨트가 우리 개발제한구역제도의 원형적인 모습이기 때문이기도 하다.[2]

영국에서 그린벨트라는 용어가 법상 처음 등장한 것은 1938년 그린벨트법[Green Belt(London and Homes Counties) Act 1938]인데, 당시의 그린벨트는 지자체들이 농촌에 인접한 땅들을 수용하여 도시민들에게 여가 목적으로 녹지(green space)를 제공하기 위한 의미로 사용되었으므로 지금의 용어와는 차이가 있었다. 현재와 같은 그린벨트는 2차대전 이후 1947년 도시농촌계획법(Town and Country Planning Act 1947)이 부여한 계획권한에 근거하여 도입된 것인데, 이 때부터 그린벨트는 도시의 팽창(sprawl)을 경계하는 일종의 안전장치(safeguard)와 같은 제도로서 운영되어 왔다.[3] 2022년 3월을 기준으로 잉글랜드 지역의 약 12.6%(16,382㎢)가 그린벨트

---

1 본 항목과 관련하여 초판에서는 헌법재판소 2004. 2. 26. 선고 2001헌바80, 84, 102, 103, 2002헌바26(병합) 전원재판부 결정의 '3.-가.-(1) 개발제한구역제도의 변천 과정' 항목을 발췌한 다음 저자가 개발제한구역에 대하여 추가로 발견한 사항을 가감하는 방식으로 본 항목을 편집하고 그 취지를 각주로 밝혀두었으나, 금번 개정판에서는 저자의 추가 부분과 발췌 부분을 명확하게 구분하였다.
2 김종보, 건설법의 이해, 피데스 2013, 323면 참조.
3 이상의 영국의 그린벨트의 연혁에 관한 논의는 J. Cameron Blackhall, Planning Law and Practice,

로 지정되어 있다.[1]

　도시팽창을 통제하고 관리한다는 점에서 우리의 개발제한구역제도 또한 이러한 영국의 그린벨트 제도와 기본적인 목적은 유사하다. 그러나 영국의 그린벨트 제도와 우리의 개발제한구역제도는 제도의 운영 주체의 측면에서 큰 차이를 보인다. 우리의 경우 중앙정부 – 곧, 국토교통부장관이 개발제한구역의 지정 및 해제 권한을 지니는 반면에,[2] 영국의 경우 그린벨트의 지정과 변경, 해제 등은 기본적으로 지방자치단체가 관장하는 문제에 해당한다.[3] 다만, 영국의 경우 중앙정부에서 발간하는 National Planning Policy Framework(NPPF) 등에서 지방자치단체가 그린벨트를 변경 또는 해제할 수 있는 경우를 비교적 상세하게 제시함으로써 무분별한 해제나 변경, 개발 등을 예방하고 있다. 대표적으로 NPPF에서는 "예외적인 경우"라거나 "매우 특별한 경우"와 같이 그린벨트를 변경하기 위한 높은 수준의 요건을 제시하는 한편,[4] 지방자치단체가 그린벨트의 해제를 고려할 때 "가능한 다른 모든 대안들을 고려할 것"을 요구함으로써 신중한 태도를 취할 것을 요구하고 있다.[5] 참고로, NPPF는 지방자치단체계 계획을 수립하거나 계획허가를 결정할 때 주요하게 고려하여야 하는 문건이다.[6]

　한편, 특기할 만한 점 중 하나는, 영국에서도 그린벨트 해제 논의가 주택공급과 관련한 쟁점에서 등장한다는 점이다. 한국의 경우 개발제한구역의 해제는 중앙도시계획위원회의 심의를 거쳐서 국토교통부장관이 결정하는 것이므로(개발제한구역의 지정 및 관리에 관한 특별조치법 제8조 제3항 등 참조), 기본적으로 그 지정 및 해제가 유연하게 이루어질 수 있는 것이라 보기는 어렵다. 그런데 공공주택 특별법의 경우에는 거의 유일하게[7] 개발제한구역에 관련한 특례 조항을 마련함으로써(동법

2000, pp. 7-8의 논의를 참조하여 정리한 것이다.

1 F. Rankl & C. Barton, Green Belt(00934), House of Commons Library, 2022, p. 5.

2 물론 우리나라의 경우에도 특별시장·광역시장·특별자치시장·특별자치도지사·시장 또는 군수 등이 개발제한구역의 지정 또는 해제에 관한 계획의 입안권자가 되지만(개발제한구역의 지정 및 관리에 관한 특별조치법 제4조 제1항), 결과적으로 그 결정권한은 국토교통부장관이 보유하고 있다(동법 제8조). 아울러, 국가계획에 관한 한 국토교통부장관 스스로도 개발제한구역의 입안에 나설 수 있도록 되어 있다(동법 제4조 제1항 단서).

3 F. Rankl & C. Barton, Green Belt(00934), House of Commons Library, 2022, pp. 4, 9 등 참조.

4 F. Rankl & C. Barton, Green Belt(00934), House of Commons Library, 2022, p. 4.

5 F. Rankl & C. Barton, Green Belt(00934), House of Commons Library, 2022, p. 10.

6 National Planning Policy Framework, Ministry of Housing, Communities & Local Government, 2021, p. 4 참조.

7 현재 "「개발제한구역의 지정 및 관리에 관한 특별조치법」의 적용 특례"라는 조문제목을 지니고 있는 법률은 공공주택 특별법 이외에는 존재하지 아니한다.

제22조) 주택수급이라는 불가피하고 예외적인 공익의 달성을 위하여 개발제한구역을 주택지구로 변경할 수 있는 절차적 특례를 마련하고 있다. 그런데 영국의 경우 그린벨트 제도가 주택수급에 부정적 영향을 미친다는 비판 하에, 이를 해제하여 주택공급에 사용하여야 한다는 취지의 주장들이 대두되고 있는 실정이다.[1]

2. 일본 시가화조정구역과의 비교

일본의 경우 영국의 그린벨트나 우리의 개발제한구역에 대응하는 수준의 제도화된 그린벨트는 도입되지 아니한 것으로 소개된다.[2] 다만, 일본의 문헌 중에는 영국의 그린벨트에 대응하는 일본의 제도로 시가화조정구역(市街化調整区域; Urbanization Control Area)을 언급하고 있는 것이 발견된다.[3]

일본의 경우 도시계획구역을 시가화구역과 시가화조정구역으로 구분하는데(일본 도시계획법 제7조 제1항),[4] 전자는 이미 도시화가 진행된 곳 또는 향후 10년 이내에 계획적인 도시화가 장려될 곳에 해당하는 반면(동조 제2항), 후자는 도시화가 규제되어야 하는 곳에 해당한다(동조 제3항). 즉 시가화조정구역의 경우 '조정'이라는 단어의 의미가 곧 '보전'을 뜻하는 것으로 이해되고[5] 따라서 개발이 원칙적으로 "억제(strictly controlled)"[6]되는 것으로 같은 이름의 한국의 제도와는 달리 비교적 한국의 개발제한구역 혹은 영국의 그린벨트 제도와 유사성을 지니는 것으로 보인다. 이와 같이 도시계획구역을 시가화구역 및 시가화조정구역으로 구분하는 것은 도도부현의 관할 및 재량에 해당하지만, 대도시권에서는 이러한 구분이 기속적(혹은 의무적)인 것으로 소개된다.[7]

시가화조정구역으로 지정되는 경우의 가장 큰 의미는 개발절차에 있다. 시가화

---

1 F. Rankl & C. Barton, Green Belt(00934). House of Commons Library, 2022, p. 5 참조. 해당 문헌에 의하면 OECD나 Adam Smith Institute와 같은 권위있는 기관들에서 그린벨트를 주택수급 문제의 원인과 엮어서 비판하고 있는 것으로 소개된다.
2 국토개발연구원, 그린벨트제도 개선방안, 1998, 36면 참조.
3 Urban Planning System in Japan(2nd Edition), Japan International Cooperation Agency, 2007, p. 46.
4 이러한 시가화구역과 시가화조정구역의 구분을 "센비키 제도"라고 명명하기도 한다. 관련하여 조득환, 일본 도시계획법 개정배경과 내용, 국토 2007년 7월호, 2000, 58면 참조.
5 성주인, 김영단, 권인혜 외, 일본의 농어촌 토지이용제도 사례 및 시사점, 한국농촌경제연구원, 2011, 32면, 64면 등 참조.
6 성주인, 김영단, 권인혜 외, 일본의 농어촌 토지이용제도 사례 및 시사점, 한국농촌경제연구원, 2011, 16면; Urban Planning System in Japan(2nd Edition), Japan International Cooperation Agency, 2007, p. 12에서 인용.
7 Urban Planning System in Japan(2nd Edition). Japan International Cooperation Agency, 2007, 11면.

구역의 경우에는 기본적으로 우리와 유사한 용도지역이 지정되고, 그에 의하여 개발요건 혹은 건축허가요건이 규율되지만,[1] 시가화조정구역의 경우에는 용도지역이 지정되지 아니하고, 따라서 개별적인 개발허가제도로서 개발의 허부가 규율된다.[2] 흔히 시가화조정구역은 농촌계획구역 혹은 농용지구역과의 관계에서 다루어지고는 하는데,[3] 시가화조정구역의 일부가 농용지구역과 중첩하여 지정되어 있고 이렇게 농용지구역에 중첩된 곳에서는 개발행위가 전면적으로 금지되는 것으로 설명되고 있다.[4] 대체로 시가화조정구역에서는 "농가주택" 등 일정한 용도의 건축물을 제외하고는 개발이 불가한 것으로 이해된다.[5] 물론 제도적으로 시가화조정구역은 반드시 '농지보전'을 위하여 지정되어야 하는 것은 아니지만, 실무적으로는 농지의 보호와 관련된 일련의 규율들과 중첩적으로 작용하는 경우가 많고, 따라서 권한적인 측면에서 보더라도 시가화조정구역에 대해서는 도시계획권한을 가진 행정청과 농촌관리를 담당하는 행정청의 권한이 중첩적으로 행사되고 있는 것으로 이해된다.[6]

II. 제도의 연혁

개발제한구역 제도의 연혁에 대하여는 헌법재판소 2004. 2. 26. 선고 2001헌바 80, 84, 102, 103, 2002헌바26(병합) 전원재판부 결정의 '3.-가.-(1) 개발제한구역제도의 변천 과정' 항목에서 관련 논의를 잘 정리하고 있다. 이에 해당 부분을 발췌하여 다음과 같이 소개한다.

---

1 Urban Planning System in Japan (2nd Edition). Japan International Cooperation Agency, 2007, 12면.
2 윤원근, 일본 농촌계획제도의 분류와 특성에 관한 연구, 지방행정연구 제14권 제2호, 2000, 146면 참조.
3 윤원근, 일본 농촌계획제도의 분류와 특성에 관한 연구, 지방행정연구 제14권 제2호, 2000, 138면; 서륜, 일본의 농업진흥지역 제도, 농민신문 2016. 10. 12.자 기사 등 참조.
4 서륜, 일본의 농업진흥지역 제도, 농민신문 2016. 10. 12.자 기사 참조.
5 성주인, 김영단, 권인혜 외, 일본의 농어촌 토지이용제도 사례 및 시사점. 한국농촌경제연구원, 2011, 32면에서 인용 및 참조.
6 관련하여 Urban Planning System in Japan(2nd Edition), Japan International Cooperation Agency, 2007, p. 11 논의 참조.

(가) 개발제한구역제도는 도시의 무질서한 확산방지, 도시주변의 자연환경 보전 및 국가안보의 목적을 위하여 1971. 1. 19. 법률 제2291호로 도시계획법 전문개정 당시 제21조로 새로이 도입되었으며, 위 조항에 근거하여 1971. 7. 30.부터 1977. 4. 18.까지 8차례에 걸쳐 개발제한구역이 단계적으로 확대 지정되었다. 개발제한구역은 7개 대도시권과 7개 중소도시권에 지정되었으며, 그 지정지역은 전국토의 5.4%에 해당하는 5,397.1㎢에 달하고, 그 후 행위제한에 대한 일부 변경만 있었을 뿐, 추가지정이나 변경없이 그대로 유지되어 왔다.

(나) 그동안 개발제한구역제도와 관련하여, 그 관리방식이 개발제한구역 내에서의 지정목적에 위배되는 모든 행위를 일단 금지시켜 놓고 대통령 또는 건설교통부령의 개정을 통해 행위제한을 완화하는 소극적인 방식을 취함으로써 운영관리가 경직화되어 왔고, 개발제한구역 내의 일반주민들의 건축행위나 훼손행위에 대해서는 철저하게 단속을 해온 반면 국가공공시설, 호화주택, 기업형 대형음식점, 골프장 건설 등에 대해서는 관대함으로써 형평성이 결여되었으며, 개발제한구역이 지형이나 산세, 또는 토지이용실태 등에 대한 현지 조사도 없이 도면에만 의존해서 획일적으로 지정된 탓에 개발제한구역 내의 이용가능한 토지를 방치하는 대신 정작 녹지로 보존되어야 할 시외곽 임야 중 상당 부분이 개발제한구역에서 제외되어 무차별적으로 훼손되는 등 많은 문제점들이 지적되어 왔다.

(다) 정부는 이와 같이 개발제한구역제도가 지녀온 문제점들을 해소하기 위하여 1998. 4. 15.부터 주민대표, 환경단체, 대학교수 등 전문가로 구성된 '개발제한구역제도개선협의회'를 설치하였다. 그 이후 개발제한구역에 대한 전면적 실태조사와 설문조사를 실시하고 영국의 그린벨트제도 운영실태에 대한 민·관 합동조사단에 의한 현지조사를 하고 나서 그 결과들을 종합하여, 제도개선협의회는 1998. 11. 25. '개발제한구역 제도개선시안'을 마련하여 발표하였다. 그 후 건설교통부장관은 이 제도개선시안을 국내외 전문기관에 의뢰하여 평가하도록 하는 한편, 14개 도시권 모두를 대상으로 환경평가를 실시하고, 환경·시민단체와의 간담회, 개발제한구역제도개선시안에 대한 전국 12개 도시에서의 공청회 등을 거쳐 '개발제한구역제도개선방안'을 확정하여 1999. 7. 22. 발표하였다.

개선방안의 주요내용은 ① 시가지 확산압력이 낮고 환경훼손의 우려가 적은 7개 중소도시권은 전면해제, ② 시가지 확산압력이 높고 환경훼손의 우려가 큰 7개 대도시권은 구역으로 유지하면서 보전가치가 낮은 지역을 선별하여 부분적으로 해제, ③ 주민들이 집단적으로 모여 살고 있는 취락지역은 우선적으로 해제, ④ 구역 해제·조정과정에서 구역으로 계속 남게 되는 지역은 구역 지정 목적에 맞게 더욱 철저히 관리한다는 것이다.

위 개발제한구역제도개선방안에 따라 개발제한구역은 2003. 6. 30. 현재 당초 지정면적 5,397.1㎢의 19%인 1,016㎢가 해제되었으며, 최종적으로는 지정면적의 30% 정도인 1,617㎢를 해제·조정할 계획이라고 한다(건설교통부 제출자료).

(라) 한편, 헌법재판소는 개발제한구역의 지정에 관하여 규정하고 있던 구 도시계획법 제21조에 대하여 1998. 12. 24. 89헌마214, 90헌바16, 97헌바78(병합) 사건에서 개발제한구역의 지정이라는 제도 그 자체는 토지재산권에 내재하는 사회적 기속성을 구체화한 것으로서 원칙적으로 합헌적인 규정인데, 다만 구역지정으로 말미암아 일부 토지소유자에게 사회적 제약의 범위를 넘는 가혹한 부담이 발생하는 경우에도 보상규정을 두지 않는 것에 위헌성이 있다는 취지로 헌법불합치결정을 선고한 바 있는데, 위 헌법재판소의 결정 이후 개발제한구역의 지정절차와 개발제한구역의 종합적·체계적인 관리를 위한 법적 기반을 마련함으로써 개발제한구역의 보전과 주민의 생활편익의 조화를 도모하며, 개발제한구역으로 지정된 토지에 대하여 정부에 매수를 청구할 수 있도록 함으로써 국민의 재산권을 보장하는 등 위헌의 소지를 없애기 위하여 2000. 1. 28. 법률 제6241호로 「개발제한구역의지정및관리에관한특별조치법」[1]이 제정되었다.

III. 법적 쟁점

1. 다른 계획과의 충돌

용도구역제 도시계획과 용도지역제 도시계획은 그 연원이 서로 다른 것이므로, 용도지역제 도시계획과 중복하여 지정될 필요가 없다거나 부적절하다는 논의가 존재한다.[2] 참고로 실무상으로는 개발제한구역들에는 자연녹지지역의 용도지역이 부여되어 있는 경우가 많다. 이와 같이 개발제한구역과 자연녹지지역의 용도가 모두 지정된 곳에 대한 건축허가요건은 각 개별적인 요소에 대하여 양자 중 보다 엄격한 것을 적용함이 타당하다는 것이 본서의 견해이다. 왜냐하면, 서로 다른 층위의 도시계획인 이상 상호 간의 개폐(改廢)의 효력이 인정되기는 어려우므로, 각각의 건축허가요건이 그대로 살아있는 것으로 봄이 상당하기 때문이다.

법상으로 보면 개발제한구역이 '도시지역'에 대하여 적용되는 것임이 전제되어 있으므로, 용도지역제 도시계획과 중첩되는 것이 어찌보면 예정되어 있는 것처럼 보이기도 한다. 개발제한구역법 제4조 제1항은 개발제한구역의 입안권자를 규정하면서 "해당 도시지역을 관할하는"이라는 문언을 사용하고 있는데, 이는 개발제한구역의 지정 대상이 기본적으로 도시지역에 해당함을 전제한 표현으로 보이고, 개발제한구역 제도가 과거 국토이용계획법이 아니라 도시지역을 관할하던 도시계획법

---

[1] 참고로, 개발제한구역법은 국토계획법에 대하여 특별법적 관계에 있다. 대법원 2014. 5. 16. 선고 2013두4590 판결 참조.

[2] 김종보, 건설법의 이해, 제6판, 피데스, 2018, 202면 참조.

에 규정됨에 따라 위와 같은 문언을 사용하였다가 현재까지도 삭제되거나 수정되지 않고 유지되고 있는 것으로 보인다. 다만, 개발제한구역 지정 대상에 대하여 정하고 있는 동법 시행령 제2조나, 개발제한구역의 조정을 위한 도시·군관리계획 변경안 수립지침상으로는 특별히 개발제한구역의 대상을 도시지역으로 한정하고 있지는 않다. 따라서 장기적으로는 "해당 도시지역을 관할하는"이라는 문구의 수정이 필요할 것으로 사료된다.

2. 개발제한구역의 신규지정

개발제한구역의 경우 토지소유권에 미치는 제약이 매우 크므로, 새로이 개발제한구역을 지정하는 것의 적법성에 대한 논란이 발생할 수 있다. 그러나 염두에 두어야 할 것은 개발제한구역 제도 자체는 어디까지나 헌법소송과 법률개정 등을 통해 합헌성을 인정받고 있다는 점이다. 단지, 개발제한구역을 신규 지정함에 있어 계획재량을 적절히 행사하였는지, 수인불가능한 침해에 대한 적법한 보상이 행하여졌는지 등이 고민되어야 할 뿐이다.

종래 개발제한구역과 관련한 구 도시계획법 제21조에 대해 헌법불합치 결정을 하였던 결정례를 보더라도 수인불가능한 침해가 있는 경우에 대한 보상규정을 마련하지 않은 것의 위헌성을 지적한 것이고, 개발제한구역 제도 자체의 위헌성을 지적한 것은 아니다.[1] 해당 결정례에서 수인불가능한 수준의 사례로 든 것들은 "종래의 지목과 토지현황에 의한 이용방법에 따른 토지의 사용도 할 수 없거나 실질적으로 사용·수익을 전혀 할 수 없는 예외적인 경우"[2]들이었으므로, (a) 그러한 수준에 이르지 아니하거나, (b) 가사 그러한 수준에 이르더라도 보상을 행하는 경우라면 개발제한구역의 신규 지정이 불가한 것은 아니다.

---

1 헌법재판소1998. 12. 24. 선고89헌마214, 90헌바16, 97헌바78(병합) 전원재판부결정 참조.
2 헌법재판소1998. 12. 24. 선고89헌마214, 90헌바16, 97헌바78(병합) 전원재판부결정.

제38조의2(도시자연공원구역의 지정)

제38조의2(도시자연공원구역의 지정) ① 시·도지사 또는 대도시 시장은 도시의 자연 환경 및 경관을 보호하고 도시민에게 건전한 여가·휴식공간을 제공하기 위하여 도시 지역 안에서 식생(植生)이 양호한 산지(山地)의 개발을 제한할 필요가 있다고 인정하 면 도시자연공원구역의 지정 또는 변경을 도시·군관리계획으로 결정할 수 있다. 〈개 정 2011. 4. 14.〉
② 도시자연공원구역의 지정 또는 변경에 필요한 사항은 따로 법률로 정한다.
[전문개정 2009. 2. 6.]

Ⅰ. 의의

본 조는 도시자연공원구역이라는 용도구역의 지정에 권한을 시·도지사나 대도 시 시장 — 즉 도시관리계획의 결정권자에게 부여하고 있는 조항이다. (참고로, 개발 제한구역의 경우에는 국토교통부장관만이 결정권을 독점한다는 점에서 차이가 있다.) 본 조는 2005. 3. 31. 일부개정된 국토계획법에서 신설된 것인데, 처음에는 시·도지사 에게만 결정권한을 부여하였으나, 2008. 3. 28. 개정 시 대도시 시장에게도 결정권 을 부여하도록 개정되어 현재에 이르고 있다.

1. 공원녹지법상 관련 규정의 체계

가. 도시공원 관련 규정

개발제한구역 제도와 마찬가지로, 국토계획법은 도시자연공원구역에 대하여도 별도의 법률을 제정하여 규율하도록 정하고 있다. 그 위임에 따라 「도시공원 및 녹 지 등에 관한 법률」(이하 본 장에서 '공원녹지법'이라 한다)에서 관련 규정들을 마련하 고 있다.[1] 그에 따르면 국토계획법에 의하여 도시자연공원구역으로 지정되는 경우 공원녹지법상 '도시공원'에 해당하게 되어(동법 제2조 제3호) 도시공원에 관한 동법 의 각종 규율이 적용되는데, ① 공중(公衆)의 활용에 제공하기 위한 곳에 대하여 녹 지활용계약을 체결하거나(동법 제12조 제1항[2]), ② 도시공원을 설치하기 위하여 부

---

1 2005. 3. 31. 국토계획법 개정에 발맞추어, 같은 날 공원녹지법도 전부개정되었다.
2 공원녹지법 제12조(녹지활용계약) ① 특별시장·광역시장·특별자치시장·특별자치도지사·시장 또 는 군수는 도시민이 이용할 수 있는 공원녹지를 확충하기 위하여 필요한 경우에는 도시지역의 식 생 또는 임상(林床)이 양호한 토지의 소유자와 그 토지를 일반 도시민에게 제공하는 것을 조건으

지사용계약(동법 제12조의2)을 체결할 수 있게 되고, ③ 도시공원의 설치에 관한 도시관리계획결정 고시일로부터 10년 이내 공원조성계획을 고시하지 않을 경우 실효되도록 하는 규정(동법 제17조)의 적용을 받게 된다.

나. 도시자연공원구역 특유의 규정

(1) 행위제한(공원녹지법 제27조)

아울러, 공원녹지법 제5장에서는 도시자연공원구역의 지정과 관리 등에 관한 조문을 두고 있는데, 개발제한구역과 유사하게 도시자연공원구역 내에서는 개발행위(국토계획법 제56조 제1항 각호 참조)나 도시계획시설사업(국토계획법 제2조 제11호)이 원칙적으로 금지되고, 예외적으로 공원녹지법 제27조 제1항 각호에 열거된 사항들에 대하여만 허가[1]를 받아 허용이 가능하다.

(2) 취락지구 지정 특례(공원녹지법 제28조)

공원녹지법은 도시자연공원구역으로 지정하더라도 그 안에서 주민들이 집단적으로 거주하고 있는 취락에 대하여는 현상을 존중하여 취락지구로 지정할 수 있도록 정하고 있다. 통상 취락지구에 대하여는 제한적으로나마 건축허가요건이 완화되어 제한적인 개발이 허용되는데, 공원녹지법은 그에 대하여도 특례를 따로 정할 수 있도록 함으로써 제한을 완화하려고 시도하고 있다.

(3) 매수청구권(공원녹지법 제29조)

공원녹지법 제29조는 도시자연공원구역의 토지를 종래의 용도로 사용할 수 없어 그 효용이 현저하게 감소된 토지 또는 해당 토지의 사용 및 수익이 사실상 불가능한 토지에 대하여 소유자에게 매수청구권을 부여하고 있다. 조문의 체계를 고려하면 크게 물적 요건과 인적 요건으로 구분할 수 있는데, 물적 요건으로는 도시자연공원구역 지정으로 인하여[2] 효용감소 또는 사용수익불능이 발생하여야 하고, 인

로 해당 토지의 식생 또는 임상의 유지·보존 및 이용에 필요한 지원을 하는 것을 내용으로 하는 계약(이하 "녹지활용계약"이라 한다)을 체결할 수 있다.

1 물론, 이와 같은 허가는 개발가능성을 부여하는 성격이 강하므로, 그 자체로 강한 재량행위로서의 법적 성질을 인정하여야 한다.

2 공원녹지법 제29조 제1항이 "도시자연공원구역의 지정으로 인하여 도시자연공원구역의 토지를 종래의 용도로 사용할 수 없어"라고 규정하는 것은 효용감소나 사용수익불능과 구역지정 간의 인과관계가 있어야 함을 뜻하는 것으로 해석된다. 따라서 본래 사용이 불가능하였던 곳에 대하여는 본

적요건으로는 물적 요건의 원인이 발생하기 이전부터 토지를 취득하고 있을 것과 같은 요건이 인정되어야 하는바 구체적으로는 공원녹지법 제29조 제1항 각호[1]의 하나에 해당하여야 한다.

물적 요건과 관련하여, 도시자연공원구역 지정 전(前)의 행위제한 및 건축허가 요건의 내용과 후(後)의 내용을 비교하여 후자에서 조금이라도 강화된 사실이 인정된다면 본 요건의 충족이 인정되어야 함이 타당할 것이다. 매수청구권 제도가 장기 미집행 도시계획결정으로 인한 토지소유자의 소유권 침해 문제에 대한 반작용으로 도입된 것이라는 점을 고려하더라도 본 조의 요건을 엄격하게 해석하는 것은 지양되어야 한다는 것이 본서의 견해이다.

II. 장기미집행 도시계획시설결정의 실효와의 관련성

1. 제도의 도입 배경

도시자연공원구역은 그 자체로 장기미집행 도시계획시설(공원)결정에 대하여 보상규정을 미비한 것에 대한 헌법재판소의 헌법불합치결정[2]을 배경으로 도입된 제도이다. 입법자료상으로도 "공원조성사업을 장기간 미집행함으로써 도시자연공원내에서의 엄격한 행위제한으로 인해 사유재산권이 심각하게 제한되고 토지소유자와 거주자 등의 민원이 빈번한 실정"임을 지적하면서도, "취약한 지방자치단체의 재정사정 등을 감안할 때 기존에 미조성 내지 미집행된 도시자연공원에 대해 지방자치단체가 단시일 내에 이를 조성·집행할 것으로 기대하기도 어려운 현실"을 고려하여 도시자연공원구역 제도를 도입한 것이라고 설명된다.[3]

요건이 인정되기 어렵다.

다만, 도시자연공원구역의 지정이 실효되는 장기미집행 공원에 대한 것인 경우에는, 본 요건의 충족 여부를 판단함에 있어 장기미집행 도시계획시설(공원)결정 자체로 인하여 가해왔던 공법상의 제한은 고려하지 않는 것이 타당하다. 왜냐하면, 지목이 '대'인 등으로 장기미집행 도시계획시설결정만 아니라면 개발이 어느 정도 가능하였던 곳에 대하여, 도시자연공원구역 지정으로 계속해서 그 개발을 봉쇄하겠다는 것은 그 자체로 실효제도의 취지에 반하여 사실상 공법상 제한을 무제한적으로 지속할 수 있는 것이 되기 때문이다.

1 1. 도시자연공원구역의 지정 당시부터 해당 토지를 계속 소유한 자

2. 토지의 사용·수익이 사실상 불가능하게 되기 전에 그 토지를 취득하여 계속 소유한 자

3. 제1호 또는 제2호의 자로부터 해당 토지를 상속받아 계속 소유한 자

2 헌법재판소 1999. 10. 21. 자 97헌바26 결정 [도시계획법제6조위헌소원] 헌법불합치.

3 이상 국회 건설교통위원회, 국토의계획및이용에관한법률중개정법률안(정부제출) 심사보고서, 2005. 3., 3면에서 직접 인용.

실제로, 2020. 6. 30.을 종기로 실효[1]된 장기미집행 도시계획시설(공원)에 대하여, 사업시행자인 지방자치단체가 실시계획인가 등 사업진행이 어렵거나, 민간공원특례사업의 시행조차도 불허하고자 하는 경우에 그 일부를 도시자연공원구역으로 지정하는 사례들이 빈번하게 발견된다.[2]

2. 위헌론 논쟁

이와 같이, 도시자연공원구역 제도가 장기미집행 도시계획시설 문제와 결부되면서 위헌·위법성에 대한 문제가 심각하게 대두되고 있는 실정이다. 특히, 서울특별시의 경우를 예로 들면 종래 장기미집행 공원으로 지정된 곳들 중 가장 이용관계의 핵심이 되는 소수의 필지만을 대상으로 실시계획을 인가하여 도시계획시설결정이 실효되지 않도록 하되, 시가지와 녹지의 경계선에 있는 대부분의 필지들을 도시자연공원구역으로 지정하는 방식으로 제도를 운영하고 있는데, 이와 같은 도시자연공원구역의 운영행태나, 나아가 제도 자체가 위헌위법한 것이 아닌지에 대한 분쟁이 매우 빈번한 상황이다.[3]

주된 쟁점은 이와 같은 제도의 운용이나 제도 자체가 장기미집행 도시계획시설에 대하여 헌법불합치 결정을 선고한 헌법재판소 1999. 10. 21. 선고 97헌바26 전원재판부 결정의 취지에 정면으로 반하는 것은 아닌지의 점이다. 즉 (i) 이미 도시계획시설(공원)로 지정된 이래, 토지소유권에 대한 제한을 수인하여온 토지소유자들에 대하여, (ii) 사업부지나 수용의 대상으로 포함시키지도 아니한 채 사실상 토지의 이용가능성을 차단하는 것과 같은 효과를 야기함으로써, (iii) 도시계획시설결정이 실효된 이후에도 계속해서 토지소유권에 대한 제한을 수인하도록 하는 것이 과연 헌법재판소 97헌바26 결정의 취지에 부합하는 것인지 여부가 쟁점이 되는 것

---

1 국토계획법 제48조 제1항, 동법(2002. 2. 4. 법률 제6655호) 부칙 제16조 제1항 제1호에 의하여 2000. 7. 1. 이전에 결정·고시된 도시계획시설은 2020. 7. 1.자로 실효된다.

2 서울특별시, 장기미집행 도시공원 57.3% '도시자연공원구역' 지정, 내 손안에 서울, 2019. 10. 14.자 게시글 참조. "장기미집행 도시공원 실효 시, 서울시 도시공원 중 사유지 약 38.1㎢의 실효가 예상된다. 이로 인해 시는 2018년 4월 '장기미집행 도시공원 실효 대응 기본계획'을 발표하면서 약 1조 3,000억 원의 지방채를 발행, 2020년까지 사유지 공원 2.33㎢을 매입해 공원으로 보전하고, 보상이 이루어지지 않은 토지에 대해선 '도시자연공원구역' 지정 후 장기적으로 사유지를 지속 매입하겠다고 밝힌 바 있다. 이번에 도시자연공원구역으로 지정되는 공원은 도시공원 총면적 117.2㎢ 중 57.3%인 67.2㎢다."

3 특히, 관련하여 도시자연공원구역에 관한 분쟁은 국민권익위원회 고충민원의 형태로도 다수 제기되어 있는 상황인바, 국민권익위원회 차원에서 해당 문제에 대한 권고조치를 강구하고 있는 것으로 보인다.

이다. 특히 동 결정례가 ① 가용한 예산이 확보되지 않거나 ② 예산이 허용하는 것보다 넓은 부지를 사업대상지로 삼아왔던 종래의 계획행정청의 관행이 잘못된 것이었음을 명시적으로 지적하고 있는 만큼, 최소한 도시자연공원구역 제도를 장기미집행 도시계획시설결정 실효 문제에 대하여 단편적이고 변형적인 형태로 도시자연공원구역 제도를 활용하는 것은 헌법재판소 결정례나 도시자연공원구역 제도 자체의 도입 취지나 배경에도 부합하지 않는다고 사료된다. [다만, 도시자연공원구역 제도의 운용행태가 문제인 것이지, 사실상 제도 자체까지 위헌이라고 보기는 무리가 있어 보인다.]

3. 최근 국민권익위원회의 제도개선 및 시정권고 경향

도시자연공원구역과 관련한 토지소유자의 고충민원이 지속적으로 증가하자,[1] 권익위는 2021년 국토교통부와 지방자치단체에 도시자연공원구역 지정의 기준 및 요건의 재검토와, 재산세 감면 및 매수청구권 행사 요건 완화 등을 골자로 하는 제도개선안을 권고한 바 있다.[2] 이와 같은 권익위의 권고 내용은 그 자체로는 직접적인 법적 구속력이 없다고 하더라도, 도시자연공원구역의 지정 권한의 행사와 관련하여 형량명령의 준수 또는 재량일탈 여부 등을 판단하는데 중요한 기준으로 활용될 수 있을 것으로 기대된다.

이외에도 권익위 고충민원 사례들 중에서는 도시자연공원구역 지정의 위법부당성을 인정하고 시정권고를 한 사례들이 발견되는바 참조할 수 있겠다. 예컨대, 권익위는 기존에 도시계획시설(공원)으로 결정된 구역 내에, 도시계획시설결정 이후 적법한 허가를 받아 신축된 단독주택 부지와 관련하여, 해당 단독주택 건물을 관통하는 형태로 도시자연공원구역을 지정한 것에 대하여 시정권고를 결정한 바 있고,[3] 2020년에도 아래와 같은 사정들을 들어 도시자연공원구역의 지정이 위법부당하다고 판단한 바 있다. 향후 제기되는 고충민원 사례에서는 전술한 권익위의 제도개선권고 내용 또한 개별사건에서의 판단 기준으로 활용될 수 있을 것으로

---

1 권익위에 의하면 2015년 294건이었던 관련 민원의 수가 2019년에는 389건으로 증가하였다. 관련하여 국민권익위원회, 국민권익위, 장기 미집행 도시공원에 발 묶인 토지소유자 재산권 보호 제도개선. 2021. 1. 12.자 보도자료, 1면 참조.
2 국민권익위원회, 국민권익위, 장기 미집행 도시공원에 발 묶인 토지소유자 재산권 보호 제도개선. 2021. 1. 12.자 보도자료, 2면.
3 국민권익위원회, 국민권익위, "주택 한 가운데를 관통해 공원구역 경계 설정한 것은 잘못," 2022. 3. 31.자 보도자료 참조.

기대된다.

---

① 2009년과 2011년의 환경부 고시 도면에 따르면, <u>이 민원 토지 제외 후에도 녹지의 단절이 발생하지 않는 것으로 보이는 점</u>

② 「국토계획법」에 따르면 도시자연공원구역의 지정 또는 변경을 도시·군관리계획으로 결정할 수 있으나 도시의 자연환경 및 경관을 보호하고 도시지역 안에서 식생이 양호한 산지의 개발을 제한할 필요가 있다고 인정되는 경우로 한정하고 있는 점

③ 「도시공원법시행령」에 따르면 도시자연공원구역 지정 시 도시의 자연환경 및 경관을 보호하고 도시민에게 건전한 여가휴식공간을 제공할 수 있는 지역을 대상으로 지정하여야 하고, <u>경계 설정 시 취락지구 등 기능상 일체가 되는 토지 또는 시설을 관통하지 아니하여야 하며, 도시민의 여가휴식공간으로서의 기능을 상실한 지역을 대상으로 해제하여야</u> 한다고 정한 점

④ 「도시자연공원구역지침」상 도시자연공원구역을 지정할 때에는 국토환경성평가 결과, 생태·자연도, 임상도, 녹지자연도, 국토계획법에 의한 토지적성평가 결과 등을 활용하여 기준에 부합하도록 정하도록 하고 있어, 우리 위원회가 '민원 토지 및 일대 공원의 조성계획에 대한 타당성 검토 보고 자료 및 「도시자연공원구역의 지정·변경 등에 관한 지침」상 지정 기준에 부합하는지 여부 및 관련 자료'의 제출을 요구하였으나 피신청인이 관련 자료를 제출하지 않은 점

⑤ 이 민원 토지 상 <u>주택이 69년 사용승인되고 신청인이 1997년부터 이 민원 주택을 취득하여 현재까지 거주하고 있어 자연경관의 보전상태가 양호하여 훼손 또는 오염</u>이 적으며 경관이 수려하거나 이러한 지역의 주변지역으로 양호한 생태계 또는 식생을 보호하기 위한 완충지역으로 인정되지 않는 점

⑥ 피신청인은 도시자연공원구역 내 기존건축물의 개축·재축 등이 가능하다고 주장하나 이는 사실상 공원구역의 유지목적을 실현할 수 없음을 인정하는 것으로 <u>경계부 설정의 불합리성에도 불구하고 제척하지 않는 것은 불합리한 행정의 답습으로 행정의 합목적성을 저해하는 소극행정요인</u>이 될 수 있는 점

⑦ 과거 ○○산국립공원구역으로 지정되었고, 공원구역의 타당성을 검토한 결과 자연공원의 지정기준에서 현저히 벗어나서 자연공원으로 존치시킬 필요가 없다고 인정되는 경우 등을 제외하고는 그 구역을 축소할 수 없도록 규정한 「자연공원법」 내용에도 불구하고, <u>타당성 검토를 통해 자연공원으로 존치시킬 필요가 없다고 인정되어 2011년 국립공원구역에서 해제된 후 현재까지 해제 당시의 현황을 유지하고 다시 지정되지 않은 점</u>

[참고] 국민권익위원회 2020. 6. 29.자 2020-3소위24-도02 의결의 판단이유부분 발췌(밑줄 및 강조는 저자가 표시)

Ⅲ. 개발제한구역과의 충돌문제

1. 개발제한구역과의 비교

도시자연공원구역은 지정 대상이나 물리적 경관 등에서 상당히 개발제한구역과 유사한 형태를 지니고 있다. 관련하여 입법자료상으로 잘 정리된 것이 있어 다음과 같이 발췌하여 소개한다. 다만, 주의할 것은 도시자연공원구역 내에서 주택이나 근린생활시설을 지으려는 경우에는 '취락지구'로 지정되어 있어야 한다는 점이다(공원녹지법 시행령 별표 2 제6항 참조). 따라서 취락지구 지정이 수반되어 있지 않는 한 건축가능한 용도가 대부분 공익적 목적의 시설들이나 임시건축물 등으로 제한되므로, 사실상 개발가능성이 배제되거나 봉쇄되는 것이나 다름이 없다.

구분	개발제한구역	도시자연공원구역
지정권자	국토교통부장관	시·도지사 또는 대도시시장
근거법률	• 「국토의 계획 및 이용에 관한 법률」 제38조 제1항 • 「개발제한구역의 지정 및 관리에 관한 특별조치법」	• 「국토의 계획 및 이용에 관한 법률」 제38조의2 • 「도시공원 및 녹지등에 관한 법률」
지정현황	총 3,873㎢	총 280㎢
지정목적	도시주변의 자연환경을 보전하여 도시민의 건전한 생활환경을 확보하기 위하여 도시의 개발을 제한	도시의 자연환경 및 경관을 보호하고 도시민에게 건전한 여가·휴식공간을 제공하기 위하여 도시지역안의 식생이 양호한 산지의 개발을 제한
지정기준	1. 도시가 무질서하게 확산되는 것 또는 서로 인접한 도시가 시가지로 연결되는 것을 방지하기 위하여 개발을 제한할 필요가 있는 지역 2. 도시주변의 자연환경 및 생태계를 보전하고 도시민의 건전한 생활환경을 확보하기 위하여 개발을 제한할 필요가 있는 지역 3. 국가보안상 개발을 제한할 필요가 있는 지역 4. 도시의 정체성 확보 및 적정한 성장관리를 위하여 개발을 제한할 필요가 있는 지역	1. 우선적 구역지정 대상 국토환경성 1등급, 생태·자연도 1등급, 임상도 4영급 이상, 녹지자연도 8등급 이상 및 토지적성평가 보전적성등급의 지역 2. 지정가능 대상 국토환경성 2등급, 생태·자연도 2등급 및 녹지자연도 7등급 지역 중 과도한 훼손 우려 지역 3. 기타 자연의 보호상태 양호, 야생동식물 서식지, 희귀식물 식생지, 자연환경보전법에 따른 양호한 소생태계 형성지역, 도시민 여가공원활용성이 높은 지역, 양호한 식

		생보호를 위한 완충지역
지정방법	도시·군관리계획으로 결정	도시·군관리계획으로 결정
건폐율	60% 이하	20% 이하
용적률	300% 이하	100% 이하

* 도시자연공원구역과 개발제한구역 비교[국회 국토교통위원회, 국토의 계획 및 이용에 관한 법률 일부개정법률안(김태원의원 대표발의) 검토보고서, 2014. 4., 29면에서 발췌]

2. 입법적 논의

도시자연공원구역의 내용에서 볼 수 있듯, 제도의 전반적인 내용이나 취지는 개발제한구역제도와 상당부분 겹치는 측면이 있다. 이에 "구역의 중복 지정에 따른 주민 재산권의 과도한 제약과 각종 행정절차 중복 이행에 따른 불편을 방지하고자 하는 취지"[1]에서 계속해서 국토계획법에 명문으로 개발제한구역과 도시자연공원의 중복지정을 금지하는 방향의 입법안이 두 차례 제출된 바 있으나,[2] 입법에는 이르지 아니하였다. 관련하여, 「도시자연공원구역의 지정·변경 등에 관한 지침」에서 개발제한구역과 도시자연공원구역이 중복 지정된 경우 도시자연공원구역을 해제할 수 있도록 하고 있으므로 그 취지는 어느 정도 달성되고 있다.[3]

---

1 국회 국토해양위원회, 국토의 계획 및 이용에 관한 법률 일부개정법률안(김태원의원 대표발의) 검토보고서, 2011. 11., 22면에서 인용.
2 2011. 8. 19.와 2013. 11. 1.에 김태원 의원 대표발의로 두 차례 제안된 바 있다.
3 국회 국토해양위원회, 국토의 계획 및 이용에 관한 법률 일부개정법률안(김태원의원 대표발의) 검토보고서, 2011. 11., 23면에서 인용.

제39조(시가화조정구역의 지정)

제39조(시가화조정구역의 지정) ① 시·도지사는 직접 또는 관계 행정기관의 장의 요청을 받아 도시지역과 그 주변지역의 무질서한 시가화를 방지하고 계획적·단계적인 개발을 도모하기 위하여 대통령령으로 정하는 기간 동안 시가화를 유보할 필요가 있다고 인정되면 시가화조정구역의 지정 또는 변경을 도시·군관리계획으로 결정할 수 있다. 다만, 국가계획과 연계하여 시가화조정구역의 지정 또는 변경이 필요한 경우에는 국토교통부장관이 직접 시가화조정구역의 지정 또는 변경을 도시·군관리계획으로 결정할 수 있다. 〈개정 2011. 4. 14., 2013. 3. 23., 2013. 7. 16.〉
② 시가화조정구역의 지정에 관한 도시·군관리계획의 결정은 제1항에 따른 시가화 유보기간이 끝난 날의 다음날부터 그 효력을 잃는다. 이 경우 국토교통부장관 또는 시·도지사는 대통령령으로 정하는 바에 따라 그 사실을 고시하여야 한다. 〈개정 2011. 4. 14., 2013. 3. 23., 2013. 7. 16.〉
[전문개정 2009. 2. 6.]

Ⅰ. 의의

1. 제도의 의미

본 조는 용도구역제 도시계획 중 하나인 시가화조정구역에 대하여 정하고 있다. 개발제한구역이나 도시자연공원구역 등과 마찬가지로 시가화조정구역 또한 기본적으로는 개발가능성을 억제하기 위한 취지에서 지정되는 것이다. 본 조는 도시지역과 그 주변지역의 무질서한 시가화를 방지하고 계획적·단계적인 개발을 도모하기 위하여 일정 기간 동안 시가화를 유보할 필요가 있는 곳에 대하여 5년 이상 20년 이내의 기간(국토계획법 시행령 제32조 제1항) 동안 시가화를 방지한다.

지정권자는 시·도지사와 국토교통부장관이다. 관련하여 대도시 시장에게도 결정권을 부여하여야 한다는 입법적인 논의가 있으나 도입된 바는 없다.[1]

시가화조정구역에서의 행위제한에 관한 내용은 국토계획법 제81조에서 정하고 있다.

---

1 예컨대, 2017. 9. 21. 제안된 국토의 계획 및 이용에 관한 법률 일부개정법률안(김영진의원 등 10인) 참조.

2. 도입의 경과와 연혁

일본에서는 1968년 도시계획법에서 시가화조정구역이 등장하였는데, 이는 "시가화를 억제"하는 취지에서 도입된 것이다. 시가화조정구역 내에서 개발행위를 하기 위해서는 도도부현 지사의 행위허가를 받도록 함으로써 당해 구역 내에서의 행위제한을 규정하고 있는 제도이다. 다만, 주택의 신규건설이 완전히 억제되는 것은 아니고, 시가화구역에 인접하여 동일생활권을 이루고 있으면서 50호 이상이 연결되는 취락 내에서는 도도부현 지사의 허가 없이도 신축이 가능하도록 허용한다.[1] 우리나라에서는 비슷하게 개발제한의 취지에서 영국의 그린벨트 제도를 참조한 개발제한구역 제도를 먼저 도입한 다음, 1981. 3. 31. 개정 도시계획법에서 일본의 제도[2]를 참조하여 시가화조정구역 제도를 중첩적으로 도입한 것으로 보인다.

II. 실효조항

이렇듯, 시가화조정구역은 그 자체로 시가로서의 확장과 개발을 일정 기간 동한 막겠다는 것이므로, 그 자체로 토지의 개발가능성을 제한하고 봉쇄하는 강력한 제도이다. 따라서 국토계획법은 시가화유보기간으로 정한 날이 도과하면 자동으로 시가화조정구역 지정을 내용으로 하는 도시관리계획결정이 실효되도록 정하고 있다.

---

1 이상 일본의 제도에 대하여는 김제국, 노리히로 나카이, 각국 시가화억제구역제도의 구성원리와 개발규제에 대한 비교고찰; 영국 그린벨트, 일본 시가화조정구역, 미국 오레곤주 농업전용지역 그리고 한국 개발제한구역을 대상으로, 국토계획, 1998. 6., 67 내지 69면의 논의를 참조, 정리한 것이다.

2 기본적으로 일본의 시가화조정구역 제도도 개발제한구역과 비슷하게 시가지의 팽창을 어느정도 억제하고 관리하기 위한 취지에서 도입된 것으로 보인다. 다만, 세부적인 제도의 내용에는 차이가 있다. 관련하여, 김제국, 노리히로 나카이, 각국 시가화억제구역제도의 구성원리와 개발규제에 대한 비교고찰; 영국 그린벨트, 일본 시가화조정구역, 미국 오레곤주 농업전용지역 그리고 한국 개발제한구역을 대상으로, 국토계획, 1998. 6., 67면 참조.

제40조(수산자원보호구역의 지정)

제40조(수산자원보호구역의 지정) 해양수산부장관은 직접 또는 관계 행정기관의 장의 요청을 받아 수산자원을 보호·육성하기 위하여 필요한 공유수면이나 그에 인접한 토지에 대한 수산자원보호구역의 지정 또는 변경을 도시·군관리계획으로 결정할 수 있다. 〈개정 2011. 4. 14., 2013. 3. 23.〉
[전문개정 2009. 2. 6.]

I. 의의

본 조는 용도구역제 도시계획의 하나인 수산자원보호구역의 지정에 관한 권한을 부여하고 있는 조문이다. 지정의 대상은 공유수면과 그에 인접한 토지[1]이다. 다른 용도구역제와 마찬가지로, 수산자원보호구역 또한 그 명칭에서 알 수 있듯이 개발가능성을 제한하는 취지의 도시계획에 속한다. 다만, 다른 용도구역제와 달리 수산자원보호구역에서의 행위제한에 대하여는 국토계획법이 별다른 규정은 두고 있지 않다. 당해 구역에서의 개발행위는 공유수면의 점용, 사용, 매립의 규모에 따라 해양환경관리법에 따른 해역이용협의 대상이 되는 등으로 제한이 따른다.[2]

수산자원보호구역의 지정권자는 해양수산부장관이다.[3] 공유수면과 육지가 접합하는 부분에서는 수면과 육지의 이용관계가 중첩적이면서도 유기적이다. 때문에, 개별법령에서는 국토교통부장관이나 관할 지방자치단체 장이 아닌 해양수산부장관이 그와 같은 워터프론트 일대의 도시계획 고권을 지니도록 규정하는 경우들이 있다. 항만법이나 2020. 7. 시행된 항만재개발법 등이 대표적인 사례다. 다만, 항만재개발법의 사례와 같이 해양수산부장관의 계획고권과 지방자치단체장의 계획고권 간의 충돌문제가 여전히 법리적으로 남아있는 문제이고, 항만재개발사업들의 실례와 같이 지방자치단체의 반발이나 비협조로 사업이 지지부진한 경우도 빈번하다.[4]

---

1 통상 이는 워터프론트(water front)라고 부르는 경우가 많다.
2 탁대호 외, 수산자원보호구역의 주요 연안이용형태 및 해양환경평가 개선방안, 한국해양환경·에너지학회지, 2018. 2., 2면 참조.
3 다만 국토계획법 시행령 제133조 제1항에 의하여 1제곱킬로미터 미만의 구역의 지정 및 변경의 경우에는 시·도지사에게 권한이 위임되어 있다.
4 이와 같은 해양수산부장관의 계획고권에 관한 논의는 저자가 공동저자로 참여한 항만재개발법 해설, 삼일인포마인, 2020, 105면 내지 107면을 참조.

Ⅱ. 사례

　2018. 2.을 기준으로, 수산자원보호구역은 남해안을 위주로 하여 10개 정도가 지정되어 있다. 구역 내 개발행위의 유형들을 보면 빈도가 많은 순으로 어항개발사업, 연안관리, 도로건설, 산책로 조성, 부지조성, 수해복구, 준설, 포락지 조성, 규사 채취, 관로매설, 풍력발전, 방조제 조성사업 등이 이루어졌다.[1]

---

1 탁대호 외, 수산자원보호구역의 주요 연안이용형태 및 해양환경평가 개선방안, 한국해양환경·에 너지학회지, 2018. 2., 3면과 6면 참조.

제40조의3(도시혁신구역의 지정 등)

제40조의3(도시혁신구역의 지정 등) ① 제35조의6제1항에 따른 공간재구조화계획 결정권자(이하 이 조 및 제40조의4에서 "공간재구조화계획 결정권자"라 한다)는 다음 각 호의 어느 하나에 해당하는 지역을 도시혁신구역으로 지정할 수 있다.

1. 도시·군기본계획에 따른 도심·부도심 또는 생활권의 중심지역
2. 주요 기반시설과 연계하여 지역의 거점 역할을 수행할 수 있는 지역
3. 그 밖에 도시공간의 창의적이고 혁신적인 개발이 필요하다고 인정되는 경우로서 대통령령으로 정하는 지역

② 도시혁신계획에는 도시혁신구역의 지정 목적을 이루기 위하여 다음 각 호에 관한 사항이 포함되어야 한다.

1. 용도지역·용도지구, 도시·군계획시설 및 지구단위계획의 결정에 관한 사항
2. 주요 기반시설의 확보에 관한 사항
3. 건축물의 건폐율·용적률·높이에 관한 사항
4. 건축물의 용도·종류 및 규모 등에 관한 사항
5. 제83조의3에 따른 다른 법률 규정 적용의 완화 또는 배제에 관한 사항
6. 도시혁신구역 내 개발사업 및 개발사업의 시행자 등에 관한 사항
7. 그 밖에 도시혁신구역의 체계적 개발과 관리에 필요한 사항

③ 제1항에 따른 도시혁신구역의 지정 및 변경과 제2항에 따른 도시혁신계획은 다음 각 호의 사항을 종합적으로 고려하여 공간재구조화계획으로 결정한다.

1. 도시혁신구역의 지정 목적
2. 해당 지역의 용도지역·기반시설 등 토지이용 현황
3. 도시·군기본계획 등 상위계획과의 부합성
4. 주변 지역의 기반시설, 경관, 환경 등에 미치는 영향 및 도시환경 개선·정비 효과
5. 도시의 개발 수요 및 지역에 미치는 사회적·경제적 파급효과

④ 다른 법률에서 제35조의6에 따른 공간재구조화계획의 결정을 의제하고 있는 경우에도 이 법에 따르지 아니하고 도시혁신구역의 지정과 도시혁신계획을 결정할 수 없다.

⑤ 공간재구조화계획 결정권자가 제3항에 따른 공간재구조화계획을 결정하기 위하여 제35조의6제2항에 따라 관계 행정기관의 장과 협의하는 경우 협의 요청을 받은 기관의 장은 그 요청을 받은 날부터 10일(근무일 기준) 이내에 의견을 회신하여야 한다.

⑥ 도시혁신구역 및 도시혁신계획에 관한 도시·군관리계획 결정의 실효, 도시혁신구역에서의 건축 등에 관하여 다른 특별한 규정이 없으면 제53조 및 제54조를 준용한다. 이 경우 "지구단위계획구역"은 "도시혁신구역"으로, "지구단위계획"은 "도시혁신계획"으로 본다.

⑦ 도시혁신구역의 지정 및 변경과 도시혁신계획의 수립 및 변경에 관한 세부적인 사항은 국토교통부장관이 정하여 고시한다.

[본조신설 2024. 2. 6.]

I. 의의

본 조는 용도구역제 도시계획의 일종인 도시혁신구역의 지정과, 당해 구역에서 규율하는 계획의 내용에 관하여 정하고 있는 조문이다. 2024. 2. 6. 개정법에서 새로이 도입된 용도구역들을 제외하면 나머지 용도구역제 도시계획들은 대부분 시가자의 팽창을 막거나 녹지 및 공유수면과 같은 자연환경의 보전을 위하여 개발가능성을 제한하고 봉쇄하는 기능을 하는 규제적인 것들이다. 그러나 2015년 개정법은 도시지역에서 복합적인 토지이용을 증진시켜 도시 정비를 촉진하고 지역 거점을 육성할 필요가 있다고 인정되는 곳에서 건축허가요건을 완화할 수 있도록 하려는 취지에서 입지규제최소구역 제도를 도입하였고, 이후 입지규제최소구역 제도가 폐지된 이후 이를 발전적으로 승계한 도시혁신구역 제도가 새로이 도입되었다.

II. 도입 배경

1. 종래 입지규제최소구역(폐지)의 경우

우리나라의 경우 종래 신도시 개발과 같이 도시 외곽 위주의 개발이 상당기간 주를 이루어왔고, 그로 인해 기성 시가지의 공동화와 노후·쇠퇴 현상[1]이 심해져왔다. 아울러, 인구감소 및 경제 저성장 추이로 인해, 도시의 경제기반이 악화되고 도시 경쟁력이 점진적으로 저하된다는 문제도 지적되어왔다. 이에 도시 정비를 촉진하고 기성 시가지를 활성화하기 위한 취지에서 도입된 것이 바로 입지규제최소구역 제도이다.[2] 토지이용 규제를 보다 유연하게 적용하고자 하는 취지에서 도입된 것이 바로 동 제도인 것이다. 기존의 용도지역을 경직적으로 적용할 경우, 개별 사안별로 유연한 건축허가요건의 부여가 어려울 뿐만 아니라, 개별법령상의 규제로 인하여 효율적인 개발이 어려울 수 있다. 이에 동 제도는 기존의 용도지역을 '극복' 하고자 하는 취지 — 곧, 당해 구역으로 지정된 곳에서는 종전의 용도지역에 따른 건축허가요건 등을 적용받지 아니하고, 개별 구역별로 그 요건을 따로 정할 수 있도록 하려는 취지에서 도입된 것이다.

---

1 이러한 형태의 도시의 확장형태를 '뜀뛰기개발'이라고도 비판한다. 관련하여 권지혜, 박승훈, 입지규제최소구역 활성화를 위한 제도개선방안에 대한 연구, 한국지역개발학회 학술대회, 2017. 12., 202면의 논의 참조.
2 국토의 계획 및 이용에 관한 법률 일부개정법률안(이노근의원 대표발의), 2014. 6. 25. 발의(의안번호 10986), 제안이유 참조.

입법자료상으로는 싱가포르의 마리나베이를 개발할 때 사용된 것으로 알려진 White Zone 제도, 일본 도쿄의 롯본기힐스 등의 도시재생의 사례에서 적용된 것으로 알려진 도시재생특별지구 등이 유사제도로서 제도 도입 당시 참고되었던 것으로 확인된다.[1] 이와 같은 해외 사례들 모두 랜드마크와 같은 고밀도 개발 사례들로,[2] 기존의 zoning 또는 용도지역에서 정하는 경직된 건축허가요건들을 배제하고 당해 지역 또는 구역에 대하여 별도의 완화된 요건들을 설정할 수 있도록 그 권한을 부여하는 것을 주된 내용으로 하는 제도로 사료된다.

이상과 같은 취지에서 2015. 1. 6. 일부개정된 국토계획법에서 입지규제최소구역제도에 관한 조문들이 도입되었다. 다만, 용도지역제 도시계획을 근간으로 하는 기존의 도시계획의 체계에 비추어, 상당한 특례 또는 예외적인 제도에 해당하였기에, 입법자는 우선 2019년까지 한시적으로 제도를 운영하여 보고, 연장여부를 결정하도록 하였다.[3] 입지규제최소구역 제도는 이후 2021. 1. 12. 개정된 국토계획법에서 주민입안제안을 허용하고 지정대상을 확대하는 방향으로 확대개편되었으나,[4] 2024. 2. 6. 개정법에서 도시혁신구역, 복합용도구역 등이 도입되면서 폐지되었다.

2. 도시혁신구역의 도입

2024. 2. 6. 개정법은 입지규제최소구역 제도를 폐지하고 도시혁신구역을 도입하였다. 도시혁신구역의 대체적인 도입 취지는 "창의적이고 혁신적인 공간활용이 가능"토록 하기 위함에 있으므로 입지규제최소구역과 큰 틀에서는 그 취지나 목적을 공유한다. 그러나 양자는 구역의 지정대상이나 절차, 후속하는 개발사업과의 연계 여부, 특례의 범위 등에 있어 차이를 보이는바,[5] 상세한 내용은 본서의 제3편의 도시혁신구역에 관한 논의 부분을 참조하라.

---

1 국회 국토교통위원회, 국토의 계획 및 이용에 관한 법률 일부개정법률안(이노근의원 대표발의) 검토보고서, 2014. 7., 26 내지 28면.
2 권지혜, 박승훈, 입지규제최소구역 활성화를 위한 제도개선방안에 대한 연구, 한국지역개발학회 학술대회, 2017. 12., 201면 참조.
3 권지혜, 박승훈, 입지규제최소구역 활성화를 위한 제도개선방안에 대한 연구, 한국지역개발학회 학술대회, 2017. 12., 202면 참조.
4 국토의 계획 및 이용에 관한 법률(법률 제17898호, 2021. 1. 12. 일부개정) 제개정이유 참조.
5 국회 국토교통위원회, 국토의 계획 및 이용에 관한 법률 일부개정법률안(김정재 의원 등 13인) 심사보고서, 2024. 1., 15면 참조.

Ⅲ. 조문의 내용

1. 도시혁신구역의 지정 대상

본조 제1항은 도시혁신구역의 지정 대상에 관하여 정하고 있는데, 그 범위가 상당히 포괄적이고 추상적이다. 예컨대, "도시·군기본계획에 따른 도심·부도심 또는 생활권의 중심지역"(제1호)과 같은 사유들은 어느 정도 지리적으로 특정될 수 있을 것인 반면, "주요 기반시설과 연계하여 지역의 거점 역할을 수행할 수 있는 지역"과 같은 것들은 기반시설의 종류나 '지역거점'의 구체적인 정의가 제시되지 않고 있으므로 사실상 도시혁신구역을 지정하는 행정청의 판단여지나 재량에 맡겨져 있는 문제가 될 수 있다. 때문에 입법자료 또한 구역 지정대상을 구체적으로 정하였던 입지규제최소구역과 달리 도시혁신구역의 경우 "별도 지정요건 없음"이라거나 "대상지역에 대한 제한 없이 창의적 계획이 필요한 지역에 자유롭게 지정될 수 있도록" 한 것이라는 취지의 설명이 등장한다.[1]

한편, 국토계획법 시행령 제32조의3은 도시혁신구역의 지정 대상을 추가적으로 정하고 있는데, 이른바 후적지라고 불리는 대규모 시설의 이전부지와 같은 것들이 도시혁신구역의 지정대상이 될 수 있도록 되어 있고, 그 외 조례로서 추가적인 대상들을 정할 수 있도록 하고 있다.

2. 도시혁신계획의 내용

도시혁신구역은 기존 용도지역제 도시계획에 의하여 규율되던 건폐율, 용적률, 높이, 용도 등의 건축허가요건들을 전면적으로 새로이 정할 수 있는, 일종의 화이트존과 같은 것이다.[2] 따라서 도시혁신계획으로 정하여야 하는 내용 중 가장 중요한 것은 결국 이와 같은 건축허가요건들이라고 할 수 있겠다.

본조 제2항은 도시혁신계획에 포함되어야 할 내용들로서 건폐율, 용적률, 높이, 용도와 같은 것을 열거하고 있을 뿐, 구체적으로 도시혁신구역에서 정할 수 있는 각 건축허가요건 요소들의 범위나 수준을 특별히 한정하고 있지 않다. 본조 제7항

---

[1] 국회 국토교통위원회, 국토의 계획 및 이용에 관한 법률 일부개정법률안(김정재 의원 등 13인) 심사보고서, 2024. 1., 15면에서 인용하고 참조.

[2] 이재훈, 최근 국토교통부가 발표한 도시계획 혁신방안에 대한 小考, 건설법연구, 제10호, 2023, 5면 참조. 종전의 입지규제최소구역 또한 화이트존에 비견되었다.

의 위임에 따라 제정된 공간재구조화계획수립지침 또한 복합용도구역에 대해서는 일정한 한도를 설정하고 있는 반면, 도시혁신구역에서는 도시 공간구조와 같은 것들을 고려하라는 매우 추상적인 수준의 언급만 하고 있을 뿐 구체적인 기준이나 범위를 한정하고 있지 아니하다(동 지침 제6조 참조). 정리컨대, 도시혁신구역에서의 건축허가요건(건폐율, 용적률, 높이, 용도 등)은 도시계획행정청의 판단에 따라 합리적인 범위 내에서는 얼마든지 자유롭게 설정이 가능한 것으로 보아야 할 것이다.

3. 도시혁신구역 지정 및 계획 수립의 절차

본조 제3항은 도시혁신구역의 지정 및 변경과 도시혁신계획을 공간재구조화계획으로 결정하도록 정하고 있다. 이와 같은 규정의 취지나 의미가 도시혁신구역의 지정 이후 사소한 변경이나 조정, 혹은 도시혁신계획의 수립 후 그 내용의 변경 등과 같은 것도 반드시 공간재구조화계획의 절차에 의하여 진행하도록 요구하는 것인지, 아니면 도시관리계획 등의 변경 절차에 의하여도 가능한 것인지 해석상 다툼의 소지가 있어 보인다. 관련하여 본서의 제35조의6 논의 부분을 참조하라.

한편, 본조 제4항은 다른 법률에서 공간재구조화계획을 의제하는 경우에도, 국토계획법이 정한 절차에 의하여만 도시혁신구역의 지정이나 그 계획의 결정을 할 수 있도록 제한하고 있다. 따라서 다른 법률에서 본조 제4항을 배제하는 특칙이 존재하지 아니하는 이상, 공간재구조화계획의 수립 및 그 기준 등에 관한 국토계획법의 규정들을 모두 준수하여야 한다.

4. 도시혁신구역 지정 및 계획 시 고려사항

본조 제3항은 도시혁신구역의 지정 등을 할 때 고려하여야 할 사항들을 정하면서 "해당 지역의 용도지역·기반시설 등 토지이용 현황"(제2호)이나 "도시·군기본계획 등 상위계획과의 부합성"(제3호) 등을 열거하고 있다. 그러나 ① 도시혁신구역이 기존의 용도지역의 경직성을 극복하고자 도입된 것[1]이면서 용도지역에 따른 건축허가요건들을 달리 정할 수 있는 것임을 고려하면, 기존 용도지역의 현황을 고려토록 한 의미는 기존의 용도지역제 도시계획의 분포 현황에 구애받도록 하는 것이 아니라, 기존 용도지역의 현황을 비판적으로 검토하여 유연한 개발을 추진할 필요성이 있는지를 고려하도록 한 것으로 이해함이 타당할 것이다. ② 또한 도시혁신

---

[1] 이재훈, 최근 국토교통부가 발표한 도시계획 혁신방안에 대한 小考, 건설법연구, 제10호, 2023, 5면 참조.

구역을 결정하는 공간재구조화계획의 경우 도시기본계획과 도시관리계획을 모두 통합하여 변경할 수 있는 효력을 지니고 있으므로(제35조의7 제2항), 도시기본계획을 고려토록 한 취지 또한 당해 공간재구조화계획을 통해 변경이 가능한 사항에 구애받을 것을 요구하고 있는 것은 아니라고 이해함이 타당하다.

5. 지구단위계획 관련 규정의 준용

본조 제6항은 "도시혁신구역 및 도시혁신계획에 관한 도시·군관리계획 결정의 실효, 도시혁신구역에서의 건축 등"에 관하여 지구단위계획에 관한 국토계획법 제53조(지구단위계획구역의 지정 및 지구단위계획에 관한 도시·군관리계획결정의 실효 등), 제54조(지구단위계획구역에서의 건축 등)를 준용하도록 정하고 있다.

제53조의 경우에는 지구단위계획구역의 지정 이후 일정 기간 내에 지구단위계획이 결정되지 아니하거나, 주민의 입안제안으로 결정된 지구단위계획의 경우 그에 후속한 사업이나 공사가 착수되지 아니하는 등의 경우에 지구단위계획의 효력을 실효토록 하는 조문이다. 도시혁신구역의 경우 도시개발사업과 연동하여 사업시행자 지정 등이 의제되어 후속한 사업의 시행이 예정된 것이므로 이와 같은 제53조를 준용하여 사업시행이나 계획 이행의 실효성을 담보하는 것이 타당하다고 사료된다.

제54조의 경우에는 지구단위계획이 수립된 곳에서 건축행위 또는 용도변경 등을 하는 경우에 대하여 지구단위계획의 내용을 준수하도록 한 것이므로, 도시혁신계획에 대해서도 이를 준용하는 것은 타당하다고 사료된다. 다만, 제54조 위반에 대해서는 벌칙규정이 마련되어 있는데(제140조 제3호), 이를 준용하는 본조 제6항과 관련하여서는 형사처벌규정이 마련되어 있지 아니하고, 본조 제6항과 관련하여 해당 벌칙규정을 준용하는 명시적인 조문도 발견되지 않는다. 죄형법정주의에 따른 엄격해석의 원칙 등을 고려하면 현재의 규정만으로는 도시혁신계획에 위반한 건축행위 또는 용도변경행위 등을 제140조 제3호에 근거하여 처벌할 수는 없을 것으로 사료된다.[1] 다만, 도시혁신계획에 위반한 건축행위나 용도변경행위에 대해서는 법

---

1 참고로, 대부업법의 사례를 참조하면, 대부업법 제11조의2 제3항은 대부업자가 대부중개업자에게 지급하는 수수료의 상한을 정하고 있고, 동조 제4항은 여신금융기관이 대부중개업자에게 지급하는 수수료에 관하여는 동조 "제3항을 준용한다"고만 정하고 있었는데, 대부업법 벌칙 규정은 대부업자가 지급하는 수수료에 관하여 "제11조의2제3항에 따른 중개수수료를 초과하여 지급한 자"를 처벌 대상으로 정하고 있을 뿐 제11조의2 제3항을 준용하는 동조 제4항의 경우－곧, 여신금융기관이 지급하는 수수료에 대해서는 아무런 언급을 하고 있지 않았다. 관련하여 부산지방법원 2018. 8.

제133조 제1항에 따른 처분을 할 수 있고, 그 처분을 위반한 경우에 대한 벌칙조항 (법 제142조)을 적용하여 처벌하는 것은 가능할 것이다.

---

17. 선고 2018노331 판결(상고기각)은 "명문의 형벌법규의 의미를 피고인에게 불리한 방향으로 지나치게 확장해석하거나 유추해석하는 것이 되어 죄형법정주의에 반하여 허용될 수 없"다는 취지에서 해당 대부업법 제11조의2 제3항 위반에 대한 벌칙조항이 제11조의2 제3항을 준용하는 동조 제4항에 대하여까지는 준용되지 않는다고 보았으므로 참조할 수 있겠다.

제40조의4(복합용도구역의 지정 등)

제40조의4(복합용도구역의 지정 등) ① 공간재구조화계획 결정권자는 다음 각 호의 어느 하나에 해당하는 지역을 복합용도구역으로 지정할 수 있다.

1. 산업구조 또는 경제활동의 변화로 복합적 토지이용이 필요한 지역
2. 노후 건축물 등이 밀집하여 단계적 정비가 필요한 지역
3. 그 밖에 복합된 공간이용을 촉진하고 다양한 도시공간을 조성하기 위하여 계획적 관리가 필요하다고 인정되는 경우로서 대통령령으로 정하는 지역

② 복합용도계획에는 복합용도구역의 지정 목적을 이루기 위하여 다음 각 호에 관한 사항이 포함되어야 한다.

1. 용도지역·용도지구, 도시·군계획시설 및 지구단위계획의 결정에 관한 사항
2. 주요 기반시설의 확보에 관한 사항
3. 건축물의 용도별 복합적인 배치비율 및 규모 등에 관한 사항
4. 건축물의 건폐율·용적률·높이에 관한 사항
5. 제83조의4에 따른 특별건축구역계획에 관한 사항
6. 그 밖에 복합용도구역의 체계적 개발과 관리에 필요한 사항

③ 제1항에 따른 복합용도구역의 지정 및 변경과 제2항에 따른 복합용도계획은 다음 각 호의 사항을 종합적으로 고려하여 공간재구조화계획으로 결정한다.

1. 복합용도구역의 지정 목적
2. 해당 지역의 용도지역·기반시설 등 토지이용 현황
3. 도시·군기본계획 등 상위계획과의 부합성
4. 주변 지역의 기반시설, 경관, 환경 등에 미치는 영향 및 도시환경 개선·정비 효과

④ 복합용도구역 및 복합용도계획에 관한 도시·군관리계획 결정의 실효, 복합용도구역에서의 건축 등에 관하여 다른 특별한 규정이 없으면 제53조 및 제54조를 준용한다. 이 경우 "지구단위계획구역"은 "복합용도구역"으로, "지구단위계획"은 "복합용도계획"으로 본다.

⑤ 복합용도구역의 지정 및 변경과 복합용도계획의 수립 및 변경에 관한 세부적인 사항은 국토교통부장관이 정하여 고시한다.

[본조신설 2024. 2. 6.]

Ⅰ. 의의

본조는 2024. 2. 6. 개정법에서 새로이 도입한 용도구역인 복합용도구역의 지정과 그에 대하여 수립되어야 하는 복합용도계획의 내용 등에 관하여 정하는 조문이다. 복합용도구역의 제도적 의미와 취지에 대해서는 본서 제3편의 복합용도구역에

관한 논의 부분을 참조하라.

복합용도구역 또한 도시혁신구역과 마찬가지로 우리 도시계획 체계의 근간을 이루고 있는 용도지역제 도시계획이 규율하는 사항들에 대한 수정 및 변경을 가할 수 있는 제도로서 도입된 것이다. 다만, 도시혁신구역이 용도지역상의 규율내용들을 전면적으로 배제하는 일종의 화이트존으로 기능하는 것인 반면, 복합용도구역은 기존 용도지역상의 규율들을 일부 수정하여 특례를 부여하는 형태로 도입된 제도이다.[1]

Ⅱ. 조문의 내용

본조의 전반적인 체계는 도시혁신구역에 관한 제40조의3과 유사하다. 따라서 본조의 해석에 제40조의3을 참조할 수 있겠으나, 양 제도의 차이를 고려할 필요가 있을 것이다.

1. 복합용도구역의 지정 대상

본조 제1항은 복합용도구역의 지정 대상에 대하여 정하고 있는바, 그 범위를 상당히 추상적으로 정하고 있다. 따라서 본조 제1항에 따른 지정 대상인지 여부의 판단은 사실상 복합용도구역을 지정하는 행정청의 판단여지나 재량에 맡겨져 있는 문제가 될 수 있다. 입법자료 또한 복합용도구역의 지정 대상과 관련하여 "별도제한 없음"[2]이라거나 "법률에 별도의 지정요건을 규정하지 않고 대상지역에 대한 제한 없이 창의적 계획이 필요한 지역에 자유롭게 지정될 수 있도록" 한 것이라고 설명하고 있다.[3]

한편, 국토계획법 시행령 제32조의4은 복합용도구역의 지정 대상 중 하나로 "둘 이상의 용도지역에 걸치는 경우"를 정하고 있다. 관련하여 본서의 제84조 항목에서 논하는 '노선상업지역'과 같은 것들이 상정될 수 있을 것으로 보인다. 그 외

---

1 때문에 이재훈(2023)은 복합용도구역의 취지를 "생활상의 변화에 따른 점진적 도시계획의 변화"에 초점을 맞춘 제도라고 설명하고 있다. 이재훈, 최근 국토교통부가 발표한 도시계획 혁신방안에 대한 小考, 건설법연구, 제10호, 2023, 8면에서 인용.

2 국회 국토교통위원회, 국토의 계획 및 이용에 관한 법률 일부개정법률안(김정재 의원 등 13인) 심사보고서, 2024. 1., 7면에서 인용.

3 국회 국토교통위원회, 국토의 계획 및 이용에 관한 법률 일부개정법률안(김정재 의원 등 13인) 심사보고서, 2024. 1., 23면에서 인용.

시행령 해당 조항은 조례로서 복합용도구역의 지정 대상들을 정할 수 있도록 하고 있다.

2. 복합용도계획의 내용

복합용도구역 또한 도시혁신구역과 마찬가지로 기존의 용도지역제 도시계획에 의하여 규율되어오던 건폐율, 용적률, 높이, 용도 등의 건축허가요건들에 대한 완화 또는 특례를 부여할 수 있는 제도로 상당히 "파격적인 특례"[1]를 부여할 수 있는 제도이나, 도시혁신구역과 달리 이들을 전면적으로 새로이 정할 수 있는 것은 아니고 일정한 범위에서 완화할 수 있는 것에 그친다. 구체적인 범위와 관련하여서는 법 제80조의5에서 상세하게 정하고 있는데, 관련하여 본서의 해당 부분의 논의를 참조하라.

3. 복합용도구역 지정 및 계획 수립의 절차

본조 제3항은 복합용도구역의 지정 및 변경과 복합용도계획을 공간재구조화계획으로 결정하도록 정하고 있다. 관련하여, 본서 제40조의3 항목에서 다루었던 것과 마찬가지로, 이와 같은 조문의 의미가 복합용도구역의 지정 이후 사소한 변경이나 조정, 혹은 복합용도계획의 수립 후 그 내용의 변경 등과 같은 것도 반드시 공간재구조화계획의 절차에 의하여 진행하도록 요구하는 것인지, 아니면 도시관리계획 등의 변경 절차에 의하여도 가능한 것인지가 모호하다. 관련한 논의는 공간재구조화계획의 수립 절차에 관하여 논한 본서의 제35조의6 논의 부분을 참조하라.

한편, 국토계획법은 도시혁신구역의 경우에는 다른 법률에 의하여 공간재구조화계획을 의제하는 경우라 하더라도 국토계획법이 정한 공간재구조화계획의 수립 절차 등에 따를 것을 요구하고 있는 반면(제40조의3 제4항[2]), 복합용도구역에 관하여 정하는 본조의 경우에는 그러한 조문을 두고 있지 아니하다. 따라서 다른 법률에 의하여 공간재구조화계획이 의제되는 경우, 복합용도구역의 지정 및 복합용도계획의 경우에는 국토계획법이 정한 절차에 의하지 아니하더라도 의제가 가능하다고 해석할 수 있겠다.

---

1 국회 국토교통위원회, 국토의 계획 및 이용에 관한 법률 일부개정법률안(김정재 의원 등 13인) 심사보고서, 2024. 1., 26면에서 인용.

2 "다른 법률에서 제35조의6에 따른 공간재구조화계획의 결정을 의제하고 있는 경우에도 이 법에 따르지 아니하고 도시혁신구역의 지정과 도시혁신계획을 결정할 수 없다."

이 밖에도 본조는 제40조의3 제5항과 달리 공간재구조화계획의 결정권자가 협의의견을 조회한 경우 회신 기한을 정하고 있는 조항을 마련하고 있지 않다는 점에서 도시혁신구역의 경우와 차이가 있다.

4. 복합용도구역 지정 및 계획 시 고려사항

본조 제3항은 복합용도구역의 지정 등을 할 때 고려하여야 할 사항들을 정하면서, 도시혁신구역의 경우와 마찬가지로 "해당 지역의 용도지역·기반시설 등 토지이용 현황"(제2호)이나 "도시·군기본계획 등 상위계획과의 부합성"(제3호) 등을 열거하고 있다. 다만, 복합용도구역 및 계획을 포함하는 공간재구조화계획은 도시기본계획이나 도시관리계획을 변경하는 효력을 지니고(법 제35조의7 제2항), 복합용도구역 또한 용도지역상의 제한을 달리 정할 수 있는 기능을 하는 만큼, 기존 용도지역 등이나 도시기본계획을 고려토록 한 취지는 복합용도구역을 지정함에 있어 기존의 현상에 구애받을 것을 요구하는 것으로 해석하여서는 아니될 것으로 사료된다.

5. 지구단위계획 관련 규정의 준용

본조 제4항은 "복합용도구역 및 복합용도계획에 관한 도시·군관리계획 결정의 실효, 복합용도구역에서의 건축 등"에 관하여 지구단위계획에 관한 국토계획법 제53조(지구단위계획구역의 지정 및 지구단위계획에 관한 도시·군관리계획결정의 실효 등), 제54조(지구단위계획구역에서의 건축 등)를 준용하고 있다. 전반적인 취지나 내용은 도시혁신구역의 경우와 거의 동일하므로, 본서의 제40조의3의 해당 항목의 논의를 그대로 참조할 수 있겠다.

한편, 제40조의3 제6항과 마찬가지로, 본조 제4항 또한 제53조와 제54조를 준용하고 있을 뿐, 그 위반에 관한 벌칙조항을 준용하고 있지 아니하다. 따라서 본서 제40조의3에서 논의한 바와 같이 복합용도계획을 위반한 건축행위 또는 용도변경행위 등을 법 제140조 제3호에 근거하여 처벌하기는 어려울 것으로 사료된다. 다만, 복합용도계획에 위반한 건축행위나 용도변경행위에 대해서는 법 제133조 제1항에 따른 처분이 가능하므로, 그러한 처분을 위반한 경우에 대한 벌칙(법 제142조)을 적용하는 것은 가능하다.

제40조의5(도시 · 군계획시설입체복합구역의 지정)

제40조의5(도시 · 군계획시설입체복합구역의 지정) ① 제29조에 따른 도시 · 군관리계획의 결정권자(이하 "도시 · 군관리계획 결정권자"라 한다)는 도시 · 군계획시설의 입체복합적 활용을 위하여 다음 각 호의 어느 하나에 해당하는 경우에 도시 · 군계획시설이 결정된 토지의 전부 또는 일부를 도시 · 군계획시설입체복합구역(이하 "입체복합구역"이라 한다)으로 지정할 수 있다.
1. 도시 · 군계획시설 준공 후 10년이 경과한 경우로서 해당 시설의 개량 또는 정비가 필요한 경우
2. 주변지역 정비 또는 지역경제 활성화를 위하여 기반시설의 복합적 이용이 필요한 경우
3. 첨단기술을 적용한 새로운 형태의 기반시설 구축 등이 필요한 경우
4. 그 밖에 효율적이고 복합적인 도시 · 군계획시설의 조성을 위하여 필요한 경우로서 대통령령으로 정하는 경우
② 이 법 또는 다른 법률의 규정에도 불구하고 입체복합구역에서의 도시 · 군계획시설과 도시 · 군계획시설이 아닌 시설에 대한 건축물이나 그 밖의 시설의 용도 · 종류 및 규모 등의 제한(이하 이 조에서 "건축제한"이라 한다), 건폐율, 용적률, 높이 등은 대통령령으로 정하는 범위에서 따로 정할 수 있다. 다만, 다른 법률에 따라 정하여진 건축제한, 건폐율, 용적률, 높이 등을 완화하는 경우에는 미리 관계 기관의 장과 협의하여야 한다.
③ 제2항에 따라 정하는 건폐율과 용적률은 제77조 및 제78조에 따라 대통령령으로 정하고 있는 해당 용도지역별 최대한도의 200퍼센트 이하로 한다.
④ 그 밖에 입체복합구역의 지정 · 변경 등에 필요한 사항은 국토교통부장관이 정한다.
[본조신설 2024. 2. 6.]

Ⅰ. 의의

본조는 2024. 2. 6. 개정법에서 새로이 도입한 도시계획시설입체복합구역(입체복합구역)의 지정에 관한 조문이다. 입체복합구역을 지정함으로써, 용도지역에 따른 입지제한으로 인해 설치가 불가하였던[1] 도시계획시설의 종류들을 입체복합적으로 건설할 수 있도록 하려는 것이다. 입법자료상으로는 전용주거지역에 체육시

---

1 국회 국토교통위원회, 국토의 계획 및 이용에 관한 법률 일부개정법률안(김정재 의원 등 13인) 심사보고서, 2024. 1., 29면에서는 "종합의료시설, 자동차정류장, 차량검사(면허)시설, 유원지, 유통업무설비, 전시장 및 국제회의시설, 시장, 체육시설, 청소년수련시설, 장례식장, 도축장, 폐차장, 폐기물처리시설, 수질오염방지시설" 등을 용도지역에 따라 입지가 제한되는 도시계획시설로 분류하고 있다.

설을 건설하면서 본래 전용주거지역에서는 설치가 불가했던 종합의료시설을 복합하여 설치할 수 있도록 하는 사례를 소개하고 있다.[1]

　참고로, 이때 주의할 것은 이와 같은 도시계획시설의 용도지역에 따른 입지제한은 (a) 각 용도지역별로 정해진 건축물의 허용, 금지용도의 제한(국토계획법 시행령 제71조 및 별표 규정들)을 의미하는 것이 아니라, (b) 도시계획시설규칙에서 각 도시계획시설의 종류 별로 용도지역을 기준으로 입지제한을 규정하고 있는 것을 의미[2]한다는 점이다. 용도지역에 따른 건축물의 용도 제한은 도시계획시설에 대하여는 적용되지 않기 때문이다(국토계획법 시행령 제83조 제1항[3]). 다만, 도시계획시설에 설치되는 부대편익시설의 경우에는 도시계획시설규칙에 의하여 명시적으로 용도지역에 따른 건축물의 용도 등의 각종 제한이 적용된다(동 규칙 제6조의2 제2항 제3호 나목).[4]

　입체복합구역은 앞서 2개 조문에서 논의한 도시혁신구역, 복합용도구역과 달리 공간재구조화계획에 의하여 결정하는 것이 아닌, 도시관리계획(법 제2조 제4호 자목 참조)으로 결정하는 것이 원칙적인 모습이므로, 본조 또한 이를 전제로 입체복합구역의 지정대상 및 계획의 내용 등에 대하여 정하고 있다. 입체복합구역의 지정 및 그 계획이 도시관리계획에 해당하는 이상 그 입안권, 결정권 등을 포함한 일련의 수립절차들은 도시관리계획에 관하여 국토계획법이 정하고 있는 바에 따르게 된다.

Ⅱ. 조문의 내용

1. 입체복합구역의 지정대상 – 도시계획시설결정 부지

본조 제1항은 입체복합구역의 지정대상에 대하여 정하고 있다. 본조의 해석과 관련하여 중요한 사항은 입체복합구역의 지정대상이 "도시·군계획시설이 결정된

---

1 국회 국토교통위원회, 국토의 계획 및 이용에 관한 법률 일부개정법률안(김정재 의원 등 13인) 심사보고서, 2024. 1., 29면에서 인용.

2 예컨대, 도시계획시설규칙 제152조는 "종합의료시설의 결정기준은 다음 각 호와 같다"라고 정하면서 "제2종일반주거지역·제3종일반주거지역·준주거지역·중심상업지역·일반상업지역·근린상업지역·전용공업지역·일반공업지역·준공업지역·자연녹지지역 및 계획관리지역에 한하여 설치할 것"(동조 제2호)이라고 규정하고 있다. 개별 시설의 종류별로 그러한 기준을 정하고 있는 경우들이 존재한다.

3 "용도지역·용도지구안에서의 도시·군계획시설에 대하여는 제71조 내지 제82조의 규정을 적용하지 아니한다."

4 관련하여, "도시·군계획시설의 편익시설에 대하여 용도지역 안에서의 건축제한이 적용되는지 여부"에 대해 "용도지역에 따른 건축제한에 적합해야" 한다고 판단한 법제처 2018. 8. 31. 회신 18-0280 해석례 참조.

토지의 전부 또는 일부"에 한정되어 있다는 점이다.[1] 그렇다면, 입체복합구역으로 결정하기 전에 미리 도시계획시설결정이 이루어질 것을 요하는 것인지, 아니면 도시계획시설결정을 하면서 동시에 입체복합구역의 결정이 가능한 것인지 – 곧, 양자를 하나의 도시관리계획의 입안, 결정절차를 통해 수립할 수 있는 것인지가 해석상의 쟁점이 될 수 있다.[2]

생각건대, "첨단기술을 적용한 새로운 형태의 기반시설 구축 등이 필요한 경우"나 "효율적이고 복합적인 도시·군계획시설의 조성을 위하여 필요한 경우" 등과 같이, 기존의 기반시설을 개량하거나 복합화하는 경우 뿐만 아니라 새로운 유형과 형태의 기반시설을 새로 도입하는 경우에도 입체복합구역의 지정이 가능하고 또 필요하다는 점을 고려할 필요가 있어 보인다. 따라서 필요시 도시계획시설결정과 입체복합구역의 결정을 하나의 도시관리계획결정으로 동시에 하거나, 각각 별개의 도시관리계획결정으로 같은 시점에 추진하는 것이 금지된다고 보는 것은 과도하다고 사료되고, 이는 허용된다고 보아야 할 것으로 판단된다.

2. 입체복합구역에서의 건축허가요건 특례

본조 제2항 및 제3항은 입체복합구역에서의 건폐율, 용적률, 높이, 용도 등의 제한에 대한 특례 규정을 마련하고 있다. 용도의 경우, 본래 입체복합구역의 취지 자체가 도시계획시설의 입지와 관련하여 용도지역에 따른 제한을 배제하여 입체복합화가 가능하도록 하기 위한 것이므로, 국토계획법 시행령은 도시지역 내에서는 도시지역에서 허용되는 범위에서 도시계획시설의 입지가 가능하도록 정하고 있다 (제32조의5 제2항 제1호 가목). 쉽게 말해, 주거, 상업, 공업, 녹지지역에서 입지가 허용되는 도시계획시설이라면 무엇이든지 입지를 허용할 수 있다는 의미이다. 관리지역 등에 대해서는 별도의 제한이 마련되어 있다.

건폐율, 용적률 높이 등의 경우에는 용도지역에 따른 건폐율, 용적률 등의 상한에서 1.5 또는 2배 이하의 범위에서 정할 수 있다(시행령 제32조의5 제2항). 이때 건축면적이나 연면적은 도시계획시설과 그 외 시설의 경우를 합한 면적으로 계산한다(동항 제2 내지 3호 참조).

---

[1] 이재훈, 최근 국토교통부가 발표한 도시계획 혁신방안에 대한 小考, 건설법연구, 제10호, 2023, 12면 참조.

[2] 관련하여 이재훈, 최근 국토교통부가 발표한 도시계획 혁신방안에 대한 小考, 건설법연구, 제10호, 2023, 12면에서는 "먼저 도시계획시설 결정절차를 거쳐야 한다"라고 서술하고 있는데, 필요적으로 도시계획시설결정이 선행되어야 하는 것인지 그 취지가 다소 명확하지가 않다.

제40조의6(도시혁신구역, 복합용도구역, 입체복합구역에 대한 공공시설등의 설치비용 등)

제40조의6(도시혁신구역, 복합용도구역, 입체복합구역에 대한 공공시설등의 설치비용 등) ① 다음 각 호의 어느 하나에 해당하는 구역 안에서 개발사업이나 개발행위를 하려는 자(제26조제1항제5호에 따라 도시·군관리계획을 입안하거나 제35조의3에 따라 공간재구조화계획을 입안하는 경우 입안 제안자를 포함한다)는 건축물이나 그 밖의 시설의 용도, 건폐율, 용적률 등의 건축제한 완화 또는 행위제한 완화로 인한 토지가치 상승분(「감정평가 및 감정평가사에 관한 법률」에 따른 감정평가법인등이 해당 구역에 따른 계획 등의 변경 전·후에 대하여 각각 감정평가한 토지가액의 차이를 말한다)의 범위에서 해당 구역에 따른 계획으로 정하는 바에 따라 해당 구역 안에 제52조의2제1항 각 호의 시설(이하 이 조 및 제52조의2에서 "공공시설등"이라 한다)의 부지를 제공하거나 공공시설등을 설치하여 제공하도록 하여야 한다.
1. 제40조의3에 따른 도시혁신구역
2. 제40조의4에 따른 복합용도구역
3. 제40조의5에 따른 입체복합구역
② 제1항에 따른 공공시설등의 부지제공과 설치, 비용납부 등에 관하여는 제52조의2제2항부터 제6항까지를 준용한다. 이 경우 "지구단위계획구역"은 각각 "도시혁신구역," "복합용도구역," "입체복합구역"으로, "지구단위계획"은 각각 "도시혁신계획," "복합용도계획," "도시·군관리계획"으로 본다.
③ 제1항 및 제2항은 제1항 각 호의 구역이 의제되는 경우에도 적용한다. 다만, 다음 각 호의 부담금이 부과(해당 법률에 따라 부담금을 면제하는 경우를 포함한다)되는 경우에는 그러하지 아니하다.
1. 「개발이익 환수에 관한 법률」에 따른 개발부담금
2. 「재건축초과이익 환수에 관한 법률」에 따른 재건축부담금
[본조신설 2024. 2. 6.]

Ⅰ. 의의

도시혁신구역, 복합용도구역, 입체복합구역 모두 기본적으로는 건축허가요건의 제한을 완화하는 내용에 해당하고, 그에 따른 개발이익이 발생할 수 있다. 특히, 각 구역들은 모두 입안제안에 의하여 지정될 수 있는 것이므로, 입안제안자에게 귀속되는 개발이익을 일정 부분 환원할 필요가 인정될 수 있다. 관련하여 이미 법 제52조의2에서 정하는 공공기여에 관한 조문이 존재하나, 이는 지구단위계획의 경우에

한정하여 적용되는 것이므로, 본조의 신설을 통해 도시혁신구역, 복합용도구역, 입체복합구역의 지정에 따른 공공기여에 관하여 별도의 근거를 마련하게 되었다. 다만, 아래에서 볼 바와 같이, 본조는 법 제52조의2의 대부분을 준용하고 있으므로, 본조의 구체적인 해석과 관련하여서는 본서의 제52조의2 논의 부분을 함께 참조하라.

II. 조문의 내용

1. 법 제52조의2의 준용

본조 제2항은 공공기여의 구체적인 절차나 내용 등에 관하여 법 제52조의2를 사실상 거의 포괄적으로 준용하는 태도를 보이고 있다. 따라서 본조의 해석 및 적용에 있어서도 법 제52조의2에 관한 논의들을 대부분 참조할 수 있을 것이다.

다만, 다음과 같은 점에서 양 조문은 차이가 있다. 관련하여 가장 눈에 띄는 차이는 본조의 경우에는 '개발사업이나 개발행위'를 부담의무의 대상으로 정하여 그 범위가 다소 넓은 반면, 법 제52조의2의 경우에는 '건축물의 건축'으로 그 범위를 보다 좁혀놓고 있다는 점이다.

[표] 법 제40조의6과 법 제52조의2의 비교

구분	제40조의6에 따른 공공기여	제52조의2에 따른 공공기여
부담의무자	(1) 도시혁신구역, 복합용도구역, 입체복합구역 내에서 개발사업이나 개발행위를 하려는 자 및 (2) 해당 구역들 관련 도시관리계획이나 공간재구조화계획의 입안제안자	(1) 행위제한이 완화되는 지구단위계획구역 내에서 건축물을 건축하려는 자 및 (2) 해당 지구단위계획의 입안제안자
부담규모	건축물이나 그 밖의 시설의 용도, 건폐율, 용적률 등의 건축제한 완화 또는 행위제한 완화로 인한 토지가치 상승분의 범위	용도지역의 변경 또는 도시·군계획시설 결정의 변경 등으로 인한 토지가치 상승분의 범위
의제의 경우	도시혁신구역, 복합용도구역, 입체복합구역 지정 의제 시에도 법 제40조의6 적용	지구단위계획 의제되는 경우 법 제52조의2 적용 여부가 명시되지 않음. 동조의 적용대상이 지구단위계획구역 지정대상들 중에서도 한정되어 있음을 고려하면, 지구단위계획이 의제된다고 하여 동조가 적용되지는 않을 것으로 판단

부담금 부과의 경우	도시혁신구역, 복합용도구역, 입체복합구역 지정이 의제되는 경우와 관련하여, 개발부담금이나 재건축부담금 부과되는 개발사업이나 개발행위에 대해서는 법 제40조의6에 따른 공공기여 부담 면제	개발부담금이나 재건축부담금 부과 여부와 관계 없이 법 제52조의2에 따른 공공기여를 부담함[1]

한편, 본조 제1항에서 언급하는 '개발사업'이나 '개발행위'의 내용이 무엇인지가 문제될 수 있다. 먼저, 개발사업의 경우에는 국토계획법에서 그 의미나 범위에 대하여 아무런 정의규정을 두고 있지 아니하다.[2] 입법취지를 고려하면, 대규모 개발행위를 목적으로 하는 개별 법령상의 사업들을 지칭하는 것으로 이해되고, 그 구체적인 범위에 있어서는 토지보상법 별표에 열거되어 있는 사업들을 일응 참조할 수 있을 것으로 보인다. 본조가 공공기여라는 상당히 무거운 의무를 규정하는 조문임에 비하여, 그 적용대상을 엄밀하게 규율하지 못하고 있는 부분은 상당한 문제라고 생각되고, 추후 입법적 개선이 필요해 보인다.

개발행위의 경우에도 국토계획법 제56조 제1항에서 말하는 개발행위 전반을 의미하는 것인지가 명확하지가 않다. 법 제56조 제1항은 일련의 행위를 열거한 다음 「이하 "개발행위"라 한다」라고 정하고 있으므로, 조문의 순서상 본조에 대하여는 그 정의가 곧바로 적용되는 것은 아니다. 따라서 조문의 문구상으로는 본조의 '개발행위'를 법 제56조 제1항의 개발행위의 등치시킬 수 있는 것인지 의문이다. 특히, 토지분할이나 물건의 장기적치와 같은 것들에 공공기여를 부과하는 것은 현실적이지가 않으므로, 개발행위의 의미를 건축물의 건축이나 토지형질변경 등으로 구체적으로 특정하는 방향으로의 입법이 필요해 보인다.

2. 개발부담금, 재건축부담금이 부과되는 경우의 특칙

한편, 위 표에서도 정리한 바와 같이, 본조와 법 제52조의2는 개발부담금, 재건축부담금과의 관계에 있어서도 태도를 달리한다. 본조의 경우에는 도시혁신구역, 복합용도구역, 입체복합구역이 의제되는 경우에도 본조에 따른 공공기여를 요구하되, 이러한 경우 그 적용범위가 지나치게 확대될 수 있으므로 개발부담금이나 재건

---

1 관련하여, 양은영(2022)의 논의를 참고하면, 공공기여를 "개발부담금 부과대상에서 누락된 계획이득 등에 대한 환수"를 포함하는 개념으로 이해하고 있다. 양은영, 공공기여 개념 정립에 관한 고찰, 토지공법연구, 제100집, 2022, 156면에서 인용. 한편, 공공기여의 대상이 된 공공시설 등이 개발부담금이 정하는 개발비용 공제 요건에 해당한다면 이를 다투어볼 수는 있겠다.
2 아마도 입법자들이 이를 간과하고 본조를 도입한 것으로 보인다.

축부담금이 부과되는 경우에는 본조의 공공기여 적용 대상에서 면제하고 있는 것으로 보인다. 다만, 주의할 것은 본조 제3항의 구조를 고려할 때 개발부담금이나 재건축부담금 부과대상임을 이유로 본조의 공공기여 의무가 면제되는 것은, 도시혁신구역, 복합용도구역, 입체복합구역이 의제되는 경우에 한정된다고 해석될 가능성이 높다는 점이다.[1] 즉 도시혁신구역, 복합용도구역, 입체복합구역이 의제되는 것이 아니라, 그 자체로 공간재구조화계획이나 도시관리계획 등으로 입안, 결정되는 경우에는 해당 구역에서 개발부담금이나 재건축부담금의 부과대상이 되는 개발사업이나 개발행위를 하더라도 본조의 공공기여가 면제되지 않고 공공기여를 하여야 한다.

　법 제52조의2에 따른 공공기여의 경우에는 특별히 지구단위계획이 의제되는 경우에도 그 적용범위를 확장하고 있지 아니하므로, 개발부담금이나 재건축부담금이 부과되는 경우에 관한 본조 제3항 단서와 같은 조문이 별도로 존재하지 아니한다.

---

[1] 본조에 관한 것은 아니기는 하나, 법제처는 "법령의 단서 규정은 본문의 규정을 전제로 본문의 주된 내용에 대한 예외를 인정하거나 규율 대상 중 일부에 대해서는 달리 정할 필요가 있을 때 두는 것"이라는 입장을 취하고 있는데(법제처 2022. 3. 31. 회신 21-0888 해석례), 이를 고려하면 본조 제3항 단서가 적용될 수 있는 경우는 본조 제3항 본문에 해당하는 경우로 한정될 가능성이 높아 보인다.

제41조(공유수면매립지에 관한 용도지역의 지정)

제41조(공유수면매립지에 관한 용도지역의 지정) ① 공유수면(바다만 해당한다)의 매립 목적이 그 매립구역과 이웃하고 있는 용도지역의 내용과 같으면 제25조와 제30조에도 불구하고 도시·군관리계획의 입안 및 결정 절차 없이 그 매립준공구역은 그 매립의 준공인가일부터 이와 이웃하고 있는 용도지역으로 지정된 것으로 본다. 이 경우 관계 특별시장·광역시장·특별자치시장·특별자치도지사·시장 또는 군수는 그 사실을 지체 없이 고시하여야 한다. 〈개정 2011. 4. 14.〉
② 공유수면의 매립 목적이 그 매립구역과 이웃하고 있는 용도지역의 내용과 다른 경우 및 그 매립구역이 둘 이상의 용도지역에 걸쳐 있거나 이웃하고 있는 경우 그 매립구역이 속할 용도지역은 도시·군관리계획결정으로 지정하여야 한다. 〈개정 2011. 4. 14.〉
③ 관계 행정기관의 장은 「공유수면 관리 및 매립에 관한 법률」에 따른 공유수면 매립의 준공검사를 하면 국토교통부령으로 정하는 바에 따라 지체 없이 관계 특별시장·광역시장·특별자치시장·특별자치도지사·시장 또는 군수에게 통보하여야 한다. 〈개정 2010. 4. 15., 2011. 4. 14., 2013. 3. 23.〉
[전문개정 2009. 2. 6.]

Ⅰ. 의의

국토가 비좁은 우리나라의 특성상 공유수면을 매립하여 시가지를 확장하는 방식의 개발이 빈번하게 수행되어왔다. 이 경우 새로이 생겨난 땅들에 대하여 어떠한 용도지역을 부여하여야 할 것인지가 문제될 수 있는데, 국토계획법은 ① 이웃한 용도지역을 그대로 의제하거나(본 조 제1항), ② 새로이 도시관리계획결정을 하여 용도지역을 부여하는 방안(제2항)을 각각 규정하고 있다.

1. 의제되는 경우

'의제' 또는 '지정'의 차이는 (ⅰ) 공유수면매립의 목적과 (ⅱ) 이웃한 용도지역의 현황 두 가지에 의하여 결정된다. 만일, 이웃한 용도지역이 1개이면서 공유수면 매립의 목적 또한 해당 용도지역에 부합한다면 구태여 새로운 계획절차를 거치도록 하는 것은 행정의 비효율에 지나지 않는다. 따라서 법은 이 경우에는 별다른 행위를 하지 않더라도 동일한 용도지역이 그대로 부여되도록 의제하고 있다. 의제되는 용도지역은 도시지역에서는 국토계획법 시행령 제30조 제1항이 정한 세부용도지역이 될 수 있지만, 비도시지역에서는 동법 제36조에서 정한 용도지역(보전관리지역, 생산관리지역, 계획관리지역, 농림지역, 자연환경보전지역 등 5개)만이 의제된다.

이때 부여되는 용도지역은 반드시 개발이 전제된 주거·상업·공업지역에 국한되지 않는다. 국토교통부는 매립목적이 자연녹지지역의 취지에 부합하고, 이웃한 용도지역도 자연녹지지역이라면, 자연녹지지역의 용도지역이 의제된다는 견해를 확인한 바 있다.[1]

2. 지정되는 경우

인근의 용도지역이 하나이든 둘 이상이든 간에 매립목적이 그에 부합하지 않는다면 해당 용도지역을 그대로 의제하는 것은 부당하다. 또한, 이웃한 용도지역이 2개 이상이면 이중 어떤 것을 선택하여 의제하여야 하는지가 모호하게 된다. 때문에 법은 이들 경우에는 도시관리계획으로서 용도지역을 정하여 주도록 하고 있다.

Ⅱ. 준공검사의 통보

이상과 같이, 매립이 완료되면 도시관리계획의 입안권자로서는 용도지역이 의제되는 것인지 혹은 용도지역 부여를 위한 계획의 입안이 필요한지를 판별하여 곧바로 후속절차에 들어가야만 한다. 따라서 국토계획법은 관계행정기관이 준공검사를 하면 지체 없이 도시관리계획의 입안권자에게 그 사실을 통보하도록 정하고 있다. 통보 시에는 공유수면매립의 준공인가구역의 범위 및 면적을 표시한 축척 2만 5천분의 1 이상의 지형도를 첨부하여야 한다(동법 시행규칙 제4조).

---

1 "질의의 예)처럼 공유수면(바다만 해당한다)의 매립 목적이 그 매립구역과 이웃하고 있는 용도지역(자연녹지지역)의 내용과 같다면 자연녹지지역으로 지정된 것으로 보는 것이 타당할 것" 국토교통부 2018. 5. 11. 접수 1AA-1805-095179 질의회신례.

제42조(다른 법률에 따라 지정된 지역의 용도지역 지정 등의 의제)

제42조(다른 법률에 따라 지정된 지역의 용도지역 지정 등의 의제) ① 다음 각 호의 어느 하나의 구역 등으로 지정·고시된 지역은 이 법에 따른 도시지역으로 결정·고시된 것으로 본다. 〈개정 2011. 5. 30., 2011. 8. 4.〉

1. 「항만법」 제2조제4호에 따른 항만구역으로서 도시지역에 연접한 공유수면
2. 「어촌·어항법」 제17조제1항에 따른 어항구역으로서 도시지역에 연접한 공유수면
3. 「산업입지 및 개발에 관한 법률」 제2조제8호가목부터 다목까지의 규정에 따른 국가산업단지, 일반산업단지 및 도시첨단산업단지
4. 「택지개발촉진법」 제3조에 따른 택지개발지구
5. 「전원개발촉진법」 제5조 및 같은 법 제11조에 따른 전원개발사업구역 및 예정구역 (수력발전소 또는 송·변전설비만을 설치하기 위한 전원개발사업구역 및 예정구역은 제외한다. 이하 이 조에서 같다)

② 관리지역에서 「농지법」에 따른 농업진흥지역으로 지정·고시된 지역은 이 법에 따른 농림지역으로, 관리지역의 산림 중 「산지관리법」에 따라 보전산지로 지정·고시된 지역은 그 고시에서 구분하는 바에 따라 이 법에 따른 농림지역 또는 자연환경보전지역으로 결정·고시된 것으로 본다.

③ 관계 행정기관의 장은 제1항과 제2항에 해당하는 항만구역, 어항구역, 산업단지, 택지개발지구, 전원개발사업구역 및 예정구역, 농업진흥지역 또는 보전산지를 지정한 경우에는 국토교통부령으로 정하는 바에 따라 제32조에 따라 고시된 지형도면 또는 지형도에 그 지정 사실을 표시하여 그 지역을 관할하는 특별시장·광역시장·특별자치시장·특별자치도지사·시장 또는 군수에게 통보하여야 한다. 〈개정 2011. 4. 14., 2011. 5. 30., 2013. 3. 23.〉

④ 제1항에 해당하는 구역·단지·지구 등(이하 이 항에서 "구역등"이라 한다)이 해제되는 경우(개발사업의 완료로 해제되는 경우는 제외한다) 이 법 또는 다른 법률에서 그 구역등이 어떤 용도지역에 해당되는지를 따로 정하고 있지 아니한 경우에는 이를 지정하기 이전의 용도지역으로 환원된 것으로 본다. 이 경우 지정권자는 용도지역이 환원된 사실을 대통령령으로 정하는 바에 따라 고시하고, 그 지역을 관할하는 특별시장·광역시장·특별자치시장·특별자치도지사·시장 또는 군수에게 통보하여야 한다. 〈개정 2011. 4. 14.〉

⑤ 제4항에 따라 용도지역이 환원되는 당시 이미 사업이나 공사에 착수한 자(이 법 또는 다른 법률에 따라 허가·인가·승인 등을 받아야 하는 경우에는 그 허가·인가·승인 등을 받아 사업이나 공사에 착수한 자를 말한다)는 그 용도지역의 환원과 관계없이 그 사업이나 공사를 계속할 수 있다. 〈개정 2020. 6. 9.〉

[전문개정 2009. 2. 6.]

Ⅰ. 용도지역의 의제

본 조는 다른 법률에 따라 지역·구역·지구 등의 고시가 있으면, 그와 별개로 도시관리계획결정을 하지 아니하더라도 용도지역을 곧바로 의제하도록 하는 조문이다. 그 취지는 대체로 행정절차의 간소화로 설명된다.[1] 본 조가 의제를 하는 경우는 2가지로 분류된다. ① 하나는 종래 수면이었거나 녹지 등이었던 곳을 개발하면서 새로이 도시로 편입되는 곳에 대하여 '도시지역' – 곧, 세분화된 용도지역의 분류 없이 '도시지역'으로만 일단 의제하는 곳이고(본 조 제1항), ② 다른 하나는 농지나 보전산지 등으로 지정됨에 따라 농림지역이나 자연환경보전지역으로 의제되는 경우이다(동조 제2항).

이와 같은 의제처리 업무의 편의를 위하여, 국토계획법은 본 조 제1, 2항의 각 경우에 해당하면 도시관리계획 입안권자에게 그 사실을 통보하도록 정하고 있다(동조 제3항).

Ⅱ. 용도지역의 환원

의제의 원인이 되는 지역·지구 등의 지정이 해제되면, 의제하였던 용도지역 또한 종전의 것으로 환원하도록 하는 조문을 두고 있다. 주의할 것은 환원조항의 적용대상은 '도시지역'의 경우 – 곧, 본 조 제1항의 경우에 한정된다는 점이다. 따라서 보전산지로 지정되어 자연환경보전지역으로 의제되었으나, 다시 보전산지에서 준보전산지로 변경된 경우라 하더라도 추가적인 도시관리계획변경결정이 없다면 당해 토지는 여전히 자연환경보전지역이 된다.[2]

---

1 온주 국토의계획및이용에관한법률 제42조(2018. 12. 17.) 참조.
2 법제처 2013. 5. 7. 회신 13-0115 해석례 참조.

제43조(도시·군계획시설의 설치·관리)

제43조(도시·군계획시설의 설치·관리) ① 지상·수상·공중·수중 또는 지하에 기반시설을 설치하려면 그 시설의 종류·명칭·위치·규모 등을 미리 도시·군관리계획으로 결정하여야 한다. 다만, 용도지역·기반시설의 특성 등을 고려하여 대통령령으로 정하는 경우에는 그러하지 아니하다. 〈개정 2011. 4. 14.〉
② 효율적인 토지이용을 위하여 둘 이상의 도시·군계획시설을 같은 토지에 함께 결정하거나 도시·군계획시설이 위치하는 공간의 일부를 구획하여 도시·군계획시설을 결정할 수 있다. 〈신설 2024. 2. 6.〉
③ 도시·군계획시설의 결정·구조 및 설치의 기준 등에 필요한 사항은 국토교통부령으로 정하고, 그 세부사항은 국토교통부령으로 정하는 범위에서 시·도의 조례로 정할 수 있다. 다만, 이 법 또는 다른 법률에 특별한 규정이 있는 경우에는 그에 따른다. 〈개정 2011. 4. 14., 2013. 3. 23., 2024. 2. 6.〉
④ 제1항에 따라 설치한 도시·군계획시설의 관리에 관하여 이 법 또는 다른 법률에 특별한 규정이 있는 경우 외에는 국가가 관리하는 경우에는 대통령령으로, 지방자치단체가 관리하는 경우에는 그 지방자치단체의 조례로 도시·군계획시설의 관리에 관한 사항을 정한다. 〈개정 2011. 4. 14., 2024. 2. 6.〉
[전문개정 2009. 2. 6.]
[제목개정 2011. 4. 14.]

Ⅰ. 도시계획시설결정의 선행(先行) 관계

1. 의의

국토계획법 제43조 제1항은 기반시설을 설치함에 있어 도시관리계획결정 – 곧, 도시계획시설결정을 선행할 것을 요구하고 있다. 다만, 국토계획법 시행령 제35조 제1항 각호[1]에 해당하는 경우에는 도시계획시설결정을 요구하지는 않는바, 이 경

---

[1] 1. 도시지역 또는 지구단위계획구역에서 다음 각 목의 기반시설을 설치하고자 하는 경우
　가. 주차장, 차량 검사 및 면허시설, 공공공지, 열공급설비, 방송·통신시설, 시장·공공청사·문화시설·공공필요성이 인정되는 체육시설·연구시설·사회복지시설·공공직업 훈련시설·청소년수련시설·저수지·방화설비·방풍설비·방수설비·사방설비·방조설비·장사시설·종합의료시설·빗물저장 및 이용시설·폐차장
　나. 「도시공원 및 녹지 등에 관한 법률」의 규정에 의하여 점용허가대상이 되는 공원안의 기반시설
　다. 그 밖에 국토교통부령으로 정하는 시설
　2. 도시지역 및 지구단위계획구역외의 지역에서 다음 각목의 기반시설을 설치하고자 하는 경우

우에는 도시계획시설결정의 방법으로 기반시설을 설치하는 것과 개별적인 인허가를 통해 설치하는 것 모두가 가능할 수 있다. 문헌상으로는 전자를 '필수적 도시계획시설' 후자를 '임의적 도시계획시설'이라고 분류하기도 한다.[1] 다만, 임의적 도시계획시설의 경우에도 도시계획시설의 존재가 도시관리계획으로 정한 토지이용관계와 충돌하게 되는 것을 방지하기 위해서라도 어느 시점에는 도시계획시설의 설치 또는 그 존재를 도시관리계획에 반영하는 방향으로의 계획수립 또는 변경 행위가 이루어지는 것이 타당하다고 사료된다. 아울러, 본 조를 제외하고는, 특별히 국토계획법이 도시계획시설사업의 절차에 관하여 양자를 구분하고 있지는 아니하므로, 임의적 도시계획시설 또한 동법 제7장에 따른 일련의 규율에 따라 설치되어야한다. 이러한 의미에서 본다면, 본 조는 절차적으로 도시계획시설결정 등이 선행하여 행하여질 필요가 있는지를 정하는 정도의 의미로 이해하는 것이 타당하다고 사료된다.

본 조는 "도시관리계획으로 결정하여야 한다"라고 정하고 있으므로 그 명칭이 반드시 도시계획시설결정일 필요는 없다. 법제처는 도시관리계획의 일종인 지구단위계획의 내용에 필수적 도시계획시설(본 조 제1항 본문)에 해당하는 기반시설에 관한 내용을 수록한다면, 이는 본 조 제1항 본문을 충족한 것이라 보고 있다.[2]

이와 같이 국토계획법이 기반시설의 설치 시 도시계획시설결정을 선행하는 것을 원칙으로 정하는 이유는 결국 기반시설을 계획적으로 설치하라는 것과 더불어, 그 내용을 국토계획법에 부합하는 방식으로 하라는 취지인 것으로 풀이된다. 즉 제43조 제1항은 기반시설에 대하여도 '선계획 후설치'의 원칙을 확립함으로써 다른 도시관리계획들과의 조응할 수 있도록 한 것이다.[3] 이와 같은 도시계획시설결정 '선행(先行)'의 원칙은 도시관리계획의 체계적 관리와 관련된 것이므로 국토계획법의 취지와도 연관된다. 따라서 법은 그 위반 시에 대한 형사처벌규정을 마련하고 있다(동법 제141조 제1호).[4]

가. 제1호 가목 및 나목의 기반시설

나. 궤도 및 전기공급설비

다. 그 밖에 국토교통부령이 정하는 시설

[1] 온주 국토의계획및이용에관한법률 제43조(2019. 8. 21.) 참조.

[2] 법제처 2017. 3. 2. 회신 16-0672 해석례.

[3] 참고로, 법제처는 도시관리계획을 5년마다 재검토, 정비함에 있어서 기반시설에 대한 부분만을 따로 떼어 내어 할 수는 없다는 입장을 취하고 있는바(법제처 2016. 10. 4. 회신 16-0479 해석례), 이 또한 도시계획시설결정을 전체 도시관리계획의 차원에서 유기적으로 관리하라는 의미로 사료된다.

[4] 참고로, 이와 같은 형사처벌규정과 관련하여 대법원은 관할 관청의 허가 없이 종교시설인 건축물

2. 도시계획시설결정의 시점

본조에서 정하고 있는 "미리"라는 것의 의미가 다소 불분명하지만, ① 실시계획인가를 받은 시점부터는 곧바로 기반시설의 물리적 설치를 위한 단계에 나아갈 수 있게 되므로 "미리"라는 의미 또한 그 이전의 어느 시점을 의미하는 것이 타당한 점, ② 실시계획인가 시점까지 도시계획시설결정을 요구하지 않는 경우, 절차적으로 필요적 도시계획시설과 임의적 도시계획시설의 구분이나 경계가 모호해질 수 있는 점, ③ 대법원 또한 "적법한 도시관리계획결정 없이 이루어진" 실시계획인가를 위법하다고 판단하고 있는바[1] 절차적으로 도시관리계획결정이 실시계획인가에 선행하는 것임을 전제하고 있는 것으로 이해되는 점 등을 고려하면 최소한 실시계획인가 이전의 시점에 도시계획시설결정이 존재할 것이 요구된다고 보아야 한다고 사료된다.

그렇다면 도시계획시설결정이 실시계획인가와 "동시"에 이루어지는 것이 가능한지가 문제될 수 있으나, 졸견으로는 시기상으로 반드시 도시계획시설결정이 앞서는 것이 필요하다는 의견이다. 국토계획법의 문언이 다소 모호한 것은 사실이나 법은 전체적으로 「도시계획시설결정 → 사업시행자의 지정 → (사업시행자가 작성한) 실시계획에 대한 인가」라는 순서를 전제하고 있는 것으로 이해되는데, ① 도시계획시설결정과 실시계획인가 각각에 대하여 서로 다른 조문에 근거한 의견청취 등의 절차가 예정되어 있으므로 만일 양자가 동시에 수립되는 것이 가능하다고 보게 된다면 각 절차에서의 일반주민의 의견제출권한이 형해화 될 수 있는 점, ② 동법 제88조 제1항 등은 "시행자가" 실시계획을 작성하여 인가를 받도록 함으로써 문리적으로 실시계획 작성 이전에 시행자의 지위가 취득되어 있을 것을 전제하고 있는 점, ③ 인가된 실시계획의 내용대로 도시관리계획의 변경이 의제되는데(동법 제88조 제6항), 이 또한 실시계획인가에 의하여 기 수립되어 있던 도시계획시설결정의 내용이 일부 수정, 정정될 수 있음을 예비한 것으로 이해될 수 있는 점, ④ 본조의 선계획 후개발의 취지를 고려하면 "계획"의 단계인 도시계획시설결정과 "개발"의

을 증축하고, 이러한 방법으로 군관리계획의 결정 없이 기반시설을 설치함으로써 ① 건축법 위반 및 ② 국토의 계획 및 이용에 관한 법률 위반의 죄가 경합된 사안에서, 사회관념상 1개의 행위를 대상으로 한 것이라고 하여 상상적 경합관계로 보았다(대법원 2018. 4. 12. 선고 2018도1490 판결). 따라서 개별 기반시설 설치에 관한 인허가 근거법률상의 범죄와는 기본적으로 상상적 경합관계로 봄이 타당하다.

1 대법원 2013. 11. 28. 선고 2011두11334 판결.

단계에 해당하는 실시계획인가가 순서상 구분되는 것이 타당한 점 등을 고려할 수 있겠다.

3. 도시계획시설결정이 선행하지 않은 경우의 후행행위의 효력

도시계획시설결정이 선행되어야 한다는 말은, 도시관리계획의 내용으로 기반시설에 관한 내용을 먼저 수록·수립하라는 의미이다. 따라서 도시관리계획의 내용에 당해 기반시설(국토계획법 제43조 제1항 본문 – 곧, 필수적인 경우에 한정)에 관한 내용이 포함되어 있지 않은데도 불구하고, 후행행위를 행하는 경우에는 그 후행행위는 위법하게 된다고 봄이 타당하고 그 위법성의 직접적인 근거가 본 조와 함께 도시관리계획 변경 절차에 관하여 정한 국토계획법 제30조 제5항 등이 될 수 있다. 관련하여 판례 중에는 따라서 공원녹지법상 공원조성계획은 공원의 구체적 조성에 관한 행정계획으로서 도시공원의 설치에 관한 도시관리계획이 결정되어 있음을 전제로 한다고 하여,[1] 특히 도시공원의 부지(공간적 범위)는 도시관리계획 단계에서 결정되는 것인 만큼 도시계획시설결정이 선행되어야만 후행행위라 할 수 있는 적법한 공원조성계획의 수립이 가능하다는 전제 하에, 도시계획시설결정이 선행되지 않은 공원조성계획 수립은 무효라고 본 사례가 있다.[2]

4. 개별적인 경우의 도시계획시설결정 필요 여부

가. 부대시설의 경우

본래 부대시설은 주된 도시계획시설에 종된 것으로 설치할 수 있으므로, 주된 시설에 대한 도시계획시설결정과 별도로 결정이 필요하다고 보기는 어렵다. 그러나 설치하려는 부대시설 자체도 기반시설의 정의에 해당하면서, 필수적 도시계획시설(국토계획법 제43조 제1항 본문)에 해당한다면 그에 대한 별도의 도시계획시설결정이 요구된다는 것이 대법원의 입장이다.[3]

---

1 대법원 2015. 12. 10. 선고 2013두14221 판결.
2 대법원 2019. 7. 11. 선고 2018두47783 판결. "도시관리계획결정·고시와 그 도면에 특정 토지가 도시관리계획에 포함되지 않았음이 명백한데도 도시관리계획을 집행하기 위한 후속 계획이나 처분에서 그 토지가 도시관리계획에 포함된 것처럼 표시되어 있는 경우가 있다. 이것은 실질적으로 도시관리계획결정을 변경하는 것에 해당하여 국토계획법 제30조 제5항에서 정한 도시관리계획 변경 절차를 거치지 않는 한 당연무효."
3 대법원 2014. 8. 28. 선고 2011두17899 판결. "구 도시계획시설의 결정·구조 및 설치기준에 관한 규칙 제33조 제1항 제1호에 따라 자동차정류장의 부대시설로 설치하려는 자동차용 가스충전소가 구 고압가스 안전관리법 제3조 제1호에 따른 저장소 및 구 고압가스 안전관리법 시행규칙 [별표

나. 다른 법령이 개입되는 경우

개발제한구역법은 국토계획법의 특별법이므로, 개발제한구역법에서 설치절차와 인허가를 정하고 있는 것이라면, 그에 의하여 당해 기반시설을 설치하면 되고, 국토계획법이 정한 별도의 절차 – 곧, 도시계획시설결정을 거칠 필요가 없다는 것이 대법원의 입장이다.[1] 이를 참조하면, 국토계획법과 특별법의 관계에 있는 개별 법령상 개별 기반시설의 설치 인허가가 마련되어 있는 경우에는 동일하게 판단할 수 있을 것이라 사료된다. 다만, 계획적 개발의 견지에서는 정당한 것인지 의문이 있다.

다. 공공필요성이 결여된 경우

한편, 기반시설에 대한 정의 논의에서 살펴본 바와 같이, 기반시설은 그 자체로 공공성 또는 공공필요성을 요건으로 한다. 따라서 공공필요성이 결여되어있는 것이면 기반시설이라고 하기 어렵고, 따라서 도시계획시설로 결정될 수도 없다. 관련하여, 특정 종교인만이 사용할 수 있는 사설봉안시설에 대하여 일반인의 사용에 제공하는 봉안시설이라고 볼 수 없다고 판단하여 도시계획시설결정을 할 수 없다고 본 판례 사안에 발견된다.[2]

라. 건축법상 도로의 경우

건축법 제2조 제1항 제11호 나목은 건축허가 시에 건축허가권자가 그 위치를 지정한 도로에 관하여 정하고 있는데, 이는 통상 건축허가 시에 접도요건 등을 맞추기 위한 것으로 별도의 도시계획시설결정이나 도로 고시가 없이 지정되는 도로이다. 이를 '건축법상 도로'라고도 한다. 즉 본래적 의미의 도로라기보다는 오로지 건축허가요건과 관련하여 의미가 있는 도로인 것이다.[3] 법제처는 이러한 건축법상

5] 제3호에 따른 가스공급설비에도 동시에 해당할 경우, 구 고압가스 안전관리법 등에서 정한 고압가스 제조허가 기준 외에 기반시설인 가스공급설비로서 도시계획시설결정을 얻어야 하는지 여부(적극)."

1 대법원 2014. 5. 16. 선고 2013두4590 판결. "위 폐기물처리시설은 개발제한구역에서의 행위 제한에 관하여 구 국토계획법에 대하여 특별법의 관계에 있는 구 개발제한구역의 지정 및 관리에 관한 특별조치법령의 규정에 따라 도시계획시설로 설치할 필요 없이 시장·군수·구청장의 허가를 받으면 설치할 수 있는 기반시설에 해당하므로 위 처분이 위법하다고 본 원심판단을 정당하다고 한 사례."

2 대법원 2010. 7. 22. 선고 2010두5745 판결.

3 이와 같은 건축법상 도로의 개념에 대하여는 김종보, 도로의 설치와 관리 그리고 점용허가, 행정법연구, 2018. 8., 202 내지 203면 참조.

도로는 도시계획시설규칙 제9조제1호가목에 따른 일반도로에 해당하지 않는다는 견해를 취하고 있는바,[1] 건축법상 도로에 대하여는 도시계획시설결정이 필요하지 아니하다고 할 것이다.

마. 입체적 도시계획시설결정의 경우

만일, 기존에 도시계획시설결정 및 실시계획인가 등을 받아 설치된 도시계획시설이 있는 경우, 그에 입체적으로 다른 종류의 도시계획시설을 추가로 건설하려 한다면 단순히 실시계획만을 변경하는 절차를 밟을 것이 아니라 신설하려는 시설을 입체적으로 결정하는 도시계획시설결정이 선행되어야 한다.[2]

Ⅱ. 도시·군계획시설의 결정·구조 및 설치기준에 관한 규칙(도시계획시설규칙)

1. 도시계획시설규칙의 의의

국토계획법이 정하고 있는 기반시설의 종류는 지나치게 추상적이고 포괄적이다. 그렇다고 하여 개별 기반시설의 내용들을 법률 차원에서 수록하기에는 지나치게 경직적일 뿐만 아니라 법의 일반추상성의 원칙에도 부합하지 않는다. 때문에 동법은 기반시설의 구체적인 설치 방법이나 내용 등에 대하여는 국토교통부령에 위임하도록 정하고 있는데(제43조 제4항), 그 위임에 따라 제정된 것이 도시계획시설규칙이다.

상위법령의 수권에 근거하여 제정된 부령(법규명령)인 만큼, 이는 대외적 구속력을 지지는 법규명령으로서의 성질을 인정하는 것이 타당해보이고, 판례 또한 같은 입장인 것으로 보인다.[3] 따라서 도시계획시설규칙에 위반한 도시계획시설결정은 위법하다고 봄이 타당하다고 사료된다.

2. 주요 내용

대체적으로 도시계획시설규칙은 개별 기반시설별 설치 기준이나 방법 등에 대하여 상세한 규정을 두고 있는바 상당히 기술적이다. 따라서 도시계획시설결정의

---

1 법제처 2020. 10. 6. 회신 20-0407 해석례.
2 법제처 2018. 11. 8. 회신 18-0454 해석례.
3 대법원 2006. 10. 26. 선고 2003두14840 판결. "구 도시계획법 제12조 제3항, 제16조 제2항 본문의 위임의 범위 안에 있으므로, 구 도시계획시설기준에 관한 규칙 제13조 제1항은 구 도시계획법 제12조 제1항, 제16조 제2항 본문과 결합하여 법규로서의 성질을 가진다."

위법성을 다투는 변호사의 입장에서는 문제되는 기반시설이 개별 기준에 부합하는지를 따져보는 것이 우선되어야 한다. 도시계획시설규칙의 내용은 방대하므로, 그 조문을 일일이 본서에 수록하기는 어렵다. 다만, 법리적, 실무적으로 한번쯤 살펴볼만한 조문들을 중심으로 그 주요내용을 소개한다.

가. 도시계획시설의 중복결정(제3조)

둘 이상의 도시계획시설을 같은 토지에 함께 결정할 수 있도록 한 조문이다. 도시지역에서 토지이용이 고도화·고밀도화됨에 따라, 토지를 효율적이고 합리적으로 이용하기 위하여 필요한 경우, 하나의 토지에 여러 개의 기반시설이 함께 소재할 수 있도록 근거를 만든 것이다.

도시계획시설규칙은 일정한 경우에는 반드시 중복결정을 검토하도록 정하고 있는데, ① 도시지역에서 도시계획시설결정을 할 때에는 중복결정이 필요할지 여부를 우선적으로 검토하여야 하고, ② 공공청사, 문화시설, 체육시설, 사회복지시설 및 청소년수련시설 등 공공·문화체육시설을 결정하는 경우에도 중복결정을 반드시 검토하여야 한다.

나. 입체적 도시계획시설결정(제4조)

도시계획시설이 위치하는 공간의 일부만을 구획하여 도시계획시설결정을 할 수 있도록 한 것이다. '입체적'이라는 일부 공간을 따로 떼어내어, 그 부분만을 배타적으로 다른 도시계획시설로 사용할 수 있도록 한 것이다. 이때 '일부 공간'이란 도시계획시설일 수도 있고, 아닐 수도 있다. 즉 입체적 도시계획시설결정이란, 통상적인 건축물이나 시설물의 일부만을 구획하여 도시계획시설로 하는 경우일 수도 있고,[1] 도시계획시설이 소재한 곳의 일부를 다른 도시계획시설로 구획하는 경우[2]

---

[1] 이를 문헌상으로는 '도시계획시설과 비도시계획시설의 복합'이라고 설명한다. 예컨대, 아파트 단지 지하로 도로를 통과하도록 한다거나, 한때 SNS에서 화제가 되었던 중국 충칭시의 아파트를 관통하는 경전철, 빌딩 허리를 통과하는 일본의 간선도로 등이 사례가 될 수 있겠다. 다만, 국내에서는 이와 같은 도시계획시설과 비도시계획시설의 복합에 대하여 도시계획시설이 행정재산임을 이유로, 행정재산의 출자나 영구적 사권설정 등을 금지한 조문(예컨대 국유재산법 제11조, 공유재산법 제19조 제1항 등)과의 충돌 문제를 지적하면서 이것이 입체화의 발목을 잡고 있다는 견해가 있다. 이종원, 이주형, 도시재생사업에서 입체도시계획기법 인천 가정오거리(루원시티) 사례를 중심으로, 한국도시설계학회지 도시설계, 2009. 3., 126면의 논의 참조.
[2] 학교나 공원을 설치하면서 그 밑에 공영주차장을 별도의 도시계획시설로 설치하는 경우를 예로 들 수 있다. 관련하여 김윤선, 양우현, 도시 주거지 학교와 공원의 주차장 입체화 사례의 형태와 이용 특성 분석, 한국주거학회논문집, 2011. 10.의 논의 참조.

가 상정될 수도 있다. '중복결정'은 공간적 구분 없이 동일 토지에 여러 도시계획시설결정을 덧칠하는 것이라면, '입체결정'은 공간을 구분하여 구획해서 도시계획시설결정을 하는 것이다. 이 또한 고도화, 고밀화된 도시에서 합리적인 토지이용을 위하여 도입된 것이다. 중복결정과 마찬가지로 도시지역에서는 입체적 결정을 우선적으로 검토하여야 한다.

다만, '입체적'인 경우 결국 구분소유권이나 구분지상권과 같은 재산권관계가 문제될 수 있을 뿐만 아니라, 사인(私人)들이 소유하는 통상의 건축물이 소재한 공간의 일부에 대하여 도시계획시설을 설치할 수도 있는 것이므로, 동 지침은 도시계획시설 설치 전 소유자 등 권리자와 협의를 거치도록 하고 있다.

한편, 도시계획시설과 비(非)도시계획시설이 입체적으로 결정되어 외형상 하나의 건물 안에 소재하여있다고 하더라도, 도시계획시설로서의 법적 성질을 지니는 부분은 도시계획시설로 결정된 '부분'에 그치는 것이고, 비(非)도시계획시설 부분까지 도시계획시설이 되는 것은 아니라는 것이 법제처의 견해이다.[1] 도시계획시설규칙의 문언을 보더라도 "시설이 위치하는 공간의 일부만을 구획하여 도시·군계획시설결정"을 하는 것이므로(제4조 제1항), 도시계획시설결정의 효력이 미치는 범위는 도시계획시설로 결정된 공간적 범위에 그치는 것이라 보아야 하고, 같은 건물 내의 비(比)도시계획시설 부분에 대해서는 통상의 건물과 같이 용도지역이나 지구단위계획 등 도시관리계획이 정하는 일련의 규율이 적용된다고 보아야 할 것으로 사료된다.

다. 부대편익시설(제6조의2)

도시계획시설의 부대편익시설의 관념에 대하여는 본서 용어의 정의의 '기반시설' 항목을 참조하라.

3. 도시계획시설규칙의 효력범위

판례 사안 중에는 도시계획시설규칙 제141조 제1항에서 공동묘지에 설치할 수 있는 시설로서 화장장을 열거하고 있음을 들어, 공동묘지로 도시계획시설결정이 되어 있는 곳에서 화장장을 설치하기 위해서는 '화장장'에 대한 별도의 도시계획시설결정은 필요하지 아니하다고 주장한 원고의 주장을 배척한 사례가 발견된다.[2]

---

1 법제처 2018. 11. 8. 회신 18-0602 해석례.
2 대법원 2013. 11. 28. 선고 2011두11334 판결.

해당 판결에서 대법원은 "도시계획시설의 결정에 관한 기준 등을 제시하기 위한 것에 불과"하다면서 만일 원고의 주장과 같이 해석할 경우 "위임받은 범위를 넘는 것이어서 무효"라고 판시하였다.[1]

Ⅲ. 조례에 대한 위임

국토계획법은 도시계획시설의 설치와 관리에 관한 사항을 일정한 경우 조례로 정할 수 있도록 위임하고 있다. 다만, 위임의 범위에 관하여 주의할 것은 '설치'기준에 관하여는 국토계획법 시행규칙이 위임한 사항에 한정하여 조례로 정할 수 있는 반면, '관리'에 관하여는 국토계획법이나 다른 법률에서 특별한 규정이 없는 이상 원칙적으로 지방자치단체 스스로 그 관리관할에 속한 시설의 관리방법을 조례로 정할 수 있어 비교적 위임의 범위가 넓은 편이다. 다만, '관리'의 경우에도 그 관리방법이 도시계획시설규칙에서 정한 시설의 설치기준에 반하거나 이를 형해화하는 수준에 이르는 경우에는 허용되지 아니한다고 봄이 타당하다고 사료된다.

---

1 대법원 2013. 11. 28. 선고 2011두11334 판결.

제44조(공동구의 설치)

제44조(공동구의 설치) ① 다음 각 호에 해당하는 지역·지구·구역 등(이하 이 항에서 "지역등"이라 한다)이 대통령령으로 정하는 규모를 초과하는 경우에는 해당 지역등에서 개발사업을 시행하는 자(이하 이 조에서 "사업시행자"라 한다)는 공동구를 설치하여야 한다. 〈개정 2011. 5. 30.〉

1. 「도시개발법」 제2조제1항에 따른 도시개발구역

2. 「택지개발촉진법」 제2조제3호에 따른 택지개발지구

3. 「경제자유구역의 지정 및 운영에 관한 특별법」 제2조제1호에 따른 경제자유구역

4. 「도시 및 주거환경정비법」 제2조제1호에 따른 정비구역

5. 그 밖에 대통령령으로 정하는 지역

② 「도로법」 제23조에 따른 도로 관리청은 지하매설물의 빈번한 설치 및 유지관리 등의 행위로 인하여 도로구조의 보전과 안전하고 원활한 도로교통의 확보에 지장을 초래하는 경우에는 공동구 설치의 타당성을 검토하여야 한다. 이 경우 재정여건 및 설치 우선순위 등을 고려하여 단계적으로 공동구가 설치될 수 있도록 하여야 한다. 〈개정 2014. 1. 14., 2020. 6. 9.〉

③ 공동구가 설치된 경우에는 대통령령으로 정하는 바에 따라 공동구에 수용하여야 할 시설이 모두 수용되도록 하여야 한다.

④ 제1항에 따른 개발사업의 계획을 수립할 경우에는 공동구 설치에 관한 계획을 포함하여야 한다. 이 경우 제3항에 따라 공동구에 수용되어야 할 시설을 설치하고자 공동구를 점용하려는 자(이하 이 조에서 "공동구 점용예정자"라 한다)와 설치 노선 및 규모 등에 관하여 미리 협의한 후 제44조의2제4항에 따른 공동구협의회의 심의를 거쳐야 한다.

⑤ 공동구의 설치(개량하는 경우를 포함한다)에 필요한 비용은 이 법 또는 다른 법률에 특별한 규정이 있는 경우를 제외하고는 공동구 점용예정자와 사업시행자가 부담한다. 이 경우 공동구 점용예정자는 해당 시설을 개별적으로 매설할 때 필요한 비용의 범위에서 대통령령으로 정하는 바에 따라 부담한다.

⑥ 제5항에 따라 공동구 점용예정자와 사업시행자가 공동구 설치비용을 부담하는 경우 국가, 특별시장·광역시장·특별자치시장·특별자치도지사·시장 또는 군수는 공동구의 원활한 설치를 위하여 그 비용의 일부를 보조 또는 융자할 수 있다. 〈개정 2011. 4. 14.〉

⑦ 제3항에 따라 공동구에 수용되어야 하는 시설물의 설치기준 등은 다른 법률에 특별한 규정이 있는 경우를 제외하고는 국토교통부장관이 정한다. 〈개정 2013. 3. 23.〉

[전문개정 2009. 12. 29.]

Ⅰ. 의의

1. 본 조의 의미

본 조는 공동구의 설치에 관하여, 설치가 필요적으로 요구되는 사항, 설치의 방법, 절차, 설치비용의 분담 등에 관하여 정한 조문이다. 공동구의 의미에 대하여는 본서의 용어의 정의 부분의 '공동구' 항목을 참조하라. 공동구 내부에 설치되는 시설들 외에 공동구 자체도 별도의 기반시설에 해당하므로 도시계획시설에 관하여 정하고 있는 제4장 제3절에 관련 규정이 수록된 것이다.

2. 비교법적 검토

공동구에 관한 제도의 입법 및 개정과정에서는 주로 일본의 공동구 제도를 주로 참조하여왔다. 관련하여 입법자료상 한·일의 공동구 제도를 잘 정리하여 비교한 것이 있어 다음과 같이 발췌하여 소개한다.

구분	한국	일본
최초	1978년 여의도 공동구	1925년 구단바 공동구
근거법	국토계획법, 도시개발법 및 지자체 조례에 일부 규정	공동구 정비 등에 관한 특별법(1963)
조직체계	공동구 전담조직 부재 소관 지자체에서 관리	국토교통성 도로국 공동구계 지방정비국, 국도사무소 관리
보조제도	보조 가능하나 실적 저조 지원사례 - 지방비 2건, 국비 1건, 시행자 1건	개별매설 초과금액에 대하여 국가1/2, 지자체1/2 부담 ※ 국가·지자체의 실제 보조액은 건설비의 약 40% 수준
건설비 분담방식	점용예정자 부담 원칙 - 점용예정면적 비율로 분담	개별매설 공사비 부담 부대시설은 점용예정자 균등부담
비용납부	설치 전 1/3, 설치 후 2/3	도로관리자가 정한 자금계획에 의해 납부
관리비 분담방식	점용예정면적 비율로 분담 ※ 점용예정면적 산정기준 지침	건설비 분담방식 적용(국가, 지자체 지원)
수용물 종류	전력, 통신, 상수도등 일부 수용 하수도, 가스 수용실적 없음	전력, 통신, 상·하수도, 가스, 난방 등 가능한 한 모두 수용

건설공법	개착공법 굴착공법 적용사례 없음	개착공법, 굴착공법 등 현장조건에 따라 적용
내구년한	40년, 수용물(20년)	75년

*자료: 국회 국토해양위원회, 국토의 계획 및 이용에 관한 법률 일부개정법률안(김재경의원 대표발의), 2008. 12., 42면에서 발췌.

II. 조문의 내용

1. 공동구의 설치대상(제1, 2항)

공동구는 도시의 기능에 필수적인 각종의 파이프 라인들을 지하에 공동(共同)으로 수용함으로서 각종 기반시설의 효율적 유지관리를 가능케 하고, 도시미관의 향상을 도모하기 위하여 설치되는 시설이다.[1] 따라서 왠만하면 개별적인 파이프 라인들을 개별적인 도시계획시설로서 건설하기보다는 공동구로 통일하여 건설하는 것이 합리적이고, 일본 도쿄나 체코 프라하 등의 경우에는 장기적으로 도심지 내의 공동구 건설을 계획하고 추진하고 있기도 하다.[2] 그럼에도 불구하고, 우리 국토계획법은 대규모 개발사업이 시행되는 경우에 한정하여 의무적으로 공동구를 설치하도록 정하고 있는바, 200만제곱미터 이상의 도시개발구역, 택지개발지구, 경제자유구역, 정비구역, 공공주택지구, 도청이전신도시 등을 지정할 때에는 필요적으로 공동구를 설치하도록 하고 있다. 신시가지를 만들면서는 의무적으로 공동구를 설치하도록 한 것이다(국토계획법 제44조 제1항; 동법 시행령 제35조의2).

그 외의 경우에는 공동구 설치가 의무사항이 아니다. 다만, 공동구가 통상 도로의 지하에 건설되는 경우가 많다는 점을 고려하여 국토계획법은 지하매설물의 수요가 빈번한 곳[3]에서는 도로관리청에게 공동구 설치의 타당성을 검토하도록 정하고는 있으나(동법 제44조 제2항), 이 또한 강제적인 규정은 아니고 '타당성'을 검토하라는 수준에 그치는 것이므로 공동구 설치를 강제할 방법은 없다.

한편, 국토계획법 제44조 제1항 각호의 경우에 해당하지 않는다고 하더라도, 기

---

1 오원준, 조중연, 이민재, 지하공동구 활성화를 위한 관련규정 체계 개선에 관한 연구, 한국산학기술학회 논문지, 2020. 8., 564면 참조.
2 오원준, 조중연, 이민재, 지하공동구 활성화를 위한 관련규정 체계 개선에 관한 연구, 한국산학기술학회 논문지, 2020. 8., 564면 참조.
3 입법자료에 의하면 국토계획법 제44조 제2항은 주로 낭비성 보도블럭이 잦은 등의 경우를 염두에 두고 만들어진 조문으로 보인다. 국회 국토해양위원회, 국토의 계획 및 이용에 관한 법률 일부개정법률안(김재경의원 대표발의), 2008. 12., 27면 참조.

성시가지에서 공동구를 도시계획시설사업의 방법으로 건설하는 것은 얼마든지 허용된다. 다만, 지상권 설정과 같이 수용(收用)의 방법을 취하여야 하므로, 결국 재원마련에 한계가 있는 상황인 것으로 보인다.

2. 공동구의 설치방법(제3항)

공동구를 설치하였음에도 불구하고, 개별 파이프 라인 중 일부가 따로 설치된다면, 공동구를 설치한 효용을 제대로 살릴 수가 없다. 때문에 법은 공동구를 설치하는 경우에는 1. 전선로,[1] 2. 통신선로,[2] 3. 수도관, 4. 열수송관,[3] 5. 중수도관, 6. 쓰레기수송관 등의 경우에는 필수적으로 공동구에 반드시 설치하도록 하고 있고 (국토계획법 시행령 제35조의3 전문), 7. 가스관,[4] 8. 하수도관, 그 밖의 시설의 경우에는 공동구협의회를 거쳐서 공동구에 수용 여부를 따로 결정하도록 하고 있다(동조 후문). 이와 같은 규정은 강행규정으로 보아야 하고, 따라서 공동구가 설치되어 있는 지역에서 위 각 시설을 공동구 외의 방법으로 설치하려는 도시계획시설결정이나 이를 포함한 인허가가 발급되는 경우 이는 위법하여 취소를 면치 못한다고 보아야 한다. 공동구 제도의 효용과 같은 공익적 가치를 고려하면, 이는 무효사유로도 보는 것이 타당하다는 것이 본서의 사견이다.

3. 설치절차(제4항)

공동구는 그 자체로 기반시설이다(국토계획법 시행령 제2조 제1항 제3호). 공동구는 국토계획법 제43조 제1항 본문의 경우(곧, 필수적 도시계획시설)에 해당하므로, 이를 설치하려는 경우에는 도시계획시설결정을 선행하여야 하고, 이는 곧 도시계획시설사업의 방법으로 공동구를 설치하여야 한다는 것이 된다. 그런데 법은 대규모 개발사업의 경우 공동구를 필수적으로 설치하도록 정하고 있으므로(제44조 제1항 각호), 그에 해당하는 경우 각 개발사업을 위한 개발계획 등[5]을 결정하는 것과 별개로 도시계획시설결정을 하는 것은 비효율적이다. 따라서 국토계획법 제44조

---

1 한국전력공사가 통상 설치한다.
2 KT, 하나로통신·LG파워콤 등 통신회사, 지역 유선방송사 등이 설치한다.
3 한국지역난방공사, 가스업자(「집단에너지사업법」에 의한 구역형집단에너지공급 대상지역 내의 경우)가 설치한다.
4 고압가스의 경우 「가스도매 사업법」에 따라 한국가스공사가, 중저압 가스의 경우 「일반도시가스 사업법」에 따른 민간사업자(서울도시가스주식회사, 인천도시가스주식회사 등)가 설치한다.
5 통상은 도시관리계획이 의제된다. 개발계획과 도시(관리)계획의 관계에 대하여는 본서의 제4편의 논의 참조.

제4항은 개발계획의 수립 시 공동구에 관한 내용을 포함하도록 정하고 있다. 공동구 설치가 필요적인 사업에 대한 개발계획의 내용에 공동구에 관한 사항이 결여되어 있다면, 이는 당해 개발계획을 위법하게 만드는 하자가 된다고 보아야 한다.

한편, 공동구는 '점용예정자' – 곧, 그 내부에 시설물을 수용토록 하게 되는 개별 시설물의 점용자들을 전제할 수밖에 없고, 따라서 그 설치 시부터 점용예정자들의 견해를 청취하는 것이 타당하다. 이에 국토계획법 시행령 제36조에는 개발사업의 시행자에게 점용예정자들에 대한 통지 및 의견청취의무를 규정하고 있다. 물론 이러한 의견의 기속력은 인정되기 어렵다.

4. 비용의 분담과 보조(제5, 6항)

공동구 또한 기반시설이고 도시계획시설이므로, 도시계획시설의 설치비용의 분담에 관한 국토계획법 제101조에 의하여 공동구를 설치하는 도시계획시설사업을 하는 시행자가 그 비용을 부담하는 것이 원칙적인 모습이다. 다만, 국토계획법 제44조 제5항과 같은 조문이 없는 경우 공동구에 수용되는 시설의 점용예정자에게 그 비용을 분담시킬 명시적인 근거가 없게 되므로 그 법적 근거를 마련한 것이다. 설치비용의 산정방법이나 점용예정자에 대한 부과방법[1]에 대하여는 동법 시행령 제38조에서 정하고 있다.

한편, 공동구는 도시기능과 미관을 위해 장기적이고 정책적으로 장려하여야 할 시설이므로, 그 설치비용에 대하여 국가나 도시관리계획의 입안권자가 일부를 분담하거나 융자할 수 있다. 다만, '일부'를 부담하여 주는 것이므로, 비용의 '전부'를 국가나 입안권자가 부담할 수는 없다.

5. 공동구 설치 및 관리지침에 대한 위임(제7항)

공동구 설치 또한 기술적인 내용이므로, 이를 법률에 모두 정하는 것은 부적절하고 경직적인 법운용을 초래하게 된다. 때문에 국토계획법은 공동구에 수용되어야 하는 시설물의 설치기준에 대하여는 국토교통부장관이 정하도록 위임하고 있는바, 그에 따라 공동구 설치 및 관리지침이 마련되어 있다.

---

1 [부과방법 및 통지에 관한 논의] 공동구 설치는 도시계획시설사업의 시행자라는 공적 주체로서 행하는 것이고, 법령의 근거에 따라 그 비용을 부과·징수하는 것이므로 이와 같은 부과통지는 고권적 행위로서 처분성을 인정하여야 한다는 논의가 있을 수 있다. 그러나 부과통지를 하더라도 사업 시행자는 징수를 강제할 방법이 없으므로(예컨대 국토계획법 시행령은 국세징수법 등을 준용하지 않는다) 이는 고권적인 관계로 보기 어렵다. 따라서 당사자가 부담금의 다과를 다투거나, 미납된 부담금을 청구하는 경우에는 공법상 당사자소송으로 해결하는 것이 적절하다고 사료된다.

제44조의2(공동구의 관리 · 운영 등)

제44조의2(공동구의 관리 · 운영 등) ① 공동구는 특별시장·광역시장·특별자치시장·특별자치도지사·시장 또는 군수(이하 이 조 및 제44조의3에서 "공동구관리자"라 한다)가 관리한다. 다만, 공동구의 효율적인 관리·운영을 위하여 필요하다고 인정하는 경우에는 대통령령으로 정하는 기관에 그 관리·운영을 위탁할 수 있다. 〈개정 2011. 4. 14.〉
② 공동구관리자는 5년마다 해당 공동구의 안전 및 유지관리계획을 대통령령으로 정하는 바에 따라 수립·시행하여야 한다.
③ 공동구관리자는 대통령령으로 정하는 바에 따라 1년에 1회 이상 공동구의 안전점검을 실시하여야 하며, 안전점검결과 이상이 있다고 인정되는 때에는 지체 없이 정밀안전진단·보수·보강 등 필요한 조치를 하여야 한다.
④ 공동구관리자는 공동구의 설치·관리에 관한 주요 사항의 심의 또는 자문을 하게 하기 위하여 공동구협의회를 둘 수 있다. 이 경우 공동구협의회의 구성·운영 등에 필요한 사항은 대통령령으로 정한다.
⑤ 국토교통부장관은 공동구의 관리에 필요한 사항을 정할 수 있다. 〈개정 2013. 3. 23.〉
[본조신설 2009. 12. 29.]

Ⅰ. 의의

본 조는 설치된 공동구의 관리, 운영 방법과 절차 등에 관하여 정하고 있는 조문이다. 공동구는 도시기능과 미관에 장기적인 영향을 미칠 수밖에 없는 시설이므로, 그 관리운영방법을 법정화하여 둔 것이다. 관리에 관한 사항은 전술한 공동구 설치 및 관리지침에서도 상세히 정하고 있다.

Ⅱ. 조문의 내용

1. 공동구의 관리주체

공동구 또한 기반시설이자 도시계획시설이고, 또한 '공공시설'에 속한다(국토계획법 시행령 제4조 제1호). 따라서 도시계획시설사업의 방식으로 건설된다면 이는 준공검사를 마친 때 그 시설을 관리할 관리청에 무상귀속된다(국토계획법 제99조; 제65조 제2항). 따라서 어차피 공동구는 개발사업의 시행자가 관리할 것이 아니고, 행정주체에게 귀속되어 관리될 것이다. 그럼에도 불구하고 법은 특별시장·광역시장·특별자치시장·특별자치도지사·시장 또는 군수를 공동구관리자라고 하여 이를 명시적으로 정하고 있는 한편, 그 관리를 지방공사, 공단, 국토안전관리원 등에 대하여 위탁할 수 있도록 정하고 있다(동법 시행령 제39조 제1항).

2. 공동구의 관리방법

공동구관리자는 5년마다 해당 공동구의 안전 및 유지관리계획[1]을 수립, 시행하여야 하고(제44조의2 제2항), 1년에 1회 이상 공동구의 안전점검을 실시하여야 한다(동조 제3항). 이때 안전점검이란 「시설물의 안전 및 유지관리에 관한 특별법」 제11조 및 제12조에 따른 안전점검 및 정밀안전진단을 뜻한다(국토계획법 시행령 제39조 제5항).

3. 공동구협의회의 설치·운영

공동구의 설치·관리에 관한 주요 사항의 심의 또는 자문을 하게 하기 위하여 공동구협의회를 둘 수 있다. 협의회의 구성 및 운영에 대하여는 국토계획법 제39조의2에서 상세하게 정하고 있다. 협의회의 구성, 운영에 필요한 사항에 대하여는 특별시·광역시·특별자치시·특별자치도·시 또는 군의 도시·군계획조례로 정한다.

---

[1] 당연히 이는 도시계획이 아니다.

제44조의3(공동구의 관리비용 등)

> 제44조의3(공동구의 관리비용 등) ① 공동구의 관리에 소요되는 비용은 그 공동구를 점용하는 자가 함께 부담하되, 부담비율은 점용면적을 고려하여 공동구관리자가 정한다.
> ② 공동구 설치비용을 부담하지 아니한 자(부담액을 완납하지 아니한 자를 포함한다)가 공동구를 점용하거나 사용하려면 그 공동구를 관리하는 공동구관리자의 허가를 받아야 한다.
> ③ 공동구를 점용하거나 사용하는 자는 그 공동구를 관리하는 특별시·광역시·특별자치시·특별자치도·시 또는 군의 조례로 정하는 바에 따라 점용료 또는 사용료를 납부하여야 한다. 〈개정 2011. 4. 14.〉
> [본조신설 2009. 12. 29.]

I. 의의

본 조는 공동구의 점용료나 사용료의 산정 및 부과의 방법에 관하여 정하고 있다. 공동구의 점용, 사용료는 일종의 이를 소유하는 각 지방자치단체의 공유재산(행정재산)에 대한 사용료를 징수받는 것이나 다름이 없다. 따라서 상세한 내용에 대하여는 각 지방자치단체의 조례로 정할 수 있도록 하고 있다.

II. 해석상 쟁점 - 점용료, 사용료부과의 법적 성질

공동구를 설치하는 개발사업의 시행자가 점용예정자에게 부과하는 설치비용의 경우에는 처분성을 인정하기가 어렵다는 게 본서의 견해라는 점을 제44조 제5항에 관한 논의의 각주에서 언급한 바 있다. 그러나 점용료나 사용료부과의 경우에는 처분으로서의 성질을 인정함이 타당하고, 그 다과(多寡)는 취소소송과 같은 행정소송으로 다투어야 한다. 왜냐하면, 점용료·사용료는 그 자체로 지방자치단체의 공유재산 중 행정재산의 사용에 따른 사용료를 징수하는 것이어서 고권적인 처분으로 보는 것이 타당[1]할 뿐만 아니라, 각 지방자치단체의 조례상으로도 점용료·사용료

---

1 대법원 1996. 2. 13. 선고 95누11023 판결. "국유재산의 관리청이 행정재산의 사용·수익을 허가한 다음 그 사용·수익하는 자에 대하여 하는 사용료 부과는 순전히 사경제주체로서 행하는 사법상의 이행청구라 할 수 없고, 이는 관리청이 공권력을 가진 우월적 지위에서 행한 것으로서 항고소송의 대상이 되는 행정처분이라 할 것이다."

의 징수에 대하여는 지방세징수법이 준용되고 있기 때문이다.[1]

---

1 예컨대, 서울특별시 공동구 설치 및 점용료 등 징수 조례 제9조(준용) 이 조례에서 규정한 것 외에 공동구의 점용료·사용료·관리비의 징수에 관하여는 지방세 징수의 예에 따르며, 이의신청 방법과 절차 등에 관하여는 「지방세기본법」의 규정을 준용한다.

제45조(광역시설의 설치·관리 등)

제45조(광역시설의 설치·관리 등) ① 광역시설의 설치 및 관리는 제43조에 따른다.
② 관계 특별시장·광역시장·특별자치시장·특별자치도지사·시장 또는 군수는 협약을 체결하거나 협의회 등을 구성하여 광역시설을 설치·관리할 수 있다. 다만, 협약의 체결이나 협의회 등의 구성이 이루어지지 아니하는 경우 그 시 또는 군이 같은 도에 속할 때에는 관할 도지사가 광역시설을 설치·관리할 수 있다. 〈개정 2011. 4. 14.〉
③ 국가계획으로 설치하는 광역시설은 그 광역시설의 설치·관리를 사업목적 또는 사업종목으로 하여 다른 법률에 따라 설립된 법인이 설치·관리할 수 있다.
④ 지방자치단체는 환경오염이 심하게 발생하거나 해당 지역의 개발이 현저하게 위축될 우려가 있는 광역시설을 다른 지방자치단체의 관할 구역에 설치할 때에는 대통령령으로 정하는 바에 따라 환경오염 방지를 위한 사업이나 해당 지역 주민의 편익을 증진시키기 위한 사업을 해당 지방자치단체와 함께 시행하거나 이에 필요한 자금을 해당 지방자치단체에 지원하여야 한다. 다만, 다른 법률에 특별한 규정이 있는 경우에는 그 법률에 따른다.
[전문개정 2009. 2. 6.]

Ⅰ. 광역시설의 설치자

본 조는 광역시설의 설치 및 관리방법에 대하여 정하고 있는 조문이다. 광역시설 또한 기반시설이다(국토계획법 제2조 제8호). 따라서 이를 설치하는 것 또한 동법 제44조 제1항에 따라 도시계획시설결정의 수단을 통하여 설치하는 것이 당연하다. 그러나 도시계획시설결정 ― 곧, 도시관리계획은 원칙적으로 각 지방자치단체의 관할구역을 대상으로 하는 것이어서, 여러 관할구역에 걸쳐있는 광역시설에 대하여 누가 도시계획시설결정을 하고 그 설치를 할 수 있는지 의문이 제기될 수 있으므로, 본 조는 광역시설의 설치·관리자를 정할 수 있는 방법과 절차에 대하여 정하고 있다. 원칙적으로 관계 지방자치단체장들[1]이 협약 또는 협의체의 방식으로 설치·관리자를 정하되(제2항 본문), 안되면 관할 도지사가 설치할 수 있도록 정하고 있다(동항 단서).

국가계획으로 설치하는 광역시설의 경우, 국토교통부장관이 도시계획시설결정의 입안권자이자 결정권자이므로(국토계획법 제24조 제5항 제1호, 제29조 제2항 제1

---

1 관계 특별시장·광역시장·특별자치시장·특별자치도지사·시장 또는 군수―곧, 도시관리계획의 원칙적 입안권자들로 정하고 있다.

호), 국토교통부장관이 설치할 수 있으나, 이를 그 광역시설의 설치·관리를 사업목적 또는 사업종목으로 하여 다른 법률에 따라 설립된 법인에게 설치 및 관리를 하도록 위탁할 수 있다.

Ⅱ. 비용의 지원

환경오염이 심하게 발생하거나 해당 지역의 개발이 현저하게 위축될 우려가 있는 광역시설의 경우에는 님비(NIMBY)현상이 발생할 수 있다. 더욱이 이를 다른 지방자치단체의 관할이 설치한다면 지역간 갈등이 유발될 수도 있다. 대표적으로 쓰레기처리시설을 다른 지방자치단체에 설치하는 경우가 있겠다.[1] 이러한 경우 당해 시설을 이용하여 편익을 누리는 지방자치단체에게 아무런 비용부담이나 의무를 부과하지 않는 것은 형평에 어긋난다. 따라서 국토계획법은 이 경우 (ⅰ) 환경오염 방지를 위한 사업(국토계획법 시행령 제40조 제1호[2])이나 해당 지역 주민의 편익을 증진시키기 위한 사업(동조 제2호[3]) − 곧, 당해 시설을 설치하는 지역주민에게 이익이 되는 사업을 해당 지방자치단체와 함께 시행토록 하거나, (ⅱ) 그와 같은 편익시설의 설치사업에 필요한 자금을 해당 지방자치단체에 지원하는 방식으로 이해관계를 조정하고 있다.

---

1 김수현 기자, "서울 쓰레기를 왜 인천에…" 문 닫겠다는 수도권매립지 가보니, 한국경제, 2020. 10. 25.자 기사 참조.
2 1. 환경오염의 방지를 위한 사업 : 녹지·하수도 또는 폐기물처리 및 재활용시설의 설치사업과 대기오염·수질오염·악취·소음 및 진동방지사업 등.
3 2. 지역주민의 편익을 위한 사업 : 도로·공원·수도공급설비·문화시설·사회복지시설·노인정·하수도·종합의료시설 등의 설치사업 등.

제46조(도시 · 군계획시설의 공중 및 지하 설치기준과 보상 등)

제46조(도시 · 군계획시설의 공중 및 지하 설치기준과 보상 등) 도시·군계획시설을 공중·수중·수상 또는 지하에 설치하는 경우 그 높이나 깊이의 기준과 그 설치로 인하여 토지나 건물의 소유권 행사에 제한을 받는 자에 대한 보상 등에 관하여는 따로 법률로 정한다. 〈개정 2011. 4. 14.〉
[전문개정 2009. 2. 6.]
[제목개정 2011. 4. 14.]

Ⅰ. 의의

도시계획시설을 공중, 수중, 수상, 지하 등에 설치하는 경우 당해 시설이 지나가는 곳에 위치한 토지소유자의 입장에서는 소유권행사에 제한을 받게 되는 경우가 있다. 대표적으로 지하에 간선도로나 철도 등이 지나가는 경우이다. 지하에 이와 같은 시설이 지나가게 되면, 그만큼 지하공간을 활용할 수 없게 되어 지하층의 개발 규모가 저해되거나, 건축물의 안전 등에도 영향을 미칠 우려가 있다. 가장 최근의 사례로는 제2외곽순환고속도로 인천 − 김포 구간(인천김포고속도로)이 삼두아파트의 지하로 지나가도록 건설된 사안을 들 수 있겠다. 관련하여 주민들은 터널로 인하여 건축물에 손상이 간다는 등의 피해를 계속해서 호소하고 있는 상황이다.[1] 이와 같은 경우 보상의 근거를 마련하기 위하여 제정된 것이 본 조이다. 본 조는 이와 같은 '입체적'인 도시계획시설에 대하여 ① 높이나 깊이와 같은 설치기준을 마련토록 하는 한편, ② 보상에 대한 규정을 법률로써 마련하도록 정하고 있다. 그 외에도 전선이 지나가는 곳의 지상 − 흔히 '선하지(線下地)'라고 부르는 곳의 보상 문제 또한 본 조와 관련된 사항이다.

본 조와 같은 경우의 보상을 위하여 '입체이용저해율'이라는 것을 도입하여 활용하고 있다. 즉 보상이 되는 단위면적의 가격이 이와 같은 입체이용저해율을 곱하는 방식으로 보상가액을 산정하게 된다.[2]

---

[1] 최은지 기자, "무너질까 무섭다" … 4년째 공포에 떠는 인천 삼두 아파트 주민들, 연합뉴스, 2019. 2. 18.자 기사 참조.
[2] 통상의 경우에 대하여는 토지보상법 시행규칙 제30조에 의하여 산정되므로 이를 참조하고, 선하지 보상에 대하여는 전기사업법 시행령 별표 5의 산식 참조.

Ⅱ. 최근의 논의 – 대심도 개발의 경우

1. 논의의 배경

최근 GTX 노선과 같이 대심도[1]를 통과하는 기반시설의 설치에 관한 구상이 본격화되면서, 대심도의 이용과 보상에 관한 문제 또한 수면 위로 떠오르고 있다. 대심도에 소재한 기반시설이 사유지를 통과하게 될 경우, 사유지의 소유권자로서는 토지나 건물의 가치하락을 걱정하거나, 혹은 장래에 토지를 이용함에 있어 그 이용도나 가치가 저해될 것을 우려하는 경우가 많다. 당장 지하 대심도에 중요 기반시설이 소재하여 있는데 지하 혹은 지상의 건축물을 건설함에 있어 영향을 받을 수밖에 없지 않느냐는 것이다.

국토계획법 제46조는 "높이나 깊이의 기준과 그 설치로 인하여 토지나 건물의 소유권 행사에 제한을 받는 자에 대한 보상 등에 관하여" 따로 법률을 정하도록 하고 있을 뿐, 구체적으로 보상이 되는 '깊이의 기준' 또는 '수준'이 어느 정도인지에 대하여는 특별한 언급을 하고 있지 않다. 이와 같이 보상의 문제는 결국 토지의 사적 소유권이 미치는 범위가 어느 정도에 이르는 것인지의 문제와 직결되어 있는 것인데, 그에 대한 일반법이라 할 수 있는 민법조차도 "토지의 소유권은 정당한 이익 있는 범위 내에서 토지의 상하에 미친다"라고만 정하여(제212조) '정당한 이익 있는 범위'[2]에 대심도가 포함되는 것인지에 대한 명확한 답을 찾기가 어렵다. 만일 대심도가 사적 소유권이 미치는 공간이라고 본다면 본 조에 의한 보상의 대상이 되어야 하겠지만, 그렇지 않다면 이는 무주물의 공간이 되어 국유재산에 속할 가능성이 크게 되므로 본 조의 적용대상이 되지 아니한다.

2. 규정의 현황

현재 토지보상법 시행규칙 제31조는 '토지의 지하ㆍ지상공간의 사용에 대한 평

---

1 통상 '한계심도를 초과하는 지하공간'을 대심도라고 하는데, 대체로는 30~40m 정도의 깊이를 한계심도라고 보고 있으므로, 그 이상의 깊이를 대심도라고 한다(사단법인 한국토지공법학회, 토지의 지하 및 공중공간 등에 대한 보상기준에 관한 연구, 국토해양부 연구용역과제, 2012. 11., 8면 참조). 참고로, 롯데월드타워의 경우 건설 당시 지하 38m 정도까지 터를 판 것으로 알려져 있다. GTX의 경우 지하 40m 정도로 계획되어 있다.

2 다만, 대법원은 '정당한 이익있는 범위'의 의미를 "구체적 사안에서 거래관념에 따라 판단하여야 한다"라고 설시하여 주로 거래관념상 해당 부분이 소유권이 미치는 이익의 범위로 인정되고 있는지를 위주로 판단하려는 것으로 보인다. 대법원 2016. 11. 10. 선고 2013다71098 판결 참조.

가'라는 규정을 두어 지하공간을 사실상 영구적으로 사용하는 경우 당해 토지의 가격에 당해 공간을 사용함으로 인하여 토지의 이용이 저해되는 정도에 따른 적정한 비율 ― 곧, 입체이용저해율을 곱한 금액을 보상금으로 지급하도록 정한다. 다만, 토지보상법 시행규칙은 입체이용저해율의 산정방법이나 기준에 대한 규정을 전혀 마련하고 있지 않으므로, 토지보상법령만으로는 대심도가 보상의 대상이 되는 것인지, 대심도의 사용으로 어느 정도의 토지이용관계에 대한 '저해'가 발생하는 것인지를 알 수 없도록 되어 있다.

실정법상 입체이용저해율의 구체적인 비율이나 산정방식은 국공유재산법령에서 확인이 가능한데, 예컨대 행정안전부 고시로 제정된 지방자치단체 공유재산 운영기준 별표 3에서는 고층시가지, 중층시가지, 저층시가지, 주택지, 농지, 임지 등을 구분하여 지하의 입체이용저해율을 정하고 있다. 대체로 2.1%에서 5.6% 정도에 이른다. 그 외에는 한국감정평가사협회가 정한 토지보상평가지침[1] 별표 11에서 '심도별지하이용효율'을 확인할 수 있는데, 해당 표는 한계심도[2]와 토피심도[3]의 최대치를 40m로 한정하고 있으므로, 심도가 40m를 넘어서는 공간에 대하여는 아예 지하이용저해율을 제시하지 않고 있다. 이를 달리 말하면 토지보상평가지침만으로는 한계심도를 넘어서는 대심도에 대한 보상금을 산정할 기준을 확인하기 어렵다는 것이고, 더 나아가 동 지침상으로는 대심도의 이용으로 토지소유자의 사용이익에 영향을 미치지 않는다는 의미가 될 수도 있다.

다만, 도시철도 관련 규정에서는 대심도에 대한 보상규정을 살펴볼 수 있다. 사실상 현재 대심도 이용이 논의되는 가장 대표적인 시설이 철도인 만큼 해당 규정이 그나마 참조할 만한 규범이라 할 수 있다. 「서울특별시 도시철도의 건설을 위한 지하부분토지의 사용에 따른 보상기준에 관한 조례」의 경우에는 한계심도를 초과하는 경우에 대한 보상비율을 정하고 있는데(동 조례 제9조), 현재로서는 실정법상 대심도에 대한 보상을 인정할 경우 근거가 될 수 있는 거의 유일한 규정이라고 할 수 있다. 그러나 이와 같은 개별 법령에서 대심도에 대한 언급이 있는 것과 별개로

---

[1] 참고로 지방자치단체 공유재산 운영기준 또한 별표 3에서 정한 입체이용저해율이 부적절한 경우에 토지보상평가지침을 따르도록 준용하고 있다.

[2] 토지소유자의 통상적 이용행위가 예상되지 않으며 지하시설물의 설치에 따라 일반적인 토지이용에 지장이 없을 것으로 판단되는 깊이를 말한다(수도사업을 위한 지하부분 토지사용 보상기준 제2조 제3호).

[3] 지하에 설치한 지하시설물의 최상단에서 지표까지의 수직거리를 말한다(수도사업을 위한 지하부분 토지사용 보상기준 제2조 제1호를 참조한 정의이다).

여전히 일반법인 토지보상법이나 토지보상평가지침 등에서는 대심도에 대한 명확한 근거가 마련되어 있지 아니하므로, 대심도가 토지소유권자의 '정당한 이익'이 미치는 범위에 속하는지는 여전히 논란의 소지가 많다.[1]

3. 상정가능한 견해

① 먼저, 대심도 또한 민법 제212조가 말하는 토지소유권의 정당한 범위 내에 속하므로, 본 조에 의하여 대심도에 대한 보상의 근거규정이 마련되어야 한다는 견해가 있을 수 있다. 대법원 판례는 거래관념을 기준으로 민법 제212조가 미치는 범위를 논의하는데,[2] 위 서울시 조례 사례와 같이 주요 기반시설 관련 보상 근거규정들이 대심도에 대한 보상을 인정하고 있으므로 대심도에 대해 소유권이 미친다는 것을 전제한 거래관념이 존재하는 것이므로 이 또한 보상의 대상이 되어야 한다는 것이 주된 논지가 될 것이다.[3]

② 반면, 대심도는 토지소유권이 미치지 아니하는 공간으로서 일종의 공물(公物)로 보는 것이 타당하다는 견해가 있을 수 있다.[4] 서울시 조례와 같이 일부 대심도에 대한 보상규정을 두고 있기는 하나, 여전히 법률이나 감정평가 관련 규정에서는 관련 근거를 찾기 어려운 점이나, 혹은 사인(私人)에 의한 대심도 개발이 사실상 불가능한 점 등을 들어 이는 사적 소유권의 범주를 넘어선 것이고 국유재산법 제12조 제1항에 따라 소유자 없는 부동산으로서 '국유재산'이 된다고 볼 수 있다는 견해이다.

다만, 대심도를 사적 소유권이 미치는 범주로 볼 것인지는 근본적으로는 입법정책적인 문제에 해당하므로 특별법을 제정하는 등으로 이 논쟁을 해결하는 것이 가장 적절할 것으로 사료된다.[5] 지금은 대심도에 기반시설을 건설하는 정도의 논

---

1 대심도에 대한 보상기준의 연혁에 대하여는 서경규, 지하공간의 사용에 따른 보상기준의 과제, 감정평가, 2017, 24 내지 28면의 논의 참조.
2 대법원 2016. 11. 10. 선고 2013다71098 판결 참조.
3 참고로, 한국토지공법학회가 수행한 적정 한계심도에 대한 설문조사 결과로는 토지소유자들의 50%가 60m가 적정 한계심도라고 답한 바 있다(서경규, 지하공간의 사용에 따른 보상기준의 과제, 감정평가, 2017, 34면 참조). 즉 소유자들의 관념상 현재의 대심도도 자신들의 소유권이 미친다고 인식하고 있는 것이다.
4 한국토지공법학회의 경우 "공익시설의 건설을 용이"하게 하고 "지하공간 난개발 방지"를 위해 대심도를 공물화─곧, 국유화하는 법제에 관한 논의를 개진하고 있다. 사단법인 한국토지공법학회, 토지의 지하 및 공중공간 등에 대한 보상기준에 관한 연구, 국토해양부 연구용역과제, 2012. 11., 164면에서 인용하고 참조.
5 편집대표 김용덕, 주석민법, 제5판, 한국사법행정학회, 2019, 599면 또한 같은 논지이다.

의만이 제기되고 있지만, 만일 대심도 공간을 본격적으로 사인이 개발할 수 있는 기술적·사회적 배경이 뒷받침된다면, 단지 '사적 개발의 어려움'이라는 이유로 대심도 공간을 사적 소유권에서 배제하는 것은 어려울 것이다. 따라서 그와 같은 본격적인 논쟁이 대두되기 이전에 시급히 관련 법제를 마련하는 것이 필요해 보인다.

제47조(도시 · 군계획시설 부지의 매수 청구)

제47조(도시 · 군계획시설 부지의 매수 청구) ① 도시 · 군계획시설에 대한 도시 · 군관리계획의 결정(이하 "도시 · 군계획시설결정"이라 한다)의 고시일부터 10년 이내에 그 도시 · 군계획시설의 설치에 관한 도시 · 군계획시설사업이 시행되지 아니하는 경우(제88조에 따른 실시계획의 인가나 그에 상당하는 절차가 진행된 경우는 제외한다. 이하 같다) 그 도시 · 군계획시설의 부지로 되어 있는 토지 중 지목(地目)이 대(垈)인 토지(그 토지에 있는 건축물 및 정착물을 포함한다. 이하 이 조에서 같다)의 소유자는 대통령령으로 정하는 바에 따라 특별시장 · 광역시장 · 특별자치시장 · 특별자치도지사 · 시장 또는 군수에게 그 토지의 매수를 청구할 수 있다. 다만, 다음 각 호의 어느 하나에 해당하는 경우에는 그에 해당하는 자(특별시장 · 광역시장 · 특별자치시장 · 특별자치도지사 · 시장 또는 군수를 포함한다. 이하 이 조에서 "매수의무자"라 한다)에게 그 토지의 매수를 청구할 수 있다. 〈개정 2011. 4. 14.〉

1. 이 법에 따라 해당 도시 · 군계획시설사업의 시행자가 정하여진 경우에는 그 시행자
2. 이 법 또는 다른 법률에 따라 도시 · 군계획시설을 설치하거나 관리하여야 할 의무가 있는 자가 있으면 그 의무가 있는 자. 이 경우 도시 · 군계획시설을 설치하거나 관리하여야 할 의무가 있는 자가 서로 다른 경우에는 설치하여야 할 의무가 있는 자에게 매수 청구하여야 한다.

② 매수의무자는 제1항에 따라 매수 청구를 받은 토지를 매수할 때에는 현금으로 그 대금을 지급한다. 다만, 다음 각 호의 어느 하나에 해당하는 경우로서 매수의무자가 지방자치단체인 경우에는 채권(이하 "도시 · 군계획시설채권"이라 한다)을 발행하여 지급할 수 있다. 〈개정 2011. 4. 14.〉

1. 토지 소유자가 원하는 경우
2. 대통령령으로 정하는 부재부동산 소유자의 토지 또는 비업무용 토지로서 매수대금이 대통령령으로 정하는 금액을 초과하여 그 초과하는 금액을 지급하는 경우

③ 도시 · 군계획시설채권의 상환기간은 10년 이내로 하며, 그 이율은 채권 발행 당시 「은행법」에 따른 인가를 받은 은행 중 전국을 영업으로 하는 은행이 적용하는 1년 만기 정기예금금리의 평균 이상이어야 하며, 구체적인 상환기간과 이율은 특별시 · 광역시 · 특별자치시 · 특별자치도 · 시 또는 군의 조례로 정한다. 〈개정 2010. 5. 17., 2011. 4. 14.〉

④ 매수 청구된 토지의 매수가격 · 매수절차 등에 관하여 이 법에 특별한 규정이 있는 경우 외에는 「공익사업을 위한 토지 등의 취득 및 보상에 관한 법률」을 준용한다.

⑤ 도시 · 군계획시설채권의 발행절차나 그 밖에 필요한 사항에 관하여 이 법에 특별한 규정이 있는 경우 외에는 「지방재정법」에서 정하는 바에 따른다. 〈개정 2011. 4. 14.〉

⑥ 매수의무자는 제1항에 따른 매수 청구를 받은 날부터 6개월 이내에 매수 여부를 결정하여 토지 소유자와 특별시장 · 광역시장 · 특별자치시장 · 특별자치도지사 · 시장 또

는 군수(매수의무자가 특별시장·광역시장·특별자치시장·특별자치도지사·시장 또는 군수인 경우는 제외한다)에게 알려야 하며, 매수하기로 결정한 토지는 매수 결정을 알린 날부터 2년 이내에 매수하여야 한다. 〈개정 2011. 4. 14.〉

⑦ 제1항에 따라 매수 청구를 한 토지의 소유자는 다음 각 호의 어느 하나에 해당하는 경우 제56조에 따른 허가를 받아 대통령령으로 정하는 건축물 또는 공작물을 설치할 수 있다. 이 경우 제54조, 제58조와 제64조는 적용하지 아니한다. 〈개정 2015. 12. 29.〉

1. 제6항에 따라 매수하지 아니하기로 결정한 경우

2. 제6항에 따라 매수 결정을 알린 날부터 2년이 지날 때까지 해당 토지를 매수하지 아니하는 경우

[전문개정 2009. 2. 6.]

[제목개정 2011. 4. 14.]

Ⅰ. 의의

본 조는 장기미집행 도시계획시설[1]에 대하여 보상규정을 미비한 구 도시계획법 규정에 대하여 헌법불합치 결정[2]이 있음에 따라 도입된 조문이다. 본 조에 의하면 ① 도시계획시설결정이 있은 이후 실시계획인가가 나지 않은 채로 10년이 지나면 매수청구권이 발생하는데, ② 매수청구권의 행사가 어렵게 되는 경우에는 도시계획시설결정으로 인한 행위제한을 받지 아니하고 당해 토지를 사용할 수 있도록 허용하고 있다. 국토계획법은 본 조와 별도로, 20년이 지난 도시계획시설결정에 대하여는 도시계획시설결정 자체를 실효시키는 규정을 두고 있다(제48조).

국토계획법 제47조에서 규정하고 있는 매수청구제도는 도시계획시설결정으로 인하여 토지를 종래 허용된 용도대로 사용할 수 없게 된 토지소유자의 재산권에 대한 침해를 적절하게 보상하려는 취지의 제도이다. 매수청구권이라는 용어대로 이는 토지보상법에 따른 강제수용(收用)과는 의미를 달리하는 것인바, 토지소유자는 자발적 의사에 따라 토지의 매각 여부를 결정할 수 있다고 보아야 한다.[3]

---

1 도시계획시설결정만 된 상태에서 구체적인 사업 시행 없이 방치되어 있는 도시계획시설을 의미한다. 대부분의 경우가 '공원'인데, 사유지인 녹지에 대하여 추가적인 공원조성사업의 시행 없이 이를 녹지로 방치해두는 것만으로 공원과 유사한 외관을 유지할 수 있었기 때문이기도 하다. 이러한 장기미집행 도시계획시설의 위헌, 위법성 문제는 오래전부터 제기되어 왔다. 참고로 문헌 중에서는 장기미집행 도시계획시설결정의 원인을 중앙정부가 계획고권을 독점함으로써 각 지방자치단체의 재정상태를 고려하지 않고 이를 지정했기 때문이라는 분석도 존재한다. 허강무, 도시계획시설사업과 재정분권: 10년 이상 미집행 도시계획시설부지 매수비용의 재원 확보를 중심으로, 공법연구, 2004. 3., 480면 참조.

2 헌법재판소 1999. 10. 21. 자 97헌바26 결정[도시계획법제6조위헌소원] 헌법불합치.

3 이상 법제처 2007. 3. 26. 회신 06-0392 해석례 참조.

II. 매수청구권의 요건

본 조는 매수청구권의 행사 요건을 ① 도시계획시설결정 고시일로부터 10년 간 사업이 시행되지 않는 경우에(아래 1.항), ② 매수의무자에게(아래 2.항), ③ 지목이 '대(垈)'인 토지의 매수를 청구할 수 있다고 정한다.

1. 고시일로부터 10년간 사업의 미시행

가. 미시행의 의미

국토계획법 제47조 제1항이 명문으로 정하고 있는 바와 같이, 도시계획시설결정의 고시일로부터 10년 이내에 도시계획시설사업이 시행되지 아니하는 경우에 본 요건이 충족된다. 동항은 '시행되지 아니하는 경우'와 관련하여 "실시계획의 인가나 그에 상당하는 절차가 진행된 경우는 제외한다"라고 명시하고 있는바, 이를 달리 말하면 10년 이내에 당해 사업에 대한 실시계획인가(동법 제88조)가 있었다거나 그에 상당하는 절차가 진행된 경우에는 본 요건을 충족할 수 없게 된다. 이때 '실시계획인가가 발급되었는지 여부'는 객관적인 의미가 명확하나, 문제는 '그에 상당하는 절차가 진행되었는지 여부'의 의미가 불분명하다는 점이다.

그러나 이와 같은 문언의 불분명함에도 불구하고, "고시일로부터 10년 간 사업의 미시행"되었는지의 요건은 오로지 10년 이내에 실시계획인가(제88조)가 있었는지 여부만을 기준으로 판단하는 것이 적절하다고 사료된다. 관련하여 학설상으로는 「도시계획시설사업이 시행되지 아니하는 경우」의 의미를 "토지매입이나 보상이 아니 되었거나, 사업시행자가 아직 지정되지 않은 경우 등"이라고 볼 수 있다는 견해가 존재하므로,[1] 실시계획인가가 내려지기 이전의 단계라 하더라도 일정한 경우에는 「그에 상당하는 절차」가 있는 것으로 인정될 소지가 없는 것은 아니다. 그러나 국토교통부는 실시계획인가를 받은 단계에 이르러야만 「도시계획시설사업이 시행되지 아니하는 경우」에 해당하지 아니하여 실효되지 아니할 수 있다는 입장을 취한 바 있고,[2] 하급심 판결례 중에는 "도시계획시설사업에 관한 실시계획의 인가

---

1 강문수, 장기미집행 도시계획시설의 법제개선방안 연구, 한국법제연구원, 2014, 36면.
2 국토교통부 2016. 12. 7. 접수 1AA-1612-039316 질의회신례 참조. 해당 질의회신례는 "① 제안서 공고 ② 우선협상대상자 선정 ③ 시행자 지정 ④ 공원조성계획(변경) 결정 ⑤ 실시계획인가 ⑥ 토지매입(수용) 완료 ⑦ 공사착공 ⑧ 공사완료 ⑨ 기타 특별한 기준이 있는지? 상기 중 어느 단계까지 진행되어야 도시계획시설(도시공원) 결정이 실효되지 아니하는지"에 관한 질의에 대하여 "공원조성사업 시행의 기준은 실시계획인가로 판단하여야 할 것"이라고 회신하였다.

가 있는 경우는 해당 시설의 설치에 관한 도시계획시설사업이 시행되지 아니한 '장기미집행 도시계획시설'이 아니라고 봄이 상당하다"라고 판시함으로써, 일응 실시계획인가를 '시행'의 기준으로 삼은 것이 발견된다.[1]

나. 기산점

국토계획법 부칙 제16조는 2000. 7. 1. 이전에 결정·고시된 도시계획시설의 경우에는 2000. 7. 1., 그 이후 결정·고시된 경우에는 결정·고시일을 각각 기산점으로 삼고 있는바, 2000. 7. 1. 이전에 결정되어 미집행 상태로 이어져 오다가, 고시된 부지의 일부가 2000. 7. 2. 이후에 종전의 도시계획시설 부지에서 제외되면서 동시에 연접한 다른 도시·군계획시설 부지의 일부로 포함되어 새롭게 도시계획시설결정이 된 경우의 기산점이 문제된 사안이 있다. 법제처는 이 경우 새로운 도시계획시설결정의 고시일을 기산점으로 보았다.[2] 다만, 이와 같이 기산점을 연기하는 것은 소유자 보호에 부합하지 않으므로, 종전의 도시계획시설과 새로운 도시계획시설의 동일성이 단절되는 경우 등과 같이 예외적으로만 인정되어야 할 것으로 보인다.

2. 매수청구권의 행사 상대방

국토계획법은 사업의 종류에 따라 매수청구권의 행사 상대방을 달리 정하고 있다. 원칙적으로 매수청구권의 상대방은 해당 도시계획시설결정의 '입안자'이다. 그러나 도시계획시설은 경우에 따라 다른 사업시행자에 의하여 추진되거나, 다른 개발사업에 수반하여 설치될 수도 있는데(이상 본 조 제1항 각호의 경우), 이때에는 당해 시설을 설치할 의무가 있는 자에게 매수청구권을 행사하여야 한다.

이때 후자의 경우 "이 법 또는 다른 법률에 의하여 도시계획시설을 설치할 의무가 있는 자가 있는 경우"란 단순히 설치의무자가 잠재적으로 존재하는 것만으로는 부족하고, 그러한 설치의무자가 구체적으로 확정된 경우를 의미한다는 것이 판례의 견해이다.[3] 따라서 설치의무자가 구체적으로 확정된 경우 – 예컨대, 정비사업의 경우에는 조합이 설립된 경우부터 그에 대해 매수청구권을 행사할 수 있다고 보아야 한다.

---

1 인천지방법원 2014. 1. 23. 선고 2013구합2055 판결.
2 법체저 2019. 7. 19. 회신 19-0185 해석례.
3 대법원 2007. 12. 28. 선고 2006두4738 판결.

3. 매수청구권 행사 대상 토지

가. 지목이 '대(垈)'인 경우

매수청구권 제도는 장기미집행 도시계획시설결정으로 인하여 본래 부여된 방법대로 토지를 이용할 수 없는 경우를 위하여 마련된 제도이므로, 기본적으로는 이용가치가 있는 토지에 대하여 매수청구권이 인정된다. 따라서 국토계획법은 지목이 '대(垈)'인 경우로 한정[1]하여 매수청구권을 인정한다(여기에는 그 지상의 건축물이나 정착물이 포함된다). 관련하여, '대'로만 한정한 것이 위헌인지 여부가 다투어진 사안이 있으나 헌법재판소는 "지목이 대 이외인 토지인 경우는 도시계획시설결정에 의한 제한이 수인하여야 하는 사회적 제약의 범주 내에 속하는 것"이라고 하면서 이를 합헌이라고 보았다.[2]

나. 대상 토지가 분할된 경우

본 요건과 관련하여, 매수청구권 행사의 다른 요건들을 갖춘 토지가, 매수청구권을 이미 행사하였거나 행사할 수 있는 상태에서 분할된 경우, 분할된 토지를 취득한 자가 매수청구권을 행사할 수 있는지가 문제된 사안이 있다. 법제처는 본 조에 따른 매수청구권이 1회로 한정된 것으로 볼 수는 없다는 점, 1회로 한정된 것으로 보게 될 경우 승계인은 매수청구권 행사가 봉쇄되어 형평에 어긋나는 점 등을 고려하여, 분할 전에 발생한 매수청구권이나 그 행사 사실은 분할 후의 자에게도 승계되는 것으로 보아, 다시 10년을 기다리지 아니하고 이를 행사할 수 있도록 하였다. 아울러 국토계획법 제47조 제7항의 경우에도 마찬가지로 보았다.[3] 따라서 분할된 토지를 취득한 자는 선택적으로 스스로 매수청구권을 다시 행사하거나, 종전의 행사에 터 잡아 개발행위허가를 신청할 수도 있다.

---

1 물론 지목은 확인적 성격에 불과하므로 이것이 적절한 기준이 될 수 있을지는 비판적인 견해가 있을 수 있다. 다만, 법현실상 대를 일응의 기준으로 하는 것은 어쩔 수 없는 입법적 선택이라 생각한다.

2 헌법재판소 2009. 7. 30. 선고 2007헌바110 전원재판부 결정.

3 법체저 2009. 4. 21. 회신 09-0064 해석례. "따라서 분할된 토지의 새로운 소유자는 위의 경우처럼 새로운 매수청구를 하는 것은 별개의 논의로 하고 종전의 매수청구 효과를 그대로 승계하여 직접 개발행위허가를 신청할 수 있다고 보는 것이 합리적이라고 할 것입니다."

Ⅲ. 매수청구권 행사의 절차

매수청구권자는 매수청구서와 대상토지 및 건물에 대한 등기사항증명서를 첨부하여 매수의무자에게 제출하여야 한다(국토계획법 시행령 제41조 제1항). 청구를 받은 매수의무자는 6개월 내에 매수여부를 결정하여 소유자와 입안권자에게 알려야 한다. 매수를 하게 되면 현금이나 일정한 경우에는 채권으로 지급할 수 있는데, 채권으로 지급하는 경우는 제한적으로만 인정된다(국토계획법 제47조 제2항 각호).

한편, 국토계획법은 매수청구의 절차에 대하여는 특별한 규정을 마련하지 않은 채 전적으로 토지보상법을 준용한다는 규정만을 두고 있다(본 조 제4항). 구체적으로 어떠한 조문을 어떻게 준용한다는 것인지 전혀 특정되어있지 않은 것이다.[1] 즉 ① 수용의 절차와 유사하게 토지수용위원회의 재결절차를 통해 매수청구권을 행사하라는 것인지, 아니면 ② 대상토지 및 건물의 평가, 그 외 부수적인 보상에 관한 실체적인 문제만 토지보상법을 준용하되 매수청구권 행사 자체는 통상의 민사적인 방법에 의하도록 하는 것인지를 현재로서는 명확히 파악하기가 어렵다. 다만, 법제처는 본 조에 의한 매수청구를 토지수용위원회에 재결신청의 형태로 할 수 없다[2]고 보고 있으므로 후자(②)의 견해에 가까워 보이기는 하나, 잔여지 보상과 같은 다른 규정들은 준용되지 않는다고 보고 있어[3] 실체적인 보상의 내용에 관한 조문의 준용에 있어서도 다소 경직적인 입장을 취하고 있는 것으로 보인다. 최근 법제처는 본 조의 준용 범위가 "토지소유자와 사업시행자 간 협의에 의한 매수에 적용되는 매수가격의 산정방법 및 매수절차에 관한 규정을 의미한다고 보는 것이 타당하다"는 견해를 밝힌 바 있다.[4]

---

1 이와 같은 비판에 대하여는 허강무, 도시계획시설사업의 수용 및 보상에 관한 법적 쟁점, 행정법연구, 2013. 4., 197면 등 참조.

2 법제처 2017. 10. 30. 회신 17-0401 해석례. "국토계획법 제47조에 따른 도시·군계획시설 부지의 매수청구 제도는 …(중략)… 어디까지나 토지소유자의 자유의사에 따라 토지소유권을 양도하려는 것인 반면(법제처 2007. 3. 26. 회신 06-0392 해석례 참조), 토지보상법에 따른 토지 수용은 공익사업에 필요한 토지의 소유권을 토지소유자의 의사에도 불구하고 사업시행자에게 이전하는 것으로서, 토지수용위원회의 재결은 토지 수용을 위한 절차에 해당하는 것인바, 국토계획법의 매수청구 제도와 토지보상법의 토지 수용은 그 성격을 달리하는 제도라고 할 것이므로, 국토계획법 제47조 제1항에 따라 매수 청구된 토지에 관하여 토지보상법에 따른 수용 절차인 같은 법 제30조의 재결신청 청구에 관한 규정이 준용되는 것으로 보는 것은 타당하지 않다고 할 것입니다.

3 법제처 2007. 3. 16. 회신 06-0392 해석례 참조. 법제처는 "그 대상은 도시계획시설부지로 결정된 토지부분"에 한정된다는 견해인 것으로 보인다.

4 법제처 2017. 10. 30. 회신 17-0401 해석례 참조.

Ⅳ. 개발행위허가의 신청

1. 신청요건

한편, 매수청구권을 행사하였는데 ① 매수의무자가 매수하지 않기로 한 경우나, ② 매수 결정을 알린 날부터 2년이 지날 때까지 해당 토지를 매수하지 아니하는 경우, 토지소유자를 더 기다리게 하는 것은 가혹하다. 이에 법은 위 각 요건 중 하나가 충족된 경우에는 개발행위허가를 신청할 수 있도록 하되, 이 경우 당해 도시계획시설결정으로 인한 행위제한은 받지 않도록 하였다.

관련하여, 매수의무자는 매수청구권 행사가 있으면 6개월 이내에 매수여부를 결정하여야 하는데(국토계획법 제47조 제6항), 6개월을 도과한 경우에는 개발행위허가의 신청이 가능한지가 법문상 불분명하다. 관련하여 명확한 판단선례는 없으나, 동조가 소유자를 보호하기 위한 취지에서 입법된 것임과, 기간을 해태한 매수의무자를 보호할 가치가 상대적으로 적다는 점을 고려하면, 6개월이 도과하도록 아무런 언급이 없는 경우에는 매수하지 않기로 한 경우로 보아 개발행위허가를 신청할 수 있다고 보는 것이 타당하다는 게 본서의 견해이다.

2. 개발행위의 범위

국토계획법 제47조에도 불구하고 아직 해당 도시계획시설결정은 실효된 것이 아니다. 따라서 얼마든지 다시 사업이 추진될 수 있다. 이와 같은 취지에서 법은 허용되는 개발행위의 규모를 제한하고 있는데, 단독주택, 제1·2종 근린생활시설[1]에 한하여 3층 이내의 것만을 허용한다. 공작물의 경우는 특별한 제한이 없다.

Ⅴ. 그 외 해석상의 쟁점

1. 토지보상법의 준용관계

국토계획법 제47조 제4항은 매수청구권에 대하여 토지보상법을 준용하도록 하고 있다. 문제는 법제처도 인정하고 있는 바와 같이 매수청구권은 사법상 매매의 성격이고, 토지보상법은 대체로 강제수용에 대하여 정하고 있으므로, 양자가 조응

---

[1] 다중생활시설(고시원), 단란주점, 안마시술소, 노래연습장은 허용되지 않는다(국토계획법 시행령 제41조 제5항 제2호의2).

하지 않는다는 점이다. 이에 법제처 해석례상으로는 토지보상법의 준용범위에 대하여 문제된 사안들이 있는데, 대체로 준용범위를 좁게 보고 있다.

가. 매수청구권에 대한 토지보상법상의 환매권 조항 적용 가부

토지보상법의 협의 또는 수용에 따른 토지매수는 국토계획법의 매수청구 제도와 성질이 다르므로, 국토계획법 제47조 제4항에 의하여 준용되는 범위에 토지소유자의 의사와 무관하게 협의 또는 수용된 토지를 대상으로 인정되는 환매권 규정(토지보상법 제91조 제1항)이 포함된다고 보기는 어렵다는 것이 법제처의 견해이다.[1]

나. 매수청구권에 대한 토지보상법상의 재결신청청구권 인정 가부

국토계획법의 매수청구 제도와 토지보상법의 토지수용은 그 성격을 달리하는 제도이므로, 국토계획법 제47조 제1항에 따라 매수청구된 토지에 관하여 토지보상법에 따른 수용절차인 재결신청청구에 관한 규정(동법 제30조)이 준용되는 것으로 보는 것은 타당하지 않다는 것이 법제처의 견해이다.[2]

---

1 법제처 2015. 10. 16. 회신 15-0549 해석례. "매수 청구를 통하여 토지를 매도한 자는 이미 제한된 재산권에 대한 보상을 받은 자이므로, 그에게 덧붙여 환매권까지 인정하는 것은 이중의 보호가 되고, 명시적인 규정이 없음에도 이와 같은 이중적인 보호를 해석으로 인정하게 된다면 법적 안정성을 저해하는 불합리한 결과가 될 것입니다."
2 법제처 2017. 10. 30. 회신 17-0401 해석례.

제48조(도시 · 군계획시설결정의 실효 등)

제48조(도시 · 군계획시설결정의 실효 등) ① 도시·군계획시설결정이 고시된 도시·군계획시설에 대하여 그 고시일부터 20년이 지날 때까지 그 시설의 설치에 관한 도시·군계획시설사업이 시행되지 아니하는 경우 그 도시·군계획시설결정은 그 고시일부터 20년이 되는 날의 다음날에 그 효력을 잃는다. 〈개정 2011. 4. 14.〉

② 시·도지사 또는 대도시 시장은 제1항에 따라 도시·군계획시설결정이 효력을 잃으면 대통령령으로 정하는 바에 따라 지체 없이 그 사실을 고시하여야 한다. 〈개정 2011. 4. 14.〉

③ 특별시장·광역시장·특별자치시장·특별자치도지사·시장 또는 군수는 도시·군계획시설결정이 고시된 도시·군계획시설(국토교통부장관이 결정·고시한 도시·군계획시설 중 관계 중앙행정기관의 장이 직접 설치하기로 한 시설은 제외한다. 이하 이 조에서 같다)을 설치할 필요성이 없어진 경우 또는 그 고시일부터 10년이 지날 때까지 해당 시설의 설치에 관한 도시·군계획시설사업이 시행되지 아니하는 경우에는 대통령령으로 정하는 바에 따라 그 현황과 제85조에 따른 단계별 집행계획을 해당 지방의회에 보고하여야 한다. 〈신설 2011. 4. 14., 2013. 3. 23., 2013. 7. 16.〉

④ 제3항에 따라 보고를 받은 지방의회는 대통령령으로 정하는 바에 따라 해당 특별시장·광역시장·특별자치시장·특별자치도지사·시장 또는 군수에게 도시·군계획시설결정의 해제를 권고할 수 있다. 〈신설 2011. 4. 14.〉

⑤ 제4항에 따라 도시·군계획시설결정의 해제를 권고받은 특별시장·광역시장·특별자치시장·특별자치도지사·시장 또는 군수는 특별한 사유가 없으면 대통령령으로 정하는 바에 따라 그 도시·군계획시설결정의 해제를 위한 도시·군관리계획을 결정하거나 도지사에게 그 결정을 신청하여야 한다. 이 경우 신청을 받은 도지사는 특별한 사유가 없으면 그 도시·군계획시설결정의 해제를 위한 도시·군관리계획을 결정하여야 한다. 〈신설 2011. 4. 14.〉

[전문개정 2009. 2. 6.]

[제목개정 2011. 4. 14.]

I. 20년이 지난 미시행 도시계획시설결정의 실효

1. 본 조의 취지

본 조는 국토계획법 제47조에 이어 장기미집행 도시계획시설결정에 대한 규율을 하고 있는 것이다. 제47조가 10년이 지난 경우의 매수청구권에 대하여 정하고 있다면, 본 조는 20년이 지난 경우 실효에 관하여 정하고 있다. 도시계획시설결정

고시일로부터 20년[1]이 지날 때까지 실시계획인가가 없으면 자동 실효가 되는데, 그 기준일이나 기산점에 관한 논의는 제47조의 매수청구권에 관한 논의와 동일하므로 해당 설명을 참조하라.

2. 공원녹지법과의 관계

공원녹지법은 국토계획법과 별개로 도시계획시설결정 고시일로부터 10년 이내에 공원조성계획의 고시가 없는 경우 도시계획시설결정고시를 실효토록 하고 있다. 법제처는 도시계획시설 중 '공원'에 대하여는 국토계획법 제48조에 따른 실효조항과, 공원녹지법에 따른 실효조항이 모두 적용된다고 보고 있다.[2] 따라서 10년 이내에 공원조성계획을 고시하지 않으면 실효되고, 20년 이내에 실시계획인가에 나아가지 않으면 또한 실효된다.

3. 실효 후 도시계획시설결정을 다시 할 수 있는지

국토계획법 제48조에 따라 20년이 지나서 도시계획시설결정이 실효된 경우, 동일한 도시계획시설의 설치를 위한 결정을 다시 할 수 있는지 여부가 문제될 수 있다. 관련하여, 국토교통부는 "해당 지역에 반드시 필요한 시설이라면 실효되더라 하더라도 지역여건 등을 고려하여 다시 결정할 수 있다고 판단"된다는 입장을 취한 사례가 발견된다.[3] 그러나 장기미집행 도시계획시설결정 실효제도의 취지를 고려하면 특별한 사정이 없는 한 '동일한' 시설을 재차 결정하는 것은 법 취지를 몰각하는 것이 되는바, 이는 국토계획법 제48조에 반하는 것으로 보아야 하고 최소한 재량을 남용한 것으로 보아야 한다. 구체적으로 이는 ① 이미 법이 정한 장기의 시한을 도과하면서까지 구체적인 실행계획을 수립하지 못할 정도로 해당 부지에 당해 시설을 설치할 공익적 필요성이 불분명하게 되었고 이를 향후 도시계획시설결정의 형량명령에 주요하게 고려하여야 한다는 점, ② 동일한 시설의 반복적인 재지정이 가능하다고 보게 된다면, 토지소유자로서는 토지이용에 대한 종전의 제한이 반복·연장되는 결과가 초래되어 구체적인 기간을 정하여 실효제도를 도입함으로써 토지소유자에 대한 과도한 침해를 방지하기 위한 법의 취지가 형해화될 수 있

---

1 20년의 기간에 대하여 위헌문제가 제기되었으나 헌법재판소는 합헌이라고 보았다. 헌법재판소 2009. 7. 30. 선고 2007헌바110 전원재판부 결정.

2 법제처 2017. 9. 18. 회신 17-0420 해석례. 문상덕, 도시공원에 관한 법제적 고찰, 지방자치법연구, 2014, 166면 또한 같은 의견이다.

3 국토교통부 2014. 5. 15. 접수 1AA-1405-075298 질의회신례.

는 점, ③ 만일 해당 시설이 객관적으로 필요한 것이라 하더라도 다른 대체부지 등의 고려 없이 20여 년 전에 해당 부지에 대한 특정 도시계획시설의 필요성을 판단하였던 것을 그대로 반복하는 것은 그간의 주변 토지이용관계의 변화를 반영하지 아니한 것으로써 정당한 재량권의 행사라 보기 어려운 점 등을 고려할 수 있겠다.

한편, 동일성이 없는 시설의 경우에는 검토의 여지가 있겠으나, 그 적법성을 인정하는 것 또한 매우 신중하여야 하고, 따라서 특별한 사정이 없는 한 다른 시설의 설치도 지양됨이 타당하다. 예컨대, 도시계획행정청이 부지의 개발가능성을 잠정적으로 봉쇄하려는 등 다른 목적을 가지고 동일성이 없는 도시계획시설을 재차 지정하는 경우라면 이는 형량명령을 준수한 것이라 보기 어려울 것이다. 동일성이 없는 시설에 대한 도시계획시설결정이 적법하기 위해서는 새로이 지정하려는 시설 및 부지의 위치 등을 원점에서 재검토하여 공사익을 형량하여야 할 것이고, 그 과정에서 해당 부지가 장기미집행 부지로 종전의 결정이 실효된 사실이나, 사익침해를 최소화할 다른 대안이 존재하지 아니하는지 등의 요소들이 주요하게 고려되는 것이 타당할 것으로 사료된다.

Ⅱ. 지방의회의 해제 권고

위와 같은 실효조항과 별개로, 도시계획시설결정 고시일로부터 10년이 경과한 때까지 해당 사업이 시행되지 않거나, 설치 필요성이 없어진 경우에는 단계별 집행계획을 지방의회에 보고하여야 한다(국토계획법 제48조 제3항). 보고를 받은 지방의회는 도시계획시설결정의 해제를 권고할 수 있고(동조 제4항), 권고를 받은 입안권자는 권고에 기속되어 해제를 입안하여야 하고, 결정권자는 특별한 사정이 없는 한[1] 그에 따라 1년 이내에 해제결정을 하여야 한다(즉 해제권고는 입안권자에게는 명시적 기속력이 있으나, 결정권자에게는 기속력이 부정되거나 미약하다).

국토계획법 시행령 제42조는 결정고시일로부터 10년이 지난 시점에 지방의회에 단계별 집행계획을 보고토록 하는 한편, 그로부터 2년마다 주기적으로 계속해서 보고하도록 하고 있으므로, 그와 같은 보고가 있을 때마다 90일 이내에 지방의회는 해제권고권한을 행사할 수 있게 된다(동조 제3 내지 4항).

---

1 특별한 사정이 있다면 그 사유를 6개월 이내에 지방의회에 소명하여야 한다(국토계획법 시행령 제42조 제5항 후단).

Ⅲ. 비교법적 논의 - 기간의 정당성

우리 법은 도시계획시설결정 고시일로부터 10년을 금전적 보상(매수청구권)의 기준으로 하고, 20년을 실효 기한으로 규정하고 있으나, 이와 같은 기간은 비교법적으로 접근하더라도 지나치게 장기에 해당하는 것이라 사료된다. 현재 우리 법 규정에 의하면 토지소유자가 미집행 상태인 도시계획시설결정에 대하여 어떠한 이의를 제기하거나 매수청구권을 행사하려면 최소 10년의 시간을 기다려야 하는 상황이다. 반면, 독일의 경우에는 도시계획예정구역에 대하여 4년이 지나면 보상의 대상으로 하도록 정하고 있고, 프랑스의 경우 5년을 집행기간으로 하여 이를 도과하면 공용수용의 고시가 실효되도록 정하고 있다. 미국의 경우에도 보상 없이 미집행으로 방치할 수 있는 시간적 한계를 3년 정도로 보고 있다.[1] 아마도 장기미집행 공원의 보상비만 하더라도 약 40조 원에 이를 것으로 예상되는 상황에서[2] 중앙 또는 지방정부가 부담하게 될 재정상의 부담을 고려하여 일응 10년과 20년이라는 장기의 기간을 설정한 것으로 추측되나, 이미 정부가 20년의 기간을 도과하여 2020. 7. 1.자로 실효된 공원에 대하여도 이렇다 할 대책을 마련하지 못하고 있는 상황에서 그와 같은 장기간의 실효기간 등을 유지하는 것의 타당성을 계속해서 인정하기는 어렵다고 사료된다. 이미 입법정책적으로 상당한 기간을 부여하였음에도 거의 대부분의 도시계획시설인 공원은 실효되기에 이르렀고 이를 도시자연공원구역과 같은 임시방편으로 간신히 막고 있는 상황인바, 책임 있는 도시계획 행정을 촉구하기 위해서라도 다시금 그 기간의 단축을 재논의해야 할 상황이라고 사료된다.

장기미집행 도시계획시설에 대한 수용규정 미비를 위헌이라 판단하였던 헌법재판소의 논지를 살펴보더라도, 헌법재판소는 "언제 보상을 요구할 수 있는가 하는 문제는 결국 '언제 토지소유자에게 도시계획시설로 지정된 토지를 계속 보유할 것을 더 이상 강요할 수 없는가' 하는 문제로 귀결되고, 이 문제는 토지소유자의 헌법상 보장된 재산권과 도시계획시설결정의 시행을 요구하는 공익을 서로 비교형량하여 판단하여야 한다"라고 설시하면서도, 그 '언제'의 적절한 시점을 규명함에 있어 환매권 행사기간을 통해 사실상 5년 이내에 사업시행에 착수하도록 정하고 있는

---

1 이상 해외의 사례에 대하여는 사단법인 한국토지공법학회, 도시계획에 따른 재산권 제한의 적정기준에 관한 연구 최종보고서, 2012. 11., ii면 내지 iii면, 18 내지 19면을 참조. 후술하다시피 이는 헌법재판소 1999. 10. 21. 선고 97헌바26 결정에서도 그대로 인용되고 있다.
2 신태수, 박민, [도시공원일몰제]토지 보상비, 국고지원 나서야, 이데일리, 2020. 6. 4.자 기사 참조.

우리 토지보상법의 규정이나, 상론한 독일의 4년, 프랑스의 5년, 미국의 3년이라는 시간적 기준을 두루 언급하였다. 다만, 현실적인 여건을 고려하여 헌법재판소는 "10년 이상을 아무런 보상 없이 수인하도록 하는 것은 공익실현의 관점에서도 정당화될 수 없는 과도한 제한"이라고 설시하였으나,[1] 이상과 같은 헌법재판소의 판시내용을 종합적으로 고려하면 10년이라는 것도 '극단적으로 수인하기 어려운 최대한의 한계'를 예시적으로 설명한 것일 뿐, 10년을 일응의 절충점으로 제시한 것이라 보기도 어렵다. 이러한 헌법재판소의 판시 내용에 기초하더라도, 10년, 20년과 같은 기한들에 대하여는 이미 잠정적인 실효 기한(2020. 6. 30.)이 도과한 현시점에서는 재검토가 필요한 것이다.

---

1 이상 인용한 판시내용은 헌법재판소 1999. 10. 21. 선고 97헌바26 결정에서 인용.

제48조의2(도시 · 군계획시설결정의 해제 신청 등)

제48조의2(도시 · 군계획시설결정의 해제 신청 등) ① 도시 · 군계획시설결정의 고시일부터 10년 이내에 그 도시 · 군계획시설의 설치에 관한 도시 · 군계획시설사업이 시행되지 아니한 경우로서 제85조제1항에 따른 단계별 집행계획상 해당 도시 · 군계획시설의 실효 시까지 집행계획이 없는 경우에는 그 도시 · 군계획시설 부지로 되어 있는 토지의 소유자는 대통령령으로 정하는 바에 따라 해당 도시 · 군계획시설에 대한 도시 · 군관리계획 입안권자에게 그 토지의 도시 · 군계획시설결정 해제를 위한 도시 · 군관리계획 입안을 신청할 수 있다.

② 도시 · 군관리계획 입안권자는 제1항에 따른 신청을 받은 날부터 3개월 이내에 입안 여부를 결정하여 토지 소유자에게 알려야 하며, 해당 도시 · 군계획시설결정의 실효 시까지 설치하기로 집행계획을 수립하는 등 대통령령으로 정하는 특별한 사유가 없으면 그 도시 · 군계획시설결정의 해제를 위한 도시 · 군관리계획을 입안하여야 한다.

③ 제1항에 따라 신청을 한 토지 소유자는 해당 도시 · 군계획시설결정의 해제를 위한 도시 · 군관리계획이 입안되지 아니하는 등 대통령령으로 정하는 사항에 해당하는 경우에는 해당 도시 · 군계획시설에 대한 도시 · 군관리계획 결정권자에게 그 도시 · 군계획시설결정의 해제를 신청할 수 있다.

④ 도시 · 군관리계획 결정권자는 제3항에 따른 신청을 받은 날부터 2개월 이내에 결정 여부를 정하여 토지 소유자에게 알려야 하며, 특별한 사유가 없으면 그 도시 · 군계획시설결정을 해제하여야 한다.

⑤ 제3항에 따라 해제 신청을 한 토지 소유자는 해당 도시 · 군계획시설결정이 해제되지 아니하는 등 대통령령으로 정하는 사항에 해당하는 경우에는 국토교통부장관에게 그 도시 · 군계획시설결정의 해제 심사를 신청할 수 있다.

⑥ 제5항에 따라 신청을 받은 국토교통부장관은 대통령령으로 정하는 바에 따라 해당 도시 · 군계획시설에 대한 도시 · 군관리계획 결정권자에게 도시 · 군계획시설결정의 해제를 권고할 수 있다.

⑦ 제6항에 따라 해제를 권고받은 도시 · 군관리계획 결정권자는 특별한 사유가 없으면 그 도시 · 군계획시설결정을 해제하여야 한다.

⑧ 제2항에 따른 도시 · 군계획시설결정 해제를 위한 도시 · 군관리계획의 입안 절차와 제4항 및 제7항에 따른 도시 · 군계획시설결정의 해제 절차는 대통령령으로 정한다.

[본조신설 2015. 8. 11.]

Ⅰ. 의의

본 조 또한 장기미집행 도시계획시설결정에 대한 헌법불합치 결정[1]에 따른 입법적 노력 중 하나이다. 본 조는 비교적 최근인 2015. 8. 11. 개정 국토계획법에서 도입되었는데, 도시계획사업이 사업시행 없이 장기간 방치하는 경우 토지의 효율적 이용을 저해할 우려가 있으므로, '해제신청제'를 도입하여 집행가능성이 없는 도시·군계획시설을 조속히 해제할 수 있게 하려는 것이 본 조의 도입 취지다.[2] 해제신청은 도시관리계획입안제안의 방식으로 한다.

Ⅱ. 해제신청의 요건

토지소유자에게 해제신청권이 인정되려면 ① 도시계획시설결정 고시일로부터 10년이 도과할 때까지 실시계획인가가 없을 것, ② 입안권자가 제출한 단계별 집행계획의 내용상 실효시점(20년)까지 집행계획이 없을 것 등의 요건이 필요하다. 이중 ①의 요건은 전술한 제47와 제48조의 요건에 관한 논의를 그대로 참조하면 된다.

②의 요건의 경우 '실효시점까지 집행계획이 없다'는 것의 의미가 모호하다. 다만, 국토계획법 시행령 제42조의2 제2항 제1호[3] 등의 규정을 참조하면, 집행계획상 실효시점(20년)까지 해당 도시계획시설의 설치를 완료하기로 명시되어 있지 않은 경우가 이에 해당하는 것으로 보인다. 문제는 이렇게 되면 행정청으로서는 당연히 집행계획상 실효시점까지는 완성하겠다는 취지의 계획을 수립하게 될 것이고, 그렇게 되면 토지소유권자의 해제신청권은 인정될 수 없게 된다. 달리 말하면, 집행계획이라는 것의 내용적 적실성이나 그 실체가 담보되지 아니하는 이상, 과연 해당 조문이 실효성 있는 것인지는 의문의 소지가 크다.

장기미집행 도시계획시설결정이 문제가 되어온 근본적인 원인은, 계획행정청이 '계획'만을 수립하여 놓은 다음 이를 적기에 적절히 '이행'하지 못한 것에 있다. 장기미집행 도시계획시설에 관한 일련의 규정들이 '실시계획인가'를 일응의 기준점

---

1 헌법재판소 1999. 10. 21. 자 97헌바26 결정[도시계획법제6조위헌소원] 헌법불합치.
2 국회 국토교통위원회, 국토의 계획 및 이용에 관한 법률 일부개정법률안(이노근의원 대표발의안), 2015. 6., 5면에서 직접 인용.
3 해당 도시·군계획시설결정의 실효 시까지 해당 도시·군계획시설을 설치하기로 집행계획을 수립하거나 변경하는 경우에는 해제신청이 있더라도 해제의 입안을 하지 않을 수 있도록 한 조문이다.

이나 요건으로 삼고 있는 이유 또한 실시계획인가를 받음으로써 비로소 본격적인 '이행'의 단계 – 곧, 물리적인 공사에 돌입할 수 있게 됨을 고려한 것이다. 그러나 실시계획인가라는 기준 또한 계획행정청의 권한 범위에 속하는 문제라는 점에서 한계를 지닌다. 결국 장기미집행 도시계획시설에 관한 해법은 계획행정청이 스스로 관련 권한을 보유하고 있음에도 불구하고 장기간 그 권한을 미행사하고 있는 문제 – 곧, 행정청 스스로의 '주관적'인 잘못을 '객관적'인 시선에서 어떻게 시정토록 할 것인지의 관점에서 접근하여야 한다. 본 조의 해제신청권을 비롯한 법적 수단의 요건을 설정함에 있어서도 더 이상 행정청의 주관적인 의지나 계획, 입장만을 고려할 것이 아니라, 객관적으로 행정청이 의욕하는 일정까지 계획의 이행이 가능한지를 평가하고 고려하는 것이 필요한 것이다. 이를 위해서는 단순히 실시계획인가나 집행계획의 수립과 같은 행정청의 권한 범위 내에 있는 사항들만을 해제신청권의 요건으로 둘 것이 아니라, 제출된 집행계획의 현실성 등 그 실질까지를 고려하도록 하는 것이 타당하다는 것이 사견이다. 그렇다면, 본 조의 해제신청권의 요건을 판단함에 있어서도 행정청이 현실성 없는 집행계획을 수립·제출하는 경우에는 집행계획의 존재를 부정하고 해제신청권을 인정하는 것이 바람직하다고 사료되고, 장기적으로도 그와 같은 방향으로 입법적 개선이 이루어지는 것이 타당하다는 것이 졸견이다.

Ⅲ. 처리 절차

1. 입안권자에 대한 해제신청

해제신청이 있으면, 입안권자는 3개월 이내에 해제의 입안 여부를 결정하여 통지하여야 한다. 다만, 해당 도시·군계획시설결정의 실효 시까지 해당 도시·군계획시설을 설치하기로 집행계획을 수립하거나 변경하는 경우(국토계획법 시행령 제42조의2 제2항 제1호), 실시계획이 인가된 경우(동항 제2호), 보상계획이 공고된 경우(제3호) 등과 같이 사업이 어느 정도 진척을 보이는 사정이 있으면 해제의 입안을 거부할 수 있다.

2. 결정권자에 대한 해제신청

한편, (i) 입안권자가 국토계획법 시행령 제42조의2 제2항 각호에서 정한 사유 이외의 이유로 입안을 거절하거나, (ii) 입안권자는 해제 의사가 있는데 결정권자가 해제 의사가 없는 경우, 토지소유자는 결정권자에게 해제를 신청할 수 있다. 신청을 받은 결정권자는 2개월 이내에 결정 여부를 정하여 토지소유자에게 알려야 하며, 특별한 사유가 없으면 그 도시·군계획시설결정을 해제하여야 한다. 다만, 국토계획법 시행령 제42조의2 제2항과 달리 결정권자의 경우에는 특별한 사유가 법정(法定)되어 있지 아니하므로 해석의 여지가 많다. 다만, 법의 취지를 고려하면 특별한 사유의 범위는 당해 도시계획시설사업이 실효시점까지 완료하는 것이 객관적으로 가능하다는 등의 사유로 엄격하게 제한하여 해석해야 할 것이라는 게 본서의 견해이다.

3. 국토교통부장관에 대한 해제심사 신청

결정권자가 최종적으로 해제를 하지 않는 경우, 토지소유자는 국토교통부장관에게 해제의 심사를 신청할 수 있고, 이 경우 국토교통부장관은 중앙도시계획위원회의 심의를 거쳐(국토계획법 시행령 제42조의2 제6항) 결정권자에게 해제를 권고할 수 있다. 권고 시 결정권자는 특별한 사유가 없다면 도시계획시설결정 해제를 하여야 한다. 이때에도 특별한 사유가 규정되어 있지 않은데, 마찬가지로 법의 취지를 고려하면 특별한 사유의 범위는 당해 도시계획시설사업이 실효시점까지 완료하는 것이 객관적으로 가능하다는 등의 사유로 엄격하게 제한하여 해석해야 할 것이라 사료된다.

4. 소송의 제기

한편, 입안권자가 거절한 경우에는 이미 도시계획입안제안에 대한 거부처분이 있었으므로,[1] 그에 대하여 곧바로 소송에 나아갈 수 있다고 보아야 할 것이라 사료되고, 토지소유자에게 반드시 결정권자에 대한 해제신청을 거치게 한다거나, 혹은 국토교통부장관에게 해제심사를 신청한 다음에야 비로소 쟁송에 나아갈 수 있다고 엄격하게 해석할 필요는 없을 것이라 사료된다.

Ⅳ. 해제절차

국토계획법 시행령은 해제신청에 따른 도시계획시설결정의 해제 시, 처리를 빨

---

[1] 어차피, 국토계획법 제48조의2 제1항에서 정한 바와 같이 해제신청은 '도시관리계획의 입안을 신청'하는 것이므로 입안제안의 법적 성질을 지니기 때문이다.

리하기 위한 특례들을 마련하고 있다. 지방의회에 60일 이내에 의견제출을 요구하여 미제출 시 의견이 없는 것으로 간주하는 규정을 두고 있고(제42조의2 제7항), 입안권자나 결정권자가 해제입안 또는 해제의사를 통지한 날이나 국토교통부장관이 해제권고를 한 경우 이를 받은 날로부터 6개월[1] 이내에 관련 절차가 완료되어야 한다고 정하고 있다(동조 제8항). 일정한 경우에는 지방도시계획위원회 심의만 거칠 수도 있다(동조 제9항). 보다 상세한 사항은 도시관리계획수립지침에서 규정하고 있다.

---

1 관계법률에 따른 별도의 협의가 필요한 경우 그 협의에 필요한 기간은 기간계산에서 제외한다(국토계획법 시행령 제42조의2 제8항 단서).

제49조(지구단위계획의 수립)

제49조(지구단위계획의 수립) ① 지구단위계획은 다음 각 호의 사항을 고려하여 수립한다.
1. 도시의 정비·관리·보전·개발 등 지구단위계획구역의 지정 목적
2. 주거·산업·유통·관광휴양·복합 등 지구단위계획구역의 중심기능
3. 해당 용도지역의 특성
4. 그 밖에 대통령령으로 정하는 사항
② 지구단위계획의 수립기준 등은 대통령령으로 정하는 바에 따라 국토교통부장관이 정한다. 〈개정 2013. 3. 23.〉
[전문개정 2011. 4. 14.]

제1절 조문의 해설

I. 의의

본 조는 도시관리계획의 일종인 지구단위계획의 수립에 관한 근거 조문이다. 지구단위계획 또한 도시관리계획이므로, 입안 및 결정절차 등에 대하여는 국토계획법 제4장 제1절의 논의가 그대로 적용된다. 지구단위계획의 전반적인 개념에 관하여는 본서의 용어의 정리 부분의 '지구단위계획' 항목을 참조하라.

본 조 제1항 각호는 지구단위계획을 수립함에 있어 고려하여야 할 사항들에 대하여 정하고 있는데, 각호에 규정된 것들도 결국 도시관리계획의 지위를 지니는 것들이어서 이를 고려하지 아니하고 지구단위계획을 수립하였다고 하더라도 이는 종전의 계획을 개폐하는 효력이 논의될 수 있을 뿐, 지구단위계획 자체가 하자가 있게 되는 것은 아니라고 보아야 할 것이라 판단된다.

II. 지구단위계획수립지침의 제정

본 조 제2항은 지구단위계획 수립기준에 관하여 대통령령이 정하는 한도에서 국토교통부장관이 정하도록 하고 있는바, 그 위임에 근거하여 국토교통부훈령으로 지구단위계획수립지침이 제정되어 있다. 실무상 지침의 개별적인 조항들이 정한

내용들의 해석이 문제되는 경우가 많으나, 그 내용이 매우 방대하므로 본서에서는 개략적이면서 중요한 사항들을 선별하여 논의하도록 한다.

1. 법적 지위

하급심 판례 중에는, 본 조 제2항이 '수립기준'에 대하여만 하위법령 및 국토교통부장관에게 위임하고 있으므로, '입안제안'에 관한 사항은 위임된 바가 없어 입안제안에 관하여 법령을 초과하는 요건을 규정한 지구단위계획수립지침 2-6-4. 및 2-6-5.항의 규정이 대외적 법규성이 없는 행정규칙에 불과하다고 설시한 사례가 발견된다.[1] 다만, 해당 판례에 의하더라도 '수립기준'에 대하여는 명확한 위임근거가 있는 것인바, 본 조 제2항이 "지구단위계획의 수립기준 등은 대통령령으로 정하는 바에 따라 국토교통부장관이 정"하도록 규정하고 있음을 고려하면, 국토계획법 시행령 제42조의3 제2항 각호에 해당하는 사항들을 지구단위계획수립지침에서 규정한 경우라면 그에 대하여는 대외적 법규성을 인정할 수 있을 것이라 사료된다.

다만, 지구단위계획수립지침 1-1-3.항은 "지역실정 또는 당해 구역여건 등으로 인하여 지침의 세부내용 중 일부에 대하여 이를 그대로 적용하는 것이 불합리한 경우에는 법령의 범위 안에서 그 사유를 명백히 밝히고 다르게 적용할 수 있다"라고 하여 스스로 구속력을 약화시키고 있다. 아울러, 전반적인 내용 또한 '지침'이나 '기준'에 머무르는 것이 많아서 구속력을 인정하더라도 그에 위반되는 경우를 상정하기가 쉽지 않다.

2. 지구단위계획수립지침의 목차

지구단위계획수립지침은 그 자체로 매우 방대하다. 따라서 그 내용을 모두 본서에 수록하기보다는 목차를 통하여 대강의 내용을 소개한 다음 개별적으로 논의가 필요한 사항들을 선별하여 설명하고자 한다. 각 항목별로 설명을 덧붙일만한 것은 각주로 표기하였다.

---

[1] 울산지방법원 2014. 6. 19. 선고 2014구합124 판결; 수원지방법원 2020. 6. 4. 선고 2019구합61848 판결. 해당 판결들에서 문제된 것은 대체로 국토계획법 시행령 제19조의2 제2항이 정한 동의율을 넘어서 전체 동의를 요하는 등의 경우에 그 위법성을 인정한 사안이다.

[표] 지구단위계획수립지침의 목차

---

1 현재 지구단위계획이라는 제도가 이해되는 방식을 단적으로 드러내고 있다. 본래 국토계획법만 놓고 본다면 지구단위계획은 반드시 개발과 함께 혹은 개발이 수반될 필요가 없다. 그 자체로 상세하게 건축허가요건을 정한 '계획'에 불과한 것이다. 그런데 동 지침 곳곳에서는 마치 지구단위계획 자체가 일종의 개발계획과 같은 것으로, 대규모 개발사업을 전제한 계획인 것처럼 이해되는 경우가 많다. 즉 개발을 위해 지구단위계획이라는 수단을 사용하도록 "권장"하고 있는 것이다. 때문에, 동 지침은 "지구단위계획은 법에 의하여 수립하거나 도시개발법·택지개발촉진법 등 개별사업법으로 지정된 사업구역에 대한 개발계획 또는 실시계획과 함께 수립"하도록 정하고 있고(1-3-3항), 입안제안시에도 사업시행이 전제될 것을 요구하고 있는 것이다(2-6-4의 (2)항). 그러나 국토계획법의 체계만 놓고 본다면, 그와 같은 대규모 개발사업이 전제되지 않은 곳에서 지구단위계획이 수립되지 못할 것은 아니다.

2 기존시가지의 정비·관리·보전 또는 신시가지의 개발, 복합용도개발, 유휴토지 및 이전적지개발, 비시가지 관리개발, 용도지구대체 등으로 지구단위계획구역 지정의 목적을 분류하도록 정하고 있다(2-1-2항).

3 지구단위계획구역으로 지정할 수 있는 곳과 필요적으로 지정하여야 하는 경우(2-2-7항) 등에 대하여 정한다. 본래 구역지정 후 계획수립 없이 3년이 지나면 구역지정이 실효되는데, 후자의 경우 구역지정 후 3년 동안 계획을 수립하지 않더라도, 다시금 구역지정을 하여야 한다(2-2-13항).

4 지구단위계획의 내용에 관한 일반적인 가이드라인을 정한다. 정비구역 및 택지개발지구에서 시행되는 사업이 완료된 후 10년이 경과한 지역에 수립하는 지구단위계획과 관련하여 용도지역 또는 용도지구의 결정, 건축물의 건폐율·용적률, 건축물의 높이의 최고한도 또는 최저한도에 관한 사항은 당해 지역에 시행된 정비사업이나 택지개발사업이 완료된 때의 내용을 유지함을 원칙으로 하도록 정한 것이나(2-3-5항), 지구단위계획의 내용중 기존의 용도지역 또는 용도지구를 용적률이 높은 용도지역 또는 용도지구로 변경하는 사항이 포함되어 있는 경우 당해 변경되는 구역의 용적률은 용도지역 또는 용도지구가 변경되기 전의 용적률을 적용하도록 정하되, 공공시설부지를 제공하는 현황 등을 감안하여 용적률을 완화하도록 계획할 수 있도록 하는 규정(2-3-6.항) 정도를 참조할 수 있겠다.

5 도시관리계획의 일반적인 입안제안 요건과 달리 본 절에서 지구단위계획의 입안제안 요건을 강화하여 정하고 있는 경우가 있고, 이 경우 대외적 법규성이 다투어지는 경우가 많다. 관련하여 후술하는 주요 내용 항목 참조.

제3장 지구단위계획 수립의 일반원칙

제1절 일반원칙

제2절 행위제한의 완화[1]

제3절 용도지역 용도지구[2]

제4절 환경관리

제5절 기반시설[3]

제6절 교통처리[4]

제7절 가구 및 획지[5]

제8절 건축물의 용도[6]

---

1 건폐율, 용적률, 용도, 높이 등 건축허가요건의 완화에 관하여 정하고 있는 절이다. 자세한 내용은 후술하는 주요 내용 항목을 참조하라.

2 지구단위계획으로 행할 수 있는 용도지역이나 용도지구의 변경의 한계와 내용에 관하여 정한 조문이다. 지구단위계획과 용도지역, 지구는 엄연히 다른 종류의 도시관리계획에 해당하므로, 지구단위계획으로서 전적으로 다른 종류의 계획을 변경할 수 있다고 보게 된다면 사실상 다른 종류의 계획을 형해화할 수 있다. 특히, 현행법상 지구단위계획은 어디까지나 용도지역제 도시계획에 대한 보충적인 성격의 보완제에 불과하므로, 용도지역제 도시계획의 틀을 전적으로 교란시킬 수 있도록 두는 것은 바람직하지 않다. 본 절은 그러한 지구단위계획 역할의 한계에 대하여 정한다.

3 지구단위계획으로 정할 수 있는 도시계획시설의 범위를 정한다(3-5-2.항). 지구단위계획과 도시계획시설결정 모두 도시관리계획이라는 공통점을 지니고 있고, 지구단위계획의 내용으로 기반시설에 관한 사항을 포함할 경우 도시계획시설결정으로 인정받을 수 있다고 하더라도, 엄연히 양자는 구분되는 계획이기는 하다. 때문에 동 지침은 지구단위계획으로 정할 수 있는 범위를 정해둔 것이다. 때문에 3-5-6.항은 "3-5-2.외의 기반시설을 도시·군계획시설로 결정하거나 변경하고자 하는 경우에는 지구단위계획과 다른 도시·군관리계획을 동시에 결정 또는 변경결정"하도록 하여 양자를 웬만하면 구분할 것을 요구하고 있다.

다만, 이와 같은 도시계획시설결정과의 관계에 관한 사항이 국토계획법 시행령 제42조의3 제2항에 따른 위임범위에 포함되는 것인지는 모호한 측면이 있으므로, 지구단위계획의 내용에 3-5-2.항이 정한 것 이외의 것을 포함한다고 하여 지구단위계획 자체의 하자를 이룬다고 보기는 어려울 것이라는 게 본서의 사견이다.

4 대체로 도로나 동선에 관한 부분은 추상적인 요건이 많아 그 위반여부가 다투어지기 쉽지 않은 경우가 많다. 그러나 본 절에서는 상업지역에서의 노상, 노외주차장, 공동주택단지에서의 지하주차장 확보비율을 지구단위계획으로 정할 수 있도록 하고 있는데(3-6-20 내지 21항), 그 구속력이 문제될 수 있다. 국토계획법 시행령 제43조의2 제2항이 대지 바깥에 설치할 수 있는 건축물부설주차장에 관한 사항을 정하고 있을 뿐, 주차장 확보 비율 자체에 대하여는 언급이 없는 점, 주차장 확보비율은 기본적으로 주차장법 등에 의하여 규율될 수 있는 점을 고려하면 구속력을 부정하여야 한다는 견해가 대두될 수는 있겠으나, 동법 제52조 제2항 등이 주차장을 포함한 기반시설의 용량과 건축물의 연면적 등을 연계하도록 정하고 있음에 비추어보면 지구단위계획으로 정한 주차장 비율의 구속력이 인정될 가능성이 상대적으로 높아 보인다. 명확한 판례는 발견되지 않으나 건축물의 용도에 관하여 지구단위계획으로 정할 수 있는 범위를 유연하게 보았던 판례(대법원 2011. 9. 8. 선고 2009도12330 판결)를 고려하면, 이 경우에도 유연한 태도를 보일 가능성도 있어 보인다.

5 가구나 획지 계획에 대하여 정하고 있다. 고른 규모나 계단식 배치 등 전반적인 경관에 따른 획지계획을 고려하고 있다. 특히 획지규모는 용적률, 건폐율 등과 결합하여 개발규모를 결정하므로, 가급적 고른 가구 및 획지계획을 장려하고 있는 것으로 보인다.

6 용도별로 제한이나 지정이 가능한 경우를 정한다. 대체적으로는 '할 수 있다'라는 것으로 규정하여

기속적인 것은 잘 발견되지 않는다. 용도에 대한 규율은 유연한 편인데, 예컨대 지정용도는 복수로 할 수 있으며 지정용도가 적용되는 건축물의 위치와 지정용도의 규모를 함께 지정할 수 있다고 정하고 있다(3-8-5.항).

[1] 건축물의 높이를 가구별·획지별로 따로 정할 수 있고(3-9-1.의 (5)항), 용적률계획은 가급적 가구단위로 최대한도의 용적률을 제시할 수 있으며, 동일 가구안에서도 허용범위를 다르게 제시하여 융통성을 부여할 수 있다(3-9-3의 (1)항). 대체적으로 지구단위계획으로 정할 수 있는 요건들의 규율방법은 유연한 편이다.

[2] 2필지 이상을 하나의 대지로 공동개발하는 경우에 관한 내용이다. 관련하여 후술한다.

[3] 특별계획구역의 지정대상과 개발방식 등에 관하여 정하는 절이다. 뒤에서 상술한다.

[4] 경관상세계획을 수립하는 경우 등에 대하여 정한다. 관련하여 경관지구에 지정된 지구단위계획구역에서는 경관상세계획을 지구단위계획의 내용으로 수립하는 것을 원칙으로 정한다(3-16-2의 (6)항).

[5] 지구단위계획구역 내에서 기부채납을 하는 경우 과도한 기부채납을 피하기 위하여 그 기준을 정한 것이다. 지자체장은 본 기준의 범위내에서 지역여건 또는 사업의 특성 등을 고려하여 자체 실정에 맞는 별도의 기준을 마련하여 운영할 수 있으므로(3-17-2항), 본 기준을 초과하여서는 아니되고, 이를 초과할 경우에는 가사 본 지침의 구속력이 인정되지 아니한다고 보더라도 재량일탈에 의하여 위법하게 된다고 봄이 타당하다. 기부채납 총부담은 대상 부지 토지면적을 기준으로 10~20%(주거·상업·공업지역은 10~15%) 수준에서 협의를 통하여 결정하되(용도지역 변경 등을 수반하는 개발사업의 경우 이를 고려할 수 있음), 최대 25%를 초과하지 않는 것을 원칙으로 하도록 정한다(3-17-5항). '원칙'이라는 문언이 반복되고 있어, 마치 예외를 정할 수 있는 것처럼 이해될 소지가 있으나, 가급적 이는 엄격하게 준수하는 것이 타당하다고 사료된다.

　　개발사업 대상지내 건축물 등을 위해 배타적으로 이용될 우려가 있는 지역은 기부채납 시설의 입지 선정시 배제하여야 한다(3-17-8.항).

[6] 기존 건축물의 대수선은 건폐율·용적률이 증가되지 않는 범위에서 허용하여 종전 규정에 따른 존속을 보장한다(3-18-2항). 다만, 해당 건축물이 지구단위계획의 건축제한 규정(건축선, 건축물의 용도)에 적합하지 아니하게 된 경우에도 해당 지구단위계획에서 허용되는 건축물의 용도로는 변경할 수 있도록 하여 용도에 대하여는 유연한 태도를 보인다(3-18-3항).

[7] 주거형 지구단위계획구역 내에서 각 용지(주거, 상업, 공업, 녹지용지 등)의 배치 방법, 비율 등에 대한 가이드라인을 제공한다. 대체로 녹지용지를 반드시 설정하여야 하는 경우(4-1-9항 등)에 대한 규정이 참조할 만하다.

---

1 도로, 상수도, 공원 등의 필요한 용량 등 설치기준에 대하여 정한다.

2 동 지침이 생각하는 각 가구, 획지의 적정 규모와 거리 등을 정한다.

3 구역 내 도로의 상세한 설치기준에 대하여 정하고 있는 4-6-3.항 정도가 참조할만하다.

4 본 절은 "가급적 도시개발법의 도시개발사업에 관한 규정을 준용하여 시행함을 원칙으로" 하도록 정하고 있다(4-7-2의 (1)항). 즉 사실상 주거형 지구단위계획이란 도시개발사업을 시행하는 경우와 밀접하게 연관되고, 곧 도시개발사업의 개발계획 등과도 밀접한관계를 지닌다. 그 외 분양할 부지의 공급가격, 공급방법, 절차 등을 지구단위계획에 포함하도록 정하고 있는데(4-7-2의 (2)항), 국토계획법이 도시계획시설사업을 제외하고는 그 자체로는 적극적인 개발사업의 근거법률이 아니라는 점에서는 도시개발사업에 관련된 계획이 아닌 이상에야 이러한 적극적인 개발의 내용에 관한 사항까지 지구단위계획에 수록되는 경우는 사실상 상정하기 어렵다고 사료된다.

5 체육시설의 설치에 관한 특칙들을 마련하고 있다. 대체적으로는 체육시설의 설치에 대하여 규제적인 태도를 보이는 것으로 풀이된다. 예컨대, 체육시설용지내 설치하는 건축물 등의 용적률은 100% 이하로 하고, 건폐율은 40% 이하로 한다거나(6-6-3항), 녹지용지에는 특별한 사유가 없는 한 시

3. 주요 내용

가. 주민제안의 요건(2-6-3. 내지 5.항)

주민제안 시 토지소유자 동의 요건을 정한 것이다. 전술한 바와 같이 하급심 판례상으로는 국토계획법 시행령 제19조의2 제2항이 정한 동의율 요건보다 강화된 요건을 동 지침으로 규정한 것은 구속력이 없고, 이를 근거로 지구단위계획입안제안을 거부하는 것은 위법하다고 보고 있다.[1] 따라서 기본적으로 지구단위계획의 입안제안 요건의 충족 여부를 판단하기 위해서는 도시관리계획수립지침상의 요건과 비교하여, 지구단위계획수립지침이 그보다 더 강화된 요건을 정하고 있다면 대체로는 그와 같은 강화된 요건이 효력이 없거나 단지 권고적인 내용만을 규정한 것으로 판명될 가능성이 현재로서는 높은 상황이라 하겠다.

지구단위계획수립지침은 동의 비율 외에도 입안제안의 동기나 내용에 관한 요건을 일부 규정하고 있다. 대체적으로 지나치게 추상적이어서 그것만으로는 입안제안을 거부할만한 정당한 사유가 될 수 있을지 의문이 있으나, 도시계획 수립에 관한 폭넓은 재량이 인정되는 점을 고려하면 그와 같은 추상적 요건에 대한 계획행정청의 추상적 판단에 대하여 법원이 하자를 인정하기는 매우 쉽지 않을 것이다. 예컨대, 동 지침 2-6-4.항은 입안제안의 요건으로 "지구단위계획의 수립과 사업시행이 전제되어야 한다"라고 정하고 있으나, 일정한 동의 요건만 갖추면 도시관리계획의 입안제안에 특별한 동기의 제한을 두고 있지 않은 국토계획법 제26조 및 동법 시행령 제19조의2 등을 참조하면, 이 또한 대외적으로 구속력을 지니는 요건이라고 보기는 어렵다고 사료된다. 더욱이, '사업시행'이라는 것 자체의 의미도 모호

설물 또는 공작물 등을 설치할 수 없다(6-6-4항)는 등의 기속적인 제한들을 규정한다.

6 기존의 용도지구를 폐지하고 그 용도지구에서의 건축물이나, 그 밖의 시설의 용도·종류 및 규모등의 제한을 지속적으로 관리 및 유지가 필요한 경우 지구단위계획으로 대체하여 수립할 수 있도록 정하고 있다(8-3-1항). 용도지구 항목에서 설명한 바와 같이, 대체적으로 용도지역의 통폐합 경향을 반영하고 있는 조문이라고 할 수 있겠다.

7 대체로 구법(구 국토이용관리법)과의 관계를 정한다. 특기할만한 것은 관리지역이 세분되기 전까지는 관리지역은 이 지침을 적용함에 있어서는 계획관리지역으로 본다고 하여(9-8항), 그에 대하여 지구단위계획을 수립할 수 있도록 정한 점 정도이다.

1 울산지방법원 2014. 6. 19. 선고 2014구합124 판결; 수원지방법원 2020. 6. 4. 선고 2019구합61848 판결. 이유는 입안제안의 요건에 관하여는 상위법령이 지구단위계획수립지침에 수권을 한 바가 확인되지 않으므로 위임의 근거가 없다는 것이다. 참고로 국토계획법 시행령 제19조의2 제5항은 입안제안의 '절차'에 대하여만 하위 지침에 위임하고 있을 뿐, '요건'에 대하여는 위임하고 있지 않다. 때문에 도시관리계획수립지침이 지구단위계획의 입안제안에 대하여 지구단위계획수리지침을 따르도록 정하고 있다고 하더라도 이는 상위 법령의 위임의 근거가 없는 것이다.

하므로 입안제안자가 단순히 소규모 건축허가를 받을 것을 예정하고 있는 경우라 하더라도 해당 요건을 미충족하였다고 보기는 어려울 것이라 판단된다.

나. 건축허가요건의 완화(3-2-1. 내지 2.항)[1]

3-2-1.항은 주거지역·상업지역·공업지역·녹지지역이라는 카테고리 내에서는 다른 용도지역(예컨대 1종 일반주거지역임에도 준주거지역)의 허용용도를 허락할 수 있다는 의미이다. 용도지역제도에 대한 수정 및 가감이 가능하도록 정한 것이다. 3-2-2.항[2]은 기부채납을 하는 경우 건폐율, 용적률, 높이 등을 완화할 수 있도록 정하고 있는 조문이다. 구체적인 계산방법에 대하여 정하고 있다. 그 외, 3-2-3.항은 공개공지 확보 시에 관한 완화 규모를, 3-2-4.항은 높이제한을 두는 경우 건폐율 완화 규모를, 3-2-6.항은 개발진흥지구나 공동개발의 경우에 용적률 완화 규모를, 3-2-7.항은 개발진흥지구에서의 높이 제한 완화를 규정한다. 동 지침은 위와 같은 각 건축허가요건 완화규정을 모두 적용하더라도 건폐율 및 용적률은 당해 용도지역 또는 용도지구에 적용되는 건폐율 및 용적률의 150% 및 200%를 각각 넘을 수 없도록 제한하고 있다(3-2-10.항). 이와 같은 건축허가요건의 완화에 관한 사항은 해당 완화 내용을 개별적으로 적용하게 되는 개별 인허가(건축허가 등)가 발급되기 이전에 지구단위계획의 내용으로 포함되어 있어야만 한다(3-2-11.항).

다만, 3-2-8.항에서는 건축허가요건 완화를 적용할 수 없는 경우를 정하고 있는데, (1) 개발제한구역·시가화조정구역·녹지지역 또는 공원에서 해제되는 구역과

---

1 이는 국토계획법 시행령 제46조에 규율하는 것과 동일하다.

2 지구단위계획수립지침 3-2-2. 도시지역내 지구단위계획구역에서 대지(이 경우 사업부지 및 이와 인접한 공공시설 부지를 포함한다) 면적의 일부가 공공시설 또는 기반시설 중 학교와 해당 시·도 또는 대도시의 도시·군계획조례로 정하는 기반시설(이하 '공공시설등'이라 한다)의 부지로 제공(기부채납하거나 공공시설로 귀속되는 경우에 한한다)되는 것으로 계획되는 경우에는 당해 대지의 건축물의 건폐율·용적률·높이를 각각 완화하여 지구단위계획을 수립할 수 있다. 다만, 제1종 일반주거지역에서 제2종일반주거지역으로 변경되는 것과 같이 토지이용도를 높이는 방향으로 용도지역이 변경되는 경우로서 기존의 용도지역 또는 용도지구의 용적률을 적용하지 아니하는 경우 다음 제2항을 적용하지 아니한다.

 (1) 건폐율＝(해당 용도지역에 적용되는 건폐율)×[1＋(공공시설등의 부지로 제공하는 면적)/(당초의 대지면적)] 이내

 (2) 용적률＝(해당 용도지역에 적용되는 용적률)×[1＋1.5×가중치×(공공시설등의 부지로 제공하는 면적)/(공공시설등의 부지 제공 후 대지면적)] 이내

 (3) 높이＝(「건축법」 제60조에 따라 제한된 높이)×[1＋(공공시설등의 부지로 제공하는 면적)/(원래의 대지면적)] 이내

 (4) 건폐율·용적률은 당초의 대지면적에서 제공대지면적을 공제한 나머지 대지면적을 기준으로 하여 계산한다.

새로이 도시지역으로 편입되는 구역 중 계획적인 개발 또는 관리가 필요한 지역인 경우와 (2) 기존의 용도지역 또는 용도지구가 용적률이 높은 용도지역 또는 용도지구로 변경되는 경우로서 기존의 용도지역 또는 용도지구의 용적률을 적용하지 아니하는 경우 등이 이에 해당한다. 이미 용도지역의 변경이나 용도구역의 폐지만으로도 종전에 비하여 상당히 높은 건축허가요건이 부여되는 것이므로, 추가적인 특례를 주어 난개발이 초래되는 것을 막고자 한 것으로 보인다.

　참고로, 건축허가요건의 완화에 관한 각 지침상의 규정들은 본 조 제2항 및 국토계획법 시행령 제42조의3 제2항 제7호가 "건폐율·용적률 등의 완화 범위를 포함하여 지구단위계획을 수립하도록 할 것"을 위임하고 있으므로 상위법령의 수권에 의하여 제정된 것이라 볼 수 있을 것이라 사료되고, 이러한 각 규정들은 대외적 구속력을 지니는 것으로 인정함이 상당하다. 만일 명확한 기준 없이 지구단위계획으로 건축허가요건의 완화 범위를 수립권자의 재량에 따라 무제한적으로 정할 수 있도록 한다면, 사실상 용도지역제 도시계획을 형해화할 가능성도 배제할 수 없다. 따라서 다른 규정상의 근거가 없는 이상, 동 지침이 명확한 산식으로 정하고 있어 다른 해석의 여지가 거의 없는 규정에 의한 완화 정도를 가감(加減)하는 경우 모두 당해 지구단위계획의 하자를 이룬다고 봄이 타당하다는 것이 본서의 견해이다. 또한, 완화의 한계를 정한 3-2-10.항이나 완화가 금지되는 경우를 정한 3-2-8.항 등을 위반하는 것 또한 당해 지구단위계획의 하자를 이룬다고 봄이 타당하다.

　한편, 문헌상으로는 지구단위계획이 건폐율, 용적률과 같은 건축허가요건의 완화 수단으로 주로 사용되면서, 저밀도 개발이 이루어져야 할 곳에서도 고밀도 개발을 가능하게 하는 원인이 되고 있다는 비판론이 발견된다.[1]

다. 용도지역 종상향(3-3-3. 내지 4.항)[2]

　지구단위계획은 어디까지나 용도지역제 도시계획을 가감하는 정도의 계획이므로, 용도지역의 큰 카테고리를 바꿀 수는 없다. 다시 말해, 주거·상업·공업·녹지지역 상호간(예컨대 주거지역 → 상업지역)의 변경은 '지구단위계획'을 통하여 할 수는 없고, 그러한 변경은 용도지역제 도시관리계획을 변경하는 방식으로 행하라는 것이다. 그러나 같은 카테고리 내(즉 주거지역이라는 카테고리 안)에서는 지구단위계획으로 용도지역을 변경하는 것이 가능하도록 정하고 있는데, 이를 같은 종(種) 안

---

1 민태욱, 지구단위계획의 본질과 법제도의 재검토, 토지공법연구, 2012. 5., 189면 참조.
2 이는 국토계획법 시행령 제46조에 규율하는 것과 동일하다.

에서 용도지역의 상향이 가능하다는 의미에서 용도지역 '종상향'이라고 부른다. 종상향을 통하여 용적률이나 건축제한을 완화하는 경우에 있어서는, '용적률의 증가 및 건축제한의 변경에 따른 토지가치 상승분'의 한도 내에서 기반시설 부지를 제공하거나 기반시설설치비용을 부담하는 경우를 상정하여 종상향을 통한 완화의 범위를 정하도록 규정하고 있다(3-3-4.항). 이와 같은 용적률 등의 완화는 용도지역의 변경에 따른 것 ― 곧, 용도지역이 정하는 용적률의 범위 자체가 변경되는 것이므로, 용도지역이 정하는 용적률 이상으로 특례를 부여하는 것에 관한 3-2-2. 내지 10.항의 규정과는 관련이 없는 별개의 것으로 봄이 타당하다. 즉 용도지역 종상향에 의한 용적률 상승분은, 3-2-10.항의 제한을 받지 않는 것으로 해석함이 타당하다고 판단된다.

라. 공동개발과 합벽건축(제3장 제12절)

공동개발이란 2개 이상의 대지를 일단(一團)의 대지로 하여 하나의 건축물을 건축하는 것을 말한다.[1] 만일 개별 필지를 필지별로 개발하게 되면 아무래도 개발 규모가 영세할 수밖에 없고, 주차장 등과 같은 기반시설을 개별적으로 설치하다보니 그만큼 기반시설 확충에도 불리하게 된다. 이에 여러 필지들을 하나의 대지로 하여 공동으로 개발하게 되면 지하를 연결하여 공동으로 지하주차장을 건설한다는 등으로 개발 규모나 기반시설 확보의 측면에서 여러모로 이익이 있을 수 있다. 벽을 붙여서 짓는 합벽건축 또한 마찬가지의 이익이 있다. 이에 동 지침은 지구단위계획으로서 공동개발을 '권고'하는 것이 바람직한 경우들(3-12-1항)에 대하여 정한 다음, 공동개발의 개략적인 가이드라인에 관하여 정하고 있다. 참고로, 지구단위계획에 이러한 내용이 포함되는 경우, 공동개발의 당사자가 되는 건축주 사이에는 건축법상 건축협정을 체결할 수 있다(건축법 제77조의4 제1항 제1호). 제도의 취지를 놓고 본다면 건축법이 정하는 '결합건축' 또한 유사한 개념이라고 볼 수 있겠다.

지구단위계획수립지침은 공동개발의 권장 방향에 대하여는 "대지의 규모와 형상, 주변상황 등을 함께 고려하여 공동개발을 권장하거나 억제하는 등 다양한 수법을 제시할 수 있다"라고 하여(3-12-3항) 지구단위계획으로 정할 수 있는 범위를 비교적 유연하게 정하고 있다.

---

1 국토교통부, 토지이용규제정보서비스, 용어사전에서 인용.

마. 특별계획구역(제3장 제15절)

지구단위계획수립지침은 현상설계 등에 의하여 창의적 개발안을 받아들일 필요가 있거나 계획의 수립 및 실현에 상당한 기간이 걸릴 것으로 예상되어 충분한 시간을 가질 필요가 있을 때에 별도의 개발안을 만들어 지구단위계획으로 수용 결정하는 구역을 '특별계획구역'이라고 하여(3-15-1.항) 그에 대한 규율을 정하고 있다. 그 상세한 내용에 대하여는 절을 바꾸어 설명한다.

제2절 지구단위계획과 특별계획구역[1]

Ⅰ. 서론

지구단위계획을 수립하면서 해당 구역의 일부를 특별계획구역으로 지정하여 세부적인 계획의 작성 및 수립을 유보해두는 경우가 있다. 이들 대부분은 지하철역에 인접하는 등 지리적으로 중요한 의미를 가지거나, 나대지의 규모가 커서 건축물이 등장할 경우 도시계획적 영향력이 클 수 있는 곳에 해당한다. 대체로 특별한 건축적 프로그램을 만들어 복합적 개발이 필요하거나, 우수설계안을 반영하여 현상설계를 하고자 할 때 지정된다고 설명된다.[2]

특별계획구역의 개발양상은 크게 두 가지 형태를 띠고 있는 것으로 보인다. ① 하나는 택지개발촉진법, 도시개발법 등에 의하여 조성된 대규모 택지들에 대하여 지구단위계획을 수립하면서 일부를 특별계획구역으로 지정한 뒤 이를 일반에 매각하는 형태이다. LH가 매도하는 동탄2신도시(택지개발촉진법에 의하여 개발) C-6, C-9 블록 주상복합용지나,[3] SH가 매도하는 은평뉴타운(도시개발법에 의하여 개발) 알파로스 사업부지(10-1, 10-2, 11블록)[4] 등이 이에 해당한다. ② 다른 하나는 기성시가지에 지구단위계획을 수립하면서 특별계획구역을 지정하는 형태이다. 이수역 디오슈페리움, 동대문 궁안마을 등 서울시내 역세권에 위치한 주요 주상복합건축물들이 대표적이다.

---

1 본 절의 논의는 저자의 특별계획구역 내 세부계획 수립의 법적 쟁점, 2016. 7. 22.자 건설법연구회 발표문(미공간)을 발췌 재정리한 것임을 밝힌다.
2 국토교통부, 토지이용 용어사전, 2011. 1. 참조.
3 나기천 기자, LH, 동탄2 도보 이용가능한 주상복합용지 2필지 공급, 세계일보 2016. 3. 23.자 기사.
4 진경진 기자, 복합상업시설 짓는 은평뉴타운 '베드타운' 벗어날까, 머니투데이, 2014. 9. 29. 기사.

어떠한 유형이 되었든 간에 시장에서는 특별계획구역으로 지정된다는 것 자체를 '개발호재'로 평가한다.[1] 특별계획구역으로 지정된다는 것 자체가 마치 용적률과 건폐율에 있어 상당한 인센티브를 부여받는 것처럼 인식되고 있다. 혹은 특별계획구역으로 지정되는 것이 마치 개발사업법상 추진되는 각종 개발사업과 같이 공적인 주체의 허락 하에 진행되는 개발의 한 양태로 인식되는 경우도 있다.[2]

공적 목적이 달성될 수 있도록 사적 주체의 개발을 관리하는 제도로 출발한 특별계획구역제도가 어떻게 적극적 개발수단으로 인식되게 되었는지 고찰해볼 필요가 있다. 이를 위해 ① 특별계획구역의 연원과 관련 규범들을 살펴보고 ② 특별계획구역의 핵심이라 할 수 있는 세부계획의 수립과 관련된 법적 문제점들을 검토하고자 한다.

II. 지구단위계획과 특별계획구역

1. 특별계획구역제도의 연원

1983년 잠실 신시가지의 도시설계를 작성하는 과정에서 개발의 파급영향이 큰 대규모 나대지의 개발을 유도하고 통제하기 위하여 처음 '특별구역' 개념이 도입되었다.[3] 이는 법규에 달리 근거를 두지 않고 행정청이 임의적으로 설정한 것이었다. 1989년에 이르러 중앙건축위원회의 도시설계심의기준에 관한 규정(건설부 훈령 제774호)에서 특별사업구역의 명칭이 등장하였으나 이 또한 상위법령에 근거를 둔 것은 아니었다.

1992년 건축법 시행령 제109조에 '특별설계구역'의 지정에 관한 근거 규정이 등장하게 된다.[4] 특별설계구역은 현행 지구단위계획의 전신인 도시설계지구[5](도시

---

1 예컨대 배후수요, 특별계획구역 호재 마곡지구… '라마다 앙코르 서울 마곡' 인기, 동아일보, 2015. 5. 29.자 기사 참조.
2 예컨대 박우병 기자, 서울 용산 서부이촌동 특별계획구역 지정…재건축 숨통, 건설경제신문, 2015. 12. 10.자 기사 참조.
3 임희지, 서울시 지구단위계획 특별계획구역제도의 유형별 공공성 증진방안 연구, 서울시정개발연구원, 2004, 1면.
4 제109조(도시설계지구안의 특별설계구역 지정) ① 법 제62조제1항의 규정에 의한 도시설계작성자는 도시설계의 개발방향에 부합되는 경우로서 다음 각호의 1에 해당하는 경우에는 당해 지역을 특별설계구역으로 지정할 수 있다.
 1. 공공사업의 시행을 위하여 필요한 경우
 2. 1필지의 토지의 면적이 1만제곱미터 이상인 경우로서 대형건축물의 건축이 필요한 경우
 3. 2필지이상의 토지면적의 합계가 1만5천제곱미터 이상으로서 당해 대지의 소유자가 1인이거나

계획법 제18조 및 동법 시행령 제16조 제1호) 내에서 공공사업, 대형건축물, 대규모 개발을 목적으로 하는 경우를 지정대상으로 하였다. 즉 비교적 상세한 도시계획이 수립된 지역 내에서 공익적 목적을 위해 도시계획적 영향력이 있는 대규모 건축물의 등장을 계획적으로 유도, 통제하겠다는 것이 특별설계구역제도의 근본 방향이었다. 그러나 건축법 시행령은 별도로 특별설계구역의 절차, 기준 등의 규정을 두지 않고 전적으로 도시설계에 관한 규정을 준용하는 형태를 띠었다. 실무적으로는 건축기준 완화조항의 인센티브 제공에 의하여 개발을 가속화한 측면이 있었다고 평가된다.[1]

현행 지구단위계획의 또 다른 전신인 상세계획에서도 건설교통부의 상세계획 수립지침상으로 '특별설계단지' 개념이 도입된다. 1991년 개정된 도시계획법이 상세계획과 관련하여 공공시설 확보에 따른 용적률 향상 인센티브를 활용할 수 있게 하였던 것이 특별설계단지의 시행성을 향상시켰다는 평가가 있다.[2] 특별설계단지에 이르러 개략적인 개발 조건만을 도시계획으로 두었다가 추후 개발단계에서 구체적인 계획안을 작성·변경하는 이른바 '단계적 운영' 방법이 도입되었다.

이후 2000년 도시계획법에서 상세계획과 도시설계지구를 통합한 지구단위계획 제도를 도입하면서 법의 위임을 받은 지구단위계획수립지침에서 비로소 특별계획 구역이라는 개념이 등장하게 된다.

이상의 연혁을 보면, 특별계획구역은 대체로 ㉠ 지구단위계획과 같이 상세한 내용의 도시계획이 작용하는 곳에서 이에 영향을 줄 정도인 규모의 건축물의 등장에 관여하는 것으로 ㉡ 계획적 개발을 유도하는 소극적 수단으로 활용되었으나 ㉢ 용적률 향상 등 각종 인센티브 규정이 적용되는 사업방식의 하나라는 인식 하에 운용되어온 제도이다.

2인 이상의 소유자가 공동개발을 합의한 경우

② 제105조 내지 제108조의 규정은 제1항의 규정에 의한 특별설계구역의 지정절차 및 작성기준등에 관하여 이를 준용한다.

5 도시설계지구제도는 도시계획법 시행령상 도시계획의 지위를 지니는 제도이나, 그 수립과정이나 내용에 있어서는 전적으로 건축법 시행령의 규율을 받았다는 점에서 특징이 있다. 건축법 시행령 (1992. 6. 1. 시행) 제8장은 도시설계의 작성기준(제105조), 도시설계의 변경(제106조), 도시설계지구안의 건축기준(제108조) 등 도시계획으로서의 도시설계지구의 계획 수립에 관한 규정들을 두고 있었다.

1 주수현, 서울시 특별계획구역의 시기별 계획특성에 관한 연구, 성균관대학교 석사학위논문, 2005, 19면 참조.

2 주수현, 서울시 특별계획구역의 시기별 계획특성에 관한 연구, 성균관대학교 석사학위논문, 2005, 20면 참조.

2. 지구단위계획과 특별계획구역의 관계

특별계획구역은 지구단위계획 제도의 한 부분으로서 형성되어온 제도이다. 우리 도시계획법제가 독일의 B-Plan과 같은 완결적인 도시계획을 받아들이는 과정에서, 규모·도시계획적 영향력 측면에서 단번에 계획을 정하기 어려운 일부 토지에 대하여 도시계획가의 계획재량을 유보적·단계적인 견지에서 발현한 것이 특별구역계획의 시작이었다고 할 수 있다. 그러나 계획의 내용을 무한정 유보하는 것은 지구단위계획의 실효규정(국토계획법 제53조)을 두고 있는 실정법에 저촉된다. 이에 우선 추상적인 내용의 계획을 마련해두고, 추후 세부적인 내용을 보완할 수 있도록 함으로써 계획재량과 합법성을 절충한 것이다.

이러한 '절충'은 특별계획구역이 공적주체의 적극적 개입을 전제하는 개발사업법[1]이 아닌, 건축허가요건 등을 소극적으로 통제하는 도시계획법에 그 출발점을 둔다는 사실에서 기인한다. 용인할 수밖에 없는 대규모의 건축물에 대하여 도시계획가는 건축허가요건을 통제함으로써 개입할 수 있다. 다만 이미 구체화된 건축허가요건이 존재한다면, 이론상 사인(私人)이 얼마든지 이에 충족하는 건축허가 및 개발행위허가를 신청할 수 있게 된다. 반대로 건축허가요건을 거의 유보상태로 두되, 토지소유자 혹은 공적주체의 기안(起案)에 의하여 건축허가요건을 구체화해나가도록 함으로써 도시계획가는 건축행위에 보다 적극적으로 개입할 수 있게 된다. 이에 특별계획구역의 사업진행방식은 사업시행자로서 행정주체를 상정하지도, 수용권한을 부여하지도 않는다. 오로지 지구단위계획 그 자체의 수립과정의 한 양태일 뿐이다.

이로써 특별계획구역제도는 건축허가요건을 통제하는 도시계획들 중에서도 가장 이를 상세하게 정하는 지구단위계획의 수립과정을 변용함으로써 도시계획이 할 수 있는 적극적 개입의 최대한도를 보여준다. 일부 문헌[2]이 특별계획구역을 조건부 개발허가제도로 전환하자고 주장하는 것도 이와 같은 이해로부터 기인한다.

---

1 개발사업법이란, 도시 내 토지의 합리적 이용을 추구한다는 점에서 국토계획법과 동일 계열의 법제이지만, 공법적 수단과 절차를 통해 도시의 질서에 '적극적으로 개입'할 것을 정하고 있다는 점에서 국토계획법과 차이를 보인다. 김종보, 건설법의 이해, 피데스, 2013, 11면.
2 대표적으로 임희지, 서울시 지구단위계획 특별계획구역제도의 유형별 공공성 증진방안 연구, 서울시정개발연구원, 2004, 107면.

3. 세부계획과 지구단위계획

특별계획구역에서 세부계획을 수립함으로써 비로소 지구단위계획의 내용이 완결적으로 완성된다. 세부계획은 도시계획 입안권자가 아닌 공·사적 주체들이 기안은 할 수 있으나, 이를 입안할 것인지는 전적으로 입안권자의 권한 영역에 속한다. 현행법상 세부계획은 특별계획구역이라는 일정한 공백이 있는 지구단위계획의 내용을 보충하는 것으로, 그 자체도 지구단위계획의 법적 지위를 가진다. 때문에 후술하듯이 세부계획의 수립 등에도 지구단위계획 수립에 요구되는 법정 절차가 그대로 요구된다고 해석할 수밖에 없다.

Ⅲ. 관련 지침의 분석

1. 관련 규범의 개요

특별계획구역이라는 용어는 국토계획법과 그 시행령상으로는 등장하지 아니[1]하고, 지구단위계획수립지침에 이르러 비로소 등장한다. 국토계획법 제49조 제2항은 지구단위계획의 수립기준 등의 제정에 관하여 국토교통부장관에게 위임하고 있는데, 이에 근거하여 만들어진 것이 지구단위계획수립지침이다. 특히 지구단위계획수립지침을 정할 때의 고려사항에 관하여 국토계획법 시행령 제42조의2 제2항 제4호가 일정한 사업이나 건축물의 경우 이를 별도 구역으로 지정하여 계획의 상세 정도를 달리할 수 있도록 하고 있다. 특별계획구역이라는 용어 자체는 지침에서 처음 등장하는 것이지만, 전체적인 구상은 시행령에도 존재함을 알 수 있다.

국토계획법과 시행령 규정들도 특별계획구역 수립에 규범으로 작동한다. 이하에서 살펴보듯이 특별계획구역의 계획으로서의 내용들은 도시관리계획의 내용을 이루고, 그 수립절차에도 당연히 도시관리계획수립 절차에 관한 조문들이 개입한다. 특별히 실무상 관심의 대상이 되어왔던 것은 용적률이나 건폐율, 건축물의 용도 등에 관한 완화규정이다(국토계획법 제52조 제3항). 구체적으로 해당 완화규정들은 기반시설, 공공시설부지 보상금, 공개공지 등을 제공한 경우 그 수량에 연동되

---

1 다만, "4. 지구단위계획구역에서 공공사업의 시행, 대형건축물의 건축 또는 2필지 이상의 토지소유자의 공동개발 등을 위하여 필요한 경우에는 특정 부분을 별도의 구역으로 지정하여 계획의 상세 정도 등을 따로 정할 수 있도록 할 것"이라고 정하고 있는 국토계획법 시행령 제42조의3 제2항 제4호가 특별계획구역의 직접적인 근거인 것으로 보인다.

도록 정해져 있다.

2. 지구단위계획수립지침의 분석

가. 특별계획구역의 정의(3-15-1항)

특별계획구역은 ㉠ 지구단위계획구역 내에서(장소적 범위) ㉡ 창의적 개발안 수립 또는 충분한 시간을 고려한 계획수립을 위하여(목적) ㉢ 별도의 개발안을 만들어 지구단위계획으로 수용 결정(계획의 단계화)하는 구역이다.

㉠ 특별계획구역은 지구단위계획구역 내에 속할 것을 요건으로 하는데, 이는 구법상 도시설계지구 내에 특별설계구역이, 상세계획구역 내에 특별설계단지가 존재하였던 것과 맥락을 같이한다. ㉡ 특별계획구역은 내용에 있어서 창의성이 요구되거나, 시간에 있어서 충분한 숙려가 필요하다는 등 '유보적인 목적'에서 지정되는 것이다. ㉢ 마지막으로 특별계획구역은 지구단위계획의 내용을 형성함에 있어 단계적으로 접근하는 방편이다.

나. 특별계획구역의 지정대상(3-15-2항)

지구단위계획수립지침은 특별계획구역의 지정대상을 (1) 한 대지 내 여러 건축물·용도가 혼재하는 복합적 개발 (2) 순차개발 시 후순위 대상 (3) 복잡한 지형 등으로 상세한 입체계획 (4) 우수설계안 반영을 위한 현상설계 (5) 대지소유자의 우수 개발안 유도 (6) 공공사업 등 기타 지구단위계획구역의 지정목적을 달성 등이 필요할 경우로 정하고 있다.

이를 분류해보면 대체로 ① 계획의 내용이 복잡하여 단번에 정하기 어려운 경우 ② 우수한 안을 유도하기 위한 경우 ③ 공적 목적 등이 개입되는 경우로 나누어질 수 있다. 곧 그 대상의 개념에 다분히 '목적' 요건이 개입되어 있는 것으로 볼 수 있다. 구법상의 특별설계구역·특별설계단지를 포함한 특별계획구역 총 40개 구역을 조사한 연구 결과 40개 사례 모두에서 공통적으로 '도심 내 주요지점의 개발관리를 통한 공공성 확보'가 포함된 것으로 집계되었다.[1] 즉 ①, ②유형의 경우는 실례가 잘 없고, 대부분 공적 목적에서 해당 토지의 개발을 통제하기 위한 경우 이를 대상으로 하여 특별계획구역을 설정한다는 의미이다.

위와 같은 현상에 비추어보면, 특별계획구역의 대상을 규정한 해당 조문의 존

---

[1] 주수현, 서울시 특별계획구역의 시기별 계획특성에 관한 연구, 성균관대학교 석사학위논문, 2005, 32면.

재의의가 달리 발견되기 힘들다. 공적 목적·지구단위계획의 지정목적과 같은 불확정적인 요건에, 애당초 해당 목적들이 도시계획가의 재량에 의해 폭넓게 설정될 여지가 많다는 요소가 결합된다면, 이론상 지구단위계획구역 내 모든 곳이 특별계획구역의 대상이 될 수 있다. ㉠ 실례에서 역세권 상업지역에 특별계획구역이 주로 지정되었고 ㉡ 그 지정 목적이 '공공성 확보'와 같은 추상적인 구호에 그쳤다는 사실에 ㉢ 특별계획구역으로 지정될 경우 건축허가요건에 있어 인센티브가 부여된다는 시장의 인식과 ㉣ 상가보다는 주택의 건설이 경제적인 이윤을 더욱 보장한다는 현실이 결합한 결과, 특별계획구역에서 빠짐없이 '초고층 주상복합건축물'이 등장하는 문제[1]를 야기한 것이 아닌가 사료된다.

다. 순차개발을 목적으로 하는 경우의 특칙(3-15-3항)

동항은 순차개발을 목적으로 하는 경우 특별계획구역과 비(非)특별계획구역 간의 관계에 대하여 특칙을 정하고 있다. 동항은 크게 (1) 각 구역의 면적 비율의 상한 (2) 간선도로, 건축허가요건들, 공원 및 녹지 비율 등에 있어서는 양 구역을 통할하는 차원에서 계획을 마련할 것 (3) 선순위 대상구역의 개발완료 시점에 필수기반시설의 설치가 완료될 것을 요구한다.

문제는 이러한 특칙이 적용되는 범위이다. 문언상 순차개발을 '목적'으로 할 것이 요구되나, 사실적인 측면에서 단순히 특별계획구역의 개발의 시점이 뒤에 오는 경우에도 동항의 특칙이 적용된다고 볼 것인지 모호하다. 특히 특별계획구역 사례에 관한 실증연구들에서 조차 '순차개발'이 명시적인 목적으로 등장한 예가 없으므로, 엄격한 문리해석에 치중한다면 동항은 사문화될 수밖에 없다. 요컨대 동항은 특별계획구역에 대한 개발이 후행하는 모든 지구단위계획에 있어 적용되는 것으로 보아야 한다. 동항의 내용을 보더라도, 이는 개발이 순차적으로 이루어질 경우 필수적으로 행해져야 할 도시계획적 사고들을 규율한 것이다.

---

1 2004년까지 결정된 전체 특별계획구역 48개 구역 중에서 초고층 주상복합건축물로 개발된 것은 27개 구역으로 56%를 차지하여 과반수에 그치는 것으로 보이지만, 90년대 중반이후 2004년 부근까지 개발된 것을 보면 70%를 넘어 특별계획구역 대부분이 초고층 주상복합건축물로 개발되었다고 해도 과언이 아니라 한다. 임희지, 서울시 지구단위계획 특별계획구역제도의 유형별 공공성 증진방안 연구, 서울시정개발연구원, 2004, 28면.

라. 지구단위계획 작성절차(3-15-4항)

(1) 계획 수립의 2단계화

동항은 특별계획구역에서의 지구단위계획의 수립 과정을 2단계로 나누고 있다. 특별계획구역지정 단계(1단계)와 세부계획[1]수립 단계(2단계)가 각각에 해당한다. 이때 1단계 계획의 내용에는 특별계획구역의 지정목적, 전체 지구단위계획과의 관계, 개발방향 등 추후 수립될 2단계 계획의 가이드 라인이 될 내용들이 포함되어야 한다. 굳이 1단계 계획의 내용을 지구단위계획의 내용으로 하는 이유는, 이를 통해 지구단위계획구역 실효에 관한 국토계획법 규정[2]을 회피할 수 있기 때문인 것으로 사료된다.

(2) 계획 간의 위계

2단계 계획은 1단계 계획을 기준으로 하여 작성·수립되어야 한다. 이때 '기준으로 하여'라는 문언이 어느 정도로 구속력을 갖는 것인지 문제된다. 이는 도시군관리계획이 도시군기본계획에 '부합되어야 한다'는 문언(국토계획법 제25조 1항)만큼이나 모호한 것이다. 우선 1단계 계획이 구속력을 갖기 위해서는 해당 내용이 구체적이어야 한다. 지나치게 추상적이어서 해석의 가능성이나 판단의 여지가 많은 경우, 2단계 수립의 방향은 모든 방면으로 열려있게 된다. 더구나 '기준'의 의미 또한 '기본이 되는 표준'을 뜻하므로[3] 기준이 된다는 것 또한 기본이 되는 표준을 벗어나지 않는 한도 내에서 일정한 결과를 도출하면 된다는 정도의 느슨한 의미를 지닌다.

(3) 2단계 계획의 입안자

동항은 세부계획(2단계 계획)의 작성을 지방자치단체 또는 토지소유자에게 맡기고 있다. 이것이 해당 주체들에게 ㉠ '작성'의 의미가 '도시계획을 입안하는 것'의

---

1 문언상 표현은 '상세한 계획'이나 이에 대하여 실무상으로는 '세부계획' '세부개발계획' 등의 표현을 사용하는 것으로 보인다.

2 제53조(지구단위계획구역의 지정 및 지구단위계획에 관한 도시·군관리계획결정의 실효 등) ① 지구단위계획구역의 지정에 관한 도시·군관리계획결정의 <u>고시일부터 3년 이내에 그 지구단위계획구역에 관한 지구단위계획이 결정·고시되지</u> 아니하면 그 3년이 되는 날의 다음날에 그 지구단위계획구역의 지정에 관한 도시·군관리계획결정은 효력을 잃는다. 다만, 다른 법률에서 지구단위계획의 결정(결정된 것으로 보는 경우를 포함한다)에 관하여 따로 정한 경우에는 그 법률에 따라 지구단위계획을 결정할 때까지 지구단위계획구역의 지정은 그 효력을 유지한다.

3 국립국어원, 표준대국어사전 참조.

의미를 지니는 것인지, ⓛ 작성의 '권한'을 부여·위임한 것인지 문제된다.

ⓐ 먼저 동항의 '작성'의 실질적 의미가 '입안'에 이르는 정도인 것인지 '입안의 제안(국토계획법 제26조)'의 정도에 그치는 것인지 모호하다. 지구단위계획수립지침은 계획의 작성과 입안의 개념을 명시적으로 구분하고 있다(2-4-2항). 작성은 기초조사 이후 이루어지는 것이고, 이에 대한 주민의견청취를 거쳐 비로소 입안에 이르게 된다. 다만 일반적인 지구단위계획 입안 및 결정절차에서 작성주체와 입안주체는 지방자치단체장으로 동일하여 이 경우 작성권한과 입안권한을 구별할 실익이 없다. 즉 계획의 입안권자인 지방자치단체장의 '입안권' 범위 내에 속한 것이 '작성권한'이라고 볼 수 있다. 그러나 사적 주체인 토지소유자가 계획안을 작성하는 행위에 지방자치단체장이 하는 그것과 동등한 의미를 부여할 수 있을지 의문이 있다. 물론 지방자치단체의 입안권 중 일부를 사인에게 위임한 것으로 보아 양자를 동등하게 보는 상상도 가능하다. 이 경우 그 사인은 계획재량을 일부 부여받는 존재이고 공무수탁사인의 지위에 놓여야 하나, 원칙적으로 국민의 일반적 계획수립청구권이 인정되지 않는다고 본다면[1] 소유 토지가 특별계획구역으로 지정되었다는 사실만으로 토지소유자가 도시계획의 수립과정에 개입할 수 있는 권한을 부여받는다는 것은 용인하기 힘들다. 반대로 작성을 단순한 입안의 제안의 의미로 치부하기에는, 입안권자가 해당 제안을 받아들이는 구도가 상정되어 있지 않다.

ⓛ 다음으로 해당 규정은 토지소유자에게도 작성권한을 부여한 수권(授權) 규정에 근접한 것으로 보인다. 이렇게 보지 아니하면 도시계획의 입안·수립권자가 해당 토지의 소유자에게 세부계획 작성을 요구하는 경우를 전제로 하여 토지소유자가 이를 제출하는 구도밖에 상정될 수밖에 없다. 그러나 특별계획구역의 취지 중 하나가 계획적 개발의 '유도'에 있는바, 토지소유자가 자발적으로 세부계획을 작성하여 제출하는 것을 금하는 것은 그 취지에 어긋난다. 따라서 수권 규정 혹은 최소한 세부계획을 작성하여 '제출할 수 있는 자격'을 규정한 것으로는 해석할 수 있겠다.

특별계획구역은 실효되지 않으면서도 달리 건축허가요건을 자세히 규율하지 않아 토지소유자의 토지사용권한을 제한한다. 이에 토지소유자가 행정청이 받아들일 수 있는 세부계획을 제출할 경우 그 제한에서 벗어날 수 있도록 기회를 마련하고 있는 것으로도 해석할 수 있다.

---

1 김종보, 행정절차로서 계획절차와 도시계획수립절차, 행정법연구 창간호, 행정법이론실무연구회, 1997. 10., 169면 내지 185면의 논의 참조.

(4) 세부계획의 수립절차

세부계획 또한 지구단위계획의 내용을 이루는 것인바, 이를 지구단위계획의 내용으로 하기 위해서는 도시관리계획수립절차를 모두 거쳐야 한다. 따라서 원칙적으로는 기초조사, 의견청취, 도시계획위원회의 심의, 결정고시 등의 절차가 모두 수반되어야 한다.[1]

다만 세부계획의 반영이 경미한 사항의 변경에 해당하여 일부 절차를 생략할 여지가 있는지를 검토할 필요가 있다. 국토계획법은 제27조, 제28조, 제30조에 각 기초조사, 의견청취, 결정 등에 관한 규정을 두면서, 단서 또는 예외조항을 두어 대통령령이 정하는 경미한 사항의 경우 해당 절차들을 생략할 수 있다고 정한다. 이때 경미한 사항의 내용은 동법 시행령 제25조 제3 내지 4항에서 정하고 있다.

지구단위계획과 관련된 특칙을 정한 동조 제4항에서는 변경되는 면적이 일정 퍼센트 이하인 경우(구역 면적의 10% 이내의 변경)나, 지구단위계획 내용의 낮은 비율의 변경 등을 경미한 변경에 포함시킨다. 이외에 지구단위계획 스스로에서 경미한 사항으로 결정된 사항의 변경도 이에 해당한다.

마. 쇼핑단지의 특칙(3-15-5항)

동항은 쇼핑단지의 경우 특별계획구역에 대한 계획의 수립의 절차에 관한 특칙을 마련하고 있다. 쇼핑단지 중에서도 여러 개의 건축물로 이루어지는 경우, 1단계 계획에서부터 용도나 개발밀도, 차량출입관계, 동선 등을 구체화 시켜놓을 필요성이 있기 때문인 것으로 보인다.

동항은 크게 1단계 계획과 2단계 계획이 단계적으로 수립되는 경우와 동시에 수립되는 경우를 나누어서 규율하고 있다. 전자의 경우 1단계 계획에 포함되어야 할 내용으로 위 3-15-4의 (2)항의 일반규정보다 상세하게 전체에 대한 용도·밀도·동선체계에 대한 사항이 포함될 것을 규정한다. 후자의 경우 미리 개발업자[2]가 종합계획안을 작성하도록 정한 것이 특이점인데, 1·2단계 계획을 포함하는 안을 작성토록 한 다음 이를 협의를 통해 지구단위계획에 반영하도록 하고 있다.

---

1 서울특별시청 도시계획국 특별계획구역 담당자와 유선통화한 결과로는, 특별계획구역에서 세부계획을 수립하는 경우에도 기초조사, 의견청취 등 모든 절차를 거쳐야 한다고 한다.
2 법률적인 용어는 아니지만, 지침 해당 조문에서는 '개발업자'라는 용어를 사용하고 있다. 이러한 용어사용을 볼 때 지침상으로도 특별계획구역제도가 개발사업에 활용되고 있음을 인식하고 일부 용인하고 있는 것이라 추측할 수는 있겠다.

3. 서울특별시 지구단위계획 수립기준

가. 특별계획구역제도 활용의 제한

지구단위계획수립지침상으로는 특별계획구역의 실효 등에 관한 특칙이 달리 없어, 개략적인 내용의 1단계 계획이 존재하면 국토계획법 제53조 제1항의 규정을 회피할 수 있게 되어 있었다. 그러나 서울특별시 지구단위계획 수립기준에서는 특별계획구역제도를 '제한적'으로만 운영할 것을 원칙으로 명시하고, 장기간 방치되는 등의 경우 재검토 및 의견수렴을 요하고 있다.

나. 대상지역의 상세화

(1) 서울특별시 지구단위계획 수립기준은 대상지역을 상세하게 규정하고 있다. 먼저 주요 결절점의 토지에서 '지나치게 작거나 심한 부정형의 필지'가 밀집하거나 '이면도로 확보가 어려운 등으로 교통에 지장'이 있는 경우도 대상지역으로 하고 있다. 그러나 이 경우 수용권한 등 적극적 개발수단이 수반되지 않는 지구단위계획이 실효성을 지니게 될지는 의문이다.[1]

(2) 동 수립기준은 정비사업 등 개발사업법이 작용하는 지역에 대하여도 특별계획구역을 수립할 수 있다고 규정한다.[2] 이는 도시 및 주거환경정비법이 제정되기 이전의 구법시대에, 재건축사업에 대해 달리 도시계획법적 통제수단이 없었던 사실과 밀접한 관련이 있는 것으로 보인다. 즉 재건축단지의 개발관리와 공공시설 확보를 위해 특별계획구역제도를 활용해왔는데, 개포택지개발지구가 대표적인 사례이다.[3] 문제는 일부 문헌에서 지적하고 있는 바와 같이, 개발사업법들이 도시계획적 통제수단을 갖추고 있는 현재 상황에서 특별계획구역제도가 별도로 개입할 필요성이 사라졌다는 점에 있다. 특히 정비구역지정과 특별계획구역지정 간의 법적 관계나 역할의 중첩 등이 논란이 될 수 있음에도, 동 수립기준이 이를 대상지역으로 명시하고 있는 것은 잘못이라 판단된다.

---

1 대표적으로 기성시가지에서의 지구단위계획의 구속력을 인정하지 않은 삼각아파트 사건을 참고하라. 대법원 2006. 11. 9. 선고 2006두1227 판결.

2 대표적으로 동 수립지침은 '기본계획에 포함된 정비사업 등 타 법령에 의거 사업이 추진되고 있는 지역'도 특별계획구역 지정 대상지역으로 규정하고 있다.

3 임희지, 서울시 지구단위계획 특별계획구역제도의 유형별 공공성 증진방안 연구, 서울시정개발연구원, 2004, 25면 참조.

다. 지정기준 및 계획수립기준의 상세화

서울특별시 지구단위계획 수립기준은 특별계획구역 지정기준을 상세화하고 있는데, 대표적으로 면적에 관한 요건이 동 수립기준에서 처음 등장하게 된다. 소필지 밀집지역의 공동개발의 경우 3,000㎡ 이상, 나대지 및 이전적지에서는 5,000㎡ 이상 규모의 토지에 특별계획구역제도가 개입하도록 정한다. 그 외 동 수립기준은 용도지역 조정, 건폐율, 용적률, 높이, 건축물의 용도, 건축배치에 관한 인센티브와 공공공간 확보 등에 관한 계획수립기준도 상세히 규정하고 있다.

라. 특별계획가능구역제도

서울특별시 지구단위계획 수립기준에서는 처음으로 특별계획'가능'구역이라는 개념이 등장한다. 이는 향후 특별계획구역 지정을 제안할 수 있는 구역을 의미하는 것으로, 특별계획구역으로 지정할 필요성은 있으나 현재 구역지정이 어려운 지역을 대상으로 한다. 세부적으로 보면 특별계획가능구역은 위 사유가 있는 경우 신규 지정될 수도 있지만, 기존의 특별계획구역이 해제될 필요가 있으나 관리가 요청될 경우에도 지정될 수 있다.

동 수립기준상 특별계획가능구역은 고시일로부터 3년이라는 효력기간이 설정되어 있는데, 이 기간 동안은 일반 지구단위계획 결정 내용을 적용받지 않게 된다. 즉 특별계획가능구역이라는 의미는 아직 특별계획구역으로 지정되지도 않았으면서 내용적으로도 일반 지구단위계획의 구속을 받지도 않는 것을 뜻한다. 따라서 이를 ㉠ 일반 지구단위계획구역으로 지정은 되어 있으나 계획이 수립되지 않은 곳으로 볼 것인지 ㉡ 지구단위계획구역 지정조차 되지 않은 곳으로 볼 것인지 문제될 수 있다.

Ⅳ. 세부계획의 내용과 법적 성질

1. 상위계획과 세부계획의 관계

지구단위계획수립지침은 결정된 특별계획구역의 계획내용을 기준으로 하여 상세한 계획안(세부계획)을 작성하도록 하고 있으나, 그 구속력 존부에 의문이 있다는 점은 전술한 바와 같다. 지구단위계획은 도시관리계획이고, 구속적 계획이다. 세부계획도 별도의 계획 승인과정을 거쳐 도시관리계획이 된다. 도시기본계획과 도시관리계획 사이에는 하위계획이 상위계획에 부합될 것이 요구되는 등 위계가 있다.

그러나 본래 존재하던 1단계 계획과 2단계 계획(세부계획)은 법적 위상이 동일하고, 2단계 계획의 반영 절차도 정식의 지구단위계획 변경절차에 의하게 되므로, 1단계 계획의 내용과 완전히 다른 내용의 2단계 계획의 수립이 법률상 불가능하지 않다.

실제 사례들에 관한 실증연구도 특별계획구역의 구역목표와 민간의 개발용도가 일관성 있게 유지되지 못한다는 점을 지적하고 있으며, 특히 도시적 기능의 위계가 낮아질수록 계획방향과는 상관이 없는 구역지정이 이루어지고 있다고 비판한다.[1] 그러나 상론한 바와 같이 지금의 법현실에서 이를 통제할 수단은 달리 없다고 사료된다.

세부계획을 지구단위계획의 지위로 두는 현행 지침상의 태도 자체에 문제를 제기할 수도 있다. 세부계획을 지구단위계획으로 보는 순간, 세부계획의 수립은 곧 지구단위계획의 '변경'을 의미할 수 있다. 동일한 정도의 수립절차를 요구하는 이상 본래의 특별계획구역 지정 취지는 항상 원점에서 재평가될 수 있는 상태에 놓인다. 그러나 특별계획구역을 지정하면서 세부계획을 추후 수립할 수 있도록 하는 것은 1단계계획이라는 선행하는 도시계획가의 의지를 전제로 한다. 장기적으로는 세부계획의 지위를 지구단위계획의 하위에 두고, 그 수립절차 또한 간소화 하는 방향으로 나아감이 타당하다.

2. 공공성 확보 수단의 부재

특별계획구역의 시초 또한 도시계획적 파급력이 큰 공간에 대해 사적주체의 대규모 개발을 유도·관리하는 것에서부터 출발하였다. 특히 특별계획구역은 지구단위계획구역 내 다른 지역과 달리 공공성을 수반하는 특별한 목적을 가지고 설계된 것이다.[2] 특별계획구역의 가장 구체적인 내용을 이루는 세부계획의 수립에 있어서 특히 이러한 공적 목적을 실현하기 위한 일련의 수단이 필요하게 된다. 대표적으로 ㉠ 용적률 등 건축허가요건에 대한 인센티브를 부여함으로써 공공용지 등을 기부채납 하도록 유도하는 것과 ㉡ 건축심의위원회 심의를 통한 통제 등이 거론된다.

㉠ 특별계획구역 내 토지소유자는 자기 땅의 개발을 위해 세부계획안을 작성하여 제출하여야 하는 부담을 지는 등 여러 제약을 받는다. 이러한 제약을 상쇄하고, 도시계획가의 의도대로 개발 방향을 유도하기 위하여 실무상 각종 인센티브를 활

---

1 신태형, 구자훈, 특별계획구역의 구역지정 및 지침특성에 관한 고찰, 한국도시설계학회지, 2012. 12., 131면에서 인용.
2 김기호, 도시설계 방법연구2: 특별설계구역 도시설계, 터전, 1992. 참조.

용하고 있다. 국토계획법 시행령 제46조는 지구단위계획구역 내에서의 건폐율, 용적률 등의 완화적용에 관한 규율을 하고 있는데, 이는 특별계획구역에 한정되지 않고 전체 지구단위계획구역에서 적용된다. 그럼에도 유독 특별계획구역에서 인센티브 논의가 활발히 이루어지는 것으로 보면, 실무적으로 행정청이 인센티브 조문을 특별계획구역에서 특히 남발하고 있다고 비판된다.[1]

ⓛ 건축법은 일정한 건축물의 건축허가를 신청하기 위하여 사전에 건축위원회의 심의를 신청하도록 한다(건축법 제4조의2 제1항). 이때 심의의 대상인 건축물은 각 조례에서 정하는 용도 및 규모 이상의 건축물로 분양을 목적으로 하는 것과, 다른 법령에서 심의를 받을 것을 규정한 것 등이다. 즉 심의 대상은 매우 한정적이다. 더구나 건축심의 제도는 건축법에 근거한 것으로 건축물의 배치, 형태, 색채 등을 중심으로 관리하는 것이기에 개발 규모, 용도, 공공시설 확보 등의 도시계획적 관점에서의 관리수단으로 기능하기에는 한계가 따른다.[2]

---

1 특별계획구역에서 인센티브 운용을 연구한 논문에서는, ① 지정목적/권장용도와 관계없는 인센티브요소를 운영하여 인센티브 제도의 효용 자체를 부정하는 경우가 있고 ② 용적률 완화에 대한 공개공지의 확보가 질적으로 매우 열악한 상태로 파악된 사례가 대부분이며 ③ 밀도상승에 대한 민간의 도시기반시설과 기부채납공간의 기여가 매우 불충분하고 ④ 용적률 확보를 위해 공공에 도움이 되지 못하는 인센티브 항목의 대부분을 운영하는 사례가 있다는 비판이 제기된다. 진정민, 서울시 특별계획구역의 인센티브제도 운영에 관한 연구, 서울대학교 석사학위논문, 2005. 참조.
2 임희지, 서울시 지구단위계획 특별계획구역제도의 유형별 공공성 증진방안 연구, 서울시정개발연구원, 2004, 26면 참조.

제50조(지구단위계획구역 및 지구단위계획의 결정)

제50조(지구단위계획구역 및 지구단위계획의 결정) 지구단위계획구역 및 지구단위계획은 도시·군관리계획으로 결정한다. 〈개정 2011. 4. 14.〉

Ⅰ. 의의

지구단위계획은 도시관리계획의 일종이므로(국토계획법 제2조 제4호 마목), 본 조는 당연한 사항을 규정한 것이다.

Ⅱ. '구역'과 '계획'

다만, 본 조는 지구단위계획'구역'이라는 용어와 지구단위계획을 구분하여 정하고 있는데, 이는 마치 개별 개발사업법에서 개발구역과 개발계획의 관계와 유사하다고 보면 된다. 양자는 각각 도시관리계획으로서의 법적 지위를 지닌다. 양자는 함께 결정될 수도 있다(지구단위계획수립지침 2-2-2.항 참조). 또한 동 지침은 "지구단위계획구역을 지정하는 경우에는 가급적 지구단위계획의 입안과 기반시설부담계획의 수립을 동시에 하여 양 계획간 상충이 발생하지 않도록 한다"라고 하여 가급적 양자의 시간적 간극을 좁히려고 하고 있다(1-3-4.항).

구역이 지정된 후 3년 이내에 계획이 결정·고시되지 않으면 구역지정이 실효된다(국토계획법 제53조 제1항).

Ⅲ. 이른바 '지구단위계획사업'이라는 용어에 대한 비판론

실무상 계획관리지역으로 지정된 곳과 같은 곳에서, (ⅰ) 개발사업자(Developer)가 주민제안의 요건을 갖추어 지구단위계획의 입안을 제안한 다음 그 내용대로 지구단위계획이 수립되면 (ⅱ) 해당 계획상 공동주택 단지로 구획된 블록에서 주택법상 사업계획승인을 득하여 주택을 건설하는 방식의 사업구조를 이른바 '지구단위계획사업'이라는 명칭으로 부르기도 한다. 이때 건설의 대상은 주택이 아니더라도 상관이 없지만, 대체로는 주택건설을 위하여 위와 같은 사업방식을 취하는 경우가 많다. 경우에 따라 법원 또한 '지구단위계획사업'이라는 용어를 무비판적으로 수용함으로써 마치 그러한 사업에 대한 권리의무관계가 승계의 대상이 될 수 있는 어떠한 '실체'를 갖춘 것처럼 언급하는 경우가 발견된다.[1]

그런데 엄밀하게 말하자면 지구단위계획사업이라는 용어는 국토계획법이 사용하는 법정(法定) 용어가 아니다. 국토계획법은 도시계획시설사업, 도시개발사업, 정비사업 등에 대하여만 '도시계획사업'이라는 명칭을 부여하고 있을 뿐(제2조 제11호), 그 외 종류의 도시관리계획에 대하여 '사업'이라는 이름을 붙이지 아니한다. 이는 도시관리계획의 기능에 비추어보더라도 당연한 이치인데, 본래 '사업'이라는 것은 적극적인 토지의 이용 및 개발 – 곧, '개발사업'을 의미하는 것인 반면, 지구단위계획을 포함한 대부분의 도시관리계획은 단지 일종의 '규율'로서 토지이용관계를 '소극적'으로 규제하는 것에 불과하기 때문이다. 즉 도시관리계획 그 자체만으로는 어떠한 '사업'을 추진할 수 없는데, 단적으로 용도지역·용도지구·용도구역·지구단위계획 등으로 특정인에게 사업시행권을 부여할 수 있는 법적인 근거가 없으며, 구체적으로 공사에 나아갈 수 있는 인허가를 발급할 수도 없다. 따라서 이들 소극적 도시관리계획에 대하여 '사업'이라는 명칭을 붙이는 것 자체가 법리적으로 적절하지 않은 것이고, '지구단위계획사업'이라고 하여 마치 실체가 있는 사업권을 승계하고 양수할 수 있는 것처럼 취급할 수는 없는 것이다. [실체가 있는 사업권은 소극적 도시계획에 불과한 지구단위계획에 의하여 부여되는 것이 아니고, 개별적인 인허가에 의하여 부여되는 것일 뿐이다.]

다만, 지구단위계획수립지침상으로는 '사업시행자'라는 명칭을 사용하는 경우가 발견되기는 하나, 이는 도시개발사업과 같이 다른 법령상의 개발사업을 시행하는 경우를 염두에 둔 규정에 불과하다.[2] 지구단위계획의 수립대상 중 상당수가 대규모 개발사업구역들에 해당하는 점이나(국토계획법 제51조 제1항 참조), 도시개발법 제9조 제2항 및 제17조 제1항,[3] 도시정비법 제17조 제2항[4] 등과 같이 도시개발구

---

1 '지구단위계획사업'이라는 용어는 대법원 2018. 7. 24. 선고 2016두48416 판결, 수원지방법원 2020. 7. 9. 선고 2018구합73189 판결, 부산지방법원 2012. 11. 15. 선고 2012구합1267 판결 등의 본문에서 발견된다.

2 예컨대, 지구단위계획수립지침 4-7-2. 내지 4-7-3.항 등에서 사업시행자라는 표현이 등장하나, 같은 절의 4-7-2.의 (1)항에서 볼 수 있듯이 이는 도시개발법상의 도시개발사업을 염두에 둔 규정들에 해당한다. 마찬가지로 동 지침 제9장에서도 사업시행자라는 표현이 등장하지만 9-1.항에서 살펴볼 수 있듯 이 또한 대체로 도시개발구역 및 택지개발지구를 염두에 둔 규정이다.

3 도시개발법 제9조(도시개발구역지정의 고시 등) ② 도시개발구역이 지정·고시된 경우 해당 도시개발구역은 「국토의 계획 및 이용에 관한 법률」에 따른 도시지역과 대통령령으로 정하는 지구단

역과 지구단위계획이 깊게 연동되어 있는 점 등을 고려하면, 위와 같은 지구단위계획수립지침상의 규정들은 개발사업과 지구단위계획이 연동되는 경우의 규정에 불과하다고 봄이 타당하다. 따라서 여전히 사업시행자 등 적극적인 개발에 관한 사항은 개별 개발사업법에 의하여 규율된다고 봄이 타당하고, 지구단위계획으로서 어떠한 개발사업의 지위가 권한이 부여된다고 보기는 어렵다. 요컨대 지구단위계획이나 이른바 실무에서 '지구단위계획사업'이라고 불리는 것은 그 자체로 사인(私人) 간의 승계를 논할만한 대상은 아니라고 사료된다.

한편, 문헌상으로는 지구단위계획이 제도의 취지와 달리 개별 구역의 개발만을 염두에 두고 수립되는 경우가 많다는 비판이 존재하는데,[1] 이와 같은 비판 또한 실무에서 지구단위계획을 '사업'으로 이해하는 것에 일조한 것이라 사료된다.

위계획구역으로 결정되어 고시된 것으로 본다. 다만, 「국토의 계획 및 이용에 관한 법률」 제51조제3항에 따른 지구단위계획구역 및 같은 법 제37조제1항제6호에 따른 취락지구로 지정된 지역인 경우에는 그러하지 아니하다.
도시개발법 제17조(실시계획의 작성 및 인가 등) ① 시행자는 대통령령으로 정하는 바에 따라 도시개발사업에 관한 실시계획(이하 "실시계획"이라 한다)을 작성하여야 한다. 이 경우 실시계획에는 지구단위계획이 포함되어야 한다.
4 도시정비법 제17조(정비구역 지정·고시의 효력 등) ② 「국토의 계획 및 이용에 관한 법률」에 따른 지구단위계획구역에 대하여 제9조제1항 각 호의 사항을 모두 포함한 지구단위계획을 결정·고시(변경 결정·고시하는 경우를 포함한다)하는 경우 해당 지구단위계획구역은 정비구역으로 지정·고시된 것으로 본다.
1 민태욱, 지구단위계획의 본질과 법제도의 재검토, 토지공법연구, 2012. 5., 172면 참조.

제51조(지구단위계획구역의 지정 등)

제51조(지구단위계획구역의 지정 등) ① 국토교통부장관, 시·도지사, 시장 또는 군수는 다음 각 호의 어느 하나에 해당하는 지역의 전부 또는 일부에 대하여 지구단위계획구역을 지정할 수 있다. 〈개정 2011. 4. 14., 2011. 5. 30., 2011. 8. 4., 2013. 3. 23., 2013. 7. 16., 2016. 1. 19., 2017. 2. 8.〉

1. 제37조에 따라 지정된 용도지구

2. 「도시개발법」 제3조에 따라 지정된 도시개발구역

3. 「도시 및 주거환경정비법」 제8조에 따라 지정된 정비구역

4. 「택지개발촉진법」 제3조에 따라 지정된 택지개발지구

5. 「주택법」 제15조에 따른 대지조성사업지구

6. 「산업입지 및 개발에 관한 법률」 제2조제8호의 산업단지와 같은 조 제12호의 준산업단지

7. 「관광진흥법」 제52조에 따라 지정된 관광단지와 같은 법 제70조에 따라 지정된 관광특구

8. 개발제한구역·도시자연공원구역·시가화조정구역 또는 공원에서 해제되는 구역, 녹지지역에서 주거·상업·공업지역으로 변경되는 구역과 새로 도시지역으로 편입되는 구역 중 계획적인 개발 또는 관리가 필요한 지역

8의2. 도시지역 내 주거·상업·업무 등의 기능을 결합하는 등 복합적인 토지 이용을 증진시킬 필요가 있는 지역으로서 대통령령으로 정하는 요건에 해당하는 지역

8의3. 도시지역 내 유휴토지를 효율적으로 개발하거나 교정시설, 군사시설, 그 밖에 대통령령으로 정하는 시설을 이전 또는 재배치하여 토지 이용을 합리화하고, 그 기능을 증진시키기 위하여 집중적으로 정비가 필요한 지역으로서 대통령령으로 정하는 요건에 해당하는 지역

9. 도시지역의 체계적·계획적인 관리 또는 개발이 필요한 지역

10. 그 밖에 양호한 환경의 확보나 기능 및 미관의 증진 등을 위하여 필요한 지역으로서 대통령령으로 정하는 지역

② 국토교통부장관, 시·도지사, 시장 또는 군수는 다음 각 호의 어느 하나에 해당하는 지역은 지구단위계획구역으로 지정하여야 한다. 다만, 관계 법률에 따라 그 지역에 토지 이용과 건축에 관한 계획이 수립되어 있는 경우에는 그러하지 아니하다. 〈개정 2011. 4. 14., 2013. 3. 23., 2013. 7. 16.〉

1. 제1항제3호 및 제4호의 지역에서 시행되는 사업이 끝난 후 10년이 지난 지역

2. 제1항 각 호 중 체계적·계획적인 개발 또는 관리가 필요한 지역으로서 대통령령으로 정하는 지역

③ 도시지역 외의 지역을 지구단위계획구역으로 지정하려는 경우 다음 각 호의 어느 하나에

I. 의의

본 조는 지구단위계획구역의 대상에 대하여 정한 규정이다. 본 조는 임의적 지구단위계획구역(제1항, 제3항)과 필요적 지구단위계획구역(제2항)으로 그 사유들을 구분하여 정하고 있다.

II. 지구단위계획구역의 대상

1. 임의적 지구단위계획구역

가. 도시지역의 경우(제1항)

도시지역에서 지구단위계획구역을 지정할 수 있는 대상으로는 크게 ① 대규모 개발사업이 있는 경우(제2 내지 7호), ② 개발제한구역 등 개발가능성을 봉쇄하던 용도구역이 해제되는 경우[1](제8호), ③ 도시지역 내에서 복합적, 체계적 관리나 개발이 필요한 경우(제8호의2 내지 3, 제9호), ④ 용도지구가 지정되어 있는 경우(제1호)[2] 등으로 분류할 수 있다. 보다 상세한 요건은 국토계획법 시행령 제43조 제1 내지 제4항이 정한다. 대체로 개발의 필요성이 있는 곳들이어서, 계획적 개발을 하면 보다 나은 형태의 개발이 가능할 곳들을 열거하고 있다.

---

[1] 이는 갑작스럽게 개발가능성에 대한 제한이 해제됨에 따라 난개발이 일 것을 우려하여 지구단위계획을 수립해 계획적 개발을 유도하려는 취지인 것으로 생각된다.

[2] 본 호는 용도지구와 지구단위계획의 제도적 기능의 유사성을 보여주는 대목이라 사료된다. 참고로, 경관, 미관지구의 경우에는 점진적으로 지구단위계획으로 통합되어가는 추세임에 대하여 용도지구에 관한 제37조에서 설명한 바 있다.

나. 비도시지역의 경우(제3항)

계획관리지역이 대표적인 비도시지역에서의 지구단위계획구역의 지정 대상이다(동항 제1호). 애당초 구 국토이용관리법상의 준농림지역이 관리지역으로 개편되면서, 관리지역의 계획적 개발을 유도하기 위해 도입된 것이 종래의 제2종 지구단위계획이었다. 지금은 1, 2종의 구분은 삭제되었다. 그 외, 개발진흥지구로서 국토계획법 시행령 제44조에서 정하는 곳(제2호)이나, 용도지구를 폐지하면서 이를 지구단위계획으로 대체하고자 하는 곳(제3호)[1] 등이 열거되어 있다.

2. 필요적 지구단위계획구역

법은 일정한 경우에는 필요적으로 지구단위계획구역을 지정하도록 정하고 있다(제51조 제2항). 도시정비법상 정비사업이나 택지개발촉진법상 택지개발사업이 끝난 후 10년이 지나면 필요적으로 지구단위계획구역을 지정하도록 정하고 있고(제1호), 30만제곱미터 이상인 지역이면서 시가화조정구역 또는 공원에서 해제되거나, 녹지지역에서 주거·상업·공업지역으로 용도지역이 변경되거나, 조례로 정하는 지역의 경우(이상 제2호; 국토계획법 시행령 제43조 제5항)에도 필요적으로 지구단위계획구역을 지정하도록 하고 있다. 대체로 갑작스럽게 대규모 부지에 대한 공법상 제한이 해제되거나, 혹은 기존의 공법상 규율이 시간이 흘러 재정비가 필요하게 되는 경우에 대하여 정하고 있음을 알 수 있다.

다만, 입안권자나 결정권자가 지구단위계획구역을 지정하지 않는 경우에 대한 제제수단이 없으므로 필요적 지구단위계획구역의 대상에 해당한다고 하더라도, 그 수립을 강제할 방법은 없다.[2]

Ⅲ. 지구단위계획과 용도지역의 변경

우리 도시계획체계상 용도지역제 도시계획이 토지이용규제의 근간을 구성하고 있고,[3] 최소한 현행법상의 지구단위계획 또한 용도지역제 도시계획의 틀을 극복하

---

1 이 또한 용도지구와 지구단위계획의 제도적 기능의 유사성을 보여주는 대목이라 사료된다.
2 구태여 생각한다면 토지소유자가 입안제안을 해서 거부하면, 그에 대한 의무이행심판이나 거부처분취소소송을 구하여 이를 강제하는 경우를 생각해볼 수 있으나, 필요적 지구단위계획구역의 경우 대체로 규제적 성격이 강해보이므로(계획적 개발) 소유자가 이를 제안하는 경우도 상정하기가 쉽지 않아 보인다.
3 민태욱, 지구단위계획의 본질과 법제도의 재검토. 토지공법연구, 57, 2012, 175면 참조. 단적으로,

는 제도로 기능하는 것이 아니라 용도지역제 도시계획의 틀 안에서 이를 보완하는 역할을 수행한다.[1] 때문에, 현행법상 지구단위계획은 용도지역의 분류를 전면적으로 수정하는 역할이 아닌 부분적으로 수정하는 역할 정도를 수행하게 되고, 때문에 국토계획법령 또한 원칙적으로는 주거지역, 상업지역, 공업지역, 녹지지역에서 각 용도지역의 세부 분류 안에서의 변동[2]만을 허용하여 왔던 것이다(국토계획법 시행령 제45조 제2항; 제30조).

다만, 2011년 국토계획법 개정으로 본 조 제1항의 임의적 지구단위계획구역의 유형 – 곧, 지구단위계획을 수립할 수 있는 대상으로 "복합적인 토지 이용을 증진시킬 필요가 있는 지역"(제8호의2)과 유휴토지 또는 후적지(제8호의3)와 같은 것이 추가되었고, 후속하여 2012년에는 이와 같이 새로이 추가된 지역에서 지구단위계획을 통해 주거지역, 상업지역, 공업지역, 녹지지역 상호간의 용도지역 변경[3]이 가능하도록 국토계획법 시행령 또한 개정되었다(제45조 제2항 후문).[4] 따라서 현재에는 제한적인 경우에서나마 지구단위계획이 용도지역제 도시계획을 적극적으로 변경할 수 있는 근거들이 마련되었다고 볼 수 있겠다.

한편, 이와 같이 지구단위계획을 통해 용도지역을 적극적으로 변경할 수 있게 되었다는 점은 주민 입안제안의 측면에 있어서도 의미를 지닌다. 입안제안의 대상은 한정적으로 열거되어있는데, 용도지역의 경우에는 입안제안의 대상에 포함되어 있지 않다(국토계획법 제26조 제1항).[5] 그러나 지구단위계획의 내용으로 제한적 범

국토계획법은 용도지역이 지정되지 않거나, 미세분된 지역에 대하여 특정의 용도지역에 관한 규율을 적용하도록 정하고 있다(제79조 참조). 달리 말하면, 최소한 우리 국토 내에서 용도지역제 도시계획의 공백은 발생하지 않도록 한 것이다.

1 민태욱, 지구단위계획의 본질과 법제도의 재검토. 토지공법연구, 57, 2012, 182-183면의 논의 참조. 다만 민태욱(2012, 184면)은 건축물의 용도에 있어서는 지구단위계획이 용도지역의 틀을 넘어서는 규율을 할 수 있다고 설명한다. 아울러, 민태욱(2012, 189-190면)은 지구단위계획이 용도지역을 보완하는 선에 부분적으로만 작용함에 따라 발생하는 문제들을 비판적으로 분석하면서, "지구단위계획을 도시 전체에 적용"하는 것 등 제도의 역할을 회복하기 위한 "다각적" 고민의 필요성을 주장하고 있다.

2 예컨대, 주거지역의 카테고리 안에서 제1종 일반주거지역을 준주거지역으로 변경하는 것과 같은 변경만이 허용된다.

3 예컨대, 주거지역을 상업지역으로 바꾸는 것이 허용된다는 것이다.

4 참고로, 이와 같은 개정과 함께 용도지역 변경 등에 따른 공공기여 방안에 관한 규정을 국토계획법 시행령 제42조의3(당시에는 제42조의2) 제2항 제12 내지 15호(현재는 국토계획법 제52조의2로 상향 입법)을 도입하였던 것이 현재의 사전협상제도 및 공공기여 제도의 법적 근거의 바탕이 되어주었다는 취지의 설명이 발견된다. 김종보, 허지인, 지구단위계획과 공공기여의 산정. 행정법연구, (67), 2022, 145면의 논의 참조.

5 관련하여 법제처는 용도지역에 대한 주민입안제안을 허용하지 않는 취지를 "제안대상에 용도지역·

위에서나마 용도지역의 변경을 포함하여 제안할 수 있고, 현행법상 그러한 제안이 명시적으로 금지되어 있지도 아니하다.

IV. 지구단위계획과 개발사업법의 관계

1. 지구단위계획구역과 타 법령상의 사업구역 지정 간의 관계

본 조가 정하는 지구단위계획구역의 대부분은 개별 개발사업법령상의 사업구역에 해당하므로, 양자 간의 관계가 실무상 문제될 수 있다. 경우에 따라서는 개별 법령상 해당 법령이 의욕하는 사업의 내용을 포함하는 지구단위계획구역 및 계획을 수립하는 경우 해당 법령상의 사업구역 지정을 의제하는 경우도 발견되기도 한다.[1] 이때 만일 이미 지구단위계획구역으로 지정된 곳에서 개발사업을 하려는 경우 지구단위계획구역을 해제하는 결정을 한 다음 개발사업을 위한 사업구역 지정을 할 수 있는 것인지가 문제될 수 있다. 도시개발법상 개발구역 지정이 문제된 사안에서 법제처는 이 경우 지구단위계획구역을 해제하지 않더라도 개발구역을 곧바로 지정하는 것이 가능하다고 보았다. 다만, 해당 해석례는 도시개발법이 지구단위계획에 대한 의제관계를 명확히 규정하고 있는 점을 주요 근거로 삼고 있는 것이므로,[2] 개별법령에 따라 구역지정이 지구단위계획 등에 연계되지 않은 경우에는 그 결론이 반드시 유지된다고 보기는 어려울 것이다. 이와 같은 개발계획, 도시관리계획들 간의 관계에 대하여는 본서 제4편의 논의를 참조하라.

2. 개발사업법의 지구단위계획 의제

개발사업법상 인허가가 발급되는 경우 지구단위계획구역이나 지구단위계획이 의제되는 경우가 많은데, 이 경우 지구단위계획이 의제되는 공간적 범위가 개발사업법이 개발대상으로 삼는 특정한 단지의 지리적 범위를 초과할 수 있는지가 문제될 수 있다. 예컨대, 주택단지의 건설에 관한 주택법상 사업계획승인과 관련하여 주택단지 밖의 기반시설 등에 대한 지구단위계획결정이 함께 포함되어 의제될 수 있는지가 문제된 사안에서, 대법원은 "인허가 의제가 가능한 공간적 범위를 제한하

용도지구·용도구역의 지정 또는 변경을 포함시키지 아니한 것은 개발제한구역의 해제나 용도지역·용도지구의 변경을 제안하는 사례가 남발하는 것을 방지하기 위한 취지도 있다"라고 설명한다. 법제처 2010. 7. 5. 회신 10-0163 해석례.

[1] 예컨대, 도시개발법 제9조 제2항이 대표적이다.

[2] 법제처 2018. 5. 21. 회신 18-0065 해석례.

는 내용을 포함하고 있지 않으므로, 인허가 의제가 해당 주택건설 사업대상 토지 (주택단지)에 국한하여 허용된다고 볼 수는 없다"고 하면서, 다만 "지구단위계획결정 등 인허가 의제가 되려면, 그 시설 등이 해당 주택건설사업계획과 '실질적인 관련성'이 있어야 하고 주택건설사업의 시행을 위하여 '부수적으로 필요한' 것이어야 한다"고 판시하였다.[1]

한편, 이와 같이 다른 법령에 의하여 지구단위계획 혹은 도시관리계획이 의제되는 경우 도시관리계획의 입안 등에 필요한 국토계획법상의 절차를 거쳐야 하는 것인지가 문제될 수 있다. 관련하여 대법원은 "(인허가)협의 절차와 별도로 국토의 계획 및 이용에 관한 법률 제28조 등에서 정한 도시·군관리계획 입안을 위한 주민의견청취 절차를 거칠 필요는 없다"는 입장을 취하고 있다.[2]

3. 지구단위계획과 개발사업법상 계획들의 관계

한편, 개별 개발사업법들에 근거한 개발사업이 준공되는 경우, 해당 개발사업법에 따라 수립된 개발계획, 실시계획, 사업계획 등의 효력이 실무상 문제되기도 한다. 법에 따라서는 (1) 개발계획, 실시계획, 사업계획 등의 수립 시에 지구단위계획의 내용을 포함하여 함께 수립하도록 하는 경우가 발견되기도 하고,[3] (2) 해당 개발사업의 준공검사 이후에 그와 같이 실시계획 등에 포함되어 승인되었던 지구단위계획의 내용대로 관리할 의무를 규정하기도 한다.[4]

이와 같이 개발계획, 실시계획, 사업계획 등을 국토계획법상 지구단위계획에 연동하는 명시적인 조문들을 두지 않은 경우에는[5] 개발사업의 완료 이후 해당 구역을 어떠한 계획으로 관리하여야 하는 것인지, 개발사업의 시행 과정에서 수립된

---

1 대법원 2018. 11. 29. 선고 2016두38792 판결에서 인용.
2 대법원 2018. 11. 29. 선고 2016두38792 판결에서 인용. 대법원 1992. 11. 10. 선고 92누1162 판결 또한 "관계기관의 장과의 협의를 거쳐 사업계획승인을 한 이상 같은 조 제4항의 허가·인가·결정·승인 등이 있는 것으로 볼 것이고, 그 절차와 별도로 도시계획법 제12조 등 소정의 중앙도시계획위원회의 의결이나 주민의 의견청취 등 절차를 거칠 필요는 없다"는 입장을 취하였다.
3 예컨대, 경제자유구역법상 경제자유구역개발사업의 경우 실시계획에 지구단위계획이 포함되어야 한다고 정하고 있고(동법 제9조 제4항), 실무적으로 경제자유구역개발사업의 실시계획의 내용을 보면, 지구단위계획에 관한 사항이 하위 항목으로 포함된 구조를 취하기도 한다. 도시개발법 제17조 제1항 등 다른 여러 법률들에서도 동일한 내용의 조문들을 발견할 수 있다.
4 예컨대, 택지개발촉진법 제16조 제3항은 "택지개발사업이 준공된 지구에 대하여 제9조제3항에 따라 이미 고시된 실시계획에 포함된 지구단위계획으로 관리하여야 한다"라고 규정하고 있다. 여러 법률들에서 동일한 취지의 조문들이 발견된다.
5 예컨대, 항만재개발법의 경우 지구단위계획의 포함을 요구하거나, 준공 이후에 지구단위계획에 따른 관리를 하여야 한다는 취지의 조문을 두고 있지 않다.

계획들의 효력이 유지되는 것인지 등이 해석상의 쟁점이 될 수 있다. 이는 실정법상으로는 준공 이후 개발계획, 실시계획 등의 효력이 어떻게 되는 것인지를 명확하게 규정하고 있지 않는 것에서 비롯되는 문제이다.

개념적으로 본다면, 개발사업의 시행 과정에서 수립된 각종의 계획들은 사업시행을 위한 것이므로, 개발사업의 절차가 종료됨과 함께 그와 같은 계획들의 효력 또한 함께 종료되는 것이라 볼 여지가 있는 것은 맞다. 개발계획, 실시계획 등은 그 내용으로 사업시행자나, 사업기간과 같은 것들을 주요내용으로 포함하고 있으므로, 사업의 종료 이후에 그러한 내용이 계속해서 유효한 효력을 지닌다고 보는 것 또한 어색한 측면이 있기 때문이다. 법제처가 "개발사업이 실시계획에 따라 완료되어 준공검사를 받은 경우 해당 사업은 경제자유구역법령에 따른 개발절차를 끝낸 것으로 그 실시계획은 효력을 상실한 것"이라는 입장[1]을 취한 것 또한 같은 취지로 이해된다.

그러나 지구단위계획과 같은 것이 명확하게 존재하지 않는 상황에서, 개발계획이나 실시계획 등의 효력을 소멸시킬 경우 개발사업을 통해 의도하였던 각종의 규율들이 없어지게 되는 공백이 발생하게 되므로, 개발사업의 의도에 반하는 후속 개발행위를 통제할 방법이 없어지게 되는 결과를 초래할 수 있다. 이러한 경우에는 개발계획이나 실시계획의 내용이 준공으로 인해 일거에 실효된다고 해석하는 것이 바람직한지는 의문이고, 법률의 취지나 해당 계획들을 승인해준 행정청의 진의를 고려하면 준공 이후에도 수립된 계획의 내용대로 해당 구역을 관리하는 것이 더 그에 부합해 보이기도 한다. 따라서 법률이 준공 이후의 구역의 관리방법에 대해 침묵하고 있는 경우에는, 여전히 개발사업의 과정에서 수립된 개발계획이나 실시계획의 일부가 효력을 유지하는 것으로 보되, 행정청의 의사에 따라 이를 지구단위계획의 내용으로 편입시키는 방법으로 개발된 구역을 관리하는 것이 타당하다고 사료된다. [본서의 제4편, 제2장, Ⅲ.에서도 법률이 준공 이후의 관리의 규준을 명확히 설정하고 있거나(위 법제처 해석례와 같이 지구단위계획으로 관리할 것을 정하고 있는 경우), 준공의 효력에 대해 명확히 언급하고 있는 것이 아닌 한, 개발계획이나 실시계획 등이 준공과 함께 완전히 효력을 잃는다고 보아서는 안된다는 견해를 취한 바 있다.]

---

1 법제처 2020. 11. 19. 회신 20-0409 해석례, 법제처 2018. 8. 6. 회신 18-0429 해석례 등 참조. 다만, 해당 해석례는 준공과 함께 실시계획에 포함되었던 지구단위계획의 내용대로의 관리를 명시적으로 요구하고 있는 법률에 대한 것이므로, 과연 준공 이후의 관리방법에 대하여 침묵하고 있는 다른 법들에도 이러한 견해가 유지되어야 하는지에 대해서는 비판의 여지가 있어 보인다.

참고로, 실정법이 명시적으로 개발계획 등의 효력을 유지시키고 있는 경우에는 준공 여부와 관계 없이 그 효력이 계속된다고 보아야 할 것이다. 대표적으로 산업집적법은 산업단지에 대해 "산업단지개발계획에 적합하도록" 할 것을 정하고 있으므로(제30조 제4항) 이러한 경우에는 명확하게 산업단지개발사업의 준공에도 불구하고 개발계획의 효력이 유지되는 것으로 보아야 할 것이다.

한편, 개발사업이 준공된 이후에는 해당 구역에 대한 지구단위계획 등의 수립권한을 가진 행정청이 개발사업의 과정에서 수립된 계획의 내용을 새로운 계획을 수립함으로써 변경 및 수정하는 것이 가능하다.[1] 개발사업의 과정에서 수립된 계획들과 국토계획법상 지구단위계획 모두 도시관리계획이라는 동등한 지위에 놓이게 되는 것이므로, 신계획이 구계획을 수정하는 것이 가능하다고 보는 것이 타당하다고 사료된다. 이는 개발사업법상 인허가관청과 국토계획법상 계획행정청이 서로 다른 경우에도, 특별한 명문의 근거가 없는 한 종료된 개발사업법상 계획이 해당 구역을 관할하는 계획행정청의 계획권한을 제약할 수는 없음을 의미한다.

---

1 관련하여, 법제처는 혁신도시법상 혁신도시개발사업이 준공된 경우 "혁신도시개발사업이 준공된 지역에 대해 일반적인 국토의 이용·개발 등에 관하여 규정하고 있는 「국토의 계획 및 이용에 관한 법률」(이하 "국토계획법"이라 함)의 적용을 배제하려는 취지는 아니므로 해당 지구단위계획의 내용과 달리 시행해야 할 필요가 있는 경우 지구단위계획의 범위에 포함되는 사항은 국토계획법에 따른 지구단위계획의 변경을 통해, 지구단위계획의 범위를 넘는 사항은 그 밖의 국토계획법에 따른 절차에 따라 시행할 수 있"다는 견해를 취하고 있다. 법제처 2018. 8. 6. 회신 18-0272 해석례에서 인용.

제52조(지구단위계획의 내용)

제52조(지구단위계획의 내용) ① 지구단위계획구역의 지정목적을 이루기 위하여 지구단위계획에는 다음 각 호의 사항 중 제2호와 제4호의 사항을 포함한 둘 이상의 사항이 포함되어야 한다. 다만, 제1호의2를 내용으로 하는 지구단위계획의 경우에는 그러하지 아니하다. 〈개정 2011. 4. 14.〉

1. 용도지역이나 용도지구를 대통령령으로 정하는 범위에서 세분하거나 변경하는 사항

1의2. 기존의 용도지구를 폐지하고 그 용도지구에서의 건축물이나 그 밖의 시설의 용도·종류 및 규모 등의 제한을 대체하는 사항

2. 대통령령으로 정하는 기반시설의 배치와 규모

3. 도로로 둘러싸인 일단의 지역 또는 계획적인 개발·정비를 위하여 구획된 일단의 토지의 규모와 조성계획

4. 건축물의 용도제한, 건축물의 건폐율 또는 용적률, 건축물 높이의 최고한도 또는 최저한도

5. 건축물의 배치·형태·색채 또는 건축선에 관한 계획

6. 환경관리계획 또는 경관계획

7. 교통처리계획

8. 그 밖에 토지 이용의 합리화, 도시나 농·산·어촌의 기능 증진 등에 필요한 사항으로서 대통령령으로 정하는 사항

② 지구단위계획은 도로, 상하수도 등 대통령령으로 정하는 도시·군계획시설의 처리·공급 및 수용능력이 지구단위계획구역에 있는 건축물의 연면적, 수용인구 등 개발밀도와 적절한 조화를 이룰 수 있도록 하여야 한다. 〈개정 2011. 4. 14.〉

③ 지구단위계획구역에서는 제76조부터 제78조까지의 규정과 「건축법」 제42조·제43조·제44조·제60조 및 제61조, 「주차장법」 제19조 및 제19조의2를 대통령령으로 정하는 범위에서 지구단위계획으로 정하는 바에 따라 완화하여 적용할 수 있다.

④ 삭제 〈2011. 4. 14.〉

[전문개정 2009. 2. 6.]

I. 의의

본 조는 지구단위계획에 포함될 수 있는 내용들에 대하여 정한 것이다. 참고로, 지구단위계획 또한 도시관리계획에 속하므로, 지구단위계획의 내용에 기반시설 건설에 관한 사항을 수록하게 되면, 해당 부분은 도시계획시설결정과 같은 실질을 지

닌다고 볼 수 있다.[1]

한편, 지구단위계획의 경우 구속적 행정계획으로 이해되기는 하지만, 어디까지나 이는 '행정계획'의 지위를 갖는 것이다. 따라서 상위법령의 위임을 받아 제정된 조례의 내용과 지구단위계획의 내용이 충돌하는 경우에는 지구단위계획의 내용이 우선시된다고 보기는 어렵다. 조례는 법규성을 지니는 것이므로, 지구단위계획 또한 다른 특별한 근거가 없는 한 법치행정의 원칙상 법령의 범위에서 작용할 수 있는 것이기 때문이다. 이러한 취지에서 법제처는 "지구단위계획은 특별한 규정이 없는 한 법령의 범위에서 수립 및 유지되어야 하는 한계를 가지고 있다고 할 것"이라고 하면서, "도시·군계획조례가 개정되어 건축이 허용되지 않게 된 건축물의 경우는 … 지구단위계획으로 건축물의 용도 제한을 완화할 수 있는 경우에도 해당하지 않는다"라고 하여 조례의 효력이 지구단위계획에 우선한다는 취지로 판단한 바 있다.[2]

참고로, 본조는 지구단위계획의 내용으로 용도지구를 폐지하는 내용을 포함할 수 있도록 정하고 있으나(제1항 제1호의2), 법제처는 지구단위계획의 내용에 용도지역 폐지에 관한 내용이 포함되어 고시되더라도, 기존의 용도지구의 폐지를 위해서는 별도로 용도지구 폐지를 위한 도시관리계획의 입안, 결정이 있어야 한다는 견해를 취하고 있다.[3]

II. 해석상의 쟁점

1. 본 조 제1항 각호에서 정하는 규율대상의 유연성

본 조 제1항 각호는 국토계획법이나 다른 법률(건축법 등)에서 사용하는 표현들을 그대로 사용하고 있는데, 이때 각 표현들의 의미가 이를 사용하는 개별법령들에서의 용어의 정의에 반드시 부합하는 것으로 한정되는지 여부가 해석상 문제가 될 수 있다. 한정되지 않는다고 보게 된다면, 본 조 제1항 각호의 의미는 문언 그대로 문리(文理)적으로만 파악하면 되는 것이므로 지구단위계획으로 결정할 수 있는 사항이 보다 유연하게 된다. 관련하여 대법원은 "지구단위계획의 내용이 되는 '건축물의 용도제한'을 건축법 시행령 [별표 1]에서 한정적으로 열거하는 용도별 건축물의 종류 중에서 선택하여야 하는 것으로 해석할 수는 없다"고 하여 매우 유연한 태

---

1 법제처 2017. 3. 2. 회신 16-0672 해석례 참조.
2 법제처 2016. 10. 19. 회신 16-0199 해석례.
3 법제처 2015. 10. 1. 회신 15-0450 해석례.

도를 취하고 있다.[1]

이와 같은 유연성 덕분에, 지구단위계획의 내용에는 종전의 도시계획에서는 담을 수 없었던 건축허가요건이나 건축물의 사용 등에 관한 사항을 정할 수 있게 되었다. 대표적으로 전주 한옥마을의 경우에는 외국음식점이나 퓨전음식점을 불허용도로 하여 지구단위계획의 내용에 포함하고 있다.[2]

다만, 각 사항에 대하여 지구단위계획수립지침이 정하고 있는 바가 있다면, 그 한계는 준수하여야 할 것이다.

2. 국토계획법 제52조 제1항 각호 이외의 사항에 대한 규율가능성

지구단위계획을 수립할 때 국토계획법 제52조 제1항 각호에 열거되어 있는 사항만을 그 내용으로 포함할 수 있는 것인지, 아니면 열거되어 있지 아니한 사항들까지도 지구단위계획의 내용으로 포함될 수 있는 것인지가 쟁점이 될 수 있다. 졸견으로는 지구단위계획의 내용으로 포함될 수 있는 내용은 동항 각호에 열거된 것으로 한정하는 것이 타당하다고 사료된다. 그 이유는 다음과 같다.

첫째, 지구단위계획은 도시관리계획의 일종으로 그 자체로 대외적인 구속력을 갖는 행정계획에 해당한다.[3] 지구단위계획의 내용은 토지소유자 또는 사용자의 토지이용범위를 직접적으로 규제하는 침익적 효력을 지니는 것이므로, 지구단위계획의 내용을 제한 없이 무한정 확장할 수 있게 된다면 이는 토지소유권 또는 사용권에 대하여 법률상 명확한 근거 없는 침익적 제한을 수인토록 하는 불합리한 결과

---

1 대법원 2011. 9. 8. 선고 2009도12330 판결. 지구단위계획에 의하여 '섬유 관련 제품'만을 판매할 수 있는 종합유통단지 내 도매단지의 섬유제품관에서 '가전제품'을 판매함으로써 지구단위계획에 적합하지 않게 용도를 변경하였다고 하여 구 국토의 계획 및 이용에 관한 법률 위반으로 기소된 사안이다.

2 해당 사례의 자세한 논의는 박건우, 지구단위계획과 불허용도－전주한옥마을 '패스트푸드' 입점금지 사례를 중심으로－, 건설법연구, 2019. 10.의 논의 참조. 초록만 읽어보더라도 매우 흥미로운 논의임을 알 수 있다.

3 관련하여 "지구단위계획구역 안에서의 건축이 그 지구단위계획에 적합하지. 아니한 경우 그 건축허가를 거부할 수 있다고 할 것이다"라고 판시한 대법원 2006. 11. 9. 선고 2006두1227 판결 등 참조. 한편, 최근의 논의 중에는 지구단위계획 위반에 대한 벌칙규정이 부존재함으로써 "계획 이행에 관한 구속력이 부족"하다는 취지의 비판을 제기한 것이 발견되기는 한다. 해당 논의는 최정윤, 이다예, 김동근, 지구단위계획 제도 운영실태와 개선과제(수시 21-01). 국토연구원, 2021, 96면에서 인용. 다만 해당 문헌에서 사용하는 '구속력'이라는 표현은 불이행시에 대한 제재의 맥락에서 언급되는 것이고, 벌칙규정의 존재와 관계없이 여전히 지구단위계획을 포함한 도시관리계획이 건축허가요건 등의 판단에 있어 대내외적 구속력을 지니는 구속적 행정계획에 해당한다는 점은 변함이 없다.

가 발생하게 된다.

둘째, 국토계획법 스스로 지구단위계획의 내용을 열거하면서도 이를 '필요적' 사항과 '임의적' 사항들로 구분하고 있다는 점도 고려하여야 한다. 이미 항목들의 상당 부분을 '임의적 사항'으로 정하고 있는 이상, 법이 허용하고 있는 계획행정청의 선택의 폭을 '임의적 사항'까지로 확정하는 것으로 해석함이 타당하다는 것이다. 본 조 제1항 제8호가 '그 밖의 사항'을 정하면서도 그 범위를 재차 대통령령이 정하는 사항으로 한정하고 있는 점이나, 그 위임을 받은 국토계획법 시행령 제45조 제4항이 특별히 포괄적인 조문을 두고 있지 아니하면서 '그 밖의 사항'을 폐쇄적으로 열거하고 있는 점도 고려할 필요가 있다.

셋째, 이미 대법원은 본 조 제1항 각호에 열거된 사항들에 대하여 유연한 해석 태도를 보이고 있다는 점도 고려하여야 한다. 전술한 바와 같이 대법원은 동항 각호에 열거된 항목 중 '건축물의 용도'에 대하여 건축법 시행령 [별표 1]에 국한할 필요가 없다는 취지로 판시하면서 "비교적 광범위한 형성의 자유를 부여"하고 있다고 설시한 바 있다.[1] 그렇다면, 각호의 다른 항목들을 해석함에 있어서도 명시적인 문언상의 제한이 없는 한 유연한 태도를 취하게 될 가능성이 높으므로, 이미 각호의 규정만으로도 지구단위계획은 건축물의 용도, 건폐율, 용적률, 높이, 색채, 경관, 기반시설 등 건축허가요건의 거의 전부를 규율할 수 있도록 권한이 부여된 것으로 볼 수 있다. 그럼에도 불구하고 각호의 규정을 예시적인 것으로 해석할 경우에는 이미 부여된 광범위한 권한의 범위 마저도 초과할 수 있게 되는 것이어서 지구단위계획의 한계가 불분명하게 되는 문제가 초래된다.

3. 건축허가요건 등을 완화하여 결정할 수 있는 범위(본 조 제3항)

본 조 제3항은 건축허가요건에 해당하는 건축물의 용도, 건폐율, 용적률 등의 사항을 지구단위계획으로 완화하여 정할 수 있도록 하면서, 그러한 완화가 가능한 경우에 대해서는 대통령령으로 구체적인 내용을 위임하고 있다. 동항의 위임을 받은 국토계획법 시행령 제46조 등은 도시지역 내·외의 경우를 구분하여 그러한 완화적용이 가능한 경우를 구체화하고 있다.

---

1 대법원 2011. 9. 8. 선고 2009도12330 판결.

가. 기존 공공시설 부지에 대한 인센티브 적용 여부

관련하여, 공공시설 부지나 공공시설을 설치하여 제공하는 경우 건폐율, 용적률, 높이제한 등을 완화할 수 있도록 정하고 있는 국토계획법 시행령 제46조 제1항의 해석과 관련한 쟁점들을 다룬 법제처 해석례들이 발견된다. 예컨대, 법제처는 시행령 동항이 "제공되는 부지의 지구단위계획구역 지정 당시의 용도에 대해서는 별도의 제한을 두고 있지 않"다거나 "이러한 인센티브가 축소되도록 해석하면 지구단위계획구역 안의 공공시설등의 부지 확보가 어려워질 수 있게 되어 같은 항의 입법취지에 부합하기 어렵"다는 점을 들면서, 지구단위계획 지정 당시 이미 공공시설 부지이거나 공공시설 등이 설치되어 있던 부지라고 하더라도 여전히 '제공하는 공공시설 부지 면적'에 산입되어야 한다는 견해를 밝힌 바 있다.[1] 반면, 법제처는 다른 법령상 어차피 설치할 의무가 부과되어 있는 공공시설 등이 경우에는 시행령 동항에서 정하는 "공공시설등을 설치하여 제공하는 경우"에 해당하지 않는다고 보았다.[2]

이상과 같은 법제처의 해석사례들을 살펴보면, 법제처는 본조 제3항 및 국토계획법 시행령 제46조 제1항을 해석함에 있어 본조의 취지 ─ 곧, 공공시설 확보를 원활하게 하기 위한 인센티브의 부여라는 취지에 부합하는 결과를 가져오는지를 중요한 기준으로 삼고 있는 것으로 이해된다. 따라서 어차피 법령상 설치할 의무가 있는 경우나, 부지 또는 시설의 제공자가 실질적으로 아무런 부담을 지지 않는 경우라면 본조 제3항 등의 "공공시설등을 설치하여 제공하는 경우"에 해당한다고 판단하기가 어려울 수 있다. 다만, 법제처 2022. 11. 21. 회신 22-0705 해석례가 답변의 대상에서 제외한 용도폐지되는 공공시설의 무상양수의 대상이 되는 부지의 경우에 대해 일률적으로 본조 제3항 및 시행령 제46조 제1항의 적용을 배제하는 것은 타당하지 않다는 생각이고, 이 경우에도 실질적으로 부지 또는 시설의 제공자가 종전과 비교할 때 공공시설의 실질적인 확충에 기여하였는지를 따져서 해당 규정들에 따른 인센티브 부여를 결정하는 것이 타당하다는 것이 사견이다.

---

1 법제처 2022. 11. 21. 회신 22-0705 해석례에서 인용. 다만, 해당 해석례는 명시적으로 용도폐지되는 공공시설을 무상양수 받는 경우(국토계획법 제65조 참조)를 검토대상에 제외하고 있고, 단지 "공공시설 등의 부지를 제공하는 자가 해당 부지의 권리를 확보한 후 다시 제공하는 경우"를 전제한 경우에 대해서만 의견을 제시하고 있다. 따라서 해당 해석례는 건축물을 건축하려는 자가 순수하게 기존 공공시설 부지를 스스로의 재원으로 양수받아서 재차 제공함으로써, 스스로의 실질적인 의무부담이 있는 경우만을 대상으로 견해를 밝힌 것으로 보아야 할 것이다.

2 법제처 2024. 5. 24. 회신 24-0302 해석례.

나. 관계 법령상 설치의무가 있는 공공시설에 대한 인센티브 적용여부

법제처는 "조문의 도입 목적을 고려하면 "공공시설등을 설치하여 제공하는 경우"에 해당하기 위해서는 해당 공공시설등을 의무적으로 설치·제공할 필요가 없다는 점이 전제되어야" 한다면서, 관계 법령상 원래 설치의무가 있는 공공시설의 경우에는 국토계획법 시행령 제46조에 따른 인센티브를 부여할 수 없다는 취지의 견해를 취한 바 있다.[1]

다. 인센티브 규정들 간의 관계

국토계획법 시행령 제46조는 여러 경우에 대한 인센티브 부여 비율 등에 관하여 정하고 있으므로, 구체적으로 각 항들 사이의 관계나 충돌이 문제될 수도 있다. 관련하여 국토교통부는 동조 제9항 제1호가 "개발제한구역·시가화조정구역·녹지지역 또는 공원에서 해제되는 구역과 새로이 도시지역으로 편입되는 구역중 계획적인 개발 또는 관리가 필요한 지역인 경우"에는 "제1항제1호나목(제1항제2호 및 제2항에 따라 적용되는 경우를 포함한다)"의 적용을 배제하고 있는 것과 관련하여, 배제되는 범위에 명확하게 포함되지 않은 동조 제1항 제3호(지구단위계획구역 내 공공시설의 부지의 제공에 따른 인센티브 규정) 또한 적용이 배제된다는 견해를 취한 바 있다.[2] 다만, 어차피 국토계획법 시행령 제46조 각항의 규정들은 인센티브의 허용 여부가 재량에 맡겨져 있으므로, 구태여 그와 같은 확장해석을 할 필요가 있을지는 의문이다.

---

1 법제처 2024. 5. 2. 회신 24-0302 해석례에서 인용하고 참조.
2 국토교통부 도시정책과-2669호, 2019. 4. 15. 참조.

제52조의2(공공시설등의 설치비용 등)

제52조의2(공공시설등의 설치비용 등) ① 제51조제1항제8호의2 또는 제8호의3에 해당하는 지역의 전부 또는 일부를 지구단위계획구역으로 지정함에 따라 지구단위계획으로 제36조제1항제1호 각 목 간의 용도지역이 변경되어 용적률이 높아지거나 건축제한이 완화되는 경우 또는 제52조제1항에 따른 지구단위계획으로 제43조에 따른 도시·군계획시설 결정이 변경되어 행위제한이 완화되는 경우에는 해당 지구단위계획구역에서 건축물을 건축하려는 자(제26조제1항제2호에 따라 도시·군관리계획이 입안되는 경우 입안 제안자를 포함한다)가 용도지역의 변경 또는 도시·군계획시설 결정의 변경 등으로 인한 토지가치 상승분(「감정평가 및 감정평가사에 관한 법률」에 따른 감정평가법인등이 용도지역의 변경 또는 도시·군계획시설 결정의 변경 전·후에 대하여 각각 감정평가한 토지가액의 차이를 말한다)의 범위에서 지구단위계획으로 정하는 바에 따라 해당 지구단위계획구역 안에 다음 각 호의 시설의 부지를 제공하거나 공공시설등을 설치하여 제공하도록 하여야 한다. 〈개정 2024. 2. 6.〉

1. 공공시설

2. 기반시설

3. 「공공주택 특별법」 제2조제1호가목에 따른 공공임대주택 또는 「건축법」 및 같은 법 시행령 별표 1 제2호라목에 따른 기숙사 등 공공필요성이 인정되어 해당 시·도 또는 대도시의 조례로 정하는 시설

② 제1항에도 불구하고 대통령령으로 정하는 바에 따라 해당 지구단위계획구역 안의 공공시설등이 충분한 것으로 인정될 때에는 해당 지구단위계획구역 밖의 관할 특별시·광역시·특별자치시·특별자치도·시 또는 군에 지구단위계획으로 정하는 바에 따라 다음 각 호의 사업에 필요한 비용을 납부하는 것으로 갈음할 수 있다.

1. 도시·군계획시설결정의 고시일부터 10년 이내에 도시·군계획시설사업이 시행되지 아니한 도시·군계획시설의 설치

2. 제1항제3호에 따른 시설의 설치

3. 공공시설 또는 제1호에 해당하지 아니하는 기반시설의 설치

③ 제1항에 따른 지구단위계획구역이 특별시 또는 광역시 관할인 경우에는 제2항에 따른 공공시설등의 설치 비용 납부액 중 대통령령으로 정하는 비율에 해당하는 금액은 해당 지구단위계획구역의 관할 구(자치구를 말한다. 이하 같다) 또는 군(광역시의 관할 구역에 있는 군을 말한다. 이하 이 조에서 같다)에 귀속된다.

④ 특별시장·광역시장·특별자치시장·특별자치도지사·시장·군수 또는 구청장은 제2항에 따라 납부받거나 제3항에 따라 귀속되는 공공시설등의 설치 비용의 관리 및 운용을 위하여 기금을 설치할 수 있다.

⑤ 특별시·광역시·특별자치시·특별자치도·시 또는 군은 제2항에 따라 납부받은 공공

시설등의 설치 비용의 100분의 10 이상을 제2항제1호의 사업에 우선 사용하여야 하고, 해당 지구단위계획구역의 관할 구 또는 군은 제3항에 따라 귀속되는 공공시설등의 설치 비용의 전부를 제2항제1호의 사업에 우선 사용하여야 한다. 이 경우 공공시설등의 설치 비용의 사용기준 등 필요한 사항은 해당 시·도 또는 대도시의 조례로 정한다. ⑥ 제2항에 따른 공공시설등의 설치 비용 납부액의 산정기준 및 납부방법 등에 관하여 필요한 사항은 대통령령으로 정한다.

[본조신설 2021. 1. 12.]

Ⅰ. 의의 - 공공기여와 사전협상

1. 공공기여의 개념 - 기부채납과의 비교의 관점에서

본조가 도입되기 이전에도 대규모 개발사업의 인허가에 대하여 공공시설을 기부채납하는 내용의 부관을 부기하는 경우는 통상적인 것이었고, 이러한 기부채납은 용적률과 같은 인센티브와 연동, 연계되어 있는 경우가 많았다. 그러나 이와 같이 개발사업의 '인허가'에 부가되는 기부채납과 달리, '공공기여'란 그러한 인허가의 전 단계에서 해당 사업대상지에 대하여 적용되는 도시계획의 내용 - 혹은 도시계획적 제한을 변경하여 주는 것에 대해 부가되는 의무에 해당한다. 서울시는 공공기여를 "도시관리계획 변경 및 건축제한 완화를 위해 공공시설등의 부지나 시설을 설치하여 제공하거나 설치비용을 공공에 제공하는 것"으로 정의하고 있다.[1] 참고로, '공공기여'라는 단어 자체는 국토계획법에서 명확하게 사용하고 있는 단어가 아니고, 때문에 공공기여에 대한 합의된 정확한 정의가 존재하는 것도 아니어서[2] 논란의 여지가 여전히 많은 상황이다.

기부채납과 공공기여는 여러 측면에서 구분된다. (1) 먼저, 양자는 본체라고 할 수 있는 행정작용의 종류에 있어 차이가 있다. 기부채납의 경우 사업시행자 혹은 건축주가 개별적인 인허가 - 곧, 행정행위 - 를 신청하는 때에 그 인허가에 부관의 형태로 부기되는 반면, 공공기여는 행정계획 또는 그러한 계획의 결정행위에 견련된 것이다. 통상 기부채납의 경우에는 명시적 법적 근거가 없더라도 재량적 행정행위에 대해서는 허용되어왔으나,[3] 행정계획 혹은 도시계획만이 수립, 결정되어

---

1 서울특별시 지구단위계획 수립기준·관리운영기준 및 매뉴얼, 2020. 5., 121면에서 인용.
2 관련하여, 양은영, 공공기여 개념 정립에 관한 고찰, 토지공법연구, 제100집, 2022, 142면의 논의를 참조하라.
3 대법원 1997. 3. 14. 선고 96누16698 판결 등 참조.

구체적인 인허가가 발급되지 아니한 단계에서도 공공기여와 같은 일종의 급부 의무를 부과할 수 있는 것인지 법적 혹은 법리적 근거에 대한 고민이 필요하게 된다. (2) 기부채납과 공공기여는 목적에 있어서도 차이를 보인다. 기부채납은 개발사업에 따라 필요하게 되는 기반시설의 확충을 위해 요구된다고 설명되는 반면,[1] 공공기여는 '개발이익의 환수'를 목적으로 한다고 설명된다.[2]

한편, 공공기여는 기반시설, 공공시설이나 개발이익과 관련된 기존의 제도들과도 구분된다. 양은영(2022)의 논의를 참조하면, ① 공공기여는 개발사업으로 인해 필요하게 되는 기반시설의 확충을 위한 제도라고 단언하기는 어려우므로 원인자부담금 등의 제도와는 구분되고, ② 나아가 공공기여는 '미실현된 이익'에 대하여 요구되는 것이므로 이미 실현된 지가 차익에 대하여 부과되는 개발부담금과도 구분된다.[3]

2. 공공기여의 행정법적 성질

공공기여가 부가된 경우, 그 법적성질을 종래 통상적으로 인허가에 부기되었던 기부채납 부관과 같이 행정법학상의 '부관'으로 볼 것인지가 법적으로 쟁점이 될 수 있다. 하급심 판결례 중에는 공공기여를 "수익적·재량적 행정행위인 지구단위계획 변경결정에 부가된 부관으로서 부담"이라고 설시한 것이 발견된다.[4] 이와 같이 공공기여를 '부관'으로 보아야 하는지의 문제는 (1) 공공기여에 대하여 별도의 법적인 명문의 근거가 필요한지 여부와 함께, (2) 그 위법성 심사의 기준을 무엇으로 하여야 하는지의 문제에 있어서 의미가 있다. 위 하급심 판결례는 공공기여가 '부관'이라는 전제 하에, 부관의 가능성에 관한 일반론에 따라 본체인 행정행위가

---

[1] 물론, 기부채납의 목적물이 반드시 기반시설과 같은 특정의 시설로 한정되는 것은 아니다. 그러나 부당결부금지의 원칙에 위배되지 않으려면, 기부채납 부관이 부가된 인허가와 관련된 개발사업과 어느 정도 관련성을 인정받기 위해서 해당 개발사업에 의해 수요가 발생하게 되는 기반시설을 기부채납토록 하는 것이 가장 일반적인 모습이 되어왔을 것으로 이해된다. 기부채납이 부당결부금지의 원칙에 위배되지 않기 위해서는 본체인 행정행위와 "목적과 원인에서 관련성"이 있어야 하는데 (부산고등법원 2011. 10. 28. 선고 2010누6380 판결 참조), 개발사업과 관련한 인허가에서 그러한 목적 및 원인상의 관련성이 인정되는 것으로 가장 쉽게 떠올릴 수 있는 것이 기반시설일 것이기 때문이다.

[2] 이상 김예성, 공공기여 제도 변화의 주요 내용과 과제, 이슈와 논점, 제1821호. 2021, 2면에서 참조하고 인용. 다만, 이성룡, 이지은, 유치선, 경기도 도시계획 사전협상제 도입방안, 경기연구원, 2017, 3면과 같이 기부채납이나 공공기여를 구분하지 아니하고 모두 "개발이익을 일정부분 환수하기 위한" 제도적 수단으로 설명하는 문헌들도 발견된다.

[3] 양은영, 공공기여 개념 정립에 관한 고찰, 토지공법연구, 제100집, 2022, 149면에서 인용하고 참조.

[4] 수원지방법원 2020. 1. 15. 선고 2018가합22759 판결에서 인용.

재량행위이기만 하면 별도의 법적 근거가 없더라도 부가가 가능하다고 보았다.[1] 나아가 해당 판결의 항소심은 통상의 부관과 같이 '부당결부금지'의 원칙에 따른 위법성 심사를 하였다.[2]

그러나 이와 같이 공공기여의 법적 성질을 '재량적 행정행위에 부가된 부담'으로 볼 수 있는지 여부는 쉽게 답할 수 있는 문제가 아니다. 무엇보다도 지구단위계획 혹은 그 결정행위에 대해 '부담'을 부가하는 것이 가능한지의 질문은 간단한 것이 아니다. '부관'은 행정행위 이외의 행정작용에도 부가될 수 있는 것이지만,[3] 그렇다고 모든 종류의 부관이 행정작용의 형식에 상관없이 일반적으로 부가될 수 있는 것인지에 대해서는 명확한 논의를 찾아보기 어렵다. 최소한 행정법에서의 '부담'의 경우에는 "수익적 행정행위에서 부가된 부관으로 상대방에게 작위·부작위·수인·급부의무를 명하는 것"[4]이라 정의되는데, 이때의 '수익적 행정행위'에 지구단위계획과 같은 행정계획을 간단하게 등치시킬 수 있는 것인지는 고민이 필요하다. 행정행위는 '구체적 사실에 대한 법 집행 행위'인데, '구체적 사실'의 판단요소 중 하나는 "관련자가 개별적(특정적)인가"[5]의 문제와 결부되고, 이는 "수명자의 범위가 폐쇄적인지 아니면 개방적인지"[6]의 문제와 연결된다. 그런데 지구단위계획을 포함한 행정계획에서 명확하게 수명자(처분상대방)가 특정된다고 볼 수 있을지가 의문인데, 행정행위(처분)와 부담의 경우 이를 특정인이 승계하여야만 그 의무가 이전되는 반면, 지구단위계획과 같은 행정계획에 부기된 사항[7]은 구체적인 승계행

---

1 수원지방법원 2020. 1. 15. 선고 2018가합22759 판결 참조. 참고로, ① 실무상 사전협상의 결과로 확정된 공공기여의 내용은 후속하는 개발사업의 인허가에 부관으로 부기되는 경우가 많고(허지인, 도시계획의 변경으로 인한 개발이익의 환수, 행정법연구, 제71호, 2023, 527면 참조), ② 사전에 협약의 형식으로 내용을 정하여 둔 다음 사후적으로 수익적 처분을 하면서 그에 부관으로 부기하는 것도 가능하므로(대법원 2009. 2. 12. 선고 2008다56262 판결), 차라리 후속하는 개발사업의 인허가에 부기된 부관으로 그 법적 성질을 이해하는 것이 더 자연스러웠을 것이라 생각된다. 해당 판결 사안의 경우 공공기여 협약 등의 내용상 '착공 후 1년 이내에 (공공기여금을) 현금으로 완납하여야 한다는 기재가 있었다는 점과 공공기여금의 완납이 이루어진 상태였음을 고려하면 후속하는 개발 사업에 관한 인허가가 존재하였을 가능성도 있어 보이나, 판결문상으로는 그러한 사실관계가 명확하게 드러나지는 않는다.

2 수원고등법원 2020. 7. 23. 선고 2020나11984 판결.

3 홍정선, 행정법원론(상), 제28판, 박영사, 2020, 506면.

4 홍정선, 행정법원론(상), 제28판, 박영사, 2020, 509면에서 인용.

5 홍정선, 행정법원론(상), 제28판, 박영사, 2020, 335면에서 인용.

6 홍정선, 행정법원론(상), 제28판, 박영사, 2020, 335면에서 인용.

7 예컨대, 서울특별시 지구단위계획 수립기준·관리운영기준 및 매뉴얼, 2020. 5., 121면은 지구단위계획 수립 시 공공기여계획을 수립하도록 하고 있다. 참고로, 서울특별시고시 제2022-276호의 사례를 참고하면, 고시문상의 "도시·군관리계획(지구단위계획) 결정(변경)" 항목 하의 "기타사항에

위가 없다고 하더라도, 해당 부지를 개발하려는 자라면 누구든지 이를 준수하여야 하기 때문이다.

개별적인 인허가는 처분의 상대방을 전제로 한 것이므로, 그에 부관으로 기부채납을 부가할 수 있고, 그에 따라 처분상대방의 이행 여부를 인허가의 효력과 연동시키는 것 또한 가능하다(예컨대, 부관의 미이행 시 본체인 인허가를 취소하는 경우). 그러나 행정계획은 그 자체가 행정쟁송의 대상적격으로서의 '처분성'을 지니는지의 논의는 별론으로 하더라도, 개념상으로는 불특정 다수를 대상으로 하는 행정작용[1]인 이상 특정한 처분 상대방을 전제하기가 어렵다. 따라서 해당 공공기여계획이 포함된 지구단위계획구역에서의 건축인허가를 신청한 자가 공공기여계획을 준수하지 않을 경우 그 건축인허가의 발급을 거부하는 것과 별개로, 공공기여계획 미준수를 이유로 지구단위계획이나 지구단위계획의 (변경)결정을 취소하는 등의 조치에 나아갈 수 있는 것인지는 의문이 있다.[2]

3. 사전협상의 의의

공공기여의 내용을 포함한 일련의 사항을 지구단위계획의 결정 이전 단계에서 협의하기 위해 지방자치단체들은 해당 지구단위계획의 제안자와의 사이에 협상을 거쳐서 그 내용을 정하는 절차를 마련하는 경우가 있는데, 이를 '사전협상'이라고 한다. 다만, 사전협상에서 논의하는 내용은 공공기여에만 그치는 것이 아니고, 공공기여계획을 포함한 제안 대상 지구단위계획(개발계획)안 전반을 내용으로 한다.[3]

관한 결정(변경)조서" 하에 "공공기여계획"이 포함되어 있다. 즉 공공기여계획은 그 자체로 지구단위계획의 내용을 이루고 있는 것이라 할 수 있다.

[1] 참고로, 법제처 2016. 10. 19. 회신 16-0199 해석례는 "도시·군관리계획의 경우 불특정 다수의 수범자를 대상으로 한다는 특징이 있어 국토계획법 제30조제6항에서는 그 계획의 내용을 고시하고 이를 관계 행정기관의 장에게 송부하여 일반인이 열람할 수 있도록 하고 있는바, 도시·군관리계획의 일종인 지구단위계획은 불특정 다수인을 규율하는 일반처분으로서 규범과 유사한 실질을 갖는 행정처분"이라고 설명한 바 있다(밑줄 저자).

[2] 이와 같은 법리적인 의문 및 공공기여의 이행 확보 문제 때문인 것인지는 명확치 않으나, 서울특별시 도시계획변경 사전협상 운영에 관한 조례 제17조는 "민간이 사업계획승인 신청서류를 제출한 때(건축허가의 신청 또는 다른 법률에 따라 건축허가 등을 의제하는 인·허가의 신청을 한 때를 말한다) 도시관리계획 결정 고시를 할 수 있다"라고 하여 공공기여 관련 내용을 담은 도시계획의 결정 시점과 건축인허가 시점을 시기적으로 가깝게 설정하여 두고 있다. 다만, 서울시 지침의 몇몇 내용은 이와는 다소 다른 태도를 보이고 있는데 "지구단위계획의 결정(변경) 고시일로부터 2년 이내에 민간에서 건축허가(사업계획 승인)를 신청하지 않는 경우, 당해 지구단위계획에 대하여 취소 결정(변경) 등의 조치를 할 수 있다"라고 정하고 있다.

[3] 예컨대, 서울특별시 도시계획변경 사전협상 운영에 관한 조례 또한 "1. 입지여건 등에 따른 개발규모의 적정성, 2. 개발계획(개발방향, 주용도, 기능, 건축계획, 교통계획 등)의 적정성, 3. 공공기여

한편, 서울시 조례는 사전협상을 "제2호의 협상대상지에 대하여 복합적인 토지이용 증진 및 효율적인 토지 개발 또는 시설 이전·재배치를 통한 토지이용 합리화 등을 위해 개발계획 등을 협의하여 수립하는 것"으로 정의하고 있다.[1] 아울러, 서울시 지침은 "민간은 협상이 원만하고 적절하게 이뤄졌다고 인정하는 경우 협상결과를 반영한 주민제안서(사전협상형 지구단위계획 수립기준에 따른 지구단위계획)를 제출할 수 있다"라고 정하여,[2] 원칙적으로는 사전협상을 지구단위계획의 주민제안에 선행하는 절차로 규정하고 있다.

Ⅱ. 조문의 연혁

현재의 국토계획법 제52조의2는 이와 같은 기존에 국토계획법 시행령 제42조의3[3]의 일부를 '상향 입법'함으로써, 기존에 '법률'적 차원에서의 근거가 모호했던 공공기여에 대해 법적 근거를 마련하여 준 것으로 평가되고 있다.[4]

국토계획법령에서 공공기여와 관련된 조문이 최초로 등장한 것은 2012. 4. 10. 개정된 국토계획법 시행령 제42조의2 제2항 제12 내지 15호이다. 이와 같은 초창기의 시행령 조문은 다음과 같은 측면에서 현행 조문과는 차이가 있다. ① 먼저, 당초에는 "용적률이 높은 용도지역으로 변경하는 사항이 포함되어 있는 경우"에 대하여 공공기여를 요구하는 것으로 되어 있었다가, 2013. 6. 11. 개정 시 "건축제한이 완화되는 용도지역으로 변경되는 경우"와 "도시·군계획시설 결정의 변경 등으로 행위제한이 완화되는 사항이 포함되어 있는 경우"가 공공기여가 요구되는 대상으로 추가되었다. ② 당초의 국토계획법 시행령 조문은 공공기여의 목적물을 '기반시설'이라고만 정하고 있었으나, 2019. 3. 19. 개정으로 '공공시설'과 '공공임대주택 등'의 시설들이 추가됨으로써 현재의 국토계획법 제52조의2와 유사한 내용으로 되었다. ③ 한편, 본래 공공기여에 관한 근거가 국토계획법 시행령에 존재하였을 당시에는 "공공시설등의 설치내용, 공공시설등의 설치비용에 대한 산정방법 및 구체적인 운영기준 등은 시·도 또는 대도시의 도시·군계획조례로 정할 것"이라고 하여

(공공기여 제공시기, 제공방법 등)의 적정성, 4. 그 밖에 사전협상 진행을 위해 시장이 필요하다고 인정한 사항" 등을 모두 사전협상의 의제로 언급하고 있다(동 조례 제11조 제2항).

1 서울특별시 도시계획변경 사전협상 운영에 관한 조례 제2조 제1항 제1호.
2 서울특별시 도시계획변경 사전협상 운영지침(6차 개정, 2024. 3. 29.), 3.40항에서 인용.
3 종전에는 제42조의2에 위치하였으나 조문의 위치가 이동되었다.
4 양은영, 공공기여 개념 정립에 관한 고찰, 토지공법연구, 제100집, 2022, 140면 참조.

상당히 포괄적인 조례로의 위임 조문이 존재하였으나, 현행 국토계획법 시행령 제46조 제1항 제2호는 "공공시설등 설치비용 및 이에 상응하는 부지 가액의 산정 방법 등은 시·도 또는 대도시의 도시·군계획조례로 정한다"고 하여 위임의 범위가 다소 조정된 것으로 보인다.

그 외에도 종전의 국토계획법 시행령 규정들과 달리 현행 국토계획법 제52조의2는 ④ 공공시설등의 설치 비용을 납부받은 경우 그 비용을 사용할 수 있는 당해 지구단위계획구역 밖의 지리적 범위를 "해당 지구단위계획구역 밖의 관할 특별시·광역시·특별자치시·특별자치도·시 또는 군"으로 확대하면서(동조 제2항 본문), 그 용처를 장기미집행 도시계획시설 등으로 다소 구체화하였고(동항 각호). 특히 장기미집행 도시계획시설에 일정 비율을 우선적으로 사용하도록 정하고 있다(동조 제5항).[1] ⑤ 그 외에도 현행법은 특별시, 광역시의 경우 공공시설등의 설치 비용의 일정비율(현행 시행령상 20~30%)은 당해 지구단위계획구역이 속한 자치구나 군에 귀속[2]되도록 하는 규정을 추가하였다는 점에서도 차이가 있다.

Ⅲ. 적용 요건

1. 공공기여 적용대상 사업의 범위

가. 용도지역 변경으로 건축허가요건의 완화가 있는 경우

본조가 적용되는 대상은 크게 2가지이다. 먼저, ① 도시지역 내 복합적 토지이용 증진(국토계획법 제51조 제1항 제8호의2)이나 도시지역 내 유휴토지의 효율적 개발(동항 제8호의3) 등의 취지에서 지구단위계획구역을 지정한 곳으로서, ② 지구단위계획으로 주거, 상업, 공업, 녹지지역 상호 간의 용도지역 변경이 있고, ③ 그로 인해 용적률이 높아지거나 건축제한이 완화되는 경우에 해당하는 경우이다.

이때 첫 번째(①) 요건이 주로 문제될 수 있겠다. 국토계획법 제51조 제1항 제8호의2에 해당하는 경우에 대해서는 동법 시행령 제43조 제1항이 구체적인 요건을

---

1 김예성, 공공기여 제도 변화의 주요 내용과 과제, 이슈와 논점, 제1821호, 2021, 3면 참조. 다만, 공공시설등 설치비용의 용처와 관련하여 "공공시설 또는 제1호에 해당하지 아니하는 기반시설의 설치"와 같이 포괄적인 용처를 열거하고 있다.
2 이는 행정청의 입장에서 실무상 함의가 있는데, 자치구나 군의 입장에서는 스스로 재량적 인허가 권한을 행사할 수 있는 처분에 부수하여 기부채납을 받을 경우에는 자신들이 이를 100% 가져갈 수도 있으나, 본조에 따른 공공기여의 방식으로 할 경우에는 상급 지자체와 이를 상당 부분 나누어야 한다는 의미가 될 수 있기 때문이다.

정하고 있는데, (ⅰ) 현재의 용도지역이 일반주거지역, 준주거지역, 준공업지역 및 상업지역 중 어느 하나에 해당하여야 하고, (ⅱ) 주요 역세권이라는 등 동항 각호의 어느 하나에 해당하는 지역에 해당해야 한다.

국토계획법 제51조 제1항 제8호의3는 주로 '후적지'라는 용어로 불리우는 곳들이 될 수 있겠는데, 이전 대상이 되는 시설의 종류는 "철도, 항만, 공항, 공장, 병원, 학교, 공공청사, 공공기관, 시장, 운동장 및 터미널"이나 그와 유사한 시설로서 조례로 정하는 시설로 한정적으로 열거되어 있다.

나. 도시계획시설결정이 변경되는 경우

다음으로, ① 지구단위계획구역 지정 사유의 종류에 관계 없이, ② 지구단위계획으로 도시계획시설결정이 변경되고, ③ 그에 따라 행위제한이 완화되는 경우에는 본조의 적용대상이 될 수 있다.

위 가.항의 사유는 용도지역 변경에 따른 "건축제한이 완화"되는 경우를 정하고 있으므로 건축제한이 강화되는 방향으로 용도지역의 변경은 본조에 포함되지 아니한다. 반면, 본 사유의 경우에는 "행위제한이 완화"되는 경우를 대상으로 하고 있으므로, 도시계획시설결정이 폐지되는 경우에는 당연히 그에 해당하게 될 것이나, 도시계획시설결정이 일부 변경되는 경우에 그치는 경우에는 과연 "행위제한이 완화"되었다고 볼 수 있을지에 대한 개별적인 판단이 필요하게 될 수 있다. 본조가 특별히 행위제한의 완화 수준을 특정하고 있는 것은 아니므로, 구체적인 도시계획시설결정 변경 내용을 따져서 사업시행자의 입장에서 행위제한의 실질적인 완화가 있다고 인정되는 경우에는 본조의 적용대상이 될 수 있을 것으로 사료된다.

2. 공공기여의 목적물

가. 공공시설의 범위

공공기여의 대상이 되는 시설은 반드시 국토계획법에서 정의하는 공공시설의 범주 내로 한정되어 있지 아니하다.[1] 공공기여의 대상은 국토계획법이 정하는 공공시설, 기반시설 뿐만 아니라 "「공공주택 특별법」 제2조제1호가목에 따른 공공임대주택 또는 「건축법」 및 같은 법 시행령 별표 1 제2호라목에 따른 기숙사 등 공공필요성이 인정되어 해당 시·도 또는 대도시의 조례로 정하는 시설"(본조 제1항 제3

---

1 국토계획법 제52조의2 제1항 각호 참조.

호)까지도 포함된다.

나. 공공시설등의 설치비용

한편, 공공기여의 대상이 되는 당해 지구단위계획구역 내의 공공시설등이 충분한 것으로 인정될 때에는 토지나 시설을 제공하는 것이 아니라 설치비용을 납부할수 있다(본조 제2항). 이때 당해 지구단위계획구역 내 공공시설등이 충분한지 여부는 그 기준이 제시되어 있지 아니하므로 매우 추상적이고 판단하기가 쉽지 않다. 공공기여는 기본적으로 지구단위계획 수립권한을 지닌 '행정청'이 요구하여야 하는 사항에 해당하고(본조 제1항 본문), 공공기여의 내용은 결국 지구단위계획의 내용으로 편입될 것이라는 점을 고려하면 당해 구역 내 공공시설등의 충분 여부는 계획행정청이 판단할 수 있는 일종의 계획재량의 범주 내에 속한 것으로 봄이 타당하다고 사료되고, 따라서 계획행정청이 여러 제반사정을 정당히 형량하여 그 '충분여부'에 대한 판단을 내린다면, 그 위법부당성을 인정하기는 쉽지 않을 것이라는게 사견이다.

다. 의무적으로 설치해야 하는 공공시설의 경우

공공기여시설의 범위에서 "사업을 위해 필수적으로 설치해야 하는 공공시설, 기반시설에 해당하는 시설은 제외"[1]하여야 한다는 취지의 서술이 발견된다. 국토계획법 제52조의2가 아니라 제52조 제3항에 따른 인센티브에 관한 해석례이기는하나, 법제처는 "'공공시설등을 설치하여 제공하는 경우'에 해당하기 위해서는 해당공공시설등을 의무적으로 설치·제공할 필요가 없다는 점이 전제되어야 할 것"이라고 하면서 도시교통정비법 등 관계 법령에 따라 의무적으로 설치해야 하는 공공시설을 제공한 것만으로는 국토계획법 제52조 제3항에 따른 용적률 완화가 적용될수 없다는 견해를 취한 바 있다.[2] 이를 참조하면, 국토계획법 제52조의2의 경우에도 용적률 등의 완화가 없더라도 어차피 설치할 의무가 있는 공공시설의 경우에대해서도 인센티브를 부여하는 것이 법의 취지에 부합하지 않는다고 볼 소지가 있어 보이는바, 관계 법령에 따라 의무적으로 설치해야 하는 공공시설의 경우에는 본조의 공공기여에 해당하지 않는다고 해석하는 것이 타당하다고 사료된다.

---

1 이성룡 외, 경기도 시군 도시계획 사전협상제 운용방안, 경기연구원, 2023, 81면 등에서 인용.
2 법제처 2024. 5. 2. 회신 24-0302 해석례에서 인용.

3. 공공기여의 비율

본조 제1항은 "용도지역의 변경 또는 도시·군계획시설 결정의 변경 등으로 인한 토지가치 상승분의 범위"에서 공공시설 등을 제공하도록 정하고 있다. 즉 공공기여의 대상이 되는 지구단위계획의 해당 내용의 수립 전후(곧, 용도지역 등의 변경 전후)로의 토지감정평가액의 변동 범위가 공공기여 의무의 내용적 상한이 되는 것이다. 그런데 공공기여의 내용은 지구단위계획이 수립 되기 전에 사전협상 등을 거쳐 확정되는 것이므로, 이와 같은 용도지역 등의 변경 전후의 토지감정평가액은 장래의 변동을 미리 예상하여 도출할 수밖에 없다. 이를 고려하면 '토지가치 상승분의 범위'라는 본조 제1항의 기준이 어느 정도로 명확한 기준이 될 수 있는지는 다소 의문이 있다.

한편, 본래 기부채납과 관련하여서는 지구단위계획수립지침상 '기반시설 기부채납 운영기준'과 같은 것들이 마련되어 있는데, 이러한 기존 규정들과 공공기여의 관계가 매우 불분명하다. 일단 국토계획법령이 공공기여와 기반시설 기부채납을 동일선상에 놓고 운용하고자 하는 것인지조차 명확하지가 않다. 참고로, 수원지방법원 2020. 1. 15. 선고 2018가합22759 판결은 공공기여 비율이 과도한지 여부를 판단하면서 '기반시설 기부채납 운영기준'을 언급하고 있고 이를 일응의 참고자료로 인용하고 있으나, 해당 판결 스스로도 언급하는 바와 같이 이는 '권장사항'에 불과한 것이어서 공공기여 비율의 다과나 그 적절성을 판단할만한 구속력 있는 기준이 되지 못한다.

4. 국토계획법 제52조 제3항과 제52조의2의 관계

국토계획법 시행령 제46조를 보면, 공공시설 등이 제공되는 여러 경우들에 대하여 동법 제52조 제3항에 따른 용적률 등의 완화를 할 수 있는 기준을 정하고 있다. 이때 분명히 하여야 할 것은, ① 국토계획법 제52조의2는 「용도지역 자체가 변경」되거나, 도시계획시설결정 등이 폐지되는 경우 그에 따라 얻게 될 이익의 범위에서 공공기여를 하도록 정한 조문이고, ② 국토계획법 제52조 제3항과 동법 시행령 제46조는 「정해진 용도지역에 따른 상한 내」에서 공공시설 제공에 따른 인센티브를 부여하는 조문이므로 양자는 구분되는 제도라는 점이다.

이 경우 사전협상을 거쳐 공공기여의 내용을 확정하여 지구단위계획의 수립 또는 변경이 이루어졌는데, 이후 공공기여의 내용에 포함된 공공시설의 설치를 이유로 해서 재차 국토계획법 제52조 제3항 및 동법 시행령 제46조에 따른 인센티브를 받을 수 있는 것인지가 쟁점이 될 수 있다. 현재 국토계획법 제52조의2와 제52조 제3항의 관계가 명확하지 않으므로, 그러한 중복 적용이 금지된다고 단언하기는 쉽지 않지만, 국토계획법 제52조 제3항 및 동법 시행령 제46조에 따른 인센티브의 적용 여부는 행정청의 재량에 맡겨져 있으므로[1] 행정청으로서는 양자의 중복 적용을 인정하지 않을 수도 있을 것으로 사료된다.

5. 무상귀속과 공공기여의 관계

국토계획법 제65조 등은 공공시설의 무상귀속에 관한 규정을 두고 있는데, 이와 같이 무상귀속되는 공공시설의 경우에도 본조에서 정하고 있는 공공기여의 내용에 포함될 수 있는지가 쟁점이 될 수 있다. 관련하여, 국토계획법 제65조를 '인센티브가 따르지 않는 의무적 기부채납' 규정이라고 이해하는 경우를 발견할 수 있는데,[2] 그에 따라 무상귀속 대상 공공시설을 일률적으로 공공기여로 인정하지 말아야 하는 것인지가 쟁점이 될 수 있는 것이다.

졸견으로는 국토계획법 제65조에 따른 무상귀속 공공시설을 일률적으로 공공기여로 인정하지 않는 것은 다음과 같은 이유에서 타당하다고 보기 어렵다고 생각한다. ① 첫째, 국토계획법 제52조의2와 제65조 모두 개발행위자가 설치하는 공공시설이 각 조문의 적용대상으로 될 수 있으므로, 공공기여의 내용에 포함된 공공시설 또한 무상귀속에 관한 제65조의 적용이 배제되는 관계에 있지 않다. 그렇다면, 공공기여의 내용에 포함된 공공시설을 무상귀속 대상인지 여부에 따라 구별하는 것이 어떠한 실익이 있을지 의문이다. ② 둘째, 국토계획법 제65조의 적용을 받는 공공시설은 어떠한 맥락이나 근거에서 설치되는 것인지를 특별히 구분하지 않고 있고, 동조의 적용을 받는 공공시설과 관련하여 국토계획법 제52조의2를 포함한 다른 법률조문의 적용이나 효력을 배제하고 있지도 않다.

물론, 공공기여가 결국 지구단위계획의 수립과 연관된다는 점을 고려하면, 계획행정청이 모든 공공시설을 반드시 공공기여에 고려하여 인센티브를 부여하여야 할 의무가 있다고 답하기는 어려워 보인다. 결국, 인센티브를 부여할 공공시설의 인정 범위는 계획재량의 범주 내에 속한 것이라 볼 여지가 있어 보이기 때문이다.

---

1 예컨대, 국토계획법 시행령 제46조 각항은 "완화하여 적용할 수 있다"와 같이 규정하여 재량의 여지를 남겨두고 있다.
2 양은영, 공공기여 개념 정립에 관한 고찰, 토지공법연구, 제100집, 2022, 144면.

다만, 행정청으로서도 어떠한 공공시설 등을 공공기여로 인정하지 않기 위해서는 합리적인 이익형량과 근거에 기반하여야 하는 것이고, 단순히 이것이 '무상귀속 대상에 속하기 때문'에 공공기여로 인정하지 않는 것은 그 타당성을 인정하기가 어렵다.

6. 공공기여에 관한 개별법령상의 특칙

한편, 개별법령상으로는 공공기여에 대한 별도의 규정을 마련하고 있는 경우들이 발견되는데, 대표적으로 물류단지개발지침 제21조는 도시첨단물류단지개발사업과 관련한 공공기여 운영기준[1]을 별도로 정하고 있다. 관련하여 특이한 것은 물류단지개발지침의 경우 "법 제36조[2]에 따라 무상양도하는 대체시설의 가액이 무상취득하는 국공유지의 가액을 초과할 경우 그 초과분과 제3항에 따른 공공기여량의 합은 부지전체 토지가액의 25%를 초과할 수 없다"라고 하여(동 지침 제21조 제4항) 공공기여량의 상한을 정함에 있어 무상귀속 및 무상양도 대상이 되는 공공시설의 순가액을 고려토록 하고 있다는 점이다. 국토계획법의 경우 지구단위계획수립지침 3-17-1에서 정하는 '기반시설 기부채납 운영기준'에서 기부채납에 공공시설 무상귀속이 포함된다는 취지의 간단한 문구 정도만을 발견할 수 있다. 그 외, 본조의 공공기여와 관련하여서는 위 물류단지개발지침 제21조 제4항과 같은 규정이 발견되지 않는다.

Ⅳ. 공공기여와 개발부담금

1. 지구단위계획 변경과 개발부담금의 대상

개발부담금은 "개발사업의 시행이나 토지이용계획의 변경, 그 밖에 사회적·경제적 요인에 따라 정상지가(正常地價)상승분을 초과하여 개발사업을 시행하는 자나 토지 소유자에게 귀속되는 토지 가액의 증가분"에 대하여 부과하는 부담금을 의미한다(개발이익환수법 제2조 제1호). 그런데 개발부담금의 부과대상이 되는 '개발사업'(동법 제5조)의 범위는 한정적[3]으로 정하여져 있고 단순히 국토계획법상의 지구

---

1 참고로만 언급하자면, 법제처는 물류단지개발지침상 본조의 적용과 관련하여 물류시설법 제44조에 의하여 의무적으로 설치가 요구되는 '의무설치대상공공녹지'의 경우에는 공공기여에 포함되지 않는다는 견해를 취한 바 있다. 법제처 2022. 9. 30. 회신 22-0677 해석례 참조.

2 공공시설의 무상귀속에 관한 조문으로 국토계획법 제65조와 사실상 유사한 내용의 조문이다.

3 다만, 개발이익환수법 제5조 제8호의 위임에 따라 개발부담금 부과대상인 개발사업의 구체적인 범위를 정하는 동법 시행령 별표 1은 개발사업의 종류를 열거하면서도 비고에서 그와 같이 열거된

단위계획과 같은 도시계획이 변경되는 것 자체만으로는 '개발사업'의 범주에 포함되어있지 않다.[1]

　　다만, ① 사전협상 및 지구단위계획 입안제안을 거쳐 용도지역이나 용도지구를 변경하는 내용의 지구단위계획의 수립이 선행된 다음 ② 일정한 기간 이내에 개발이익환수법이 정하는 개발사업이 후속하여 시행된다면, 이러한 경우에는 부과개시시점이 앞당겨지도록 되어 있어, 토지이용계획의 변경에 따른 지가상승분도 개발부담금에 포함되는 효과가 발생한다.[2] 참고로, 이와 같이 부과개시시점과 관련하여 고려되는 '토지이용계획'의 종류는 한정적으로 열거되어 있는데(동법 시행령 별표 2), 지구단위계획은 '토지이용계획'에 포함되어 있지는 않다. 그러나 용도지역, 용도지구, 용도구역은 토지이용계획으로 열거되어 있으므로 용도지역이나 용도지구를 변경하는 내용의 지구단위계획(국토계획법 제52조 제1항 제1호)을 수립하는 것은 개발이익환수법에서 정하는 '토지이용계획의 변경'에 해당할 수 있다.

2. 공공기여와 개발비용 공제의 문제

　　한편, 개발부담금은 '개발이익'에 일정한 요율을 곱하는 식으로 부과되고, 통상 기부채납한 공공시설 등의 비용은 일정한 요건 하에 개발비용으로서 개발이익에서 공제되는 혜택이 부여된다. 그런데 공공기여 혹은 사전협상의 내용으로 정하여진 의무를 이행하는 경우 이를 개발비용으로 공제할 수 있는지 여부가 문제가 된다.[3] 관련하여 다음과 같은 사항들이 쟁점이 될 수 있다(아래 각 쟁점에 대한 명확한 판단 선례는 잘 발견되지 않는 것으로 보인다).

　　① 먼저, 개발이익환수법은 기부채납이 "관계 법령이나 해당 개발사업 인가등

개발사업의 인허가가 의제되는 경우 또한 개발부담금 부과대상인 개발사업에 포함된다는 취지의 규정을 두고 있어 다소 그 범위가 확장될 소지는 열어두고 있고 실무상으로 그 해석을 두고 종종 분쟁이 벌어진다.

1 허지인, 도시계획의 변경으로 인한 개발이익의 환수, 행정법연구, 제71호, 2023, 528면.

2 개발부담금의 부과개시시점의 원칙은 개발사업의 인허가가 있는 시점이지만, 개발사업의 인허가 시점으로부터 5년 이내에 토지이용계획이 변경된 경우 ① 토지취득일로부터 2년 미만의 시점에 그러한 변경이 이루어진 경우에는 토지를 취득한 시점이 부과개시시점이 되고, ② 토지취득일로부터 2년 이상 지난 후에 그러한 변경이 이루어진 경우에는 토지이용계획 변경일로부터 2년 전의 시점이 부과개시시점이 된다. 이상 국토교통부, 개발부담금 업무편람, 2023, 64면을 인용하고 참조.

3 관련하여, 허지인(2023)의 논문에서는 "개발부담금 산정시 공공기여 상당액을 개발비용으로 제외하는 방식 등을 통해 공공기여와 개발부담금의 중복 부담도 방지할 수 있다"라는 서술이 등장한다. 허지인, 도시계획의 변경으로 인한 개발이익의 환수, 행정법연구, 제71호, 2023, 532면에서 인용하고 참조.

의 조건에 따른" 것일 때 개발비용으로 공제할 수 있도록 정하고 있고(제11조 제1항 제2호), 국토교통부는 "임의로 기부채납한 경우에는 위 규정에 의한 기부채납비용 요건에 해당되지 아니하므로 개발비용으로 인정되지 않"는다는 입장이다.[1] 관련하여, 공공기여의 내용이 인허가에 조건으로 부기된 경우에는 개발비용으로 인정될 가능성이 높아 보이고, 그렇지 않더라도 사견으로는 본조 제1항이 "설치하여 제공하도록 하여야 한다"라고 하여 일종의 의무규정으로 되어 있음을 고려하면 본조 자체가 기부채납을 명하는 '관계 법령'에 해당할 수 있을 것으로 사료된다.

② 다음으로, 개발이익환수법은 개발비용으로 인정되는 기부채납의 목적물을 "토지 또는 공공시설 등"이라고 정하고 있는데, 공공시설의 구체적인 범위나 의미에 대하여는 특별한 언급을 하고 있지 않다. 그런데 본조는 공공기여의 대상에 공공시설, 기반시설 뿐만 아니라 공공임대주택 등과 같이 엄밀하게는 '공공시설'의 정의에 포섭되기 어려운 시설들을 포함하고 있으므로, 과연 이들을 기부한 경우에도 개발비용으로 인정될 수 있을지가 문제된다. 개발이익환수법 스스로 "공공시설 등"이라고 하여 기부채납시설의 종류를 한정하고 있지 않은 점, 서울시의 경우 기부채납 대상이 되는 "공공시설 등"의 의미를 "공공시설, 기반시설, 공공임대주택, 기숙사, 공공임대산업시설, 공공임대상가, 공공임대업무시설"[2]로 다소 유연하게 정의하고 있는 점 등을 종합하면, 본조가 정하는 공공기여의 대상시설들 또한 개발비용으로 인정되는 '공공시설 등'에 해당할 수 있다고 사료된다.

③ 마지막으로, 개발이익환수법은 "공공시설이나 토지 등을 기부채납하였을 경우"에 그 비용을 개발비용으로 공제해주고 있으므로, 본조 제2항에 따른 공공시설 등의 설치 비용 납부액에 대해서도 개발비용 공제가 가능한지가 쟁점이 될 수 있다. 참고로, 국토교통부 회신사례 중에는 기부채납하기로 한 토지의 이행이 완료되지 못한 상황에서 그 이행을 담보하기 위해 예치한 금액을 개발비용으로 인정한 사례가 발견된다.[3] 물론 이는 본 쟁점과는 직접적으로 관련된 회신사례는 아니지만, 소관부처가 그만큼 개발비용과 관련하여 유연한 접근을 하고 있다는 점에서 참조할 수는 있겠다. 나아가, 본조 제2항이 "해당 지구단위계획구역 안의 공공시설등이 충분한 것으로 인정될 때"에 공공시설 등 설치 비용 납부로 대체할 수 있도록 정하고 있고, '공공시설등이 충분한지'의 판단은 기본적으로 행정청에 의하여 이루

---

1 국토교통부, 개발부담금 업무편람, 2023, 302면에서 인용.
2 서울특별시, 기부채납 공공시설 통합관리 세부운영 매뉴얼, 2023, 10면에서 인용.
3 국토교통부, 개발부담금 업무편람, 2023, 310면 참조.

어질 수밖에 없다는 점을 고려하면, 사업시행자 혹은 개발부담금 납부의무자의 전적인 책임범위에 있지 아니한 사정으로 인해 개발비용 공제 여부의 결론을 달리하는 것은 타당하지 않다는 점에 비추어 보더라도 공공시설등의 설치 비용 납부액 또한 개발비용으로 공제하는 것이 타당하다고 사료된다.

제53조(지구단위계획구역의 지정 및 지구단위계획에 관한 도시 · 군관리계획결정의 실효 등)

제53조(지구단위계획구역의 지정 및 지구단위계획에 관한 도시 · 군관리계획결정의 실효 등) ① 지구단위계획구역의 지정에 관한 도시 · 군관리계획결정의 고시일부터 3년 이내에 그 지구단위계획구역에 관한 지구단위계획이 결정 · 고시되지 아니하면 그 3년이 되는 날의 다음날에 그 지구단위계획구역의 지정에 관한 도시 · 군관리계획결정은 효력을 잃는다. 다만, 다른 법률에서 지구단위계획의 결정(결정된 것으로 보는 경우를 포함한다)에 관하여 따로 정한 경우에는 그 법률에 따라 지구단위계획을 결정할 때까지 지구단위계획구역의 지정은 그 효력을 유지한다. 〈개정 2011. 4. 14.〉
② 지구단위계획(제26조제1항에 따라 주민이 입안을 제안한 것에 한정한다)에 관한 도시 · 군관리계획결정의 고시일부터 5년 이내에 이 법 또는 다른 법률에 따라 허가 · 인가 · 승인 등을 받아 사업이나 공사에 착수하지 아니하면 그 5년이 된 날의 다음날에 그 지구단위계획에 관한 도시 · 군관리계획결정은 효력을 잃는다. 이 경우 지구단위계획과 관련한 도시 · 군관리계획결정에 관한 사항은 해당 지구단위계획구역 지정 당시의 도시 · 군관리계획으로 환원된 것으로 본다. 〈신설 2015. 8. 11.〉
③ 국토교통부장관, 시 · 도지사, 시장 또는 군수는 제1항 및 제2항에 따른 지구단위계획구역 지정 및 지구단위계획 결정이 효력을 잃으면 대통령령으로 정하는 바에 따라 지체 없이 그 사실을 고시하여야 한다. 〈개정 2013. 3. 23., 2013. 7. 16., 2015. 8. 11.〉
[전문개정 2009. 2. 6.]
[제목개정 2015. 8. 11.]

지구단위계획은 만일 개발가능성이 없던 곳에서 이를 신규로 지정하여 수립하는 경우에는 개발호재로서 작용할 수 있다.[1] 통상 이런 경우 지구단위계획구역을 지정해놓으면, 그에 대하여 관심이 있는 개발사업자(developer)들이 동의서를 징구하거나 토지소유권을 취득하여 지구단위계획입안제안을 하는 방식으로 사업을 진행한다. 그러나 이렇게 구역지정만 하여놓고 아무런 계획이 입안이 되지 않는 경우가 있을 수 있고, 계획은 수립되었는데 구체적인 사업의 시행이 지지부진한 경우가 있을 수 있다.

이에 본 조는 지구단위계획구역을 지정한 날(결정고시일)로부터 3년 이내에 지구단위계획을 결정고시하지 않거나, 계획이 결정고시되었다고 하더라도 그로부터

---

1 대표적으로, 최근의 경기도 광주시의 오포, 태전 등이 지구단위계획의 입안제안을 하여 택지로 개발하고 있다.

5년 이내에 구체적인 사업의 인허가를 받아 착수[1]에 나아가지 않으면 구역 자체가
실효되도록 정하고 있다.

---

1 이때 '착수'는 본서의 제31조에서의 논의를 참조하면 인허가를 받아 사업이나 공사의 시작을 위한
  상당한 절차에 나아갔다면 그와 같은 신뢰를 보호하여 이를 계속할 수 있도록 하는 것이 타당하다
  고 생각된다. 아직 판단 선례는 발견되지 않는다.

제54조(지구단위계획구역에서의 건축 등)

제54조(지구단위계획구역에서의 건축 등) 지구단위계획구역에서 건축물을 건축 또는 용도변경하거나 공작물을 설치하려면 그 지구단위계획에 맞게 하여야 한다. 다만, 지구단위계획이 수립되어 있지 아니한 경우에는 그러하지 아니하다.
[전문개정 2013. 7. 16.]

I. 의의

본 조는 지구단위계획의 내용이 건축허가요건으로 작용하는 것임을 선언하는 조문이다. 그런데 지구단위계획도 도시관리계획이고(국토계획법 제2조 제4호 마목), 건축행위는 개발행위에 속하는 것이므로(국토계획법 제56조 제1항 제1호), 개발행위허가 시 도시관리계획의 내용에 어긋나지 않을 것을 요구하는 동법 제58조 제1항 제2호의 내용만으로도 유사한 규율이 이루어진다고도 볼 수 있다. 이런 법체계를 고려하면, 본 조는 지구단위계획의 의미를 다시 한번 강조하는 선언적 의미를 지닌다고 할 수 있겠다. 지구단위계획의 내용에 위배되는 건축허가나 개발행위허가는 위법하다.[1] 지구단위계획에 반하는 건축행위나 용도변경을 한 자에 대하여는 동법 제133조에 따른 원상회복 등의 조치명령을 취할 수 있다.[2]

II. 본조의 적용 범위

1. 토지이용에 영향을 미치는 행위의 규제

지구단위계획의 내용이 결정되어 있지 않다면, 당연히 본 조에 따른 제한의 내용이 없는 것이므로 그 규제를 받지 아니한다. 규제할 내용이 없기 때문이다.

또한 지구단위계획의 내용이 수립 및 결정되어 있다고 하더라도, 건축행위, 용도변경행위, 공작물의 설치행위에 관련된 내용에 해당하여야만 본조에 의하여 규제를 받게 된다. 지구단위계획의 경우 시행지침과 같은 것에서 매우 상세하고 다양한 내용들을 담게 되므로, 모든 내용에 대한 위반 여부를 일일이 다투는 것은 쉽지

---

1 대법원 2008. 3. 27 선고 2006두3742,3759 판결 참조. 다만 해당 사안은 지구단위계획이 아니라 택지개발촉진법상의 상세계획이 정한 건축물의 용도에 위배된 경우에 관한 사안인데, 본 조의 논의에도 유추할 수 있겠다.
2 다만 그 승계인에 대하여는 행할 수 없다. 대법원 2007. 2. 23 선고 2006도6845 판결 참조.

않다. 따라서 토지이용관계에 직접적인 영향을 미칠 수 있는 행위들 ─ 곧, 본조에서 말하는 건축행위와 같은 것이 도시계획적 영향을 초래하는 행위들과 관련하여 지구단위계획 내용의 준수를 요하는 것이 합리적이다. 법제처가 종래 본조의 의미에 대해 "지구단위계획이 수립되어 있음을 전제로 지구단위계획구역 내에서 지속적으로 관리가 필요한 건축물의 건축 용도를 제한하려는 것"이라고 설명한 것 또한 같은 맥락에서 이해할 수 있겠다.[1]

법제처는 "건축물의 건축이나 공작물의 설치 없이 노외주차장을 주차장법에 따라 설치하는" 행위 또한 본조에 의하여 규제되는 "용도변경"행위에 해당한다고 보았다.[2] 본조의 문구를 자세히 보면, "용도변경"이 반드시 '건축물'의 용도를 변경하는 것을 의미하는 것인지 아니면 '토지'의 용도에 관한 것까지를 포함하는 것인지에 대하여 특별한 언급이 없다. 법제처는 "지구단위계획은 지구단위구역에서의 난개발을 방지하고, 토지·건축물 및 그 밖의 시설의 적정한 이용을 동시에 실현시키기 위한 법정계획이라고 보아야"한다고 하면서, "건축물의 용도 및 종류뿐만 아니라 '건축물이 아닌 시설'의 용도 및 종류도 제한된다고 보는 것이 타당"하다고 하였는바,[3] 본조의 문언이나 지구단위계획의 본질 및 기능을 고려하면 이와 같은 법제처의 견해에는 본서 또한 이견이 없다.

2. 가설건축물에 대한 논의와 입법적 변화

종래 법제처 해석례 중에서는 '가설건축물'의 경우에는 본 조에서 정하는 '건축물'에 관한 사항들이 적용되지 아니한다고 본 것이 발견되는데, 법제처는 주로 "가설건축물은 그 구조, 존치기간, 설치목적 등에 있어 건축물과 차이가 있고, 그 속성상 "임시적"인 것이어서 지속적으로 관리가 필요한 건축물이 아니며, 「건축법 시행령」 별표 1에 따른 건축물의 용도를 갖추지 못하였"다는 점을 주요한 근거로 제시하고 있다.[4] 일정한 경우의 가설건축물들은 토지이용관계를 영속적으로 변경하는 것이 아니므로, 건축물에 대한 지구단위계획상의 규율, 나아가 용도지역 등 도시관리계획상의 규율들을 동일하게 적용하는 것은 무리가 있고, 이러한 측면에서 종래 법제처의 견해에 타당한 측면이 있었다.

---

1 법제처 2019. 2. 8. 회신 18-0584 해석례.
2 법제처 2023. 4. 21. 회신 22-0784 해석례.
3 법제처 2023. 4. 21. 회신 22-0784 해석례.
4 법제처 2019. 2. 8. 회신 18-0584 해석례.

해당 해석례가 나온 이후 본조의 본문에 명시적으로 "일정 기간 내 철거가 예상되는 경우 등 대통령령으로 정하는 가설건축물은 제외한다"는 괄호를 추가하는 내용의 개정이 이루어졌다. 현재는 "대통령령으로 정하는 가설건축물"의 범위가 해석상의 쟁점이 되고 있는 것으로 보인다. 법제처는 본조의 위임을 받아 본조의 규제를 받지 않는 가설건축물의 범위를 정한 국토계획법 시행령 제50조의2에 의하여 열거된 가설건축물에 한하여 본조의 적용을 배제하면서, 그에 열거되지 않은 가설건축물의 경우에는 본조의 규제를 받는다는 입장을 취하고 있다.[1] 본조의 취지를 고려하면 가설건축물이라고 하여 토지이용관계에 모두 직접적이고 영속적인 영향을 미치지 않는 것은 아니므로, 가설건축물 전반을 본조의 규제에서 배제하는 것은 바람직하지 않다. 법제처의 견해대로 법령이 가설건축물의 요건이 성질을 고려하여 한정한 범위 내에서만 본조의 적용이 배제된다고 보는 것이 합리적이라고 사료된다.

---

1 법제처 2023. 9. 22. 회신 23-0489 해석례.

제56조(개발행위의 허가)[1]

제56조(개발행위의 허가) ① 다음 각 호의 어느 하나에 해당하는 행위로서 대통령령으로 정하는 행위(이하 "개발행위"라 한다)를 하려는 자는 특별시장·광역시장·특별자치시장·특별자치도지사·시장 또는 군수의 허가(이하 "개발행위허가"라 한다)를 받아야 한다. 다만, 도시·군계획사업(다른 법률에 따라 도시·군계획사업을 의제한 사업을 포함한다)에 의한 행위는 그러하지 아니하다. 〈개정 2011. 4. 14., 2018. 8. 14.〉

1. 건축물의 건축 또는 공작물의 설치
2. 토지의 형질 변경(경작을 위한 경우로서 대통령령으로 정하는 토지의 형질 변경은 제외한다)
3. 토석의 채취
4. 토지 분할(건축물이 있는 대지의 분할은 제외한다)
5. 녹지지역·관리지역 또는 자연환경보전지역에 물건을 1개월 이상 쌓아놓는 행위

② 개발행위허가를 받은 사항을 변경하는 경우에는 제1항을 준용한다. 다만, 대통령령으로 정하는 경미한 사항을 변경하는 경우에는 그러하지 아니하다.

③ 제1항에도 불구하고 제1항제2호 및 제3호의 개발행위 중 도시지역과 계획관리지역의 산림에서의 임도(林道) 설치와 사방사업에 관하여는 「산림자원의 조성 및 관리에 관한 법률」과 「사방사업법」에 따르고, 보전관리지역·생산관리지역·농림지역 및 자연환경보전지역의 산림에서의 제1항제2호(농업·임업·어업을 목적으로 하는 토지의 형질 변경만 해당한다) 및 제3호의 개발행위에 관하여는 「산지관리법」에 따른다. 〈개정 2011. 4. 14.〉

④ 다음 각 호의 어느 하나에 해당하는 행위는 제1항에도 불구하고 개발행위허가를 받지 아니하고 할 수 있다. 다만, 제1호의 응급조치를 한 경우에는 1개월 이내에 특별시장·광역시장·특별자치시장·특별자치도지사·시장 또는 군수에게 신고하여야 한다. 〈개정 2011. 4. 14.〉

1. 재해복구나 재난수습을 위한 응급조치
2. 「건축법」에 따라 신고하고 설치할 수 있는 건축물의 개축·증축 또는 재축과 이에 필요한 범위에서의 토지의 형질 변경(도시·군계획시설사업이 시행되지 아니하고 있는 도시·군계획시설의 부지인 경우만 가능하다)
3. 그 밖에 대통령령으로 정하는 경미한 행위

[전문개정 2009. 2. 6.]

---

[1] 본 조의 논의는 저자의 개발행위허가에 관한 연구, 서울대학교 법학전문석사학위논문, 2015. 2.의 내용을 발췌하여 재정리하고 여기에 추가적인 연구내용들을 추가보완한 것임을 밝힌다.

제1절 개발행위허가제도의 의의

도시계획은 그 자체로 토지소유권에 대한 제한적 성격을 지니는 것이므로, 법률유보나 법치주의의 원리가 적용되어야 함은 당연하다. 그런데 도시계획이라는 제도가 선험적으로 존재하였던 제도라 보기는 어려우므로,[1] 도시계획과 그 근거 법령이 존재하기 이전의 상태를 가정한다면 토지를 어떻게 활용할 것인지의 문제는 특별한 사정이 없는 한 일견 토지소유권의 행사에 맡겨져 있는 문제가 된다.[2] 단지 인근 소유자와의 관계에서 발생가능한 문제(상린관계)나 안전 등에 관한 규제 정도만이 존재하는 상황에서는, 그와 같은 제한을 충족하는 한도 내에서는 이론상 토지소유자는 어떠한 개발행위라도 할 수 있는 것이다.

그런데 도시계획이라는 제도가 도입되면서부터는 토지소유자의 자유는 무한정적인 것이 될 수가 없다. 도시계획은 당해 토지의 개발가능성 뿐만 아니라 개발규모에 대하여 개입하는 제도이므로 이는 근본적으로 토지소유자의 소유권 – 그 중에서도 사용수익권능과 충돌할 수밖에 없는 것인데, 이러한 충돌 현상을 일정한 방향으로 해결해줄 수 있는 법적인 수단이나 근거가 마련되어 있지 않다면 도시계획은 그야말로 선언적인 것이 그치고 만다. 즉 토지소유권자의 자유가 도시계획에 의하여 제한되는 것임을 규율하고, 그러한 제한을 이행할 수 있는 구체적인 인허가 수단이 마련되어 있지 않다면, 도시계획은 단지 권고적이고 비구속적인 수준에 그치게 되는 것이다. 비록 도시계획이 그 자체로 국민 개개인에게 미치는 영향이 크다고는 하나, 본질적으로 행정계획에 속하는 이상 어느 순간에는 구체적인 집행행위를 매개로 하여 그 내용을 실현시킬 수밖에 없는 것인바, 그러한 집행행위 또는 집행수단을 마련하는 것이 필요하다.

---

1 예컨대, Shih(2019)의 경우는 근대 도시계획법제의 역사와 산업화에 대하여 언급하면서, 도시계획의 기능이 크게 산업혁명 전후로 변화하였다는 취지의 견해를 개진하는데, 그 요지는 산업혁명 이전까지는 상류층의 건축경관 등을 위한 기능을, 산업혁명 이후부터는 본격적인 도시문제의 해결을 위한 기능을 하게 되었다는 것이다. 이를 고려하면, 근대 이전부터 도시공간 혹은 토지이용에 대한 어떠한 "계획"이나 "구상" 따위가 존재하였다고 하더라도, 이러한 형태의 것들을 근대적 의미의 도시계획과 동등한 것으로 이해할 수는 없고, 따라서 근대적 의미의 도시계획의 개념이 '선험적'인 것이라 이해하기는 어려울 것이다. 요컨대, 근대적 의미의 도시계획은 그 자체로 산업화와 도시화, 근대화에 대응하는 과정에서 생겨난 부산물이라고도 이해할 수 있겠다. 관련하여 W. Shih, Taiwanese planning law: A historical review and comparison with Hong Kong [Doctoral, Birkbeck, University of London], 2019, 23면의 논의를 인용하고 참조.

2 관련하여 J. Jeon, Methodology and framework of comparative urban planning law. Journal of Property, Planning and Environmental Law, 15(2), 2023, p. 47의 논의 참조.

가장 손쉬운 방법은 도시계획을 수립한 행정청에게 '인허가권'을 부여하는 것이다. 즉 자신이 수립한 도시계획에 영향을 줄 수 있는 일련의 토지이용행위[1]들에 대해서 사전에 인허가를 받아야만 당해 행위들을 할 수 있도록 규정하는 것이다. 이를 통해 행정청은 개별적으로 신청된 행위들이 자신이 수립한 도시계획에 부합하는 것인지 여부를 확인·점검할 수 있게 되고, 도시계획에 부합하지 않는 행위들에 대해서는 인허가 발급을 거절함으로써 도시계획의 구속력을 유지하고 담보할 수 있게 된다.

이러한 인허가는 '행위허가'라는 형태로 등장하였다. 초창기에는 도시계획이 수립된 구역 – 곧, 도시계획구역이라 불릴 수 있는 곳이 한정적이었고, 따라서 '행위허가'는 도시계획이 수립된 곳에서 그에 반하는 행위들을 규제하고, 부합하는 행위들을 허락하는 역할을 수행하게 된다. 즉 초기적인 형태의 '행위허가'는 일정한 구역을 전제로 하여 작동하는 제도였다. 제정 도시계획법 제13조를 보더라도 "도시계획사업에 필요한 토지에서" 형질변경, 공작물 신축 등의 행위를 하려는 경우에는 허가를 받도록 하여 일정한 지리적 범주를 전제하고 있었다. 조문의 제목 또한 "토지등의 보전"이라고 하여 도시계획사업에 부합하지 않는 토지이용을 규제함으로써 도시계획사업의 집행을 보전하겠다는 취지를 분명히 하였던 것이라 볼 수 있다. 지금도 '행위허가' 제도는 행정청이 수립한 행정계획(개발계획)의 구속력을 담보하기 위하여 개별적인 개발사업법령에서 활용되고 있는데, 예컨대 도시개발구역이 지정되면 그곳에서 도시개발사업에 영향을 줄 수 있는 일련의 행위들을 금지하는 한편, 행위허가를 득하였을 경우에만 예외적으로 허용하도록 하는 것이[2] 대표적인 사례라고 할 수 있다.

그러나 도시계획이 점차 일반적인 제도로 정착되어가면서, 위와 같은 행위허가 제도에 대해 '지리적 범주'를 특정하거나 한정할 필요가 있는 것인지에 대한 의문이 생겨나게 되었다. 어디서나 도시계획이 수립되어 있는 상황이라면, 구태여 '도시계획이 수립된 곳'에서 행위허가를 받도록 특정할 필요가 없기 때문이다. 그러한

---

1 후술할 '개발행위'. 즉 이를 통해 보더라도 개발행위는 본질적으로 도시계획에 영향을 줄 수 있는 행위로 이해될 수밖에 없다.

2 도시개발법 제8조 제5항 참조. "제7조제1항에 따라 도시개발구역지정에 관한 주민 등의 의견청취를 위한 공고가 있는 지역 및 도시개발구역에서 건축물의 건축, 공작물의 설치, 토지의 형질 변경, 토석의 채취, 토지 분할, 물건을 쌓아놓는 행위, 죽목의 벌채 및 식재 등 대통령령으로 정하는 행위를 하려는 자는 특별시장·광역시장·특별자치도지사·시장 또는 군수의 허가를 받아야 한다. 허가받은 사항을 변경하려는 경우에도 또한 같다."

경우라면 행위허가는 더 이상 도시계획의 구속력과 집행성을 담보하기 위한 집행 수단이라는 의미가 아닐 수도 있게 된다. 어느 곳에서나 행위허가를 받아야 하고, 그 행위허가의 내용에는 행정청의 도시계획적인 판단이 개입되는 것일 뿐만 아니라, 경우에 따라서는 도시계획의 내용에 변용을 가할 수 있거나 도시계획에 수록되지 아니한 사항에 대하여도 판단을 내려줄 수 있는 것이라면, 행위허가 제도는 그 자체로 도시계획법령 체계 하에서 가장 주된·중요한 공법적 규율로서 작용하는 것이라 볼 수도 있는 것이다.[1]

개발행위허가 제도 또한 마찬가지이다. 처음에는 도시계획이 수립된 곳에서의 '행위허가' 제도로 출발하였던 제도가, 도시계획의 역할과 범주가 증대되면서 지리적 제한을 '극복'하게 되었고, 현행법상으로는 국토의 어느 곳에서나 도시계획에 영향을 미칠 수 있는 개발행위를 하려면 받아야만 하는 인허가로 정착하게 된 것이다. 그리고 후술하다시피 이러한 제도의 변천을 어떠한 의미로 받아들여야 하는 것인지를 두고 학술적으로 여러 논의가 있어 왔는바 제도의 연혁과 함께 이를 살펴보고자 한다.

제2절 개발행위허가제도의 연혁[2]

I. 제도 도입의 배경

개발행위라는 명칭은 2000. 1. 28. 도시계획법 전부개정시에 최초로 등장한다. 종래 제4조(행위등의 제한)는 개정법 제46조(개발행위의 허가)로 계수되었으며, 형질변경규칙의 내용들이 개정법 제46조 이하로 법률에 규정되기에 이른다. 이후 2002. 2. 4. 국토계획법이 제정되어 도시계획법과 국토이용관리법을 통합하여, 제56조 이하에서 개발행위의 허가를 규율하여 지금에 이르고 있다.

상당수의 연구들은 2000. 1. 28. 개정에 특별한 의미를 부여하여 입법자가 '개발

---

1 본서의 제6편에서 논의하는 바와 같이, 영국의 경우가 대표적이다. 영국에서는 '계획허가' 제도가 그와 같이 도시계획제도를 집행하고 실현하는 가장 중요한 역할을 담당하고 있다. 우리 문헌들상으로도 개발행위허가 제도가 그와 같은 계획허가제도를 참조한 것이라는 식의 논의들이 많이 등장한다.

2 2000. 1. 28. 전부개정 도시계획법 이전의 행위허가 제도의 연혁에 대하여는 저자의 개발행위허가에 관한 연구, 서울대학교 법학전문석사학위논문, 2015. 2., 6면 내지 8면의 논의 참조.

허가제도'를 도입하였다고 보고 있다. 즉 종래의 입법적 공백이 난개발을 초래하였다고 보고, 이에 적극적으로 대처하기 위해 개발허가제도를 도입하였다는 해석이다.[1] 이때의 난개발이라 함은 특히 계획에 기반하지 않은 개발, 구체적으로는 도시기반시설의 결여 현상을 주로 지적하는 것으로 판단되며[2] 2000. 1. 28.의 개정이 이를 해소하는 데에 초점을 맞추고 있었다고 평가된다.

종래 도시계획법에서는 법률 차원에서 행위허가 발급의 구체적인 기준을 제시하지 않았고, 바로 이 점이 난개발의 원인 중 하나로 지적되었다. 이에 건설부는 1982. 4. 17.부터 형질변경규칙을 제정하여 구체적인 기준을 마련하려 하였다. 그러나 법률의 위임은 여전히 부재한 상황이었고, 이 또한 도시계획법시행령 제5조의2에 근거하여 제정되었을 뿐이었다. 때문에 국민의 권리의무관계를 변동시킬 수 있는 내용을 규정하는[3] 동 규칙은 법률유보의 원칙에 위배되는 것이라는 점이 문제로 지적되었다.[4] 더구나 동 규칙은 건설부령으로 제정된 것인바 절차적으로 국민들에 의한 통제나 견제가 가능한 것이 아니어서 여전히 자의적인 법집행의 가능성을 배제할 수 없다는 점도 문제였다.[5]

이상의 비판들을 배경으로 2000. 1. 28. 전부개정된 도시계획법에서는 형질변경규칙의 조문들 중 법률에서 일괄적으로 규율할 필요가 있는 내용은 법률에 직접 조문을 두고(제46조 내지 제52조), 각 지역별 특성에 따라 개별적으로 규율되어야 할 성질의 것들은 시·군 조례에 위임하는 식으로 전면 개정이 이뤄졌다. 다수의 연구들에서 이른바 '개발행위허가제도(개발허가제도)'의 도입이라 지칭되는 개정의 내용이 바로 이것이다.

---

1 이에 관하여는 서순탁, 김진아, 조승연, 한국과 일본의 개발행위허가제 비교연구, 주택도시연구원, 2007. 12., 63면 내지 64면; 이공재, 개발행위허가제의 법적 문제점에 관한 연구, 단국대학교 행정법무대학원 석사학위논문, 2006. 11., 1면 내지 2면 참조.
2 류재웅, 정우형, 개발허가제 도입에 관한 연구, 국토연구원, 2001, 62면. 난개발의 의미에 관하여는 진영환, 21세기 국토이용체계 개편방안 공청회 발표자료, 2000. 8., 8면 이하도 참조.
3 동 규칙은 대표적으로 ① 행위허가등의 범위를 구체화함으로서 통제의 대상을 확정하고 있고(제4조), ② 행위허가를 발급함에 있어 강학상 부관을 붙일 수 있다고 명시하고 있으며(제5조), ③ 준공검사 등의 새로운 의무를 사인에게 부과하고 있다는 점(제7조) 등에서 국민의 권리의무관계에 직접적인 변동을 가져오는 내용을 규율하고 있다.
4 김병기, 개발행위허가의 방법과 절차, 토지공법연구 13집, 2001. 11., 153면.
5 단적으로, 법규명령 중 대통령령의 경우에는 헌법 제89조 제1호에 의하여 국무회의의 심의를 필수적으로 거쳐 입법된다. 반면 부령의 경우에는 헌법 동 조에서 국무회의 심의 대상으로 하고 있지 않아 절차적인 통제의 정도가 미약하다.

Ⅱ. 제도 도입의 의의

개발행위허가제도 도입은 외형적으로는 종래 형질변경규칙을 도시계획법 조문으로 포섭한 것으로 보인다. 도시계획법에 새로 등장한 조문들(제46조 내지 제52조)은 종래 형질변경규칙에 있던 조문들과 문리적인 의미에서 동일하다. 조문들을 법령의 체계상 상위법규의 내용으로 '승격'시킨 것이라 볼 수 있다. 법규성에 의심을 받아왔던 형질변경규칙을, 행정규칙의 지위에서 법률의 차원으로 승격시킨 것이다. 하지만 종래 형질변경규칙이 허가의 발급에 있어 사실상 규범으로서 작용하였던 점을 고려한다면 양자는 법령체계상으로 차이가 있을지언정 내용상, 그리고 실무의 운용상 본질적인 차이를 가져오지는 못했다고 평가될 수 있다.

도리어 개발행위허가제도 도입으로 인한 가시적인 변화는 통제의 내용이 아닌, 형식적이고 절차적인 곳에서 발견된다. 획일적인 제도에서 지역실정에 맞는 제도로의 개편, 허가의 대상을 한정, 허가 기준의 구체화, 절차의 명확화 및 간소화, 난개발 방지 등[1]의 개정 방향은 '허가'의 본질적 의미를 변화시키기 보다는, 그것의 적용대상 및 절차적 문제에 관한 것으로 평가될 수 있다. 이에 입각한다면 개발행위허가제도의 도입은 내용적 의미 변화를 가져왔다기보다는, 형식적이고 절차적인 변화를 가져온 것에 불과하다. 때문에 개정법 자체의 해석만으로는 개발행위라는 용어가 사용된 것의 독자적인 의미를 부여하기 힘들다.

주목할 만한 점이 있었다면 그것은 도시계획이 법률의 근거를 통하여 개발행위허가의 기준으로서 확립되었다는 점이다. 형질변경규칙과 달리 2000. 1. 28. 전부개정된 도시계획법 제49조(개발행위허가의 기준) 제1항 제1호는 「도시계획의 내용에 배치되지 아니할 것」을 적시하고 있다. 이는 종래 도시계획법 제4조 제1항이 도시계획의 시행(동법 제2조 제1항 제4호)에 영향을 끼치는 행위를 허가 대상으로 규정하였을 뿐, 도시계획과 행위허가 간의 내용적 관련성을 요구하지 않았던 것과는 대조적이다. 물론 개발행위허가가 후술하는 바와 같이 태생적으로 '도시계획관련성'을 지닌 것이기는 하지만, 이때의 개정에 이르러서는 종래에는 '도시계획이 선재(先在)해야 함'만을 요구하였던 것을 넘어, 명문으로 '도시계획의 요건화'가 이루어진 것이다.

---

1 이와 같은 분류 및 평가는 박무익, 개정 도시계획법 해설Ⅳ –개발행위허가–, 대한지방행정공제회, 도시문제, 2000. 5., 71면 내지 79면 참조.

제3절 개발행위의 개념

Ⅰ. 개발행위의 정의

개발행위라는 명시적인 용어가 법에 등장했음에도 현재로써는 그 독자적인 의미의 존부조차 확신할 수 없다. 이는 법이 개발행위에 관한 별도의 정의규정을 두지 않은 채 대상을 '열거'하는 방식을 취하고 있기 때문이기도 하다. 영국의 경우에도 '개발(Development)'을 '건축공사, 토목공사, 채광행위, 기타 조작행위, 용도변경[1]'을 대상으로 하는 행위로 열거하여 규정하고 있다.[2] 반면, 일본 도시계획법은 「이 법에서 "개발행위"라 함은 주로 건축물의 건축 또는 특정 공작물을 건설하는데 제공하는 목적으로 행하는 토지의 구획 형질의 변경을 말한다」라고 하여 토지의 구획, 형질변경 중에서도 '건축견련성'을 가진 행위가 개발행위라 정의한다. 때문에 일본의 경우 비교적 개발행위의 독자적인 의미와 성질을 파악할 수 있도록 되어 있다.[3]

만일 예방적 금지의 차원에서 허가제를 둔 것이라면 열거한 것 외에는 허가를 받지 않아도 사인이 자유로이 행할 수 있는 영역이라 볼 여지가 생긴다. 물론 국토계획법이 의도하는 바는 전혀 그렇지 않다. 그럼에도 불구하고 개발행위의 해석을 지나치게 자유권적인 견지에서 접근하거나, 침익적 법률이라 하여 지나치게 명확성만을 요구하다가는, 열거된 문언들조차도 축소 해석하려는 시도가 나타날 수 있다. 요컨대 개발행위의 개념적 의미를 규명하는 것은 허가의 대상을 명확히 하는

---

1 1971년 영국의 Town and Country Planning Act에서는 「Development is the carrying out of building, engineering, mining or other operations in, on, or under land, or making of any material change in the use of any building or other land」라고 하여 구체적 대상을 열거하는 방식으로 정의를 두고 있다.

생각건대, 영국의 경우에는 이러한 열거식 정의 방식을 택하더라도 규율의 공백이 나타나는 등의 문제는 달리 발생하지 아니한다. 영국에서는 개별 건축물을 짓는 행위 자체가 하나의 계획변경·완성행위이며, 때문에 개별 건축행위를 허가하는 과정 자체에서 어떠한 방식으로는 행정청의 도시계획적 판단 및 심사가 개입될 수 있다.

2 그럼에도 불구하고, 영국에서 우리나라처럼 규율대상이 불명확하다는 문제점이 드러나지 않는 이유는 영국에서는 개별 단위의 건축행위가 곧 하나의 계획확정행위로서 한 단계에서 모두 심사되기 때문이다. 즉 개발행위라는 것이 건축행위와 별도로 심사되지 않으므로, 애당초 개발행위라는 개념 자체를 독자적으로 설정하고 규명할 필요가 없는 것이다. 이에 관하여는 후술하도록 한다.

3 일본 都市計画法(昭和四十三年六月十五日法律第百号) 第四条 12 この法律において「開発行為」とは´ 主として建築物の建築又は特定工作物の建設の用に供する目的で行なう土地の区画形質の変更をいう°

데 중요한 함의를 지닌다.

개발행위의 개념적 의미를 구성하는 표지로서 본서는 ① 토지관련성 ② 건축견련성 ③ 도시계획관련성 ④ 소규모성이라는 4가지 요소를 제시하고자 한다. 즉 "건축물을 지을 수 있게 하려는 것을 주된 목적으로 소규모 토지의 법적 또는 물리적 현상을 변경하여 도시계획의 내용에 영향을 주는 행위"가 국토계획법이 규율 대상으로 삼는 개발행위의 정의라고 보아야 한다는 것이 저자의 견해이다.

II. 토지관련성

개발행위는 토지에 대한 행위이다. 국토계획법이 관심을 두는 개발행위는 토지에 관련된 것이고, 또한 토지에 '직접적' 관련성을 가지는 행위로 국한된다. 그렇다면 토지와 '직접적인' 관련성을 가진다는 것은 무엇을 의미하는가? 건축행위에 나아가기 전에 해당 토지에 제초제를 살포하는 것 또한 토지에 대한 직접적 관련성을 지니는 행위라 볼 수 있을까? 그렇지 않다. 국토계획법 제56조 이하에서 규율의 대상으로 삼는 개발행위는 토지에 대한 일정한 정도의 영속성을 지니는 행위를 의미한다. 그리고 그 영속성은 물리적인 것과 관념적인 것 모두를 포함한다. 토지에 단순히 철조망을 설치하여 구획하는 행위와 비교할 때, 토지분할절차를 거쳐 이를 분필하는 행위는 상대적인 영속성을 지닌다. 1개월 미만의 물건의 단기 적치행위와 비교할 때, 1개월 이상의 장기 적치행위는 또한 상대적인 관점에서 영속성을 지닌다.

한편, 최근 법제처는 "수면에 공작물을 설치하는 행위" 또한 본 조의 개발행위에 해당한다는 견해를 취한 바 있는데, 이는 본 조의 문언 자체가 '공작물의 설치'라고만 되어 있어 '어디'에 설치하는 것인지를 한정하지 않고 있는 점이나, 국토계획법의 여타 규정에서 수상 또한 규율의 대상으로 명시하고 있는 조문들이 등장한다는 점을 주된 이유로 한 것이다.[1] 이를 고려하면 수상주택과 같은 것들도 개발행위허가의 규율 범위에 포함된다고 볼 수 있다.

III. 건축견련성

개발행위는 개발을 목적으로 하는 행위이다. 국토계획법 제56조 제1항 제1호,

---

[1] 법제처 2021. 2. 21. 회신 20-0692 해석례 참조.

제2호, 제4호의 경우 이러한 개발의 목적은 특별히 건축과 등치된다. 건축행위나 형질변경, 토지분할 등의 개발행위는 해당 토지의 이용관계에 있어, 건축행위로 나아가는 과정에 놓여있는 것이다. 요컨대 국토계획법이 규율하는 개발행위는 공통적으로 개발을 목적으로 하는 행위이고, 개발의 구체적인 양태는 건축과 관련된다.

1. 건축견련성의 의미

포괄적인 의미에서 개발은 토지이용가능성을 증대시키는 것이다. 이때 토지이용가능성을 '증대'시킨다는 것은 해당 토지에 일정한 목적이 개입되어 해당 토지에 대하여 선택 가능한 법적인 이용 범위를 확대한다는 것을 의미한다. 그리고 국토계획법이 통제하는 개발행위는 이용 범위가 늘어나는 방향을 '건축행위'로 설정한다. 즉 증대, 확대의 가장 큰 부분은 다름 아닌 해당 토지에 건축행위를 할 수 있다는 선택지가 생겨났다는 점에 있다. 요컨대 국토계획법이 사용하는 개발이라는 용어는 '건축물을 지을 수 있게 만든다'는 의미인 것이다.

2. 건축견련성의 법적 근거

개발행위가 건축견련성을 지닌다는 것에 대한 법적 근거는 단적으로 건축법 제11조 제5항에서 발견될 수 있다. 동항은 「건축허가를 받으면 다음 각 호의 허가 등을 받거나 신고를 한 것으로 보며」라고 하여 인·허가 의제를 하고 있는데, 동항 제2호에서 국토계획법 제56조에 따른 개발행위허가를 의제의 대상으로 하고 있다. 즉 입법자가 건축허가와 개발행위허가의 밀접한 관련성을 인식하고 있음을 단적으로 보여주고 있는 것이다. 해당 조항이 개발행위허가 중 각 호의 대상과 건축허가의 개별적 관계를 고려하지 않았다는 입법론적인 비판을 고려하더라도,[1] 여전히 건축법이 개발행위허가를 전제로 하고 있음은 부정할 수 없다.

건축견련성에 입각하여 국토계획법은 그에 관련 없는 행위들을 허가의 대상에서 배제하고 있다. 단적으로 「경작을 위한 토지의 형질변경은 제외한다」(국토계획법 제56조 제1항 제2호 단서 및 시행령 제51조 제3호 단서)는 규정을 예시로 들 수 있겠다. 동 시행령 제51조 제2항은 「농작물 재배, 농지의 지력 증진 및 생산성 향상을 위한 객토나 정지작업, 양수·배수시설 설치를 위한 토지의 형질변경」이 허가의 대상에서 제외되는 것이라 하여 이를 구체화하고 있다. 다만 이 중에서도 외부효과

---

1 이와 같은 입법론적 문제제기에 관하여는 김종보, 건설법의 이해, 피데스, 2013, 128면 참조.

가 발생하는 경우(동항 제1호 내지 제2호)나 특히 지목변경을 수반하는 경우(동항 제3호)에는 다시금 허가의 대상으로 하고 있다.

건축견련성에 관한 인식은 개발행위허가지침에서도 나타난다. 동 지침은 개발행위허가기준으로서 주변지역과의 관계를 심사의 대상으로 삼으면서 「개발행위로 건축하는 건축물 또는 설치하는 공작물이」 주변 건축물과 조화를 이룰 것 등을 요구하고 있다(개발행위허가지침 3-2-4. (1)). 동 지침이 개발행위 중에서도 개별 행위에 국한한 요건을 규정할 때에는 배제와 한정의 문언을 사용하고 있는 맥락에 비추어보면, 반대로 위와 같은 요건은 개발행위의 양태에 상관없이 공통적으로 심사대상이 되는 것이라 볼 수 있다.

Ⅳ. 도시계획관련성

1. 도시계획의 선재(先在)와 영향관계

개발행위허가는 도시계획을 전제로 한다. 연혁적으로 보면 2000. 1. 28. 전부개정된 도시계획법 제46조 제1항이 개발행위허가의 대상이 되는 장소적 범위를 '도시계획구역 안에서'로 특정하였다는 점에서 이를 확인할 수 있다.[1] 때문에 도시계획결정이 효력을 발생하는 때로부터 비로소 개발행위허가제가 적용된다고 보았다.[2]

선재하는 도시계획에 영향을 줄 수 있어야 국토계획법상의 개발행위가 된다. 도시계획에 영향을 준다고 함은, 곧 토지의 이용에 영향을 준다는 것을 의미한다. 애당초 도시계획이란 '이용, 개발과 보전을 위한 계획'임에 비추어 개념적으로도 개발행위가 도시계획에 규율하는 '개발과 관련된 내용에 영향을 줄 수밖에 없음은 당연하다. 특히 후술할 건축단위나 건축허용성의 문제는 개발행위와 도시계획의 관계를 가장 직접적으로 나타내는 것이라 하겠다.

판례들도 일관되게 국토계획법이 규제코자하는 개발행위가 도시계획에 영향을 주는 행위임을 전제한다. 대법원은 "도시계획과 연계하여 개별토지의 이용가능성을 규율하고자 하는" 것이 국토계획법상 형질변경허가제도라고 설시한 바 있으며,[3] "토지형질변경신청의 당부를 판단함에 있어서 형질변경행위 자체로 인한 경

---

[1] 다만 이후 국토계획법에서는 위와 같은 문구가 삭제되었다. 이는 도시계획법과 국토이용관리법이 통폐합되면서, 전 국토가 국토계획법상 도시·군계획의 수립 대상이 되었기 때문일 것으로 사료된다.

[2] 정태용, 도시계획법, 한국법제연구원, 2001, 267면 참조.

[3] 대법원 2009. 12. 10. 선고 2008두10232 판결.

관 등에의 영향만을 고려해야 할 뿐 아니라 토지형질변경 후 '그 지상에 아파트를 건축한다는 가상적인 계획'도 고려 대상이 된다."[1]고 하여 토지형질변경의 결과가 도시계획적으로 어떠한 영향을 줄 것인지도 고려하는 태도를 견지한 바 있다.

2. 도시계획의 요건화

개발행위는 ① 도시계획이 이미 존재하는 것을 전제로 할 것을 요건으로 함과 동시에 ② 도시계획의 내용에 구속되는 특징을 갖는다. 즉 도시계획이 수립되지 않은 지역에서는 개발행위를 할 수 없음을 의미함과 동시에,[2] 현행 국토계획법 제58조 제1항 제2호를 볼 때[3] 서로 유사한 내용을 가진 도시계획과 개발행위 중 도시계획의 내용이 우위에 놓인다는 것을 의미한다.

2002. 2. 4. 국토계획법 제정으로 이러한 양자의 관계는 절차적인 측면에서도 분명해졌다. 일정한 경우에 개발행위에 대한 도시계획위원회의 심의를 요구하는 국토계획법 제59조가 제정되었다. 다만 동조는 개발행위 중에서도 건축, 형질변경, 토석채취 등에 관하여 대통령령이 규정한 경우에만 도시계획위원회의 심의를 요하도록 되어 있어 적용범위가 넓지는 않았다. 현행 국토계획법 시행령 제57조 제1항은 크게 ① 일정 면적 이상의 대규모 개발행위 ② 녹지지역, 관리지역, 농림지역 등에서의 개발행위 등을 심의를 요하는 대상으로 규정하고 있다.

대법원 또한 형질변경과 도시계획의 관련성을 설시하면서 "도시계획과 연계하여 개별토지의 이용가능성을 규율하고자 하는" 것이 형질변경허가제도라 하였다.[4] 이때 "도시계획과 연계한다"는 문언은 도시계획이 존재함을 전제한 것으로 볼 수 있다. 또한 "개별토지의 이용가능성"이라는 문언은 형질변경의 요건이자 기준으로

---

1 대법원 1990. 11. 27. 선고 90누2000 판결.
2 물론 이는 현행법상 아무런 실익이 없는 말이다. 본래 도시계획은 도시의 개발·정비·관리·보전 등을 위한 것으로(구 도시계획법 제1조) '도시지역'을 대상으로 하는 것이었고, 도시지역 이외에는 국토이용관리법상 준도시지역, 농임지역, 준농임지역, 자연환경보전지역 등의 국토이용계획이 수립되었다(국토이용관리법 제6조). 때문에 법률상으로도 도시지역과 그 외의 지역이 명확하게 구분될 수 있었다. 그러나 이후 도시계획법과 국토이용관리법이 합쳐져 국토계획법이 제정되었고, 국토계획법에서 도시·군계획이란 전국토를 대상으로 하는 개념이 되었다(국토계획법 제2조 제2호). 때문에 전국토가 도시계획이 수립대상이 되었고, 도시계획은 더 이상 도시지역만을 대상으로 한 것이라는 의미를 잃어버리게 되었다. 결론적으로 도시계획이 수립되지 않은 곳은 없게 되었는바, 도시계획이 수립되지 않은 곳에서는 개발행위를 하여서는 안 된다는 말은 실익을 잃게 되었다.
3 국토계획법 제58조(개발행위허가의 기준 등) ① 생략. 2. 도시·군관리계획 및 제4항에 따른 성장관리방안의 내용에 어긋나지 아니할 것.
4 대법원 2009. 12. 10. 선고 2008두10232 판결.

서 도시계획적 판단이 요구됨을 설시한 것이라 해석할 수 있겠다.

V. 소규모성: 필지 단위에 대한 행위

국토계획법 제56조 이하에서 규율하는 개발행위는 소규모의 개별 건축단위에 대한 행위를 의미한다. 국토계획법 제58조 제1항 제1호는 대통령령으로 정하는 개발행위의 규모에 적합할 것을 요구하고 있고, 이에 따라 동법 시행령 제55조 제1항 각호에서 형질변경의 경우 주거지역·상업지역 등에서는 1만제곱미터 미만, 공업지역에서는 3만제곱미터 미만 등의 구체적인 면적을 정하고 있다. 이를 반대해석하면 주거지역·상업지역에서 1만제곱미터 이상의 토지는 개발행위허가가 관장하지 않는 것이라는 의미가 된다. 즉 국토계획법 제56조 이하에서 의미하는 개발행위란 위 면적기준 이하의 소규모의 행위를 지칭한다. 시행령 제55조 제1항 각호에서 정한 면적 기준 이상의 토지를 개발하는 것은 개발행위가 아니라 도시개발사업으로 명명하여 개념적으로 구별하여야 한다.

위와 같은 개발행위규모는 토지형질이 변경되는 면적에만 국한하여 적용되는 것이라는 점을 주의할 필요가 있다. 시행령 제55조는 토지형질변경면적 이외에 여타 개발행위에 대하여는 규모를 정하고 있지 않으며, 개발행위허가운영지침 3-1-1의 (5)항은 형질변경이 수반되지 않는 경우에는 개발행위허가규모의 제한을 적용하지 않는다는 점을 명확히 적시하고 있다. 예컨대 주거지역에서 3만제곱미터에 대한 개발행위를 하더라도, 형질변경이 필요한 면적이 1만제곱미터 미만이기만 한다면 개발행위허가를 받아서 개발행위를 하는 것이 가능하다. 다만, 형질변경의 의미를 판례는 단순히 "성질변경" 행위에 국한하고 있지 아니하는 태도를 취하고 있으므로, 원상회복이 어려운 수준의 토지의 외형적 변경이 수반되는 경우라면[1] 어느 범위까지를 개발행위허가 기준 면적의 판단 시 포함시킬 것인지를 두고 다툼의 소지가 많을 것이다.

더불어 대체로 개발행위는 개별 건축단위에 대한 행위를 의미한다. 대표적으로 형질변경의 경우 후술하다시피 실무상 지목변경의 의미를 지니는 경우가 많고, 이는 곧 개별 건축단위에 대한 건축허용성 부여의 실질을 지닌다. 토지분할의 경우에도 건축단위의 분할이라는 의미에서 역시 개별 건축단위에 대한 행위이다. 실무적

---

1 대법원 2005. 11. 25. 선고 2004도8436 판결; 헌법재판소 2013. 10. 24. 선고 2012헌바241 결정 등 참조.

으로 건축법상 1필지 1대지 원칙으로 인해 필지 단위가 건축단위처럼 기능하는 현실을 고려할 때, 개발행위는 곧 '필지 단위'에 대한 행위로 생각될 수도 있겠다.

제4절 개발행위의 유형

Ⅰ. 건축물의 건축(국토계획법 시행령 제51조 제1항 제1호)

1. 건축행위의 의미

시행령은 「건축법 제2조 제1항 제2호에 따른 건축물의 건축」을 개발행위로 지칭하여, 형식적으로 건축법상 건축행위를 국토계획법상 건축행위와 등치시키고 있다. 건축법은 건축물을 ① 일정한 공작물로서 토지에 정착하고, ② 지붕과 기둥 또는 벽이 있는 것이라 본다. 여기에 건축법 전체의 취지 및 각 조문의 내용에 비추어 ③ 자체로서 독립성을 가지고, ④ 사람이 머물 수 있는 구조이어야 한다는 요건이 추가적으로 요구된다.[1] 이때 독립성이라는 것은 건축물이 다른 구조물로부터 분리되어도 그 자체로서 건축물의 기능을 다할 수 있어야 한다는 의미이다.[2] 사람이 머물 수 있을 것을 요구하는 것은 공작물과 건축물을 구분하기 위함이다.[3] 이와 같은 해석에 따라, 건축법 조문을 직접 준용하는 국토계획법 시행령의 개발행위 또한 독립적이고 사람이 머물 수 있는 구조를 가진 건축물을 건축할 것을 요한다 하겠다.

주의할 점은 시행령에 의해 건축법상 건축행위 자체가 개발행위허가의 대상이지만, 국토계획법 제56조(개발행위의 허가)와 건축법 제11조(건축허가)의 경우에 각기 건축허가에 대한 행정청의 판단의 관점이 다르다는 점이다. 국토의 이용·개발과 보전을 위한다는 국토계획법의 취지(국토계획법 제1조)상 전자의 심사요건은 국토의 효율적이고 합리적인 이용의 관점 및 도시계획의 관점에서 이루어져야 하는 반면(국토계획법 제59조 참조), 건축물의 안전·기능·환경 및 미관을 향상시키는 것을 취지로 하는(건축법 제1조) 이상 후자의 심사요건은 건축물의 안전에 관한 것이라고 보아야 한다. 때문에 건축허가와 비교해 '도시계획에 적합한지 여부를 판단하

---

1 이상 김종보, 건설법의 이해, 피데스, 2013, 31면.
2 김종보, 건설법의 이해, 피데스, 2013, 32면.
3 김종보, 건설법의 이해, 피데스, 2013, 33면.

는' 개발행위허가의 발급에 상대적으로 행정청의 판단의 여지가 많게 된다는 분석도 있다.[1]

구체적으로 보면, 개발행위허가는 건축물이 등장하기 위한 토지의 조건들에 대하여 관여한다. 개발행위허가운영지침상으로는 입지기준, 도로, 상수도, 하수도, 기반시설의 적정성, 환경 및 경과기준, 방재기준 등이 건축행위에 관한 심사요건으로 제시되고 있다. 즉 해당 토지에 건축물이 등장하기 위해서는 일정한 규모의 도로에 인접하여야 하고, 상하수도 시설이 갖추어졌으며, 기반시설이 있고, 주변 환경과 조화를 이룰 수 있어야 한다는 것이다. 이는 모두 토지의 관점에서 해당 토지에 건축물이 들어설 만한 상황인지를 평가하는 것이다.

이에 대해 제기될 수 있는 의문은, 과연 건축행위가 국토계획법상 개발행위허가에 의해 통제될 필요가 있는지 이다. 국토계획법이 토지에 관한 규율을 담고 있고 따라서 토지의 개발가능성(혹은 후술할 건축허용성)의 문제를 판단하는 것이라면, 건축행위 자체가 아닌 그에 선행하는 개발행위를 국토계획법이 관장하여야 하는 것이 아닌가라는 문제제기가 가능하다.

2. 용도변경이 건축행위인지 여부

한편, 건축물의 용도변경 행위 자체가 건축행위에 해당하여 본 조에 따른 개발행위허가 대상에 속하게 되는지가 실무상 문제가 되어 왔는데, 종래 국토교통부나 법제처는 용도변경 행위만으로는 개발행위허가 대상인 건축행위에 해당하지 아니한다는 입장을 취하였던 것으로 보이는 반면,[2] 하급심 판례 중에는 용도변경 행위 또한 건축행위로서 본 조의 개발행위에 해당한다고 판시한 것이 발견된다.[3]

그러나 이러한 하급심 판례의 태도에 대하여는 다음과 같은 비판이 가능하다. ① 국토계획법상 개발행위허가는 "토지"의 관점에서 건축물이 허용될 수 있는 토지인지를 판단하는 역할을 수행하는 것이고, 건축물의 허용성이 전제된 상황에서 구체적인 건축물의 '용도'에 대하여 개입하는 제도라고 보기 어렵다. 다시 말해 개

---

1 정태용, 도시계획법, 한국법제연구원, 2001, 269면.
2 장혁순, [Q&A] 건축물 용도변경에도 개발행위허가 기준 적용, 대한경제 2019. 6. 4.자 칼럼에서 인용; 법제처 2019. 3. 13. 회신 18-0637 해석례 또한 "국토계획법령에서는 개발행위허가 또는 변경허가의 대상이 아닌 건축물의 용도변경을 할 때 성장관리방안의 내용과 관련하여 법적 제한을 가하는 별도의 규정은 없"다는 견해를 취하여, 용도변경이 개발행위허가 또는 변경허가 대상이 아님을 전제한 바 있다.
3 수원지방법원 2018. 9. 13 선고 2018구합64932 판결.

발행위허가는 "당해 토지가 개발가능한 땅인지"를 판단하는 것일 뿐, 당해 토지 위에 어떠한 용도의 건축물을 허용할 것인지는 고려의 대상이 아니다. 현행법상 건축물의 용도는 기본적으로 용도지역제 도시계획과 건축법상 건축허가 및 용도변경허가·신고·공부상 기재변경에 의하여 규율되는 것이고, 용도변경이 증축 등을 수반하지 않는 이상 개발행위허가 대상인 '건축행위'라 보기는 어렵다.[1] 요컨대 위와 같은 하급심의 판단은 '토지'의 용도와 '건축물'의 용도의 구분과 각각에 대하여 법이 예비하고 있는 제도적 수단을 혼동한 것이라 사료된다. ② 용도변경행위를 개발행위로 보아 재량행위인 개발행위허가가 요구되는 것이라 볼 경우, 건축법이 용도군(群)을 분류하여 차등적 수단을 마련하고 있는 취지에 반한다. 건축법이 일정한 행위를 신고나 공부상 기재변경만으로 처리할 수 있도록 한 것은 일정한 경우에는 행정청의 판단이 개입될 필요도 없이 건축물의 용도변경을 유연하게 처리할 수 있도록 한 것이다. 그럼에도 불구하고 개발행위허가가 요구된다고 보게 된다면 용도변경을 두고 어느 범위까지 행정청이 개입할 수 있는 것인지가 불분명해진다. 단적으로 용도변경의 신고 수리에 대하여까지 행정청의 재량이 발휘되어야만 하는가의 문제에 대하여 위 하급심 판단은 명확한 답변을 제공하기 어렵다. ③ 개발행위허가를 미필한 행위에 대하여 형사처벌규정(국토계획법 제140조 제1호)이 마련되어 있는 점 또한 고려하여야 한다. 개발행위허가가 요구되는 범위는 곧 형벌규정의 구성요건적 요소에 해당하는 것이라 보아야 하는데, 그렇다면 국토계획법이 명문으로 열거하고 있지 아니한 용도변경 행위를 건축행위에 포함시키는 것은 문언의 의미를 초과한 확대해석에 해당할 수 있다.

Ⅱ. 공작물의 설치(국토계획법 시행령 제51조 제1항 제2호)

1. 규율의 체계 및 의의

공작물은 「인공을 가하여 제작한 시설물」을 의미하며, 건축행위는 여기서 제외된다(동호 단서). 본래 공작물은 건축물을 포함하는 상위개념으로 쓰이는 용어이다.

---

1 예컨대 법제처 2019. 3. 13. 회신 18-0637 해석례의 경우에도 "국토계획법령에서는 개발행위허가 또는 변경허가의 대상이 아닌 건축물의 용도변경을 할 때 성장관리방안의 내용과 관련하여 법적 제한을 가하는 별도의 규정은 없"다라고 하여 개발행위허가가 별도로 요구되지 아니하는 건축법상 용도변경 행위에 대해서는 국토계획법상 개발행위허가의 기준(요건)으로서 요구되는 사항 중 하나인 성장관리방안의 준수가 필요하지 아니하다는 견해를 취하고 있다. 이러한 논지는 수원지방법원 2018. 9. 13. 선고 2018구합64932 판결의 견해와는 배치되는 것으로 이해된다.

구 도시계획법(1962. 1. 20. 제정되어 1971. 1. 19. 전부개정되기 전의 것) 제13조 제1항 제2호는 공작물의 신축, 개축 등에 관해서만 조문을 두고 있었는데, 당시 대법원은 공작물의 신축에 건축법상 건축행위가 포함된다고 해석하였다.[1]

공작물의 설치에 관하여는 국토계획법과 건축법이 규율의 대상을 달리한다. '건축물의' 위험방지를 목적으로 하는 건축법은 건축물에 해당하지 않는 공작물의 설치에 관해 개입하지 않는 것이 원칙이다.[2] 그러나 건축법 제83조는 예외적으로 공공의 안전을 위해 시행령 제118조 제1항에서 위험요소가 될 수 있는 공작물을 나열하여, 이러한 공작물의 설치에 대하여 신고의무를 부과한다. 반면, 국토계획법은 공작물의 설치를 원칙적으로 허가의 대상인 개발행위로 보면서, 예외적으로 동법 제56조 제4항 제3호 및 시행령 제53조 제2호에서 개발행위허가의 대상에서 제외되는 공작물을 나열하고 있다. 시행령 제53조 제2호는 토지의 이용관계에 영향을 줄 수 있는지 여부를 기준으로 하여 도시계획이 수립된 지역에서 소규모의 행위를 개발행위허가의 대상에서 제외되는 '경미한 행위'로 정한다.[3] 이러한 경미한 변경의 해석을 두고 쟁점이 될 수 있는데, 법제처는 "문언에 따라 엄격하게 해석해야 할 것"이라는 입장을 취하고 있다.[4]

2. 규율의 공간적 범위

한편, 토지 지상에 공작물을 설치하는 행위 뿐만 아니라, 수면상에 공작물을 설치하는 행위 또한 본조에서 규율하는 개발행위의 범위에 포섭되는지 여부가 쟁점이 된 바 있는데, 법제처는 이에 대하여 수상 또는 수면에서의 공작물의 설치 행위

---

1 대법원 1974. 12. 24. 선고 74누64 판결.
2 김종보, 건설법의 이해, 피데스, 2013, 40면.
3 국토계획법 시행령 제53조(허가를 받지 아니하여도 되는 경미한 행위)
  2. 공작물의 설치
  가. 도시지역 또는 지구단위계획구역에서 무게가 50톤 이하, 부피가 50세제곱미터 이하, 수평투영면적이 25제곱미터 이하인 공작물의 설치. 다만, 「건축법 시행령」 제118조제1항 각 호의 어느 하나에 해당하는 공작물의 설치는 제외한다.
  나. 도시지역·자연환경보전지역 및 지구단위계획구역외의 지역에서 무게가 150톤 이하, 부피가 150세제곱미터 이하, 수평투영면적이 75제곱미터 이하인 공작물의 설치. 다만, 「건축법 시행령」 제118조제1항 각 호의 어느 하나에 해당하는 공작물의 설치는 제외한다.
  다. 녹지지역·관리지역 또는 농림지역안에서의 농림어업용 비닐하우스(비닐하우스안에 설치하는 육상어류양식장을 제외한다)의 설치
4 법제처 2017. 11. 20. 회신 17-0563 해석례. 해당 해석례에서 법제처는 "무게, 부피, 수평투영면적 기준을 모두 충족하는 공작물을 설치하는 행위"여야만 경미한 변경에 해당한다는 엄격한 입장을 취하였다.

또한 개발행위허가 필요하다는 견해를 밝힌 바 있다.[1] 구체적으로 법제처는 (ⅰ) 국토계획법이 "공작물이 어디에 설치되는지"에 대해서는 언급하고 있지 않은 점, (ⅱ) 개발행위허가 시 수상 또는 수면에서의 행위와 관련된 인허가들 또한 함께 의제되는 점 등을 그러한 판단의 근거로 들고 있다. 이와 같은 결론에는 이견이 없다.

생각건대, 이는 국토계획법의 전체적인 규율범위와도 연관된 문제라고 생각된다. 법은 특별히 '국토'의 의미에 대하여 정의하고 있지 아니하지만, (ⅰ) 하천이나 유수지 등의 수상공간을 기반시설로 정하여(제2조 제1항 제6호 마목) 규율의 대상으로 삼고 있는 점, (ⅱ) 수자원, 해안의 보전을 위하여 필요한 지역 또한 자연환경보전지역으로서 국토의 용도구분의 한 항목으로 분류하고 있는 점(제6조 제4호) 등을 고려하면 수상 및 수면공간 또한 원칙적으로는 국토계획법이 규율의 대상으로 삼을 수 있는 공간적 범위에 포함된다. 다만 이와 같은 규정들 또한 하천이나 해안과 같이 어느 정도는 토지 또는 육지와 연접하여 그 이용관계상 관련성이 인정되는 공간들을 포함하고 있는 것이므로, 토지와의 연관성을 찾기 어려운 해양 공간까지를 모두 국토계획법의 규율대상에 포섭하는 것은 무리가 있어 보인다.

국토계획법 및 그에 속한 개별 제도들이 어떠한 지리적 범위까지 적용될 수 있는지는 곧 계획고권의 공간적 행사 범위와도 연관된 것이므로, 장기적으로는 그에 대한 명확한 정의규정 등을 마련하는 것을 고려해보아야 할 것이다.

Ⅲ. 토지의 형질변경(국토계획법 시행령 제51조 제1항 제3호)

1. 형질변경의 법적 의미

본래, 토지의 형질(形質)변경은 토지의 법적 성질(性質) 혹은 지위를 변경하는 것(성질변경)과 토지의 물리적 형상(形狀)을 변경하는 것(형상변경)으로 양분될 수 있다.[2] 통상적으로는 지목이 대(垈)가 아닌 토지의 경우[3] 경사가 있다는 등으로

---

1 법제처 2021. 2. 1. 회신 20-0692 해석례.
2 김종보, 건설법의 이해, 피데스, 2013, 230면.
3 지목이란 「토지의 주된 용도에 따라 토지의 종류를 구분하여 지적공부에 등록한 것」을 말한다(측량·수로조사 및 지적에 관한 법률 제2조 제24호). 지목은 토지의 용도를 확인하는 확인적 의미가 있으며, 지목 변경을 위하여는 「1. 국토의 계획 및 이용에 관한 법률 등 관계 법령에 따른 토지의 형질변경 등의 공사가 준공된 경우, 2. 토지나 건축물의 용도가 변경된 경우, 3. 법 제86조에 따른 도시개발사업 등의 원활한 추진을 위하여 사업시행자가 공사 준공 전에 토지의 합병을 신청하는 경우」의 사유가 있어야 한다(동법 시행령 제67조 제1항). 즉 동법상 지목변경은 그 자체로 형성적인 의미를 지니지 못하며, 토지에 대한 법적지위 등이 타법에 의하여(특히 국토계획법) 변경되는

대지의 외형도 갖추지 못한 경우가 많을 것이다. 이러한 토지에 대하여 형질변경을 허가한다는 것은 지목을 대로 변경시키기 위한 전제조건으로서 개발허용성(건축허용성)을 부여한다는 관념적 의미와 경사를 없애는 등의 대지화 공사를 할 수 있는 물리적 행위허가의 의미를 함께 지닌다. 전자가 성질변경이고, 후자가 형상변경인 것이다.

후술하다시피 실정법상으로는 주로 형상변경에 관한 유형들을 열거하고 있으므로 물리적 공사가 수반되는 형상변경에 대하여 개발행위허가가 필요하다는 점은 부인하기 어렵다. 다만, 물리적 공사를 수반하지 아니하고 토지의 성질만 변경하는 경우 − 실무상으로는 지목 변경의 전제로서 개발허용성을 부여하는 행위만 하더라도 개발행위허가의 대상이 되는지가 문제가 될 수 있는데, 대법원은 이 경우에도 개발행위허가가 필요하다는 점을 명확히 하였다.[1] 한편, 대법원 판결례 중에는 토지 지목이 '건축물의 부지'에 해당할 수 있는 것들 사이에서 변경되고, 물리적 형상변경도 경미한 경우에는 형질변경이 필요 없다고 본 것도 있는데,[2] 이 또한 같은 취지라 할 수 있다.

2. 대법원, 헌법재판소의 선례

한편, 대법원과 헌법재판소는 대체로 형질변경을 형상변경과 성질변경의 개념적 구분 없이, 법문의 문언에 충실하게 토지의 물리적, 외형적 변경에 초점을 맞추어 이해하고 있는 것으로 보인다. 이러한 대법원[3]과 헌법재판소[4]의 견해를 요약

것이 선행되어야 한다. 비록 위 시행령에서 토지나 건축물의 용도가 변경된 경우 또한, 국토계획법상 토지나 건축물의 용도변경은 허가 등의 대상으로 행정청의 견해표명을 요한다는 점을 고려하여 해석하여야 한다. 요컨대 지목과 지목변경은 행정청의 선행하는 견해표명을 전제로 한 확인적 성격을 지닌다.

이러한 논의에 관하여는 김종보, 건설법의 이해, 피데스, 2013, 237면 내지 239면 참조.

1 대법원 2020. 7. 23. 선고 2019두31839 판결. "토지는 그 토지의 용도(지목)에 적합하게 이용되어야 한다. 어떤 토지를 그 지목과 달리 이용하기 위해서는 해당 토지의 용도를 적법하게 변경하기 위하여 국토의 계획 및 이용에 관한 법률 제56조 제1항에 따른 개발행위(토지형질변경) 허가를 받아야 한다. 그 토지의 실제 현황이 어느 시점에 공부상의 지목과 달라졌거나 또는 토지의 물리적인 형상을 변경하기 위한 공사가 필요하지 않더라도 마찬가지이다. 개발행위(토지형질변경) 허가를 통해 먼저 해당 토지의 용도(법적으로 허용된 이용가능성)를 적법하게 변경한 다음, 공간정보의 구축 및 관리 등에 관한 법률 제81조에 따라 지적소관청에 지목변경을 신청하여야 한다"

2 대법원 2018. 3. 27. 선고 2014두43158 판결. "'조성이 완료된 기존 대지'에 절토나 성토 없이 건축물이나 그 밖의 공작물을 설치하기 위하여 경미한 형질변경을 하였을 뿐이고 해당 토지의 지목이 '건축물의 부지'에 해당하는 여러 지목들 사이에서 단지 지상건물의 용도에 따라 변경되었을 뿐인 경우, 형질변경허가 등을 받아야 하는지 여부(소극)."

3 대법원 2007. 2. 23. 선고 2006두4875 판결 중 "구 개발제한구역의 지정 및 관리에 관한 특별조치법

하면 원상회복이 어려운 수준의 토지의 외형적 변경이 수반되는 경우라면 일응 형질변경행위에 해당한다는 입장을 취하는 것으로 이해된다.

관련하여, 대법원은 "개발행위허가가 면제되는 토지형질변경이란, 토지의 형질을 외형상으로 사실상 변경시킴이 없이 건축 부분에 대한 허가만을 받아 그 설치를 위한 토지의 굴착만으로 건설이 가능한 경우를 가리키고, 그 외형을 유지하면서는 원하는 건축물을 건축할 수 없고 그 밖에 건축을 위하여 별도의 절토, 성토, 정지작업 등이 필요한 경우는 포함되지 않는다"라고 판시한 바 있다.[1]

3. 국토계획법 시행령상의 규정

국토계획법 시행령은 「절토·성토·정지·포장 등의 방법으로 토지의 형상을 변경하는 행위」와 「공유수면의 매립」을 허가를 받아야 하는 개발행위로 규정한다. 여기서 절토(切土)는 흙이나 땅을 깎아내려 평지를 만드는 행위를, 성토(盛土)는 기존 토지에 토석의 양을 늘리는 행위를, 정지(整地)는 땅을 고르게 하는 행위를 뜻한다.[2] 시행령에서 나열된 행위들은 철저하게 물리적 행위에 국한되어 있는데, 시행령 스스로도 이러한 토지의 물리적 변경을 '형상(形狀) 변경'이라 명명한다.

시행령에서는 「~등의 방법」이라고 하여 위 규정이 예시적 규정임을 보여준다. 그렇다면 예시된 것 외의 어떤 방법들이 허가를 받아야 하는 대상에 포함되는지가

(2005. 1. 27. 법률 제7383호로 개정되기 전의 것, 이하 '개발제한법'이라 한다) 제11조 제1항 및 제20조 제1항이 규정하고 있는 토지의 형질변경이라 함은 절토, 성토, 정지 또는 포장 등으로 토지의 형상을 변경하는 행위와 공유수면의 매립을 뜻하는 것으로서(국토의 계획 및 이용에 관한 법률 시행령 제51조 제3호), <u>토지의 형질을 외형상으로 사실상 변경시킬 것과 그 변경으로 말미암아 원상회복이 어려운 상태에 있을 것을 요한다</u>(대법원 1993. 8. 27. 선고 93도403 판결, 2005. 11. 25. 선고 2004도8436 판결 등 참조). 그리고 토지의 형질을 외형상으로 사실상 변경시키는 것에는 지표(地表)뿐 아니라 지중(地中)의 형상을 사실상 변경시키는 것도 포함한다."라는 설시 참조 (밑줄 저자).

4 헌법재판소 2013. 10. 24. 선고 2012헌바241 결정 중 "국토계획법에 '토지의 형질변경'에 관한 직접적인 정의 규정은 두지 않고 있으나, '토지의 형질변경'은 문언 그대로 토지의 형상과 성질을 변경시키는 것을 의미하고, 사전(辭典)적으로도 '형질변경'은 '모양과 성질을 다르게 바꾸어 새롭게 고치는 것'을 의미하는바, 이는 결국 국토계획법 시행령 제51조 제3호에서 규정하는 바와 같이, <u>기존 토지의 토석의 양을 줄이는 '절토', 이와 반대로 기존 토지의 토석의 양을 늘리는 '성토', 기존 토지의 토석의 양에는 변동이 없이 형태만을 바꾸는 '정지', 길바닥에 돌과 모래 따위를 깔고 그 위에 시멘트나 아스팔트 따위로 덮어 길을 단단하게 다져 꾸미는 '포장', 우묵한 땅이나 하천, 바다 등을 돌이나 흙으로 채우는 '매립' 등의 방법으로 토지의 모양과 성질을 바꾸고, 그로 말미암아 원상회복이 어려운 상태로 되는 것을 의미한다고 할 것이다.</u>"라는 설시 참조 (밑줄 저자).

1 대법원 2023. 9. 21. 선고 2022두31143 판결에서 인용.

2 김종보, 건설법의 이해, 피데스, 2013, 228면; 심나리, 건축허가의 법적성격에 관한 연구, 중앙대학교 석사학위논문, 2005. 12., 50면에서 인용.

문제된다. 일례로 토지의 굴착 행위의 경우에는, 굴착 행위만으로는 허가의 대상인 형상변경에 해당하지 아니한다고 대법원이 판시한 바 있다.[1] 대법원 판시의 취지를 따른다면, 형상변경행위는 토지가 '건축에 적합한 상태로 이미 대지화되어 있는지'에 따라 허가를 요하는지 여부가 달라질 것이다. 건축에 적합한 상태로 만들기 위하여 토지에 대한 추가적인 물리적 행위가 필요한 상황이라면 국토계획법 제56조 제1항이 행정청의 허가를 요구하는 개발행위에 해당한다고 할 것이다.[2]

형상변경행위 중에서도 경작을 위한 것은 제외된다. 이는 허가의 대상이 되는 개발행위인지를 정함에 있어서 개발행위 이후의 토지의 이용관계, 용도를 고려한 결과이다. 시행령이 경작을 위한 형상변경행위를 제외하고 있는 취지는 건축행위를 수반하거나 토지의 이용관계를 저해하는 요인이 아니기 때문이라고 볼 수 있다.[3]

더하여 동법 제56조 제4항은 일정한 경우 개발행위허가를 받지 아니할 수 있다는 예외를 정한다. 구체적으로는 건축신고(건축법 제14조)의 대상인 건축행위에 수반된 형질변경은 허가를 받을 필요가 없다고 하는 한편(동항 제2호), 동항 제3호 및 동법 시행령 제53조 제3호에서는 「높이 50센티미터 이내 또는 깊이 50센티미터 이내[4]의 절토·성토·정지 등」[5] 중 주거지역, 상업지역, 공업지역에서는 지목변경을 수반하지 않는 범위의 행위는 허가를 요하지 아니한다고 정하고 있다. 또한 동호 나목 내지 다목에서는 소규모 면적(660제곱미터 이내), 혹은 조성이 완료된 기존 대지를 대상으로 한 행위를 허가의 대상에서 제외시킨다. 예외로 규정된 것들의 법적 성질을 (ⅰ) 개발행위에 속하는 것이되 단지 허가를 요하지 않는 것일 뿐인지, (ⅱ) 혹은 애당초 개발행위에 속하지 않는 행위라 볼 것인지가 문제된다. 생각건대 규제

---

1 대법원 1999. 5. 25. 선고 98다53134 판결.

2 대법원 1998. 12. 8. 선고 98두14112 판결 참조.

3 심나리, 건축허가의 법적성격에 관한 연구, 중앙대학교 석사학위논문, 2005. 12., 50면에서 인용.

4 참고로, 법제처는 이와 유사하게 농지에서 "2미터 이상의 절토·성토가 수반되는 경우"를 개발행위허가 대상에서 면제하고 있는 국토계획법 시행령 제51조 제2항 제4호와 관련하여, "개발행위허가를 받지 않고 2미터 미만의 성토를 한 농지에서 또 다시 2미터 미만의 성토를 하려는 경우"에는 개발행위허가가 면제되지 않는다고 보았다. 법제처 2022. 9. 30. 회신 22-0369 해석례에서 인용. 법제처는 "2미터 이상의 절토·성토가 수반되는 경우"의 의미를 "절토·성토 중 어느 하나가 2미터 이상인 경우"라고 보았다. 법제처 2020. 8. 3. 회신 20-0334 해석례에서 인용.

5 해당 규정과 관련하여 대법원 2023. 9. 21. 선고 2022두31143 판결은 "조성이 완료된 기존 대지에 건축물을 설치하기 위한 경우라 하더라도 절토나 성토를 한 결과 최종적으로 지반의 높이가 50cm를 초과하여 변경되는 경우에는 비탈면 또는 절개면이 발생하는 등 그 토지의 외형이 실질적으로 변경되므로, 토지형질변경에 대한 별도의 개발행위허가를 받아야" 한다고 판시한 바 있다.

의 대상에 속하지 않는 이유가 토지이용관계의 확장(증대)을 야기하지 않거나 그 확장의 정도가 지나치게 경미하고, 도시계획에 영향을 주지 않는 범주에 속한다는 점에 있다고 사료된다. 따라서 예외로 규정된 것들은 처음부터 국토계획법상 개발행위의 개념에 포섭되지 않는다고 봄이 타당하다.

위 국토계획법 시행령 규정의 문제점은 모법이 형질변경이라 한 것을 형상변경으로 축소하고 있다는 점이다. 국민의 권리의무 변동이라는 견지에서는 허가를 요하는 개발행위의 범위가 시행령에 의하여 축소되는 것인바 이득이라 할 것이지만, 모법의 취지에 부합하는 축소인지는 의문의 여지가 있다. 개발행위의 의미나 국토계획법 제56조의 취지에 따를 때, 형상변경에 국한하는 시행령 규정은 모법의 위임범위를 벗어난 위법의 소지가 있다고 생각된다.

IV. 토석채취(국토계획법 시행령 제51조 제1항 제4호)

흙·모래·자갈·바위 등의 토석을 채취하는 행위 중에서도 형질변경을 목적으로 하지 않는 것이 시행령 제51조 제1항 제4호의 규율 대상이 된다. 상론한 개발행위의 개념 정의에 따르면 왜 토석채취가 개발행위에 포함되는 것인지 의문이 들수 있다. 생각건대 국토계획법은 토석채취행위 그 자체보다는 토석채취의 결과로 등장하게 될 편평한 땅의 등장을 염두에 두고 이를 개발행위허가로써 규율하는 것으로 사료된다. 이는 구 토지의형질변경등행위허가기준등에관한규칙 제13조에서부터 확인할 수 있다. 동조 제1호는 토석의 채취허가를 함에 있어 '주변의 상황, 교통, 자연경관'을 고려할 것을 요구한다. 현행 개발행위허가운영지침 3-5-2의 (1)항에서는 이를 더 구체화 하여 도시·군계획도로 혹은 시군도, 농어촌 도로와 접속할 것을 원칙으로 하고 있다. 다분히 해당 토지의 추후 활용가능성을 염두에 둔 것이라 하겠다.

물론 개발행위허가운영지침 3-5-3항에서는 토석채취 후 식재(植栽) 등의 복구에 관하여 규정하고 있기는 하다. 때문에 토석채취가 전적으로 건축행위로 가는 경로에 놓여있는 행위라고 볼 수는 없다. 다만 허가 대상이 되는 토석채취 자체가 일정 규모 이상의 행위이고,[1] 따라서 토석채취행위가 어느 정도 비가역적(非可逆的)

---

1 국토계획법 시행령 제53조 제4호는 도시지역 또는 지구단위계획구역에서 채취면적이 25제곱미터 이하인 토지에서의 부피 50세제곱미터 이하의 토석채취와 도시지역·자연환경보전지역 및 지구단위계획구역 외의 지역에서 채취면적이 250제곱미터 이하인 토지에서의 부피 500세제곱미터 이하

결과를 야기한다는 사실을 고려할 필요가 있다. 요컨대 토석채취결과 등장하는 토지의 향후 이용가능성이 증대되었다는 사실을 부인할 수는 없게 된다.

위와 같이 해석하면 토석채취나 토지형질변경 모두 장차 건축물이 등장할 수 있는 편평한 땅의 등장과 관련된다. 토석채취나 토지의 형상변경행위는 물리적 공사를 수반하는 것으로서 외형상으로는 상당히 유사하다. 그러나 양자는 목적의 유무에 있어서 구별된다. 토석채취는 토지의 법적 성질변경을 의도하는 단계에는 이르지 못한 것으로, 마치 '인식 없는 형상변경'과 같이 평가될 수 있겠다.

최근 법제처 해석례 중에서는 산지관리법상 토석채취허가의 의미를 "토석의 채취 뿐 아니라 가공·반출에 이르는 전 과정에 대한 행위허가로서의 성격을 가진다"라고 해석한 사례가 발견된다.[1] 그러나 산지관리법 제25조 제1항은 "토석을 채취(가공하거나 산지 이외로 반출하는 경우를 포함한다)"라는 표현을 사용하는 반면, 국토계획법 제56조 제1항 제3호는 "토석의 채취"라고만 하고 있으므로 해당 해석례의 견해를 그대로 차용하기는 어렵다. 제도의 취지를 보더라도 국토계획법은 토지에 대한 '개발'행위로서 토석채취를 규율하고 있는 반면, 산지관리법은 산지에서의 토석의 채취, 가공, 반출하는 행위를 규율하는 것이라는 점[2]에서도 양자는 차이를 보인다.

V. 토지분할(국토계획법 시행령 제51조 제1항 제5호)

1. 규율의 의의

시행령에 따르면 개발행위허가를 받아야 하는 토지분할은 세 가지로 분류된다. ① 녹지지역 등에서의 분할(가목) ② 분할제한면적 미만으로의 분할(나목) ③ 인·허가를 받지 아니한 너비 5미터 이하로의 토지의 분할(다목) 등이다. 이때 ① 녹지지역에서 등에서의 분할은 관계법령에 따른 인·허가를 받지 않은 경우를 말한다. ② 분할제한면적 미만으로의 분할은 용도지역에 따라 60제곱미터에서 200제곱미터

의 토석채취를 허가대상에서 제외하고 있다. 반대해석하면 위 기준을 초과하여 일정규모를 가진 토석채취의 경우에만 허가의 대상이 된다.

[1] 법제처 2021. 4. 28. 회신 21-0082 해석례.
[2] 물론 산지관리법상 토석채취행위 또한 그러한 행위의 결과로 종전과는 물리적 성질을 달리하는 토지를 창출해낸다는 점에서 개발가능성 혹은 건축허용성의 문제와 완전히 분리되기는 어렵기는 하다. 이에 대하여 김종보, 건축허용성의 부여와 반영. 서울대학교 법학, 53(3), 2012, 162면의 논의를 참조.

등의 범위에서 조례로 정해진 면적(건축법 시행령 제80조 각 호)보다 작은 필지의 등장을 통제하는 것이다.[1] ③ 너비 5미터 이하로의 분할을 통제하는 것 또한 비슷한 취지에서 기인한다.

상론한 개발행위의 개념 논의에 비추어 보면 모든 토지분할이 개발행위인 것은 아니다. 도시계획 및 건축단위에 영향을 줄 정도가 되어야 통제할 필요성이 존재한다고 할 것이다. 따라서 만일 건축단위에 영향을 줄 수 없는 단계의 토지분할이 있다면, 이것은 개발행위의 개념에 포섭된다고 하더라도 그 중요성이 매우 낮은 행위일 것이다. 당연히 통제의 필요성도 거의 없다. 시행령 제51조 제1항 제5호가 「건축법 제57조(대지의 분할 제한)에 따른 건축물이 있는 대지는 제외한다」고 규정하는 취지 또한, 이미 해당 토지 위에 건축물이 등장하여 토지의 이용관계가 폐쇄적으로 되어 있고 건축법상으로도 더 이상 분할이 가능하지 않은 상황이라면 도시계획에 영향을 주지 않는다는 사실에 입각한 것으로 풀이된다.

시행령이 도시지역에서는 토지분할을 위한 개발행위허가를 요구하지 아니하는 점 또한, 비도시지역에서의 토지분할과 비교하여 이미 시가화된 곳에서의 토지분할의 유인이 상대적으로 낮을 수 있다는 점을 고려한 것이 아닌가 추측된다. 왜냐하면, 종래의 기획부동산들이 비도시지역에서의 임야의 분할 행위를 주된 수단 중의 하나로 삼아왔기 때문이다.[2]

그러나 시행령 제51조 제1항 제5호 본문을 제외한 나머지 규정들을 보면, 국토계획법 시행령상의 개발행위는, 모법이 개발행위허가제를 규정한 취지를 제대로 반영하지 못하고 있는 것으로 보인다. 시행령 동호 각 목을 보면 ① 비교적 매우 소규모의 토지분할에 대하여 국토계획법이 관여하는 것으로 시행령 조항이 축소 규정하고 있고, ② 국토계획법상 개발행위허가를 여타 법령에 따른 인·허가가 없을 때 보충적으로 개입하는 것으로 규정하고 있다. 건축단위에 영향을 준다는 점에서 토지분할은 국토계획법이 관여하는 것이 원칙적인 형태이어야 함에도 불구하고, 시행령에 이르러서는 그 원칙이 관철되지 못하는 것이다.

---

1 건축법 제57조 제1항 상으로는 토지 위에 건축물이 존재하는 경우에는 위 면적 이하로의 분할이 금지되는바, 1필지 1대지 원칙에 따를 때 건축단위로서 기능하기 힘든 필지의 등장을 금지하려는 것이 그 취지라 하겠다.
2 최광석, 기획부동산에서 구입한 토지의 분할, 쉽지 않다, 한국경제신문, 2013. 1. 7.자 기사 참조.

2. 공유물 분할 및 필지 분할과의 관계

실무상 개발행위허가(토지분할)과 관련하여 가장 빈번히 문제되고 있는 것은 공유물분할과의 관계 문제이다. 법원이 공유물분할 판결을 내렸음에도 불구하고 개발행위허가를 받지 못하는 경우가 발생할 수 있는데, 이는 양자의 규율 목적이나 근거가 다를 뿐만 아니라 개발행위허가에 대해서는 그 자체적인 요건들(개발행위허가기준)이 마련되어 있기 때문이다. 대법원은 "공유물분할의 확정판결을 제출하더라도 국토계획법에서 정한 개발행위 허가 기준 등을 고려하여 거부처분을 할 수 있으며, 이러한 처분이 공유물분할 판결의 효력에 반하는 것은 아니다"라고 판시함으로써[1] 이러한 법리를 분명히 하였다.

나아가, 이는 공간정보법상 필지분할과도 관련되어 있다. 최근 대법원은 "지적소관청은 토지분할신청 또는 지적측량성과도 검사신청이 건축법령에서 규정하는 분할제한 사유에 해당하는지를 심사하여야 하고, 건축법령상 분할제한 규정에 저촉되는 경우에는 그 토지분할신청 또는 지적측량성과도 검사신청을 반려하여야 한다"라고 판시하고 있는데,[2] 이러한 논지에 의하면 결국 민법상의 분할판결에 관계없이 개발행위허가나 필지분할과 같은 공법상의 절차에서는 연관되는 공법상 규정의 저촉 여부를 심사하여야 한다는 것으로 이해할 수 있다. 참고로, 위와 같은 최근 판례의 등장 이전에는, 법원은 확정판결이 있는 경우에는 분할이 건축법령에 위배되더라도 지적소관청이 분할(정확하게는 측량성과도 교부)을 거부할 수 없다는 태도를 취해왔던 것으로 보이나,[3] 위 2024년 판결로 확정판결이 존재하더라도 거부가 가능함을 명확히 하였다.

이와 같은 판례의 태도에는 기본적으로는 동의하나, 실무상 무용한 공유물분할 판결이 양산되는 것을 어떻게 막을 것인지의 점을 고민하여야 할 것으로 사료된다. 예컨대 공유물의 재판분할 시 그 분할 방법을 택함에 있어서, 개발행위허가나 필지분할이 불가하게 될 가능성이 있는 경우에는 현물분할이 아니라 가액분할 등의 방법을 택하도록 하는 것이 적절할 것이다.[4]

---

1 대법원 2013. 7. 12. 선고 2012두28582 판결에서 인용.

2 대법원 2024. 3. 12. 선고 2023두50349 판결에서 인용. 관련하여 법제처 2016. 11. 2. 회신 16-0513 해석례도 같은 입장이다.

3 관련하여 서보형, 확정판결에 의한 분할신청 시 분할거부의 위법성, 법률신문, 2022. 11. 16.자 칼럼 참조.

4 예컨대, 부산지방법원 2023. 11. 29. 선고 2023가단2523 판결은 건축법 제57조에 따른 최소면적 기

3. 건축물이 있는 대지의 분할

국토계획법 제56조 제1항 제4호는 건축물이 있는 대지의 분할을 명시적으로 개발행위허가의 대상에서 제외하고 있다. 달리 말하면, 건축물이 있는 대지를 분할하는 경우에는 개발행위허가가 필요하지 아니하고, 단지 공간정보관리법(종전의 지적법)에 따른 분할신청의 절차만을 거치면 되는 것이다. 참고로, 공간정보관리법 시행령 제65조 제1항 또한 분할신청의 사유를 매매 등을 위해 필요한 경우 등으로 비교적 유연하게 정하고 있고, 동법 시행규칙 제83조 제1항은 개발행위허가(분할허가)의 대상인 경우에만 허가서의 첨부를 요구하고 있을 뿐 허가 대상이 아닌 경우에는 이를 요구하고 있지 아니하다.

다만, 건축물이 있는 대지라고 하여 그 분할에 대한 아무런 절차적 및 실질적 제한이 존재하지 않는 것은 아니다. 대표적으로 건축법 제57조는 건축물이 있는 대지의 경우 분할이 가능한 최소 대지면적을 제한하고 있고, 이러한 제한은 공간정보관리법상 분할신청 절차를 통해 심사된다. 공간정보관리법상의 분할신청에 대한 지적소관청의 인용 또는 거부행위는 처분성이 인정되는데, 대법원은 공간정보관리법상 분할신청을 심사하는 지적소관청으로서는 건축법 제57조에 따른 제한 등 다른 법령상의 분할에 관한 제한을 함께 심사하여야 하고, 그 결과 저촉되는 사항이 있으면 분할신청을 반려하여야 한다는 입장을 취함[1]으로써 지적소관청의 분할신청에 대한 실질적인 심사 권한을 인정하고 있다. 공간정보관리법령 스스로는 분할신청의 요건과 관련하여 특별히 건축법 제57조와 같은 조문을 명시적으로 인용하고 있지 않음에도 불구하고, 지적소관청으로는 분할에 대하여 직접적인 영향을 주는 타 법령상의 제한사항까지도 함께 심사할 수 있다는 것이다.[2]

Ⅵ. 물건의 장기적치(국토계획법 시행령 제51조 제1항 제6호)

시행령상 녹지지역·관리지역 또는 자연환경보전지역 안에서 물건을 1월 이상 쌓아놓는 행위는 개발행위허가의 대상이 된다. 다만 건축물의 울타리 안에 위치한

준에 저촉됨을 이유로 현물분할이 적용 불가하다고 판단한 다음, 경매분할의 방법에 의하도록 하고 있다.
1 대법원 2024. 3. 12. 선고 2023두50349 판결 등 참조.
2 참고로, 건축법 제57조와 같은 분할면적의 제한 이외에도, 산업집적법 제39조의2 제2항 제1호 등의 경우에도 산업용지에 대한 분할면적의 제한 규정을 두고 있다.

토지에 물건을 적치하는 행위는 허가 대상에서 제외된다. 이미 토지의 이용이 완결되어 건축물이 세워져 있는 토지 내에서는 물건의 적치행위가 달리 토지의 이용 상태에 큰 변동을 주지 않기 때문인 것으로 사료된다.

물건의 장기적치행위의 경우 여타 개발행위들에 비해 건축견련성의 정도가 떨어진다. 개발행위허가운영지침의 경우에도 적치물이 주변 경관이나 환경에 영향을 주는지 여부나 위험성 등에 관심을 두고 있을 뿐, 특별히 입지요건을 엄격하게 고려하고 있지 않다.[1]

제5절 개발행위허가의 법적 성질

I. 강학상 특허

강학상 특허란 '특정 상대방을 위하여 새로 권리나 능력, 법적지위 등을 설정하는 행위'[2]로서 설권적인 행정청의 처분을 의미하는 것이다. 이중에서도 '권리'를 설정하는 행위를 협의의 특허라 부르는데, 실정법에서는 면허, 허가 등의 명칭으로 운용된다. 실정법에서 면허, 허가 등의 용어를 사용한다고 하더라도, 이는 그것의 법적 성질과는 직접적인 연관성이 없는 것이다. 즉 강학상 특허나 허가의 관념은 어디까지나 강학상의 논의이므로 실정법이 어떠한 용어를 사용하는 지와는 상관없다.

개발행위를 통제하는 국토계획법 제56조 제1항의 근거는 헌법 제23조 제1항 내지 제2항, 제122조라 할 수 있다. 공공복리와 사회적 영향을 고려하여 토지재산권의 인정 범위 자체를 법률로서 제한하였고, 개발행위허가는 그러한 한계의 경계선 상에 존재한다. 그렇다면 '개발행위를 할 수 있다는 법적 지위'는 애당초 사인이 토지재산권을 지니고 있다는 사실로부터 곧바로 도출될 수는 없다. 그러한 법적 지위를 설정해줄 고권적인 행위가 필요하며, 그 역할을 개발행위허가가 수행하고 있는 것이라 보아야 한다. 따라서 개발행위허가는 설권적인 행정행위로서 강학상 특허에 해당한다.

---

1 개발행위허가운영지침 3-7-1 입지기준에서는 ① 관련 법규상 제한사항이 없고, ② 자연생태계가 우수한 지역이 아니며, ③ 물건적치로 위험발생, 경관훼손 등이 없고 쉽게 옮길 수 있을 것 등만을 요구하고 있다. 이외에 도로와의 접속 등의 요건은 달리 입지기준으로서 요구되지 않는다.
2 김동희, 행정법 I, 박영사, 제16판, 2010, 285면.

Ⅱ. 재량성

학설상으로는 모든 개발행위허가를 기속행위로 보는 견해,[1] 재량행위로 보는 견해,[2] 개발행위허가의 법적성질을 일률적으로 기속·재량행위로 단정할 수 없다는 견해가 있다.[3] 판례는 토지형질변경허가에 관하여 "형질변경의 허가가 신청된 당해 토지의 합리적인 이용이나 도시계획사업에 지장이 될 우려가 있는지 여부와 공익상 또는 이해관계인의 보호를 위하여 부관을 붙일 필요의 유무나 그 내용 등을 판단함에 있어서 행정청에 재량의 여지가 있다"고 하여 재량행위라 본 바 있다.[4] 이외에도 판례는 산림법상 토석채취허가에 관하여 "신청지 내의 임황과 지황 등에 비추어 국토 및 자연의 보전등에 중대한 공익상 필요가 있을 때에는 허가를 거부할 수 있다"하여 재량성을 인정한 바 있다.[5] 사견으로는 개발행위허가의 도시계획관련성을 고려하면 이는 재량행위로 보아야 한다는 것이 본서의 견해이다.[6]

관련하여, 최근의 대법원 판결은 "제56조 제1항에 따른 개발행위허가요건에 해당하는지 여부는 행정청의 재량판단의 영역에 속하므로, 그에 대한 사법심사는 행정청의 공익판단에 관한 재량의 여지를 감안하여 원칙적으로 재량권의 일탈이나 남용이 있는지 여부만을 대상으로 하고, 사실오인과 비례·평등의 원칙 위반 여부 등이 그 판단 기준이 된다. 또한 행정규칙이 이를 정한 행정기관의 재량에 속하는 사항에 관한 것인 때에는 그 규정 내용이 객관적 합리성을 결여하였다는 등의 특별한 사정이 없는 한 법원은 이를 존중하는 것이 바람직하다"[7]라고 판시하여, 개발행위허가의 재량성을 더욱 분명히 하였으므로 참조할 수 있겠다.

---

1 대표적으로 강현호, 행정법각론, 박영사, 2005, 401면.
2 대표적으로 정태용, 도시계획법, 한국법제연구원, 2001, 273면.
3 대표적으로 김동희, 행정법Ⅱ, 박영사, 제17판, 2011, 485면; 박균성, 행정법론(下), 박영사, 제11판, 2013, 689면; 정하중, 행정법개론, 법문사, 제5판, 2011, 1349면.
4 대법원 1999. 2. 23. 선고 98두17845 판결.
5 대법원 1992. 10. 27. 선고 92누2745 판결.
6 상세한 논의는 저자의 개발행위허가에 관한 연구, 서울대학교 법학전문석사학위논문, 2015. 2., 48면 이하의 논의를 참조하라.
7 대법원 2023. 2. 2. 선고 2020두43722 판결에서 인용.

제57조(개발행위허가의 절차)[1]

제57조(개발행위허가의 절차) ① 개발행위를 하려는 자는 그 개발행위에 따른 기반시설의 설치나 그에 필요한 용지의 확보, 위해(危害) 방지, 환경오염 방지, 경관, 조경 등에 관한 계획서를 첨부한 신청서를 개발행위허가권자에게 제출하여야 한다. 이 경우 개발밀도관리구역 안에서는 기반시설의 설치나 그에 필요한 용지의 확보에 관한 계획서를 제출하지 아니한다. 다만, 제56조제1항제1호의 행위 중 「건축법」의 적용을 받는 건축물의 건축 또는 공작물의 설치를 하려는 자는 「건축법」에서 정하는 절차에 따라 신청서류를 제출하여야 한다. 〈개정 2011. 4. 14.〉
② 특별시장·광역시장·특별자치시장·특별자치도지사·시장 또는 군수는 제1항에 따른 개발행위허가의 신청에 대하여 특별한 사유가 없으면 대통령령으로 정하는 기간 이내에 허가 또는 불허가의 처분을 하여야 한다. 〈개정 2011. 4. 14.〉
③ 특별시장·광역시장·특별자치시장·특별자치도지사·시장 또는 군수는 제2항에 따라 허가 또는 불허가의 처분을 할 때에는 지체 없이 그 신청인에게 허가내용이나 불허가처분의 사유를 서면 또는 제128조에 따른 국토이용정보체계를 통하여 알려야 한다. 〈개정 2011. 4. 14., 2013. 7. 16., 2015. 8. 11.〉
④ 특별시장·광역시장·특별자치시장·특별자치도지사·시장 또는 군수는 개발행위허가를 하는 경우에는 대통령령으로 정하는 바에 따라 그 개발행위에 따른 기반시설의 설치 또는 그에 필요한 용지의 확보, 위해 방지, 환경오염 방지, 경관, 조경 등에 관한 조치를 할 것을 조건으로 개발행위허가를 할 수 있다. 〈개정 2011. 4. 14.〉
[전문개정 2009. 2. 6.]

---

1 본 조의 논의는 저자의 개발행위허가에 관한 연구, 서울대학교 법학전문석사학위논문, 2015. 2., 50 내지 53면의 논의를 발췌하여 재정리한 것임을 밝힌다.

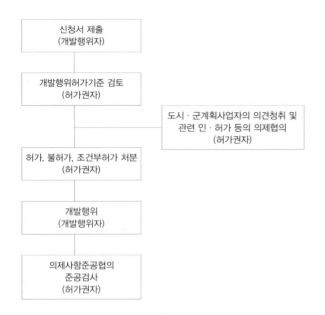

[그림] 개발행위의 절차(개발행위허가운영지침에서 발췌)

Ⅰ. 신청서 제출

개발행위허가를 신청하고자 하는 자는 일정한 서류를 첨부하여 신청서를 특별시장·광역시장·특별자치시장·특별자치도지사·시장 또는 군수(이하 '허가권자'라 한다)에게 제출하여야 한다. 필요한 서류로는 ① 기반시설·위해방지·환경오염방지·경관 등에 관한 계획서(국토계획법 제57조 제1항), ② 토지의 소유권·사용권 증명 서류, ③ 공사 또는 사업 관련 도서, ④ 설계도서, ⑤ 건축물의 용도 및 규모를 기재한 서류, ⑥ 폐지·대체·신설 공공시설 관련 서류, ⑦ 위해방지·환경오염방지·경관·조경 등을 위한 설계도서 및 그 예산내역서(국토계획법 제57조제1항), ⑧ 관계 행정기관의 장과 협의에 필요한 서류 등이 있다.[1]

Ⅱ. 처리기간

허가권자는 위와 같은 형식에 따른 개발행위허가의 신청에 대하여 특별한 사유

---

1 보다 자세한 내용은 개발행위허가운영지침 2-1-2의 (1)항 참조.

가 없으면 15일 내에 허가 또는 불허가의 처분을 하여야 한다(국토계획법 제57조 제2항, 동법 시행령 제54조 제1항). 다만 15일의 산정에 있어 도시계획위원회의 심의를 거쳐야 하거나 관계 행정기관의 장과 협의를 하여야 하는 경우에는 심의 또는 협의기간을 제한다(시행령 제54조 제1항).

이때 처리기간을 도과하였음에도 허가권자가 허가 또는 불허가(거부)처분을 하지 않은 경우 사인이 이를 다툴 수 있는 방법이 문제가 될 수 있다. 일반적인 부작위로 보아 부작위위법확인소송으로 다투어야 하고, 이를 묵시적 거부처분으로 보아 거부처분취소소송으로 다툴 수는 없다고 보아야 한다.[1]

Ⅲ. 조건부허가나 기간의 부기

허가권자는 개발행위에 따른 기반시설의 설치 또는 그에 필요한 용지의 확보·위해방지·환경오염방지·경관·조경 등에 관한 조치를 할 것을 조건으로 공익상 필요성이 인정되는 경우 등[2]에는 개발행위를 조건부로 허가할 수 있다(국토계획법 제57조 제4항). 이는 강학상 부관에 해당한다.

한편, 개발행위허가에 '사업기간'을 부기하는 경우가 있는바 이 경우 사업기간이 개발행위허가의 유효기간이 되는지가 실무상 문제가 되기도 한다. 특히 국토계획법 시행규칙이 정하는 별지 서식에 사업기간을 기재하도록 되어 있다보니 이와 같은 문제가 발생한다. 관련하여 법제처는 개발행위를 하려는 자가 허가받은 사업기간은 개발행위허가의 유효기간으로 볼 수 없다는 견해를 취하고 있다.[3] 다만, 위와 같은 사업기간의 의미로서가 아니라, 행정청이 진정한 의사로 '유효기간'으로 할 의도에서 이를 명확하게 부관으로 부기한 경우에는 유효기간으로 보아야 할 것이다. 개발

---

1 처분의 처리기간을 규정하고 있는 입법례는 많으나, 그 기간을 도과한 경우에 이를 묵시적 거부처분으로 보거나 간주거부로 보아 거부처분취소소송을 제기할 수 있기 위해서는 추가적인 규정이 필요하다. 예컨대 구 공공기관의 정보공개에 관한 법률(2013. 8. 6. 법률 제11991호로 개정되기 전의 것) 제11조 제5항의 경우 처리기간을 도과한 경우 거부처분으로 간주하는 규정을 두었고, 국세기본법 제45조의2 제3항의 경우 2개월의 기간 이후에는 불복절차를 밟을 수 있도록 하였다. 후자의 경우 전자와 같은 거부처분으로 본다는 규정은 없으나, 판례는 이 경우 경정청구거부처분으로 보아 취소소송을 인정하고 있다.

2 ① 공익상 또는 이해관계인의 보호를 위하여 필요하다고 인정될 때 ② 당해 행위로 인하여 주변의 환경·경관·미관 등이 손상될 우려가 있을 때 ③ 역사적·문화적·향토적 가치가 있거나 원형보전의 필요가 있을 때 ④ 조경·재해예방 등 조치가 필요한 때 ⑤ 관계 법령의 규정에 의하여 공공시설 등이 행정청에 귀속될 때 등이 이에 해당한다(개발행위허가운영지침 2-1-7의 (2)항).

3 법제처 2017. 10. 17. 회신 17-0393 해석례.

행위허가는 재량이므로 원칙적으로 부관을 붙일 수 있는 처분이기 때문이다.

Ⅳ. 개발행위허가의 신청권자

법률의 문언만 놓고 본다면 개발행위허가는 "개발행위를 하려는 자"(국토계획법 제56조 제1항, 제57조 제1항)가 신청하여야 하는 것으로 되어 있으므로, ① 반드시 토지소유권이나 사용권을 확보한 상태에서만 개발행위를 신청할 수 있는 것인지, ② 아니면 장래에 소유권이나 사용권을 확보할 것에 대비하여 그 이전 단계에서도 미리 신청할 수 있는 것인지 논란의 소지가 있다.

관련하여, 국토계획법 시행규칙 제9조 제1항 제1호는 명시적으로 토지소유권이나 사용권에 관한 서류를 개발행위허가의 신청서류로 요구하고 있고, 개발행위허가운영지침 2-1-2.의 (1)의 ②항 또한 이러한 시행규칙의 조문내용을 그대로 반복하고 있다. 그런데 시행규칙 제9조를 살펴보면 국토계획법 제57조 제1항을 인용하고 있는데, 정작 동법 제57조 제1항이나 개발행위허가에 관한 제56조 등에서는 신청의 방법 및 절차에 관하여 하위법령에 위임하는 규정을 명시적으로 두고 있지 아니하다. 즉 소유권 및 사용권의 증빙을 요구하는 시행규칙 제9조의 근거나 권원이 무엇인지 모호한 측면이 있다.

그러나 개발행위허가 제도의 성격을 고려하면 이와 같이 소유권 및 사용권의 증빙을 요구하는 시행규칙의 태도는 타당하다고 사료되기는 한다. 앞서 설명한대로 개발행위허가의 본질은 '토지의 개발가능성'과 같이 그 도시계획적 지위에 직접적인 영향을 미치는 것이므로[1] 토지에 대한 일정한 권원을 취득하지 아니한 자가 마음대로 그 지위의 취득이나 변경을 신청할 수 있도록 두는 것은 타당하지 않다. 더욱이 전술한 바와 같이 개발행위허가의 취득 여부가 지목의 변경행위와 같은 다른 공법적 행위의 직접적인 근거 또는 원인이 되는 것인 만큼 토지에 대한 직접적인 권원이 부존재한 상태에서 이를 허용하는 것 또한 자연스럽지 않다.

한편, 시행규칙 제9조나 개발행위허가운영지침은 반드시 '소유권'을 취득할 것을 요구하고 있지 아니하므로, 적법한 '사용권원'을 취득한 상태라면 개발행위허가의 신청이 가능하다. 그러한 의미에서 토지의 위탁자가 수탁자와의 관계에서 토지의 사용에 관한 권원 또는 근거를 취득하고 있는 경우라면, 위탁자의 지위에서 개

---

1 개발행위허가(형질변경허가)가 토지의 건축허용성 부여에 관여해왔다는 점에 대해서는 김종보, 건축허용성의 부여와 반영. 서울대학교 법학, 53(3), 2012, 145면 등의 논의 참조.

발행위허가를 신청하는 것 또한 가능하다고 보는 것이 타당하다고 사료된다. 관련하여 산지관리법상 산지전용허가에 관한 것이기는 하나 법제처는 산지가 담보신탁된 사례에서 "담보 가치를 훼손하지 않는 범위라면 위탁자를 해당 산지의 소유자로 볼 수 있"고 그 지위에서 산지전용허가를 취득하는 것이 가능하다는 견해를 취하였으므로 참조할 수 있겠다.[1]

다만, 시행규칙이나 개발행위허가운영지침은 개발행위허가를 의제하는 다른 법률에서 소유권 및 사용권 확보에 대하여 달리 정하는 경우에는 그에 따르도록 하고 있으므로 주의를 요한다. 개발행위허가를 의제하는 건축허가의 경우, 건축법이나 그 관계법령에서 건축허가신청에 대한 소유권 및 사용권 등에 관한 규율을 두고 있다면 이를 준수하여야만 개발행위허가 또한 신청할 수 있게 된다는 의미이다. 참고로 법제처는 분양을 목적으로 한 공동주택에 대한 건축허가와 관련하여 대지를 담보신탁한 상태에서 위탁자는 건축허가를 신청할 수 없다는 견해를 취하였는데, 이는 건축법이 분양을 목적으로 한 건축물에 관하여 마련하고 있는 일련의 규율(구 건축법 시행규칙 제6조 제1항 제1호 등)의 취지해석 등에 따른 결론이다.[2]

---

1 법제처 2011. 8. 19. 회신 11-0329 해석례에서 인용 및 참조.
2 법제처 2016. 11. 21. 회신 16-0509 해석례에서 인용하고 참조.

제58조(개발행위허가의 기준)

제58조(개발행위허가의 기준) ① 특별시장 · 광역시장 · 특별자치시장 · 특별자치도지 사 · 시장 또는 군수는 개발행위허가의 신청 내용이 다음 각 호의 기준에 맞는 경우에 만 개발행위허가 또는 변경허가를 하여야 한다. 〈개정 2011. 4. 14., 2013. 7. 16., 2021. 1. 12.〉

1. 용도지역별 특성을 고려하여 대통령령으로 정하는 개발행위의 규모에 적합할 것. 다만, 개발행위가 「농어촌정비법」 제2조제4호에 따른 농어촌정비사업으로 이루 어지는 경우 등 대통령령으로 정하는 경우에는 개발행위 규모의 제한을 받지 아니 한다.
2. 도시 · 군관리계획 및 성장관리계획의 내용에 어긋나지 아니할 것
3. 도시 · 군계획사업의 시행에 지장이 없을 것
4. 주변지역의 토지이용실태 또는 토지이용계획, 건축물의 높이, 토지의 경사도, 수목 의 상태, 물의 배수, 하천 · 호소 · 습지의 배수 등 주변환경이나 경관과 조화를 이 룰 것
5. 해당 개발행위에 따른 기반시설의 설치나 그에 필요한 용지의 확보계획이 적절할 것

② 특별시장 · 광역시장 · 특별자치시장 · 특별자치도지사 · 시장 또는 군수는 개발행위허 가 또는 변경허가를 하려면 그 개발행위가 도시 · 군계획사업의 시행에 지장을 주는지 에 관하여 해당 지역에서 시행되는 도시 · 군계획사업의 시행자의 의견을 들어야 한다. 〈개정 2011. 4. 14., 2013. 7. 16.〉

③ 제1항에 따라 허가할 수 있는 경우 그 허가의 기준은 지역의 특성, 지역의 개발상 황, 기반시설의 현황 등을 고려하여 다음 각 호의 구분에 따라 대통령령으로 정한다. 〈개정 2011. 4. 14.〉

1. 시가화 용도: 토지의 이용 및 건축물의 용도 · 건폐율 · 용적률 · 높이 등에 대한 용도 지역의 제한에 따라 개발행위허가의 기준을 적용하는 주거지역 · 상업지역 및 공업 지역
2. 유보 용도: 제59조에 따른 도시계획위원회의 심의를 통하여 개발행위허가의 기준 을 강화 또는 완화하여 적용할 수 있는 계획관리지역 · 생산관리지역 및 녹지지역 중 대통령령으로 정하는 지역
3. 보전 용도: 제59조에 따른 도시계획위원회의 심의를 통하여 개발행위허가의 기준 을 강화하여 적용할 수 있는 보전관리지역 · 농림지역 · 자연환경보전지역 및 녹지지 역 중 대통령령으로 정하는 지역

④ 특별시장 · 광역시장 · 특별자치시장 · 특별자치도지사 · 시장 또는 군수는 난개발 방 지와 지역특성을 고려한 계획적 개발을 유도하기 위하여 필요한 경우 대통령령으로 정하는 바에 따라 개발행위의 발생 가능성이 높은 지역을 대상지역으로 하여 기반시

설의 설치·변경, 건축물의 용도 등에 관한 관리방안(이하 "성장관리방안"이라 한다)을 수립할 수 있다. 〈신설 2013. 7. 16.〉

⑤ 특별시장·광역시장·특별자치시장·특별자치도지사·시장 또는 군수는 성장관리방안을 수립하거나 변경하려면 대통령령으로 정하는 바에 따라 주민과 해당 지방의회의 의견을 들어야 하며, 관계 행정기관과의 협의 및 지방도시계획위원회의 심의를 거쳐야 한다. 다만, 대통령령으로 정하는 경미한 사항을 변경하는 경우에는 그러하지 아니하다. 〈신설 2013. 7. 16., 2017. 4. 18.〉

⑥ 특별시장·광역시장·특별자치시장·특별자치도지사·시장 또는 군수는 성장관리방안을 수립하거나 변경한 경우에는 관계 행정기관의 장에게 관계 서류를 송부하여야 하며, 대통령령으로 정하는 바에 따라 이를 고시하고 일반인이 열람할 수 있도록 하여야 한다. 〈신설 2013. 7. 16.〉

[전문개정 2009. 2. 6.]
[제목개정 2013. 7. 16.]

Ⅰ. 개발행위허가의 기준

1. 해석상의 재량

국토계획법 제58조는 개발행위허가의 기준에 대하여 규정하고 있고, 이를 구체화한 것이 동법 시행령 제56조 및 별표 1의2 이다. 동 별표는 '1. 분야별 검토사항'이라 하여 개발행위의 태양에 상관없이 공통적으로 검토하여야 할 내용들을 규정하고 있는데, 대체로 도시·군관리계획이나 도시·군계획사업에 저촉되지 않을 것, 주변지역과의 관계, 기반시설의 요부 등 이다.[1] 대체로 이와 같은 기준들은 도시계획적 판단을 고려하라는 요구가 포함되어 있는 것으로 해석할 수 있고, 따라서 본 조만 보더라도 개발행위허가 도시계획판단이 필요한 재량행위임을 알 수 있다. 대법원 또한 본 조 제1항의 각 기준들이나 요건들이 "불확정개념으로 규정된 부분이 많아 그 요건에 해당하는지 여부는 행정청의 재량판단의 영역에 속한다"는 견해를 취하고 있다.[2]

---

1 저자의 개발행위허가에 관한 연구, 서울대학교 법학전문석사학위논문, 2015. 2., 91면에서 발췌.
2 대법원 2020. 7. 23. 선고 2019두31839 판결. 해당사안에서는 "환경의 훼손이나 오염을 발생시킬 우려"와 같은 기준의 심사가 문제되었는데, 대법원은 "해당 지역 주민들의 토지이용실태와 생활환경 등 구체적 지역 상황과 상반되는 이익을 가진 이해관계자들 사이의 권익 균형 및 환경권의 보호에 관한 각종 규정의 입법 취지 등을 종합하여 신중하게 판단하여야 한다. '환경오염 발생 우려'와 같이 장래에 발생할 불확실한 상황과 파급효과에 대한 예측이 필요한 요건에 관한 행정청의 재량적 판단은 그 내용이 현저히 합리성을 결여하였다거나 상반되는 이익이나 가치를 대비해 볼

국토계획법 제58조가 개발행위허가의 '기준'이라는 제목을 가지고 있으나, 이는 '요건'이라는 표현이 더 적절한 것일 수 있다. 다만 건축허용성의 판단 '기준'이 된다는 측면에서는 요건이라기보다는 도시계획적 재량 행사의 '기준'이라 표현하는 것이 옳을 수 있다는 의견도 있다.[1][2]

2. 본 조의 적용범위

국토계획법 제58조는 동법 제56조 제1항 각호에서 정하는 개발행위에 대하여 적용되는 것이다. 건축법상 용도변경(건축법 제19조 제2항 제1호)의 경우 개발행위에 해당하지 않는다는 종래 법제처의 견해를 전제하면 동조가 적용되지 않을 것이나[3] 하급심 판결례 중 용도변경이 개발행위라는 취지의 입장을 취한 것이 발견되므로 논란의 소지가 있다.[4] 관련하여 본서의 제56조 논의 부분을 참조하라.

한편, 개발행위에는 일정한 경우의 토지분할도 포함되어 있는데, 이 경우 법원의 공유물분할의 확정판결이 내려졌다고 하더라도, 행정청은 본 조의 기준을 들어 개발행위(토지분할)허가를 거부할 수 있고,[5] 이는 재량이다. 공유물분할판결은 오로지 민사적 관계에 관한 것이므로, 이를 이유로 행정청의 공법적 판단 권한을 빼앗을 수는 없는 것이므로 타당하다. '토지분할'의 경우 1필지 1대지 원칙[6]에 따라 그 자체로 건축물이 등장할 수 있는 대지 또는 획지의 단위에 영향을 미칠 수 있는 것이고, 앞서 제56조에 관한 논의에서 살펴본 바와 같이 개발행위허가 대상으로 삼고 있는 토지분할행위들은 나름의 도시계획적 영향관계를 고려하여 규율의 대상으

때 형평이나 비례의 원칙에 뚜렷하게 배치되는 등의 사정이 없는 한 폭넓게 존중하여야 한다."라고 하여 최대한 행정청의 판단을 존중하는 방향으로 판단하여야 한다는 원칙을 설시하였다. 이는 종전부터 이어져오던 견해인데(대법원 2017. 3. 15. 선고 2016두55490 판결; 대법원 2017. 6. 19. 선고 2016두30866 판결 등 참조) 이러한 판례의 경향으로 개발행위허가에 대한 위법성을 다투는 것은 더욱 어렵게 되었다고 보더라도 과언이 아니다.

1 저자의 개발행위허가에 관한 연구, 서울대학교 법학전문석사학위논문, 2015. 2., 129면에서 발췌.
2 이에 관하여는 김종보, 토지형질변경허가의 법적 성질, 행정판례연구 XI, 2006, 406면 내지 407면 참조.
3 법제처 2019. 3. 13. 회신 18-0637 해석례. "따라서 「건축법」 제19조제2항제1호에 따라 건축물의 용도변경을 하려는 이 사안의 경우 「건축법」, 국토계획법(제58조를 제외한 용도 제한 관련 규정), 도시·군계획조례 등 개별 법령 및 관련 조례에 따라야 함은 별론으로 하더라도 국토계획법 제58조제4항에 따라 수립된 성장관리방안의 내용에서 정한 용도제한이 용도변경 허가의 기준으로는 적용되지 않는다고 해석하는 것이 타당합니다."
4 수원지방법원 2018. 9. 13 선고 2018구합64932 판결.
5 대법원 2013. 7. 12. 선고 2012두28582 판결; 대법원 2013. 7. 11. 선고 2013두1621 판결.
6 건축법 제2조 제1항 제1호 참조 ""대지(垈地)"란 「공간정보의 구축 및 관리 등에 관한 법률」에 따라 각 필지(筆地)로 나눈 토지를 말한다."

로 삼고 있는 것이므로, 이 또한 도시계획적 판단이 개입될 수밖에 없는 성질의 것이어서 재량행위에 속한다고 봄이 타당하다.

한편, 특수한 경우 ― 곧, 국토계획법에 의한 제한보다는 산림과 같이 별도의 법령에 의한 특유의 규율이 존재하는 토지들에 대하여는 본 조가 적용되지 않는다. 국토계획법 제56조 제3항 및 개발행위허가운영지침 1-4-2.항은 개발행위허가의 대상을 정하면서, ① 도시지역 및 계획관리지역안의 산림에서의 임도의 설치와 사방사업에 관하여는 각각 「산림자원의 조성 및 관리에 관한 법률」과 「사방사업법」에 따르도록 하고 있고, ② 보전관리지역·생산관리지역·농림지역 및 자연환경보전지역안의 산림에서 토지형질변경(농업·임업·어업을 목적으로 하는 토지의 형질 변경만 해당) 및 토석채취에 관하여는 「산지관리법」에 따르도록 정하고 있다. 즉 개발행위허가의 대상에 명시적으로 위 각 행위들을 제외하고 있는 것이다.

관련하여 국토교통부는 '농림지역의 보전산지(임업용산지)에서'의 개발행위와 관련하여 국토계획법상 개발행위허가가 필요한지, 아니면 산지관리법상의 인허가가 필요한지가 문제된 질의에서 "농림지역 중 보전산지[1]인 경우에는 산지관리법에 따른 행위제한을 따르도록 규정하고 있는바, 귀 진입도로 개설가능여부에 대해서는 산지관리법을 담당하고 있는 산림청에 문의하시기 바랍니다"라는 입장을 취하였는데,[2] 일견 위 각 규정에 해당하는 사항들에 대하여는 개발행위허가 제도 자체가 개입하지 않는다는 취지의 입장을 취하고 있는 것으로 풀이된다. 참고로, 해당 조문의 내용에서 살펴볼 수 있듯이 산림이라 하더라도 위치한 용도지역의 내용이나 개발 목적에 따라 개발행위허가 필요 여부는 달라질 수 있다. 산지라 하더라도 위 각 용도지역에 해당하지 않는 곳에서는 개발행위허가를 받아야만 하고, 농업·임업·어업을 목적으로 하지 않는 경우라면 이 역시 개발행위허가를 받아야만 한다.

이외에도, 개발행위의 규모에 관하여 정하는 본조 제1항 제1호의 경우 동호 단서에 해당하는 개발행위에 대해서는 개발행위 규모 제한을 배제한다. 관련하여 국토계획법 시행령 제55조 제3항 제3호는 "초지조성, 농지조성, 영림 또는 토석채취

---

[1] 참고로, 용도지역 및 용도지구에서의 건축물의 건축 제한에 관하여 정하고 있는 국토계획법 제76조 제5항 제3호는 농림지역 중 보전산지에 대하여 산지관리법이 정하는 바에 따르도록 규정하고 있는데, 본 질의회신례는 당해 조문에 기초하여 '보전산지'를 특정하여 위와 같은 결론을 회신한 것으로 보인다. 다만, 개발행위허가운영지침 1-4-2.항은 개발행위허가 대상을 정하면서 특별히 보전산지와 준보전산지를 구분하고 있지는 아니하므로, 농림지역 내의 준보전산지의 경우에도 같은 결론이 이르러야 한다는 것이 저자의 사견이다.

[2] 도시정책과-5273, 2012.08.16. 참조.

를 위한 경우"를 열거하고 있는데, 법제처는 "이미 조성된 농작물 경작지에 농로의 부지를 조성하기 위하여 토지를 형질변경하는 것" 또한 '농지조성'에 해당한다고 하여 유연한 입장을 취하였는데, 주로는 농지법이 '농로의 부지'를 농지로 전제하고 있는 점에 근거하였다.[1]

Ⅱ. 해석상의 쟁점

1. 도시계획사업과 개발행위허가의 거부

본조 제1항 제3호는 "도시·군계획사업의 시행에 지장이 없을 것"을 개발행위허가의 기준으로 규정하고 있다. 이 경우 도시계획시설결정 등이 고시되어 있을 필요는 없으나, 대법원은 "도시·군계획사업에 관한 구역 지정 절차 내지 도시·군관리계획 수립 등의 절차가 구체적으로 진행되고 있"[2]다면 이를 동호에 따른 개발행위허가 거부사유로 삼을 수 있다고 보고 있다.

한편, 본조 제1항 제3호에 따라 개발행위허가를 거부할 수 있는 범위는 어디까지나 '시행에 지장을 주는' 범위까지이다. 따라서 개발행위의 구체적인 내용이나 양태 등에 따라 시행에 지장을 주지 않는 행위라면 동호에 따라 거부되지 못한다고 보아야 한다.

2. 규모 기준의 적용

본조 제1항 제1호는 '대통령령으로 정하는 개발행위의 규모에 적합할 것'을 요건으로 정하고 있는데, 이 경우 만일 연접한 필지들에 대해서 개별적으로 개발행위허가를 신청한 경우 규모 기준을 판단함에 있어서 양 면적을 합산해야 하는지 여부가 문제될 수 있다. 관련하여 법제처는 "허가권자는 원칙적으로 각 필지별로 개발행위 규모를 산정해야 하나, 구체적·개별적 사안에 따라 각 개발행위의 목적, 연접한 필지의 개발행위 등을 종합적으로 고려하여 국토계획법 시행령 제55조제1항에 따른 개발행위의 규모를 산정할 수 있다"는 입장을 취하였다.[3] 법제처는 2011년 시행령 개정으로 연접개발 제한 규정이 삭제되었음에도[4] 여전히 행정청이 재

---

1 법제처 2023. 6. 15. 회신 23-0178 해석례에서 인용하고 참조.
2 대법원 2021. 4. 29. 선고 2020두55695 판결에서 인용.
3 법제처 2018. 1. 29. 선고 17-0642 해석례.
4 법제처 2018. 1. 29. 선고 17-0642 해석례는 "개발행위 허가 여부를 재량적으로 판단하게 하려는 것이지, 반드시 각각의 개발행위로 보아 그 개별면적을 합산하지 않도록 하려는 취지는 아니"라고

량껏 판단하여 이를 하나의 개발행위로 볼 것인지를 결정할 수 있다고 본 것이다.

3. 개발행위허가운영지침의 구속력

본조 제3항의 위임에 따라 국토계획법 시행령 제56조 제1항 및 별표 1의2는 개발행위허가의 구체적인 기준에 대하여 정하고 있다. 아울러 시행령 제56조 제4항은 "제1항의 개발행위허가기준에 대한 세부적인 검토기준을 정할 수 있다"라고 정하고 있고, 그에 따라 국토교통부훈령으로 개발행위허가운영지침이 마련되어 있다. 이때 개발행위허가운영지침의 대외적 구속력이 쟁점이 될 수 있는데, 특히 이는 해당 지침의 내용만을 곧바로 처분사유로 삼을 수 있는지 여부 및 해당 지침의 내용으로 개발행위허가 또는 거부처분의 적법성을 판단할 수 있는지와 연관될 수 있다. 관련하여 대법원은 "상급행정기관인 국토교통부장관이 소속 공무원이나 하급행정기관에 대하여 개발행위허가업무와 관련하여 국토계획법령에 규정된 개발행위허가기준의 해석·적용에 관한 세부 기준을 정하여 둔 행정규칙에 불과하여 대외적 구속력이 없다"고 하면서 "행정처분이 위 지침에 따라 이루어졌더라도, 해당 처분이 적법한지는 국토계획법령에서 정한 개발행위허가기준과 비례·평등원칙과 같은 법의 일반원칙에 적합한지 여부에 따라 판단해야 한다"는 견해를 취하였다.[1]

4. 개발행위허가 기준의 조례로의 구체화

지방자치단체들의 경우 도시계획 조례를 통해 개발행위허가와 관련한 보다 구체적인 기준들을 조례로 정하는 것이 가능한지 및 그러한 조례의 효력이 쟁점이 될 수 있다. 현행 국토계획법 시행령 별표 1의2 곳곳에서는 조례로서 개발행위허가의 기준을 구체화할 수 있는 위임의 근거가 마련되어 있지만, 그러한 위임규정이 없는 사항에 대해서도 조례로 이를 정할 수 있는지가 문제된다. 관련하여 대법원 판결례 중에는 국토계획법령이 개발행위허가 기준을 매우 추상적으로만 제시하고 있는 조문 자체가 해당 사항에 대하여 보다 구체화된 규율을 하는 조례의 위임근거가 될 수 있다는 견해를 취한 바 있다.[2] 해당 판결은 "개발행위허가에 관하여 지방자치단체장이 가지는 이러한 광범위한 재량은, 지방자치단체가 개발행위허가에

설명하였다.
1 이상 대법원 2023. 2. 2. 선고 2020두43722 판결에서 인용.
2 대법원 2019. 10. 17. 선고 2018두40744 판결에서 인용하고 참조.

관한 세부기준을 조례로 정함에 있어서도 마찬가지로 인정된다고 보아야 한다"라고 판시하여 조례로 제정할 수 있는 범위를 매우 유연하고 폭넓게 보았다.[1]

Ⅲ. 도시계획사업시행자의 의견청취[2]

허가권자가 개발행위허가를 하고자 하는 때에는 당해 개발행위가 도시·군계획사업의 시행에 지장을 주는지의 여부에 관하여 당해 지역 안에서 시행되는 도시·군계획사업 시행자의 의견을 들어야 한다(국토계획법 제58조 제2항).

이 밖에 개발행위허가발급 자체에 관하여 주민을 대상으로 하는 의견청취절차는 국토계획법이 달리 규정하고 있지 않다. 종래 계획적 개발 유도의 취지에서 개발행위의 발생 가능성이 높은 지역을 대상으로 하여 이른바 '성장관리방안'을 수립할 수 있도록 하는 조문이 본조에 포함되어 있었는데, 그러한 구법 시절에는 성장관리방안의 수립과 관련하여 주민·지방의회의 의견청취절차를 거치도록 규정되어 있었다(동조 제5항). 그러나 현재 성장관리방안은 성장관리계획으로 제도가 대체되어 별도의 계획 수립 절차에 관한 조문이 마련되어 있으므로, 본조에서는 더 이상 그에 관한 절차를 마련하고 있지 않다.

---

1 대법원 2019. 10. 17. 선고 2018두40744 판결에서 인용하고 참조.
2 저자의 개발행위허가에 관한 연구, 서울대학교 법학전문석사학위논문, 2015. 2., 51면에서 발췌.

제59조(개발행위에 대한 도시계획위원회의 심의)[1]

제59조(개발행위에 대한 도시계획위원회의 심의) ① 관계 행정기관의 장은 제56조제1항제1호부터 제3호까지의 행위 중 어느 하나에 해당하는 행위로서 대통령령으로 정하는 행위를 이 법에 따라 허가 또는 변경허가를 하거나 다른 법률에 따라 인가·허가·승인 또는 협의를 하려면 대통령령으로 정하는 바에 따라 중앙도시계획위원회나 지방도시계획위원회의 심의를 거쳐야 한다. 〈개정 2013. 7. 16.〉

② 제1항에도 불구하고 다음 각 호의 어느 하나에 해당하는 개발행위는 중앙도시계획위원회와 지방도시계획위원회의 심의를 거치지 아니한다. 〈개정 2011. 4. 14., 2013. 7. 16., 2015. 7. 24., 2021. 1. 12.〉

1. 제8조, 제9조 또는 다른 법률에 따라 도시계획위원회의 심의를 받는 구역에서 하는 개발행위
2. 지구단위계획 또는 성장관리계획을 수립한 지역에서 하는 개발행위
3. 주거지역·상업지역·공업지역에서 시행하는 개발행위 중 특별시·광역시·특별자치시·특별자치도·시 또는 군의 조례로 정하는 규모·위치 등에 해당하지 아니하는 개발행위
4. 「환경영향평가법」에 따라 환경영향평가를 받은 개발행위
5. 「도시교통정비 촉진법」에 따라 교통영향평가에 대한 검토를 받은 개발행위
6. 「농어촌정비법」 제2조제4호에 따른 농어촌정비사업 중 대통령령으로 정하는 사업을 위한 개발행위
7. 「산림자원의 조성 및 관리에 관한 법률」에 따른 산림사업 및 「사방사업법」에 따른 사방사업을 위한 개발행위

③ 국토교통부장관이나 지방자치단체의 장은 제2항에도 불구하고 같은 항 제4호 및 제5호에 해당하는 개발행위가 도시·군계획에 포함되지 아니한 경우에는 관계 행정기관의 장에게 대통령령으로 정하는 바에 따라 중앙도시계획위원회나 지방도시계획위원회의 심의를 받도록 요청할 수 있다. 이 경우 관계 행정기관의 장은 특별한 사유가 없으면 요청에 따라야 한다. 〈개정 2011. 4. 14., 2013. 3. 23.〉

[전문개정 2009. 2. 6.]

I. 이른바 대규모 개발행위 심의의 대상

1. 제도의 의의

관계 행정기관의 장은 ① 건축행위, ② 토지형질변경, ③ 토석채취에 관해 개발

---

[1] 저자의 개발행위허가에 관한 연구, 서울대학교 법학전문석사학위논문, 2015. 2., 52면, 127면에서 발췌하여 재정리, 보충, 보완한 것이다.

행위허가를 할 때 일정한 경우 중앙도시계획위원회나 지방도시계획위원회의 심의를 거쳐야 한다(국토계획법 제59조 제1항). 심의의 대상은 동법 시행령 제57조 제1항에서 상세하게 정하고 있는데, 대표적으로 ① 건축물의 건축 또는 공작물의 설치를 목적으로 하는 토지의 형질변경 중 시행령에서 정하는 개발행위허가에 의할 수 있는 개발행위 규모의 기준을 상회하는 경우와 ② 부피 3만세제곱미터 이상의 토석채취 등이 있다(동법 시행령 제57조 제1항). 달리 말하면, 본 조에 의하여 심의대상이 되는 행위들은 개발행위 중에서도 토지의 개발가능성의 변화에 연관되는 정도가 큰 것들로서, 통상 개발행위허가로 개발할 수 있는 규모를 초과한 이례적인 것들에 해당한다. 이러한 행위들은 도시계획적 영향 또는 파급력이 그보다 적은 규모의 개발행위들에 비하여 큰 편이므로, 필요적으로 중앙 또는 지방도시계획위원회의 심의를 거치도록 한 것이다.

법제처 해석례에서는 본 조의 심의가 아니라, 본 조의 심의 대상에서 명시적으로 제외되는 시행령 제57조 제1항 단서[1]의 경우에 대하여 "개발행위규모초과 심의"[2]라는 명칭으로 명명한 것이 발견된다. 그런데 본 조의 심의 또한 기본적으로 법령이 정한 개발행위의 규모를 상회하거나 특별히 대규모인 경우에 대한 것이므로 본질에 있어서는 본 조의 심의 또한 '개발행위규모초과 심의'라고 부를만하다. 그러나 법제처가 시행령 제57조 제1항 단서의 경우만을 개발행위규모초과 심의라 명명한 것을 존중하여, 본서에서는 본 조의 심의를 '대규모 개발행위 심의'라고 명명하고자 한다.

2. 단일용도 건축의 예외 – 이른바 개발행위규모초과 심의

가. 개발행위규모초과 심의의 의의

시행령 제57조 제1항 단서는 토지형질변경 중에서도 일정한 경우에는 시·도 또는 대도시 도시계획위원회 심의를 거치는 것으로 본 조의 개발행위규모초과 심의를 대체할 수 있도록 허용하고 있다. 그 대상들은 비록 개발행위의 규모가 크다고 하더라도 '단일한' 용도의 건축물만을 건축하는 행위와 같이 상대적으로 도시계획적 파급력이 상대적으로 간명한 것들로(국토계획법 시행령 제55조 제3항 제3호의2 각호 참조), 복합용도의 개발행위에 비해 비교적 통제의 필요성이 낮은 반면 개발행위규모 이하의 통상적인 경우에 비해서는 통제의 필요성이 높다고 할 수 있다.

---

1 국토계획법 제58조 제1항 제1호 단서 및 시행령 제55조 제3항 제3호의2 모두 같은 것을 지칭한다.
2 법제처 2021. 6. 29. 회신 21-0189 해석례.

법제처는 이러한 예외적인 경우의 시·도 또는 대도시 도시계획위원회 심의를 '개발행위규모초과 심의'라고 명명하면서, "실제 개발행위허가권이 있는 지방자치단체에 설치된 도시계획위원회가 아닌 시·도도시계획위원회에서 실시하도록 한 것은 개발행위규모 제한 적용 여부를 결정할 때 개발행위와 도시·군관리계획과의 조화 등이 고려될 수 있도록 도시·군관리계획의 결정권을 가진 시·도에 소속된 도시계획위원회의 독립된 판단을 받도록 하려는 취지"라고 하여 개발행위규모초과 심의의 취지를 설명하고 있다.[1]

나. 개발행위규모초과 심의의 적용범위

한편, 위 법제처 해석례는 "다른 법률에 따라 개발행위허가가 의제되는 경우 도시계획위원회의 심의를 생략할 수 없는 것과 마찬가지로 개발행위규모초과 심의의 대상인 경우에는 해당 심의 과정을 생략할 수 없다"[2]라고 하여 마치 개발행위규모초과 심의가 다른 법률에 따라 진행되는 개발사업에 대하여도 일률적으로 적용되어야 한다고 오인할 수 있는 표현을 사용하고 있는바, 개발행위규모초과 심의의 적용 범위가 실무상 쟁점이 될 수 있다.

현행법이 개발행위규모초과 심의에 관한 조문의 체계를 다소 모호하게 설정하고 있는 것은 사실이다. 개발행위규모초과 심의는 ① 국토계획법 제58조 제1항 제1호 단서에 따라 동법이 정한 개발행위허가의 형질변경면적 상한을 초과할 수 있기 위한 절차적 요건인 동시에,[3] ② 국토계획법 제59조 제1항에서 요구하는 대규모 개발행위에 대한 심의를 '대체'할 수 있는 절차로서의 의미를 지닌다(동법 시행령 제57조 제1항 제1호 단서).

그런데 법은 ②와 같이 개발행위규모초과 심의와 '대체' 관계에 있는 국토계획법 제59조 제1항의 '대규모 개발행위 심의'에 대해서는 타 법령상의 도시계획위원회 심의로 이를 다시금 대체할 수 있도록 하고 있으나(국토계획법 제59조 제2항), 이 경우 같은 근거에 의하여 '개발행위규모초과 심의' 또한 타 법령상의 도시계획심의로 대체될 수 있는 것인지에 대해서는 침묵하고 있다. 나아가 국토계획법령은 개발행위규모초과 심의에 관한 국토계획법 제58조 제1항 제1호 단서와(위 ①의 경우), 대규모 개발행위 심의와의 관계에 관한 동법 시행령 제57조 제1항 제1호 단서(위

---

1 법제처 2021. 6. 29. 회신 21-0189 해석례에서 인용하고 참조.
2 법제처 2021. 6. 29. 회신 21-0189 해석례에서 인용.
3 이는 법제처 2021. 6. 29. 회신 21-0189 해석례에서 명시적으로 설정하고 있는 사항이다.

②의 경우)가 서로 어떠한 관계에 있는 것인지에 대해서도 아무런 언급을 하고 있지 아니하다. 이와 같은 법령의 모호한 규율 때문에 법제처는 특별히 예외적인 경우를 예정하거나 유보하지 아니한 채 "개발행위규모초과 심의의 대상인 경우에는 해당 심의 과정을 생략할 수 없다"[1]라는 다소 단언적인 표현을 사용한 것으로 추측된다.

그러나 국토계획법 제59조 제1항의 '대규모 개발행위 심의'와 '개발행위규모초과 심의'는 법에서 정하고 있는 개발행위허가의 면적기준을 초과하는 경우에 대하여 도시계획심의를 거치도록 하는 제도라는 점에서 그 본질이나 기능, 취지에 있어 차이가 있다고 보기가 어렵다. 법문의 구조를 보면, 단지 '개발행위규모초과 심의'는 '대규모 개발행위 심의' 대상 중에서 단일용도의 건축물을 개발하는 다소 간단한 경우에 대하여 심의의 기관만을 달리한 정도에 지나지 아니하다. 그렇다면, '대규모 개발행위 심의'에 대한 예외를 규정하고 있는 국토계획법 제59조 제2항 각호의 규정들을 '개발행위규모초과 심의'에 대하여 배제할 합리적인 필요성을 찾기가 어렵다.

더욱이, 국토계획법 제59조 제2항 제1호와 같이 타 법령에 따른 도시계획위원회 심의가 이루어지는 경우는 특정 종류의 대규모 개발사업에 대한 단계적 계획의 수립과 그에 수반한 각종 심의가 이루어지는 경우를 지칭하는 것으로 이해되는데, 이러한 경우 이미 개발규모와 내용에 대한 심의가 이루어질 것이 예정된 이상 그에 더하여 '개발행위규모초과 심의'를 요구하는 것은 절차의 중복에 지나지 않는다. 보다 본질적으로는 개발행위허가가 '소규모' 개발행위를 주로 관장하는 제도로서 기존에 존재하는 도시관리계획의 틀 안에서 소극적으로 작용하는 제도에 지나지 않는다는 점에서, 적극적이고 직접적으로 계획을 수립·변경하여 개발하는 대규모 개발사업에 대하여까지 그것이 개입하여 별도의 추가적인 도시계획적 판단을 내려줘야 할 이유를 찾기도 어렵다.

결국 위와 같은 법제처의 "개발행위규모초과 심의의 대상인 경우에는 해당 심의 과정을 생략할 수 없다"는 문언의 의미는 한정적으로 이해되어야 하고, 만일 국토계획법 제59조 제2항 각호에 열거된 경우들과 같이 별도로 개발규모에 대한 도시계획적 판단이 이루어질 수 있다면 개발행위규모초과 심의 또한 별도로 요구되지는 아니하는 것으로 보는 것이 타당하다는 것이 사견이다.

---

1 법제처 2021. 6. 29. 회신 21-0189 해석례.

3. 다른 절차·수단에 의하여 도시계획적 판단이 이루어진 경우의 예외

타법에 의해 도시계획위원회 심의를 받는 구역에서의 경우나 성장관리계획이 수립된 경우 등에는 도시계획위원회 심의가 면제된다(동법 제59조 제2항). 전자의 경우에는 이미 타법에 의하여 도시계획적 영향과 파급력에 대한 심의와 판단이 이루어졌음을 고려한 것인데, 여기서 타법에 의한 경우란 대부분 개별적인 개발행위 허가에 의하여서는 이루어지기 어려운 계획적 개발의 경우 — 곧, 개별 개발사업법 령들상의 개발사업에 해당할 것이다. 이 경우 개별 개발사업법에서 당해 사업에 관한 단계적 계획 및 인허가, 그리고 관련한 심의절차 등을 요구하고 있으므로 특별히 대규모 개발행위 심의가 중첩하여 요구될 필요성이 적다. 이를 다른 시선에서 보면, 개별 개발사업법의 절차에 의하여 심의 및 인허가가 이루어질 수 없는 한도 내에서 — 곧, 개발사업법이 작용하지 않는 그 이하의 영역에서 개발행위허가가 주로 작용하게 된다는 것을 보여주는 것이기도 하다.

이때 주의할 것은 도시개발법상 도시개발사업이나 도시정비법상 정비사업을 제외하고는, 본 조의 대규모 개발행위 심의가 면제되기 위해서는 해당 개발사업법 상 도시계획위원회 심의가 예정되어 있어야 한다는 점이다. 예외적으로 도시개발 사업과 정비사업은 국토계획법이 스스로 정의하고 있는 '도시계획사업'으로서, 동 법 시행령 제57조 제1항 단서에 의하여 명시적으로 '대규모 개발행위 심의'의 대상 에서 제외되어 있다.

성장관리계획이 수립된 경우에는 이미 도시계획위원회의 심의를 거쳐서 성장 관리방안을 수립한 것이므로(국토계획법 제75조의2 제2항), 개발행위허가 단계에서 기 수립된 성장관리계획의 준수 여부를 행정청이 판단하면 되는 것이므로 추가적 으로 개발행위초과규모 심의를 요구하지 아니하는 것이라 이해된다.

지구단위계획이 있는 지역에서는 이미 상당히 완결적인 내용을 가진 도시계획 이 수립되어 있으므로 도시계획적인 판단이 중첩하여 이뤄질 필요는 없다.[1] 때문 에 이 경우 개발행위허가를 발급함에 있어서 도시계획위원회의 심의가 면제된다 (동조 제2항 제2호). 지구단위계획이 건축허용성을 정하는 기능을 하여야 하므로, 이

---

[1] "지구단위계획은 도시계획절차에 따라 수립, 결정되며, 이 계획에서는 도시기반시설의 배치와 규 모 등도 포함하고 있다. 따라서 지구단위계획이 수립된 구역에서 개발행위가 이루어진다 하더라도 계획에 의거하므로 개발허가를 받도록 할 필요는 없다." 류해웅, 정우형, 개발허가제의 도입에 관 한 연구, 국토연구원, 2001, 73면 내지 74면.

론적으로는 지구단위계획이 수립된 지역에서는 형질변경허가를 따로 받을 필요는 전혀 없다고 보는 것이 타당하기는 하다.[1]

4. 인허가 의제의 경우의 쟁점

타 법률에 근거한 인허가를 발급하면서 동법상 개발행위허가를 의제하는 경우에도 본 조에 따른 '대규모 개발행위 심의' 또는 단일한 용도의 경우 '개발행위규모초과 심의'를 받아야 하는 것인지가 쟁점이 될 수 있다.

우선 법문은 명확하다. ① 국토계획법 제2조 제11호[2]에서 정의하는 도시계획사업에 해당하거나(동법 시행령 제57조 제1항 단서), ② 타 법률 스스로 '구역지정' 등에 관한 도시계획위원회 심의 절차를 규정하고 있거나(동법 제59조 제2항 제1호), ③ 환경영향평가 또는 교통영향평가의 대상이 되는 등 동법 제59조 제2항 각호의 예외사유에 해당하는 경우에는 본 조에 따른 심의는 필요하지 않다. 그런데 대규모 개발사업의 상당수는 스스로 개발계획의 수립 및 구역지정에 따른 심의절차를 두고 있거나 최소한 교통영향평가의 대상이 되는 경우가 많을 것이므로 위 세 가지 중 어느 하나에 해당할 가능성이 높다고 사료된다.[3]

다만, 법제처는 주택법상 사업계획승인에 대하여 국토계획법 시행령 제55조 제3항 제3호의2에서 정하고 있는 심의(이른바 '개발행위규모초과 심의')의 면제를 인정하지 아니하였는데, 주택법의 경우에는 사업계획승인 이전 단계에서 도시개발법이나 도시정비법처럼 개발계획(정비계획)의 수립 및 구역지정 등의 절차가 규정되어 있지 아니하고, 따라서 특별히[4] 주택법 스스로 도시계획위원회 심의절차를 규정하고 있지 아니하여 위 ① 또는 ②의 요건은 충족되지 아니하므로, ③의 요건에 해당

---

1 그러나 우리 법이 지구단위계획의 내용에 건축허용성이 필요적으로 포함되도록 정하지는 않고 있기 때문에(국토계획법 제52조 제1항 본문), 국토계획법 제59조 제2항이 상정하는 것과 같은 경우가 문리적으로는 나타날 수도 있게 된다.
2 국토계획법 제2조(정의) 11. "도시·군계획사업"이란 도시·군관리계획을 시행하기 위한 다음 각 목의 사업을 말한다.
　가. 도시·군계획시설사업
　나. 「도시개발법」에 따른 도시개발사업
　다. 「도시 및 주거환경정비법」에 따른 정비사업
3 관련하여, 법제처 2021. 6. 29. 회신 21-0189 해석례가 국토계획법 제59조 제1항의 심의와 동법 시행령 제55조 제3항 제3호의2의 심의의 관계나 본질을 고려하지 아니한 채, 마치 모든 대규모 개발행위에 대하여 후자의 심의가 요구되는 것처럼 단언적인 서술을 한 것의 문제점에 대하여는 "나. 개발행위규모초과 심의의 적용범위"에서의 논의를 참조하라.
4 주택법 제18조 제3항의 사업계획승인 통합 심의 정도가 규정되어 있다.

할만한 사정이 없는 이상 심의가 면제될 근거가 부존재하다고 사료된다. 그러나 법제처 해석례[1]의 경우에는 ③의 요건의 적용가부에 대하여는 특별히 판단하지 아니한 채 주택법상 사업승인계획 일반에 대해 개발행위규모초과 심의가 요구되는 듯한 단언적인 표현을 사용하고 있어 이를 비판적으로 이해할 필요가 있다.

한편, 다른 법령상 인허가로 개발행위허가가 의제되는 경우, 본조 제2항에 따라 도시계획위원회 심의가 면제된다고 하더라도, 본조 제3항에 따라 도시계획위원회 심의가 '요청'될 수는 있다. 본조 제3항은 "(본조 제2항) 제2호, 제4호 및 제5호에 해당하는 개발행위가 도시·군계획에 포함되지 아니한 경우"에는 심의를 요청할 수 있다고 정하고 있는데, 이때 "도시·군계획에 포함되지 아니한 경우"의 의미는 (a) 해당 개발행위 이전에 이미 결정·고시되어 있는 도시·군계획을 의미하는 것으로 보아야 하고, (b) 해당 개발행위에 대한 인허가로서 비로소 의제 결정될 예정인 도시·군계획을 의미하는 것은 아니라고 사료된다.[2] 후자와 같이 볼 경우, 다른 법령상 인허가들은 대부분 개발행위허가와 함께 도시관리계획결정도 의제하는 경우가 많으므로 사실상 본조 제3항이 적용될 경우가 거의 없게 될 우려가 있다.

만일 다른 법령상 인허가로 개발행위가 의제되는 경우로서, 특별히 본조 제2항에 따른 면제사유가 없는 경우에는 당연히 본조 제1항의 심의를 받아야 한다.[3]

Ⅱ. 심의와 개발행위허가 거부

도시계획위원회에서 심의결과 개발행위허가 요건이 미충족된 것으로 판단하게 되면, 그 자체로 개발행위허가를 거부할 수 있는 강력한 이유가 된다. 그러나 도시계획위원회 심의에 나아가기 전에 이를 거치지 않은 상태라고 하더라도 행정청은 개발행위허가 신청이 요건을 갖추지 못하였다고 스스로 판단한다면 거부처분을 할 수 있다.[4] 반면, 개발행위허가를 발급하려면 심의를 거쳐야 한다.

---

1 법제처 2021. 6. 29. 회신 21-0189 해석례.
2 법제처 2023. 10. 17. 회신 23-0619 해석례 또한 전자의 견해를 취하였다.
3 관련하여 농림지역의 산림에서 부피 3만세제곱미터 이상의 광물 채굴을 위한 산지일시사용허가 또한 본조 제1항의 심의 대상이라고 본 법제처 2020. 11. 5. 회신 20-0395 해석례 참조.
4 대법원 2015. 10. 29. 선고 2012두28728 판결.

Ⅲ. 소결; 제도 개선의 방향

이상과 같은 논의에 기초할 때 본 조에서 정하고 있는 대규모 개발행위 심의는 다음과 같은 체계상의 문제를 지닌다.

첫째, 현재 개발사업의 종류별로 독립된 개발사업법을 규정하고 있는 현행법제 하에서 과연 본 조의 심의가 필요한 것인지에 대한 근본적인 고민이 필요하다. 개발행위허가는 본래 일정한 면적 기준 이하의 개발행위에 대하여 작용하는 것이 원칙이고, 나아가 선행하여 수립되어 있는 도시관리계획의 틀 안에서 작용하는 소극적인 제도인 것이 원칙이다. 그런데 본 조의 심의는 개발행위허가의 '소규모성'이라는 본질을 초과할 수 있는 절차적 정당성을 부여하는 것으로서 개발사업법들과의 경계를 모호하게 하고, 기 수립된 도시관리계획이 예상하지 못하여 미처 규율하지 못했던 규모의 건축물을 등장시키는 수단이 될 수 있다. 요컨대, 본 조의 심의에 의하여 개발행위허가라는 제도의 경계와 목적, 대상 등이 불분명할 수 있게 된다는 점에서 고민이 필요하다.

둘째, 본 조의 심의의 대상이나 그와 대체관계에 있는 심의에 관한 규율이 지나치게 복잡하여 각 조문간의 관계를 추단하기가 어렵다는 문제가 있다. 앞서 설명한대로 본 조의 심의와 국토계획법 시행령 제55조 제3항 제3호의2의 심의(이른바 '개발행위규모초과 심의')의 관계는 무엇이고, 후자에 대하여 본 조 제2항 등의 규정은 적용되는 것인지 등 문언만으로는 쉽게 그 관계를 추론하기 어려운 측면이 있다. 향후 법 개정 과정에서 논의가 필요한 부분이라 사료된다.

제60조(개발행위허가의 이행 보증 등)

제60조(개발행위허가의 이행 보증 등) ① 특별시장·광역시장·특별자치시장·특별자치도지사·시장 또는 군수는 기반시설의 설치나 그에 필요한 용지의 확보, 위해 방지, 환경오염 방지, 경관, 조경 등을 위하여 필요하다고 인정되는 경우로서 대통령령으로 정하는 경우에는 이의 이행을 보증하기 위하여 개발행위허가(다른 법률에 따라 개발행위허가가 의제되는 협의를 거친 인가·허가·승인 등을 포함한다. 이하 이 조에서 같다)를 받는 자로 하여금 이행보증금을 예치하게 할 수 있다. 다만, 다음 각 호의 어느 하나에 해당하는 경우에는 그러하지 아니하다. 〈개정 2011. 4. 14., 2013. 7. 16.〉
1. 국가나 지방자치단체가 시행하는 개발행위
2. 「공공기관의 운영에 관한 법률」에 따른 공공기관(이하 "공공기관"이라 한다) 중 대통령령으로 정하는 기관이 시행하는 개발행위
3. 그 밖에 해당 지방자치단체의 조례로 정하는 공공단체가 시행하는 개발행위
② 제1항에 따른 이행보증금의 산정 및 예치방법 등에 관하여 필요한 사항은 대통령령으로 정한다.
③ 특별시장·광역시장·특별자치시장·특별자치도지사·시장 또는 군수는 개발행위허가를 받지 아니하고 개발행위를 하거나 허가내용과 다르게 개발행위를 하는 자에게는 그 토지의 원상회복을 명할 수 있다. 〈개정 2011. 4. 14.〉
④ 특별시장·광역시장·특별자치시장·특별자치도지사·시장 또는 군수는 제3항에 따른 원상회복의 명령을 받은 자가 원상회복을 하지 아니하면 「행정대집행법」에 따른 행정대집행에 따라 원상회복을 할 수 있다. 이 경우 행정대집행에 필요한 비용은 제1항에 따라 개발행위허가를 받은 자가 예치한 이행보증금을 사용할 수 있다. 〈개정 2011. 4. 14.〉
[전문개정 2009. 2. 6.]

I. 이행보증금 예치 제도

행정청이 개발행위허가를 함에 있어 일정한 공익상 필요가 있는 경우에 이행보증금을 예치할 것을 요구할 수 있도록 한 조문이다. 여기에 개발행위허가에는 다른 법상 의제되는 것들이 포함된다. 다만, 국가 등이 개발행위자인 경우에는 이러한 보증금을 예치하게 할 제도적 필요성이 없으므로 제외하고 있다.

'공익상 필요가 있는 사유'들에 대하여는 본 조 제1항 각호와 국토계획법 시행령 제59조 제1항에 열거되어 있는데, 개발행위허가의 재량성을 고려하면 부당결부

에 해당하지 않는 수준의 부관을 붙일 수도 있는 것이므로, 이와 같은 사유들을 한 정적으로 해석할 것은 아니라고 생각된다.

II. 원상회복 명령

본조 제3항에 의하면 행정청은 개발행위허가를 받지 아니하거나, 허가받은 대로 공사를 하지 않는 경우 등에는 원상회복을 명할 수 있다. 이에 따르지 아니할 경우에는 행정대집행법에 따른 대집행이 가능하다.

한편, 본조 제3항에 의하지 아니하더라도, 국토계획법 제133조 제1항은 개발행위허가나 변경허가를 받지 아니하고 개발행위를 하는 경우에 대해서 필요한 조치를 취할 수 있도록 하는 일반적인 조문을 두고 있다(국토계획법 제133조 제1항 제5호). 이와 같은 조치명령에 따라 원상회복을 명할 경우, 그러한 원상회복 의무는 대체적 작위의무 — 곧 "타인이 대신해서 행할 수 있는 의무"[1]에 해당할 것이므로 행정대집행이 가능할 것으로 보인다.[2] 그렇게 본다면, 본조에 따른 이행보증금을 행정대집행에 사용할 수 있다고 명시한 것 이외에는 본조 제3항, 제4항이 그와 같이 추가적으로 규정될 필요성이 무엇인지 의문이 있다.

나아가, 개발행위허가를 받지 아니하고 개발행위를 하는 경우에 대해서는 형사처벌 조문 또한 마련되어 있다(국토계획법 제140조 제1항).

---

1 홍정선, 행정법특강, 제10판, 박영사, 2011, 415면에서 인용.
2 관련하여, 창고건물의 철거 및 하천부지에 대한 원상복구명령의 행정대집행 처분을 다툰 대법원 2004. 6. 10. 선고 2002두12618 판결의 사실관계 참조.

제61조(관련 인 · 허가등의 의제)

제61조(관련 인 · 허가등의 의제) ① 개발행위허가 또는 변경허가를 할 때에 특별시장 · 광역시장 · 특별자치시장 · 특별자치도지사 · 시장 또는 군수가 그 개발행위에 대한 다음 각 호의 인가 · 허가 · 승인 · 면허 · 협의 · 해제 · 신고 또는 심사 등(이하 "인 · 허가등"이라 한다)에 관하여 제3항에 따라 미리 관계 행정기관의 장과 협의한 사항에 대하여는 그 인 · 허가등을 받은 것으로 본다. 〈개정 2009. 3. 25., 2009. 6. 9., 2010. 1. 27., 2010. 4. 15., 2010. 5. 31., 2011. 4. 14., 2013. 7. 16., 2014. 1. 14., 2014. 6. 3., 2015. 8. 11., 2016. 12. 27., 2021. 7. 20., 2022. 12. 27.〉

1. 「공유수면 관리 및 매립에 관한 법률」 제8조에 따른 공유수면의 점용 · 사용허가, 같은 법 제17조에 따른 점용 · 사용 실시계획의 승인 또는 신고, 같은 법 제28조에 따른 공유수면의 매립면허 및 같은 법 제38조에 따른 공유수면매립실시계획의 승인
2. 삭제 〈2010. 4. 15.〉
3. 「광업법」 제42조에 따른 채굴계획의 인가
4. 「농어촌정비법」 제23조에 따른 농업생산기반시설의 사용허가
5. 「농지법」 제34조에 따른 농지전용의 허가 또는 협의, 같은 법 제35조에 따른 농지전용의 신고 및 같은 법 제36조에 따른 농지의 타용도 일시사용의 허가 또는 협의
6. 「도로법」 제36조에 따른 도로관리청이 아닌 자에 대한 도로공사 시행의 허가, 같은 법 제52조에 따른 도로와 다른 시설의 연결허가 및 같은 법 제61조에 따른 도로의 점용 허가
7. 「장사 등에 관한 법률」 제27조제1항에 따른 무연분묘(無緣墳墓)의 개장(改葬) 허가
8. 「사도법」 제4조에 따른 사도(私道) 개설(開設)의 허가
9. 「사방사업법」 제14조에 따른 토지의 형질 변경 등의 허가 및 같은 법 제20조에 따른 사방지 지정의 해제
9의2. 「산업집적활성화 및 공장설립에 관한 법률」 제13조에 따른 공장설립등의 승인
10. 「산지관리법」 제14조 · 제15조에 따른 산지전용허가 및 산지전용신고, 같은 법 제15조의2에 따른 산지일시사용허가 · 신고, 같은 법 제25조제1항에 따른 토석채취허가, 같은 법 제25조제2항에 따른 토사채취신고 및 「산림자원의 조성 및 관리에 관한 법률」 제36조제1항 · 제5항에 따른 입목벌채(立木伐採) 등의 허가 · 신고
11. 「소하천정비법」 제10조에 따른 소하천공사 시행의 허가 및 같은 법 제14조에 따른 소하천의 점용 허가
12. 「수도법」 제52조에 따른 전용상수도 설치 및 같은 법 제54조에 따른 전용공업용수도설치의 인가
13. 「연안관리법」 제25조에 따른 연안정비사업실시계획의 승인
14. 「체육시설의 설치 · 이용에 관한 법률」 제12조에 따른 사업계획의 승인
15. 「초지법」 제23조에 따른 초지전용의 허가, 신고 또는 협의

16. 「공간정보의 구축 및 관리 등에 관한 법률」 제15조제3항에 따른 지도등의 간행 심사
17. 「하수도법」 제16조에 따른 공공하수도에 관한 공사시행의 허가 및 같은 법 제24조에 따른 공공하수도의 점용허가
18. 「하천법」 제30조에 따른 하천공사 시행의 허가 및 같은 법 제33조에 따른 하천 점용의 허가
19. 「도시공원 및 녹지 등에 관한 법률」 제24조에 따른 도시공원의 점용허가 및 같은 법 제38조에 따른 녹지의 점용허가
② 제1항에 따른 인·허가등의 의제를 받으려는 자는 개발행위허가 또는 변경허가를 신청할 때에 해당 법률에서 정하는 관련 서류를 함께 제출하여야 한다. 〈개정 2013. 7. 16.〉
③ 특별시장·광역시장·특별자치시장·특별자치도지사·시장 또는 군수는 개발행위허가 또는 변경허가를 할 때에 그 내용에 제1항 각 호의 어느 하나에 해당하는 사항이 있으면 미리 관계 행정기관의 장과 협의하여야 한다. 〈개정 2011. 4. 14., 2013. 7. 16.〉
④ 제3항에 따라 협의 요청을 받은 관계 행정기관의 장은 요청을 받은 날부터 20일 이내에 의견을 제출하여야 하며, 그 기간 내에 의견을 제출하지 아니하면 협의가 이루어진 것으로 본다. 〈신설 2012. 2. 1.〉
⑤ 국토교통부장관은 제1항에 따라 의제되는 인·허가등의 처리기준을 관계 중앙행정기관으로부터 제출받아 통합하여 고시하여야 한다. 〈개정 2012. 2. 1., 2013. 3. 23.〉
[전문개정 2009. 2. 6.]

Ⅰ. 본 조의 의의

개발행위허가를 받은 경우 다른 법률상의 인허가를 의제하는 조문이다. 본 조는 19개 인허가를 의제하고 있는데, 통상의 개발사업법령들이 많게는 30여 개의 인허가를 의제하고 있는 점[1]을 고려하면 상대적으로 의제되는 인허가가 적은 편이기는 하다.

---

1 예컨대, 항만재개발법 제19조 제1항의 경우에는 28개의 인허가를 의제하고 있다.

II. 인허가 의제 제도[1]

1. 제도의 의의

가. 인허가 의제의 의의

개발행위에는 여러 가지의 법적 규율이 다양하고 복합적으로 작용한다. 예컨 대, 건축행위만 하더라도 단순히 건축물 자체에 대한 안전기준만을 만족하면 될 것이 아니라, 그 내부에 설치되는 설비, 당해 건축물과 관련되는 각종의 기반시설들의 설치 등이 필요하게 되고, 이를 위하여 개별법률들이 마련하고 있는 인허가들을 모두 취득하여야만 한다. 만일 수십 가지의 인허가들을 개별적으로 신청하여 발급 받을 경우 사실상 이는 해당 개발행위를 절차적으로 가로막는 과도한 규제나 다름 없게 된다. 특히, 사회가 고도화되고 그에 따라 법적 규범과 인허가의 종류가 세분 화되며 관여하는 행정관청의 종류도 다양해지고 있는데, 그와 동시에 당해 사업에 큰 부분을 차지하지 않는 부수적인 성격의 인허가들도 많아지고 있다.

이에 국토계획법 뿐만 아니라, 크고 작은 개발행위에 관련된 인허가를 규정하고 있는 여러 법률들은 해당 법률에 의한 주된 인허가를 받으면, 다른 법률상의 인허가를 의제하는 내용의 조문을 두고 있다.[2] 곧, 당해 사업에서 가장 중요한 하나의 인허가를 받으면(통상 주된 인허가라고 한다), 다른 부수적인 인허가들은 그 인허가 절차를 통하여 한번에 처리할 수 있도록 하는 것이다.

참고로, 행정기본법은 "하나의 인허가(주된 인허가)를 받으면 법률로 정하는 바에 따라 그와 관련된 여러 인허가(관련 인허가)를 받은 것으로 보는 것"이라고 정의하고 있는데(제24조 제1항), 이러한 정의는 기존에 행정법학계에서 통설적으로 논의되던 것을 그대로 수용한 것으로 평가된다.[3]

나. 독일법상 집중효와의 비교논의 및 실익

행정법학계에서는 이와 같은 인허가 의제(조항)와 독일법상의 '집중효'[4]의 유사

---

1 본 항의 논의는 저자가 공저자로 참여한 항만재개발법 해설, 삼일인포마인, 2020에서 저자가 서술한 308면에서 309면의 논의를 공저자들의 동의를 받아 참고한 다음 그에 기초하여 여러 논의를 보완하여 서술한 것이다. 해당 부분의 논의를 기초로 참고하였을 뿐, 본서에서는 전면적으로 다시 재서술한 것임을 밝힌다.

2 참고로, 정태용, 인·허가의제의 효력범위에 관한 고찰, 법제논단, 2017. 12., 219면의 논의에 의하면 인허가 의제제도의 시초격으로는 1973. 12. 24. 제정된 산업기지개발촉진법으로 알려져 있다.

3 박건우, 인·허가 의제의 효력 범위, 법조, 제72권 제4호, 2023, 296면.

4 김동희, 행정법I, 제16판, 박영사, 2010, 183면에서도 독일의 집중효 이론에 대응하는 것을 우리의

성에 대한 논의가 있어왔으나, 그 법적 성격이 '집중효'이든 혹은 다른 어떤 것으로 설명되든지 간에 어차피 의제나 간주의 효과는 실정법이 정하는 바에 따라 부여되는 것이므로 실무적인 입장에서는 이와 같은 논의에 대한 특별한 실익이 인정되기는 어려운 것으로 보인다. 또한 독일의 집중효 제도가 우리의 인허가 의제 제도와 반드시 일치하는 논의라고 보기도 어렵다.[1] 왜냐하면, (ⅰ) 독일법상의 집중효는 계획확정행위[2]의 효력과 관련하여 주로 논의되는 것이지만, 우리법에서 인허가의제는 당해 인허가의 성격에 관계 없이 — 곧, 계획확정행위인지 여부와 관계 없이 행정상의 편의를 위하여 일반적으로 도입되고 있는 제도일 뿐만 아니라,[3] (ⅱ) 우리법상의 인허가 의제는 여전히 의제되는 처분의 권한을 가진 행정청의 심사를 거치고, 관련 서류를 제출하도록 하고 있는 것이어서 오히려 독일법상의 집중효보다는 그 의미가 약하다.[4]

2. 절차간소화 의제와 필수적 의제

가. 개념의 구분 및 실익

우리나라의 문헌에서는 우리 실정법상의 인허가 의제를 주된 인허가와 의제되는 인허가의 내용적이고 기능적인 관련성 혹은 견련성에 따라 ① 단순히 절차를 간소화하기 위한 목적에서 규정된 것으로 보는 경우('절차간소화 의제조항')와 ② 주된 인허가의 내용이나 그에 근거하여 시행되는 사업의 내용에 기초할 때, 같이 발급되지 않으면 아무런 의미가 없는 인허가를 필요적으로 의제하는 경우('필수적 의

인허가 의제제도라고 설명한다.

[1] 김종보, 건설법의 이해, 제6판, 피데스, 2018, 127면; 이광재, 인·허가의제 제도의 입법적 대안 연구, 법제논단, 2015. 12., 107면 등도 같은 취지이다.

[2] 행정계획을 입안, 수립하여 최종적으로 그 내용을 확정하는 마지막 단계의 행위를 말한다. 개념에 대하여는 김종보, 계획확정행위와 행정행위의 구별, 행정법연구, 2001. 9., 280면 참조.

[3] 계획확정행위(Planfeststellung; 영문으로는 Planning Aproval으로 번역)의 효력 중 하나로 집중효 (Konzentrationswirkung; 영문으로는 concentration effect라고 설명)가 규정되어 있고, 그 실정법 상의 근거는 독일연방법전이 아닌 행정절차법(VwVfG) 제75조(영문 조문제목이 Legal effects of planning approval이다)에 규정되어 있다. 즉 조문에서부터 알 수 있다시피, 또한 "계획확정이 일반 법규에 규정되어 있는 승인 또는 허가 등을 대체시키는 효과"라는 집중효의 정의(홍정선, 행정법특강, 제10판, 박영사, 2011, 170면에서 인용)에서 볼 수 있다시피 독일법상의 집중효는 '계획확정행위'에 국한되어 주로 논의되는 것이다.

[4] 독일법상 집중효는 주된 인허가를 받으면 다른 인허가가 아예 필요가 없다는 식으로 논의된다 (Elke Pahl-Weber, Dietrich Henckel, The Planning System and Planning Terms in Germany, ARL, 2008, p. 90 참조). 반면 우리법상의 인허가의제는 협의가 없으면 의제효가 발생하지 않고, 오히려 이 경우 거의 분리되어 취급된다.

제조항')로 구분하여야 한다는 논의가 발견된다.[1] 혹은 전자를 '선택적 의제' 후자를 '의무적 의제'라고 부르기도 하고,[2] 전자를 '부분인허가의제' 후자를 '일괄인허가의제'라고 부르기도 한다.[3]

이러한 구분의 실익은 의제의 효과가 인정되는 범위에 있다. '절차간소화 의제'의 경우에는 오로지 절차적인 관점에서, 같은 절차에서 심사를 거쳤는지 여부만을 기준으로 의제 효과 부여 여부를 결정한다. 행정청의 입장에서는 의제되는 인허가에 대한 행정청의 판단이나 협의 등의 완료되지 않더라도 주된 인허가를 발급하는 것이 아무런 제한이 없고,[4] 처분상대방(사업시행자, 개발행위자)의 입장에서는 의제되는 인허가까지를 포함하여 인허가를 신청할 것인지를 선택할 수 있는 입장에 놓이게 된다.[5]

반면 '필수적 의제'의 경우에는, 의제되는 처분이 같이 발급되지 않으면 주된 인허가를 발급하는 의미가 없어지는 것이므로 신청서가 미제출되거나 심사가 같은 절차에서 이루어지지 않는 경우에도 의제의 효력이 인정될 수 있다.[6] 달리 말하면, 행정청의 입장에서는 필수적으로 의제되어야 하는 인허가에 대한 발급 없이 주된 인허가를 발급하는 것이 불가하다고 보아야 하고,[7] 처분상대방(사업시행자, 개발행위자)의 입장에서도 필수적 의제가 필요한 인허가를 배제하고 주된 인허가만 신청하여 발급받는 것이 불가하다고 보아야 한다.

즉 주된 인허가와 의제되는 인허가가 정말 불가분의 관계에 있는 인허가라면 사실상 독일법상의 집중효와 가깝게 심사 여부와 관계없이 반드시 의제효과를 부여할 필요성이 존재할 것이다. 반면, 이들을 불가분의 관계로 볼 수 없고, 만일 무제한적인 의제효를 부여할 경우 사실상 행정청의 심사권한이나 의제되는 인허가를

---

1 김종보, 건설법의 이해, 제6판, 피데스, 2018, 125면 이하 참조.
2 김종보, 도시환경정비사업에서 시행자와 사업절차의 특수성, 법학논문집, 제31집, 제1호, 2007, 686면.
3 정해영, 일괄인허가의제의 인정기준에 관한 법적 검토, 동아법학, 제102호, 2024, 162면.
4 정해영, 일괄인허가의제의 인정기준에 관한 법적 검토, 동아법학, 제102호, 2024, 162면 참조. 해당 문헌의 162면에서는 대법원 2012. 2. 9. 선고 2009두16305 판결을 인용하고 있는데, 해당 판결은 "모든 인허가의제 사항에 관하여 관계 행정기관의 장과 일괄하여 사전 협의를 거칠 것을 요건으로 하는 것은 아니고, 사업시행승인 후 인허가의제 사항에 관하여 관계 행정기관의 장과 협의를 거치면 그때 해당 인허가가 의제된다고 보는 것이 타당하다"라고 판시한 바 있다.
5 김종보, 도시환경정비사업에서 시행자와 사업절차의 특수성, 법학논문집, 제31집, 제1호, 2007, 687면 참조.
6 김종보, 건설법의 이해, 제6판, 피데스, 2018, 125면 이하 참조; 박지윤, 건축법과 주택법상 의제되는 개발행위허가, 건설법연구, 제6호, 2021, 51면 참조.
7 김종보, 도시환경정비사업에서 시행자와 사업절차의 특수성, 법학논문집, 제31집, 제1호, 2007, 687면 참조.

규율한 법의 취지가 몰각될 우려가 있는 등의 경우에는 의제되는 인허가의 권한을 지닌 행정청의 판단 및 심사권한을 가급적이면 존중하여 심사가 없었다면 의제효도 부여하지 말자는 것으로 이해된다.[1]

나. 개념적 구분의 수용 경과

이와 같이 인허가의제를 구분하는 법리는 후술할 개발행위허가와 건축허가 간의 관계를 제외하고는, 아직 완전히 실무에 수용된 것은 아닌 것으로 보인다. 대표적으로 법제처는 인허가의제의 경우 의제되는 인허가 종류나 성질에 관계 없이 실체적 요건이 반드시 충족될 것을 요구하고 있고, 이와 같은 입장은 일관되게 유지되고 있는 것으로 보이는데,[2] 이와 같은 입장을 관철하면 모든 인허가 의제가 사실상 절차간소화의제 정도로 이해될 수밖에 없다. 그러나 장기적으로는 동일한 성질의 행위나 건축물, 시설물 등에 대하여 일반·특별의 관계에 놓여있는 인허가들 사이에는 필수적 의제 관계를 점진적으로 인정해나가는 방향을 고민할 필요가 있을 것이라 사료된다. 예컨대 도시계획시설에 관한 국토계획법상의 실시계획과 개별 기반시설의 종류별로 마련되어 있는 특별법(도로법, 철도법, 수도법 등)상 인허가들의 경우에는 양자를 분리하여 별도로 인허가를 발급하는 경우를 개념적으로 상정하기가 어려운바, 이에 대하여도 필수적 의제관계를 인정하는 방향의 논의가 고민되어야 할 것이다.

한편, 인허가 의제는 사업시행자 혹은 개발행위자의 이익을 위하여 만들어진 제도이다. 따라서 개발행위자가 반드시 관련 인허가 의제 처리를 신청할 의무가 있는 것은 아니다는 것이 판례의 입장이고[3] 이는 필수적 의제관계로 보아야 하는 인허가를 제외한 나머지의 경우 ― 곧, '절차간소화 의제' 사항에 해당하는 인허가에 한하여는 타당한 견해라고 생각된다.

---

1 대법원 2018. 7. 12 선고 2017두48734 판결. "인허가의제의 취지가 의제된 인허가사항에 관한 개별 법령상의 절차나 요건 심사를 배제하는 데 있다고 볼 것은 아니다."
2 박수연, 인허가의제 입법개선연구, 법제, 2014.9., 6면 참조. 해당 논문은 법제처 웹사이트에서 검색이 가능한데, 법제처의 인허가 의제에 대한 판단추세를 잘 정리한 것이므로 실무적으로 상당히 도움이 되는 자료이다. 해당 논문에서는 「주된 인허가시 의제된 인허가 법률상 절차적요건 적용여부 / 의제된 인·허가 법률상 각종 의무부과 가능여부 / 주된 인허가 사업완료 후 의제된 인허가 효력 여부 / 의제된 인·허가 법률상 취소여부」 등의 쟁점에 대한 법제처 해석례 90여 개를 잘 정리하고 있으므로 참고를 권한다.
3 대법원 2020. 7. 23. 선고 2019두31839 판결.

Ⅲ. 건축법상 건축허가와 개발행위(건축물의 건축)허가의 관계

전술한 '필수적 의제' 조항의 대표격으로 논의되는 것이 건축법상 건축허가이다. 본래 건축법과 국토계획법은 연원을 거슬러올라가면 둘 다 '조선시가지계획령'이라는 단일한 기원을 갖는 것인데, 이로부터 각 법률이 분화되어오면서 행위허가에 대한 규정이 건축법과 구 도시계획법에 혼재하게 되었다. 때문에 이를 계수한 지금의 국토계획법에 이르러서도 그 흔적이 있는 것인데, 그것이 국토계획법 제56조 제1항 제1호의 건축물의 건축을 개발행위허가의 대상으로 삼고 있다는 점이다. 사실, 개발행위허가제도의 핵심은 토지형질변경에 있고, 국토계획법이 주로 관심을 두는 것도 형질변경이다. 오히려 건축물의 건축에 대해서는 건축법에 일임하고, 국토계획법은 오로지 땅에 대한 '도시계획적 판단'에 초점을 맞추는 것이 법체계상 올바를 수 있다.

다만, 실정법상으로는 양자가 각자 처분으로 규정되어 있으므로, 이를 어떻게 유기적으로 해석할 것인가가 문제인데, 그 방법이 건축법상 건축허가와 국토계획법상 개발행위(건축물의 건축)허가를 '필수적인 의제' 관계 — 곧, 분리하여 의제할 것이 아니라 양자가 반드시 함께 발급되도록 하는 관계로 해석하는 것이다. 다른 의제사항들이 편의에 따라 분리될 수 있는 반면, 위 둘은 분리될 수 없다고 보는 것이다. 이것이 학설상 논의되어오던 바다.[1] 관련하여 최근 대법원은 "입법 취지를 종합하면, 건축주가 건축물을 건축하기 위해서는 건축법상 건축허가와 국토계획법상 개발행위(건축물의 건축) 허가를 각각 별도로 신청하여야 하는 것이 아니라, 건축법상 건축허가절차에서 관련 인허가 의제 제도를 통해 두 허가의 발급 여부가 동시에 심사·결정되도록 하여야 한다"라고 하여[2] 이와 같은 법리를 수용한 것으

---

1 대표적으로 김종보, 건설법의 이해, 피데스, 2013, 125면의 논의 참조.
2 대법원 2020. 7. 23. 선고 2019두31839 판결. "[3] 건축법 제11조 제1항, 제5항 제3호, 국토의 계획 및 이용에 관한 법률(이하 '국토계획법'이라 한다) 제56조 제1항 제1호, 제57조 제1항의 내용과 체계, 입법 취지를 종합하면, 건축주가 건축물을 건축하기 위해서는 건축법상 건축허가와 국토계획법상 개발행위(건축물의 건축) 허가를 각각 별도로 신청하여야 하는 것이 아니라, 건축법상 건축허가절차에서 관련 인허가 의제 제도를 통해 두 허가의 발급 여부가 동시에 심사·결정되도록 하여야 한다. 즉 건축주는 건축행정청에 건축법상 건축허가를 신청하면서 국토계획법상 개발행위(건축물의 건축) 허가 심사에도 필요한 자료를 첨부하여 제출하여야 하고, 건축행정청은 개발행위허가권자와 사전 협의절차를 거침으로써 건축법상 건축허가를 발급할 때 국토계획법상 개발행위(건축물의 건축) 허가가 의제되도록 하여야 한다.
이를 통해 건축법상 건축허가절차에서 건축주의 건축계획이 국토계획법상 개발행위 허가기준을 충족하였는지가 함께 심사되어야 한다. 건축주의 건축계획이 건축법상 건축허가기준을 충족하더

로 보인다.

이렇듯, 건축법상 건축허가와 국토계획법상 개발행위(건축물의 건축)허가가 필수적 관계에 있으므로, 대법원은 후자의 요건 불충족을 이유로 건축허가를 거부할 수 있다고 보고 있고[1], 나아가 건축허가를 의제하는 각종의 다른 법령상의 인허가들에 대하여도 국토계획법상 개발행위허가 요건 미충족을 이유로 거부할 수 있다고 보고 있다.[2] 개발행위허가가 의제되는 경우 건축허가도 재량이라고 보는 판례의 견해[3]도 동일한 맥락에 있다고 사료된다.

만일, 개발행위허가와 인허가 의제관계에 없는 처분이라면, 개발행위허가요건 불비를 이유로 해당 처분을 거부할 수 없다. 예컨대, 대법원은 건축법상 가설건축물 축조신고의 경우 개발행위허가를 의제하는 규정을 두고 있지 않다는 이유로 후자를 이유로 신고수리를 거부할 수 없다고 보았다.[4]

Ⅳ. 인허가 의제협의[5]

1. 협의의 의미

우리나라 법령상의 인허가의제 조항들은 거의 공통적으로 인허가 의제시 해당

라도 국토계획법상 개발행위 허가기준을 충족하지 못한 경우에는 해당 건축물의 건축은 법질서상 허용되지 않는 것이므로, 건축행정청은 건축법상 건축허가를 발급하면서 국토계획법상 개발행위(건축물의 건축) 허가가 의제되지 않은 것으로 처리하여서는 안 되고, 건축법상 건축허가의 발급을 거부하여야 한다. 건축법상 건축허가절차에서 국토계획법상 개발행위 허가기준 충족 여부에 관한 심사가 누락된 채 건축법상 건축허가가 발급된 경우에는 그 건축법상 건축허가는 위법하므로 취소할 수 있다. 이때 건축허가를 취소한 경우 건축행정청은 개발행위허가권자와의 사전 협의를 통해 국토계획법상 개발행위 허가기준 충족 여부를 심사한 후 건축법상 건축허가 발급 여부를 다시 결정하여야 한다."

1 대법원 2017. 10. 26. 선고 2017두50188 판결. "국토의 계획 및 이용에 관한 법률상 개발행위허가를 받은 것으로 의제되는 건축신고가 위 법령이 정하는 개발행위허가기준을 갖추지 못한 경우, 행정청이 수리를 거부할 수 있는지 여부(적극)."

2 대법원 2016. 8. 24. 선고 2016두35762 판결. "건축물의 건축에 관한 개발행위허가가 의제되는 건축허가신청이 국토의 계획 및 이용에 관한 법령이 정한 개발행위허가기준에 부합하지 아니하는 경우, 허가권자가 이를 거부할 수 있는지 여부(적극) 및 이는 건축법 제16조 제3항에 의하여 개발행위허가의 변경이 의제되는 건축허가사항의 변경허가에서도 마찬가지인지 여부(적극)."

3 대법원 2010. 2. 25. 선고 2009두19960 판결.

4 대법원 2019. 1. 10. 선고 2017두75606 판결.

5 본 항의 논의는 저자가 공저자로 참여한 항만재개발법 해설, 삼일인포마인, 2020에서 저자가 서술한 309면에서 312면의 논의를 공저자들의 동의를 받아 이를 기초로 논의를 심화, 발전시킨 것이다. 해당 부분의 논의를 기초로 참고하였을 뿐, 본서에서는 전면적으로 다시 재서술한 것임을 밝힌다.

인허가의 발급권한을 지닌 행정청과 '협의'절차를 거칠 것을 요구하고 있다. 이러한 '협의'의 법적성질을 어떻게 볼 것인지의 문제는, 곧 협의의 의미나 강도, 구속력 등을 어떻게 파악하느냐의 문제와 결부되어 있고, 나아가 협의가 결여된 경우나 협의가 거절된 경우(혹은 관계행정청이 명시적으로 반대하는 경우)에도 인허가 의제효과가 발생하는지 등의 세부적인 쟁점에 대한 결론과도 긴밀하게 연관되어 있다. 따라서 인허가 의제 조항상의 '협의'의 의미를 어떻게 파악하는지는 매우 중요한 문제이다.

인허가 의제 이외의 다른 제도들에서도 '협의'라는 의미를 종종 사용하는데, 그 의미 또한 일관되어 있다고 보기는 어렵고 매우 다양하고[1], 판례 또한 다른 제도들에서의 '협의'의 의미에 대하여 '자문' 수준에 그치는 것이라고 본 것이 발견되기도 한다.[2] 따라서 여러 법률들에서 사용하는 '협의'가 어느 수준의 의미를 지니는 것인지는 일률적으로 단언하기가 어렵다는 점을 주의하여야 한다.

다만, 인허가 의제 제도에서의 '협의'의 의미에 국한하여 본다면, 대체로 그 의미는 '동의'에 이르는 수준의 것으로 이해하고 있는 것으로 보인다.[3] 인허가 의제를 위한 '협의'가 소관 행정청의 '동의' 수준에 이르는 것이라고 보게 된다면, 협의의 절차는 형식적이고 절차적인 수준이 아니라 실질적이고 실체적인 수준에 이르러야만 하게 된다. 다만, 판례들의 견해는 일관된 경향을 보이지는 않는 것으로 보이는데, ① 서울중앙지방법원이나 의정부지방법원은 의제되는 인허가 관청의 "동의를 구하는 것으로서 사실상 합의를 뜻한다"고 판시한 반면,[4] ② 대구지방법원은 "명시적으로 '협의한 사항'이라고 규정되어 있는 것을 사실상 합의를 의미하는 것이라고 해석하는 것은 법률의 문언해석에 반하는 것으로 허용되지 않는다"라고 판시한 바 있다.[5]

---

1 이와 같은 협의 규정의 의미에 대한 실무적인 논의는 류철호, 법령상 협의규정에 관한 검토, 법제, 2005. 5.의 논의를 참조하라. 법제처 웹사이트에서 열람이 가능하고, 실무적으로 참조할만한 내용이 다수 있다. 협의를 '자문'에 그치는 것으로 보아야 하는 경우와 '합의'에 이르는 것으로 보아야 하는 경우에 대한 법제처 해석례의 경향을 잘 정리하고 있다.

2 대법원 2006. 6. 30. 선고 2005두14363 판결.

3 송연선, 인허가의제제도에 관한 법제연구, 한국법제연구원, 2005. 12., 43면; 김유환, 현대 행정법강의, 법문사, 2016, 128면 등 참조.

4 서울고등법원 2010. 6. 15. 선고 2009누40898 판결(해당 판결에 대하여 피고가 상고하였으나 대법원 2010. 11. 11. 선고 2010두14718 판결로 심리불속행 기각되어 확정되었다.); 의정부지방법원 2008. 12. 9 선고 2008구합2069 판결.

5 대구지방법원 2023. 11. 22. 선고 2023구합21350 판결. 해당 사안에서 원고는 위 의정부지방법원의 판시내용과 동일한 취지의 주장을 하였으나 해당 판결은 이를 받아들이지 않았다. 해당 판결에 대

실정법상 사용되는 '협의'의 의미에 대하여 다소 판례나 해석례의 견해가 엇갈리는 상황이고, 최근의 하급심 판결 또한 엇갈리는 판시를 한 것이 발견되므로, 실무가로서 본 쟁점을 다룰 때에는 어느 한 방향으로 단언적인 결론을 내리는 것이 주의할 필요가 있겠으나, 사견으로는 최소한 인허가 의제의 취지나 관계 행정청의 인허가 권한, 의제되는 인허가의 분리가능성 등을 종합적으로 고려하면 언급되는 '협의'는 '동의'에 가깝게 해석하는 것이 타당하다는 의견이다.[1]

2. 협의에 응하지 아니하는 경우

국토계획법 제61조 제4항은 "협의 요청을 받은 관계 행정기관의 장은 요청을 받은 날부터 20일 이내에 의견을 제출하여야 하며, 그 기간 내에 의견을 제출하지 아니하면 협의가 이루어진 것으로 본다"라고 정하여, 협의의 대상이 되는 인허가의 소관 행정청의 회신 기한을 명시하면서 그 위반 시의 효과에 대하여도 분명히 정하고 있다.

협의의 상대방이 되는 관계 행정기관으로서는 그 판단이나 이해관계에 따라 협의에 대해 명시적인 의사를 밝히지 아니한 채 동문서답을 하거나 회신 자체를 지연하는 경우가 실무상 얼마든지 발생할 수 있다. 이러한 경우, 본조 제4항과 같은 조문을 두지 않는다면 처분당사자로서는 종된 인허가의 처리 문제 때문에 주된 인허가의 발급마저 지연되는 불이익을 겪게 된다. 이 경우 발생할 수 있는 국민의 피해를 방지하고자 하는 취지에서 도입된 것이 협의간주 조항이다. 본 조와 같이 협의간주 조항을 명시하고 있는 경우에는, 기간 도과로 일단 의제되는 인허가에 대한 동의 의사가 간주되는 것이므로, 해당 부분에 대한 의제효과까지를 포함하여 주된 인허가가 발급되는 것이다.

3. 협의의 시기

이와 같은 협의는 협의의 대상이 되는 내용이 실질적으로 변경되지 않는 이상, 그 시기(곧, 언제, 어느 단계에서 협의를 해야 하는지의 문제)를 엄격하게 제한할 것은 아니라 사료된다. 대법원 또한 처분 전에 미리 도시관리계획결정 의제를 위한 경기도지사와의 협의를 거쳤다면 일부 다른 인허가의제를 위한 협의를 미리 하지 않았

해서는 원고가 항소한 것으로 보인다.

[1] 관련하여 저자는 공저자로 참여한 항만재개발법 해설, 삼일인포마인, 2020, 311면에서도 동일한 견해를 취한 바 있다.

더라도 이 사건 처분에 하자가 있다고 보기 어렵다고 본 바 있으므로 참조할 수 있겠다.[1]

V. 인허가 의제와 관련한 법적 쟁점들[2]

1. 인허가 의제의 쟁송방법

가. 의제된 처분을 다투는 경우의 쟁송대상

인허가를 발급 받은 처분상대방이 아닌 제3자가 주된 인허가에 의제된 인허가만의 하자를 다투면서 그 취소를 구하는 행정쟁송을 제기하려는 경우가 있을 수 있다. 예컨대, 인근 주민이 건축허가나 사업시행승인 등을 다투면서, 실질적으로는 그에 의제된 특정한 인허가 부분에 대하여만 반대의사를 가진 것이어서, 과연 이 경우 주된 인허가 전체의 취소를 구하여야 하는 것인지, 아니면 다투고자 하는 부분의 종된 인허가의 취소만을 구하여야 하는 것인지가 문제될 수 있는 것이다.

그에 대하여, 대법원 판례 중에는 쟁송의 대상을 주된 인허가로 삼을 것이 아니라, 의제된 인허가 − 곧, 다투고자 하는 인허가를 별도로 쟁송의 대상으로 삼을 수 있다는 견해를 취한 것이 발견된다.[3] 해당 판례 사안은 원고가 주된 인허가인 주택건설사업계획승인의 취소와 함께, 그에 의제된 '지구단위계획결정'에 대하여 취소를 구한 사안인데, 위와 같은 대법원 판례의 설시내용을 보더라도 대법원의 견해가 ① '의제된 부분의 취소만을 구하여야 하고, 주된 인허가의 취소를 구할 수는 없다'는 것인지, 아니면 ② '주된 인허가를 다툴 수도 있고 의제된 부분의 취소만을 다툴 수도 있다'는 선택적인 입장을 취한 것인지는 불분명한 측면이 있다. 왜냐하면, 해당 판례는 한편으로는 '의제된 인허가 역시 쟁송대상이 된다'는 식으로 서술하면서도, 다른 한편으로는 '주택건설사업계획 승인처분의 취소를 구할 것이 아니라 의제된 인·허가의 취소를 구하여야 하며'라는 서술을 하고 있어 정확히 판례가 어떤 태도를 취한 것인지를 확언하기가 어렵기 때문이다.

---

1 대법원 2012. 2. 9. 선고 2009두16305 판결.
2 본 항의 논의는 저자가 공저자로 참여한 항만재개발법 해설, 삼일인포마인, 2020에서 저자가 서술한 314면에서 318면의 논의를 공저자들의 동의를 받아 이를 기초로 하여 재정리한 것이다. 해당 부분의 논의를 기초로 참고하였을 뿐, 본서에서는 전면적으로 다시 재서술한 것임을 밝힌다.
3 대법원 2018. 11. 29 선고 2016두38792 판결. 해당 판결 사안의 경우 이른바 '인허가 실재론'−즉 의제된 인허가 또한 실질적으로 존재하는 것이라는 인식에 기반한 것이라 평가된다. 관련하여 박균성, 의제된 인허가의 취소, 행정판례연구, 2019, 21면 참조.

만일 위 대법원 판례가 전자의 견해 – 곧, 주된 인허가의 취소를 구할 수는 없고, 의제된 인허가의 취소만을 구하여야 한다는 견해를 취한 것이라고 하더라도, 이러한 결론이 과연 다른 모든 경우에 대해 일반적으로 적용될 수 있는 것이라 보기는 쉽지 않다고 사료된다. 위 대법원 2016두38792 판결 사안은 주택단지를 건설하는 사업에 따라 포함된 진입도로(도시계획시설)에 한정하여 다툼이 벌여졌던 사안이다. 진입도로에 관한 사항은 고시된 지구단위계획의 내용으로 편입되어 있었다. 즉 해당 사안에서는 주된 인허가에 의한 사업인 주택단지의 건설과, 그에 부수하여 의제된 진입도로(도시계획시설) 건설 문제가 물리적으로나 외형적으로 분리가 가능한 것이다. 때문에 원고로서도 다툼의 대상을 진입도로에 관한 것으로 특정할 수 있었고, 구태여 주된 인허가가 아닌 진입도로에 관한 내용이 수록된 지구단위계획결정을 다툰 것이었다.[1] 즉 이 경우는 명확하게 다툼의 대상이 구분될 수 있는 경우이다.

그러나 주택단지를 건설하는 사업의 내용에 필연적으로 수반될 수밖에 없는 처분(예컨대 건축법상 건축허가나 국토계획법상 개발행위허가)이나, 주된 인허가와 의제되는 인허가의 심사 범위가 중첩되는 경우에는 원고로서도 다툼의 본질을 구분해 낼 수 없는바, 이러한 경우 구태여 주된 인허가와 의제된 인허가를 나누어 쟁송 대상을 구분하는 것은 매우 작위적이고, 국민의 권리보호에도 부합하지 않는다. 따라서 처분의 외형이나 내용이 명확히 구분되지 않는 경우에도 이와 같은 결론이 유지될 수 있을지에 대하여는 추후 판결례의 경향을 살펴보아야 할 것으로 보인다. 대법원 2016두38792 판결의 논지를 살펴보더라도, "적어도 '부분 인허가 의제'가 허용되는 경우" – 곧, 의제되는 인허가의 효력과 주된 인허가의 효력을 관념적으로 구분하고 분리할 수 있는 경우를 전제하고 있는 것으로 보이고, 그러한 경우에 해당할 때 의제되는 인허가를 독립적으로 다툴 수 있다는 논지를 펴고 있는 것으로 이해된다.

요컨대, 만일 양자가 필수불가결하게 연결되어 있어 관념적인 분리가 어려운 경우라면, 과연 의제된 인허가에 대한 쟁송만을 허용하고 주된 인허가에 대한 쟁송을 불허할 수 있는 것인지 의문이 있다. 여러 사정을 종합하더라도, 위 판례는 주된

---

[1] 해당 사안의 청구취지에서 알 수 있듯이(창원지방법원 2015. 9. 22. 선고 2014구합22500 판결), 2014. 8. 25. 한 임대주택건설사업계획 승인처분, 거제(소동지구) 도시관리계획(지구단위계획구역 및 계획) 결정처분, 2014. 12. 4. 도시계획시설사업 사업시행자 지정 및 실시계획인가처분의 취소를 모두 함께 구하였다. 다만, 사업계획 승인처분의 취소를 구하는 부분은 제소기간 도과로 각하되었다.

인허가와 병존적·선택적으로 의제되는 인허가 또한 쟁송대상이 될 수 있음을 설시한 것으로 이해하는 것이 타당하다는 것이 본서의 견해이다.

나. 의제된 인허가를 다투는 경우의 피고적격

한편 이와 같이 의제된 인허가를 다투는 경우 피고를 누구로 하여야 하느냐에 대해 학설상의 논의가 발견되는데, 의제된 인허가에 대한 인허가권을 가진 행정청을 피고로 보는 것이 타당하다는 견해가 우세한 것으로 보인다.[1] 행정소송법 제13조 제1항이 비록 처분을 행한 행정청을 피고로 하도록 정하고는 있으나, 동항에서도 "다른 법률에 규정이 있는 경우"의 예외가능성을 열어두고 있으므로, 인허가 의제의 경우에는 그에 해당하지 않겠느냐는 것이 주된 근거인 것으로 이해된다.[2]

다. 의제된 인허가만의 취소가능성

이상과 같이 의제된 인허가만의 취소를 구하는 소송이 허용되는 이상, 그 결과 주된 인허가만 남겨놓은 채 의제된 인허가에 대해서만 취소판결을 내리는 것 또한 당연히 가능하다고 보는 것이 타당하다. 아울러, 반드시 판결에 의한 취소가 아니라 행정청 스스로에 의한 취소 또는 철회 처분의 경우에도 의제된 인허가만을 취소 또는 철회하는 것은 가능하다고 보아야 한다.

개념적으로 보더라도, 인허가 의제조항에 포함된 것들의 법적 성격이 절차간소화 의제에 그치는 것이라면, 양자는 절차적으로 얼마든지 분리될 수 있고, 따라서 반드시 그 발생과 소멸을 같이하여야 할 필요는 없다. 따라서 의제된 인허가에 하자가 있다면 이를 독립·분리하여 취소하거나 수정하는 것도 가능하다고 사료되고, 이를 막을 근거도 달리 생각되기 어렵다. 대법원은 "의제된 인허가만 취소 내지 철회함으로써 사업계획에 대한 승인의 효력은 유지하면서 해당 의제된 인허가의 효력만을 소멸시킬 수 있다"고 설시한 바 있다.[3] 이를 참조하면, 개발행위허가는 그대로 유효한 것으로 둔 채, 국토계획법 제61조에 따라 의제되는 일부 처분을 취소하거나 철회하는 것 또한 가능하다. 반대로 다른 처분에 개발행위허가가 의제된 경우, 의제된 개발행위허가만을 취소하는 것 또한 가능하다는 것이 법제처의 견해이다.[4]

---

1 박균성, 의제된 인허가의 취소, 행정판례연구, 2019, 26면 참조.
2 김중권, 의제된 인·허가의 취소와 관련한 문제점, 최신판례분석, 2018. 10., 528면 참조.
3 대법원 2018. 7. 12 선고 2017두48734 판결.
4 법제처는 "의제되는 인허가를 위한 실체적 요건의 적용을 배제하거나 처분권한을 변경하는 효과를 가져오는 것이 아니므로, 의제되는 인·허가와 관련된 실체적 요건은 의제되는 인·허가를 규율

다만, 전술한 바와 같이, 이와 같은 분리 취소 '절차간소화 의제조항'의 성격을 지니는 것들에 한정하는 것이 타당하고, 반대로 '필수적 의제조항'의 경우에도 이와 같은 논지가 유지될 수 있다고 보기는 어렵다고 사료된다.[1] 그러나 현재로서는 건축허가와 개발행위(건축물의 건축)허가 정도를 제외하고는 인허가 의제조항을 필수적 의제와 절차간소화 의제로 구분하는 법리가 명확하게 정착되지는 않은 것으로 보이므로, 대법원이 필수적 의제 - 특히, 건축법상 건축허가와 개발행위(건축물의 건축)허가의 경우를 어떻게 취급할지는 추후 판례의 경향을 지켜볼 필요가 있다. 다만, 대법원 또한 건축법상 건축허가의 경우에는 필수적 의제와 유사한 취지로 불가분의 관계를 인정하는 추세인 것으로 보이고,[2] 필수적 의제조항의 경우에는 이를 독립하여 취소하는 것은 곧 주된 인허가의 취소나 다름이 없다는 점을 고려한다면 필수적 의제조항 - 그중에서도 건축법상 건축허가의 경우에는 분리 취소가 불가하다고 봄이 상당할 것이라 사료된다.

2. 인허가 의제와 행정청의 처리 방법

가. 부분적인 의제의 허용성

인허가의제가 절차간소화의제에 그친다면 이를 절차적으로 분리하여 서로 다른 시점에 별개 절차로 발급하는 것은 당연히 가능하다. 반면, 필수적 의제의 성질을 지니는 것이라면, 그와 같이 별도 발급을 허용하는 것은 사실상 무의미한 절차의 반복을 요구하는 것인 다름이 없다. 한편, 대법원은 인허가의제사항들의 종류를 구분하지 아니하고, 법이 열거하고 있는 인허가의제사항들 중에서도 일부분에 대하여만 의제효과를 부여하는 것이 가능하다는 입장을 취하고 있다.[3] 그러나 이와 같은 입장 또한 주로 인허가의제조항들 대부분을 차지하는 '절차간소화의제조항'을

하는 근거 법령에 따라 판단해야"한다고 하면서 "건축허가에 따라 개발행위허가가 의제된 경우 개발행위허가에 대한 사후의 법률관계는 의제되는 개발행위허가의 근거 법률인 국토계획법에 따라야 한다"고 판단하였다. 법제처 2021. 5. 4. 회신 21-0002 해석례를 인용하고 참조.

1 저자는 저자가 공저자로 참여한 항만재개발법 해설, 삼일인포마인, 2020, 316면에서도 동일한 취지의 견해를 취한 바 있다. 해당 문헌에서 언급한 바와 같이, 위 대법원 2018. 7. 12. 선고 2017두48734 판결 스스로도 "해당 사업과 관련된 모든 인허가 의제사항에 관하여 일괄하여 사전 협의를 거쳐야 하는 것은 아"닌 경우에 대하여 판단하고 있는 것이므로, 대법원이 명시적으로 필수적 의제의 필요성을 인정한 건축허가와 개발행위(건축물의 건축)허가의 경우에는 다른 결론이 내려질 수 있을 것이라 사료된다.

2 대법원 2020. 7. 23. 선고 2019두31839 판결.

3 대법원 2018. 10. 25 선고 2018두43095 판결. "공항개발사업 실시계획의 승인권자가 관계 행정청과 미리 협의한 사항에 한하여 그 승인처분을 할 때에 인허가 등이 의제된다고 보아야 한다."

전제한 논지로 한정하여 이해함이 타당하다. 대법원 판결의 입장을 참조하면, 개발행위허가권자는 허가 시 관계 행정기관의 장과 협의가 완료되지 아니한 부분에 대하여는 명시적으로 인허가 의제효과를 배제한다는 취지를 표시하여 개발행위허가를 발급할 수 있을 것이다. 다만, 위와 같은 견해에 의하더라도 건축법상 건축허가를 발급하면서 건축행위에 관한 개발행위허가(본 조 제1항 제1호)의 의제를 배제하는 것이 가능하다고 볼 수 있을지는 의문의 소지가 매우 크다.

한편, 처분상대방의 입장에서도 반드시 인허가 의제사항들에 대하여 의제 처리를 신청할 의무가 있는 것은 아니라는 게 대법원의 입장이다.[1]

나. 주된 인허가의 변경에 따른 쟁점들

주된 인허가의 변경 시, 의제된 인허가의 변경도 함께 의제되는 것인지가 해석상 문제가 될 수 있다. [종래에는 변경 시에도 인허가 의제효가 발생하는지에 대한 명확한 조문상의 기재가 없어서 문제되었으나, 현재는 대부분 주된 인허가의 변경 시에도 의제효를 인정하는 방식으로 입법적 개선이 많이 이루어졌다.]

① 먼저, 판례는 주된 인허가가 변경 시에도 인허가 의제를 규정한 조문의 적용이 당연히 인정되어야 한다는 점은 명확해 보인다. 예컨대 대법원은 "인가관청이 구 국토계획법 제88조 제2항에 의하여 실시계획인가를 하는 경우뿐만 아니라 같은 조 제4항에 의하여 실시계획 변경인가를 하는 경우에도 같은 법 제92조 제1항에 따라 산지전용허가 등 관련 인허가 등을 받은 것으로 보아야 할 것이다"라고 판시한 바 있다.[2] ② 다음으로, 주된 인허가가 실효된 다음, 주된 인허가를 변경하는 처분을 하더라도, 주된 인허가를 사실상 새로이 발급하는 것이나 다름없는 경우라면 당연히 인허가 의제의 효과를 인정하지 아니할 이유가 없다. 법제처 또한 같은 견해이다.[3]

③ 마지막으로, 주된 인허가의 변경 시, 내용적으로 의제되는 인허가에 영향을 미칠 수 있고 의제되는 인허가의 변경에 관한 협의 절차가 이루어졌다면, 의제되는

---

1 대법원 2023. 9. 21. 선고 2022두31143 판결.
2 대법원 2015. 10. 29. 선고 2013다218248 판결.
3 법제처 2018. 8. 29. 회신 18-0222 해석례. "시계획의 변경승인도 사업시행자에게 일반산업단지개발사업을 실시할 수 있는 권한을 설정해 주는 처분이라는 점에서 최초의 승인과 다르지 않은바, 변경승인이 새로운 승인으로서의 요건을 갖춘 경우에는 그에 따른 효과가 발생할 뿐이므로 이 사안에서도 실시계획의 변경승인이 새로운 승인의 요건을 갖춘 경우라면 그 변경승인 시점에 농지의 전용허가가 다시 의제되어 그 효력이 발생한다고 보아야 합니다."

인허가의 변경 또한 함께 의제된다고 볼 수 있겠다. 달리 말하면, 절차간소화 의제 조항의 경우 의제되는 인허가에 관한 협의절차가 함께 이루어졌다면 의제되는 인허가의 변경이 이루어졌다고 볼 수 있는 반면, 협의가 이루어지지 않은 경우라면 이 경우에는 의제되는 인허가가 변경되었다고 볼 수는 없을 것이다. 반면, 필수적 의제조항이라면 반드시 변경이 함께 수반되는 것이 타당할 것이다. 관련하여, 법제처는 "특화특구계획을 변경하면 특화특구계획 승인 시 의제된 도시·군관리계획의 결정 및 인허가등의 변경도 의제"된다고 보았는데, 해당 해석례의 질의내용을 살펴보면 "인허가등의 경우 지역특구법 제65조 제4항에 따른 협의를 거친 경우를 전제"한 질의임을 알 수 있다.[1] 법제처 또한 의제되는 인허가의 변경에 관한 협의가 이루어지지 않은 경우에 대하여까지 그러한 변경효를 인정한 것은 아니다.

국토계획법 또한 인허가 의제에 관한 제61조 제1항에서 "개발행위허가 또는 변경허가를 할 때," 동조 제2항에서 "특별시장·광역시장·특별자치시장·특별자치도지사·시장 또는 군수는 개발행위허가 또는 변경허가를 할 때에 그 내용에 제1항 각 호의 어느 하나에 해당하는 사항이 있으면"라는 문언을 사용하여 변경승인의 경우에도 의제되는 인허가에 관한 서류를 제출하여 그에 대한 변경이 수반되어 같이 이루어질 수 있도록 정하고 있는바, 이상과 같은 쟁점들에 대한 논의의 결론들이 그대로 적용될 수 있을 것이다.

다. 의제되는 인허가의 요건불비를 이유로 한 주된 인허가의 거부

실무상 개발행위허가를 신청할 경우 개발행위허가로 의제되는 다른 처분의 요건을 불비하였음을 이유로 개발행위허가를 거부하는 경우가 잦다.[2] 대표적으로 개발행위하가의 대상 부지에 지목이 '전, 답'인 토지가 소재해있는 경우 농지전용허가가 필요한 경우가 있을 수 있고, 이 경우 농지전용허가의 요건 불비를 이유로 행정청이 개발행위허가를 거부하는 경우가 있다.

다만, 이러한 경우 주의할 것은 단순히 지목을 기준으로만 하여 농지전용허가가 필요하고, 따라서 농지전용허가요건을 문제삼아 개발행위허가를 거부할 수 있다는 기계적인 결론에 이르러서는 안된다는 점이다. 관련하여 대법원은 지목이 아

---

[1] 법제처 2019. 10. 16. 회신 19-0450 해석례.

[2] 대체로 이러한 이유(의제되는 인허가의 요건불비를 이유)로 주된 인허가의 발급을 거부하는 것은 가능하다고 사료된다. "채광계획인가로 공유수면 점용허가가 의제될 경우, 공유수면 점용불허사유로써 채광계획을 인가하지 아니할 수 있는지 여부"에 대하여 인가하지 아니할 수 있다고 판단한 대법원 2002. 10. 11. 선고 2001두151 판결의 경우를 참조.

닌 실질에 따라 농지인지 여부를 판단하여야 한다는 입장이므로,[1] 실질이 농지가 아닌 부지에 대해서는 농지전용허가요건 불비를 이유로 개발행위허가를 거부할 수는 없을 것이다.

3. 인허가 의제와 의제된 법률의 준용 범위

가. 주된 인허가와 사업의 본질

실무상 인허가 의제와 관련하여, 의제되는 인허가의 근거법률의 적용 범위가 쟁점이 되는 경우가 많다. 예컨대, A라는 허가를 발급하면서 B라는 허가가 의제될 경우, B의 근거되는 법률의 모든 조문이 준용 또는 적용되는 것이라 보아야 하는지에 대한 쟁점이다. 관련하여 대법원은 B의 근거가 되는 법률의 모든 조문이 적용되는 것은 아니라는 확고한 견해를 취하고 있다. 예컨대 대법원은 ① 구 건축법 제8조 제4항에 따른 건축허가를 받아 새로이 공공시설을 설치하였다고 하더라도 그 공공시설의 귀속에 관하여 구 도시계획법 제83조 제2항이 적용되지는 않는다고 보고 있고,[2] ② 구 도시정비법 제32조 제1항 제15호에 따라 국토계획법 제56조가 규정하는 개발행위허가를 받은 것으로 의제되더라도, 개발행위로 인하여 용도가 폐지되는 공공시설의 점용 또는 사용에 따른 점용료 등에 관하여는 국토계획법 제65조 제4항이 적용된다고 볼 수 없다고 보고 있다.[3] ③ 또한 구 보금자리주택건설법 제35조 제4항이 보금자리주택에 관한 사업계획의 승인을 받은 때에는 건축법에 의한 건축허가(제1호), 도시개발법에 의한 실시계획의 인가(제9호)를 받은 것으로 의제하고 있고, 그와 같은 의제되는 처분 또는 사업이 학교용지부담금 부과 대상 개발사업으로 열거되어 있다고 하더라도, 보금자리주택 건설사업을 학교용지부담금 부과 대상이라고 볼 수 없다는 견해를 취하고 있다.[4] ④ 아울러, 의제되는 인허가의 근거법률이 의제하는 다른 인허가를 재차 의제하는 것도 인정하지 아니한다.[5]

---

1 대법원 2023. 11. 9. 선고 2022두36322 판결 "농지에 해당하는지 여부는 공부상의 지목 여하에 불구하고 당해 토지의 사실상의 현상에 따라 가려져야 할 것이고, 공부상 지목이 답인 토지의 경우 그 농지로서의 현상이 변경되었다고 하더라도 그 변경 상태가 일시적인 것에 불과하고 농지로서의 원상회복이 용이하게 이루어질 수 있다면 그 토지는 여전히 농지법에서 말하는 농지에 해당한다고 할 것."

2 대법원 2004. 7. 22. 선고 2004다19715 판결.

3 대법원 2011. 2. 24. 선고 2010두22252 판결.

4 대법원 2016. 12. 15. 선고 2014두40531 판결.

5 대법원 2015. 4. 23. 선고 2014두2409 판결 "구 주택법(2005. 8. 4. 법률 제7678호로 개정되기 전의 것, 이하 같다) 제17조 제1항 제5호, 제9호에 따라 구 국토의 계획 및 이용에 관한 법률(2005. 8. 4. 법률 제7678호로 개정되기 전의 것, 이하 '구 국토계획법'이라 한다) 제88조의 도시계획시설사업

이와 같은 판례의 견해를 참조하면, 대체로 대법원은 인허가가 의제되는 경우 의제되는 인허가에 의한 지위를 부여하는 정도 – 곧, 건축법상 건축허가가 의제된다면 건축물을 지어도 된다는 지위가 인정되는 정도로만 파악하고 있는 것으로 보이고, 의제되는 법률의 다른 조항은 대체로 적용을 부정하는 것으로 이해된다. 또한, 의제되는 인허가에 따른 개발사업의 성질은 인정될 수 없다고 보는 것으로 이해된다. 즉 인허가 의제에도 불구하고, 당해 사업의 '본질'은 여전히 주된 인허가에 따른 사업에 해당한다고 보아야 한다는 것이 대법원의 입장인 것으로 보인다.

법제처의 경우에는 인허가 의제에 따라 의제되는 법률의 적용 범위와 관련하여 "관련 법률에 특별한 규정이 있거나 해당 제도의 취지나 성질상 인·허가 의제 시에는 적용할 수 없는 경우를 제외하고는 의제되는 인·허가의 근거 법률이 적용된다"는 일관된 견해를 취하고 있다.[1] "해당 제도의 취지나 성질상" 적용이 불가한 범위가 어디까지인지는 모호한 기준이기는 하나, 앞서 살펴본 대법원 판례 사안들을 참조하면, 사업의 성질이나 본질을 벗어나는지 여부를 일응의 기준으로 고려할 수 있을 것이라 사료된다. 예컨대, 도시개발법상 도시개발사업 관련 인허가가 개발행위허가를 의제한다고 하더라도, 도시개발사업의 특성이나 본질과 국토계획법상 개발행위허가 관련 조문이 부합하지 아니하는 범위에서는 국토계획법의 관련 조문의 준용을 부정하는 것이 타당할 것이다.

나. 주된 인허가의 본질이 모호한 경우
(1) 제주특별법상 개발사업시행승인의 경우

위와 같은 논의가 어느 경우에나 일반론적으로 적용될 수 있는 것인지는 의문이 있다. 예컨대, 제주특별법의 경우 거의 모든 법령상의 개발사업에 대하여 제주도 내에서 이를 시행할 경우 개발사업시행승인을 받도록 하고 있는데, 해당 사업의 근거가 되는 인허가들을 개발사업시행승인에 의제시키고 있다. 예컨대, 관광단지 개발사업을 시행한다면 제주특별법상 개발사업시행승인을 받도록 한 다음, 관광진흥법상의 조성계획승인(제54조)과 같은 인허가를 의제하는 방식이다. 그런데 제주특별법은 개발사업시행승인의 근거조문만 두고 있을 뿐, 구체적인 사업의 진행 절

에 관한 실시계획인가와 구 도시개발법(2007. 4. 11. 법률 제8376호로 개정되기 전의 것) 제17조의 도시개발사업에 관한 실시계획인가가 의제되는 데 그치고, 거기서 다시 구 국유재산법(2009. 1. 30. 법률 제9401호로 전부 개정되기 전의 것, 이하 같다) 제24조에 따른 국유지 사용·수익에 대한 허가까지 의제된다고 볼 수는 없다고 판단하였다."
1 법제처 2015. 5. 29. 회신 15-0056 해석례, 법제처 2021. 12. 29. 회신 21-0795 해석례 등 참조.

차나, 준공, 조성된 토지 및 건물의 배분 등에 관한 조문은 전혀 마련하고 있지 않으므로, 이는 개별 개발사업의 근거법령이 정하고 있는 사항들이 적용될 수밖에 없게 된다. 즉 개발사업시행승인을 받았다고 하더라도 여전히 당해 사업이 관광진흥법상 관광단지 개발사업이라는 본질은 변하지 않는 것이고, 따라서 관광진흥법상의 다른 규정들 또한 일반적으로 적용된다고 볼 수밖에 없는 것이다. 이러한 경우라면, 인허가 의제에도 불구하고 도리어 의제되는 인허가가 당해 처분의 본질적인 속성을 이루는 것이라 볼 수 있으므로, 의제되는 인허가의 근거 법률이 원칙적으로 적용되는 것이라 보아야 할 것이라 사료된다.

관련하여 법제처 해석례의 사안을 참조할 수 있겠다. 법제처는 제주특별법상 개발사업시행승인을 받아 시행된 관광단지 개발사업과 관련하여 관광시설 일부 준공 및 매각에 관한 관광진흥법 제58조의2와 제59조 등의 적용이 배제되지 아니한다고 판단하였다.[1] 다른 인허가 의제 사례들과 달리 제주특별법의 경우에는 동법상 개발사업시행승인이 아니라 의제되는 종된 인허가에 따른 개발사업의 내용이 사업의 본질을 이루는 것이므로 이와 같은 법제처의 견해는 타당하다고 사료된다.

(2) 특별법에 의하여 설치된 도시계획시설의 경우

도시계획시설의 경우 시설의 종류에 따라 별도의 특별법이 마련되어 있으면서, 해당 특별법에서도 해당 시설의 설치에 관한 일련의 규율을 두고 있는 경우가 많다. 대표적으로 도로법, 하수도법 등의 경우를 들 수 있다. 그런데 이와 같은 시설들은 국토계획법에서 정하는 필요적 도시계획시설(동법 제43조 제1항 본문)에 해당하므로, 동법이 정하는 도시관리계획의 수립(도시계획시설결정) 및 도시계획시설사업의 절차에 따라서도 설치가 가능한 것들에 해당한다.

이와 같은 도로법, 하수도법 등에 포함된 시설의 설치에 관한 조문을 보면, 국토계획법상 도시계획시설사업의 실시계획인가(동법 제88조)을 의제하고 있음을 확인할 수 있는데(도로법 제29조 제1항 제4호; 하수도법 제17조 제1항 제3호 등 참조), 이 경우 국토계획법 각 조문들과 해당 특별법들의 조문들 간의 관계가 문제될 수 있다.

앞서 살펴본 인허가 의제 관계들과 이와 같은 도시계획시설을 둘러싼 의제관계가 본질적으로 다른 점은, 의제관계와 관련한 주종관계를 특별히 구분하기가 어렵다는 점에 있다. 전술한 바와 같이 보금자리주택 건설사업(현재의 공공주택 건설사

---

[1] 법제처 2021. 12. 29. 회신 21-0795 해석례.

업)이 다른 법률상의 인허가를 의제한다고 하더라도 사업의 성질은 보금자리주택 건설사업으로 남게 되는 것이고, 이것이 의제되는 법률상의 사업으로 변경되거나 그 성질을 겸유하게 되는 것이라 보기는 어렵다.[1] 그러나 도시계획시설의 경우에는 특별법이 해당 종류의 도시계획시설의 설치 및 관리 등에 관한 보다 상세한 규정을 두고 있는 정도의 의미를 지니고, 따라서 국토계획법 또는 개별 특별법들 중 어느 것에 의하여 설치된 것인지에 관계 없이 이는 도시계획시설로서의 지위를 갖는다고 보는 것이 바람직하고,[2] 이러한 의미에서 본다면 기반시설 설치에 관한 개별법들이 국토계획법상 도시계획시설사업의 실시계획인가를 의제하고 있는 것은 통상적인 경우의 절차간소화 의제조항과 그 본질을 달리하는 것이라 봄이 타당하다.

그렇다면 개별 특별법에 의하여 설치된 시설에 대하여는 국토계획법상 도시계획시설에 관한 일련의 규정들이 적용될 수 있다고 봄이 타당하다. (다만, 국토계획법의 규정과 동일한 대상에 대하여 개별 특별법이 다른 내용의 규율을 하고 있다면, 특별법 우선의 원칙에 따라 개별법이 적용되는 것이 바람직할 것이다.) 반대로, 특별히 개별법이 동종 시설의 일부만을 특정하여 규율하기 위하여 마련된 것이 아닌 이상[3] 국토계획법이 정한 절차에 의하여 설치된 동종 시설에 대하여 개별법의 적용이 배제된다고 보는 것은 어색하다. 후자의 경우에 관하여, 국토계획법 스스로도 실시계획인가 시 개별법상의 인허가를 의제하는 태도를 취하고 있을 뿐만 아니라(동법 제92조 제1항 각호 참조), 개별법들 스스로도 국토계획법에 의하여 설치된 시설에 대한 적용관계를 명시적으로 적시하고 있는 경우들이 발견된다.[4]

관련하여, 국토계획법(혹은 구 도시계획법)에 의하여 설치된 도로에 대한 판단사례들이 다수 발견된다. 대법원은 "도시계획사업으로 설치된 도로로서 도로법 제10조의 규정에 의하여 도로법의 규정이 준용되기 위하여는 도시계획사업실시계획의 인가 고시와 수용 사용대상토지에 대한 토지조서 작성의 절차가 이루어져야 한다"

---

1 달리 말하면, 보금자리주택 건설사업이 도시개발사업을 의제한다고 하여, 그것이 도시개발사업의 일종이 된다거나, 도시개발사업의 성격을 함께 지니는 것이라 볼 수는 없다는 것이다.
2 물론, 이에 대하여 현실적인 문제는 존재한다. 대표적으로 윤지은(2009)에서 비판적으로 분석하고 있는 바와 같이, 국토계획법 제정 이전의 시기에 도로는 도시지역에서는 도시계획시설로, 그 이외에는 주로 도로법상 도로구역결정에 의하여 설치되었는데, 국토계획법 제정으로 비도시지역에 대하여도 도시계획시설결정을 필요적으로 요구하는 국토계획법 제43조가 적용되게 되었음에도 여전히 법과 현실에 괴리가 있는 현상이 존재한다는 취지의 비판이 있다. 관련하여 윤지은. (2009). 도로개설의 법체계. 행정법연구,(24), 159-180의 논의 참조.
3 예컨대, 유료도로법 같은 것을 생각해볼 수 있겠다.
4 예컨대, 도로법 제108조의 규정 참조.

라고 판시하여왔다.[1] 법제처 해석례 중에서는 국토계획법에 의하여 설치되는 도로에 대하여 도로법이 적용될 수 있는 시기(始期)에 대하여 판단한 것이 발견되는데, 법제처는 "「도로법」이 준용되는 국토계획법에 따른 도로의 경우 역시 그 도로가 일반공중의 교통에 사용되거나 유형적·고정적으로 특정한 목적을 위하여 사용되는 것이 가능하게 된 시점부터 「도로법」 제38조 및 같은 법 제94조 본문에 따른 변상금을 징수할 수 있는 것으로 보"인다고 하면서, "국토계획법에 따른 도로의 경우에는 준공검사증명서를 발급하고 공사완료 공고를 한 이후부터"를 도로법 관련 조문의 적용가능 시점으로 판단한 바 있다.[2]

---

1 대법원 1992. 9. 14. 선고 92다1162 판결, 대법원 2001. 7. 24. 선고 99다29183 판결 등.
2 법제처 2013. 10. 10. 회신 13-0331 해석례에서 인용하고 참조.

제61조의2(개발행위복합민원 일괄협의회)

제61조의2(개발행위복합민원 일괄협의회) ① 특별시장·광역시장·특별자치시장·특별자치도지사·시장 또는 군수는 제61조제3항에 따라 관계 행정기관의 장과 협의하기 위하여 대통령령으로 정하는 바에 따라 개발행위복합민원 일괄협의회를 개최하여야 한다.
② 제61조제3항에 따라 협의 요청을 받은 관계 행정기관의 장은 소속 공무원을 제1항에 따른 개발행위복합민원 일괄협의회에 참석하게 하여야 한다.
[본조신설 2012. 2. 1.]

　　2012. 2. 1. 개정법에서는 절차의 신속화를 위해 일괄협의회라는 제도를 도입하였다. 허가권자는 인허가 의제를 위한 협의사항에 관하여 관계 행정기관의 장과 협의하기 위하여 '개발행위복합민원 일괄협의회'를 개발행위허가 신청일부터 10일 이내에 개최하여야 하며, 개최 3일전까지 관계 행정기관의 장에게 통지하여야 한다(국토계획법 제61조의2).[1]

　　법문상 이러한 일괄협의회 개최는 기속사항으로 되어 있으므로, 가급적 행정청은 이를 준수하여야 한다. 다만, 실질적인 협의가 이루어졌다면, 일괄협의회라는 방식으로 협의를 하지 않더라도 협의제도의 목적은 달성된 것이므로, 협의의 결과 발급된 개발행위허가나 그에 의제된 인허가가 위법하다고 볼 수 있을지는 의문이다. 즉 동조의 절차를 미필한 채 협의를 끝마쳤다고 하더라도 이것이 처분의 위법사유를 구성한다고 볼 것은 아니라고 생각한다. 본 조는 훈시적인 규정으로 이해함이 타당하다고 사료된다. 다만, 제도가 신설된 지 얼마 안 되어 명확한 판단선례는 발견되지 않는다.

---

1 이상 저자의 개발행위허가에 관한 연구, 서울대학교 법학전문석사학위논문, 2015. 2., 52면에서 발췌.

제62조(준공검사)

제62조(준공검사) ① 제56조제1항제1호부터 제3호까지의 행위에 대한 개발행위허가를 받은 자는 그 개발행위를 마치면 국토교통부령으로 정하는 바에 따라 특별시장·광역시장·특별자치시장·특별자치도지사·시장 또는 군수의 준공검사를 받아야 한다. 다만, 같은 항 제1호의 행위에 대하여 「건축법」 제22조에 따른 건축물의 사용승인을 받은 경우에는 그러하지 아니하다. 〈개정 2011. 4. 14., 2013. 3. 23.〉
② 제1항에 따른 준공검사를 받은 경우에는 특별시장·광역시장·특별자치시장·특별자치도지사·시장 또는 군수가 제61조에 따라 의제되는 인·허가등에 따른 준공검사·준공인가 등에 관하여 제4항에 따라 관계 행정기관의 장과 협의한 사항에 대하여는 그 준공검사·준공인가 등을 받은 것으로 본다. 〈개정 2011. 4. 14.〉
③ 제2항에 따른 준공검사·준공인가 등의 의제를 받으려는 자는 제1항에 따른 준공검사를 신청할 때에 해당 법률에서 정하는 관련 서류를 함께 제출하여야 한다.
④ 특별시장·광역시장·특별자치시장·특별자치도지사·시장 또는 군수는 제1항에 따른 준공검사를 할 때에 그 내용에 제61조에 따라 의제되는 인·허가등에 따른 준공검사·준공인가 등에 해당하는 사항이 있으면 미리 관계 행정기관의 장과 협의하여야 한다. 〈개정 2011. 4. 14.〉
⑤ 국토교통부장관은 제2항에 따라 의제되는 준공검사·준공인가 등의 처리기준을 관계 중앙행정기관으로부터 제출받아 통합하여 고시하여야 한다. 〈개정 2013. 3. 23.〉
[전문개정 2009. 2. 6.]

I. 의의

개발행위허가를 받은 내용대로 공사가 이루어졌는지 — 곧, 허가받은대로 이행되었는지를 점검하기 위하여 준공검사 제도를 두고 있다. 사용승인(건축법 제22조), 준공확인(항만재개발법 제35조) 등 실정법상으로는 다양한 명칭으로 불린다. 이는 대체로 허가받은 내용과 그 결과를 대조하여 '확인'하는 절차에 불과하기 때문에, 통상 행정법학상으로는 '강학상 확인'의 성질을 갖는 것으로 이해되고,[1] 기속행위로서의 성질을 갖는 것으로 이해된다.[2] 따라서 행정청으로서는 국토계획법 시행규칙 제11조 제2항 등에 따라 제출된 서류, 개발행위허가서류, 현황 등을 대조하여

---

[1] 저자가 공저자로 참여한 항만재개발법 해설, 삼일인포마인, 2020, 386면의 논의 참조. 아울러, 건축허가의 사용승인제도에 대하여는 강학상 확인임을 인정한 사례가 있다(대법원 1993. 11. 9. 선고 93누13988 판결).
[2] 김동희, 행정법 I, 제16판, 박영사, 2010, 291면.

허가받은 대로 이행되었는지를 심사하는 것 이외에, 다른 사유로 준공검사를 거부하여서는 아니 된다.

Ⅱ. 대상

개발행위의 종류가 다양하므로, 모든 경우에 준공검사를 할 정도의 행위라고 보기는 어렵다. 이에 법은 1. 건축물의 건축 또는 공작물의 설치, 2. 토지의 형질 변경, 3. 토석의 채취 등의 경우에 대하여만 준공검사를 받도록 정하고 있다. 달리 말하면 물리적 공사가 수반될 가능성이 높은 개발행위들에 대하여 준공검사를 요구하고 있는 것이라고도 볼 수 있다.

다만, 형질변경의 경우 앞서 개발행위의 종류에 관한 논의에서 살펴본 바와 같이, 토지의 물리적 형상은 변경하지 아니하고 그 성질만 변경하려는 경우가 논리적으로 상정될 수 있을 것인데, 이렇듯 물리적 공사가 수반되지 아니하는 경우에도 본 조의 준공검사가 요구되는 것인지가 쟁점이 될 수 있다. 비록 본 조 제1항이 준공검사의 대상으로 삼고 있는 개발행위들이 물리적 공사를 수반하게 될 가능성이 큰 것들로 구성되어 있다고 하더라도, 법문언상 준공검사는 "개발행위를 마치면" 받도록 되어 있는 것이므로, 단순히 토지의 성질을 변경하기 위하여 개발행위허가를 받는 경우라 하더라도 현행법의 문언상으로는 준공검사가 요구되는 것이라 봄이 타당하다고 사료된다.

Ⅲ. 의제된 인허가의 처리

한편, 법은 인허가 의제가 된 다른 인허가에 대하여도 본 조에 따른 준공검사 시 서류를 함께 제출하도록 하여 협의 등의 절차를 한꺼번에 처리하도록 장려하고 있다. 다만, 입법례 중에는 아예 다른 법령상의 준공검사 등을 의제하는 경우[1]도 있으나, 국토계획법은 그 정도까지는 나아가고 있지 않다. 건축물을 짓는 경우에는 준공절차가 건축법 또는 개별 개발사업법에 의해서만 이루어질 뿐, 본 조에 의한 준공검사가 별도로 이루어지지는 않는다.

---

1 건축법 제22조(건축물의 사용승인) ④ 건축주가 제2항에 따른 사용승인을 받은 경우에는 다음 각호에 따른 사용승인·준공검사 또는 등록신청 등을 받거나 한 것으로 보며, 공장건축물의 경우에는 「산업집적활성화 및 공장설립에 관한 법률」 제14조의2에 따라 관련 법률의 검사 등을 받은 것으로 본다. (후략)

제63조(개발행위허가의 제한)

제63조(개발행위허가의 제한) ① 국토교통부장관, 시·도지사, 시장 또는 군수는 다음 각 호의 어느 하나에 해당되는 지역으로서 도시·군관리계획상 특히 필요하다고 인정되는 지역에 대해서는 대통령령으로 정하는 바에 따라 중앙도시계획위원회나 지방도시계획위원회의 심의를 거쳐 한 차례만 3년 이내의 기간 동안 개발행위허가를 제한할 수 있다. 다만, 제3호부터 제5호까지에 해당하는 지역에 대해서는 중앙도시계획위원회나 지방도시계획위원회의 심의를 거치지 아니하고 한 차례만 2년 이내의 기간 동안 개발행위허가의 제한을 연장할 수 있다. 〈개정 2011. 4. 14., 2013. 3. 23., 2013. 7. 16., 2023. 5. 16.〉

1. 녹지지역이나 계획관리지역으로서 수목이 집단적으로 자라고 있거나 조수류 등이 집단적으로 서식하고 있는 지역 또는 우량 농지 등으로 보전할 필요가 있는 지역
2. 개발행위로 인하여 주변의 환경·경관·미관 및 「국가유산기본법」 제3조에 따른 국가유산 등이 크게 오염되거나 손상될 우려가 있는 지역
3. 도시·군기본계획이나 도시·군관리계획을 수립하고 있는 지역으로서 그 도시·군기본계획이나 도시·군관리계획이 결정될 경우 용도지역·용도지구 또는 용도구역의 변경이 예상되고 그에 따라 개발행위허가의 기준이 크게 달라질 것으로 예상되는 지역
4. 지구단위계획구역으로 지정된 지역
5. 기반시설부담구역으로 지정된 지역

② 국토교통부장관, 시·도지사, 시장 또는 군수는 제1항에 따라 개발행위허가를 제한하려면 대통령령으로 정하는 바에 따라 제한지역·제한사유·제한대상행위 및 제한기간을 미리 고시하여야 한다. 〈개정 2013. 3. 23.〉

③ 개발행위허가를 제한하기 위하여 제2항에 따라 개발행위허가 제한지역 등을 고시한 국토교통부장관, 시·도지사, 시장 또는 군수는 해당 지역에서 개발행위를 제한할 사유가 없어진 경우에는 그 제한기간이 끝나기 전이라도 지체 없이 개발행위허가의 제한을 해제하여야 한다. 이 경우 국토교통부장관, 시·도지사, 시장 또는 군수는 대통령령으로 정하는 바에 따라 해제지역 및 해제시기를 고시하여야 한다. 〈신설 2013. 7. 16.〉

④ 국토교통부장관, 시·도지사, 시장 또는 군수가 개발행위허가를 제한하거나 개발행위허가 제한을 연장 또는 해제하는 경우 그 지역의 지형도면 고시, 지정의 효력, 주민의견 청취 등에 관하여는 「토지이용규제 기본법」 제8조에 따른다. 〈신설 2019. 8. 20.〉

[전문개정 2009. 2. 6.]

Ⅰ. 제도의 의의

일정한 경우에 개발행위허가는 개발가능성 혹은 건축허용성 부여의 기능을 할 수 없다. 개발행위허가의 제한지역으로 지정되는 경우 허가권자는 개발행위허가를 발급할 수 없다. 국토계획법 제63조 제1항은 국토교통부장관, 시·도지사, 시장 또는 군수는 보전의 필요성이나 오염 등의 우려가 있을 경우 3년 이내의 기간으로 개발행위허가를 제한할 수 있다고 한다.[1] 대체로 (ⅰ) 환경상의 이유나, (ⅱ) 계획행정청이 당해 부지에 대한 도시관리계획을 수립하려는 업무 중인 경우에 이와 같은 제도를 활용한다.

당연한 이야기이지만 본 조의 개발행위허가 제한제도는 일정한 지리적 범위에 대하여 한정된 시간 동안 잠시 개발행위허가의 발급을 중단토록 한 것이므로, 도시관리계획 – 특히 개발제한구역제 도시계획과는 관련이 없는 전혀 별개의 제도이다.

한편, 국토계획법상의 시·도지사의 권한을 조례에 따라 시·군·구청장에게 위임할 수 있도록 한 제139조 제2항을 근거로, 개별 지자체에서는 본 조에 따른 개발행위허가의 제한에 관한 사무를 위임하는 경우가 있는데, 이 경우 법원은 개발행위허가 제한에 관한 사무의 법적 성격을 기관위임사무로 본다. 따라서 지방자치법 제167조 제2항에 따라 시·도지사는 시·군·구청장에게 위임사무에 대한 지도감독권한이 인정된다.[2] 지도감독권한에는 직권 취소나 정지도 포함[3]되므로 개발행위허가 제한조치 자체를 시·도지사가 취소하는 것도 가능하다.

일정한 지리적 범위에 대하여 개발행위허가의 발급을 제한하는 직접적인 침익적 효과를 가져오는 것이므로, 개발행위허가 제한 고시를 하는 행위는 처분성을 지니는 것이라 봄이 타당하다. 헌법재판소 또한 개발행위허가 제한 고시의 처분성을 인정한 바 있다.[4]

Ⅱ. 비교법적 사례

한편 미국에서도 새로운 도시계획의 수립 또는 도시계획의 변경을 위하여 잠시

---

1 저자의 개발행위허가에 관한 연구, 서울대학교 법학전문석사학위논문, 2015. 2., 72면에서 발췌.
2 대법원 2018. 11. 29. 선고 2016추5117 판결.
3 대법원 2017. 9. 21. 선고 2016두55629 판결 참조.
4 헌법재판소 2008. 12. 26. 선고 2007헌마862 결정.

동안 일정 지역의 개발을 금지하거나 제한하는 경우가 있는데, Interim Zone이나 Moratoria라고 불리는 제도이다. 구태여 번역하면 도시계획을 유예하는 지역 정도로 이해할 수 있겠다.[1] 이와 같은 제도는 일정 기간 동안 개발을 전면적으로 금지, 동결하는 것이다 보니 미국에서도 상당히 많은 분쟁을 야기하는 편인 것으로 소개되는데, 관련하여 미네소타 주(州) 대법원은 (a) 계획행정청이 선의로 이를 행하였는가, (b) 차별적인지는 않은가, (c) 기간의 제한이 있는가, (d) 종합적인 도시계획의 개선을 위한 것인가, (e) 계획행정청이 수립될 계획을 지체 없이 적용하였는가 등의 심사기준을 제시하고 있다.[2]

III. 관련 쟁점

1. 대규모 개발사업 또한 제한되는지 여부

본 조에 의하여 개발행위허가 제한고시가 있게 되는 경우, 국토계획법에 따른 개발행위허가나 이것이 의제되는 건축법상 건축허가 등 소규모 개발행위에 대한 허가가 제한되는 것을 넘어, 각종 개발사업법상 개발사업의 시행 또한 제한되는 것인지가 쟁점이 될 수 있다. 특히, 최근 대법원이 본 조와 같은 절(제1절 개발행위의 허가)에 속한 제65조(개발행위에 따른 공공시설 등의 귀속)에 대하여 이른바 '단지형 개발사업'이라는 용어를 처음으로 사용하면서 이것만이 제65조의 적용대상("개발행위허가를 받은 자")에 해당한다는 취지의 판시를 한 바 있다.[3] 이때의 단지형 개발사업의 근거법률의 예시로 대법원은 " '도시 및 주거환경정비법', '도시개발법', '택지개발촉진법', '주택법', '산업입지 및 개발에 관한 법률'" 등을 언급하고 있으므로,[4] 사실상 이는 개별 개발사업법상 개발사업들을 의미하는 것으로 이해된다. 그렇다면, 해당 판결을 차용하여 개발행위허가에 관한 다른 조문에서도 단지형 개발사업이 규율대상이 될 수 있거나 되어야 한다고 해석해야 하는지가 문제될 수 있는 것이다.

현재로서는 본 조의 적용범위에 이러한 '단지형 개발사업' 혹은 개발사업법상 개발사업들이 해당되는 것인지에 대해 명확히 판단한 선례는 찾기가 어려워 보인

---

1 J. C. Juergensmeyer & T. E. Roberts, Land Use Planning & Development Regulation Law, 2013, p. 91 참조.

2 Almquist v. Town of Marshan 308 Minn. 52(Minn. 1976) 245 N.W.2d 819 사건의 설시내용 참조.

3 대법원 2019. 8. 30. 선고 2016다252478 판결.

4 대법원 2019. 8. 30. 선고 2016다252478 판결.

다. 그러나. 졸견으로는 다음과 같은 사정들을 고려하면 본 조에 의하여 제한되는 개발행위허가는 이러한 단지형 개발사업을 포함하지 아니하는 것으로 해석하는 것이 타당하다고 사료된다.

첫째, 본 조에서 개발행위허가를 제한하는 주된 취지는 결국 '계획적 개발'을 도모하고자 함이다. 본 조 제1항 각호의 제한 사유들의 대부분은 계획의 수립이나 집행을 위한 것들이라는 점에서도 이를 확인할 수 있다. 그런데 개별 개발사업법들에 근거한 사업은 통상 2~3단계 이상의 단계적인 절차를 통해 수행되는 것인데, 그 초입의 단계에서 구역지정이나 개발계획 수립 등의 절차가 요구되고, 이는 통상 도시관리계획의 지위를 갖는다.[1] 애당초 이러한 개발사업법들은 여러 단계의 계획 수립과 인허가를 통한 계획적 개발을 추구하는 것들이므로, 이들에 근거해 진행되는 사업에 대해서까지 '계획적 개발'의 견지에서 규제와 제한을 가하는 것은 논리적으로 맞지 않는다.

둘째, 본서의 견해처럼 개발행위허가의 소규모성 도시계획관련성 등을 전제한다면, 결국 개발행위허가는 이미 수립되어 있는 도시계획의 체계 하에서 개별 획지에 대하여 도시계획에의 부합 여부를 판단하는 절차에 해당한다. 그러므로 본 조 또한 현재 또는 장래의 도시계획의 이행가능성 담보를 위해 본 조와 같은 제한을 가할 수 있도록 한 것이다. 그런데 개별 개발사업법들은 개발행위허가의 이전 단계 ― 곧, 도시계획 자체를 바꾸는 방향으로 작용하는 것이므로, 제도의 작동 단계는 층위를 고려하더라도 본 조의 제한으로 개별 개발사업법상 사업을 막는 것은 타당하지 않다고 사료된다.

셋째, 위 대법원 2016다252478 판결의 논지를 세심하게 살펴볼 필요가 있다. 해당 판결의 논지는 공공시설 무상귀속에 관한 국토계획법 제65조의 취지 등을 종합적으로 고려하여 동조의 '개발행위허가를 받은 자'의 의미를 '단지형 개발사업을 시행하는 자'로 좁게 해석한 것이다. 달리 말하면, 해당 판결은 제65조의 '개발행위허가'에 특정한 범위(소규모 개발행위)의 것들을 배제하는 해석을 하고 있는 것이므로, 개발행위허가에 대한 다른 조문들의 해석에 있어서도 조문의 취지나 효과 등을 고려하여 규율대상의 범위를 달리 해석할 여지를 열어둔 것이라 이해할 수도 있다.

---

1 관련하여, 전진원. (2019). 도시계획 상호간의 효력과 도시계획의 병합. 건설법연구,(2), 96면 이하에서는 개발계획의 도시계획적 지위를 비판적으로 분석하고 있지만, 현행법의 체계상 부인할 수 없는 사실은 대부분의 개발계획들이 도시관리계획을 의제하고 있거나, 특정 개발계획(도시개발사업, 정비사업)에 대해서는 국토계획법 스스로가 도시관리계획의 지위를 명시적으로 부여하고 있다는 점이다(제2조 제4호 라목).

따라서 본 조의 해석에 있어서도, 그 취지 등을 고려해서 이른바 단지형 개발사업을 배제하는 방향으로 해석하는 것이 대법원 2016다252478 판결의 논지와 양립불가능하지 않은 것이다.

넷째, 대법원 2016다252478 판결이 대상으로 삼은 제65조의 경우 문언상 "다른 법률에 따라 개발행위허가가 의제되는 협의를 거친 인가·허가·승인 등을 포함한다. 이하 이 조에서 같다"라는 문구를 명시하고 있는 반면, 본 조의 경우에는 그렇지 아니하다는 점 또한 고려할 필요가 있다. 즉 제65조는 애당초 개별 개발사업법들에 따른 의제관계를 고려하여 그 적용범위를 예정한 것인 반면, 본 조는 그러하지 아니한 것이다. 그렇다면 본 조의 해석 시 반드시 의제관계에 있는 개별 개발사업법들까지 그 외연을 확장시킬 문언적인 근거가 부족하다고 봄이 타당하다고 사료된다.

2. 개발행위허가가 제한되는 시기(始期)

본 조에 의하여 개발행위허가 제한고시가 있는 경우 고시에서 정한 기간 동안 개발행위허가가 제한되므로, 개발행위허가를 필요적으로 의제하게 되는 건축허가 또한 해당 기간 동안 제한된다. 달리 말해 개발행위허가 제한고시가 있는 기간 동안에는 행정청은 해당 고시를 이유로 하여 건축법상 건축허가를 거부하는 것이 가능하다.

그러나 단순히 장래에 본 조에 따른 개발행위허가 제한고시가 이루어질 가능성이 있다는 사정만으로는 이를 개발행위허가나 건축법상 건축허가의 거부 사유로 삼을 수는 없다. 대법원은 개발행위허가 제한고시를 하기도 이전 시점에 단순히 "'2020 안양 도시·주거환경정비 기본계획'의 내용과 배치될 가능성이 높다"는 사정만으로는 개발행위허가를 의제하는 건축허가를 거부할 사유가 될 수 없다는 취지의 판시를 한 바 있다.[1]

---

1 대법원 2009. 9. 24. 선고 2009두8946 판결에서 인용하고 참조.

제64조(도시 · 군계획시설 부지에서의 개발행위)

제64조(도시 · 군계획시설 부지에서의 개발행위) ① 특별시장·광역시장·특별자치시장·특별자치도지사·시장 또는 군수는 도시·군계획시설의 설치 장소로 결정된 지상·수상·공중·수중 또는 지하는 그 도시·군계획시설이 아닌 건축물의 건축이나 공작물의 설치를 허가하여서는 아니 된다. 다만, 대통령령으로 정하는 경우에는 그러하지 아니하다. 〈개정 2011. 4. 14.〉

② 특별시장·광역시장·특별자치시장·특별자치도지사·시장 또는 군수는 도시·군계획시설결정의 고시일부터 2년이 지날 때까지 그 시설의 설치에 관한 사업이 시행되지 아니한 도시·군계획시설 중 제85조에 따라 단계별 집행계획이 수립되지 아니하거나 단계별 집행계획에서 제1단계 집행계획(단계별 집행계획을 변경한 경우에는 최초의 단계별 집행계획을 말한다)에 포함되지 아니한 도시·군계획시설의 부지에 대하여는 제1항에도 불구하고 다음 각 호의 개발행위를 허가할 수 있다. 〈개정 2011. 4. 14.〉

1. 가설건축물의 건축과 이에 필요한 범위에서의 토지의 형질 변경
2. 도시·군계획시설의 설치에 지장이 없는 공작물의 설치와 이에 필요한 범위에서의 토지의 형질 변경
3. 건축물의 개축 또는 재축과 이에 필요한 범위에서의 토지의 형질 변경(제56조제4항제2호에 해당하는 경우는 제외한다)

③ 특별시장·광역시장·특별자치시장·특별자치도지사·시장 또는 군수는 제2항제1호 또는 제2호에 따라 가설건축물의 건축이나 공작물의 설치를 허가한 토지에서 도시·군계획시설사업이 시행되는 경우에는 그 시행예정일 3개월 전까지 가설건축물이나 공작물 소유자의 부담으로 그 가설건축물이나 공작물의 철거 등 원상회복에 필요한 조치를 명하여야 한다. 다만, 원상회복이 필요하지 아니하다고 인정되는 경우에는 그러하지 아니하다. 〈개정 2011. 4. 14.〉

④ 특별시장·광역시장·특별자치시장·특별자치도지사·시장 또는 군수는 제3항에 따른 원상회복의 명령을 받은 자가 원상회복을 하지 아니하면 「행정대집행법」에 따른 행정대집행에 따라 원상회복을 할 수 있다. 〈개정 2011. 4. 14.〉

[전문개정 2009. 2. 6.]
[제목개정 2011. 4. 14.]

I. 제도의 의의

제64조는 개발가능성 혹은 건축허용성의 문제와는 관련이 없는 조문이다. 동조는 도시·군계획시설 부지에서의 개발행위를 제한하고 있는데, 해당 도시·군계획

시설이 아닌 건축물의 건축이나 공작물의 설치[1]를 허가할 수 없도록 하고 있다. 이는 개발행위 중 건축행위를 할 수 없도록 하는 것으로, 건축허용성 부여를 제한하는 것과는 관련이 없다. 도시·군계획시설 부지로 지정되었다는 것 자체가 이미 건축허용성은 부여되었다는 사실을 의미하기 때문이다.[2] 쉽게 말해 행정청이 다른 용도로 개발가능성을 이미 부여한 곳이기 때문에, 그 취지에 반하는 개별적인 행위들을 막겠다는 게 본 조의 취지이다.[3]

다만, 마냥 개발행위를 막는 것은 장기미집행 도시계획시설의 문제와 동일한 재산권 침해 문제를 야기하므로, 당해 도시계획시설결정의 "설치, 이용 및 장래의 확장가능성에 지장에 없는 범위"에서는 개발행위가 가능하도록 하거나(동법 시행령 제61조 제1호), 일정한 기간이 지난 다음부터는 개발행위허가가 가능하도록 정하고 있다(본 조 제2항). 그 요건의 해석에 대하여는 본서의 제47조부터 제48조에서 장기미집행 도시계획시설의 매수청구권 및 실효조항의 요건을 해석한 논의를 참조할 수 있겠다.

II. 해석상의 쟁점

1. 국토계획법 제56조와의 관계; 경미한 행위의 경우

법제처 해석례 중에서는 본 조와 국토계획법 제56조의 관계가 문제된 사안이 발견된다. 국토계획법 제56조는 개발행위허가의 일반에 관하여 정하는 조문인데, 동조는 제1항 각호에서 열거한 행위들에 대하여 개발행위허가를 받을 것을 정하는 한편, 일정한 '경미한 행위'들에 대해서는 개발행위허가를 요구하지 아니하고 있다(동조 제4항; 동법 시행령 제53조 각호 참조). 이때 도시계획시설 부지로 결정된 곳에서 이러한 '경미한 행위'들까지도 본 조에 의하여 일률적으로 금지된다고 보아야 하는지 여부에 대하여 법제처는 "개발행위를 하려고 하는 곳이 설령 도시계획시설 부지인 경우에도 허가 없이 개발행위를 할 수 있다"는 견해를 취한 바 있다.[4]

---

1 참고로, 가설건축물의 경우에도 본조 제1항의 적용을 받는다. 관련하여, 법제처 2024. 9. 13. 회신 24-0614 해석례 참조.

2 저자의 개발행위허가에 관한 연구, 서울대학교 법학전문석사학위논문, 2015. 2., 72면에서 발췌.

3 관련하여, 법제처는 "국토계획법 제64조제1항 본문은 도시·군계획의 달성이라는 공공목적을 위하여 도시·군계획시설 부지에서 건축물의 건축 등의 허가 권한을 제한하려는 취지의 규정"이라고 설명한 바 있다. 법제처 2022. 4. 26. 회신 21-0925 해석례에서 인용.

4 법제처 2011. 10. 7. 회신 11-0508 해석례에서 인용하고 참조.

국토계획법 시행령 제53조 각호에서 정한 경미한 행위들의 경우 대체로 도시계획적인 파급력이 낮은 매우 소규모의 행위이거나, 긴급한 상황과 같이 나름의 공익적 사유가 존재하는 행위들에 해당하므로, 도시계획시설부지라 하더라도 이러한 경미한 행위들을 엄격하게 규제할 필요성이 낮다고 사료되고, 따라서 위와 같은 법제처 해석례의 결론 자체에는 이견이 없다. 개념적으로 본다면 국토계획법 시행령 제53조 각호의 행위들은 '도시계획관련성'이 매우 낮거나 부족한 것들이라 이해할 수도 있으므로, 이들을 개발행위허가 대상으로 제외하고 있는 동법 제56조 제4항의 취지가 해당 행위들을 원천적으로 동법 제56조의 규율대상인 '개발행위'에서 제외하려는 것이라고 볼 여지도 있다.

　그러나 법제처는 해당 해석례에서 "개발행위를 하려고 하는 자는 개발행위를 하려는 곳이 국토계획법 제64조에서 규정하는 도시계획시설부지인 경우에도 같은 법 제56조에 따라 원칙적으로 허가를 받아 개발행위를 할 수 있는 것"이라고 설명하고 있는데,[1] 이와 같은 법제처의 설시내용에 대하여는 동의하기가 어렵다.

　법제처가 이와 같은 견해를 취한 이유는 국토계획법 제56조가 "모든 개발행위"에 대하여 적용되는 규정이므로 동법 제64조가 이를 특별히 한정하거나 제한하는 것이 아니라고 본 것이다. 그러나 단순히 국토계획법 제56조와 제64조의 규율대상에 관한 문언상의 차이를 들어 각 조문의 효력범위의 우열을 가리는 것에는 수긍하기 어려울 뿐만 아니라,[2] 법제처의 설시에 따를 경우 ① 도시계획시설 부지에서의 개발행위로 인한 향후 사업시행상의 문제가 초래되는 것을 방지하려는 국토계획법 제64조의 취지가 몰각될 우려가 있는 점, ② 제64조 스스로도 일정한 행위에 대해서는 규제를 완화하거나(동조 제1항 단서), 일정한 요건이 충족된 경우에는 '개발행위허가를 할 수 있다'는 문언을 사용하고 있는바(동조 제2항 등), 이러한 문언상의 구분을 놓고 보더라도 동조 제1항 본문의 의미는 원칙적으로는 도시계획시설 부지에서의 개발행위허가의 발급을 통제하겠다는 것이라 보는 것이 문언의 체계 및 구조에 부합하는 점 등의 문제점이 존재하기도 한다.

　이러한 해석상의 난점을 법제처 스스로도 인지했던 것으로 보이는데, 해당 해석례에서 법제처는 만일 법의 취지가 도시계획시설 부지에서 원칙적인 개발행위허

---

1 법제처 2011. 10. 7. 회신 11-0508 해석례.
2 예컨대, 법제처의 논지를 전제하더라도, 국토계획법 제64조를 제56조에 대한 특별규정으로 이해하는 것도 불가능하지 않다. 즉 국토계획법 제56조가 정한 개발행위들 중 일정한 지리적 범주(도시계획시설 부지)에서의 특정한 개발행위를 특별히 원칙적으로 금지한 것이라는 취지의 해석 또한 합리적일 수 있다.

가 금지를 의도하고 있는 것이라면 국토계획법 제64조를 제56조의 특별규정임을 명시하는 방향으로 입법개선을 권고하는 내용을 포함하고 있다.[1]

2. 예외적 허가를 위한 점용허가의 의미

본 조 제1항 단서는 대통령령으로 정하는 경우에는 허가가 가능하도록 예외를 허용하고 있고, 시행령 제61조 제3호는 "「도로법」등 도시·군계획시설의 설치 및 관리에 관하여 규정하고 있는 다른 법률에 의하여 점용허가를 받아 건축물 또는 공작물을 설치하는 경우"를 그 사유로 열거하고 있다. 관련하여 '도로법 등 다른 법률에 의하여 점용허가를 받는'다는 것의 의미가 무엇인지가 해석상 쟁점이 될 수 있는데, 법제처는 이에 대해서 "도시·군계획시설 부지에 설치된 도시·군계획시설의 설치 및 관리에 관하여 규정하고 있는 다른 법률을 의미한다"는 견해를 밝힌 바 있다.[2] 즉 ① 문제되는 부지를 포함하는 '도시계획시설의 종류'를 파악한 다음, ② 해당 종류 시설의 설치 및 관리에 관한 근거 법률이 무엇인지를 특정하여, ③ 바로 '그 법률'상의 조문에 의하여 발급된 점용허가가 있는 경우에만 시행령 제61조 제3호의 사유에 해당할 수 있다는 것이다.

때문에, 법제처는 민원인이 도시계획시설인 교통광장 부지와 관련하여 도로법상 점용허가를 받은 사안에서, 도로법은 문제된 도시계획시설인 교통광장의 설치 및 관리를 관장하는 법률이 아니라는 점을 들어 도로법에 근거한 점용허가를 받은 것으로는 시행령 제61조 제3호의 사유를 충족할 수 없다고 하였다.[3]

3. 본 조의 허가를 받은 경우의 법률관계

본 조의 예외규정에 근거하여 가설건축물의 축조를 허가 받은 경우, 이는 본 조 제3항 등에 따라 일정한 시점에 이르러 원상회복의 의무를 부담하게 되는 것일 뿐이어서 그 존속이 보장된 것이 아니다. 따라서 본 조의 예외규정에 따라 설치된 가설건축물 등이 사업의 본격적인 시행에 따라 철거되어야 한다고 하더라도 이를

---

1 법제처 2011. 10. 7. 회신 11-0508 해석례. "정책적으로 해당 규정을 같은 법 제56조에 대한 특별규정으로서 도시계획시설부지 내에서의 개발행위 등은 그 도시계획시설의 건축이나 공작물의 설치가 아닌 한 원칙적으로 금지하고 예외적으로 도시계획시설의 설치·이용 및 장래의 확장 가능성에 지장이 없는 범위 안에서만 허가할 수 있다는 취지로 운영할 필요성이 있다면, 별도의 입법조치를 통하여 국토계획법 제64조가 같은 법 제56조의 특별규정임을 명확히 규정할 필요가 있다고 할 것입니다."

2 법제처 2022. 4. 26. 회신 21-0925 해석례.

3 법제처 2022. 4. 26. 회신 21-0925 해석례.

토지보상법에 따른 수용재결의 대상이 된다거나 보상이 요구된다고 보기는 어려울 것이다. 행정심판례 중에서도 "청구인들은 이 사건 건축물에 대해「국토계획법」제64조에 따라 도시계획사업 시행예정일 3개월 전까지 가설건축물의 철거 및 원상회복을 해야 할 의무가 있는 것이지, 수용재결을 청구할 권리가 있는 것은 아니"라고 설시한 사례가 발견된다.[1]

Ⅲ. 토지보상법 제25조와의 관계

토지보상법 제25조는 사업인정고시가 있은 이후 원칙적으로 "사업에 지장을 줄 우려가 있는 형질의 변경" 등의 행위를 금지하는 한편(동조 제1항), "건축물의 건축·대수선, 공작물(工作物)의 설치 또는 물건의 부가(附加)·증치(增置)" 행위의 경우에는 예외적으로 "특별자치도지사, 시장·군수 또는 구청장의 허가"를 받은 경우에 가능하도록 정하고 있다(동조 제2항). 그런데 국토계획법은 도시계획시설사업에 대한 실시계획인가의 고시가 있는 경우 토지보상법상 사업인정고시가 있는 것으로 본다고 정하고 있으므로(국토계획법 제96조 제2항), 실시계획인가 고시가 있은 이후부터는 토지보상법 제25조에 의한 행위제한 규정이 적용되는 상황이 발생한다.

법률의 문언만 놓고 본다면, ① 도시계획시설결정이 있은 이후부터는 국토계획법 제64조에 따른 행위제한이, ② 실시계획인가고시가 있은 이후부터는 토지보상법 제25조에 의한 행위제한이 적용되므로, ②의 시점부터는 국토계획법 제64조와 토지보상법 제25조의 행위제한이 중첩적으로 작용하게 되므로 양자의 관계가 문제될 수 있다. 관련하여, 산업단지의 지정 고시에 토지보상법상 사업인정고시를 의제하고 있는 산업입지법에 대하여 대법원은 토지보상법 제25조의 적용을 배제하였는데, 이는 산업입지법 스스로 산업단지 지정 고시 이후 시점에 대한 행위제한 및 벌칙 규정을 마련하고 있었기 때문이다.[2] 그런데 국토계획법 제64조의 경우에는 행위제한의 시기(始期)가 다를 뿐만 아니라, 토지보상법 제25조와 직접적인 준용관계에 있지도 아니하고, 또한 행위제한 위반에 대한 벌칙규정을 두고 있는 토지보상법 제25조와 달리 벌칙규정을 예정하고 있지 아니하므로 위 대법원 판결의 논지를 그

---

1 서울특별시행정심판위원회 2013. 5. 13. 자 2013-253 재결 참조.
2 산업입지법은 "이 법에 특별한 규정이 있는 경우를 제외하고는 토지보상법을 준용한다"고 하고 있으므로 대법원은 이와 같은 결론에 이른 것이다. 대법원 2015. 8. 13. 선고 2015도445 판결.

대로 적용하여 국토계획법 제64조가 토지보상법 제25조를 배제한다고 해석하는 것은 어려움이 있다. 비록 양자 모두 도시계획시설사업의 원활한 시행을 담보하기 위한 유사한 취지에서 도입된 조문들이라 하더라도, 현재로서는 양자 모두 중첩적으로 적용되는 것이라 봄이 타당하다고 사료된다.

이때 문제는 예외적으로 허용되는 행위에 대한 규율이다. (a) 국토계획법 제64조 제2항이 정하고 있는 예외적 허가의 경우에는 그 대상을 "도시·군계획시설결정의 고시일부터 2년이 지날 때까지 그 시설의 설치에 관한 사업이 시행되지 아니한 도시·군계획시설"로 정하고 있으므로, 실시계획인가고시가 있기 이전 단계만을 대상으로 하고 있어 토지보상법 제25조 제2항과 중첩될 우려가 없다. (b) 그러나 국토계획법 제64조 제1항 단서의 경우에는 이러한 시간적·단계적 범위를 상정하지 않고 있으므로, 국토계획법 제64조 제1항 단서에 의하여 허용되는 경미한 행위들의 경우에도 토지보상법 제25조에 따른 행위제한의 대상이 되는 것인지는 여전히 해석상의 쟁점으로 남게 된다.

결론적으로 말하자면, 국토계획법 제64조 제1항 단서에 해당하는 행위들이라 할지라도, 사업인정고시(실시계획인가고시) 이후 시점부터는 토지보상법 제25조 제2항의 허가를 별도로 취득하는 것이 타당하다고 사료된다. 관련하여 ① 행위의 규모나 당해 도시계획시설의 설치 등에 대한 제한가능성 등을 기준으로 허용되는 행위의 종류를 열거하고 있는 국토계획법 제64조 제1항 단서 및 동법 시행령 제61조 각호와 비교하여, 토지보상법 제25조 제2항의 경우에는 행위의 규모나 당해 사업에의 영향 가능성을 특별히 언급하지 아니한 채 포괄적으로 "건축·대수선, 공작물(工作物)의 설치 또는 물건의 부가(附加)·증치(增置)" 행위에 대한 허가를 요구하고 있는 점, ② 국토계획법 제64조에서 열거한 허가권자[1]와 토지보상법 제25조 제2항의 허가권자[2]가 상이하므로 두 조문을 곧바로 연관 짓기가 어려운 점 등을 이유로 들 수 있겠다. 현재로서는 국토계획법 제64조와 토지보상법 제25조의 관계를 명확히 판단한 선례가 잘 발견되지 아니하는 것으로 보인다.

한편, 대법원은 건축법상 건축허가를 받은 이후 착공에 나아가지 아니하는 동안에 사업인정고시가 이루어진 사안에서, 이 경우에도 토지보상법 제25조 제2항에

---

[1] 국토계획법 제64조 제1항은 "특별시장·광역시장·특별자치시장·특별자치도지사·시장 또는 군수"를 열거하고 있다.

[2] 토지보상법 제25조 제2항은 "특별자치도지사, 시장·군수 또는 구청장"을 열거하고 있어 위 국토계획법 제64조 제1항과 큰 차이를 보인다.

따른 허가가 필요하다고 설시함으로써[1] 동항의 허가제도의 취지를 매우 강력하게 인정하고 있는 것으로 보인다. 국토교통부 질의회신례 중에는 "통상적인 영업행위를 위한 물건의 부가·증치 행위"의 경우에는 토지보상법 제25조 제2항의 허가가 없더라도 보상대상에 해당할 가능성이 있다는 취지의 입장을 취한 것이 발견되는데,[2] 해당 질의회신례가 이러한 행위에 대하여 "허가가 필요 없다"라고 명확한 언급을 한 것은 아니지만 위 대법원 판례 사례와 같이 토지보상법 제25조 제2항의 허가의 요부는 동조 제3항의 적용여부 — 곧, 보상대상에 속할 수 있는지 여부와 직결되는 문제이므로, 이를 참조하면 "통상적인 영업행위를 위한 물건의 부가·증치 행위"는 토지보상법 제25조 제2항의 허가가 필요하지 아니하다고 볼 여지가 있을 것이라 사료된다.

---

1 대법원 2014. 11. 13. 선고 2013두19738,19745 판결.
2 2012. 9. 18. 토지정책과-4634, 중앙토지수용위원회, 토지수용 업무편람, 2023, 113면에서 인용.

제65조(개발행위에 따른 공공시설 등의 귀속)

제65조(개발행위에 따른 공공시설 등의 귀속) ① 개발행위허가(다른 법률에 따라 개발행위허가가 의제되는 협의를 거친 인가·허가·승인 등을 포함한다. 이하 이 조에서 같다)를 받은 자가 행정청인 경우 개발행위허가를 받은 자가 새로 공공시설을 설치하거나 기존의 공공시설에 대체되는 공공시설을 설치한 경우에는 「국유재산법」과 「공유재산 및 물품 관리법」에도 불구하고 새로 설치된 공공시설은 그 시설을 관리할 관리청에 무상으로 귀속되고, 종래의 공공시설은 개발행위허가를 받은 자에게 무상으로 귀속된다. 〈개정 2013. 7. 16.〉

② 개발행위허가를 받은 자가 행정청이 아닌 경우 개발행위허가를 받은 자가 새로 설치한 공공시설은 그 시설을 관리할 관리청에 무상으로 귀속되고, 개발행위로 용도가 폐지되는 공공시설은 「국유재산법」과 「공유재산 및 물품 관리법」에도 불구하고 새로 설치한 공공시설의 설치비용에 상당하는 범위에서 개발행위허가를 받은 자에게 무상으로 양도할 수 있다.

③ 특별시장·광역시장·특별자치시장·특별자치도지사·시장 또는 군수는 제1항과 제2항에 따른 공공시설의 귀속에 관한 사항이 포함된 개발행위허가를 하려면 미리 해당 공공시설이 속한 관리청의 의견을 들어야 한다. 다만, 관리청이 지정되지 아니한 경우에는 관리청이 지정된 후 준공되기 전에 관리청의 의견을 들어야 하며, 관리청이 불분명한 경우에는 도로 등에 대하여는 국토교통부장관을, 하천에 대하여는 환경부장관을 관리청으로 보고, 그 외의 재산에 대하여는 기획재정부장관을 관리청으로 본다. 〈개정 2020. 12. 31.〉

④ 특별시장·광역시장·특별자치시장·특별자치도지사·시장 또는 군수가 제3항에 따라 관리청의 의견을 듣고 개발행위허가를 한 경우 개발행위허가를 받은 자는 그 허가에 포함된 공공시설의 점용 및 사용에 관하여 관계 법률에 따른 승인·허가 등을 받은 것으로 보아 개발행위를 할 수 있다. 이 경우 해당 공공시설의 점용 또는 사용에 따른 점용료 또는 사용료는 면제된 것으로 본다. 〈개정 2011. 4. 14.〉

⑤ 개발행위허가를 받은 자가 행정청인 경우 개발행위허가를 받은 자는 개발행위가 끝나 준공검사를 마친 때에는 해당 시설의 관리청에 공공시설의 종류와 토지의 세목(細目)을 통지하여야 한다. 이 경우 공공시설은 그 통지한 날에 해당 시설을 관리할 관리청과 개발행위허가를 받은 자에게 각각 귀속된 것으로 본다.

⑥ 개발행위허가를 받은 자가 행정청이 아닌 경우 개발행위허가를 받은 자는 제2항에 따라 관리청에 귀속되거나 그에게 양도될 공공시설에 관하여 개발행위가 끝나기 전에 그 시설의 관리청에 그 종류와 토지의 세목을 통지하여야 하고, 준공검사를 한 특별시장·광역시장·특별자치시장·특별자치도지사·시장 또는 군수는 그 내용을 해당 시설의 관리청에 통보하여야 한다. 이 경우 공공시설은 준공검사를 받음으로써 그 시설

을 관리할 관리청과 개발행위허가를 받은 자에게 각각 귀속되거나 양도된 것으로 본다. 〈개정 2011. 4. 14.〉

⑦ 제1항부터 제3항까지, 제5항 또는 제6항에 따른 공공시설을 등기할 때에 「부동산등기법」에 따른 등기원인을 증명하는 서면은 제62조제1항에 따른 준공검사를 받았음을 증명하는 서면으로 갈음한다. 〈개정 2011. 4. 12.〉

⑧ 개발행위허가를 받은 자가 행정청인 경우 개발행위허가를 받은 자는 제1항에 따라 그에게 귀속된 공공시설의 처분으로 인한 수익금을 도시·군계획사업 외의 목적에 사용하여서는 아니 된다. 〈개정 2011. 4. 14.〉

⑨ 공공시설의 귀속에 관하여 다른 법률에 특별한 규정이 있는 경우에는 이 법률의 규정에도 불구하고 그 법률에 따른다. 〈신설 2013. 7. 16.〉

[전문개정 2009. 2. 6.]

Ⅰ. 입법 취지

대법원은 신설되는 공공시설을 관리청에 무상귀속토록 하는 취지를 "관리청이 새로 설치되는 공공시설의 소유권을 확보한 후 이를 공공의 이용에 적합하도록 효율적으로 유지·관리하게 하여 '공공시설의 원활한 확보와 효율적인 유지·관리'라는 과제를 실현하려는 데" 있다고 설명하여,[1] 주로 공공성과 효율성의 측면에서 이를 설명한다. 아울러 대법원과 법제처는 개발행위자에게 폐지되는 공공시설의 무상귀속을 규정한 것은 "개발행위허가를 받은 자가 공공시설을 설치하는 경우 공공시설 설치에 따른 비용을 보전하는 의미와 함께 국·공유재산의 귀속관계를 간명하게 처리하기 위하여 국·공유재산 관계법령에 대한 특례를 정한 것"이라고 설명한다.[2]

주의할 것은 본 조의 적용대상은 '공공시설'(국토계획법 제2조 제13호)이라는 점이다. 기반시설과의 개념적 차이에 주의할 필요가 있다. 관련하여 본서의 용어의 정의 부분을 참조하라.

Ⅱ. 본조의 적용대상에 대한 최근 판례상의 논의

한편, 대법원은 최근 "국토계획법 제65조 제1항, 제2항은 개발행위허가를 받는 (의제되는 경우를 포함한다) 모든 개발사업에 대하여 적용되는 것이 아니라, 넓은 면

---

1 대법원 2019. 8. 30. 선고 2016다252478 판결.
2 대법원 2019. 8. 30. 선고 2016다252478 판결; 법제처 2008. 7. 17. 회신 08-0159 해석례 등.

적의 사업구역을 대상으로 하는 이른바 '단지형 개발사업'에 한하여 적용되는 것"
이라고 설시하여, 단지형 개발사업에 한정하여 본 조의 적용이 가능하고, "단지형
개발사업이 아닌 경우에는, 개발사업의 시행에 필요한 토지는 설령 공공시설을 설
치하려는 경우라고 하더라도 사업시행자가 사법상 계약이나 공법상 절차에 따라
그 대금(보상금)을 지급하고 유상취득하여야 한다"는 견해를 밝힌 바 있다.[1] 따라
서 대규모 개발사업(도시개발사업, 정비사업, 택지개발사업 등)에 해당하지 않는다면
본 조 제1, 2항이 적용되지 않는다.

　　그러나 다음과 같은 이유에서 이와 같은 판례의 견해를 쉽게 납득하기가 어렵
다. 첫째, 본 사안은 사업시행자가 본 조 제1, 2항 등에 따라 폐지되는 공공시설을
무상귀속 또는 양도받을 수 있는지가 문제된 사안인데, "본 조가 단지형 개발사업'
에만 적용된다고 일반화할 경우 사업시행자에 대한 무상귀속·양도뿐만 아니라 관
리청에 대한 무상귀속도 단지형 개발사업에 대하여만 적용된다고 보아야 하는 것
인지 모호하다. 판례의 설시 내용을 살펴보면 관리청에 대한 무상귀속도 단지형 개
발사업에 대하여만 적용된다는 것으로 이해되는데, 이렇게 되면 본 조의 적용 범위
가 지나치게 좁아진다.

　　둘째, 본서의 견해와 같이 개발행위허가는 본질적으로 '소규모성'을 개념표지로
한다.[2] 대체로 1만제곱미터 이상의 사업은 지구단위계획이나 그것이 의제되는 개
발계획을 수립하여 진행되므로 개발행위허가 제도가 개입하지 않는다고 보아야 한
다. 즉 대체로 1만제곱미터를 기준으로 그 미만은 개발행위허가가 그 이상은 도시
관리계획이 개입한다고 제도의 역할을 정리할 수 있는 것이다. 그런데 대법원이 열
거한 도시개발사업, 정비사업 등은 모두 후자에 속하므로, 개발행위허가가 본질적
으로 개입하는 사업이라고 보기는 어렵다. 그렇다면, 단지형 개발사업에 대하여만
본 조가 적용된다고 본 대법원의 판단은, 개발행위허가가 개입하는 고유의 영역에
서는 본 조가 작동하지 않도록 한 것이 된다. 그렇다면 본 조가 개발행위허가에 관
한 장에 있을 이유가 없다. 차라리 도시계획시설에 대한 제99조로 본 조를 이관하
는 것이 타당할지도 모른다.

　　셋째, 소규모 개발사업 또한 공공시설을 무상으로 귀속시켜야 할 경우가 있다.

---

1 대법원 2019. 8. 30. 선고 2016다252478 판결.
2 이에 대하여는 본서의 제56조에 관한 항목을 참조하라. 아울러 저자의 개발행위허가에 관한 연구,
　서울대학교 법학전문석사학위논문, 2015. 2., 27면의 '소규모성'에 대한 논의와, 116면의 도시계획
　과 개발행위허가의 관계를 논한 부분 참조.

예컨대 단독주택을 지으면서 상하수도, 가스관 등의 매설이 수반된다면, 이를 관리청에 무상귀속시켜야 하는 경우가 발생할 수 있다. 이 경우 본 조의 적용을 배제하여 유상으로 귀속시킨다면 법률관계가 지나치게 복잡해지고, 본 조가 추구하는 공익성과 효율성을 달성할 수 없다.

넷째, '단지형 개발사업'과 그 외의 사업의 경계가 모호하다. 대법원은 스스로 열거한 「도시정비법」, 「도시개발법」, 「택지개발촉진법」, 「주택법」, 「산업입지 및 개발에 관한 법률」 등만이 단지형 개발사업에 해당하는 것인지, 나머지는 어떻게 취급하여야 하는지의 기준이 없다. 예컨대 본서의 용도지역 부분에서 논의한 '주상복합건축물'은 어떻게 되는가? 건축법상 건축허가를 받아서 지어지지만, 그 사업의 본질은 주택법상의 주택건설사업과 사실 외형상 구분이 쉽지 않다. 이 경우 주상복합건축물의 건설을 단지형 개발사업이 아니라고 볼 근거가 과연 무엇인가?[1]

참고로, 위 대법원 2016다252478 판결은 본조의 적용범위를 논하면서 "단지형 개발사업에서는 공공성 확보와 개발이익 환수 차원에서 시행자가 그 사업구역 내에 도로, 공원 등의 공공시설을 확충하는 내용의 사업계획을 수립할 것이 요청된다"라고 설시하고 있는데, 이러한 설시내용을 고려하면 대법원이 본조의 적용대상 자체를 '사업구역 내 공공시설'로 한정하려는 것은 아닌지 의문이 있다.

Ⅲ. 본 조 제1항의 경우

본 조 제1항은 개발행위자가 행정청인 경우에 대하여 적용되는 조문이다. 행정청인 개발행위자가 신설하는 공공시설은 관리청에 귀속되고, 만일 신설되는 공공시설을 통해 대체되는 공공시설이 있다면 그 소유권은 개발행위자인 행정청에게 무상 귀속된다.

1. 무상귀속의 대상

가. 공공시설의 의미

본 조의 적용대상이 되는 시설은 '공공시설'이다. 국토계획법 제2조 제13호는 공공시설의 범주에 속하는 시설들을 열거하면서 "도로·공원·철도·수도, 그 밖에

---

1 예컨대, 대법원은 주상복합건축물의 경우에도 기반시설에 대한 영향관계를 고려해서 통상의 공동주택과 유사하게 취급하는 경우도 있는데(예컨대, 대법원 2012. 7. 26. 선고 2010두6052 판결), 그렇다면 이를 실질적으로 구분하여야 하는 것인지 아니면 형식적(인허가의 종류 또는 근거법령)으로 구분하여야 하는지 그에 대한 명확한 입장이 필요하다.

대통령령으로 정하는 공공용 시설"이라고 그 의미를 정의하고 있다.

'공공용 시설'이라는 용어의 의미가 다소 모호한 점이 있다. 국유재산법 제6조 제2항 및 공유재산 및 물품관리법 제5조 제2항에서는 행정재산의 종류 중 하나로 "공공용 재산"이라는 용어를 사용하고 있는데, 이것이 국토계획법 제2조 제13호에서 사용하는 '공공용 시설'과 동일한 것을 지칭하는지 모호하다. '공공용 재산'은 국·공유재산 중 행정재산의 하위범주로 규정된 것이므로 재산의 소유관계가 국가나 지방자치단체로 명확하면서 용도의 주체[1] 또한 명확한 반면, '공공용 시설'의 경우에는 소유관계의 귀속 여하가 단어상으로는 드러나지 않고 단지 '공공용'이라는 추상적인 용도만을 명시하고 있기 때문이다. '공공용 시설'에서 '공공용'이 무엇을 의미하는 것인지를 두고 해석상의 논란이 발생할 수 있고, 실제로 다른 법령의 해석에서 '공공용'의 의미를 두고 고충민원 등이 제기된 사례가 발견되기도 한다.[2]

다만, 대법원은 공공시설의 의미와 관련하여 "구 도시계획법 제83조 제1항 소정의 공공시설은 국유재산법 및 지방재정법 소정의 공공용 재산에 해당한다 할 것"이라고 함으로써 비교적 명확한 입장을 취한 바 있다.[3] 본 조의 공공시설이 국·공유재산법상 공공용 재산에 해당하는 것이라 보는 이상 이는 국가나 지방자치단체가 직접 공공용으로 사용하는 경우로서 국가나 지방자치단체가 소유하고 있는 국·공유재산을 의미하는 것이라 보아야 하고, 따라서 공용개시나 공용폐지와 같은 개념들을 어떻게 이해할 것인지가 본 조의 적용대상 여부를 판단함에 있어서 중요한 의미를 지니게 된다고 할 수 있겠다.

나. 대체시설의 의미

본 조 제1항은 "개발행위허가를 받은 자가 새로 공공시설을 설치하거나 기존의 공공시설에 대체되는 공공시설을 설치한 경우"를 무상귀속의 대상으로 하고 있다. 즉 개발행위자가 어떠한 이유에서든 — 곧, 대체시설이 있든 없든 허가의 내용대로 공공시설을 설치하면 이는 무상귀속의 대상이 되는 것이되, 다만 대체관계에 있었

---

1 국유재산법이나 공유재산 및 물품관리법 모두 "국가기 직접" 혹은 "지방자치단체가 공공용으로 사용"이라는 문언을 사용함으로써 재산의 사용주체를 명확히 하고 있다.

2 국민권익위원회 2013. 7. 1. 자 2BA-1303-121455 의결 참조. 해당 의결례는 '공용·공공용'이라는 문언의 해석에 관한 법제처 해석사례를 각주로 소개하고 있는데, 해당 해석례에서는 '공공용'의 의미를 "다른 지방자치단체, 국가 또는 이에 준하는 공공단체 등이 공중의 공동사용에 제공되는 경우"라고 해석하고 있다. 해당 사례들은 모두 '공용·공공용'으로 사용되는 경우의 대부료 요율 적용이 문제된 사안들이다.

3 대법원 2004. 5. 28. 선고 2002다59863 판결.

던 종전의 시설이 있었다면 이를 개발행위자에게 반대급부로 귀속시키는 것이다. 법제처도 "새로 설치한 공공시설에 의하여 대체되는 기존의 공공시설이 없는 경우에도 새로 설치한 공공시설은 그 시설의 관리청에 무상귀속" 된다는 입장을 취하고 있고,[1] 새로 공공시설을 설치하는 "행정청에 무상으로 귀속될 종래의 공공시설이 없는 경우"에도 본조 제1항에 따라 해당 공공시설은 무상귀속의 대상이 된다고 봄[2]으로써 대체관계를 명확하게 요구하지 않고 있다. 나아가, 법제처는 본 조 제1항과 동일한 문언을 사용하고 있는 산업입지법 제26조 제1항의 해석과 관련하여 "대체"의 의미를 반드시 동종의 시설들 사이의 대체만을 의미하는 것이 아니라 "같은 법(산업입지법) 시행령 제24조의4에 따른 공공시설 간의 대체, 즉 이 사안에서의 하수도시설이 도로로 대체되는 경우가 포함된다"는 견해를 취한 바 있으므로 참조할 수 있겠다.[3]

다. 공용개시 절차의 요부

이렇듯, 일단은 귀속의 대상이 되는 '공공시설'의 의미는 다소 유연하게 해석된다. 도로의 경우 공용개시 절차를 거치지 아니하더라도 행정청에게 무상귀속되는 대상이 된다는 것이 법제처의 견해이기도 하다.[4] 역으로, "도로로 지정되거나 행정처분에 의하여 공공용으로 사용하기로 결정된 적은 없으나 불특정 다수의 사람과 차량이 통행하는 도로인 행정재산으로 실제 사용하는 경우에 해당"한다면 그것이 새로운 도로로 대체될 경우 개발행위자에게 무상귀속되는 공공시설에 해당한다는 것이 판례의 견해이다.[5] 그 외애도 대법원은 "종래 공공시설의 현실적인 이용상황이 지적공부상 지목과는 달라졌다고 하더라도 관리청이 공용폐지를 하지 아니하고 종래의 공공시설을 국유재산법이나 지방재정법에 따른 공공용 재산으로 관리하여 왔다면 특별한 사정이 없는 한 종래의 공공시설은 여전히 사업시행자에게 무상으로 귀속된다"라고 판시함으로써,[6] 현실적인 이용상황의 변동보다

---

1 법제처 2011. 5. 12. 회신 11-0158 해석례, 참고로, 구 도시계획법의 경우에는 명문의 규정으로 대체성을 규정하였으나("기능이 대체되어"), 국토계획법에서는 명문으로 대체성을 요구하지 않고 있으므로 법제처의 논의가 타당하다. 이와 같은 '대체성'에 대한 논의는 이승민, 공공시설의 무상귀속에 관한 소고, 행정법연구, 2012. 12., 344 내지 345면의 논의 참조.
2 법제처 2024. 7. 2. 회신 24-0408 해석례.
3 법제처 2013. 4. 30. 회신 13-0076 해석례.
4 법제처 2020. 3. 12. 회신 19-0740 해석례.
5 대법원 2019. 2. 14. 선고 2018다262059 판결.
6 대법원 2004. 5. 28. 선고 2002다59863 판결.

도 '공공용 재산으로의 관리 여부' – 곧, 공용폐지가 있었는지 여부를 판단의 기준으로 삼았다.

이와 같은 법제처 해석례 및 판례의 견해를 종합하면, ① 공공시설로 판단되는 시점(始點)과 관련하여서는 어떠한 명시적인 공용개시 여부가 아니라 실제 용도를 중요한 기준으로 삼고 있는 반면, ② 공공시설로 판단되는 종점(終點)과 관련하여서는 도리어 실제 용도의 변동 여부보다는 국가나 지방자치단체가 공공용 재산으로서의 관리 지속 여부(공용폐지 여부)를 중요한 기준으로 삼고 있다고 정리할 수 있겠다.

다만, 불법적인 지위에 있는 공공시설은 무상귀속 대상에 해당하지 아니한다. 국가 또는 지방자치단체가 공공시설에 필요한 토지를 적법하게 취득하지 않은 채 공공시설을 설치하여 점유·사용하고 있었던 경우에는 무상귀속 대상에 해당하지 않는다는 대법원 판례가 발견된다.[1]

2. '귀속'의 의미 – 법률규정에 의한 권리변동

민법은 부동산 물권의 변동에 대하여 법률행위로 인한 물권변동(민법 제186조)과 법률규정에 의한 물권변동(민법 제187조)을 구분하여 전자의 경우는 등기를 하여야만 그 효력을 인정하는 반면, 후자의 경우에는 등기를 하지 않더라도 효력을 인정한다. 본 조의 '귀속'의 의미는 민법 제187조의 물권변동을 의미하는 것으로 보아야 한다. 따라서 본 조 제1항 내지 제2항의 규정만으로 곧바로 소유권의 취득이 일어난다고 보아야 하고 등기를 하여야만 귀속의 효과가 발생한다고 볼 것은 아니다.

다만, '귀속'은 원시취득에 해당하고 매매가 아니므로 무상귀속을 받은 관리청은 이를 설치한 자에게 하자담보책임을 물을 수 없다는 것이 판례의 입장이다.[2]

한편, 본 조 제1항은 국유재산법이나 공유재산법에도 불구하고 귀속을 인정한다. 본래 국·공유재산법은 행정재산의 취득이나, 폐지되는 행정재산(일반재산)의 처분 등에 대하여 여러 절차적 제한을 가하고 있고 이는 대부분 강행규정으로 인정된다. 예컨대 공유재산관리계획의 통과와 같은 지방의회 의결이 필요하기도 하고, 매각의 경우에는 경쟁을 원칙으로 하므로 이와 같은 절차를 일일이 거쳐서 귀속관계를 처리하기는 어렵다. 이에 법은 명시적으로 해당 법률들에 따른 절차의 적용을 배제하고, 오로지 본 조로 그 문제를 해결하도록 한 것이다. 대법원과 법제처

---

1 대법원 2015. 1. 29 선고 2013다204386 판결; 대법원 2018. 10. 25. 선고 2017두56476 판결.
2 대법원 2011. 12. 27. 선고 2009다56993 판결.

또한 같은 취지로 이를 설명한다.[1]

3. '설치'의 주체와 의미

본 조 제1항은 개발행위허가를 받은 자가 행정청인 경우에 대하여 적용되는 조문이다. 이때 개발행위허가를 받아서 새로운 공공시설을 설치하는 행정청과, 종래의 공공시설의 관리청인 행정청이 반드시 동일한 행정청이어야 하는지 여부에 대하여 대법원은 "종래 공공시설의 관리청과 새로 설치되는 공공시설의 관리청이 일치하는지 여부는 문제되지 않는다"라고 판시하였다.[2]

다만, 이때 새로이 공공시설을 설치하는 것의 의미와 관련하여, 대법원은 "행정청인 사업시행자가 도시·군계획시설사업의 시행으로 새로이 설치할 공공시설에 필요한 토지를 사법상의 계약이나 공법상의 절차에 따라 취득하여 여기에 공공시설을 설치하고 사업을 마친 경우에 적용"되는 것이라 하여[3] 본 조의 적용을 위해 최소한 새로 설치하는 공공시설의 설치과정 자체는 적법할 것을 요구하고 있는 것으로 보인다.

한편 본 조는 "새로 공공시설을 설치하거나 기존의 공공시설에 대체되는 공공시설을 설치"할 것을 요구하고 있으므로, 기존에 설치되어 있는 공공시설의 범주 내에서 세부적인 시설의 내용만을 수정·변경하는 정도만으로는 본 조가 요구하는 새로운 시설 또는 대체 시설의 설치에 해당한다고 볼 수 없다고 사료된다. 법제처 또한 기존에 설치되어 있는 공원(도시공원) 내에서 공원시설의 일종인 교양시설을 설치하는 하는 행위에 대하여 "설치하려는 교양시설은 도시·군계획시설이자 공공시설인 공원을 구성하는 공원시설에 불과하므로 이를 새롭게 공공시설을 설치하는 것으로 볼 수 없"다는 견해를 밝힌 바 있다.[4]

Ⅳ. 본 조 제2항의 경우

본 조 제1항과 달리 제2항은 개발행위자가 사인(私人)인 경우에 적용되는 조문이다.

---

1 대법원 2019. 8. 30. 선고 2016다252478 판결; 법제처 2008. 7. 17. 회신 08-0159 해석례; 법제처 2020. 3. 12. 회신 19-0740 해석례 등 참조.
2 대법원 2018. 10. 25. 선고 2017두56476 판결.
3 대법원 2018. 10. 25. 선고 2017두56476 판결.
4 법제처 2021. 3. 25. 회신 20-0680 해석례에서 인용.

1. '양도할 수 있다'의 의미

본 조 제1항과 제2항의 가장 큰 차이점은, 제1항은 "귀속된다"라고 하여 단정적으로 서술하고 있는 반면, 제2항은 "양도할 수 있다"는 서술어를 사용하고 있다는 점이다. 본 조 제2항에 의하면, 신설되는 공공시설이 관리청에게 무상으로 "귀속된다"는 것은 변함이 없는데, 신설되는 공공시설로 인하여 폐지되는 공공시설은 "무상으로 양도할 수 있다"는 점은 차이가 있다. 이때 '할 수 있다'는 문언의 의미에도 불구하고 이를 '하여야 한다'는 것 – 곧, 기속행위로 해석해야 된다는 주장이 제기될 수도 있을 것이나, 현재 대법원은 이를 문언 그대로 '양도할 수 있다'는 재량으로 파악한다.[1] 따라서 행정청의 판단에 따라 무상양도를 하지 않을 수도 있는 것이다. 이와 같이 제1항과 제2항의 차등을 둔 것은 "사업시행자의 법적 지위, 사업의 공공성 정도, 전통적인 감독행정청의 관여 정도 등을 고려한 것"으로 설명된다.[2] (다만, 국토계획법과 유사하게 정비기반시설의 무상양도에 대하여 규정하고 있는 도시정비법 조항에 대하여, 대법원은 이를 강행규정 – 곧, 무상양도를 강제하는 규정으로 보는 견해를 취한 바 있다.[3])

2. '행정청'과 '사인'의 구분

이상과 같이 본 조는 개발행위허가를 받은 자가 행정청인 경우와 사인(私人)인 경우를 구분하여 접근하고 있는데, 문제는 경우에 따라 개발행위허가를 받은 자가 개별 법률에 의하여 행정주체로서의 지위 혹은 행정권한을 위탁받게 되는 경우가 있으므로 이 경우 이를 사인으로 볼 것인지 아니면 행정청으로 볼 것인지의 문제가 발생한다. 곧, 본 조 제1항을 적용할 것이냐, 아니면 제2항을 적용할 것이냐의 문제이다. 관련하여 최근 대법원은 "'도시계획시설사업의 시행자로 지정됨으로써 비로소 행정권한을 위탁받은 행정청의 지위를 취득하는 경우'에는 그 시행자가 국토계획법 제99조, 제65조 제1항에서 정한 '행정청'에 해당하지 않는다고 보아야 한

---

1 대법원 2014. 1. 29. 선고 2013다200483 판결 등.
2 대법원 2019. 8. 30. 선고 2016다252478 판결.
3 대법원 2007. 7. 12. 선고 2007두6663 판결; 이현수, 도시정비법상 정비기반시설의 법적 쟁점, 행정법연구, 2011. 8., 354면 참조. 다만 후자의 논문에서는 전자의 대법원 판결이 무상양도의 대상이 되는 시설을 도시계획시설로 지나치게 좁게 보고 있다는 비판을 제기한다. 참고로 위 대법원 판결은 도시정비법의 경우에 새로이 설치되는 정비기반시설의 무상귀속(곧 구 도시정비법 제65조 제2항 전단의 규정)과 그에 상응하는 무상양도(동항 후단의 규정) 모두를 강행규정이라 보고 있다.

다"라고 설시함으로써, 이와 같은 경우에도 일견 '사인'으로 보아 본 조 제2항을 적용하여야 한다는 입장을 취하였다.[1]

3. 귀속, 양도 대상이 되는 공공시설의 의미

본 조 제2항의 '공공시설'의 의미 자체는 제1항과 달리 볼 것은 아니겠으나, '공공시설' 중에서도 어떠한 시설들이 무상귀속과 무상양도의 대상이 되는 것인지에 대해서는 제1항과 달리 다음과 같은 사항들을 고려할 필요가 있다.

가. 무상귀속 대상인 공공시설과 무상양도 대상인 공공시설이 같은 종류여야 하거나 '대체관계'에 있어야 하는지 여부

문언상 본 조 제1항은 명확하게 "기존의 공공시설에 대체되는 시설"이라는 용어를 사용하고 있는 반면, 제2항에서는 그러한 '대체'에 대한 언급이 존재하지 않고, 대신에 "개발행위로 용도가 폐지되는" 공공시설을 무상양도의 대상으로 정하고 있다.

앞서 살펴본 바와 같이, 본 조 제1항과 동일한 문구의 산업입지법의 해석 시에도 법제처는 '대체'의 의미를 동종의 공공시설들 사이의 대체 뿐만 아니라, 공공시설로 분류되는 시설들 사이의 대체까지도 포함하는 것으로 넓게 해석하는 입장을 취한 바 있다.[2] 이와 같이 법제처가 '대체'라는 문구가 들어간 경우에 대해서도 유연한 해석을 취하였던 점을 고려하면, 그러한 표현이 전혀 존재하지 아니하는 본조 제2항을 해석함에 있어서는 구태여 엄격한 태도를 취할 필요가 없다고 사료된다. 국토계획법에 대한 것은 아니기는 하나, 정비기반시설에 대한 유사한 규정을 두고 있는 도시정비법 관련 규정의 해석에 관하여 대법원은 "반드시 용도폐지되는 정비기반시설에 대체되는, 즉 같은 종류의 정비기반시설의 설치비용 범위 내에서 무상양도하라고 한정하고 있지 아니하고, 달리 위 조항의 정비기반시설을 '같은 종류'의 정비기반시설이라고 한정하여 해석할 근거가 없"다는 입장을 취하였으므로 참조할 수 있겠다.[3]

---

1 대법원 2019. 8. 30. 선고 2016다252478 판결.
2 법제처 2013. 4. 30. 회신 13-0076 해석례.
3 대법원 2007. 7. 12. 선고 2007두6663 판결.

나. 무상양도의 가액 범위

본 조 제2항의 경우 사인(私人)에게 무상양도될 수 있는 공공시설의 범위는 "새로 설치한 공공시설의 설치비용에 상당하는 범위"로 제한된다. 이때 새로 설치하는 공공시설이 개발행위자가 관계 법령상 어차피 설치하여야 할 의무가 있는 시설인 경우에도 위와 같은 가액 범위에 합산될 수 있는지 여부가 쟁점이 될 수 있다. 본 조와 유사하게 정비기반시설에 대한 무상귀속 조문을 두고 있는 도시정비법 관련 규정에 대해서 대법원은 "사업시행자가 새로이 설치한 정비기반시설 중 관련법에 따라 당연히 그 설치의무가 인정되는 정비기반시설은 제외되는 것으로 제한적으로 해석할 이유는 없다"는 입장을 취하였는데,[1] 본 조 또한 특별히 '새로 설치한 공공시설'의 의미를 그 설치의 동기나 의무에 따라 구분하고 있지 아니하므로 제한적으로 해석할 근거가 부존재하므로, 위와 같은 판례의 입장은 본 조의 해석에도 그대로 참조할 수 있겠다.

다. 개발행위허가 대상 부지 내의 시설이어야 하는지

도시정비법상 정비기반시설의 무상귀속에 관한 조문을 해석함에 있어서 대법원은 "정비사업의 시행으로 인하여 용도가 폐지되어 사업시행자에게 무상으로 '양도'되는 정비기반시설"이나 "국가 또는 지방자치단체에 무상으로 '귀속'되는 정비기반시설" 양자 모두 정비구역 안에 속한 것으로 한정하여 해석해야 한다는 입장을 취하였는바,[2] 이와 같은 판례의 입장이 본 조의 해석에도 동일하게 적용되어야 하는지에 대해서 해석상 논란의 소지가 있다. 해당 판례는 '정비구역 밖'의 정비기반시설은 무상귀속에 관한 조문이 아니라 사업시행인가처분에 부기된 '부관'을 통해 귀속관계를 규율하도록 하고 있다.

생각건대, 해당 판례에서도 언급한 바와 같이 도시정비법의 경우에는 정비기반시설의 정의나 정비기반시설의 설치의무에 대한 규정에서 '정비구역 내'와 같은 표현들이 사용되고 있고, 따라서 이를 구역 내의 것들로 한정할 명시적인 근거가 존재한다. 그러나 본 조의 경우에는 공공시설의 공간적 범위를 개발행위허가 대상 부지 내로 한정할 명문의 근거가 발견되지 않고, '공공시설'의 범주나 의미 또한 '정비기반시설'과 동일한 것도 아니다. 이를 고려하면, 본 조를 해석함에 있어서는 문구의 의미 그대로 "개발행위로 용도가 폐지되는" – 곧, 개발행위(허가)와 용도폐지

---

1 대법원 2007. 4. 13. 선고 2006두11149 판결.
2 대법원 2014. 2. 21. 선고 2012다78818 판결.

사이의 인과관계가 인정되는지 여부를 기준으로 무상귀속 및 양도의 대상이 되는지를 판단하는 것이 타당하다고 사료되고, 이를 개발행위허가 대상 부지 내의 것으로 한정할 필요는 없다고 사료된다.

라. 무상귀속의 대상이 되는 '종래의 공공시설'의 판단기준

실무상 현황상으로는 공공시설의 용도로 사용되어왔는데, 무상귀속이 문제되는 시점 즈음에는 그러한 용도로 사용되지 않는다거나, 혹은 공공시설로 명시적으로 지정된 내역이 불분명한 경우들이 존재할 수 있다. 대법원은 무상귀속 대상인 '종래의 공공시설'인지 여부는 해당 사업에 대한 개발행위허가가 있는 시점을 기준으로 판단하여야 한다고 하면서, 그 허가 당시를 기준으로 "종래 공공시설의 현실적인 이용상황이 지적공부상 지목과는 달라졌다고 하더라도 관리청이 공용폐지를 하지 아니하고 종래의 공공시설을 국유재산법이나 지방재정법에 따른 공공용 재산으로 관리하여 왔다면 특별한 사정이 없는 한 종래의 공공시설은 여전히 사업시행자에게 무상으로 귀속된다"고 판시하였다.[1]

이상과 같은 판시내용에 의하면, 개발행위허가 이전에 공용폐지가 이루어진 사실이 있는지가 중요한 판단기준이 될 것인데, 관련하여 "행정재산은 공용폐지가 되지 아니하는 한 행정재산으로서의 성질을 잃지 아니한다. 공용폐지의 의사표시는 적법한 것인 한 명시적이든 묵시적이든 상관없으나, 행정재산이 사실상 본래의 용도에 사용되고 있지 않다거나 행정주체가 점유를 상실하였다는 정도의 사정만으로는 묵시적 공용폐지가 있었던 것으로 볼 수 없다"는 것이 대법원의 일관된 입장이다.[2]

참고로 판례들의 경향을 참조하면, 공공시설은 국공유재산법상 공공용재산, 나아가 행정재산과 같은 선상에서 이해되고 있는 것으로 보이고, 이들을 특별히 구분하지 않는 것으로 보인다.[3] 때문에, 공공시설인지 여부를 판단함에 있어 '행정재산'인지 여부가 중요한 기준이 되는데, 대법원은 "행정재산은 법령에 의하여 행정재산으로 지정된 경우, 행정처분으로 행정재산으로 사용하기로 결정된 경우, 행정재산으로 실제 사용하는 경우의 어느 하나에 해당하면 행정재산이 된다"라는 입장을 취하고 있다.[4] 이를 종합하면, 행정재산 – 곧 공공용으로 실제로 사용되어오다가

---

1 대법원 2004. 5. 28. 선고 2002다59863 판결.
2 대법원 2018. 9. 13. 선고 2016다262253 판결.
3 대법원 2018. 9. 13. 선고 2016다262253 판결이나, 서울중앙지방법원 2024. 11. 14. 선고 2023가합 78512 판결의 논리구조 참조.
4 대법원 2018. 7. 26. 선고 2015두39484 판결.

특별히 명시적인 공용폐지 절차가 없었다면 본조에서 말하는 '종래의 공공시설'에 해당할 수 있을 것으로 사료된다.

4. 무상귀속의 시점

행정청이 아닌 자가 개발행위허가를 받은 경우(곧 본조 제2항의 경우), 개발행위 허가를 받은 자가 설치한 공공시설이 관리청에 귀속되는 시점에 대해 본조 제6항 은 "공공시설은 준공검사를 받음으로써 그 시설을 관리할 관리청과 개발행위허가 를 받은 자에게 각각 귀속되거나 양도된 것으로 본다"라고 정하고 있다.

관련하여 대법원은 "도시계획사업의 시행으로 공공시설이 설치되면 그 사업완 료(준공검사)와 동시에 당해 공공시설을 구성하는 토지와 시설물의 소유권이 그 시 설을 관리할 국가 또는 지방자치단체에 직접 원시적으로 귀속된다"[1]라고 판시하 거나, "실제로 공공시설을 설치하고 당해 사업이 준공검사를 받아 완료된 경우에" 귀속이 이루어진다고 판시[2]한 바 있다. 이에 따라 대법원은 "공공시설 중 일부를 설치하지 않은 채 아파트 건축 사업을 중단"한 경우에는 무상귀속이 되었다고 볼 수 없다고 보았다.[3]

V. 무상귀속의 절차

1. 관리청과의 협의

본 조 제3항은 무상귀속의 대상이 되는 공공시설이 귀속될 관리청의 의견을 미 리 듣도록 정하고 있다. 관리청이 불분명하면 국토교통부장관이나 기획재정부 장 관이 관리청이 되어 협의 대상이 된다. 협의를 거치는 경우에는 폐지되는 공공시설 에 대하여 점용사용권한을 취득한 것으로 보고, 점용사용료는 면제된 것으로 의제 하는 혜택을 부여한다(본 조 제4항). 한편, 이와 같은 협의는 '의견조회' 정도의 의미 이다. 따라서 관리청의 의견조회만 하였다면 협의를 한 것으로 볼 수 있고, 관리청 이 동의를 하지 않더라도 무상귀속의 대상이 된다.[4] 나아가, 설사 행정청이 관리청

---

1 대법원 1999. 4. 15. 선고 96다24897 전원합의체 판결. 다만, 해당 판결에서는 도시계획사업의 준공검 사 시를 무상귀속 시점으로 볼 것인지, 아니면 구 도시계획법 제83조 제5항의 규정에 따라 사업시행 자가 관리청에 사업완료를 '통지'한 시점을 무상귀속 시점으로 볼 것인지가 쟁점이 된 사안이다.
2 대법원 2023. 7. 27. 선고 2019다210307 판결.
3 대법원 2023. 7. 27. 선고 2019다210307 판결.
4 대법원 2019. 8. 30. 선고 2016다252478 판결. "관리청의 '동의 또는 협의'를 규정한 것이 아니라 '의

의견조회 절차를 누락하였거나 생략하였다고 하더라도, 이는 행정청 내부적인 절차의 문제에 불과하다고 보아야 하는 점이나 관리청이 반대하더라도 무상귀속 대상이 될 수 있음은 앞에서 본 바와 같으므로, 그와 같은 절차적 하자에도 불구하고 무상귀속 및 양도의 대상에 해당한다는 점은 변함이 없다고 보아야 할 것이다.[1]

다만, 본 조 제4항의 규정과 같이 점용사용권한의 부여가 의제되기 위해서는 명문의 요건대로 관리청과의 의견청취를 거쳐야만 할 것이고, 이를 누락한 경우에는 점용사용권한이 부여되지 않는다고 봄이 타당해 보인다. 그러나 본 항의 취지가 공공시설의 원활한 설치를 위한 것에 있는 점을 고려하면, 사후적으로라도 관리청의 의견청취를 거쳐 개발행위허가변경허가 등의 절차를 거친다면 점용사용권한 및 사용료 면제의 특례가 적용된다고 보는 것이 타당하다고 사료된다.

2. 공사완료와 세목 통지

공사가 완료되면 관리청에게 세목을 통지하여 그 취득절차를 이행할 수 있도록 하여야 한다. 중요한 것은 '귀속'은 법률규정에 의한 물권변동(민법 제187조)이므로 등기가 없더라도 소유권 취득의 효과가 발생한다는 것이다. 본 조 제5항은 세목의 통지 시점에 취득을 의제한다.

참고로, 이와 같은 관리청의 무상 '귀속'의 경우, 지방세법상 국가나 지방자치단체 등은 취득세 비과세 대상이므로(제9조 제1항) 취득세가 발생하지 아니한다. 반면, 개발행위자가 무상 '양도'를 받는 경우에는 그와 같은 특례조항이 존재하지 아니하므로 무상취득에 따른 과세표준 및 세율 등을 적용한 취득세가 발생하게 된다.[2]

3. 등기

전술한 바와 같이 무상 '귀속'의 경우에는 법률규정에 의한 물권변동이므로 등기를 하지 않더라도 소유권 취득(원시취득)의 효력이 나타난다. 다만, 사후적인 등기는 필요한 것이므로 본 조 제7항은 등기 절차에 대하여 특례를 정하고 있다. 본래 부동산등기법상 등기를 하려면 등기원인을 증명하는 서류가 반드시 첨부되어야 하는데, 이를 준공검사서로 대체할 수 있도록 하였다.

견청취절차'를 규정한 것에 불과하므로, 그러한 의견청취절차를 거치지 아니하였다고 하여 종래의 공공시설 무상귀속·양도의 대상에서 제외되는 것은 아니다."

[1] 위 대법원 2019. 8. 30. 선고 2016다252478 판결.
[2] 정비기반시설에 관한 것이기는 하나, 대법원 2019. 4. 11. 선고 2018두35841 판결 참조.

4. '다른 법률의 특별한 규정'의 의미

본 조 제9항은 "공공시설의 귀속에 관하여 다른 법률에 특별한 규정이 있는 경우에는 이 법률의 규정에도 불구하고 그 법률에 따른다"라고 하여, 타법상에 특별한 규정이 있을 경우에 본 조의 적용을 배제하고 있다.

이때 "다른 법률의 특별한 규정"이 무엇을 의미하는지가 해석상 쟁점이 될 수 있는데, 특히 동항이 단순히 "공공시설의 귀속에 관하여"라는 문언만을 사용하고 있어 공공시설의 귀속을 규율하는 규정에 해당하기만 한다면 본 조의 적용을 배제할 수 있게 되는 것인지가 문제가 될 수 있다. 그러나 본 조가 개발행위에 수반하여 공공시설을 설치하는 경우에 관한 규정임을 고려하면, 여기서의 '다른 법률의 규정'이란 본 조와 유사하게 일정한 개발행위 또는 사업에 수반하여 공공시설이 설치 또는 대체되는 경우를 의미한다고 봄이 상당하다.

법제처 또한 본 항에서 의미하는 '다른 법률의 규정'의 의미를 "① 국토계획법상의 개발행위로 인하여 ② 신규 또는 대체 공공시설의 설치가 수반되는 경우를 규율대상으로 하면서 ③ 해당 규정에서 신·구 공공시설의 소유권 변동의 효과에 관하여 직접 규정하고 있어 국·공유재산법상의 일련의 절차를 거칠 필요가 없는 규정을 의미한다고 보아야 할 것"이라고 하면서, "개별 공공시설의 근거 법률에서 개발사업을 전제하지 않고 공공시설의 관리 및 처분에 관한 규정을 둔 경우까지 국토계획법 제65조제9항의 입법목적에 포함되는 대상으로 보기는 어(렵)"다는 견해를 취한 바 있다.[1] 즉 본 조 제9항이 의미하는 '다른 법률의 규정'이란 '개발행위 또는 개발사업을 전제한 경우'를 의미한다는 것이다. 이와 같은 기준에 의할 때, 개발행위 또는 개발사업을 전제하지 아니하고 단순히 폐천부지의 요건을 충족하게 되는 일반의 경우 모두에 대하여 그 교환·양여에 대하여 규정하고 있는 하천법 제85조의 규정은 본 항에서 말하는 '다른 법률의 규정'에 해당한다고 보기 어렵다는 것이 법제처의 입장이다.[2]

이를 전제한다면, 본 조 제9항이 의미하는 '다른 법률의 규정'은 도시개발법, 도시정비법 등 '개별 개발사업법'상 사업의 시행과정에서 새로 또는 대체하여 설치되는 공공시설의 귀속에 관한 규정이 존재하는 경우들만이 해당하게 될 것이다.

---

1 법제처 2022. 9. 8. 회신 22-0462 해석례.
2 법제처 2022. 9. 8. 회신 22-0462 해석례.

제66조(개발밀도관리구역)

제66조(개발밀도관리구역) ① 특별시장·광역시장·특별자치시장·특별자치도지사·시장 또는 군수는 주거·상업 또는 공업지역에서의 개발행위로 기반시설(도시·군계획시설을 포함한다)의 처리·공급 또는 수용능력이 부족할 것으로 예상되는 지역 중 기반시설의 설치가 곤란한 지역을 개발밀도관리구역으로 지정할 수 있다. 〈개정 2011. 4. 14.〉
② 특별시장·광역시장·특별자치시장·특별자치도지사·시장 또는 군수는 개발밀도관리구역에서는 대통령령으로 정하는 범위에서 제77조나 제78조에 따른 건폐율 또는 용적률을 강화하여 적용한다. 〈개정 2011. 4. 14.〉
③ 특별시장·광역시장·특별자치시장·특별자치도지사·시장 또는 군수는 제1항에 따라 개발밀도관리구역을 지정하거나 변경하려면 다음 각 호의 사항을 포함하여 해당 지방자치단체에 설치된 지방도시계획위원회의 심의를 거쳐야 한다. 〈개정 2011. 4. 14.〉
1. 개발밀도관리구역의 명칭
2. 개발밀도관리구역의 범위
3. 제77조나 제78조에 따른 건폐율 또는 용적률의 강화 범위
④ 특별시장·광역시장·특별자치시장·특별자치도지사·시장 또는 군수는 제1항에 따라 개발밀도관리구역을 지정하거나 변경한 경우에는 그 사실을 대통령령으로 정하는 바에 따라 고시하여야 한다. 〈개정 2011. 4. 14.〉
⑤ 개발밀도관리구역의 지정기준, 개발밀도관리구역의 관리 등에 관하여 필요한 사항은 대통령령으로 정하는 바에 따라 국토교통부장관이 정한다. 〈개정 2013. 3. 23.〉
[전문개정 2009. 2. 6.]

I. 의의

개발밀도관리구역은 이른바 '기반시설연동제'의 일환으로 도입된 것이다. 다음 조문인 기반시설부담구역과의 차이점은, 개발밀도관리구역은 정해져 있는 기반시설의 총량을 한계로 하여 개발밀도를 축소하고 제한하는 제도라는 점이다. 반면 기반시설부담구역은 기반시설의 확충을 전제로 하고 있어, 개발밀도를 제한하는 것이 아니라 "개발을 하려면 기반시설을 지어라"는 태도로 접근하는 제도이다.

II. 개발밀도관리구역과 도시관리계획의 관계

개발밀도관리구역으로 지정되면 건폐율과 용적률이 강화된다(본 조 제2항). 즉

건축허가요건에 대하여 직접적인 영향을 미치고, 이는 곧 용도지역제 도시계획에 대한 증감, 수정을 의미하는 것이기도 하다. 따라서 기능적으로는 용도지구·용도 구역제도와 상당히 유사하다. 이렇게 본다면, 개발밀도관리구역도 그 자체로 구속 적 행정계획인 도시관리계획의 일종으로 보는 것이 타당하다는 것이 본서의 견해 이다. 국토계획법 제2조 제4호는 명시적으로 개발밀도관리구역을 도시관리계획의 일종으로 열거하고 있지는 않으나 장기적으로는 이에 개발밀도관리구역을 포함시 키는 것이 적절할 것이다.

한편, 개발밀도관리구역을 도시관리계획으로 본다면 주민의 입안제안권(국토 계획법 제26조)이 인정될 것이나, 도시관리계획으로 보지 않는다면 동조에 근거한 입안제안권이 인정되기는 어려울 것이다. 다만, 입안제안권을 인정하지 않는다고 하더라도, 그에 대한 법규상 조리상 신청권은 인정하는 것이 타당할 것이라 생각 된다.

제67조(기반시설부담구역의 지정)

제67조(기반시설부담구역의 지정) ① 특별시장·광역시장·특별자치시장·특별자치도지사·시장 또는 군수는 다음 각 호의 어느 하나에 해당하는 지역에 대하여는 기반시설부담구역으로 지정하여야 한다. 다만, 개발행위가 집중되어 특별시장·광역시장·특별자치시장·특별자치도지사·시장 또는 군수가 해당 지역의 계획적 관리를 위하여 필요하다고 인정하면 다음 각 호에 해당하지 아니하는 경우라도 기반시설부담구역으로 지정할 수 있다. 〈개정 2011. 4. 14.〉
1. 이 법 또는 다른 법령의 제정·개정으로 인하여 행위 제한이 완화되거나 해제되는 지역
2. 이 법 또는 다른 법령에 따라 지정된 용도지역 등이 변경되거나 해제되어 행위 제한이 완화되는 지역
3. 개발행위허가 현황 및 인구증가율 등을 고려하여 대통령령으로 정하는 지역
② 특별시장·광역시장·특별자치시장·특별자치도지사·시장 또는 군수는 기반시설부담구역을 지정 또는 변경하려면 주민의 의견을 들어야 하며, 해당 지방자치단체에 설치된 지방도시계획위원회의 심의를 거쳐 대통령령으로 정하는 바에 따라 이를 고시하여야 한다. 〈개정 2011. 4. 14.〉
③ 삭제 〈2011. 4. 14.〉
④ 특별시장·광역시장·특별자치시장·특별자치도지사·시장 또는 군수는 제2항에 따라 기반시설부담구역이 지정되면 대통령령으로 정하는 바에 따라 기반시설설치계획을 수립하여야 하며, 이를 도시·군관리계획에 반영하여야 한다. 〈개정 2011. 4. 14.〉
⑤ 기반시설부담구역의 지정기준 등에 관하여 필요한 사항은 대통령령으로 정하는 바에 따라 국토교통부장관이 정한다. 〈개정 2013. 3. 23.〉
[전문개정 2009. 2. 6.]

Ⅰ. 의의

개발밀도관리구역 제도와 마찬가지로 기반시설연동제의 일환으로 도입된 제도이다. 제도의 의미나 변천에 대하여는 본서의 용어의 정의 항목을 참조하라.

Ⅱ. 기반시설부담구역 지정의 요건

국토계획법에 따르면 기반시설부담구역 지정의 요건은 ① "지정하여야 하는 경우"(본 조 제1항 본문)와 ② "지정할 수 있는" 경우(동항 단서)로 구분되어 있음을 알 수 있다. 이와 같이 본 조가 서술어를 달리하여 경우를 구분하고 있는 이유에 대한

선행문헌들 상의 논의는 발견되지 않으나, 본서는 이를 기속적인 경우와 재량적인 경우 두 가지로 구분한 것이라고 파악한다. 이에 전자를 '필요적 구역지정' 후자를 '임의적 구역지정'이라고 구분하고자 한다.

1. 기속적인 경우 – 제1항 본문

가. 의의

필요적 구역지정 요건에 해당하면, 행정청은 기반시설부담구역을 반드시 지정하여야 한다고 해석함이 타당하다고 사료된다. 특히, 입법적 연원을 보더라도 전국을 기반시설부담구역으로 하여 부담금 제도를 일반적으로 실시하다가 이를 '필요한 곳'으로 축소하여 시행하고자 한 것이 현행 국토계획법이므로, 이는 곧 반드시 필요한 곳에서는 기반시설부담구역의 지정이 행하여져야 한다는 점을 전제한 것이라고 봄이 상당하다. 그와 같이 해석하지 않는다면, 본 조 자체가 별다른 의미가 없고, 기반시설의 설치 문제는 행정청의 기부채납부관과 같은 형태로 형평을 고려하지 않은 채 개별적인 관계로 규율되고 말 것이다. 아울러, 이를 기속행위로 보지 않는다면, 본 조 제1항이 본문과 단서를 구분한 이유가 없고, 아울러 제1항 각호의 요건이 비교적 해석의 여지가 없는 확정적인 문언들로 구성되어 있을 이유가 없다.

이와 같이 본 조 제1항 본문이 행정청에게 기속적인 의무를 부과하고 있는 것이라는 점은 입법자료를 통하여도 확인이 가능하다. 입법자료는 제1항 본문의 경우 "반드시" 기반시설부담구역을 지정하여야 한다는 취지에서 '지정하여야 한다'는 술어를 사용한 것으로 확인된다.[1] 아울러, 하급심 판결례 중에서도 "이 법률 조항은 지방자치단체의 장에게 개발행위가 증가될 것으로 예상되는 지역을 기반시설부담구역으로 지정해야 하는 의무를 부과하고 있"는 것이라고 설시한 사례가 발견되기는 한다.[2]

나. 필요적 구역지정 요건의 해석

(1) 행위제한의 완화 또는 해제

본 조 제1항 제1호는 "이 법 또는 다른 법령의 제정·개정으로 인하여 행위 제

---

1 국회 건설교통위원회회의록, 제271회–건설교통소위 제1차, 2008. 2. 13.자 33면 내지 34면. 회의록 당시 국회 전문위원은 "먼저 부담구역 지정인데요, 특별시장·광역시장·시장 또는 군수는 법령 개정 등으로 행위제한이 완화되거나 해제되는 지역 등에 대해서는 필요적으로 반드시 기반시설부담구역을 지정해야 된다고 규정되어 있"다라고 법안의 의미를 설명하고 있다.
2 수원지방법원 2020. 7. 9. 선고 2018구합73189 판결.

한이 완화되거나 해제되는 지역"에 대하여 필요적으로 기반시설구역을 지정토록 정하고 있다. 본 요건의 핵심은 "행위 제한"의 의미를 해석하는 것인데, 국토계획 법은 여러 조문에서 행위 제한이라는 표현을 사용하고 있으므로 그에 기초하여 의 미를 해석할 수 있다.

대표적으로 국토계획법은 제6장의 제목으로 "용도지역·용도지구 및 용도구역 에서의 행위 제한"이라는 표현을 사용하고 있는데, 해당 장에 포함된 내용들은 국 토계획법이 정하는 각종 도시관리계획에 의하여 정하여지는 건축허가요건에 관련 된 것들이다. 예컨대, 허용되는 건축물의 용도·종류 및 규모(제76조), 건폐율(제77 조), 용적율(제78조), 특정 구역 내에서의 개발가능성 혹은 건축허용성의 문제(제80 조, 제80조의2 등), 특정 구역 내에서의 적극적인 토지이용행위(벌채, 토석채취 등; 제 80조의3) 등이 제6장의 내용으로 포함되어 있다. 이를 고려하면, 행위 제한이란 일 정한 지역이나 구역, 지구 등으로 지정됨으로써 적용되는 건축허용성(개발가능성) 및 건축허가요건에 관련된 제한과 함께 개발가능성에 간접적으로 영향을 미칠 수 있는 토지이용행위(벌채, 토석채취 등)에 대한 제한을 의미하는 것이라 이해할 수 있 겠다. 따라서 ① 국토계획법상의 구역·지역·지구 등에 관련된 조문의 개정, 또는 ② 일정한 지리적 범위에 대한 행위 제한을 규정하는 다른 법률의 제·개정으로 이 와 같은 건축 또는 토지이용행위에 관련된 제한의 내용이 완화 또는 폐지되는 방 향으로 변경되었다면 본 호의 요건에 해당하게 될 것이다.

한편, 본 조 제5항은 "기반시설부담구역의 지정기준 등에 관하여 필요한 사항 은 대통령령으로 정하는 바에 따라 국토교통부장관이 정한다"라고 규정하고 있고, 그에 근거하여 국토교통부훈령으로 기반시설연동제 운영지침이 마련되어 있다. 동 지침은 본 호의 요건을 구체화하면서 "행위 제한이 완화 또는 해제"되는 것의 구체 적인 경우로 "건축물의 용도가 확대된 경우" 또는 "건축물의 규모가 증가된 경우" 를 열거하고 있는바(3-3-1.항 및 3-3-2.항), 과연 행위 제한의 완화 또는 해제의 의 미가 용도와 규모(건폐율, 용적률, 높이 등)에 관한 것으로 한정되어야만 하는 것인 지가 쟁점이 될 수 있다. 그러나 ① 본 조 제5항이 위임한 사항은 어디까지나 "기 반시설부담구역의 지정기준"에 관한 것이고 본 조 제1항이 정한 요건을 명시적으 로 포함하고 있는 것이라 보기 어려운 점, ② 만일 동 지침이 본 조 제1항 각호의 요건을 한정하여 정하는 것이라고 한다면 이는 상위법령이 정한 것을 하위법령에 서 명확한 수권의 근거 없이 축소하고 있는 것이어서 상위법령에 위배될 가능성이 있는 점, ③ 동 지침 스스로도 "다음과 같은 경우 등을 말한다"라고 하여 열거하고 있는 것들(용도나 규모) 외의 경우가 포함될 것을 명확히 배제하고 있지는 않은 점 등을 고려하면, 동 지침이 열거하는 용도나 규모의 문제는 예시적인 것에 불과하다고 봄이 타당하다고 사료된다.

다만, 본 호는 '법령의 개정으로' 행위 제한이 변경되는 경우를 규정하고 있으므로, 법령의 개정이 아닌 도시관리계획과 같은 계획의 수립 또는 변경에 따른 행위 제한의 변경은 본 호에는 포함되지 아니한다. 이때 '법령'에는 법률, 대통령령, 총리령, 부령 등이 해당할 것이나, 행정규칙의 경우에는 원칙적으로 포함되지 않되 상위 법령의 수권이 있는 이른바 '행정규칙 형식 법규명령'의 경우에는 포함된다고 볼 수 있을 것이다.[1]

(2) 용도지역의 변경·해제와 그에 따른 행위 제한의 완화

본 조 제1항 제2호는 "이 법 또는 다른 법령에 따라 지정된 용도지역 등이 변경되거나 해제되어 행위 제한이 완화되는 지역"을 필요적 구역지정 사유로 정하고 있다.

먼저, 용도지역이 변경되거나 해제되어 행위 제한이 완화되는 경우는 그 의미가 비교적 명확하다. 국토계획법이 정한 용도지역의 종류가 변경되거나, 용도지역이 해제되어 그에 따른 건축허가요건(용도, 건폐율, 용적률 등)이 토지소유자에게 이익이 되는 방향으로 완화되는 경우를 의미하는 것이라 이해할 수 있다.

그러나 본 호는 "용도지역 등"이라는 표현을 사용하고 있는바, "용도지역 등"에 포함될 수 있는 범주가 어디까지인지를 두고 해석상의 논란의 소지가 있다. 일단 본 호는 국토계획법 뿐만 아니라 다른 법령에 따라 지정되는 "용도지역 등"을 명시하고 있는데, "용도지역"은 국토계획법에 의하여 규정되는 것임을 고려하면 "등"에는 용도지역 이외에 다른 법령에 따른 구역·지역·지구 등이 포함되는 것이라 봄이 타당하다. 이는 행위 제한에 직접적인 영향을 미치는 다른 법령상의 구역·지역·지

---

1 관련하여 대법원 2019. 5. 30. 선고 2016다276177 판결의 설시 참조. "여기에서 말하는 '법령'은 일반적인 의미에서의 법령, 즉 법률과 그 밖의 법규명령으로서의 대통령령, 총리령, 부령 등을 의미하고, 이와 달리 상급행정기관이 하급행정기관에 대하여 업무처리나 법령의 해석·적용에 관한 기준을 정하여 발하는 이른바 행정규칙은 일반적으로 행정조직 내부에서만 효력을 가질 뿐 대외적인 구속력을 갖는 것이 아니므로 이에 해당하지 않는다. 다만 행정규칙이라 하더라도, 법령의 규정이 특정 행정기관에 법령 내용의 구체적 사항을 정할 수 있는 권한을 부여함으로써 법령 내용을 보충하는 기능을 가지고, 그 내용이 해당 법령의 위임한계를 벗어나지 않아 법령과 결합하여 대외적 구속력이 있는 법규명령으로서의 효력을 가지는 등의 특별한 사정이 인정된다면, 달리 볼 수 있다."

구를 의미한다고 이해할 수 있고, 따라서 다른 법령이 일정한 지리적 범주에 대하여 건축허용성 및 건축허가요건, 토지이용행위 등의 제한을 연동하는 제도 있다면, 그것의 변경·해제에 따른 행위 제한의 변경이 있는 경우를 의미하는 것이라 볼 수 있겠다.

한편, 조문의 문언이 다소 포괄적으로 규정되어 있음과 더불어 국토계획법이 정하는 '행위 제한'은 단순히 용도지역만이 관장하는 문제가 아니라는 점을 고려하면, 국토계획법("이 법")이 정하는 다른 구역·지역·지구들 중 건축허용성, 건축허가요건, 토지이용행위를 규율하게 되는 것들 또한 본 호의 사유에 해당한다고 봄이 타당하다고 사료된다.

(3) 개발행위허가 현황 및 인구증가율의 변동

본 조 제1항 제3호는 필요적 구역지정의 사유 중 하나로 "개발행위허가 현황 및 인구증가율 등을 고려하여 대통령령으로 정하는 지역"을 정하고 있고, 그 위임에 따라 국토계획법 시행령 제64조 제1항이 구체적인 요건을 정하고 있다. 시행령 제64조 제1항이 정하는 요건 크게 2가지로 구분되는데 ① 기반시설부담구역의 지정권자가 제4조의2[1]에 따른 기반시설의 설치가 필요하다고 인정하는 지역일 것(기반시설의 필요성), ② 시행령 제64조 제1항 각호의 어느 하나에 해당할 것(개발행위허가 또는 인구증가율의 증가)으로 구분가능하다. 양자 모두 해석상의 난점들이 매우 많은 것들이다.

먼저, 문언상으로만 본다면 첫 번째 요건(①)의 경우에는 마치 기반시설부담구역의 지정권자의 재량적인 판단에 따라 특정 기반시설들의 설치필요성이 인정되는지 여부를 결정할 수 있는 것처럼 해석될 소지가 있다. 그러나 이러한 해석은 시행령 제64조 제1항의 수권조문인 국토계획법 제67조 제1항의 체계상 타당하지 않다는 것이 사견이다. 국토계획법 제67조 제1항은 전술한 바와 같이 구역지정이 '필요적'인 경우와 '임의적'인 경우를 명시적으로 구분하고 있는데,[2] 후자에 대하여 동항은 기반시설부담구역 지정권자가 '필요성을 인정'하는 경우를 그 사유로 규정하고 있다. 그런데 만일 전자 – 곧, 구역지정이 '필요적'인 경우에 대하여 시행령이 다시금 지정권자의 '필요성 인정'에 관한 판단여지를 부여하게 된다면, 이는 상위법률이

---

[1] 국토계획법 시행령 제4조의2는 기반시설의 종류들 중에서도 "기반시설부담구역에 설치가 필요한 기반시설"의 종류들을 열거하고 있는 조문이다.

[2] 아울러, 이러한 구분이 입법자료상으로도 발견된다는 점은 전술한 바와 같다.

기반시설부담구역의 지정 사유를 구분하여 본문과 단서로 명시적으로 분리하고 있는 체계와도 부합하지 않게 된다. 그렇다면 시행령 제64조 제1항이 요구하는 '필요성의 인정'이란 기반시설부담구역 지정권자가 주관적·임의적으로 판단할 수 있는 것으로 볼 게 아니라, 객관적으로 판단되어야 하는 요건으로 이해하는 것이 타당하고, 따라서 시행령 제64조 제1항 각호의 사유로 인하여 초래되는 수요가 동 시행령 제4조의2에서 열거한 기반시설의 공급을 객관적으로 초과할 것이 예견되는 상황이라면 그 필요성이 인정된다고 보는 것이 타당하다고 사료된다. 다만, 본 요건의 의미를 명확히 제시하는 선례는 잘 발견되지 아니하는 것으로 보인다.

다음으로, 시행령 제64조 제1항 각호의 사유들에 대하여도 해석상의 난점이 존재한다. 각호들 모두 개발행위허가의 발급 수나 인구증가율과 같이 객관적으로 확인가능한 요소들을 그 요건으로 규정하고 있으므로 이는 비교적 해석상 논란이 적을 것이다. 그러나 문제는 "해당 지역"이라는 문구의 해석이다. 개발행위허가 발급 수나 인구증가율 모두 일정한 지리적 범주를 전제하는 것이므로, 어떻게 대상 지역을 획정하느냐에 따라서 그 증가율이 시행령 제64조 제1항 각호에서 정하는 '20퍼센트'를 초과할 수도 혹은 그에 미치지 못할 수 있게 된다. 만일 "해당 지역"의 의미를 '기반시설부담구역을 지정하려는 곳'으로 해석하게 된다면, 요건의 충족 여부 판단의 핵심이 되는 지리적 범주를 지정권자가 자의적으로 획정할 수 있게 되는 것이어서 수긍하기가 어려운 측면이 있다. 더욱이 법령은 기반시설부담구역에 대하여는 "지역"이 아닌 "구역"이라는 명칭을 사용하고 있으므로, "해당 지역"이 반드시 기반시설부담구역으로 지정될 지리적 범위와 동일한 것을 지칭한다고 보기도 어려움이 있다. 가장 현실적인 해석방법은 기반시설부담구역으로 지정하려는 곳을 포함하는 최소 단위의 행정구역을 의미하는 것이라 보는 방법이 합리적일 것으로 사료되는데, 기반시설연동제 운영지침 또한 "읍·면·동 단위의 세부 행정구역별 개발허가건수 연단위 집계자료"나 "읍·면·동 단위의 세부 행정구역별 인구통계자료"를 사용하도록 함으로써(3-3-4.항) 일응의 기준을 제시하고 있다.

이상과 같이, 현재 시행령 제64조 제1항의 요건을 두고는 해석상의 난점이 다수 존재하는 상황이므로, 법원이나 소관부처 등의 해석사례가 축적되지 아니하는 이상 명확한 의미를 단언하기가 어려운 것이 현실이다. 장기적으로는 입법적인 개선을 통하여 전술한 각 해석상의 난점들을 해결하는 것이 바람직하고, 이러한 입법적 해결이 그 이용이 매우 저조한 기반시설부담구역 제도의 활성화에도 도움이 될 것이다.

2. 재량적인 경우 – 제1항 단서

반면, 본 조 제1항 단서는 동항 각호의 필요적 구역지정 요건에 해당하지 않더라도 계획적 관리를 위하여 필요하다고 인정하면 구역지정을 할 수 있도록 정하고 있다. 따라서 동항 각호 외의 경우에는 재량에 속한다고 봄이 타당하다.

Ⅲ. 기반시설부담구역과 도시관리계획

제66조의 개발밀도관리구역과 마찬가지로, 국토계획법은 기반시설부담구역이 도시관리계획에 속하는지에 대하여 명확한 조문을 두고 있지 않다. 이는 동법 제26조의 입안제안권 등의 문제와도 연관된다. 다만, 도시관리계획에 관한 국토계획법 제2조 제4호에서 기반시설의 설치에 대한 내용을 도시관리계획의 일종으로 열거하고 있고, 기반시설부담구역 또한 그에 근본적으로 연동되어 있는 제도이다. 따라서 이 또한 그에 근거하여 도시관리계획의 일종이라고 봄이 타당하다고 사료된다. 가사 입안제안권을 인정하지 않더라도, 기반시설부담구역 제도는 기반시설치비용의 공평한 분담 문제와도 연관된 것인 만큼 응답신청권 정도는 인정함이 타당하다.[1]

참고로, 개발밀도관리구역이나 기반시설부담구역 모두 주민의견청취나 도시계획위원회 심의 등의 절차는 모두 요하고 있다. 다만, 앞의 조문들을 준용하는 것은 아니고 제66 내지 67조에서 자체적으로 마련하고 있다.

Ⅳ. 기반시설연동제 운영지침의 제정

본 조 제5항은 기반시설부담구역 지정기준 등에 관한 사항을 국토교통부장관이 정하도록 위임하고 있다. 그에 따라 기반시설연동제 운영지침이 제정되어 운영되고 있고, 제도의 구체적인 내용 또한 동 지침에서 보다 상세하게 설명·규율되고 있다. 참고로 영국의 경우에도 Community Infrastructure Levy(CIL)의 근거법률은 2008 Planning Act이지만, 보다 구체적인 제도운영의 모습이나 내용들은 그 위임에 의하여 제정된 Community Infrastructure Levy Regulations의 내용에서 살펴볼 수 있다.

기반시설연동제 운영지침은 기본적으로는 "개발밀도관리구역의 지정기준 및

---

1 다만, 수원지방법원 2020. 7. 9. 선고 2018구합73189 판결은 신청권조차도 인정하지 아니하여 기반시설부담구역지정거부처분의 대상적격을 부정한 사례가 있다.

관리방법, 기반시설부담구역의 지정기준, 기반시설설치계획 및 부담계획의 수립기준, 부담방법 등에 관한 사항" 등을 정하는 것으로 되어 있지만(동 지침 1-1-1.항), 실제 내용을 살펴보면 제도의 의의나 성격과 같은 일반적인 설명들 뿐만 아니라, 법령이 정하고 있는 바를 구체화하여 수록하고 있는 것들도 발견된다. 대표적으로 전술한 바와 같이 기반시설부담구역이 필요적으로 지정되어야 하는 요건(국토계획법 제67조 제1항 각호)에 대하여도 보다 한정적이고 구체적인듯한 규율들을 포함하고 있는데, 과연 이러한 규율들이 상위법령의 위임범위에 포함된 것이어서 구속력이 인정될 수 있는 것들인지가 쟁점이 될 수 있다.

본 조 제5항이 위임하고 있는 범위를 보면 "지정기준 등에 관하여 필요한 사항"을 "대통령령으로 정하는 바에 따라" 위임하고 있으므로, 기반시설연동제 운영지침에 위임된 범위는 '지정기준 등'이라는 법률의 문언과 국토계획법 시행령 제66조의 내용을 종합적으로 살펴봄으로써 파악가능한 것이다. 그런데 국토계획법 시행령 제66조는 기반시설부담구역의 지리적 범위를 구체적으로 특정하여 획정하는 경우에 관한 기준들을 제시하고 있으므로, 이를 고려하면 상위법령이 기반시설연동제 운영지침에 위임한 사항 또한 기반시설부담구역의 지리적 범위를 어떻게 특정하고 획정할 것인지 — 곧, 기반시설부담구역을 '어떻게 지정할 것인지'에 주된 초점이 맞추어진 것으로 봄이 타당하다. 이와 달리 구역지정의 사유나 요건 등은 이러한 지정기준의 전제되는 사실 — 곧, 기반시설부담구역 제도가 개입하기 위한 전제요건에 해당하는 것이므로 기반시설연동제 운영지침이 과연 여기에 대하여까지 구체적인 규율을 할 권한이 있는 것인지는 의문이 있다.

제68조(기반시설설치비용의 부과대상 및 산정기준)

제68조(기반시설설치비용의 부과대상 및 산정기준) ① 기반시설부담구역에서 기반시설설치비용의 부과대상인 건축행위는 제2조제20호에 따른 시설로서 200제곱미터(기존 건축물의 연면적을 포함한다)를 초과하는 건축물의 신축·증축 행위로 한다. 다만, 기존 건축물을 철거하고 신축하는 경우에는 기존 건축물의 건축연면적을 초과하는 건축행위만 부과대상으로 한다.

② 기반시설설치비용은 기반시설을 설치하는 데 필요한 기반시설 표준시설비용과 용지비용을 합산한 금액에 제1항에 따른 부과대상 건축연면적과 기반시설 설치를 위하여 사용되는 총 비용 중 국가·지방자치단체의 부담분을 제외하고 민간 개발사업자가 부담하는 부담률을 곱한 금액으로 한다. 다만, 특별시장·광역시장·특별자치시장·특별자치도지사·시장 또는 군수가 해당 지역의 기반시설 소요량 등을 고려하여 대통령령으로 정하는 바에 따라 기반시설부담계획을 수립한 경우에는 그 부담계획에 따른다. 〈개정 2011. 4. 14.〉

③ 제2항에 따른 기반시설 표준시설비용은 기반시설 조성을 위하여 사용되는 단위당 시설비로서 해당 연도의 생산자물가상승률 등을 고려하여 대통령령으로 정하는 바에 따라 국토교통부장관이 고시한다. 〈개정 2013. 3. 23.〉

④ 제2항에 따른 용지비용은 부과대상이 되는 건축행위가 이루어지는 토지를 대상으로 다음 각 호의 기준을 곱하여 산정한 가액(價額)으로 한다.

1. 지역별 기반시설의 설치 정도를 고려하여 0.4 범위에서 지방자치단체의 조례로 정하는 용지환산계수
2. 기반시설부담구역의 개별공시지가 평균 및 대통령령으로 정하는 건축물별 기반시설유발계수

⑤ 제2항에 따른 민간 개발사업자가 부담하는 부담률은 100분의 20으로 하며, 특별시장·광역시장·특별자치시장·특별자치도지사·시장 또는 군수가 건물의 규모, 지역 특성 등을 고려하여 100분의 25의 범위에서 부담률을 가감할 수 있다. 〈개정 2011. 4. 14.〉

⑥ 제69조제1항에 따른 납부의무자가 다음 각 호의 어느 하나에 해당하는 경우에는 이 법에 따른 기반시설설치비용에서 감면한다. 〈개정 2014. 1. 14.〉

1. 제2조제19호에 따른 기반시설을 설치하거나 그에 필요한 용지를 확보한 경우
2. 「도로법」 제91조에 따른 원인자 부담금 등 대통령령으로 정하는 비용을 납부한 경우

⑦ 제6항에 따른 감면기준 및 감면절차와 그 밖에 필요한 사항은 대통령령으로 정한다.

[전문개정 2009. 2. 6.]

I. 기반시설설치비용 부과 대상

본 조 제1항은 "기반시설부담구역에서 기반시설설치비용의 부과대상인 건축행위는 제2조제20호에 따른 시설[1]로서 200제곱미터(기존 건축물의 연면적을 포함)를 초과하는 건축물의 신축·증축 행위"를 기반시설설치비용의 부과 대상으로 정하고 있다. 즉 일정한 규모 이상일 것을 요구하는데, 기반시설 수요를 야기할 정도의 수준의 개발행위에 해당하여야만 '원인자 부담'의 견지에서 기반시설설치비용을 분담토록 하는 것이 정당화될 수 있기 때문이다.

다만, 본 조 제1항 단서는 "기존 건축물을 철거하고 신축하는 경우에는 기존 건축물의 건축연면적을 초과하는 건축행위만 부과 대상으로 한다"고 정하고 있는데, 기반시설 수요를 추가로 야기하는 부분에 대하여만 비용을 부담시키겠다는 의미이므로, 이미 기존에 존재하던 기반시설 수요 - 곧, 부과 대상이 되는 개발행위로 인하여 유발된 것이 아닌 기존의 수요에 대하여는 비용을 부담시키지 않겠다는 의미이다.

그 외 납부의무자에 관하여는 기반시설연동제 운영지침 3-12-1.항 이하에서도 개별적인 경우의 규율방법에 대하여 상세하게 정하고 있다.

II. 비용의 계산방법

개발행위자에게 부과하는 기반시설설치비용의 계산방법에 대하여는 기반시설연동제 운영지침에서 상세하게 정리하고 있다.[2] 동 지침에 의하면 기반시설부담계획이 마련된 경우와 그렇지 않은 경우가 다르다. 가장 큰 차이는 공제액의 존부인 것이라 생각되는데, 기반시설부담계획이 마련되어 있지 않은 상태에서는 개발행위자가 스스로 설치하여 기여한 기반시설들이 있을 수 있으므로 이를 공제해주는 것이다.

---

[1] 국토계획법 제2조 제20호의 위임을 받은 동법 시행령 제4조의3은 건축법 시행령 별표 1에서 분류하는 용도를 모두 원칙적으로는 대상으로 삼는다. 다만 동 시행령 별표 1의 것들을 제외하고 있는데, 그 의미와 성질에 대하여는 본서의 용어의 정리의 '기반시설설치비용' 항목 참조.
[2] 다만, 동 지침의 경우 국토계획법 제67조 제5항에 의하여 구역지정의 기준 등에 대하여만 위임을 받았을 뿐, 비용의 계산방법에 대하여는 위임을 받은 바는 없다. 다만 운영지침의 전반적인 내용은 법령을 정리한 수준이어서 문제는 없다고 사료되나, 만일 법령과 상이하거나 법령이 규정하지 아니한 사항이 있다면 이는 지침의 대외적 구속력이 문제될 수 있을 것이다. 아직은 판단선례가 없다. 기반시설설치비용에 관한 2008년 개정법 이후의 사례가 아직 거의 없는 상태이다.

[수식] 기반시설설치비용 계산 방법(기반시설연동제운영지침에서 발췌)

기반시설부담계획에 의한 부담분의 산정(3-9-1.항 이하 참조)
납부의무자의 부담분 = 단위 설치비용 × 건축연면적 × 용도가중치

① 단위 설치비용 = $\dfrac{총\ 부담비용}{가중\ 건축연면적\ 합}$

② 총부담비용 = Σ{(각 기반시설소요규모 × 설치단가) + 토지보상비}

③ 가중 건축연면적 합 = Σ(용도별 건축가능 연면적 × 용도 가중치)

기반시설부담계획에 의하지 않은 경우 부담분의 산정(3-10-1.항 이하 참조)
기반시설설치비용 = (기반시설 표준시설비용 + 용지비용) × 건축연면적 × 부담률 −
공제액
용지비용: 지역별 용지환산계수 × (건축물별 기반시설유발계수 × 개별 공시지가 평균/m2)

Ⅲ. 납부의무의 감면

기반시설설치비용은 '원인자 부담'의 성격을 지니므로, 만일 기반시설을 스스로 설치하여 그 수요를 해소하였다면 그에 대하여 비용을 추가로 부담시키는 것은 중복부담에 해당하여 정당화되기 어렵다. 이에 본 조 제6항은 스스로 기반시설을 설치하거나, 도로법에 따른 원인자 부담금을 이미 납부한 경우에는 그에 상당하는 비용을 감면하도록 정하고 있다. 동항은 감면의 대상이 되는 기반시설 설치행위를 행한 시점은 따로 제한하고 있지 않으므로, 부과 대상이 되는 개발행위에 따른 기반시설 수요 증가분과 연관되는 것이라면, 이를 개발행위 이전에 미리 설치하여둔 것이라면 감면함이 타당하다.

자세한 감면의 기준은 국토계획법 시행령 제70조와 별표 1의4 등에서 정하고 있다.

제69조(기반시설설치비용의 납부 및 체납처분)

제69조(기반시설설치비용의 납부 및 체납처분) ① 제68조제1항에 따른 건축행위를 하는 자(건축행위의 위탁자 또는 지위의 승계자 등 대통령령으로 정하는 자를 포함한다. 이하 "납부의무자"라 한다)는 기반시설설치비용을 내야 한다.
② 특별시장·광역시장·특별자치시장·특별자치도지사·시장 또는 군수는 납부의무자가 국가 또는 지방자치단체로부터 건축허가(다른 법률에 따른 사업승인 등 건축허가가 의제되는 경우에는 그 사업승인)를 받은 날부터 2개월 이내에 기반시설설치비용을 부과하여야 하고, 납부의무자는 사용승인(다른 법률에 따라 준공검사 등 사용승인이 의제되는 경우에는 그 준공검사) 신청 시까지 이를 내야 한다. 〈개정 2011. 4. 14.〉
③ 특별시장·광역시장·특별자치시장·특별자치도지사·시장 또는 군수는 납부의무자가 제2항에서 정한 때까지 기반시설설치비용을 내지 아니하는 경우에는 「지방행정제재·부과금의 징수 등에 관한 법률」에 따라 징수할 수 있다. 〈개정 2011. 4. 14., 2013. 8. 6., 2020. 3. 24.〉
④ 특별시장·광역시장·특별자치시장·특별자치도지사·시장 또는 군수는 기반시설설치비용을 납부한 자가 사용승인 신청 후 해당 건축행위와 관련된 기반시설의 추가 설치 등 기반시설설치비용을 환급하여야 하는 사유가 발생하는 경우에는 그 사유에 상당하는 기반시설설치비용을 환급하여야 한다. 〈개정 2011. 4. 14.〉
⑤ 그 밖에 기반시설설치비용의 부과절차, 납부 및 징수방법, 환급사유 등에 관하여 필요한 사항은 대통령령으로 정할 수 있다.
[전문개정 2009. 2. 6.]

I. 의의

본 조는 기반시설설치비용의 부과징수에 관한 근거를 마련한 조문이다. 기반시설설치비용의 부과는 그 자체로 행정청이 개발행위자에게 부과하는 급부의무에 해당하는 것으로 고권적인 처분에 해당한다.[1]

II. 조문의 내용

본 조만으로는 특별한 내용은 없다. 대체로 금전의 급부의무를 부과하는 처분들은 국세징수법이나 지방세 징수에 관한 조문들을 준용하고 있는데, 본 조 또한

---

[1] 2008년 국토계획법 개정 전 기반시설부담금 부과처분에 대하여 판례는 처분성을 인정하여왔다. 대법원 2010. 4. 29. 선고 2009두13849 판결 등.

마찬가지의 태도를 보이고 있다(본 조 제3항). 이와 같이 지방세징수법의 조문을 준용하게 될 경우, 납부의무자의 미납 시 법원의 확정판결이 없더라도 그 자체로 압류처분 등에 나아갈 수 있다는 점에서 실익이 있다.

그 외, 본 조 제4항은 후발적인 사정에 의하여 기반시설설치비용을 환급하여야 하는 경우들에 대하여 정하고 있는데, 그 구체적인 사유들은 국토계획법 시행령 제70조의10에서 상세히 정한다. 이는 후발적 사유에 의한 환급을 규정한 것이므로, 감면에 관하여 정하고 있는 동법 제68조 제6항과는 별개의 제도이다.

제70조(기반시설설치비용의 관리 및 사용 등)

제70조(기반시설설치비용의 관리 및 사용 등) ① 특별시장·광역시장·특별자치시장·특별자치도지사·시장 또는 군수는 기반시설설치비용의 관리 및 운용을 위하여 기반시설부담구역별로 특별회계를 설치하여야 하며, 그에 필요한 사항은 지방자치단체의 조례로 정한다. 〈개정 2011. 4. 14.〉

② 제69조제2항에 따라 납부한 기반시설설치비용은 해당 기반시설부담구역에서 제2조제19호에 따른 기반시설의 설치 또는 그에 필요한 용지의 확보 등을 위하여 사용하여야 한다. 다만, 해당 기반시설부담구역에 사용하기가 곤란한 경우로서 대통령령으로 정하는 경우에는 해당 기반시설부담구역의 기반시설과 연계된 기반시설의 설치 또는 그에 필요한 용지의 확보 등에 사용할 수 있다.

③ 기반시설설치비용의 관리, 사용 등에 필요한 사항은 대통령령으로 정하는 바에 따라 국토교통부장관이 정한다. 〈개정 2013. 3. 23.〉

[전문개정 2009. 2. 6.]

I. 의의

기반시설설치비용의 분담은 개발행위자가 스스로 야기한 기반시설 수요에 대하여 그 부담을 요구하는 '원인자부담'의 성격을 지니는 것이다. 따라서 징수한 기반시설설치비용은 이를 징수한 목적, 곧 개발행위자가 속한 그 일대의 기반시설의 설치에 관련된 비용으로 사용되어야만 하는 것이 원칙이다(본 조 제2항).

이에 본 조는 기반시설설치비용을 징수한 경우 그 비용만을 운용하기 위한 별도의 특별회계를 설치하도록 하는 한편(제1항), 그 용처를 원칙적으로는 기반시설설치비용이 징수되는 해당 기반시설부담구역의 기반시설 설치를 위해 사용하도록 하고(제2항 본문), 다만 예외적인 경우에만 다른 기반시설의 설치나 용지확보에 사용할 수 있도록 하되 그 사유를 "해당 기반시설부담구역의 기반시설과 연계된" 것으로 제한하고 있다.

II. 해석상의 쟁점

1. 연계성의 의미

본 조는 "연계된 것"의 의미에 대하여 특별한 예시나 구체적인 요건을 두고 있지 않으므로 연계성의 의미에 대한 해석상의 논란이 발생할 수 있다.

큰 틀에서 본다면, '원인자 부담'의 취지를 고려할 때 이와 같은 '연계성' 또는 '견련성'은 엄격하게 해석되는 것이 타당하다는 것이 사견이다. 해당 기반시설부담구역 내 기반시설과 단순한 물리적 연결관계만을 따질 것이 아니라, 사용상 직접 연관성이 인정되는 것들 ─ 곧, 당해 기반시설부담구역 주민들의 이용관계가 담보되는 경우로 한정하여 해석함이 타당하다고 사료된다. 따라서 예외적 전용을 허용하는 국토계획법 시행령 제70조의11 제2항 각 호의 문언 또한 제한적으로 해석함이 타당하다.

기반시설연동제 운영지침은 "기반시설부담구역과 연계된 도로·수도·하수도 등 기반시설의 설치"라는 표현을 사용하면서 본 조를 보다 구체화하고 있는데 (3-14-4.의 (2)항), 예시로 들고 있는 선형의 시설들의 경우에는 기반시설부담구역 내에 소재한 동종(同種)의 시설들과 물리적으로 연결될 수 있는 성질의 것들이다. 그러나 이러한 선형의 시설들이 물리적으로 연결되어 있다는 사정만으로 '연계성'을 인정하기는 어렵다고 사료되고, 연결된 시설들이 기반시설부담구역 내 시설들과 사용상 연관관계가 인정되어 구역 내 주민들이 이용하게 될 가능성이 존재하여야 한다고 봄이 타당하다고 사료된다. 왜냐하면, 단순한 물리적 연결 여부만을 기준으로 비용의 전용이 가능하다고 보게 된다면, 결국 구역 내 개발행위자들이 납부한 비용으로 인근지역에서의 기반시설 무임승차를 방치하는 결과가 초래될 가능성을 배제할 수 없으므로 제도의 도입취지[1]와도 배치되는 측면이 존재하기 때문이다. 예컨대, 기반시설부담구역의 경계선에 연접한 미개발 부지에 건축물을 신축하는 경우, 기반시설부담구역으로부터 오로지 해당 신축건물로만 연결되는 수도나 하수도는 전적으로 해당 건물의 편익을 위해서만 사용되는 것이므로, 그 연결 비용을 징수된 기반시설설치비용으로 충당하는 것은 정당화되기 어렵다. 반면, 수도나 하수도가 연결됨으로써 기반시설부담구역 내 수도 및 하수도 이용관계에 편익을 가져올 가능성이 있는 경우 ─ 달리 말하면, 구역 외의 수도 및 하수도가 전적으로 구역 내 수도 및 하수도에 의존적인 상황임이 명확한 경우가 아니라면, 그 설치비용을 기존에 징수된 기반시설설치비용으로 충당하는 것은 연계성을 갖춘 것으로

---

1 관련하여 기반시설연동제 운영지침 1-3-1.항의 문언 참조. "기반시설연동제는 기존의 기반시설에 대한 수용용량을 고려하지 아니한 상태에서 무분별하게 개발사업을 시행하거나 기존의 기반시설에 무임승차하여 기반시설의 부족과 과밀을 유발하는 사례가 자주 발생함에 따라, 기반시설과 개발행위를 연계함으로써 이러한 문제점을 예방함과 아울러 주민들의 삶의 질을 향상시키기 위한 제도이다."

인정할 수 있을 것이라 사료된다.

공원, 녹지, 학교, 폐기물처리 및 재활용시설(국토계획법 시행령 제4조의2 참조)과 같은 비선형의 기반시설에 대하여 본 조의 문언("해당 기반시설부담구역의 기반시설과 연계된 기반시설")의 의미를 어떻게 해석 및 적용할 것인지를 두고 논란의 소지가 있다. 선형의 기반시설들은 동종의 기반시설들이 물리적으로 연결·연속되지만, 비선형의 기반시설들은 (a) 동종의 시설들이 물리적으로 연결되는 경우를 상정하기 쉽지 않을 뿐만 아니라, (b) 동종의 시설이 기반시설부담구역 내외에 각각 존재한다고 하더라도 직접적인 연계성을 상정하기도 쉽지 않다.[1] 법문은 '기반시설 사이의 연계성'이라는 표현을 사용하고 있고 명시적으로 '같은 종류의 기반시설' 사이의 연계성을 요구하고 있지는 아니하다. 사견으로는, 비선형의 기반시설들의 경우 그 이용관계를 따져서 연계성의 인정 여부를 판단하는 것이 타당하다고 사료된다. 예컨대, 학교의 경우에는 학군과 같이 기반시설부담구역 내 학생들의 입학가부, 폐기물처리 및 재활용시설의 경우에는 기반시설부담구역 내 발생 폐기물 등의 처리를 분담하는지 여부 등을 통해 기반시설부담구역 내 주민들의 명시적인 이용관계를 확인할 수 있고 이를 통해 연계성을 판단할 수 있을 것이다. 이때 구역 외 학교나 폐기물처리 및 재활용시설까지 구역 내 도로가 직접 연결되는 관계에 있다면, '기반시설 간 연계성'을 요구하는 본 조의 문언의 문리적 의미에도 크게 벗어나지 아니한다.

2. 해당 구역에서의 사용이 곤란한 경우의 의미

본 조 제2항은 기반시설설치비용의 전용(轉用)이 가능한 요건으로 "해당 기반시설부담구역에 사용하기가 곤란한 경우로서 대통령령으로 정하는 경우"를 정하고 있고, 그 위임을 받은 국토계획법 시행령 제70조의11 제1항은 "해당 기반시설부담구역에 필요한 기반시설을 모두 설치하거나 그에 필요한 용지를 모두 확보한 후에도 잔액이 생기는 경우"라 하여 그 의미를 구체화하고 있다.

국토계획법은 기반시설부담구역의 지정 시 기반시설설치계획을 수립하도록 하면서(동법 제67조 제3항), 해당 계획의 내용으로 "설치가 필요한 기반시설의 종류, 위치 및 규모"를 포함하도록 하고 있으므로(동법 시행령 제65조 제1항 제1호), 필요한 기반시설이 범위나 의미는 기반시설설치계획을 통하여 파악이 가능하다. 따라서

---

1 예컨대, 기반시설부담구역 내외에 폐기물 처리시설이 각각 존재한다고 할 때, 각 시설 간의 연계성은 도대체 무엇을 의미하는 것이라 보아야 하는지는 쉽게 단언하기가 어렵다.

기반시설설치계획에서 정한 기반시설을 모두 설치하거나 필요 용지를 확보한 경우라면 본 요건이 충족된 것으로 볼 수 있다.

다만, 기반시설의 설치를 위하여 요구되는 비용에는 단순히 용지비만이 포함되는 것이 아니므로, 단순히 기반시설설치계획에서 정하는 시설들의 용지만을 확보한 상황에서 징수된 기반시설설치비용을 전용하는 것은 바람직하지 않다. 따라서 가급적 설치까지 완료된 경우에 본 조 제2항에 따른 전용을 허용함이 타당하다고 사료되고, 용지만이 확보된 경우에는 전용이 필요한 특별한 사정이 인정되는 예외적인 경우에만 그 전용을 인정하는 것이 타당하다고 사료된다. 예컨대, 확보된 용지 지상에 기반시설을 곧바로 설치할 수 없는 사정이 존재하는 반면 기반시설부담구역 외에 특정 기반시설을 설치하는 것이 구역 내 기반시설 이용 편익 증진에 도움이 된다거나, 추후 소요될 설치비용이 미미한 수준이라는 등의 정당한 사유가 존재하여야 할 것이다.

Ⅲ. 위법한 전용의 경우

만일 본 조 제2항 단서의 요건을 충족하지 못하였음에도 징수된 기반시설설치비용을 전용하여 구역 외 기반시설을 설치한 경우에는 어떻게 처리할 것인가?

기반시설의 경우 '공공시설'(국토계획법 제2조 제13호)에 해당하거나, 시설의 종류에 따라 개별 법률이 존재하여 그 귀속에 관하여 정하고 있는 경우에는 그 완성과 함께 관리청이 소유권을 취득하게 된다. 그렇지 않더라도 본 조에서 문제되는 상황과 같이 행정청이 기반시설설치비용을 징수한 경우에는 행정청이 그 금원을 사용하여 기반시설을 직접 설치하는 것을 원칙적인 모습으로 하고 있으므로,[1] 어떠한 경우이든 설치된 기반시설의 소유권은 행정청에 귀속될 가능성이 높다.

그런데 만일 행정청이 구역 외에 설치한 기반시설과 관련하여 구역 외에 소재하는 수익자로부터 다른 법률상의 부담금 등을 징수받을 수 있었던 경우라면, 그 수익자가 사실상 부담금 납부의무를 면제받게 되어 구역 외에 소재한 수익자가 일종의 부당이득을 얻게 되는 것이 아닌지가 쟁점이 될 수 있겠다. 그러나 현실적으로는 부당이득이 성립되기가 쉽지 않을 것이라 생각된다. ① 만일 부담금에 대하여

---

[1] 기반시설연동제 운영지침 3-14-1.의 (2)항 참조. "시장·군수는 납부의무자로부터 기반시설설치비용을 납부받은 경우에는 당해 납부의무자가 건축물에 대한 사용검사를 신청하기 전까지 기반시설을 설치하거나 그에 필요한 용지를 확보하여야 한다."

정하고 있는 개별법령이 특정 기반시설의 기존 공급(또는 기존 용량)과 관계 없이 수요 증가를 촉발하는 행위 자체를 부담금 납부의무의 발생 요건으로 하는 경우라면, 구역 외의 수익자는 여전히 부담금 납부의무를 부담하게 되므로 부당'이득'이 존재한다고 보기 어렵게 된다.[1] ② 반면, 부담금의 산정 시 기존에 존재하는 기반시설의 공급수준, 용량 등을 고려하는 경우라면, 구역 외의 수익자는 실질적으로 부담금 차액 상당을 경감받게 되는 '이득'[2]을 얻게 되기는 한다. 그러나 (i) 본 조 제2항 단서를 위반하여 이루어진 예산 전용에 기하여 과소하게 부과된 부담금 부과처분이 위법하게 되는 것인지, (ii) 과소한 부담금 부과처분과 본래 위법한 예산 전용이 없을 때 부과되었을 정당한 부담금 사이의 차액에 대하여, 이것을 부담금 경정처분과 같은 형태로 처리하여야 하는지 등의 부수하는 쟁점들이 대두될 수밖에 없다.

다만, 본 조 제2항 단서의 요건을 충족하지 못하였음에도 불구하고 예산을 전용하여 해당 지방자치단체에 손해를 끼친 회계관리직원에 대하여는 회계관계직원 등의 책임에 관한 법률 제4조 제1항의 변상책임이 문제될 수 있겠다.

---

1 예컨대, 하수도법상 원인자부담금의 경우 법 제61조 제1항은 "건축물 등을 신축·증축하거나 용도 변경하여 오수가 대통령령으로 정하는 양 이상 증가되는 경우"를 부담금 부과대상으로 정하고 있고, 구체적인 부담금 산정방법을 정하고 있는 조례들은(예컨대 부산광역시 하수도 사용 조례의 경우) 오수발생량에 단위단가를 곱하는 방식으로 부담금을 산출하고 있다.
2 대법원은 부당이득의 요건인 '이득'의 의미를 "수익의 방법에 제한이 없음은 물론, 그 수익에 있어서도 그 어떠한 사실에 의하여 재산이 적극적으로 증가하는 재산의 적극적 증가나 그 어떠한 사실의 발생으로 당연히 발생하였을 손실을 보지 않게 되는 재산의 소극적 증가를 가리지 않는 것"이라고 판시하고 있다. 대법원 1995. 12. 5. 선고 95다22061 판결.

제75조의2(성장관리계획구역의 지정 등)

제75조의2(성장관리계획구역의 지정 등) ① 특별시장·광역시장·특별자치시장·특별자치도지사·시장 또는 군수는 녹지지역, 관리지역, 농림지역 및 자연환경보전지역 중 다음 각 호의 어느 하나에 해당하는 지역의 전부 또는 일부에 대하여 성장관리계획구역을 지정할 수 있다.

1. 개발수요가 많아 무질서한 개발이 진행되고 있거나 진행될 것으로 예상되는 지역
2. 주변의 토지이용이나 교통여건 변화 등으로 향후 시가화가 예상되는 지역
3. 주변지역과 연계하여 체계적인 관리가 필요한 지역
4. 「토지이용규제 기본법」 제2조제1호에 따른 지역·지구등의 변경으로 토지이용에 대한 행위제한이 완화되는 지역
5. 그 밖에 난개발의 방지와 체계적인 관리가 필요한 지역으로서 대통령령으로 정하는 지역

② 특별시장·광역시장·특별자치시장·특별자치도지사·시장 또는 군수는 성장관리계획구역을 지정하거나 이를 변경하려면 대통령령으로 정하는 바에 따라 미리 주민과 해당 지방의회의 의견을 들어야 하며, 관계 행정기관과의 협의 및 지방도시계획위원회의 심의를 거쳐야 한다. 다만, 대통령령으로 정하는 경미한 사항을 변경하는 경우에는 그러하지 아니하다.

③ 특별시·광역시·특별자치시·특별자치도·시 또는 군의 의회는 특별한 사유가 없으면 60일 이내에 특별시장·광역시장·특별자치시장·특별자치도지사·시장 또는 군수에게 의견을 제시하여야 하며, 그 기한까지 의견을 제시하지 아니하면 의견이 없는 것으로 본다.

④ 제2항에 따라 협의 요청을 받은 관계 행정기관의 장은 특별한 사유가 없으면 요청을 받은 날부터 30일 이내에 특별시장·광역시장·특별자치시장·특별자치도지사·시장 또는 군수에게 의견을 제시하여야 한다.

⑤ 특별시장·광역시장·특별자치시장·특별자치도지사·시장 또는 군수가 성장관리계획구역을 지정하거나 이를 변경한 경우에는 관계 행정기관의 장에게 관계 서류를 송부하여야 하며, 대통령령으로 정하는 바에 따라 이를 고시하고 일반인이 열람할 수 있도록 하여야 한다. 이 경우 지형도면의 고시 등에 관하여는 「토지이용규제 기본법」 제8조에 따른다.

⑥ 그 밖에 성장관리계획구역의 지정 기준 및 절차 등에 관하여 필요한 사항은 대통령령으로 정한다.

[본조신설 2021. 1. 12.]

Ⅰ. 의의

본조는 성장관리계획구역의 지정에 관하여 정하고 있는 조문이다. 국토계획법은 성장관리계획을 "성장관리계획구역에서의 난개발을 방지하고 계획적인 개발을 유도하기 위하여 수립하는 계획"이라고 정의하면서도(제2조 제5호의3), 이를 도시관리계획의 범주에는 포함시키고 있지 않다. 따라서 특별한 준용 규정이 없는 한 성장관리계획구역의 지정 및 계획의 수립에는 독자적인 수립 절차에 관한 조문이 필요하게 되므로, 국토계획법은 본조와 제75조의3을 별도로 마련하고 있다.

Ⅱ. 해석상의 쟁점

1. 성장관리계획구역 지정 대상

본조 제1항은 "녹지지역, 관리지역, 농림지역 및 자연환경보전지역" 중에서 동항 각호에서 정하는 일정한 사유가 존재하는 곳에 대하여 성장관리계획구역을 지정할 수 있도록 정하고 있다. 즉 성장관리계획구역은 주로 장래에 발생할 난개발이나 성장을 체계적으로 관리하겠다는 취지에서 도입된 것이므로, 기존에 시가지화가 고도화되어 있지 않은 용도지역들에 한정하여 기능하는 제도이다. 본조 제1항 각호의 사유들은 그 자체로 매우 일반추상적으로 규정되어 있으므로, 계획행정청의 고도의 판단여지와 재량이 인정될 것으로 보인다.

2. 성장관리계획구역 지정 절차

본조는 성장관리계획구역 지정 시 주민 및 지방의회 의견청취, 관계 행정기관 협의, 지방도시계획위원회 심의 등의 절차 등을 요구하고 있고(본조 제2항 본문), 경미한 변경에 대하여는 특례를 정하고 있다(동항 단서). 이와 같은 절차 자체는 국토계획법이 정하고 있는 다른 계획들과 대동소이하나, 성장관리계획구역의 지정의 경우 입안권과 결정권이 분리되어 있지 아니하고 "특별시장·광역시장·특별자치시장·특별자치도지사·시장 또는 군수"가 위 절차를 거쳐서 지정할 수 있도록 되어 있다는 점에서 차이가 있다.

한편, 성장관리계획구역의 지정을 위해 협의가 필요한 관계 행정기관의 범위가 어디까지인지가 문제될 수 있는데, 관계 행정기관의 범위에 대한 판단은 구역 지정 대상 토지의 성격에 따라 적용가능한 법령들에 의할 때 구역 지정으로 인해 권한에 영향을 받게 되는 행정기관들을 의미하는 것으로 해석함이 타당해 보인다. 참고로, 법제처 해석례 중에서는 산지관리법 제8조 제1항이 "다른 법률에 따라 산지를 특정 용도로 이용하기 위하여 지역·지구 및 구역 등으로 지정"하려는 경우 산림청장의 협의를 거치도록 하고 있는 조문을 들어, 산지에 성장관리계획구역을 지정할 경우에도 산림청장의 협의를 거쳐야 한다고 판단한 바 있다.[1]

---

1 법제처 2024. 4. 30. 회신 23-1172 해석례.

제75조의3(성장관리계획의 수립 등)

제75조의3(성장관리계획의 수립 등) ① 특별시장·광역시장·특별자치시장·특별자치도지사·시장 또는 군수는 성장관리계획구역을 지정할 때에는 다음 각 호의 사항 중 그 성장관리계획구역의 지정목적을 이루는 데 필요한 사항을 포함하여 성장관리계획을 수립하여야 한다.
1. 도로, 공원 등 기반시설의 배치와 규모에 관한 사항
2. 건축물의 용도제한, 건축물의 건폐율 또는 용적률
3. 건축물의 배치, 형태, 색채 및 높이
4. 환경관리 및 경관계획
5. 그 밖에 난개발의 방지와 체계적인 관리에 필요한 사항으로서 대통령령으로 정하는 사항
② 성장관리계획구역에서는 제77조제1항에도 불구하고 다음 각 호의 구분에 따른 범위에서 성장관리계획으로 정하는 바에 따라 특별시·광역시·특별자치시·특별자치도·시 또는 군의 조례로 정하는 비율까지 건폐율을 완화하여 적용할 수 있다.
1. 계획관리지역: 50퍼센트 이하
2. 생산관리지역·농림지역 및 대통령령으로 정하는 녹지지역: 30퍼센트 이하
③ 성장관리계획구역 내 계획관리지역에서는 제78조제1항에도 불구하고 125퍼센트 이하의 범위에서 성장관리계획으로 정하는 바에 따라 특별시·광역시·특별자치시·특별자치도·시 또는 군의 조례로 정하는 비율까지 용적률을 완화하여 적용할 수 있다.
④ 성장관리계획의 수립 및 변경에 관한 절차는 제75조의2제2항부터 제5항까지의 규정을 준용한다. 이 경우 "성장관리계획구역"은 "성장관리계획"으로 본다.
⑤ 특별시장·광역시장·특별자치시장·특별자치도지사·시장 또는 군수는 5년마다 관할 구역 내 수립된 성장관리계획에 대하여 대통령령으로 정하는 바에 따라 그 타당성 여부를 전반적으로 재검토하여 정비하여야 한다.
⑥ 그 밖에 성장관리계획의 수립기준 및 절차 등에 관하여 필요한 사항은 대통령령으로 정한다.
[본조신설 2021. 1. 12.]

Ⅰ. 의의

본조는 성장관리계획의 수립에 관한 사항을 정하고 있다. 성장관리계획은 성장관리계획구역을 지정할 때 함께 수립되는 것인데, 본조는 성장관리계획에 포함되어야 할 구체적인 계획의 내용들에 대하여 정한다. 성장관리계획은 도시관리계획

에 해당하지는 않지만, 국토계획법은 제75조의2에서 성장관리계획구역 내 개발행위의 경우 이를 준수하도록 정하고 있으므로, 본조에 따라 수립되는 성장관리계획의 내용은 토지이용관계에 상당한 영향을 미칠 수밖에 없다. 성장관리계획의 수립절차에 관하여 본조는 구역 지정에 관한 법 제75조의2를 포괄적으로 준용하는 태도를 취하고 있다.

Ⅱ. 성장관리계획의 내용

성장관리계획은 건축물의 용도, 건폐율, 용적률(본조 제1항 제2호) 뿐만 아니라 배치, 형태, 색채, 높이 등과 같은 형태 요건까지도 규제할 수 있으므로(동항 제3호), 성장관리계획을 통하여 규제할 수 있는 내용의 수준은 지구단위계획에 정하는 수준의 상세한 내용까지 이를 수가 있다. 다만, 성장관리계획은 녹지지역, 관리지역, 농림지역 및 자연환경보전지역 등에 대한 난개발을 방지하려는 목적에서 도입된 것이므로, 건폐율이나 용적률 등을 무제한적으로 완화하는 것은 바람직하지 않고, 따라서 본조 제2 내지 3항은 성장관리계획으로 완화할 수 있는 한계를 명시하고 있다.

이 경우 기존의 용도지역제 도시계획과 성장관리계획의 내용이 충돌할 경우의 해결이 해석상 문제될 수 있는데, 양자는 도시관리계획의 지위를 공유하지 않으므로 단순히 '신계획이 구계획을 대체한다'는 논리로 접근하는 것은 어려워 보인다. 관련하여 본조 제3 내지 4항은 건폐율과 용적률에 관하여는 용도지역제 도시계획이 정한 바를 배제하고 성장관리계획의 내용이 우선하여 적용될 수 있도록 특칙을 마련하고 있지만, 건축물의 용도의 경우에는 그러하지 아니하다. 따라서 성장관리계획이 정한 어떠한 건축물 용도를 허용하는 반면, 용도지역이 허용하지 않는다면, 이는 용도지역에 따라 허용되지 않는 것으로 보아야 할 것으로 사료된다.

제75조의4(성장관리계획구역에서의 개발행위 등)

제75조의4(성장관리계획구역에서의 개발행위 등) 성장관리계획구역에서 개발행위 또는 건축물의 용도변경을 하려면 그 성장관리계획에 맞게 하여야 한다.
[본조신설 2021. 1. 12.]

본조는 성장관리계획구역 내에서 개발행위를 할 경우 성장관리계획의 내용을 준수할 것을 요구하는 조문이다. 성장관리계획은 도시관리계획에 속하지 않으므로, 개발행위가 도시관리계획의 내용에 부합할 것을 요구하는 국토계획법 제58조 제1항 제2호[1]의 규정이 적용될 수가 없다. 따라서 국토계획법은 성장관리계획 제도를 도입하면서 본조를 신설하는 한편, 개발행위허가의 기준에 관한 법 제59조 제1항 제2호에 종래의 '성장관리방안'을 삭제하고 '성장관리계획'을 추가하였다.

한편, 종래 성장관리방안의 경우 건축물의 용도변경에 대해서는 적용되지 않는다는 취지의 법제처 해석례가 존재하였는데,[2] 성장관리계획으로 제도를 개편하면서 본조에 명시적으로 '건축물의 용도변경'에 대해서도 성장관리계획을 준수할 의무가 있음을 규정하게 되었다. 참고로, 이는 용도변경이 개발행위인지의 쟁점과도 맞닿아 있는 문제인데 관련하여 견해 대립이 존재하였고,[3] 본조는 성장관리계획에 한하여는 입법적으로 이를 해소하려고 한 것으로 보인다.

본조를 위반하는 경우 법 제133조 제1항에 따른 처분 또는 조치 등이 가능하고, 그러한 처분 또는 조치를 위반하는 경우에는 법 제142조에 따른 형사처벌이 가능하다.

---

1 성장관리계획 제도 도입 전 국토계획법 제58조 제1항 제2호는 "도시·군관리계획 및 제4항에 따른 성장관리방안의 내용에 어긋나지 아니할 것"이라고 하여 성장관리계획의 전신이라고 할 수 있는 성장관리방안에 관한 준수 의무를 부과하였다.
2 법제처 2019. 3. 13. 회신 18-0637 해석례.
3 본서의 제56조 논의 부분 참조.

제76조(용도지역 및 용도지구에서의 건축물의 건축 제한 등)

제76조(용도지역 및 용도지구에서의 건축물의 건축 제한 등) ① 제36조에 따라 지정된 용도지역에서의 건축물이나 그 밖의 시설의 용도·종류 및 규모 등의 제한에 관한 사항은 대통령령으로 정한다.

② 제37조에 따라 지정된 용도지구에서의 건축물이나 그 밖의 시설의 용도·종류 및 규모 등의 제한에 관한 사항은 이 법 또는 다른 법률에 특별한 규정이 있는 경우 외에는 대통령령으로 정하는 기준에 따라 특별시·광역시·특별자치시·특별자치도·시 또는 군의 조례로 정할 수 있다. 〈개정 2011. 4. 14.〉

③ 제1항과 제2항에 따른 건축물이나 그 밖의 시설의 용도·종류 및 규모 등의 제한은 해당 용도지역과 용도지구의 지정목적에 적합하여야 한다.

④ 건축물이나 그 밖의 시설의 용도·종류 및 규모 등을 변경하는 경우 변경 후의 건축물이나 그 밖의 시설의 용도·종류 및 규모 등은 제1항과 제2항에 맞아야 한다.

⑤ 다음 각 호의 어느 하나에 해당하는 경우의 건축물이나 그 밖의 시설의 용도·종류 및 규모 등의 제한에 관하여는 제1항부터 제4항까지의 규정에도 불구하고 각 호에서 정하는 바에 따른다. 〈개정 2009. 4. 22., 2011. 8. 4., 2015. 8. 11., 2017. 4. 18., 2023. 3. 21., 2023. 8. 8., 2024. 2. 6.〉

1. 제37조제1항제6호에 따른 취락지구에서는 취락지구의 지정목적 범위에서 대통령령으로 따로 정한다.

1의2. 제37조제1항제7호에 따른 개발진흥지구에서는 개발진흥지구의 지정목적 범위에서 대통령령으로 따로 정한다.

1의3. 제37조제1항제9호에 따른 복합용도지구에서는 복합용도지구의 지정목적 범위에서 대통령령으로 따로 정한다.

2. 「산업입지 및 개발에 관한 법률」 제2조제8호라목에 따른 농공단지에서는 같은 법에서 정하는 바에 따른다.

3. 농림지역 중 농업진흥지역, 보전산지 또는 초지인 경우에는 각각 「농지법」, 「산지관리법」 또는 「초지법」에서 정하는 바에 따른다.

4. 자연환경보전지역 중 「자연공원법」에 따른 공원구역, 「수도법」에 따른 상수원보호구역, 「문화유산의 보존 및 활용에 관한 법률」에 따라 지정된 지정문화유산과 그 보호구역, 「자연유산의 보존 및 활용에 관한 법률」에 따라 지정된 천연기념물등과 그 보호구역, 「해양생태계의 보전 및 관리에 관한 법률」에 따른 해양보호구역인 경우에는 각각 「자연공원법」, 「수도법」, 「문화유산의 보존 및 활용에 관한 법률」, 「자연유산의 보존 및 활용에 관한 법률」 또는 「해양생태계의 보전 및 관리에 관한 법률」에서 정하는 바에 따른다.

5. 자연환경보전지역 중 수산자원보호구역인 경우에는 「수산자원관리법」에서 정하는

바에 따른다.

⑥ 보전관리지역이나 생산관리지역에 대하여 농림축산식품부장관·해양수산부장관·환경부장관 또는 산림청장이 농지 보전, 자연환경 보전, 해양환경 보전 또는 산림 보전에 필요하다고 인정하는 경우에는 「농지법」, 「자연환경보전법」, 「야생생물 보호 및 관리에 관한 법률」, 「해양생태계의 보전 및 관리에 관한 법률」 또는 「산림자원의 조성 및 관리에 관한 법률」에 따라 건축물이나 그 밖의 시설의 용도·종류 및 규모 등을 제한할 수 있다. 이 경우 이 법에 따른 제한의 취지와 형평을 이루도록 하여야 한다. 〈개정 2011. 7. 28., 2013. 3. 23.〉

[전문개정 2009. 2. 6.]

제1절 본 조 제1항

I. 의의

1. 본 조의 취지

본 조 제1항은 용도지역별로 규율되는 건축허가요건[1]들 중에서도 건축물의 용도, 종류, 규모에 대하여 정하고 있는 근거 조문이다. 그 외 용적률, 건폐율 등의 건축허가요건은 국토계획법 제77조, 제78조 등에서 정한다. 이와 같이 본 조와 더불어 제77 내지 78조의 3개의 조문이 용도지역제 도시계획이 건축허가요건에 대하여 개입하는 법률상의 근거가 되는 조문이다.

대체로 본 조 제1항은 법률에서 허용용도의 대강을 정하지 않고, 모두 하위법령으로 위임하는 태도를 보이고 있다. 하위법령은 조례에도 재위임을 하고 있으므로 이와 같은 일련의 체계가 위임에 관한 법원칙에 부합하는지가 다투어지는 경우들이 있었으나 현재로서는 그와 같은 주장(위임범위 일탈이나 포괄위임 등)이 받아들여진 사례는 잘 발견되지 않는다.[2][3]

---

1 건축허가요건의 의의에 대하여는 김종보, 건설법의 이해, 제6판, 피데스, 2018, 209면의 논의 참조.
2 대법원 2020. 4. 29. 선고 2019도3795 판결의 논지 참조. "국토의 계획 및 이용에 관한 법률(이하 '국토계획법'이라고 한다)은, 제76조 제1항에서 용도지역에서의 건축물이나 그 밖의 시설의 용도·종류 및 규모 등의 제한에 관한 사항을 대통령령으로 정하도록 위임하면서도 제36조 제1항을 통하여 대통령령의 제정자가 준거하여야 할 각 용도지역의 기능과 특성, 그 의미를 규정하고 있다. 계획관리지역에 대해서는 '도시지역으로의 편입이 예상되거나 자연환경을 고려하여 제한적인 이용·개발을 하려는 지역으로서 계획적·체계적인 개발·관리가 필요한 지역'이라고 규정하고 있는데[제36조 제1항 제2호 (다)목], 국토계획법 자체에서 이미 계획관리지역에서는 광범위한 건축 제

그럼에도 불구하고, 하위법령이 허용 및 불허용도를 정함에 있어 헌법적 한계를 준수하여야 한다는 대원칙은 변하지 않는다. 미국의 경우에는 각 Use Zone에서 허용 및 금지되는 용도 등을 정함에 있어 그 권한을 가진 지방자치단체가 특정 계층을 배제하는 방식을 취하여 그 합법성이 논란된 사례들이 발견되기도 한다.[1] 미국의 경우 용도를 정하면서 그 적용범위에 관하여 소유자와 비소유자의 차이를 둔 것이 유효한지 여부가 논점이 되기도 하는데, 대체로 이러한 차이를 무효로 보고 있으나[2] 학생주거시설(student housing)과 같은 일부 예외적인 경우도 발견·소개되기도 한다.[3]

그 외에도 만일 하위법령이 특정한 1~2개의 용도만을 허용한다는 등 토지소유자의 권리를 특별한 정당화 근거 없이 지나치게 한정하는 경우에는 이것이 헌법상 수용에 해당하는 것은 아닌지 등의 검토도 필요하게 될 것이다.

2. 용도지역상 건축물에 대한 규제의 적용대상

용도지역이 아닌 지구단위계획의 적용대상에 관한 것이기는 하나, 법제처 해석례 중에서는 '가설건축물'의 경우 지구단위계획상의 '건축물'에 관한 사항들이 적용되지 아니한다고 본 것이 발견된다.[4] 법제처는 주로 "가설건축물은 그 구조, 존치기간, 설치목적 등에 있어 건축물과 차이가 있고, 그 속성상 "임시적"인 것이어서 지속적으로 관리가 필요한 건축물이 아니며, 「건축법 시행령」 별표 1에 따른 건축물의 용도를 갖추지 못하였"다는 점을 주요한 근거로 제시하고 있다.[5] 가설건축물

한이 이루어질 가능성을 예정하고 있는 것이다.

토지의 사회성·공공성을 고려하면 토지재산권에 대하여는 다른 재산권에 비하여 강한 제한과 의무가 부과될 수 있으므로 토지의 이용·개발과 보전에 관한 사항에 관해서는 입법자에게 광범위한 입법형성권이 부여되어 있는 점에 비추어 보면, 국토계획법의 위와 같은 입장, 즉 국토의 계획 및 이용에 관한 목표, 그 실행의 원칙적 기준 등을 법률에서 직접 제시하되 구체적인 수단이나 방법의 형성에 관해서는 대통령령의 입법자에게 비교적 광범위한 입법재량을 부여한 것은 정당하다."

3 헌법재판소 2012. 7. 26. 선고 2009헌바328 전원재판부 결정, 대법원 2019. 10. 17. 선고 2018두40744 판결 등 참조.

1 J. C. Juergensmeyer, T. E. Roberts, P. E. Salkin & R. M. Roweberry, Land Use Planning and Development Regulation Law(4th ed.), West Academic Publishing, 2018, p. 74(Group Home에 관한 논의), 76면(장애인시설 등에 관한 논의) 등을 참조.

2 J. C. Juergensmeyer, T. E. Roberts, P. E. Salkin & R. M. Roweberry, Land Use Planning and Development Regulation Law(4th ed.), West Academic Publishing, 2018, p. 67.

3 J. C. Juergensmeyer, T. E. Roberts, P. E. Salkin & R. M. Roweberry, Land Use Planning and Development Regulation Law(4th ed.), West Academic Publishing, 2018, p. 67.

4 법제처 2019. 2. 8. 회신 18-0584 해석례.

5 법제처 2019. 2. 8. 회신 18-0584 해석례에서 인용.

의 경우 토지이용관계를 영속적으로 변경하는 것이 아니므로, 건축물에 대한 지구단위계획상의 규율이 적용되지 않는다는 것이다.

지구단위계획상 건축물의 용도 등의 제한은 기본적으로 용도지역의 틀 안에서 이루어진다는 점이나, 용도지역과 지구단위계획 모두 도시관리계획으로서 유사한 법적 지위를 지닌다는 점 등을 고려한다면, 이와 같은 법제처의 논지는 용도지역이 정하는 건축물에 관한 각종 규율에 대해서도 동일하게 적용될 수 있을 것이라 사료된다. 즉 가설건축물의 임시적 성격을 고려한다면 본 조에서 정하는 용도지역 등 도시관리계획상의 규율들을 동일하게 적용하는 것은 타당하다고 보기 어렵다. 예컨대, 용도지역에서 허용하는 건축물의 용도에 포함되어 있지 아니한 가설건축물이라 하더라도, 해당 용도지역에서의 건축 또는 설치가 금지되어 있지 않다고 보는 것이 타당할 것이다.

Ⅱ. 용도지역별 허용용도의 개관

본 조 제1항은 건축물의 허용, 불허용도를 동법 시행령 제71조 등에 위임하고 있고, 동 시행령 제71조 제3항은 이를 재차 조례로 위임하고 있다. 따라서 허용, 금지용도를 확인하기 위하여는 조례의 내용까지를 모두 살펴보아야 하므로, 본서에서 이를 일일이 열거하는 것은 부적절하다고 보인다. 다만, 입법자료 중에 용도에 대한 제한을 잘 정리한 것이 있어 소개한다.

용도지역			허용 용도	
대	중	세분	시행령에서 직접 허용	도시계획조례에서 허용 여부 결정
도시지역	주거지역	제1종전용	단독주택, 1종근생(1천㎡↓)	연립·다세대주택, 종교, 학교 등
		제2종전용	단독·공동주택, 1종근생(1천㎡↓)	2종근생(종교집회장), 종교(1천㎡↓), 학교 등
		제1종일반	단독·공동주택(4층↓), 1종근생, 학교 등	2종근생, 종교, 판매(2천㎡↓), 의료, 업무(오피스텔3천㎡↓), 공장(인쇄 등 환경저촉×), 창고시설 등
		제2종일반	단독·공동주택, 1종근생, 종교, 학교 등	〃

	제3종일반	단독·공동주택, 1종근생, 종교, 학교 등	〃
	준 주 거	단독·공동주택, 1·2종근생, 종교, 의료, 학교 등	판매, 업무, 공장(인쇄 등 환경저촉×), 창고, 장례식장 등
상업지역	중심상업	1·2종근생, 종교, 판매, 업무, 숙박, 위락시설 등	단독·공동주택, 의료, 학교, 공장(인쇄 등 환경저촉×), 창고, 장례식장 등
	일반상업	공동주택, 1·2종근생, 종교, 판매, 의료, 업무, 숙박, 위락, 창고, 장례식장 등	단독주택, 학교, 공장(인쇄 등 환경저촉×) 등
	근린상업	단독·공동주택, 1·2종근생, 종교, 판매(3천㎡↓), 의료, 학교, 숙박, 장례식장 등	판매(3천㎡↑), 업무, 위락, 공장(인쇄 등 환경저촉×), 창고 등
	유통상업	1종근생, 판매, 운수, 창고	2종근생, 종교, 학교, 업무, 숙박, 위락, 장례식장 등
공업지역	전용공업	1·2종근생, 공장, 창고시설 등	기숙사, 판매, 의료시설 등
	일반공업	1·2종근생, 판매, 공장, 창고 등	단독주택, 기숙사, 종교, 의료, 학교, 장례식장 등
	준공업	기숙사, 1·2종근생, 판매, 의료, 학교, 공장(5천㎡↓), 창고, 장례식장 등	단독·공동(기숙사제외), 종교, 업무, 숙박, 공장(5천㎡↑) 등
녹지지역	보전녹지	학교, 창고(농·임·축산·수산업)	단독주택(다가구×), 1·2종근생일부, 종교, 의료, 장례식장 등
	생산녹지	단독주택, 1종근생, 학교, 창고(농·임·축산·수산업) 등	공동주택(아파트×), 2종근생(1천㎡↓), 판매(농·임·축산·수산업), 학교, 공장(식품 등 환경저촉×), 장례식장 등
	자연녹지	단독주택, 1·2종근생,, 의료, 학교, 창고(농·임·축산·수산업), 장례식장 등	판매(농수산물 1만㎡↓, 대형할인점), 숙박(관광지내), 공장(식품 등 환경저촉×), 창고 등
관리지역	계획관리	단독주택, 1·2종근생, 의료, 학교, 공장(화학제품 시설 제외), 창고, 장례식장 등	공동주택(아파트×), 숙박시설(3층↓·660㎡↓), 공장(자연보전권역·특별대책지역 1만㎡↑, 화학제품시설 제외) 등

보전관리	단독주택, 학교 등	1·2종근생, 의료, 창고(농·임·축산·수산업), 장례식장 등
생산관리	단독주택, 학교, 창고(농·임·축산·수산업) 등	공동주택(아파트×), 1·2종근생, 판매(농·임·축산·수산업), 의료, 공장(식품 등 환경저촉×), 장례식장 등
농림지역	농어가주택, 학교, 창고(농·임·축산·수산업) 등	1·2종근생, 종교, 의료, 장례식장 등
자연환경보전지역	농어가주택, 학교	1·2종근생, 발전, 묘지관련시설 등

* 용도지역별 허용용도[국회 국토교통위원회, 국토의 계획 및 이용에 관한 법률(김태원의원 대표발의)(이노근의원 대표발의) 검토보고서, 2014. 7., 24면에서 발췌]

Ⅲ. 개별적인 쟁점에 대한 검토

1. 용도의 해석방법

가. 엄격해석의 방법

용도지역별 허용용도에 대하여, 어떤 용도지역은 '허용되는 건축물의 용도'를 규정한 것이 있고, 어떤 용도지역은 '금지되는 건축물의 용도'를 규정한 것이 있다. 이때 허용되거나 금지되는 용도란 그 자체로 토지소유자 및 건축물의 소유자의 사용수익권을 제한하는 것이기 때문에, 그 규정 자체로 침익적인 의미를 갖는다. 침익적 행정작용의 근거가 되는 행정법규를 문언 그대로 엄격하게 해석하여야 한다는 것이 대법원 판례의 일관된 견해[1]인 점, 용도위반은 형사처벌[2]이 수반되므로 죄형법정주의의 견지에서 이를 엄격해석[3]하는 것이 타당하다는 점, 용도를 지나치게 축소 또는 확장 해석할 경우 가해질 수 있는 국민 재산권에 대한 제한의 불안전성의 문제 등을 고려하면, 용도지역별로 금지되는 용도는 문언 그대로 엄격하게 해석되어야 한다고 봄이 상당하다. 다만, 가벌성의 측면에서 보면 (ⅰ) '금지용도'를 규정한 경우 그 범위를 넓게 해석할 경우 가벌성이 확대되므로 가급적 이를 지양하고 엄격해석의 원칙을 강하게 관철할 필요가 있을 것이나, (ⅱ) '허용용도'를 규

---

1 대법원 2018. 2. 28. 선고 2016두64982 판결 등 다수. 물론, 이는 침익적 '행정행위'의 근거가 되는 법령의 해석에 관한 판례이므로 그와 같은 법리를 본 논의에 유추, 참조할 수 있을 것이다.
2 국토계획법 제141조 제4항은 용도지역, 용도지구 내에서의 건축물의 용도, 종류, 규모 등의 제한을 위반한 경우에 대한 형사처벌 규정을 마련하고 있다.
3 대법원 2013. 11. 28. 선고 2012도4230 판결 등 다수.

정한 경우 그 범위를 넓게 해석할수록 가벌성의 범위는 줄어들게 되므로, 그러한 해석이 문언의 합리적인 의미를 벗어나지 않는 한도 내에서는 과연 용도위반으로 이를 처벌할 필요성이 있는지에 대한 신중한 검토가 필요하고, 따라서 '금지용도'를 규정한 것과 비교하여서는 다소 유연한 접근이 필요하다. 특히, 우리 법체계 하에서는 건축물의 개별 용도에 대한 명확한 정의규정이 마련되어 있지 않으므로 본질적으로 해석의 여지가 많은 개념들이 많고, 따라서 어느 정도 해석이나 유추의 여지가 많은 편이라 할 수 있으므로, 이러한 용도의 의미들을 해석함에 있어서는 가급적 가벌성의 범위를 한정하는 방향으로 접근하는 것이 타당하다고 사료되고, 그러므로 허용용도와 금지용도의 해석 원칙을 달리 접근할 필요가 있다는 것이다.[1]

나. 취지해석의 방법

한편, 허용용도나 금지용도의 해석 시에는 입법자가 특정 용도를 허용하거나 금지한 취지를 당해 용도지역, 용도지구의 지정취지와 연관지어 검토, 해석할 필요가 있겠다. 예컨대, 준주거지역에서 숙박시설을 금지(국토계획법 시행령 별표 7)하는 이유를 추론해보면, 주된 용도가 주거인 곳에서 주거생활의 평온, 안정을 위하여 숙박시설과 주거시설이 뒤섞이는 것을 방지하고자 하는 취지라 볼 수 있다. 또한, 동 별표가 준주거지역에서 어느 정도 공간적 구분이 되는 생활숙박시설의 경우는 재차 허용하는 취지는, 준주거지역이 주거지역이기는 하나 상업지역과의 경계에 놓여있으므로, 주거의 안녕을 방해하지 않는 한도 내에서는 일정 요건 하에는 숙박시설의 등장을 허용하는 것이 그 취지에 부합하기 때문이라고 추론할 수 있다. 만일 개별 용도의 해석이 문제되는 상황이라면, 위와 같은 각 용도의 문리(文理)해석에 더하여 이와 같은 취지해석을 덧대어서 최종적으로 당해 용도의 적절한 외연을 확정지을 수 있을 것이다.

관련하여, 제1종 전용주거지역 안에서 건축할 수 있는 건축물로 '종교집회장'을 열거하고 있는 서울시 도시계획조례와 관련하여 '종교집회장 안에 설치하는 납골당'이 그에 포함되는지가 문제된 사안이 있는데, 대법원은 "위 조례 소정의 '종교집

---

[1] 우리 법원 또한 피고인에게 불리한 유추는 엄격하게 금지하지만, 유리한 유추는 합리적인 범위 내에서는 허용하고 있다. "형벌법규의 해석에 있어서 유추해석이나 확장해석도 피고인에게 유리한 경우에는 가능한 것이나, 문리를 넘어서는 이러한 해석은 그렇게 해석하지 아니하면 그 결과가 현저히 형평과 정의에 반하거나 심각한 불합리가 초래되는 경우에 한하여야 할 것이고" 대법원 2004. 11. 11. 선고 2004도4049 판결 등 참조.

회장'에 '종교집회장 안에 설치하는 납골당'이 포함된다고 해석할 수는 없다"고 하여 종교집회장 안에 설치하는 납골당이 허용되는 용도라 볼 수 없다는 견해를 취함으로써 문언 그대로의 엄격한 해석을 하는 입장을 보인 바 있다.[1] 즉 '종교집회'라는 개념의 합리적인 해석 범위 내에 오로지 장례를 위해 사용되는 납골당이 온전히 포섭될 수 있다고 보기는 어렵다는 것이다. 입법자가 종교집회의 용도를 허용한 취지나 목적 안에 장례나 유골의 안치라는 기능까지 포섭된다고 보기 어렵다는 게 위 판례의 기저에 깔린 취지인 것이라 사료된다. 특히, 해당 사안에서 문제된 용도지역이 '제1종 전용주거지역'인 만큼 주거의 평온과 안녕을 보호하고자 하는 지역 지정의 취지를 고려하더라도 허용되는 종교집회장의 범위는 주거와 함께 공존할 수 있는 수준의 것을 의미한다고 해석하는 것이 합리적이기도 하다.

참고로, 이와 같은 해석 문제는 결국 우리 법제가 근본적으로 토지의 자유로운 이용을 폭넓게 전제하고 있는지 여부에 따라 달라지는 것인데, 비교법적으로 접근하면 미국의 법원들 중에는 토지의 자유로운 이용에 입각하여 허용되어 있는 용도들 중 다툼의 대상이 되는 용도가 어디에 해당하는지 여부를 판단함에 있어서는 "가장 덜 제한적인 용도"로 해석하는 경향도 발견된다.[2]

한편, 영국의 경우에는 중대한 용도의 변경이 계획허가(planning permission)를 받아야 하는 대상인 개발(development)의 정의에 포함되어 있다 보니[3] 용도변경의 의미를 두고 논의가 축적되어왔다. 영국의 경우 추상적으로 정의되어 있는 '개발'에 해당하는 행위들에 대하여 포괄적으로 계획허가를 받도록 요구하는데, 우리의 관점에서는 매우 경미한 행위들에 대하여 조차도 계획허가 제도가 기능하여왔다. 달리 말하면, 영국의 경우에는 계획허가를 받을 당시에 기재된 용도에서 중대한 변경이 있으면 계획허가가 다시금 요구되므로, 전통적으로는 용도의 분류나 특정한 용도의 의미 그 자체보다는 '중대한 변경'에 해당하는지 여부의 문제에 논의의 초점이 맞춰져 왔던 것이다. 이와 같은 중대한 변경인지 여부는 사실관계의 문제이면서 사례별로 판단되어야 하는 문제에 해당한다는 것이 영국 문헌의 설명이다.[4] 대체로 논의들을 보면 용도의 형식적, 단편적 변경을 넘어 토지나 건물을 이용하는 질

---

1 대법원 2008. 3. 14. 선고 2007도11263 판결.
2 J. C. Juergensmeyer & T. E. Roberts, Land Use Planning & Development Regulation Law, 2013, p. 62 참조.
3 영국 Town and Country Planning Act 1990 Section 55 참조.
4 A. Bowes, A Practical Approach to Planning Law. Oxford University Press, p. 109 참조.

적 수준이나 강도 등이 종합적으로 고려되는 것으로 이해된다. 주변지역에 대한 영향, 도시계획적 영향 등이 중대한 변경인지 여부를 판단하는 고려 요소로 언급되기도 한다.[1] 관련하여, 흥미로운 논의 중 하나는 주거용도의 건물에서 개를 몇 마리까지 키우는 것이 '중대한 변경'에 해당하지 않는 행위인지에 관한 것이다.[2] 주거용도 건물에서 취미로 개 44마리를 기르는 것이 중대한 변경에 해당하지 않을 수 있는 '부수적인 이용'에 해당하는지 여부가 다투어진 이른바 Wallington 사건[3]에서 촉발된 논쟁으로, '6마리 개 원칙'이라는 식으로 언급되기도 한다.[4]

물론, 영국의 경우에도 용도의 분류가 존재한다. 다만 용도 분류가 등장하게 된 이유는 위와 같은 용도의 '중대한 변경'이라는 것이 해석 및 적용의 소지가 많아서 규율의 어려움이 있으므로, 유사한 용도들을 유형화함으로써 같은 항목 내의 용도 변경을 계획허가로부터 면제해주기 위함이다.[5] 우리의 법제와 같이 적극적인 목적에서 용도분류를 규제하는 것이 아니라, '계획허가에서 제외되는' 소극적인 목적에서 용도분류를 마련한 것이라 할 수 있겠다. 구체적인 용도의 분류체계는 잉글랜드의 경우 Town and Country Planning (Use Classes) Order 1987에서 살펴볼 수 있는데, 최초에는 16개 분류를 규정하였으나 개정을 거듭하여 현재에는 22개로 용도를 분류하고 있다. 구체적으로 별표 1(Schedule 1)에서는 상점(A1), 금융 및 전문서비스(A2), 음식점(A3), 사업(B1), 일반산업(B2), 특별산업그룹A~E(B3~B7), 창고 또는 유통(B8), 호텔 및 호스텔(C1), 주거용시설(C2), 유일한 또는 주된 거주지로 사용되는 주택(C3), 다중점유주택(C4), 유일한 또는 주된 거주지로 사용되지 않는 주택(C5), 단기임대(C6), 비주거용시설(D1), 집회 및 여가(D2) 등 19개 분류를, 별표 2(Schedule 2)에서는 상업, 사업 및 서비스(E), 학습 및 비주거용시설(F1), 지역커뮤니티(F2) 등의 분류를 제시하고 있다.[6]

---

1 A. Bowes, A Practical Approach to Planning Law. Oxford University Press, 2019, 109-110면 등 참조.

2 관련한 상세한 논의는 A. Bowes, A Practical Approach to Planning Law, Oxford University Press, 2019, pp. 113-115의 논의 참조.

3 Wallington v Secretary of State for Wales and Montgomeryshire District Council [1991] 1 PLR 87 참조.

4 6마리를 초과하면 용도의 '중대한 변경'에 해당할 수도 있다는 취지이다. 물론 6마리라는 것이 어떠한 고정된 원칙은 아니지만 실무에서 여전히 중요하게 생각되는 것으로 보인다. 관련하여, Association of Dog Boarders, Planning and Noise, 2021. https://www.associationofdogboarders.co.uk/2021/11/02/planning-and-noise/ 참조.

5 관련하여 A. Sheppard, D. Peel, H. Ritchie & S. Berry, Essential Guide to Planning Law. Policy Press, 2016, p. 92 참조.

6 Town and Country Planning (Use Classes) Order 1987의 Scheduel 1 and 2 참조.

다. 개별 용도에 대한 관련법령의 해석

개별 용도에 대하여 법령상의 규율이 있는 경우가 있을 수 있다. 예컨대, 주택이라면 주택법에서 주택의 범주에 관한 정의규정을 두고 있고, 유통시설이라면 물류관련 법령에서 정의 또는 시설의 기준 등에 관한 규정을 두고 있는 경우가 있다. 이때 해당 용도의 의미나 외연을 확정짓기 위해서는 이와 같은 개별법령의 규정들을 고려하여, 어떤 특정한 사용방법이 그 용도에 해당하는 것 혹은 해당하지 않는 것으로 개별법령이 규율하고 있는지를 살펴볼 필요가 있다. 관련하여 법제처 해석례상으로는 독서실이 교육연구 및 복지시설과 제2종 근린생활시설에 각각 해당하는지 여부가 문제된 사안에 있는데, 법제처는 관련법령이 과외교습에 관한 법령에서 독서실을 학원인 시설로 규정하고 있음을 주요 근거로 들어 '학원' 용도가 속한 '교육연구 및 복지시설'의 범주에 독서실이 포함될 수 있다고 보았다.

위 사안에서 법제처는 "「건축법 제2조제1항」의 규정에 의하면, "건축물의 용도"라 함은 건축물의 종류를 유사한 구조·이용목적 및 형태별로 묶어 분류한 것을 말한다고 되어 있는바, 건축법령에서 건축물의 용도를 구분하는 것은 건축물의 안전성 및 기능 확보를 위하여 건축물의 용도에 따라 건축허가요건을 규정하기 위한 것으로서, 실제 건축물이 건축법령상 어떠한 용도로 분류될 것인지 여부는 건축법령뿐만 아니라 개별법령에서 규율하고 있는 내용을 종합적으로 고려하여 판단하여야 할 것"이라고 하여 용도 해석의 일반원칙에 대하여 설명하고 있으므로 참고할 만하다.[1]

라. 여러 용도에 해당할 경우

우리 법상 용도의 분류체계가 명료하지 않은 만큼, 실무상 사회경제적 구조 변화에 따라 새로운 용도가 나타났을 때, 그 용도가 건축법이나 국토계획법이 분류하는 용도에 복수로 해당될 소지가 있는 경우[2]가 존재할 수 있다. 이 경우 (i) 하나는 허용되는 용도에 열거되어 있지만, 다른 하나는 허용용도나 금지용도 모두에 열거되어 있지 않은 경우라면 이 경우에는 가급적 해당 용도는 허용되는 것으로 해석하는 것이 타당하다고 사료된다. (ii) 반면, 복수의 용도 중 어느 하나가 금지용도에'만' 열거되어 있다면, 이 경우에는 해당 용도가 당해 용도지역 등에서 금지되

---

1 이상 법제처 2006. 3. 3. 회신 06-0002 해석례 참조.
2 다만, 이는 건축물의 용도 자체의 소속에 관한 논의이므로, 어떤 건축물을 일시적으로만 다른 용도로 사용하는 경우의 논의는 용도변경에 관한 논의에서 속할 뿐 이에 속하지 않는다.

는 취지를 개별적으로 살펴보아야 하겠으나, 대체로 이는 금지용도에 해당한다고 해석될 소지가 높다고 생각된다. (iii) 허용용도와 금지용도 모두에 열거되어 있는 경우 또한 금지나 허용의 취지를 살펴보아 가급적 그 취지에 부합하는 방향으로 해석하여야 할 것이나, 형사처벌규정이 마련되어 있는 한 실무적으로는 이를 허용 용도라 단정하기는 쉽지 않을 것이다. 이상의 각 경우에 대한 정립된 판단선례는 현재로서는 발견되지 않는 것으로 보인다.

관련하여 법제처 12-0689 해석례를 주요하게 참조할 수 있겠다. 해당 사안은 재생아스팔트콘크리트 생산시설을 건축법의 용도분류상 '분뇨 및 쓰레기처리시설' 로 하여 건축법상 인허가 절차 및 사용승인까지 완료된 것이었는데, 그 이후 해당 시설을 산업집적법상 공장으로 등록하면서 이것이 건축법상으로도 '공장'에 해당한 다고 보아야 하는지 아니면 여전히 '분뇨 및 쓰레기처리시설'로 보아야 하는지가 문제된 사안이다.

해당 해석례의 의미는 크게 3가지이다. ① 첫째, 건물의 사실적인 이용양태가 건축법의 용도분류상 여러 용도에 해당할 소지가 있는 경우, 그 중 어느 한 용도에 대한 건축법상 적법한 행정절차가 완결되고 이용양태가 해당 용도의 의미에서 벗 어나는 것이 아닌 이상, 해당 용도의 적법성을 인정하겠다는 취지로 이해될 수 있 다는 점에서 의미가 있다. 사실적인 측면에서 보면 재생아스팔트콘크리트의 생산 이라는 이용양태는 쓰레기처리시설과 공장 모두에 해당할 소지가 있기는 하다. 그 러나 법제처는 "「건축법」상 건축물의 용도는 건축법령의 규정에 충실하게 검토하 여야 할 것이고, 건축법령상 분뇨 및 쓰레기처리시설의 용도로 적법하게 분류 및 등재되고 그 실질에 맞게 사용된다면, 이 사안의 시설이 재생아스팔트콘크리트 생 산에 사용되는 것은 동일"하다는 견해를 분명히 하였다.[1] ② 둘째, 건축법상 용도 와 동일한 표현을 사용하는 다른 법령상의 규율이 있다고 하더라도, 해당 법률들이 해당 용도의 정의를 서로 일치시키는 등의 명시적인 규정이 없는 이상 건축법상 용도는 건축법의 취지에 맞게 독립적으로 해석해야 한다는 원칙을 밝힌 점에서도 의미가 있다. 이러한 '취지'의 차이를 고려하여 법제처는 산업집적법상 공장이 건축 법상 공장과 동일한 것이 아닐 수 있음을 설시하였다. ③ 셋째, 해당 해석례는 건축 법상 용도의 해석에 있어서도 침익적 행정행위에 대한 엄격해석 원칙을 적용하여 야 한다는 점을 분명히 하였다는 점에서도 의미가 있다.[2]

---

1 법제처 2013. 1. 28. 회신 12-0689 해석례.
2 법제처 2013. 1. 28. 회신 12-0689 해석례. "계획관리지역에서의 입지제한은 침익적 행정행위라 할

2. 용도제한의 적용 대상

가. 시설물 또는 대지에도 적용되는지 여부

본 조 제1항의 용도제한이 건축물[1]로 한정되는지 여부도 실무상 다수 문제되어왔다. 열거하고 있는 용도들이 건축물뿐만 아니라 시설물이나 대지 자체만으로도 얼마든지 실현가능한 것들이므로, 시설물이나 대지 자체에 대하여도 동일한 용도제한을 적용하여야 하는 것은 아닌지에 대한 문제이다. 결국 국토계획법이 건축물을 주된 관심사로 두고 있기는 하지만, 결국 토지의 이용관계에 관한 규율임을 고려하면 시설물에 대하여도 그와 같은 용도제한이 적용됨이 타당하다. 법제처 또한 "제1종일반주거지역 안에 소재하는 대지를 「여객자동차 운수사업법」 면허 또는 등록기준으로 요구하는 차고의 부지로 사용하는 것은 허용되지 않는다"거나[2] "건축물의 건축이 수반되지 아니하더라도 고물상을 운영하기 위한 목적으로 설치되는 설비나 시설은 건축물이 아닌 시설에 포함될 수 있다고 할 것이고, 그렇다면 건축물의 건축이 수반되지 않는 고물상은 제2종일반주거지역 안에 설치할 수 없다"는 견해를 취한 바 있고,[3] "건축물의 건축을 수반하지 않는 골재선별·파쇄시설이라고 하더라도 국토계획법 시행령 별표 17[4]에서 허용하는 용도에 부합하는지 여부에 따라 설치 여부를 판단하는 것이 입법 취지에도 부합하는 해석"이라고 하였다.[5]

수 있고, 침익적 행정처분의 근거가 되는 행정법규는 엄격하게 해석·적용하여야 하며 행정처분의 상대방에게 불리한 방향으로 지나치게 확장해석하거나 유추해석하여서는 안 될 것인바(대법원 2008. 2. 28. 선고 2007두13791 판결 참조)."

1 건축법 제2조 제1항 제2호는 건축물을 '토지에 정착(定着)하는 공작물 중 지붕과 기둥 또는 벽이 있는 것과 이에 딸린 시설물, 지하나 고가(高架)의 공작물에 설치하는 사무소·공연장·점포·차고·창고, 그 밖에 대통령령으로 정하는 것'으로 정의한다.

2 법제처 2013. 7. 23. 회신 13-0207 해석례. "국토계획법 제76조제3항에서는 같은 조 제1항에 따른 용도지역 및 용도지구 내에서의 건축물 및 "그 밖의 시설"의 건축제한에 관한 사항은 용도지역과 용도지구의 지정목적에 적합하여야 한다고 규정하고 있고, 같은 법 시행령 제83조제4항에 따르면 용도지역·용도지구 또는 용도구역 안에서의 "건축물이 아닌 시설"의 용도·종류 및 규모 등의 제한에 관하여는 같은 영 별표 2 내지 별표 27, 제72조 내지 제77조 및 제79조 내지 제82조의 규정에 의한 건축물에 관한 사항을 적용하도록 규정하고 있는 점 등을 종합하여 볼 때, 건축물이 아닌 시설에 대하여도 건축물과 동일하게 용도지역 내의 건축제한이 적용된다고 할 것인바."

3 법제처 2011. 4. 21. 회신 11-0119 해석례.
4 자연녹지지역 안에서 건축할 수 있는 건축물을 정한 별표이다.
5 법제처 2020. 8. 3. 회신 20-0296 해석례.

나. 부대시설의 경우 – 주시설에 대한 제한

도시계획시설과 같이 주된 시설에 부수되는 부대시설 같은 것들이 존재하는 경우, 부대시설에 대한 용도제한이 문제되는 경우가 있다. 즉 주시설은 금지되는 용도인데 부대시설 자체만 놓고 보면 허용가능성이 있는 경우에 문제될 수 있다. 관련하여 대법원은 부대시설의 용도제한을 주시설을 기준으로 보아야 한다고 판단하여, 제2종일반주거지역 안에 장례식장의 용도가 허용되지 않는 이상, 장례식장에 부속한 건축물인 식당 또한 허용될 수 없다고 본 사례가 발견된다.[1]

한편, 부대시설의 개념상 주시설이 허용되는 것이라면 부대시설 또한 금지되는 용도로 열거되어 있다고 하더라도 허용되는 시설로 보는 것이 타당하다. 그러나 부대시설의 허용범위를 지나치게 확대할 경우 사실상 용도지역 등이 정하는 용도제한 규정이 형해화될 수 있으므로, 주시설을 허용하는 취지를 훼손하지 않는 한도 내에서 부대시설이 허용된다고 한정하여 해석하는 것이 타당하다. 관련하여 도시계획시설에 대해서는 부대시설의 허용요건이 정해져있기는 하나, 본 조와 관련하여서는 특별한 논의가 발견되지 않는다. 다만, 비교법적으로 보면 미국의 경우에도 'Accessory Use'라고 하여 우리의 부대시설과 유사한 개념이 있는데, 그에 대하여 미국에서는 (ⅰ) 부수성(incidental) – 주된 용도에 합리적인 관련성이 있는 것인지 여부, (ⅱ) 종속성(subordinate) – 주된 용도에 비하여 비율적으로 작은 것인지 여부, (ⅲ) 관례성(customary) – 일반적, 통념적으로 주된 용도에 합리적으로 연관지을 수 있는 것인지 여부 등의 요건을 따져서 그 허용성을 판단하고 있다.[2]

영국법상으로도 부수적인 용도에 대한 논의가 존재한다. 전술한 바와 같이 영국법은 용도의 중대한 변경을 계획허가의 대상으로 삼고 있는데, 법률상 '주택의 사용에 부수적인 용도'의 경우에는 명시적으로 '중대한 변경'이 아닌 것으로 규정되어 있고 주택에 부수적인 용도가 어느 범위까지인지를 두고 여러 판단사례들이 형성되어 왔다.[3] 영국 계획법의 특성상 이러한 판단은 개별사례별로 사실관계를 고려하여 이루어져왔는바 어떠한 일관된 판단 기준을 도출하는 것이 쉽지는 않아 보

---

1 대법원 2009. 12. 24. 선고 2007도1915 판결. "장례식장의 부속건축물이라 할 것이어서, 그 용도에 관하여는 주된 건축물인 장례식장에 대한 건축제한에 따라야 할 것이므로."
2 이상 미국법상의 논의에 대해서는 P. E.Salkin & J. R. Nolon, Land Use Law in a Nutshell. West Academic, 2017, pp. 100-101 참조.
3 예컨대 앞서 소개한 개를 몇 마리까지 키우는 것이 '부수적인 용도'인지 여부가 문제되기도 하고, 그 외 모형 전투기를 정원에 두는 행위, 정원에 가족묘를 안장하는 행위 등 다양한 형태의 행위들의 '부수성'이 문제되어 왔다. 관련한 상세한 논의들은 A. Bowes, A Practical Approach to Planning Law. Oxford University Press, 2019, pp. 113-117 참조.

이기는 한다. 다만, 문헌상으로는 44마리 개를 키우는 것이 부수적인 용도인지 문제된 Wallington 사건에서 "해당 용도가 어느 정도의 토지를 사용하는지, 사용양태의 본질이나 규모, 점유자의 성격" 등의 요소들을 소개하고는 있기는 하다.[1] 또한 영국 문헌 중에는 "사람이 그 소유의 재산을 이용함에 있어 수반되는 것으로 합리적으로 고려될 수 있는 범위 내"[2]라는 기준을 설명하고 있는 것도 발견된다. 반드시 주된 용도가 주택이 아니라 하더라도 주된 용도에 부수되는 용도에 대해서는 계획허가가 요구되지 않는 것으로 보인다.[3]

3. 건축물의 용도와 타 법령상 인허가의 관계

영업허가와 관련하여서는 부정적으로 판단한 사례가 존재한다. 즉 건축물의 용도에 부합하지 않으면 이를 대상으로 한 영업허가는 발급될 수 없다는 점을 인정한 것이다.[4] 이와 같은 관계는 비단 영업허가에 한정되는 것으로 볼 것은 아니다. 예컨대 건축물의 용도 자체가 인허가의 제출서류이거나 인허가의 기준으로 제시되어 있다면, 건축물의 용도에 부합하지 않는다는 것은 당해 인허가의 적법한 거부사유가 될 수 있다고 봄이 상당하다.

물론 시설물의 용도 등에 대하여 규율하는 타 법령이 명시적으로 해당 용도를 건축법 시행령 별표 1의 용도와 일치시키는 규정을 두고 있지 않는다면, 타 법령상의 용도를 해석하고 운용함에 있어 반드시 건축법 시행령 별표 1의 용도 분류에 구속되어야 하는 것은 아니다. 즉 타 법령 스스로의 내용과 취지에 따라 해당 시설물 용도의 의미를 해석하고 정의하면 되는 것이다. 예컨대, 법제처는 가정폭력방지법상 가정폭력피해자 보호시설의 경우 "시설이 위치할 건축물의 종류가 정해진 바 없"다고 하면서 반드시 건축법상 노유자시설 용도의 건축물에 위치하여야 하는 것은 아니고, 단독주택 용도에도 위치할 수 있다고 판단하였다.[5] 또한 법제처는 학원

---

1 A. Bowes, A Practical Approach to Planning Law. Oxford University Press, 2019, p. 114에서 인용.
2 A. Sheppard, D. Peel, H. Ritchie & S. Berry, Essential Guide to Planning Law. Policy Press, 2016, p. 95에서 인용.
3 A. Sheppard, D. Peel, H. Ritchie & S. Berry, Essential Guide to Planning Law. Policy Press, 2016, p. 95 참조.
4 대법원 1993. 6. 29 선고 92누15314 판결. "도시계획법상 자연녹지지역 안에서는 투전기업소를 용도로 하는 건축물을 건축하거나 투전기업소로의 용도변경을 할 수 없으므로 자연녹지지역 안에 위치한 건축물의 일부를 영업장소로 하는 투전기업허가신청은 특별한 사정이 없는 한 사행행위등규제법 제6조 제3호의 규정에 따라 허용하여서는 안 된다."
5 법제처 2008. 6. 13. 회신 08-0114 해석례에서 인용하고 참조.

법상 독서실의 경우에도 건축법 시행령 별표 1이 학원(제2종 근린생활시설, 교육연구시설)과 독서실(제2종 근린생활시설) 항목을 분리하고 있음에도 불구하고 교육연구 및 복지시설 용도의 건축물에 독서실 영업의 인가가 가능하다는 견해를 밝힌 바 있다.[1]

4. 지구단위계획상 용도 규율과의 관계

국토계획법은 지구단위계획의 내용으로 건축물의 용도제한에 관한 사항을 규정하면서(제52조 제1항 제4호), 용도지역에 의하여 부여되는 용도제한을 지구단위계획으로 완화할 수 있도록 정하고 있다(동조 제3항). 이때 지구단위계획에 의한 건축물의 용도 규율과 용도지역에 따른 용도제한의 관계가 문제될 수 있다. ① 먼저, 지구단위계획으로 용도제한을 완화하는 경우에는 용도지역에 의하여 정해지는 용도제한의 틀 자체를 벗어날 수는 없다. 지구단위계획은 대상 구역에 대하여 지정된 용도지역에 대하여 법령 및 조례가 허용 용도로 열거하고 있는 범주 내에서만 완화가 가능하다(국토계획법 시행령 제46조 제5항). ② 다음으로, 지구단위계획으로 용도제한을 강화하는 경우에도 여전히 용도지역에 의하여 규율되는 용도제한의 틀을 벗어나는 것이 제한된다. 법령상으로는 용도제한을 '강화'하는 경우에 대한 조문은 특별히 발견되지 않는다. 그러나 지구단위계획수립지침은 용도지역의 특성을 고려하여 건축물의 용도를 지정하도록 하거나(3-8-1.항), 본 조가 정하는 용도제한의 범위 안에서 건축물의 용도를 따로 제한할 수 있도록 하고 있다(3-8-2.항). 물론 지구단위계획수립지침이 법규적 효력이 있는 것인지는 의문이 있기는 하다.[2] 하지만, 국토계획법이 용도지역이 미지정된 지역에 대하여까지 용도지역의 틀을 이용한 규율을 함으로써[3] 마치 용도지역의 역할을 도시계획체계의 토대와 같은 것으로 전제하고 있음을 고려하면 용도지역과 그에 따른 건축물의 용도에 관한 일련의 규제들은 이미 법률적 차원에서 규율되는 것이어서 지구단위계획으로 용도지역에 의한 건축물의 용도 규율을 '완전히' 극복하는 것은 상정하기가 어렵다. 이상의 논의를 종합하면, 여전히 지구단위계획으로는 용도지역에 의하여 규율되는 건축물 용도제한의 기본체계를 완전히 극복할 수는 없다고 보는 것이 타당하다고 생각된다.

---

1 법제처 2006. 3. 3. 회신 06-0002 해석례 참조.
2 관련하여 울산지방법원 2014. 6. 19 선고 2014구합124 판결 참조.
3 국토계획법 제79조는 용도지역이 미지정 또는 미세분화 된 곳에 대하여 자연환경보전지역 또는 녹지지역, 보전관리지역 등에 관한 행위제한 규정을 적용하도록 정하고 있다.

다만, 2024년 2월 개정된 국토계획법에서 추가된 도시혁신구역과 복합용도구역의 경우에는 명시적으로 용도지역의 용도제한을 극복할 수 있도록 정하고 있는데, 이와 같이 새로 도입된 제도들의 경우에는 기존의 지구단위계획의 위상이나 역할과는 큰 차이를 보인다(제80조의4 내지 5 참조). 기존의 지구단위계획이 용도지역제 도시계획에 종속된 역할을 하는 것이었다면, 도시혁신구역이나 복합용도구역은 용도지역제 도시계획에 종속되지 않는 대등하면서도 별개의 위상이나 역할을 가진다는 점에서 큰 의미가 있다.

제2절 본 조 제2항

I. 의의

본 조 제2항은 용도지구별 건축물의 허용용도에 관하여 정한 것이다. 대체적인 규율체계는 전술한 본 조 제1항의 경우와 유사하나, 제1항에 비하여 제2항은 보다 본격적으로 조례에 이를 위임하는 태도를 보인다. 따라서 이 또한 조례의 내용까지를 모두 살펴보아야 한다.

II. 해석상 쟁점

1. 용도지역과의 관계(본 조 제1항과의 관계)

용도지역에서의 건축물의 용도 제한에 관한 규정과 본 조 제2항에서 용도지구에서의 용도 제한에 관한 규정이 병렬적으로 존재하는 경우, 양자의 관계가 문제될 수 있다. 그러나 양자가 용적률, 건폐율과 같이 양립불가능한 규율을 제외하고, 용도의 경우에는 각 규율이 양립가능하므로 병렬적으로 모두 적용되어 둘 중 하나에서 금지하고 있으면 금지되는 것으로 보아야 하는 것이라 사료된다. 예컨대 어느 하나가 허용하고, 다른 하나가 금지한다면 이는 금지되는 것으로 봄이 타당하다. 법제처 또한 같은 입장이다.[1]

---

[1] 법제처 2019. 5. 24. 회신 19-0156 해석례. "용도지구에서는 그 지정 목적에 맞게 용도지역에서의 제한을 강화하거나 완화하여 적용하게 되어 용도지구의 제한은 중첩되어 있는 용도지역의 제한과 무관하다고 할 수 없으므로 용도지구에서 건축할 수 있는 건축물의 범위에 대해서는 해당 용도지

2. 조례로 정할 수 있는 범위

본조 제2항은 "용도지구에서의 건축물이나 그 밖의 시설의 용도·종류 및 규모 등의 제한에 관한 사항"을 조례로 정할 수 있는 내용으로 정하고 있고 국토계획법 시행령은 이를 더 구체화하고 있다. 다만, 본조 제2항이 "등의 제한"이라고 하여 다소 확장의 여지를 두고 있기 때문에 본조 제2항에 따른 조례 제정사항의 범위가 쟁점이 될 수 있다. 법제처 해석례 중에는 "건축선 이격기준"도 그에 포함되어 조례로 정할 수 있는 사항에 해당하는지가 문제된 것이 발견되는데, 법제처는 ① 본조 제2항의 "등"이라는 문구의 해석기준을 설명하면서 "열거된 예시사항과 규범적 가치가 동일하거나 그에 준하는 성질을 가지는 사항이 포함되는 것으로 해석하여야 할 것"이라고 설명한 다음, ② 이격기준이 본조 제2항을 구체화한 국토계획법 시행령 제72조 제2항의 "건축물의 용도·종류 및 규모 등의 제한에 관한 사항"과 "규범적 가치가 동일하거나 그에 준하는 성질을 가지는 사항"이라고 보았다.[1]

제3절 본 조 제3항, 제4항

용도지역과 용도지구는 건축허가요건을 규율하는 구속적 계획이다. 따라서 그 내용은 각종 인허가 시 요건으로 고려되어야 하고 준수되어야 한다. 이에 본 조 제3항은 "건축물이나 그 밖의 시설의 용도·종류 및 규모 등의 제한은 해당 용도지역과 용도지구의 지정목적에 적합하여야 한다"라고 하여 그 원칙을 분명히하고 있고, 나아가 제4항은 건축물을 신축하는 등의 경우뿐만 아니라 기존의 용도를 변경하는 등의 경우에도 이를 준수할 것을 요구하고 있다. 개발행위허가의 기준에 관한 제58조의 논의에서 살펴본 바와 같이 본 조 제4항과 같은 규정이 없으면 '건축물의 용

역의 건축물 건축 제한을 전제로 용도지구에서의 건축물 건축 제한 기준이 적용된다고 보아야 합니다.

그런데 이 사안의 경우에는 「국토의 계획 및 이용에 관한 법률 시행령」 제71조제1항제14호, 제72조제1항 및 별표 15 제2호에 따른 지방자치단체의 도시·군계획조례에서 보전녹지지역에서 건축할 수 있는 건축물의 종류 중 다가구주택이 제외되어 있으므로 제1종자연경관지구에서 건축할 수 없는 건축물의 종류에 다가구주택이 포함되어 있지 않더라도 보전녹지지역 위에 중첩되어 지정된 제1종자연경관지구에서는 다가구주택을 건축할 수 없다고 해석하는 것이 용도지역의 기능을 증진시키기 위해 지정하는 용도지구 제도의 취지에 부합하는 해석입니다."

1 법제처 2022. 12. 19. 회신 22-0907 해석례.

도변경' 시에는 적용이 배제되는지가 해석상 논란이 될 수 있으므로, 제4항과 같이 그 원칙을 분명히 하는 것이 적절해 보인다.

제4절 본 조 제5항, 제6항

Ⅰ. 의의

용도지구나 다른 법령상의 지역, 지구 등에 대한 건축물의 용도제한에 관한 조항이다. 본 조 제5, 6항은 각 지구, 지역별로 개별적인 제한이 가능하도록 정하고 있다.

Ⅱ. 해석상 쟁점

1. 규율의 우선관계

본 조 제5항은 본 조가 정하고 있는 바에도 불구하고 동항 각호의 조문에 따르도록 하여 규율 간의 우선관계를 정하고 있다. 이러한 우선관계는 동항이 명확하게 국토계획법의 규율에 우선하는 것임을 정하고 있는 경우에만 인정하는 것이 타당하고, 모호하거나 명확한 규정이 없는 경우에는 국토계획법상의 규율과 타 법령 등에 의한 규율이 중복, 중첩하여 적용되는 것이라 봄이 타당하다. 법제처 또한 (ⅰ) 본 조 제5항이 농지법에 대하여는 우선관계를 정하고 있지 않으므로 농지법도 적용이 배제되지 않는다고 해석하고 있고,[1] (ⅱ) 산지관리법에 대하여는 본 조 제5항 제3항이 '보전산지'에 대하여만 산지관리법의 우선관계를 정하고 있으므로, '준보전산지'에 대하여는 규율이 없는 것이어서 이 경우 "준보전산지에 대해서는 산지관리법이 우선 적용되지 않고 국토계획법에 따른 건축물의 건축제한규정도 함께 적용된다"는 입장을 취하고 있다.[2]

---

1 법제처 2020. 9. 8. 회신 20-0343 해석례.
2 법제처 2015. 2. 2. 회신 14-0853 해석례.

제77조(용도지역의 건폐율)

제77조(용도지역의 건폐율) ① 제36조에 따라 지정된 용도지역에서 건폐율의 최대한 도는 관할 구역의 면적과 인구 규모, 용도지역의 특성 등을 고려하여 다음 각 호의 범위에서 대통령령으로 정하는 기준에 따라 특별시·광역시·특별자치시·특별자치도·시 또는 군의 조례로 정한다. 〈개정 2011. 4. 14., 2013. 7. 16., 2015. 8. 11.〉

1. 도시지역

　　가. 주거지역: 70퍼센트 이하

　　나. 상업지역: 90퍼센트 이하

　　다. 공업지역: 70퍼센트 이하

　라. 녹지지역: 20퍼센트 이하

2. 관리지역

　　가. 보전관리지역: 20퍼센트 이하

　　나. 생산관리지역: 20퍼센트 이하

　　다. 계획관리지역: 40퍼센트 이하

3. 농림지역: 20퍼센트 이하

4. 자연환경보전지역: 20퍼센트 이하

② 제36조제2항에 따라 세분된 용도지역에서의 건폐율에 관한 기준은 제1항 각 호의 범위에서 대통령령으로 따로 정한다.

③ 다음 각 호의 어느 하나에 해당하는 지역에서의 건폐율에 관한 기준은 제1항과 제2항에도 불구하고 80퍼센트 이하의 범위에서 대통령령으로 정하는 기준에 따라 특별시·광역시·특별자치시·특별자치도·시 또는 군의 조례로 따로 정한다. 〈개정 2011. 4. 14., 2011. 8. 4., 2015. 8. 11., 2017. 4. 18.〉

1. 제37조제1항제6호에 따른 취락지구

2. 제37조제1항제7호에 따른 개발진흥지구(도시지역 외의 지역 또는 대통령령으로 정하는 용도지역만 해당한다)

3. 제40조에 따른 수산자원보호구역

4. 「자연공원법」에 따른 자연공원

5. 「산업입지 및 개발에 관한 법률」 제2조제8호라목에 따른 농공단지

6. 공업지역에 있는 「산업입지 및 개발에 관한 법률」 제2조제8호가목부터 다목까지의 규정에 따른 국가산업단지, 일반산업단지 및 도시첨단산업단지와 같은 조 제12호에 따른 준산업단지

④ 다음 각 호의 어느 하나에 해당하는 경우로서 대통령령으로 정하는 경우에는 제1항에도 불구하고 대통령령으로 정하는 기준에 따라 특별시·광역시·특별자치시·특별자치도·시 또는 군의 조례로 건폐율을 따로 정할 수 있다. 〈개정 2011. 4. 14., 2011. 9. 16.〉

I. 의의

본 조는 용도지역별 건축허가요건 중 건폐율에 대하여 정하고 있는 조문이다. 본 조는 각 용도지역별로 대강의 건폐율의 범위를 정한 다음, 이를 대부분 하위법령으로 위임하는 태도를 보이고 있다. 최종적으로는 시·군의 조례까지를 살펴보아야 그 내용을 명확하게 확인할 수 있다. 특히, 본 조 제4항은 일정한 경우에는 제1항이 정한 건폐율 또한 조례로 달리 정할 수 있도록 하고 있으므로, 건폐율 문제를 접하는 실무가의 입장에서는 무엇보다도 해당 부지가 위치한 곳의 조례상의 기준부터 살펴보는 것이 좋다. 이는 대체로 법리적인 문제라기보다는 기술적인 문제이다.

건폐율이란 "대지 면적에 대한 건물의 바닥 면적의 비율. 건축 밀도를 나타내는 지표의 하나로, 시가지의 토지이용효과를 판정하고 토지의 시설량, 인구량의 적절성을 판정하거나 도시계획의 관점에서 건축을 규제하는 지표로 사용되는 것"을 의미한다.[1] 쉽게 말해 대지를 하늘에서 수직으로 내려다봤을 때, 건축물이 땅을 덮고 있는 비율을 의미하는 것이다. 통상 50% 정도의 건폐율이라고 그러면 쉽게 와닿지 않는 경우가 많은데 이를 가장 쉽게 이해할 수 있는 방법은 반을 접은 A4용지를 보통의 A4용지에 올려보면 건폐율 50%라는 것이 어느 정도의 밀도인지를 가늠할 수가 있다. 참고로 제2롯데월드의 건폐율이 41.83%이므로 건폐율 50%가 결코 낮은 수준이 아님을 알 수 있다.

II. 건폐율의 변용

건폐율은 용도지역 별로 반드시 고정된 것은 아니다. 용도지역제 도시계획이

---

1 국립국어원, 표준국어대사전, 건폐율 항목 직접 인용.

근간을 이루는 현행 법체계 하에서 1차적으로 건폐율은 용도지역에 의하여 규율되는 것이 맞고 본 조 제1항의 규정이 원칙을 이루는 것이 맞다. 그러나 (i) 본 조 또한 개별적인 용도지구나 토지이용관계의 상황에 따라 조례로 건폐율을 달리 정할 수 있도록 정하고 있고(본 조 제2 내지 5항), (ii) 지구단위계획으로도 건폐율을 일정 범위 내[1]에서 달리 정할 수 있다. 따라서 개별적인 토지의 건폐율을 확인하기 위해서는 반드시 당해 토지의 관할 지방자치단체의 조례와 함께, 지구단위계획의 내용까지를 모두 확인하여야 하고, 위의 기준은 일응의 원칙적인 기준 정도로 보는 것이 타당하다.

본 조 제2 내지 5항은 조례로 건폐율을 달리 정할 수 있는 개별적인 경우들을 열거하면서도 "토지이용의 과밀화를 방지하기 위하여"나 "주변 여건을 고려하여 토지의 이용도를 높이기 위하여"와 같은 매우 일반추상적이고 판단의 여지가 많은 경우를 상정하고 있으므로, 건폐율을 완화 또는 강화하는 조례의 내용이 위법하다고 판단될 가능성은 없다고 보더라도 무방하다고 사료된다.

Ⅲ. 도시계획시설에 대한 적용

개념상으로만 본다면, 도시계획시설의 경우 용도지역과 마찬가지로 도시관리계획의 법적 지위를 지니는 것이고, 도시계획시설의 기능을 고려하면 양자는 상호 배타적인 것으로 이해하는 것이 타당하다는 것이 본서의 견해이고, 그렇다면 건폐율이나 용적률과 같은 용도지역에 따른 규율들은 도시계획시설에 대해서는 적용되지 않는다고 보는 것이 타당하다는 것이 본서의 견해이다.

그러나 법제처는 반대의 견해를 취하고 있는데, 도시계획시설규칙의 각 규정의 내용들을 미루어볼 때, 도시계획시설에 대해서도 용도지역에 따른 건폐율이나 용적률에 관한 국토계획법 제77조 및 제78조가 적용됨을 전제하고 있다는 견해를 취하였다.[2] 국토계획법 제77조, 제78조는 기본적으로 용도지역에 따른 건폐율과 용적률을 정하는 조문이므로, 용도지역의 핵심적인 내용인 건폐율 및 용적률이 도시계획시설에 대해서도 그대로 적용된다는 견해를 취한 것이다.

---

1 당해 용도지역 또는 용도지구에 적용되는 건폐율의 150% 이내에서 지구단위계획으로 완화가 가능하다(지구단위계획수립지침 3-2-10.항).
2 법제처 2022. 9. 29. 회신 22-0615 해석례

제78조(용도지역에서의 용적률)

제78조(용도지역에서의 용적률) ① 제36조에 따라 지정된 용도지역에서 용적률의 최대한도는 관할 구역의 면적과 인구 규모, 용도지역의 특성 등을 고려하여 다음 각 호의 범위에서 대통령령으로 정하는 기준에 따라 특별시·광역시·특별자치시·특별자치도·시 또는 군의 조례로 정한다. 〈개정 2011. 4. 14., 2013. 7. 16., 2021. 1. 12.〉

1. 도시지역
   가. 주거지역: 500퍼센트 이하
   나. 상업지역: 1천500퍼센트 이하
   다. 공업지역: 400퍼센트 이하
   라. 녹지지역: 100퍼센트 이하
2. 관리지역
   가. 보전관리지역: 80퍼센트 이하
   나. 생산관리지역: 80퍼센트 이하
   다. 계획관리지역: 100퍼센트 이하.
3. 농림지역: 80퍼센트 이하
4. 자연환경보전지역: 80퍼센트 이하

② 제36조제2항에 따라 세분된 용도지역에서의 용적률에 관한 기준은 제1항 각 호의 범위에서 대통령령으로 따로 정한다.

③ 제77조제3항제2호부터 제5호까지의 규정에 해당하는 지역에서의 용적률에 대한 기준은 제1항과 제2항에도 불구하고 200퍼센트 이하의 범위에서 대통령령으로 정하는 기준에 따라 특별시·광역시·특별자치시·특별자치도·시 또는 군의 조례로 따로 정한다. 〈개정 2011. 4. 14.〉

④ 건축물의 주위에 공원·광장·도로·하천 등의 공지가 있거나 이를 설치하는 경우에는 제1항에도 불구하고 대통령령으로 정하는 바에 따라 특별시·광역시·특별자치시·특별자치도·시 또는 군의 조례로 용적률을 따로 정할 수 있다. 〈개정 2011. 4. 14.〉

⑤ 제1항과 제4항에도 불구하고 제36조에 따른 도시지역(녹지지역만 해당한다), 관리지역에서는 창고 등 대통령령으로 정하는 용도의 건축물 또는 시설물은 특별시·광역시·특별자치시·특별자치도·시 또는 군의 조례로 정하는 높이로 규모 등을 제한할 수 있다. 〈개정 2011. 4. 14.〉

⑥ 제1항에도 불구하고 건축물을 건축하려는 자가 그 대지의 일부에 「사회복지사업법」 제2조제4호에 따른 사회복지시설 중 대통령령으로 정하는 시설을 설치하여 국가 또는 지방자치단체에 기부채납하는 경우에는 특별시·광역시·특별자치시·특별자치도·시 또는 군의 조례로 해당 용도지역에 적용되는 용적률을 완화할 수 있다. 이 경우 용적률 완화의 허용범위, 기부채납의 기준 및 절차 등에 필요한 사항은 대통령령으로

정한다. 〈신설 2013. 12. 30.〉

⑦ 이 법 및 「건축법」 등 다른 법률에 따른 용적률의 완화에 관한 규정은 이 법 및 다른 법률에도 불구하고 다음 각 호의 구분에 따른 범위에서 중첩하여 적용할 수 있다. 다만, 용적률 완화 규정을 중첩 적용하여 완화되는 용적률이 제1항 및 제2항에 따라 대통령령으로 정하고 있는 해당 용도지역별 용적률 최대한도를 초과하는 경우에는 관할 시·도지사, 시장·군수 또는 구청장이 제30조제3항 단서 또는 같은 조 제7항에 따른 건축위원회와 도시계획위원회의 공동 심의를 거쳐 기반시설의 설치 및 그에 필요한 용지의 확보가 충분하다고 인정하는 경우에 한정한다. 〈신설 2021. 10. 8.〉

1. 지구단위계획구역: 제52조제3항에 따라 지구단위계획으로 정하는 범위
2. 지구단위계획구역 외의 지역: 제1항 및 제2항에 따라 대통령령으로 정하고 있는 해당 용도지역별 용적률 최대한도의 120퍼센트 이하

[전문개정 2009. 2. 6.]

I. 의의

본 조는 용도지역, 지구 등에서 건축허가요건 중 하나인 용적률에 관하여 정하고 있는 조문이다. 건폐율과 마찬가지로 국토계획법은 대강의 기준만을 동법으로 정한 다음 이를 최종적으로 계획고권을 지니고 있는 각 지방자치단체의 조례로 정할 수 있도록 하고 있다.[1] 따라서 정확한 용적률에 관한 규정은 개별 지방자치단체의 조례를 확인하여야 한다. 실무상 국토교통부도 용도지역 별 요건에 대하여는 대부분 조례를 참고하라거나 시장·군수에게 문의하라는 태도를 취하고 있다.[2]

용적률이란 "대지 면적에 대한 건물 연면적(延面積)의 비율"로서 "건축물에 의한 토지의 이용도를 보여주는 기준"이 되는 것을 의미한다.[3] 용적률은 그 자체로 당해 토지에 대한 개발의 밀도를 나타내주는 지표이다. 참고로 제2롯데월드의 경우 용적률이 573.24% 정도이다. 아울러 현대자동차그룹이 건설 중인 삼성동 GBC의 경우 허용용적률이 800%이고, 그에 따라 설계상 적용한 용적률은 783.72%로 알

---

1 참고로, 독일의 경우에는 도시계획이 그 자체로 '조례'로서의 지위를 지니게 되는데(김종보, 도시계획변경거부의 처분성, 행정법연구, 2004. 5., 257면), 이와 같이 개별 용도지역, 지구별 제한의 중요 내용을 이루는 사항들을 조례로 정하도록 하는 것은 독일의 것과 점차 유사하게 되는 것은 아닌지 초벌적인 아이디어가 떠오른다. 추후 연구해볼 가치가 있어 보인다.
2 건설교통부, 국토의 계획 및 이용에 관한 법률 질의·회신 사례집, 2006. 12.의 대부분의 사례들이 그러하다.
3 국립국어원, 표준국어대사전, 용적률 항목 직접 인용.

려져 있다.[1]

한편, 본서는 도시계획시설의 경우에는 용도지역과 도시계획시설결정의 상호배타적 관계를 고려해 본조의 용적률이 적용되지 않는다는 견해이지만, 법제처는 그와 반대로 본조의 용적률이 도시계획시설에 대해서도 적용된다는 입장을 취한다.[2]

Ⅱ. 용도지역별 용적률의 개관

전술한 바와 같이, 허용 용적률에 관한 법적 규율의 내용을 살펴보는 것은 그 자체로 매우 기술적이어서 법리적인 요소가 개입될 소지가 많지는 않다. 따라서 본서에서는 아래와 같이 입법자료들 중에 각 용도지역별 용적률의 대강을 잘 정리해 놓은 자료를 소개하는 정도로 갈음한다.

용도지역		법	시행령		
		용적률(%)	세분	지정목적	용적률 * (%)
도시지역	주거지역	500	제1종전용	단독주택 중심의 양호한 주거환경 보호	50~100
			제2종전용	공동주택 중심의 양호한 주거환경 보호	100~150
			제1종일반	저층주택 중심의 주거환경 조성	100~200
			제2종일반	중층주택 중심의 주거환경 조성	150~250
			제3종일반	중 고층주택 중심의 주거환경 조성	200~300
			준주거	주거기능에 상업 및 업무기능 보완	200~500
	상업지역	1,500	중심상업	도심·부도심의 상업·업무기능 확충	400~1,500
			일반상업	일반적인 상업 및 업무기능 담당	300~1,300
			근린상업	근린지역의 일용품 및 서비스 공급	200~900
			유통상업	도시내 및 지역간 유통기능의 증진	200~1,100
	공업지역	400	전용공업	중화학공업, 공해성 공업 등을 수용	150~300
			일반공업	환경을 저해하지 아니하는 공업의 배치	200~350
			준공업	경공업 수용 및 주·상·업무기능의 보완	200~400
	녹지지역	100	보전녹지	도시의 자연환경·경관·산림 및 녹지공간 보전	50~80
			생산녹지	농업적 생산을 위하여 개발을 유보	50~100
			자연녹지	보전할 필요가 있는 지역으로 제한적 개발허용	50~100

---

[1] 최윤정 기자, 현대차 GBC 건축허가 … 내년 상반기 착공·2026년 준공(종합), 연합뉴스, 2019. 11. 26.자 기사 참조.
[2] 법제처 2022. 9. 29. 회신 22-0615 해석례.

관리지역	계획관리	100	–	도시지역 편입이 예상, 계획·체계적관리 필요	50~100
	보전관리	80	–	보전이 필요하나 자연환경보전지역으로 지정이 곤란한 경우	50~80
	생산관리	80	–	농·임·어업생산을 위해 필요, 농림지역으로 지정이 곤란한 경우	50~80
농림지역		80		농림업의 진흥과 산림의 보전을 위하여 필요	50~80
자연환경 보전지역		80		자연환경 등의 보전과 수산자원의 보호·육성	50~80

* 용적률 최대한도는 시행령에 따른 상·하한 범위에서 지자체가 지역여건에 따라 도시계획조례로 정함
** 용도지역별 용적률의 개요(국회 국토교통위원회, 국토의 계획 및 이용에 관한 법률 일부개정법률안 [이노근의원 대표발의('13.9.27)][이노근의원 대표발의('13.9.30)][박상은의원 대표발의][김태원의원 대표발의][윤후덕의원 대표발의] 검토보고서, 2014. 4., 28면에서 발췌)

Ⅲ. 용적률의 변용

1. 용적률의 강화 또는 완화

본 조와 그 위임을 받은 국토계획법 시행령 제85조는 본 조 제1항이 정한 원칙과 달리 용적률을 가감하여 정할 수 있는 경우에 대하여 정한다. 대체로는 정책적 목적에서 특정 건축물들에 대한 규제완화의 취지가 강한 편이다. 예컨대, 동법 시행령 제85조 제3항은 (ⅰ) 임대의무기간이 8년 이상인 민간임대주택, 공공임대주택에 대하여 본 조 제1항이 정한 용적률의 120% 이하[1]의 범위에서 조례로 용적률을 완화할 수 있도록 정하고 있고, (ⅱ) 기숙사나 직장어린이집 등에 대하여도 특례를 정하고 있다. 동조 제7항은 준주거지역, 중심상업지역 등 일부 용도지역 내에서 큰 광장, 공원이나 큰 도로에 접한 20미터 이상 접한 경우에 대하여도 조례로 용적률 특례를 둘 수 있도록 하고 있다. 인접하여 개방적인 공간이 마련되어 있는 만큼 밀집도에 약영향을 주지 않는 선에서 규제를 완화하기 위한 취지로 보인다. 이 밖에도 동조 제8항과 제10항은 기부채납에 따른 조례에 의한 용적률 완화를 규정한다. 제8항은 상업지역이나 도시정비법상 정비구역에서 공공시설부지를 제공하는 경우,

---

[1] 문언상 이는 각 규정된 용적률의 120%의 범위를 의미하는 것으로 보인다. 예컨대 본 조 제1항에 규정된 용적률이 200%라면, 그것의 120%인 240%의 용적률 이내에서 조례로 정할 수 있다는 의미이다. 만일, 기존 용적률에 대하여 비율적으로 그 상한을 규정할 것이 아니라 곧바로 +120%를 더 얹어줄 의도였다면 "제1항제1호부터 제6호까지에 따른 용적률의"라는 문언을 사용하지 않았을 것이다.

제10항은 어린이집, 노인복지관, 사회복지시설을 기부채납하는 경우에 관한 규정으로 각각 본 조 제4항과 제6항에 근거한다.

반대로, 용적률 규제가 강화되는 경우가 있다. 대체로 개발을 규모를 규제할 필요성이 있는 곳에 대한 규제들이다. 동법 시행령 제85조 제6항은 도시지역 외에서의 개발진흥지구, 수산자원보호구역, 자연공원, 농공단지 등에 대한 강화된 용적률 규정을 두고 있고, 동조 제9항은 창고에 대하여 조례상 높이 등의 규모 제한을 둘 수 있도록 정하고 있다(본 조 제5항 참조).

이상과 같이 본 조 제1항이 정한 용적률은 절대적인 것은 아니다. 따라서 개별적인 토지의 이용규제를 확인하기 위해서는 개별 조례의 확인이 반드시 필요하고, 나아가 지구단위계획이 수립되어 있거나 최근 도입된 도시혁신구역 또는 복합용도구역이 지정되어 관련된 계획이 수립되는 경우에는 그 확인이 반드시 필요하다.

2. 용적률 특례의 중복

여러 법률은 스스로의 정책적 목적에 따라 일정한 요건을 충족하는 경우에 대한 용적률의 상향에 관한 특례 규정들을 마련하고 있는 경우가 많은데, 서로 다른 법률이 규정하고 있는 용적률 특례 조항들을 중복적으로 적용할 수 있는지 여부가 문제될 수 있다.

법제처 사안 중에는 이러한 중복 혹은 누적적인 용적률 특례 적용가능성에 대하여 분명하게 부정적인 견해를 제시한 것이 발견된다. 해당 사안은 건축법상 지능형건축물과 녹색건축법상 녹색건축물에 대한 각각의 용적률 특례 조항의 중복·누적 적용가능성이 문제된 것인데, 법제처는 "용적률 완화 기준을 중첩 적용하여 용적률 상한이 누적적으로 증가될 수 있다고 보는 것은 건축물의 밀도를 관리하기 위해 엄격하게 상한을 규율하고 있는 용적률 제도의 취지에도 반하게"[1] 된다는 일반적인 견해를 밝힘으로써, 건축법 및 녹색건축법상의 특례규정들이 아니더라도 누적 적용을 명시적으로 허용하는 조문이 없는 한 이는 허용될 수 없다는 견해를 분명히 하였다. 이러한 경우에는 둘 중 큰 특례조문만이 적용가능하게 된다는 것이 해당 해석례의 견해이다.

---

1 법제처 2021. 5. 4. 회신 21-0144 해석례.

3. 용적이양제의 논의

최근 서울시를 중심으로[1] 여러 규제로 인해 지정된 용도지역에 따른 상한용적률을 온전히 사용하기 어려운 곳(이른바 '양수지역')의 미사용된 용적[2]을, 고밀도 개발이 필요한 지역('양도지역')으로 이양할 수 있도록 하는 방식의 이른바 용적이양제가 논의되고 있다.[3]

이와 같은 방식의 논의는 종래 미국의 개발권거래제(Transfer of Development Rights: TDR)을 참고하여 이를 한국에 도입하는 것에 관한 법적 가능성에 대한 논의를 중심으로 이루어져 왔었고, 특히 법학계에서는 '개발권'이라는 권리의 측면에 초점을 맞추어 토지소유권과 분리되는 어떠한 '개발권'을 상정하여 이를 거래하는 관념이 우리 법제에서 허용될 수 있는지가 핵심적인 쟁점이 되어왔다.[4] 이와 같이 '개발권의 거래'라는 관점에서 접근할 경우에는 물권법정주의 하에서 소유권의 일부분만을 따로 떼어 내어 개발권이라는 개념을 상정하는 것이 적법 유효하게 평가될 수 있는지가 문제가 되고, 보다 근본적으로는 우리 법제상 토지소유권자에게 어떠한 개발권능 혹은 개발권이 인정될 수 있는지가 문제가 될 수 있다. 이를 고려하면 이 문제를 '개발권을 거래'한다는 관념으로 접근하는 것은 우리 법제상 허용되기가 쉽지 않은 것이 현실이다.

그러나 '권리의 거래'가 아니라 '도시(관리)계획에 따른 용적률의 계획방식'을 정한다는 관점에서 접근한다면, 물권법정주의나 권리의 문제로 접근할 경우의 한계들을 극복할 수 있게 된다. 즉 양도지역에 추가적인 용적이 인정되는 이유를 ① 양수지역으로부터 '권리'를 양도받았기 때문이 아니라, ② 도시계획 행정청이 양도지역과 양수지역 사이의 용적률의 조정과 배분을 인정하고 결정하여주었기 때문인 것으로 이해하자는 것이다. 이 경우 용적이양은 '용적률의 정책적 배분과 조정'을 실현하기 위한 도시계획 또는 도시계획적 결정의 내용을 구성하는 것이 된다.

사견으로는 이러한 용적이양제는 도시 공간 내에서의 용적률의 효율적이고 형

---

1 성석우, 전민경 기자, 뉴욕처럼 … 서울 내년부터 용적률 사고판다, 파이낸셜뉴스, 2024. 11. 26.자 기사 참조.

2 관련하여 김지엽, 송시강, 남진, 용적이양제 도입을 위한 법적 타당성과 법리구성, 국토계획, 48(1), 2013, 82면에서는 '용적률'을 이양하는 것이 아니라 미사용된 '용적'을 이양하는 것이라는 점을 강조한다.

3 이와 같은 용적이양제의 기본 틀에 대해서는 남진, 도시관리의 신개념 '용적이양제', 어떻게 도입할 것인가, 한국건설신문, 2012. 7. 18.자 기고문 참조.

4 이상훈, 석호영, 용적이양제 도입 및 활용에 관한 공법적 연구, 토지공법연구, 66, 2014, 46면 참조.

평성 있는 배분이라는 공익적인 취지에서 행사될 수 있는 계획재량의 범위 내에 속하여 있는 것으로, 현행법 체계 하에서도 지구단위계획과 같은 여러 도시계획적 수단을 통해 허용 및 실현될 수 있는 성질의 제도라고 생각된다. 이미 우리는 용적률 인센티브와 같이 매우 비정형적인 용적률의 배분 및 조정 수단들을 경험해왔고 또한 사용하고 있는바, 과연 용적이양제가 그러한 기존의 용적률의 조정에 관한 제도들과 본질적으로 전혀 다른 성질의 것이라 단언할 수 있을지도 의문이다.

제79조(용도지역 미지정 또는 미세분 지역에서의 행위 제한 등)

제79조(용도지역 미지정 또는 미세분 지역에서의 행위 제한 등) ① 도시지역, 관리지역, 농림지역 또는 자연환경보전지역으로 용도가 지정되지 아니한 지역에 대하여는 제76조부터 제78조까지의 규정을 적용할 때에 자연환경보전지역에 관한 규정을 적용한다.

② 제36조에 따른 도시지역 또는 관리지역이 같은 조 제1항 각 호 각 목의 세부 용도지역으로 지정되지 아니한 경우에는 제76조부터 제78조까지의 규정을 적용할 때에 해당 용도지역이 도시지역인 경우에는 녹지지역 중 대통령령으로 정하는 지역에 관한 규정을 적용하고, 관리지역인 경우에는 보전관리지역에 관한 규정을 적용한다.

[전문개정 2009. 2. 6.]

본 조는 용도지역이 지정되지 아니한 곳에 대하여 적용할 용도지역을 정하고 있다. 특히 구 도시계획법과 구 국토이용관리법이 국토계획법으로 통합 제정되면서, 용도지역 지정 문제가 대두되었고, 경우에 따라 경과규정을 두는 경우도 있었다. 본 조 또한 아직 계획행정청이 용도지역제 도시계획을 수립하지 않은 곳에 대한 임시적인 방편을 마련한 것이다.

본 조에 의하면 용도지역이 지정되지 않으면 가장 폐쇄적인 ─ 곧, 가장 개발가능성이 낮은 용도지역을 의제하도록 하고 있다. 따라서 도시·관리·농림·자연환경보전지역의 큰 카테고리가 정해지지 않은 경우에는 가장 개발가능성이 낮은 자연환경보전지역을(제1항), 그 카테고리는 정해졌으나 도시지역 안에서 주거·상업·공업·녹지지역의 분류가 정해지지 않은 경우에도 이 역시 개발가능성이 가장 낮은 보전녹지지역을(동법 시행령 제86조), 관리지역의 경우에도 개발가능성이 가장 낮은 보전관리지역(제2항 후문)을 각각 의제하도록 정한다. 계획행정청이 개발가능성에 대한 판단을 내리지 않은 만큼, 난개발이 발생하는 것을 방지하기 위함인 것으로 보인다.

제80조(개발제한구역에서의 행위 제한 등)

제80조(개발제한구역에서의 행위 제한 등) 개발제한구역에서의 행위 제한이나 그 밖에 개발제한구역의 관리에 필요한 사항은 따로 법률로 정한다.
[전문개정 2009. 2. 6.]

제80조의2(도시자연공원구역에서의 행위 제한 등)

제80조의2(도시자연공원구역에서의 행위 제한 등) 도시자연공원구역에서의 행위 제한 등 도시자연공원구역의 관리에 필요한 사항은 따로 법률로 정한다.
[전문개정 2009. 2. 6.]

개발제한구역이나 도시자연공원구역 모두 용도구역제 도시계획으로서 구체적인 내용에 대하여 별도의 특별법을 제정하여 두고 있다는 점에서 공통적이다. 본 조들은 모두 개별법령으로 도시계획적 사항에 대한 규율을 정하도록 근거를 만들어둔 것들이다. 개발제한구역에 대하여는 「개발제한구역의 지정 및 관리에 관한 특별조치법」이 「도시공원 및 녹지 등에 관한 법률」이 마련되어 있고, 둘 다 개발가능성을 봉쇄하고 통제하는 용도구역인만큼 행위제한 및 제한적인 행위허가에 관한 조문들을 두고 있다.

제80조의4(도시혁신구역에서의 행위 제한)

제80조의4(도시혁신구역에서의 행위 제한) 용도지역 및 용도지구에 따른 제한에도 불구하고 도시혁신구역에서의 토지의 이용, 건축물이나 그 밖의 시설의 용도·건폐율·용적률·높이 등에 관한 제한 및 그 밖에 대통령령으로 정하는 사항에 관하여는 도시혁신계획으로 따로 정한다.
[본조신설 2024. 2. 6.]

도시혁신구역 제도는 종전에 2015년에 도입되었던 입지규제최소구역 제도를 계승한 제도로, 용도지역에 따른 각종 건축허가요건상의 제한들을 배제하고 도시혁신계획으로서 달리 정할 수 있도록 한 '화이트존(white zone)'과 같은 제도이다. 본 조는 그와 같이 용도지역과 달리 건축허가요건을 정할 수 있도록 하는 근거조문이다. 도시혁신구역 제도의 의미 및 종전의 입지규제최소구역 제도와의 차이 등에 대해서는 본서의 용어정리 항목과 제40조의3 항목을 참조하라.

도시혁신구역은 이와 같이 일종의 화이트존을 도입하고자 한 것이므로, 특별히 도시혁신계획을 통해 완화할 수 있는 건축허가요건(용도, 건폐율, 용적률, 높이 등)의 상한에 대한 명시적인 제한이 존재하지 않는다.[1] 다만, 도시혁신구역이 어떤 특정 기능이나 용도에만 국한되지 않도록, 주거, 업무, 산업, 사회문화, 관광 등의 기능들 중 어느 하나의 중심기능이 70%를 넘지 않도록 하고, 특히 주거기능의 경우 원칙적으로는 연면적을 기준으로 50% 미만이 되도록 정하고 있다(공간재구조화계획수립지침 제6조 제8항 참조).[2]

---

[1] 반면, 복합용도구역의 경우에는 완화할 수 있는 건폐율, 용적률, 높이, 용도 등의 한계 혹은 최대한도가 명확하게 설정되어 있다(법 제80조의5 참조).
[2] 단, 임대주택이 일정비율 포함된 경우에 대해서는 예외가 존재한다.

제80조의5(복합용도구역에서의 행위 제한)

제80조의5(복합용도구역에서의 행위 제한) ① 용도지역 및 용도지구에 따른 제한에도 불구하고 복합용도구역에서의 건축물이나 그 밖의 시설의 용도·종류 및 규모 등의 제한에 관한 사항은 대통령령으로 정하는 범위에서 복합용도계획으로 따로 정한다.
② 복합용도구역에서의 건폐율과 용적률은 제77조제1항 각 호 및 제78조제1항 각 호에 따른 용도지역별 건폐율과 용적률의 최대한도의 범위에서 복합용도계획으로 정한다.
[본조신설 2024. 2. 6.]

I. 의의

본조는 복합용도계획으로 정할 수 있는 건축허가요건의 내용에 대하여 정하고 있다. 용도지역에 따른 건축허가요건의 전면적인 배제를 가능케 하는 도시혁신구역과 달리, 복합용도구역의 경우 용도지역에 따른 건축제한을 일정한 범위에서 완화하는 것이므로, 본조와 그 위임법령들은 그 구체적인 한계를 정하고 있다.

II. 해석상의 쟁점

1. 용도 등의 완화

국토계획법령은 건축물의 용도 등의 경우에는 '도시지역'에서 허용되는 범위 내에서 완화가 가능하도록 제한하고 있다(시행령 제86조의3). 이와 관련하여 "용도지역 및 용도지구에 따른 제한에도 불구하고"(본조 제1항) 그와 같이 정할 수 있도록 한 것이므로, 이는 주거, 상업, 공업, 녹지지역 등 도시지역에 속하는 용도지역상 허용되는 건축물들은 현재 지정된 용도지역이 무엇인지에 상관 없이 상호간에 복합용도계획으로 허용하는 것이 가능하다는 의미로 해석된다(공간재구조화계획수립지침 제6조 제4항 제3호[1]).

한편 건축물의 용도와 관련하여서는 공간재구조화계획수립지침에서도 추가적인 기준들을 제시하고 있는데, 동 지침 제6조 제4항 제2호는 복합용도구역의 경우 "구역 내 부지 단위로 3개 이상의 기능이 복합되도록 건축물 용도별 복합배치비율

---

[1] "복합용도구역에서는 해당 용도지역 및 용도지구에서 불허되는 용도라도 도시지역의 테두리 안에서 허용되는 용도·종류 및 규모의 건축물의 건축을 복합용도계획으로 허용할 수 있다(예, 준공업지역이라도 제3종일반주거지역에서 허용되는 건축물의 건축을 허용할 수 있음)."

및 규모를 계획하는 것을 권장"한다고 정하고 있다. 관련하여, "3개 이상의 기능"이라는 문구의 해석과 관련하여 구체적으로 어떠한 기준으로 분류된 '기능'을 의미하는 것인지가 명확하게 특정되어 있지 아니한데, 관련하여 동 지침에서 제시하는 유일한 기능 분류가 제6조 제8항에서 정하고 있는 "주거, 업무, 산업, 사회문화, 관광"의 분류임을 고려하면, 이들 중 3개 이상을 복합하라는 의미로 해석하는 것이 현실적일 것으로 사료된다. 관련하여 도시지역 내의 4개의 하위 용도지역(주거, 상업, 공업, 녹지)을 그러한 기능 분류의 카테고리로 상정할 경우에는, 자칫 주거-상업-공업의 매우 이질적인 용도들을 가급적 복합하여야 한다는 다소 수긍하기 어려운 결론에 이를 수 있으므로, "주거, 업무, 산업, 사회문화, 관광"의 카테고리를 기준으로 해석하는 것이 보다 타당해 보인다.

아울러, 동 지침은 주거, 업무, 산업, 사회문화, 관광 등의 기능들 중 어느 하나가 70%를 넘지 않도록 계획할 것을 정하면서, 특히 주거기능과 관련하여서는 더 강화된 제한을 하고 있는데 구역 내 총 연면적(기반시설 제외)에서 주거기능의 연면적이 50%미만으로 할 것을 정하되, 임대주택을 일정 비율 이상 포함하는 경우에는 다시금 그 상한을 완화하는 태도를 보이고 있다(동 지침 제6조 제8항).

2. 건폐율, 용적률의 완화

건폐율, 용적률의 경우, 본조 제2항은 "제77조제1항 각 호 및 제78조제1항 각 호에 따른 용도지역별 건폐율과 용적률의 최대한도의 범위에서 복합용도계획으로 정한다"라고 하고 있으므로, 현재 지정된 용도지역이 무엇인지에 따라 그 상한이 달라진다. 다만, 이 경우 세분화된 용도지역(예컨대 제1종 전용주거지역)을 기준으로 완화가능한 상한을 정하는 것이 아니라 해당 용도지역의 일반화된 카테고리(제1종 전용주거지역의 경우 주거지역)에서의 허용가능한 최대 용적률을 기준으로 완화가능한 상한을 정하는 것이다. 예컨대 주거지역의 경우 법 제78조 제1항 제1호 가목은 "500퍼센트 이하"를 정하고 있으므로, 500%가 완화가능한 상한이 된다.[1] 이와 같은 내용은 공간재구조화계획수립지침 제3항 제4호[2]에서도 명확하게 구체화하여 설명하고 있다.

---

1 관련하여 이재훈, 최근 국토교통부가 발표한 도시계획 혁신방안에 대한 小考, 건설법연구, 제10호, 2023, 9면을 인용하고 참조.
2 "복합용도구역에서의 건폐율과 용적률은 법 제77조 제1항 각 호 및 제78조제1항 각 호에 따른 용도지역별 최대한도의 범위에서 완화할 수 있다(예. 제2종일반주거지역에서는 주거지역에서 허용되는 최대 범위(건폐율 70퍼센트, 용적률 500퍼센트)에서 건폐율과 용적률을 완화할 수 있음)."

제81조(시가화조정구역에서의 행위 제한 등)

제81조(시가화조정구역에서의 행위 제한 등) ① 제39조에 따라 지정된 시가화조정구역에서의 도시·군계획사업은 대통령령으로 정하는 사업만 시행할 수 있다. 〈개정 2011. 4. 14.〉

② 시가화조정구역에서는 제56조와 제76조에도 불구하고 제1항에 따른 도시·군계획사업의 경우 외에는 다음 각 호의 어느 하나에 해당하는 행위에 한정하여 특별시장·광역시장·특별자치시장·특별자치도지사·시장 또는 군수의 허가를 받아 그 행위를 할 수 있다. 〈개정 2011. 4. 14.〉

1. 농업·임업 또는 어업용의 건축물 중 대통령령으로 정하는 종류와 규모의 건축물이나 그 밖의 시설을 건축하는 행위

2. 마을공동시설, 공익시설·공공시설, 광공업 등 주민의 생활을 영위하는 데에 필요한 행위로서 대통령령으로 정하는 행위

3. 입목의 벌채, 조림, 육림, 토석의 채취, 그 밖에 대통령령으로 정하는 경미한 행위

③ 특별시장·광역시장·특별자치시장·특별자치도지사·시장 또는 군수는 제2항에 따른 허가를 하려면 미리 다음 각 호의 어느 하나에 해당하는 자와 협의하여야 한다. 〈개정 2011. 4. 14.〉

1. 제5항 각 호의 허가에 관한 권한이 있는 자

2. 허가대상행위와 관련이 있는 공공시설의 관리자

3. 허가대상행위에 따라 설치되는 공공시설을 관리하게 될 자

④ 시가화조정구역에서 제2항에 따른 허가를 받지 아니하고 건축물의 건축, 토지의 형질 변경 등의 행위를 하는 자에 관하여는 제60조제3항 및 제4항을 준용한다.

⑤ 제2항에 따른 허가가 있는 경우에는 다음 각 호의 허가 또는 신고가 있는 것으로 본다. 〈개정 2010. 5. 31., 2022. 12. 27.〉

1. 「산지관리법」 제14조·제15조에 따른 산지전용허가 및 산지전용신고, 같은 법 제15조의2에 따른 산지일시사용허가·신고

2. 「산림자원의 조성 및 관리에 관한 법률」 제36조제1항·제5항에 따른 입목벌채 등의 허가·신고

⑥ 제2항에 따른 허가의 기준 및 신청 절차 등에 관하여 필요한 사항은 대통령령으로 정한다.

[전문개정 2009. 2. 6.]

Ⅰ. 의의

시가화조정구역 또한 대체적인 용도구역제 도시계획처럼 개발가능성을 제한하는 제도이다. 따라서 본 조는 시가화조정구역으로 지정된 곳에서의 행위제한에 관한 규정을 두고 있다. 이는 「개발제한구역의 지정 및 관리에 관한 특별조치법」 제12조(개발제한구역에서의 행위제한)나 「도시공원 및 녹지 등에 관한 법률」 제27조(도시자연공원구역에서의 행위 제한) 등의 조문과 같은 취지이다. 원칙적으로 건축행위 등 개발행위를 금지하고, 각 조문이 허용하는 한도 내에서만 강한 재량성을 지니는 행위허가를 받아서 개발행위에 나설 수 있도록 한 것이다.

시가화조정구역 제도에 대하여는 본서 제39조 항목을 참조하라.

Ⅱ. 본 조 제2항의 행위허가

본 조 제2항은 시가화조정구역에서 명시적으로 본 법의 개발행위허가에 관한 조문의 적용을 배제하면서, 별도의 행위허가에 관한 조문을 명시적으로 마련하고 있다. 그런데 개발행위허가의 경우 그에 발급 시에 대한 19개 법률상의 인허가들을 의제하는 조문을 두고 있는 반면(제61조 제1항 각호), 본 조 제2항 단서에 따른 행위허가(이하 '행위허가'라고만 함)의 경우에는 산지관리법과 산림자원의 조성 및 관리에 관한 법률 두 개 법률상의 인허가만을 의제하고 있으므로 인허가 의제 범위에 있어 상당한 차이를 보이고 있다. 따라서 행위허가만을 받은 경우 건축행위 등에 필요한 다른 인허가들을 어떻게 처리하여야 하는 것인지에 대하여 논란이 있을 수 있다.

시가화조정구역이 지정되지 않은 통상적인 경우에는 개발행위허가가 요구되지만, 보통 개발행위허가는 건축법상 건축허가와 같이 다른 주된 인허가에 의제되는 관계에 놓이는 경우가 많고, 이러한 주된 인허가가 해당 종류의 개발행위에 필요한 대부분의 인허가들을 의제하고 있으므로(예컨대 건축법 제11조 제5항 참조), 특별히 여러 종류의 인허가들에 대한 별도의 절차를 병행할 필요성이 적다. 그러나 행위허가의 경우에는 다른 법률상의 인허가들에 의하여 의제되는 관계에 놓인 경우가 거의 없으므로, 다른 주된 인허가 – 예컨대 건축법상 건축허가를 받는 절차만으로 이를 함께 발급받을 수 없고, 반대로 행위허가를 받는 것만으로 다른 필요한 인허가들을 동시에 발급받을 수 없다. 나아가, 본 조 제2항의 표현을 고려하면 개발행위허가에 관한 조문을 명시적으로 배제하면서 행위허가 제도를 별도로 규율하고 있으므로, 양 허가의 성격이 동일하다거나 양 허가가 서로에 대한 포함관계에 놓여 있다고 보기도 어렵다.

따라서 본 조에 따른 행위허가를 받는 경우에는 건축허가 등 별도의 인허가 절차를 별개로 진행하여야 하고, 별도 인허가의 과정에서 적용가능한 인허가 의제 조항을 통하여 다른 필요한 인허가들을 취득하여야 할 것이다.

제82조(기존 건축물에 대한 특례)

제82조(기존 건축물에 대한 특례) 법령의 제정·개정이나 그 밖에 대통령령으로 정하는 사유로 기존 건축물이 이 법에 맞지 아니하게 된 경우에는 대통령령으로 정하는 범위에서 증축, 개축, 재축 또는 용도변경을 할 수 있다.
[본조신설 2011. 4. 14.]

Ⅰ. 의의

본래 법령의 제·개정이나 도시계획의 변경이 있다고 하더라도, 개정되거나 변경되는 내용을 종전의 건축허가요건에 따라 지어진 기존 건축물에 대하여까지 소급하여 적용토록 하는 것은 그 자체로 위헌위법의 소지가 있다. 특히, 건축물의 경우에는 그 자체로 고정되어있거나 변형가능성이 매우 낮은 물건이므로, 시시각각 변경되는 건축허가요건에 맞추어서 이를 지속적으로 증개축하는 것이 가능하지도 않고, 설사 가능하다고 하더라도 이는 건축물의 소유자에 대한 지나친 제한에 해당한다.

다만, 건축허가요건이 변경되었을 때 기존건축물의 현상을 그대로 존중하여 인정하여주는 것과 별개로, 건축주가 용도변경이나 증축과 같이 기존 건축물을 토대로 하는 일종의 변경인허가를 받으려는 경우의 처리방안이 문제되는데, 이 경우에도 변경된 건축허가요건을 적용토록 할 것인지가 문제된다. 본 조는 이러한 경우에도 종전의 현상을 존중하여, 종전의 건축허가요건의 한도 내에서는 일정한 변경인허가를 받아 건축행위를 하는 것을 허용하고 있다. 이에 조문의 제목 또한 '기존건축물에 대한 특례'인 것이다. 법제처 또한 본 조의 취지를 "법령의 제정·개정 등으로 인해 해당 용도지역에 부적합하게 된 경우까지 기존 건축물을 불법화하는 것은 국민들에게 예측하지 못한 부담을 주는 측면이 있으므로 이를 합리적인 범위에서 기존의 현상을 인정하려는 것"이라고 설명한다.[1]

Ⅱ. 조문의 내용

구체적으로 본 조와 그 위임을 받은 시행령 제93조는 법령, 조례, 도시관리계획

---

1 법제처 2010. 8. 23. 회신 10-0211 해석례 참조.

의 변경이 있는 경우를 주된 사유로 들고 있다. 대체로 본 조는 건폐율과 용적률의 경우에는 기존 건축물을 상한¹으로 하되(시행령 제93조 제1항 본문) 건축주에게 유리하게 건축허가요건이 변경된 경우에는 당연히 새로운 요건을 적용하도록 정하고 있다(시행령 제93조 제2항 제2호). 아울러 추가로 부지를 편입하여 증축하는 경우를 생각해볼 수도 있는데 이 경우 추가편입부지에 건축되는 건축물 부분에 대하여만 새로운 건축허가요건을 적용한다(시행령 제93조 제3항).

그 외에도 시행령 제93조 제4항은 오염물질 배출량이 같거나 낮은 경우에도 시설증설이 가능하도록 정하고 있고, 제5항은 공장이나 제조업소의 경우 대기오염물질발생량 또는 폐수배출량이 「대기환경 보전법 시행령」 별표 1 및 「물환경보전법 시행령」 별표 13에 따른 사업장 종류별 대기오염물질발생량 또는 배출규모의 범위에서 증가하는 경우는 기존 용도로 사용하는 것으로 보아 주도록 허용하고 있다.²

그 외 공장에 대하여는 시행령 제93조의2의 특례가 추가로 규정되어 있다.

Ⅲ. 해석상의 쟁점

1. 적용대상인 '기존 건축물'의 의미

법제처 해석례 중에는 본조의 특례를 적용받을 수 있는 '기존 건축물'의 의미를 도시계획의 변경 시점에 이미 준공검사까지 완료된 것으로 보아야 하는지, 아니면 도시계획 변경 전에 인허가를 받아 건축 중이던 것까지를 포함하여 특례를 인정해 주어야 하는지가 문제된 것이 있다. 법제처는 "건축공사 진행 중인 건축물로서 사용승인을 받기 전의 건축물을 '적법하게 건축된 기존의 건축물'이라고 하기는 어렵"다는 견해를 취하였는데, 주로는 관계 법령의 준수 여부 또한 건축법상 사용승인의 기준에 해당한다거나 해당 사안에서 건축물의 종류상 공장설립승인과 같은 후속절차가 예정되어있다는 등의 점을 들어 건축 중인 단계에서 이 모든 절차가

---

1 즉 기존 건축물에 대하여 종전의 법령, 도시계획에 의해 '허용'되던 최대한의 건폐율이나 용적률을 의미하는 것이 아니라, 기존 건축물이 허가받은대로의 건폐율, 용적률을 의미하는 것이다.
2 관련하여 법제처는 국토계획법 시행령 제93조 제5항의 해석방법과 관련하여, 기본적으로는 신고된 대기배출요소를 기준으로 '기존 용도'인지 아닌지를 판단하여 "당초 신고하지 않은 특정대기유해물질이 발생된다면 그 농도와 상관없이 "기존 용도로 사용"하는 것으로 볼 수" 있다는 견해를 취하고 있는데, 다만 "신고되지 않은 특정대기유해물질이 신고 대상 배출시설의 허용 범위에서 배출된 것과 같이 기존의 현상에 대해 적극적인 변경을 가하여 해당 용도지역 지정의 취지가 훼손되는 경우"에는 이를 더 이상 기존 건축물로 볼 수 없게될 수도 있다는 설명을 하고 있다(법제처 2018. 6. 11. 회신 18-0109 해석례).

적법하게 종결될 것이라 전제하고 본조의 특례를 적용하기는 어렵다는 견해를 취한 것으로 보인다.[1]

사견으로는, 법제처가 사용승인의 제도적 의미나 기능을 확대해석하면서 기존 건축물의 범위를 좁게 인정한 논지는 다소 수긍하기가 어렵다. 사용승인의 주된 취지는 건축허가 내용대로의 건축 여부를 확인하는 절차로서의 의미를 지니고, 따라서 관계 법령에 따른 주된 공법(公法)적 통제는 인허가 단계에서 이루어진 것으로 봄이 타당한데, 사용승인을 받지 않은 단계라는 것이 건축 중인 건물의 적법성을 판단하는데 결정적인 요소가 될 수 있는지는 의문이기 때문이다. 물론, 법제처와 같은 견해를 취하지 않을 경우 착공 후 어느 정도 단계에 이른 것까지를 기존 건축물로 보아 본조의 특례를 인정할 것인지 선을 긋기가 어려운 문제가 있다. 다만, 그에 관하여도 착공 후 기둥, 주벽 등을 갖춘 단계에 이르면 본조의 특례를 적용하는 등의 대안적인 해석 방향들을 생각해보는 것이 필요할 것이라 사료된다.

2. 기존 건축물 특례의 중복 적용 가부

법제처 해석례 중에는 본조에 따른 특례를 적용받아서 허용되는 범위에서 증축 등을 한 경우, 한번 더 본조의 특례를 적용받아서 대수선 또는 개축을 할 수 있는지 – 곧, 본조의 특례를 중복 적용받을 수 있는지가 문제된 사안이 발견된다. 법제처는 그와 같은 특례의 중복 적용이 불가하다고 보았다.[2]

3. 증축되는 부분에 적용될 기준

본조에 따른 특례가 적용되는 경우, 새로이 증축하려는 부분에 대해서도 종전의 건축제한이 적용되는 것인지 아니면, 새로이 증축하는 부분은 다시금 현재의 건축제한이 적용되어야 하는 것인지가 쟁점이 될 수 있다. 관련하여 법제처는 후자의 견해를 취하였다.[3]

---

1 이상 법제처 2024. 4. 18. 회신 24-0241 해석례에서 인용하고 참조.

2 법제처 2024. 11. 4. 회신 24-0780 해석례.

3 법제처는 "현행 건축제한 규정 등에 부적합하더라도 기존 건축물의 건축 당시 건축제한 규정에 적합한 경우에는 증축 또는 개축할 수 있다고 보아 건축법령의 위반 범위가 확대되는 방향으로 보는 것은 제한적인 범위에서 기존 건축물에 대한 특례를 정한 국토계획법 시행령 제93조의 한계를 벗어나는 해석"이라고 설명하였다.

Ⅳ. 비교법적 논의

비교법적으로 보면 흔히 'Retroactive Zoning Ordinance' — 곧, 용도지역의 소급 적용과 같은 문제가 대두되어왔는데, 미국 법원은 대체로 이를 위헌·위법하다고 보고있는 것으로 사료된다.[1] 이와 같은 소급적용 문제 이외에는, 미국법상 'Non-conforming Use'의 논의 또한 또한 본 조의 논의와 유사하다. 본래는 허용되는 용도였으나 계획의 변경으로 인하여 허용되지 않는 용도에 포함된 경우 기존 용도의 처리방안에 대한 논의이다. 미국에서도 기존 용도의 시간적 제한, 확장의 제한, 재축의 제한 등의 방법으로 기존 용도를 해소하고 변경된 규율로 이행하는 적법한 방안에 대한 논의가 대두되는데, 대체로 공·사익을 형량하여 적절한 선에서 그 방안을 찾으려는 것으로 보인다. 특이한 것은, 주에 따라 기존 용도에 대한 시간적 제한을 두고 그 기간이 지나면 더 이상 기존 용도를 허용하지 않는 방식의 규율들이 발견되고 그 위법성이 다투어진 사례들이 발견되는데, 미국 법원들은 기존의 용도를 제거하여야 할 만큼 충분한 공익적 이유가 존재하는지, 침해되는 사익은 어떠한지와 같이 이익형량을 통해 위법성을 심사하는 것으로 보인다. 예컨대, 기존 용도의 폐해가 심각한 반면, 기존 용도를 다른 곳으로 이전하는 것에는 비용도 얼마 들지도 않고 용이하다면 몇 년 정도의 유예기간을 두는 것 정도는 적법하다고 판단하는 식이다.[2]

---

1 시의 용도지역 소급적용이 개발사업자의 헌법상 권리 등에 반하는 것이라는 주장을 인용한 미국 지방법원 사례 참조. JSS Realty Co., LLC v. Town of Kittery, Maine, United States District Court, D. Maine, 177 F.Supp.2d 64. 대체로 재산권의 관점에서 다루고 있는 것들이 많다. 1930년대의 논의이지만 Retroactive Zoning Ordinances, 39 Yale L. J. 735, 737(1930)도 간략한 것이므로 한번 읽어볼 만 하다.

2 이와 같은 Nonconforming Use에 대한 논의에 관하여는 P. E. Salkin & J. R. Nolon, Land Use Law in a Nutshell, West Academic, 2017, pp. 95-97의 논의를 참조.

제83조(도시지역에서의 다른 법률의 적용 배제)

제83조(도시지역에서의 다른 법률의 적용 배제) 도시지역에 대하여는 다음 각 호의 법률 규정을 적용하지 아니한다. 〈개정 2011. 4. 14., 2014. 1. 14.〉
1. 「도로법」 제40조에 따른 접도구역
2. 삭제 〈2014. 1. 14.〉
3. 「농지법」 제8조에 따른 농지취득자격증명. 다만, 녹지지역의 농지로서 도시·군계
   획시설사업에 필요하지 아니한 농지에 대하여는 그러하지 아니하다.
[전문개정 2009. 2. 6.]

Ⅰ. 의의

본 조는 도시지역의 용도지역이 부여된 곳에서, 다른 법령상의 내용들 중 도시지역에 대하여 그대로 적용하기에 곤란한 규정들 – 곧, 도시의 기능을 위하여 적용을 배제하는 것이 바람직한 것으로 판단되는 규정들의 적용을 배제하고 있다.

Ⅱ. 조문의 내용

1. 접도구역 건축제한의 배제

본 조는 도시지역에 대하여는 도로법 제40조에 대한 접도구역의 적용을 배제하도록 정한다. 접도구역이란 "도로 구조의 파손 방지, 미관(美觀)의 훼손 또는 교통에 대한 위험 방지를 위하여 필요하면 소관 도로의 경계선에서 20미터(고속국도의 경우 50미터)를 초과하지 아니하는 범위"에서 지정되는 곳인데(도로법 제40조 제1항), 쉽게 말해 도로에 지나치게 접한 부분에서 개발행위를 할 경우 도로를 파손하거나 침범할 우려가 있으므로 어느 정도의 완충대를 두도록 한 것이다. 그러나 도시지역의 경우에는 이와 같은 제한을 둘 경우 도시공간의 효율적 이용에 지장을 주게 되므로, 도시지역에서는 해당 조항의 적용을 배제한 것이다.

2. 농지취득자격증명의 배제

우리 헌법은 농지에 대하여 '경자유전'의 원칙을 천명하고 있으므로(대한민국헌법 제121조 제1항), 농지 취득의 자유는 제한된다. 이에 농지법은 농지 취득 시 농지를 취득할 자격 – 곧, 영농을 영위할 의도나 자격을 증명할 수 있도록 그 자료를

제출하도록 정하고 있다.[1] 그런데 농지법상 농지의 정의가 포괄적이므로(농지법 제2조 제1호 가목[2]) 도시지역 내에서도 농지가 소재할 수 있다. 그런데 도시지역 내 – 특히, 주거·상업·공업지역에 현황이 농지인 땅이 있다고 하더라도 이는 가까운 장래에 개발을 하게 될 가능성이 매우 높은 곳이므로, 그에 대하여 경작을 할 자격이 있는지를 확인하여 거래를 하도록 하는 것은 지나친 제약이다. 이에 이를 배제하고 있다.

다만, 도시지역이라 하더라도 녹지지역에 소재한 농지는 개발압력을 곧바로 받는 곳이라 보기 어렵고, 농지로서의 현상을 유지하게 될 가능성이 높으므로 도시계획시설사업에 필요하다는 등의 사정이 없는 이상 여전히 농지취득자격증명을 요한다(본 조 제3호 단서).

---

1 참고로 "농지법 제8조 제1항 소정의 농지취득자격증명은 농지를 취득하는 자가 그 소유권에 관한 등기를 신청할 때에 첨부하여야 할 서류로서(농지법 제8조 제4항), 농지를 취득하는 자에게 농지 취득의 자격이 있다는 것을 증명하는 것일 뿐 농지취득의 원인이 되는 법률행위(매매 등)의 효력을 발생시키는 요건은 아니다"라는 것이 대법원의 입장이다. 대법원 1998. 2. 27. 선고 97다49251 판결.

2 농지법 제2조(정의) 1. "농지"란 다음 각 목의 어느 하나에 해당하는 토지를 말한다.
   가. 전·답, 과수원, 그 밖에 법적 지목(地目)을 불문하고 실제로 농작물 경작지 또는 대통령령으로 정하는 다년생식물 재배지로 이용되는 토지. 다만, 「초지법」에 따라 조성된 초지 등 대통령령으로 정하는 토지는 제외한다.

제83조의3(도시혁신구역에서의 다른 법률의 적용 특례)

제83조의3(도시혁신구역에서의 다른 법률의 적용 특례) ① 도시혁신구역에 대하여는 다음 각 호의 법률 규정에도 불구하고 도시혁신계획으로 따로 정할 수 있다.

1. 「주택법」 제35조에 따른 주택의 배치, 부대시설·복리시설의 설치기준 및 대지조성 기준

2. 「주차장법」 제19조에 따른 부설주차장의 설치

3. 「문화예술진흥법」 제9조에 따른 건축물에 대한 미술작품의 설치

4. 「건축법」 제43조에 따른 공개 공지 등의 확보

5. 「도시공원 및 녹지 등에 관한 법률」 제14조에 따른 도시공원 또는 녹지 확보기준

6. 「학교용지 확보 등에 관한 특례법」 제3조에 따른 학교용지의 조성·개발 기준

② 도시혁신구역으로 지정된 지역은 「건축법」 제69조에 따른 특별건축구역으로 지정된 것으로 본다.

③ 시·도지사 또는 시장·군수·구청장은 「건축법」 제70조에도 불구하고 도시혁신구역에서 건축하는 건축물을 같은 법 제73조에 따라 건축기준 등의 특례사항을 적용하여 건축할 수 있는 건축물에 포함시킬 수 있다.

④ 도시혁신구역의 지정·변경 및 도시혁신계획 결정의 고시는 「도시개발법」 제5조에 따른 개발계획의 내용에 부합하는 경우 같은 법 제9조제1항에 따른 도시개발구역의 지정 및 개발계획 수립의 고시로 본다. 이 경우 도시혁신계획에서 정한 시행자는 같은 법 제11조에 따른 사업시행자 지정요건 및 도시개발구역 지정 제안 요건 등을 갖춘 경우에 한정하여 같은 법에 따른 도시개발사업의 시행자로 지정된 것으로 본다.

⑤ 도시혁신계획에 대한 도시계획위원회 심의 시 「교육환경 보호에 관한 법률」 제5조제8항에 따른 지역교육환경보호위원회, 「문화유산의 보존 및 활용에 관한 법률」 제8조에 따른 문화유산위원회(같은 법 제70조에 따른 시·도지정문화유산에 관한 사항의 경우 같은 법 제71조에 따른 시·도문화유산위원회를 말한다) 또는 「자연유산의 보존 및 활용에 관한 법률」 제7조의2에 따른 자연유산위원회(같은 법 제40조에 따른 시·도자연유산에 관한 사항의 경우 같은 법 제41조의2에 따른 시·도자연유산위원회를 말한다)와 공동으로 심의를 개최하고, 그 결과에 따라 다음 각 호의 법률 규정을 완화하여 적용할 수 있다. 이 경우 다음 각 호의 완화 여부는 각각 지역교육환경보호위원회, 문화유산위원회 및 자연유산위원회의 의결에 따른다.

1. 「교육환경 보호에 관한 법률」 제9조에 따른 교육환경보호구역에서의 행위제한

2. 「문화유산의 보존 및 활용에 관한 법률」 제13조에 따른 역사문화환경 보존지역에서의 행위제한

3. 「자연유산의 보존 및 활용에 관한 법률」 제10조에 따른 역사문화환경 보존지역에서의 행위제한

[본조신설 2024. 2. 6.]

I. 의의

본 조는 도시혁신구역 내에서 고밀도, 복합개발을 장려하기 위하여 타 법령상 존재하는 여러 조문들의 적용을 완화하거나 배제하는 취지의 조문이다. 종래 입지 규제최소구역에 대해서도 유사한 취지의 조문(제83조의2)이 존재하였는바, 당시의 입법자료는 그 취지를 "다양하고 복합적인 개발계획을 적극 수용하고, 용도, 밀도 등에 대한 규제완화가 효과적으로 활용될 수 있도록 건축물의 규모나 배치 등을 제한하는 타 법률에 따른 규제도 함께 완화될 수 있도록 하려는 것"이라고 설명하였다.[1] 본조의 경우 대체로 그 내용이 폐지된 법 제83조의2와 유사[2]한데, 본조는 제83조의2를 거의 그대로 계수하면서, ① 특례적용의 대상에 공원녹지법상 도시공원 또는 녹지비율 및 학교용지법상 학교용지의 조성·개발기준을 추가하고(본조 제1항 제5 내지 6호), ② 도시혁신구역의 특수성을 감안하여 도시개발사업 의제에 관한 조문을 추가(본조 제4항)한 정도이다.

II. 특례의 내용

본서의 초판에서는 입지규제최소구역에 관한 특례를 부여한 제83조의2와 관련하여 그 취지 및 내용을 잘 정리한 입법자료상의 표를 발췌하여 소개한 바 있다. 본조의 경우 그러한 특례에 일부 특례가 추가된 정도이므로, 해당 표에 공원녹지법 및 학교용지법 관련 규정을 저자가 추가하여 아래와 같이 정리하였다.

1. 도시혁신계획으로 따로 정할 수 있는 사항(본조 제1항)

아래 각 사항들은 도시혁신계획으로 완화나 배제 등의 특례를 정할 수 있는 사항들이다. 다만, 조문의 내용과 같이 "도시혁신계획으로 따로 정할 수 있다"는 것이므로, 개별 도시혁신계획의 내용에 따라 그 특례의 내용이 구체적으로 확정되어야 한다.

---

[1] 국회 국토교통위원회, 국토의 계획 및 이용에 관한 법률 일부개정법률안(이노근의원 대표발의) 검토보고서, 2014. 7., 20면 내지 21면에서 인용.

[2] 입법자료상으로도 "현행 입지규제최소구역의 적용 특례 조항과 동일한 체계로 규정하여 그 내용이 대부분 유사"하다는 설명이 등장한다. 국회 국토교통위원회, 국토의 계획 및 이용에 관한 법률 일부개정법률안(김정재의원 등 13인) 심사보고서, 2024. 1., 17면에서 인용.

법률	조항	해당 규정
주택법	제35조	• 주택의 배치기준(이하 주택건설기준규정 제2장 각 조문 참조) – 공동주택, 어린이놀이터, 유치원, 경로당 등은 소음유발시설(공장 등)로부터 50m 이상 이격 등(제9조의2) – 공동주택의 배치 – 도로, 주차장의 경계선으로부터 2m 이상 이격(제10조) – 지하층의 활용(근생, 주차장, 주민공동시설 등으로만 사용 가능: 제11조) – 주택과의 복합건축(숙박·위락시설, 공연장, 공장 등의 주택과 복합건축물로 건설 제한, 단 도시환경정비사업에 따른 복합건축물 또는 특별건축구역 등의 50층 이상 건물인 경우는 예외: 제12조) • 부대시설 기준(이하 주택건설기준규정 제4장 참조) – 주택규모별 진입도로 폭, 단지 내 도로기준 – 주택단지의 주차장 설치기준 – 조경시설 설치기준(단지면적의 30%) • 복리시설 기준(이하 주택건설기준규정 제5장 각 조문 참조) – 근린생활시설 관련 주차, 하역 공터, 소음, 악취 등 관련 조치(제50조) – 경로당·어린이놀이터·주민운동시설 등의 주민공동시설(100세대 이상, 세대별로 설치요구 시설 다름: 제55조의2), 유치원 설치(2천세대 이상; 제52조) • 대지조성 기준(이하 주택건설기준규정 제6장 참조) – 대지의 안전 조치, 진입도로·상하수도시설·전기시설 등의 간선시설 설치
주차장법	제19조	• 부설주차장 설치기준 – 도시지역, 지구단위계획구역 등에서 건축물, 골프연습장 등의 시설물 설치시 부설주차장 설치 의무 – 용도별 시설면적 50~400㎡당 1대 등(주차장법 시행령 별표 1)
문화예술 진흥법	제9조	• 미술작품 설치 의무 – 일정규모 이상 건축물 건축시 일정금액을 미술작품 설치에 사용하거나 문화예술진흥기금에 출연 – 공동주택 등 연면적 1만 제곱미터 이상인 경우 건축비의 0.1~0.7% 이상 사용(문화예술진흥법 시행령 별표 2)
건축법	제43조	• 공개 공지 등의 확보(건축법 시행령 제27조의2) – 일반주거지역, 준주거지역, 상업지역, 준공업지역 등에서 문화집회시설, 종교시설, 판매시설(농산물유통시설 제외), 운수시설(여객용 시설만 해당), 업무시설, 숙박시설로서 해당 면적의 바닥면적 합계가 5천㎡ 이상인 경우나 조례로 정하는 경우 대지면적의 100분의 10 이하의 범위에서 조례로 정하는 비율만큼 확보
공원 녹지법	제14조	• 도시공원 또는 녹지의 확보(공원녹지법 시행규칙 제4조) – 해당 도시지역 안에 거주하는 주민 1인당 6㎡ 또는 3㎡ 이상

법률	조항	해당 규정
학교 용지법	제3조	• 학교용지의 조성 및 개발 - 300세대 이상(일정한 경우 계산의 특례 있음) 개발사업의 경우 개발계획에 학교용지 조성 및 개발에 관한 사항 포함해야 하고, 원칙적으로는 개발사업구역 1m 이내에 학교용지 확보(학교용지법 시행령 제2조 제4항)

* 특례의 내용(국회 국토교통위원회, 국토의 계획 및 이용에 관한 법률 일부개정법률안(이노근의원 대표발의) 검토보고서, 2014. 7., 31면 내지 33면에서 발췌한 것을 본조의 내용 및 관계 법령의 개정 경과를 반영하여 저자가 수정

2. 특별건축구역 의제에 따른 특례(본조 제2항, 제3항)

아래 각 사항들의 경우 특별건축구역에 의제됨에 따라, 건축법상 특별건축구역에 대하여 적용되는 특례들을 정리한 것이다.

법률	조항	해당 규정
건축법 (특별건축 구역 관련)	제69조 제73조	• 적용 배제 가능한 기준(건축법 제73조 제1항[1]) - 조경기준(200㎡이상 대지에 건축시 조례로 정하는 기준 이상 조경 설치; 건축법 제42조) - 대지안의 공지 확보(대지경계선부터 6m 이내에서 조례로 정하는 거리 이상 이격: 건축법 제58조) - 가로구역별 높이제한 및 도로 사선제한(건축법 제60조) - 일조 등의 확보를 위한 높이제한(건축법 제61조) - 주택건설기준 중 공동주택의 배치, 기준척도, 비상급수, 난방설비, 근린생활시설·유치원 설치 • 통합 적용 가능한 기준(건축법 제74조) - 부설주차장, 미술작품 및 공원 설치 • 동등 이상의 성능으로 대체 가능한 기준(건축법 제73조 제2항) - 건축설비, 피난, 내화, 에너지 등의 기준은 동등 이상의 성능으로 대체가 능한 경우 완화 ⇒ 건축허가 신청시 특례적용계획서를 제출하면 건축위원회 심의를 거쳐 완화 가능

* 특례의 내용(국회 국토교통위원회, 국토의 계획 및 이용에 관한 법률 일부개정법률안(이노근의원 대표발의) 검토보고서, 2014. 7., 31면 내지 33면에서 발췌한 것을 본조의 내용 및 관계 법령의 개정 경과를 반영하여 저자가 수정)

---

1 건축법 제73조는 용적률, 건폐율에 대하여도 특례를 정하고 있으나, 도시혁신구역의 경우 도시혁신계획으로 해당 내용을 정할 수 있으므로 입법자료상 특별히 본 표에 기재하지 않은 것으로 보인다.

3. 심의에 따라 배제할 수 있는 특례(본조 제5항)

아래 각 사항들의 경우 도시혁신구역 지정, 변경 등의 경우 아래 각 사항을 관장하는 위원회와 도시계획위원회의 공동심의를 통해 행위제한을 완화할 수 있는 사항들이다. 본조 제5항 후문은 "이 경우 다음 각 호의 완화 여부는 각각 지역교육환경보호위원회, 문화유산위원회 및 자연유산위원회의 의결에 따른다"라고 정하고 있으므로, 공동심의에도 불구하고 각 위원회의 결정권을 배제할 수는 없다.

법률	조항	해당 규정
교육환경법	제9조	• 교육환경보호구역(학교경계로부터 200m)에서의 행위제한 - 숙박시설, 경마·경륜장, 게임제공업, 유흥업소, 폐기물관련시설, 학교 주변 200m 이내에서 대기·수질·소음 등 기준초과시설 등 제한(제9조) - 단, 교육감이 상대보호구역(학교경계로부터 50~200m)의 경우 지역위원회 심의를 거쳐서 일부 시설의 경우 입지 가능(제9조 단서)
문화유산법 자연유산법	제13조 제10조	• 역사문화환경 보존지역(500m 이내)에서의 행위제한 - 역사문화환경 보존지역이 지정되면 구체적인 행위제한 기준이 고시(문화유산법 제13조 제5항, 자연유산법 제10조 제4항), - 내용이 별도 고시되지 않은 지역에서는 시·도지사가 건설공사 인허가 시 지정문화재 보존에 미치는 영향에 대한 검토(문화유산법 제13조 제2항, 자연유산법 제10조 제2항)

* 특례의 내용(국회 국토교통위원회, 국토의 계획 및 이용에 관한 법률 일부개정법률안(이노근의원 대표발의) 검토보고서, 2014. 7., 31면 내지 33면에서 발췌한 것을 본조의 내용 및 관계 법령의 개정경과를 반영하여 저자가 수정)

Ⅲ. 도시개발사업의 의제

본조 제4항은 도시혁신구역을 지정한 경우, 도시개발사업구역의 지정과 개발계획의 수립, 도시개발사업 시행자 지정 등을 의제하도록 정하고 있다. 물론, 모든 경우에 의제효과가 발생한다는 것은 아니고, 본조의 규정과 같이 도시개발법상 개발계획의 내용 및 사업시행자 지정 요건 등에 부합하는 경우에 이와 같은 의제효과가 인정된다.

종래 입지제한최소구역 제도는 단순히 용도지역 등에 대한 특례를 규정하였을 뿐 그에 후속한 개발사업의 시행에 관한 내용까지를 포함하고 있지 않았다. 반면, 도시혁신구역 제도의 경우에는 도시개발사업과의 연계를 도입하고 있으므로, 이를 통해 도시개발사업의 추진절차를 별도로 거쳐야 하는데 소요되는 시간과 노력을 절약할 수 있고,[1] 따라서 종전의 제도보다도 적극적인 도시개발의 기능을 예정하고 있는 것이라 하겠다. 관련하여 본서의 제3편 도시혁신구역 관련 논의 부분을 함께 참조하라.

---

[1] 관련하여, 이재훈, 최근 국토교통부가 발표한 도시계획 혁신방안에 대한 小考, 건설법연구, 제10호, 2023, 7면의 논의를 인용하고 참조.

제83조의4(복합용도구역에서의 건축법 적용 특례)

제83조의4(복합용도구역에서의 건축법 적용 특례) 제83조의3제2항 및 제3항은 복합용도구역에도 적용한다. 이 경우 "도시혁신구역"은 "복합용도구역"으로 본다.
[본조신설 2024. 2. 6.]

본조는 복합용도구역에서 다른 법령상의 규제를 배제하거나 완화할 수 있는 특례에 대하여 정하고 있는 조문이다. 복합용도구역은 도시혁신구역에 비해서는 완화가능한 정도가 낮은 편이므로, 본조는 도시혁신구역에 관한 법 제83조의3의 각 조문들 중에서도 특별건축구역에 관한 사항만을 준용하는 태도를 취하고 있다.

특별건축구역 지정이 의제됨에 따른 특례의 내용은 다음과 같다.

법률	조항	해당 규정
건축법 (특별건축구역 관련)	제69조 제73조	• 적용 배제 가능한 기준(건축법 제73조 제1항) - 조경기준(200㎡이상 대지에 건축시 조례로 정하는 기준 이상 조경 설치: 건축법 제42조) - 대지안의 공지 확보(대지경계선부터 6m 이내에서 조례로 정하는 거리 이상 이격: 건축법 제58조) - 가로구역별 높이제한 및 도로 사선제한(건축법 제60조) - 일조 등의 확보를 위한 높이제한(건축법 제61조) - 주택건설기준 중 공동주택의 배치, 기준척도, 비상급수, 난방설비, 근린생활시설·유치원 설치 • 통합 적용 가능한 기준(건축법 제74조) - 부설주차장, 미술작품 및 공원 설치 • 동등 이상의 성능으로 대체 가능한 기준(건축법 제73조 제2항) - 건축설비, 피난, 내화, 에너지 등의 기준은 동등 이상의 성능으로 대체 가능한 경우 완화 ⇒ 건축허가 신청시 특례적용계획서를 제출하면 건축위원회 심의를 거쳐 완화 가능

* 특례의 내용(국회 국토교통위원회, 국토의 계획 및 이용에 관한 법률 일부개정법률안(이노근의원 대표발의) 검토보고서, 2014. 7., 31면 내지 33면에서 발췌한 것을 본조의 내용 및 관계 법령의 개정 경과를 반영하여 저자가 수정)

제84조(둘 이상의 용도지역 · 용도지구 · 용도구역에 걸치는 대지에 대한 적용기준)

제84조(둘 이상의 용도지역 · 용도지구 · 용도구역에 걸치는 대지에 대한 적용 기준) ① 하나의 대지가 둘 이상의 용도지역·용도지구 또는 용도구역(이하 이 항에서 "용도지역 등"이라 한다)에 걸치는 경우로서 각 용도지역등에 걸치는 부분 중 가장 작은 부분의 규모가 대통령령으로 정하는 규모 이하인 경우에는 전체 대지의 건폐율 및 용적률은 각 부분이 전체 대지 면적에서 차지하는 비율을 고려하여 다음 각 호의 구분에 따라 각 용도지역등별 건폐율 및 용적률을 가중평균한 값을 적용하고, 그 밖의 건축 제한 등에 관한 사항은 그 대지 중 가장 넓은 면적이 속하는 용도지역등에 관한 규정을 적용한다. 다만, 건축물이 고도지구에 걸쳐 있는 경우에는 그 건축물 및 대지의 전부에 대하여 고도지구의 건축물 및 대지에 관한 규정을 적용한다. 〈개정 2012. 2. 1., 2017. 4. 18.〉

1. 가중평균한 건폐율 = (f1x1 + f2x2 + … + fnxn) / 전체 대지 면적. 이 경우 f1부터 fn까지는 각 용도지역등에 속하는 토지 부분의 면적을 말하고, x1부터 xn까지는 해당 토지 부분이 속하는 각 용도지역등의 건폐율을 말하며, n은 용도지역등에 걸치는 각 토지 부분의 총 개수를 말한다.

2. 가중평균한 용적률 = (f1x1 + f2x2 + … + fnxn) / 전체 대지 면적. 이 경우 f1부터 fn까지는 각 용도지역등에 속하는 토지 부분의 면적을 말하고, x1부터 xn까지는 해당 토지 부분이 속하는 각 용도지역등의 용적률을 말하며, n은 용도지역등에 걸치는 각 토지 부분의 총 개수를 말한다.

② 하나의 건축물이 방화지구와 그 밖의 용도지역·용도지구 또는 용도구역에 걸쳐 있는 경우에는 제1항에도 불구하고 그 전부에 대하여 방화지구의 건축물에 관한 규정을 적용한다. 다만, 그 건축물이 있는 방화지구와 그 밖의 용도지역·용도지구 또는 용도구역의 경계가 「건축법」 제50조제2항에 따른 방화벽으로 구획되는 경우 그 밖의 용도지역·용도지구 또는 용도구역에 있는 부분에 대하여는 그러하지 아니하다.

③ 하나의 대지가 녹지지역과 그 밖의 용도지역·용도지구 또는 용도구역에 걸쳐 있는 경우(규모가 가장 작은 부분이 녹지지역으로서 해당 녹지지역이 제1항에 따라 대통령령으로 정하는 규모 이하인 경우는 제외한다)에는 제1항에도 불구하고 각각의 용도지역·용도지구 또는 용도구역의 건축물 및 토지에 관한 규정을 적용한다. 다만, 녹지지역의 건축물이 고도지구 또는 방화지구에 걸쳐 있는 경우에는 제1항 단서나 제2항에 따른다. 〈개정 2017. 4. 18.〉

[전문개정 2009. 2. 6.]

Ⅰ. 의의

본 조는 대지가 여러 용도지역 등에 걸쳐있는 경우, 달리 말해 대지의 일부는 주거지역, 일부는 상업지역으로 되어 있는 경우, 건축허가요건의 적용 방법에 대하여 정한 것이다. 이는 실무적으로는 이른바 '노선상업지역'과 관련하여 문제되었는데, 그 개념과 의의 등에 대하여 항을 바꾸어 서술한다.

Ⅱ. 노선상업지역의 의의

1. 개념

가. 개념의 연혁

이른바 '노선상업지역'이란 주요간선도로를 중심으로 도로경계선으로부터 폭 12m로 일괄적으로 지정된 상업지역을 말한다. 노선상업지역이라는 용어가 최초로 사용된 것은 총독부 고시 제756호(1939. 9. 18.)에서였다.[1] 이 때문에 1975년 건축법 개정 시에 '대지가 도로에 연하여 띠 모양으로 지정된 상업지역'[구 건축법, (1975. 12. 31. 법률 제2852호로 일부개정된 것) 제52조]으로 용어 용례가 변하였음에도, 여전히 실무적으로는 '노선상업지역'이라는 명칭이 이용되고 있다.[2]

일제시절 노선상업지역이 지정된 취지는 아마도 도시의 중심으로부터 주요도로를 통해 상업지역이 확산되어 가던 현실을 반영한 것에 있을 것으로 사료된다.[3] 대표적으로 강남대로의 경우 1970년도 영동구획정리지구 지정 당시, 간선도로변에 상업지역을 설정하여 두었던 것이 현재까지 이르고 있다.

이러한 노선상업지역은 일반적인 용도지역제 도시계획과는 시각적으로 큰 차이를 보인다. 용도지역제 도시계획의 경우 '면'형으로 결정되는 반면에, 노선상업지역의 경우에는 '선'형으로 지정되므로, 후자의 경우 개별토지의 필지 모양을 고려하지 않는 정도가 훨씬 크다고 하겠다. 이 때문에 후술할 '1개 필지, 혹은 1개 대지에

---

1 윤영민, 노선상업지역의 운영특성이 도시경관과 환경에 미치는 영향: 서울특별시 강남구를 중심으로, 서울시립대학교 도시과학대학원 석사학위논문, 2010, 7면.
2 곧 노선상업지역이라는 명칭은 국토계획법 상 상업지역 중에서 그 사실적인 형태의 특징을 가미하여 만들어낸 것이다. 유의할 것은 노선상업지역도 상업지역이며, 법적인 용어는 아니고 단지 실무적이고 관습적으로 사용되는 개념이라는 점이다.
3 윤영민, 노선상업지역의 운영특성이 도시경관과 환경에 미치는 영향: 서울특별시 강남구를 중심으로, 서울시립대학교 도시과학대학원 석사학위논문, 2010, 7면.

여러 개의 용도지역이 걸쳐서 설정되는 문제'가 노선상업지역과 관련하여 상당히 광범위하고 일률적으로 발생하게 되었다.

나. 상업지역 對 주거지역

노선상업지역의 문제의 소재는 결국 건축행위의 관점에서 '1개의 대지에 여러 개의 용도지역이 걸쳐져서 존재한다'는 것에 있다. 용도지역에 따라 차이가 있는 규율들, 그중에서도 건폐율이나 용적률의 측면에서 여러 개의 규범들이 교차하는 문제를 야기하게 된다.

"용도지역이 중요한 의미를 갖는 것은 용도지역에 따라 법령이 정하는 건축허가요건이 다르기 때문이다."[1] 1개 대지에 제3종일반주거지역과 일반상업지역이 걸쳐서 지정되어 있는 경우라면, 그 대지의 용도지역을 어떻게 규정하느냐에 따라서 용적률의 상한은 600%까지 차이가 나게 된다. 이는 곧 토지소유자 및 개발행위자의 입장에서는 상당한 정도의 이익 차이를 의미하며, 법적 관점에서는 토지소유자의 재산권의 행사, 혹은 제한의 정도의 문제를 의미한다.

다. 용도지역 결정에 대한 법령의 변화

그렇다면 노선상업지역과 관련한 가장 큰 고민은 '이 대지의 용도지역을 무엇으로 보아야 하는가'로 초점이 맞춰지게 된다. 이에 대해서는 ① 대지 내의 각 부분별로 아예 용도지역을 달리 보는 방법이나, ② 해당 대지 전체를 둘 중 하나의 용도지역으로 보는 방법이 있을 수 있다. 1962년 건축법에 최초로 관련한 규정이 입법되는데, 당시의 건축법 제52조는 이른바 '과반수 방법'에 의하도록 되어 있다. 곧 각 용도지역 중 대지의 '과반수'에 해당하는 것으로 전체 대지의 용도지역을 결정하겠다는 태도이다. 이러한 방법은 상당히 오랜 기간 원칙적인 규범으로 자리 잡았으나, 최근에 이르러 개정이 되었다.

조금 더 미시적으로 바라보면, (1) 1962. 건축법의 '과반수 방법'은 (2) 이후 1975년 규제완화의 취지에 따라 '대지의 일부에라도 노선상업지역이 포함되면 비율에 상관없이 대지 전체를 상업지역으로 본다'는 태도로 선회하였다(구 건축법 제52조). (3) 그러나 다시 1982. 4.의 개정을 통해 다시 1962. 건축법의 태도로 돌아온다. (4) 이후 1996. 8. 개정에서 위 ①의 태도, 곧 대지의 각 해당부분별 용도지역을

---

1 김종보, 건설법의 이해, 피데스, 2013, 206면에서 직접 인용.

그대로 각 적용하는 방법이 사용되다가, (5) 다시 2000년 건축법 개정에서는 '가장 많은 용도지역 기준 방법'이 사용된다.

국토계획법 제정으로 본 조항은 국토계획법 제84조로 옮겨갔으며, 이후 660㎡룰[1] 등의 복잡한 예외 조항들이 삽입되었으나, 큰 틀에서 원칙은 전술한 '과반수 방법'이 이용되었다.[2]

Ⅲ. 노선상업지역과 강남대로 동(東)쪽의 스카이라인

위치	서울 강남구 역삼동 816 외 2
대지면적	1,225㎡(이중 816 대 : 604.5㎡)
건폐율	54.65%
용적률	321.14%
용도지역의 구성[3]	
높이	47.12m
층수	지하 4층/지상 10층

노선상업지역은 상기한 문제를 넘어 법령의 변화에 따라 여러 가지 방식으로 건축물의 탄생에 영향을 미쳐왔다. 그 가운데 등장한 것이 바로 'L'자형 건축물, 곧 하나의 대지에 적용되는 각 용도지역의 용적률에 따라 높이를 달리해 계단식으로 건축한 경우이다. 강남대로변의 강남구 역삼동 816외 2필지 상의 건축물이 바로 이

---

1 각 용도지역들 중 작은 규모의 넓이가 660㎡ 이하(노선상업지역의 경우, 그 외에는 330㎡ 이하)인 경우 본 조 제1항을 적용한다는 의미이다.
2 다만 제정 국토계획법에서는 "그 1필지의 토지 중 가장 넓은 면적이 속하는 용도지역·용도지구 또는 용도구역에 관한 규정을 적용한다"는 표현으로 바뀌었다.
3 도면의 출처는 토지이용계획열람(www.eum.go.kr). 816대를 보면 강남대로변에 설정된 노선상업지역이 '띠'처럼 되어 있다.

에 해당하는 것으로 추측된다.[1]

816 대와 816-7 내지 8 대가 바로 이 건축물의 대지이다. 강남대로 쪽은 노선상업지역이고 그 외에는 제3종주거지역이다. 건축허가 당시(1991년 10월) 법 태도에 따르면 '과반수 방법'에 따라 위 대지 전부는 제3종주거지역이 된다. 그러나 이 건축물은 이 같은 규제를 다음과 같은 방법으로 피할 수 있었던 것이 아닌가 추측된다. 바로 건축물 중 상업지역에 속하는 부분은 높게 짓고, 주거지역에 속하는 부분은 낮게 짓는 방법이다. 이에 따라 이 건물의 용적률은 321.14%가 되었다. 참고로 당시 서울특별시 건축조례의 별표2에서는 일반주거지역에서 '주거용 건물'이 아닌 이상, 용적률 300%가 상한으로 규정되어 있었다.

Ⅳ. 2012. 2. 1. 국토계획법 개정과 용적률 적용 요건[2]

2012. 2. 1. 개정된 국토계획법 제84조 제1항은 전술한 '과반수 방법'을 버리고, '가중평균 방법'을 택하게 되었다. 제·개정이유에 따르면 "둘 이상의 용도지역 등에 걸치는 대지의 경우 가중평균한 건폐율 및 용적률을 적용하도록 하는 등 현행 제도의 운영상 나타난 일부 미비점을 개선·보완하려는 것"이라고 한다.

[표] 2012. 2. 1. 개정 전후 국토계획법

개정 전	개정 후
제84조(둘 이상의 용도지역 · 용도지구 · 용도구역에 걸치는 대지에 대한 적용 기준) ① 하나의 대지가 둘 이상의 용도지역 · 용도지구 또는 용도구역에 걸치는 경우 그 대지 중 용도지역 · 용도지구 또는 용도구역에 있는 부분의 규모가 대통령령으로 정하는 규모 이하인 토지 부분에 대하여는 그 대지 중 가장 넓은 면적이 속하는 용도지역 · 용도지구 또는 용도구역에 관한 규	제84조(둘 이상의 용도지역 · 용도지구 · 용도구역에 걸치는 대지에 대한 적용 기준) ① -------------------------------- -- 용도구역(이하 이 항에서 "용도지역등"이라 한다)에 걸치는 경우로서 각 용도지역등에 걸치는 부분 중 가장 작은 ------------------ -------------------------- 경우에는 전체 대지의 건폐율 및 용적률은 각 부분이 전체

---

1 문헌상으로는 특별한 언급이 없고, 일부 실무가들의 온라인 글에서 이를 대표적 사례로 언급한다. https://blog.naver.com/byte93/110119382593 참조.
2 본 개정의 취지는 상술한 '과도한 분필' 등의 악용사례를 막기 위함이라 한다. 이는 "국토부는 이 규정을 악용해 서울 강남역 등지에서 용적률 등이 낮은 용도지역의 면적을 의도적으로 축소하기 위해 건축부지를 과도하게 분할하는 편법이 횡행하고 있다는 지적에 따라 법을 개정했다"는 기사로부터 알 수 있다(서미숙 기자, 용도지역 다른 대지 8월부터 적용기준 개선, 연합뉴스 2012. 2. 4. 자 기사 참조).

정을 적용한다. 다만, 건축물이 미관지구나 고도지구에 걸쳐 있는 경우에는 그 건축물 및 대지의 전부에 대하여 미관지구나 고도지구의 건축물 및 대지에 관한 규정을 적용한다.

대지 면적에서 차지하는 비율을 고려하여 다음 각 호의 구분에 따라 각 용도지역등별 건폐율 및 용적률을 가중평균한 값을 적용하고, 그 밖의 건축 제한 등에 관한 사항은 ————————— 용도지역등 ——————————————.

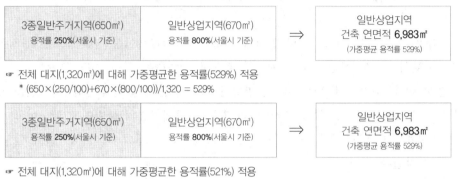

☞ 전체 대지(1,320㎡)에 대해 가중평균한 용적률(529%) 적용
　　* (650×(250/100)+670×(800/100))/1,320 = 529%

☞ 전체 대지(1,320㎡)에 대해 가중평균한 용적률(521%) 적용
　　* (670×(250/100)+650×(800/100))/1,320 = 521%

⇒ **가중평균치**를 적용하면 용도지역에 따른 건축 연면적의 **차이 최소화**(6,983 − 6,877 = 106㎡)

* 개정규정에 따른 연면적 산정 사례[국회 국토교통위원회, 국토의 계획 및 이용에 관한 법률 일부개정법률안(정부 제출) 검토보고서, 2011. 11., 18면에서 발췌]

Ⅴ. 새로운 문제

1. 허용되는 용도의 결정 문제

개정 국토계획법 제84조 제1항에도 불구하고 여전히 노선상업지역의 문제는 잔존해있다. 과거 '과반수 방법'의 가장 큰 특징은 바로 이분적인(dichotomous) 방식을 택했다는 점이다. 중간에 개정된 바에 따라 '대통령령이 정하는 일정 면적'이라는 다소 기술적인 제한이 뒤따르기는 했으나, 용도지역은 상업지역 또는 주거지역 둘 중 하나로 정해졌고, 그에 따라 과도한 분필 등의 문제가 야기되었던 것이다.

그러나 개정 국토계획법의 경우에는 제·개정이유에서도 나타나듯이 '용적률' 문제에 집중한 나머지 그 외의 문제의 소재에 대해서는 별다른 검토를 하지 못한 것으로 보인다. 곧 개정 국토계획법 제84조 제1항은 둘 이상의 용도가 걸쳐지는 지역의 용적률을 산술적으로 계산하는 것에 대해 결론을 내려주고 있을 뿐이지, 해당 지역의 용도지역을 어떻게 확정할 것인지의 점에 대해서는 상술하지 않고 있는 것이다. 특히 양 용도지역이 정확히 50:50으로 되어있는 대지의 경우, '가장 많은 면적'을 기준으로 판단하는 현행법은 침묵할 수밖에 없다. 이러한 의미에서는 어쩌면 '과반수 방법'에 비해서도 후퇴한 것 아닌가라는 의문도 들게 된다. 때문에 노선상업지역이 50;50으로 걸쳐지는 부분에서 허용되는 용도가 명확하지 않게 되는 문제가 발생하게 되었다.[1] 차후 입법 및 해석을 통해 해결해나가야 할 문제인 것으로 보인다.

다만 사견으로는 (a) 노선상업지역 제도가 잔존하는 이상, 간선도로변의 경우 행정계획입안자가 '상업지역'을 예정한 것으로 해석하는 것이 보다 부합하고, (b) 단순히 이를 '주거지역'으로 본다면 명확한 법률적 근거 없이 국민의 재산권을 제한하는 문제가 있을 수 있다. 이에 따라 개정 국토계획법의 불비에도 불구하고 해당 대지에 들어설 수 있는 용도는 상업지역을 용도지역으로 하여 정하여야 할 것으로 생각된다.

2. 다른 법률과의 관계 문제

둘 이상의 용도지역이 걸쳐있는 경우, 둘 중 하나의 용도지역과 관련하여 국토계획법 이외의 법률에서 일정한 특례들을 마련하고 있는 경우가 존재할 수 있다. 이 경우 한 용도지역에 관한 다른 법률상의 특례가, 다른 용도지역 부분에 대하여도 함께 적용되는 것인지가 쟁점이 될 수 있다. 관련하여 법제처는 부정적인 견해 ─ 곧, 다른 법률상의 특례의 대상이 되지 않는 용도지역 부분에 대해서까지 해당 특례가 적용될 수는 없다는 취지로 판단하였다.[2]

한편, 법제처 해석례 중에는 개발제한구역에 속한 하나의 대지의 일부가 개발제한구역법상 취락지구이고 나머지는 취락지구가 아닌 경우, 본조 제1항을 적용하여 취락지구에 관한 건축제한의 적용 여부를 판단하여야 하는지가 문제된 사안이 발견된다. 법제처는 개발제한구역법이 본조 제1항의 특별법이라는 논리를 통해, 해

---

1 단적으로 제3종주거지역의 경우 제2종근린생활시설 중 단란주점 용도가 허용되지 않는 반면, 일반상업지역의 경우에는 단란주점의 용도가 허용된다. 용도지역을 어떻게 해석할 것인가에 따라 단란주점이 들어서거나 혹은 들어서지 못하는 결론이 도출될 수 있는 것이다(국토계획법 시행령 별표 6, 별표 9 참조).

2 법제처 2021. 4. 21. 회신 21-0003 해석례. 법제처는 "제84조제1항은 하나의 대지가 여러 용도지역에 걸치는 경우 각각의 용도지역에 같은 법 제76조에 따른 용도지역별 건축제한이 적용되는 것을 전제로 가장 넓은 면적이 속하는 용도지역의 건축제한에 따르도록 기준을 정한 것이지, 다른 법률에 따라 용도지역별 건축제한 규정의 적용이 배제되는 경우까지 예정하여 이를 대지의 다른 용도지역에 대해 적용하려는 취지는 아니라고 할 것"이라는 견해를 취하고 있다.

당 문제에 대해서는 개발제한구역법만 적용될 뿐 본조 제1항의 적용 자체가 배제된다는 견해를 제시하였다.[1] 개발제한구역법이 과연 국토계획법 조문들 전반의 적용을 배제하는 수준의 특별법이라 볼 수는 없을 것이나, 해당 사안의 경우는 개발제한구역법 자체에서 일정한 기준을 제시하고 있다는 점이 주요하게 고려된 것으로 보인다.

---

1 법제처 2024. 12. 30. 회신 24-0879 해석례.

제85조(단계별 집행계획의 수립)

제85조(단계별 집행계획의 수립) ① 특별시장·광역시장·특별자치시장·특별자치도지사·시장 또는 군수는 도시·군계획시설에 대하여 도시·군계획시설결정의 고시일부터 3개월 이내에 대통령령으로 정하는 바에 따라 재원조달계획, 보상계획 등을 포함하는 단계별 집행계획을 수립하여야 한다. 다만, 대통령령으로 정하는 법률에 따라 도시·군관리계획의 결정이 의제되는 경우에는 해당 도시·군계획시설결정의 고시일부터 2년 이내에 단계별 집행계획을 수립할 수 있다. 〈개정 2011. 4. 14., 2017. 12. 26.〉
② 국토교통부장관이나 도지사가 직접 입안한 도시·군관리계획인 경우 국토교통부장관이나 도지사는 단계별 집행계획을 수립하여 해당 특별시장·광역시장·특별자치시장·특별자치도지사·시장 또는 군수에게 송부할 수 있다. 〈개정 2011. 4. 14., 2013. 3. 23.〉
③ 단계별 집행계획은 제1단계 집행계획과 제2단계 집행계획으로 구분하여 수립하되, 3년 이내에 시행하는 도시·군계획시설사업은 제1단계 집행계획에, 3년 후에 시행하는 도시·군계획시설사업은 제2단계 집행계획에 포함되도록 하여야 한다. 〈개정 2011. 4. 14.〉
④ 특별시장·광역시장·특별자치시장·특별자치도지사·시장 또는 군수는 제1항이나 제2항에 따라 단계별 집행계획을 수립하거나 받은 때에는 대통령령으로 정하는 바에 따라 지체 없이 그 사실을 공고하여야 한다. 〈개정 2011. 4. 14.〉
⑤ 공고된 단계별 집행계획을 변경하는 경우에는 제1항부터 제4항까지의 규정을 준용한다. 다만, 대통령령으로 정하는 경미한 사항을 변경하는 경우에는 그러하지 아니하다.
[전문개정 2009. 2. 6.]

I. 의의

본 조는 도시계획시설결정의 입안권자에게, 당해 도시계획시설결정을 고시한 날로부터 3개월이라는 단기간 내에 실질적으로 해당 도시계획시설사업을 추진하기 위한 구체적인 재원조달계획이나 보상계획의 수립 의무를 부과하고 있는 조문이다. 이는 "적기에 집행하도록 유도하기 위하여 시장·군수에게 수립의무를 부과하는 계획"이라 설명된다.[1] 본래 본 조는 1981. 3. 31. 개정된 구 도시계획법에서 '연차별 집행계획의 수립'이라는 제목으로 처음 도입된 것인데, 당시 입법취지를 살펴보면 "도시계획사업의 장기미집행등 부작용을 파생시켜 왔으므로 이를 보완하기

---

[1] 국회 국토교통위원회, 국토의 계획 및 이용에 관한 법률 일부개정법률안(민홍철의원 대표발의), 2017. 11., 7면에서 인용.

위하여" "도시계획사업의 시행과 사유재산보호와의 조화를 강구"[1]한다는 개정취지와 같이 이 또한 기본적으로는 장기미집행 도시계획시설결정을 염두에 두고 입법된 것이라 할 수 있겠다.

Ⅱ. 조문의 해설

1. 집행계획의 법적 성격

단계별 집행계획은 그 자체로 행정기관 내부적인 계획에 불과하다. 당연히 도시관리계획에 속하지 않는다. 단계별 집행계획에서 정한 바대로 사업이 시행되지 아니하였다고 하여 그 사실 자체만으로 명시적인 불이익이 있는 것은 아니므로 이것이 행정 내부적으로도 구속력이 있는 것인지조차도 의문이 있다. 다만, 단계별 집행계획의 미수립이나 내용상의 문제는 국토계획법 제48조의2에서 정하는 토지소유자의 해제신청과 관련하여 해제신청이 가능하기 위한 요건으로 규정되어 있는 경우가 있다.

2. 집행계획의 수립 시한

본 조는 원칙적으로 도시계획시설결정고시일로부터 3개월이라는 단기간 내에 단계별 집행계획을 수립하도록 정하고 있다. 본래 수립의 시한이 2년으로 규정되어 있었으나, 2017. 12. 26. 개정 국토계획법에서 이를 3개월로 단축한 것이다. 다만, 일부 다단계 행정절차를 통하여 장기간 시행되는 다른 법률상의 일부 사업[2]들로서 도시계획시설결정이 의제되는 경우에는 여전히 2년의 시한을 부여하였다.

본 조가 정하는 기한 내에 집행계획을 수립하지 않는다고 하여 특별한 제재가 마련되어 있는 것은 아니다. 여전히 토지소유권자 입장에서 해제의 입안을 신청하려면 10년의 시간을 기다려야 한다. 다만, 국토계획법 제64조 제2항은 도시계획시설결정의 고시일부터 2년이 지날 때까지 ① 사업이 시행되지 아니하면서(곧, 실시계획인가가 나지 않은 상태가 지속되면서), ② 단계별 집행계획이 수립되지 아니하거나 단계별 집행계획에서 제1단계 집행계획에 포함되지 아니한 부지에 대하여는 제한적으로나마 개발행위허가가 가능하도록 정하고는 있다. 그러나 이 또한 집행계획

---

[1] 도시계획법(1981. 3. 31. 법률 제3410호로 일부개정된 것) 제개정이유에서 인용.

[2] 1. 「도시 및 주거환경정비법」, 2. 「도시재정비 촉진을 위한 특별법」, 3. 「도시재생 활성화 및 지원에 관한 특별법」에 의한 사업을 말한다(국토계획법 시행령 제95조 제2항).

의 미수립만으로 인정되는 것이 아니고, 실시계획의 미수립의 요건까지도 함께 인정되어야 하는 것이므로, 본 조에 따른 의무위반에 관한 행정청에 대한 제재라고 보기는 무리가 있다.

Ⅲ. 제도의 실익에 대한 비판론

한편, 이와 같이 국토계획법이 단계적 집행계획을 요구하고 있음에도 불구하고, 동 제도가 아무런 실익이 없는 명목상의 제도에 불과하다는 비판론이 과거부터 존재하였다. 단계적 집행계획은 그 자체로 도시계획시설사업이 장기간 미집행 상태로 방치되는 것을 막고, 실효적인 시행을 도모하겠다는 것인데, 문제는 장기미집행의 근원이 지방자치단체의 재정부족으로부터 야기되는 것임에도 불구하고 국토계획법상의 단계적 집행계획 제도가 재원확보를 위한 구체적인 계획과 연동되지 못함으로써 단지 '상징적'인 것에 그치고 있다는 비판이다. 이는 이미 2004년도 논문에서 지적된 바[1]이나, 현재에도 특별한 개선은 이루어지지 못한 것으로 판단되고, 실무상으로도 단계적 집행계획이 지니는 어떠한 실익이나 의미를 발견해내기가 어렵다.

---

[1] 이상의 지적은 허강무, 도시계획시설사업과 재정분권 : 10년 이상 미집행 도시계획시설부지 매수 비용의 재원 확보를 중심으로, 공법연구, 2004. 3., 498면 참조.

제86조(도시 · 군계획시설사업의 시행자)

제86조(도시 · 군계획시설사업의 시행자) ① 특별시장·광역시장·특별자치시장·특별자치도지사·시장 또는 군수는 이 법 또는 다른 법률에 특별한 규정이 있는 경우 외에는 관할 구역의 도시·군계획시설사업을 시행한다. 〈개정 2011. 4. 14.〉

② 도시·군계획시설사업이 둘 이상의 특별시·광역시·특별자치시·특별자치도·시 또는 군의 관할 구역에 걸쳐 시행되게 되는 경우에는 관계 특별시장·광역시장·특별자치시장·특별자치도지사·시장 또는 군수가 서로 협의하여 시행자를 정한다. 〈개정 2011. 4. 14.〉

③ 제2항에 따른 협의가 성립되지 아니하는 경우 도시·군계획시설사업을 시행하려는 구역이 같은 도의 관할 구역에 속하는 경우에는 관할 도지사가 시행자를 지정하고, 둘 이상의 시·도의 관할 구역에 걸치는 경우에는 국토교통부장관이 시행자를 지정한다. 〈개정 2011. 4. 14., 2013. 3. 23.〉

④ 제1항부터 제3항까지의 규정에도 불구하고 국토교통부장관은 국가계획과 관련되거나 그 밖에 특히 필요하다고 인정되는 경우에는 관계 특별시장·광역시장·특별자치시장·특별자치도지사·시장 또는 군수의 의견을 들어 직접 도시·군계획시설사업을 시행할 수 있으며, 도지사는 광역도시계획과 관련되거나 특히 필요하다고 인정되는 경우에는 관계 시장 또는 군수의 의견을 들어 직접 도시·군계획시설사업을 시행할 수 있다. 〈개정 2011. 4. 14., 2013. 3. 23.〉

⑤ 제1항부터 제4항까지의 규정에 따라 시행자가 될 수 있는 자 외의 자는 대통령령으로 정하는 바에 따라 국토교통부장관, 시·도지사, 시장 또는 군수로부터 시행자로 지정을 받아 도시·군계획시설사업을 시행할 수 있다. 〈개정 2011. 4. 14., 2013. 3. 23.〉

⑥ 국토교통부장관, 시·도지사, 시장 또는 군수는 제2항·제3항 또는 제5항에 따라 도시·군계획시설사업의 시행자를 지정한 경우에는 국토교통부령으로 정하는 바에 따라 그 지정 내용을 고시하여야 한다. 〈개정 2011. 4. 14., 2013. 3. 23.〉

⑦ 다음 각 호에 해당하지 아니하는 자가 제5항에 따라 도시·군계획시설사업의 시행자로 지정을 받으려면 도시·군계획시설사업의 대상인 토지(국공유지는 제외한다)의 소유 면적 및 토지 소유자의 동의 비율에 관하여 대통령령으로 정하는 요건을 갖추어야 한다. 〈개정 2011. 4. 14.〉

1. 국가 또는 지방자치단체
2. 대통령령으로 정하는 공공기관
3. 그 밖에 대통령령으로 정하는 자

[전문개정 2009. 2. 6.]

[제목개정 2011. 4. 14.]

Ⅰ. 의의

본 조는 도시계획시설사업의 시행자가 될 수 있는 자격을 정하고, 그 지정에 관하여 정한 조문이다. 도시계획시설사업의 시행자 지위의 법적 의미와 그 의의, 지위의 이전가능성 등의 쟁점에 대하여는 본서의 '도시·군계획사업시행자' 항목의 논의를 참조하라.

Ⅱ. 사업시행자의 자격

1. 원칙 - 도시관리계획 입안권자

도시계획시설은 도시의 기능에 이바지하는 시설이므로, 그 자체로 도시계획과 밀접한 관련이 있다. 따라서 도시관리계획의 입안권자가 이를 설치하는 것이 원칙적인 모습이 된다. 이에 본 조는 도시관리계획의 입안권자인 특별시장·광역시장·특별자치시장·특별자치도지사·시장 또는 군수를 원칙적인 사업시행자로 규정한다. 다만, 여러 관할에 걸치는 경우에는 입안권자 간 협의에 의하여 시행자를 정하되(제2항), 협의가 안되면 도지사나 국토교통부장관이 이를 지정하여준다(제3항).

2. 예외 1. 국토교통부장관과 시·도지자(제4항)

국가계획과 관련되거나, 그렇지 아니하더라도 '필요성'이 인정된다면 국토교통부장관이 시행자가 될 수 있다. 이때 '필요성' 요건은 "특히 필요하다고 인정되는 경우"라는 문언 및 지방자치단체의 도시계획고권을 존중하는 차원에서 최대한 예외적·한정적으로만 인정된다고 보아야 한다.[1] 시·도지사 또한 광역도시계획에 관련되거나 필요성이 인정되면 예외적으로 시행자 자격을 가진다.

3. 예외 2. - 민간시행자(제5항, 제7항, 시행령 제96조)

가. 토지소유 면적 및 동의율 확보와 그 예외

공공주체(국가, 공공기관, 공사 등)가 아닌 순수 민간이 도시계획시설사업의 시행자가 되려면 (a) 사업 대상 토지(국·공유지를 제외)면적의 3분의 2 이상에 해당하는 토지를 소유하고, (b) 토지소유자 총수의 2분의 1 이상에 해당하는 자의 동의를 얻

---

[1] 만일 국토교통부장관의 사업시행자 자격에 대한 쟁송이 벌어진다면, 국토교통부장관이 필요성 요건을 스스로 입증하게 함이 타당하다고 생각된다.

어야 한다.[1]

국가와 같은 공적 주체가 시행하는 경우와 비교할 때 민간이 공익사업[2]인 도시계획시설사업을 시행하는 경우에는 상대적으로 공공성이 약하다고 볼 수 있으므로, 법은 공공성을 보완하고 사인에 의한 일방적인 수용을 제어[3]하고자 민간이 시행자로 지정받기 위한 토지소유요건을 정한 것이고,[4] 나아가 동의요건을 정하여놓은 것이다. 따라서 이와 같은 요건은 강행규정으로서 성질이 매우 강하고, 이를 위반한 경우 – 곧, 소유와 동의 요건을 갖추지 못하였는데도 사업시행자로 지정한 경우에는 사업시행자 지정의 하자가 중대하게 된다.[5]

그 외에도 국토계획법 시행령 제96조 제4항은 ① 법 제65조에 따라 무상귀속되는 공공시설을 설치하는 경우나(동항 제3호), ② 국공유재산법령에 따라 기부를 조건으로 시설물을 설치하려는 자(동항 제4호)의 경우에도 이와 같은 동의율 요건을 요구하지 않고 있다. 무상귀속의 대상이 되는 공공시설을 도시계획시설로 설치하는 경우, 어차피 그 결과 신설되는 시설은 준공과 함께 관리청에 귀속될 것이므로 이 경우에는 소유 및 동의 요건 모두를 요구하지 않는다.[6] 전자(①)가 적용되는 경우는 주로는 규모가 큰 개발행위 또는 개발사업을 하면서 그에 수반하여 공공시설을 설치하는 경우가 될 것으로 보인다. 관련하여, 법 제65조가 이른바 '단지형 개발사업'에 대하여만 적용된다는 대법원 판례[7]가 존재하는바, 판례의 태도를 따른다면 전자(①)가 적용되기 위해서도 '단지형 개발사업'에 해당하여야만 할 것으로 보인다. 관련하여 본서는 대법원 판례에 대한 비판적 견해를 취하고 있으므로, 본서의 제65조 논의 부분을 참조하라.

후자(②)의 경우 기부채납을 예정하고 기반시설을 설치하는 경우에 대한 것이다. 그러나 국토계획법 시행령 제96조 제4항 제4호가 "시설물을 설치하려는 자"의 경우로 그 대상을 특정하고 있으므로, 해당 조문의 적용대상이 '시설물'을 설치해서

---

1 이 밖에도 법제처는 "해당 도시·군계획시설사업 시행에 관한 다른 법령상의 인허가등을 받을 수 있는 민간사업자를 같은 법 제86조제5항에 따라 민간사업시행자로 지정하려는 취지의 규정"이라는 입장을 취하고 있으므로, 소극적 요건으로서 "다른 법령상 해당 도시계획시설을 시행하는데 제약이 없을 것"이 요구된다고 볼 수 있겠다. 법제처 2022. 6. 10. 회신 21-0759 해석례.
2 곧, 토지수용권이 부여되는 사업이라는 의미이다.
3 대법원 2017. 7. 11. 선고 2016두35120 판결 참조.
4 법제처 2016. 11. 21. 회신 16-0509 해석례 및 법제처 2013. 8. 21. 회신 13-0284 해석례 참조
5 대법원 2017. 7. 11. 선고 2016두35120 판결.
6 대법원 2018. 11. 29. 선고 2016두38792 판결.
7 대법원 2019. 8. 30. 선고 2016다252478 판결.

기부채납하는 경우로 한정되어 '토지'를 기부채납하는 경우는 동호의 적용을 받지 못하는 것인지가 해석상의 쟁점이 될 수가 있다. 사견으로는 다음과 같은 이유에서 국토계획법 시행령 제96조 제4항 제4호의 '시설물'은 물리적인 '시설물' 그 자체로 한정하여 해석함이 타당하다고 사료된다. (a) 먼저, 동호가 인용하는 국유재산법 제13조나 공유재산법 제7조 등은 기부채납의 대상을 "재산"이라고 명명하고 있고, 행정재산의 경우를 지칭함에 있어서도 "시설"이라는 표현을 사용하고 있을 뿐 "시설물"이라는 표현은 사용하지 않는다. 즉 "시설물"이라는 것은 국토계획법 시행령 제96조 제4항 제4호 특유의 표현이다. 입법자가 동호의 적용대상을 기반시설 전반으로 설정할 것이었다면 "재산"이나 "(기반)시설" 등의 표현을 사용하는 것이 타당하였을 것인바, 이를 고려하더라도 동호의 "시설물"은 문언 그대로 해석하여야 한다. (b) 다음으로, 국토계획법 시행령 제96조 제4항 각호는 토지소유 및 동의율 요건에 대한 예외를 허용하는 조문이다. 국토계획법이 도시계획시설사업의 시행자가 되기 위해 일정한 비율의 토지소유 및 동의율을 요하는 이유는 이것이 수용권이 부여되는 공익사업이므로 사업시행자로서 일정한 정당성을 갖출 것을 요구하는 것이다. 동호는 그에 대한 중대한 예외를 규정하는 것이므로 가급적 그 적용범위를 엄격[1]하고 좁게 해석함이 타당하다.

나. 동의율의 판단 방법

동의율 요건을 적법하게 갖추기 위해서는, 소유자의 동의 의사가 적법해야 한다. 관련하여 "그 동의가 사업시행자 지정을 위한 것이라는 동의 목적, 그 동의에 따라 지정될 사업시행자, 그 동의에 따라 시행될 동의 대상 사업 등이 특정되고 그 정보가 토지소유자에게 제공되어야" 한다.[2] 이러한 정보는 일반적으로 도시계획시설결정 및 그 고시를 통해 제공되므로 토지소유자의 동의는 도시계획시설결정 이후에 받는 것이 원칙이나, 그 요건만 갖춘다면 도시계획시설결정 이전에도 동의를 받을 수 있다.[3]

한편, 동의요건 충족 여부 판단기준 시기는 사업시행자 지정처분 시가 된다.[4]

---

1 본 쟁점에 관한 것은 아니기는 하나 법제처는 "이러한 민간사업시행자에 의한 도시·군계획시설사업의 특성을 고려하면 같은 법 제86조제5항에 따른 민간사업시행자의 지정 요건은 엄격하게 해석하여야 할 것"이라는 견해를 취한 바 있다. 법제처 2022. 6. 10. 회신 21-0759 해석례.
2 대법원 2018. 7. 24. 선고 2016두48416 판결.
3 대법원 2018. 7. 24. 선고 2016두48416 판결.
4 대법원 2014. 7. 10. 선고 2013두7025 판결.

따라서 그 이후 철회하더라도 사업시행자 지정의 효력에는 영향이 없다고 봄이 상당하고, 그 이전에는 철회가 가능하다고 사료된다. 동의대상인 소유권자가 공유자인 경우에는 원칙적으로 공유자 각각을 토지소유자로 보고 동의율을 산정하여야 한다.[1]

다. 소유권확보 관련 쟁점

소유권확보와 관련하여, 사업시행자가 되려는 자가 이를 신탁하는 경우에 위탁자 지위를 갖고 있는 것만으로도 소유권확보 요건을 충족한 것으로 볼 수 있는지가 해석상 문제된다. 통상 개발사업에서 관리형 개발신탁이라는 명칭으로 사업시행자는 여전히 위탁자인데 리스크 방지를 위하여[2] 당해부지의 소유권을 일괄하여 신탁회사에 신탁하는 경우가 있다. 이 경우 형식적으로는 위탁자가 소유권자는 아니므로 당해 요건을 충족하였다고 볼 수 있는지가 해석상 문제가 되는 것이다.[3] 관련하여 법제처는 "담보신탁한 토지를 위탁자가 소유한 것으로 보더라도 추가적인 토지 수용이 필요하게 되지 않는다"는 논지를 들어서 위탁자가 소유권확보 요건을 충족한 것으로 볼 수 있다고 보았다.[4]

한편, 부지소유권은 당해 사업을 마칠 때까지 유지하여야 한다고 봄이 타당하다. 사업시행자지정이 아닌 실시계획인가의 위법성이 문제된 사안이기는 하나, 법원은 "민간기업이 사업시행자로 지정된 경우 그가 주체가 되어 도시·군계획시설사업의 공사를 마칠 때까지 그 사업을 시행하여야"한다고 보았다.[5]

그 외, 당연히 소유권 확보는 등기 여부를 통하여 형식적으로 판단하는 것이고, '소유권 확보가 가능하였다'는 등의 가정적인 사항은 고려하지 않는다.[6]

---

1 대법원 2014. 7. 10. 선고 2013두7025 판결.
2 관리형 토지신탁은 통상 사업시행자의 분양대금 유용을 방지하고, 우발채무의 발생 시에도 대처할 시간을 벌 수 있다는 측면에서 널리 활용된다. 관련하여 법무법인(유한) 지평 건설부동산팀, 부동산PF개발사업법, 제2판, 박영사, 2018, 120면 참조.
3 이는 다른 법령상의 개발사업법에서도 동의율 요건 등과 관련하여 문제되는 경우가 있는데, 대체로 위탁자의 사업시행자 또는 사업시행에 대한 동의할 권한이 있는 자로 인정하는 추세이기는 하다(대법원 2015. 6. 11. 선고 2013두15262 판결 참조).
4 법제처 2020. 5. 4. 회신 20-0008 해석례.
5 광주고등법원 2016. 2. 4. 선고 2014누6066 판결(대법원 2017. 7. 11. 선고 2016두35120 판결로 상고기각 확정되었다). 제2심 판결은 본 조를 열거하면서 "소유요건 및 동의요건 등 엄격한 기준을 갖출 경우" 민간기업이 사업시행자가 되도록 하여준 것이라고 설명한 다음 위와 같은 결론을 내리고 있다.
6 수원지방법원 2012. 3. 8. 선고 2011구합3983 판결. "이러한 법령의 규정에 따른 사업시행자지정의 요건 중 토지소유요건을 충족하였는지 여부는 사업시행자로 지정받으려는 자가 그 소유 명의로

라. 민간공원특례사업의 경우 특례

장기미집행 공원에 대하여 실효를 막는 대신 민간을 참여하여 대부분은 공원을 조성하되, 전체 면적의 30% 이내의 범위에서 공원 이외의 시설[1]을 지어서 재원을 조달할 수 있도록 해주는 것이 민간공원특례사업이다. 문제는 대상이 되는 공원의 면적이 지나치게 넓어서 토지소유권 확보 요건을 갖추기가 쉽지 않다는 점이다. 이에 공원녹지법은 민간과 도시관리계획 입안권자가 공동으로 사업을 추진하는 경우에는 토지매입비의 5분의 4 이상을 현금으로 예치하는 경우 국토계획법 제86조 제7항에 따른 요건을 갖춘 것으로 의제하여 준다(공원녹지법 제21조 제4항).

참고로, 이와 같은 민간공원특례사업에서, 민간공원추진자는 공원조성계획의 입안제안을 하는 방식으로 사업을 추진하게 되는데, 공원조성계획의 경우 도시관리계획으로 결정되는 것(공원녹지법 제16조의2 제1항)임에도 불구하고, 도시관리계획의 입안제안 시 요구되는 토지면적 동의 요건을 갖추지 않아도 된다.[2]

마. 다른 법률에 따라 시행자로 지정된 자의 특례

본조 제7항 및 국토계획법 시행령 제96조 제4항 제2호에 의하면 "다른 법률에 의하여 도시·군계획시설사업이 포함된 사업의 시행자로 지정된 자"의 경우에는 토지소유자 동의 비율 요건이 요구되지 않는다. 따라서 해당 요건이 무엇을 의미하는지가 해석상 중요한 문제가 된다. 관련하여 법제처와 법원의 입장이 상반되고 있는 상황이다.

법제처는 여객자동차법상 터미널사업의 공사시행 인가가 본조의 도시계획시설사업 시행자 지정을 의제하고 있는 것과 관련하여(동법 제47조 제1항 제3호), 해당 의제 조항이 의제되는 처분의 소관행정청과의 '협의'를 전제로 의제효를 부여하고 있음을 들어 그와 같은 '협의'를 하기 위해서는 본조 제7항에 따른 토지소유자 동의

해당 토지에 관한 등기를 마쳤는지 여부를 기준으로 가려야 할 것이고, 원고가 주장하는 바와 같이 해당 토지를 이전받는 데 별다른 장애가 없다는 의미에서 사실상의 소유 개념을 인정하여 이를 기준으로 토지소유요건의 충족 여부를 판단할 수 있다고 보는 것은 물권변동에 관하여 형식주의를 취하고 있는 우리의 법제 하에서 형식주의의 예외로 볼만한 내용을 포함하고 있지 않은 위 법령규정의 문언에 부합하지 않는 해석일 뿐만 아니라 통상 다수의 이해관계인이 그 이해를 달리하며 존재하게 되는 도시계획시설사업의 시행에 있어 그 법률관계를 불명확하게 할 우려가 있는 해석으로서 허용될 수 없다."

1 대부분은 아파트이다. 최근 늘어나는 "○○파크 자이"와 같은 명칭의 아파트들이 대부분 이에 해당한다.

2 법제처 2022. 3. 22. 회신 21-0727 해석례.

비율 요건을 충족해야 된다는 견해를 취하고 있다.[1] 법제처는 물류시설법상 물류터미널사업의 공사시행인가의 경우에도 같은 견해를 취하였다.[2] 그런데 (a) 여객자동차법상 인허가 의제조항은 여타 조항들과 본질적인 타이가 없고, (b) 통상 인허가 의제조항들은 의제사항에 대한 '협의'를 요구하고 있으므로 법제처와 같이 '협의'의 역할과 의미를 지나치게 확대해석하여 '다른 법률에 의하여 도시계획시설사업 시행자로 지정된 자'의 의미를 좁게 해석하는 것은 타당하다고 보기 어렵다고 사료된다. 법제처 해석례의 논지대로라면 과연 해당 요건을 충족하는 경우를 찾아볼 수 있을지 의문이다.

반면, 하급심 판례들은 물류시설법상 물류단지개발사업과 관련하여 인허가 의제조항에 의해 도시계획시설사업 시행자 지정이 의제된다는 점을 들어, 이것이 "다른 법률에 의하여 도시·군계획시설사업이 포함된 사업의 시행자로 지정된 자"에 해당한다고 보아 본조 제7항에 따른 토지소유자 동의 비율이 필요하지 아니하다고 보았다.[3] 사견으로는 이와 같은 하급심 판결례들의 태도가 타당하다는 생각이나, 추후 대법원의 명확한 판단을 기다려보아야 할 것으로 보인다.

4. 예외 3. – 공공기관

공공기관의 경우에도 시행자가 될 수 있다. 공공기관은 국토계획법 시행령 제96조 제3항에 열거된 것에 한정하고, 이 경우 소유권취득 및 동의요건은 필요하지 않다.

---

1 법제처 2020. 6. 11. 회신 20-0174 해석례.

2 법제처 2018. 4. 24. 회신 18-0046 해석례.

3 수원지방법원 2023. 8. 24. 선고 2022구합67457 판결(항소기각)은 "참가인은 다른 법률인 물류시설법에 의하여 도시·군계획시설사업이 포함된 이 사건 사업의 시행자로 지정된 자이므로, 참가인을 도시·군계획시설사업의 시행자로 지정함에 있어 사업 대상 토지면적의 3분의 2 이상에 해당하는 토지의 소유 및 토지소유자 총수의 2분의 1 이상에 해당하는 자의 동의가 요구된다고 볼 수 없다"고 판시하였고, 대전지방법원 2019. 12. 5. 선고 2018구합104848 판결(항소 및 상고 기각)은 "국토계획법상 도시·군계획시설사업 시행자 지정이 물류시설법상 공사시행인가의 인·허가의제사항이라는 이유로 위 공사시행인가 허부의 판단에 이 사건 토지소유 및 동의 요건을 그대로 적용하게 되면, 원고로서는 공사시행인가에 의하여 토지등에 대한 수용·사용권을 부여받지 못하였음에도 위 토지소유 및 동의 요건을 충족하여야 하는 상황에 이르게 되는바, 이는 민원창구를 단일화하고 절차를 간소화하여 비용과 시간을 절감과 동시에 사회적 필요성이 높은 물류터미널사업의 원활한 진행을 도모하고자 하는 물류시설법상 인·허가의제 제도의 취지에 정면으로 반하는 결과이다"라고 판시하였다.

Ⅲ. 사업시행자 지정의 절차

입안권자가 사업시행자가 되는 경우에는 별도의 사업시행자 지정행위를 하지 아니하고, 곧바로 스스로 실시계획을 작성하여 후속절차에 나아가면 된다. 반면, 입안권자가 아닌 자의 경우에는 국토교통부장관, 시·도지사, 시장 또는 군수로부터 사업시행자 지정처분을 별도로 받아야 하고(본 조 제5항), 이러한 지정처분은 "특정인에게 도시계획시설사업을 시행할 수 있는 권한을 부여하는 처분"[1]으로서의 의미를 지닌다. 다만, 이때 지정처분이 중요한 것이고 고시는 처분사실을 대외적으로 알리는 것에 불과하기 때문에, 처분이 반드시 고시의 방법으로 이루어질 필요는 없다.[2] 대법원 또한 도시계획시설사업의 사업시행자 지정처분을 당해 지자체 홈페이지에 온라인으로 공개한 시점과 공보에 고시한 날 중 전자를 처분일로 볼 수 있다는 입장을 취하였는바,[3] 이러한 판례의 태도는 고시를 처분의 성립요건으로 보지 아니한 것이고, 사업시행자 지정처분 또한 통상의 처분과 같이 의사표시의 일반론에 따라 고시의 방법이 아니더라도 외부에 이를 표시함으로써 처분이 성립할 수 있다고 본 것이라 설명된다.[4] 나아가, 대법원은 "사업시행자 지정과 그 고시는 명확하게 구분되는 것"이라는 입장을 취하였다.[5]

Ⅳ. 사업시행자의 추가, 변경

한편, 국토계획법은 사업시행자 지정에 관하여는 본 조를 두고 있지만, 사업시행자의 추가나 변경이 가능한지 여부에 대해서는 특별한 언급을 하고 있지 아니하다. 따라서 실무상 사업시행자 변경의 명시적인 조문이 없는 이상 이를 허용된다고 보아야 하는지에 대한 논란이 제기되고는 한다.

관련하여, 서울고등법원은 "오히려 종전 처분의 취소 및 새로운 처분을 통해 일련의 절차를 다시 진행하는 것보다 변경처분을 통해 진행 중이던 도시계획시설사업을 승계하여 진행할 수 있도록 하는 것이 도시계획시설사업의 안정적 진행 및

---

1 대법원 2022. 3. 17. 선고 2021다283520 판결에서 인용.
2 대법원 2017. 7. 11. 선고 2016두35120 판결.
3 대법원 2017. 7. 11. 선고 2016두35120 판결. 유명한 담양군 메타프로방스 사건이다.
4 장윤순, 도시군계획시설사업의 시행자 지정처분 및 실시계획 인가처분의 위법 여부와 위법의 정도에 대한 연구, 법학논총, 2017. 9., 224면 참조.
5 대법원 2022. 3. 17. 선고 2021다283520 판결에서 인용.

유지를 위해 합리적인 점, 도시계획시설사업 사업시행자의 지위가 사법상 양도의 대상이 되지 않는다고 보더라도 행정청이 제반사정을 고려하여 사업시행자로 지정될 수 있는 요건을 갖춘 자를 사업시행자로 변경지정하는 것까지 금지하고 있다고 보기 어려운 점 등을 고려할 때, 비록 국토계획법 상 명시적으로 사업시행자 변경을 할 수 있는 근거규정이 없다고 하더라도, 재량의 범위 내에서 이를 허용함이 타당하다"라고 판시하여, 사업시행자의 변경이 허용된다는 점을 분명히 설시한 바 있다.[1] 실무적으로 보더라도, 도시계획시설사업에 대한 사업시행자의 사후적인 변경 지정은 이루어지고 있는 것으로 보인다.[2]

아울러, 이와 같이 사업시행자의 추가 변경이 가능하다고 보는 이상, 사업시행자 지정처분이 발급되기 전에 지정처분의 신청자를 변경하는 것은 얼마든지 가능하다고 보는 것이 타당할 것으로 사료된다. 국토계획법에 관한 것은 아니지만, 물류시설법상 물류단지개발사업의 시행자 지정 신청자 변경에 관하여 이를 허용하는 취지로 해석한 법제처 해석례가 발견된다.[3]

한편, 법제처 해석례 중에서는 도시계획시설사업에 대한 사업시행자 지정과 실시계획 인가까지 완료된 상황에서, 사업시행자를 추가 지정하게 되는 경우에는, 실시계획에 대하여도 새로이 인가를 받아야 한다는 견해를 취한 것이 발견된다.[4] 당초의 실시계획 인가가 종전의 사업시행자의 단독 시행을 전제로 작성 및 심사가 이루어진 것이라는 점을 주된 근거로 삼고 있는 것으로 보이는데, 단순히 실시계획의 변경인가의 절차가 아니라, 반드시 새로운 실시계획의 작성 및 새로운 인가처분의 절차에 의할 실익이 무엇인지는 의문이 있다.

참고로, 법제처 해석례들 중에서는 다른 법률상의 개발사업들에 대하여 사업계획이나 실시계획을 변경하는 방법으로 사업시행자를 변경하는 것이 가능한지 여부를 다룬 것들이 발견되는데, 대체로 법제처는 사업계획이나 실시계획 등에 사업시행자에 관한 사항이 포함되지 않는 경우에는 그러한 방법으로 시행자 변경이 허용되지 않는다는 입장을 취하나,[5] 사업시행자에 관한 사항이 사업계획 또는 실시계획 등의 내용에 포함된 것으로 볼 여지가 있는 경우에는 허용된다는 입장을 보인

---

1 서울고등법원 2017. 7. 26. 선고 (춘천)2017누27 판결, 해당 판결에 대하여 원고가 상고하였으나 대법원에서 심리불속행 기각으로 확정되었다.
2 대법원 2022. 3. 17. 선고 2021다283520 판결 사안의 판시내용 및 사실관계 참조.
3 법제처 2011. 2. 10. 회신 10-0467 해석례 참조.
4 법제처 2021. 10. 20. 회신 21-0591 해석례.
5 법제처 2012. 6. 21. 회신 12-0325 해석례 참조.

다.[1] 그러나 국토계획법의 경우에는 그러한 계획의 승인절차와 별도로 사업시행자 지정에 관한 조문을 두고 있으므로, 해당 논의가 본 조의 해석에 있어 고려되거나 참고될 필요가 없다.

이와 같이 사업시행자를 추가, 변경하는 경우에는 실시계획의 경우에도 다시 제출되어 인가를 득해야 한다는 것이 법제처의 견해이다.[2] 주로는 실시계획의 주요 심사내용에 사업시행자가 누구인지가 포함되어 있으므로, 새로 인가를 받아야 한다는 결론에 이른 것인데, 사업시행자를 추가, 변경하고 그에 따라 변경되어야 할 사항들이 있다면 함께 수정하여 '변경인가'를 신청하는 것으로 처리하는 것이 적절하다고 사료된다.

---

1 법제처 2015. 1. 13. 회신 14-0707 해석례 참조
2 법제처 2021. 10. 20. 회신 21-0591 해석례.

제87조(도시 · 군계획시설사업의 분할 시행)

Ⅰ. 의의

사업시행자는 도시계획시설사업을 효율적으로 추진하기 위하여 필요하다고 인
정되면 대상지역을 둘 이상으로 분할하거나, 사업의 대상 시설 자체를 둘 이상으로
분할하여 사업을 시행할 수 있다.[1] 이와 같은 '필요성' 요건에 대하여는 명확한 판
단 선례가 없고, 별다른 지침상의 기준은 없으므로 비교적 유연하게 해석하여도 될
것이라 사료된다. 분할하여 시행한다는 것은 사업시행자지정 이후 실시계획인가 자
체를 신청할 때 분할된 부분별로 나누어서 개별적으로 실시계획인가를 신청할 수
있다는 의미이다(국토계획법 시행령 제97조 제5항). 준공 또한 분리하여 할 수 있다.

Ⅱ. 유사 입법례

도시계획시설사업도 도시공간을 적극적으로 형성하는 개발사업의 일종이라고
할 수 있는데, 통상 대규모 부지를 대상으로 하는 개발사업의 특성상 여러 법률들
은 하나의 개발사업을 분할하여 시행할 수 있도록 하는 근거규정을 둔다. 대표적으
로 도시개발법 제3조의2 제1항[2]을 예로 들 수 있다. 예컨대, 하나의 사업시행자(조
합)가 하나의 도시개발사업구역을 1, 2공구와 같은 식으로 분리하여 시행하고, 준

---

1 본래 대상지역만을 둘 이상으로 분할하는 것을 허용하였으나, 2013. 7. 16. 개정으로 시설 자체를
  분할하는 것으로 개정되었다. 도시계획시설을 중복적, 입체적으로 결정하는 경우에 활용될 수 있
  을 것으로 보인다.
2 도시개발법 제3조의2(도시개발구역의 분할 및 결합) ① 제3조에 따라 도시개발구역을 지정하는 자
  (이하 "지정권자"라 한다)는 도시개발사업의 효율적인 추진과 도시의 경관 보호 등을 위하여 필요
  하다고 인정하는 경우에는 도시개발구역을 둘 이상의 사업시행지구로 분할하거나 서로 떨어진 둘
  이상의 지역을 결합하여 하나의 도시개발구역으로 지정할 수 있다.

공 또한 각각 분리하여 행할 수 있다. 용인 신봉지구가 대표적인 사례로, 해당 사업 또한 1, 2 공구로 분리 시행되어 1공구에 대한 준공이 먼저 이루어졌고, 당연히 1공구에 건설된 공동주택 등에 대한 입주도 먼저 이루어졌다.

제88조(실시계획의 작성 및 인가 등)

제88조(실시계획의 작성 및 인가 등) ① 도시·군계획시설사업의 시행자는 대통령령으로 정하는 바에 따라 그 도시·군계획시설사업에 관한 실시계획(이하 "실시계획"이라 한다)을 작성하여야 한다. 〈개정 2011. 4. 14.〉

② 도시·군계획시설사업의 시행자(국토교통부장관, 시·도지사와 대도시 시장은 제외한다. 이하 제3항에서 같다)는 제1항에 따라 실시계획을 작성하면 대통령령으로 정하는 바에 따라 국토교통부장관, 시·도지사 또는 대도시 시장의 인가를 받아야 한다. 다만, 제98조에 따른 준공검사를 받은 후에 해당 도시·군계획시설사업에 대하여 국토교통부령으로 정하는 경미한 사항을 변경하기 위하여 실시계획을 작성하는 경우에는 국토교통부장관, 시·도지사 또는 대도시 시장의 인가를 받지 아니한다. 〈개정 2011. 4. 14., 2013. 3. 23., 2013. 7. 16.〉

③ 국토교통부장관, 시·도지사 또는 대도시 시장은 도시·군계획시설사업의 시행자가 작성한 실시계획이 제43조제2항 및 제3항에 따른 도시·군계획시설의 결정·구조 및 설치의 기준 등에 맞다고 인정하는 경우에는 실시계획을 인가하여야 한다. 이 경우 국토교통부장관, 시·도지사 또는 대도시 시장은 기반시설의 설치나 그에 필요한 용지의 확보, 위해 방지, 환경오염 방지, 경관 조성, 조경 등의 조치를 할 것을 조건으로 실시계획을 인가할 수 있다. 〈개정 2011. 4. 14., 2013. 3. 23., 2024. 2. 6.〉

④ 인가받은 실시계획을 변경하거나 폐지하는 경우에는 제2항 본문을 준용한다. 다만, 국토교통부령으로 정하는 경미한 사항을 변경하는 경우에는 그러하지 아니하다. 〈개정 2013. 3. 23., 2013. 7. 16.〉

⑤ 실시계획에는 사업시행에 필요한 설계도서, 자금계획, 시행기간, 그 밖에 대통령령으로 정하는 사항(제4항에 따라 실시계획을 변경하는 경우에는 변경되는 사항에 한정한다)을 자세히 밝히거나 첨부하여야 한다. 〈개정 2015. 12. 29.〉

⑥ 제1항·제2항 및 제4항에 따라 실시계획이 작성(도시·군계획시설사업의 시행자가 국토교통부장관, 시·도지사 또는 대도시 시장인 경우를 말한다) 또는 인가된 때에는 그 실시계획에 반영된 제30조제5항 단서에 따른 경미한 사항의 범위에서 도시·군관리계획이 변경된 것으로 본다. 이 경우 제30조제6항 및 제32조에 따라 도시·군관리계획의 변경사항 및 이를 반영한 지형도면을 고시하여야 한다. 〈신설 2011. 4. 14., 2013. 3. 23.〉

⑦ 도시·군계획시설결정의 고시일부터 10년 이후에 제1항 또는 제2항에 따라 실시계획을 작성하거나 인가(다른 법률에 따라 의제된 경우는 제외한다) 받은 도시·군계획시설사업의 시행(이하 이 조에서 "장기미집행 도시·군계획시설사업의 시행자"라 한다)가 제91조에 따른 실시계획 고시일부터 5년 이내에 「공익사업을 위한 토지 등의 취득 및 보상에 관한 법률」 제28조제1항에 따른 재결신청(이하 이 조에서 "재결신청"이라 한다)을 하지 아니한 경우에는 실시계획 고시일부터 5년이 지난 다음 날에 그

실시계획은 효력을 잃는다. 다만, 장기미집행 도시·군계획시설사업의 시행자가 재결신청을 하지 아니하고 실시계획 고시일부터 5년이 지나기 전에 해당 도시·군계획시설사업에 필요한 토지 면적의 3분의 2 이상을 소유하거나 사용할 수 있는 권원을 확보하고 실시계획 고시일부터 7년 이내에 재결신청을 하지 아니한 경우 실시계획 고시일부터 7년이 지난 다음 날에 그 실시계획은 효력을 잃는다. 〈신설 2019. 8. 20.〉
⑧ 제7항에도 불구하고 장기미집행 도시·군계획시설사업의 시행자가 재결신청 없이 도시·군계획시설사업에 필요한 모든 토지·건축물 또는 그 토지에 정착된 물건을 소유하거나 사용할 수 있는 권원을 확보한 경우 그 실시계획은 효력을 유지한다. 〈신설 2019. 8. 20.〉
⑨ 실시계획이 폐지되거나 효력을 잃은 경우 해당 도시·군계획시설결정은 제48조제1항에도 불구하고 다음 각 호에서 정한 날 효력을 잃는다. 이 경우 시·도지사 또는 대도시 시장은 대통령령으로 정하는 바에 따라 지체 없이 그 사실을 고시하여야 한다. 〈신설 2019. 8. 20.〉
1. 제48조제1항에 따른 도시·군계획시설결정의 고시일부터 20년이 되기 전에 실시계획이 폐지되거나 효력을 잃고 다른 도시·군계획시설사업이 시행되지 아니하는 경우: 도시·군계획시설결정의 고시일부터 20년이 되는 날의 다음 날
2. 제48조제1항에 따른 도시·군계획시설결정의 고시일부터 20년이 되는 날의 다음 날 이후 실시계획이 폐지되거나 효력을 잃은 경우: 실시계획이 폐지되거나 효력을 잃은 날
[전문개정 2009. 2. 6.]

I. 의의

도시계획시설사업은 도시계획시설결정(국토계획법 제43조) → 사업시행자 지정(제86조) → 실시계획인가(제88조) → 준공검사 및 공사완료의 공고(제98조)의 과정을 거쳐서 시행된다. 본 조는 이 중 실시계획인가에 관하여 정하는 조문이다. 실시계획인가는 그 자체로 본격적인 사업의 착공에 돌입할 수 있는 인허가로서의 의미를 지닌다. 아울러, 실시계획인가가 발급된 단계에 이르러야만 비로소 사업의 구체적 시행에 이르렀다는 것을 의미하므로, 장기미집행 도시계획시설결정의 매수청구권 또는 실효, 해제신청 등의 요건의 충족 여부를 판단함에 있어서도 중요한 의미를 지닌다. 대법원 또한 본 조의 의미에 관하여 "이러한 실시계획인가를 통해 사업시행자에게 도시·군계획시설사업을 실시할 수 있는 권한과 사업에 필요한 토지 등을 수용할 수 있는 권한이 부여된다"라고 설명하고 있다.[1]

---

1 대법원 2017. 7. 18. 선고 2016두49938 판결

Ⅱ. 조문의 내용 개관

1. 작성 및 인가 절차

사업시행자는 실시계획을 작성하여야 하고, 이를 국토교통부장관, 시·도지사 또는 대도시 시장 − 곧, 도시관리계획 결정권자로부터 인가를 받아야 한다(본 조 제2항). 결정권자가 인가를 하는 경우에는 기반시설의 설치나 그에 필요한 용지의 확보, 위해 방지, 환경오염 방지, 경관 조성, 조경 등의 조치를 할 것 등의 부관을 붙일 수 있다(제3항 후문).[1] 결정권자가 인가권자이므로, 결정권자가 직접 사업시행자가 되는 경우에는 인가가 필요 없고, 실시계획만을 작성하면 된다.

실시계획을 변경하는 경우에도 원칙적으로 동일한 절차를 거친다. 다만 경미한 변경의 경우에는 그러하지 아니하고(제4항; 국토계획법 시행규칙 제16조 제2항, 제1항), 사업을 준공한 다음 일부 경미한 사항을 수정하려는 경우에도 인가절차는 요하지 않는다(제2항 단서; 동 시행규칙 제16조 제1항).

2. 실시계획의 내용

실시계획에는 사업시행에 필요한 설계도서, 자금계획, 시행기간 등과 함께 국토계획법 시행령 제6항에서 정하는 사항들이 포함되어야 한다. 법정되어있는 요건이므로 그 누락 시에는 실시계획 내지는 실시계획인가의 하자를 구성한다. 한편, 대법원은 실시계획의 내용은 「도시·군계획시설의 결정·구조 및 설치기준에 관한 규칙」을 포함한 국토계획법령에 부합하여야만 적법하다는 입장을 취하고 있다.[2]

3. 실시계획의 실효

사업시행자가 실시계획인가를 받아놓고도 수용권을 행사하지 아니한 채 장기간 이를 방치하면 토지소유자에 대한 재산권 침해 문제가 불거질 수 있다. 특히 이 경우에는 도시계획시설결정의 실효에 관한 국토계획법 제48조의 적용을 회피할 수

---

[1] 실시계획인가의 재량행위로서의 성질을 고려하면, 굳이 필요한 조문인지는 의문이 있다.

[2] 대법원 2015. 3. 20. 선고 2011두3746 판결. "행정청이 도시계획시설인 유원지를 설치하는 도시계획시설사업에 관한 실시계획을 인가하려면, 실시계획에서 설치하고자 하는 시설이 국토계획법령상 유원지의 개념인 '주로 주민의 복지향상에 기여하기 위하여 설치하는 오락과 휴양을 위한 시설'에 해당하고, 실시계획이 국토계획법령이 정한 도시계획시설(유원지)의 결정·구조 및 설치의 기준에 적합하여야 한다."

있게 되므로 문제의 소지가 크다. 이에 2019. 8. 20. 국토계획법에서는 실시계획에 대하여도 실효제도를 도입하였다. 다만, 이는 수용권 행사 문제와 실시계획의 효력을 연동시킨 것이므로 이미 소유권이나 사용권원을 취득한 경우라면 실효되지 않는다(본 조 제8항).

실효 요건에 대하여는 법문의 구조가 말끔하지 않다. 법문을 정리하면「도시계획시설결정의 고시일부터 10년 이후에 실시계획을 작성하거나 인가받은 도시계획시설사업의 시행자(이하 이 조에서 "장기미집행 도시계획시설사업의 시행자"라 한다)가 실시계획 고시일부터 5년 이내에 토지보상법상 재결신청을 하지 아니한 경우」라고 정리되는데, ① 방점(,)이 "작성하거나"의 다음에 찍혀야 할지, 아니면 ② "도시계획시설사업의 시행자가"의 다음에 찍혀야할지 모호한 측면이 있다. 그러나 전자(①)와 같이 해석하면 (i) 실시계획 인가를 받을 필요 없이 스스로 실시계획을 작성할 수 있는 시행자(국토교통부장관 등)의 경우 최소 총 15년(10년의 장기미집행기간 + 5년간 수용권 미행사)이 지나야 실효가 되고, (ii) 실시계획인가를 받아야 하는 시행자의 경우 어느 시점이든 실시계획인가 고시일로부터 5년만 지나면 실효가 된다는 차등적인 결과가 벌어진다. 생각건대, 법이 실효조항의 적용을 받는 대상을 '장기미집행 도시계획시설사업의 시행자'라고 요약하고 있는 것을 고려하면 전자(①)와 같은 해석은 수긍하기 어렵고, 후자(②)와 같이 해석하여 시행자의 종류에 관계 없이 최소 15년(10년의 장기미집행기간 + 5년간 수용권 미행사)의 기간이 적용된다고 봄이 타당하다.[1]

한편, 이와 같이 신설된 실효 조항과 관련하여서는 장기미집행 도시계획시설에 대한 토지소유자 보호의 취지와 달리, 실질적으로 실효기간을 연장해주는 효과를 야기하는 것이 아닌지에 대한 비판론이 제기되고 있다.[2]

---

1 입법자료상으로도 "10년 이상 미집행된 시설의 사업시행자가 실시계획 고시일로부터 3 이내에 수용 재결신청을 하지 아니한 경우 실시계획 효력 상실"한다고 요약하고 있으므로 후자(②)와 같다 [국회 국토교통위원회, 국토의 계획 및 이용에 관한 법률 일부개정법률안(이후삼의원 대표발의) 검토보고서, 2019. 3., 3면]. 참고로, 입법과정에서 3년의 실효기간이 5년으로 수정되었다.

2 문석주, 장기미집행 도시계획시설에 관한 연구, 서울대학교 법학석사학위논문, 2020. 8., 81면의 논의 참조.

Ⅲ. 해석상 쟁점

1. 경미한 변경의 경우와 그 절차

가. 경미한 변경의 사유

경미한 변경 사유는 국토계획법 시행규칙 제16조에서 정하고 있는데, 각호에 해당하는지 여부가 해석상 문제되는 경우가 많다. 경미한 변경의 경우 정식의 절차를 거칠 필요가 없으므로 간명한 처리가 가능하기 때문이다. 이와 같은 경미한 변경 사유들을 확대해석할 경우 도시계획적 판단을 거치지 않은 행위들을 양산하는 결과가 될 수 있으므로, 경미한 변경 사유는 법령이 열거하고 있는 것으로 한정[1] 하여 엄격하게 해석해야 할 것이다.

법제처 해석례상으로는 임대형 노인복지주택[2]과 관련하여 "대지 면적 및 건축물 연면적·규모의 증가 없이 세대수만 증가시키는 내용으로 실시계획을 변경하고자 하는 경우"에는 경미한 변경이라고 본 사안,[3] "대지 면적 및 건축물 연면적의 증가 없이 종합의료시설 내부에 설치한 휴게음식점 시설의 일부를 소매점 시설로 용도변경한 경우 국토계획법 제88조 제4항 본문에 따라 실시계획의 변경인가를 받아야 한다"고 본 사안 등이 발견된다.[4] 더 나아가, 법제처는 "시설의 종류·명칭·위치·규모"의 변경 없이 "인가신청 시 제출한 계획평면도 등"만이 변경되는 경우

---

1 법제처는 "변경인가를 받지 않아도 되는 경우는 같은 법 시행규칙 제16조제1항 각 호에서 나열하고 있는 사항으로 한정된다고 보아야"한다고 보았다. 법제처 2021. 8. 25. 회신 21-0389 해석례.

2 참고로 노인복지주택은 주택법상 주택이 아니고(주택법 제2조 제2호, 제3호; 건축법 시행령 별표 1 참조), 노인복지법상 노인주거복지시설에 해당하는데, 이는 국토계획법상으로는 기반시설의 일종인 '사회복지시설'(국토계획법 시행령 제2조 제4호)으로 취급된다. 이에 실무적으로 노인복지주택은 도시계획시설(사회복지시설)결정과, 그 지상의 건축물에 대한 주택법상 사업계획승인을 각각 받아서 건축된다. 다만, 2010. 3. 16. 도시계획시설규칙 제107조 개정으로 분양 또는 임대를 목적으로 하는 사회복지시설은 제외되어 현재는 노인복지주택을 도시계획시설로 설치하는 것이 불가하다.

3 법제처 2013. 4. 26. 회신 13-0113 해석례. (i) "도시·군계획시설을 설치하는 데 있어 중요한 사항은 그 시설의 종류, 위치, 면적, 규모인 것을 알 수 있으며, 실시계획은 도시·군계획시설을 설치하는데 있어 공사기간, 설치비용 등 구체적인 사항을 결정하는 계획이라는 것을 확인할 수 있"다는 점, (ii) "그렇다면, 대지 면적, 건축물 연면적·규모의 변경 없이 건축물의 내부 구조만을 변경하여 세대 수를 증가시키고자 하는 이 건 실시계획 변경 역시 이미 결정된 도시·군계획시설의 위치·면적, 규모에는 영향을 미치지 않는 변경에 해당한다는 점" 등을 이유로 하였다.

4 법제처 2014. 7. 25. 회신 14-0245 해석례. "도시·군계획시설인 종합의료시설의 세부시설 용도가 특정되지 아니하고는 실시계획 인가를 할 수 없다고 할 것이므로, 해당 세부시설의 용도변경이 이루어지는 경우에도 실시계획 변경인가를 받아야 한다"는 이유에서이다.

에도 실시계획 변경인가가 필요하다고 보고 있다.[1] 해당 해석례들의 논지를 살펴 보면, 주로 실시계획 작성에 관한 규정들을 살펴본 다음, 그 규정들이 변경하려는 내용을 주된 사항으로 삼고 있는지 – 곧, 변경하려는 사항이 실시계획인가 시 주 요하게 고려되는 것인지를 따져서 국토계획법 시행규칙 제16조 각호의 경미한 변 경 사유에 해당하는지를 판단하고 있다.

한편, 본조 제2항 단서는 도시계획시설사업이 준공된 이후에 기존에 받은 실시 계획의 내용을 변경하는 절차를 정하고 있다. 해당 규정에 의해 '경미한 변경'에 해 당한다면 실시계획인가가 필요하지 아니하나, 이를 반대해석하면 경미한 변경 사 항이 아닌 경우에는 실시계획인가가 필요하게 된다. '경미한 변경' 사유 중 하나로 는 '건축물의 연면적 10퍼센트 미만의 변경'(국토계획법 시행규칙 제16조 제1항 제2호) 이 규정되어 있는데, 법제처는 '신축'의 경우에는 그에 해당하지 않는다고 보았다.[2] 경미한 변경인지 여부와 상관 없이, 타 법령상 인허가(예컨대 건축허가 등)가 요구된 다면 이를 득하거나 의제받아야 할 것이다.

나. 경미한 변경의 절차

본 조 제4항은 경미한 변경의 경우 "그러하지 아니하다"라고만 하여 생략되는 절차가 어디까지인지를 규정하고 있지 않다. 문언의 해석을 고려하면 이 경우 별도 의 인가나 행정청(결정권자)에 의한 확인조차 필요하지 않는 것으로 해석함이 타당 해 보인다. 다만, 변경된 사항을 대외적으로 고시하는 것은 가급적이면 하는 것이 좋을 것으로 사료된다.[3]

2. 도시계획시설결정과 하자의 승계 여부

도시계획시설결정과 실시계획인가는 시계열적으로는 전후관계에 있는 처분이 다보니, 전자의 하자가 후자에 승계되는지가 문제된다. 대법원은 도시계획시설결 정의 '취소'사유에 불과한 하자는 승계되지 않는다고 보았다. 다만 도시계획시설결 정이 무효이면 실시계획인가도 무효일 것이다.[4]

---

1 법제처 2021. 8. 25. 회신 21-0389 해석례.
2 법제처 2023. 5. 31. 회신 23-0275 해석례. 법제처는 건축물의 연면적이란 각 준공 건축물 별로 각 각 계산되어야 한다는 논지에서 그러한 입장을 취하였다.
3 이와 관련하여서는 저자가 공저자로 참여한 항만재개발법 해설, 삼일인포마인, 2020, 189 내지 190 면의 논의 참조.
4 대법원 2017. 7. 18. 선고 2016두49938 판결.

3. 실시계획에 부기된 사업기간의 의미

실시계획인가와 유사하게 사업의 구체적인 착수를 할 지위를 부여하는 인허가[1]에 대하여는, 인허가 신청서류에 준공예정일과 같은 사업기간을 기재하도록 요구하는 것이 대부분의 개발사업법들이 취하고 있는 입법태도이고, 사업기간을 인허가에 명시하는 경우도 많다. 통상 이와 같은 사업기간은 국토계획법 제96조 제2항처럼 수용권을 행사할 수 있는 기간과 등치되는 경우가 많다. 그런데 이와 같은 사업기간의 만료가 ① 단순히 수용권을 행사할 수 있는 기간이 만료된 것으로 보아야 하는지, 아니면 ② 사업시행자가 당해 사업을 시행할 지위 자체의 효력기간이 만료된 것으로 보아야 하는지를 두고 법리적인 쟁점이 대두될 수 있다.

관련하여 대법원 판결 중에서는 도시정비법상 정비사업에서 사업시행계획인가에 부기된 사업시행기간은 "정비사업을 시행할 예정기간을 의미할 뿐"이라고 하여 "사업시행기간이 사업시행계획 자체의 유효기간까지 의미하진 않는다"라고 설시하여[2] 전자(①)의 견해를 취한 바 있다. 하급심 판결례 중에서도 "국토계획법에 따른 도시·군계획시설사업에 관한 실시계획인가는 그 실시계획에서 정한 사업시행기간이 경과하였다는 사유만으로 그 효력이 당연히 소멸한다고 볼 수 없"다거나 "사업시행기간 경과 후에도 실시계획인가는 여전히 유효"하다는 취지로 설시한 것이 발견된다.[3]

그러나 법제처는 "실시계획의 효력과 무관하게 단순히 공사의 예정 기간을 정한 것으로 볼 수 없"다고 하면서 "당초 사업시행기간이 만료되면 실시계획인가를 통해 설정된 사업시행자의 해당 사업을 지속할 수 있는 권한은 더 이상 존속된다

---

1 이를 '건축허가적 성격의 인허가'라고 부르기도 한다.
2 대법원 2016. 12. 15. 선고 2015두51354 판결. 관련하여 해당 판결의 제2심인 서울고등법원 2016. 1. 19. 선고 2015누57118 판결은 "사업의 추진 정도에 따라 얼마든지 사업시행기간을 변경할 수 있다는 점에서 사업시행기간의 만료로 인하여 사업시행계획 자체가 실효된다고 보는 것은 무리한 해석인 점 등을 더하여 보면, 사업시행계획에서 정해진 사업시행기간은 향후 시행될 사업에 관한 일응의 예정기간을 의미하고, 사업시행계획 자체의 유효기간이라고 할 수는 없다."라고 하여 그 상세한 이유를 설시하였다.
3 인천지방법원 2020. 5. 21. 선고 2018구합53423 판결(해당 판결에 대하여 피고가 항소하였으나 항소기각되었다). 해당 판결은 "국토계획법에는 도시·군계획시설사업에 관한 실시계획인가의 효력이 사업시행기관의 경과로 인하여 당연히 소멸한다는 취지의 일반규정이 없다. 오히려 국토계획법 제133조 제1항 제15의2호는 '실시계획에서 정한 사업기간 동안 사업을 완료하지 아니한 자'에 대하여 감독관청이 실시계획인가를 취소할 수 있다는 규정을 두고 있는데, 이는 사업시행기간이 경과하더라도 실시계획인가가 원칙적으로 여전히 유효함을 전제로 하여 감독관청에게 인가취소처분을 할 권한을 부여한 규정"이라는 점을 그러한 판단의 이유 중 하나로 설시하였다.

고 보기 어려워 당초 인가받은 실시계획은 실효된다고 할 것"이라거나,[1] "인가된 실시계획에 포함되어 있는 사업시행기간이 지난 경우 … 사업의 계속 진행과 관련하여서는 실시계획 인가의 효력이 상실하였다"는 견해를 취하여[2] 대체로 후자(②)의 견해를 취하고 있는 것으로 보인다. 한편, 대법원은 구 도시계획법상 도시계획시설사업의 실시계획인가에 대하여 "사업시행기간 내에 이와 같은 취득절차가 선행되지 아니하면 그 도시계획사업의 실시계획인가는 실효" 된다고 하여 후자(②)의 견해를 취한 바 있다.[3]

일반적으로, 대규모 개발사업들은 장기간 사업기간을 전제하고, 또한 사업이 상당수 진척된 상태에서는 일정 부분 사업기간을 조정하게 될 수밖에 없고, 이는 도시계획시설사업도 마찬가지이다. 더욱이, 사업기간이 만료될 즈음에는 이미 수용(收用)을 하였거나 물리적 공사가 진척되었을 경우가 많은데[4] 일률적으로 사업시행권을 박탈하여 인허가 자체가 실효된다고 보는 것은 과도한 해석이라고 생각된다. 따라서 위 ①의 견해와 같이 해석하는 것이 타당하고, 사업기간을 유효기간이라 볼 것은 아니라고 사료된다. 다만, 실시계획인가는 재량이므로 행정청이 명확하게 사업기간이 유효기간임을 부기한 경우라면 이는 적법한 부관이 될 수 있을 것이고, 이 경우에 한하여는 유효기간이라 볼 수 있을 것이다.

4. 공동사업시행자 지정의 가부

본조는 도시계획시설사업의 경우 둘 이상의 주체를 공동사업시행자로 지정하는 것이 가능한지에 대하여 특별한 언급을 하고 있지 않다. 그러나 국토계획법이 명시적으로 공동사업시행자 지정을 금지하지 않는 이상, 이를 허용하는 특별한 언

---

1 법제처 2018. 1. 30. 회신 17-0537 해석례. 다만, 법제처는 개발행위허가에 부기된 사업기간에 대하여는 이를 개발행위허가의 유효기간으로 볼 수 없다는 견해를 취하였다(법제처 2017. 10. 17. 회신 17-0393 해석례).
2 법제처 2012. 4. 3. 회신 12-0124 해석례.
3 대법원 1991. 11. 26 선고 90누9971 판결. "사업시행기간 내에 이와 같은 취득절차가 선행되지 아니하면 그 도시계획사업의 실시계획인가는 실효되고, 그 후에 실효된 실시계획인가를 변경인가 하여 그 시행기간을 연장하였다고 하여 실효된 실시계획의 인가가 효력을 회복하여 소급적으로 유효하게 될 수는 없다."
4 생각건대, 위와 같은 법제처 해석례는 장기미집행 도시계획시설에 대한 견제의 문제가 오랜기간 국토계획법의 주요 화두로 자리 잡아 왔다는 점을 고려한 것이 아닐까 한다. 실시계획인가가 장기간 방치되는 경우에 토지소유자에게 지나친 제약이 될 수 있다는 것이다. 그러나 이와 같은 문제는 이미 국토계획법 제7항의 도입으로 입법적으로는 어느 정도 해소되었으므로, 이를 통해 보더라도 일률적으로 실시계획인가의 실효를 선언하는 법제처 해석례의 견해에는 의문이 있다.

급이 없더라도 공동사업시행자의 지정이 가능하다고 봄이 타당하다.

관련하여 하급심 판결례 중에는 국토계획법령상 도시계획시설사업의 공동시행을 금지하는 규정이 없다거나, 사업시행자 지정이 재량이라는 점 등을 들어 공동시행자 지정이 가능하다는 견해를 취한 것이 발견된다.[1] 아울러, 국토계획법에 관한 것은 아니지만, 법제처 해석례 중에는 그와 마찬가지로 공동사업시행자 지정의 가부에 관한 특별한 언급을 하고 있지 아니한 도시개발법 등과 관련하여서도 법이 금지하고 있지 아니한 점이나 사업시행의 효율성 등을 들어 공동사업시행자 지정이 가능하다는 견해를 취한 것이 발견된다.[2] 이를 고려하면, 본조가 공동시행자 지정을 허용하는 명시적인 규정을 두고 있지 않다고 하더라도, 도시계획시설사업의 공동시행자 지정은 가능하다고 사료된다.

5. 사업시행자의 사후적인 변경

본조는 사업시행자를 사후적으로 변경할 수 있는지에 대하여는 특별한 언급을 하고 있지 아니하므로, 해석상 가능하다고 볼 수 있는지가 쟁점이 될 수 있다. 관련하여, ① 실무적으로 도시계획시설사업에 대한 사업시행자의 사후적인 변경지정이 이루어지고 있는 것으로 보이고,[3] ② 하급심 판결례 중에서도 "비록 국토계획법상 명시적으로 사업시행자 변경을 할 수 있는 근거규정이 없다고 하더라도, 재량의 범위 내에서 이를 허용함이 타당하다"라는 견해를 취한 것이 발견된다.[4] 이를 종합하면, 도시계획시설사업의 시행자를 사후적으로 변경하는 것은 허용된다고 봄이 타당하다고 사료된다.

---

[1] 인천지방법원 2012. 11. 16. 선고 2012구합3662 판결(다만, 해당 판결은 항소심에서 가가하되었다) 참조. 해당 판결은 "국토계획법령상 사업대상 토지를 소유하고 있지 아니한 자와 토지소유자와의 공동사업시행을 금지하는 규정이 없고, 사업시행자지정은 위 법령의 해석상 재량행위인바, 공동사업시행자들 사이의 의견충돌 등으로 인하여 사업에 지장을 초래할 우려가 있는 경우에는 피고가 재량권을 행사하여 그와 같은 처분사유를 명시하여 사업시행자 지정신청을 반려할 수 있으므로, 이를 근거로 공동사업시행자 지정이 허용되지 않는다고 볼 것은 아니다"라고 설시하였다.

[2] 법제처 2007. 8. 31. 회신 07-0246 해석례 참조.

[3] 대법원 2022. 3. 17. 선고 2021다283520 판결의 사실관계 참조.

[4] 서울고등법원 2017. 7. 26. 선고 (춘천)2017누27 판결, 해당 판결은 원고가 상고하였으나 대법원에서 심리불속행 기각으로 확정되었다. 해당 판결은 "오히려 종전 처분의 취소 및 새로운 처분을 통해 일련의 절차를 다시 진행하는 것보다 변경처분을 통해 진행 중이던 도시계획시설사업을 승계하여 진행할 수 있도록 하는 것이 도시계획시설사업의 안정적 진행 및 유지를 위해 합리적인 점, 도시계획시설사업 사업시행자의 지위가 사법상 양도의 대상이 되지 않는다고 보더라도 행정청이 제반사정을 고려하여 사업시행자로 지정될 수 있는 요건을 갖춘 자를 사업시행자로 변경지정하는 것까지 금지하고 있다고 보기 어려운 점" 등을 이유로 들었다.

제89조(도시 · 군계획시설사업의 이행 담보)

제89조(도시 · 군계획시설사업의 이행 담보) ① 특별시장 · 광역시장 · 특별자치시장 · 특별자치도지사 · 시장 또는 군수는 기반시설의 설치나 그에 필요한 용지의 확보, 위해 방지, 환경오염 방지, 경관 조성, 조경 등을 위하여 필요하다고 인정되는 경우로서 대통령령으로 정하는 경우에는 그 이행을 담보하기 위하여 도시 · 군계획시설사업의 시행자에게 이행보증금을 예치하게 할 수 있다. 다만, 다음 각 호의 어느 하나에 해당하는 자에 대하여는 그러하지 아니하다. 〈개정 2011. 4. 14.〉
1. 국가 또는 지방자치단체
2. 대통령령으로 정하는 공공기관
3. 그 밖에 대통령령으로 정하는 자
② 제1항에 따른 이행보증금의 산정과 예치방법 등에 관하여 필요한 사항은 대통령령으로 정한다.
③ 특별시장 · 광역시장 · 특별자치시장 · 특별자치도지사 · 시장 또는 군수는 제88조제2항 본문 또는 제4항 본문에 따른 실시계획의 인가 또는 변경인가를 받지 아니하고 도시 · 군계획시설사업을 하거나 그 인가 내용과 다르게 도시 · 군계획시설사업을 하는 자에게 그 토지의 원상회복을 명할 수 있다. 〈개정 2011. 4. 14., 2013. 7. 16.〉
④ 특별시장 · 광역시장 · 특별자치시장 · 특별자치도지사 · 시장 또는 군수는 제3항에 따른 원상회복의 명령을 받은 자가 원상회복을 하지 아니하는 경우에는 「행정대집행법」에 따른 행정대집행에 따라 원상회복을 할 수 있다. 이 경우 행정대집행에 필요한 비용은 제1항에 따라 도시 · 군계획시설사업의 시행자가 예치한 이행보증금으로 충당할 수 있다. 〈개정 2011. 4. 14.〉
[전문개정 2009. 2. 6.]
[제목개정 2011. 4. 14.]

I. 의의

도시계획시설사업의 시행자에게 필요한 용지의 확보, 위해 방지, 환경오염 방지, 경관 조성, 조경 등과 같은 공익적 목적에서 필요성이 있는 경우에, 해당 목적의 달성 및 이행을 담보하기 위하여 이행보증금을 예치하도록 하는 조문이다. 전반적인 취지나 조문의 내용은 동법 제60조와 동일하다. 국가나 공공기관의 경우 불이행의 위험이 낮으므로 이행보증금을 요구하지 않는다.

Ⅱ. 적용대상 - 도시계획시설결정이 의제되는 경우

본 조는 도시계획시설사업으로 시행되는 경우에 한하여 적용된다. 따라서 도시계획시설사업이 의제되는 타 법령상의 사업에 대하여는 적용되지 않는다. 도시계획시설결정은 거의 모든 개발사업에서 의제되므로 본 조의 적용범위가 지나치게 확대되기 때문이다. 법제처는 "주된 인·허가가 있는 경우에도 다른 법률에 의하여 의제되는 인·허가는 법률의 규정에 따라 그 의제적인 법적 효과가 발생하는 것에 불과한 것이지 의제되는 인·허가를 받았음을 전제로 한 다른 법률의 모든 규정까지 적용되는 것은 아니"[1]라는 법리를 주된 근거로 하여 동일한 견해를 취하였다.[2]

---

1 대법원 2004. 7. 22. 선고 2004다19175 판결례 및 법제처 08-0221 해석례 등. 의제의 범위에 관하여 많이 인용되는 법리이다.
2 법제처 2009. 11. 27. 회신 09-0353 해석례.

제90조(서류의 열람 등)

I. 의의

실시계획 자체는 도시관리계획이라고 보기 어렵다. 입안권자 외의 자 — 심지어는 민간사업자도 실시계획을 작성할 수 있을 뿐만 아니라, 실시계획의 작성 및 인가 과정에서는 도시관리계획에 관한 절차 조문이 준용되지도 않는다. (이렇게 본다면, 국토계획법 제2조 제4호 다목의 "기반시설의 설치·정비 또는 개량에 관한 계획"이라는 문언에는 도시계획시설결정만이 포함되는 것으로 봄이 상당하다.) 따라서 본 조는 실시계획에 대한 별도의 공개절차를 규정하고 있다.

입법취지에 대하여 대법원은 "인근 주민이나 토지·건축물 등의 소유자 및 그에 관한 권리를 가진 이해관계인의 의견을 적절히 반영하여 위와 같은 처분으로 인하여 이해관계인 등의 법률상 권리 내지 이익이 부당하게 침해되지 않도록 함으로써 개인의 이익을 개별적·직접적·구체적으로 보호하려는 목적도 함께 갖고 있다"라고 설명한 바 있다.[1]

---

1 대법원 2013. 11. 28. 선고 2011두11334 판결.

Ⅱ. 적용 범위 - 의제되는 경우

제89조와 마찬가지로, 본 조 또한 도시계획시설결정 및 실시계획인가를 의제하는 다른 법령상의 사업에도 적용되는 것인지 - 특히, 인허가 의제를 위해 협의요청을 받은 실시계획인가권자가 본 조에 따른 절차를 거쳐야 하는 것인지가 문제된 사례가 있다. 법제처는 본 조의 적용을 부정하였다.[1]

---

1 법제처 2009. 6. 26. 회신 09-0173 해석례. "「주택법」 제17조 제3항에 따라 관계 행정기관의 장과 협의하는 경우, 협의를 요청받은 관계 행정기관의 장은 협의에 응함에 있어서 「국토의 계획 및 이용에 관한 법률」 제90조에 따른 서류의 열람 등의 절차를 필요적으로 거쳐야 하는 것은 아닙니다."

제91조(실시계획의 고시)

I. 의의

국토계획법 제88조에 따라 실시계획을 작성하거나 인가한 경우 그 고시절차를 정하고 있는 조문이다.

II. 해석상의 쟁점

1. '고시'의 의의

실시계획이나 그 인가는 도시관리계획이 아니고, 오히려 개별적 처분으로서의 성격이 강하다. 따라서 행정처분의 고지에 관한 일반적인 법리[1]에 따라 문서로 처분상대방에게 통지하면 그 효력이 발생한다고 해석함이 타당하다고 생각한다. 이렇게 본다면, 본 조의 고시절차는 행정청이 이미 인가처분을 한 것을 사후적으로 대외적으로 공표하는 절차에 지나지 않게 된다. 특히, 본 조가 고시의 대상이 인가에 국한하고 있는 것이 아니라 작성, 폐지, 실효 등에 대하여도 고시를 요구하고 있는 것을 고려하면, 본 조의 고시는 그 자체로 이미 인가가 이루어진 다음에 행하는 '절차'에 불과하다고 봄이 타당하다.[2] 그러나 문헌상으로는 실시계획인가의 효력이 고시 시점에 발생한다는 입장을 취한 것이 발견된다.[3]

실시계획인가로 수용권이 부여되는 점을 고려할 때 이는 다수관계인의 이해에

---

1 대법원 2019. 8. 9. 선고 2019두38656 판결 "상대방 있는 행정처분은 특별한 규정이 없는 한 의사표시에 관한 일반법리에 따라 상대방에게 고지되어야 효력이 발생"; 홍정선, 행정법원론(상), 제28판, 박영사, 2020, 428면 등 참조.
2 참고로 판례는 도시계획시설사업의 시행자 지정에 대하여는 고시를 효력요건으로 보지 않았다. 대법원 2017. 7. 11. 선고 2016두35144 판결.
3 온주 국토의계획및이용에관한법률 제91조(2018. 12. 17.) 참조.

연관되어 있으므로, 실시계획에 대하여도 고시절차를 거치도록 하고 있는 것이 법의 태도이다. 그리고 통상 실시계획인가의 취소를 다툴 제3자의 입장에서는 고시시점에 비로소 그 내용을 인지하게 되는 것이기는 하다. 그러나 제3자 보호의 관점에서도 행정쟁송의 단기 제소기간(안날로부터 90일)의 기산점을 고시 시점으로 해석하여준다면 특별히 문제되지 않으므로, 그에 더 나아가 효력까지도 고시 시점에 연동할 필요가 있는지 의문이 있다.

2. 변경고시의 형식

도시계획의 경우 그 내용을 변경하는 취지의 고시를 하면서, 변경된 내용만을 고시문에 상세하게 작성하고, 변경되지 않는 부분은 '변경없음'과 같이 간단하게 처리하는 경우가 많고, 이러한 실무가 아직 특별히 문제된 바는 없는 것으로 보인다. 그러나 실시계획에 대하여는 변경 시 변경되지 않은 부분도 변경고시에 포함하여야 하는지가 문제된 사안이 있었는데, 대법원은 이를 위법하다고 보았다.[1] 만일 이와 같은 입장을 국토계획법 전반에 대하여 적용한다면, 아마 대부분의 도시관리계획변경결정은 위법하게 될 것이다.

실무가의 입장에서는 그 위법성을 지적한 취지에는 동감한다. 유지되는 내용을 생략하는 실무 때문에 현재 도시계획의 내용을 리서치 하는 것조차도 매우 번거로운 일이 되었고, 이는 국민들에게 도시계획의 내용을 제대로 고시하지 않는 것이나 다름없으므로 고시를 요구하는 법의 취지에도 반한다.

---

1 대법원 1991. 11. 26 선고 90누9971 판결. "도시계획사업의 실시계획인가고시에 정해진 사업시행기간 경과후 변경인가 고시를 하면서 사업시행기간을 제외한 나머지 사항 중 일부는 종전 고시내용과 같이하고, 일부는 그 기재를 생략한 경우, 생략한 사항은 종전의 것과 같다는 취지에서 생략한 것임을 알 수 있는 경우, 위와 같은 정도의 절차상의 하자는 변경인가에 의한 새로운 사업실시계획인가 자체가 무효라고 보아야 할 정도로 중대하고 명백한 것이라고 볼 수 없어 이는 취소사유에 지나지 아니한다."

제92조(관련 인 · 허가등의 의제)

제92조(관련 인 · 허가등의 의제) ① 국토교통부장관, 시 · 도지사 또는 대도시 시장이 제88조에 따라 실시계획을 작성 또는 변경작성하거나 인가 또는 변경인가를 할 때에 그 실시계획에 대한 다음 각 호의 인 · 허가등에 관하여 제3항에 따라 관계 행정기관의 장과 협의한 사항에 대하여는 해당 인 · 허가등을 받은 것으로 보며, 제91조에 따른 실시계획을 고시한 경우에는 관계 법률에 따른 인 · 허가등의 고시 · 공고 등이 있는 것으로 본다. 〈개정 2009. 3. 25., 2009. 6. 9., 2010. 1. 27., 2010. 4. 15., 2010. 5. 31., 2011. 4. 14., 2013. 3. 23., 2013. 7. 16., 2014. 1. 14., 2014. 6. 3., 2016. 12. 27., 2020. 1. 29., 2021. 7. 20., 2022. 12. 27.〉

1. 「건축법」 제11조에 따른 건축허가, 같은 법 제14조에 따른 건축신고 및 같은 법 제20조에 따른 가설건축물 건축의 허가 또는 신고
2. 「산업집적활성화 및 공장설립에 관한 법률」 제13조에 따른 공장설립등의 승인
3. 「공유수면 관리 및 매립에 관한 법률」 제8조에 따른 공유수면의 점용 · 사용허가, 같은 법 제17조에 따른 점용 · 사용 실시계획의 승인 또는 신고, 같은 법 제28조에 따른 공유수면의 매립면허, 같은 법 제35조에 따른 국가 등이 시행하는 매립의 협의 또는 승인 및 같은 법 제38조에 따른 공유수면매립실시계획의 승인
4. 삭제 〈2010. 4. 15.〉
5. 「광업법」 제42조에 따른 채굴계획의 인가
6. 「국유재산법」 제30조에 따른 사용 · 수익의 허가
7. 「농어촌정비법」 제23조에 따른 농업생산기반시설의 사용허가
8. 「농지법」 제34조에 따른 농지전용의 허가 또는 협의, 같은 법 제35조에 따른 농지전용의 신고 및 같은 법 제36조에 따른 농지의 타용도 일시사용의 허가 또는 협의
9. 「도로법」 제36조에 따른 도로관리청이 아닌 자에 대한 도로공사 시행의 허가 및 같은 법 제61조에 따른 도로의 점용 허가
10. 「장사 등에 관한 법률」 제27조제1항에 따른 무연분묘의 개장허가
11. 「사도법」 제4조에 따른 사도 개설의 허가
12. 「사방사업법」 제14조에 따른 토지의 형질 변경 등의 허가 및 같은 법 제20조에 따른 사방지 지정의 해제
13. 「산지관리법」 제14조 · 제15조에 따른 산지전용허가 및 산지전용신고, 같은 법 제15조의2에 따른 산지일시사용허가 · 신고, 같은 법 제25조제1항에 따른 토석채취허가, 같은 법 제25조제2항에 따른 토사채취신고 및 「산림자원의 조성 및 관리에 관한 법률」 제36조제1항 · 제5항에 따른 입목벌채 등의 허가 · 신고
14. 「소하천정비법」 제10조에 따른 소하천공사 시행의 허가 및 같은 법 제14조에 따른 소하천의 점용허가
15. 「수도법」 제17조에 따른 일반수도사업 및 같은 법 제49조에 따른 공업용수도사업

의 인가, 같은 법 제52조에 따른 전용상수도 설치 및 같은 법 제54조에 따른 전용
공업용수도 설치의 인가

16. 「연안관리법」 제25조에 따른 연안정비사업실시계획의 승인

17. 「에너지이용 합리화법」 제8조에 따른 에너지사용계획의 협의

18. 「유통산업발전법」 제8조에 따른 대규모점포의 개설등록

19. 「공유재산 및 물품 관리법」 제20조제1항에 따른 사용·수익의 허가

20. 「공간정보의 구축 및 관리 등에 관한 법률」 제86조제1항에 따른 사업의 착수·변
경 또는 완료의 신고

21. 「집단에너지사업법」 제4조에 따른 집단에너지의 공급 타당성에 관한 협의

22. 「체육시설의 설치·이용에 관한 법률」 제12조에 따른 사업계획의 승인

23. 「초지법」 제23조에 따른 초지전용의 허가, 신고 또는 협의

24. 「공간정보의 구축 및 관리 등에 관한 법률」 제15조제3항에 따른 지도등의 간행
심사

25. 「하수도법」 제16조에 따른 공공하수도에 관한 공사시행의 허가 및 같은 법 제24
조에 따른 공공하수도의 점용허가

26. 「하천법」 제30조에 따른 하천공사 시행의 허가, 같은 법 제33조에 따른 하천 점
용의 허가

27. 「항만법」 제9조제2항에 따른 항만개발사업 시행의 허가 및 같은 법 제10조제2항
에 따른 항만개발사업실시계획의 승인

② 제1항에 따른 인·허가등의 의제를 받으려는 자는 실시계획 인가 또는 변경인가를
신청할 때에 해당 법률에서 정하는 관련 서류를 함께 제출하여야 한다. 〈개정 2013.
7. 16.〉

③ 국토교통부장관, 시·도지사 또는 대도시 시장은 실시계획을 작성 또는 변경작성하
거나 인가 또는 변경인가할 때에 그 내용에 제1항 각 호의 어느 하나에 해당하는 사항
이 있으면 미리 관계 행정기관의 장과 협의하여야 한다. 〈개정 2013. 3. 23., 2013. 7.
16.〉

④ 국토교통부장관은 제1항에 따라 의제되는 인·허가등의 처리기준을 관계 중앙행정
기관으로부터 받아 통합하여 고시하여야 한다. 〈개정 2013. 3. 23.〉

[전문개정 2009. 2. 6.]

Ⅰ. 의의

실시계획 작성(인가가 필요 없는 경우)이나 인가에 대하여, 사업시행의 효율성을
위해 다른 법률상의 인허가를 의제하도록 한 것이다. 전반적인 조문의 내용과 취
지, 쟁점은 개발행위허가의 인허가 의제조항인 국토계획법 제61조와 동일하다. 관

련하여 본서 제61조 항목의 설명으로 갈음한다.

Ⅱ. 제61조와의 비교

국토계획법 제61조와의 차이점은 ① 의제되는 인허가 개수가 훨씬 많다는 점, ② 개발행위허가의 경우 관계기관에게 20일 이내에 협의의견을 제출할 의무를 부과하여 그 기간 도과 시 협의가 있는 것으로 간주하는 조문을 두고 있는 반면, 본조는 이를 두고 있지 않다는 점이다.

후자(②)와 같은 차이는 개발행위허가에 비해 도시계획시설사업이 토지이용관계에 미치는 파급력과 다른 행정청에 미치는 파급력이 크므로 신중한 판단이 필요하다는 고려에서 기인한 것으로 사료된다. 따라서 본 조의 경우에는 협의기간의 제한도 없고, 협의가 된 것으로 의제할 수도 없으며, 그와 같은 법리를 해석으로 만들어낼 수도 없다. 협의가 안 된 인허가는 의제 대상에서 제외된다고 봄이 타당하다.

Ⅲ. 의제된 사업과 도시계획시설사업의 관계

본조의 내용과 같이 도시계획시설사업에 대한 실시계획 승인이 있을 경우 다른 법률상의 사업들이 함께 의제된다. 이 경우 의제된 사업들을 도시계획시설사업과 관념적으로 분리하여 구분되는 사업으로 취급할 수 있는지가 해석상 쟁점이 될 수 있다. 졸견으로는 의제된 '처분'들을 독립하여 쟁송하거나 취소하는 것이 가능하다고 할지라도,[1] 이것이 의제된 처분에 따른 '사업'들을 구분된 사업으로서 취급하겠다는 것으로까지 확대해석될 수는 없다고 사료된다.

---

[1] 대법원 2018. 11. 29. 선고 2016두38792 판결 참조.

제93조(관계 서류의 열람 등)

제93조(관계 서류의 열람 등) 도시·군계획시설사업의 시행자는 도시·군계획시설사업을 시행하기 위하여 필요하면 등기소나 그 밖의 관계 행정기관의 장에게 필요한 서류의 열람 또는 복사나 그 등본 또는 초본의 발급을 무료로 청구할 수 있다. 〈개정 2011. 4. 14.〉
[전문개정 2009. 2. 6.]

도시계획시설사업의 시행자에게 관계 행정기관에게 서류열람, 등본 등의 자료를 무료로 요구할 수 있는 권한을 부여하는 조문이다. 관계 행정기관의 범위에는 제한이 없으므로, 본 조는 사업의 시행에 조금이라도 관련이 있다면 폭넓게 인정함이 타당해 보인다.

본조는 사업의 시행에 필요한 서류의 열람, 복사, 발급 등을 무료로 청구할 수 있도록 정하고 있을 뿐, 그러한 청구를 받은 관계 행정기관이 다른 법률에 따라 제공이 제한되는 경우에도 그러한 청구에 응하여야 한다는 취지의 특례는 두고 있지 아니하다. 따라서 관계 행정기관의 장으로서는 개인정보보호법 등 서류의 열람, 복사, 발급에 제한이 될 수 있는 개별 법률상의 요건을 검토하여 그 가부를 개별적으로 판단하여야 할 것이다.

한편 본조에 따라 관계 서류의 열람을 요구할 수 있는 시행자의 범위에는 당연히 국토계획법에 따라 사업시행자 지정을 받은 민간시행자도 포함되는 것으로 해석하여야 한다.

제94조(서류의 송달)

제94조(서류의 송달) ① 도시·군계획시설사업의 시행자는 이해관계인에게 서류를 송달할 필요가 있으나 이해관계인의 주소 또는 거소(居所)가 불분명하거나 그 밖의 사유로 서류를 송달할 수 없는 경우에는 대통령령으로 정하는 바에 따라 그 서류의 송달을 갈음하여 그 내용을 공시할 수 있다. 〈개정 2011. 4. 14.〉
② 제1항에 따른 서류의 공시송달에 관하여는 「민사소송법」의 공시송달의 예에 따른다.
[전문개정 2009. 2. 6.]

본래 행정상의 서류송달 방법에 관하여는 행정절차법에서 상세히 정한다. 행정청의 경우에는 일반법인 행정절차법의 적용을 받으므로 본조와 같은 조문이 구태여 필요가 없다. 그러나 행정청이 아닌 경우에 문제가 되는 것인데, 도시계획시설사업의 시행자는 공공뿐만 아니라 민간이 될 수도 있고, 행정청이 아닌 공기업도 포함될 수 있으므로 서류송달에 관한 규정을 본 조에 정해둔 것이다. [이렇게 본다면, 본 조 자체만으로도 도시계획시설사업의 시행자의 행정주체로서의 지위를 부정하는 근거로도 활용될 수 있을 것이라 생각된다.]

본 조에 의하면 통상의 의사표시는 아무런 제한이 없으므로 일반 민사관계와 같이 처리하면 된다. 내용증명과 같은 방식이 보편적일 것이다. 반면, 거소가 불분명하다는 등 공시송달이 필요한 경우는 본 조에 따라 민사소송법의 공시송달의 예를 따르도록 하고 있다. 행정절차법의 정보통신망에 의한 송달 규정이 보다 간편한데(동법 제14조 제3항) 장기적으로는 민사소송법보다 행정절차법을 준용하는 형태로 수정하는 것이 어떨까 한다.

제95조(토지 등의 수용 및 사용)

제95조(토지 등의 수용 및 사용) ① 도시·군계획시설사업의 시행자는 도시·군계획시설사업에 필요한 다음 각 호의 물건 또는 권리를 수용하거나 사용할 수 있다. 〈개정 2011. 4. 14.〉
1. 토지·건축물 또는 그 토지에 정착된 물건
2. 토지·건축물 또는 그 토지에 정착된 물건에 관한 소유권 외의 권리
② 도시·군계획시설사업의 시행자는 사업시행을 위하여 특히 필요하다고 인정되면 도시·군계획시설에 인접한 다음 각 호의 물건 또는 권리를 일시 사용할 수 있다. 〈개정 2011. 4. 14.〉
1. 토지·건축물 또는 그 토지에 정착된 물건
2. 토지·건축물 또는 그 토지에 정착된 물건에 관한 소유권 외의 권리
[전문개정 2009. 2. 6.]

Ⅰ. 의의

도시계획시설사업은 대표적인 공익사업(토지보상법 제2조 제2호, 제4조)이다. 따라서 도시계획시설사업의 시행자는 수용(收用)권한을 가진다. 구체적인 수용의 절차는 토지보상법에 따른다.

Ⅱ. 도시계획시설사업과 수용의 절차

도시계획시설사업은 「도시계획시설결정 → 사업시행자 지정 → 실시계획 인가」 등의 절차를 거쳐서 시행되는데, 그러한 사업시행절차와 수용(收用)을 위한 절차의 관계를 간략하게 정리하면 다음과 같다.

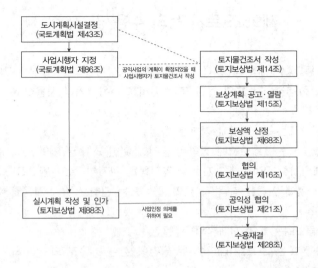

[그림] 도시계획시설사업과 수용절차의 도식

　　다만, 위와 같은 절차는 예시적인 것이고, 경우에 따라 절차의 변형이 얼마든지 가능하다. 토지보상법상의 절차는 기본적으로는 위 그림과 같이 토지조서 작성 → 협의취득 → 수용재결 신청의 순서로 진행되는데, 이 중 사업인정 의제 및 공익성 협의 절차를 거친 다음 협의취득 및 수용재결 신청 절차로 나아갈 것인지, 아니면 먼저 협의취득을 시도하여 본 다음 사업인정 의제 및 공익성 협의 절차를 거쳐 수용재결 신청으로 나아갈 것인지는 사업시행자가 선택할 수 있는 문제이기 때문이다. 이는 현행 토지보상법이 '협의취득' 절차를 사업인정 이전에 행하는 '사전적 협의'(동법 제16조)와 사업인정 이후에 행하는 '사후적 협의'(동법 제26조)로 구분한 다음, 사전적 협의를 임의적인 절차로 규정하면서 둘 중 하나만 거치면 수용재결 신청을 할 수 있도록 정하고 있기 때문이다(동법 제26조 제2항[1]; 물론 토지조서의 변동이 없어야 한다).

　　한편, 보상절차의 시작점이라고 할 수 있는 '토지조서의 작성' 시점에 대하여

---

[1] 토지보상법 제26조(협의 등 절차의 준용) ② 사업인정 이전에 제14조부터 제16조까지 및 제68조에 따른 절차를 거쳤으나 협의가 성립되지 아니하고 제20조에 따른 사업인정을 받은 사업으로서 토지조서 및 물건조서의 내용에 변동이 없을 때에는 제1항에도 불구하고 제14조부터 제16조까지의 절차를 거치지 아니할 수 있다. 다만, 사업시행자나 토지소유자 및 관계인이 제16조에 따른 협의를 요구할 때에는 협의하여야 한다.
헌법재판소는 동항의 입법취지를 "토지조서와 물건조서에 변동사항이 없는 경우에는 협의의 가능성이 없으므로 다시 협의 등의 절차를 거치는 것이 무의미하고, 이미 거쳤던 절차를 반복하지 않게 함으로써 공익사업을 신속하게 추진하고자 함"에 있다고 설명한다. 헌법재판소 2007. 11. 29. 선고 2006헌바79 결정.

토지보상법은 명확한 시한을 두지 아니하고 단지 "필요하면 작성하라"거나(동법 제14조 제1항), "사업인정을 받은 사업시행자는 토지조서를 작성하라"(동법 제26조 제1항 참조)는 정도의 태도를 보이고 있으므로, 개별 개발사업의 시행절차와 토지보상법상의 절차 간의 관계가 다소 모호하게 되는 측면이 있다. 현행 토지보상법의 체계대로라면, 사업시행자가 사업인정 이전에 토지조서를 작성하여 협의취득 등 수용을 위한 절차에 나아가더라도 상관이 없고, 다만 사업인정 이후 수용권 행사가 가능한 시한 이전까지만 해당 절차를 진행하기만 하면 된다. 관련하여 수용권 행사는 사업인정고시일로부터 1년(동법 제23조 제1항)간 가능하나, 개별법령상 1년의 기간을 '사업시행기간 이내'로 연장하는 특칙을 두는 경우가 많으므로, 사실상 토지조서 작성 시점이 긍정적으로 말하면 유연한 것이고, 부정적으로 말하면 모호한 것이다. 사업시행자 입장에서는 필요한 시점에 토지를 취득하면 되는 것이나, 토지소유자 입장에서는 수용 시점을 가늠하기가 어려우므로 재산권에 대한 지나친 제약으로 작용할 수 있다.[1] 사업시행자가 사업시행 의지가 확고한 경우에는 도시계획시설결정 및 사업시행자 지정 단계에서부터 토지조서를 작성하여 협의취득 절차에 나아가는 것도 가능하지만, 예산 문제 등 현실적인 여건 문제로 인해 실무적으로는 실시계획인가 시점 – 곧, 토지보상법상 사업인정이 의제되는 시점에 이르러서야 비로소 토지조서를 열람하고 협의취득절차에 나아가는 경우가 많다.

Ⅲ. 해석상 쟁점

본 조 제1항 제1호가 "토지·건축물 또는 그 토지에 정착된 물건"이라고 한 문언의 해석방법이 다투어진 사안이 있다. 요지는 ① 건축물의 경우 토지와 반드시 함께 수용될 수 있는 것인지, ② 건축물만 별도로 수용될 수 있는 것인지가 다투어진 사안이다. 대법원은 전자(①)와 같이 볼 이유가 없다고 보았다.[2] 본 조 제1항은 특별히 전자와 같이 좁게 해석하여 사업시행자에게 이미 부여한 수용권의 내용을

---

1 이와 같이 수용권의 유효기간(곧, 사업인정의 실효기간)을 사업인정 고시일로부터 1년에서 사업시행기간 이내로 연장하는 것에 대해 사업시행자의 편의만을 고려한 것이어서 위헌적이라는 지적도 있다. 김종보, 도시계획시설의 공공성과 수용권, 행정법연구, 2011. 8., 296면의 논의를 참조.

2 대법원 2007. 1. 25 선고 2005두9583 판결. "건축물을 토지와는 독립된 별개의 부동산으로 인정하여, 토지의 부합물임을 원칙으로 하는 그 외의 토지정착물과 그 법적 취급을 달리하는 우리 법제 하에서는 위 규정상의 "건축물"을 "그 토지에 정착된 물건"의 한 예시로 보아 그에 포함되는 것으로 해석할 수는 없다. 원심이 이와 같은 취지에서 위 규정상의 건축물이 "그 토지의 정착물"에 포함됨을 전제로 건축물에 대한 수용은 오로지 토지와 함께 수용되거나 혹은 토지와 함께 그 건축물 자체가 공익사업에 필요로 하는 경우에 한하여 허용된다는 원고의 주장을 배척한 것은 정당하다"

대상별로 축소하여 해석할 이유가 하등 없다는 점, 사업의 내용에 따라 반드시 토지를 수용, 사용할 필요가 없는 경우를 얼마든지 상정할 수 있다는 점에서 판례의 견해가 타당하다고 사료된다.

Ⅳ. 수용권 부여의 타당성과 위헌론

한편, 종래 민간이 운영하는 골프장이나 골프연습장 등을 도시계획시설인 체육시설에 해당한다고 보아 수용권을 부여하는 것이 정당한지에 대한 논의가 제기되어왔고, 이에 헌법재판소는 공공필요성 인정 여부에 상관없이 체육시설을 도시계획시설로 분류한 것의 위헌성을 지적한 바 있다.[1] 이와 같은 논의와 같은 맥락에서 개별 시설의 성격 – 곧, 공공필요성을 따지지 아니하고 일률적으로 수용권을 부여하고 있는 본 조 자체의 위헌성 문제가 제기된 바도 있다.[2] 그러나 현재는 개별법령상 토지보상법에 따른 사업인정을 의제하는 등으로 수용권을 부여하는 조항을 두고 있다고 하더라도, 토지보상법 제21조 제2항의 신설로 중앙토지수용위원회로부터 공익성 협의 절차를 거치도록 정하고 있으므로, 공익성 내지는 공공필요성을 고려하지 않고 일률적으로 수용권을 부여하는 본 조 자체가 위헌적이라는 논의는 사실상 그 실익이 거의 없어진 것이라는 게 저자의 사견이다.

참고로만 언급하자면, 민간이 시행자이자 운영자가 되는 시설들에 대하여도 수용권을 부여하는 것이 타당할 수 있는지의 논의에 관하여는 미국 연방대법원의 Kelo v. City of London 판결을 참조할 수 있겠다. 해당 판결은 사인이 수용의 주체인 경우 사인의 경제적 이익이 관여된 경우에도 그것이 공적 목적(public purpose)에 해당할 수 있는지가 쟁점이 된 판결이었는데, 미국 연방대법원은 수용의 주체가 사인(私人)인지 여부는 중요한 문제가 아니라고 보는 한편,[3] "공익 달성"이라는 목적의 인정 여부를 중요한 기준으로 보았다.[4]

---

1 헌법재판소 2011. 6. 30. 선고 2008헌바166,2011헌바35(병합) 전원재판부 결정. "개별 체육시설의 성격과 공익성을 고려하지 않은 채 구체적으로 범위를 한정하지 않고 포괄적으로 대통령령에 입법을 위임하고 있으므로 헌법상 위임입법의 한계를 일탈하여 포괄위임금지원칙에 위배된다."
2 금태환, 국토의계획 및 이용에 관한 법률 제95조 제1항의 위헌성 골프장 부지의 수용 근거 규정으로서의 기능과 관련하여, 행정법연구, 2010. 8.의 논의를 참조.
3 장민선, 경제개발을 위한 공용수용의 합헌성에 관한 소고 – 미국 연방대법원의 Kelo v. City of New London판결을 중심으로, 법학논집, 제14권 제2호, 2009, 155면 참조.
4 장민선, 경제개발을 위한 공용수용의 합헌성에 관한 소고 – 미국 연방대법원의 Kelo v. City of New London판결을 중심으로, 법학논집, 제14권 제2호, 2009, 166면 참조.

제96조(「공익사업을 위한 토지 등의 취득 및 보상에 관한 법률」의 준용)

제96조(「공익사업을 위한 토지 등의 취득 및 보상에 관한 법률」의 준용) ① 제95조에 따른 수용 및 사용에 관하여는 이 법에 특별한 규정이 있는 경우 외에는 「공익사업을 위한 토지 등의 취득 및 보상에 관한 법률」을 준용한다.
② 제1항에 따라 「공익사업을 위한 토지 등의 취득 및 보상에 관한 법률」을 준용할 때에 제91조에 따른 실시계획을 고시한 경우에는 같은 법 제20조제1항과 제22조에 따른 사업인정 및 그 고시가 있었던 것으로 본다. 다만, 재결 신청은 같은 법 제23조제1항과 제28조제1항에도 불구하고 실시계획에서 정한 도시·군계획시설사업의 시행기간에 하여야 한다. 〈개정 2011. 4. 14.〉
[전문개정 2009. 2. 6.]

Ⅰ. 의의

도시계획시설사업은 공익사업이므로 사업의 원활한 추진을 위해 수용권을 부여하고 있는 조문이다. 통상적인 개발사업법령들에 있는 조문들과 대동소이하다. 본 조는 ① 실시계획인가 고시 시점에 수용권을 부여하는 사업인정을 의제하고,[1] ② 수용권 행사를 위한 재결의 신청을 실시계획에서 정하는 사업시행기간 이내에 하도록 정한다. 본래 토지보상법상 사업인정의 고시일로부터 1년 이내에 재결을 신청하여야 하고 그렇지 않으면 사업인정이 실효되는데(동법 제28조 제1항 등 참조), 이 경우 수용권 행사기간이 지나치게 짧아지므로 그에 대한 특례를 부여한 것이다.

도시계획시설사업의 수용절차는 본서 제95조 항목의 그림을 참조하라.

Ⅱ. 사업인정의 의제

1. 토지보상법상 사업인정[2]

사업시행자는 토지등을 수용 또는 사용하고자 할 때 국토교통부장관의 사업인

---

[1] 이와 같은 수용권의 부여 시점은 개별법률마다 태도가 다르다. 예컨대 항만재개발법 제24조의 경우에는 사업구역 지정 단계에서부터 수용권을 부여한다.
[2] 본항의 논의는 저자의 개발사업법과 토지수용의 관계 – 대법원 2015. 11. 27. 선고 2015두48877 판결을 중심으로, 건설법연구회 2016. 1. 22. 월례학술대회 발표문(미간행), 7면 이하를 발췌하여 수정 및 보완하여 수록한 것이다.

정을 받아야 한다. 사업인정이란 공익사업을 토지등을 수용하거나 사용할 사업으로 결정하는 것으로(토지보상법 제2조 제7호), 달리 말하면 사업인정은 사업시행자에 '수용권을 부여'하는 행위이다. 사업인정에 의하여 수용권이 부여되고 또한 수용할 목적물의 범위가 확정된다.[1] 사업인정으로 관계인의 범위가 사업인정 고시일을 기준으로 확정되고(제2조 제5호 단서), 고시된 토지 내에서의 개발행위에 제한이 따르며(제25조), 토지 및 물건에 관한 조사권이 발생한다(제27조). 그러나 후술할 바와 같이, 우리나라에서 토지보상법상 사업인정을 거치는 경우는 드물고, 도리어 본조 제2항의 경우와 같이 개별법상의 인허가에 사업인정이 의제되는 경우가 많다.[2]

참고로, 사업인정의 법적 성질에 대하여 특정사업이 공익사업에 해당됨을 공권적으로 확인하는 행위라는 확인행위설과, 일정한 절차를 거칠 것을 조건으로 수용권을 설정해 주는 의미를 지니는 행위라는 형성행위설이 종래 대립하였던 바 있다.[3] 형성행위설이 통설·판례의 입장으로 보인다.

2. 사업인정의 의제[4]

개발사업을 목적으로 하는 법률들은 대부분 본조 제2항과 같은 사업인정의 의제에 관한 특례규정을 두고 있는데 그 취지는 중복적인 절차를 생략하고 개발사업을 신속하게 진행하는 데에 있다.[5]

개발사업은 통상 여러 단계의 다단계 행정절차를 통해 시행되므로, 어느 단계의 처분에 사업인정을 의제할 것인지는 개별 법률에 따라 다르다. 류해웅(2006)은 이러한 사업인정 의제 조항들의 유형을 ① 개발사업의 각 단계에서 수립되는 계획에 대한 행정청의 승인, 인가, 고시 등의 행위에 대하여 사업인정을 의제하는 경우,

---

1 대법원 1987. 9. 8. 선고 87누395 판결 참조.

2 류해웅, 개발사업법상 공용수용의 특례규정에 관한 법제적 고찰, 감정평가연구 제16집 제1호, 2006. 6, 44면.

3 홍정선, 행정법특강, 박영사, 제10판, 2011, 1142면.

4 본항의 논의는 저자의 개발사업법과 토지수용의 관계 - 대법원 2015. 11. 27. 선고 2015두48877 판결을 중심으로, 건설법연구회 2016. 1. 22. 월례학술대회 발표문(미간행), 14-15면을 발췌하여 수정 및 보완하여 수록한 것이다.

5 헌법재판소 2010. 12. 28. 선고 2008헌바57 전원재판부 [도시개발법제21조제1항본문등위헌소원] 참조. "사업인정의제조항의 입법목적은 도시개발사업에서 이해관계인의 의견청취, 관계행정기관과의 협의 등 중복되는 행정절차 등을 생략하여 사업인정절차에 소요되는 시간을 단축함으로써 도시개발사업을 신속하게 시행하고, 수용에 따른 손실보상금 산정의 기준시점을 앞당김으로써 개발이익을 배제하려는 데 있다."

② 사업의 대상이 되는 구역이나 지역을 지정하거나 고시하는 행위에 사업인정을 의제하는 경우, ③ 마지막으로, 개발사업에 사용한 토지의 세목을 고시하는 것에 대하여 사업인정을 의제하는 경우 등 3가지 정도로 분류하고 있다.[1] 도시계획시설사업의 실시계획 승인에 대하여 사업인정을 의제하는 본조 제2항은 위의 경우들 중 ①의 경우에 속한다고 볼 수 있겠다.

본조 제2항 또한 마찬가지이지만, 이와 같이 사업인정이 의제되는 경우 대체적으로 개별법령에서는 통상 토지보상법에 의하여 사업인정을 할 경우에 요구되는 의견청취나 고시에 관한 규정을 따로 두고 있지 않다. 추측건대 사업인정을 의제하는 개발사업법들은 대부분 도시관리계획의 수립이 수반되는 사업들에 해당하고, 사업의 특성상 수용이 전제되어 있거나 수용될 것이 어느 정도 예상가능한 종류의 사업에 해당하므로, 그러한 계획의 수립과정에서 의견청취 및 고시 등이 이뤄지는 이상 추가적으로 유사한 절차를 거칠 필요는 없다고 입법자가 판단하고 있는 것이 아닌가 사료된다. 헌법재판소가 도시개발법상 사업인정의제조항에 대하여 "사업인정절차를 거치지 않고서도 공공필요에 대한 판단을 할 수 있는 적절한 절차가 마련되어 있다는 점에서 적법절차원칙에 위배된다고 할 수 없다"[2]고 판시한 것도 같은 맥락에서 이해될 수 있다.

토지보상법에 의하여 사업인정을 받을 경우에는 사업인정 고시가 된 날로부터 1년 이내에만 재결 신청을 할 수 있으나, 본조 제2항을 포함한 대부분의 개발사업법들은 재결신청기간을 개별 개발사업의 시행기간 이내로 연장 하는 특례규정을 두고 있다. 다만, 재결신청 기간을 사업시행기간 이내로 하는 것은 사업시행자 측의 편의만을 고려한 입법으로, 피수용자의 권리구제에 충실하지 못하게 된다는 비판론이 존재한다.[3]

3. 공익성 협의

가. 제도의 의의

종래 사업인정 의제 조항에 대해서는 공용수용에 있어 중요한 요건인 사업의 공공필요성 여부에 대한 심사나 판단이 제대로 이행되지 못한다는 취지의 비판이

1 류해웅, 개발사업법상 공용수용의 특례규정에 관한 법제적 고찰, 감정평가연구 제16집 제1호, 2006. 6, 44면 내지 45면 참조.
2 헌법재판소 2010. 12. 28. 선고 2008헌바57 전원재판부 결정.
3 류해웅, 개발사업법상 공용수용의 특례규정에 관한 법제적 고찰, 감정평가연구 제16집 제1호, 2006. 6., 47면.

있어왔다.[1] 물론, 입법자가 토지보상법이 정한 사업인정의 절차를 모두 요구하지 않으면서 이를 의제 처리하기로 한 이상, 입법자 스스로 해당 사업의 공공필요성 자체를 인정하고 전제한 것이라 볼 여지도 있어 보이기는 한다.[2] 그러나 사업의 실질적 내용이나 성격에 관계없이 사업인정이 무분별[3]하게 의제됨에 따라 수용권이 남발될 가능성이 있다는 점은 부정하기가 어렵고, 이 경우 수용의 대상이 되는 재산의 권리자들에게는 중대한 침해 또는 제약이 될 수 있다는 점 또한 부정하기가 어렵다.

이에 2015. 12. 29. 개정된 토지보상법 제21조 제2항에서는 "사업인정이 의제되는 지구지정·사업계획승인 등을 하려는 경우 … 중앙토지수용위원회와 협의하여야 하며 … 사업인정에 이해관계가 있는 자의 의견을 들어야 한다"라는 내용을 신설하였는데, 이를 이른바 '공익성 협의' 제도라고 한다. 따라서 본조 제2항의 경우에도 사업인정이 의제되는 실시계획 승인을 하기 이전에 미리 중앙토지수용위원회의 공익성 협의를 받아야만 하고, 만일 공익성 협의를 아예 받지 아니하거나 공익성 협의가 중앙토지수용위원회에 의하여 '부동의'되는 경우[4]에는 사업인정이 의제되지 않으므로 사업시행자로서는 수용재결을 신청할 수 없다. 다만, 공익성 협의를 누락한 경우 사업시행자는 사후적으로 공익성 협의를 받거나, 혹은 실시계획의 변경승인을 신청하면서 공익성 협의를 신청하는 등[5]의 방법을 생각해볼 수 있겠다.

---

1 김해룡, 현행 토지수용절차의 문제점과 개선방안 – 사업인정과 수용재결의 관계 및 사업인정 의제효 규정의 중심으로, 한국토지공법학회 제100회 학술대회 발표논문, 14면; 강신은, 토지보상법의 체계와 법적 개선방안, 건설법연구, 제9호, 2023, 7면.

2 저자 또한 개발사업법과 토지수용의 관계 – 대법원 2015. 11. 27. 선고 2015두48877 판결을 중심으로, 건설법연구회 2016. 1. 22. 월례학술대회 발표문(미간행), 15면에서 이와 같은 견해를 취한 바 있었다.

3 입법자료에 의하면 2015년 당시를 기준으로 수용권이 부여되는 개발사업 총 111개 중 89개 사업에 대하여 사업인정 의제 조항이 마련되어 있었다고 한다. 국회 국토교통위원회, 공익사업을 위한 토지 등의 취득 및 보상에 관한 법률 일부개정법률안 심사보고서, 2015. 12., 9면에서 인용.

4 중앙토지수용위원회는 공익성 협의 신청에 대하여 동의, 조건부 동의, 부동의로 의견을 내게 된다. 국토교통부 중앙토지수용위원회, 토지수용 업무편람, 2020, 38면 참조.

5 참고로, 최근 법원의 가처분 결정 사례 중에는 공익성 협의를 생략한 채 사업시행계획인가를 받았다가, 사후적으로 공익성 협의를 받음으로서 이를 '치유'할 수 있는지에 대하여 긍정적으로 결정한 사례가 있는 것으로 보인다. 다만, 향후 법원의 판단 경과를 살펴보아야 할 것으로 보인다. 심민규 기자, 공익성 의제 협의가 뭐길래 | "협의절차 누락해도 하자 치유 가능성 인정받은 결정," 한국주택경제, 2023. 5. 18.자 기사에서 인용하고 참조.

나. 공익성 협의의 기준

공익성 협의 시 중앙토지수용위원회는 (1) 사업인정에 이해관계가 있는 자에 대한 의견 수렴 절차 이행 여부, (2) 허가·인가·승인대상 사업의 공공성,[1] (3) 수용의 필요성[2](이상 토지보상법 제21조 제3항), (4) 해당 공익사업이 근거 법률의 목적, 상위 계획 및 시행 절차 등에 부합하는지 여부, (5) 사업시행자의 재원 및 해당 공익사업의 근거 법률에 따른 법적 지위 확보 등 사업수행능력 여부(이상 토지보상법 시행령 제11조의2) 등을 검토하게 된다. 보다 상세한 공익성 검토의 기준은 중앙토지수용위원회에서 발간한 2024 토지수용 업무편람, 53면 이하를 참조하라.

다만, 문헌상으로는 중앙토지수용위원회가 공익성 협의 과정에서 강화된 심사 요건 등을 요구함으로 인하여, 오히려 공익사업의 예측가능성을 저해하거나, 사업시행자의 권한을 제약하게 된다는 비판론이 발견된다.[3] 또한 문헌상으로는 장기적으로 공익성 협의의 기준들을 법률의 차원에서 구체적으로 신설해나가는 것이 필요하다는 취지의 비판론도 발견된다.[4]

다. 공익성 협의의 실무적 쟁점들

(1) 실시계획의 변경과 공익성 협의의 필요성

만일, 최초에 실시계획 승인을 하면서 공익성 협의를 거쳐서 사업인정이 의제 되었으나, 이후 사업구역의 변경 등으로 실시계획 변경승인을 하여야 하는 경우 사업인정 의제의 효과를 유지하기 위해 공익성 협의를 다시 받아야 하는 것인지가 문제될 수 있다. 생각건대, 사업의 본질적 내용이 변경되어 공공필요성을 재심사하여야 하는 수준의 변경에 이르지 않는 이상에는 공익성 협의가 다시 필요하다고 보기는 어렵다고 사료된다. 토지보상법 제21조 제2항에서 공익성 협의와 함께 요구되고 있는 '이해관계인 의견 청취'에 관한 것이기는 하나, 법제처는 "종전 사업인정의 효력이 유지될 수 없는 사유가 발생하거나 전혀 다른 토지등에 대한 수용·사용의 필요성이 있는 경우 등 새로운 사업인정의 의제가 필요하게 되었을 때 같은

---

1 중앙토지수용위원회에 의하면 공공성과 관련하여서는 "시행목적의 공공성, 사업시행자 유형, 목적 및 상위계획 부합여부, 사업의 공공기여도, 공익의 지속성, 시설의 대중성" 등을 심사한다고 한다. 중앙토지수용위원회, 2024 토지수용 업무편람, 53면에서 인용.

2 중앙토지수용위원회에 의하면 수용의 필요성과 관련하여서는 "피해의 최소성, 방법의 적절성, 사업의 시급성, 사업시행자의 사업수행능력" 등을 고려한다고 한다. 중앙토지수용위원회, 2024 토지수용 업무편람, 53면에서 인용.

3 이은노, 토지보상법상 공익성 협의제도에 관한 소고, 건설법연구, 제8호, 2022, 84면.

4 허강무, 공익사업의 공익성 협의 제도 입법정책 과제, 토지공법연구, 제104집, 2023, 94면.

항에 따라 해당 사업인정에 대한 의견청취를 거쳐야 할 것"이라는 견해를 밝힌 바 있다.[1]

(2) 공익성 협의 부동의 시 불복 문제

한편, 실시계획 승인의 과정에서 공익성 협의를 신청하였으나 중앙토지수용위원회가 부동의한 경우에는 그에 대하여 불복할 수 있는 것인지가 실무상 문제가 된다. 가장 큰 문제는 중앙토지수용위원회의 공익성 협의가 그 자체로 독립적인 쟁송대상 – 곧, 처분으로 인정될 수 있는지 여부이다. 관련하여 문제는 공익성 협의의 경우 사업시행자가 중앙토지수용위원회에 직접 신청하는 것이 아니라 인허가관청이 신청하는 것이라는 점에서, 이를 사업시행자를 상대로한 직접적인 처분으로 볼 수 있는지가 쟁점이 될 수 있다. 그러나 ① 비슷한 구도의 인허가 의제의 경우에도 법원이 의제되는 처분의 독립한 쟁송가능성[2]을 인정하고 있는 점, ② 공익성 협의와 유사하게, 사업시행자가 인허가기관에게 환경영향평가서를 작성하여 제출하면, 이를 제출받은 인허가기관이 환경부장관에게 협의를 요청하도록 되어 있는 환경영향평가서 협의와 관련하여, 환경영향평가 부동의 협의의견을 처분으로 보아 행정소송의 대상이 될 수 있다고 본 하급심 판례[3] 등을 고려하면, 공익성 협의 부동의도 독립된 쟁송대상이 될 수 있다고 보아야 한다는 게 저자의 사견이다. 다만, 현재로서 공익성 협의가 행정소송의 대상이 될 수 있는지에 대한 확립된 판단선례가 잘 발견되지 않는 것으로 보이므로,[4] 향후 판례의 경과를 지켜보아야 할 것으로 사료된다.

현재로서 공익성 협의 부동의를 받은 사업시행자는 다시 공익성 협의를 신청할 수 있고(토지보상법 시행규칙 제9조의3), 실무상 5차례 부동의를 받아 6번째에 공익성 협의를 받은 사례도 발견된다.[5]

---

1 법제처 2021. 5. 21. 회신 21-0130 해석례 인용.
2 "의제된 산지전용허가 취소가 항고소송의 대상이 되는 처분에 해당하고"라고 판시한 대법원 2018. 7. 12. 선고 2017두48734 판결 참조.
3 전주지방법원 2020. 6. 4. 선고 2019구합1316 판결.
4 문헌상으로는 중앙토지수용위원회의 공익성 협의 부동의만을 따로 떼어내어 다투는 것이 "현실적으로 불가능하다"는 취지의 견해가 발견된다. 이은노, 토지보상법상 공익성 협의제도에 관한 소고, 건설법연구, 제8호, 2022, 86면에서 인용하고 참조.
5 태현지 기자, '중토위' 공익성 심사서 무리한 공공기여 요구… 이행 확약 없으면 심사 탈락도, 동아일보, 2024. 3. 27.자 기사 참조.

4. 수용권 행사 기간과 수용의 효력

법은 수용권 행사 기간을 사업시행기간 내로 정하고 있는데, 만일 그 기간을 도과한 경우의 처리방안이 해석상 문제될 수 있다. 첫째, 사업기간 도과 후 사업시간을 연장하는 방식으로 실시계획변경인가를 받아서 이를 토대로 수용권을 행사할 수 있는지가 문제될 수 있다. 만일, 실시계획변경인가가 새로운 실시계획인가로서 그 적식과 요건을 갖춘 것이라면, 그에 기하여 새로운 수용권을 부여받을 수 있겠으나,[1] 그렇지 않은 경우에는 재결신청 기간을 제한한 법의 취지를 몰각하는 것이므로 허용되지 아니한다고 봄이 타당하다.[2]

둘째, 사업기간이 도과한 경우, 도과 전에 행한 수용의 효력이 어떻게 되는 것인지가 해석상 쟁점이 될 수 있다. 관련하여 대법원은 정비사업에 대한 사안에서 수용의 효력에는 영향이 없다고 보았다.[3] 다만, 실시계획인가가 위법하여 취소되거나 무효가 된다면 이 경우에는 수용도 무효가 될 것이므로[4] 이러한 경우와는 구별하여야 한다.

Ⅲ. 환매권

본 조가 준용하는 토지보상법 제91조는 수용 개시일 이후 10년 이내에 해당 사업의 폐지·변경 또는 그 밖의 사유로 취득한 토지의 전부 또는 일부가 필요 없게 된 경우에는 취득 당시의 토지소유자나 그 포괄승계인에게 환매권을 부여한다. 따라서 도시계획시설사업이 수용 후 10년 이내에 폐지, 변경 되는 경우에는 환매권이

---

[1] 대법원 2005. 7. 28. 선고 2003두9312 판결 참조. "도시계획사업의 실시계획인가고시에 정해진 사업시행기간 경과 후에 이루어진 변경인가고시도 그것이 새로운 인가로서의 요건을 갖춘 경우에는 그에 따른 효과가 있다."

[2] 대법원 1991. 11. 26. 선고 90누9971 판결 참조. "실효된 실시계획인가를 변경인가하여 그 시행기간을 연장하였다고 하여 실효된 실시계획의 인가가 효력을 회복하여 소급적으로 유효하게 될 수는 없다."

[3] 대법원 2016. 12. 1. 선고 2016두34905 판결 "사업시행기간이 도과하였더라도, 유효하게 수립된 사업시행계획 및 그에 기초하여 사업시행기간 내에 이루어진 토지의 매수·수용을 비롯한 사업시행의 법적 효과가 소급하여 효력을 상실하여 무효로 된다고 할 수 없다."

[4] 대법원 2017. 7. 11. 선고, 2016두35144, 판결. "선행처분인 도시계획시설사업 시행자 지정 처분이 처분 요건을 충족하지 못하여 당연무효인 경우, 후행처분인 도시계획시설사업의 시행자가 작성한 실시계획을 인가하는 처분도 무효인지 여부(적극) 사업인정처분이 당연무효인 경우 그것이 유효함을 전제로 이루어진 수용재결도 무효인지 여부(적극)."

인정된다.

이때 환매권의 요건인 '그 밖의 사유로 …(중략) 필요없게 된 경우"라는 요건이 추상적이므로 해석의 여지가 있다. 관련하여 대법원 판례 중에는 도시계획시설사업을 위해 토지를 취득한 다음, 해당 도시계획시설의 설치 위치를 바꾸기 위해 취득한 토지를 교환하는 경우에도 환매권이 발생한다고 보았다.[1] 해당 도시계획시설의 설치를 포기한 것이 아님에도 불구하고, 일단 당해 토지는 필요하지 않게 되었다고 보아 환매권의 인정 범위를 넓게 본 것이라 할 수 있다.

---

1 대법원 2010. 9. 30. 선고 2010다30782 판결. "지방자치단체가 도시관리계획상 초등학교 건립사업을 위하여 학교용지를 협의취득하였으나 위 학교용지 인근에서 아파트 건설사업을 하던 주택건설사업 시행자와 그 아파트 단지 내에 들어설 새 초등학교 부지와 위 학교용지를 교환하고 위 학교용지에 중학교를 건립하는 것으로 도시관리계획을 변경한 사안에서, 위 학교용지에 관한 환매권 행사를 인정한 사례."

제97조(국공유지의 처분 제한)

제97조(국공유지의 처분 제한) ① 제30조제6항에 따라 도시·군관리계획결정을 고시한 경우에는 국공유지로서 도시·군계획시설사업에 필요한 토지는 그 도시·군관리계획으로 정하여진 목적 외의 목적으로 매각하거나 양도할 수 없다. 〈개정 2011. 4. 14.〉
② 제1항을 위반한 행위는 무효로 한다.
[전문개정 2009. 2. 6.]

Ⅰ. 의의

도시계획시설사업 부지로 결정되었는데, 당해 부지 내 토지를 소유한 국가나 지방자치단체가 이를 타에 처분하게 되면, 처분한 토지를 재차 수용하여야 하는 번거로움이 있고, 이는 사업의 원활한 시행을 방해할 수 있다. 이에 법은 국가나 지방자치단체의 처분을 무효[1]로 하여 이를 금하고 있다. 이러한 본조의 처분 금지는 명시적으로 본조를 배제하는 조문이 없는 이상 다른 법률들에서 국공유지의 처분을 허용하고 있는 경우에 대해서도 여전히 적용된다고 보아야 할 것이다.[2]

Ⅱ. 처분 제한의 범위

"도시계획시설사업에 필요한 토지"의 범위와 관련하여 다음과 같은 사항들이 해석상의 쟁점이 될 수 있겠다.

① 만일 도시관리계획의 내용상 결정된 도시계획시설의 지리적 범위 내에 속하여 있는 토지라면 본조에 의하여 처분이 금지되는 토지에 해당하게 될 것임은 이론의 여지가 없어 보인다.

② 만일 도시계획시설 부지 내에 속하여 있지 않은 경우에도 사업에의 '필요성'이 인정된다면 본조의 제한을 받게 되는지가 쟁점이 될 수 있는데, 명확한 판단선

---

1 대법원 2007. 8. 23. 선고 2006다15755 판결 참조.
2 참고로, 법제처는 기업규제완화법 제14조가 국유재산종합계획에도 불구하고 중소기업자에게 국유재산을 처분할 수 있도록 정하고 있는 것과 관련하여 "기업규제완화법 제14조는 다른 법률에 위반되지 않는 범위에서 국유재산종합계획에 따라 국유지의 처분이 제한되는 경우라 하더라도 국유재산 처분에 관한 특례요건을 갖추면 그 처분이 가능하게 하려는 취지의 규정으로 보아야" 한다고 하면서 여전히 그에 대하여 국토계획법 제97조가 적용된다고 보았다. 법제처 2022. 2. 24. 회신 21-0820 해석례 참조.

례는 발견되지 않으나 본조의 제한이 확대될 경우 거래안전을 저해할 수 있는 점을 고려하면 부지 외의 토지에 대하여 본조의 제한을 확장하는 것은 지양하는 것이 타당할 것이라는 게 사견이다. 참고로, 하급심 판결례 중에는 "토지이용계획에 '철도(저촉)'로 기재되어 있지만, 이것만으로는 이 사건 토지가 도시계획시설결정 고시가 있는 토지라고 단정할 수 없다"라고 판시한 것이 발견되는데,[1] 일응 도시계획시설결정의 고시가 있는 토지인지를 주요한 기준으로 하여 본조의 적용 여부를 판단한 것으로 이해할 수 있겠다.

③ 본조는 어디까지나 도시계획시설결정이 된 토지를 처분금지의 대상으로 하는 것이 아니라 '사업에 필요한 토지'를 대상으로 하는 것이므로 도시계획시설결정이 된 곳이라 하더라도 매각되더라도 사업에 지장을 주지 않는 등의 '필요성'이 인정되지 않는 경우에는 본조에 따른 처분 금지의 대상이 되지 않는다고 봄이 타당하다.[2] 관련하여, 서울남부지방법원은 "피고 대한민국이 이 사건 부동산이 도시·군계획시설사업에 필요하다거나 그 계획으로 정하여진 목적이 구체적으로 어떠한 것인지를 구체적으로 주장·입증"하여야 한다고 보았다.[3]

④ '토지'에 대한 공유지분이 국공유에 해당한다면 해당 지분의 처분 또한 본조에 의하여 금지될 수 있다고 판단된다.[4] 그러나 본조가 어디까지나 '토지'에 대해서만 처분 금지를 규정하고 있음을 고려하면, 토지 이외의 건물이나 물건은 본조의 적용대상이 아니라고 봄이 타당하다고 사료된다.

⑤ 본조는 국공유지에 대하여 적용되는 것이다. 따라서 국가나 지방자치단체의 소유가 아닌 경우에는 본조의 처분 금지가 적용되지 않는다. 따라서 국가나 지방자치단체가 설립하였으나 법인격을 달리하는 공기업 등이 소유한 토지는 본조에 따른 처분 금지의 제한을 받지 않는다.[5]

---

1 서울중앙지방법원 2021. 6. 10. 선고 2020나67393 판결.
2 서울중앙지방법원 2021. 6. 10. 선고 2020나67393 판결은 토지가 도시계획시설결정이 되었다고 하더라도 해당 도시계획시설은 '지하' 부분으로만 통과하게 되고 그에 대해서는 이미 지상권이 설정되어있다는 이유로 해당 토지 자체는 본조의 적용을 받지 않는다는 취지로 설시하였다.
3 서울남부지방법원 2021. 5. 13. 선고 2020가단207691 판결.
4 관련하여 "이 사건 각 토지는 이 사건 공익사업의 대상부지에 해당하고 그중 일부 지분이 국유지에 해당한다. 결국 이 사건 각 토지는 국토계획법 제97조에 의해 매각 또는 양도가 불가능하여 경매분할에 의한 양도가 불가능하다"라고 설시한 수원지방법원 2022. 10. 18. 선고 2020가단536940 판결 참조.
5 같은 취지에서 "그러나 제1, 2토지는 공단의 소유로서 국공유지에 해당한다고 볼 근거가 없"다라고 하여 본조의 적용을 배척한 서울고등법원 2019. 5. 17. 선고 2018나2046408 판결 참조.

제98조(공사완료의 공고 등)

제98조(공사완료의 공고 등) ① 도시·군계획시설사업의 시행자(국토교통부장관, 시·도지사와 대도시 시장은 제외한다)는 도시·군계획시설사업의 공사를 마친 때에는 국토교통부령으로 정하는 바에 따라 공사완료보고서를 작성하여 시·도지사나 대도시 시장의 준공검사를 받아야 한다. 〈개정 2011. 4. 14., 2013. 3. 23.〉

② 시·도지사나 대도시 시장은 제1항에 따른 공사완료보고서를 받으면 지체 없이 준공검사를 하여야 한다.

③ 시·도지사나 대도시 시장은 제2항에 따른 준공검사를 한 결과 실시계획대로 완료되었다고 인정되는 경우에는 도시·군계획시설사업의 시행자에게 준공검사증명서를 발급하고 공사완료 공고를 하여야 한다. 〈개정 2011. 4. 14.〉

④ 국토교통부장관, 시·도지사 또는 대도시 시장인 도시·군계획시설사업의 시행자는 도시·군계획시설사업의 공사를 마친 때에는 공사완료 공고를 하여야 한다. 〈개정 2011. 4. 14., 2013. 3. 23.〉

⑤ 제2항에 따라 준공검사를 하거나 제4항에 따라 공사완료 공고를 할 때에 국토교통부장관, 시·도지사 또는 대도시 시장이 제92조에 따라 의제되는 인·허가등에 따른 준공검사·준공인가 등에 관하여 제7항에 따라 관계 행정기관의 장과 협의한 사항에 대하여는 그 준공검사·준공인가 등을 받은 것으로 본다. 〈개정 2013. 3. 23.〉

⑥ 도시·군계획시설사업의 시행자(국토교통부장관, 시·도지사와 대도시 시장은 제외한다)는 제5항에 따른 준공검사·준공인가 등의 의제를 받으려면 제1항에 따른 준공검사를 신청할 때에 해당 법률에서 정하는 관련 서류를 함께 제출하여야 한다. 〈개정 2011. 4. 14., 2013. 3. 23.〉

⑦ 국토교통부장관, 시·도지사 또는 대도시 시장은 제2항에 따른 준공검사를 하거나 제4항에 따라 공사완료 공고를 할 때에 그 내용에 제92조에 따라 의제되는 인·허가 등에 따른 준공검사·준공인가 등에 해당하는 사항이 있으면 미리 관계 행정기관의 장과 협의하여야 한다. 〈개정 2013. 3. 23.〉

⑧ 국토교통부장관은 제5항에 따라 의제되는 준공검사·준공인가 등의 처리기준을 관계 중앙행정기관으로부터 받아 통합하여 고시하여야 한다. 〈개정 2013. 3. 23.〉

[전문개정 2009. 2. 6.]

I. 의의

도시계획시설사업은 「도시계획시설결정 → 사업시행자 지정 → 실시계획인가 → 준공검사」의 절차로 진행된다. 준공검사는 인가받은 실시계획의 내용대로 공사가 이루어졌는지 그 여부를 확인하는 절차 – 곧, 행정법이론상 '강학상 확인'의 의미를 지닌다. 따라서 기속행위라 봄이 타당하고, 법령상 특별한 규정이 없는 한 실시계획의 내용대로 공사가 되었다면 다른 사유를 들어 준공검사를 거부하여서는 아니된다.[1]

본 조는 준공검사를 한 결과 (a) 사업시행자에게는 준공검사증명서를 발급하고, (b) 이와 별도로 공사완료 사실을 공고하도록 하고 있다. 준공검사라는 행정처분의 성립 및 효력발생은 준공검사증명서 발급 시에 이루어지는 것으로 보아야 하고, 공고는 사후적인 절차라고 봄이 상당하다.

준공검사는 선택사항이 아니라 의무사항이다. 법 제133조는 "도시·군계획시설사업의 공사를 끝낸 후 제98조에 따른 준공검사를 받지 아니한 자"에 대하여는 필요한 처분이나 조치를 명할 수 있도록 정하고 있고(동조 제1항 제17호), 그러한 처분에 응하지 아니하는 경우에 대해서는 형사처벌 규정(제142조)이 마련되어 있다.

II. 준공검사의 효과

1. 다른 법률상의 준공검사의 의제

앞서 검토하였던 개발행위허가의 준공검사에 관한 국토계획법 제62조는 동법에 따른 준공검사에 대하여 타 법상의 준공검사 등을 의제하는 조문을 두고 있지 않았다. 생각건대 이는 개발행위허가는 주로 토지의 개발가능성을 부여하는 것에 초점을 맞추고 있기 때문에, 실질적인 건축물의 물리적 건설에 개입하는 타 법령상의 준공검사에 대하여까지 개입하지는 않도록 한 것으로 보인다.[2] 반면, 도시계획시설사업의 실시계획인가는 그 자체로 시설물의 물리적 설치에 관여하는 것이므로, 그 준공검사에 대하여 다른 법령상의 준공검사를 의제하도록 하고 있다(본 조 제5항). 다만, 이와 같은 의제조항에도 불구하고, 의제되는 개별 법령상의 준공검사를 반드시 동시에 받아야 할 필요는 없고, 경우에 따라서는 얼마든지 분리하여 별도로 받는 것도 가능하다고 봄이 타당하다.

2. 공공시설 무상귀속 및 양도

국토계획법은 도시계획시설사업에 대하여도 개발행위허가와 마찬가지로 신설

---

1 이와 같은 법리적 논의에 대하여는 본서의 제62조(준공검사)에서의 논의를 참조.
2 오히려 타 법령상의 준공검사(사용승인)를 하면 개발행위허가에 대한 준공검사(제62조)를 의제하도록 하는 경우가 많다. 대표적으로 건축법 제22조 제4항 제8호.

되는 공공시설의 무상귀속에 관한 조문을 두고 있는데, "준공검사를 마친 때"가 무상귀속의 시점이 된다(제99조). 이때 "준공검사를 마친 때"란 물리적인 공사를 종료한 시점이 아니고, 준공검사라는 행정적인 절차를 완료한 경우를 의미한다.

3. 준공검사와 실시계획 및 인허가 관계

준공검사가 있는 경우 해당 도시계획시설사업에 관한 인허가를 둘러싼 일련의 법률관계는 폐쇄되고 종결되는 것으로 봄이 타당하다. 따라서 (a) 준공검사로서 해당 도시계획시설사업의 시행자로서의 권한이나 지위 또한 종결되고, (b) 공사와 관련한 일련의 공법적 관계들도 종결된다고 보아야 하므로 준공검사가 완료된 이후에는 더 이상 도시계획시설사업에 관한 공사를 수행할 권원이 원칙적으로 부존재하게 된다.

다만, 준공검사에도 불구하고 도시계획시설결정이나 실시계획의 내용은 그 자체로 도시계획으로서 효력을 유지하게 된다. 법 제133조는 "실시계획의 인가 또는 변경인가를 받은 내용에 맞지 아니하게 도시·군계획시설을 설치하거나 용도를 변경한 자"에 대한 처분 또는 조치를 취할 수 있도록 정하고 있고(동조 제1항 제15호의 3), 이는 준공 이후라 하더라도 준수되어야 하는 것이므로 여전히 실시계획 자체의 '계획'으로서의 효력은 준공 이후라 하더라도 존속하는 것을 전제하고 있는 것으로 볼 수 있다. 법 제88조 제2항 단서가 준공 이후에도 경미한 변경 사항에 대해서는 실시계획인가를 받지 않아도 된다고 정하고 있는 것 또한, 준공 이후에도 기존의 실시계획을 경미한 변경 이상으로 변경하고자 하는 경우에는 실시계획인가가 필요하다는 의미이므로 종전의 실시계획이 계속해서 준수되어야 함을 전제로 한 것이라 볼 수 있겠다.

이와 같이 준공 이후에도 실시계획의 내용을 준수하여야 하는 것인 이상, 준공 이후 도시계획시설을 대수선하거나 증축하는 등의 경우에는 기존 실시계획의 내용을 대체하거나 변경할 수 있는 수준의 행정절차에 의하여야 한다. 예컨대, 건축법상 건축허가에는 국토계획법상 도시계획시설사업의 시행자 지정 및 실시계획 인가가 의제되므로(건축법 제11조 제5항 제4호), 사견으로는 준공된 도시계획시설을 대수선, 증축하는 등의 경우에는 건축허가의 절차를 통해 이를 행할 수 있을 것으로 사료된다(관련하여 명확한 판단 선례 등이 잘 발견되지는 않는 것으로 보인다). 다만, 법 제88조 제2항 단서에 따라 "경미한 변경 사항"에 해당하는 경우에는 새로이 실시계획인가를 받을 필요가 없게 된다.

제99조(공공시설 등의 귀속)

제99조(공공시설 등의 귀속) 도시·군계획시설사업에 의하여 새로 공공시설을 설치하거나 기존의 공공시설에 대체되는 공공시설을 설치한 경우에는 제65조를 준용한다. 이 경우 제65조제5항 중 "준공검사를 마친 때"는 "준공검사를 마친 때(시행자가 국토교통부장관, 시·도지사 또는 대도시 시장인 경우에는 제98조제4항에 따른 공사완료 공고를 한 때를 말한다)"로 보고, 같은 조 제7항 중 "제62조제1항에 따른 준공검사를 받았음을 증명하는 서면"은 "제98조제3항에 따른 준공검사증명서(시행자가 국토교통부장관, 시·도지사 또는 대도시 시장인 경우에는 같은 조 제4항에 따른 공사완료 공고를 하였음을 증명하는 서면을 말한다)"로 본다. 〈개정 2011. 4. 14., 2013. 3. 23.〉
[전문개정 2009. 2. 6.]

Ⅰ. 의의

도시계획시설사업으로 신설되는 공공시설의 무상귀속과 폐지되는 공공시설의 무상양도 등에 관한 근거 조문이다. 전적으로 개발행위허가에 관한 무상귀속조항인 제65조를 준용한다. 상세한 논의는 본서의 제65조의 논의로 갈음한다.

만일 공공시설 귀속의 요건을 충족하는 경우에는 국가나 지방자치단체가 소유권을 원시취득하는 것이고, 만일 공공시설 귀속 대상에 대하여 기부채납 약정을 추가로 했다고 하더라도 여전히 국가나 지방자치단체가 원시취득한다는 점은 변하지 않는다.[1]

Ⅱ. 해석상 쟁점 – 부지소유권 확보

본조의 연원이 된 구 도시계획법 제83조와 관련하여, 대법원은 "사업시행자가 그 공공시설에 필요한 토지를 사법상의 계약에 의하여 매수하거나 토지수용법에 따른 공공수용등의 방법에 의하여 취득하여 여기에 공공시설을 설치하고 사업을 완료한 경우에 한하여 그 공공시설이 국가 또는 지방자치단체에 귀속된다는 뜻"이라는 견해를 취한 바 있다.[2] 즉 무상귀속 대상이 되는 공공시설의 부지[3] 소유권

---

1 대법원 1984. 12. 11. 선고 84누131 판결 참조.
2 대법원 1987. 7. 7. 선고 87다카372 판결에서 인용.
3 그 부지가 국유인 경우에도 마찬가지라는 취지의 대법원 2000. 8. 22. 선고 98다55161 판결 참조.

취득 원인이 불법적인 것이라면, 준공에도 불구하고 무상귀속의 효과가 발생하지 않는다는 취지이다.

다만, 최근에는 도시계획시설을 입체적으로 결정하는 경우가 있으므로, 이러한 경우에도 본조가 적용되기 위해서 해당 부지 소유권을 반드시 확보해야 하는지가 문제될 수 있다. 관련하여 법제처는 구분지상권만을 설정하거나 이전받으면 된다는 취지로 해석한 바 있다.[1]

---

1 법제처 2024. 12. 30. 회신 24-0679 해석례.

제100조(다른 법률과의 관계)

제100조(다른 법률과의 관계) 도시·군계획시설사업으로 조성된 대지와 건축물 중 국가나 지방자치단체의 소유에 속하는 재산을 처분하려면 「국유재산법」과 「공유재산 및 물품 관리법」에도 불구하고 대통령령으로 정하는 바에 따라 다음 각 호의 순위에 따라 처분할 수 있다. 〈개정 2011. 4. 14.〉
1. 해당 도시·군계획시설사업의 시행으로 수용된 토지 또는 건축물 소유자에의 양도
2. 다른 도시·군계획시설사업에 필요한 토지와의 교환
[전문개정 2009. 2. 6.]

　　도시계획시설사업은 강제수용(收用)권을 부여받아 사업을 시행하는 것인데, 사업의 내용에 따라 완공된 대지나 건축물 등을 반드시 사업시행자나 관리청이 보유할 필요가 없고 타에 처분하여도 되는 경우가 있을 수 있다. 그런데 이 경우 소유권자가 국가나 지방자치단체라면 국·공유재산법에 의하여 원칙적으로 일반경쟁매각 등의 절차를 거쳐야 하는데, 본 조는 그에 대한 특례를 규정하여 일정한 경우에는 국·공유재산법의 절차를 적용하지 않을 수 있도록 한 것이다.

　　대표적으로 피수용자가 대상이 될 수도 있다. 수용권 행사의 상대방이 되었던 것인 만큼 조성된 토지나 건축물을 그에 환원할 수 있도록 기회를 부여하는 것이다(본 조 제1호). 그 외 사업에 필요한 경우 다른 토지와 교환하는 경우에도 국·공유재산법의 엄격한 절차가 배제된다(제2호).

　　한편 하급심 판례 중에는 본 조를 적극적으로 해석하여, 사업시행자가 사업완료 전까지 토지 등을 타에 처분할 수 없도록 한 조문으로 해석한 사례가 발견된다.[1]

---

1 광주고등법원 2016. 2. 4. 선고 2014누6066 판결. "사업시행자는 사업 시행기간 내에 협의취득이나 수용을 통하여 사업부지에 대한 소유권을 반드시 확보하여야 하므로 사업의 종료(준공) 시까지는 사업부지를 매각(분양) 또는 임대할 수 없도록 규정한 국토계획법 제100조에도 위배되어 위법하다."

제101조(비용 부담의 원칙)

제101조(비용 부담의 원칙) 광역도시계획 및 도시·군계획의 수립과 도시·군계획시설 사업에 관한 비용은 이 법 또는 다른 법률에 특별한 규정이 있는 경우 외에는 국가가 하는 경우에는 국가예산에서, 지방자치단체가 하는 경우에는 해당 지방자치단체가, 행정청이 아닌 자가 하는 경우에는 그 자가 부담함을 원칙으로 한다. 〈개정 2011. 4. 14.〉
[전문개정 2009. 2. 6.]

Ⅰ. 의의

본 조는 도시계획이나 도시계획시설사업에 관한 '시행자 부담'의 원칙을 규정한 조문이다. 도시계획을 수립하는 것은 그 자체로 행정청 스스로의 업무에 해당하는 것이므로, 그 비용을 행정청이 부담하여야 한다는 점에 대하여는 이견이 없다. 아울러, 도시계획시설의 경우에도 그 공공성을 고려하고, 대부분의 경우 공물로서 관리된다는 점을 고려하면 공적 주체인 국가나 지방자치단체가 그 설치나 관리에 수반되는 비용을 부담함이 타당하다. 따라서 본 조의 내용 중 국가나 지방자치단체의 책임을 명시한 부분에 대해서는 특별히 이견 혹은 해석상 논란이 제기될만한 부분은 적다.

Ⅱ. 해석상의 쟁점

1. 비용 부담의 원칙적 주체

문제는 '행정청이 아닌 자' - 곧, 사인(私人)에 관하여 정하고 있는 부분이다. 도시계획의 수립이나 기반시설의 설치가 원칙적으로 공공의 업무 혹은 공역무에 해당하는 것인 만큼, 단순히 사인이 이를 행한다고 하여 전적인 비용을 부담토록 하는 것이 과연 정당한지, 본 조를 그렇게 해석하는 것이 타당한지에 대하여는 신중한 검토가 필요하다. 특히나 '공공시설'에 해당하는 것들은 준공과 함께 자동적으로 그 소유권이 관리청에게 귀속되도록 되어있으므로(국토계획법 제99조) 사실상 민간이 이를 건설하여 얻는 직접적인 이익이 존재하지 않는데, 민간이 비용을 부담할 정당한 이유나 필요성을 고려하지 아니한 채 일률적으로 그 비용 전부를 부담토록 하는 것은 형평에도 부합하지 않는다. 본 조를 형식적으로만 해석하게 되면 행정청의 입장에서는 민간 사업시행자를 도시계획시설사업의 시행자로 지정함으로써 본 조를 통해 비용을 부담하게 전가할 수 있게 되는 것이기도 하다.[1] 국토계획법 제102조 등이 도시계획시설사업의 비용 부담 관계를 향유하는 이익에 따라 정산·분배할 수 있도록 정하고 있는 점을 고려하면, 민간사업시행자의 경우에도 그 향유하는 이익의 정도 혹은 반대급부의 수준에 따라 비용부담의 정도를 결정하는 것이 타당하다. 대부분의 기반시설 설치의무의 전가가 '부관'에 의하여 이루어지는 것인 만큼, 그러한 '적정 수준'의 해석에 있어서는 부당결부금지의 원칙과 같은 행정법 일반원리가 보충적으로 작용하거나 참고될 수 있겠다. 요컨대, 본 조의 내용 중 '행정청이 아닌 자'의 비용 분담 부분을 해석함에 있어서는 부당결부금지원칙이나 비례원칙 등에 입각하여 사인이 향유하는 이익에 비추어 과도한 부담이 아닌지를 심사하여 그 부담관계를 정하도록 하는 것으로 해석하는 것이 타당하다.

참고로, 대법원은 기반시설부담구역에서 설치비용을 개발행위자에게 분담시킬 수 있도록 한 국토계획법 제68조 등을 본 조에 대한 예외에 해당한다고 보았다.[2] 해당 판결의 논지를 살펴보면, 대법원은 도로법,[3] 공원녹지법,[4] 하천법[5] 등 개별 기반시설의 설치에 관한 법률 내용을 종합적으로 고려한 다음, 국토계획법 제86조 제1항, 제101조의 의미를 "원칙적으로 지방자치단체장이 관할구역 안의 도시계획시설사업을 시행하고, 해당 지방자치단체가 그 비용을 부담하도록 규정"한 것이라고 해석하고 있다. 즉 본 조의 의미를 '시행자 부담의 원칙'보다 더 좁게 해석하여 '국고 또는 지방자치단체 부담의 원칙' – 혹은 '공공부담의 원칙'을 천명한 조문으로 이해하고 있는 것이라 할 수 있다. 이와 같은 해석론에 기초하여 대법원은 기반시설부담구역제도에 관한 국토계획법 제67조와 같이 개발행위자 – 곧, 사인에게 그 비용을 전가하는 취지의 조문들을 '공공부담의 원칙'에 대한 예외적인 조문으로 해석하고 있다. 이와 같은 취지에 따르면 본 조의 내용 중 '행정청이 아닌 자'에 관

---

1 참고로, 과거 판례 중에는 형식적인 도시계획시설사업의 시행자가 누구인지만 확인하여 비용부담 의무를 진다고 본 사례가 발견되기도 한다. 대법원 2006. 9. 28. 선고 2004다35069 판결 참조.
2 대법원 2014. 2. 27. 선고 2011두7793 판결. "구 국토의 계획 및 이용에 관한 법률 제68조, 제69조나 구 도로법 등 개별 법률규정이나 위 법 제86조 제1항, 제101조가 예정하고 있는 기반시설의 비용에 관한 국고 또는 지방자치단체 부담의 원칙에 대한 예외로서 '법률에 특별한 규정이 있는 경우'에 해당하는지 여부(적극)."
3 도로관리청이 원칙적인 비용부담의 주체가 된다는 것을 명시하고 있다. 도로법 제85조 참조.
4 도시공원, 공원시설 또는 녹지의 설치·관리에 드는 비용을 지방자치단체가 부담한다는 원칙을 천명하고 있다. 공원녹지법 제39조 참조.
5 국가하천에 관한 것은 국고의 부담으로 하고, 지방하천에 관한 것은 해당 시·도의 부담으로 한다는 것을 명시하고 있다 하천법 제59조 참조.

한 후단 부분 또한 '공공부담의 원칙'에 대한 예외적인 경우를 나열해놓은 것에 불과하다는 취지로 해석하여야 하고, 전술한 바와 같이 사인(私人)이 얻는 이익의 수준에 따라 비례적으로 비용전가 가부에 접근하여야 한다고 봄이 타당하다고 사료된다.

2. 공적 주체가 직접 시행자가 되는 경우 비용전가 가능성

국가나 지방자치단체가 스스로 도시계획시설사업의 사업시행자가 됨에도 불구하고 법령상 근거 없이 이를 타에 전가하는 것은 본 조에 저촉된다. 다만, 본조의 서술어가 "원칙으로 한다"라고 되어 있어 마치 예외가 있을 수 있는 것처럼 - 곧, 본 조의 강행규정성이 약화될 수 있는 것처럼 규정된 것이 해석상 다툼의 소지가 있어 보인다. 만일 국가나 지방자치단체가 스스로 부담하여야 할 부분을 다른 사업의 민간사업자에게 기부채납 형식으로 부담시킨다면 본 조의 원칙에 어긋나는 것인데, 부당결부금지 원칙과 별개로 본 조의 위반으로 부관의 하자를 인정할 수 있을지에 대한 검토가 필요하다. 관련하여 장기적인 연구와 논의가 필요해 보인다.

제102조(지방자치단체의 비용 부담)

제102조(지방자치단체의 비용 부담) ① 국토교통부장관이나 시·도지사는 그가 시행한 도시·군계획시설사업으로 현저히 이익을 받는 시·도, 시 또는 군이 있으면 대통령령으로 정하는 바에 따라 그 도시·군계획시설사업에 든 비용의 일부를 그 이익을 받는 시·도, 시 또는 군에 부담시킬 수 있다. 이 경우 국토교통부장관은 시·도, 시 또는 군에 비용을 부담시키기 전에 행정안전부장관과 협의하여야 한다. 〈개정 2011. 4. 14., 2013. 3. 23., 2014. 11. 19., 2017. 7. 26.〉
② 시·도지사는 제1항에 따라 그 시·도에 속하지 아니하는 특별시·광역시·특별자치시·특별자치도·시 또는 군에 비용을 부담시키려면 해당 지방자치단체의 장과 협의하되, 협의가 성립되지 아니하는 경우에는 행정안전부장관이 결정하는 바에 따른다. 〈개정 2011. 4. 14., 2013. 3. 23., 2014. 11. 19., 2017. 7. 26.〉
③ 시장이나 군수는 그가 시행한 도시·군계획시설사업으로 현저히 이익을 받는 다른 지방자치단체가 있으면 대통령령으로 정하는 바에 따라 그 도시·군계획시설사업에 든 비용의 일부를 그 이익을 받는 다른 지방자치단체와 협의하여 그 지방자치단체에 부담시킬 수 있다. 〈개정 2011. 4. 14.〉
④ 제3항에 따른 협의가 성립되지 아니하는 경우 다른 지방자치단체가 같은 도에 속할 때에는 관할 도지사가 결정하는 바에 따르며, 다른 시·도에 속할 때에는 행정안전부장관이 결정하는 바에 따른다. 〈개정 2013. 3. 23., 2014. 11. 19., 2017. 7. 26.〉
[전문개정 2009. 2. 6.]

Ⅰ. 의의

국토계획법 제101조는 도시계획시설사업과 관련하여 시행자 부담의 원칙을 정하고 있는데, 이를 엄격하게 관철시킬 경우 당해 시설로 편익을 얻는 다른 지방자치단체에게 아무런 비용을 부담을 지우지 않음으로써 형평에 어긋날 수 있다. 이에 본 조는 그러한 경우의 사업비용을 일부를 분담시킬 수 있도록 정한 것이다.

Ⅱ. 조문의 내용

1. 분담의 요건

본 조에 의하면 '현저한 이익'을 받는 경우를 비용 분담의 요건으로 하고 있다. 현재 '현저한 이익'의 의미에 대하여 해석한 구체적인 선례는 발견되지 않는 것으로 보인다. 다만, 국가나 지방자치단체가 향유하는 '이익'이므로, 이는 단순히 국가나 지방자치단체가 직접적인 경제적인 이익을 향유하는 경우로 좁게 해석할 것은 아닌 것이라 사료되고, 당해 지방자치단체에 속한 시민들의 상당수가 그 기반시설을 이용하게 된다는 등으로 지방자치단체가 간접적인 이익을 향유하는 경우까지도 포함하는 것으로 해석하는 것이 타당하다고 사료된다. 이때 본 조는 '현저한' 이익이 있을 것을 요구하고 있으므로, 단순히 인근 지방자치단체 소속 시민들이 다른 지방자치단체 기반시설을 '이용'한다는 정도만으로는 '현저한 이익'이 인정되기는 어려울 것으로 판단되고, 최소한 그 기반시설의 이용객의 상당 비율이 인근 지방자치단체의 거주자에 해당한다는 등으로 구체적이고 상당한 수준에 이르러야만 본 조에 의한 비용분담의 요건이 충족될 수 있을 것이다. 따라서 구체적인 교통량, 이용통계 등의 자료를 통해 다른 지방자치단체 거주자들의 이용 경향성이 확인되는 경우에만 '현저한 이익'이 인정된다고 봄이 타당하다.

2. 분담의 절차

본 조는 비용 분담의 경우를 세 가지로 구분한다. 첫째, 국토교통부장관이 사업시행자인 경우 행정안전부장관의 협의를 거쳐서 시·도나 시·군에 비용을 분담시킬 수 있다(제1항). 이때 협의는 절차적인 의미를 지니는 것으로 봄이 타당하고, 동의에 이르는 수준을 의미하는 것은 아니라고 사료된다.

둘째, 시·도지사는 (ⅰ) 관할 시·군에 대하여는 특별한 절차 없이 비용분담을 시킬 수 있다(제1항). (ⅱ) 관할이 아닌 다른 광역·지방자치단체에 대하여는 해당 지자체와 협의를 거쳐, 협의불성립 시에는 행정안전부장관의 결정에 따라 분담을 시킬 수 있다(제2항).

셋째, 시장·군수는 다른 지방자치단체에 대하여 협의를 거치고, 협의가 성립되지 아니하면 시·도지사(같은 관할일 경우)나 행정안전부장관(다른 관할일 경우)의 결정으로 비용분담을 시킬 수 있다(제3, 4항).

3. 비용분담의 성질

이와 같은 비용분담은 그 자체로 상대 지방자치단체에 대한 고권적인 처분으로서 의미를 지닌다고 봄이 상당하다. 따라서 국토교통부장관이나 시·도지사의 비용분담요구(협의를 불요하는 경우에 한한다)나 행정안전부장관이나 시·도지사의 비용분담결정(협의불성립 시의 경우를 의미한다)에 대하여는 항고소송의 방법으로 다툴

수 있다고 봄이 상당하다.[1]

4. 분담의 범위

국토계획법 시행령 제104조 제1항은 분담시킬 비용의 총액이 당해 도시계획시
설사업에 소요된 비용의 50퍼센트를 넘지 못하도록 하여 주객(主客)이 전도되지 않
도록 정하고 있다. 이때 비용에는 당해 도시계획시설사업의 조사·측량비, 설계비
및 관리비는 포함되지 못한다. 소요된 비용의 의미가 불명확하나, 실시계획에서 정
한 사업비 항목들을 기준으로 준공 시까지의 실제 투입비용을 일응의 기준으로 볼
수 있겠다.

---

1 행정주체의 항고소송 원고적격 논의에 대하여는 박현정, 국가와 지방자치단체의 항고소송에서의
  원고적격 판례의 최근 경향을 중심으로, 행정법연구, 2011. 8.의 논의; 대법원 2018. 8. 1. 선고 2014
  두35379 판결 등을 참조.

제104조(보조 또는 융자)

제104조(보조 또는 융자) ① 시·도지사, 시장 또는 군수가 수립하는 광역도시·군계획 또는 도시·군계획에 관한 기초조사나 제32조에 따른 지형도면의 작성에 드는 비용은 대통령령으로 정하는 바에 따라 그 비용의 전부 또는 일부를 국가예산에서 보조할 수 있다. 〈개정 2011. 4. 14.〉

② 행정청이 시행하는 도시·군계획시설사업에 드는 비용은 대통령령으로 정하는 바에 따라 그 비용의 전부 또는 일부를 국가예산에서 보조하거나 융자할 수 있으며, 행정청이 아닌 자가 시행하는 도시·군계획시설사업에 드는 비용의 일부는 대통령령으로 정하는 바에 따라 국가 또는 지방자치단체가 보조하거나 융자할 수 있다. 이 경우 국가 또는 지방자치단체는 다음 각 호의 어느 하나에 해당하는 지역을 우선 지원할 수 있다. 〈개정 2011. 4. 14., 2018. 6. 12., 2020. 6. 9.〉

1. 도로, 상하수도 등 기반시설이 인근지역에 비하여 부족한 지역
2. 광역도시계획에 반영된 광역시설이 설치되는 지역
3. 개발제한구역(집단취락만 해당한다)에서 해제된 지역
4. 도시·군계획시설결정의 고시일부터 10년이 지날 때까지 그 도시·군계획시설의 설치에 관한 도시·군계획시설사업이 시행되지 아니한 경우로서 해당 도시·군계획시설의 설치 필요성이 높은 지역

[전문개정 2009. 2. 6.]

I. 도시계획 수립 비용의 보조

본 조 제1항은 도시계획(도시기본계획과 도시관리계획을 포함)의 수립과 관련하여 소요되는 기초조사, 지형도면(국토계획법 제32조의 지형도면)의 작성에 소요되는 비용을 국가예산으로 보조할 수 있도록 정하고 있다. 각 항목별로 그 비용의 80퍼센트 이하의 범위 안에서 지원이 가능하다(동법 시행령 제106조 제1항). 동항이 보조가 가능한 비용의 항목을 특정하고 있는 만큼, 다른 항목에 대한 보조에 대하여 본 조를 확장·유추할 수는 없다고 봄이 상당하다.

II. 도시계획시설사업 비용의 보조 · 융자

본 조 제2항은 도시계획시설사업의 비용을 국가예산이나 지방자치단체의 예산으로 보조하거나 융자할 수 있도록 정하고 있다. 행정청이 시행자인 경우에는 비용

의 50% 이하, 행정청이 아닌 시행자인 경우에는 3분의 1 이하에서 보조나 융자가 가능하다. 비용에는 공사비(조사·측량비, 설계비 및 관리비를 제외) 보상비(감정비를 포함)가 포함된다. 동항은 공익적 가치가 높은 사유가 있는 경우(각 호)에 대하여 우선적으로 비용을 보조·융자하도록 정하고 있다.

제105조(취락지구에 대한 지원)

제105조(취락지구에 대한 지원) 국가나 지방자치단체는 대통령령으로 정하는 바에 따라 취락지구 주민의 생활 편익과 복지 증진 등을 위한 사업을 시행하거나 그 사업을 지원할 수 있다.
[전문개정 2009. 2. 6.]

취락지구에 대하여 주민들의 편익을 위한 시설(놀이터, 공원, 주차장, 쓰레기처리장 등; 국토계획법 시행령 제107조)을 국가나 지방자치단체가 직접 그 시설을 설치하거나, 이를 설치하는 사업을 지원할 수 있도록 하는 조문이다. 취락지구는 대체로 개발가능성이 봉쇄된 곳 중에서도 자연적으로 종래부터 취락으로 형성되어온 곳을 현상보존의 취지에서 지정한 곳이 많다. 이에 필연적으로 주변의 개발이 봉쇄되면서 기반시설의 부족을 겪을 우려가 있는데, 그에 대한 지원의 취지를 명시한 것이다.

제105조의2(방재지구에 대한 지원)

제105조의2(방재지구에 대한 지원) 국가나 지방자치단체는 이 법률 또는 다른 법률에 따라 방재사업을 시행하거나 그 사업을 지원하는 경우 방재지구에 우선적으로 지원할 수 있다.
[본조신설 2013. 7. 16.]

본 조는 2013. 7. 16. 개정 국토계획법 제37조 제4항에서 연안침식이 진행 중이거나 우려되는 지역 등에 대하여 용도지구의 일종인 방재지구[1]의 지정을 '의무화'하면서, 함께 도입된 조문이다.

방재지구의 지정이 의무화된 만큼 해당 지구에서는 재해예방시설 등의 설치와 같은 건축상의 제한이 따르게 되는데, 이 경우 건축주의 입장에서는 재산권에 대한 제약이 될 수 있다. 따라서 2013. 7. 16. 개정법은 방재지구 내에서 그와 같은 재해예방시설을 설치할 경우 용적률 등의 인센티브를 부여한다거나,[2] 본 조와 같이 방재사업의 지원에 대한 근거 조문을 도입한 것이다.

---

1 국토계획법 시행령 제31조(용도지구의 지정) ① (본문생략) 4. 방재지구
　가. 시가지방재지구: 건축물·인구가 밀집되어 있는 지역으로서 시설 개선 등을 통하여 재해 예방이 필요한 지구
　나. 자연방재지구: 토지의 이용도가 낮은 해안변, 하천변, 급경사지 주변 등의 지역으로서 건축 제한 등을 통하여 재해 예방이 필요한 지구
2 관련하여, 입법자료상 "시가지방재지구는 건축 제한 외에 재해예방시설(저류조, 빗물차단막, 필로티구조 등)을 설치할 경우 용적률 완화 등 인센티브를 제공한다는 계획을 가지고 있음"이라는 설명 참조. 국회 국토교통위원회, 국토의 계획 및 이용에 관한 법률 일부개정법률안(정부제출) 검토보고서, 2013. 4., 10면에서 인용.

제106조(중앙도시계획위원회)

> 제106조(중앙도시계획위원회) 다음 각 호의 업무를 수행하기 위하여 국토교통부에 중
> 앙도시계획위원회를 둔다. 〈개정 2011. 4. 14., 2013. 3. 23.〉
> 1. 광역도시계획·도시·군계획·토지거래계약허가구역 등 국토교통부장관의 권한에
> 속하는 사항의 심의
> 2. 이 법 또는 다른 법률에서 중앙도시계획위원회의 심의를 거치도록 한 사항의 심의
> 3. 도시·군계획에 관한 조사·연구
> [전문개정 2009. 2. 6.]

I. 의의

본 조는 중앙도시계획위원회의 기능과 역할에 대하여 정한 조문이다. 중앙도시
계획위원회는 도시계획 분야에 있어 최상위의 심의기구이다.[1] 도시계획권한이 대
체로 지방에 많이 이양된 만큼, 중앙도시계획위원회는 국토교통부장관의 계획고권
이 미치는 사항에 대한 심의나, 타 법령상 중앙도시계획위원회 심의를 거치도록 요
구하는 사항의 심의를 하고, 그 외에는 조사·연구기능도 담당한다.

타 법령상 심의를 요구하는 대표적인 경우가 개발제한구역의 해제 등,[2] 관리
나, 공공주택지구의 지정(공공주택 특별법 제6조 제3항)이다.

II. 비판론

최근 중앙도시계획위원회의 기능과 관련하여 개발제한구역이나 공공주택지구
에 관한 심의안건에 치중하여 다른 기능이 약화되고 있다는 비판이 존재한다.[3] 또
한 지방이양에 따라 위원회 산하의 분과위원회들 간 안건 분배에 불균형이 심화되

---

1 김중은, 배유진, 중앙도시계획위원회 운영 개선방안, 국토정책Brief, 2019. 12. 참조.
2 「개발제한구역의 지정 및 관리에 관한 특별조치법」은 개발제한구역의 해제에 관한 도시·군관리계
　획을 입안(제4조 제4항, 제6항), 개발제한구역으로 환원 유예(제5조 제3항 제1호), 도시·군관리계
　획의 결정(제8조 제3항), 개발제한구역관리계획의 수립(제11조 제5항), 일정 규모 이상의 건축물
　건축 및 토지 형질변경 허가(제12조 제6항), 행위허가 제한(제12조의2 제2항) 등에 대하여 중앙도
　시계획위원회의 심의를 요구한다.
3 2018년 전체회의에 상정된 111건 중 개발제한구역 해제 및 관리계획 승인(61건), 공공주택지구 등
　(42건) 등이 대부분을 차지한다. 김중은, 배유진, 중앙도시계획위원회 운영 개선방안, 국토정책
　Brief, 2019. 12. 참조.

고 있다는 비판도 존재한다.[1] 대체로 정책인 관점에서의 비판이고, 특별히 법학적으로 지적할만한 부분은 없어 보인다.

III. 도시계획위원회 심의의 법적 성격

중앙도시계획위원회를 포함하여, 통상 각급 도시계획위원회의 심의결과는 구속력이 인정되기가 어렵다. 도시계획위원회는 일종의 자문기관과 같은 역할을 수행하는 것으로서, 행정청의 판단을 조력하기 위한 것이지 행정청의 판단을 대신하는 것은 아니기 때문이다.[2] 다만, 행정청이 도시계획위원회의 심의결과와 배치되는 결정을 하려면 이를 신중히 검토하여 합리적인 형량을 거쳐야 할 것으로 사료되고,[3] 만일 그와 같은 검토나 합리적인 형량 없이 그러한 결정을 하였다면 이는 형량명령 위반 등으로 위법하게 될 소지가 있게 된다.

이와 같이 도시계획위원회 심의 결과는 그 자체로는 행정내부적 행위에 불과하기 때문에 행정처분으로 보기 어렵고, 심의 결과 자체에 대해 행정소송이나 심판을 제기할 경우 각하를 면하기가 어렵다.[4]

---

1 김중은, 배유진, 중앙도시계획위원회 운영 개선방안, 국토정책Brief, 2019. 12. 참조.
2 관련하여 "시장 · 군수가 지구단위계획을 결정하려면 건축위원회와 도시계획위원회가 공동으로 하는 심의를 거쳐야 하기는 하지만(국토계획법 제30조 제3항, 제7항), 이것은 행정청으로 하여금 신중하게 결정하도록 하는 데에 주된 취지가 있는 것으로서, 그 심의결과가 행정청에 대하여 법적인 구속력을 가지는 것은 아닌 점(대법원 2015. 10. 29. 선고 2012두28728 판결, 대법원 2000. 3. 14. 선고 98두4658 판결 참조)"이라고 서술한 광주고등법원 2022. 5. 26. 선고 2021누12656 판결(확정) 참조.
3 도시계획위원회 심의가 아닌 주민의견청취 및 시의회 의견청취에 관한 것이기는 하나 법원은 그러한 결과가 "법적인 구속력을 가지는 것은 아니지만, 제출된 의견은 진지하게 검토되어야 하며 의견이 정당하다고 인정할 경우 입안의 결정 여부에 이를 반영하여야" 한다고 설시한 바 있으므로 참조할 수 있겠다. 광주고등법원 2019. 11. 13. 선고 (전주)2019누1345 판결(심리불속행기각으로 확정).
4 관련하여 서울특별시행정심판위원회 2010. 6. 14. 자 2010-236 재결례, 경상남도행정심판위원회 2016. 2. 24. 자 2016-00013 재결례 등 참조.

제107조 ~ 제112조

제107조(조직) ① 중앙도시계획위원회는 위원장·부위원장 각 1명을 포함한 25명 이상 30명 이하의 위원으로 구성한다. 〈개정 2015. 12. 29.〉

② 중앙도시계획위원회의 위원장과 부위원장은 위원 중에서 국토교통부장관이 임명하거나 위촉한다. 〈개정 2013. 3. 23.〉

③ 위원은 관계 중앙행정기관의 공무원과 토지 이용, 건축, 주택, 교통, 공간정보, 환경, 법률, 복지, 방재, 문화, 농림 등 도시·군계획과 관련된 분야에 관한 학식과 경험이 풍부한 자 중에서 국토교통부장관이 임명하거나 위촉한다. 〈개정 2011. 4. 14., 2013. 3. 23.〉

④ 공무원이 아닌 위원의 수는 10명 이상으로 하고, 그 임기는 2년으로 한다.

⑤ 보궐위원의 임기는 전임자 임기의 남은 기간으로 한다.

[전문개정 2009. 2. 6.]

제108조(위원장 등의 직무) ① 위원장은 중앙도시계획위원회의 업무를 총괄하며, 중앙도시계획위원회의 의장이 된다.

② 부위원장은 위원장을 보좌하며, 위원장이 부득이한 사유로 그 직무를 수행하지 못할 때에는 그 직무를 대행한다.

③ 위원장과 부위원장이 모두 부득이한 사유로 그 직무를 수행하지 못할 때에는 위원장이 미리 지명한 위원이 그 직무를 대행한다.

[전문개정 2009. 2. 6.]

제109조(회의의 소집 및 의결 정족수) ① 중앙도시계획위원회의 회의는 국토교통부장관이나 위원장이 필요하다고 인정하는 경우에 국토교통부장관이나 위원장이 소집한다. 〈개정 2013. 3. 23.〉

② 중앙도시계획위원회의 회의는 재적위원 과반수의 출석으로 개의(開議)하고, 출석위원 과반수의 찬성으로 의결한다.

[전문개정 2009. 2. 6.]

제110조(분과위원회) ① 다음 각 호의 사항을 효율적으로 심의하기 위하여 중앙도시계획위원회에 분과위원회를 둘 수 있다.

1. 제8조제2항에 따른 토지 이용에 관한 구역등의 지정·변경 및 제9조에 따른 용도지역 등의 변경계획에 관한 사항

2. 제59조에 따른 심의에 관한 사항

3. 삭제 〈2021. 1. 12.〉

4. 중앙도시계획위원회에서 위임하는 사항

② 분과위원회의 심의는 중앙도시계획위원회의 심의로 본다. 다만, 제1항제4호의 경우에는 중앙도시계획위원회가 분과위원회의 심의를 중앙도시계획위원회의 심의로 보도록 하는 경우만 해당한다.

[전문개정 2009. 2. 6.]

제111조(전문위원) ① 도시·군계획 등에 관한 중요 사항을 조사·연구하기 위하여 중앙도시계획위원회에 전문위원을 둘 수 있다. 〈개정 2011. 4. 14.〉

② 전문위원은 위원장 및 중앙도시계획위원회나 분과위원회의 요구가 있을 때에는 회의에 출석하여 발언할 수 있다.

③ 전문위원은 토지 이용, 건축, 주택, 교통, 공간정보, 환경, 법률, 복지, 방재, 문화, 농림 등 도시·군계획과 관련된 분야에 관한 학식과 경험이 풍부한 자 중에서 국토교통부장관이 임명한다. 〈개정 2011. 4. 14., 2013. 3. 23.〉

[전문개정 2009. 2. 6.]

제112조(간사 및 서기) ① 중앙도시계획위원회에 간사와 서기를 둔다.

② 간사와 서기는 국토교통부 소속 공무원 중에서 국토교통부장관이 임명한다. 〈개정 2013. 3. 23.〉

③ 간사는 위원장의 명을 받아 중앙도시계획위원회의 서무를 담당하고, 서기는 간사를 보좌한다.

[전문개정 2009. 2. 6.]

중앙도시계획위원회의 구성과 조직에 관한 조문이다. 2019년을 기준으로 정부위원 4인, 민간위원 26인으로 구성되어 있으며, 민간위원들은 토지이용(11; 이하 괄호 안은 인원), 건축(2), 주택(2), 교통(1), 공간정보(1), 환경(2), 법률(1), 방재(0), 경관(1), 경제(1), 인구(1), 지리(1), 행정(1), 지역(1) 등의 구성을 보인다. 이와 같은 인력 구성은 매년 현안의 변동에 따라 조금씩 변경된다. 국토교통부 도시정책과 내에 이를 지원하는 4~5인 정도의 운영지원반이 배치되어 있다.[1]

---

1 이상 김중은, 배유진, 중앙도시계획위원회 운영 개선방안, 국토정책 Brief, 2019. 12. 참조.

제113조(지방도시계획위원회)

제113조(지방도시계획위원회) ① 다음 각 호의 심의를 하게 하거나 자문에 응하게 하기 위하여 시·도에 시·도도시계획위원회를 둔다. 〈개정 2011. 4. 14., 2013. 3. 23.〉

1. 시·도지사가 결정하는 도시·군관리계획의 심의 등 시·도지사의 권한에 속하는 사항과 다른 법률에서 시·도도시계획위원회의 심의를 거치도록 한 사항의 심의

2. 국토교통부장관의 권한에 속하는 사항 중 중앙도시계획위원회의 심의 대상에 해당하는 사항이 시·도지사에게 위임된 경우 그 위임된 사항의 심의

3. 도시·군관리계획과 관련하여 시·도지사가 자문하는 사항에 대한 조언

4. 그 밖에 대통령령으로 정하는 사항에 관한 심의 또는 조언

② 도시·군관리계획과 관련된 다음 각 호의 심의를 하게 하거나 자문에 응하게 하기 위하여 시·군(광역시의 관할 구역에 있는 군을 포함한다. 이하 이 조에서 같다) 또는 구(자치구를 말한다. 이하 같다)에 각각 시·군·구도시계획위원회를 둔다. 〈개정 2011. 4. 14., 2013. 3. 23., 2013. 7. 16.〉

1. 시장 또는 군수가 결정하는 도시·군관리계획의 심의와 국토교통부장관이나 시·도지사의 권한에 속하는 사항 중 시·도도시계획위원회의 심의대상에 해당하는 사항이 시장·군수 또는 구청장에게 위임되거나 재위임된 경우 그 위임되거나 재위임된 사항의 심의

2. 도시·군관리계획과 관련하여 시장·군수 또는 구청장이 자문하는 사항에 대한 조언

3. 제59조에 따른 개발행위의 허가 등에 관한 심의

4. 그 밖에 대통령령으로 정하는 사항에 관한 심의 또는 조언

③ 시·도도시계획위원회나 시·군·구도시계획위원회의 심의 사항 중 대통령령으로 정하는 사항을 효율적으로 심의하기 위하여 시·도도시계획위원회나 시·군·구도시계획위원회에 분과위원회를 둘 수 있다.

④ 분과위원회에서 심의하는 사항 중 시·도도시계획위원회나 시·군·구도시계획위원회가 지정하는 사항은 분과위원회의 심의를 시·도도시계획위원회나 시·군·구도시계획위원회의 심의로 본다.

⑤ 도시·군계획 등에 관한 중요 사항을 조사·연구하기 위하여 지방도시계획위원회에 전문위원을 둘 수 있다. 〈개정 2011. 4. 14.〉

⑥ 제5항에 따라 지방도시계획위원회에 전문위원을 두는 경우에는 제111조제2항 및 제3항을 준용한다. 이 경우 "중앙도시계획위원회"는 "지방도시계획위원회"로, "국토교통부장관"은 "해당 지방도시계획위원회가 속한 지방자치단체의 장"으로 본다. 〈신설 2011. 4. 14., 2013. 3. 23.〉

종래 중앙정부(국토교통부장관)에게 독점되어있던 도시계획고권이 점진적으로 지방에 이양됨에 따라, 상대적으로 지방도시계획위원회의 위상과 역할이 중요하게 되었다. 그러나 운영적인 측면에서는 전문인력의 부족, 심의절차 중복 및 장기화, 공정성 문제 등이 대두되고 있는 실정이다. 실증적인 연구에 의하더라도 대체로 도시계획 전문인력이 부족하다는 점이 지적된다.[1]

---

1 문채, 도시계획위원회의 변천과정 및 운용실태에 관한 연구, 한국정책연구, 2011. 9., 126 내지 127면 참조.

제113조의2 ~ 제113조의4

제113조의2(회의록의 공개) 중앙도시계획위원회 및 지방도시계획위원회의 심의 일시·장소·안건·내용·결과 등이 기록된 회의록은 1년의 범위에서 대통령령으로 정하는 기간이 지난 후에는 공개 요청이 있는 경우 대통령령으로 정하는 바에 따라 공개하여야 한다. 다만, 공개에 의하여 부동산 투기 유발 등 공익을 현저히 해칠 우려가 있다고 인정하는 경우나 심의·의결의 공정성을 침해할 우려가 있다고 인정되는 이름·주민등록번호 등 대통령령으로 정하는 개인 식별 정보에 관한 부분의 경우에는 그러하지 아니하다.
[본조신설 2009. 2. 6.]
제113조의3(위원의 제척·회피) ① 중앙도시계획위원회의 위원 및 지방도시계획위원회의 위원은 다음 각 호의 어느 하나에 해당하는 경우에 심의·자문에서 제척(除斥)된다.
1. 자기나 배우자 또는 배우자이었던 자가 당사자이거나 공동권리자 또는 공동의무자인 경우
2. 자기가 당사자와 친족관계이거나 자기 또는 자기가 속한 법인이 당사자의 법률·경영 등에 대한 자문·고문 등으로 있는 경우
3. 자기 또는 자기가 속한 법인이 당사자 등의 대리인으로 관여하거나 관여하였던 경우
4. 그 밖에 해당 안건에 자기가 이해관계인으로 관여한 경우로서 대통령령으로 정하는 경우
② 위원이 제1항 각 호의 사유에 해당하는 경우에는 스스로 그 안건의 심의·자문에서 회피할 수 있다.
[본조신설 2011. 4. 14.]
제113조의4(벌칙 적용 시의 공무원 의제) 중앙도시계획위원회의 위원·전문위원 및 지방도시계획위원회의 위원·전문위원 중 공무원이 아닌 위원이나 전문위원은 그 직무상 행위와 관련하여 「형법」 제129조부터 제132조까지의 규정을 적용할 때에는 공무원으로 본다.
[본조신설 2011. 4. 14.]

  국토계획법 제113조의2 내지 4의 규정들은 도시계획위원회의 투명한 운영을 위하여 도입된 조문들이다. 회의록을 공개하는 한편, 자신의 이해관계가 걸려있는 사안에 대한 제척·회피 조문이 마련되었고, 공무원 의제조항을 마련하여 뇌물죄 등의 적용을 받게 하였다. 2000년대 말에서 2010년대 초반 도시계획위원회를 포함한 정부 심의, 의결 위원회 전반에서 부패 문제가 대두되었는데, 2010. 5. 국민권익위원회의 실태조사에 따라 각 위원회들에 "이해관계 위원의 제척, 기피, 회피 장치 마련"이 권고되었고,[1] 그에 따라 본 조 또한 입법되었던 것으로 보인다.

---

1 정책브리핑, '심의,의결 위원회' 여전히 부패에 취약, 2010. 5. 13.자 기사.

제114조 ~ 제116조

제114조(운영 세칙) ① 중앙도시계획위원회와 분과위원회의 설치 및 운영에 필요한 사항은 대통령령으로 정한다.

② 지방도시계획위원회와 분과위원회의 설치 및 운영에 필요한 사항은 대통령령으로 정하는 범위에서 해당 지방자치단체의 조례로 정한다.

[전문개정 2009. 2. 6.]

제115조(위원 등의 수당 및 여비) 중앙도시계획위원회의 위원이나 전문위원, 지방도시계획위원회의 위원에게는 대통령령이나 조례로 정하는 바에 따라 수당과 여비를 지급할 수 있다.

[전문개정 2009. 2. 6.]

제116조(도시ㆍ군계획상임기획단) 지방자치단체의 장이 입안한 광역도시계획ㆍ도시ㆍ군기본계획 또는 도시ㆍ군관리계획을 검토하거나 지방자치단체의 장이 의뢰하는 광역도시계획ㆍ도시ㆍ군기본계획 또는 도시ㆍ군관리계획에 관한 기획ㆍ지도 및 조사ㆍ연구를 위하여 해당 지방자치단체의 조례로 정하는 바에 따라 지방도시계획위원회에 제113조제5항에 따른 전문위원 등으로 구성되는 도시ㆍ군계획상임기획단을 둔다. 〈개정 2011. 4. 14.〉

[전문개정 2009. 2. 6.]

[제목개정 2011. 4. 14.]

도시계획위원회 운영을 위한 부수적인 행정처리에 관하여 규정하고 있는 조문이다. 특별히 조문의 내용 이외에는 법리적 쟁점은 발견되지 않는다.

제127조(시범도시의 지정·지원)

제127조(시범도시의 지정·지원) ① 국토교통부장관은 도시의 경제·사회·문화적인 특성을 살려 개성 있고 지속가능한 발전을 촉진하기 위하여 필요하면 직접 또는 관계 중앙행정기관의 장이나 시·도지사의 요청에 의하여 경관, 생태, 정보통신, 과학, 문화, 관광, 그 밖에 대통령령으로 정하는 분야별로 시범도시(시범지구나 시범단지를 포함한다)를 지정할 수 있다. 〈개정 2013. 3. 23.〉
② 국토교통부장관, 관계 중앙행정기관의 장 또는 시·도지사는 제1항에 따라 지정된 시범도시에 대하여 예산·인력 등 필요한 지원을 할 수 있다. 〈개정 2013. 3. 23.〉
③ 국토교통부장관은 관계 중앙행정기관의 장이나 시·도지사에게 시범도시의 지정과 지원에 필요한 자료를 제출하도록 요청할 수 있다. 〈개정 2013. 3. 23.〉
④ 시범도시의 지정 및 지원의 기준·절차 등에 관하여 필요한 사항은 대통령령으로 정한다.
[전문개정 2009. 2. 6.]

I. 의의

국토교통부장관에게 시범도시를 지정하여 그에 대한 지원을 할 수 있도록 근거를 마련한 조문이다. 시범도시의 지정은 국토교통부장관의 재량이다. 시범도시 지정은 그 자체로 독립된 처분이므로, 도시관리계획 혹은 도시계획의 지위를 지니지는 않는다.

정부용역과제들 중 시범도시에 관하여는 저탄소 녹색 시범도시, 공공디자인 시범도시, 교통안전시범도시, 녹색시점도시, U-시범도시, 환경교육시범도시, 수소시범도시 등의 용역이 수행되어왔다. 대체로 정책적 내용들이다.

II. 스마트도시 조성 및 산업진흥 등에 관한 법률

국토계획법 외에도 시범도시를 지정할 수 있는 근거로는 스마트도시법이 있다. 동법 제35조 제1항에 의하여 국토교통부장관은 국가시범도시를 지정할 수 있고, 이에 따라 현재 세종특별자치시 5-1 생활권, 부산광역시 에코델타시티 등이 국가시범도시로 지정되어 있다. 정책적으로는 이른바 '규제샌드박스'[1]라 하여 개발뿐만

---

1 조상규, 김용국, 양시웅, 스마트시티 국가 시범도시의 규제 샌드박스 제도 운용 방향 연구, 한국도

아니라 타 법령상의 각종의 제약이 완화된다.

시설계학회지 도시설계, 2020. 8., 규제샌드박스란 "아이들이 안전한 환경에서 자유롭게 놀 수 있
는 모래놀이터(sandbox)와 같이 제한된 조건에서 새로운 제품과 서비스에 대한 규제를 풀어주는
제도"이다. 36면에서 인용.

제128조(국토이용정보체계의 활용)

제128조(국토이용정보체계의 활용) ①국토교통부장관, 시·도지사, 시장 또는 군수가 「토지이용규제 기본법」 제12조에 따라 국토이용정보체계를 구축하여 도시·군계획에 관한 정보를 관리하는 경우에는 해당 정보를 도시·군계획을 수립하는 데에 활용하여야 한다. 〈개정 2013. 3. 23., 2015. 8. 11.〉
② 특별시장·광역시장·특별자치시장·특별자치도지사·시장 또는 군수는 개발행위허가 민원 간소화 및 업무의 효율적인 처리를 위하여 국토이용정보체계를 활용하여야 한다. 〈신설 2015. 8. 11.〉
[본조신설 2012. 2. 1.]

국토이용정보체계의 구축과 활용에 관한 근거 조문이다. 법령의 경우 법제처 등에 의하여 일반 국민의 입장에서도 쉽게 검색이 가능하나, 토지이용규제정보 – 특히, 상세한 도시계획의 내용들에 대하여는 일반 국민의 입장에서 쉽게 조회가 힘들다. 이에 국토이용정보체계를 구축하여 지역, 지구 등의 지정에 관한 정보를 손쉽게 접근할 수 있도록 만든 것이다. 이에 근거하여 eum.go.kr(종래의 luris.molit.go.kr)이 현재 구축되어 있다. 그 사용 개요에 대하여는 본서의 제37조 항목에서 소개한 바 있다.

다만, 여전히 지구단위계획과 같은 상세한 계획의 내용 – 곧, 단순한 지역, 지구의 지정만으로는 토지이용제한에 관한 사항을 모두 파악할 수 없는 계획의 내용까지는 현재 구축되어 있지 못하다. 더욱이, 도시계획 변경 과정에서 변경되는 내용만을 발췌하여 고시하는 실무의 태도에 의하여, 지구단위계획과 같은 상세한 내용은 찾기가 상당히 까다롭다.

제129조(전문기관에 자문 등)

제129조(전문기관에 자문 등) ① 국토교통부장관은 필요하다고 인정하는 경우에는 광역도시계획이나 도시·군기본계획의 승인, 그 밖에 도시·군계획에 관한 중요 사항에 대하여 도시·군계획에 관한 전문기관에 자문을 하거나 조사·연구를 의뢰할 수 있다. 〈개정 2011. 4. 14., 2013. 3. 23.〉
② 국토교통부장관은 제1항에 따라 자문을 하거나 조사·연구를 의뢰하는 경우에는 그에 필요한 비용을 예산의 범위에서 해당 전문기관에 지급할 수 있다. 〈개정 2013. 3. 23.〉
[전문개정 2009. 2. 6.]

국토교통부장관이 그 소관사항의 이행을 위하여 필요한 경우 전문기관에 자문을 의뢰하고 예산을 지출할 수 있도록 근거를 마련한 조문이다. 본 조에 따르면 전문기관의 제한이나 자격은 규정되어 있지 않으므로, 그 범위는 다소 유연하게 해석할 수 있다. 지방자치단체의 경우에는 개별 도시계획 조례에서 자문에 관한 조문을 두고 있다.[1]

---

1 예컨대, 서울특별시 도시계획 조례 제5조(도시기본계획의 자문 등) 시장은 도시기본계획의 합리적인 수립을 위하여 관계전문가에게 자문할 수 있다.

제130조(토지에의 출입 등)

제130조(토지에의 출입 등) ① 국토교통부장관, 시·도지사, 시장 또는 군수나 도시·군계획시설사업의 시행자는 다음 각 호의 행위를 하기 위하여 필요하면 타인의 토지에 출입하거나 타인의 토지를 재료 적치장 또는 임시통로로 일시 사용할 수 있으며, 특히 필요한 경우에는 나무, 흙, 돌, 그 밖의 장애물을 변경하거나 제거할 수 있다. 〈개정 2011. 4. 14., 2013. 3. 23.〉

1. 도시·군계획·광역도시·군계획에 관한 기초조사
2. 개발밀도관리구역, 기반시설부담구역 및 제67조제4항에 따른 기반시설설치계획에 관한 기초조사
3. 지가의 동향 및 토지거래의 상황에 관한 조사
4. 도시·군계획시설사업에 관한 조사·측량 또는 시행

② 제1항에 따라 타인의 토지에 출입하려는 자는 특별시장·광역시장·특별자치시장·특별자치도지사·시장 또는 군수의 허가를 받아야 하며, 출입하려는 날의 7일 전까지 그 토지의 소유자·점유자 또는 관리인에게 그 일시와 장소를 알려야 한다. 다만, 행정청인 도시·군계획시설사업의 시행자는 허가를 받지 아니하고 타인의 토지에 출입할 수 있다. 〈개정 2011. 4. 14., 2012. 2. 1.〉

③ 제1항에 따라 타인의 토지를 재료 적치장 또는 임시통로로 일시사용하거나 나무, 흙, 돌, 그 밖의 장애물을 변경 또는 제거하려는 자는 토지의 소유자·점유자 또는 관리인의 동의를 받아야 한다.

④ 제3항의 경우 토지나 장애물의 소유자·점유자 또는 관리인이 현장에 없거나 주소 또는 거소가 불분명하여 그 동의를 받을 수 없는 경우에는 행정청인 도시·군계획시설사업의 시행자는 관할 특별시장·광역시장·특별자치시장·특별자치도지사·시장 또는 군수에게 그 사실을 통지하여야 하며, 행정청이 아닌 도시·군계획시설사업의 시행자는 미리 관할 특별시장·광역시장·특별자치시장·특별자치도지사·시장 또는 군수의 허가를 받아야 한다. 〈개정 2011. 4. 14.〉

⑤ 제3항과 제4항에 따라 토지를 일시 사용하거나 장애물을 변경 또는 제거하려는 자는 토지를 사용하려는 날이나 장애물을 변경 또는 제거하려는 날의 3일 전까지 그 토지나 장애물의 소유자·점유자 또는 관리인에게 알려야 한다.

⑥ 일출 전이나 일몰 후에는 그 토지 점유자의 승낙 없이 택지나 담장 또는 울타리로 둘러싸인 타인의 토지에 출입할 수 없다.

⑦ 토지의 점유자는 정당한 사유 없이 제1항에 따른 행위를 방해하거나 거부하지 못한다.

⑧ 제1항에 따른 행위를 하려는 자는 그 권한을 표시하는 증표와 허가증을 지니고 이를 관계인에게 내보여야 한다.

⑨ 제8항에 따른 증표와 허가증에 관하여 필요한 사항은 국토교통부령으로 정한다. 〈개정 2013. 3. 23.〉

[전문개정 2009. 2. 6.]

제131조(토지에의 출입 등에 따른 손실 보상)

제131조(토지에의 출입 등에 따른 손실 보상) ① 제130조제1항에 따른 행위로 인하여 손실을 입은 자가 있으면 그 행위자가 속한 행정청이나 도시·군계획시설사업의 시행자가 그 손실을 보상하여야 한다. 〈개정 2011. 4. 14.〉
② 제1항에 따른 손실 보상에 관하여는 그 손실을 보상할 자와 손실을 입은 자가 협의하여야 한다.
③ 손실을 보상할 자나 손실을 입은 자는 제2항에 따른 협의가 성립되지 아니하거나 협의를 할 수 없는 경우에는 관할 토지수용위원회에 재결을 신청할 수 있다.
④ 관할 토지수용위원회의 재결에 관하여는 「공익사업을 위한 토지 등의 취득 및 보상에 관한 법률」 제83조부터 제87조까지의 규정을 준용한다.
[전문개정 2009. 2. 6.]

I. 의의

도시계획의 입안, 결정권자와 도시계획시설사업 시행자에게 사업을 위해 필요한 경우 토지에 출입할 수 있는 등의 권한을 부여하고, 그에 따른 사인(私人)의 손실을 보상할 수 있도록 하는 근거 조문을 마련한 것이다. 사실 유사한 조문이 토지보상법에도 마련되어 있으나(동법 제9조), 이는 '공익사업' - 곧, 동법 별표에 열거된 사업들의 경우에만 적용되는 것이므로, 도시계획 자체를 수립하는 업무를 위하여는 해당 조항의 적용을 받지 못한다. 이에 본 조를 둔 것이다.

II. 해석상의 쟁점

1. 본 조에 따른 사용의 범위

본 조에 따른 토지 등의 출입·사용은 영구적 혹은 장기적인 것이 아니고, 오로지 조사, 측량 등 제130조 제1항 각호가 명시하고 있는 목적에 한정한 '일시적'인 것에 불과하다. 영구적·장기적 사용을 하려면 수용권을 발동하여야 하는데, 도시계획시설사업이 아닌 도시계획의 수립과 관련하여서는 이와 같은 수용권한이 부여되어있지 않으므로 영구적·장기적 사용을 할 수 없다. 판례 또한 본 조의 의미를 "일시사용"의 의미로 파악하고 있다.[1]

---

[1] 대법원 2015. 4. 23. 선고 2014두2409 판결. "구 국토계획법 제130조 제1항의 행위는 도시계획시설사업의 시행자가 일정한 계획이나 사업을 위한 조사·측량 또는 시행을 위하여 지방자치단체장의

2. 불응 시의 쟁송 수단

일시사용에 대한 동의의 요구에도 불구하고 토지소유자가 이에 불응하는 경우 토지소유자는 이에 응할 의무가 있고 단순히 토지에 대한 다른 금전적 다툼이 있다는 사유 등만으로는 거절하지 못한다. 만일, 토지소유자가 거절한다면 도시계획 사업시행자는 동의의 의사표시를 구하는 소송을 당사자소송의 방법으로 제기할 수 있고, 현저한 손해 발생이 예상되는 경우에는 민사집행법상 임시의 지위를 정하기 위한 가처분(단행적 가처분)을 제기할 수 있다.[1]

허가를 얻어 타인의 토지를 출입하거나 일시사용하거나, 이를 위하여 특히 필요한 때에는 소유자 등의 동의를 얻어 장애물을 변경하거나 제거하는 것에 한정되고, 구 국토계획법 제130조 제2항의 허가에 의하여 위와 같은 조사·측량·시행이나 혹은 장애물의 변경 또는 제거를 위한 일시사용의 범위를 벗어나 타인의 토지를 계속적·배타적으로 점유할 수 있는 것은 아니다."

[1] 이상 대법원 2019. 9. 9. 선고 2016다262550 판결 참조.

제133조(법률 등의 위반자에 대한 처분)

제133조(법률 등의 위반자에 대한 처분) ① 국토교통부장관, 시·도지사, 시장·군수 또는 구청장은 다음 각 호의 어느 하나에 해당하는 자에게 이 법에 따른 허가·인가 등의 취소, 공사의 중지, 공작물 등의 개축 또는 이전, 그 밖에 필요한 처분을 하거나 조치를 명할 수 있다.〈개정 2009. 12. 29., 2011. 4. 14., 2013. 3. 23., 2013. 7. 16., 2021. 1. 12., 2024. 2. 6.〉

1. 제31조제2항 단서에 따른 신고를 하지 아니하고 사업 또는 공사를 한 자

1의2. 제40조의3에 따른 도시혁신구역에서 해당 도시혁신계획에 맞지 아니하게 건축물을 건축 또는 용도변경을 하거나 공작물을 설치한 자

1의3. 제40조의4에 따른 복합용도구역에서 해당 복합용도계획에 맞지 아니하게 건축물을 건축 또는 용도변경을 하거나 공작물을 설치한 자

1의4. 제40조의5에 따른 입체복합구역에서 해당 도시·군관리계획에 맞지 아니하게 건축물을 건축 또는 용도변경을 하거나 공작물을 설치한 자

2. 도시·군계획시설을 제43조제1항에 따른 도시·군관리계획의 결정 없이 설치한 자

3. 제44조의3제2항에 따른 공동구의 점용 또는 사용에 관한 허가를 받지 아니하고 공동구를 점용 또는 사용하거나 같은 조 제3항에 따른 점용료 또는 사용료를 내지 아니한 자

4. 제54조에 따른 지구단위계획구역에서 해당 지구단위계획에 맞지 아니하게 건축물을 건축 또는 용도변경을 하거나 공작물을 설치한 자

5. 제56조에 따른 개발행위허가 또는 변경허가를 받지 아니하고 개발행위를 한 자

5의2. 제56조에 따라 개발행위허가 또는 변경허가를 받고 그 허가받은 사업기간 동안 개발행위를 완료하지 아니한 자

5의3. 제57조제4항에 따라 개발행위허가를 받고 그 개발행위허가의 조건을 이행하지 아니한 자

6. 제60조제1항에 따른 이행보증금을 예치하지 아니하거나 같은 조 제3항에 따른 토지의 원상회복명령에 따르지 아니한 자

7. 개발행위를 끝낸 후 제62조에 따른 준공검사를 받지 아니한 자

7의2. 제64조제3항 본문에 따른 원상회복명령에 따르지 아니한 자

7의3. 제75조의4에 따른 성장관리계획구역에서 그 성장관리계획에 맞지 아니하게 개발행위를 하거나 건축물의 용도를 변경한 자

8. 제76조(같은 조 제5항제2호부터 제4호까지의 규정은 제외한다)에 따른 용도지역 또는 용도지구에서의 건축 제한 등을 위반한 자

9. 제77조에 따른 건폐율을 위반하여 건축한 자

10. 제78조에 따른 용적률을 위반하여 건축한 자

11. 제79조에 따른 용도지역 미지정 또는 미세분 지역에서의 행위 제한 등을 위반

한 자

12. 제81조에 따른 시가화조정구역에서의 행위 제한을 위반한 자

13. 제84조에 따른 둘 이상의 용도지역 등에 걸치는 대지의 적용 기준을 위반한 자

14. 제86조제5항에 따른 도시·군계획시설사업시행자 지정을 받지 아니하고 도시·군계획시설사업을 시행한 자

15. 제88조에 따른 도시·군계획시설사업의 실시계획인가 또는 변경인가를 받지 아니하고 사업을 시행한 자

15의2. 제88조에 따라 도시·군계획시설사업의 실시계획인가 또는 변경인가를 받고 그 실시계획에서 정한 사업기간 동안 사업을 완료하지 아니한 자

15의3. 제88조에 따른 실시계획의 인가 또는 변경인가를 받은 내용에 맞지 아니하게 도시·군계획시설을 설치하거나 용도를 변경한 자

16. 제89조제1항에 따른 이행보증금을 예치하지 아니하거나 같은 조 제3항에 따른 토지의 원상회복명령에 따르지 아니한 자

17. 도시·군계획시설사업의 공사를 끝낸 후 제98조에 따른 준공검사를 받지 아니한 자

18. 삭제〈2016. 1. 19.〉

19. 삭제〈2016. 1. 19.〉

20. 제130조를 위반하여 타인의 토지에 출입하거나 그 토지를 일시사용한 자

21. 부정한 방법으로 다음 각 목의 어느 하나에 해당하는 허가·인가·지정 등을 받은 자

　가. 제56조에 따른 개발행위허가 또는 변경허가

　나. 제62조에 따른 개발행위의 준공검사

　다. 제81조에 따른 시가화조정구역에서의 행위허가

　라. 제86조에 따른 도시·군계획시설사업의 시행자 지정

　마. 제88조에 따른 실시계획의 인가 또는 변경인가

　바. 제98조에 따른 도시·군계획시설사업의 준공검사

　사. 삭제〈2016.1.19〉

22. 사정이 변경되어 개발행위 또는 도시·군계획시설사업을 계속적으로 시행하면 현저히 공익을 해칠 우려가 있다고 인정되는 경우의 그 개발행위허가를 받은 자 또는 도시·군계획시설사업의 시행자

② 국토교통부장관, 시·도지사, 시장·군수 또는 구청장은 제1항제22호에 따라 필요한 처분을 하거나 조치를 명한 경우에는 이로 인하여 발생한 손실을 보상하여야 한다.〈개정 2013. 3. 23.〉

③ 제2항에 따른 손실 보상에 관하여는 제131조제2항부터 제4항까지의 규정을 준용한다.

[전문개정 2009. 2. 6.]

I. 의의

본 조는 국토계획법이 정하는 각 규율들의 실효성을 담보하기 위하여, 그에 반하는 경우에 대한 각종의 제재적 처분을 행할 수 있도록 정한 조문이다. 예를 들어, 도시계획을 수립하였는데 그에 반하는 내용으로 건축, 개발행위를 함으로써 도시계획을 형해화하려는 시도가 있는 경우 당해 행위를 금지, 중단토록 하거나 당해 행위의 근거가 되는 인허가를 취소하는 등으로 도시계획의 실효성을 보장토록 한 것이다. 본 조에 따른 처분을 행하였음에도 불구하고, 이를 따르지 아니하는 경우에 대해서는 형사처벌 규정이 마련되어 있다(법 제142조).

다만, 본 조에서 정하는 사유가 없다고 하더라도, 하자 있는 행정처분은 당연히 처분청이 시정할 수 있는 것이므로, 이 경우에는 별도의 근거가 없더라도 취소가 가능하다.[1]

한편, 본조와 관련하여서는 특히 처분상대방 혹은 규율의 수범자를 누구로 할 것인지를 두고 법 제135조가 함께 해석상 쟁점이 되는 경우가 잦다. 따라서 본조의 논의와 제135조의 논의를 함께 참조하라.

II. 해석상의 쟁점

1. 처분권한의 범위

본 조는 "국토교통부장관, 시·도지사, 시장·군수 또는 구청장은 다음 각 호의 어느 하나에 해당하는 자에게 …(중략)… 명할 수 있다"라고만 정하고, 각 유형별로 어떠한 조치를 어떠한 행정청이 행할 수 있는지는 별도로 분류하고 있지 않다. 생각건대, 대체적인 사유들이 도시계획에 위배되는 건축물들을 제재하는 것이고, 도시계획은 건축허가요건으로서 이를 위반하는 것은 그 자체로 인허가의 하자를 이루는 것인바 이러한 취소·철회 등의 제재는 별도의 법적 근거가 없더라도 당해 인허가를 발급한 처분청이 행할 수 있다고 사료된다.[2] 따라서 국토계획법이 본 조와 같은 특별한 조문을 둔 것은 (i) 제재 조치들의 종류를 다양하게 규정함과 함께,

---

1 대법원 2014. 7. 10. 선고 2013두7025 판결. "사업시행자 지정이나 실시계획 인가처분에 하자가 있는 경우에는 별도의 법적 근거가 없다고 하더라도 스스로 이를 취소할 수 있다."; 처분청의 경우에는 별도의 법적 근거가 없더라도 직권취소가 가능하다는 학설상의 논의에 대하여는 김동희, 행정법I, 제16판, 박영사, 2010, 345면 참조. 철회에 대하여도 같다.
2 직권취소의 근거불요설에 대하여는 김동희, 행정법 I, 제16판, 박영사, 2010, 345면 등 논의 참조.

(ⅱ) 처분권한을 여러 층위의 행정청에게 부여하기 위한 것으로 사료되는바, 국토교통부장관, 시·도지사, 시장·군수 또는 구청장은 자신이 발급한 처분에 대한 것이 아니라고 하더라도 자신이 수립한 도시계획에 관련되는 행위에 대하여는 본 조에 따른 처분 및 조치 권한을 지닌다고 봄이 상당하다.

2. 처분상대방

본조에 따른 처분상대방은 원칙적으로 본조 제1항 각호에서 규정하고 있는 위반행위를 한 자들일 것이다. 관련하여, 종래 판례는 형질변경과 관련하여 "토지의 형질을 변경한 자도 아닌 자에 대하여 원상복구의 시정명령이 발하여진 경우 위 원상복구의 시정명령은 위법하다"고 설시한 바 있다.

그러나 이와 같은 위반행위자의 지위를 승계한 자들을 본조에 따른 처분상대방으로 삼을 수 있는지가 쟁점이 될 수 있다. 판례상으로는 ① 인허가 당사자의 상속인 – 곧, 포괄승계자의 경우에는 그에 대하여 본 조에 따른 처분을 할 수 있다고 보고 있으나,[1] ② 단순히 양수한 자 – 곧, 특정승계자에 대하여는 본 조에 따른 처분을 할 수 없다고 보고 있다.[2] 판례는 무단 형질변경의 경우에도 양수인에게는 본조의 조치명령을 할 수 없다고 보았다.[3]

후자(②)와 관련하여는 다음과 같은 이유에서 비판적인 접근이 가능하다. 본 조에 따른 처분에 따르지 아니할 경우 형사처벌규정이 마련되어 있음을 고려하면 특정승계자를 처분상대방에 포함시키지 않은 판례의 태도는 이해는 되나, 이렇게 되면 도시계획의 실효성을 담보하겠다는 본 조의 입법취지가 무색해질 우려가 있다. 특히, 국토계획법 제135조 제1항 제1호는 건축물 등의 양수인에게 본법상의 권리의무가 이전된다고 정하고 있는 점, 행정절차법 제10조 제4항 또한 동일 취지의 규정을 두고 있는 점 등을 고려하면 처분상대방이 될 수 있는 지위도 승계된다고 보는 것이 타당하지 않은가 한다. 물론, 양수인의 입장에서는 불측의 손해를 입는 것이지만 이는 민사적인 문제이고, 형사처벌의 문제도 행정처분이 일단 선행되고 이를 해태하였을 경우 부과되는 것이므로 형벌권이 개입된다는 이유만으로 지나치게

---

1 대법원 2014. 7. 24. 선고 2013도10605 판결.
2 대법원 2007. 2. 23. 선고 2006도6845 판결. "지구단위계획에 적합하지 않은 건축물을 건축하거나 용도변경한 경우 행정청은 그 건축물을 건축한 자나 용도변경한 자에 대하여서만 법 제133조 제1항에 의하여 처분이나 원상회복 등의 조치명령을 할 수 있고, 명문의 규정이 없는 한 이러한 건축물을 양수한 자에 대하여는 이를 할 수 없다고 할 것이다."
3 대법원 2021. 11. 25. 선고 2021두41686 판결.

경직적으로 접근할 것은 아니라는 게 저자의 견해이다.

한편, 건축주에 관한 사항은 통상 건축물대장에 기록이 되므로, 이를 통해 처분 상대방을 분별하는 것은 어렵지는 않을 것이다.

3. 처분사유에 관한 쟁점

가. 처분사유의 범위

본 조 제1항은 '이 법에 위반한 자'에 대하여 처분을 명할 수 있다고 정하고 있으므로, '이 법에 위반할 것'이라는 요건이 요구된다. 특히 이는 제재적 처분의 근거이자 형벌의 구성요건을 이룰 수도 있는 조문이므로 엄격해석하는 것이 타당하므로,[1] 그 범위를 확대하여서는 아니 된다. 따라서 국토계획법이 준용하고 있는 타 법령에 따른 의무를 위반한 것은 본 조의 처분 대상에 속하지 않는다고 보아야 한다. 대법원은 국토계획법 제80조가 개발제한구역에서의 행위제한 등에 대하여는 전적으로 개발제한구역법에 위임하고 있음을 근거로 하여, 개발제한구역법상 의무위반은 본 조의 제재 대상에 속할 수 없다고 보았다.[2]

나. 사정변경에 의한 철회의 경우(본 조 제1항 제22호)

행정행위의 취소는 일단 유효하게 성립한 행정행위를 그 행위에 위법 또는 부당한 하자가 있음을 이유로 소급하여 그 효력을 소멸시키는 별도의 행정처분이고, 행정행위의 철회는 적법요건을 구비하여 완전히 효력을 발하고 있는 행정행위를 사후적으로 그 행위의 효력의 전부 또는 일부를 장래에 향해 소멸시키는 행정처분이다.[3] 그런데 본 조 제1항 제22호의 사유는 인허가를 발급한 이후에 발생하는 "계속적으로 시행하면 현저히 공익을 해칠 우려"와 같은 사정변경이 있는 경우를 그 사유로 하는 것이므로, 위와 같은 구분기준에 의하면 이는 강학상 '철회'에 해당한다. 판례 또한 본 조 제1항 제22호에 의한 처분의 성격을 강학상 '철회'로 보고있다.[4]

이와 같이 강학상 철회로 볼 경우 대법원은 처분사유의 입증책임을 사정변경을 주장하는 자 − 곧, 행정청에게 부과하고 있다.[5]

---

1 대법원 2018. 2. 28. 선고 2016두64982 판결; 대법원 2017. 11. 14. 선고 2017도13421 판결 등 참조.
2 대법원 2008. 7. 24. 선고 2007도7924 판결.
3 대법원 2014. 10. 27. 선고 2012두11959 판결.
4 대법원 2014. 10. 27. 선고 2012두11959 판결. "국토계획법 제133조 제1항 제22호의 사유 또는 행정처분의 철회사유인 '사정변경이 생겼거나 중대한 공익상 필요가 발생한 경우'에 해당하여 철회사유가 존재한다고 주장을 정리하였음을 알 수 있다."
5 대법원 2006. 3. 16. 선고 2006두330 전원합의체 판결.

제134조(행정심판)

　　도시계획시설사업의 시행자가 어떠한 처분을 하는 경우에 대하여 행정심판을 제기할 수 있도록 정하고 있다. 행정심판법을 전적으로 준용하고 있는 것을 보면, '처분'이란 대체로 행정쟁송에서 논의되는 처분의 개념[1]을 원용한 것으로 생각된다.

　　다만, 행정청이 아닌 자가 시행자인 경우에는 피청구인을 시행자가 아닌 그에 대한 사업시행자 지정권자로 하도록 정하고 있다. 민간사업시행자가 행정주체로서의 지위를 지니지 않기 때문인 것이라 사료된다.[2]

　　사업시행자가 행하는 처분이란 수용이나(제96조), 토지에 출입(제130조) 정도일 것인데, 전자의 경우는 수용재결에 대한 이의재결(중앙행정심판위원회)과 행정쟁송으로 다툴 수 있다. 후자의 경우 사업시행자로서도 당사자소송이나 가처분으로 다툴 수 있도록 하는 판례의 태도를 고려하면,[3] 처분상대방 입장에서도 어떠한 고권적인 처분이 내려오는 경우를 상정하기 어렵다. 따라서 민간사업시행자에 대하여는 본 조의 실익을 생각하기가 어려워 보인다.

---

1 대법원 2008. 1. 31. 선고 2005두8269 판결. "행정소송의 대상이 되는 행정처분이란 행정청 또는 그 소속기관이나 법령에 의하여 행정권한의 위임 또는 위탁을 받은 공공단체 등이 국민의 권리·의무에 관계되는 사항에 관하여 직접 효력을 미치는 공권력의 발동으로서 하는 공법상의 행위를 말하며."

2 본서 용어정의 항목 중 '도시·군계획사업시행자' 항목에서 논의한 바와 같이, 본서는 민간 시행자를 행정주체로 보아야 한다는 견해에 반대한다.

3 대법원 2019. 9. 9. 선고 2016다262550 판결 참조.

제135조(권리 · 의무의 승계 등)

제135조(권리 · 의무의 승계 등) ① 다음 각 호에 해당하는 권리·의무는 그 토지 또는 건축물에 관한 소유권이나 그 밖의 권리의 변동과 동시에 그 승계인에게 이전한다. 〈개정 2011. 4. 14.〉
1. 토지 또는 건축물에 관하여 소유권이나 그 밖의 권리를 가진 자의 도시·군관리계획에 관한 권리·의무
2. 삭제 〈2016. 1. 19.〉
② 이 법 또는 이 법에 따른 명령에 의한 처분, 그 절차 및 그 밖의 행위는 그 행위와 관련된 토지 또는 건축물에 대하여 소유권이나 그 밖의 권리를 가진 자의 승계인에 대하여 효력을 가진다.
[전문개정 2009. 2. 6.]

I. 의의

본 조는 국토계획법에 따른 권리의무와, 동법에 따른 처분당사자 지위의 승계에 관하여 정한 것이다. 본래 행정절차법은 처분당사자 지위의 승계 – 그중에서도 상속, 합병 등의 포괄승계가 아닌 단순 양도와 같은 특정승계의 경우에 대하여 행정청의 승인이 있으면 승계를 허용토록 하고 있는데(동법 제10조 제4항1), 본 조는 그와 같은 승인 없이 당연히 승계인에게 이전토록 하거나 효력이 미치도록 정한 것이므로 그에 대한 일종의 특칙이라고도 볼 수 있겠다. 본 조 제1항과 제2항을 구분하자면, 제1항은 권리의무관계의 승계 문제라면, 제2항은 제재적 처분의 효력 범위에 관한 문제라고 할 수 있겠다.

한편, 권리나 지위가 이전되면, 그 이전된 바에 따라 처분문서의 기재 내용(신청인 명의 등)을 정정하여야 할 필요가 있을 수 있다. 판례는 허가 명의를 변경하는

---

1 행정절차법 제10조(지위의 승계) ① 당사자등이 사망하였을 때의 상속인과 다른 법령등에 따라 당사자등의 권리 또는 이익을 승계한 자는 당사자등의 지위를 승계한다.
② 당사자등인 법인등이 합병하였을 때에는 합병 후 존속하는 법인등이나 합병 후 새로 설립된 법인등이 당사자등의 지위를 승계한다.
③ 제1항 및 제2항에 따라 당사자등의 지위를 승계한 자는 행정청에 그 사실을 통지하여야 한다.
④ 처분에 관한 권리 또는 이익을 사실상 양수한 자는 행정청의 승인을 받아 당사자등의 지위를 승계할 수 있다.
⑤ 제3항에 따른 통지가 있을 때까지 사망자 또는 합병 전의 법인등에 대하여 행정청이 한 통지는 제1항 또는 제2항에 따라 당사자등의 지위를 승계한 자에게도 효력이 있다.

개발행위 변경허가의 방식으로 이를 처리할 수 있도록 허용한다.[1]

Ⅱ. 해석상 쟁점

1. 제1항의 경우 - 이전의 대상인 권리 의무의 의미

본 조 제1항 제1호는 토지 또는 건축물에 관한 소유권이나 그 밖의 권리의 변동 시에, "도시·군관리계획에 관한 권리·의무"가 이전한다고 정하고 있는데, 이때 이전의 대상이 되는 권리의무가 무엇을 의미[2]하는지를 두고 해석상 논란의 여지가 있다. 즉 도대체 무엇이 '도시관리계획에 관한 권리와 의무'에 해당하는지에 대한 논의가 필요한 것이다.

도시관리계획은 구속적 행정계획이므로 도시관리계획이 정하고 있는 각종의 건축허가요건들은 당해 계획의 적용을 받는 대상 구역 내에서는 일반적으로 적용된다. 구태여 본 조 제1항과 같은 규정이 없더라도 그 승계인은 도시관리계획이 정하는 건축허가요건들을 당연히 적용받는다. 때문에, '도시관리계획에 관한 권리와 의무'라는 문언을 단순히 도시관리계획이 규율하고 있는 사항들에 대한 구속력을 표상하는 것이라고 한다면 본 조 제1항은 특별한 의미를 가지기 어렵다. 따라서 동 항을 의미 있게 해석하려면 이는 도시관리계획의 내용 - 예컨대 건축허가요건 이상의 '다른 무언가의 권리·의무'를 의미하는 것으로 해석함이 상당하다. 즉 도시관리계획의 구속력만으로 승계인에게 그 효력이 미치는 문제를 넘어서는 무언가의 승계 문제가 상정되어야만 본 조 제1항이 실익을 지니는 것이다.

그렇다면, 이는 단순히 도시관리계획이 정하고 있는 내용과는 별도로, (ⅰ) 도시관리계획을 이유나 원인으로 하여 도출되는 권리나 의무, (ⅱ) 혹은 도시관리계획과 '견련성'을 지니는 권리나 의무를 의미하는 것으로 보아야 한다. 그런데 통상의 용도지역이나, 용도지구와 같이 건축허가요건들을 소극적으로 규율하는 것일 뿐만 아니라, 그 내용의 범주 또한 제한적인 도시관리계획의 경우에는 도시관리계획의 내용과 별개로 그와 관련성을 지니는 특별한 권리의무관계를 상정하기가 어

---

1 대법원 2019. 11. 14. 선고 2017다292985 판결.
2 참고로, 본 조 제1항에 대한 법제처 해석례 중에는 "승계인에게 이전되는 권리·의무의 범위는 국토계획법령에 따라 개발행위허가를 받은 토지(A)에 대한 국토계획법에 따른 권리·의무로 한정되고, 그 허가를 받은 자의 이 사안 토지(B)에 관한 제3자에 대한 일반 사법상의 권리·의무까지 포괄적으로 승계하는 것은 아니"라는 견해를 취한 것이 발견된다. 법제처 2022. 11. 7. 회신 22-0343 해석례.

렵다. 단지 새로운 건축물을 지을 때 용도지역이나 지구의 내용을 준수하면 간단히 해결되는 문제이기 때문이다.[1] 결국, 본 조 제1항이 이전의 대상으로 하는 '도시관리계획에 관한 권리·의무'란 ① 지구단위계획과 같이 상세한 계획이어서 규율의 여지가 많은 것이거나,[2] ② 아니면 도시계획시설결정과 같이 적극적 계획의 경우라야만[3] 그나마 그와 관련된 각종의 권리의무가 상정될 여지가 있게 된다.

예컨대, 지구단위계획이나 도시계획시설결정의 내용으로 특정 부류의 사람에게 부여하는 권리나 의무가 있을 수 있고, 이때 본 조 제1항은 실익을 지닌다. 다만, 이러한 권리의무는 각 종류의 도시관리계획의 내용에 의하여 도출되는 것이므로, 각 도시관리계획이 규정할 수 있는 한도 내에서만 적법한 것으로서 논의될 수 있는 것이라 봄이 상당하다. 도시관리계획으로 정할 수 없는 권리의무라면, 본 조 제1항의 승계가 논의될 수 없다고 보아야 한다. [아직 법원이나 법제처의 해석례 등에서 본 조 제1항 제1호의 의미에 대하여 명확히 설시, 판단된 사례가 발견되지 않는 상황이므로, 구체적인 적용례는 발견하기가 어려운 상황이다.]

도시관리계획을 입안제안한 자로서의 지위의 경우에는 본 조 제1항에 따른 승계 대상으로 볼 수 없다는 견해와 볼 수 있다는 견해가 대립할 수 있다. (ⅰ) 먼저, 전자의 견해(승계대상으로 볼 수 없다는 견해)의 근거를 생각해본다면 다음과 같다. 토지소유권자로서의 지위와 관련하여 '발생'한 권리·의무에 대하여 본 조 제1항을 적용을 논의함이 타당하다고 할 것인데, 우리 국토계획법은 일정 비율 이상의 주민의 동의요건을 요구하는 것과는 별개로 입안제안자 스스로가 토지소유권자와 같은 권리자일 것을 요구하지는 않으므로(동법 시행령 제19조의2 제2항 참조), 이를 토지소유권과 구태여 연관지어 승계를 논할 만한 권리의무라고 볼 것은 아니라는 점이 그 논거가 될 것이다. (ⅱ) 반면, 후자의 견해(승계대상으로 볼 수 있다는 견해)를 취한다면, 승계대상이 되는 도시관리계획에 관한 권리의무는 그 발생 연원이 토지소유권 등과 관련되는 것인지를 따지는 등으로 본 조 제1항 제1호를 지나치게 좁게 해석할 필요가 없다는 점이 주된 근거가 될 것이라 사료된다. 이 또한 아직 본 조 제1항의 적용이 논의된 사례가 절대적으로 부족한 상황이서 향후 법리를 형성해나

---

1 어차피, 국토계획법 제57조 제1항은 도시관리계획에 부합할 것을 개발행위의 요건으로 하고 있으므로 구태여 이를 승계 문제로 해결할 것은 아니다.
2 즉 용도지역이나 지구와 같이 단순히 준수하기만 하면 끝날 문제 이상의 그 무언가를 정할 수 있는 경우라면, 도시관리계획에 관련된 권리의무관계가 상정될 여지가 있다.
3 적극적 도시계획의 경우 공간형성과 개발을 위한 법률관계를 창설하는 기능을 할 수도 있으므로 그에 관한 권리의무관계를 만들어낼 여지가 있다.

가야 할 문제로 보인다.

그 외, 사업시행자 지위나 실시계획인가와 같은 것을 본 조 제1항 제1호가 정하는 '도시관리계획에 관한 권리·의무'의 범주에 포함되는 것이라 보기는 어려울 것이라 사료된다. 왜냐하면, (i) 대체로 사업시행자 지위를 공법상 지위라 하여 이전가능성을 부정하는 판례의 경향[1]과 본 조 제1항 제1호가 양립하기는 어렵기 때문이고, (ii) 실시계획인가의 경우에는 그 자체로 별개의 '처분'이므로 구태여 본 조 제1항에 따른 이전을 논의할 필요성이 적다. 오히려 사업시행자 지위나 실시계획인가는 상대적으로 본 조 제1항보다는 제2항의 적용을 논의함이 타당하고, 보다 근본적으로는 본 조 제2항보다는 행정절차법 제10조 제4항에 따른 승계를 논의하는 것이 타당하다고 사료된다.

2. 제2항의 적용 범위[2]

가. 수익적 처분의 승계인에 대한 효력

본조 제2항은 승계인에게 효력이 미치는 대상을 "이 법 또는 이 법에 따른 명령에 의한 처분, 그 절차 및 그 밖의 행위"라고만 정하고 있을 뿐, 특별히 처분의 대상이나 종류를 한정하고 있지 않다. 그러나 본조 제2항이 국토계획법이 규정하는 수익적 처분(개발행위허가, 사업시행자 지정, 실시계획인가 등)을 곧바로 승계인에게 이전시키는 것이라고 볼 수는 없다. 즉 본조 제2항은 수익적 처분 자체를 승계시키는 효력을 지니지 않는다고 봄이 타당하다.

대법원 판례 중에는 개발행위허가를 받은 자의 지위가 상속인[3]이나 건축물의 양수인[4]에게 승계된다고 판단하는 근거로 본 조 제2항을 언급한 사례가 있다. 그런데 대법원은 건축물의 양수인과 관련한 판결에서, 본 조 제2항을 언급하기만 하였을 뿐, 결론적으로는 "양수인은 개발행위허가(토지형질변경)의 수허가자 지위를

---

[1] 물론 제3편의 도시계획사업시행자 항목에서 논의한 바와 같이 이와 같은 판례 입장에 대해서는 비판의 여지가 많다.

[2] 저자는 초판에서 「국토계획법의 체계와 "승계인에 대하여 효력을 가진다"라는 본 조 제2항의 문언을 고려하면, 동항의 적용대상은 '침익적 처분'에 한정되는 것으로 해석하는 것이 타당하다는 게 저자의 사견이다」라는 견해를 취하였으나, 개정판에서는 이러한 주장을 상정가능한 경우의 수에 따라 세분화하여 분석하였다.

[3] 대법원 2014. 7. 24. 선고 2013도10605 판결. 오히려 상속인의 경우에는 피상속인의 지위를 포괄적으로 승계하는 자이므로, 구태여 본조 제2항을 내세우지 않더라도 그 승계관계를 인정할 수 있는 법리적 근거들이 많을 것이다.

[4] 대법원 2019. 11. 14. 선고 2017다292985 판결.

승계하기 위하여 허가 명의를 변경하는 개발행위 변경허가를 받을 수 있다"[1]고 판시하였으므로, 변경허가라는 추가적인 처분 없이 개발행위허가나 그 효력이 당연히 승계되는 것을 전제한 것은 아니라고 사료된다.[2] 건축물이나 토지를 양수했다고 하여 그와 관련한 개발행위허가까지를 양수하기로 하는 의사합치의 존재를 곧바로 추단할 수는 없는 것이므로, 그러한 의사표시의 존재를 개별적으로 따져보아야 하고, 이는 변경허가라는 추가적인 처분을 통해 심사되어야 하는 문제이기 때문이다. [관련하여, 법원은 본조 제2항이 쟁점이 된 사안들에서 대물적 처분인지 여부를 구분[3]하는 논지전개방식을 보이고 있으나, 이러한 논지전개가 타당한지는 의문인데 처분의 대물적, 대인적 성격의 차이와 상관 없이 본조 제2항에 따라 처분이 당연승계 된다고는 볼 수 없기 때문이다. '효력'의 승계 문제에 있어서도 구태여 대물적, 대인적 구분이 필요한지 의문이다.]

한편, 이와 같이 본조 제2항에 따라 승계인에게 처분 '자체'를 승계시키는 것은 아니라 하더라도, 수익적 처분의 '효력'만을 승계시키는 것은 실무적으로 의미가 있을 수 있다. 예컨대, 양도인에게 개발행위허가를 하였으나 그에 어떤 하자가 있었고, 그런 상태에서 토지 등을 양수인이 양수한 경우, 행정청은 양도인이 아닌 양수인을 상대로 개발행위허가 취소처분을 할 수 있는지가 문제될 수 있다. 이러한 경우에는 본조 제2항을 들어 양수인에게 개발행위허가의 '효력' 자체는 미친다고 전제한 다음 양수인을 상대로 개발행위허가 취소처분을 하는 것도 고려해볼 수 있겠다.[4]

---

1 대법원 2019. 11. 14. 선고 2017다292985 판결.

2 예컨대, 서울고등법원 2019. 1. 16. 선고 2018누55236 판결(심리불속행기각으로 확정)은 "개발행위허가가 대물적 허가로서의 성격을 가지고 있다고 하더라도 그것이 어떠한 물적 권리, 예컨대 토지소유권 등과 결합하여 당연히 이전되는 것은 아니다"라고 판시하였다. 참고로, 종래 대법원 1979. 10. 30. 선고 79누190 판결은 '건축허가'의 경우에는 "건축허가는 대물적 허가의 성질을 가지는 것으로 그 허가의 효과는 허가대상 건축물에 대한 권리변동에 수반하여 이전되고, 별도의 승인처분에 의하여 이전되는 것이 아니"라는 견해를 취한 것이 발견된다.

3 예컨대, 수원지방법원 2018. 8. 9. 선고 2018구합61568 판결은 "실시계획의 작성 및 인가를 받아야 하고 공사완료 후 준공검사를 받아야 하며, 실시계획에 따른 사업완료 의무를 지는 등 도시계획시설사업의 시행과 관련하여 다양한 권리·의무를 가지는 사업시행자의 지위는 단순히 토지 또는 건축물에 관하여 대물적 허가를 받은 자의 지위와 동일하다고 볼 수 없는바, 토지 소유권의 변동과 동시에 그 승계인에게 이전될 도시관리계획에 관한 권리·의무에 도시계획시설사업의 사업시행자로서의 지위가 당연히 포함된다고 볼 수는 없다"라고 하고 있는데, 실시계획인가가 아니라 대물적 성격이 강한 개발행위허가라 하더라도 결론이 달라질 것인지는 의문이다. 참고로 부산고등법원 2019. 5. 17. 선고 2018누23749 판결과 같이 본조 제2항에 관한 설시에서 "국토계획법에 의한 개발행위허가는 대물적 허가의 성질을 가지고 있는 점"을 언급하는 판결들이 자주 발견된다.

4 관련하여, "이 사건 건축허가[저자: 개발제한구역 내에 속하였으므로 개발제한구역법상 행위허가

782   국토계획법

나. 침익적 처분의 승계인에 대한 효력

국토계획법에 따른 조치명령, 중지명령(동법 제133조 제1항 참조) 등과 같은 경우, 만일 승계인에게 그 효력이 미치지 않는다고 보게 된다면, 행정청으로서는 승계인에게 재차 조치명령 등을 행한 다음 후속조치에 나가야만 하는 것이므로, 조치명령과 같은 것의 실효성을 담보하기가 쉽지 않다. 따라서 국토계획법이 처분을 통해 어떠한 의무나 제한을 부과하고 있는 경우에는, 이는 승계인에 대하여도 효력을 미치게 되어 승계인이 이를 준수할 의무를 부담하게 된다고 보는 것이 타당하다고 사료된다. 따라서 행정청이 토지소유자에게 법 제133조 제1항에 따른 처분을 내렸으나 토지를 양도해버린 경우, 토지의 양수인은 그러한 처분을 준수할 의무가 있고 이를 위반하면 곧바로 법 제142조에 따른 벌칙을 적용받을 수 있다고 보아야 한다. 판례 중에는 상속의 경우 "원상복구명령을 받은 자가 사망한 경우 당해 토지 또는 건축물의 소유권이나 그 밖의 권리의 승계인이 그 복구의무를 부담한다"고 판시한 것이 발견된다.[1]

한편, 이와 같은 침익적 처분 자체의 효력뿐만 아니라, 침익적 처분의 원인이 되는 위반행위와 같은 사실행위(처분사유) 또한 본조 제2항에 따라 승계될 수 있는지가 쟁점이 된다. 만일 그러한 사실 자체의 승계가 인정된다면 행정청은 양도인이 행한 국토계획법상 위반행위와 관련하여 양수인에게 조치명령 등의 처분을 할 수 있다고 봄이 타당하다고 사료되나, 현재 하급심 판결들이 엇갈리고 있는 상황으로 보인다.[2]

(제12조 제1항 제1호)를 의미하는 것으로 보인다] 및 이 사건 사용승인의 명의인에 불과한 C보다는 현재의 권리자인 원고[저자: C로부터 소유권이전등기를 받은 자]를 상대로 이 사건 각 취소처분이 이루어지는 것이 원고의 입장에서 이해관계가 크고, 피고의 입장에서 실효성도 있다고 할 것이므로, 원고를 상대로 한 이 사건 각 취소처분에 어떠한 위법이 있다고 할 수 없다"라고 판시한 서울고등법원 2020. 9. 10. 선고 2020누37873 판결(심리불속행기각으로 확정) 참조.

1 의정부지방법원 2017. 5. 23. 선고 2015구합1583 판결(항소기각 및 심리불속행기각으로 확정).

2 관련하여 울산지방법원 2018. 11. 1. 선고 2018구합6519 판결(항소심도 같은 입장을 취하였고, 확정되었음) 또한 "이 사건 토지의 전 소유자가 부담하고 있던 이 사건 토지에 대한 원상복구의무가 경매로 이 사건 토지를 취득한 원고에게 이전되었다고 봄이 타당하다"라고 하면서 경락인(쉽게 말해 양수인)에 대한 원상회복명령 처분이 적법하다고 보았다. 울산지방법원 2021. 7. 15. 선고 2020구합6888 판결도 유사한 입장을 취하였다.

다만, 반대되는 견해를 취한 것도 발견되는데 대전고등법원 2024. 6. 27. 선고 2023누12642 판결은 "이는 행정청이 어떠한 처분 등의 행위를 하였을 경우 그 효력이 승계인에게도 미친다는 취지의 규정일 뿐이고, 이를 행정청이 처음부터 승계인에 대하여 처분 등의 행위를 할 수 있다고 해석할 수 없다"고 보았다. 서울고등법원 2021. 5. 27. 선고 2020누55437 판결 또한 "행정청이 처음부터 승계인에 대하여 처분 등의 행위를 할 수 있다는 취지로 바로 해석되지는 아니한다"라고 보고 있다.

다. 기타 행위의 승계인에 대한 효력

본조 제2항은 "그 절차 및 그 밖의 행위" 또한 승계의 대상으로 삼고 있으므로, 그 의미가 문제될 수 있다. 구체적으로 이는 국토계획법이 정한 처분 등의 요건과 관련하여 일정한 공법상[1]의 권리의무를 부담하거나 수인하기로 한 행위들이 승계의 대상이 된다고 사료된다. 관련하여 하급심 판결 중에 토지소유자가 자신의 토지에 대해 개발행위허가를 받으려고 하는 제3자에게 토지사용승낙을 한 경우, 토지소유자로부터 토지를 승계한 자에게도 그러한 토지사용승낙의 효력이 미친다고 본 것이 발견되므로 참조할 수 있겠다.[2]

사견으로는, 도시관리계획 입안제안 등을 위해 토지소유자로서 '동의'를 하였다면, 그 동의의 효력 또한 토지소유자로부터 토지를 양수한 자에게 미치고 따라서 양수인에게 새로 동의를 받을 필요는 없다는 해석이 가능할 것으로 사료된다. 다만, 양도인의 동의서를 첨부하여 도시관리계획 입안제안서가 제출되기 전 단계라면, 양수인으로서는 그와 같은 동의서를 철회하는 것도 가능할 것이라 사료된다.[3]

---

1 서울고등법원 2019. 1. 16. 선고 2018누55236 판결은 "원고가 승계하는 것은 공법상 지위에 한정되는 것일 뿐이고, C와 (주)B 사이의 토지사용승낙에 관한 사법상 계약까지 승계하는 것은 아니"라고 하여 사법상 계약은 본조 제2항에 따른 승계 대상에 해당하지 않는다고 보았다.

2 서울고등법원 2019. 1. 16. 선고 2018누55236 판결(심리불속행기각으로 확정). 해당 판결은 "토지소유자로서 토지사용승낙을 하였다는 공법상 지위를 승계"한다고 보았다.

3 본조와 규정과는 차이가 있으나, 사업시행자 등의 권리의무 승계에 관한 도시정비법 제129조와 관련하여 "정비계획 입안 제안서 제출 전의 단계에서는 아직 정비계획 수립이나 정비구역 지정 등이 이루어지지 않아 토지등소유자를 정비사업과 관련하여 권리를 갖는 자로 보기 어렵고, 정비계획 입안 제안에 대한 동의가 유효한지 여부는 정비계획의 입안권자에게 정비계획 입안 제안서를 제출하는 시점을 기준으로 판단해야 한다는 점"을 들어 제안서 제출 시점을 기준으로 양도인의 동의서의 효력을 판단한 법제처 2022. 5. 4. 회신 22-0038 해석례를 참조할 수 있겠다.

제136조(청문)

제136조(청문) 국토교통부장관, 시·도지사, 시장·군수 또는 구청장은 제133조제1항에 따라 다음 각 호의 어느 하나에 해당하는 처분을 하려면 청문을 하여야 한다. 〈개정 2011. 4. 14., 2013. 3. 23.〉
1. 개발행위허가의 취소
2. 제86조제5항에 따른 도시·군계획시설사업의 시행자 지정의 취소
3. 실시계획인가의 취소
4. 삭제 〈2016. 1. 19.〉
[전문개정 2009. 2. 6.]

　　본 법에 대하여도 일반적으로 적용되는 행정절차법 제22조 제1항은 법령에 특별한 규정이 없는 이상 청문을 임의적 절차로 규정한다. 이에 본 조는 국토계획법에 따른 인허가를 취소하는 경우에 대하여 필요적으로 청문을 거치도록 특칙을 규정하고 있는 것이다.
　　청문은 본 조 각호 처분의 절차적 요건이므로, 청문을 거치지 않거나, 거쳤다고 하더라도 행정절차법 등이 정한 절차를 준수하지 않은 경우 이는 처분의 위법사유를 이룬다.[1]

---

1 대법원 1991. 7. 9. 선고 91누971 판결 등 참조.

제137조(보고 및 검사 등)

제137조(보고 및 검사 등) ① 국토교통부장관(제40조에 따른 수산자원보호구역의 경우 해양수산부장관을 말한다), 시·도지사, 시장 또는 군수는 다음 각 호의 어느 하나에 해당하는 경우에는 개발행위허가를 받은 자나 도시·군계획시설사업의 시행자에게 감독을 위하여 필요한 보고를 하게 하거나 자료를 제출하도록 명할 수 있으며, 소속 공무원으로 하여금 개발행위에 관한 업무 상황을 검사하게 할 수 있다. 〈개정 2011. 4. 14., 2013. 3. 23., 2019. 8. 20., 2020. 6. 9.〉
1. 다음 각 목의 내용에 대한 이행 여부의 확인이 필요한 경우
가. 제56조에 따른 개발행위허가의 내용
나. 제88조에 따른 실시계획인가의 내용
2. 제133조제1항제5호, 제5호의2, 제6호, 제7호, 제7호의2, 제15호, 제15호의2, 제15호의3 및 제16호부터 제22호까지 중 어느 하나에 해당한다고 판단하는 경우
3. 그 밖에 해당 개발행위의 체계적 관리를 위하여 관련 자료 및 현장 확인이 필요한 경우
② 제1항에 따라 업무를 검사하는 공무원은 그 권한을 표시하는 증표를 지니고 이를 관계인에게 내보여야 한다.
③ 제2항에 따른 증표에 관하여 필요한 사항은 국토교통부령으로 정한다. 〈개정 2013. 3. 23.〉
[전문개정 2009. 2. 6.]

　　본 조는 국토교통부장관, 시·도지사, 시장 또는 군수 등에게 개발행위허가나 실시계획인가의 내용대로 사업이 시행되고 있는지 이를 감독하기 위하여 보고자 자료제출을 요구하고, 검사를 할 수 있는 권한을 부여한 조문이다. 실효성을 담보하기 위하여 법은 이와 같은 권한을 위반하여 자료를 제출하지 않는 등의 경우에 대하여는 과태료를 부과할 수 있도록 정하고 있다(제144조 제2항 제2호).

　　본 조는 특별히 각 행정청이 이와 같은 권한을 행사할 수 있는 경우와 사례를 열거하고 있지 않으므로, 각 행정청은 자신의 권역 밖이라도 하더라도 합리적인 이유가 있다면 본 조에 따른 권한을 행사할 수 있다고 해석할 수 있겠다.

제138조(도시 · 군계획의 수립 및 운영에 대한 감독 및 조정)

제138조(도시 · 군계획의 수립 및 운영에 대한 감독 및 조정) ① 국토교통부장관(제40조에 따른 수산자원보호구역의 경우 해양수산부장관을 말한다. 이하 이 조에서 같다)은 필요한 경우에는 시 · 도지사 또는 시장 · 군수에게, 시 · 도지사는 시장 · 군수에게 도시 · 군기본계획과 도시 · 군관리계획의 수립 및 운영실태를 감독하기 위하여 필요한 보고를 하게 하거나 자료를 제출하도록 명할 수 있으며, 소속 공무원으로 하여금 도시 · 군기본계획과 도시 · 군관리계획에 관한 업무 상황을 검사하게 할 수 있다. 〈개정 2011. 4. 14., 2013. 3. 23., 2020. 6. 9.〉
② 국토교통부장관은 도시 · 군기본계획과 도시 · 군관리계획이 국가계획 및 광역도시계획의 취지에 부합하지 아니하거나 도시 · 군관리계획이 도시 · 군기본계획의 취지에 부합하지 아니하다고 판단하는 경우에는 특별시장 · 광역시장 · 특별자치시장 · 특별자치도지사 · 시장 또는 군수에게 기한을 정하여 도시 · 군기본계획과 도시 · 군관리계획의 조정을 요구할 수 있다. 이 경우 특별시장 · 광역시장 · 특별자치시장 · 특별자치도지사 · 시장 또는 군수는 도시 · 군기본계획과 도시 · 군관리계획을 재검토하여 정비하여야 한다. 〈개정 2011. 4. 14., 2013. 3. 23.〉
③ 도지사는 시 · 군 도시 · 군관리계획이 광역도시계획이나 도시 · 군기본계획의 취지에 부합하지 아니하다고 판단되는 경우에는 시장 또는 군수에게 기한을 정하여 그 도시 · 군관리계획의 조정을 요구할 수 있다. 이 경우 시장 또는 군수는 그 도시 · 군관리계획을 재검토하여 정비하여야 한다. 〈개정 2011. 4. 14.〉
[전문개정 2009. 2. 6.]
[제목개정 2011. 4. 14.]

Ⅰ. 의의

국토계획법 제137조가 개발행위자가 사업시행자에 대한 감독권한을 정하고 있는 것이라면, 본 조는 국토교통부장관과 시 · 도지사가 그 하위 행정주체에 대하여 행사할 수 있는 감독권한에 대하여 정하고 있는 조문이다. 본래, 도시계획고권은 중앙정부에 독점[1]되어 있다가, 점진적으로 지방자치단체에게 이양되어온 것이다. 그럼에도 불구하고 (ⅰ) 토지이용의 유기적 성격을 고려하면 도시계획의 적절성을 전국적이고 총체적인 관점에서 감독할 필요가 있기도 하고, (ⅱ) 아울러 상급 행정주체가 업무전반에 대한 후견적 개입을 하여야 할 필요도 있기도 하다.[2] 특히, 도

---

1 가장 멀리는 조선시가지계획령에 의해 조선총독에 해당 권한이 집중되어 있었다.
2 지방도시계획위원회에 관한 본서 제113조에서 살펴본 바와 같이, 지방도시계획위원회의 경우 전

시계획고권은 계획재량의 영역이어서 매우 강력한 것이므로, 이를 단순히 사법통제에만 맡겨두는 것은 한계가 있다.

본 조에 의하면 감독 권한은 두 가지로 나뉜다. ① 하나는 특별한 사유가 정해져있지 않은 보고 및 자료제출요구권한이고(제1항), ② 다른 하나는 감독권자가 수립한 상위계획의 위반 여부에 대한 감독권한이다(제2, 3항). 전자의 경우는 강제할 수단은 없지만, 후자의 경우 피감독기관으로서는 이를 따라야 할 의무가 있다. 이를 위반할 경우에는 문제가 지적된 도시관리계획 자체의 하자를 이루는 것이라 보아야 할 것이다.

한편 위 ①의 권한의 경우 요건인 "필요한 경우"라는 의미를 지나치게 좁게 해석할 것은 아니라 생각된다. 중앙정부의 전문성 등을 고려하면 보고나 자료제출 권한 정도는 폭넓게 인정하여 후견적 개입과 교류를 증진시켜야 할 필요가 있는 점, 동항의 권한의 경우 특별한 고권적 시정을 요구할 권한은 아닌 점 등을 고려하면 '필요한 경우'는 넓게 인정하는 것이 타당하다.

Ⅱ. 지방자치법 제166조와의 관계

국토계획법과 별개로, 지방자치법 제166조 제1항은 중앙행정기관의 장은 지방자치단체의 사무에 관하여 조언 또는 권고하거나 지도할 수 있으며, 이를 위하여 필요하면 지방자치단체에 자료의 제출을 요구할 수 있다고 정하여, 중앙행정기관의 장에게 일반적인 지도, 조언, 권고권한(이하 '지도권한')을 부여하고 있다.[1] 비록 지방분권화 경향으로 인하여 상당수의 사무와 권한이 이양되었으나, 현실적으로 중앙정부가 지니고 있는 전문성을 부정하기 어렵다. 따라서 지방자치법 제9장에서는 지도감독권한을 포함하여 처분의 시정이나(제169조), 직무이행명령(제170조), 감사(제171조) 등의 여러 감독권한을 중앙정부에 부여하고 있는 것이다.

이때 지도의 대상이 되는 사무는 국가사무이든 자치사무이든 아무런 제한이 없고, 중앙행정기관의 장의 종류나 범위에도 제한이 없다. 따라서 각 중앙행정기관의 장은 자신이 주무부처로써 관장하는 사무와 관련된 사항[2]이나 소관법령에 따른

문가 부족 등의 비판들이 계속해서 제기되고 있다.

[1] 그 용어에서 확인할 수 있는 바와 같이, 지방자치법 제166조 제1항의 권한은 구속적이지는 않다. 반면, 국토계획법 제138조가 규정하는 권한들 중 제2항의 경우에는 구속력이 인정될 수 있다는 점에서 차이는 있다.

[2] 각 부처별 장관의 업무는 정부조직법에서 정한다. 국토교통부장관의 경우에는 국토종합계획의 수

지방자치단체의 사무에 대하여 일반적인 지도, 조언 권한을 가진다. 국토교통부장관 또한 도시계획 그 자체를 관할 사무로 하므로, 관련 업무에 대하여 지방자치단체의 종류나 층위에 상관없이 일반적인 지도, 감독, 조언권한을 가진다고 봄이 상당하다. 다만, 문헌상으로는 지도감독의 대상이 되는 사무의 성격에 따라 그 개입의 범위를 달리 해석하여야 한다는 견해가 발견되는데,[1] 이에 의하면 자치사무에 가까울수록 국토교통부장관을 포함한 중앙행정기관의 개입은 비권력적이고 간접적이어야 하며, 가급적 최소화되는 것이 바람직하다는 것이다.

대체로 학설상으로 계획고권 혹은 공간형성에 관한 도시계획권한은 지방자치단체에 속하는 자치사무에 해당한다는 견해가 많으므로,[2] 그와 같은 소극적인 견해에 따르면 국토교통부장관의 도시계획에 대한 지도권한의 인정 범위는 상당히 줄어들 우려가 있다. 그러나 비록 우리 국토계획법이 지방분권화 경향에 따라 상당수 권한을 지방자치단체에 이양하였다고 하더라도 스스로도 계속해서 도시계획의 입안권과 결정권을 가지는 점을 고려하면, 국토의 공간형성은 국가사무와 자치사무가 여전히 중첩적으로 작용하는 영역이라 봄이 상당하고, 지방자치단체의 계획고권 행사가 당해 지방자치단체만의 문제를 넘어서 전국가적인 영향과 파급력을 가져오는 것이라면 국토교통부장관의 지도권한의 행사범위를 적극적으로 해석하는 것이 타당하다고 사료된다. 특히, 최근 들어 지방자치단체장의 교체로 전임 단체장이 인허가하여 주었던 개발사업을 후임 단체장이 중단하거나 금지하려는 경우들이 잦은데, 이러한 경우 민원인에게 오로지 소송으로 구제를 받으라고 방치하는 것은 온당한 처사가 아니다. 특히, 그러한 개발사업이 당해 지자체를 넘어 광역적인 영향을 미칠 수 있는 것이라면, 국토교통부장관을 통한 조언과 중재를 적극적으로 요청할 수 있다고 봄이 타당하다.

참고로, 국토계획법 제138조와 달리 지방자치법 제166조 제1항에 따른 지도권한이 발동된 사례는 판례상으로 발견이 되는데, 참고로, 법원은 행정안전부장관이 전국공무원노동조합의 총투표와 관련하여, 자신의 소속이 아닌 지방자치단체 소속 공무원들에 대한 복무규정 위반사례를 점검한 행위를 두고, 행정안전부장관이 지방자치법 제166조 제1항의 지방자치단체의 사무에 관한 권고 또는 지도 권한을 행

립·조정, 국토의 보전·이용 및 개발, 도시·도로 및 주택의 건설, 해안·하천 및 간척, 육운·철도 및 항공에 관한 사무를 관장한다(동법 제42조 제1항).

1 김계홍, 지방자치법 해설, 2009년 시·도 법률교육, 2009, 82면.
2 김보미, 지방자치단체의 공간계획 자치권에 관한 연구, 한국지방자치학회보, 2017. 12., 6면 참조.

사한 것이라고 라고 본 사례가 발견된다.[1]

Ⅲ. 타 법제의 사례

한편, 본조와 같이 중앙정부의 개입권한은 다른 나라에서도 찾아볼 수 있다. 대표적으로 영국의 경우 국무장관(Secretary of State)은 강제개입(call-in) 권한을 지니고 있는데, 이는 지방정부의 도시계획적 결정 또는 판단을 중앙정부가 강제로 개입[2]해서 결정권을 행사하는 것이다. 이러한 강제개입의 근거는 1990년 도시농촌계획법(Town and Country Planning Act) 제77조[3]라고 소개되고, 이러한 권한은 어떠한 이유에서이든지 행사될 수 있다고 설명된다.[4] 다만, 대체로는 해당 지방정부의 권역을 넘어선 국가적 혹은 지역적 판단이 필요한 사안과 같이 지방정부가 결정하는 것이 부적절한 사안에 대해서 중앙정부의 개입권한이 발동된다.[5]

---

1 대법원 2013. 2. 15. 선고 2010도11281 판결.
2 이성룡, 영국의 도시계획제도 및 개발규제에 관한 연구, 경기개발연구원, 2007, 66면 참조.
3 동조 제1항은 "국무장관은 계획허가의 신청이나 개발명령(development order)에 따라 요구되는 지방 계획당국의 승인의 신청에 대하여 해당 신청이 지방 계획당국에 의하여 다루어질 것이 아니라 국무장관에 의하여 다루어질 것을 요구하는 지시를 내릴 수 있다"라고 정하고 있다.
4 Felicia Rankl, Call-in of planning applications(England), House of Commons Library, 2024, pp. 2 내지 3 참조.
5 S. M. Reid, The Scope of Planning Law in England: Decision Creteria in Development Control. Urban Lawyer. 10(4), 1978, p. 635에서 인용하고 참조.

제139조(권한의 위임 및 위탁)

제139조(권한의 위임 및 위탁) ① 이 법에 따른 국토교통부장관(제40조에 따른 수산
자원보호구역의 경우 해양수산부장관을 말한다. 이하 이 조에서 같다)의 권한은 그 일
부를 대통령령으로 정하는 바에 따라 시·도지사에게 위임할 수 있으며, 시·도지사는
국토교통부장관의 승인을 받아 그 위임받은 권한을 시장·군수 또는 구청장에게 재위
임할 수 있다. 〈개정 2009. 2. 6., 2013. 3. 23.〉
② 이 법에 따른 시·도지사의 권한은 시·도의 조례로 정하는 바에 따라 시장·군수
또는 구청장에게 위임할 수 있다. 이 경우 시·도지사는 권한의 위임사실을 국토교통
부장관에게 보고하여야 한다. 〈개정 2009. 2. 6., 2013. 3. 23.〉
③ 제1항이나 제2항에 따라 권한이 위임되거나 재위임된 경우 그 위임되거나 재위임
된 사항 중 다음 각 호의 사항에 대하여는 그 위임 또는 재위임받은 기관이 속하는 지
방자치단체에 설치된 지방도시계획위원회의 심의 또는 시·도의 조례로 정하는 바에
따라 「건축법」 제4조에 의하여 시·군·구에 두는 건축위원회와 도시계획위원회가 공
동으로 하는 심의를 거쳐야 하며, 해당 지방의회의 의견을 들어야 하는 사항에 대하
여는 그 위임 또는 재위임받은 기관이 속하는 지방자치단체의 의회의 의견을 들어야
한다. 〈개정 2009. 2. 6.〉
1. 중앙도시계획위원회·지방도시계획위원회의 심의를 거쳐야 하는 사항
2. 「건축법」 제4조에 따라 시·도에 두는 건축위원회와 지방도시계획위원회가 공동으
   로 하는 심의를 거쳐야 하는 사항
④ 이 법에 따른 국토교통부장관, 시·도지사, 시장 또는 군수의 사무는 그 일부를 대
통령령이나 해당 지방자치단체의 조례로 정하는 바에 따라 다른 행정청이나 행정청이
아닌 자에게 위탁할 수 있다. 〈개정 2009. 2. 6., 2013. 3. 23.〉
⑤ 삭제 〈2005. 12. 7.〉
⑥ 제4항에 따라 위탁받은 사무를 수행하는 자(행정청이 아닌 자로 한정한다)나 그에
소속된 직원은 「형법」이나 그 밖의 법률에 따른 벌칙을 적용할 때에는 공무원으로 본
다. 〈개정 2009. 2. 6.〉

  본 조는 국토교통부장관과 시·도지사의 권한에 관하여 위임·위탁을 할 수 있
는 근거를 마련하고 있는 규정이다. '재위임'까지도 허용하고 있다. 참고로, 특별한
규정이 없는 한, 위임을 하는 경우 위임관청은 위임한 권한을 직접 행사할 수 없고,
단지 감독만 할 수 있을 뿐이다.[1] 한편, 이와 같은 위임은 기관위임사무이므로 지

---

1 홍정선, 행정법특강, 제10판, 박영사, 2011, 831면; 대법원 1982. 3. 9. 선고 80누334 판결; 대법원
  1992. 9. 22 선고 91누11292 판결 등 참조.

방자치법 규정에 의하여 위임기관은 취소, 시정 등의 권한을 행사할 수는 있다.[1] 다만, 이러한 감독권이나 시정권한 등이 부여되어 있는 이상, 위임기관이 수임기관을 상대로 수임기관의 처분에 대한 취소소송을 제기하는 것은 허용되지 않는다고 봄이 타당하다.[2]

도시계획권한의 경우 그 행사에 절차적 요건(도시계획위원회 심의 등)을 요하므로, 만일 이를 하위 행정기관에 위임하였을 경우 어떤 도시계획위원회의 관할 사항이 되는지 문제가 될 수 있다. 이에 본 조 제3항은 위임을 받은 지방자치단체에 설치된 도시계획위원회와 지방의회가 그 절차를 관할하는 것으로 정하고 있다.

1 대법원 2018. 11. 29. 선고 2016추5117 판결.
2 국가가 국토이용계획과 관련한 지방자치단체의 장의 기관위임사무의 처리에 관하여 지방자치단체의 장을 상대로 취소소송을 제기할 수 있는지 여부에 대하여 부정적으로 판단한 대법원 2007. 9. 20. 선고 2005두6935 판결; 해당 판례의 평석에 관하여는 홍정선, 최신행정법판례특강, 박영사, 2011, 392면 이하 참조.

제140조(벌칙)

제140조(벌칙) 다음 각 호의 어느 하나에 해당하는 자는 3년 이하의 징역 또는 3천만 원 이하의 벌금에 처한다.
1. 제56조제1항 또는 제2항을 위반하여 허가 또는 변경허가를 받지 아니하거나, 속임수나 그 밖의 부정한 방법으로 허가 또는 변경허가를 받아 개발행위를 한 자
2. 시가화조정구역에서 허가를 받지 아니하고 제81조제2항 각 호의 어느 하나에 해당하는 행위를 한 자

[전문개정 2009. 2. 6.]

Ⅰ. 본 조의 취지

국토계획법이 가장 강력하게 처벌하고 있는 것은 행위허가 제도에 대한 위반의 경우이다. 국토계획법은 제56조 제1항 각호에 해당하는 개발행위에 대하여 개발행위허가라는 일반적인 제도를 두고 있는 한편, 용도구역제 도시계획인 시가화조정구역에서의 행위제한 및 허가 제도를 별도로 두고 있다.

토지이용은 곧 개발행위를 의미하는바, 국토계획법이 여러 도시계획적 수단들을 통하여 개입하고 규제하고자 하는 바는 개발행위이다. 개발행위가 중구난방으로 이루어진다면 도시계획의 실효성은 보장될 수 없다. 이러한 의미에서 개발행위허가 등의 제도는 개별적인 개발행위가 도시계획에 부합하는지를 심사할 수 있는, 도시계획의 실효성을 담보하기 위한 가장 최전선에 있는 제도라 할 수 있다. 따라서 국토계획법은 개발행위허가 또는 행위허가 제도를 회피한 경우에 대하여 가장 높은 처벌을 하고 있는 것이다.

한편, 건축법의 벌칙규정들 중 상당수는 건축허가제도에 반하는 자를 처벌하면서 그 대상을 '건축주'와 '공사시공자'라고 명시하고 있으나,[1] 본조의 경우는 '행위를 한 자'를 처벌대상으로 삼고 있다. 본조와 유사한 규정 형식을 취하고 있는 법 제133조 제1항과 관련하여 대법원이 형질변경 행위를 스스로 하였는지 여부를 처분상대방이 될 수 있는지 여부를 판단함에 있어 중요한 기준으로 삼고 있음을 고려하면,[2] 본조의 경우에도 행위자를 기준으로 처벌의 대상을 정하여야 할 것이다.

1 예컨대, 건축법 제108조 제1항 제1호의 경우 "도시지역에서 제11조제1항, 제19조제1항 및 제2항, 제47조, 제55조, 제56조, 제58조, 제60조, 제61조 또는 제77조의10을 위반하여 건축물을 건축하거나 대수선 또는 용도변경을 한 건축주 및 공사시공자"를 처벌한다.

2 대법원 1992. 8. 18. 선고 90도1709 판결 참조.

II. 관련 판례의 분석

[다른 위반행위와의 경합관계] 대법원은 국토계획법과 구 경제자유구역법은 각기 그 입법목적과 보호법익을 달리하고 있을 뿐만 아니라, 처벌조항인 국토계획법 제140조 제1호, 제56조 제1항과 경제자유구역법 제33조 제1호, 제8조의2 제1항을 비교하여 보면, 그 행위의 대상지역 및 허가권자, 금지되는 행위의 내용 등 구체적인 구성요건에 있어 상당한 차이가 있으므로, 위 법리에 비추어 살펴볼 때, 이 사건 국토계획법 위반죄가 경제자유구역법 위반죄와 법조경합 관계에 있다고 하기 어렵고, 두 죄는 각기 독립된 구성요건으로 이루어져 있다고 보았다.[1]

[개발행위허가의 대상인 '물건의 적치'의 의미] '물건을 쌓아두는(적치) 행위'는 반드시 직접 물건을 쌓고 일정 기간 두는 행위에 한하지 않고 타인이 쌓아놓은 물건을 그 정을 알면서 계속 그대로 두는 행위도 포함한다. 따라서 허가나 신고 없이 물건이 계속 적치되어 있는 이상, 설령 최초에는 타인이 그 물건을 적치하였더라도 위 물건을 양수받아 적치하고 있는 자에 대해서도 위 각 법률 위반죄가 성립하고, 위 각 법률에서 요구하는 허가·신고를 하거나 위 물건이 제거될 때까지는 위 각 법률 위반죄는 종료하지 않는다.[2]

[본 조 제1호의 '속임수나 그 밖의 부정한 방법'의 의미] 대법원은 "'사위 그 밖의 부정한 방법'의 의미는 정상적인 절차에 의하여는 허가를 받을 수 없는 경우임에도 불구하고 위계 기타 사회통념상 부정이라고 인정되는 행위로 허가를 받았을 때를 가리킨다고 보아야 할 것"이라고 하면서, "개발면적제한 때문에 소유 농지에 대하여 추가로 개발행위허가를 받을 수 없는 상황에서 타인의 명의를 빌려 농지를 가분할하는 방식으로 허가를 받은 것"은 부정한 방법이라고 보아 유죄로 판단하였다.[3]

[공소사실에 위반한 개발행위를 특정하여야 하는지] 대법원은 국토계획법 제140조 제1호 위반의 공소사실에 개발행위에 대한 기재가 전혀 없어 그 공소사실이 특정되었다고 볼 수 없음에도 위 공소사실이 특정되었다고 보아 이를 유죄로 인정한 원심판결을 파기하였다.[4]

---

1 대법원 2011. 11. 24. 선고 2010도8568 판결.
2 부산지방법원 2008. 10. 16. 선고 2008노2801 판결.
3 대법원 2007. 10. 11. 선고 2007도4696 판결.
4 대법원 2005. 1. 28. 선고 2004도7359 판결.

[용도변경과 개발행위허가] 본조의 적용에 관한 규정은 아니나, 하급심 판결례 중에는 "국토계획법 제56조 제1항에서 규정한 '건축물의 건축'에는 건축물 또는 공작물의 증축·개축·재축 또는 대수선은 물론 건축법 제19조에서 정하는 건축물의 용도변경 행위까지도 포함된다"[1]라고 판시한 것이 발견된다. 용도변경이 개발행위인지에 대해서는 비판적인 검토가 필요하나, 그러한 판례의 설시내용을 문언 그대로 전제한다면 개발행위허가를 받지 않은 건축물의 용도변경 행위도 본조의 적용대상이 될 위험이 있다. 다만, 본서는 제56조에 관한 논의 부분에서 용도변경이 개발행위인지에 대해 비판적 견해를 취한 바 있으므로 이를 참조하라.

[변경허가와 처벌범위] 기존에 개발행위허가를 받았는데 개발행위의 내용이 수정되어 변경허가가 필요한 경우, 기존에 허가받은 부분이나 내용의 공사를 진행하는 것은 본조에 의한 처벌 범위에 포함될 수 있는지가 쟁점이 될 수 있다. 개발행위허가와 마찬가지로 공사 인허가로서의 법적성질을 지니는 주택법상 사업계획승인과 관련하여 "사업계획변경승인이 이루어지기 이전에도 … 사업계획이 유지되는 부분에 관한 공사를 수행하는 것이 불가능한 것으로 보이지 않"는다고 판단한 것을 참조하면,[2] 비록 전체적으로는 변경허가가 필요한 상황이라 할지라도 기존에 허가받은 부분 혹은 내용에 관하여는 공사를 수행하는 것이 "변경허가를 받지 아니하고 개발행위를 한 자"에 해당하지는 않는다고 사료된다.

---

1 수원지방법원 2018. 9. 13. 선고 2018구합64932 판결(확정).
2 광주고등법원 2022. 1. 26. 선고 2021나23222 판결에서 인용. 관련하여 전재우 변호사, 주택법상 사업계획변경승인을 받지 않고 사업을 시행한 경우의 의미, 대한경제신문 2024. 8. 7.자 칼럼 참조.

제140조의2(벌칙)

제140조의2(벌칙) 기반시설설치비용을 면탈·경감할 목적 또는 면탈·경감하게 할 목적으로 거짓 계약을 체결하거나 거짓 자료를 제출한 자는 3년 이하의 징역 또는 면탈·경감하였거나 면탈·경감하고자 한 기반시설설치비용의 3배 이하에 상당하는 벌금에 처한다.
[본조신설 2008. 3. 28.]

　본 조는 기반시설연동제의 공정한 이행과 운영을 위하여 그에 방해되는 행위를 한 자를 처벌하고 있는 규정이다. 기반시설설치비용은 일정 규모 이상의 개발행위자에게 부과되는 것인데, 스스로 기반시설을 설치하는 등의 경우에는 감면이나 환급 등의 혜택이 있다(국토계획법 시행령 제70조 제1항 등). 그런데 그와 같은 감면분에 대하여는 기본적으로 개발행위자가 근거자료를 제출토록 할 수밖에 없으므로, 만일 그 제출자료에 허위가 있는 경우에는 공정한 기반시설설치비용 분담을 추구할 수 없다. 이에 본 조는 그와 같은 허위자료 등의 제출행위에 대하여 강경한 처벌조항을 마련하고 있다.

제141조(벌칙)

제141조(벌칙) 다음 각 호의 어느 하나에 해당하는 자는 2년 이하의 징역 또는 2천만 원(제5호에 해당하는 자는 계약 체결 당시의 개별공시지가에 의한 해당 토지가격의 100분의 30에 해당하는 금액) 이하의 벌금에 처한다. 〈개정 2009. 12. 29., 2011. 4. 14., 2012. 2. 1.〉

1. 제43조제1항을 위반하여 도시·군관리계획의 결정이 없이 기반시설을 설치한 자
2. 제44조제3항을 위반하여 공동구에 수용하여야 하는 시설을 공동구에 수용하지 아니한 자
3. 제54조를 위반하여 지구단위계획에 맞지 아니하게 건축물을 건축하거나 용도를 변경한 자
4. 제76조(같은 조 제5항제2호부터 제4호까지의 규정은 제외한다)에 따른 용도지역 또는 용도지구에서의 건축물이나 그 밖의 시설의 용도·종류 및 규모 등의 제한을 위반하여 건축물이나 그 밖의 시설을 건축 또는 설치하거나 그 용도를 변경한 자
5. 삭제 〈2016. 1. 19.〉
[전문개정 2009. 2. 6.]

I. 본 조의 취지

본 조는 대체로 도시관리계획의 이행 — 특히 '선계획 후개발'의 대원칙을 달성하기 위하여, 그 원칙에 위배되는 행위를 처벌하기 위하여 마련된 조문이다.

① 제1호는 기반시설을 도시계획시설결정으로서 계획적으로 설치하여야 한다는 원칙을 위반한 경우에 대하여 처벌규정을 마련한 것이다. ② 제2호는 공동구가 설치되는 경우, 공동구의 실효성 있는 운용을 담보하기 위하여 처벌규정을 마련한 것이다. ③ 제3호, 제4호는 도시관리계획으로 정한 건축허가요건의 구속력을 담보하기 위하여 처벌규정을 마련한 것이다.

II. 관련 판례의 분석

[건축법 위반과의 죄수관계] 대법원은 허가 없이 종교시설인 건축물을 증축하고, 이러한 방법으로 도시관리계획의 결정 없이 기반시설을 설치하여 건축법 위반 및 국토계획법 위반 공소사실이 각 유죄로 인정된 사안에서, 위 두 죄는 하나의 건물 증축행위라는 사회관념상 1개의 행위를 대상으로 한 것으로서 상상적 경합범 관계

에 있다고 보았다.[1]

[지구단위계획의 규율범위와 유죄판결 가능성] 지구단위계획에 의하여 '섬유 관련 제품'만을 판매할 수 있는 종합유통단지 내 도매단지의 섬유제품관에서 '가전제품'을 판매함으로써 지구단위계획에 적합하지 않게 용도를 변경하였다고 하여 국토계획법 위반으로 기소된 사안에서, 대법원은 지구단위계획에 그와 같은 권장·불허용도를 정한 것이 계획재량을 벗어나지 않은 것이라고 보아 유죄취지로 파기환송하였다.[2]

반면, 하급심 판례 중에는 '전주 전통문화구역 지구단위계획'상 "일식, 중식, 양식 등 외국계 음식을 조리, 판매하는 음식점" 용도로의 변경을 불허하고 있었는데, 그러한 지구단위계획 수립 전에 '일식집'이 있던 건물을 '중식집'으로 변경한 것이 위 지구단위계획에 반하는 용도변경이라는 취지로 기소된 사안에서, 국토계획법 위반죄에 대해 무죄 판결을 선고한 것이 발견된다.[3] 다만, 해당 판결은 "일식, 중식, 양식 등 외국계 음식을 조리, 판매하는 음식점"이라는 문구를 하나의 용도로 이해하여 일식과 중식 간 변경은 '용도변경'이 아니라 볼 것인지, 또는 일식집과 중식집을 별도로 구분된 용도로 이해하여 양자간의 변경을 '용도변경'으로 볼 것인지가 주된 쟁점이 되었던 사안이었다. 해당 판결은 전자의 견해를 택하여 무죄판결을 하였다.

[행정청의 사전질의를 거쳤더라도, 질의내용에 따라 유죄가 될 수 있다고 본 사례] 대법원은 관할 행정청과 증축에 관한 협의 과정을 거쳤고 건설교통부에 관련 질의도 했던 사안에서, 협의나 질의의 내용의 전제가 잘못된 경우 위와 같은 협의나 질의를 거쳤다는 사정만으로 자신의 행위가 죄가 되지 아니하는 것으로 오인하였거나 그와 같은 오인에 정당한 이유가 있었다고 할 수 없다고 보았다.[4]

---

1 대법원 2018. 4. 12. 선고 2018도1490 판결.
2 대법원 2011. 9. 8. 선고 2009도12330 판결.
3 전주지방법원 2017. 5. 15. 선고 2016고단2003 판결(검사 측이 불복하였으나 항소 및 상고 모두 기각되어 확정).
4 대법원 2009. 12. 24. 선고 2007도1915 판결.

제142조(벌칙)

제142조(벌칙) 제133조제1항에 따른 허가·인가 등의 취소, 공사의 중지, 공작물 등의
개축 또는 이전 등의 처분 또는 조치명령을 위반한 자는 1년 이하의 징역 또는 1천만
원 이하의 벌금에 처한다.
[전문개정 2009. 2. 6.]

I. 본 조의 취지

국토계획법은 행정청에게 도시계획에 위반한 일련의 행위들에 대한 조치를 취
할 권한을 부여하고 있는데(제133조 제1항), 그 실효성 담보를 위하여 조치를 위반
한 자에 대하여 처벌규정을 마련하고 있는 것이다.

II. 관련 판례의 분석

[상속의 경우 의무자] 대법원은 개발행위허가를 받은 자가 사망한 경우 특별한
사정이 없는 한 상속인이 개발행위허가를 받은 자의 지위를 승계하고, 이러한 지위
를 승계한 상속인은 국토계획법 제133조 제1항 제5의2호에서 정한 개발행위허가기
간의 만료에 따른 원상회복명령의 수범자가 된다고 하여, 상속인의 유죄를 인정하
였다.[1]

[양수인의 경우 처벌가부] 대법원은 지구단위계획에 적합하지 않은 건축물을 건
축하거나 용도변경한 경우, 위 건축물을 양수한 사람에 대하여는 국토계획법 제
133조 제1항에 따른 조치명령을 할 수 없고, 따라서 본 조에 따른 처벌도 불가하다
고 보았다.[2]

[개발행위제한구역 내 무단 형질변경을 본 조로 처벌할 수 있는지] 본 조에 의하여
처벌하기 위하여는 조치명령이 적법하여야 한다. 그러나 국토계획법 제133조 제1
항은 '이 법에 의한 의무'라고 타 법령상의 의무에 대하여는 조치명령이 가능한 범
위에 포함시키고 있지 않으므로, 개발제한구역 내 행위제한은 개발제한구역법이
정하고 있는 이상 이를 본 조에 의한 처벌대상으로 삼을 수 없다.[3]

---

1 대법원 2014. 7. 24. 선고 2013도10605 판결.
2 대법원 2007. 2. 23. 선고 2006도6845 판결.
3 대법원 2008. 7. 24. 선고 2007도7924 판결.

제143조(양벌규정)

> 제143조(양벌규정) 법인의 대표자나 법인 또는 개인의 대리인, 사용인, 그 밖의 종업원이 그 법인 또는 개인의 업무에 관하여 제140조부터 제142조까지의 어느 하나에 해당하는 위반행위를 하면 그 행위자를 벌할 뿐만 아니라 그 법인 또는 개인에게도 해당 조문의 벌금형을 과(科)한다. 다만, 법인 또는 개인이 그 위반행위를 방지하기 위하여 해당 업무에 관하여 상당한 주의와 감독을 게을리하지 아니한 경우는 그러하지 아니하다.
> [전문개정 2009. 2. 6.]

본 조는 법인의 대표자나 법인 또는 개인의 대리인, 사용인, 그 밖의 종업원이 그 법인 또는 개인의 업무에 관하여 법 제140조부터 제142조까지의 어느 하나에 해당하는 위반행위를 하는 경우, ① 그 행위자를 벌하는 것과 별개로 ② 그 법인 또는 개인에게도 해당 조문의 벌금형을 과하도록 정하고 있다. 이러한 규정을 양벌규정이라고 하고, 통상의 행정형벌 규정에 대하여 도입되어 있는 일반적인 조문이다. 실질적인 행위자 이외에 이를 감독할 책임자 또한 함께 벌함으로써 행정법규의 강행성과 이행성을 담보하는 역할을 한다.

본 조 단서는 법인 또는 개인이 그 위반행위를 방지하기 위하여 해당 업무에 관하여 상당한 주의와 감독을 게을리하지 아니한 경우에는, 그 법인이나 개인을 처벌하지 않도록 정하여, 법인이나 개인이 형사책임을 면할 수 있는 경우를 정하고 있다. "상당한 주의와 감독을 게을리하지 아니한 경우"라는 요건의 의미가 문제가 될 것인데, 관련하여 대법원은 "구체적인 사안에서 법인이 상당한 주의 또는 감독을 게을리하였는지 여부는 당해 위반행위와 관련된 모든 사정, 즉 당해 법률의 입법 취지, 처벌조항 위반으로 예상되는 법익 침해의 정도, 위반행위에 관하여 양벌규정을 마련한 취지 등은 위반행위의 구체적인 모습과 그로 인하여 실제 야기된 피해 또는 결과의 정도, 법인의 영업 규모 및 행위자에 대한 감독가능성이나 구체적인 지휘·감독 관계, 법인이 위반행위 방지를 위하여 실제 행한 조치 등을 전체적으로 종합하여 판단하여야 한다"라고 판시하고 있다[1]

---

1 대법원 2010. 4. 15. 선고 2009도9634 판결; 대법원 2012. 5. 9. 선고 2011도1264 판결 등 참조.

제144조(과태료)

제144조(과태료) ① 다음 각 호의 어느 하나에 해당하는 자에게는 1천만원 이하의 과태료를 부과한다. 〈개정 2009. 12. 29.〉

1. 제44조의3제2항에 따른 허가를 받지 아니하고 공동구를 점용하거나 사용한 자
2. 정당한 사유 없이 제130조제1항에 따른 행위를 방해하거나 거부한 자
3. 제130조제2항부터 제4항까지의 규정에 따른 허가 또는 동의를 받지 아니하고 같은 조 제1항에 따른 행위를 한 자
4. 제137조제1항에 따른 검사를 거부·방해하거나 기피한 자

② 다음 각 호의 어느 하나에 해당하는 자에게는 500만원 이하의 과태료를 부과한다.

1. 제56조제4항 단서에 따른 신고를 하지 아니한 자
2. 제137조제1항에 따른 보고 또는 자료 제출을 하지 아니하거나, 거짓된 보고 또는 자료 제출을 한 자

③ 제1항과 제2항에 따른 과태료는 대통령령으로 정하는 바에 따라 다음 각 호의 자가 각각 부과·징수한다. 〈개정 2011. 4. 14., 2013. 3. 23.〉

1. 제1항제2호·제4호 및 제2항제2호의 경우: 국토교통부장관(제40조에 따른 수산자원보호구역의 경우 해양수산부장관을 말한다), 시·도지사, 시장 또는 군수
2. 제1항제1호·제3호 및 제2항제1호의 경우: 특별시장·광역시장·특별자치시장·특별자치도지사·시장 또는 군수

[전문개정 2009. 2. 6.]

I. 본 조의 취지

본 조는 ① 경미한 행위들이나, ② 행정청의 권한관계에 관하여 그 이행력을 일부 담보하기 위하여 과태료처분에 대하여 정하고 있는 조문이다. 대부분의 과태료 규정이 법의 본문의 의무부과조항을 인용하면서, 그 위반 시에 대해 과태료를 부과하겠다는 형식으로 되어 있으므로, 사실상 각 과태료처분의 실질적인 요건에 관하여는 본 조가 아닌 본 조가 인용하는 다른 조문의 해석이 주된 쟁점이 된다.

Ⅱ. 질서위반행위규제법의 적용[1]

종전에는 개별 법령에서 본 조와 같은 과태료 부과의 근거 조문만을 둔 채, 과태료부과처분의 구체적인 부과절차나 방법, 원칙 등에 대하여 특별한 언급이 없었는바, 각 법률을 운용하는 주체별로 그 적용 실무를 달리하여 문제가 되어왔다. 이에, "질서위반행위의 성립과 과태료처분에 관한 법률관계를 명확히" 하는 한편, "개별법령에서 통일되지 못하고 있던 과태료의 부과·징수 절차를 일원화"하려는 취지[2]에서 2007. 12. 21. 질서위반행위규제법을 제정하기에 이르렀는바, 현재의 과태료 부과처분의 실무 운용에는 질서위반행위규제법의 적용과 해석이 중요한 문제로 다루어지고 있다. 당연하게도, 본조의 과태료처분에 대해서도 질서위반행위규제법이 적용된다.

참고로, 행정청에서의 저자의 실무상 경험으로는 과태료처분 대상행위의 '개수'가 문제되는 경우가 많았는데, 연속적이고 계속적으로 이루어지는 의무 위반행위를 하나로 볼 것이냐 아니면 단절적으로 보아 여러 개의 행위로 볼 것이냐에 따라 과태료 부과처분의 금액이 달라지기 때문이다. 위반행위의 개수를 달리할 경우 각각 과태료부과처분을 할 수 있는지가 문제될 뿐만 아니라, 통상 위반행위의 적발 개수가 늘어날수록 개별 과태료처분에 있어서도 과태료가 가중되는 경우가 많으므로 실무상 담당 공무원들의 질의가 많은 편이다.

1. 과태료처분에 대한 법 적용의 원칙

가. 행위시법주의의 원칙

질서위반행위규제법 제3조 제1항은 "질서위반행위의 성립과 과태료 처분은 행위 시의 법률에 따른다"라고 정한다. 이를 '행위시법주의'라고 한다. 흔히 행위시법주의에 반대되는 것으로 처분시법주의라는 용어를 사용하고는 하는데, 이는 행정처분을 발급하는 시점에 시행되는 법률을 적용한다는 의미이다. 행정기본법에 의하면 당사자의 신청에 의하여 내려지는 행정처분의 경우에는 원칙적으로 처분시법주의를 따르도록 하고 있다(제14조 제2항). 그러나 본조의 과태료처분과 마찬가지로

---

1 본 항의 논의는 저자가 공저자로 참여한 항만재개발법 해설, 삼일인포마인, 2020 중 저자가 저술한 432 내지 425면을 공저자들의 동의를 얻어 이를 기초로 하여 서술한 것이다. 다만, 해당 부분의 논의를 기초로 참조하였을 뿐, 본항에서는 전면적으로 새로이 재서술하였다.
2 이상 질서위반행위규제법(2007. 12. 21. 법률 제8725호로 제정된 것) 제개정이유에서 인용.

'제재처분'의 경우에는 질서위반행위규제법 제3조 제1항과 동일한 태도를 취하여 행위시법주의를 원칙으로 하고 있다(제14조 제3항).

이와 같이 질서위반행위규제법이나 행정기본법이 과태료처분과 같은 제재처분에 대해 행위시법주의를 택하고 있는 것은, 형법 제1조 제1항이 행위시법주의를 취하고 있는 것을 참고한 것으로 보인다. 형법에서 통상 '행위 시'를 범죄의 실행행위의 종료 시로 보고 있으므로,[1] 이를 참조하면 과태료 부과처분의 대상이 되는 질서위반행위가 법률의 개정 전후에 걸쳐있다면, 당해 행위가 종료된 시점 – 곧, 개정된 법률을 적용하는 것이 타당하다. 질서위반행위규제법 제5조는 다른 법률의 규정이 동법에 저촉되는 경우 동법을 우선하도록 정하고 있으므로, 개별 법률에서 예외적으로 처분 시 법의 적용을 적시한 부칙 등을 두더라도 행위 시 법을 적용하는 것이 타당하다.

나. 행위시법주의의 예외

다만, 질서행위규제법은 일정한 경우 행위시법주의의 예외를 규정하고 있는데, 행위 시 이후에 법이 질서위반행위자에게 유리하게 개정된 경우에는 특별한 규정이 없는 한 그에 따라 경한 처분을 부과하거나 부과된 과태료의 징수 및 집행을 면제하도록 정하고 있다(동조 제2항, 제3항). 유리하게 개정된 경우의 의미는 당해 행위가 과태료처분 대상에서 삭제되거나, 혹은 과태료가 낮아지는 경우 등이 해당할 것인바, 예컨대 과태료의 상한이 낮아진 경우뿐만 아니라 위반행위 개수에 따른 가중의 정도가 낮아지는 등으로 실질적으로 질서위반행위자에게 이익이 있는 경우를 포함하는 것으로 해석하는 것이 상당하다. 참고로, 유사한 내용을 담고 있는 형법 제1조 제2항의 해석과 관련하여 대체로 통설은 변경되는 '법률'의 의미를 총체적 법률상태라 하여 다소 포괄적으로 파악하고 있으므로,[2] 과태료부과의 근거가 되는 법률이 개정된 경우뿐만 아니라 그 적용이나 운용에 영향을 줄 수 있는 타 법률의 개정이 있는 경우에도, 그 내용이 유리하게 개정되었다면 개정법을 적용하는 것이 타당하다.

만일 유리하게 개정된 조문을 적용하지 않고, 불리한 종전의 규정을 계속해서 적용할 것이라면 개정 법률의 부칙 규정을 통해 종전의 규정을 그대로 적용토록 하는 경과규정을 두는 경우가 있으므로 개정조문의 부칙 규정을 잘 살펴보아야 한

---

1 대판 1994. 3. 22. 선고 94도35 판결 등 참조.
2 김신규, 형법총론, 청목출판사, 2013, 79면 참조.

다. 그와 같은 경과규정이 있다면, 질서위반행위규제법 제3조 제2 내지 3항에 따라 '법률에 특별한 규정'이 있는 때이므로 행위자에게 불리한 구법이 적용된다.

2. 과태료처분과 책임주의 – 고의 또는 과실의 요구

과태료와 같은 행정형벌에 대하여도 헌법상 책임주의가 엄격하게 요구된다.[1] 이를 고려하여 법은 과태료를 부과함에 있어 고의 또는 과실이 인정될 것을 요구하고 있다(질서위반행위규제법 제7조). "질서위반행위를 한 자가 자신의 책임 없는 사유로 위반행위에 이르렀다고 주장하는 경우 법원으로서는 그 내용을 살펴 행위자에게 고의나 과실이 있는지를 따져보아야 한다"는 것이 판례의 설명이다.[2]

한편, 질서위반행위규제법은 고의 또는 과실의 인정 또는 판단과 관련하여 책임조각사유에 관한 규정을 두고 있는데, ① 위법성의 착오(동법 제8조),[3] ② 14세 미만의 경우(제9조), ③ 심신미약 등의 경우(제10조) 등이 이에 해당한다. 이상과 같은 책임조각사유에 관한 규정들은 대체로 형법상의 규정들을 참고한 것으로 보이는바, 그 해석 및 판단에 대하여는 형법의 영역에서 축적된 판례 등을 참고할 수는 있겠다.

다만, 과태료의 경우는 형벌보다 경한 제재처분에 해당하고, 과태료 부과기록이 형사상 전과 수준의 불이익을 가져다 주지는 않는 것이므로, 이와 같은 면책사유들은 형법에 비해서는 좁게 해석하는 것이 타당하다고 생각된다. 특히, 면책 사유가 지나치게 유연하게 인정되면 결국 과태료 제도의 형평성이나 공정성을 담보할 수가 없고, 법집행의 자의성을 야기할 수 있다. 형벌에 비해 과태료는 그 액수로 인해 소송까지 나아가는 경우가 드물 것이므로, 면책사유를 유연하게 적용할 경우 담당공무원에 의한 자의적 법집행이 가능해진다. 가급적 그 면책사유에 대한 내부

---

1 안승철, 과태료·과징금 합리화 방안(3), 법제, 2010. 10., 78면 참조.
2 대법원 2011. 7. 14. 자 2011마364 결정 참조.
3 참고로, 질서행위규제법 제8조와 유사한 위법성 착오에 관한 형법 제16조에 대하여 법원은 "일반적으로 범죄가 되는 경우이지만 자기의 특수한 경우에는 법령에 의하여 허용된 행위로서 죄가 되지 아니한다고 그릇 인식하고 그와 같이 그릇 인식함에 정당한 이유가 있는 경우에는 벌하지 아니한다는 취지이고, 이러한 정당한 이유가 있는지 여부는 행위자에게 자기 행위의 위법의 가능성에 대해 심사숙고하거나 조회할 수 있는 계기가 있어 자신의 지적능력을 다하여 이를 회피하기 위한 진지한 노력을 다하였더라면 스스로의 행위에 대하여 위법성을 인식할 수 있는 가능성이 있었음에도 이를 다하지 못한 결과 자기 행위의 위법성을 인식하지 못한 것인지 여부에 따라 판단하여야 할 것이고, 이러한 위법성의 인식에 필요한 노력의 정도는 구체적인 행위정황과 행위자 개인의 인식능력 그리고 행위자가 속한 사회집단에 따라 달리 평가되어야 한다."라고 판시하고 있다. 대법원 2006. 3. 24. 선고 2005도3717 판결.

적인 판단 기준을 마련하는 것이 타당해 보인다.

3. 수개의 질서위반행위의 처리

가. 질서위반행위규제법의 규율 태도(제13조)

하나의 행위가 2 이상의 질서위반행위에 해당하는 경우에는 각 질서위반행위에 대하여 정한 과태료 중 가장 중한 과태료를 부과한다(질서위반행위규제법 제13조 제1항). 하나의 행위가 여러 개의 서로 다른 법령에서 규율하고 있는 사항들의 위반이 되는 경우가 존재할 수 있다. 이 경우 각각의 법률에서 개별적으로 과태료에 관한 조문을 두고 있을 수 있는데, 질서위반행위규제법에 의하면 이 경우 각 법률에서 정한 과태료를 모두 부과할 것이 아니라, 그들 중에 가장 중한 것 1개 만을 부과하도록 하고 있다. 대체로 형법상 상상적 경합의 경우와 유사하다.

한편, 질서위반행위규제법은 '둘 이상의 질서위반행위가 경합하는 경우' ─ 곧, 실체적으로 경합하는 경우에 대하여도 처리방법을 정하고 있다. 이는 1개의 행위만이 인정되는 위 경우와 달리, 실제로 위반행위가 2개 이상이 존재하는 것으로 평가되는 경우에 대한 논의이다. 질서위반행위규제법 제13조 제2항에 의하면 "다른 법령(지방자치단체의 조례를 포함한다. 이하 같다)에 특별한 규정이 있는 경우"가 아닌 한 원칙적으로 2개 이상의 질서위반행위에 대하여 적용되는 각각의 과태료를 모두 부과한다.

나. 행위의 단일성의 판단 기준

위와 같이 법 제13조 제1항을 적용할 것인지 아니면 제2항을 적용할 것인지의 문제는 어떠한 위반행위를 하나의 행위로 볼 것인지 아니면 둘 이상의 행위로 볼 것인지에 따라 구분되는 것이다. 이는 형법의 상상적 경합에 관한 논의 중 '행위의 단일성'을 평가하는 문제와 유사하다고 할 수 있다.[1] 저자의 행정청 실무 경험상, 과태료 부과처분에 관한 질의의 상당수는 연속·반복·계속되는 행위를 몇 개로 보아 과태료를 부과하여야 하는지 여부에 관한 것이므로, 이러한 구분은 실무상 매우 중요한 의미를 지닌다.

관련하여, 가장 참조할만한 자료는 법무부의 질서위반행위규제법 해설집상의

---

[1] 법무부, 질서위반행위규제법 해설집, 2022, 431면 또한 "형사처벌의 대상이 되는 범죄행위가 하나의 행위인지 여부에 대하여 판례가 제시한 기준은 질서위반행위에도 적용됨이 상당하다"라고 설명하고 있다.

설명이다. 해당 자료에 의하면 법무부는 "하나의 행위는 행위의사의 단일성과 행위의 동일성이 인정되는 것을 의미하는데, 이는 자연적 행위 개념이 아닌 규범적 행위 개념으로 판단해야" 한다고 하면서, "위반자가 동종의 질서위반행위를 일정 기간 주기적으로 반복한 경우 반복된 행위의 시간적·장소적 근접성, 의무위반자의 동일성 등을 종합하여 규범적으로 질서위반행위의 개수를 판단해야 하며, 행위의 단일성과 동일성이 인정된다면 포괄하여 하나의 행위가 있었던 것으로 평가할 수 있을 것"이라는 기준을 제시한다.[1]

법무부가 소개하는 사례들을 통하여 보면, 법무부는 질서위반행위의 중단 또는 계속 여부를 행위의 단일성을 판단하는 중요한 기준으로 보고 있는 것으로 보인다.[2] 이를 일반화 하여 보면, 법령이 정하고 있는 바에 따른 행정청의 조치명령에 대하여 불응하는 행위가 있을 경우, 그것이 단순하게 시간적으로 계속되는 경우라면 이는 단일한 하나의 위반행위로 봄이 상당하다. 반면, 반복적이지도 않고, 시간적으로도 단절되어 간헐적으로 불응행위가 여러 건이 발생할 뿐만 아니라, 불응행위의 행위태양의 연속성이나 동질성이 없다면, 이 경우에는 각각의 불응행위를 각각의 질서위반행위로 보아 별개의 과태료를 부과함이 상당할 것이다. 다만, 이와 같은 행위태양의 구분은 다분히 관념적이고, 일선 행정청에서는 그 구분이 쉽지 않으므로, 가급적 국토계획법 제144조 제2항과 같이 미신고나 자료 미제출의 경우에는 특별한 사정이 없는 한 미신고나 미제출의 상황이 지속되는 것으로 보아 한 개의 행위로 봄이 상당하고, 하나의 과태료부과처분을 부과하여서는 아니 된다고 볼 만한 특수한 사정이 있는 정도에 이르러야 비로소 여러 개의 과태료 부과처분이 가능하다고 봄이 상당하다.

4. 과태료의 제척기간과 시효

질서위반행위규제법은 과태료에 대하여 제척기간과 소멸시효에 관한 규정을 두고 있는데, 양자의 개념상 차이에 대해서는 각주를 참조하라.[3] 먼저 제척기간에

---

1 법무부, 질서위반행위규제법 해설집, 2022, 424면에서 직접 인용.
2 법무부, 질서위반행위규제법 해설집, 2022, 427면은 "최초의 질서위반행위가 중단 없이 계속되는 경우라면 과태료 부과의 대상이 되는 질서위반행위는 최초의 관리행위 1개"라고 설명하고 있고, 같은 책, 430면에서는 "이미 종료한 하나의 질서위반행위 성립 이후에 성립한 별개의 질서위반행위"라는 설명이 등장한다.
3 [제척기간과 소멸시효의 구분] 이와 같은 부과제척기간과 징수소멸시효의 개념은 조세법의 논의를 차용한 것이다. 세법에서는 국가가 과세권한 — 곧, 세금을 부과할 수 있는 권한은 일종의 형성권이므로 '제척기간'이라는 용어를 사용하고, 국가가 부과되어 확정된 조세채권에 따라 그 이행을 구

관하여 보면, 동법은 질서위반행위가 종료된 날(다수인이 질서위반행위에 가담한 경우에는 최종행위가 종료된 날을 말한다)부터 5년이 경과한 경우에는 해당 질서위반행위에 대하여 과태료를 부과할 수 없다고 정하고 있다(동법 제19조 제1항). 질서위반행위규제법이 이와 같은 제척기간 제도를 두어, 일정한 기간이 지나면 행정청의 제재권한 자체가 소멸된다고 보고 있는 것은 법적 안정성에 대한 고려에서 비롯된 것이다. 한편, 과태료 부과처분에 대한 소송이 진행 중인 경우, 법원의 판결에 따라 과태료 부과처분을 정정하여 새로이 부과하여야 하는 경우가 존재할 수 있는데, 이 때에도 위와 같은 제척기간을 엄격하게 적용한다면 재판의 내용대로 과태료를 재부과하는 것은 불가능하게 된다. 법은 이를 고려하여 법원의 결정 내용을 이행하기 위해서는 일정한 시간을 허락한다. 질서위반행위규제법은 가사 5년의 제척기간이 도과한 다음이라고 하더라도 그와 같은 법원의 결정이 확정된 날부터 1년이 경과하기 전까지는 여전히 과태료를 정정부과하는 등의 처분은 할 수 있도록 허용한다. 이와 같은 제척기간이 도과하면, 과태료 채무 자체가 소멸된다.[1]

다음으로, 소멸시효 제도에 관하여 보건대, 질서위반행위규제법은 "과태료는 행정청의 과태료 부과처분이나 법원의 과태료 재판이 확정된 후 5년간 징수하지 아니하거나 집행하지 아니하면 시효로 인하여 소멸한다"고 정한다(동법 제15조). '시효'라는 개념상, 이는 일단 부과처분은 이루어져 행정청에게 구체화된 과태료 채권이 발생하였으나,[2] 채권의 행사를 아니한 경우에 관한 소멸시효규정으로 민법상 소멸시효 제도와 같다고 볼 수 있다. 질서위반행위규제법은 과태료채권의 소멸시효의 중단·정지 등에 관하여 국세기본법 제28조가 정하고 있는 내용을 준용하고 있다. 나아가, 민법상 소멸시효에 관한 조문도 준용된다고 봄이 타당하다.[3]

할 권리는 일종의 청구권이므로 '소멸시효'라는 용어를 사용하는 것이다.

제척기간이 지나면 과태료 부과 자체를 할 수 없어 과태료 채무 자체가 소멸한다(관련하여 임승순, 조세법, 2013년도판, 박영사, 2013, 125면의 설명 참조). 소멸시효가 지나면(곧, 이는 부과 자체는 선행됐다는 의미이다) 과태료채권의 이행청구─즉 징수절차에 나아갈 수가 없고 일종의 자연채무가 된다. 제척기간과 소멸시효라는 용어의 차이를 고려할 때, 소멸시효에 대해서는 민법상 소멸시효 중단에 관한 규정이 준용된다고 봄이 타당하다(임승순, 조세법, 2013년도판, 박영사, 2013, 135면의 논의 참조).

1 임승순, 조세법, 2013년도판, 박영사, 2013, 125면의 설명 참조.
2 조세법에서는 부과처분으로 '추상적 조세채무'가 '구체적 조세채무'로 확정되었다고 한다. 물론 세금은 부과방식, 신고방식, 자동확정방식 등 여러 확정의 방식이 있지만 부과의 경우를 간단히 예로든 것이다. 관련하여 임승순, 조세법, 2013년도판, 박영사, 2013, 165면의 논의 참조.
3 임승순, 조세법, 2013년도판, 박영사, 2013, 135면의 논의 참조.

제1장 비교도시계획법의 방법론

본 장의 논의는 저자가 발표한 Jeon, J. (2023). Methodology and framework of comparative urban planning law. Journal of Property, Planning and Environmental Law, 15(2), 45-62 논문 중에서 54-58면의 논의를 발췌하여 국문으로 번역하여 수록한 것이다. 해당 논문은 2023년 미시간대에서 개최된 International Academic Association on Planning, Law, and Property Rights(PLPR) 연례 컨퍼런스와, 2023년 막스플랑크 비교사법연구소가 개최한 Decolonial Comparative Law Summer School에서 발표할 기회를 가진 바 있고, 출간한 저널로부터는 최우수논문상(Outstanding Paper Award)을 받은 바 있다. 해당 논문의 경우 내주(in text) 형식의 인용방식을 택하고 있어, 이를 각주 형태로 변경하였다. 그 외 비교도시계획법 방법론에 관한 상세한 논의는 저자의 위 논문이나, 2025년에 Routledge사를 통해 발간될 예정인 「Routledge Companion to Comparative International Planning」 중 저자가 저술한 비교도시계획법 챕터를 참조하라.

I. 서론 - 도시계획법과 그 맥락

비교법적인 분석과 접근에서, 어떠한 법을 둘러싼 맥락의 차이는 분석의 결과의 차이와 긴밀히 연관된다.[1] 도시계획법들을 비교함에 있어 단순히 비교대상에 해당하는 법역들에서의 법과 그 운용을 규명하는 것을 넘어서 이를 둘러싼 보다

---

1 J. Husa, A New Introduction to Comparative Law, Hart Publishing, Oxford, 2015, p. 5.

더 깊은 맥락을 고려하여야만 한다.

비교법학자들의 논의를 보면, 종합적인 비교를 위하여 Frankenberg(2017)[1]는 "모든 것"을 검토하는 것이 중요하다는 견해를 취한 바 있고, Siems(2007)는 "인지구조의 인식론적 기초"를 이해하는 것의 중요성을 지적한 바 있다.[2] 비교법적인 분석은 정치적, 경제적, 사회적, 역사적 요인에 대한 분석까지 이를 수도 있다.[3] 이를 고려하면, 도시계획법의 비교에 있어서도 그 분석의 맥락(그림 1)은 재산법, 헌법, 나아가 그러한 법들에 내재된 철학적 바탕으로까지 확장될 수 있다.[4] 그러나 비교도시계획법적인 분석을 수행함에 있어, 비교대상이 되는 각 법역(jurisdiction)들 내에서의 이러한 '모든' 배경과 맥락을 분석하는 것이 가능한지, 그리고 그것이 어떠한 실익이 있는지를 답하기는 쉽지 않다. 때문에 비교도시계획법 연구자로서는 분석의 현실적인 목표를 설정하는 것이 중요한 문제가 된다.

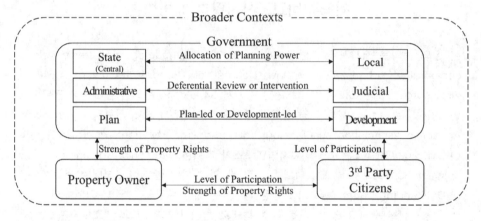

Source: Contexts of Planning Law © 2023 Jinwon Jeon. Reproduced with permission

[그림] 도시계획법과 그 맥락들

* J. Jeon, Methodology and framework of comparative urban planning law, Journal of Property, Planning and Environmental Law, 15(2), 2023, 54면에서 발췌)

---

1 G. Frankenberg, "Critical comparisons: re-thinking comparative law," in M. Mar(Eds.), Legal Theory and the Legal Academy, Routledge, London, 2017, Vol. 3.

2 M. Siems, "The end of comparative law," Journal of Comparative Law, Vol. 2 No. 2, 2007, p. 140.

3 J. C. Reitz, "How to do comparative law," The American Journal of Comparative Law, Vol. 46 No. 4, 1998, p. 627.

4 R. K. Norton and D. S. Bieri, "Planning, law, and property rights: a US-European cross-national contemplation," International Planning Studies, Vol. 19 Nos 3/4, 2014, pp. 379-397의 논의 참조.

문제는 어디에서 그 적절한 선을 긋느냐는 것이다. 우선적으로 의미있는 '맥락들'을 선별함으로써, 비교도시계획법 연구자들이 어떻게 오컴의 면도날을 사용토록 할 것인지를 체계화하는 것은 방법론적으로 중요한 의미를 갖는다. 정치, 문화, 역사, 사고방식(mentality) 등과 같이 그간 비교법 연구자들이 제시하여 온 맥락들을 각각 그 자체로만 분석하고 접근하는 것은 지나치게 모호하고, 때문에 이들과 비교의 대상이 되는 법과의 연관성을 설명하는 것에 상당한 노력이 필요하게 된다. 그러한 '맥락'들이 더 많은 것들을 설명할 수 있기 위해서는, 그러한 맥락들을 일반적이고 추상적인 수준으로 남겨두기보다는 이들을 재구성하고 정제하는 것이 보다 적절할 수 있다. 예컨대, 단순히 각 국가에서의 사고방식(mentality)의 전반을 비교하면서 이를 각 국가에서의 도시계획법들과 연관지으려 하는 것은 지나치게 막연한 접근이다. 반면, 각국에서의 사고방식(mentality)들이 소유권의 강도와 보호수준에 어떤 영향을 미치는지를 보고, 이를 통해 각국의 도시계획법들에 대한 비교적 접근을 하는 것이 더 구체적이고 명확할 수 있다. 이와 같이, 종래 비교법 연구자들이 제시하여 온 추상적인 맥락들과 분석의 대상이 되는 도시계획법제들 사이를 연결할 수 있는 어떠한 중간적 요소(intergrade)들 통해 비교법적 접근을 시도하는 것이 분석의 타당성을 보다 강화할 수 있는 방안이 될 수 있을 것이다.

문제는 이러한 중간적 요소(intergrade)들을 어떻게 도출해낼 것인지의 점이다. 이를 위해 본 고는 도시계획법을 둘러싼 관련 주체들 사이의 "상호작용(interaction)" 또는 "긴장(tension)"에 주목함으로써 도출될 수 있는 맥락들에 집중하고자 한다. 도시계획법을 둘러싼 법률관계의 근간에 계획행정청과 재산권 사이의 갈등이 있다고 한다면, 소유자와 정부라는 양 주체가 상정될 수 있다. 나아가, 제3자인 일반 주민 혹은 시민들 또한 도시계획에 의해 영향을 받거나 도시계획적 결정에 영향을 미치는 존재로 상정될 수 있다. 그렇다면, 도시계획법의 운영과 기능은 결국 이러한 각 주체들 간의 영향력에 의해 영향을 받게 된다. 소유권의 강도는 공권력의 수준을, 참여적 요소에 대한 고려 수준 등은 각각 소유권자, 정부, 주민 혹은 시민들의 영향력을 결정한다. 한편, 정부의 경우에는 그 권한을 둘러싸고 내부적인 긴장관계가 존재할 수 있는데, 예컨대 각 기관들 사이, 혹은 중앙-지방 정부 사이의 권한 배분의 문제가 고려될 필요가 있고, 나아가 다양한 도시계획적 수단들 사이의 긴장관계가 존재할 수 있다.

본고에서는 여러 국가 혹은 법역의 사례들을 기반으로, 비교도시계획법적 분석에서 사용될 수 있는 5가지의 구체화된 맥락들을 검토하고자 한다. 비교도시계획법적 분석은 이와 같은 맥락들이 각 국가 혹은 법역들의 공통점 또는 차이점을 설명할 수 있는지, 나아가 맥락적 요소를 제거하였을 경우에도 그러한 공통점 또는 차이점의 분석이 계속해서 설명력을 가질 수 있는 것인지 등의 문제를 간과하지 말아야 한다.

Ⅱ. 소유권의 강도

도시계획법의 근간에는 정부와 부동산 소유자 간의 권리의무관계가 놓여져 있고, 도시계획은 정부가 소유권에 대하여 행하는 일종의 제한으로서 이해될 수 있다. 각국에서 이러한 관계가 어떻게 형성되어있는지의 문제는, 도시계획법의 내용과 그 이행을 양태를 결정하는 중요한 요소가 된다. 도시계획과 관련한 실정법들은 소관 정부기관의 유연성과 해석의 여지와 같은 재량권을 허용할 수 있고, 때문에 실정법의 규정들이 예상되는 모든 문제 상황들을 명시적으로 언급하고 있지 않을 가능성이 높다. 따라서 이와 같은 실정법상의 공백을 메우기 위해서는, 소유권의 강도와 관련하여 재량권이 어떻게 작용하고 있는지를 분석할 필요가 있다.

이와 관련하여 중요한 쟁점은 사인(私人)의 소유권이 개발권 혹은 개발권능을 포함하고 있는 것으로 볼 수 있는지, 만일 그렇다면 어느 정도까지 포함하고 있는지의 문제이다. 개발권의 정도와 범위가 더 인정될수록, 계획당국이 행사할 수 있는 재량권은 줄어들 수밖에 없다. 서로 다른 국가 혹은 법역들에서의 개발권의 수준이나 차이는 쉽게 확인하기는 어렵지만, 이는 소유권의 내용과 범위를 살펴봄으로써 포착될 수도 있다.

예컨대, 스웨덴의 경우 소유자의 개발권 혹은 개발권능을 폐지하였다고 논의되고는 한다.[1] 영국의 경우에도 1947년 도시 농촌 계획법(Town and Country Planning Act of 1947)에 의해 모든 개발권이 국유화되었다는 표현들이 등장하고는 한다.[2] 이와 같이 한 국가에서의 법령, 판례 및 그 맥락에 대한 분석 결과, 해당 국가 혹은 법역에서 개발권의 인정 수준이 높지 않다는 것이 확인된다면, 이것이 도시계획에 대한 재량권의 집행에 미칠 수 있는 영향을 검토하는 것이 중요한 쟁점이 될 것이다.

한번 영국의 계획허가 제도와 유사하게 재량적인 허가 제도를 가진 국가를 가정해보자. 해당 국가에서 영국과 유사한 재량적인 체계를 가지고 있다고 하더라도,

---

1 J. A. Kushner, Comparative Urban Planning Law, Carolina Academic Press, Durham, 2003, p. 32.
2 P. Booth, "Nationalising development rights: the feudal origins of the British planning system," Environment and Planning B: Planning and Design, Vol. 29 No. 1, 2002, pp. 129-139 참조.

해당 국가의 계획허가 혹은 그와 유사한 제도의 기능과 수준이 과연 영국과 동일하다고 단언할 수 있을 것인가? 만일 해당 국가에서 재산권에 대한 보호의 수준이 높다고 한다면, 유사한 형태의 제도를 지니고 있다고 하더라도 이는 재량권 행사의 양태에 관련된 여러 요소들에 영향을 미치게 된다. 예컨대 계획행정청이 재량권 행사를 자제하는 태도를 보일 수도 있고, 법원이 재량권에 대한 사법심사의 법리나 기준을 보두 세밀하게 접근하는 것에 영향을 미칠 수도 있다.

입법 및 사법의 영역에서 재산권 혹은 소유권에 대한 인식 문제는 다양한 방식으로 작용한다. 재산권 보호 수준의 차이는 해당 국가의 헌법적 원리들의 차이와 연관될 수 있다.[1] 일본의 토지기본법과 같이, 실정법이 명시적으로 공공의 이익이 토지의 소유권보다 우선한다고 선언하는 경우가 발견될 수도 있다.[2] 더욱이, 재산권 혹은 소유권에 대한 인식은 정부 내의 여러 기관들 사이에서도 일률적이지 않을 수 있다. 예컨대, 이러한 인식의 차이는 수용권의 합법성을 인정한 판결이 내려지자 후속하여 주 의회가 사적인 목적에 기한 수용권의 행사를 제한하는 법률을 통과한 미국의 사례에서도 확인할 수 있다.[3]

재산권 혹은 소유권 보호에 관한 각 법역들에서의 차이는 보다 근원적 논의에 기인할 수도 있다. 예컨대, 재산권 보호 정도의 근본적인 차이는 철학적인 인식에서 기인할 수도 있는데, 미국에서 J. S. Mill의 자유주의로 대변되는 "재산 소유에 대한 개인주의적 개념"[4]과 독일에서 헤겔 자유주의에 따른 "사회적 소유권의 의무"[5]를 대조적으로 분석한 Norton과 Bieri(2014)의 연구를 참조할 수 있겠다. 사회적, 역사적 맥락 또한 중요할 수 있는데, 관련하여 도시계획과 관련하여 상대적으로 특정 계급 또는 계층의 재산적 이익이 보호되고 있는지에 대한 고찰들을 참조할 수 있겠다.[6]

---

1 R. Delgado Chávez, "Comparative analysis on land use law perspectives in the United States and the European union, as offered by john R. Nolon and Lora-Tamayo vallvé," available at: https://ddd.uab.cat/record/235422, 2020, p. 28.

2 B. Shibata, "Land-use law in the United States and Japan: Fundamental overview and comparative analysis," Washington University Journal of Law and Policy, Vol. 10, 2002, p. 173.

3 C. A. Arnold, "The structure of the land use regulatory system in the United States," Journal of Land Use and Environmental Law, Vol. 22 No. 2, 2007, p. 489.

4 R. K. Norton and D. S. Bieri, "Planning, law, and property rights: a US-European cross-national contemplation," International Planning Studies, Vol. 19 Nos 3/4, 2014, p. 10.

5 R. K. Norton and D. S. Bieri, "Planning, law, and property rights: a US-European cross-national contemplation," International Planning Studies, Vol. 19 Nos 3/4, 2014, p. 10.

6 H. M. Jacobs and K. Paulsen, "Property rights: the neglected theme of 20th-century American planning," Journal of the American Planning Association, Vol. 75 No. 2, 2009, p. 135.

Ⅲ. 사법적 개입의 수준

법원은 도시계획 체계의 운용에 중요한 영향을 미친다. 사법적 개입의 수준이 낮을수록, 계획당국의 주도권은 더 강하게 인정될 수 있다. 각국의 법원은 계획당국의 재량권을 존중하여 도시계획 및 도시계획적 결정에 대한 고유의 사법심사의 원리 또는 원칙들을 형성하여 왔다. 미국의 경우를 예로 들면, "매우 존중적인 합리성 심사 또는 합리적 관련성 심사"[1]나, 조닝에 관한 "행정기관의 전문성에 관한 법리"[2]와 같은 설명들을 참조할 수 있겠다.

법적인 관점에서, 이는 입증 책임의 분배나 심사 기준과 같은 쟁점으로 나타나기도 한다. 전통적으로 미국에서는 토지이용에 대한 판단이나 결정이 입법 행위로 취급됨으로서 그 유효성이 추정된다는 취지의 설명이 발견되는데, 따라서 그 적법성에 이의를 제기하는 자가 입증책임을 부담하게 된다.[3] 반면, 미국의 몇몇 주 대법원은 토지이용에 대한 판단이 결정을 준사법적 행위로 전제한 다음, 입증 책임을 경감하는 경우도 발견된다.[4] 이 밖에도, 재량적 판단과 관련한 지침이 마련되어 있을 경우, 그러한 지침이 사법심사 기준에도 영향을 미칠 수 있다.[5]

사법부가 각 나라의 계획 당국에 어떤 영향을 미치는지를 살펴보기 위해서는 법리나 실무 경향 모두를 파악할 필요가 있다. 예컨대, 한국의 경우 대법원이 형량명령이론을 채택한 것으로 이해되고 있음에도 불구하고, 법원이 도시계획적 판단을 둘러싼 공사익의 형량에 관한 면밀한 심리를 하지 않음으로써 도시계획에 대한 사법적 통제를 행하지 않는 것이 아닌지에 대한 비판적 견해가 제시되기도 한다.[6]

---

1 R. K. Norton, "Who decides, how, and why-planning for the judicial review of local legislative zoning decisions," Urban Lawyer, Vol. 43 No. 4, 2010, p. 1099.

2 B. Burke, Understanding the Law of Zoning and Land Use Controls, LexisNexis, New York, 2013, p. 227.

3 C. J. Peckinpaugh Jr., "Burden of proof in land use regulation: a unified approach and application to Florida comment," Florida State University Law Review, Vol. 8 No. 3, 1980, p. 499; J. C. Juergensmeyer, T. E. Roberts, P. E. Salkin & R. M. Roweberry, Land Use Planning and Development Regulation Law, 4th ed., West Academic Publishing, Saint Paul, 2018, p. 143.

4 C. J. Peckinpaugh Jr., "Burden of proof in land use regulation: a unified approach and application to Florida comment," Florida State University Law Review, Vol. 8 No. 3, 1980, p. 501; J. C. Juergensmeyer, T. E. Roberts, P. E. Salkin & R. M. Roweberry, Land Use Planning and Development Regulation Law, 4th ed., West Academic Publishing, Saint Paul, 2018, p. 144.

5 C. J. Peckinpaugh Jr., "Burden of proof in land use regulation: a unified approach and application to Florida comment," Florida State University Law Review, Vol. 8 No. 3, 1980, p. 506.

6 김용섭, 국토계획법상 실시계획인가의 법적 성질 및 사법통제의 방법과 한계, 행정판례연구, 제25권 제1호, 2020, 93면.

사법적 개입의 수준은 도시계획법과 관련된 기존 판례들만을 분석하거나, 그 승소율과 같은 것을 살펴보는 것만으로는 파악될 수 없다. 실무가의 관점에서, 각 사안의 난이도나 수준은 제각각인데, 각 사안들 모두 고유한 사실관계 및 법적 쟁점들을 지니고 있기 때문이다. 더욱이, 모든 도시계획 관련 분쟁이 소송화되는 것도 아니다. 행정청과의 관계 등 다양한 요인들이 소제기 여부에 영향을 줄 수 있기 때문이다. 일부 법역에서는 행정심판이나 옴부즈맨과 같이 도시계획이나 그 결정을 다툴 수 있는 대체적인 방법들이 마련되어 있기도 하다.

Ⅳ. 계획주도형(Plan-led)과 개발주도형(Development-led)

도시계획의 중요성과 지위는 체계에 따라 얼마든지 다를 수 있다. 모든 도시계획은 이행 혹은 집행의 문제를 안고 있는데, 이러한 집행의 문제는 도시계획의 지위 문제와도 밀접하게 연관된다. 도시계획의 내용이 명확하면서 강력한 구속력이 인정되는 경우라면, 계획을 집행하는 단계에서 계획을 수정하는 것은 상정되기가 어렵다. 이러한 경우에는 도시계획의 수립 문제가 토지이용규제에 있어 핵심이 된다. 반대로, 도시계획의 내용이 불분명하거나 구속력이 약한 경우라면, 계획의 집행 과정에서 이를 명료화하거나 수정할 수 있을 여지가 존재한다. 이러한 경우에는 개별적인 개발행위에 관련된 도시계획의 '집행'절차나 과정이 토지이용규제의 핵심이 된다. 이와 같은 구별은 실정법의 문언만으로는 명확하게 확인되기 어렵고, 맥락적인 접근을 통해 규명되어야 한다.

위와 같은 논의에 기초하여, 도시계획 체계를 각각 계획주도형과 개발주도형으로 명명할 수 있다. 이러한 용어 혹은 용례의 정의는 다소 불명확하나, 그와 같은 용어 자체는 Buitelaar et al.(2011)[1] 및 Oxley et al.(2009)[2]와 같이 유럽 국가들의 도시계획 체계를 분석한 연구들에서 사용되어왔다. 일반적으로 연구자들은 도시계획의 구속력이 낮고 및 계획허가를 위주로 하는 영국의 체계와 다른 체계들을 대별하기 위해 "계획주도형"이라는 용어를 사용한다.[3]

---

1 E. Buitelaar, M. Galle and N. Sorel, "Plan-led planning systems in development-led practices: an empirical analysis into the(lack of) institutionalisation of planning law," Environment and Planning A: Economy and Space, Vol. 43 No. 4, 2011, pp. 928-941.

2 M.Oxley, T. Brown, V. Nadin, L. Qu and L. Tummers, Review of European Planning Systems, Centre for Comparative Housing Research, Leicester Business School, De Montfort University, 2009.

3 E. Buitelaar, M. Galle and N. Sorel, "Plan-led planning systems in development-led practices: an

실정법상 계획주도형을 의도하였던 종래 네덜란드의 경우에도 실제로 도시계획 체계가 운영되는 양상을 살펴보면 계획주도형과는 거리가 멀었다고 평가되기도 한다.[1] 따라서 도시계획을 변경, 수정할 수 있는 가능성이 완전히 폐쇄되지 않는 한, 순수한 형태의 계획주도형 체계를 상정하는 것은 어려울 수 있고, 실무의 운용 상으로는 개발주도형의 접근 방법이 가미될 수도 있다.

이와 같은 특성이나 맥락을 간과할 경우, 실정법이나 제도의 역할에 대한 오해 나 잘못된 결론에 이를 수가 있다. 체계의 특성이나 성질에 대한 평가가 실정법의 문언에만 기초하게 된다면, 해당 체계에서의 도시계획의 중요성이나 지위, 의미가 과대평가될 위험이 존재한다.

V. 도시계획 권한의 배분

어떠한 주체가 어느 정도 범위에서 토지이용관계를 규율할 수 있는지의 문제는 중앙정부와 지방정부 간 계획권한의 배분 및 중앙정부의 개입 가능성과 같은 문제 나, 도시계획의 유효성 및 정당성과 같은 문제와도 연관되어 있다. 도시계획 권한이 중앙정부 및 지방정부에 다층적으로 분배되어 있다면, 각 주체가 수립하게 될 각 종 류의 도시계획들의 효력 또는 유효성의 문제는 실무적인 쟁점이 될 수도 있다.[2]

토지이용관계를 누가 규율하는가의 쟁점은 도시계획의 유형이나 구속력의 문 제와도 연관될 수 있다. 국가적 차원에서 강력한 구속력을 가진 국가계획이 수립된 다면, 하위계획들은 국가계획이라는 틀 안에서 운용될 것이고, 따라서 중앙정부의 주도 하에 효율적인 정책 목표의 설정과 그 집행에 초점을 맞추게 될 것이다.

국가 혹은 중앙정부의 주도권의 중요성이나 구속력의 문제는 도시계획이 무엇 을 대상으로 하는지에 따라 달라질 수 있다. 예컨대, 일본 도시계획법 제24조는 장 관에게 '국가적 이익'에 관한 사항에 대한 도시계획에 관하여 지도권이나 개입권을 부여하는데, 상당한 수준의 분권화가 진행되어 온 와중에도 이러한 지도권이나 개

---

empirical analysis into the (lack of) institutionalisation of planning law," Environment and Planning A: Economy and Space, Vol. 43 No. 4, 2011, p. 935.

1 E. Buitelaar, M. Galle and N. Sorel, "Plan-led planning systems in development-led practices: an empirical analysis into the(lack of) institutionalisation of planning law," Environment and Planning A: Economy and Space, Vol. 43 No. 4, 2011, p. 935.

2 관련하여, 전진원, 도시계획 상호간의 효력과 도시계획의 병합, 건설법연구 제2호, 2019의 논의 참조.

입권의 존재는 여전히 잔존하고 있는 하향식 체계의 특성을 보여주는 것이라 언급되기도 한다.[1]

　정책적 필요성이 명확한 사항에 대해서는, 국가 혹은 중앙정부는 스스로 도시계획을 수립하거나, 지방정부에 대해 권고안을 발하는 것이 가능할 수도 있다. 이러한 경향은 성장관리(growth management)에서 발견되기도 한다. 예컨대, 한국의 경우 중앙정부가 개발제한구역을 지정한다.[2] 영국의 경우 그린벨트의 지정 및 취소 권한 자체는 지방정부에 있는 것이지만, 중앙정부가 수립한 정책 문서(National Planning Policy Framework)가 지방정부의 그린벨트에 대한 권한행사를 상당한 수준으로 규율한다.[3] 이러한 사례들에 비추어 본다면, 계획권한의 실질적인 분배 문제를 규명하기 위해서는, 각국에서의 법률상의 권한분배나 예외들에 대한 이해와 함께, 성문법과 별개로 중앙정부의 정책수단을 통한 개입이 가능한지 여부 등의 문제를 이해할 필요가 있다.

　또한, 실질적인 권한의 분배를 이해하기 위해서는, 지방정부의 이해관계의 구조나 유인들을 파악할 필요가 있다. 지방정부의 입장에서는 세수 확보나 투자유치를 위해 개발 친화적인 정책을 택할 수도 있다.[4] 지방정부에게 상당한 권한이 위임될 경우 지방정부의 이와 같은 유인구조는 도시계획법령의 해석과 적용에 큰 영향을 미칠 수 있게 된다.

　이와 같은 권한 배분의 문제는 결코 불변의 것이 아니다. 미국의 경우 토지이용규제에 대한 주된 권한을 지닌 것이 지방정부임에도 불구하고, 연방이나 주 정부의 개입이 점차 증가하고 있다.[5] 과거 한국의 실정법은 중앙정부가 전국적으로 계획권한을 가지되 이를 지방자치단체에 위임하는 형태를 취하고 있었는데, 현재에는 일정한 예외적인 경우들을 제외하고는 지방자치단체에게 원칙적인 계획권한을 인정하고 있다.[6] 그 정도나 경과의 차이가 존재할 수는 있겠지만, 일본에서 또한

1 I. Yorifusa, "Local initiatives and the decentralization of planning power in Japan," in C. Hein and P. Pelletier(Eds), Cities, Autonomy, and Decentralization in Japan, Routledge, London, 2006, p. 44.
2 C.-H. C. Bae, "Korea's greenbelts: impacts and options for change symposium: emerging land use law in the pacific rim," Pacific rim law and Policy Journal, Vol. 7 No. 3, 1998, pp. 479-502.
3 F. Rankl and C. Barton, Green Belt, No00934, House of Commons Library, 2022, pp. 9-10.
4 T. Zhang, "Urban development and a socialist pro-growth coalition in shanghai," Urban Affairs Review, Vol. 37 No. 4, 2002, p. 79.
5 C. A. Arnold, "The structure of the land use regulatory system in the United States," Journal of Land Use and Environmental Law, Vol. 22 No. 2, 2007, p. 486.
6 김향집 외, 중앙정부 및 지방정부의 권한배분으로 본 도시계획 권한의 지방이양 실태 및 평가 연구, 국토계획, 제47권 제4호, 2012, 90-91면.

도시계획권한의 분권화가 진행되고 있다고 설명된다.[1]

VI. 주민 참여의 수준

주민 참여를 강조하여 온 그간의 경향으로 인하여, 도시계획을 둘러싼 법적관계의 양상은 계획 당국과 소유권자라는 양자적인 관계에서 주민 혹은 시민이 추가로 참여하는 3자적인 관계로 변화하여왔다. 소유권자가 토지를 의도한 바대로 사용할 수 있기 위해서는 계획 당국의 검토뿐만 아니라, 그러한 검토 과정의 전후로 주민 또는 시민들을 포함한 제3자의 참여 또한 고려되어야 한다. 주민들의 반대로 도시계획의 변경이 지연되는 등으로 건축주가 의도한 바를 달성하지 못하는 사례는 이제 쉽게 찾아볼 수 있게 되었다.

도시계획에 대한 참여의 문제는 자신이 아닌 타인의 토지이용관계 대한 개입이라는 성질을 지닌다. 미국의 경우 "공중 보건, 안전, 도덕 및 일반 복지"를 증진하기 위하여 인정되는 경찰권(police power)이 조닝의 법적 근거가 되는데,[2] 그와 같은 경찰권의 범주를 넘어 주민 또는 시민의 선호와 같은 개인적 호오의 문제에 기반하여 토지이용관계를 제한하는 것이 가능한지 여부는 깊게 고민해 볼 필요가 있다.

도시계획 과정에 대한 주민 참여는 많은 국가들에서 증가하는 추세이고[3], 이러한 참여는 도시계획을 둘러싼 법적 체계의 일부가 되어가고 있다.[4] 이와 같은 참여적 절차가 강제적인 경우, 공청회와 같은 절차를 생략하는 것은 실정법을 위반한 것이 되고, 따라서 도시계획 자체를 위법하게 만들게 된다.[5] 그러나 참여와 관련하여 가장 어려운 문제는 실질적인 참여의 문제이다. 참여의 형식적인 측면에만 초점을 맞춘다면 도시계획을 수립하기 전에 형식적인 회의를 소집하는 선에서 참여절차를 조명하게 될 것이다. 그러나 실질적 참여의 관점에서는, 참여절차에서 제

---

1 I. Yorifusa, "Local initiatives and the decentralization of planning power in Japan," in C. Hein and P. Pelletier(Eds), Cities, Autonomy, and Decentralization in Japan, Routledge, London, 2006, pp. 25-45.

2 B. Burke, Understanding the Law of Zoning and Land Use Controls, LexisNexis, New York, 2013, p. 3.

3 J. R. Nolon, "Comparative land use law: patterns of sustainability," Pace Environmental Law Review, Vol. 23 No. 3, 2005, p. 810.

4 T. Hartmann, F. Van Straalen and T. Spit, "Expectation management at the local scale: Legal failure of public participation for large urban planning projects," TeMA-Journal of Land Use, Mobility and Environment, Vol. 11 No. 1, 2018, p. 136.

5 김종보, 건설법의 이해, 피데스, 2018, 275면.

기된 의견들을 정당한 사유 없이 반영하지 않는 것은 도시계획의 효력에 대한 문제로 연결될 수 있다.

참여의 문제에서 더 나아가, 미국의 사례에서는 주민투표의 방식으로 도시계획을 검토하는 경우가 발견되는데, 그러한 주민투표 방식으로 조닝을 결정하는 것이 정당한지에 대해서는 논란의 여지가 있다. 미국 연방대법원은 이러한 주민투표 방식의 조닝 결정이 적법 절차를 위반하지 않는다고 판단하였으나,[1] 법역에 따라서 그러한 참여의 범위와 성격은 달리 이해되어야 한다. 그리고 이는 도시계획법에 대한 비교법적 접근에 있어서도 중요하게 고려될 필요가 있을 것이다.

제2장 영국의 건설법과 계획법률의 체계

본 장의 자료는 저자가 영국 건설법에 대하여 연구한 것을 바탕으로, 2017. 3. 24. 건설법연구회에서 발표한 미공간된 글이다. 우리 국토계획법의 체계와 비교할 수 있는 흥미로운 사항들이 많고, 우리 국토계획법과 비교하면서 그 이해를 풍부하게 할 수 있을 것이라는 생각에 본서에 수록한다. 특히, 본 편에서 주로 논의하는 영국의 계획허가제는 우리 개발행위허가제도의 연원 중 하나로 논의되기도 하는 만큼 제도의 이해에 도움이 될 것이다.

I. 서론

한국의 주택법은 주택건설 및 그 기준, 재원마련, 공동주택의 관리 등을 관장한다. 주택법은 일정 세대 이상의 주택건설에 대해 사업승인이라는 제도를 만들어놓고, 건축경찰법적·도시계획법적 판단을 일거에 해결한다. 한국의 주택법의 연원은 1970년대 심각한 주택난 해소를 위해 제정되었던 주택건설촉진법에서부터 출발한다. 때문에 주택의 관리나 유지 또는 주택을 둘러싼 각종 권리관계보다, 한국의 주택법은 '건설'에 초점을 두고 있다. 사업승인과 선분양제도는 모두 주택건설의 촉진을 위해 설계된 제도들이다.

---

1 J. C. Juergensmeyer, T. E. Roberts, P. E. Salkin and R. M. Roweberry, Land Use Planning and Development Regulation Law, 4th ed., West Academic Publishing, Saint Paul, 2018, p. 138.

한국 주택법에 비해, 영국 주택법(Housing Act)은 주택의 건설보다는 유지와 관리, 권리관계 등에 관심을 두고 있다. 영국 주택법은 공·사법의 성격을 겸유하고 있는데, 최소한의 주거환경기준과 이를 달성하기 위한 보조금 및 강제명령 관련 조문들이 전자에 속하고, 주택임대차관계나 공공주택의 세입자의 권리 등에 관한 조문들이 후자에 속한다. 이중 영국 주택법(Housing Law) 교과서들의 관심사는 후자에 맞추어져 있는 것으로 보인다.[1] 결국 영국의 주택건설은 일반법인 도시농촌계획법(Town and Country Planning Act)과 건축법(Building Act), 그중에서도 특히 전자의 소관으로 남게 된다. 도시농촌계획법이 규정하는 계획체계의 특성 그 자체가 곧바로 주택건설에 영향을 미치게 된다.[2]

요컨대 영국의 주택건설법제의 구조와 특성을 규명하기 위해서는 일반법인 도시농촌계획법이나 건축법, 그리고 그에 근거한 계획허가(Planning Permission)나 건축승인(Building Regulation Approval)과 같은 것에 초점을 맞출 수밖에 없다. 일부 주택건설과 관련된 개발사업법들이 존재하지만 주택의 건설을 위해서는 다시 일반법으로 회귀하게 된다. 이하에서는 ① 영국건설법의 전체적인 구조를 우리의 '건설법'이라는 체계의 관점에서 분석하고 ② 그중에서도 특히 주택건설과 관련된 법·제도를 살펴본 후 ③ 주택건설에 있어 핵심적인 기능을 하는 계획허가의 법적성질을 규명하여 본다. 그 외 방론으로 주택의 유지·관리·정비사업에 관한 영국건설법의 법·제도를 개괄적으로 살펴보도록 한다.

Ⅱ. 영국건설법의 구조

1. 영국건설법의 체계

건설법[3]은 택지의 조성, 아파트·영업시설·단독주택 등의 건축, 재건축·재개발,

---

1 본 연구과정에서 참고한 Gail Price, Housing Law and Practice, The College of Law, 2011 ; LM Clements, Housing Law : Text, Cases & Materials, Cavendish, 1996 둘 다 임대차 관계나 임차료, 주택담보대출 등의 문제를 주 목차로 다루고 있다. 심지어 전자의 책의 경우 1985년 주택법에 명문으로 규정된 각종 정비사업에 관한 내용은 일절 다루지 않고 있었다.
2 이러한 맥락에서 지방자치단체가 견고하고 최신의 계획을 마련하고 있지 않은 채 도시계획체계를 운용한 결과로 영국의 주택건설사업이 보다 복잡하고 높은 위험과 비용을 감수해야 되는 결과를 초래하였다는 비판이 존재한다. Home Builders Federation, Solving England's Housing Supply Crisis, March 2015, p. 2.
3 영국에서 'Construction Law'라는 용어는 건물의 건축, 제작 및 부지와 관련된 문제를 다루는 법 규범의 총체를 의미하고, 계약법, 상법, 계획법, 노동법, 불법행위법 등을 공·사법 모두를 포괄하는 의미로 사용된다. 때문에 김종보, 건설법의 이해, 피데스, 2013에서 언급하는 건설법이라는 용어의

공원·도로 등 도시의 기반시설설치 등 '도시의 물리적 공간형성에 간여하는 공법규정의 총체'를 말한다.[1] 건축물의 위험방지를 위한 건축경찰법, 토지의 합리적 이용을 위한 도시계획법, 도시의 낙후지역 정비나 신도시 건설을 위한 개발사업법의 3자로 구성된다.[2] 영국의 각종 의회입법들을 이러한 체계로 분류하면 아래와 같다.

가. 건축경찰법

영국에서는 건축법(Building Act)이 건축경찰법의 역할을 담당한다. 영국은 산업혁명 이후 도시로의 인구집중과 열악한 주거환경문제에 직면하게 된다. 이에 건물의 구조적 결함·화재 등의 위험을 방지하고 주거환경의 관점에서 건축행위를 규제하려는 입법적 노력이 있어 왔고 그 결과가 1875년 공중보건법[3]이었다.[4] 이를 계승한 1936년 공중보건법은 각 지방자치단체(Local Authorities)에게 건축물의 재료, 환기, 위생 등에 관한 사항을 규칙으로 정할 권한을 부여하였다.

1984년 건축법이 제정되면서 건축물의 안전 및 위생에 관한 내용이 모두 이에 흡수되어 현재는 건축법만이 건축경찰법의 기능을 담당한다. 1984년 건축법 제1조는 국무장관(Secretary of State)에게 건축규제(Building Regulations)를 제정할 권한을 부여하고 있는데, 건축규제는 건축물이 갖추어야 할 최소한의 안전기준에 대한 완결적인 내용을 포함하고 있다. 건축규제는 구조, 방재, 전기안전, 환기, 배수 등 14개 항목에 대한 요건을 정한다. 그 외 승인문서(Approved Document)라는 것이 존재하여 건축규제가 정한 요건을 구체화한 실무적·기술적 지침서 역할을 한다.[5]

나. 도시계획법

초창기 영국의 도시계획법제는 시가지 보다는 교외지역의 토지이용 규제를 위

외연과 큰 차이를 보인다.

[1] 김종보, 건설법의 이해, 피데스, 2013, 4면.

[2] 김종보, 건설법의 이해, 피데스, 2013, 8면.

[3] 영국에서 의회법률을 지칭하는 경우 입법연도를 병기한다. 이는 개정법에서 "기존법을 폐지한다"는 조문을 두지 않는 이상 기존법이 폐지되는 것이 아니고 병존하기 때문이다. 예컨대 1985년 주택법(Housing Act 1985)과 2004년 주택법(Housing Act 2004)은 모두 영국에서 유효한 현행법의 지위를 갖는다. 2004년 주택법 조문 내용을 보면 "1985년 법률의 몇 조를 아래와 같이 대체한다"는 형식을 취하고 있다. 즉 2004년 주택법은 1985년 주택법 내용을 모두 수록하고 있지 않고, 다만 개정코자 하는 부분만을 선별하여 수정하거나 새로 추가하고자 하는 내용만을 포함하고 있을 뿐이다.

[4] JR Lewis, Administrative Law for the Construction Industry, Springer, 1976, p. 63.

[5] Ray Tricker and Sam Alford, Building Regulations in Brief(6 edition), Routledge, 2010, p. 29.

한 계획을 마련하는 것에서부터 출발하였다. 이후 1947년 도시농촌계획법에 이르러 비로소 토지이용에 대한 일반적·포괄적 규제를 담당하는 개념으로서의 도시계획이 처음 도입되었다.[1]

현재 영국에서는 도시농촌계획법(Town and Country Planning Act), 계획수용법 (Planning and Compulsory Purchase Act), 계획법(Planning Act) 등 3개 법률이 도시계획법의 역할을 담당하고 있다. 종래 도시농촌편의시설법(Town and Country Amenities Act)이 존재하여 도시계획시설의 설치와 산림·역사적 보호가치 있는 건축물의 보호 등을 위한 특칙을 규정하였으나,[2] 2008년 규제개혁의 일환으로 폐지되었다. 영국의 도시계획법제는 개발계획(Development Plan)과 계획허가(Planning Permission)에 관한 조문을 담고 있는 도시농촌계획법이 가장 일반법으로서 기능하고, 계획수용법이나 계획법은 도시농촌계획법의 틀 안에서 규제완화나 절차적 신속성 등을 위한 특칙을 마련하는 기능을 담당한다.

다. 개발사업법

1980년 지방정부계획토지법(Local Government, Planning and Land Act 1980), 1993년 임차권개혁주택도시개발법(Leasehold Reform, Housing and Urban Development Act 1993), 2008년 주택재개발법(Housing and Regeneration Act 2008) 등이 주택의 재개발과 관련하여 개발사업법으로 기능한다. 그 외 발전소 건설 등 특수한 분야에 관하여 개발사업법이 마련되어 있다.

2. 계획허가 중심의 구조

행정청이 도시계획의 내용을 어느 단계에서 완성할 것인가에 관하여 두 가지 방법을 생각해볼 수 있다. 하나는 도시계획구역 내 토지의 건축단위·건축허용성 등을 모두 사전에 계획으로 규율하는 방식이다. 이 경우 개별 건축행위에 대한 개입은 건축경찰법에 의하여만 이뤄진다. 그에 반해 개별 건축행위의 신청이 있을 때 비로소 도시계획적 요소를 판단하는 것도 가능하다. 전자는 계획행위를 건축행위의 등장 이전에 완결적으로 수행하는 것이고, 후자는 사전적인 가이드라인만을 마련해놓은 후 개별 건축행위에 대한 심사를 통해 계획을 완성해나가는 방식

---

1 Anne Galbraith, Galbraith's Building and Land Management Law for Students(6 edition), Routledge, 2010, p. 374.
2 JR Lewis, Administrative Law for the Construction Industry, Springer, 1976, p. 107.

이다.[1]

영국법은 후자의 방안을 채택하고 있다. 영국 도시계획법은 용도지역제(zoning)를 채택하지 않는 대신, 개별 토지에 대한 도시계획적 판단을 계획허가에 의하여 완결적으로 수행한다. 용도 및 종류와 상관없이 새로운 건물의 건축을 위해서는 계획허가를 발급받아야 한다. 별도로 건축법상의 건축승인(Building Regulations Approval)을 받을 것이 요구되지만 면허를 소지한 사인(Approved Inspector)에 의한 발급도 가능하여 완화된 규제형태를 띠고 있다. 요컨대 건축행위를 포함한 각종 개발행위들이 가능하기 위한 핵심적인 문제는 '계획허가를 받을 수 있는가'의 문제로 귀결된다. 계획허가 제도를 어떻게 운영하느냐에 따라 건축물의 공급량도 변동하게 된다. 최근 영국의 심각한 주택가격상승을 야기하는 주택의 과소공급문제도 결국 계획허가제를 관료적이고 비탄력적으로 운영한 결과라는 분석이 나오는 것도 이 때문이다.[2]

영국의 계획법 교과서들은 행정청의 개입수단(control)을 크게 계획적 통제와 비계획적 통제(Non-Planning Controls)의 목차로 구분하고, 후자에 대한 설명에는 별달리 비중을 두지 않는다.[3] 비계획적 통제의 대표적인 예가 건축법상 건축승인이나 이는 기준에의 부합여부를 기계적으로 판단하는 것에 국한된다. 그 외 특별한 시설물의 설치에 관한 면허제도, 오염물이나 위험물에 관한 통제 등이 있으나 이 또한 계획허가를 위한 선결조건에 해당할 뿐이다. 즉 건축물의 등장에 관하여 영국법은 계획적 통제를 수행하는 것에 치중하고, 계획적 통제수단은 계획허가로 귀결된다. 때문에 이른바 영국의 체계를 '계획주도형(plan-led)' 체계라 일컫는 것이다.[4]

---

1 한국법은 이 중 양 극단의 중간 즈음에 위치한다. 한국의 용도지역제 도시계획은 개별 건축단위의 건축허용성 문제를 관장하지 않는다. 다만 그보다 상세한 계획인 지구단위계획에서는 건축허용성에 대한 판단이 담겨있을 수 있으나, 한국법은 별도로 개발행위허가라는 제도를 운용한다. 건축허용성을 부여하는 수단이 이원화되어 있는 셈이다.

2 Why can't the UK build 240,000 houses a year?, BBC News Magazine, 2015. 1., p. 13.

3 예컨대 Cameron Blackhall, Planning Law and Practice, Cavendish, 2000의 목차 참조.

4 Anne Galbraith, Galbraith's Building and Land Management Law for Students(6 edition), Routledge, 2010, p. 374. 다만, 위 제1장에서 살펴본 바와 같이, 비교적 맥락에서 영국의 체계는 계획주도형(plan-led) 체계에 대비되는 개발주도형(development-led) 체계의 대표격으로 소개되므로, 영국 내의 문헌들의 이러한 설명은 주의해서 이해할 필요가 있다. 저자의 경험이나 생각에는 영국 학자/전문가들 사이에 어떠한 인식의 차이가 존재하는 것으로 추측된다. 실제로 저자가 영국의 도시계획 학자를 만나 "영국의 도시계획은 구속력이 있느냐"라고 물었을 때의 답변은 "당연히도 있다"는 것이었다. 그런데, 외부적인 관점에서 보면, 계획허가의 발급 시 영국의 도시계획(특히 개발계획)의 구속력은 "중대한 사유(혹은 중대한 예외; material consideration)"가 있을 때 배제될 수 있는 것이므로, 그 구속력을 강하다고 평가하기는 어렵다.

3. 일반법의 포괄적 기능

영국건설법은 도시농촌계획법상 계획허가와 건축법상 건축승인이라는 일반법상의 두 제도가 건축행위 등 모든 개발행위를 관장하는 구조를 취하고 있다. 건축물의 용도나 규모, 혹은 개발사업의 종류에 따라 인허가절차가 달라지는 것이 아니라, 공통적으로 계획허가와 건축승인에 의존하는 형태이다.

영국 개발사업법들의 특징적인 모습은 ① 각 개발사업을 담당하는 주체의 설립에 관한 사항을 규정하고 ② 해당 주체의 권한관계 특히 도시계획의 수립이나 토지의 수용권에 대한 사항을 규정한 뒤 ③ 사업의 내용에 관하여는 '취득한 토지에서 주택 등의 건축을 할 수 있다'는 정도의 추상적 문언만을 두고 있다는 점이다.[1] 요컨대 개발사업법들이 관장하는 영역은 개발사업에 사용될 토지의 취득까지이다. 취득된 토지에서 개발행위를 하기 위해서는 다시 일반법으로 회귀하여 계획허가와 건축승인을 받아야 한다.

Ⅲ. 주택건설법제의 개관

1. 서설

영국법상 주택은 dwelling, house, flat 등의 명칭으로 불리우나, 적어도 건설법적인 관점에서 주택의 종류를 구분하여 규율을 달리 취급하지는 않는 것으로 보인다. 대표적으로 건축물의 용도를 규정한 1987년 도시농촌계획명령(The Town and Country Planning (Use Classes) Order 1987)은 주거용도(dwelling houses)에 대하여 1주택당 거주인원에 관한 언급만 하고 있을 뿐이다.[2] 결국 주택의 종류와 상관없이 모두 계획허가와 건축승인의 대상이 된다. 주택의 안전기준, 위생 등 경찰법적 요소에 대해서는 일반법인 건축법 및 건축규제가 적용되고, 도시계획적 요소에 대해서는 도시농촌계획법과 그에 따른 계획허가제도가 개입하게 되는 것이다.[3]

영국에도 주택법(Housing Act)이 마련되어 있으나, 한국의 주택법과는 기능에

---

1 대표적으로 1980년 지방정부계획토지법 제136조 제3항을 참조.

2 The Town and Country Planning(Use Classes) Order 1987. Class C.3 Dwelling houses.

3 계획허가의 경우 행정청의 재량이 개입되기 때문에 주택의 규모나 종류가 인구나 교통량 증가와 같은 요소에 영향을 미칠 경우 당연히 고려요소로 작용할 수밖에 없다. 그러나 한국법과 같이 세대수를 기준으로 인허가절차 및 관계법령을 달리 적용하는 식의 태도를 취하고 있지는 않은 것으로 판단된다.

있어서 매우 상이하다. 영국 주택법은 사법적 요소와 공법적 요소를 겸유하고 있는데, 한국의 주택임대차보호법이나 민법의 임대차에 관한 규율들이 전자에 해당한다. 최소한의 주거기준을 보장하거나 주거에 대한 위협의 제거, 나아가 무주택자에 대한 주택공급 등의 기능에 관한 내용이 후자에 해당한다.[1] 영국 주택법은 주거기준에 적합하지 않은 주택에 대해 각종 통지 및 명령(notices, orders)을 내릴 수 있도록 하고 있는데, 이러한 수단으로 해결되지 못하는 경우 지역을 특정하여 대규모 개선사업에 나아갈 수 있도록 근거 조문을 마련해두고 있다.

2. 계획허가

가. 계획허가와 주택건설

1947년 도시농촌계획법은 토지소유권자의 개발권을 모두 국유화(nationalised)하여 행정주체의 허가가 없는 이상 개발행위에 나아갈 수 없도록 하였다.[2] 1947년 법은 구조계획(Structure Plans)과 지역계획(Local Plans)으로 이원화된 개발계획을 도입하여 수립토록 하고, 개발행위를 하고자 하는 사인은 계획허가를 받도록 하되 개발계획의 내용에 배치되지 않는 경우에 한하여 계획허가가 발급될 수 있도록 하였다.[3] 이러한 구조에서 보면 계획허가는 도시계획을 결정하는 도정에서 가장 마지막 지점에 놓이게 된다. 구조계획 → 지역계획 → 계획허가로 이어지는 일련의 구조를 계획통제절차(Planning Control Process)라 명명한다.

주택의 건설이나 수선시에도 모두 동법상 계획허가를 받아야 한다. 계획허가에 관하여 주택에 관한 특칙은 따로 마련되어 있지 않다. 다만 2016년 주택계획법(Housing and Planning Act 2016) 제5조와 같이 일정한 정책적 목표 달성을 위해 계획허가의 요건을 일부 강화·완화하는 입법이 존재하기는 한다. 예컨대 동조는 시골에서 생애 첫 주택(starter homes)을 건축할 경우 요건을 완화하거나, 행정청의 재량으로 계획허가 발급시 생애 첫 주택 건설의 지원에 사용될 부담금을 내도록하는 조건을 추가하는 것을 가능케 하고 있다.

---

1 Gail Price, Housing Law and Practice, The College of Law, 2011, p. 1.

2 Cameron Blackhall, Planning Law and Practice, Cavendish, 2000, p. 8.

3 s. 55. (1) ⋯ "development," means the carrying out of building, engineering, mining or other operations in, on, over or under land, or the making of any material change in the use of any buildings or other land.

나. 계획허가의 절차

계획허가를 받고자 하는 사인은 기초지방자치단체(보통은 기초자치단체의회 district council, 이하 기초의회라 함)에 계획신청(Planning Application)을 하여야 한다.[1] 이때 ① 건축물의 수, 규모, 외양 ② 건축물에 대한 접근방법, 조경 및 근린자에 대한 영향 ③ 지속가능성 및 도로나 수도 공급 등 기반시설과의 관계 ④ 개발의 목적 등을 포함한 서류들을 기초의회에 제출하여 이를 심사하게 된다.[2] 계획허가가 제출되면 기초의회는 지역 일간지에 '최근 제출된 계획 신청들'이라는 이름으로 이를 공시하며, 부지 인근 주민에게 21일 내 반대의견을 제시할 수 있는 기회를 제공한다.[3]

계획허가는 ① 사전적인 절차 없이 바로 개발의 전체 계획을 제출하여 신청하는 방식(소위 'Full Planning Permission') ② 개발의 중요한 내용만을 포함한 윤곽만을 제출하여 허가권자인 기초의회의 승인 여부를 살펴본 다음, 개발에 관한 전체 계획을 제출하는 방식으로 가능하다(소위 'Outline Planning Permission'). 보통 후자는 대규모 개발의 경우 활용되며, 대부분의 경우에는 전자의 방식을 따르게 된다.

3. 건축승인

가. 건축승인의 의의

주거, 상업, 공업용 건물들에 대한 최소한의 외형 및 안전기준을 마련한 것이 건축규제이다. 이는 건축경찰법의 기능을 하는 건축법에 근거하여 제정된 것으로, 몇몇 예외적인 경우를 제외한 모든 건축물은 건축규제가 요구하는 요건에 부합해야 한다. 이때 건축승인의 발급을 통하여 안전요건의 충족 여부를 결정하게 된다.

---

1 계획허가를 신청하고자 하는 토지가 대도시지역에 위치하여 있는 경우를 제외한 일반적인 경우, 기초자치단체의회(district council, 이하 기초의회라 함)가 허가권자가 된다.
  영국은 전통적으로 지방자치단체를 집행부와 의회로 구분하지 않고, 기초의회가 양자의 기능을 모두 담당하는 체계를 택해왔다. 다만 2000년 지방정부법(Local Government Act 2000)은 의회와 별도로 시장(mayor)을 선출하는 체계와 의회에서 집행부를 구성하는 체계 중에서 각 지방자치단체가 선택하도록 개편하였다. 현재 대부분은 후자의 형태를 택하고 있으며, 직선제로 선출된 시장을 두고 있는 지방자치단체는 16개밖에 없다(https://en.wikipedia.org/wiki/Local_government_in_England 참조).
2 Office of the Deputy Prime Ministrer, Planning permission-a guide for business, p. 4. 참고로 이는 영국정부에서 발행하는 안내책자로 각 지방자치단체 사이트에서 다운로드가 가능하다.
3 Ray Tricker and Sam Alford, Building Regulations in Brief(6 edition), Routledge, 2010, p. 94. 참고로 1972년 지방정부법(Local Government Act 1972)에 의하면 일반대중은 계획신청서를 포함한 이에 관한 각종 회의 및 배경조사 자료들을 열람등사할 권리가 있다.

건축승인의 법적 성격을 살펴보면, 한국법의 건축허가에 비해 훨씬 느슨한 형태의 제도인 것으로 사료된다. 건축승인을 받지 않은 경우 처벌이 5,000파운드 이하의 벌금에 그치는 점을 고려하면(1984년 건축법 제35조) 이를 허가받지 않은 건축 및 대수선에 대해 징역형으로까지 의율하고 있는 우리의 제도에 대응시키기에는 무리가 있다.[1] 또한 건축승인의 발급과정에서 행정청의 역할이 보다 조언자에 가까운 것으로 추측된다.[2] 특히 영국의 건축승인은 행정청이 아닌 사인에 의하여서도 발급이 가능한바, 이에 대하여는 항을 바꾸어 서술토록 한다.

나. 건축승인의 절차와 요건

건축승인은 지방자치단체(지역의회) 또는 승인된 감독관으로부터 받을 수 있다. 1984년 건축법 제49조는 승인된 감독관(Approved Inspectors) 제도에 대하여 정하고 있다. 이 감독관은 국무장관으로부터 건설사업을 감독하고 승인할 수 있는 권한을 부여받은 자이다. 감독관들의 명단은 모든 지방자치단체를 통해 열람가능하다.[3] 그 역할은 감리와 유사하다. 감독관은 건설사업에 관한 조언을 제공하고, 계획을 검토하며, 승인을 발급한다. 감독관에게 건축승인을 받는 경우 지방자치단체에 착수보고(Initial Notice)를 하게 되고, 그 이후부터 지방자치단체는 특별한 개입을 하지 않게 된다.[4]

계획허가와 마찬가지로 건축승인도 ① 전체 건축 계획을 제출하여 승인을 받는 방식이 있고(소위 "Full Plans Application") ② 간략한 신고만 하고 별도의 승인을 받지 않은채 건축행위에 착수하고 사후적인 조사절차를 거치는 방식이 있다(소위 "Building Notice Procedure"). 공장, 사무실, 쇼핑몰, 호텔, 철도시설 등의 경우에는 반드시 전자의 방식에 의하여야 한다. 후자의 경우 화장실 추가설치와 같은 소규모 개발행위에 적합하며, 상업적인 목적의 개발의 경우 후자의 방식을 택하는 것이 불가능하다.[5]

건축규제가 정한 요건들은 일정한 경우 완화될 수 있다. 1984년 건축법 제8조

---

1 한국의 건축법은 도시지역 내에서의 무허가 건축행위에 대하여 3년 이하의 징역이나 5억원 이하의 벌금을, 도시지역 밖에서 무허가 건축행위에 대하여 2년 이하의 징역 또는 1억원 이하의 벌금을 규정하고 있다. 건축법 제108조 및 제110조.

2 Ray Tricker and Sam Alford, Building Regulations in Brief(6 edition), Routledge, 2010, p. 43의 "What will the Local Authority do?" 항목 참조.

3 Ray Tricker and Sam Alford, Building Regulations in Brief(6 edition), Routledge, 2010, p. 7.

4 이상 Ray Tricker and Sam Alford, Building Regulations in Brief(6 edition), Routledge, 2010, p. 44. 참조.

5 Ray Tricker and Sam Alford, Building Regulations in Brief(6 edition), Routledge, 2010, pp. 43-47 참조.

제1항은 국무장관에게 개별적인 사안에서 건축규제의 내용이 불합리하다고 판단되면 이를 완화하거나 적용을 배제할 수 있다고 정하고, 동조 제2항에 의하여 이는 지방자치단체에 의하여도 가능하도록 되어 있다. 지방자치단체를 포함한 공공주체나 정부건물, 수자원공사(water board)와 같은 법정사업시행자(statutory undertakers)들에 대하여는 건축규제의 적용이 면제된다.[1]

Ⅳ. 계획허가의 법적 성질

1. 계획허가의 대상

계획허가의 대상은 개발(development)이다. 1990년 도시농촌계획법 제55조는 개발의 의미를 '건축, 제작, 채굴과 그 외 토지에 대한 작용들, 또는 건물과 토지의 사용에 대한 어떠한 중요한 변화를 야기하는 것'이라 정의하고 있다. 이때 건축행위(building operations)에 포함되는 것으로 철거, 개축, 건물의 구조적인 변화 또는 추가, 건축주로서 통상 수행하는 보통의 행위들을 열거하고 있다.[2] 계획허가의 대상에는 건축물의 건축이나 수선뿐만 아니라, 물리적인 변화를 동반하지 않는 용도변경도 포함된다. 포괄적인 정의규정으로 인하여 주차장 앞뜰에 계란 자판기를 설치한 것도 토지의 이용에 중요한 변화를 야기하는 것인바 개발에 해당한다고 본 판례도 존재한다.[3]

1990년 도시농촌계획법 제55조 제3항은 특별히 혼란을 야기할 수 있는 사례를 제시하면서 건물 이용에 관한 중요한 변화, 곧 개발에 해당한다고 정하고 있다. 1가구의 거주에 사용되는 건물에 그 이상의 가구가 거주하게 되는 경우를 개발이라고 정한다. 이처럼 사용의 수준(degree of use)이 변화하게 되는 경우 개발에 포섭될 수 있는데, 영국 판례는 교통량, 소음 수준, 일반적인 방해요소의 변화가 야기되는 경우 등을 판단요소로 들고 있다.[4]

계획허가는 ① 개발에 해당하지 않는 경우와 ② 도시농촌일반개발명령(Town and Country General Development Order)에 포함된 경우에 면제된다. 도시농촌일반개

---

1 Ray Tricker and Sam Alford, Building Regulations in Brief(6 edition), Routledge, 2010, p. 36.

2 s. 55. (1A)For the purposes of this Act "building operations" includes—(a)demolition of buildings; (b)rebuilding; (c)structural alterations of or additions to buildings; and (d)other operations normally undertaken by a person carrying on business as a builder.

3 Bendles Motors Ltd v. Bristol Corporation [1963] 1 All ER 578.

4 Barling(David W) Ltd v. Secretary of State and Swale District Council [1980] JPL 594.

발명령은 국무장관에 의하여 제정된 것으로, 이에 수록된 종류의 개발들은 그 자체로 일반공중에게 허락된 것이 되어 계획허가 없이 가능한 것이 된다.[1] 동 명령이 나열하고 있는 예들을 보면 소규모의 수선, 문이나 울타리 등의 설치 등 도시계획에 미치는 영향이 미미한 행위들이다. ①, ②를 모두 포함한 행위들은 계획허가 없이 자유로이 사인이 할 수 있다는 의미에서 개발기득권(Permitted Development Rights)이라 명명된다.[2]

2. 도시계획과의 관계

가. 도시계획의 체계

전술한대로 영국의 도시계획은 ① 구조계획 → ② 지역계획 → ③ 계획허가로 이어지는 계획통제절차를 갖추고 있다. ① 구조계획은 전반적으로 간결한 내용만을 담고 있으며, 토지이용에 대한 상세한 정책적 내용은 배제하고 핵심적인 토지이용 문제에 초점을 맞추고 있다. 구조계획은 각 지역별 주택건설계획·그린벨트·교통량·도시 및 교외지역의 경제·자원·폐기물처리 등에 대한 포괄적 정책방향을 담고 있다.[3] ② 지역계획은 구조계획의 내용을 일반적으로 준수하는 한도 내에서 이를 구체화한 것이다. 주택의 공급의 관하여 보면, 예컨대 구조계획 단계에서는 각 기초지방자치단체의 영역별로 몇 호를 공급할 것인지 총량에 대하여 규정하고, 지역계획은 구체적으로 지도의 어느 위치에 주택을 지을 것인지를 할당하게 된다.[4] ③ 마지막으로 계획허가가 개발행위들에 개별적으로 작동하여 계획통제절차를 완성한다.

나. 개발계획의 효력

구조계획과 지역계획, 곧 개발계획은 독일이나 미국의 용도지역제 도시계획(zoning)과는 상이한 것으로 평가된다. 용도지역제 도시계획이 토지에 등장할 수 있는 건축물의 용도를 사전에 '지정'하는 것과 달리, 영국의 개발계획은 용도를 '할당(allocate)'한다. 즉 개발계획 중 지역계획에서 정하는 토지의 용도는 사전적이고 예비적이며 기본적인(primary) 의미를 지니는 것에 불과하다. 예컨대 지역계획이 특정

---

1 JR Lewis, Administrative Law for the Construction Industry, Springer, 1976, p. 117.
2 Ray Tricker and Sam Alford, Building Regulations in Brief(6 edition), Routledge, 2010, p. xxi.
3 구조계획에 포함되어야 할 내용들에 관하여는 계획정책안내서류(Planning Policy Guidance Note, PPG) 12의 5.9번 문단에 자세히 안내되어 있다.
4 Cameron Blackhall, Planning Law and Practice, Cavendish, 2000, p. 36.

토지의 용도를 주거건물 개발에 할당하였다 하더라도, 이로써 해당 토지를 다른 양립가능한 용도로 개발하는 것이 배제된다는 의미를 뜻하지 않는다. 이러한 관점에서 영국의 개발계획은 유연성을 추구한다.[1]

이러한 유연성은 계획허가의 요건과 관련하여서도 나타난다. 계획허가의 발급시 원칙적으로 개발계획(Development Plan)에 합치되는지 여부가 심사된다. 원칙적으로 개발계획에 어긋나는 계획허가는 발급될 수 없고, 다만 매우 중대한 예외적 경우에 한하여 개발계획과 다른 내용의 계획허가가 발급될 수 있다(1990년 도시농촌계획법 제70조 제2항). 문제는 중대한 예외의 인정요건을 완화할 것인지 혹은 엄정화할 것인지 여부이다. 영국법원은 개별적 상황, 재정, 유사한 선례의 존재 등을 모두 중대한 예외의 판단요소로 보고, 신청인이 개발계획의 구속력을 배제할 납득할 만한 사유를 제시하도록 하고 있다.[2] 영국법원은 중대한 예외사유에 해당하는지에 관하여는 법적인 문제라 하면서도, 이를 형량하여 최종적인 결정을 하는 것은 행정청의 계획판단의 문제라 보고 있다.[3] 종합하면 행정청의 판단에 따라 얼마든지 완화된 해석을 할 수 있는 재량의 영역에 속하게 된다. 그리고 이러한 계획재량적 판단은 계획허가의 발급단계에서 이루어지게 된다. 이 때문에 계획허가를 계획통제 절차 중에서 전 단계의 계획들을 변경할 수 있는 권능까지도 지닌 가장 핵심적인 제도라 할 수 있다.

다. 계획허가의 계획적 성격

계획허가의 법적 성격은 단순한 개별 행정행위가 아닌, 행정계획과 유사하다고 볼 수 있다.[4] 이러한 의미에서 계획허가는 "계획을 완성하는 행위," 즉 계획 그 자체의 수립과정이라고 보아야 한다. 비유컨대 영국법상 개발계획이 색칠공부 공책의 '도안'이라면, 계획허가는 그 도안의 한 부분에 색칠을 하는 행위와 같다. 이것이 모여 전체적인 하나의 그림, 곧 도시계획을 완성하게 된다.

계획허가의 행정계획으로서의 성격은 그 심사·발급과정에서도 나타난다. 도시농촌계획법은 계획허가가 제출될 경우 지역일간지에 공시하는 절차와 인근주민들의 의견청취절차를 거칠 것을 요구한다. 또한 계획허가의 신청을 계획신청(Planning

---

1 이상 Cameron Blackhall, Planning Law and Practice, Cavendish, 2000, p. 9의 논의 참조.
2 Cameron Blackhall, Planning Law and Practice, Cavendish, 2000, p. 169 이하 참조.
3 Tesco Stores v. Secretary of State [1995] 1 WLR 759; 2 All ER 636.
4 물론 독일식 행정계획의 개념을 영국법에 그대로 대응하는 것에 대한 비교법적인 고찰이 추가적으로 행해져야 할 것이다.

Application)이라 칭하는 영국법의 태도 또한, 계획허가에 개별적 행정행위 이상의 지위를 부여하고 있는 결과로 풀이된다.

3. 건축승인과 계획허가

건축승인과 계획허가는 독립적인 제도이다. 한국법과 달리 양자 간의 의제규정이 마련되어 있지 않다.[1] 이는 심사·발급주체가 각기 상이하다는 점에서 보면 당연한 것으로 보인다. 건축승인의 경우 발급권자를 신청인이 선택할 수 있는데, 계획허가는 발급권자가 지방자치단체(기초의회)로 단일화되어 있기 때문이다. 내용 측면에 있어서도 건축승인은 건축물의 안전과 위생 등을, 계획허가는 도시계획적 영향력을 심사하게 되어 판이한 모습을 보인다. 이런 관점에서 보면, 영국건설법은 철저히 건축경찰법의 영역과 도시계획법의 영역을 분리하여 상호간의 간섭을 일절 배제하는 태도를 취하고 있다.

영국법상 건축 등 개발행위에 대한 규제는 건축승인보다는 계획허가를 중심으로 이루어진다.

Ⅴ. 주택의 유지 및 개선

1. 주거환경의 개선

영국 주택법상 지방자치단체들은 그 관할구역 내의 주택을 공급하는데 필요한 지원을 하고, 주거기준에 맞지 않는 불량주택을 정비하며, 빈민가(slum)를 재정비할 일반적인 책임을 부담한다.[2] 이를 위해 주택법은 각종 보조금(grants) 제도와 지방자치단체들에 의한 강제명령의 발동에 관한 근거규정들을 마련해두고 있다.

1985년 주택법 제189조는 주거에 적합하지 않은 주택에 대하여 수선통지(Repair Notice)을 내릴 수 있도록 하였으나, 2004년 주택법은 이를 보다 구체화하여 개선통지(Improvement Notice), 사용금지명령(Prohibition Order), 위험통지(Hazard Awareness Notice) 등으로 행정청이 선택할 수 있는 수단의 폭을 보다 다양화하였다. 개선통지를 받은 자는 위험을 제거할 법적 책임을 부담하게 되고, 사용금지명령을 받은 자는 해당 부지나 건물을 전면적 또는 부분적으로 사용을 금지할 책임을 부담하게 된다.[3]

---

1 Ray Tricker and Sam Alford, Building Regulations in Brief(6 edition), Routledge, 2010, p. 89.
2 JR Lewis, Administrative Law for the Construction Industry, Springer, 1976, p. 46.
3 Gail Price, Housing Law and Practice, The College of Law, 2011, p. 107.

1974년 주택법 제7장은 개선보조금, 기본보조금, 특별보조금 등 3가지의 보조금제도를 통하여 최소한의 주거기준을 마련하려 하였다. 개선보조금은 국무장관에 의하여 제정된 12가지 기준에 근거하여, 이를 충족시키지 못하는 주택의 개선을 위하여 지급되던 보조금이었다. 기본보조금은 샤워시설, 냉수 및 온수의 공급과 같은 기본적인 편의시설이 부족한 경우 이를 갖추도록 하기 위해 지급되던 보조금이다. 마지막으로 특별보조금은 다중점유주택(Houses in Multiple Occupation, HMOs)[1]에 대하여 기본적인 편의시설을 갖출 수 있도록 지급되던 보조금이다.[2]

2. 정비사업

주거환경의 열악함이 단순히 개별주택을 개선하는 방법만으로 해결될 수 없는 경우, 부득이 일정한 구역 내의 모든 주택에 대한 정비사업을 추진할 수밖에 없다. 1985년 영국 주택법 또한 이러한 점을 고려하여 일정한 구역을 주택건설지역(Housing Action Area), 일반개량구역(General Improvement Area) 정화지역(Clearance Area)으로 지정하여 정비사업에 나설 수 있도록 하고 있다.[3] 지방자치단체가 관할 내에 주거시설이 밀집한 곳 중 주거조건이 불만족스러운 곳에서 5년의 기간 동안 개선사업을 하기 위해 지정하는 곳이 주택건설구역이다. 더 나아가 빈민가에서 위험한 주거시설이 존재하는 등의 공중보건에 위해를 가할 우려가 있는 곳을 지정하여 주택의 공급에 나서기 위해 지정하는 곳이 정화구역이다. 두 경우 모두 지방자치단체는 사업목적달성의 범위 내에서 수용권을 부여받으며, 취득한 토지에 주택을 건설할 수 있다.

주택법 외에도 1980년 지방정부계획토지법(Local Government, Planning and Land Act 1980), 1993년 임차권개혁주택도시개발법(Leasehold Reform, Housing and Urban Development Act 1993), 2008년 주택재개발법(Housing and Regeneration Act 2008) 등 특별법이 마련되어 지방자치단체 외의 개발주체를 설립토록 하여 보다 효율적으로 재개발에 나설 수 있도록 하고 있다. 공통적인 특징만을 추려보면, 해당 법들에 근

---

1 이는 여러 가구가 한 건물의 거주하는 형태의 주택을 일컫는 말로, 주방, 화장실을 여러 가구가 공유하는 형태의 주거시설을 뜻한다.

2 JR Lewis, Administrative Law for the Construction Industry, Springer, 1976, pp. 49-51.

3 나채준, 영국의 재개발, 재건축 법제분석 및 시사점, 토지보상법연구 제14집, 2014, 50면은 주택건설지역이나 일반개량구역에 관한 조문이 2004년 주택법에 의하여 폐지되었다고 주장하나, 저자의 생각으로는 영국의 법 개정 형식을 고려하면 그 주장에 찬동하기 어렵다고 생각된다. 영국에서는 개정법률에 의하여 구법 조문이 폐지되는 경우 부록(SCHEDULE)으로 폐지되는 조문을 정리해두는데, 2004년 주택법 16번 부록의 폐지되는 조문 항목에 1985년 주택법 해당 조문들은 전혀 적시되어 있지 않다.

거하여 설립된 개발주체들은 지정된 구역 내에서 지방자치단체의 계획권한을 일부 대신 행사하게 되며, 사업목적달성을 위한 범위 내에서 수용권을 부여받는다는 점 이다.[1] 즉 해당 법들은 각기 특별한 개발주체의 설립과 권한 문제만을 규율할 뿐, 개발의 상세한 절차는 정하지 않는다. 따라서 주택건설을 위해 다시 일반법인 도시 농촌계획법으로 돌아가 계획허가를 획득하여야 한다.

VI. 결론 및 제언

영국의 건설법제는 계획허가를 중심으로 운용된다. 영국이 최근까지도 겪고 있는 심각한 주택공급부족난의 원인으로 지목되는 것도 바로 계획허가의 경직성 문제이다. 계획주도형체계를 지향하는 영국의 도시계획체계는 개발계획을 사전에 수립토록 하고, 계획허가를 이에 종속토록 하고 있다. 그러나 계획허가단계에서 도 리어 개발계획의 내용은 뒤집어질 수 있다. 계획주도형체계가 오히려 주택 건설사 업을 복잡하고 고도의 위험성을 담보토록 만든다는 역설적인 비판을 받는 이유도 개발계획과 계획허가 간의 이러한 관계에서 기인하는 것으로 사료된다. 개발계획 이 추상적일수록, 또한 계획허가의 재량영역이 넓어질수록 이러한 현상은 심화될 것이다.

향후에는 ① 영국 도시계획법상 개발계획과 계획허가 간의 관계[2] ② 계획허가 의 발급 요건 및 이에 대한 영국 판례의 논의 ③ 개발계획과 관련된 입법의 변화와 의의[3] ④ 영국 개발사업법상 각종 개발사업주체들의 구성과 권한에 관한 비교연 구 ⑤ 건축승인 제도의 법적 성질 및 영국건설법에서의 지위 등에 대한 추가적인 연구가 필요할 것으로 보인다.

---

1 1980년 지방정부계획토지법 제136조, 1993년 임차권개혁주택도시개발법 제160조, 2008년 주택재 개발법 제8조 등을 보면 모두 유사한 권한을 부여하고 있다.
2 본 고에서 언급한 바와 같이, 영국 문헌들은 개발계획이 건축물의 용도를 '할당(allocate)'한다고 설 명하고, 그 유연성을 강조한다. 그 법적 의미가 무엇인지, 본 고가 연구가설로 삼은 것과 같이 개 발계획의 법적 구속력이 사실상 약한 것인지 여부 등에 대한 교차연구가 필요할 것으로 보인다.
3 각종 문헌을 살펴보면 개발계획은 1991년, 2004년에 큰 변화를 겪었다는 서술이 등장하고, 이는 각 기 1990년 도시농촌계획법과 2004년 계획수용법의 입법시기와 거의 일치한다. 각 조문의 변천사를 분석하여 그 법적 의미의 변화를 추적하는 것도 의미 있는 연구주제가 될 것이다.

제3장 미국의 도시계획법과 예외허가(variance)

본 장의 자료는 저자가 발표한"전진원, 도시계획의 적용 예외에 관한 한국과 미국의 비교연구. 건설법연구, (10), 2023, 23-38면"중 26-29면 부분과, 31-34면 중 한국 논의 부분을 삭제한 나머지 부분을 발췌하여 수록한 것이다.

I. 도시계획에 대한 한계적 접근[1]

1. 논의의 개관

도시계획 의의는 토지이용에 관련된 어떠한 요건들을 사전적으로 규율함으로써 재산권의 행사에 개입하는 것에 있다고 볼 수 있다. 이러한 도시계획의 의의를 실현하기 위해서는, 도시계획이 규율하고자 하는 토지이용이 일어나기 앞서서 수립되어 있을 것이 필요하고, 이는 곧 도시계획 자체가 여러 나라 혹은 법역에서 토지이용의 선결적인 요건으로 요구되고 있음을 뜻하기도 한다.

도시계획의 가장 기초적인 골격은 건축물의 용도나 형태, 밀도, 규모 등과 같은 건축의 요건들을 규율하는 것이라 할 수 있고,[2] 개별적인 건축행위의 신청 및 인허가 과정에서 그 준수 여부를 평가하고 심사하게 된다. 만일 건축행위가 도시계획이 선결적으로 정해놓은 요건을 충족한다면, 법역에 따라 수권된 권리(vested rights)로서 보호되는 경우가 있을 수 있고, 최소한 그렇지 아니한 경우와 비교하여 해당 행위가 허용될 가능성은 상대적으로 높을 수밖에 없다. 미국의 도시계획법[3] 논의에서는 도시계획 — 특히 조닝(zoning)이 정한 요건을 충족하는 형태의 건축행위 또는 개발을 종래 "as of right"라고 지칭하여왔다.[4] 이는 해당 개발행위가 최소한 조닝이

---

[1] 본 항목의 논의는 전진원, 시계획의 적용 예외에 관한 한국과 미국의 비교연구, 건설법연구, (10), 2023, 23-38면 중 26-29면을 발췌한 것이다.

[2] 물론 도시계획의 개념요소로는 건축단위, 건축허용성, 건축허가요건 등이 논의된다. 김종보, 건설법의 이해, 제6판, 피데스, 2018, 196면.

[3] 미국의 경우 도시계획법을 연구하는 학문영역을 지칭하는 어떠한 합의된 용어가 존재한다고 보기는 어렵다. 다만 미국 로스쿨이나 도시계획대학원들의 교과목 명칭 및 각종 교과서들의 명칭을 고려하면 대체로 Land use law, Land use planning law, Urban planning law 등의 용어가 주로 사용되고 있는 것으로 보인다. 본고에서는 이러한 명칭의 다양성에도 불구하고 편의상 도시계획법이라는 용어로 미국의 해당 학문영역을 명명하기로 한다.

[4] David Callies/Robert Freilich/Shelley Saxer, Land Use Cases and Materials(7th ed.), West Academic Publishing, 2017, p. 97.

정한 바를 충족하는 범위 내에서는 이미 토지를 이용할 권한 또는 권리가 일정부분 부여된 것이라는 의미를 함축하는 것으로, 후속하는 허가절차가 특별한 사정이 없는 한 문제 없이 진행될 수 있을 것이라는 기대를 담고 있는 표현이기도 하다. 반면 한국의 경우 미국에서 논의되는 "as of right"에 대응하는 개념을 특별히 찾기는 쉽지 않다. 예컨대 도시계획 수단 중 비교적 상세하게 건축허가 요건을 정하는[1] 지구단위계획의 경우에 관하여도 대법원은 당해 지구단위계획이 권장용도를 정하여놓은 것만으로는 해당 용도 건축물의 건축허가가 발급될 것이라는 공적 견해표명을 한 것으로 볼 수 없다고 설시한 사례를 참조할 수 있겠다.[2]

그런데 논의를 달리하여 만일 사인이 의도하는 토지이용이 기 수립된 도시계획의 내용을 준수하지 아니하는 경우는 어떻게 보아야 하는가? 도시계획의 구속력이 인정되는 한, 그에 후속하는 토지이용이 당해 계획을 충족하지 아니하는 경우에는 이는 원칙적으로는 허용되지 아니하여야 하는 것이고, 나아가 위법[3]한 것에 이를 수 있다. 미국의 경우 '도시계획'이라는 용어 자체의 용법에 혼란이 있고, 때문에 종합계획(comprehensive plan, master plan)만을 협의의 도시계획으로 이해한 다음 그 구속력을 부정하는 주장이 존재하기도 하지만[4] 최소한 조닝의 구속력에 대해서는 논란이 없다. 한국의 경우 조닝에 비견[5]되고는 하는 용도지역제 도시계획의 경우 실정법상 도시관리계획으로 분류되고 이는 분명하게 그 구속력이 인정되고 있다.[6] 요컨대, 기 수립된 도시계획의 허용범위를 벗어난 토지이용이 정당화되고 합법화될 수 있기 위해서는 도시계획 자체가 변경되거나, 또는 기존의 도시계획을 그대로 유지하면서도 그에 대한 예외를 허용해주기 위한 다른 법적인 수단이 필요하게 된다.

---

1 김종보, 건설법의 이해, 제6판, 피데스, 2018, 210면 참조.
2 대법원 2005. 11. 25. 선고 2004두6822, 6839, 6846 판결.
3 예컨대, 한국의 경우 개발행위허가의 기준으로 도시관리계획에 어긋나지 않을 것이 명문의 규정으로 입법되어 있으므로(국토계획법 제58조 제1항 제2호), 기존에 존재하는 도시관리계획에 명백히 부합하지 아니하는 개발행위의 경우 '위법'한 것이라고도 평가할 수 있을 것이다.
4 Julian Juergensmeyer/Thomas Roberts/Patricia Salkin/Ryan Rowberry, Land Use Planning and Development Regulation Law(4th ed.), West Academic Publishing, 2018, p. 34.
5 김승종, 미국의 토지이용 규제체계에 관한 연구, 부동산연구, 제24권 제3호, 2014, 88면 참조. 해당 연구의 경우 미국의 조닝을 용도지역으로 번역한다.
6 대법원 1982. 3. 9. 선고 80누105 판결.

2. 미국 도시계획법상의 논의

가. 예외적 수단들의 개관

미국의 경우 위와 같은 예외적 허용을 위한 법적 수단으로서 3가지 제도가 흔히 언급된다. 첫째, 가장 직접적인 방안으로서 조닝 그 자체를 변경하는 방법으로서 흔히 rezoning이나 reclassification으로 명명된다. 둘째, variance이다. 이는 기존에 수립, 지정된 조닝의 내용 자체는 변경하지 않으면서 허용용도나 건축허가요건에 예외를 인정해주는 법적 수단을 의미한다. 셋째, special permit으로, 흔히 특별히 허용되는 예외(special exception) 또는 조건적 용도 허가(conditional use permit) 등으로도 불리기도 하는[1] 제도가 논의되고 있다.

위 3가지의 수단들 중에서는 variance와 special permit이라는 2가지 수단이 조닝 그 자체를 변경하지 않으면서 조닝에 유연성을 부여하는 제도로 이해될 수 있겠다.[2] 물론 이 둘의 경우에도 그 용어적인 유사성으로 인하여 그 구분을 명확히 하는 것에 어려움이 있다.[3] 예컨대 주(state)에 따라서는 variance와 special permit을 모두 합쳐서 special exception이라는 용어로 지칭하는 경우도 발견된다.[4] 그럼에도 불구하고 양자는 몇 가지 중요한 차이점을 지니고 있다. 무엇보다도 variance와 special permit는 요건에 있어서 차이를 보인다. Variance의 경우 주로 각 주(state)의 조닝의 근거법률이 되는 조닝수권법(State Zoning Enabling Act)에 근거를 두고 있는데, 해당 주법에서 통상 (조닝의 요건을 그대로 적용하는 것이) "불필요한 어려움(unnecessary hardship)"을 초래할 것과 같은 매우 일반추상적인 요건을 요구하고 있고,[5] 문헌들의 논의 또한 해당 요건의 해석과 적용에 주로 초점을 맞추고 있다. 반면 special permit의 경우에는 variance에 비해서는 보다 상세한 요건들을

---

1 David Callies/Robert Freilich/Shelley Saxer, Land Use Cases and Materials(7th ed.), West Academic Publishing, 2017, p. 139.

2 Jonathan E. Cohen, A Constitutional Safety Valve: The Variance in Zoning and Land-Use Based Environmental Controls, Boston College Environmental Affairs Law Review, Vol. 22, 1994, p. 331 참조.

3 Julian Juergensmeyer/Thomas Roberts/PatriciaSalkin/Ryan Rowberry, Land Use Planning and Development Regulation Law(4th ed.), West Academic Publishing, 2018, p. 131.

4 David Callies/Robert Freilich/Shelley Saxer, Land Use Cases and Materials(7th ed.), West Academic Publishing, 2017, pp. 139, 227.

5 Jonathan E. Cohen, A Constitutional Safety Valve: The Variance in Zoning and Land-Use Based Environmental Controls, Boston College Environmental Affairs Law Review, Vol. 22, 1994, 331-332면.

규정하는 경우가 많은데,[1] 이는 special permit은 입법부가 사전에 상세하게 마련, 제시하는 요건이 충족된 경우 입법부가 직접 허용해준 예외라고 이해되는 반면, variance는 위와 같은 일반추상적 요건에 대하여 다른 기관(예컨대 zoning board of adjustment)의 판단을 거쳐서 발급 여부가 판단되는 것으로 이해되기 때문이다.[2]

이러한 차이점은 흔히 SEZA라는 약칭으로 명명되는 표준 주 조닝 수권법(Standard State Zoning Enabling Act)[3]상으로도 확인가능한데, SEZA 제7조 제2항은 special permit을 법령이 규정한 바가 충족되면 조닝위원회 등이 이를 발급할 것이 "요구되는" 것이라 규정[4]하고 있는 반면, 동조 제3항은 variance에 관하여 단지 "공익"이나 "불필요한 어려움"과 같은 일반추상적인 요건들만을 규정하고 있는 것에 불과하다. 달리 말하면, variance와 달리 special permit은 조닝의 시행지침(ordinance[5])에 의하여 분명하게 예상되고 예견된 예외에 해당한다는 것이다.[6] 그렇다면, 기존의 조닝에 의하여 예상되거나 예견되지 못한 예외적인 경우를 규율한다는 측면에서는 variance는 오히려 조닝의 변경(rezoning)과 그 특성을 공유하는 측면이 존재한다.

나. 실정법상의 근거

미국의 경우 대부분의 사례에서 조닝은 그 자체로 입법행위(legislative act)로 분류되고 이해된다.[7] 즉 지자체의 입법부가 조닝에 관한 도시계획권한을 행사하는

---

1 Jonathan E. Cohen, A Constitutional Safety Valve: The Variance in Zoning and Land-Use Based Environmental Controls, Boston College Environmental Affairs Law Review, Vol. 22, 1994, p. 331 참조.

2 이상 Sandra K. Carlson, Seeking a Variance as a Prerequisite to Challenging a Zoning Ordinance, Wayne Law Review, Vol. 45 No. 4, 2000, p. 2011 참조.

3 "Act"라는 명칭과 달리 이는 실정법이 아니라 연방정부가 제시하는 일종의 가이드라인 혹은 우리의 '표준조례'와 같은 것에 불과하다. 관련하여 Juergensmeyer et al., 앞의 책, p. 47을 참조.

4 SZEA상의 원문 규정은 "which such board is required to pass under such ordinance"이다. 즉 "required to pass"는 우리식으로 이해하면 일종의 기속행위와 유사하게 파악할 수 있겠다.

5 외형상 한국의 도시관리계획들 중 상세한 내용을 담고 있는 시행지침과 같은 것으로 이해할 수 있겠다. 다만, 미국의 zoning은 그 자체로 입법행위로 이해되기 때문에 zoning ordinance 또한 한국 행정법상의 행정계획의 개념이 아니라 그 자체로 시의회가 제정한 입법 그 자체로 이해된다.

6 David M. Friebus, "A New Uncertainty in Local Land Use: A Comparative Institutional Analysis of State v. Outagamie County Board of Adjustment Note," Wisconsin Law Review, Vol. 2003 No. 3, 2003, p. 588 참조.

7 David Callies/Robert Freilich/Shelley Saxer, Land Use Cases and Materials(7th ed.), West Academic Publishing, 2017, p. 194.

것으로 그 법적 성질을 파악하는 것이다(SZEA 제2조 참조).[1] 조닝을 변경하는 행위 (rezoning)의 경우에는 그 법적 성질이 입법행위인지 아니면 준사법적(quasi-judicial) 행위인지에 대한 쟁점이 존재하기는 하지만, 이 또한 대체로는 입법행위로 이해되고 있는 것으로 보인다.[2] 이와 같이 조닝의 변경 또한 도시계획권한을 수권한 주 입법 그 자체에 근거하고 있는 것이라고 보아 그에 의하여 이미 부여된 도시계획권한을 행사하는 것에 지나지 않는다고 이해한다면, 조닝의 변경을 위하여 특별한 다른 추가적인 입법적인 근거가 요구된다고 보기는 어렵다.

반면, variance와 special permit의 경우에는 제반사정이 다르다. 이들의 경우에는 본래 도시계획권한을 가진 입법부가 다른 기관 - 예컨대 조닝위원회에 그 발급권한을 대리 또는 위임한 것으로 이해되고 있으므로,[3] 위임의 근거가 되는 명시적인 법적 근거가 필요하게 된다. 이와 같이 variance와 special permit의 발급에 관한 행정청의 권한을 입법권의 위임이라는 구조로 이해하는 경우 2가지의 쟁점이 고민될 필요가 있다. 첫째, variance나 special permit의 발급이 위임받은 입법권의 행사의 법적 실질을 지니는 것인지, 아니면 그와 명확히 구분되는 행정청의 행위로 취급하여야 하는 것인지가 쟁점이 될 수 있다. 미국의 각급 판례들은 입법적 성질의 행위(legislative action)와 행정적인 행위(adminiatrative action)에 대한 위법성 판단의 강도, 보다 정확하게는 입법부와 행정청의 판단에 대한 사법적 존중(deference[4])의 수준을 달리하고 있는바,[5] 이는 다툼의 대상이 되는 행위의 위법성 판단결과에 직접적인 영향을 미칠 수밖에 없게 된다. 둘째, 이러한 위임에 대하여 어느 정도 특정된 수권이 이루어져야 하는지가 쟁점이 될 수 있다. 미국 도시계획법 교과서상으로 소개되는 몇몇 사례들에서 이미 special permit의 발급에 관한 조항이 지나치게 추상적이어서 포괄적 수권(unchecked delegation)에 해당한다는 이유로 위법하다고 판단된 사례들이 언급되고 있다.[6]

---

1 Julian Juergensmeyer/Thomas Roberts/PatriciaSalkin/Ryan Rowberry, Land Use Planning and Development Regulation Law(4th ed.), West Academic Publishing, 2018, p. 47.

2 David Callies/Robert Freilich/Shelley Saxer, Land Use Cases and Materials(7th ed.), West Academic Publishing, 2017, p. 194.

3 David Callies/Robert Freilich/Shelley Saxer, Land Use Cases and Materials(7th ed.), West Academic Publishing, 2017, p. 149; Julian Juergensmeyer/Thomas Roberts/PatriciaSalkin/Ryan Rowberry, Land Use Planning and Development Regulation Law(4th ed.), West Academic Publishing, 2018, p. 131.

4 미국의 법원 또한 deferential view라고 하여, 한국 판례와 같이 계획재량 행사에 대한 위법성 판단에 소극적인 태도를 보이고 있다. 이에 대해서는 전진원, 국토계획법, 박영사, 2021, 43면 참조.

5 J. C. Juergensmeyer, T. E. Roberts, P. E. Salkin & R. M. Roweberry, Land Use Planning and Development Regulation Law(4th ed.), West Academic Publishing, 2018, p. 202.

6 David Callies/Robert Freilich/Shelley Saxer, Land Use Cases and Materials(7th ed.), West Academic

현재까지 미국에서의 법학적 논의는 주로는 special permit 보다는 variance에 초점을 맞추어온 것으로 사료된다. 대부분의 주(state)들은 SZEA의 문언을 그대로 수용하여 '불필요한 어려움'의 초래 여부만을 요건으로 정하고 있기에, 실제 사례에서 이를 어떻게 적용, 운용하여야 하는지가 중요한 논의의 대상이 되어온 것이다. 구체적으로는 (i) 조닝에 의하여 지정되어 있는 주거지역, 상업지역, 공업지역과 같은 zone 자체에 의하여 정해지는 허용용도에 대한 예외를 허용하는 것(이른바 'use variance')과, (ii) zone은 유지하되 그 중 일부 건축허가요건에 대해서만 예외를 허용하는 것(이른바 'area variance' 또는 'dimensional variance')의 요건을 구분하여 접근하여야 하는지가 쟁점이 되었다.[1] 전자의 경우 주변환경의 본질적 변화를 초래할 수 있음[2]을 고려하면 이는 상대적으로 큰 위험을 초래할 가능성이 존재하고,[3] 따라서 많은 주들에서는 전자에 대하여 상대적으로 엄격한 기준을 도입하고 있는 것으로 소개된다.[4] 이러한 구분은 판례상으로도 확인될 수 있고,[5] 나아가 주 입법 사례들(예컨대 뉴욕주)이 후자에 대해서 실무적인 어려움(practical difficulties)이나 통상의 이익형량(balancing test)과 같은 완화된 기준을 정해두고 있다는 점[6]에

Publishing, 2017, p. 151; Julian Juergensmeyer/Thomas Roberts/PatriciaSalkin/Ryan Rowberry, Land Use Planning and Development Regulation Law(4th ed.), West Academic Publishing, 2018, p. 173.

1 Randall W. Sampson, "Theory and Practice in the Granting of Dimensional Land Use Variances: Is the Legal Standard Conscientiously Applied, Consciously Ignored, or Something in Between?," The Urban Lawyer, Vol. 39 No. 4, 2007, p. 882 참조.

2 Van de Walle, M. Derek, "Peculiar Problems with Variance Ordinances," Maryland Bar Journal, Vol. 51 No. 5, 2018, p. 25.

3 Osborne M. Reynolds, "The 'Unique Circumstances' Rule in Zoning Variances—An Aid in Achieving Greater Prudence and Less Leniency," The Urban Lawyer, Vol. 31 No. 1, 1999, p. 131.

4 관련하여 Jonathan E. Cohen, "A Constitutional Safety Valve: The Variance in Zoning and Land-Use Based Environmental Controls," Boston College Environmental Affairs Law Review, Vol. 22, 1994, p. 339; David M. Friebus, "A New Uncertainty in Local Land Use: A Comparative Institutional Analysis of State v. Outagamie County Board of Adjustment Note," Wisconsin Law Review, Vol. 2003 No. 3, 2003, p. 574; Randall W. Sampson, "Theory and Practice in the Granting of Dimensional Land Use Variances: Is the Legal Standard Conscientiously Applied, Consciously Ignored, or Something in Between?," The Urban Lawyer, Vol. 39 No. 4, 2007, p. 891; Van de Walle, M. Derek, "Peculiar Problems with Variance Ordinances," Maryland Bar Journal, Vol. 51 No. 5, 2018, p. 25; Alan R. Madry, "Judging Ziervogel: The Twisted Path of Recent Zoning Variance Decisions in Wisconsin," Marquette Law Review, Vol. 91 No. 2, 2007, p. 489. 모두 유사한 견해를 설명하고 있다.

5 Alan R. Madry, Judging Ziervogel: The Twisted Path of Recent Zoning Variance Decisions in Wisconsin," Marquette Law Review, Vol. 91 No. 2, 2007, p. 489; Randall W. Sampson, "Theory and Practice in the Granting of Dimensional Land Use Variances: Is the Legal Standard Conscientiously Applied, Consciously Ignored, or Something in Between?," The Urban Lawyer, Vol. 39 No. 4, 2007, p. 891.

6 Randall W. Sampson, "Theory and Practice in the Granting of Dimensional Land Use Variances: Is

의해서도 확인될 수 있다.

다. 실무의 운용 및 비판

학술문헌들에서는 variance가 지나치게 남발되고 있다는 취지의 비판들이 발견된다.[1] 예컨대 과거 몇몇 주들에서는 variance의 승인율이 대략 90%에 육박하는 경우들이 발견되었던 바 있고, 최근 연구에서도 과도한 발급현상을 비판적으로 조명하는 것이 발견된다.[2] 대표적으로 메인 주의 포틀랜드 시의 경우에는 1968년 한 해 dimensional variance의 승인율이 92%에 이르기도 하였다.[3] 이러한 실무적 운용 경과에 비추어 상당수의 문헌들은 이를 남발현상이라고 명명하면서 이것이 이론과 실무의 불일치에서 빚어진 것으로 분석한다.[4] 즉 조닝위원회들이 실정법에서 정한 요건의 취지를 제대로 고려하지 아니한 채 variance의 요건이 충족되었는지 여부가 불분명한 경계선상에 놓인 사안들에 대해서 이를 거부하기보다는 승인하는 쪽으로 실무를 운용하여 왔다는 것이다.[5]

전술한 바와 같이 variance의 요건 자체가 '불필요한 어려움'과 같이 일반추상적인 상황에서, 비유컨대 그 발급 여부를 판단하는 위원회들이 '의심스러울 때에는

the Legal Standard Conscientiously Applied, Consciously Ignored, or Something in Between?," The Urban Lawyer, Vol. 39 No. 4, 2007, p. 892.

1 Randall W. Sampson, "Theory and Practice in the Granting of Dimensional Land Use Variances: Is the Legal Standard Conscientiously Applied, Consciously Ignored, or Something in Between?," The Urban Lawyer, Vol. 39 No. 4, 2007, p. 880; Kim Maree Johannessen, "Zoning Variances: Un-necessarily an Evil," Land Use Law & Zoning Digest, Vol. 41 No. 7, 1989, p. 3 참조.

2 John J. Infranca/Ronnie M. Farr, "Variances: A Canary in the Coal Mine for Zoning Reform?," Pepperdine Law Review, Vol. 50 No. 3, 2023, p. 446. 물론 여기서 학계와 실무의 인식 차이가 발견되기는 한다. 도시계획법 실무를 다루는 변호사의 경우에는 토지소유자가 variance의 요건을 입증하는 것이 쉬운 것은 아니라는 점을 강조하기도 한다. 예컨대 Westfall Law PLLC, "Getting a Zoning Variance—What Steps do I Need to Take?," URL: https://www.westfalllaw.com/getting-a-zoning-variance-what-steps-do-i-need-to-take/ 참조.

3 Randall W. Sampson, "Theory and Practice in the Granting of Dimensional Land Use Variances: Is the Legal Standard Conscientiously Applied, Consciously Ignored, or Something in Between?," The Urban Lawyer, Vol. 39 No. 4, 2007, p. 899.

4 Osborne M. Reynolds, "The 'Unique Circumstances' Rule in Zoning Variances—An Aid in Achieving Greater Prudence and Less Leniency," The Urban Lawyer, Vol. 31 No. 1, 1999, p. 140; Randall W. Sampson, "Theory and Practice in the Granting of Dimensional Land Use Variances: Is the Legal Standard Conscientiously Applied, Consciously Ignored, or Something in Between?," The Urban Lawyer, Vol. 39 No. 4, 2007, p. 899.

5 Jonathan E. Cohen, "A Constitutional Safety Valve: The Variance in Zoning and Land-Use Based Environmental Controls," Boston College Environmental Affairs Law Review, Vol. 22, 1994, p. 333 참조.

신청인의 이익으로'와 같은 태도를 보여온 것은 아닐지 조심스럽게 추측해볼 수도 있겠다. 이는 결과적으로 직접적인 도시계획권한이 없는[1] 조닝위원회가 variance 의 남발을 통해 사실상 입법부의 도시계획권한을 침해하는 것이 아닌지의 비판으로도 연결될 수 있고,[2] 나아가 일부 미국 문헌들은 variance의 요건에 대한 엄격한 판단과 적용을 요구하여야 한다거나,[3] 보다 실질적인 심사가 이루어질 수 있도록 하여야 한다[4]는 취지의 주장을 개진하고 있다.

Ⅱ. 미국 도시계획법제의 맥락[5]

1. 소유권의 강도

미국의 경우 소유권을 강력하게 인정하는 국가의 하나로 이해되기도 하는데,[6] 특히 재산권의 사회적 측면을 강조하는 유럽대륙국가들[7]과 비교하여 이러한 차이가 부각되고는 한다. Lubens(2007)에 의하면 미국에서는 재산권의 핵심적 목적 또는 의의를 "개인의 선호를 충족시키는 것"에 있다고 이해하는 경향이 존재하는바,[8] 기본적으로는 재산권의 근본적인 취지 자체가 이를 행사하는 개인의 관점 — 그 중에서도 개인의 경제적인 이해관계에 맞추어져 있음을 알 수 있다. 그리고 재산권을 경제적 이익의 관점에서 조명[9]하는 이러한 관점으로부터 미국의 재산권

---

1 미국의 도시계획권한은 경찰권(police power)으로서 기본적으로 입법부에 부여된 것이지, 개별 조닝위원회에 부여된 것은 아니다. 조닝위원회들은 입법부의 권한을 위임받아 행사할 뿐인 것이다.

2 Alan R. Madry, "Judging Ziervogel: The Twisted Path of Recent Zoning Variance Decisions in Wisconsin," Marquette Law Review, Vol. 91 No. 2, 2007, p. 491.

3 Osborne M. Reynolds, "The 'Unique Circumstances' Rule in Zoning Variances-An Aid in Achieving Greater Prudence and Less Leniency," The Urban Lawyer, Vol. 31 No. 1, 1999, pp. 140, 147.

4 Michael D. Donovan, "Zoning Variance Administration in Vermont Note," Vermont Law Review, Vol. 8 No. 2, 1983, p. 405.

5 본 항목은 전진원, 도시계획의 적용 예외에 관한 한국과 미국의 비교연구, 건설법연구, (10), 2023, 23-38면 중 31-34면에서 한국 논의 부분을 삭제한 나머지 부분을 발췌하여 수록한 것이다.

6 Rachelle Alterman, "Guest editorial: Comparative research at the frontier of planning law: The case of compensation rights for land use regulations," International Journal of Law in the Built Environment, Vol. 3 No. 2, 2011, p. 107 참조.

7 Rebecca Lubens, "The social obligation of property ownership: A comparison of German and US law," Arizona Journal of International and Comparative Law, Vol. 24, 2007, p. 389 참조.

8 Rebecca Lubens, "The social obligation of property ownership: A comparison of German and US law," Arizona Journal of International and Comparative Law, Vol. 24, 2007, p. 417.

9 Rebecca Lubens, "The social obligation of property ownership: A comparison of German and US law," Arizona Journal of International and Comparative Law, Vol. 24, 2007, p. 418.

보호적 태도의 근거를 확인할 수 있다.

이러한 태도의 철학적 또는 사상적 근원으로 Norton과 Bieri(2014)는 크게 "Adam Smith의 신고전파 경제학, Jeremy Bentham의 공리주의, 그리고 John Stuart Mill의 자유에 대한 관념"[1] 등을 언급하면서도, 특히 현대 미국에서의 재산권 보호 경향을 가장 잘 설명할 수 있는 것으로서 Mill의 자유주의를 강조한다.[2] 즉 다른 사람의 자유나 권리를 침범하지 않는 한도 내에서는 공동체 또는 사회적인 관점에서 토지재산권의 행사와 이용을 규제하고 개입할 명분이 있는지에 대한 비판적 인식이 미국에서의 도시계획과 재산권에 대한 논의의 기저에 존재한다고 볼 수 있는 것이다.[3] 물론, 소유권 보호적 경향이 짙은 것으로 평가되는 미국에서도 공동주택의 건설 등과 같은 영역에서는 자유로운 개발과 토지이용이 제한되는 현상을 확인할 수 있겠으나,[4] 이 또한 '다른 사람의 자유나 권리를 침범'하는 영역에 속하는 것이므로 소유권 보호적 경향의 근본 취지에서 이미 벗어난 것이기에 그러한 제약이 정당화되는 것이라 이해할 소지도 있다. 요컨대, 미국의 경우 소유권 보호적 경향이 최소한 원칙적인 모습을 이루고 있다는 점을 부인하기는 어렵다고 사료되고, 결국 도시계획에 대한 개별적인 예외를 허용함으로써 도시계획을 강요할 수 없는 어려움이 있는 영역[5]에서 소유권 보호와의 충돌을 피할 수 있는 수단을 마련한 것[6]

---

1 Richard K. Norton/David S. Bieri, "Planning, Law, and Property Rights: A US-European Cross-national Contemplation," International Planning Studies, Vol. 19 No. 3-4, 2014, p. 6에서 직접인용.

2 Richard K. Norton/David S. Bieri, "Planning, Law, and Property Rights: A US-European Cross-national Contemplation," International Planning Studies, Vol. 19 No. 3-4, 2014, p. 8.

3 Richard K. Norton/David S. Bieri, "Planning, Law, and Property Rights: A US-European Cross-national Contemplation," International Planning Studies, Vol. 19 No. 3-4, 2014, p. 8 참조.

4 이러한 경향의 실증적인 사례에 대해서는 Von Hoffman, Alexander, "Creating an Anti-Growth Regulatory Regime: A Case from Greater Boston [Arlington]," Joint Center for Housing Studies of Harvard University and Rappaport Institute for Greater Boston, Kennedy School of Government, Harvard University, 2006 참조.

5 전술한 바와 같이 미국 SZEA는 도시계획의 내용을 그대로 적용하는 것에 불필요한 어려움이 초래되는 경우에 대하여 variance를 허용하고 있음을 고려할 수 있겠다.

6 때문에 미국 문헌들 중에는 variance를 헌법적 안전장치("constitutional safety valve")라고 설명하는 경우도 발견된다. Nathan T. Boone, "Varying the Variance: How New York City Can Solve Its Housing Crisis and Optimize Land Use to Serve the Public Interest," Brooklyn Law Review, Vol. 81, 2015, p. 839; Randall W. Sampson, "Theory and Practice in the Granting of Dimensional Land Use Variances: Is the Legal Standard Conscientiously Applied, Consciously Ignored, or Something in Between?," The Urban Lawyer, Vol. 39 No. 4, 2007, p. 889; Jonathan E. Cohen, "A Constitutional Safety Valve: The Variance in Zoning and Land-Use Based Environmental Controls," Boston College Environmental Affairs Law Review, Vol. 22, 1994, p. 308; Kim M. Johannessen, "Zoning Variances: Unnecessarily an Evil," Land Use Law & Zoning Digest, Vol. 41 No. 7, 1989, p. 3 등.

이라는 해석도 가능할 것이라 판단된다. (후략)

2. 사법적 개입의 정도

대체로 한국과 미국 모두 도시계획에 대한 사법존중적인 태도를 인정하고 있다는 점에서는 큰 틀에서의 유사성을 보인다.[1] 다만, 전술한 것과 같이 미국의 경우 법원은 대체로 입법적 행위와 행정적 행위를 구분하는 태도를 보이면서, 후자에 비해 전자에 대하여 상대적으로 더 그 판단을 존중하는 태도를 취하는 것으로 설명된다.[2] 그런데 그 자체로 입법부에 부여된 도시계획권한의 행사에 해당하는 rezoning이나,[3] 입법부 스스로에 의하여 상세한 요건이 미리 정해지는 special permit과는 달리 variance의 경우에는 이를 행정적 행위로 취급하고 있으므로, 이러한 수단들 사이에서도 사법심사의 강도가 달라질 수 있게 된다. 다만 각 수단이 입법적, 행정적, 혹은 준사법적 행위들 중 어떠한 성질을 가지는 것인지 자체가 여전히 쟁점으로 논의되고 있고, 애당초 variance나 special permit의 개념은 미국 각 주에서 도시계획에 관한 입법이 등장하던 시점(SZEA가 작성되던 시점)에 이미 그 내용으로 포함되어 있었던 것임을 고려하면 이들 간에 어떠한 연관관계를 추단하기는 어려운 것으로 사료된다. (후략)

3. 도시계획의 구속력

한국과 미국 모두 도시계획이 개별적인 건축행위가 일어나기 이전에 사전적으로 건축허가요건을 정하여두는 역할을 하고, 후속된 행정절차에서 그 준수 여부가 주요하게 다루어진다는 점에서, 개별적인 개발행위의 통제[4]보다는 기본적으로는

---

1 관련하여 전진원, 앞의 책, 43면의 논의 참조.

2 Julian Juergensmeyer/Thomas Roberts/Patricia Salkin/Ryan Rowberry, Land Use Planning and Development Regulation Law(4th ed.), West Academic Publishing, 2018, p. 202 참조.

3 Ashira P. Ostrow, "Judicial review of local land use decisions: Lessons from RLUIPA," Harvard Journal of Law & Public Policy, Vol. 31, 2008, p. 731 각주 55 참조. 다만, 판례 중에는 특정한 토지(specific property)에 대한 rezoning 결정은 입법적인 행위가 아니라 행정적(adminstrative) 또는 준사법적 행위(quasi-judicial)로 보아 사법적 심사기준을 달리하여야 한다는 당사자의 주장을 인용하면서 이를 준사법적 행위라 인정한 사례가 발견된다. Cooper v. Board of County Commissioners, 101 Idaho 407, 614 P. 2d 947(Idaho 1980).

4 Jinwon Jeon, "Methodology and Framework of Comparative Urban Planning Law," Journal of Property, Planning and Environmental Law, Vol. 15 No. 2, 2023, 57면에서는 도시계획이 중심이 되는 시스템(plan-led)과 구분하여 개발 중심(development-led) 시스템이라는 용어를 사용하였는데 주로는 계획허가제도가 중심이 되는 영국의 경우가 후자로 분류된다.

계획의 운용에 초점이 맞추어져 있다는 공통점을 지니기는 한다. 그러나 전술한 논의들을 고려하면 미국의 경우 도시계획에서 정한 건축허가요건에 대한 개별적인 예외를 인정하는 것이 가능하고 실무적으로도 상대적으로 용이하게 일어났던 경향도 발견되는바, 이를 달리 설명하면 미국의 조닝이 갖는 대외적인 구속력의 수준이 한국의 용도지역제 도시계획이나 그 밖의 도시관리계획에 비하여는 다소 낮은 편인 것으로 평가할 수 있다.

이러한 특성은 본 장에서 분석한 다른 맥락적 요소들과도 복합적으로 작용하는 것이라 설명할 수 있다. 도시계획의 본질이 결국 소유권에 대한 제약을 의미하는 것임을 고려하면[1] 소유권에 대한 보호적인 태도는 곧 도시계획의 구속력을 약화시킬 수밖에 없고, 역으로 도시계획의 구속력이 강력하기 위해서는 소유권에 대한 보호적 태도가 강력한 수준으로 유지될 수는 없을 것이다. 미국의 경우 토지소유권에 대한 관념이 확립되어 있던 상황에서 1920년대에 이르러 지금과 같은 조닝 제도가 생겨난 것이므로 그러한 선후 관계상 소유권에 대한 보호적 태도가 조닝의 구속력에 영향을 미쳤을 것이라 추단해볼 수 있고, 나아가 조닝의 강화나 완화에 따른 보상이나 쟁송 문제가 적극적으로 논의될 수 있는 경향[2]에도 영향을 미쳤을 것으로 사료된다.

4. 도시계획권한의 분배

미국의 경우 도시계획권한은 경찰권(police power)에 속하는 것으로서 본질적으로는 주(state) 정부의 권한에 속한다.[3] 그리고 주 정부는 다시금 각 주의 도시계획법을 통하여 이를 지방자치단체에 그 권한을 분배하는 형태를 취하고 있다. SZEA 제2조는 지방자치단체의 입법부("local legislative body")가 그 관할권역을 구역을 구분하고 각 구역에 대한 건설, 용도 등을 규제할 권한이 있다는 표현을 사용하고 있다.

나아가 SZEA는 도시계획 수립과정에서의 일종의 자문(recommendation) 기관으로서의 zoning commission과(제6조), 도시계획의 집행과정에서 발생하는 이의사건에 대한 결정을 담당하고, 전술한 variance와 special permit의 심사 및 발급권한을 지니는 zoning board of adjustment(제7조)를 언급하면서, 이들을 입법부가 창설할

---

1 Donald A. Krueckeberg, "The difficult character of property: To whom do things belong?," Journal of the American Planning Association, Vol. 61 No. 3, 1995, p. 301 참조.

2 Richard K. Norton/David S. Bieri, "Planning, Law, and Property Rights: A US-European Cross-national Contemplation," International Planning Studies, Vol. 19 No. 3-4, 2014, p. 10 참조.

3 B. Burke, Understanding the Law of Zoning and Land Use Controls, LexisNexis, 2013, p. 3.

수 있는 것으로 규정하고 있다.[1] 그 외 SZEA상으로는 입법부에 의하여 수립되는 조닝의 구체적인 집행기관의 창설과 수권에 대해서는 특별한 언급을 하고 있지 아니하나, 본문에서 행정공무원(administrative official)이라는 표현을 사용하거나 그가 행한 결정에 대해 제기되는 이의사건을 zoning board of adjustment가 심사할 수 있도록 정하고 있는바, 기본적으로는 각 지방자치단체의 행정공무원들이 행하는 구체적인 집행행위에 의하여 조닝의 내용이 실현되는 것임을 예정하고 있는 것으로 이해된다.

요컨대, 미국의 경우 조닝을 둘러싼 권한의 행사와 분배는 각 지방자치단체의 입법부를 중심으로 이루어지고 있는 것으로 보인다. 조닝이 입법행위로 이해되는 것[2] 또한 바로 이러한 특성에서 기인하고, 법원은 이러한 입법행위를 존중하는 태도[3]를 취하게 되는 것이다. 더욱이 variance와 special permit에 관한 권한을 행사하는 board of adjustment의 창설은 입법부의 재량 또는 선택에 속하는 것으로 이해되는바(SZEA 제7조), board of adjustment가 내리는 결정의 정당성의 근원도 결국 연원적으로 입법부로부터 나오게 된다. 때문에 입법부와 board of adjustment 사이의 긴장관계 – 곧, variance의 운용이 실질적으로 입법부의 권한을 침범하는 것은 아닌지와 같은 논점[4]이 지속적으로 등장할 수밖에 없는 것이기도 하다. 이러한 의미에서 variance는[5] 입법과 집행(행정) 또는 입법과 준사법적 작용 사이의 긴장관계에 놓여있는 제도로서 그 본질을 이해하는 것이 필요하다. (후략)

5. 참여적 요소의 수준

한국과 미국 모두 도시관리계획의 수립이나 zoning의 수립에 관하여 주민참여 절차가 예정되어 있다(국토계획법 제28조 제1항, SZEA 제4조). 그런데 미국의 경우 variance나 special permit은 개별적 행위이므로 zoning이나 rezoning과 달리 주민참

---

1 다만, SZEA는 zoning commission에 대해서는 그 창설을 기속적(shall)으로 언급하고 있는 반면, zoning board of adjustment에 대해서는 재량적(may)인 것으로 언급하고 있다.

2 David Callies/Robert Freilich/Shelley Saxer, Land Use Cases and Materials(7th ed.), West Academic Publishing, 2017, p. 194.

3 Julian Juergensmeyer/Thomas Roberts/Patricia Salkin/Ryan Rowberry, Land Use Planning and Development Regulation Law(4th ed.), West Academic Publishing, 2018, p. 202.

4 Alan R. Madry, "Judging Ziervogel: The Twisted Path of Recent Zoning Variance Decisions in Wisconsin," Marquette Law Review, Vol. 91 No. 2, 2007, p. 491 참조.

5 반면, special permit의 경우에는 입법부 스스로 상세한 요건을 정하여 예외를 허락하는 것이므로 이러한 권한 갈등의 문제에서 상대적으로 자유로운 것으로 사료된다.

여절차가 반드시 요구되지는 아니하는 것으로 보인다. 때문에 미국 문헌들 중에는 variance라는 제도 자체가 주민의 의사를 청취하고 반영하는 기회 자체를 박탈하는 것이라는 취지로 비판하는 것들이 발견된다.[1]

다만, 이들에 대하여 명시적인 주민참여절차가 요구되지 않는다고 하더라도 이 것이 반드시 주민들의 개입가능성을 차단하는 것이라 보기는 어렵다. 대표적으로 보스턴 근교의 알링턴의 사례와 같이 공동주택 건설을 반대하는 주민들의 여론이 거센 상황에서, 기존의 special permit 발급 권한을 가지고 있던 위원회를 대체한 다음 오히려 복잡하고 절차와 모호한 요건들에 기초해 그 발급을 억제해온 경우가 발견되기도 한다.[2] 즉 이러한 여론적 요소들은 명문의 규정이 아니라 정치적이고 사실적인 측면에서 발현되기도 하는 것이다. 다만, 이러한 여론이 형성되지 아니하는 영역에서는 variance나 special permit에 대한 참여적 요소들이 작동하기는 쉽지 않을 것으로 보이고, 그 결과 여러 실증적 연구에서 높은 variance 발급비율이 확인되었던 것[3]으로 추정된다. (후략)

---

1 John J. IInfranca/Ronnie M. Farr, "Variances: A Canary in the Coal Mine for Zoning Reform?," Pepperdine Law Review, Vol. 50 No. 3, 2023, p. 503.
2 Von Hoffman, Alexander, "Creating an Anti-Growth Regulatory Regime: A Case from Greater Boston [Arlington]," Joint Center for Housing Studies of Harvard University and Rappaport Institute for Greater Boston, Kennedy School of Government, Harvard University, 2006, pp. 10-11 참조.
3 John J. IInfranca/Ronnie M. Farr, "Variances: A Canary in the Coal Mine for Zoning Reform,?" Pepperdine Law Review, Vol. 50 No. 3, 2023, p. 446; Randall W. Sampson, "Theory and Practice in the Granting of Dimensional Land Use Variances: Is the Legal Standard Conscientiously Applied, Consciously Ignored, or Something in Between?," The Urban Lawyer, Vol. 39 No. 4, 2007, p. 899.

사항색인

저자약력

전진원

서울대학교 정치학 학사(경제학 부전공)
서울대학교 법학전문대학원 법학전문석사
서울대학교 법과대학원 박사과정(행정법 전공) 수료
Boston University 도시학석사(MUA)
University of Illinois at Springfield 법학석사(MLS)
City University of London Law School Visiting Scholar

現 법무법인(유) 율촌 부동산건설그룹 변호사
제4회 변호사시험 합격
Bryan Cave Leighton Paisner LLP, London Office 연수
前 국토교통부 규제개혁법무담당관실 공익법무관
국토교통부 노후계획도시정비 특별위원회 민간위원
국토교통부 주택도시기금 성과평가위원회 위원
중앙토지수용위원회 전문검증단 위원
한국토지주택공사 법률고문
사단법인 한국토지공법학회 연구이사
사단법인 한국자동차안전학회 사업이사
사단법인 건설법학회 정회원
사단법인 대한국토·도시계획학회 정회원
International Academic Association on Planning, Law, and Property Rights(PLPR) 회원
L'Association internationale de droit de l'urbanisme(AIDRU) Correspondent associé

Emerald Literati Awards 수상(Outstanding Paper, 2024)
해양수산부장관 표창(항만지역발전 유공, 2024)

제2판
국토계획법

초판발행	2021년 3월 25일
제2판발행	2025년 3월 25일
지은이	전진원
펴낸이	안종만·안상준
편 집	김선민
기획/마케팅	조성호
표지디자인	BEN STORY
제 작	고철민·김원표
펴낸곳	(주)박영사
	서울특별시 금천구 가산디지털2로 53, 210호(가산동, 한라시그마밸리)
	등록 1959. 3. 11. 제300-1959-1호(倫)
전 화	02)733-6771
f a x	02)736-4818
e-mail	pys@pybook.co.kr
homepage	www.pybook.co.kr
ISBN	979-11-303-4951-0 93360

정 가   47,000원